Thomas Möbius

Russische Sozialutopien von Peter I. bis Stalin

POLITICA ET ARS

Interdisziplinäre Studien zur
politischen Ideen- und Kulturgeschichte

herausgegeben von

Prof. Dr. Richard Saage,
Prof. Dr. Walter Reese-Schäfer
und
Prof. Dr. Eva-Maria Seng

Band 25

LIT

Thomas Möbius

Russische Sozialutopien von Peter I. bis Stalin

Historische Konstellationen und Bezüge

Mit einem Vorwort von Richard Saage

LIT

Gedruckt mit Unterstützung des Förderungs- und Beihilfefonds
Wissenschaft der VG WORT.

Dissertation an der Humboldt-Universität zu Berlin,
Philosophische Fakultät III, 2012

Gedruckt auf alterungsbeständigem Werkdruckpapier entsprechend
ANSI Z3948   DIN ISO 9706

Bibliografische Information der Deutschen Nationalbibliothek
Die Deutsche Nationalbibliothek verzeichnet diese Publikation in der
Deutschen Nationalbibliografie; detaillierte bibliografische Daten sind
im Internet über http://dnb.d-nb.de abrufbar.

ISBN 978-3-643-13077-8
Zugl.: Berlin, Humboldt-Universität, Diss., 2012

© LIT VERLAG Dr. W. Hopf Berlin 2015
   Verlagskontakt:
   Fresnostr. 2 D-48159 Münster
   Tel. +49 (0) 2 51-62 03 20   Fax +49 (0) 2 51-23 19 72
   E-Mail: lit@lit-verlag.de   http://www.lit-verlag.de

Auslieferung:
Deutschland: LIT Verlag Fresnostr. 2, D-48159 Münster
Tel. +49 (0) 2 51-620 32 22, Fax +49 (0) 2 51-922 60 99, E-Mail: vertrieb@lit-verlag.de
Österreich: Medienlogistik Pichler-ÖBZ, E-Mail: mlo@medien-logistik.at
E-Books sind erhältlich unter www.litwebshop.de

INHALTSVERZEICHNIS

Vorwort von Richard Saage   1

I. Einleitung

Rußland als Utopie   7

Methodisches I: Die Utopie und ihre Merkmale   10

Methodisches II: Untersuchungsgegenstand   21

Forschungsstand   31

II. Utopie und Aufklärung. Begründung und Konsolidierung des utopischen Denkens in Rußland

Historischer Vorspann: Aufbrüche nach Westen   45

Michail M. Schtscherbatow: Rußland als aufgeklärte Adelsaristokratie   55

Alexander N. Radischtschew: Das Naturrecht als utopischer Maßstab   79

Popularisierungen des Utopischen   101

Wladimir F. Odojewski: Rußland als romantische Gelehrtenaristokratie   109

III. Utopie als Moderne und Gegenmoderne. Das utopische Denken zwischen Westlertum und Slawophilie

Historischer Vorspann: Väter, Söhne, Töchter – Die neue Intelligenzija   133

Nikolai G. Tschernyschewski: Die Neuen Menschen und der Kristallpalast   157

Fjodor M. Dostojewski: Die Kritik der „Ameisenhaufen des Glücks"   201

IV. Utopie im Zeichen der Revolution. Politisierung und dialektischer Umschlag

Alexander A. Bogdanow: Sozialismus als proletarische Moderne   237

Alexander W. Tschajanow: Sozialismus als genossenschaftliche Bauernrepublik   303

Rußland 1917 – Utopien einer sozialistischen Lebensweise zwischen Politik, Alltag und Kunst

A. Der Aufbruch in die Utopie ... 349

    Konkurrenz und Erbe – das Verhältnis von Utopie und Marxismus ... 354

    Methodische Überlegungen: Utopisches Feld „Rußland 1917" ... 358

B. Utopie der Neuen Lebensweise ... 364

    Exkurs: Die marxistische Prognose vom Absterben der Familie ... 368

    Kollontai: Die Utopie der Neuen Lebensweise als Emanzipation der Frau ... 373

    Die Utopie der Neuen Lebensweise als ABC des Kommunismus ... 392

    Preobraschenski: Von der NEP zum Sozialismus ... 396

    Die Utopie der Neuen Lebensweise als Leitbild des Städtebaus ... 403

    Erziehung des Neuen Menschen durch ein neues Alltagsdesign ... 413

    Scheitern und Verdrängung. Zwischenresümee der Felddynamik Rußland 1917 ... 419

C. Das Experiment der Gemeinschaft – Kommunen nach 1917 ... 423

    Von den Hauskommunen zum Kommunehaus ... 427

    Jugendkommunen ... 433

    Schulkommunen und Jugendkolonien ... 442

D. Architekturvisionen – Neue Häuser und Städte für die Neuen Menschen ... 471

    Exkurs I: Utopische Virtualisierung ... 472

    Exkurs II: Utopische Eröffnung – St. Petersburg ... 477

    Die Befreiung vom topos ... 484

    a) Zwischen Science Fiction und Biokosmismus ... 485

    b) El Lissitzkys Wolkenbügel und Chidekels Aero-Stadt ... 490

    c) Krutikows fliegende Stadt der Zukunft ... 492

    d) Malewitschs Planiten ... 494

    e) Die Moskauer Metro ... 501

    Gebauter Sozialismus I: Auf der Suche nach der sozialistischen Idealstadt ... 513

    a) Die Rote Gartenstadt ... 516

    b) Urbanismus versus Desurbanismus ... 521

Gebauter Sozialismus II: Architektur als Erziehung – das Kommunehaus	534
a) Das Übergangshaus	536
b) Das vollendete Kommunehaus	537
E. Emanzipation und Disziplinierung. Resümee	543
Jewgeni I. Samjatin: Der dialektische Umschlag der Utopie	551

V. Der Blick von Außen. Die Sowjetunion als Utopia

Die Utopietouristen der 1920er und 1930er Jahre	609
Morus in Moskau. Die Utopie als Betrachtungsmuster	628
Nach den „heroischen Illusionen". Utopie zwischen Melancholie und Dystopie	661

VI. Anhang

Literaturverzeichnis	665
Abbildungsnachweis	758
Danksagung	761

Vorwort

Richard Saage

Die Geschichte des utopischen Denkens in Rußland war bisher in der Forschungslandschaft weitgehend eine *terra icognita*. In der Bilanz zur Utopieforschung, die Wilhelm Voßkamp in drei Bänden als Herausgeber 1982 vorlegte, spielte die Utopieproduktion in diesem Land seit Beginn des 18. Jahrhunderts nur eine marginale Rolle. Das hat sich zwar in der deutschen und internationalen Utopieforschung insofern geändert, als unterdessen monographische Untersuchungen zu einzelnen russischen Utopisten wie Radischtschew, Tschernyschewski, Bogdanow, Kollontai und Samjatin erschienen sind. Aber eine konzeptionell reflektierte Gesamtdarstellung des utopischen Diskurses in Rußland, die diesen Namen verdient, existierte bisher nicht. Es ist das große Verdienst der vorliegenden Studie, diese Lücke geschlossen zu haben.

Thomas Möbius schickt seiner Darstellung eine umfassende Einleitung voraus, in der er nicht nur den Utopiebegriff begründet, in dessen Fokus er das umfangreiche Material seiner Arbeit analytisch durchdringt. Er umreißt darüber hinaus das Untersuchungsspektrum im Licht des Forschungsstandes und erläutert seine Darstellungsweise: Sie ist von der Prämisse determiniert, daß die utopische Fiktion und die Analyse der Fehlentwicklung der Herkunftsgesellschaft des jeweiligen Autors, auf die sie reagiert, eine untrennbare Einheit darstellen. So wird die sozio-politische Kontextanalyse zum integrierten Bestandteil der Rekonstruktion des utopischen Musters selbst. Die Darstellung der utopischen Denkbewegung in Rußland unterteilt Möbius in vier große Schwerpunkte. Sie setzt ein mit der groß angelegten Aufklärungsrezeption zu Beginn des 18. Jahrhunderts, welche die Reformen Peters I. anleitete und in dem Bau der Idealstadt St. Petersburg in den Sümpfen der Newa-Mündung ihren utopischen Ausdruck gefunden hat. Nach dem Dekabristenaufstand im 19. Jahrhundert setzt die zweite Phase in der Entwicklung des utopischen Denkens ein: Sie steht im Zeichen der Rezeption des utopischen Sozialismus, der die frühe Intelligenzija in Rußland nachhaltig beeinflußte. Die dritte Phase, die mit der Oktoberrevolution von 1917 beginnt, ist dadurch charakterisiert, daß sie jetzt nicht mehr nur die westlichen Utopievorbilder rezipiert und auf die russischen Verhältnisse überträgt, sondern nun durch einen gewaltigen Radikalisierungsschub zu deren Vorbild aufsteigt. Möbius zeigt aber auch auf, daß sich die utopische Energie schon im Vorfeld der stalinistischen Diktatur, vor allem in der NEP-Periode, zu erschöpfen beginnt. Der letzte Teil schließlich ist dem Utopietourismus westlicher Intellektueller gewidmet, die mit dem utopischen Experiment in Rußland eine emanzipatorische Perspektive nicht nur für dieses Land, sondern für die Menschheit insgesamt verbanden.

Möbius hat nicht nur eine umfassende Darstellung des utopischen Denkens in Rußland von Peter I. bis Stalin vorgelegt. Er hat durch seine Fallstudien die analytische Kraft und strukturierende Kompetenz des klassischen, auf Thomas Morus zurückgehenden Utopiebegriffs am Quellenmaterial empirisch verifiziert. Im Gegensatz zu den bisherigen Synthesen des utopischen Denkens in Rußland, die in der Perspektive eines weit gefaßten Utopiebegriffs unter diesem auch die vorpetrinischen religiösen Mythen, Chiliasmen und Apokalypsen subsumierten, setzt für Möbius das utopische Denken erst mit den Reformen und der Aufklärungsrezeption Peters I. ein. Von Utopien kann erst dann die Rede sein, wenn es zum Traditionsbruch mit der mittelalterlichen Welt und ihrer religiösen Weltdeutung zugunsten eines rationalistischen *Tabula-Rasa*-Ansatzes kommt, der, vom Geist säkularisierten Machens durchdrungen, nach vorn gerichtet ist und das religiöse *ora!* durch ein weltimmanentes *labora!* ersetzt. Diese Strukturelemente sind in den Reformen Peters I. und Katharinas II. zu erkennen, auch wenn bei beiden die Utopie zur Staatsutopie umgebogen wird und ihre emanzipatorische Ausstrahlung die Bauernschaft nicht erreicht, die auch im Aufgeklärten Absolutismus nicht aus ihrer Leibeigenschaft befreit wurde.

Die Tatsache, daß die Utopie sich auch mit der „Macht" zumindest temporär verbünden kann, läßt in der Studie Möbius' eine zweite Dimension der klassischen Utopie aufleuchten: Es ist der hypertrophe beziehungsweise hybride Charakter des klassischen Ansatzes. So scharf dieser sich von Chiliasmen, Futurologie, Marxismus, Mythen, Vertragsdenken, ja unmittelbarer politischer Umsetzung unterscheidet, so ist doch unübersehbar, daß er ohne Preisgabe seiner idealtypischen Identität mit diesen Strömungen Synthesen eingehen kann. So verdeutlicht Möbius am Beispiel der Hoffnungsphilosophie Ernst Blochs, daß sie den Versuch darstellt, der Utopie den Marxismus zu assimilieren, der in seiner ursprünglichen Gestalt vor allem Kritik der politischen Ökonomie des aufsteigenden Bürgertums ist und explizit von einem utopischen Bilderverbot ausging. Daß insbesondere die Synthese zwischen Utopie und direkter politischer Umsetzung nicht spannungsfrei, ja kontraproduktiv im Sinne des utopischen Emanzipationspostulats verläuft, zeigt das Beispiel Katharinas II. Es war gerade das Verdienst Radischtschews in seinem Text *Reise von Petersburg nach Moskau*, die Staatsutopie mit dem Argument zu kritisieren, sie realisiere den utopischen Anspruch nur halb, indem sie ihn in den Dienst der zaristischen Machtentfaltung und nicht zum Beispiel in den der Befreiung der Bauern stellte. Ähnliches läßt sich von der Politisierung mit der „Utopie der neuen Lebens-weise" ab 1917 sagen. Ihr hält Samjatin in *Wir* vor, ihr Emanzipationsanspruch generiere das Gegenteil des Intendierten. Vor allem aber geht aus der Studie Möbius' die Dialektik hervor, die in Gang gesetzt wird, wenn sich die Utopie auf politische Praxis im Sinne der unmittelbaren Veränderung der gesellschaftlichen Realität einläßt, die ihr ursprünglich fremd war. Sie gibt sich, wie am Beispiel der utopischen Ikonographie des Agit-Prop-Porzellans mit ihren Lenin-Bildern auf dem Grund von Suppentellern gezeigt wird, entweder der Trivialität des Alltäglichen preis. Oder aber sie läuft Gefahr, ihre Deutungsmacht gegen-über der obsiegenden Politik einzubüßen und zu einem Ornament des Terrors zu verkommen, wie dies in der Stalin-Zeit der Fall war.

Aber auch der methodologische Paradigmenwechsel von der Diskursanalyse der utopischen Positionen vor der Oktoberrevolution zum analytischen Raster des „utopischen Feldes 1917" erfolgt im Zeichen des klassischen Utopiekonstrukts. Auch wenn die Feldanalyse abhebt auf die intentionale Dimension der Utopie, das heißt auf die Aktualisierung ihrer Mobilisierungs- und Motivierungsressourcen, bleibt sie den inhaltlichen Konnotationen des klassischen Utopiebegriffs verbunden: Sie reichen vom Neuen Menschen, der den besitzindividualistischen Egoismus überwunden hat, über den Primat der Naturbeherrschung durch Wissenschaft und Technik und der Aufhebung des Unterschiedes zwischen Stadt und Land bis hin zum Kommunehaus, dessen Ursprünge sich auf die Osmasien in Vairasses *Histoire des Sévarambes* in der zweiten Hälfte des 17. Jahrhunderts oder auf die Phalanstères Fouriers zu Beginn des 19. Jahrhunderts und die Kommunen in Tschernyschewskis *Was tun?* berufen können. Gleichfalls läßt sich die Herkunft der Architektur der russischen Avantgarde, eine sozialistische Planstadt zu kreieren, auf die in geometrischen Formen geronnene Idealstadt in Morus' *Utopia* zurückführen, die auf Transparenz, Funktionalität und Hygiene festgelegt ist.

Das Gleiche gilt für die Erziehungskonzeptionen der Utopie der Neuen Lebensweise im Schatten der Oktoberrevolution von 1917. Gewiß handelt es sich hier um ein Mischmodell verschiedenartiger Einflüsse. Doch zentrale Aspekte der Konzeptionen, durch Erziehung den Neuen Menschen hervorzubringen, können ihre Herkunft von entsprechenden Ansätzen bei Morus und Campanella ebensowenig leugnen wie ihre Vorbilder in der Kinderstadt Bogdanows in *Der rote Stern* oder in der Betonung der Spontaneität und Autonomie der Kinder in Fouriers Erziehungskonzeption. Daß dabei die ganze Bandbreite zwischen den Polen der autoritären archistischen und der eher liberalen anarchistischen Utopie zum Tragen kommt, sei nur am Rande erwähnt. Nicht zuletzt geht aber aus Möbius' Studie auch hervor, daß der Blick von außen, die Verarbeitung des utopischen Experiments in Rußland seit 1917 durch westliche „Utopietouristen", bewußt oder unbewußt ganz wesentlich von Bildern beeinflußt wurde, die der klassischen Utopietradition entstammen: sei es als positive Projektionsfläche eigener Imaginationen eines gelungenen Lebens in einer „befreiten" Gesellschaft, sei es als Betrachtung der Sowjetunion als eingelöste Utopie oder als unmittelbare Übertragung von Elementen der klassischen Utopie auf die Wahrnehmung der revolutionären Umwälzungen seit 1917.

Man muß Möbius attestieren, daß er der möglichen Faszination utopischer Radikalität nicht erliegt, aber daß er doch gleichzeitig die mögliche Funktion der Utopie am russischen Beispiel, gesellschaftliche Stagnation im weitesten Sinne aufzubrechen, sachlich und vorurteilsfrei rekonstruiert. Dieser Balanceakt gelingt ihm, weil er im Durchgang durch das Material des utopischen Denkens konsequent an dem Geltungsanspruch festhält, den Morus einst der Utopie eingeschrieben hat. Bekanntlich ließ dieser offen, wie Möbius zu Recht feststellt, „ob ein reales Utopia ein erstrebenswerter Ort wäre. Emanzipativ wirkte die Utopie vor allem als Stachel der Kritik und hypothetisches Ideal". Entsprechend nimmt die Utopiekritik in dieser Studie einen breiten Raum ein: ob sie von außen an den utopischen Rationalismus herangetragen wurde wie von Dostojewski oder ob sie eine innerutopische Stoßrichtung hatte wie bei Samjatin. Nehme ich das umfangreiche Quellenmaterial und dessen begleitendes Korrelat in Gestalt der Forschungsliteratur sowie die überzeugende Rekonstruktion der soziopolitischen Rahmenbedingungen der utopischen Narrative hinzu, so ist Möbius eine Darstellung der Geschichte des utopischen Denkens in Rußland vom Beginn des 18. Jahrhunderts bis Anfang der 1930er Jahre gelungen, die nicht anders als ein großer Wurf charakterisieren werden kann.

Berlin, im Mai 2015

Wir kamen, um eine neue Welt zu bauen.

russische Arbeiterin über die 1920er Jahre

—

Aber es hat sich als viel leichter erwiesen, diese Utopien zu verwirklichen, als es früher den Anschein hatte. Und nun sieht man sich vor die andere quälende Frage gestellt: wie man um ihre restlose Verwirklichung herumkommen könnte.

Nikolai Berdjajew

Einleitung

Rußland als Utopie

Rußland als Utopie – das ist ein Topos, der immer wieder faszinierte oder zur Abschreckung beschworen wurde. Im Laufe seiner Geschichte erschien Rußland immer wieder als ein bevorzugter, wenn nicht gar auserwählter Ort der Utopie. Sei es, daß es als Tabula rasa imaginiert wurde, auf der die Gesellschaft gänzlich neu gegründet werden könne. Sei es, daß ihm eine historische Mission für die Erlösung der Menschheit und Vollendung der Geschichte zugeschrieben wurde. Sei es, daß es als Gesellschaft beschrieben wurde, die von utopischen Vorstellungen in einer nirgends sonst beobachtbaren Radikalität getrieben sei.

Fragt man danach, was Rußland zur Heimstatt des Weltgeistes der Utopie werden ließ, sind die historischen Konstellationen und Bezüge in den Blick zu nehmen. Als Peter I. Ende des 17. Jahrhunderts ansetzte, Rußland zu einem aufklärerisch-absolutistischen Idealstaat zu machen, entdeckten die westlichen Vertreter der Aufklärung Rußland schlagartig als idealen, gleichsam geschichtsfreien Raum für ihre utopischen Visionen einer aufgeklärten Gesellschaft. Aus der terra incognita der Barbarei, die in erster Linie Assoziationen der Bedrohung weckte, wurde die Tabula rasa der Aufklärung, auf der ein von geschichtlichen Traditionen und Irrwegen unbelasteter Neuanfang möglich sei. Gottfried Wilhelm Leibniz (1646-1716) und andere belagerten Peter I. regelrecht mit ihren utopischen Projekten. Mit der Oktoberrevolution 1917 kam es analog erneut zum utopisierenden Blick auf Rußland. Sie setzte die Interpretationsfigur der Rückständigkeit (Hildermeier) für Rußland einen historischen Moment lang außer Kraft. Vom notorischen Nachzügler am Rande Europas – noch die Revolution von 1905 versackte, so Max Webers griffiges Urteil, im „Scheinkonstitutionalismus" – rückte es zur sozialistischen Avantgarde auf. Es erschien mit einem Mal als der Ort, an dem die Utopie Wirklichkeit wird. In den 1920er und 1930er Jahren setzte in der Folge ein Utopietourismus westlicher Intellektueller nach Rußland ein. Begeistert oder warnend berichteten sie ihren Lesern aus dem Herz der Utopie. Nicht selten adaptierten sie dabei bezeichnenderweise für ihre ‚Reiseberichte' das Muster der klassischen Utopie.

Dem Blick von außen auf Rußland als Utopie korrespondiert eine innere Utopisierung des politischen Denkens in Rußland. Sie manifestiert sich zum einen in dem vom Geist der Aufklärung geprägten Staatsutopismus Peters I. und

Katharinas II. Beide betreiben mit utopischem Impetus die Neuordnung der russischen Gesellschaft – bis hin zum Gründen von Idealstädten an im wahrsten Sinne des Wortes u-topischen Orten wie unzugänglichen Sümpfen und Steppen. Diesem Staatsutopismus der russischen Autokratie steht das politische Denken der Intelligenzija als utopische Opposition im 19. und Anfang des 20. Jahrhunderts gegenüber. Seit ihrer Formierung als soziale Schicht in der ersten Hälfte des 19. Jahrhunderts trieb die Intelligenzija mit ihren politischen Vorstellungen zur Utopie – insbesondere auf Seiten der radikal-demokratischen und revolutionären Westler. Die russische Intelligenzija war eine freischwebende Schicht; Rußland kannte keine den westlichen Gesellschaften vergleichbare bürgerliche Klasse. Der Intelligenzija fehlte, zugespitzt gesagt, der gesellschaftliche Ort der Einhegung und Mäßigung. Ungebunden durch soziale und politische Verantwortung generierte sie ihre politischen Vorstellungen aus dem revolutionären Telos der Befreiung der Bauern oder dem religiös und geschichtsphilosophisch überhöhten Bild von Rußland als rettenden Gegenpol zur „entfremdeten" westlichen Zivilisation. Das gab ihrem politischen Denken einen utopischen Charakter. Unter den Bedingungen von Zensur und Repression verstetigte sich dieser zum Paradigma. Die konfrontative Verweigerungshaltung der Autokratie radikalisierte das politische Denken der Intelligenzija zum utopischen Sprung des alles oder nichts. Indem sich die bestehende Ordnung der partizipativen Veränderung durch Reformen unzugänglich erwies, belegte sie in den Augen der Intelligenzija die Notwendigkeit einer grundlegenden Alternative. In der Folge blieb die Utopie in Rußland nicht auf die Rolle eines hypothetischen Denkmodells und normativen Korrektivs beschränkt. Sie wurde zum Träger des emanzipativen Denkens schlechthin. Sie war das Medium, in dem die gesellschaftlichen Fehlentwicklungen reflektiert sowie die diffusen Emanzipationsvorstellungen politisch fokussiert und zur sozialen respektive politischen Bewegung mobilisiert wurden.

Mit der Oktoberrevolution 1917 fielen die innere Utopisierung und die Außenwahrnehmung Rußlands erneut im Topos der Utopie zusammen. Der Zusammenbruch der Autokratie erzeugte ein Machtvakuum, mit dem das in den revolutionären Bewegungen proklamierte Tor zum utopischen Raum mit einem Mal geöffnet schien. Die Zukunft zeigte sich für einen historischen Moment gänzlich undeterminiert. Aus diesem Moment der Offenheit erwuchs ein utopischer Mobilisierungsschub, der zu einer Intensität an utopischen Entwürfen führte, die in ihrer Vielfalt und ihrem Realisierungsoptimismus utopiegeschichtlich wohl einzigartig ist. Für eine kurze Zeit begneteten sich utopische Gruppen und Bewegungen unterschiedlichster Art als Akteure auf der politischen und sozialen Bühne: von den Anhängern der verschiedenen politischen Utopien bis hin zur Avantgardekunst. Das Bündnis der Avantgarde mit der Oktoberrevolution radikalisierte in der Folge den utopischen Diskurs. Die Avantgarde mit ihrer ästhetischen Revolution war parallel zur politischen ebenfalls im Namen der Utopie angetreten. Wie den politischen Utopien ging es ihr um nichts weniger als die totale Neuschöpfung der Gesellschaft. Mit dem Anspruch eines ästhetischen Umbaus des Lebens als Sieg über die Natur und den Tod ging dabei die Avantgarde weit über die politischen Utopien hinaus. Sie aktivierte religiös-utopische Tiefenschichten, von denen sich die politische Utopie als säkularer Gesellschaftsentwurf ferngehalten hatte. Vice versa hob der Eintritt der Avantgarde ins Politische für ihre Utopien die Differenz zum Leben auf. Damit entfiel die Einhegung des normativen Überschusses der Utopie.

Dieser inneren Radikalisierung des utopischen Diskurses entsprach eine Radikalisierung der Utopie nach Außen. Die Selbstdarstellung der neuen, sozialistischen Gesellschaft durch die Politik – etwa in den Revolutionsfeiern und auf Plakaten – setzte auf der Inszenierung der Zukunft als imaginierte gegenwärtige Wirklichkeit durch die Avantgarde auf. Deren performative Strategien zum Konstituieren einer neuen Wirklichkeit erzeugten für die Utopie eine neue Form der Visibilität. Wenn auf Plakaten unmittelbar nach Ende des Bürgerkrieges die Utopie, die proklamierte zukünftige Gesellschaft, als im Hier und Jetzt eingelöst dargestellt wurde, dann hob das die normative Distanz der Utopie gegenüber den bestehenden Verhältnissen und der gegenwärtigen Politik auf.

Für den Topos Rußland als Utopie ließ sich damit das Spannungsverhältnis zur Realität, das heißt die Kritik der bestehenden Ordnung in der Folge nur noch von Außen entfalten. Die utopische Ordnung in Gestalt der Sowjetunion wurde selbst zum Gegenstand utopischer Kritik oder Hoffnung. Bis zum Ende der Sowjetunion ließ sich der Topos in der immer wieder beschworenen Warnung vor der Utopie oder als melancholische Klage über ihr Erschöpfen aktualisieren. In der Sowjetunion dagegen, gleichsam im Herz der Utopie, okkupierte mit der Selbstbeschreibung als eingelöste Utopie die Politik die Utopie als Instrument der Wirklichkeitsbestätigung. In dieser Rolle entfaltete die Utopie anfänglich eine erstaunliche integrative und mobilisierende Wirkung. Diese schwand jedoch in dem Maße, wie die Diskrepanz zwischen dem utopischen Bild und der Realität nicht mehr überbrückt werden konnte.

Methodisches I: Die Utopie und ihre Merkmale

Der Begriff der Utopie

So umfangreich die Utopieforschung ist, so vielfältig ist auch die Debatte zur Bestimmung ihres Gegenstandes.[1] Das Spektrum reicht von der Begrenzung auf das Muster der Staatsromane, wie sie von Mohl nach dem Vorbild von Thomas Morus' *Utopia* klassifizierte,[2] bis zu einem Utopieverständnis, das alle Wunschbilder einschließt, die eine Alternative zum gegenwärtigen Zustand beschreiben – von Paradiesmythen und Schlaraffenlandlegenden über heilsgeschichtliche Erwartungen und geschichtsphilosophische Erwartungshorizonte bis zu ästhetischen Konzeptionen.

In der folgenden Arbeit wird Utopie als rational begründete Sozialutopie verstanden, die eingebettet ist in das politische Denken ihrer Zeit. Ihr wird ein sozialwissenschaftlich bestimmter Utopiebegriff zugrunde gelegt, der vom klassischen Utopiemuster ausgeht, so wie ihn Elias und Saage in Rekurs auf Morus' *Utopia* definieren.

> „[E]ine Utopie ist ein Phantasiebild einer Gesellschaft, das Lösungsvorschläge für ganz bestimmte ungelöste Probleme der jeweiligen Ursprungsgesellschaft enthält, und zwar Lösungsvorschläge, die entweder anzeigen, welche Veränderungen der bestehenden Gesellschaft die Verfasser oder Träger einer solchen Utopie herbeiwünschen oder welche Än-

---

[1] Vgl. u. a. Voigt, Andreas: Die sozialen Utopien. Leipzig 1906; Buber, Martin: Pfade in Utopia. Heidelberg 1950; Krauss, Werner: Geist und Widergeist der Utopien. In: Sinn und Form 14. Jg. (1962) H. 5/6. S. 769-799; Neusüss, Arnhelm (Hrsg.): Utopie. Begriff und Phänomen des Utopischen. Frankfurt a. M. u. a. 1986; Voßkamp, Wilhelm (Hrsg.): Utopieforschung. Frankfurt a. M. 1985; Münkler, Herfried: Was für eine Zukunft? Fortschritt, Moderne, Utopie – eine Begriffsklärung. In: Schmid, Josef/ u. a. (Hrsg.): Aufbrüche: Die Zukunftsdiskussion in Parteien, Verbänden und Kirchen. Marburg 1990. S. 14-25; ders.: Das Ende des Utopiemonopols und die Zukunft des Utopischen. In: Saage, Richard (Hrsg.): Hat die politische Utopie eine Zukunft? Darmstadt 1992. S. 207-214; ders.: Die humanistische Utopie. In: Fetscher, Iring/ ders. (Hrsg.): Pipers Handbuch der politischen Ideen, Bd. 2. München u. a. 1993. S. 594-601; Saage, Richard: Vermessungen des Nirgendwo. Darmstadt 1995; ders.: Utopieforschung. Darmstadt 1997; ders.: Utopieforschung, Bd. II. Berlin 2008; Sitter-Liver, Beat (Hrsg.): Utopie heute. Fribourg u. a. 2007; Heyer, Andreas: Entwicklung und Stand der deutschsprachigen Utopieforschung. In: ders.: Sozialutopien der Neuzeit. Berlin 2008. S. 13-83; Schölderle, Thomas: Geschichte der Utopie. Köln u. a. 2012 sowie die Utopie-Themenhefte der Zeitschriften *Merkur* (2001/ Heft 9/10) und *Erwägen Wissen Ethik* (2005/ Heft 3).

[2] Mohl, Robert von: Die Staatsromane. (1845) In: ders.: Die Geschichte und Literatur der Staatswissenschaften, Bd. 1. Graz 1960. S. 167-214.

Methodisches I: Die Utopie und ihre Merkmale

derungen sie fürchten und manchmal vielleicht beides zugleich. [...] Ich vermute, daß sich alle Utopien als Furcht- oder Wunschgebilde auf akute Konflikte der Ursprungsgesellschaft beziehen. Sie orientieren darüber, welche Konfliktbewältigungen die Utopieträger als erwünscht oder als unerwünscht vor sich sehen."[3]

„[P]olitische Utopien [sind] Fiktionen innerweltlicher Gesellschaften [...], die sich entweder zu einem Wunsch- oder zu einem Feindbild verdichten. Ihre Zielprojektion zeichnet sich durch eine präzise Kritik bestehender Institutionen und sozio-politischer Verhältnisse aus, der sie eine durchdachte und rational nachvollziehbare Alternative gegenüberstellt."[4]

Utopien sind Fiktionen diesseitiger Gesellschaften, in denen erhoffte oder befürchtete Veränderungen der bestehenden Gesellschaft zum anschaulichen Bild gefügt sind. Sie sind auf konkrete gesellschaftliche Probleme und Fragestellungen der Ursprungsgesellschaft bezogen. Sie unterbreiten für diese Lösungsvorschläge oder warnen vor gesellschaftlichen Entwicklungen, die sie in den gegenwärtigen Verhältnissen angelegt sehen. Zugrunde liegt ihnen eine rationale Kritik der bestehenden Verhältnisse. Durch sie werden die Lösungsvorschläge in der Realität verankert. Utopien sind, bei aller überschießenden Phantasie, kein Wolkenkuckucksheim-Denken. Die in ihnen unterbreiteten Optionen müssen prinzipiell dem innerweltlichen Handeln des Menschen zugänglich sein und im Rahmen des verfügbaren Wissens denkbar. „Phantasiebilder außerweltlicher, übersinnlicher Art" wie Paradiesvorstellungen und chiliastische Heilserwartungen gelten in diesem Sinne nicht als Utopie.[5] Die Utopie baut auf der säkularisierten Vernunft auf, diese ist der Ausgangspunkt für das planvolle Eingreifen des Menschen in die Gestaltung der gesellschaftlichen Verhältnisse.

Utopien bilden danach – neben ihrer Einbindung in die Diskurse ihres formgebenden Mediums – eine spezifische Form der Sozialkritik und des politischen Denkens. Für die sozialwissenschaftliche Betrachtung liegt hierin der zentrale Aussagegehalt der Utopie. Ihr geht es um die Rekonstruktion der von den Utopien angezeigten gesellschaftlichen Problemstellungen, und „zwar nicht aus der Perspektive der späteren Betrachter, sondern aus der der Angehörigen dieser früheren Epoche selbst".[6] In ihrem Mittelpunkt stehen erstens die Soziogenese

---

[3] Elias, Norbert: Thomas Morus' Staatskritik. In: Voßkamp, Wilhelm (Hrsg.): Utopieforschung, Bd. 2. Frankfurt a. M. 1985. S. 101-150, S. 103.
[4] Saage, Richard: Politische Utopien der Neuzeit. Darmstadt 1991, S. 2f.
[5] Vgl. Elias: Thomas Morus' Staatskritik, S. 106.
[6] Ebd., S. 103.

der Utopie als Bestimmung ihres gesellschaftlichen Ortes: die soziale Lage beziehungsweise Erfahrung ihres Autors, der angesprochene Adressatenkreis und ihre gesellschaftlichen Produktionsbedingungen,[7] zweitens die ideen- und sozialgeschichtliche Analyse der Krisendiagnose der Utopie und ihrer Lösungsvorschläge sowie deren Rückbindung an den Utopiediskurs, drittens die intendierten Funktionen der Utopie und deren Rückkopplung in der Rezeption.

Saage macht dabei stark, den klassischen Utopiebegriff als Idealtypus im Sinne Max Webers zu verstehen.[8] Er definiert als dessen Merkmale: 1.) Die plastische Darstellung der normativen und institutionellen Ordnung der alternativen Gesellschaft. 2.) Die Verknüpfung des Gegenentwurfs mit der Kritik der gegenwärtigen Verhältnisse, der Ursprungsgesellschaft. 3.) Der sozio-politische Charakter der Kritik – die Utopie ist nicht als belehrende Moralkritik auf das individuelle Verhalten einzelner gerichtet wie etwa die Fürstenspiegel,[9] sondern auf gesellschaftliche Strukturen und Institutionen. 4.) Das Gründen von Kritik und Gegenentwurf auf der säkularisierten Vernunft und dem aus ihr erwachsenden Vertrauen in die Gestaltungskompetenz des Menschen gegenüber den gesellschaftlichen Verhältnissen und seiner natürlichen Umwelt. Die diagnostizierten Defizite werden als Folge des gesellschaftlichen Handelns verstanden, ihre Lösung wird nicht als heilsgeschichtliche Erlösung von oben erwartet, sondern beruht auf dem säkularen Handeln des Menschen. 5.) Der Entwurf eines Neuen Menschen, der mit seiner inneren Verfassung der Ordnung der utopischen Gesellschaft entspricht. Auf ihm gründet sich die Stabilität der alternativen Gesellschaft: Durch das Übereinstimmen von Individuum und Gemeinschaft werden gesellschaftliche Konflikte per definitionem ausgeschlossen. Es gehört dabei zu den Wesensmerkmalen der Utopie, daß in ihr dieser Neue Mensch nicht durch Eingriff in die biologische Natur des Menschen geschaffen wird. Er ist der durch Erziehung und die Aufhebung der depravierenden und entfremdeten Verhältnisse zu seinem ‚wahren Menschsein' befreite und vervollkommnete Mensch.

---

[7] Vgl. ebd., S. 102ff.

[8] Vgl. Saage, Richard: Plädoyer für den klassischen Utopiebegriff. In: Erwägen Wissen Ethik 16. Jg. (2005) H. 3. S. 291-298, S. 292f.; ders.: Replik. Anmerkungen zur Kritik an meinem Plädoyer für das klassische Utopiemuster. In: ebd., S. 345-355, S. 350ff.

[9] Vgl. zum Fürstenspiegel Mühleisen, Hans-Otto/ u. a. (Hrsg.): Fürstenspiegel der Frühen Neuzeit. Frankfurt a. M. u. a. 1997; Biesterfeld, Wolfgang: François Fénelons *Les Aventures de Télémaque*. In: Schölderle, Thomas (Hrsg.): Idealstaat oder Gedankenexperiment? Baden-Baden 2014. S. 165-183.

Methodisches I: Die Utopie und ihre Merkmale

Die methodische Stärke des Utopiebegriffs als Idealtypus liegt einerseits darin, unter dem Begriff der Utopie die Vielfalt ihrer historischen Erscheinungsformen zu fassen. Staatsutopie, anarchistische Bon-Sauvage-Utopie, Zeitutopie, Dystopie, die verschiedenen Formen wie als Roman, als Idealstadt, die Experimente utopischer Gemeinschaften wie Owens *New Harmony* (1825-1827) – sie alle lassen sich als Ausprägungen eines Genres verstehen. Auf der anderen Seite gibt die Konstruktion als Idealtypus ein Instrumentarium, die Utopie von verwandten Erscheinungsformen heuristisch zu unterscheiden.

Die Utopie läßt sich zum einen vom Utopischen abgrenzen. Das Utopische kann verstanden werden als die unspezifizierte Sehnsucht des Menschen nach dem guten Leben – unabhängig, ob im Hier oder im Jenseits, in der Vergangenheit oder in der Zukunft. Es ist der Traum von einem Ort und einer Zeit, wo der Mensch, befreit von den Leiden und der Mühsal der Gegenwart, wahrhaft glücklich und gut ist.[10] Bloch weist dabei dem Utopischen eine anthropologische Qualität zu: Für ihn ist das Utopische das Charakteristikum des Menschen. Als Mängelwesen sei der Mensch „per se ipsum ein reflektierend antizipierendes Wesen"[11]. Getrieben vom Hunger und Mangel träume er von einer besseren Zeit, denke er über das „Noch-Nicht" nach, plane er. Das auf diese Weise Antizipierte mache „erst den letzten menschlichen Topos aus […] den Topos des Utopischen, den nur die Menschen bewohnen, in dem sie, bei Strafe des Untergangs, sich anzusiedeln haben"[12]. Dem gegenüber ist die Utopie als spezifische Form des Utopischen zu verstehen, in der dieses sich seiner selbst bewußt wird – sich „das utopische Denken selbst als utopisch durchschaut".[13] Die Utopie ist nicht einfach Traum vom Guten. Sie ist der Entwurf einer alternativen Gesellschaft, der zugleich den gesellschaftlichen Ort und die Bedingungen der Alternative reflektiert. Sie ist, soziologisch betrachtet, die Form der Intellektuellen,

---

[10] Vgl. zum Utopischen v. a. Bloch, Ernst: Das Prinzip Hoffnung. (1938-47) Frankfurt a. M. 1985; Mannheim, Karl: Ideologie und Utopie. (1929) Frankfurt a. M. 1985. Bloch und Mannheim verstehen das Utopische als emanzipative Kraft, die darauf gerichtet ist, die bestehenden Verhältnisse zu sprengen. Bloch beschreibt in *Das Prinzip Hoffnung* das Utopische als gesellschaftlichen Emanzipationsprozeß, der in der endgültigen Befreiung des Menschen mündet. Der Eintritt in die Utopie ist, wie es in der Schlußsequenz heißt, der Eintritt in das Reich der Freiheit als „gelungener Heimat", in der der Mensch zum ‚wahren Menschsein' befreit ist.

[11] Bloch, Ernst: Antizipierte Realität – Wie geschieht und was leistet utopisches Denken? In: ders.: Abschied von der Utopie? Frankfurt a. M. 1980. S. 101-115, S. 101.

[12] Ebd. S. 106.

[13] Krauss: Geist und Widergeist der Utopien, S. 769.

in der diese gegenüber den „undisziplinierten" und politisch ungerichteten Wunschträumen das Utopische als politisch eingreifenden Zukunftsentwurf zu monopolisieren versuchen[14] – nicht zuletzt, um sich der mobilisierenden Kraft des Utopischen für die Bewältigung aktueller Probleme zu versichern.

Als spezifische Form des Utopischen läßt sich die Utopie andererseits von anderen Formen des Utopischen abgrenzen. Die Differenzierung ist als heuristische zu verstehen. Empirisch ist man in der Regel, vereinfacht gesagt, mit hybriden Formen konfrontiert. Die Stärke einer solchen kategorialen Differenzierung liegt jedoch darin, mit ihr die jeweiligen Formen in ihren Bedingungen, Intentionen und Funktionen zu erfassen. So ist die Utopie erstens von religiösen Utopismen wie Paradiesmythen und eschatologischen und chiliastischen Heilserwartungen abzugrenzen – ihnen fehlt das für die Utopie konstitutive Moment der rationalen Begründung der Kritik und Alternative, die die Ursache und die Lösung für die diagnostizierten gesellschaftlichen Fehlentwicklungen im säkularen gesellschaftlichen Handeln des Menschen verortet.[15] Zweitens von der Science Fiction – in deren Mittelpunkt steht die Beschreibung (künftiger) technischer und wissenschaftlicher Möglichkeiten. Die gesellschaftlichen Probleme werden durch den Fortschritt von Wissenschaft und Technik gelöst, während die sozio-politischen Verhältnisse meist unangetastet bleiben. In der Utopie dagegen steht im Vordergrund die Änderung der sozio-politischen Verhältnisse, Wissenschaft und Technik kommt eine sekundäre Funktion zu.[16] Abzugrenzen ist die Utopie drittens von Volksutopismen wie Schlaraffenlandlegenden, der Erwartung eines gerechten Kaisers und den Geschichten vom edlen Räuber als Rächer der Entrechteten. Auch ihnen fehlen das Moment der rationalen Refle-

---

[14] Vgl. Münkler: Das Ende des Utopiemonopols, S. 213; ders.: Was für eine Zukunft?, S. 24.

[15] Vgl. zu Eschatologie und Chiliasmus als Formen des Utopischen und ihrer Abgrenzung von der Utopie u. a. Buber: Pfade in Utopia, S. 19ff.; Doren, Alfred: Wunschräume und Wunschzeiten. In: Neusüss, Arnhelm (Hrsg.): Utopie. Begriff und Phänomen des Utopischen. Frankfurt a. M., New York 1986. S. 123-177. Buber differenziert das Utopische, die „Sehnsucht nach dem Rechten", in die „religiöse Schau des Rechten" (Eschatologie) und die „philosophische Schau des Rechten" (Utopie). Dem korrespondiert die Unterscheidung Dorens zwischen Wunschzeiten, die auf chiliastischen Heilserwartungen gründeten, und Wunschräumen, die er als „utopisch-rationalistische Bildprojektionen" charakterisiert.

[16] Vgl. zur Science Fiction Friedrich, Hans-Edwin: Science Fiction in der deutschsprachigen Literatur. Tübingen 1995; Barmeyer, Eike (Hrsg.): Science Fiction. München 1972.

xion von Kritik und Gegenentwurf sowie die sozio-politische Konturierung der Alternative. Oftmals sind sie auch verknüpft mit religiösen Utopismen. Ebenso ist, bei aller Überschneidung, die Utopie analytisch zu trennen von teleologischen Geschichtsphilosophien und Sozialethiken, die als Erwartungshorizont die Konturen der künftigen respektive alternativen Gesellschaft zeichnen, sowie von politischen Manifesten und Reformprogrammen. Utopien sind Reflexionsmodelle, denen nicht beliebig jede rationale Zukunftsbeschreibung subsummiert werden kann. Sie sind einerseits komplexitätsreduziert, andererseits übersteigen sie den Horizont unmittelbarer Handlungserwartung.

Funktionen der Utopie

Der Utopie können in bezug auf das politische Denken verschiedene Funktionen zukommen.[17] Sie kann in der vom Autor intendierten Funktion bestehen oder das Ergebnis von Rezeptionsverläufen bilden – nicht selten sogar in kritischer Absetzung von der ursprünglichen Intention, etwa in Folge der Aktualisierung des überschießenden normativen Potentials der Utopie unter veränderten gesellschaftlichen Verhältnissen oder in einem neuen Adressatenkreis. Die Grundfunktion der Utopie ist die Kritik der zeitgenössischen sozio-ökonomischen, politischen und kulturellen Verhältnisse, entweder in direkter Form wie in Morus' *Utopia* oder vermittelt durch die Ordnung des Gegenbildes. Mit ihrer Kritik definieren die Utopien für ihre Ursprungsgesellschaft jene Fragen, die als defizitär empfunden werden, die den Zusammenhalt der Gesellschaft bedrohen. Utopien haben damit zweitens neben der Kritik- eine Signalfunktion. Sie wirken als Seismograph struktureller und normativer Fehlentwicklungen; beziehungsweise was als solche wahrgenommen wird. Aus ihrer Kritik und dem von ihnen als Alternative aufgestellten Ideal läßt sich drittens für die Utopie eine regulative Funktion gegenüber der Politik ableiten. Indem das utopische Ideal als hypothetischer Maßstab eingesetzt wird, vermitteln die Utopien Orientierungswissen zur Bewertung des gesellschaftlichen status quo und der im gesellschaftlichen und politischen Handeln angelegten Entwicklungspfade oder stellen bestehen-

---

[17] Vgl. zur Funktion der Utopie u. a. Elias; Mannheim; Münkler; Neusüss; Saage sowie Bermbach, Udo: Utopischer Minimalismus. In: ders.: Demokratietheorie und politische Institutionen. Opladen 1991. S. 257-276; Neumann, Franz (Hrsg.): Politische Theorien und Ideologien. Baden-Baden 1977; Nipperdey, Thomas: Die Funktion der Utopie im politischen Denken der Neuzeit. In: Archiv für Kulturgeschichte 44. Jg. (1962). S. 357-378; Seel, Martin: Drei Regeln für Utopisten. In: Merkur 55. Jg. (2001) H. 9/10. S. 747-755.

des Orientierungswissen auf die Probe. Die Stärke der Utopie liegt nicht zuletzt darin, daß sie dieses normative Orientierungswissen in eine anschauliche Form bringt, die der politischen Theorie nicht gegeben ist. Sie transformiert die Probleme des gesellschaftlich-politischen Systems und die Frage nach seiner Legitimierung auf die Ebene lebensweltlicher Alltagserfahrung.[18] Utopien popularisieren damit politische und soziale Ideen.

Utopien wurden von ihren Autoren immer wieder auch als konkrete Handlungsanweisung gedacht. Diese Intention trug der Utopie die meiste Kritik ein. Ihr politischer Holismus sei entweder naiv oder totalitär. Doch die Realisierbarkeit ist nicht der Maßstab, an dem die Utopie zu messen ist – auch wenn sie diese für sich in Anspruch nimmt. Der Anspruch ist, wo er erhoben wird, als Ausdruck der Herausforderung der Wirklichkeit zu analysieren. Es ist die historische Position der Utopie, von der aus sie spricht respektive gehört wird, die ausweist, ob ihre Aufklärung in Mobilisierung umschlägt. In bezug auf ihre historische Situation machen Utopien „mögliche Möglichkeiten" (Seel) sichtbar. Sie schaffen eine gesteigerte Anschauung des Möglichen. Das kann im Rahmen einer sozialen oder politischen Bewegung eine mobilisierende Kraft freisetzen, die die Utopie zur Praxis werden läßt – indem die Utopie zum Ziel avanciert oder aber indem sie die Ansprüche der Bewegung ins Bild faßt und präsent hält. Utopie wird hier zum Medium, in dem sich die Bewegung ihrer selbst und ihrer Ziele vergewissert. Sie wirkt sowohl nach innen, als Katalysator für Identitätsbildung und Mobilisierung, als auch nach außen im Anspruch, die Verhältnisse zu ändern.

Demgegenüber steht die Rücknahme der Utopie auf die Ebene politischer Reflexion. Schon bei Morus ist die Utopie kein Handlungs-, sondern ein Erkenntnismodell. Utopia ist ein Gedankenexperiment. In seinem Rahmen werden die Normen, die das gesellschaftliche und politische Handeln leiten sollen, einer Belastungsprobe unterzogen. Utopien sind Was-wäre-wenn-Experimente. Sie spielen Szenarien durch, um die Präzision normativer Erwartungen zu steigern. Mit ihnen läßt sich erörtern, was dem Menschen an gesellschaftlicher Ordnung zuträglich ist, ohne ihn in seiner Humanitas zu beschädigen.

---

[18] Vgl. Bermbach: Utopischer Minimalismus, S. 266.

Die Entwicklung der Utopie als Genre

Die Geschichte der Utopie im eingangs definierten Sinne beginnt im 16. Jahrhundert mit dem Humanismus der Renaissancezeit.[19] Ihr Ausgangspunkt ist die Säkularisierung mit der Selbstermächtigung des Menschen, sich und seine Stellung in der Welt in autonomer Entscheidung zu bestimmen. So heißt es bei Pico della Mirandola (1463-1494):

> „Also war [Gott] zufrieden mit dem Menschen als einem Geschöpf von unbestimmter Gestalt, stellte ihn in die Mitte der Welt und sprach ihn so an: ‚Wir haben dir keinen festen Wohnsitz gegeben, Adam, kein eigenes Aussehen noch irgendeine besondere Gabe, damit du den Wohnsitz, das Aussehen und die Gaben, die du selbst dir aussiehst, entsprechend deinem Wunsch und Entschluß habest und besitzest. Die Natur der übrigen Geschöpfe ist fest bestimmt und wird innerhalb von uns vorgeschriebener Gesetze begrenzt. Du sollst dir deine ohne jede Einschränkung und Enge, nach deinem Ermessen, dem ich dich anvertraut habe, selber bestimmen. […] Weder haben wir dich himmlisch noch irdisch, weder sterblich noch unsterblich geschaffen, damit du wie dein eigener, in Ehre frei entscheidender, schöpferischer Bildhauer dich selbst zu der Gestalt ausformst, die du bevorzugst.'"[20]

Der Mensch und seine soziale Umwelt werden aus göttlicher Vorbestimmtheit und Verfügungsgewalt herausgelöst. Die gesellschaftliche Ordnung ist nicht mehr gottgegeben, sie wird in die Hand des Menschen gelegt. Damit wird die Verbesserung der Welt als rationale (Um-)Gestaltung der Verhältnisse durch den Menschen denkbar.

Der zweite Grund für das Aufkommen der Utopie liegt im Niedergang des Aristotelismus.[21] Mit der Naturphilosophie der Renaissance zerfiel die von Aristoteles begründete Einheit von Faktizität und Normativität, die in der Materie selbst immer auch schon ihr Telos enthalten sah. In dem Maße, wie der Mensch die Natur als ohne ihr immanente eigene Zwecke begriff, die seiner Herrschaft über die Natur Grenzen setzen, sah er sich auch im Politischen frei, Zwecke und Ziele seiner Herrschaft autonom zu bestimmen. Die Normen politischer Herrschaft liegen nicht mehr wie bei Aristoteles als Telos in der Natur der Dinge,

---

[19] Im folgenden werden die für die Untersuchung zentralen Entwicklungen der Utopie skizziert; vgl. zur Geschichte der Utopie Saages vierbändige Utopiegeschichte *Utopische Profile* (Münster u. a. 2001ff.).
[20] Pico della Mirandola, Giovanni: Über die Würde des Menschen. (1496) Hamburg 1990, S. 5ff.
[21] Vgl. Münkler: Das Ende des Utopiemonopols, S. 209f.

sondern können nunmehr der Faktizität, dem Sosein der Verhältnisse, als utopischer Entwurf gegenüber treten – so wie mit Morus' *Utopia*.

Morus' *Utopia* (1516) ist der namensgebende und gattungsprägende Prototyp der Utopie. In ihrer Folge prägte sich das Muster der archistischen Raumutopie aus: der frühneuzeitliche Staatsroman. Ihr alternatives Gemeinwesen ist eine autarke, oft hermetisch nach außen abgeschlossene Gesellschaft, die zeitgleich zur Ursprungsgesellschaft an einem unzugänglichen Ort, meist einer fernen Insel, existiert. Sie ist bestimmt durch ein gleichsam geometrisches Harmonieideal. Von ihm ist die soziale Ordnung abgeleitet. Sie ist gekennzeichnet durch Antiindividualismus, Gleichheit im Rahmen einer ständisch fixierten sozialen Hierarchie, die sich als Kollektivität und Homogenität der Lebensweise äußert, Konfliktfreiheit sowie staatliche Reglementierung aller Lebensbereiche von der Wirtschaft über die Erziehung bis zur Sexualität. Das politische System beruht auf der autokratischen Herrschaft einer meritokratischen Elite. Die Ökonomie stellt eine auf die Grundbedürfnisse ausgerichtete agrarische Subsistenzwirtschaft dar und basiert in der Regel auf staatlichem Gemeineigentum. Ihr entspricht eine egalitäre Verteilung der Güter. Die Lebensweise ist von Einfachheit und Luxusverbot geprägt. Luxus und Reichtum sowie Müßiggang gelten als verachtenswert. Alle müssen arbeiten. Dadurch verringert sich die Arbeitszeit für den einzelnen auf wenige Stunden am Tag. Die gewonnene Freizeit wird zur Vervollkommnung des Menschen durch Bildung genutzt. Der rationalistischen Ordnung entspricht ein ebenso rationalistisches Menschenbild, das den Menschen als vernunftorientiert, konfliktfrei und sich dem überindividuellen Glücksideal einfügend beschreibt. Seine Tugendordnung spiegelt das Harmonieideal der utopischen Gesellschaft. Auf dieser Tugendordnung beruht die Stabilität der utopischen Gesellschaft, sie bildet die zweite Natur des ‚vernünftigen' Menschen. Dieser Neue Mensch wird durch Erziehung geschaffen; diese erhält eine konstitutive Funktion für die Idealgesellschaft.[22]

In Absetzung von dem Etatismus und dem rationalistischen Menschenbild der archistischen Staatsutopie bildete sich in der Folge der anthropologische Wende der Aufklärung die anarchistische Bon-Sauvage-Utopie aus.[23] Sie richtete sich zum einen als politische Kritik gegen den Absolutismus des Ancien

---

[22] Vgl. Oelkers, Jürgen: Bürgerliche Gesellschaft und pädagogische Utopie. In: ders. (Hrsg.): Aufklärung, Bildung und Öffentlichkeit. Pädagogische Beiträge zur Moderne. Weinheim, Basel 1992. S. 77-98.

[23] Vgl. Saage: Utopische Profile, Bd. 2.

régimes, zum anderen war sie mit ihrer Zeitdiagnose der Entfremdung und besitzindividualistischen Atomisierung der Gesellschaft als Zivilisationskritik gedacht. Die Bon-Sauvage-Utopie entwirft wie die archistische Utopie das Ideal einer harmonischen und konfliktfreien Gesellschaft. Aber sie verzichtet für diese auf Ordnung und Regulierung durch einen Staat. Gegen das rationalistische Menschenbild setzt sie den ‚guten Wilden' (bon sauvage): Der Mensch muß nicht durch Erziehung zur Tugendhaftigkeit gebracht werden. Er ist von Natur aus gut, Bildung deformiere seinen ‚natürlichen Instinkt' des Guten. Ist in der archistischen Utopie der Mensch von der Wiege bis zur Bahre in ein lückenloses System staatlicher Kontrolle eingebunden, ist die anarchistische Utopie frei von jeder Form institutioneller Herrschaft. An die Stelle des Staates treten kleine, dezentrale naturnahe Gemeinschaften. Der Kritik der Disziplinierung des Menschen durch Erziehung und Staat entspricht die Zurückweisung der Disziplinierung der Natur: Gegen die geometrische Architektur und Stadt als Ausdruck der rationalistischen Ordnung ist in der Bon-Sauvage-Utopie die nicht domestizierte Natur gesetzt. In der archistischen Renaissanceutopie mußte der Natur im Kampf gegen sie das Lebensnotwendige mühsam durch physische Arbeit abgerungen werden. In der Bon-Sauvage-Utopie versorgt die Natur den Menschen nach dem Automaton-Prinzip des Paradieses mit allem. Weder bedarf es der Beherrschung der Natur noch der Arbeitsorganisation und -disziplinierung durch staatliche Herrschaft über den Einzelnen.

Ende des 18. Jahrhunderts kommt es zur Ausbildung der Zeitutopie (Uchronie). Mit der zunehmenden geographischen Erkundung der Welt war es der Utopie nicht mehr möglich, „ungestraft ihr Versteckspiel auf fremden Boden"[24] zu betreiben. Die Utopien wechseln vom verborgenen Raum in die unbekannte Zeit. Sie verlegen die alternative Gesellschaft in die Zukunft. Der prototypische Text dafür ist Louis-Sébastien Merciers *Das Jahr 2440* (1771). Die „Verzeitlichung der Utopie"[25] bedeutet für sie die Konvergenz mit dem geschichtsphilosophischen Fortschrittsdenken. Die utopische Idealgesellschaft wird nicht mehr durch einen Herrscher konzeptionell gegründet. An seine Stelle tritt als Gründungsakt der Fortschritt als gerichtete, säkular-providentielle Geschichte.[26] Das verschiebt die Funktion für die Utopie: Sie ist nicht mehr nur

---

[24] Krauss: Geist und Widergeist der Utopien. S. 782.
[25] Koselleck, Reinhart: Die Verzeitlichung der Utopie. In: Voßkamp, Wilhelm (Hrsg.): Utopieforschung, Bd. 3. Frankfurt a. M. 1985. S. 1-14, S. 4.
[26] Vgl. Trousson, Raymond: Utopie, Geschichte, Fortschritt: Das *Jahr 2440*. In: Voß-

hypothetisches Ideal, das mit dem utopischen Spiel als regulatives Prinzip in die Politik eingebracht wird.[27] Als vorweggenommene Zukunft wird die in der Utopie dargestellte Gesellschaft zum geschichtsphilosophischen Erwartungshorizont. Dieser „Einbruch der Zukunft in die Utopie"[28] öffnet die Utopie in der Folge für praktische Reformprojekte sozial-utopischer Gemeinschaften, die die Transformation der Utopie in die Wirklichkeit beanspruchen. Getragen vom Fortschrittsoptimismus war man sich gewiß, das ideale Gemeinwesen im Hier und Jetzt in die Tat umsetzen zu können.

In der ersten Hälfte des 20. Jahrhunderts kommt es mit der negativen Utopie, der Dystopie, zum dialektischen Umschlag des utopischen Ideals. Was bislang als das Ziel „aller konstruktiven Bestrebungen des Menschengeschlechts ausgegeben wurde, begann sich [...] in sein Gegenteil zu verkehren".[29] Statt erhoffter Zukunftsbilder wurden nunmehr Schreckensszenarien einer total rationalisierten und kontrollierten Gesellschaft gezeichnet, in der der Einzelne zur anonymen Nummer reduziert ist. In diesem Wechsel schlägt sich die Krise des Fortschritts- und Technikoptimismus nieder. Der Glaube an ein unaufhörlich voranschreitendes zivilisatorisches Aufwärts war im Ersten Weltkrieg endgültig zerbrochen. Ebenso schwand der Glaube, daß sich die sozialen Probleme durch den Fortschritt von Wissenschaft und Technik lösen lassen, angesichts der Erfahrungen der durch Rationalisierung und Technik maßlos gesteigerten Enthumanisierung der Arbeit. Wissenschaft und Technik wurden selbst zum Problem, auf das die Utopie reagierte. Zwischen den Möglichkeiten technischer Naturbeherrschung und manipulativen Eingriffs in die Gesellschaft einerseits und der Verantwortungsfähigkeit des Menschen andererseits öffnete sich in der zeitgenössischen Wahrnehmung eine beunruhigende Diskrepanz, die zum utopischen Warnen Anlaß gab.[30] Nicht minder trugen auch die Erfahrungen mit dem im Namen der Utopie angetretenen sozialistischen Experiment zur Entzauberung des utopischen Ideals bei.

kamp, Wilhelm (Hrsg.): Utopieforschung, Bd. 3. Frankfurt a. M. 1985. S. 15-23, S. 21.
[27] Vgl. Frey, Northrop: Spielarten der utopischen Literatur. In: Manuel, Frank E. (Hrsg.): Wunschtraum und Experiment – Vom Nutzen und Nachteil utopischen Denkens. Freiburg 1970. S. 52-79.
[28] Koselleck: Die Verzeitlichung der Utopie, S. 1.
[29] Saage: Politische Utopien der Neuzeit, S. 335.
[30] Vgl. Elias: Thomas Morus' Staatskritik, S. 146.

Utopiegeschichtlich liegt dieser Entzauberung ein Perspektivwechsel zugrunde.[31] Der in der archistischen Utopie seit Morus tradierten Perspektive der Idealgesellschaft als Ordnungsgewinn wird die Perspektive von unten entgegengestellt. Mit ihr wird die Idealordnung von der Erfahrung des einzelnen her besichtigt. Was in der Vogelperspektive intellektueller Abstraktion als gesellschaftlicher Ordnungsgewinn erscheint, wird in der alltagsweltlichen Binnenperspektive zur repressiven Sozialdisziplinierung. Dieser Perspektivwechsel impliziert eine utopieimmanente Selbstkritik der Utopie in ihrer etatistischen Tradition.[32] Mit ihr wird sowohl die für die Utopie seit Morus verpflichtende Priorität des Ganzen vor dem Einzelnen revidiert als auch ihr rationalistischer Vernunftbegriff, der als instrumentell verkürzte Vernunft den Menschen omnipotenter Planbarkeit auslieferte. Auf dieser Selbstkritik der Utopie baut in der Folge die postmaterielle Erneuerung der Utopie Mitte des 20. Jahrhunderts[33] sowie ihre postmoderne Erneuerung Ende des 20. Jahrhunderts[34] auf.

Methodisches II: Untersuchungsgegenstand

Zeitliche Eingrenzung

Die Utopie im definierten Sinne beginnt in Rußland mit der Aufklärung im Gefolge Peters I. Mit „der Übernahme des Vernunftrechtes aus Westeuropa" setzte in Rußland ein „theoretisches Arbeiten über Probleme der Politik" ein.[35] Das daraus resultierende Politikverständnis bereitete zusammen mit dem aufklärerischen Anspruch der Vervollkommnung der Gesellschaft als Produkt säkularer Arbeit die spezifische geistesgeschichtliche Grundlage für die Utopie. Der aufgeklärte Absolutismus Peters I. selbst läßt sich schon als Utopie für Rußland verstehen. Peter I. entwarf seine Herrschaft als eine Neuordnung der russischen

---

[31] Vgl. Münkler: Das Ende des Utopiemonopols, S. 211.
[32] Vgl. Saage: Politische Utopien der Neuzeit, S. 335f.; Elias: Thomas Morus' Staatskritik, S. 146f.
[33] Vgl. dazu Saage: Politische Utopien der Neuzeit, S. 294-322.
[34] Vgl. dazu Saage: Utopieforschung, Bd. 2.
[35] Philipp, Werner: Historische Voraussetzungen des politischen Denkens in Rußland. In: Jablonowski, Horst/ u. a. (Hrsg.): Forschungen zur osteuropäischen Geschichte, Bd. 1. Berlin 1954. S. 7-22, S. 7; ebenso Scherrer, Jutta: Politische Ideen im vorrevolutionären und revolutionären Rußland. In: Fetscher, Iring/ Münkler, Herfried (Hrsg.): Pipers Handbuch der politischen Ideen, Bd. 5. München u. a. 1987. S. 203-282, S. 203.

Gesellschaft und des russischen Staates. Sie ist der dezidierte Gegenwurf zu den sozialen und politischen Verhältnissen des mittelalterlichen, moskowitischen Rußlands. Der Staatsutopismus Peters I. markiert daher den Beginn des Untersuchungszeitraums. Das Ende wird durch die Konsolidierung des Stalinismus Anfang der 1930er Jahre gesetzt. Mit ihm verschwindet in Rußland die Utopie als Forum sozio-politischer Alternativen. Über den Sozialismus und Kommunismus war, so das Selbstverständnis, utopisch nicht hinauszudenken.[36] Man verstand den Aufbau der kommunistischen Gesellschaft als Einlösung der utopischen Ideale einer vollkommenen Gesellschaft. Damit verlor die Utopie ihre Funktion als zeitkritischer Entwurf einer alternativen Gesellschaft. An die Stelle der Herausforderung der Gegenwart durch Kritik und Gegenentwurf trat für die Utopie eine „Didaktik der Vor- und Leitbilder".[37] Die Utopie wurde zur affirmativen Einübung in die kommunistische Zukunft. Sie illustrierte die Forderung an den einzelnen, sich als Neuer Mensch auszubilden, der sich mit der neuen Gesellschaft identifiziert und ihre Ziele und Normen verinnerlicht hat.

Das Verschwinden der Utopie als Medium der Kritik gesellschaftlicher Fehlentwicklungen zeichnet sich schon in der utopischen Massenliteratur der 1920er Jahre[38] ab. Die in ihnen entworfenen Gesellschaften sind nicht mehr als kritische Alternative zu einer als defizitär empfundenen Gegenwart gedacht. Sie extrapolieren die postrevolutionäre Gegenwart als Entfaltung des Kommunismus. In der propagandistischen Ausmalung des Kommunismus als idyllische nahe Zukunft lag angesichts des erst kurz zurückliegenden Bürgerkrieges und der Mangelerfahrungen des Kriegskommunismus sowie des utopischen Rückschritts der NEP eine wesentliche Funktion dieser utopischen Massenliteratur. Mit dem in der Folge des Schriftstellerkongresses 1934[39] zum Dogma erklärten Sozialistischen Realismus wurde deren Muster ideologisch kanonisiert. Die sowjetische Gegenwart galt als von der kommunistischen Zukunft durchdrungen. Die Aufgabe der Utopie als literarisches Genre könne daher nicht mehr das Entwerfen ferner Zukunftswelten sein – auch nicht kommunistischer. Sie habe

---

[36] Vgl. Krauss: Geist und Widergeist der Utopien, S. 798f.
[37] Vgl. Schaumann, Gerhard: Aspekte des Utopischen in der frühen russischen Sowjetliteratur. In: Zeitschrift für Slawistik 36. Jg. (1991) H. 2. S. 180-186, S. 185f.
[38] Stites spricht von über zweihundert utopischen und SF-Romanen in den 1920er Jahren (vgl. Stites, Richard: Fantasy and Revolution. In: Bogdanov, Alexander: Red Star. Bloomington 1984. S. 1-16, S. 14).
[39] Vgl. Schmitt, Hans-Jürgen/ u. a. (Hrsg.): Sozialistische Realismuskonzeptionen. Frankfurt a. M. 1974.

zu beschreiben, wie die schon in der kommunistischen Gegenwart enthaltene nahe Zukunft aussehen wird. Das ist der Bruch selbst mit der bolschewistischen Utopietradition Bogdanows.

In der Folge löste sich die Utopie in affirmativer und unpolitischer Science Fiction auf, der Wissenschaftlichen Phantastik (naučnaja fantastika). Ihre Aufgabe bestand in der Stalinzeit vor allem in der Erzeugung von Technik- und Wissenschaftsbegeisterung sowie der Stärkung der kommunistischen Zukunftsgewißheit. Sie hatte gleichsam einen Erziehungsauftrag, insbesondere gegenüber der Jugend. Ihr wurden die Funktionen zugeschrieben, Wissenschaft und Technik zu popularisieren und das Interesse an ihren Möglichkeiten zu wecken, mit ihrer spekulativen Phantasie die Wissenschaft zu inspirieren sowie die kommunistische Zukunft zu beschreiben.[40] Unter der Fortschreibung der soziopolitischen Verhältnisse der sowjetischen Gesellschaft malte die sowjetische Science Fiction die Möglichkeiten der wissenschaftlich-technischen Entwicklung als phantastische Realität aus. Jedoch nicht in freier Spekulation, die ins Irreale überschießt; sie verpflichtete sich dem Anspruch wissenschaftlicher Plausibilität. Ort und Zeit der Handlung bildete die gegenwärtige sowjetische Gesellschaft,[41] die prognostizierten wissenschaftlichen Entdeckungen und Erfindungen dienen ihrer Sicherung und ihrer Weiterentwicklung als unmittelbare Zukunft. Mit ihrem dem Abenteuerroman entlehnten Grundmuster[42] richtete sich die Science Fiction jener Zeit vor allem an die Jugend. In der Identifikation mit den Helden wurden die jugendlichen Leser gleichsam zu „Kundschaftern der Zukunft" (Schwartz), die mit ihrer Teilnahme am wissenschaftlich-technischen Fortschritt den Aufbau des Kommunismus sichern. Kurz gesagt, die Science Fiction der Stalinzeit wurde auf die Bestätigung der sowjetischen Gesellschaft im Hier und Jetzt verpflichtet.

---

[40] Vgl. Schwartz, Matthias: Im Land der undurchdringlichen Gräser. In: ders./ u. a. (Hrsg.): Laien, Lektüren, Laboratorien. Frankfurt a. M. u. a. 2008. S. 415-456, S. 419f.

[41] Der letzte sowjetische SF-Roman, in dem eine ferne kommunistische Zukunft entworfen ist, war Larris *Glückliches Land* von 1931 (Larri, Jan: Strana sčastlivych. Leningrad 1931). Danach wurden in der sowjetischen Science Fiction erst mit Efremovs *Andromedanebel* von 1957 (Jefremow, Iwan A.: Andromedanebel. München 1983) wieder eine ferne kommunistische Zukunft und Reisen zu anderen Sternen beschrieben (vgl. Schwartz, Matthias: Die Erfindung des Kosmos. Frankfurt a. M. u. a. 2003).

[42] Die stereotype Grundkonstellation besteht in einer Bedrohungssituation durch innere oder äußere Feinde oder die Natur, die von dem wagemutigen Held (meist in einer Gruppe) mittels der ‚phantastischen' Technik überwunden wird.

Die Funktion der Utopie als literarisch verfremdeter Gesellschaftskritik hingegen wurde nach dem Verschwinden der Utopie als kritisches Genre von der philosophischen Phantastik übernommen. Sie setzt in den 1920er Jahren ein, etwa mit den satirischen Grotesken Michail Bulgakows, beispielsweise *Hundeherz* (1925), in der er den Topos des Neuen Menschen dekonstruiert.[43] Ebenso Wladimir Majakowski, der in seinen phantastisch-satirischen Komödien *Die Wanze* (1929) und *Das Schwitzbad* (1930) die Gegenwart utopisch verfremdet der Kritik unterzieht.[44] Auch Andrej Platonows dystopische Parabel über die Revolution *Tschewengur* (1926-1929) ist hierzu zu zählen;[45] in mystischen und grotesken Bildern zeichnet er in dem Roman die bolschewistische Revolution als „apokalyptisches Drama".[46] An ihrem Beginn nahm die philosophische Phantastik gerade die durch die Realisierungsversuche der Utopie erzeugten Verhältnisse und deren Spannung zum Anspruch der Utopie in den Blick der Kritik. Sie bedient sich dabei der utopischen Muster oder bezieht sich auf diese. Unter dem Druck der Realismusdoktrin blieb die philosophische Phantastik jedoch marginal beziehungsweise als Samisdat- und Tamisdatliteratur auf den Untergrund und das Exil beschränkt – Platonows *Tschewengur* etwa erschien erst 1972 in Paris. Ihren Durchbruch als Massenliteratur erfuhr sie mit der Neuausrichtung der sowjetischen Science Fiction ab der Tauwetterzeit unter Chruschtschow. Im Anschluß an den polnischen Science Fiction-Autor Stanisław Lem kam es Mitte der 1960er Jahre zur Problematisierung der Verpflichtung der Science Fiction auf wissenschaftlich-technische Zukunftsprognostik. An deren Stelle trat die Frage nach der Stellung des (künftigen) Menschen gegenüber Wissenschaft und Technik sowie einer verwalteten Welt, so etwa in den Romanen Arkadi und Boris Strugazkis. Ihnen ging es nicht mehr um das Ausmalen idyllischer kommunistischer Zukunftswelten. Ihr Thema war die Bedrohung der Humanitas durch die technischen und gesellschaftlichen Entwicklungen des 20. Jahrhunderts.

---

[43] Bulgakow, Michail A.: Hundeherz. In: ders.: Gesammelte Werke, Bd. 6. Berlin 1994. S. 185-297.

[44] Majakowski, Wladimir: Die Wanze. In: ders.: Werke, Bd. 5. Frankfurt a. M. 1980. S. 129-178; ders.: Das Schwitzbad. In: ebd., S. 179-244.

[45] Platonow, Andrej: Tschewengur. Berlin 1990.

[46] Günther: Utopie nach der Revolution, S. 387; vgl. auch Saage: Utopische Profile, Bd. 4, S. 289ff.; Grübel, Rainer: Der heiße Tod der Revolution und das kalte Ende der sowjetischen Kommune. In: Baßler, Moritz/ u. a. (Hrsg.): Die (k)alte Sachlichkeit. Würzburg 2004. S. 41-59.

Nach dem Zusammenbruch der Sowjetunion kam es zum Wiederaufleben auch der politischen Utopie in Rußland. So bei Alexander Solschenizyn, seine Essays zur Zukunft Rußlands haben einen sichtlich utopischen Charakter.[47] Auch dem 1996 vom russischen Präsidenten Boris Jelzin initiierten Wettbewerb um eine neue sinnstiftende Staatsidee für Rußland eignet ein utopischer Geist.[48] Er zeigt sich insbesondere in der Auswahl des Siegerbeitrags. Der prämierte Beitrag Guri Sudakows, *Sechs Prinzipen des Russentums*, rekurriert dezidiert auf die utopischen Elemente der Slawophilen. Die Renaissance der politischen Utopie in Rußland nach 1990 wird im folgenden aber nur im Blick auf die Rezeption der analysierten Utopien einbezogen.

Inhaltliche Eingrenzung

Der inhaltlichen Bestimmung des Untersuchungsgegenstandes liegen entsprechend der Utopiedefinition folgende Kriterien zugrunde: 1.) die Dominanz der sozio-politischen Aussage, 2.) die plastische Darstellung der institutionellen und normativen Ordnung der utopischen Alternative, 3.) deren Verklammerung mit einer kritischen Zeitdiagnose, 4.) die rationale Begründung der Kritik und des Gegenentwurfes, 5.) der Bezug auf Rußland für Kritik und Gegenentwurf.

Von folgenden Bereichen des Utopischen wird daher der Untersuchungsgegenstand abgegrenzt: Science Fiction,[49] religiösen Utopismen in Form chiliasti-

---

[47] Solschenizyn, Alexander: Rußlands Weg aus der Krise. München u. a. 1990; ders.: Die russische Frage am Ende des 20. Jahrhunderts. München 1994; ders.: Kak nam obustroit' Rossiju. In: Literaturnaja gazeta 1990/ 38, Beilage.

[48] Vgl. Holm, Kerstin: Die Fünf-Millionen-Idee. In: F.A.Z. 04.02.1997; Smyshliaeva, Maria: Literatur auf Identitätssuche. In: Berliner Debatte Initial 23. Jg. (2012) H. 2. S. 91-98, S. 97 (Anm. 12).

[49] Vgl. zur russischen und sowjetischen Science Fiction Britikov, Anatolij F.: Russkij sovetskij naučno-fantastičeskij roman. Leningrad 1970 (mit ausführlicher Bibliographie); Földeak, Hans: Neuere Tendenzen der sowjetischen Science Fiction. München 1975; Jünger, Harri/ u. a. (Hrsg.): Geschichte der russischen Sowjetliteratur, Bd. 2. Berlin 1975, S. 295-307; Kasack, Wolfgang (Hrsg.): Science-Fiction in Osteuropa. Berlin 1984; McGuire, Patrick L.: Red Stars. Political Aspects of Soviet Science Fiction. Ann Arbor 1985; ders.: Russian SF. In: Barron, Neil (Hrsg.): Anatomy of Wonder. A Critical Guide to Science Fiction. New York u. a. 1987. S. 441-473; Menzel, Birgit: Die Transzendenz des Alltags: Trivialliteratur und Science Fiction in der sowjetischen Perestroika und postsowjetischen Zeit. In: Pietrow-Ennker, Bianka (Hrsg.): Kultur in der Geschichte Rußlands. Göttingen 2007. S. 315-332; Rewitsch, Wsewolod (Hrsg.): Prüffelder der Phantasie. Berlin 1987; Richter, Karl Ludwig: Zu einigen Problemen der Rolle, Funktion und Gestaltung von Wissenschaft und Technik in der phantastischen Literatur. Dresden 1972; Rullkötter, Bernd: Die Wissenschaftliche

scher, eschatologischer, messianischer und apokalyptischer Vorstellungen und Heilserwartungen,[50] vom Volksutopismus in Form von Legenden, Sagen, Märchen und Schlaraffenlandmythen,[51] sowie von den utopischen Vorstellungen der Slawophilen und der Eurasier. Der Slawophilismus und der Eurasismus weisen mit ihrer Ausmalung alternativer politischer und ökonomischer Verhältnisse zweifelsohne starke utopische Elemente auf. Sie werden daher mitunter als Utopie bezeichnet.[52] Sie sind jedoch in und ihrem Aussagegehalt primär Geschichtsphilosophie (Slawophilismus) und politische Ideologie (Eurasismus). Faßte man den Slawophilismus und den Eurasismus aufgrund ihrer utopischen Elemente als Utopie, würde der Utopiebegriff für die Analyse unscharf.

Das gilt ebenso für den sozial-ethischen Anarchismus Lew N. Tolstois (1828-1910). Auch dieser hat einen offenkundig utopischen Charakter. Tolstoi stellt der industriellen Zivilisation und dem Staat das Ideal einer agrarischen und anarchistischen Gemeinschaft entgegen.[53] Doch der utopische Charakter

Phantastik der Sowjetunion. Bern u. a. 1974; Schwartz, Matthias: Expeditionen in andere Welten. Köln u. a. 2014; ders.: Die Erfindung des Kosmos; ders.: Im Land der undurchdringlichen Gräser; Suvin, Darko: Die utopische Tradition der russischen Science Fiction. In: Polaris. Ein Science-fiction-Almanach 2. Jg. (1974). S. 209-247; ders.: Ein Abriß der sowjetischen Science Fiction. In: Barmeyer, Eike (Hrsg.): Science Fiction. München 1972. S. 318-339; ders.: Die Kritik der sowjetischen Science Fiction 1956-1970. In: Quarber Merkur 29 10. Jg. (1972) H. 1. S. 40-51.

[50] Vgl. zu den religiösen Utopismen in Rußland Heller, Leonid/ Niqueux, Michel: Geschichte der Utopie in Russland. Bietigheim-Bissingen 2003; Klibanov, Aleksandr I.: Narodnaja social'naja utopija v Rossii, XIX vek. Moskau 1978; Klibanov, Aleksandr I.: History of Religious Sectarianism in Russia, 1860s to 1917. Oxford u. a. 1982 (Klibanov geht insbesondere auf die sozial-utopischen Vorstellungen der Ketzerbewegung und des Sektierertums ein); Sarkisyanz, Emmanuel: Russland und der Messianismus des Orients. Tübingen 1955; sowie zu religiösen Landkommunen nach 1917 Red'kina, Olga Ju.: Sel'skochozjajstvenye rieliozyne trudovye kollektivy v 1917-m – 1930-m gody. Volgograd 2004.

[51] Vgl. zum Volksutopismus in Abgrenzung zu den „gelehrten Utopien" Čistov, Kirill V.: Der gute Zar und das ferne Land. Russische sozial-utopische Volkslegenden des 17.-19. Jahrhunderts. Münster u. a. 1998.

[52] Vgl. zum Slawophilismus als Utopie Walicki, Andrzej: The Slavophile Controversy. History of a Conversative Utopia in Nineteenth-Century Russia Thought. Oxford 1975; Heller/ Niqueux: Geschichte der Utopie, S. 158-174; zum Eurasismus als Utopie Wiederkehr, Stefan: Die eurasische Bewegung. Köln u. a. 2007; Wiederkehr sieht den Eurasismus der Zwischenkriegszeit als Gegenutopie zum Bolschewismus (S. 191).

[53] Vgl. zu Tolstojs sozial-ethischen Anarchismus als Utopie Doerne, Martin: Tolstoj und Dostojewskij. Zwei christliche Utopien. Göttingen 1969; Lindenau, Mathias: Requi-

Methodisches II: Untersuchungsgegenstand 27

sollte nicht darüber hinweg täuschen, daß Tolstois Anarchismus im Kern eine auf der Bergpredigt gründende Sozialethik ist. Für Tolstoi ergibt sich die gerechte Gesellschaft durch die individuelle moralische Selbstvervollkommnung mittels der radikalen, wörtlich genommenen Befolgung der Bergpredigt.[54]

Pjotr A. Kropotkins (1842-1921) kommunistischer Anarchismus[55] wird ebenfalls nicht als eigener Untersuchungsgegenstand einbezogen. Er ist zwar ohne Zweifel eine Utopie im Sinne der benannten Definition,[56] aber er ist als Lösungsvorschlag nicht primär auf Rußland bezogen.[57] Kropotkins kommunistischer Anarchismus entstand im Kontext der westeuropäischen sozialistischen Bewegung Ende des 19. Jahrhunderts als Gegenposition zum marxistischen Sozialismus.[58] Relevant für Rußland wurde er erst in der Rezeption. Kropotkins kommunistischer Anarchismus bildete eine der wesentlichen Inspirationsquellen für die russische anarchistische Bewegung und deren experimentellen Agrarkommunen unmittelbar nach der Revolution 1917.[59]

Zusammenfassend gesagt, Gegenstand der Arbeit sind politische und soziale Utopien von Peter I. bis zur Entstehung des Stalinismus. Betrachtet werden: Utopien in literarischer Form, die einen politischen Anspruch haben; Architektur und Stadtplanung, die auf die Umsetzung einer gesellschaftlichen Idealord-

---

em für einen Traum? Berlin 2007, S. 99-111. Lindenau charakterisiert Tolstojs Anarchismus als „agrar-spirituelle Utopie", er betont zu Recht, daß Tolstojs Ideal trotz der religiösen Fundierung ein rationaler, säkularer Gegenentwurf ist (S. 109).

[54] Neben den sozialkritischen Schriften beschreibt Tolstoj die moralische Selbstvervollkommnung als Weg zur gerechten Gesellschaft u. a. im Roman *Auferstehung* (1899) in der moralischen Läuterung des Fürsten Nechljudow, einschließlich der (anarchistischen) Kritik der russischen Gegenwart.

[55] Vgl. insbesondere Die Eroberung des Brotes (1892) und Gegenseitige Hilfe in der Tier- und Menschenwelt (1902).

[56] Vgl. Lindenau: Requiem für einen Traum?, S. 88-98; Saage: Utopieforschung, Bd. II, S. 101ff.; Weber, Petra: Sozialismus als Kulturbewegung. Düsseldorf 1989, S. 251.

[57] Die Versuche, Kropotkins Utopie auf Rußland zu beziehen (bspw. Wilden, Kurt: Die sozialwissenschaftlichen Lehren Kropotkins und die Theorie des Bolschewismus. Düsseldorf 1922; Naupert, Heinz: Die geistigen, politisch-rechtlichen und wirtschaftlichen Anschauungen Peter Kropotkins. Freiburg i. Br. 1942), sind so vage, daß sie nicht zu überzeugen vermögen.

[58] Vgl. Weber: Sozialismus als Kulturbewegung, S. 237-266 u. 309-323.

[59] Die charismatische Bedeutung Kropotkins für die russische anarchistische Bewegung zeigte sich nicht zuletzt in dem Trauerzug zu seinem Begräbnis am 13. Februar 1921 in Moskau: Mit mehreren zehntausend Teilnehmern wurde er zur letzten großen öffentlichen Manifestation der Anarchisten.

nung zielen wie die (geplanten) Stadtgründungen Peters I. und Katharinas II. sowie die auf die Schaffung einer sozialistischen Lebensweise bezogenen Stadt- und Architekturentwürfe der 1920er Jahre; die Experimente ‚gelebter Utopie' aus der Zeit nach der Oktoberrevolution, insbesondere die Entwürfe einer Neuen sozialistischen Lebensweise und die Kommunen als utopisch-experimentelle Gemeinschaften; die Utopien der russischen Avantgarde, wo sie über die Kunst hinaus ins Politische reichen. Den Abschluß bilden westliche Reiseberichte der 1920er und 1930er Jahre, in denen Sowjetrußland beziehungsweise die Sowjetunion als verwirklichte Utopie betrachtet wird. Mit ihnen schließt sich der Bogen zur Eröffnung der Utopie in Rußland durch den Staatsutopismus Peters I.: die Betrachtung Rußlands von außen als weltgeschichtlich ausgezeichneten utopischen Ort, an dem die erhofften oder befürchteten Utopien Wirklichkeit zu werden versprechen.

Darstellungsweise und Leitfragen

Ziel der Arbeit ist nicht die vollständige Beschreibung der russischen Utopien als eine Geschichte der Utopie in Rußland, sondern die Sichtung der Bedeutungspotentiale und Konstellationen der Utopie in Rußland. In Form von Fallstudien zu ausgewählten Utopien sollen zum einen die ideen- und sozialgeschichtlichen Herausforderungen dargestellt werden, auf die die Utopien reagieren, und zum zweiten ihre Funktionen und Wirkungen. Das heißt als Leitfragen: Auf welche Probleme und Fragen der russischen Gesellschaft intervenieren die Utopien? Worauf gründen sich ihre Lösungsvorschläge? Welche Intention liegt ihnen zugrunde: Sind sie als politisches und soziales Programm gedacht oder als Modell der Reflexion? An wen sind sie adressiert? Auf welcher Ebene greifen sie in die Wirklichkeit ein? Welche Wirkung entfalteten sie und was bedingte ihre Rezeption? Die Utopien werden damit vor dem Horizont ihrer Zeit analysiert und bewertet. Besonderes Augenmerk wird auf die Frage gerichtet, mit welchen Mitteln die utopische Aussage formuliert wird. Von daher sind Rückschlüsse auf Status und Intention der Utopie sowie den anvisierten Adressatenkreis zu ziehen.

Indem die Utopien als spezifische Interventionen auf konkrete historische soziale, politische und ideengeschichtliche Herausforderungen betrachtet werden, werden sie utopie- und ideen- sowie sozial- und kulturgeschichtlich verortet. Das bedingt für die Analyse eine interdisziplinäre Herangehensweise, die neben der Politischen Ideengeschichte sozialgeschichtliche, architektur- und

Methodisches II: Untersuchungsgegenstand 29

kunstgeschichtliche sowie literaturwissenschaftliche Zugänge einschließt. Die Fallstudien sind als chronologische Einzelporträts der Utopien angelegt. Die geschichtlichen Hintergründe zu den Utopien werden einleitend in historischen Kapiteln skizziert. Die zeittypischen Muster des utopischen Denkens in Rußland, so etwa die Popularisierung der Utopie Anfang des 19. Jahrhunderts und der frühsozialistische Utopismus der 1840er und 1850er Jahre, werden ebenfalls in Exkursen erläutert. Am Anfang der Einzelstudien steht jeweils die Verortung der Utopie im biographischen und Werkkontext, darauf folgt die inhaltliche Darstellung der Utopie, an sie schließt die Analyse entlang der Leitfragen an.

Ausgewählt für die Fallstudien wurden Utopien, die sich durch ein paradigmatisches Muster von Herausforderung und Intervention, utopiegeschichtliche Innovationskraft und eine herausgehobene Rezeptionsgeschichte auszeichnen. Diese Auswahl zielt weniger auf einen Kanon der Klassiker der russischen Utopie als primär auf Utopien, denen für das politische Denken in Rußland Schlüsselpositionen zukommen: Indem sie etwa zu Scheidepunkten der russischen Geschichte intervenierten (die Reformen Peters I., der Dekabristenaufstand 1825, die Großen Reformen 1855, die Oktoberrevolution 1917), utopiegeschichtlich traditionsbildend wirkten und damit zu immer wieder aktualisierten Referenzpunkten avancierten sowie sozial- und kulturgeschichtlich neue Handlungsoptionen und Rollenmuster eröffneten.

Mit der chronologischen Anordnung werden die utopiegeschichtliche Traditionsbildung in Gestalt gemeinsamer Topoi und Motive sowie der Dialog der Utopien, etwa die Kontroverse zwischen Tschernyschewski und Dostojewski, gezeigt. Um die Konkurrenzen und Zäsuren deutlich zu machen, ist die Darstellung in drei zeitliche Abschnitte gegliedert: *Utopie und Aufklärung* (18. Jahrhundert), *Utopie als Moderne und Gegenmoderne* (19. Jahrhundert) und *Utopie im Zeichen der Revolution* (20. Jahrhundert). Die Phasen umfassen jeweils gleichgelagerte Herausforderungen und ideengeschichtliche Konstellationen.

In der im dritten Teil *Utopie im Zeichen der Revolution* dargestellten Phase zeichnet sich das utopische Denken durch eine überwältigende Dichte und den gesteigerten Anspruch aus, als politisches Programm die Wirklichkeit umzugestalten. Das läßt sich nicht mehr in Form von Einzelporträts fassen. Um die utopischen Entwürfe und Experimente jener Zeit zu beschreiben, wird Bourdieus Theorie des literarischen Feldes herangezogen.[60] Analog Bourdieus Mo-

---

[60] Bourdieu, Pierre: Die Regeln der Kunst. Frankfurt a. M. 1999; ders.: Das literarische Feld. In: Pinto, Louis/ u. a. (Hrsg.): Streifzüge durch das literarische Feld. Konstanz

dell eines literarischen Feldes, in dem sich Autoren und literarische Gruppen mit ihren Texten als Stellungnahmen positionieren und um Definitionsmacht konkurrieren, werden die Utopien und ihre utopiegeschichtlichen Traditionsbezüge als Positionen und Strategien im Kampf um die Deutungsmacht über die Gestaltung der Zukunft analysiert.

Angesichts der trotz aller Eingrenzung verbleibenden Fülle an relevanten Utopien, gerade im 20. Jahrhundert, bleibt der Auswahl ein Quantum an Willkürlichkeit. Es kann berechtigt eingewendet werden, warum beispielsweise nicht auch auf Mereschkowskis[61] paternalistische und fortschrittskritische Utopie *Das irdische Paradies* (1903) eingegangen wird.[62] Immerhin eröffnet Mereschkowski mit ihr im russischen Utopiediskurs der Jahrhundertwende eine singuläre Position: Er verknüpft das Motiv des unschuldigen Paradieszustandes mit der sozialen Hierarchisierung der Gesellschaft nach dem Muster von Platons *Politeia* und einer eugenischen Sozialkontrolle auf rassentheoretischer Basis. Mereschkowskis Utopie ist utopiegeschichtlich auch insofern interessant, als er in ihr das Prinzip von Dostojewskis Großinquisitor, die Abnahme individueller Verantwortung und Freiheit zugunsten von kollektiver Sicherheit und Glück, zur positiven Utopie umformuliert.

Oder auch Florenskis[63] politisches Traktat *Mutmaßlicher Staatsaufbau in der Zukunft* (1933).[64] Eine Utopie, die sich schon durch ihre Entstehungsgeschichte

---

1997. S. 33-147. Bourdieus Feldtheorie soll damit nicht eins zu eins auf das utopische Denken übertragen werden. Das Streben nach Autonomie etwa, das Bourdieu als konstitutives Prinzip für das literarische Feld beschreibt, ist für das utopische Denken als Feld irrelevant. Es geht um die Bildung eines analogen Beschreibungsmodells, mit dem sich die utopischen Entwürfe als aufeinander bezogene Stellungnahmen zeigen lassen.

[61] Konstantin S. Merežkovskij – 1855-1921; Biologe. Nach der Oktoberrevolution 1917 emigrierte er in die Schweiz. Sein Bruder, der Schriftsteller Dmitrij S. Merežkovskij, gab zusammen mit Moeller van den Bruck die erste deutsche Dostoevskij-Werkausgabe im Piper-Verlag heraus.

[62] Mereschkowsky, Konstantin S.: Das irdische Paradies. Ein Märchen aus dem 27. Jahrhundert. Eine Utopie. Berlin 1903 (Neuauflage: Mereschkowskij, Konstantin S.: Das irdische Paradies oder ein Winternachtstraum. Ein Märchen aus dem 27. Jahrhundert. Basel 1997).

[63] Pavel A. Florenskij – 1882-1937; Mathematiker, Naturwissenschaftler, Kunsthistoriker sowie Theologe und Priester. Nach seiner Priesterweihe war er Dozent an der Geistlichen Akademie in Sergiev Posad, in den 1920er Jahren arbeitete er u. a. an der Kunsthochschule WChUTEMAS und am Staatl. Forschungsinstitut für Elektrotechnik. 1933 wurde er unter dem Vorwurf konterrevolutionärer Agitation zu Zwangsarbeit in Sibirien verurteilt und 1937 im Lager auf den Solovki-Inseln erschossen.

auszeichnet. Florenski war im Februar 1933 unter dem Vorwurf konterrevolutionärer Agitation von der Geheimpolizei, der GPU, verhaftet worden. In der Untersuchungshaft forderte ihn die GPU auf, aufzuschreiben, wie er sich die künftige Staatsverfassung Rußlands vorstelle. Man erwartete zweifelsohne ein Schuldbekenntnis Florenskis. Doch Florenski lieferte einen mehr als eigenwilligen Entwurf einer etatistischen, antiindividualistischen und antidemokratischen Sozialutopie, die die slawophile Sobornost-Tradition aktualisiert und von der Erwartung des nietzscheanischen Übermenschen als charismatischen, nur sich selbst verantwortlichen Führer geprägt ist. Die Liste der fehlenden Utopien ließe sich fortsetzen. Als Entgegnung kann nur noch einmal darauf verwiesen werden, daß das Anliegen dieser Arbeit nicht die vollständige Darstellung der russischen politischen Utopien ist, auch nicht des Kanons. Es geht um das exemplarische Herausarbeiten der Herausforderungen, Bedingungen und Funktionen der Utopie in Rußland. Die Auswahl ist daher auf die Utopien beschränkt, die den russischen Utopiediskurs maßgeblich prägten.

Zur Schreibweise der russischen Namen, Begriffe und Titel

Die russischen Namen, Begriffe und Titel werden im Text nach der auf der Lautumschrift beruhenden Duden-Regel wiedergegeben. In den Anmerkungen und im Literaturverzeichnis wird für die Namen sowie den Nachweis der russischen Literatur die wissenschaftliche Bibliothekstransliteration verwendet. In Zitaten und Literaturangaben wird die jeweilige Schreibweise der russischen Namen und Begriffe beibehalten. Es kommt daher in einigen Fällen zu mehreren Schreibweisen – zum Beispiel Dostojewski, Dostojewsky, Dostoyevsky und Dostoevskij.

Forschungsstand

Die Forschung zur russischen Utopiegeschichte ist disparat. Einige Autoren, Utopien und Einzelaspekte sind vielfach analysiert und umfänglich dokumentiert: so die historisch exponierten Klassiker Samjatin, Tschernyschewski und Bogdanow, der Topos des Neuen Menschen, die Rezeption der frühsozialisti-

---

[64] Florenskij, Pavel: Predpolagaemoe gosudarstvennoe ustrojstvo v buduščem. In: ders.: Sočinenija, Bd. 2. Moskau 1996. S. 647-681. Der Text wurde erstmalig 1991 aus dem Nachlaß in der Zeitschrift *Literaturnaja učeba* veröffentlicht (Heft 3, S. 96-111).

schen Utopien durch die russische Intelligenzija, der utopische Aufbau einer neuen Gesellschaft nach der Oktoberrevolution, das Utopische in der Kunst der russischen Avantgarde sowie die russische Science Fiction.[65] Andere Bereiche hingegen sind bislang nur marginal erschlossen. Das betrifft vor allem die Utopien des 18. Jahrhunderts, für das 19. Jahrhundert und für den Beginn des 20. Jahrhunderts die Masse der Utopien neben den Klassikern – etwa die Dekabristen und ihre utopischen Manifeste, die utopische Massenliteratur der 1840er bis 1860er Jahre sowie, um nur einige zu nennen, die Utopien Brjussows, Mereschkowskis, Tschajanows, Gastews, Preobrashenskis, Platonows. Ebenso die Experimente gelebter Utopie in Form von Agrarkommunen, beispielsweise im Anschluß an Tolstoi oder die anarchistischen Agrarkommunen. Auch die Schul- und Jugendkommunen der 1920er Jahre sind bislang wenig utopiegeschichtlich aufgearbeitet. Fast zu vernachlässigen ist im Vergleich zur Erforschung der westlichen Utopien die Zahl utopiegeschichtlicher Studien, die den russischen Utopiediskurs unter einzelnen Topoi und Aspekten betrachten wie Geschlechterbeziehungen, Menschenbild, Religion, Erziehung, Staat.[66]

Wo die russischen Utopien im nennenswerten Maße erschlossen sind, sind sie es zumeist von mehreren Disziplinen aus: politische Ideengeschichte, Osteuropageschichte, Literaturwissenschaft, Kunstgeschichte, Architekturgeschichte und Religionswissenschaft. Der Schwerpunkt liegt dabei in der slawistischen Literaturwissenschaft und der Osteuropageschichte. Politik- und sozialwissen-

---

[65] Vgl. zum Topos des Neuen Menschen Bochow, Jörg: Vom Gottmenschentum zum Neuen Menschen. Trier 1997; Gaßner, Hubertus: Der neue Mensch. Zukunftsvisionen der russischen Avantgarde. In: Müller-Tamm, Pia/ u. a. (Hrsg.): Puppen, Körper, Automaten – Phantasmen der Moderne. Köln 1999. S. 160-175; Hagemeister, Michael/ u. a: Utopien der Revolution. In: Haumann, Heiko (Hrsg.): Die Russische Revolution 1917. Köln u. a. 2007. S. 131-141; Müller, Derek: Der Topos des neuen Menschen in der russischen und sowjetrussischen Geistesgeschichte. Bern 1998; Novack, Joseph: Homo Sowjeticus. Bern u. a. 1962; Plaggenborg, Stefan: Revolutionskultur. Köln u. a. 1996; Scheibert, Peter: Der Übermensch in der russischen Revolution. In: Benz, Ernst (Hrsg.): Der Übermensch. Stuttgart 1961. S. 179-196; ders.: Die Besiegung des Todes. In: Müller, Gerhard/ u. a. (Hrsg.): Glaube, Geist, Geschichte. Leiden 1967. S. 431-447; ders.: Revolution und Utopie. In: Barion, Hans/ u. a. (Hrsg.): Epirrhosis, Bd. 2. Berlin 1968. S. 633-649; Sinjawski, Andrej: Der Traum vom neuen Menschen. Frankfurt a. M. 1989. Tetzner, Thomas: Der kollektive Gott. Göttingen 2013. Zu den einzelnen Utopien und Bereichen des utopischen Denkens Angaben jeweils in den Kapiteln.

[66] Bspw. Shaw, Nonna D.: The soviet state in twentieth-century utopian imaginative literature. Bloomington (Indiana) 1961.

schaftliche Herangehensweisen bilden die Minderheit. Infolgedessen dominiert ein weiter Utopiebegriff, der insbesondere auch Religions- und Geschichtsphilosophie einschließt. Studien, die vom klassischen Utopiebegriff ausgehen, wie ihn Elias und Saage im Rekurs auf Morus' *Utopia* definierten, sind in der Minderzahl.

Im folgenden sollen die wesentlichen übergreifenden Darstellungen zur russischen Utopiegeschichte vorgestellt werden. Der Fokus liegt dabei auf dem verwendeten Utopiebegriff. Nicht berücksichtigt werden Studien, die mit einem religiösen Utopiebegriff arbeiten, wie etwa Zenkowskis *Der Geist der Utopie im russischen Denken*.[67]

Die bislang umfassendste Darstellung des russischen utopischen Denkens ist Hellers und Niqueux' 1995 auf französisch und 2003 in deutscher Übersetzung erschienene *Geschichte der Utopie in Rußland*.[68] Heller und Niqueux gehen von einem sehr weiten Utopiebegriff aus.[69] Präziser wäre für ihr Buch von einer Geschichte des Utopischen zu sprechen. Der zeitliche Rahmen erstreckt sich vom 10. Jahrhundert bis zum Ende des 20. Jahrhunderts. In den Blick genommen werden nicht nur die Utopie im engeren Sinne, sondern ebenso ihre Vorgeschichte und ihr Diffundieren in Geschichtsphilosophie, Ethik, Science Fiction sowie sämtliche Spielarten religiösen Utopismus. Heller und Niqueux span-nen den Bogen von messianischen, chiliastischen und eschatologischen Vorstellungen, volkstümlichen Paradiesmythen, quasi-utopischen Gemeinden religiöser Sekten wie den Duchoborzen über den Staatsutopismus der russischen Autokratie in der Folge von Peter I. und Katharina II., die Utopie im klassischen Sinne bis zur anarchistischen Sozialethik Tolstois, der slawophilen und neoslawophilen Geschichtsphilosophie und dem Panslawismus. Die Materialfülle ist immens und erschließt erstmals für die deutschsprachige Utopieforschung das gesamte Spektrum des Utopischen in Rußland. Der Preis ist allerdings eine sehr verknappte Darstellung der Utopien, mitunter ist sie auf wenige Sätze zum Inhalt beschränkt und geht wenig auf die jeweiligen sozial- und ideengeschichtlichen

---

[67] Zenkovskij, Vasilij V.: Der Geist der Utopie im russischen Denken. In: Orient und Occident Heft 16 (1934): Utopie und Apokalypse im russischen Denken. S. 23-31. Zenkovskij definiert das utopische Denken als „spezifische Art der Erkrankung des christlichen Geistes" (S. 23); in diesem Sinne sei der „russische Utopismus [...] ein Symptom für eine seelische Erkrankung" (S. 31).

[68] Heller/ Niqueux: Geschichte der Utopie.

[69] Vgl. zur Kritik an Hellers und Niqueux' Ansatz Saage: Utopieforschung, Bd. II, S. 135 sowie Vöhringers Rezension.

Voraussetzungen ein. Ein weiterer Nachteil des weiten Utopiebegriffs ist, trotz der thematischen Gliederung, die die chronologische ergänzt, bleiben die Entwicklungslinien des utopischen Denkens Rußlands diffus. Weil alles Utopie ist, verschwimmen die Unterschiede in den Bedingungen und Funktionen zwischen der Utopie als Entwurf rationaler sozio-politischer Alternativen, utopisierender Geschichtsphilosophie, den religiösen Utopismen (Chiliasmus, Eschatologie, Messianismus) und sozial-utopischer Volksmythologie.[70]

Von einem wesentlich engeren Utopiebegriff geht Swjatlowski in seinem Überblick zum russischen utopischen Roman aus.[71] Indem er sich auf Utopien in Romanform beschränkt, bleibt er im Rahmen der klassischen Utopie; aus seinem Untersuchungsraster fällt sogar Radischtschews Utopie heraus, weil sie nicht dem Muster des Staatsromans entspricht. Nach knappen Vorbemerkungen zur allgemeinen Utopiegeschichte seit Morus als Vorgeschichte des Sozialismus stellt Swjatlowski die Utopien Schtscherbatows, Cheraskows, Emins, Bulgarins, Weltmans, Odojewskis, Tschernyschewskis und Bogdanows vor.

In dem 1969 unter der Leitung von Pruzkow herausgegebenen Band *Die Ideen des Sozialismus in der russischen klassischen Literatur*[72] zeigt sich exemplarisch die Neubewertung der Geschichte des utopischen Denkens in der sowjetischen Forschung, die in den 1960er Jahren einsetzte. Sie revidierte die während der Stalinzeit vorherrschende negative Bewertung des utopischen Denkens als „kleinbürgerliche" und „antimarxistische" Ideologie. Die Autoren und Autorinnen des Bandes fassen, wie schon Swjatlowski sowie generell die sowjetische Utopieforschung, die Utopien als Teil beziehungsweise Vorläufer des sozialistischen Denkens auf. Im ersten Kapitel thematisieren Lure, Tschistow und Anikin die Quellen des sozial-utopischen Denkens in Rußland, unter anderem die sozial-utopischen Volksmythologien. Im zweiten Kapitel wird die Entwicklung von den sozial-politischen Utopien des 18. Jahrhunderts zur Idee des Sozialismus am Beginn des 19. Jahrhunderts beschrieben (Serman). Im dritten zeichnet Kuprejanowa die Ausbreitung der frühsozialistischen Ideen in der russischen Literatur der 1830er, 1840er Jahre nach. Die folgenden Kapitel

---

[70] Das Dilemma der weiten Definition zeigt sich prompt in Koenens Rezension (vgl. Koenen, Gerd: Macht der Utopie – Utopie der Macht. In: Neue Zürcher Zeitung, vom 11. September 2004).

[71] Svjatlovskij, Vladimir: Russkij utopičeskij roman. Petrograd 1922.

[72] Pruckov, Nikita I. (Hrsg.): Idei socializma v russkoj klassičeskoj literature. Leningrad 1969.

widmen sich einzelnen Autoren: Herzen (Poroch), Tschernyschewski (Lotman), Saltykow-Schtschedrin (Buschmin), Tolstoi (Kuprejanowa) und Dostojewski (Pruzkow). Deren Werke werden auf ihren utopischen Charakter hin diskutiert sowie auf ihre Positionierung zum Sozialismus. Die innovative Bedeutung des Bandes für die sowjetische Utopieforschung zeigt sich unter anderem in der Neubewertung von Tschernyschewskis Utopie *Was tun?* (1863): Erstmals seit Lunatscharskis Charakterisierung von *Was tun?* als Utopie wird Tschernyschewskis Roman wieder in den utopiegeschichtlichen Kontext gestellt.[73]

Schestakow geht in seinen Arbeiten zur russischen Utopiegeschichte vom klassischen Begriff der literarischen Utopie aus. In seiner Anthologie russischer Utopien[74] stellt er den Kanon der literarischen sozialen Utopie in Rußland vor: beginnend im 18. Jahrhundert (Schtscherbatow) bis zum Beginn des 20. Jahrhunderts (Bogdanow). In dem Abriß *Eschatologie und Utopie*[75] bezieht er neben den Utopien auch Science Fiction und eschatologische Visionen ein. Eschatologie und Utopie werden dabei als eigenständige Formen des Utopischen unterschieden und in separaten Kapiteln behandelt. Die Arbeit ist als chronologischer Überblick angelegt, der Schwerpunkt liegt auf der Beschreibung der Utopien beziehungsweise Eschatologien und dem Herausarbeiten der Traditionen innerhalb des russischen utopischen Denkens. Für die Utopie beginnt Schestakow mit Radischtschew und folgt dann wie in seiner Anthologie dem Kanon: Bulgarin, Odojewski, Tschernyschewski, Brjussow, Samjatin etc. Die russische Science Fiction stellt er als Erbe der Utopie in Rußland heraus, die deren Traditionen weiterführte. Für die 1920er Jahre beschreibt er in diesem Sinne die Entwicklung des „sozialistisch-phantastischen Romans" als eigenes Genre, das euphorisch die kommunistische Zukunft ausmalt. Er charakterisiert es als Massenliteratur mit sichtlicher Tendenz der Trivialisierung. In den 1930er Jahren bricht das Genre jedoch in sich zusammen – auch aus politischen Gründen. Von der philosophischen Phantastik werden die Traditionen der vorsowjetischen russischen Utopie dann erneut aufgegriffen; als Beispiel nennt Schestakow die utopisch-phantastischen Romane der Strugazkis. Hatte die Science Fiction der

---

[73] Vgl. Günther, Hans: Aspekte und Probleme der neueren Utopiediskussion in der Slawistik. In: Voßkamp, Wilhelm (Hrsg.): Utopieforschung, Bd. 1. Frankfurt a. M. 1985. S. 221-231, S. 225.
[74] Šestakov, Vjačeslav P. (Hrsg.): Russkaja literaturnaja utopija. Moskau 1986.
[75] Šestakov, Vjačeslav P.: Ėschatologija i utopija (Očerki russkoj filosofii i kul'tury). Moskau 1995.

1920er Jahre in Gestalt der kommunistischen Zukunftsromane einen affirmativen Charakter, ist die philosophische Phantastik von einem kritischen Hinterfragen der utopischen Zumutung und Erfahrungen bestimmt – bis hin zur politischen Opposition.

Neuenschwander geht in seiner komparatistischen Studie zur Utopie in Rußland Ende des 18./ Anfang des 19. Jahrhunderts wiederum vom klassischen Utopiebegriff aus.[76] Er vergleicht die Utopien Schtscherbatows, Ulybyschews, Bulgarins und Odojewskis thematisch unter den Aspekten Menschenbild, Natur und Landschaft, Erziehung, Staat, Familie, Religion sowie Wissenschaft und Technik. Er bezieht dabei die Aussagen der untersuchten russischen Utopien immer wieder zurück auf den klassischen (westlichen) Utopiediskurs.

Boden richtet seine Betrachtung der utopischen russischen Literatur des 18. und 19. Jahrhunderts[77] auf die „sozial-politischen Züge", er bezieht sich auch auf das klassische Utopiemuster. Er problematisiert eingangs für den russischen Utopiediskurs die Unterscheidung zwischen einem intentionalen Utopiebegriff, der Dostojewskis Goldenes Zeitalter einschließen würde, und einer streng formalen Definition, die das Muster des Staatsromans für verbindlich erklärt. Boden setzt, wie auch Swjatlowski und Neuenschwander, als Beginn der Utopie in Rußland Schtscherbatows *Reise ins Land Ophir*. Als Entwurf rationaler soziopolitischer Alternativen zeige sich die Utopie in Rußland im Gefolge der Aufklärung ab Peter I. Ausgehend vom Kanon der russischen Utopien skizziert Boden die Linien der Utopiegeschichte bis zu Odojewski. Tschernyschewskis Utopie und der frühsozialistische Utopismus in Rußland werden nur noch als Ausblick angeführt, daß mit ihnen die Utopie die Ebene des intellektuellen Spiels verlasse und zur Wirklichkeit dränge. Die russischen Utopieklassiker (Schtscherbatow, Ulybyschew, Bulgarin, Odojewski) werden ausführlicher dargestellt und sozial- und ideengeschichtlich eingeordnet, die Utopien unterhalb der Klassikerebene als Diskurs in ihren Hauptmerkmalen zusammengefaßt.

Suvin, Rullkötter und Richter zeichnen anhand der Darstellung ausgewählter Utopien die russische Utopiegeschichte ab Schtscherbatow (Suvin) bezie-

---

[76] Neuenschwander, Dennis Bramwell: Themes in Russian Utopian Fiction: A Study of the Utopian Works of M. M. Shcherbatov, A. Ulybyshev, F. V. Bulgarin, and V. F. Odoevskij. Syracuse (N. Y.) 1974.

[77] Boden, Dieter: Sozial-Politische Züge in russischen utopischen Erzählwerken des 18./ 19. Jahrhunderts. In: Engel-Braunschmidt, Annelore/ u. a. (Hrsg.): Korrespondenzen. Festschrift für Dietrich Gerhardt. Giesen 1977. S. 36-50.

hungsweise ab Radischtschew als Vorgeschichte der russischen respektive sowjetischen Science Fiction nach.[78] Sie gehen dafür von einem Utopiebegriff in der Tradition der klassischen literarischen Utopie aus. Suvin subsummiert allerdings die Utopie dem Science Fiction-Begriff: Er bezeichnet die Utopie als „soziale" und als „utopische Science Fiction". Sein Fokus liegt auf der Rolle von Technik und Wissenschaft in den jeweiligen Utopien. Er bindet dabei die russischen Utopien an die formalen Entwicklungen des westlichen Utopiediskurses zurück. Seine Darstellung, die den Bogen bis Ende der 1960er Jahre spannt, holt am weitesten aus. Er bezieht auch Dostojewskis Utopiekritik und eschatologische Gegenutopie zu Tschernyschewskis *Was tun?* ein, zeichnet den russischen Utopiediskurs um die Jahrhundertwende nach – mit den Dystopien Brjussows und dem Übergang der Utopie in die Science Fiction, markiert die Schnittstellen von Utopie, Science Fiction und der philosophischen Phantastik und skizziert, welche Funktionen der Science Fiction ab den 1920er Jahren zukamen. Leider ist Suvins Überblicksdarstellung kein Literaturverzeichnis beigefügt; das hätte es erleichtert, die Fülle der in ihr aufgeführten Autoren und Utopien zu erschließen. Rullkötters Spektrum ist wesentlich schmaler als das Suvins. Er zeichnet statt dessen für die ausgewählten Utopien beziehungsweise die Science Fiction stärker den geschichtlichen Kontext nach. Von ihm aus bestimmt er die jeweils intendierten Funktionen der Utopien und Science Fiction. Das gilt ebenso für Richter.

In seiner vierbändigen Utopiegeschichte *Utopische Profile* geht Saage auch auf die russische Utopiegeschichte ein. Er konzentriert sich auf die dezidiert politischen Utopien, die dem klassischen Utopiemuster folgen: Schtscherbatow und Radischtschew für das 18. Jahrhundert,[79] für das 19. Jahrhundert Odojewski, Tschernyschewski und als dessen Kontrahent Dostojewski,[80] für das 20. Jahrhundert Bogdanow, Samjatin, Tschajanow, Preobraschenski, Alexej Tolstoi und Platonow. Als Exkurs zum „sozial-philosophischen Diskurs" und „to-talitären Experiment" erörtert er, inwiefern der Stalinismus mit den Katego-

---

[78] Suvin: Die utopische Tradition der russischen Science Fiction; ders.: Ein Abriß der sowjetischen Science Fiction; Rullkötter: Die Wissenschaftliche Phantastik der Sowjetunion; Richter: Zu einigen Problemen der Rolle, Funktion und Gestaltung von Wissenschaft und Technik in der phantastischen Literatur, untersucht an ausgewählten Werken der sowjetischen Phantastik.
[79] Saage: Utopische Profile, Bd. 2, S. 307-311.
[80] Saage: Utopische Profile, Bd. 3, S. 281-290.

rien der Utopie erfaßt werden kann.[81] Er fragt für die vorgestellten Utopien insbesondere nach ihrer Verortung im universellen Utopiediskurs: Wo schließen sic an diesen an? Wie transformieren sie das allgemeine Utopiemuster in den russischen Kontext? Welche innovativen Rückkopplungen gibt es von ihnen in den universellen Utopiediskurs?

Tschistow betrachtet in seiner Untersuchung sozial-utopischer Volkslegenden[82] einem Bereich des Utopischen, der gleichsam der Gegenpart zu den „gelehrten Utopien" des klassischen Utopiediskurses ist. Tschistow grenzt ihn als „Volksutopismus" explizit von den Utopien in der Tradition von Morus ab, um seine spezifischen historischen Bedingungen und Funktion herauszuarbeiten. Dieser Bereich des utopischen Denkens wird im folgenden nicht einbezogen, daher soll hier kurz auf Tschistows Studie eingegangen werden. Ihren Gegenstand bilden zwei Typen sozial-utopischer Volkslegenden: „zum einen Vorstellungen von einem ‚fernen Land' oder weit entfernten Städten und Inseln, wo statt feudaler und staatlicher Unterdrückung Freiheit, phantastischer Reichtum und paradiesischer Überfluß herrschen. Im Bewußtsein der unterdrückten leibeigenen Bauern und Kosaken lagen diese Zufluchtsstätten ‚hinter den Meeren, den Bergen, den Wäldern', im Norden, in ‚Belovod'e', in Sibirien, hinter dem Ural oder in Ägypten, Indien, China etc. Zum anderen handelt es sich um das Motiv des ‚guten Zaren oder Zarewitsch' als ‚zurückkehrenden Befreier'." (S. 5) In den beiden Hauptteilen seiner Studie beschreibt Tschistow anhand einer gewaltigen Materialmenge die charakteristischen Variationen der beiden Legendentypen (Inhalt, Struktur, Genese, Verbreitung), typisiert sie und verortet sie jeweils im sozialgeschichtlichen und politischen Kontext.

Trotz des ohne Zweifel starken Einflusses von Paradiesmotiven, der Mythen vom Goldenen Zeitalter und Schlaraffenland sowie Heiligenlegenden sieht Tschistow in den sozial-utopischen Legenden vom fernen Land und vom wiederkehrenden Zaren als Befreier einen eminent politischen Charakter im Sinne der Utopie: „In den sozial-utopischen Legenden spiegelt sich die sozialhistorische Erfahrung des Volkes wider [...]. Diese Legenden werden von der Energie der Verzweiflung und dem Wunsch, diese zu überwinden, hervorgebracht." (S. 15) Den sozial-utopischen Legenden kam, so Tschistow, unter den

---

[81] Saage: Utopische Profile, Bd. 4, S. 51-71 (Bogdanov), 97-120 (Zamjatin), 277-292 (Čajanov, Preobraženskij, Tolstoj, Platonov) u. 528-541 (Stalinismus).

[82] Čistov: Der gute Zar und das ferne Land (Original: *Russkie narodnye social'no-utopičeskie legendy XVII-XIX vv.* Moskau 1968).

russischen Bauern eine politische Mobilisierungsfunktion zu: „Sie wurden nicht einfach zum Vergnügen oder Zeitvertreib erzählt. Vielmehr verließen die Bauern im festen Glauben an die Legenden ihre gepflügten Äcker und die Gräber ihrer Vorfahren und machten sich auf die Suche nach dem gelobten Land, oder sie griffen zu den Waffen und erhoben sich, um einen Samozvancen[83] zu unterstützen, der für sie die Verkörperung des ‚Erretters' war. Die Handlungen der Bauern, die das ‚ferne Land' suchten, und die Handlungen der Truppen, die den ‚Samozvancen' folgten, führten ihrerseits sofort zu neuen ‚Gerüchten' […] wurden in Legenden verarbeitet" (S. 18). Der sozial-utopische Charakter dieser Legenden bestehe insbesondere darin, daß ihnen – im Unterschied zu anderen volkstümlichen Legenden wie vom guten Zaren, edlen Räubern und Heiligen, die durch Wohltaten das Elend der Bauern erleichtern – die Idee der Umgestaltung der sozialen, politischen und wirtschaftlichen. Ordnung zugrunde liege.[84] „Die Legenden sind utopisch, weil ihnen das Bild eines idealen Staates ohne Staat oder eines Zarentums mit einem Zaren an der Spitze, der im Grunde kein Zar mehr ist, gezeichnet wird. Diesen Staat stellte man sich als eine soziale Struktur ohne Struktur vor, als Gesellschaft gleichgestellter kleiner Produzenten" (S. 282).

In diesem Sinne sieht Tschistow die von ihm untersuchten beiden Legendentypen als Ausdruck eines bestimmten Niveaus „der Auseinandersetzung der russischen Bauernschaft mit der feudalen Ordnung […]: den offenen politischen Kampf (Aufstände) und die Abwanderung, Flucht in nicht erschlossene und noch keiner feudalen Macht unterworfenen Gebiete" (S. 281). So tauchen die ersten Legenden vom Zaren als Befreier mit der Fixierung der Leibeigenschaft im 17. Jahrhundert auf und sie verschwinden rasch nach der Bauernemanzipation 1861, danach „erweisen sie sich als nicht mehr produktiv" (S. 186). Ebenso nahmen mit der zunehmenden Erschließung Sibiriens und der staatlichen Lenkung der Bauernflucht zur Siedlungsbewegung die Legenden vom fernen Land

---

[83] Samozvančestvo (Samozvancentum) – Anmaßung eines fremden Titels oder Namen; bezeichnet das Auftreten von Personen (Samozvancen), die erklärten, sie seien der ‚wahre' Zar, der vom regierenden Zaren um die Macht gebracht worden sei, weil er die Bauern befreien wollte. Pugačëv bspw. gab sich 1773 für den verstorbenen Zaren Peter III. aus. Er erklärte, er habe durch ein Wunder den Mordanschlag seiner Frau Katharina II. überlebt.

[84] Čistov grenzt die von ihm untersuchten beiden sozial-utopischen Legendentypen auch von religiösen, messianischen Legenden ab (vgl. Čistov: Der gute Zar und das ferne Land, S. 23).

schrittweise ab; ab Ende des 19. Jahrhunderts gab es keine diesbezüglichen Legenden mehr (S. 270). Die beiden in den Legenden gezeichneten Auswege, Flucht und Kampf, waren „das Resultat des Absterbens anderer Illusionen, die mit noch einfacheren Arten des sozialen Protestes in Zusammenhang standen. Die Schöpfer der Legenden warteten schon nicht mehr auf eine Erleichterung der Unterdrückung, sondern waren zu der Überzeugung gelangt, daß es notwendig sei, die Gesellschaft entweder durch Kampf auf der Seite des ‚Erretters' selbst umzugestalten oder aber in ein ‚fernes Land' zu ziehen. Sie hofften schon nicht mehr auf eine Errettung durch den regierenden Zaren, sondern stellten ihm einen Antizaren [...] gegenüber [...]. Daher besteht der ‚Zarismus' der Legenden über ‚Erretter' darin, daß dem Denken der Bauern die Regierungsform einer Republik unbekannt war, und es deshalb versuchte, den feudalen Staat, der seiner Natur gemäß gegen das Volk gerichtet war, den eigenen Bedürfnissen anzupassen. Es stellte der erträumten Gesellschaft einen Volkszaren an die Spitze, der weder Leibeigene, noch Rekruten, noch Steuern benötigte, und der Staat selbst sollte ein Konglomerat aus unabhängigen Gemeinschaften sein, in denen kleine, freie Bauern zusammengeschlossen waren." (S. 284)

Auch Sarkisyanz interpretiert in seiner Darstellung der chiliastischen, eschatologischen und messianischen Vorstellungen als Wurzeln des Bolschewismus die volkstümlichen Legenden vom ‚wahren' Zaren und den fernen, verborgenen Orten des gerechten Lebens als sozial-utopische Vorstellungen mit hohem politischen Mobilisierungspotential. Er stellt sie jedoch, im Unterschied zu Tschistow, als chiliastische *Prawda*-Vorstellung[85] in einen religiösen Kontext. Sarkisyanz beschreibt den vom Erlösungsgedanken bestimmten *Prawda*-Glauben als Gegenpol zum rationalistischen Staats- und Politikverständnis der Aufklärung und den rationalen Utopien. Er präge, so Sarkisyanz, das sozial-utopische Denken Rußlands: „Seit den frühesten Zeiten der russischen Geschichtsschreibung (also schon im 11. Jh.) war Rußlands politisches Ideal der auf der Prawda begründete Staat."[86] Der *Prawda*-Glaube habe sowohl den Volksutopismus grundiert als auch den an die Slawophilen anschließenden konservativen Nationalismus sowie die utopischen Vorstellungen der revolutionären Bewegungen von den Nihilisten über die Narodniki bis zu den Bolschewiki. Der in ihm verkörperte russische Chiliasmus und Messianismus bilde den reli-

---

[85] Prawda (russ. Wahrheit) meint hier das ‚Wahre', das religiös begründete Ideal eines wahrhaft guten und gerechten Lebens.
[86] Sarkisyanz: Russland und der Messianismus des Orients, S. 25.

giös-utopischen Unterbau des russischen sozio-politischen Denkens. Die von Sarkisyanz aufgemachte Traditionslinie von den mittelalterlichen *Prawda*-Vorstellungen bis zum Bolschewismus beeindruckt in ihrer, die gesamte russische Geistesgeschichte umfassenden Materialfülle. Doch indem der Bolschewismus als historischer Fluchtpunkt gesetzt wird, in dem die russischen religiösen Utopismen aufgehen – indem sie entweder auf ihn zulaufen oder von ihm okkupiert werden –, neigt Sarkisyanz zu einer unterschwelligen Teleologie. In ihr werden sowohl die historischen Bedingungen und Zäsuren des utopischen Denkens als auch die Differenz zwischen rationaler Utopie und religiösen Utopismen, die rationale Begründung von Kritik und Gegenentwurf, aufgelöst.

Der von Tschistow beschriebene Volksutopismus wirkte historisch insofern auf den klassischen Utopiediskurs zurück, als er in Konkurrenz zu den „gelehrten Utopien" der Intelligenzija stand, die auf die Befreiung der Bauern gerichtet waren. So schrieb etwa die Sozialrevolutionärin Vera N. Figner (1852-1942) in ihren Memoiren:

> „Wir wollten sozialistische Ideen unter das Volk tragen, ohne alle Zugeständnisse an die im Volke herrschenden Weltanschauungen [...]. Kurz: wir dachten aus dem Volke bewußte Sozialisten im westeuropäischen Sinne heranzubilden."[87]

Daß diese ‚Konkurrenz' nicht nur ein ideengeschichtliches Spiel war, zeigt sich im Scheitern der 1860er Intelligenzija bei ihrem Gang ins Volk 1874. Die von der Intelligenzija propagierten Ideale der frühsozialistischen Utopie und vor allem ihr Aufruf zur Revolution gegen die Autokratie erwiesen sich als unvereinbar mit der bäuerlichen sozial-utopischen Vorstellungswelt, die noch von dem volkstümlichen Zarismus der Legende vom zurückkehrenden Zaren als Erretter geprägt war.[88] Nur wo die Narodniki sich der sozial-utopischen Volkslegenden bedienten, gelang es ihnen, die Bauern zum Aufstand zu mobilisieren.[89]

---

[87] Figner, Vera: Nacht über Rußland. Berlin 1985, S. 44.
[88] Vgl. die Beschreibung des Gangs ins Volk bei Dan, Theodor: Der Ursprung des Bolschewismus. Hannover 1968, S. 93ff.
[89] Vgl. zu Beispielen Sarkisyanz: Russland und der Messianismus des Orients, S. 57.

UTOPIE UND AUFKLÄRUNG

BEGRÜNDUNG UND KONSOLIDIERUNG DES UTOPISCHEN DENKENS IN RUSSLAND

HISTORISCHER VORSPANN
AUFBRÜCHE NACH WESTEN

Die Geschichte der Utopie in Rußland beginnt mit Peter I. (1672-1725). Dessen modernisierende Aufholjagd gegenüber dem Westen im Geist aufklärerischen Rationalismus korrelierte mit dem utopischen Denken und schuf die Voraussetzung für dessen Ausbreitung und Radikalisierung.[1] Die Herrschaft Peters I. ab 1689 setzte im politischen Denken und der kulturellen Orientierung Rußlands eine tiefgreifende Zäsur. An die Stelle der Triade Rom-Byzanz-Moskau trat der Dualismus Rußland-Europa mit seinen wechselnden Bewertungen.[2] Bis dahin war das politische Denken Rußlands an der byzantinischen Tradition ausgerichtet, die politische Macht wurde als Teil der religiösen Ordnung verstanden. Mit den Reformen Peters I. säkularisierte sich das politische Denken. Die politische Ordnung wurde aus den religiösen Begründungen gelöst und auf die zeitgenössischen politischen Ideen und Staatstheorien Westeuropas ausgerichtet: Aufklärung, Naturrecht, Absolutismus.[3] Es begann eine Phase säkularer Utopien und utopischer Projekte, die getragen waren vom aufklärerischen Anspruch, die Gesellschaft auf eine rationalistische Grundlage zu stellen.[4] Sie waren getrieben vom Bewußtsein der Rückständigkeit Rußlands. Die Petrinischen Reformen wurden in der zeitgenössischen und historischen Wahrnehmung zum Symbol des grundlegenden Wandels der politischen und sozialen Verhältnisse Rußlands. Sie bildeten bis ins 20. Jahrhundert den zentralen und mythisch aufgela-

---

[1] Vgl. Saage: Utopieforschung, Bd. II, S. 134f.
[2] Vgl. Städtke, Klaus: Europareisen. Das Eigene und das Fremde im Selbstverständnis des Autors: Karamzin und Dostoevskij. In: Henn, Bettina/ u. a. (Hrsg.): Das Eigene und das Fremde in der russischen Kultur. Bochum 2000. S. 15-32, S. 17f.
[3] Vgl. Utechin, Sergej. V.: Geschichte der politischen Ideen in Rußland. Stuttgart u. a. 1966, S. 40; zum vorpetrinischen Politikverständnis Kostjuk, Konstatin: Der Begriff des Politischen in der russisch-orthodoxen Tradition. Paderborn u. a. 2005. S. 51ff.; zur Säkularisierung des wirtschaftspolitischen Denkens Shirokorad, Leonid: Russian Economic Thought in the Age of the Enlightenment. In: Barnett, Vincent/ u. a. (Hrsg.): Economics in Russia. Aldershot u. a. 2008. S. 25-39.
[4] Vgl. Bartlett, Roger: Utopian and Projectors in Eighteenth-Century Russia. In: ders./ u. a. (Hrsg.): Russian Society and Culture and the Long Eighteenth Century. Münster 2004. S. 98-115.

denen Bezugspunkt der kulturellen und politischen Selbstvergewisserung Rußlands. Wie ein roter Faden ziehen sich Bewunderung und Kritik Peters I. durch die Jahrhunderte. Die einen sahen seine Herrschaft als Beginn der ‚eigentlichen Geschichte' Rußlands und des Aufbruchs nach Europa. Die Gegenseite verurteilte sie als den Ursprung der gewaltsamen Entfremdung Rußlands von seinen Wurzeln und seinem ‚wahren Wesen'. Peter I. und seine Reformen bilden den symbolischen Scheidepunkt, an dem je nach Sicht der Aufstieg oder Verfall Rußlands begonnen habe.

Rußland war zum Beginn der Herrschaft Peters I. im Vergleich zu den westeuropäischen Ländern ein rückständiger Agrarstaat. Es hatte in Europa den Ruf einer barbarischen Gesellschaft, die außerhalb der europäischen Zivilisation steht.[5] Politisch spielte es in Europa keine Rolle. Das änderte sich mit den Erfolgen Rußlands im Russisch-Türkischen Krieg (1695-1700) – 1696 eroberte Peter I. die osmanische Festung Asow an der Donmündung – und dem Sieg über Schweden im Zweiten Nordischen Krieg (1700-1721). Durch sie stieg Rußland militärisch und politisch zur europäischen Großmacht auf. Die Eroberungen im Norden (Estland, Livland, Ingermanland, Karelien, Finnland) und die Brechung der Hegemonie Schwedens im Ostseeraum öffneten Rußland den Zugang zur Ostsee. Das schuf die Voraussetzung für eine merkantilistische Expansionspolitik. Hinter dem militärischen Aufstieg Rußlands stand ein tiefgreifendes Modernisierungsprogramm, das die Gesellschaft als Ganzes umfaßte. Das Ziel Peters I. war ein Handels- und Industriestaat nach westeuropäischem Vorbild. Seine politische Ordnung sollte den Prinzipen des aufgeklärten Absolutismus folgen.[6] Die politischen und staatlichen Verhältnisse wurden in den Kategorien des aufklärerischen Staatsrechts beschrieben. Peter I. definierte Herrschaft als Dienst gegenüber dem Staat und setzte die Sorge um das Gemeinwohl als Tugend des Herrschers. Seine Reform von Verwaltung, Militär und Wirtschaft folgte einem rationalistischen Staatsverständnis. Sie sollte die Effizienz des Staates steigern und damit die absolutistische Macht des Zaren stärken.

---

[5] Vgl. Keller, Mechthild (Hrsg.): Russen und Rußland aus deutscher Sicht, 9.–17. Jahrhundert. München 1985; dies. (Hrsg.): Russen und Rußland aus deutscher Sicht, 18. Jahrhundert: Aufklärung. München 1987.

[6] Vgl. zum absolutistischen und aufklärerischen Staats- und Herrschaftsverständnis Peters I. Utechin: Geschichte der politischen Ideen in Rußland, S. 41f.; zum russischen Absolutismus Torke, Hans-Joachim: Autokratie und Absolutismus in Rußland – Begriffserklärung und Periodisierung. In: Halbach, Uwe/ u. a. (Hrsg.): Geschichte Altrußlands in der Begriffswelt ihrer Quellen. Stuttgart 1986. S. 32-49.

Den Kern dieser europäisierenden Reformen bildeten der Aufbau eines stehenden Heers mit Wehrpflicht und einer Flotte, die Neuorganisation der Verwaltung als zentralistische und rationale Bürokratie sowie die Reform der Kirchenverfassung, die die Russisch-Orthodoxe Kirche der staatlichen Verwaltung eingliederte und den Interessen des Staates unterordnete. Zugunsten des absolutistischen Machtanspruchs wurde der alte Hochadel als politische Elite entmachtet. An seine Stelle trat der von Peter I. begründete Dienstadel, aus dem sich die neue Staatsbürokratie rekrutierte. Als Leistungselite sollte er dem autokratischen Staat verpflichtet sein. Ihren Ausdruck fand die Neuordnung des Adels und seiner Beziehung zur Autokratie in der sogenannten Rangtabelle, die die Dienstgrade im Hof-, Staats- und Militärdienst ordnete. Ihr Verhaltenskodex reichte bis in die Eß- und Kleiderordnung. Die Neuordnung des Adels bekam damit einen eminent utopischen Charakter: Peter I. verordnete ihm eine neue Lebensweise, die er bis ins Detail in Etikettenhandbücher fixierte. Das Vorbild war die höfische Kultur Westeuropas und das Bildungsideal der Aufklärung. Um Rußland wirtschaftlich und militärisch unabhängig zu machen, förderte Peter I. den Ausbau von Bergwerken und der Eisenindustrie; innerhalb von fünfundzwanzig Jahren holte Rußland England in der Eisenproduktion ein. Im kulturellen Bereich wurden die Reformen begleitet von einer Schrift- und Sprachreform, die das Altkirchenslawisch durch ein säkulares Alphabet ablöste, und der Förderung der Wissenschaften – 1724 erfolgte die Gründung der Akademie der Wissenschaften in St. Petersburg, zur Ausbildung von Fachleuten für die Verwaltung und die entstehende Industrie wurden Hochschulen eingerichtet, ausländische Gelehrte in großer Zahl nach Rußland geholt und die Übersetzung ausländischer Bücher initiiert.[7] Die staatliche Förderung des Buchdrucks führte zum Entstehen eines Buchmarktes, der nicht nur der Bildung und Aufklärung der Adelseliten diente und die Verbreitung der Aufklärung beförderte, er trug in der Folge zur Herausbildung einer medialen Öffentlichkeit bei.

Mit der Neuordnung der Privilegien und Pflichten des Adels durch Peter I. Anfang der 1720er Jahre forcierte sich zugleich die Neuordnung der Sozialstruktur Rußlands. Die dabei entstandene und gesetzlich fixierte Ständeordnung

---

[7] Neben technischer und militärischer Fachliteratur ließ Peter I. v. a. Schriften der neueren Rechtsphilosophie und des neuzeitlichen Naturrechts, z. B. von Pufendorf und Grotius, übersetzen. Zum Vergleich: Bis zum Machtantritt Peters I. veröffentlichte die 1560 gegründete Moskauer Druckerei gerade einmal drei nicht religiöse Bücher (vgl. Hughes, Lindsey: Russia in the Age of Peter the Great. New Haven 1998, S. 317; vgl. auch Klein, Joachim: Russische Literatur im 18. Jahrhundert. Köln u. a. 2008, S. 8ff.).

blieb bis in die der zweiten Hälfte des 19. Jahrhunderts vorherrschend: Adel und Dienstadel als Elite (rd. 1 % der Bevölkerung), die Masse der leibeigenen Bauern (rd. 90 %) sowie die vom Umfang und Einfluß marginale nichtadlige Stadtbevölkerung.[8] Am folgenreichsten war die Einführung der Leibeigenschaft der Bauern. An ihr zeigt sich, wie begrenzt die aufklärerische Ausrichtung der Politik seitens Peters I. und seiner Nachfolger war: Der Alltag und die rechtliche Stellung der überwältigenden Mehrheit der Bevölkerung blieben von dem Humanitätsanspruch der Aufklärung unberührt. Der Anspruch der russischen Autokratie auf aufgeklärte Herrschaft fand seine Schranken nur allzu rasch im Macht- und Interessensausgleich mit dem Adel. Die Leibeigenschaft war die Gegenleistung für die Dienstpflicht des Adels gegenüber dem Staat. In mehreren Schritten fixierte Peter I. die bis dahin gewohnheitsrechtliche Gewalt der Gutsbesitzer über die von ihnen abhängigen Bauern juristisch als vollständige Verfügungsgewalt des Adels über alle Bauern, die auf dem Land des Gutsbesitzers lebten. Selbst die bis dahin noch de jure freien Bauern galten nunmehr als gesetzliches Eigentum des jeweiligen adligen Gutsbesitzers. Die Bauern waren frondienst- und abgabenpflichtig, durften ohne Erlaubnis des Gutsherrn ihr Dorf nicht verlassen und konnten von ihm verkauft werden – mit oder ohne den Boden, auf und von dem sie lebten. Sie unterstanden ausschließlich der Gerichtsbarkeit des Gutsherrn; ihnen war damit jede legale Möglichkeit, sich zu wehren, genommen. Sie waren der Willkür der Gutsbesitzer ausgeliefert. Während die Dienstpflicht des Adels in den folgenden Jahrzehnten immer weiter eingeschränkt und 1762 von Peter III. ganz aufgehoben wurde, blieb die Leibeigenschaft ungebrochen bestehen. Jeder Versuch, die Lage der Bauern zu verbessern, scheiterte daran, daß in Macht- und Interessenskonflikten mit dem Adel die Autokratie, im wahrsten Sinne des Wortes, immer wieder die Bauern opferte. Selbst vereinzelte Initiativen liberaler Gutsbesitzer, ihre leibeigenen Bauern frei zu lassen, wurden von Staatsseite mit Argwohn gesehen. Man befürchtete, ihre Vorbildwirkung werde den Reformdruck erhöhen und die Gefahr sozialer Unruhen provozieren.[9] Die Leibeigenschaft wurde zum schwerwiegendsten sozialen Problem der russischen Gesellschaft. Sie erzeugte unvorstellbares

---

[8] Vgl. zur Stellung und Entwicklung des Adels in Rußland Lotman, Jurij M.: Rußlands Adel. Köln u. a. 1997; zum Bürgertum Hildermeier, Manfred: Bürgertum und Stadt in Rußland 1760-1870. Köln u. a. 1986.

[9] Vgl. als Beispiele dafür Gesemann, Wolfgang: Die Entdeckung der unteren Volksschichten durch die russische Literatur. Wiesbaden 1972, S. 190ff.

Elend, hemmte die wirtschaftliche Entwicklung, brachte den Staat mehrfach an den Rand der politischen Existenz und untergrub die Legitimität der Autokratie innerhalb der Gesellschaft. Für die radikale Intelligenzija war die Bauernfrage die zentrale Motivation in ihrem Kampf gegen die Autokratie. Als Alexander II. 1861 die Leibeigenschaft aufhob, kam dieser Schritt zu spät – zumal sich trotz rechtlicher Emanzipation die soziale und ökonomische Lage der Bauern nicht besserte. Die Hypothek der ungelösten Agrar- und Bauernfrage wurde 1917 zu einem der Sargnägel für den russischen Staat.[10]

Bei aller Reformintensität und Durchsetzungskraft Peters I., der mit seinem Namen verbundene Modernisierungsprozeß der russischen Gesellschaft und ihrer Europäisierung setzte historisch gesehen schon vor ihm, im 17. Jahrhundert, ein. Die maßgebliche Bedeutung Peters I. liegt auch nicht in der Intensivierung und Beschleunigung des sozialen, politischen und ökonomischen Wandels, sondern vor allem in dem Paradigmenwechsel, der radikalen Hinwendung zur Aufklärung, sowie im Sichtbarmachen des Wandels, der öffentlichen Inszenierung des Umbruchs. Der Wandel der Gesellschaft wurde mit ihm auf eine neue Grundlage gestellt. Bis dahin nur im geringen Maße reflektiert und politisch gesteuert, wurde er mit Peter I. zur zielorientierten Modernisierung von oben, die alle gesellschaftlichen Bereiche umfaßte und der eine sich steigernde Dynamik eignete. Sie erzeugte den Eindruck des radikalen Umbruchs. Peter I. formte die einzelnen Elemente des Prozesses – das rationalistisch-aufklärerische Staatsmodell, die ökonomische Modernisierung, die soziale Neuordnung, die kulturelle Westorientierung – zum Modell eines rationalistischen Idealstaates und, wie am Beispiel des Adels sichtlich, einer neuen Lebensweise, das er den bestehenden russischen Verhältnissen entgegensetzte. Er systematisierte gleichsam den Modernisierungsprozeß zur Utopie. Analog dem von Morus begründeten Muster von Kritik und Gegenentwurf stellte er dem Bild des mittelalterlichen moskowitischen Rußlands den Entwurf des neuen Rußlands als Alternative gegenüber. Peter I. initiierte dabei – auch hierin dem utopischen Denkmuster folgend – die Neugestaltung Rußlands mit der Radikalität der Tabula rasa und dem unerschütterlichen Glauben, es bedürfe nur guter, das heißt vernünftiger Gesetze und Maßnahmen, um funktionierende Institutionen und eine ideale Gesellschaft zu schaffen. Es war der rationalistisch-aufklärerische Glaube an die Gestaltbarkeit der gesellschaftlichen und natürlichen Verhältnisse durch den

---

[10] Vgl. Geyer, Dietrich: Wirtschaft und Gesellschaft im vorrevolutionären Rußland. Köln 1975, S. 11.

Menschen, der Glaube an die Allmacht menschlichen Könnens. Die Herrschaft Peters I. war geprägt von einer Politik des Projektierens, die die bestehenden Verhältnisse nur als zu Überwindendes in den Blick nahm.

Dem korrespondierte die veränderte Wahrnehmung Rußlands seitens der westeuropäischen Öffentlichkeit.[11] Mit der Förderung der Aufklärung und Wissenschaft durch Peter I. entdeckten die westeuropäischen Aufklärer Rußland als Raum für einen von Traditionen unbelasteten gesellschaftlichen Neuanfang, der ganz im Sinne der Aufklärung erfolgen könne und bei dem sich die Fehler Westeuropas vermeiden lassen würden. Rußland erschien als Labor für die Utopie, in dem sie wie auf einer Tabula rasa ihre Ideen und Projekte in die Tat umsetzen könnten. So heißt es in einem Briefentwurf Leibniz' an Peter I., in dem er ihm den Plan zu einer Akademie der Wissenschaft unterbreitet:

> „Denn weil in Dero Reich großen Theils noch alles [...] gleichsam in weiß papier, so können unzehlich viel Fehler vermieden werden die in Europa allmählig und unbemerkt eingerissen, und weiß man, daß ein Palast, der ganz von Neuem aufgeführt wird besser heraus kommt, als wenn daran viele secula über gebauet, gebessert, auch viel geändert worden."[12]

Sichtbarster Ausdruck der utopistischen Politik des Projektierens aus dem Geist der Aufklärung ist die Gründung St. Petersburgs 1703 (ab 1712 Hauptstadt). In ihr zeigt sich exemplarisch der Einfluß des utopischen Denkens und dessen Tabula-rasa-Prinzip. St. Petersburg war die erste russische Stadt, die am Reißbrett geplant wurde. Es war als klassische Idealstadt gedacht. Seine Ordnung und Architektur sollten das Neue Rußland symbolisieren. Mit der Newamündung wählte Peter I. einen buchstäblich u-topischen Gründungsort. Die Gegend war ein ödes, weitgehend unbewohntes Sumpfgebiet. Hier die neue Hauptstadt zu bauen, unterstrich den Anspruch der utopischen Neubegründung

---

[11] Vgl. Keller: Russen und Rußland aus deutscher Sicht.

[12] Leibniz, Gottfried W.: Konzept eines Briefes an Peter I. vom 16.12.1712. In: Tschižewskij, Dmitrij/ u. a. (Hrsg.): Europa und Rußland. Darmstadt 1959. S. 15-16, S. 16. Vgl. zu Leibniz' Sicht auf Rußland als utopischen Raum auch Keller, Mechthild: Wegbereiter der Aufklärung. G. W. Leibniz' Wirken für Peter den Großen und sein Reich. In: dies. (Hrsg.): Russen und Rußland aus deutscher Sicht, 9.-17. Jahrhundert. München 1985. S. 391-413; Boetticher, Manfred von: Leibniz und Rußland. In: Lomonossow (DAMU-Hefte) 1998, 3. S. 7-18; zum utopischen Denken bei Leibniz Saage, Richard: Jenseits von Utopia. In: Stolzenberg, Jürgen/ u. a. (Hrsg.): Christian Wolff und die europäische Aufklärung. Hildesheim u. a. 2007. S. 181-194.

Rußlands. Es zeigt zugleich aber auch die Gewaltsamkeit, die diesem Staatsutopismus zugrunde lag.[13] Nicht minder utopisch in seinem Anspruch und ebenso gewaltsam im Versuch der Umsetzung war das Wasserstraßen-Projekt Peters I. Rußlands Flüsse und Meere sollten durch ein Kanalnetz verbunden werden. Das Projekt blieb schon in den Ansätzen stecken, doch allein der Plan offenbart den utopischen Anspruch, die Natur neu zu ordnen.[14]

Unter den Nachfolgern Peters I. schwächte sich der Utopismus von oben ab. Tempo und Gewaltsamkeit der Petrinischen Modernisierung hatten Rußland überfordert. Es bedurfte einer Konsolidierung, ökonomisch als auch politisch.[15] Die in rascher Folge wechselnden Zaren und ihre teilweise kurzen Regierungszeiten[16] deuten die Labilität der Verhältnisse an. Der Adel opponierte gegen den absolutistischen Machtanspruch der zaristischen Autokratie. Immer wieder kam es zu Putschversuchen, mit jedem neuen Zaren gelang es dem Adel, seine Privilegien auszubauen. Erst mit dem Reformabsolutismus Katharinas II. (1729-1796) gewann der Utopismus von oben neuen Schwung. Verwaltungs- und Territorialreform, Bildungsreform, Finanzreform, Justizreform, Neugründung von Städten, Förderung von Handel und Gewerbe zum Dritten Stand – Katharina II. ließ mit ihrem Modernisierungsprogramm keinen Bereich aus. Sie zielte wie Peter I. auf die Neuordnung des russischen Staates und der Gesellschaft. Und wie Peter I. erklärte sie Aufklärung und Westorientierung zur Grundlage ihrer Herrschaft.[17] Sie gab das nicht zuletzt in eigener Person vor: Sie pflegte

---

[13] Zu St. Petersburg als Stadtutopie im Kapitel *Architekturvisionen – Utopische Eröffnung*.

[14] Nach 1917 wurde der Plan erneut aufgegriffen. Die Darstellungen zum Bau des Weißmeer-Ostsee-Kanals und des Moskwa-Wolga-Kanals setzten die sowjetischen Kanalprojekte in Bezug zu Peter I. Gegenüber dessen Scheitern feierten sie die utopische Umgestaltung der Natur durch den Kommunismus. Vgl. zum utopischen Anspruch der sowjetischen Kanalbauten und ihren dystopischen Folgen Westerman, Frank: Ingenieure der Seele. Berlin 2003; Schlögel, Karl: Terror und Traum. Moskau 1937. München 2008, S. 361ff.; Gestwa, Klaus: Die Stalinschen Großbauten des Kommunismus. München 2010, S. 60ff.

[15] Vgl. Stökl, Günther: Russische Geschichte. Stuttgart 1990, S. 383ff.

[16] Katharina I. 1725-27, Peter II. 1727-30, Anna 1730-40, Ivan 1740-41, Elisabeth 1741-61, Peter III. 1761-62.

[17] Vgl. zum Reformabsolutismus Katharinas II. und seinen Bezugspunkten in der Aufklärung Scharf, Claus (Hrsg.): Katharina II., Russland und Europa. Mainz 2001; Donnert, Erich: Politische Ideologie der russischen Gesellschaft zu Beginn der Regierungszeit Katharina II. Berlin 1976.

einen ausgedehnten Briefwechsel mit Voltaire,[18] unterstützte Diderot finanziell und lud ihn nach Rußland ein, bezeichnete Montesquieus *Esprit des lois* (1748) als ihr „Gebetbuch". Im Unterschied zu Peter I., dessen Staatsutopismus vor allem in der politischen Praxis zum Ausdruck kam, äußert sich der utopische Impetus Katharinas II. primär in ihrer politisch-philosophischen Reflexion der normativen Grundlagen der avisierten Politik. In ihrer *Instruktion der Kommission zur Aufstellung eines Projektes für ein neues Gesetzbuch* (1767) – kurz *Große Instruktion* genannt – verdichtete sie die Anschauungen der Aufklärung, insbesondere der französischen (v. a. Montesquieu), zum Modell für ein neues Rußland: In Rußland sollte die Idee eines aufklärerischen Idealstaates Wirklichkeit werden. Sie entwarf Rußland als idealen Gesetzesstaat mit Gemeinwohl als Inhalt der Politik, Gewaltenteilung zwischen Judikative und Exekutive, regionaler Dezentralisation der staatlichen Macht, Gewährung individueller und kollektiver Rechte und institutioneller Einbindung der Bürger in die politischen Entscheidungsprozesse. Dieser Gesellschaftsentwurf machte mit seiner aufklärerischen Radikalität Furore in Europa; in Frankreich wurde das Buch sogar verboten. Nicht weniger vom utopischen Denken geprägt waren ihre Pläne zur Gründung neuer Städte wie Jekaterinoslaw und Cherson, die systematisch über Rußland verteilt und nach dem gleichen Muster angelegt werden sollten.[19] Diese sollten zu Zentren der Aufklärung, Künste, Wissenschaften und des Handels werden und die soziale und kulturelle Basis eines aufgeklärten Gemeinwesens bilden. In ihnen sollte sich – wie in St. Petersburg unter Peter I. – die Idealordnung des neuen Rußlands verkörpern. Die Elogen auf Katharina II. beschreiben die geplanten Städte in vorwegnehmender Realisierung als „neues Rom", „paradiesische Gärten" und „Häfen der Geborgenheit für die Menschheit".[20] In ihnen würden die Menschen allein durch die ideale Umwelt zu guten Staatsbürgern erzogen. Ein flächendeckendes, mehrstufiges Schulsystem für alle sollte

---

[18] Vgl. Katharina die Große/ Voltaire: Monsieur – Madame. Der Briefwechsel zwischen der Zarin und dem Philosophen. Zürich 1991.

[19] Vgl. zu den Stadtgründungen unter Katharina II. Blumenfeld, Hans: Russian City Planning of the 18th and Early 19th Centuries. In: The Journal of the American Society of Architectural Historians 4. Jg. (1944) H. 1. S. 22-33, S. 26ff.; speziell zu Ekaterinoslavs, 1776 von Potëmkin zum „Ruhme Katharinas" gegründet, und dessen utopischen Anspruch Lindner, Rainer: Die Stadt als Symbol. Ekaterinoslav und die imperiale Integration Neurusslands im 18. und 19. Jahrhundert. In: Pietrow-Ennker, Bianka (Hrsg.): Kultur in der Geschichte Rußlands. Göttingen 2007. S. 224-243.

[20] Zitiert nach Heller/ Niqueux: Geschichte der Utopie, S. 78ff.

dazu den kulturellen Unterbau für Katharinas II. Idealrußland schaffen. Durch Bildung sollte das Volk, ganz im Sinne des Erziehungsenthusiasmus der Aufklärung, zum „neuen Menschengeschlecht" erzogen werden.[21]

In der russischen Wirklichkeit blieb von Katharinas II. utopischen Projekten wenig übrig. Die Stadtgründungen – zweihundertsechzehn in dreiundzwanzig Jahren – bestanden großteils im Akt der Umbenennung von Kirchdörfern in Städte, welcher sich kaum auf die Lebenswirklichkeit auswirkte.[22] Der Plan des flächendeckenden Volksschulsystems schrumpfte in der Praxis auf einige Elite-Bildungseinrichtungen wie das Smolny-Institut für höhere Mädchenbildung und einige Schulen in den größeren Provinzstädten.[23] Der aufklärerische Impetus und Liberalismus der *Großen Instruktion* wichen spätestens mit der Französischen Revolution 1789 pragmatischer Machtpolitik. Hier zeigen sich erneut die Grenzen der vom Staat initiierten und getragenen Aufklärung von oben. Die Instrumentalisierung der Aufklärung für staats- und machtpolitische Zwecke beschnitt ihre emanzipative Wirkung.

Dem Staatsutopismus entsprach eine utopische Literatur. Mit der Förderung von Buchdruck und Zeitschriften kam die Utopie auch als literarisches Genre nach Rußland: zunächst in der Übersetzung ausländischer utopischer Romane, wenig später als eigene Adaptationen.[24] Die Utopie als literarisches Genre entwickelte sich analog zum Staatsutopismus. Auch in Rußland war das 18. Jahrhundert utopieselig. Der Umfang an utopischen Texten ist beträchtlich. Doch in der Mehrheit sind die utopischen Romane und Traktate der Zeit schlichte Nachahmung westlicher Muster. Sie folgen in Inhalt und Intention dem Staatsuto-

---

[21] Vgl. Smagina, Galina I.: Die Schulreform Katharinas II.: Idee und Realisierung. In: Scharf, Claus (Hrsg.): Katharina II., Russland und Europa. Mainz 2001. S. 479-503.

[22] Vgl. Pajps, Ričard [Pipes, Richard]: Rossija pri starom režime. Cambridge (Mass.) 1980, S. 288.

[23] 1786 gab es in Rußland bei ca. 26 Mill. Einwohnern 40 Schulen mit ca. 4.400 Schülern, 1800 315 Schulen mit knapp 20.000 Schülern. Zum Vergleich: In Böhmen stiegen durch die Josephinische Schulreform die Schülerzahlen von rd. 14.000 im Jahr 1775 auf über 185.000 im Jahr 1791 (bei ca. 3,5 Mill. Einwohnern). Eine Zahl, die in Rußland erst in der 2. Hälfte des 19. Jh. erreicht wurde: 1856 gab es in Rußland 119.000 Schüler und Studenten. So bescheiden Katharinas II. Schulreform im Ergebnis war, Smagina betont, daß mit ihr die Idee eines staatlichen Volksschulsystems erstmals in Rußland Fuß faßte (vgl. Smagina: Die Schulreform Katharinas II.).

[24] Vgl. bspw. die Rezeption von Fénelons *Telemach* (vgl. Drews, Peter: Die slavischen Abenteuer des Telemach (1715-1815). In: Zeitschrift für slavische Philologie 52. Jg. (1992). S. 231-256).

pismus und halten sich mit politischer und sozialer Kritik zurück. Ihre Funktion ist belehrende Unterhaltung und Erziehung im Geiste aufgeklärter staatsbürgerlicher Tugendhaftigkeit. Katharina II. begrüßte es, wenn etwa in utopischen Satiren dem Adel der moralische Spiegel vorgehalten wurde.[25] Sie goutierte das als Schützenhilfe in ihren Auseinandersetzungen mit dem Adel.

Von dieser Masse heben sich die drei im folgenden portraitierten Utopien mit ihrem politischen Anspruch und ihrer entschiedenen Kritik deutlich ab. Sie markieren jeweils exemplarisch eine politische Position im Kontext der Aufklärung und deren Kritik sowie eine mögliche Funktion der Utopie. Der als Adelsvertreter in der Politik aktive Schtscherbatow verstand seine Utopie einer ständischen Adelsrepublik als angestrebte Alternative. Radischtschew entwarf dagegen seine Utopie als hypothetisches Regulativ der Politik. Seine Kritik der Leibeigenschaft zeigt ihn als einen kritischen Intellektuellen, der im Stil eines zolaschen *j'accuse* zu den drängenden gesellschaftlichen Problemen Rußlands öffentlich Stellung nahm. Schtscherbatow und Radischtschew waren Vertreter unterschiedlicher Richtungen der Aufklärung in Rußland. Odojewski, der dritte vorgestellte Autor, hingegen wandte sich vom Standpunkt der Romantik aus kritisch gegen die Ideen und die Praxis der Aufklärung. Er nutzt die Utopie als Modell zur bildhaften Diskussion gesellschaftspolitischer Theorien.

---

[25] Vgl. Gesemann: Die Entdeckung der unteren Volksschichten, S. 86.

MICHAIL M. SCHTSCHERBATOW – RUSSLAND ALS AUFGEKLÄRTE ADELSARISTOKRATIE

Die erste russische Utopie, die dem Anspruch politischer Kritik folgt, ist Schtscherbatows *Reise ins Land Ophir, des Herrn S., eines schwedischen Edelmanns* aus dem Jahre 1784.[26] Sie ist ein typisches Beispiel für den Staatsroman rationalistischer Prägung, wie er sich in der russischen Literatur des 18. Jahrhunderts ausbildete.[27] Im Unterschied zu den meisten russischen Utopien jener Zeit ist sie aber nicht epigonenhafte Nachahmung der westlichen Utopieliteratur. Schtscherbatow wendet das durch Morus' *Utopia* etablierte Muster auf die russischen Verhältnisse an und nutzt wie Morus die Utopie als Form der politischen Reflexion. Er gibt in *Reise ins Land Ophir* einen Abriß seiner politischen Ansichten und Forderungen. Die in der Utopie entworfene Ordnung war von ihm als Modell für die russische Gesellschaft und Politik gedacht. Die Grundzüge seiner Utopie finden sich auch in seinen Reformvorschlägen.

Fürst Michail M. Schtscherbatow (1733-1790) galt als einer der prominenten Wortführer der Ansprüche des traditionellen Mittel- und Kleinadels gegenüber Katharina II. in der zweiten Hälfte des 18. Jahrhunderts.[28] Er „gehörte zu den eifrigsten Befürwortern der Ständeverfassung und Beschränkung des Absolutis-

---

[26] Ščerbatov, Michail M.: Putešestvie v zemlju Ofirskuju g-na S. Švecago dvorjanina. In: ders.: Sočinenija, Bd. 1. St. Petersburg 1896. S. 749-1060; im folgenden zitiert mit der Sigle *Ophir*. Ausführliche Darstellung der Utopie bei Hartenstein, Eva-Maria: Michail M. Ščerbatov (1733-1790) als politischer Ideologe des russischen Adels und seine utopische Staatsschrift *Reise ins Land Ophir*. Halle 1988, S. 86-127; Neuenschwander: Themes in Russian Utopian Fiction; Svjatlovskij: Russkij utopičeskij roman, S. 11-20; zur Forschung zu Ščerbatovs Utopie vgl. Afferica; Andreae; Čečulin; Donnert; Hartenstein, Lentin; Neuenschwander; Raeff; Saage; Sacke; Waegemans.

[27] Vgl. Lotman, Jurij: Die Entwicklung des Romans in der russischen Literatur des 18. Jahrhunderts. In: Graßhof, Helmut/ u. a. (Hrsg.): Studien zur Geschichte der russischen Literatur des 18. Jahrhunderts, Bd. 1. Berlin 1963. S. 22-51, S. 23.

[28] Vgl. Utechin: Geschichte der politischen Ideen in Rußland, S. 53ff.; Lentin, Antony: Prince M. M. Shcherbatov as Critic of Catherine II's Foreign Policy. In: The Slavonic and East European Review 49. Jg. (1971). S. 365-381, S. 365; Lübke, Christian: Novgorod in der russischen Literatur (bis zu den Dekabristen). Berlin 1984, S. 73; Donnert: Politische Ideologie der russischen Gesellschaft, S. 108-118.

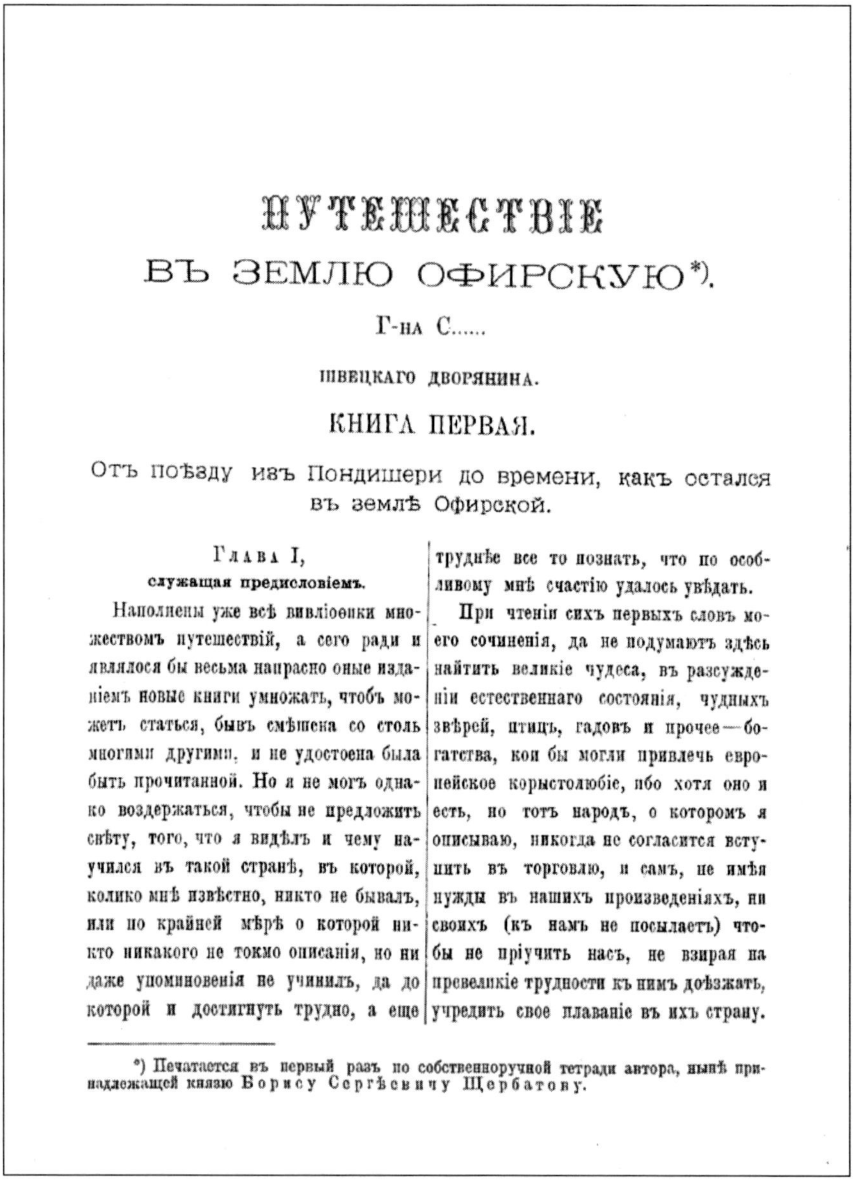

ПУТЕШЕСТВІЕ
ВЪ ЗЕМЛЮ ОФИРСКУЮ*).

Г-на С......

ШВЕЦКАГО ДВОРЯНИНА.

КНИГА ПЕРВАЯ.

Отъ поѣзду изъ Пондишери до времени, какъ остался въ землѣ Офирской.

Глава I,
служащая предисловіемъ.

Наполнены уже всѣ вивліоѳики множествомъ путешествій, а сего ради и являлося бы весьма напрасно оные изданіемъ новые книги умножать, чтобъ можетъ статься, бывъ смѣшена со столь многими другими, и не удостоена была быть прочитанной. Но я не могъ однако воздержаться, чтобы не предложить свѣту, того, что я видѣлъ и чему научился въ такой странѣ, въ которой, колико мнѣ извѣстно, никто не бывалъ, или по крайней мѣрѣ о которой никто никакого не токмо описанія, но ни даже упоминовенія не учинилъ, да до которой и достигнуть трудно, а еще труднѣе все то познать, что по особливому мнѣ счастію удалось увѣдать.

При чтеніи сихъ первыхъ словъ моего сочиненія, да не подумаютъ здѣсь найтить великіе чудеса, въ разсужденіи естественнаго состоянія, чудныхъ звѣрей, птицъ, гадовъ и прочее — богатства, кои бы могли привлечь европейское корыстолюбіе, ибо хотя оно и есть, но тотъ народъ, о которомъ я описываю, никогда не согласится вступить въ торговлю, и самъ, не имѣя нужды въ нашихъ произведеніяхъ, ни своихъ (къ намъ не посылаетъ) чтобы не пріучить насъ, не взирая на превеликіе трудности къ нимъ доѣзжать, учредить свое плаваніе въ ихъ страну.

---

*) Печатается въ первый разъ по собственноручной тетради автора, нынѣ принадлежащей князю Борису Сергѣевичу Щербатову.

Abb. 1 Titelseite von Schtscherbatows *Reise ins Land Ophir…* in der Werkausgabe 1896

mus".²⁹ 1766 wurde er als Vertreter des Adels Mitglied der von Katharina II. eingesetzten Kommission zur Erarbeitung eines Gesetzbuches. Schtscherbatows zeitgenössische Bekanntheit gründete sich auf seinen Reden und Anträgen in diesem Gremium. Auch nach der Auflösung der Gesetzgebenden Kommission 1768 blieb er in der Öffentlichkeit präsent. Kein Thema, zu dem er sich nicht geäußert hätte – ob zu historischen, juristischen, national-ökonomischen, außen- und militärpolitischen oder pädagogischen Fragen.³⁰ Er gab sich als russischer Cato: Er beklagte fortwährend, die Sitten verfielen und mit deren Verfall schwinde die Größe und Stärke des russischen Staates. Als Ursache der Sittenverderbnis sah er die Zerstörung der traditionellen Ständeordnung durch Peter I. und die Entmachtung des Adels durch den absolutistischen Herrschaftsanspruch der Autokratie. Nur mit der Wiederherstellung der alten Adelsordnung könnten die Sitten und die politische Tugend des Adels wieder gestärkt und Rußland gerettet werden.

Trotz der Bekanntheit Schtscherbatows zu Lebzeiten, nach seinem Tod geriet er rasch in Vergessenheit. Seine Stellungnahmen zu den Problemen der russischen Gesellschaft und Politik schienen nicht über ihren jeweiligen Anlaß hinauszureichen, seine mehrbändige russische Geschichte (1771-91)³¹ errang aufgrund ihres schwerfälligen Stils nie die Popularität wie Karamsins Geschichtswerk.³² Ein großer Teil seiner Schriften blieb zudem zu seinen Lebzeiten unveröffentlicht. Erst mit der postumen Veröffentlichung seines historisch-politischen Traktates *Über die Sittenverderbnis in Rußland* 1858 durch Alexander Herzen rückte Schtscherbatow wieder ins öffentliche Bewußtsein.³³ In ihrer Folge setzte eine regelrechte Schtscherbatow-Renaissance ein. Er wurde nun-

---

²⁹ Masaryk: Zur Russischen Geschichts- und Religionsphilosophie, Bd. 1, S. 69.

³⁰ Vgl. Sacke, Georg: Fürst Michael Ščerbatov und seine Schriften. In: Zeitschrift für slavische Philologie. 16. Jg. (1939). S. 353-361, S. 353f.

³¹ Ščerbatov, Michail M.: Istorija Rossijskaja, 7 Bde. (1771-91). St. Petersburg 1901-04, dt.: Schtscherbatow, Fürst Michael: Russische Geschichte von den ältesten Zeiten an, 1. und 2. Teil. Danzig 1779.

³² Vgl. Raab, Monika: Die Entwicklung des Historismus in der russischen Literatur des 18. und beginnenden 19. Jahrhunderts. In: Graßhoff, Helmut/ u. a. (Hrsg.): Studien zur Geschichte der russischen Literatur des 18. Jahrhunderts, Bd. IV. Berlin 1970. S. 455-480, S. 458ff.

³³ Ščerbatov, Michail M.: O povreždenii nravov v Rossii (1786ff.). In: Gercen, Aleksandr I. (Hrsg.): O povreždenii nravov v Rossii knjazja M. Ščerbatova i Putešestvie A. Radiščeva. London 1858. S. 1-96; dt.: Schtscherbatow, Michail M.: Über die Sittenverderbnis in Rußland. Berlin 1925.

mehr weniger als Verteidiger der Adelsherrschaft und Leibeigenschaft gelesen, sondern vor allem als Gegner des Absolutismus und Kritiker der Herrschaft Katharinas II.[34] Um die Jahrhundertwende erschien eine Werkausgabe von Schtscherbatows Schriften;[35] in ihr wurde erstmals auch die *Reise ins Land Ophir* veröffentlicht. Bis dahin kursierte die Utopie nur in einigen handschriftlichen Exemplaren. Im Kontext der neuen Schtscherbatow-Rezeption wurde sie nach ihrer Wiederentdeckung als „das erste Manifest des russischen antipetrinischen Traditionalismus aus säkularem Mund"[36] gewertet.

Reise ins Land Ophir, des Herrn S., eines schwedischen Edelmanns

Analog zum Muster der klassischen Utopien gibt es einen Erzähler, der auf einer Reise zufällig in das utopische Land gerät und nach seiner Heimkehr von ihm berichtet, der schwedische Edelmann S. Er lebt aufgrund politischer Verfolgung im Exil. Als in Schweden Gustav III. die Herrschaft antritt, hofft er, rehabilitiert zu werden und reist zurück nach Schweden. Auf der Heimreise gerät sein Schiff in einen Sturm und kentert an der Küste eines unbekannten Landes namens Ophir. Während die anderen Passagiere nach der Reparatur des Schiffes weiterfahren, bleibt S. in Ophir und erkundet in den folgenden vier Jahren die dortigen Verhältnisse. Mit der Beschreibung der Herrscherresidenz bricht der Bericht ab; der Rahmen der Herausgeber- und Erzählerfiktion wird nicht weiter ausgeführt.

Ophir ist ein Land nahe der Antarktis. Es ist unterteilt in fünfzehn Gouvernements. Den einzelnen Gouvernements kommen, als eine Art regionaler Arbeitsteilung, jeweils bestimmte Aufgaben zu. Die Gouvernements in Grenznähe etwa sind zuständig für den Schutz der Staatsgrenzen und ihre Generalgouverneure verfügen über besondere militärische Vollmachten (Ophir, 881). Die Hauptstadt liegt im Generalgouvernement Kvamo. Ophir hat rund zweiundzwanzig Millionen Einwohner, die meisten von ihnen leben auf dem Land, es gibt nur wenige Städte in Ophir. Zum Teil wurden Städte sogar wieder in Dörfer umgewandelt. Das kam, so der Erzähler, der Landwirtschaft zugute und habe die Ausdehnung des bürgerlichen Standes verhindert (Ophir, 882).

---

[34] Vgl. Sacke: Fürst Michael Ščerbatov und seine Schriften, S. 356.
[35] Ščerbatov, Michail M.:سočinenija. St. Petersburg 1896-1903.
[36] Gesemann: Die Entdeckung der unteren Volksschichten, S. 121.

Die politische Ordnung Ophirs ist eine konstitutionelle Monarchie mit einer Ständehierarchie. An ihrer Spitze steht der Kaiser. Die Grundprinzipien seiner Herrschaft sind in einem Katalog mit zwölf Regeln festgehalten, der auf die Wand des Kaiserpalastes geschrieben ist:

> „1) Strenge und Gewalt gebären Sklaven; Gerechtigkeit und Milde hingegen erfreut das Herz.
> 2) Das Volk ist nicht für die Fürsten da, sondern diese für das Volk; denn das Volk gab es vor den Fürsten.
> 3) Lob verdirbt den Herrscher; doch ist dieses notwendig, um die Fürsten zur Wohltätigkeit zu bewegen. Deshalb darf das Lob nicht vergessen werden.
> 4) Schmeichelei ist Gift für die Herrscher, denn sich schmeicheln verdirbt die Seele und führt zum Verlust der Ehre.
> 5) Es ist besser, einem Dorf zu helfen, als einen Staat zu erobern.
> 6) Der Ruhm des Siegers betäubt die Ohren, die Gerechtigkeit des Monarchen jedoch erfreut die Gemüter und überdauert die Jahrhunderte.
> 7) Die Herrscher waren niemals Handwerker, Kaufleute oder Advokaten, sie vermögen daher nicht, sich in die Lage ihrer Untertanen zu versetzen. Daher wäre es nicht sinnvoll, wollten sie selbst die Gesetze machen.
> 8) Der Fürst muß selbst als erster den Gesetzen folgen, eben weil er nach dem Gesetz der Herrscher ist. Zerstört er deren Macht, so zerstört er auch die Bande seiner Untertanen zu sich.
> 9) Wenn der Herrscher gerecht ist, dann sind auch seine Untertanen gerecht und sittsam, lieben ihren Fürsten und folgen seinem Vorbild.
> 10) Wenn der Monarch seinen Untertanen genügend Macht einräumt, dann wird das Volk ihn auch lieben und sich für das Wohl des Staates einsetzen.
> 11) Wenn es der Fürst seinen Untertanen gegenüber an Gerechtigkeitssinn und Milde fehlen läßt, dann werden diese auch ihm in gleicher Weise begegnen.
> 12) Die fürstliche Güte und Milde des Herrschers gleichen den Strahlen der Sonne; sie beleben alles, während das Laster alles zerstört." (Ophir, 979ff.)

Die Herrschaft des Kaisers ist auf einem Gesellschaftsvertrag im Sinne der naturrechtlichen Staatstheorie gründet, der den Kaiser in der Ausübung der Macht beschränkt. Der Kaiser ist angehalten, die Interessen des Volkes nicht zu verletzen – gemeint sind damit die Rechte des Adels. Er ist aufgefordert, seine Macht nicht zu mißbrauchen und sich keine persönlichen Vorteile zu verschaffen. Eine Reihe von präventiven Regeln soll den Herrscher zur Einhaltung des Tugendkataloges bewegen und Machtmißbrauch vorbeugen. Ihm steht zum Beispiel keine Leibgarde zur Verfügung, denn die Liebe seines Volkes sei der beste Schutz (Ophir, 889). Zu Lebzeiten eines Herrschers dürfen ihm keine Denkmäler errichtet werden oder andere Ehrungen erfolgen, selbst öffentliches Zujubeln ist verpönt (Ophir, 893).

Der Staat Ophir ist zentralistisch aufgebaut, der Zentralregierung sind die Gouvernementverwaltungen als lokale Regierungen nachgeordnet. Zur Unterscheidung heißt die Zentralregierung „Staatsregierung", während die Gouvernementverwaltungen „Zivilregierung" genannt werden (Ophir, 1049). Die Staatsregierung setzt sich zusammen aus „Repräsentanten der Krone" und Vertretern der Gouvernements, Provinzen und Kreise; diese Regierungsvertreter werden alle drei Jahre neu gewählt. Zur Staatsregierung gehört auch die Judikative. Die Staatsregierung unterteilt sich in fünf Departements, denen jeweils ein Präsident vorsteht, dem wiederum je sechs Richter zugeordnet sind. Präsidenten und Richter werden vom Kaiser ernannt und sind Angehörige der obersten vier Gesellschaftsränge. Weiterhin gehören jedem Departement neun Landrichter an, die gewählt werden aus den Reihen der Gouvernementbeamten. Die Arbeit der Departements ist detailliert reglementiert. Für die Kontrolle zur Einhaltung der Regeln und der Rechtmäßigkeit der Verwaltung gibt es einen eigenen Beamten; in Streitfällen übernimmt er auch die Funktion des Schlichters. Was allerdings nur selten notwendig sei; der Erzähler schildert die Beamten als sorgsam und sittenstreng. Die Gesetze werden von einer Kommission erarbeitet, die aus zwanzig Mitgliedern besteht, die die Staatsregierung ernennt. Die Mitgliedschaft in dieser Kommission unterliegt einer strengen Auswahl. Neben dem Nachweis ausgezeichneter Kenntnisse und Fähigkeiten müssen die Kandidaten älter als fünfunddreißig Jahre sein, siebzehn Jahre lang ohne Tadel in der Regierungsverwaltung und vier Jahre als Adelsvertreter in der Staatsregierung gearbeitet haben, verheiratet sein und Kinder haben (Ophir, 1054f.).

Sozio-ökonomisch ist Schtscherbatows Ophir eine Ständegesellschaft, die die damaligen Verhältnisse Rußlands in idealisierter Form reproduziert. Die Stände sind streng von einander geschieden. Ihre Rechte und Pflichten sind genau festgelegt, ebenso die Lebensweise der Stände. Der oberste Stand ist der Adel, der sich in vierzehn Ränge gliedert. Den Rängen entsprechen jeweils bestimmte Ämter innerhalb des Staates. Die Ränge und damit die Ämter sind an Geburt und Erbfolge gebunden; einen Dienstadel, wie ihn Peter I. eingeführt hatte, gibt es nicht. Auch darf nur der Adel Grundeigentum und leibeigene Bauern besitzen. Die politische und ökonomische Macht in Ophir konzentriert sich damit beim Adel. Das Bürgertum nimmt eine mittlere Position ein. Sein Einfluß auf das ökonomische und politische Leben ist marginal. Die ökonomische Ordnung Ophirs beruht auf einer Naturalwirtschaft mit leibeigenen Bauern und es gibt wenig Außenhandel. Aufgrund seiner Bedeutung für Handwerk und Binnen-handel hat das Bürgertum jedoch das Recht, einige Vertreter in die Regierung zu entsenden. Allerdings nur für das Dritte Departement, das zuständig ist für Wirtschaft, Handel und Finanzen. Den untersten Stand bilden die leibeigenen Bauern. Eine gesonderte Stellung nehmen die Soldaten ein, die in speziellen Militärsiedlungen leben. Einen eigenen geistlichen Stand gibt es nicht (Ophir, 787-820).

Das Leben in Ophir ist bis ins Kleinste normiert: Kleidung, Größe des Hauses, Speisen und Getränke, Brennholzverbrauch, Beleuchtung, Viehhaltung – alles ist für den einzelnen vorgeschrieben gemäß seinem Stand. So darf etwa der Adel von silbernen Tellern essen, den anderen Ständen hingegen ist nur Blech- und Tongeschirr erlaubt. Die Vorschriften betreffen sowohl das alltägliche Leben als auch die Beziehungen der Stände untereinander und zum Staat. Eine zentrale Rolle kommt dabei den Sittengesetzen zu. Die politische und ökonomische Entwicklung des Staats hänge, so Schtscherbatow, an der Stärke der Tugenden: Verfallen die Tugenden und Sitten, verfalle auch der Staat (Ophir, 810). Die Moralordnung, die das Leben in Ophir regelt, ist in einem Sittenkatechismus sowie einem Gesetzeskatalog zusammengestellt (Ophir, 931-953). Die Gebote werden in ihnen abgeleitet von allgemeinen Vorstellungen über die Natur des Menschen und seine Pflichten: Gott habe die Menschen erschaffen, damit sie ihre Pflichten erfüllen, nicht, damit sie im Luxus leben.

Der Ort zur Vermittlung von Moral und Tugenden ist die Schule. Erziehung und Bildung der Jugend kommt in Ophir daher eine zentrale Rolle zu. Das Schulsystem ist analog zur Ständeordnung organisiert. Es gibt Dorf-, Bürger- und Adelsschulen. Die allgemeine Schulpflicht besteht für alle Kinder – Mädchen und Jungen, auch für die der Leibeigenen. In jedem Dorf gibt es daher eine Schule. Für die Kinder der Bauern gilt die Schulpflicht vom fünften bis zum zwölften Lebensjahr. In der Dorfschule lernen die Bauernkinder Lesen, Schreiben, Rechnen sowie den Sitten- und Gesetzeskodex. Mädchen und Jungen werden in getrennten Klassen unterrichtet, doch die Lerninhalte sind gleich. Der Besuch der Dorfschulen ist kostenfrei und für arme Kinder wird gegebenenfalls Geld gesammelt, um ihnen den Schulbesuch zu ermöglichen. In den Städten existieren mehrere Schultypen: Adelsschulen und die Schulen für das Bürgertum, sie sind ebenfalls nach Geschlechtern getrennt. Für den Besuch der Stadtschulen muß ein Schulgeld entrichtet werden. Die Schulen für das Bürgertum sind berufsbildende Schulen. An ihnen lernen die Kinder zusätzlich ein Handwerk. Seine Wahl ist geschlechtsspezifisch unterteilt, für Jungen stehen unter anderem Tischlern, Schmieden und Schustern zur Auswahl, für Mädchen Spinnen, Weben, Sticken und Nähen. Der Verkauf der Produkte dient mit zur Finanzierung der Schule. Die Schüler der Adelsschulen erhalten eine wesentlich umfangreichere Bildung als die Bürgerkinder an den Berufsschulen und statt eines Handwerks lernen die Jungen Fechten und Tanzen. Die Schulzeit ist länger, sie geht bis zum fünfzehnten Lebensjahr; auch ist das Schulgeld höher. Nach Abschluß der Adelsschule steht den männlichen Absolventen eine Karriere als Staatsbeamter offen. Begabte Schüler der Adelsschulen können im Anschluß auch an sogenannte Gouvernementschulen wechseln. Diese gehen bis zum siebzehnten Lebensjahr. Danach treten ihre Absolventen in den gehobenen Zivil- oder Militärdienst, wobei ihnen die ersten fünf Jahre ein Lehrer als Mentor zugeordnet ist; oder sie beginnen ein Studium an den Akademien des Landes. Diese bieten die naturwissenschaftlichen Fächer Mathematik, Physik, Chemie und Astronomie. Schulen und Lehrer werden regelmäßig kontrolliert; alle zwei Monate besuchen Inspektoren die Schulen. Neben dem Unterricht kontrollieren sie vor allem den Lebenswandel der Lehrer. Die Lehrer müssen einen „moralisch vorbildlichen Lebenswandel" vorweisen (Ophir, 929). Denn wichtiger als die Vermittlung von Wissen ist das sittliche Vorbild.

Trotz der strikten Ständehierarchie rekurriert Schtscherbatow für die normative Begründung des ophirischen Gemeinwesens auf dem Naturrecht, daß alle Menschen gleich geboren sind:

> „Auch wenn dir bei deiner Geburt kein Glück mit auf den Weg gegeben ist, so hast du trotz allem das Recht, ein Mensch zu sein. Und solltest du selbst dem ersten Gesellschaftsstand angehören, mußt du doch wissen, daß jeder Mensch, auch der des letzten Standes, als solcher dir gleich ist. Deshalb gleichst du, auch wenn du der ärmste Mensch auf Erden bist, als solcher selbst dem allmächtigen Herrscher. Ihr beide seid auf die gleiche Weise geboren und mit den gleichen natürlichen Bedürfnissen ausgestattet." (Ophir, 934)

Doch trotz der naturrechtlichen Gleichheit aller, vom Herrscher bis zum leibeigenen Bauern, eine Auflehnung gegen die Ständeordnung gilt als Gesetzesverstoß und wird hart bestraft. Aus der Tatsache, daß alle als Menschen gleich geboren sind, sei, so Schtscherbatows Interpretation des Naturrechts, nicht der Schluß zu ziehen, daß die Menschen auch sozial gleichgestellt sind. Jeder habe seine Aufgabe zu erfüllen an dem Platz, auf welchen er von Geburt aus gestellt sei – als Handwerker, Bauer, Fürst. Jeder habe seinen vorbestimmten Platz im Getriebe der Gesellschaft.

Der einzelne, heißt es weiter, könne nur als Teil der Gesellschaft existieren. Außerhalb der Gesellschaft gebe es für ihn kein glückliches Leben. Schtscherbatow begründet das in der Hilfsbedürftigkeit des Menschen: Der einzelne sei auf die anderen angewiesen, um zu (über-)leben.

> „Die Hilflosigkeit bei deiner Geburt und in deiner Kinderzeit, in der du auf die Hilfe anderer angewiesen warst, macht deutlich, daß du geboren wurdest, um in der Gesellschaft zu leben; sie beweist auch, daß du ohne die Gesellschaft nicht lebensfähig bist und nur stark und glücklich sein kannst, wenn du in der Gesellschaft lebst." (Ophir, 937)

Schtscherbatow bezieht die gegenseitige Abhängigkeit auch auf das Verhältnis von Herrscher und Volk und leitet daraus für den Kaiser und die Fürsten eine der politischen Tugendregeln ab.

> „Ein Herrscher ohne Volk ist völlig nutzlos. Ein Sklave hingegen vermag vieles. Er ist derjenige, der den Herrscher mit dem Notwendigen versorgt. Je enger die gesellschaftlichen Bande sind, um so glücklicher ist der Mensch." (Ophir, 937)
> „Achte daher auch alle als Brüder, die als Menschen unter dir stehen." (Ophir, 934)

Eine zentrale Rolle in Ophir nehmen Religion und Kirche ein. Sie sind Teil der staatlichen Ordnung und die Ausübung des Glaubens ist auf das irdische Gemeinwohl ausgerichtet. Die Religion kann als abstrakter Deismus bezeichnet werden, der auf einer rationalistischen Grundlage beruht;[37] in ihm spiegelt sich das Freimaurertum Schtscherbatows. Die höchste Wertschätzung genießt die Sonne, ihre Symbole finden sich auf einem Podest in der Mitte jeder Kirche. Sie wird aber nicht als Gott verehrt, sondern als „die vollkommenste seiner Schöpfungen" (Ophir, 803). Die Gottesdienste sind von kurzer Dauer; wichtiger als Zeremonien gilt eine gottesfürchtige Lebensweise, die sich im Befolgen der sittlichen Gebote zeige. Die Religion ist Staatsreligion. Atheisten und Andersgläubige werden in Ophir als Wahnsinnige verurteilt. Sie sind von öffentlichen Ämtern ausgeschlossen, ihr Vermögen und sie selbst werden einem adligen Vormund unterstellt und ihre Kinder werden von ihnen getrennt (Ophir, 812). Die Geistlichen sind vom Volk gewählte Laienpriester. Ihr Amt ist ein Ehrenamt, welches nur besonders „tugendhaften Bürgern" übertragen wird. Gleichzei-

---

[37] Vgl. Hartenstein: Michail M. Ščerbatov als politischer Ideologe, S. 117.

tig übernehmen die Priester polizeiliche und richterliche Funktionen. Sie haben die Aufgabe, für „Ordnung und Sittlichkeit zu sorgen" (Ophir, 805).

Ausführlich schildert der Erzähler das Militärwesen in Ophir. Sein Hauptaugenmerk richtet er auf die sogenannten Militärsiedlungen (Ophir, 900-910). Die Soldaten bilden eine eigene Kaste. Sie sind Berufssoldaten, die der Armee vom zwölften bis zum sechzigsten Lebensjahr angehören. Die Soldaten und Offiziere leben in eigenen Siedlungen, die in den Grenzgebieten liegen. Der Grund und Boden innerhalb der Militärsiedlungen gehört dem jeweiligen adligen Kommandeur und wird von den Soldaten und deren Familien bewirtschaftet. Auch alle anderen zivilen Aufgaben übernehmen Militärangehörige. Die Siedlungen verfügen über eigene Schulen, Handwerksbetriebe und Landwirtschaft. Jeder Soldat ist verpflichtet, in Friedenszeiten neben dem Militärdienst ein Handwerk auszuüben oder Landwirtschaft zu betreiben. Das Militär hat sich so selbst zu finanzieren, für seinen Unterhalt erhält es vom Staat kein Geld.

Ophir – aufklärerische Adelsrepublik mit Leibeigenschaft

Für Schtscherbatow zeigt sich eine Reihe von Parallelen zu Morus. Er war wie Morus hochrangiger Staatsdiener und Politiker, der seine politische Laufbahn als Interessensvertreter seines Standes begann, und er geriet wie Morus in politischen Dissens zum absolutistischen Herrschaftsanspruch. Auch ihre Utopien weisen Gemeinsamkeiten auf. Schtscherbatows ideales Gemeinwesen ist durch mehrere Strukturmerkmalen gekennzeichnet, die seit Morus charakteristisch für die archistische Utopietradition sind: Antiindividualismus, staatliche Reglementierung der Lebensweise, gemeinwohlorientierte Tugend der Amtsträger als normative Basis des Gemeinwesens, die zentrale Rolle von Schule und Bildung bei der Reproduktion der sozio-moralischen Ordnung, Luxusverbot, ökonomische Autarkie, Verbot von Angriffskriegen.[38] Was jedoch fehlt, ist das zentrale Merkmal der Utopien der Aufklärung: das Ideal der Gleichheit. Ophir ist eine sozial streng getrennte Ständegesellschaft. Aus der vergleichbaren Stellung Schtscherbatows und Morus' ergibt sich keine Gemeinsamkeit in der Ausrichtung ihrer Utopien.

Die Parallelen zwischen Morus und Schtscherbatow geben jedoch Rückschlüsse auf die Frage, wer zu ihren Zeiten Utopien verfaßte und welche Intentionen ihnen zugrunde lagen. Beide waren politische Intellektuelle, die an den

---

[38] Vgl. Saage: Utopische Profile, Bd. 2, S. 307f.

Schnittstellen zur Macht standen und involviert waren in die Debatten zur Verfaßtheit und Begründung von Herrschaft. Doch schon bei ihrem Leserkreis zeigt sich ein gewichtiger Unterschied. Während Morus für ein humanistisches Gelehrtenpublikum in Europa schrieb und nicht zuletzt Fragen der Politikberatung durch Gelehrte erörterte, richtete sich Schtscherbatow an seine adligen Standesgenossen in Rußland. Der russische Adel stellte die administrative Elite Rußlands. Er war bis 1762 zum Dienst in der Staatsverwaltung, am Hof oder im Militär verpflichtet, auch nach der Aufhebung der Dienstpflicht durch Peter III. blieben jene Posten weitgehend ein Privileg des Adels. Schtscherbatow konnte mit Lesern rechnen, die nicht nur mit den Schriften der Aufklärung vertraut waren, sondern sich qua sozialer Stellung für politische Fragen interessierten. Er schrieb seine Utopie als Beitrag zu den politischen Debatten über die Zukunft des russischen Gemeinwesens; in deren Zentrum stand insbesondere die Frage nach dem Verhältnis des Adels und der Autokratie. Daß Schtscherbatow seine Utopie nicht veröffentlichte, verweist darauf, wie defizitär die Ansätze einer politischen Öffentlichkeit jenseits von Foren wie der Gesetzgebenden Kommission noch waren.[39]

Schtscherbatow nutzt in seiner Utopie zum Verschlüsseln der politischen Aussagen die gleichen Stilmittel der verdeckten Anspielung wie Morus; dessen *Utopia* war ihm vermutlich bekannt.[40] Schtscherbatow gebraucht vor allem das Anagramm und Formen der Verfremdung historischer Daten. Der Erzähler trifft im Jahr 1704 der ophirischen Zeitrechnung in Ophir ein. Das ist das Jahr der Gründung von St. Petersburg, sie symbolisierte den Beginn der durch Peter I. eröffneten neuen Epoche Rußlands. In Ophir begann dagegen der neue Kalender mit dem Umzug der Hauptstadt von Peregab nach Kvamo. Der Name der neuen Hauptstadt Ophirs, Kvamo, verweist auf die alte Hauptstadt Rußlands: Moskau (Moskva). Peregab, die zweite große Stadt Ophirs, steht für St. Petersburg, Dysvy, der Name des nördlichen Nachbarlands Ophirs, für Schweden, Mergania für Germanien, Ewki für Kiew, der Fluß Golwa für die Wolga. Mit den Anagrammen umschreibt Schtscherbatow, welche Stadt er als wahre Haupt-

---

[39] Vgl. zur Herausbildung einer politischen Öffentlichkeit unter der administrativen Elite Ende des 18. Jh. Rustenmeyer, Angela: Das Arkanum zwischen Herrschaftsanspruch und Kommunikationspraxis vom 16. bis zum frühen 19. Jahrhundert. In: Sperling, Walter: Jenseits der Zarenmacht. Frankfurt a. M. u. a. 2008. S. 43-70.
[40] Vgl. Hartenstein: Michail M. Ščerbatov als politischer Ideologe, S. 86. Heller und Niqueux vermuten hingegen John Barclays *Argenis* (1751) als Vorbild für Ščerbatov (vgl. Heller/ Niqueux: Geschichte der Utopie, S. 103).

stadt Rußlands sieht: nicht das St. Petersburg der Autokratie, sondern das Moskau des Adels. Die Anspielung weitet Schtscherbatow später aus; er spiegelt die historische Entwicklung St. Petersburgs in der Geschichte Peregabs und entwirft für die russische Hauptstadt ein alternatives Szenario. Als der Erzähler Peregab besucht, erklären ihm seine Gastgeber, der Herrscher Perega (Peter I.) habe diese Stadt gegründet und sie an Stelle Kvamos zum Regierungssitz ernannt – obwohl die Gegend unfruchtbar und morastig ist. Zwar wuchs die Stadt, doch kam es bald zu Mißständen: Der am Hof in Peregab lebende Adel verlor die Beziehung zu seinen Gütern im Generalgouvernement Kvamo und entfremdete sich vom Volk.

> „Sie wußten daher auch nichts von dem, was das Volk bedrückte. Sie knechteten und beschwerten es mit übermäßigen Steuern und Abgaben" (Ophir, 792).

Während die leibeigenen Bauern ausgepreßt wurden, verpraßte der Adel am Hof den Reichtum und regierte das Land bar jeder Kenntnis der realen Verhältnisse. Er gab dem Volk weder ein Vorbild an Tugend noch erreichten die Beschwerden der Bauern, Handwerker und Händler die Regierenden. Die Sitten verfielen, ebenso die Wirtschaft und es kam zu sozialen Unruhen. Erst als die Hauptstadt wieder nach Kvamo verlegt wurde, besserten sich die Verhältnisse.

In Morus' *Utopia* dienen die Anspielungen und Verfremdungen der Reflexion des Geltungsanspruchs der utopischen Alternative. Mit ihnen werden die Glaubwürdigkeit und die Stellung des Berichts von der „besten Staatsverfassung" ironisch hinterfragt. Schtscherbatow nutzt die Stilmittel mit anderem Ziel. Das Spiel um den Geltungsanspruch des utopischen Ideals tritt in den Hintergrund. Die Formen der Anspielung werden bei Schtscherbatow zu Elementen einer verschlüsselten Sprache, die den historischen und politischen Bezug des utopischen Entwurfs verdeutlichen. Der Funktionswandel resultiert aus der unterschiedlichen Intention, die Morus und Schtscherbatow verfolgten. War für Morus der Idealstaat ein „hypothetisches Ideal",[41] sah Schtscherbatow sein Ophir als reales Ziel für das politische Handeln. Er entwarf mit *Ophir* eine Gesellschaft, wie er sie für Rußland erhoffte. Viele seiner Vorstellungen aus der Utopie finden sich auch als Forderungen in seinen tagespolitischen Schriften, moderater, so er sie zu Lebzeiten publizierte, zugespitzt in den seinerzeit unveröffentlichten.

---

[41] Frey, Northrop: Spielarten der utopischen Literatur. In: Manuel, Frank E. (Hrsg.): Wunschtraum und Experiment. Freiburg 1970. S. 52-79, S. 65.

Ophir – aufklärerische Adelsrepublik mit Leibeigenschaft 67

Mit dem Titel seiner Utopie verweist Schtscherbatow auf ein zweites literarisches Vorbild: die Utopie *Der wohleingerichtete Staat des bishero von vielen gesuchten, aber nicht gefundenen Koenigreiches Ophir*, die Ende des 17. Jahrhunderts anonym erschien.[42] Deren statische Beschreibung eines Idealstaates bettet Schtscherbatow in eine romanhafte Rahmenhandlung ein, die mit dem Schiffbruchsmotiv wiederum dem Muster der Utopien des 17. und 18. Jahrhunderts folgt. Wesentlicher als die formalen Anleihen ist jedoch die Betonung der Tugend als Garant für das Gemeinwesen und seine Prosperität. Wie in der deutschen Ophir-Utopie und in der biblischen Ophir-Legende[43] kommt in Schtscherbatows Ophir der Tugend eine zentrale Bedeutung für den Zustand des Staates zu.

> „Die Kraft und die Stärke eines Staats stehen und fallen mit seiner Moral." (Ophir, 810)

Ausschlaggebend für Aufstieg und Verfall eines Staates sind für Schtscherbatow nicht dessen Institutionen, soziale Konflikte oder der Zustand der Wirtschaft. Zum entscheidenden Kriterium wird die moralische Ordnung: Das Wohl des Staates hänge an der Stärke der Sitten, insbesondere an der der politischen Tugenden. Schtscherbatow bestimmt die Wechselbeziehungen „zwischen der Ethik des Herrschers und der des Volkes" als Wesen des Politischen. Er folgt damit dem Muster der rationalistischen Staatsromane der Aufklärung in Rußland.[44] Staat und Politik bilden den Bereich der Vernunft, der vor den egoistischen Leidenschaften des Volkes bewahrt werden muß. Als herrschende Klasse kommt für Schtscherbatow nur der Adel in Frage: Einzig er sei aufgrund seines Standes und seiner Erziehung in der Lage, seine Leidenschaften zu beherrschen und das Allgemeinwohl zu erkennen. Ein Fürst, der als Herrscher nicht der Vernunft, sondern seinen Leidenschaften folgt, werde daher nicht nur zum Tyrannen, er erweise sich seines Standes unwürdig.

Die in *Ophir* entworfene Ordnung mit vernünftigem Herrscher, tugendhaftem Adel und sittlichem Volk ist von Schtscherbatow sichtlich als Alternative zum Rußland Katharinas II. gedacht. Sie ist das Gegenstück zu seinem histo-

---

[42] Anonymus: Der wohleingerichtete Staat des bishero von vielen gesuchten, aber nicht gefundenen Koenigreiches Ophir. Leipzig 1699; vgl. zu dieser Utopie Saage: Utopische Profile, Bd. 2, S. 291ff.
[43] Vgl. zum biblischen Ophir Manguel, Alberto/ u. a.: Von Atlantis bis Utopia, Bd. 2. München 1981, S. 269.
[44] Lotman: Die Entwicklung des Romans, S. 23.

risch-politischen Traktat *Über die Sittenverderbnis in Rußland*. In diesem kritisiert er die Politik Katharinas II. Er konstatiert den Niedergang Rußlands unter ihrer Herrschaft aufgrund des Verfalls der Sitten. Die Zerrüttung des Staates könne nicht mehr übersehen werden, die Zarin selbst gebe sich dem Laster hin.

> „Sie ist wollüstig und vertraut sich gänzlich ihren Günstlingen an, ist in allen Dingen voller Hochmut, von einer Eigenliebe ohne Grenzen und unvermögend, sich zu solchen Geschäften zu zwingen, die ihr Langeweile verursachen können [...] und endlich ist sie so veränderlich, daß selten auch nur einen Monat lang ein und dasselbe System in bezug auf die Regierung bei ihr herrscht."[45]

Schtscherbatow charakterisiert Katharina II. als das genaue Gegenteil eines guten Herrschers. Sie sei lasterhaft statt tugendhaft, sie lasse sich von Leidenschaften beherrschen statt mit Vernunft das Land zu regieren. Sie habe sich zur Tyrannin entwickelt und zeige sich ihres Standes unwürdig. Ihr Mangel an politischer Tugend ist für Schtscherbatow beispielhaft für den Sittenverfall der politischen Klasse Rußlands, der durch Katharinas II. schlechtes Vorbild weiter voranschreite. Schuld an dem Verfall der Tugenden und Sitten sei vor allem der Einfluß des Fremden; gemeint ist damit das westliche Europa. Die Öffnung gegenüber der Aufklärung und dem Westen sei zwar notwendig gewesen, doch die Reformen Peters I. haben zu „bejammernswerten Zuständen" geführt.

> „Betrachten wir [...], welche Veränderungen die notwendige, aber vielleicht übertriebene Veränderung durch Peter den Großen in uns bewirkt hat, und wie von ihr an die Laster sich in unsere Seelen einzuschleichen begannen [...]. Dies wird eine Geschichte der Regierungen und der Laster im Verein ergeben."[46]

Mit der durch Peter I. propagierten und forcierten Übernahme der westlichen Lebensweise trat, so Schtscherbatows Klage, an die Stelle des Ideals eines einfachen, tugendhaften Lebens Genußsucht, Streben nach Luxus, Ausschweifungen und Schmeichelei. In deren Folge verfielen die großen Häuser des Adels, weil dieser über seine Verhältnisse lebte. Parallel der sittlichen Dekadenz des Adels ging, so Schtscherbatow, seine politische Entmachtung durch Peter I. und Katharina II. Mit der Abschaffung des auf dem Geburtsprestige beruhenden Mestnitschestwo[47] und der Einführung der leistungsbezogenen Rangtabelle[48] habe Peter I. der Tugend des Adels das Fundament entzogen.

---

[45] Schtscherbatow: Über die Sittenverderbnis in Rußland, S. 103f.
[46] Ebd., S. 21.
[47] Mestničestvo – Privileg des Erbadels, die Stellen des Staats- und Militärdienstes zu

Ophir – aufklärerische Adelsrepublik mit Leibeigenschaft

Die Zerstörung des Mestnitschestwo „vernichtete die Gedanken des edlen Stolzes bei den Adligen, denn nicht die Geschlechter begannen nunmehr geehrt zu werden, sondern die Ränge, die Verdienste und das Aufdienen."[49]

Schtscherbatow kritisiert, daß nach den Reformen Peters I. Staat und Politik nicht mehr auf der adligen Standesehre beruhten. An deren Stelle sei das Leistungsethos von Aufsteigerschichten getreten. Damit jedoch würden die falschen Verhaltensweisen gefördert. Das als Tugend wertlos gewordene adlige Verantwortungsbewußtsein schwinde zugunsten der Idee der Karriere – des selbst zu erarbeitenden beruflichen und sozialen Aufstiegs.

In *Ophir* sind diese Entwicklungen zurückgenommen. Die Elite Ophirs rekrutiert sich allein aus dem Adel. Auf seiner Standesehre gründet sich das Verantwortungsbewußtsein für Staat und Gemeinwohl. Zu Absicherung der Verantwortung ist die politische, ökonomische und militärische Macht in den Händen des Adels konzentriert. Nur er hat das Recht auf Grundbesitz und Leibeigene, ebenso sind die Ämter im Staatsdienst und die Offiziersränge ihm vorbehalten. Dem Bürgertum wird nur für die Handels- und Wirtschaftspolitik eine Mitsprache zugestanden. Sein politischer Einfluß ist wie seine ökonomische Bedeutung eng begrenzt. Während Katharina II. mit ihrer Wirtschaftspolitik auf die Förderung des Handels zielte, insbesondere mit dem Ausland,[50] plädiert Schtscherbatow in *Ophir* für wirtschaftliche Autarkie. Außenhandel führe lediglich zum Import von Luxusgütern und sei folglich verantwortlich für den Sitten- und Staatsverfall. In Ophir beschränkt sich der Handel auf das Inland. Handwerk und Handel sind auf die Landwirtschaft und die Versorgung der Städte

---

besetzen.

[48] 1722 von Peter I. als „Tabelle von den Rängen aller militärischen, staatlichen und höfischen Dienstgrade" eingeführte Systematik der Dienstgrade im Staats-, Hof- und Militärdienst. Sie unterteilte die drei Bereiche in je 14 Ränge. Im Gegensatz zum Mestničestvo waren mit ihr die Posten im Staats-, Hof- und Militärdienst nicht mehr allein dem Erbadel vorbehalten, die unteren Ränge standen auch Nichtadligen offen. Wer den 8. Rang erreichte, wurde nobilitiert. An die Stelle des privilegierten Geburtsadels sollte ein leistungsbezogener Beamtenadel entstehen, der sich den Interessen des Staates verpflichtet fühlt (vgl. Hassel, James: Implementation of the Russian Table of Ranks during the Eighteenth Century. In: Slavic Review 29. Jg. (1979). S. 283-295).

[49] Schtscherbatow: Über die Sittenverderbnis in Rußland, S. 36.

[50] 1753 schaffte Katharina II. die Binnenzölle ab, 1754 ließ sie eine Handelsbank gründen und 1763 eine Handelskommission einrichten.

ausgerichtet. Die Wirtschaft Ophirs beruht auf dem Agrarsektor. Dessen Dominanz und Stabilität werden durch die sozialen und politischen Strukturen abgesichert. Das ist ein Gegenentwurf zu Katharinas II. merkantilistischer Politik. Ihr Bestreben, den Dritten Stand zu stärken, schien Schtscherbatow bedrohlich. Er befürchtete, zu Recht, daß eine sich unter der Kontrolle der Autokratie entwickelnde bürgerliche Schicht das politische Kräfteverhältnis zwischen Autokratie und Adel verschieben würde: Je geringer die ökonomische Bedeutung des Adels würde, desto weniger wäre die Autokratie auf ihn angewiesen. Vehement wandte sich Schtscherbatow daher gegen die Erweiterung der Rechte des Bürgertums.

Auch der Gestaltung der militärischen Verhältnisse in Ophir legt Schtscherbatow die Interessen des Adels zugrunde. Der Klein- und Mitteladel sah für sich wenig Vorteil in der militärischen Expansionspolitik Katharinas II., litt jedoch um so mehr unter deren Lasten. Die für Katharinas II. Expansionskriege forcierten Rekrutierungen unter den leibeigenen Bauern entzogen dem Adel die Arbeitskräfte. Steuererhöhungen, Entvölkerung der Dörfer, Hunger, Bauernaufstände seien, so Schtscherbatow, die zwangsläufigen Folgen der Kriege. Sie untergrüben die Existenzgrundlage des Adels. Die Expansionspolitik Katharinas II. diene vor allem den Handelsinteressen der Autokratie und der Bourgeoisie. Schtscherbatow forderte daher, das Militär auf die Landesverteidigung zu beschränken. Das Militär sollte dazu in speziellen Siedlungen in den Grenzregionen angesiedelt werden. Ein Gedanke, den er schon in der Denkschrift *Überlegungen zu Militärsiedlungen* (1773/74) propagiert hatte.[51] Die Militärsiedlungen sollten vom Leben der übrigen Bevölkerung separiert und wirtschaftlich autark sein. Ihren Lebensunterhalt erzielen die Offiziere und Soldaten aus eigener Landwirtschaft und eigenen Handwerksbetrieben. Die Selbstfinanzierung der Armee durch diese Grenzwirtschaften lasse, so Schtscherbatows, für das Militär Eroberungskriege ökonomisch unattraktiv werden. Bei häufigen und langen Kriegen würde die Wirtschaft der Siedlungen zusammenbrechen und die Offiziere und ihre Soldaten ihre Existenzgrundlage verlieren. Gleichzeitig stärke die grenznahe Lage der Siedlungen die Motivation, das Land zu verteidigen, denn im Falle eines Angriffs wären sie als erstes von Verwüstung und Okkupation betroffen. Die Militärsiedlungen lösten damit, so Schtscherbatow, mehrere Probleme. Dem Adel blieben seine leibeigenen Bauern erhalten. Der Unterhalt

---

[51] Vgl. Ščerbatov, Michail M.: Mnenie o poselennych vojskach. In: ders.: Neizdannye sočinenija. Moskau 1935. S. 64-83.

der Armee belaste den Staatsetat nicht, da sich das Militär selbst versorge, folglich blieben die Steuern gering. Die Schaffung einer eigenen Kaste für Soldaten unterbinde die soziale Mobilität der Bauern, zu der es mit der Praxis der allgemeinen Rekrutierung komme. Mit den Militärsiedlungen zielt Schtscherbatow so vor allem auf zwei Aspekte: die Vermeidung finanzieller Belastungen für den Adel und die Stabilisierung der Ständeordnung.

Die Ständeordnung und die Militärsiedlungen dienen dazu, die soziale und ökonomische Vorherrschaft des Adels zu sichern; sie richten sich insbesondere gegen die Etablierung einer bürgerlichen Schicht. In der Begründung der politischen Vormachtstellung des Adels hingegen wandte sich Schtscherbatow gegen den Absolutismus der Autokratie. Ophir ist eine konstitutionelle Monarchie, in der die Rechte und Pflichten der Stände und des Kaisers gesetzlich fixiert sind. Formal steht der Kaiser an der Spitze, aber die eigentliche Macht liegt beim Adel. Der Kaiser fungiert lediglich als Sprachrohr des politischen Willens des Adels. Selbst ökonomisch ist seine Macht begrenzt, die Krone verfügt über keine eigenen Ländereien und leibeigenen Bauern. Das opponiert gegen den Absolutismus Katharinas II. Deren Politik zielte auf den Ausbau der Autokratie, die Einrichtung einer kameralistischen Verwaltung sowie auf eine merkantilistische Wirtschaftspolitik mit der Förderung des Handels und der Industrie, um die Staatseinnahmen zu erhöhen. Sie sollte die Autokratie gegenüber dem Adel stärken. Katharina II. rekurrierte für ihre Politik auf den aufgeklärten Absolutismus. Dieser war die Staatsdoktrin Rußlands im 18. Jahrhundert.[52] Doch der absolutistische Herrschaftsanspruch der Autokratie war keineswegs unumstritten. Mehrfach hatte der Adel unter den Nachfolgern Peters I. deutlich gemacht, daß er zur Sicherung seiner Privilegien nicht zögerte, die Macht des Zaren durch eine konstitutionelle Monarchie zu beschränken. In der Verfassungskrise nach dem Tod Peters II. 1730 stand man kurz davor. Unter Führung des Fürsten Dmitrij M. Golizyns (1665-1735), der Rußland in eine konstitutionelle Monarchie umwandeln wollte, hatte ein Teil des Adels versucht, der neuen Zarin Anna weitreichende Rechte abzutrotzen. Er beanspruchte das Recht, die Thronfolge zu bestimmten, die Entscheidung über das Führen von Kriegen und Friedensverhandlungen, die Befehlsgewalt über das Militär, das Etatrecht und die Zustimmungspflicht zu allen Gesetzen. Doch der Coup d'Etat scheiterte: Der von

---

[52] Vgl. Utechin: Geschichte der politischen Ideen in Rußland, S. 44.

Peter I. begründete Dienstadel stellte sich auf die Seite der Autokratie und der Zarin.[53]

In der Tradition dieses frühen, von einzelnen Adelsgruppen vertretenen Konstitutionalismus in Rußland[54] steht auch Schtscherbatow. Der sich in der Verfassungskrise von 1730 zeigende Konflikt zwischen dem absolutistischen Machtanspruch der Autokratie und dem Adel wird von ihm als grundsätzliche Frage der Souveränität problematisiert. In seiner *Russischen Geschichte* erörtert er die Frage nach dem Ursprung und der Legitimität von Herrschaft in Rußland anhand der Stadtrepublik Nowgorod, dem Gründungsmythos russischer Staatlichkeit.[55] In seiner Lesart beschreibt der Mythos den Beginn des russischen Zarentums durch die Ernennung des Warägerfürsten Rurik zum Herrscher Nowgorods. Die Nowgoroder Bürger beriefen Rurik, so Schtscherbatow, um den Bürgerkrieg in der Stadtrepublik zu beenden. Als neuer Herrscher sollte er die Stadt gegen ihre äußeren Feinde schützen, während die Verwaltung der inneren Angelegenheiten weiterhin das Recht der Bürgerschaft bleibe. Rurik okkupierte jedoch die Herrschaft ganz, woraufhin die Bürger Nowgorods gegen Rurik rebellierten. Schtscherbatow rechtfertigt diesen Aufstand. Rurik habe den ‚Vertrag' gebrochen, auf dessen Grundlage er zum Herrscher berufen worden sei. Schtscherbatow verdeutlicht am historischen Beispiel Nowgorods, daß politische Herrschaft auf einem naturrechtlichen Gesellschaftsvertrag beruhe. Der Mensch sei alleine nicht überlebensfähig, er sei geboren, „um in der Gesellschaft zu leben" (Ophir, 937). Er verzichte auf einen Teil seiner natürlichen Rechte, mit dem Ziel, den anderen Teil sich zu erhalten. Von diesem ‚Gesellschaftsvertrag' leiteten sich die Rechte des Herrschers und die Freiheiten seiner Untertanen her. Beginnt nun, so Schtscherbatow, mit Rurik die russische Zarenherrschaft, so gelte für sie der zwischen Nowgorod und Rurik symbolisch geschlossene Gesellschaftsvertrag. Der Adel als Repräsentant des Volkes übertrage einen Teil der Souveränitätsrechte auf den Zaren, doch er übereigne ihm keinesfalls unumschränkte Macht. Die Zaren haben mit der Übernahme der Herrschaft die Rechte und Freiheiten des Adels zu wahren. Verletzt der Zar den Vertrag, indem er die Rechte des Adels beschränkt, so sei der Aufstand unvermeidlich – und er sei legitim, so er vom Adel getragen ist. Durch seinen Auf-

---

[53] Vgl. ebd., S. 49f.; Stökl: Russische Geschichte, S. 391f.

[54] Vgl. zu deren Vertretern und Positionen Utechin: Geschichte der politischen Ideen in Rußland, S. 46-62.

[55] Vgl. Schtscherbatow: Russische Geschichte, S. 239-253.

stand werde der ursprüngliche Zustand der Aristokratie wiederhergestellt, der vom despotischen Herrscher zerstört wurde. Eine Rebellion der unteren Schichten hingegen würde zur Demokratie führen. Die Folge wäre ein Zustand permanenter Unruhe und Aufruhr.

Mit ihrer gegen den Adel gerichteten absolutistischen Politik verletze nun, so Schtscherbatow, Katharina II. den russischen Gesellschaftsvertrag. Sie provoziere damit für Rußland die Gefahr einer Volksrebellion und eines Bürgerkrieges. Denn nicht nur der Adel klage gegenüber Katharina II. die Wahrung seiner Rechte und Freiheiten ein, auch die Bauern reagierten auf ihre Verelendung mit Aufständen. Schtscherbatow instrumentalisiert damit das Elend der leibeigenen Bauern für den Kampf des Adels um seine Vormachtstellung. Er etikettiert die Verelendung der Bauern und ihre Aufstände gleichsam als Kollateralschäden der Entmachtung des Adels. Der politische und ökonomische Bedeutungsverlust des Adels führe, so Schtscherbatow, zum Verfall der politischen Tugend des Adels und dieser zum wirtschaftlichen Niedergang Rußlands und jener in der Folge zum Elend der Bauern. Diesen circulus vitiosus aus ökonomischen und politischen Bedeutungsverlust einerseits und Tugendverfall andererseits hatte Schtscherbatow in *Über die Sittenverderbnis in Rußland* in den höchsten Klagetöne ausgemalt: Der innere und äußere Niedergang des Adels als Elite seit Peter I. reiße Rußland in den Abgrund und setze den Staat der existentiellen Gefahr von Volksaufständen aus.

Ophir ist der Gegenentwurf dazu. Mit ihm entwirft Schtscherbatow für Rußland eine politische und soziale Verfassung, die derartige Untergangsszenarien ausschließt. Im ophirischen Rußland ist der für Schtscherbatow ursprüngliche, ideale gesellschaftliche Zustand, von dem sich Rußland durch Autokratie und Absolutismus entfernt habe, wiederhergestellt. Die Vorherrschaft des Adels ist normativ und institutionell gesichert, der Kaiser folgt in seiner Herrschaft den Gesetzen, was ebenso die Tugendhaftigkeit der Regierung fördert. Kurz: In Ophir steht die politische Ordnung mit der für Schtscherbatow durch den Gesellschaftsvertrag begründeten Machtverteilung zwischen Adel, Kaiser und den anderen Ständen im Einklang.

Die Gesellschaft, die Schtscherbatow in seiner Utopie zu dieser politischen Ordnung entwirft, ist eine übernormierte, alle Lebenswege sind in ihr bis ins einzelne vorgezeichnet.

„Jeder muß so leben, wie man es ihm vorschreibt." (Ophir, S. 859)

Schtscherbatow folgt in dem, wie er das Leben für den einzelnen vorstrukturiert und ihn in die sozio-moralische Ordnung einbindet, dem Muster der archistischen Utopie. In der ophirischen Gesellschaft gibt es keinen unkontrollierten Bereich: Ökonomie, Alltag, Familie, Bildung, Religion – alle Lebensbereiche unterliegen den Regeln des Sittenkatechismus. Die Gebote der deistischen Staatsreligion sind gleichzeitig Gesetz. Ihre Einhaltung wird von den Laienpriestern überwacht. Sie sind besonders tugendhafte Bürger, die diese Aufgabe in Form eines Ehrenamts ausüben. Für Sanktionen stehen ihnen jedoch staatliche Machtmittel zur Verfügung. Diese mit Polizeifunktion ausgestatteten Laienpriester bilden ein System der omnipräsenten sozialen Kontrolle.

Daneben weist Schtscherbatow der Schule eine zentrale Rolle für die Sicherung des moralischen Überbaus zu. In Ophir gibt es ein flächendeckendes Schulsystem, das für alle Kinder obligatorisch ist und für die unteren Schichten sogar kostenfrei. Mit seiner hierarchischen Unterteilung in Dorf-, Bürger- und Adelsschulen reproduziert es die Ständeordnung Ophirs. Im Mittelpunkt des Unterrichts für die unteren Schichten steht neben Lesen, Schreiben und Rechnen der Sitten- und Gesetzeskodex. Ein flächendeckendes Schulsystem und Schulpflicht für alle waren eine wahrhaft utopische Neuerung für Rußland, wo selbst der größte Teil der bürgerlichen Schichten keine Schulbildung besaß. Doch Schtscherbatows Entwurf ist nicht utopisch originär. Er entspricht weitgehend Katharinas II. Plan für ein Volksschulsystem in Rußland. 1782 hatte Katharina II. begonnen, nach dem Vorbild der Josephinischen Schulreform[56] eine mehrstufige Volksschule einzuführen – allerdings mit dürftigem Ergebnis.[57] Sowohl Katharinas II. als auch Schtscherbatows Bildungskonzeption lag die Überlegung zugrunde: Um dem Volk „eine reine und vernünftige Vorstellung des Schöpfers und seines heiligen Gesetzes und die Grundregeln der unerschütterlichen Treue gegenüber dem Herrscher und der wahren Liebe zum Vaterland und den Mitbürgern zu vermitteln",[58] muß es Lesen und Schreiben kön-

---

[56] Vgl. Winter, Eduard: Frühaufklärung. Berlin 1966, S. 318 u. 356.

[57] Siehe Anm. 23; Anweiler, Oskar: Geschichte der Schule und Pädagogik in Rußland vom Ende des Zarenreiches bis zum Beginn der Stalin-Ära. Berlin 1978, S. 15f.; Froese, Leonhard: Ideengeschichtliche Triebkräfte der russischen und sowjetischen Pädagogik. Heidelberg 1963, S. 37ff.; sowie zu aufklärerischen Bildungskonzeptionen in der frühen Ära Katharinas II. Gesemann: Die Entdeckung der unteren Volksschichten, S. 90ff.

[58] Statut für die Volkschulen des Russischen Reichs, vom 5. August 1786, zitiert nach Galina: Die Schulreform Katharinas II., S. 484.

Ophir – aufklärerische Adelsrepublik mit Leibeigenschaft   75

nen. Dahinter stand die Erwartung, das Volk durch Bildung als „neues Menschengeschlecht" für die beste aller denkbaren Herrschaft zu formen. Bildung war das Mittel, den Menschen zum tugendhaften Staatsbürger für den idealen Staat zu erziehen. In dieser Frage ist Schtscherbatow ganz Kind des aufklärerischen Staatsutopismus Peters I. und Katharinas II. Dort, wo Bildung jedoch eine Eigendynamik zu entwickeln droht, die die Ordnung sprengt, weil sie das Individuum zur Emanzipation ermächtigt, wird sie ohne weiteres kurzerhand beschnitten. Bildung steht in Schtscherbatows Utopie nicht für Emanzipation – das wird erst fast ein Jahrhundert später mit Tschernyschewskis Utopie zum zentralen Motiv der russischen Utopien.

Schtscherbatows Utopie als Vorläufer der Slawophilen?

Schtscherbatow wurde nach seiner Wiederentdeckung als politischer Philosoph in der zweiten Hälfte des 19. Jahrhunderts vor allem als Vorläufer der Slawophilen gesehen. Ist seine Utopie eine slawophile? Schtscherbatows Rekurs auf das ‚Russische' bei der Ausgestaltung und Begründung seiner Idealgesellschaft, seine Kritik der Petrinischen Reformen legen die Annahme nahe. Schtscherbatow gehört zu jener Generation russischer Historiker, die die russische Geschichte als Quelle und normativen Bezug für die Gestaltung der gegenwärtigen und künftigen Verhältnisse Rußlands entdeckten. Peter I. hatte für seine Reformen Rußland noch als Tabula Rasa betrachtet und die neuen Gesetze aus universalen Prinzipien abgeleitet. Nunmehr ging man hingegen von dem Grundsatz aus, die Gesetzgebung habe dem Geist der Nation zu folgen, wie Katharina II. in ihrer *Großen Instruktion* zur Schaffung eines neuen Gesetzbuches für Rußland schrieb. Historiker wie Iwan N. Boltin[59] (1735-1792), Nikolai M. Karamsin[60] (1766-1826) und Schtscherbatow[61] teilten diese Sicht. Sie gaben damit sowie mit ihrer Kritik an den Reformen Peters I. den Rahmen vor, in dem später die Slawophilen über die Fragen des „russischen Wesens", der eigenen Tradition und das Verhältnis zum Westen reflektierten.

---

[59] Vgl. Boltin, Ivan N.: Primečanija na Istoriju drevinija i nynešnija Rossii g. Leklerka (Kritische Anmerkungen zu Nicolas Le Clerc's Geschichte des alten und heutigen Rußland). St. Petersburg 1788.
[60] Vgl. Karamzin, Nikolaj M.: Istorija Gosudarstva Rossijskogo, 12 Bde. (1816-29). Moskau 1988ff.; dt.: Karamsin, Nikolaj M.: Geschichte des Russischen Reiches. Riga 1820-33.
[61] Vgl. Schtscherbatow: Russische Geschichte.

Doch eine slawophile Utopie ist Schtscherbatows *Reise ins Land Ophir* gleichwohl nicht. In seiner Utopie fehlen wesentliche Aspekte des slawophilen Denkens wie die zentrale Bedeutung der Russischen Orthodoxie, die Befürwortung einer unbeschränkten Autokratie und die Idee der Sobornost, der religiös begründeten Gemeinschaft und Einheit des Volkes, auf der die soziale und politische Organisation Rußlands beruhen sollte. Auch der religiöse und politische Missionsanspruch der Slawophilen lag Schtscherbatow fern: Weder erhob er den russisch-orthodoxen Glauben zum ‚wahren' Glauben, von dessen ‚Wahrheit' der Katholizismus und Protestantismus abgefallen sei, noch propagierte er eine ethnisch begründete Einheit aller Slawen, wie es die zweite Generation der Slawophilen mit ihrem Panslawismus tat. Schtscherbatows Idealgesellschaft ist noch ganz den Anschauungen und dem Rationalismus der französischen Aufklärung verpflichtet, vor allem Montesquieu und Holbach.[62]

Er sucht diese jedoch – und das ist das Innovative an Schtscherbatows Utopie für die russische Utopiegeschichte – mit der russischen Geschichte zu verknüpfen. Die der Aufklärung entlehnten Ideen verlieren bei Schtscherbatow freilich nur allzuoft ihren ursprünglichen Sinn und werden von ihm für die ideologische Begründung der Vorherrschaft des Adels instrumentalisiert.[63] In seiner Utopie führt das zu widersprüchlichen Positionen: so etwa die Berufung auf den Gedanken der naturrechtlichen Gleichheit aller Menschen bei gleichzeitiger Apologie der Leibeigenschaft. Schtscherbatows *Ophir* ist zwar eine rationalistische Utopie der Aufklärung, aber sie ist keine Utopie im emanzipatorischen Geist der Aufklärung. Darum ging es Schtscherbatow nicht. Sein Anliegen war, die Vorherrschaft des Adels normativ zu begründen. Unter Verwendung zentraler Elemente der Aufklärung, wie dem Gesellschaftsvertrag, entwarf er in seiner Utopie das Modell einer aufgeklärten Adelsaristokratie. Es ist eine Idealgesellschaft, die beileibe nicht ideal für alle ist: Das ‚gute Leben' gilt nur für einen kleinen Teil der utopischen Bevölkerung – den Adel. Das bleibt weit hinter dem Geist der Utopien der Renaissance und der Aufklärung zurück. Schtscherbatows Utopie zeigt sich so vor allem als der Versuch eines politisch und sozioökonomisch in seiner Vormachtstellung bedrohten Adels, eine politische Ant-

---

[62] Vgl. Donnert: Ideologie der russischen Gesellschaft, S. 109; Sacke: Michael Ščerbatov und seine Schriften, S. 354; Andreae, Friedrich: Fürst M. Schtscherbatow, *Über die Sittenverderbnis in Rußland*. In: Jahrbücher für Kultur und Geschichte der Slawen 1. Jg. (1925) H. 2. S. 264-266, S. 276.

[63] Vgl. Stählins Einführung zu Schtscherbatow: Über die Sittenverderbnis in Rußland.

wort auf die Politik Katharinas II. und die gesellschaftlichen Modernisierungsprozesse in Rußland zu finden. Schtscherbatow nutzt dabei die Form der Utopie, um seine Reformvorschläge zum anschaulichen Gesamtbild einer Gesellschaft zusammenzufassen. Und obwohl seine Antworten insbesondere auf die sozialen und ökonomischen Probleme eher dürftig und rückwärtsgewandt ausfielen, wie seine Verteidigung der Leibeigenschaft zeigt, war es gerade die Einbindung in die politischen Reformdebatten zur Zeit Katharinas II., die in späteren Generationen das Interesse an Schtscherbatows Utopie weckte.

ALEXANDER N. RADISCHTSCHEW – DAS NATURRECHT ALS UTOPISCHER MAßSTAB

Sechs Jahre nach Schtscherbatows *Ophir*-Utopie erschien mit Radischtschews *Reise von Petersburg nach Moskau* eine Utopie, die der radikale Gegenentwurf zu Schtscherbatows Adelsaristokratie ist.[64] Als Antipoden wurden sie auch rezipiert: auf der einen Seite Schtscherbatow als Wortführer des traditionellen Klein- und Mitteladels, der an der überlieferten Wirtschaftsverfassung festhielt und sich gegen jede Lockerung der Leibeigenschaft wehrte, auf der anderen Radischtschew als Vordenker einer sich verbürgerlichenden Adelsintelligenzija, die die Abschaffung der Leibeigenschaft forderte.[65] Herzen[66] stellte sie als die Pole der Kritik an der Politik Katharinas II. heraus: Der eine suche das Ideal in der vorpetrinischen Vergangenheit, der andere denke vorwärts und mache das Leiden der Bauern zu seinem Anliegen.

> „Traurige Schildposten vor zwei verschiedenen Türen, schauen sie wie Janus in entgegengesetzte Richtungen. Schtscherbatow […] blickt zu der Tür, durch die Peter I. eintrat […] die langweilige und halbwilde Lebensweise unserer Vorfahren erscheint dem unzufriedenem Greis als irgendein verlorenes Ideal […] Radischtschew schaut vorwärts […] und fährt die große Straße, er fühlt die Leiden der Massen mit."[67]

---

[64] Radiščev, Aleksandr N.: Putešestvie iz Peterburga v Moskvu. (1790) In: ders. Polnoe sobranie sočinenij, Bd. 1. Moskau u. a. 1938. S. 225-392; im folgenden zitiert mit der Sigle *RPM* nach Radischtschew, Alexander: Reise von Petersburg nach Moskau. Leipzig 1982.

[65] Vgl. zu Radiščev und Ščerbatov als Vertreter politischer konträrer Flügel des Adels Sacke, Georg: Graf A. Voroncov, A. N. Radiščev und der *Gnadenbrief für das Volk*. Emsdetten 1938, S.9ff.

[66] Aleksandr I. Gercen – 1812-1870. Gercen prägte mit seinen Ansichten mehrere Generationen der Intelligenzija (Westler, Nihilisten, Narodniki). Vom französischen Frühsozialismus ausgehend, propagierte er nach dem Scheitern der 1848er Revolutionen einen auf dem Mir aufbauenden „russischen Sozialismus" als agrarsozialistische Alternative für Rußland. Vgl. zu Gercen Piroschkow, Vera: Alexander Herzen. Der Zusammenbruch einer Utopie. München 1961.

[67] Gercen, Aleksandr: Knjaz' Ščerbatov i A. N. Radiščev. In: ders.: Sočinenija, Bd. 7. Moskau 1958. S. 150-157, S. 150f. (Vorwort zur Doppelausgabe von Ščerbatov *Über die Sittenverderbnis in Rußland*/ Radiščev *Reise von Petersburg nach Moskau*).

Abb. 2 Titelblatt der deutschen Erstausgabe von Radischtschews *Reise von Petersburg nach Moskau*, Leipzig 1922

Radischtschew entwarf in seiner Utopie eine Gesellschaft, die konsequent auf der Aufklärung und dem individuellen Naturrecht beruht. In den Mittelpunkt stellte er dabei – unter dem Einfluß der radikalen Vertreter der französischen Aufklärung (Rousseau, Mably) – den Gedanke der natürlichen Gleichheit des Menschen und seiner unveräußerlichen Rechte. An diesem Ideal maß er die sozialen und politischen Verhältnisse unter Katharina II. Sein Urteil war vernichtend: Katharina II., die die Aufklärung zu ihrem Regierungsprogramm erhoben hatte, sei von dem Ideal weiter entfernt denn je.

Alexander N. Radischtschew (1749-1802)[68] gehörte wie Schtscherbatow zum Adel. Sein Vater war Gutsbesitzer im Gouvernement Saratow. Alles deutete für ihn auf eine glänzende Laufbahn am Hofe Katharinas II. hin. Mit sechs Jahren kam Radischtschew zu Verwandten nach Moskau; hier erhielt er von Professoren der kurz zuvor gegründeten Moskauer Universität Privatunterricht. Auf Empfehlung seiner Lehrer nahm ihn 1762 Katharina II. in das Pagenkorps, die Militärakademie der Zaren, auf. 1766 schickte sie ihn mit fünf weiteren jungen Adligen für fünf Jahre zum Studium nach Leipzig. Sie sollten sich auf eine Tätigkeit im Rahmen der von Katharina II. geplanten Gesetzes- und Verwaltungsreform vorbereiten. Auf ihrem Studienplan standen Natur-, Völker- und römisches Recht sowie Moralphilosophie und Sprachen. Wichtiger als das offizielle Studienprogramm wurde den russischen Studenten im Leipzig jedoch zunehmend die Lektüre der neuesten Schriften der Aufklärung, insbesondere der französischen und deutschen: Rousseau, Montesquieu, Helvétius, Mably, Raynal, Herder. Nach seiner Rückkehr trat Radischtschew in den Staatsdienst. Er wurde Mitglied der von Katharina II. gegründeten *Gesellschaft für die Über-*

---

[68] Vgl. für einen Überblick zu Radiščev Walicki, Andrzej: A History of Russian Thought: From the Enlightenment to Marxism. Stanford 1979, S. 35-52; Singer, Eugenie: Alexander Nikolaevič Radiščev. In: Jahrbücher für Kultur und Geschichte der Slaven 7. Jg. (1931). S. 113-162; ausführliche Biographien: Lang; Makogonenko; McConnell. Die wahrscheinlich ersten deutschen Darstellungen zu Radiščev sind die des damaligen sächsischen Diplomaten in Rußland von Helbig (Helbig, Gustav Adolf Wilhelm von: Radischew. In: ders.: Russische Günstlinge. Tübingen 1809. S. 457-461) sowie Alexander Nikolajewitsch Radischtschew. Schicksale eines russischen Publicisten. In: Archiv für wissenschaftliche Kunde von Russland 19. Bd. (1860) S. 77-92. Zu Radiščevs politischem Denken und seiner Utopie vgl. Babkin; Bittner; Donnert; Dudek; Fasko; Fieguth; Graßhoff; Hexelschneider; Hoffmann; Kafengauz; Kahn; Klein; Lauch; J. Lotman; Lübke; McConnell; Page; Pozdneev; Raab; Saage; Sacke; Shmurlo; Tatarincev; Thiergen; Uffelmann; Vogel; Wedel; Witkowski; Wölky.

setzung ausländischer Bücher in die russische Sprache und später auch mit dem Orden des Hl. Wladimir ausgezeichnet.

Doch Radischtschew wurde zum Vordenker ganz anderer Kreise als durch diesen Karrierebeginn erwartbar. Auf ihn beriefen sich die Dekabristen, als sie 1825 versuchten, in Rußland eine konstitutionelle Monarchie zu errichten. Die Intelligenzija der 1860er erklärte Radischtschew und seine „kompromißlose Haltung" zu ihrem Vorbild. Ebenso die Narodniki, sie hoben insbesondere sein Eintreten für die Emanzipation der Bauern hervor.[69] Auch die Bolschewiki sahen ihn als geistigen Vorgänger: Lenin erklärte, mit Radischtschew habe die revolutionäre Bewegung in Rußland begonnen.[70] Mit der Büste Radischtschews wurde am 6. Oktober 1918 in Moskau Lenins Programm neuer Denkmäler eröffnet, die die Ahnengalerie der Revolution präsentierten. In der sowjetischen und sozialistischen Literatur- und Geschichtswissenschaft wurde Radischtschew zur revolutionären Gründungsfigur erhoben: Er habe mit seinen Werken als erster in Rußland zur Revolution aufgerufen, sein Schaffen sei der erste Höhepunkt der russischen revolutionären Bewegung.[71] Man sah in ihm vor allem den Revolutionär und interpretierte seine *Reise von Petersburg nach Moskau* als revolutionären Klassiker.

Nun muß man Radischtschew nicht gleich zum geistigen Weggenossen Lenins erklären, der als erster in Rußland zur Revolution aufgerufen habe, doch ist er zweifelsohne einer der radikalsten Vertreter der Aufklärung in Rußland.[72] Er kritisierte die autokratische Herrschaft schärfer als sonst jemand zu seiner Zeit. Seine Anklage der Leibeigenschaft rüttelte das soziale Gewissen der Intelligenzija ähnlich auf wie Harriet Beecher-Stowes *Onkel Toms Hütte* (1852) für die

---

[69] Vgl. zur Rezeption Radiščevs durch die Intelligencija im 19. Jh. Hoffmann, Peter: Die russischen revolutionären Demokraten und Radiščev. In: Zeitschrift für Slawistik 11. Jg. (1966). S. 158-176.

[70] Vgl. Lenin, Wladimir I.: Über den Nationalstolz der Großrussen. In: ders.: Werke, Bd. 21. Berlin 1972. S. 91-95, S. 92.

[71] Vgl. Witkowski, Teodolius: Radiščev und Rousseau. In: Graßhoff, Helmut/ u. a. (Hrsg.): Studien zur Geschichte der russischen Literatur des 18. Jahrhunderts, Bd. I. Berlin 1963. S. 121-139, S. 123; Hoffmann, Peter: Radiščev und die Anfänge der russischen revolutionären Traditionen. In: Graßhoff, Helmut/ u. a. (Hrsg.): Studien zur Geschichte der russischen Literatur des 18. Jahrhunderts, Bd. I. Berlin 1963. S. 140-152, S. 143.

[72] Vgl. Walicki: A History of Russian Thought, S. 35. Zum frühen Radikalismus in der politischen Philosophie Rußlands vgl. Utechin: Geschichte der politischen Ideen in Rußland, S. 62-71.

Sklaverei in den USA. In *Reise von Petersburg nach Moskau* und in seinen Kommentaren zur russischen Übersetzung von Mablys *Überlegungen zur Geschichte Griechenlands* (1773)[73] stellte Radischtschew die Autokratie und die Leibeigenschaft als die entscheidenden Probleme Rußlands heraus. Er übersetzte Mablys *despotisme* mit dem russischen Begriff der Selbstherrschaft (*samoderzavstvo*) und erläuterte in einem Kommentar:

> „Selbstherrschaft ist jener Zustand, welcher der menschlichen Natur am meisten entgegengesetzt ist. Wir dürfen in keinem Falle eine unbeschränkte Herrschaft über uns dulden."[74]

Das war die unverhüllte Kritik der Autokratie als politische Herrschaftsform. Radischtschew sah sie und die Leibeigenschaft als fundamentale Verletzung des Naturrechts und des Gesellschaftsvertrages;[75] ihre Konsequenz sei die Zerstörung der Gesellschaft. Damit ging Radischtschew wesentlich weiter als alle anderen russischen Aufklärer. Zwar kritisierten auch Fonwisin, Nowikow oder Karamsin[76] staatliche Willkür und die unmenschliche Behandlung der Bauern, doch sie hofften, die Verhältnisse durch eine moralisch-politische Erziehung des Adels zu ändern. Sie appellierten an die Vernunft und Tugend der Herrschenden und suchten nach einer individuell-ethischen Lösung.[77] Sie stellten nicht das System in Frage. Radischtschew dagegen ging es in seiner Kritik nicht nur um den Mißbrauch, er forderte die Abschaffung der Leibeigenschaft und mit ihr die Änderung der sozialen und auch politischen Ordnung. Erfolge diese, so Radischtschew, nicht durch Reformen von oben, seien revolutionäre Veränderungen von unten unvermeidlich. Als deren ultima ratio legitimiert er den Tyrannenmord: Mit ihm nehme das Volk seine im naturrechtlichen Gesellschaftsver-

---

[73] Gabriel Bonnot Abbé de Mably – 1709-1785; in *Observations sur l'historie de la Grèce* (1749) stellt Mably die Staatsformen und Gesetzgebung der Antike als Vorbild heraus.

[74] Zitiert nach Singer: Alexander Nikolaevič Radiščev, S. 124.

[75] Spricht Radiščev von Naturrecht und Gesellschaftsvertrag, so immer im Sinne Rousseaus und der schon am Übergang zum Frühsozialismus stehenden französischen Aufklärer wie Mably.

[76] Denis I. Fonvizin (1745-1792), Nikolaj M. Karamzin (1766-1826), Nikolaj I. Novikov (1744-1819) – Vertreter der russischen Aufklärung.

[77] Vgl. Graßhoff, Helmut: Zur Menschenbildproblematik der russischen Aufklärung. In: Zeitschrift für Slawistik 15. Jg. (1970). S. 821-836, S. 835f.; Lauch, Annelies: Zeitkritik und Ideal. In: Graßhoff, Helmut/ u. a. (Hrsg.): Humanistische Traditionen der russischen Aufklärung. Berlin 1973. S. 72-184, S. 93.

trag begründete Rolle als Richter über die Herrschenden wahr. Das ist die Gegenposition zu Schtscherbatows Auslegung des Gesellschaftsvertrages. Im Gegensatz zu ihm verteidigte Radischtschew Mitte der 1770er Jahre Puga-tschow und den von ihm geführten Aufstand[78] als legitime Reaktion der Bauern auf ihre soziale Verelendung und Rechtlosigkeit. Aus Protest gegen die Prozesse gegen die Anhänger Pugatschows quittierte er 1775 auch seine Stellung als Rechtsberater des St. Petersburger Stadtkommandanten.[79]

1790 veröffentlichte Radischtschew die *Reise von Petersburg nach Moskau*, er spitzte in ihr seine Kritik der Leibeigenschaft und der Autokratie zu und stellte sie an konkreten Beispielen dar. Ein Jahr nach der Französischen Revolution – der Zeitpunkt weckte die Aufmerksamkeit für den revolutionären Geist des Buches. Katharina II. sah das Buch als Aufruf zum Umsturz in Rußland und seinen Autor als „Aufrührer ärger als Pugatschow".[80] In einem politischen Schauprozeß ließ sie Radischtschew zum Tode verurteilen, begnadigte ihn aber zu zehn Jahren Verbannung nach Ilimsk in Sibirien. Erst nach ihrem Tod hob 1796 der neue Zar Paul I. (1754-1801) auf Fürsprache des ehemaligen Vorgesetzten Radischtschews, Graf Alexander R. Woronzow, Präsident des Kommerzkollegiums, die Verbannung auf.[81] 1801 wurde er durch Alexander I. (1777-1825) vollständig rehabilitiert und in die von Alexander I. eingesetzte Gesetzgebende Kommission berufen. Doch auch hier sah er sich mit seinen politischen Ansichten und Vorschlägen zur Emanzipation der Bauern in die Opposition gedrängt. Angesichts der politischen Aussichtslosigkeit seiner Reformvorstellungen und der indirekten Androhung erneuter Verbannung beging Radischtschew am 11. September 1802 Selbstmord.

---

[78] Emel'jan I. Pugačëv – 1742-1775. Der von Pugačëv geführte Kosaken- und Bauernaufstand 1773-1774 war der größte Bauernaufstand im frühneuzeitlichen Rußland. Er brachte die Herrschaft Katharinas II. zeitweilig an den Rand der Existenz. Nach seiner Niederschlagung verordnete Katharina II. „ewiges Vergessen und tiefes Schweigen" über den Aufstand. Er sollte aus dem kollektiven Gedächtnis gelöscht werden. Schon die öffentliche Erwähnung des Namen Pugačëvs galt als Majestätsbeleidigung (vgl. zum Pugačëv-Aufstand Peters, Dorothea: Politische und gesellschaftliche Vorstellungen in der Aufstandsbewegung unter Pugačëv. Wiesbaden 1973).

[79] Vgl. Donnert, Erich: Radiščev und die Pugačevbewegung. In: Zeitschrift für Slawistik 22. Jg. (1977). S. 84-87, S. 85.

[80] Babkin, Dmitrij S.: Process A. N. Radiščeva. Moskau u. a. 1952, S. 318.

[81] Voroncov hatte Radiščev auch in der Verbannung unterstützt und u. a. dafür gesorgt, daß er eine Pension von anfänglich fünfhundert, später tausend Rubel jährlich erhielt.

Reise von Petersburg nach Moskau

Radischtschews *Reise von Petersburg nach Moskau* war im Frühjahr 1790 erschienen. Anfang Oktober berichtete die Greifswalder Zeitung *Neueste Critische Nachrichten* über die Folgen der Veröffentlichung für den Autor.

„Der Russisch kaiserl. Collegienrath und Director des Zollwesens, Hr. Radischeff zu St. Petersburg, hatte vor kurzem eine Schrift in seiner Privatdruckerei [...] herausgegeben, über die Freiheit des Menschen, worin er die Russische Nation aufforderte, auf das Exempel der Französischen Nation acht zu haben, und zugleich gegen die Lieblinge declamirte. Er hat aber selbst darüber seine Freiheit verlohren."[82]

Radischtschew hatte das Buch anonym in seiner kurz zuvor eingerichteten Privatdruckerei verlegt. Einige Exemplare schenkte er an Freunde und frühere Lehrer, rund zwei Dutzend verkaufte er über einen Petersburger Buchhändler. Das Buch erregte sogleich Aufsehen. Ausländische Diplomaten in St. Petersburg berichteten ihren Regierungen über das „skandalöse Buch", in dem die Herrschaft Katharinas II. aufs schärfste kritisiert werde.[83] Auch Katharina II. las Radischtschews *Reise von Petersburg nach Moskau*. Ihre Kommentare am Buchrand zeigen ihre zunehmende Empörung bei der Lektüre.[84] Sie fühlte sich von dem Buch persönlich getroffen, bezeichnete es als Majestätsbeleidigung und Aufruf „zur Empörung des Volkes gegen Vorgesetzte und Obrigkeit"; es sei „vergiftet von dem französischen Irrwahn".[85] Gegenüber dem Petersburger Stadtkommandanten erklärte Katharina II.

„Unlängst wurde hier ein Buch herausgegeben unter dem Titel *Reise von Petersburg nach Moskau*, das erfüllt ist von den schändlichsten Grübeleien, welche die ruhige Entwicklung der Gesellschaft stören, die schuldige Ehrfurcht vor der Regierung, gegen die Vorgesetzten und Behörden verkleinern, die darnach streben, im Volke eine feindselige Gesinnung gegen die Kommandanten und Vorgesetzten zu erregen, und schließlich mit be-

---

[82] Neueste Critische Nachrichten 16. Jg. (1790), Vierzigstes Stück (2. Oktober), S. 320; „Lieblinge" meint Günstlinge.
[83] Vgl. Sacke, Georg: Radiščev und seine *Reise* in der westeuropäischen Literatur des 18. Jahrhunderts. In: Forschungen zur osteuropäischen Geschichte, Bd. 1. Berlin 1954. S. 45-54, S. 46ff.
[84] Die vollständige dt. Erstausgabe von Radiščevs *Reise* enthält im Anhang einen Auszug der Kommentare Katharinas II. (Radischtschew, Alexander N.: Reise von Petersburg nach Moskau (1790). Leipzig 1922, S. 185-189).
[85] Ebd., S. 185.

leidigenden und wütenden Ausdrücken gegen die Würde und Herrschaft des Zaren."[86]

Sie befahl umgehend die Untersuchung zur Ermittlung des Autors und einen Prozeß zu seiner Verurteilung. Den Fortgang der Ermittlungen und der Gerichtsverhandlung kontrollierte sie persönlich. Radischtschew wurde verhaftet und kam in die Peter-und-Paul-Festung. Im Juli 1790 wurde er zum Tode verurteilt, anläßlich des Schwedischen Friedens im September jedoch zu Verbannung nach Sibirien begnadigt. Das Buch wurde verboten, die unverkauften Exemplare konfisziert und verbrannt. Auch nach seiner Rehabilitierung durch Alexander I. durfte die *Reise von Petersburg nach Moskau* in Rußland bis 1905 nicht erscheinen.[87] Selbst Publikationen über Radischtschew fielen der Zensur zum Opfer. 1858 brachte Herzen Radischtschews *Reise von Petersburg nach Moskau* in seinem Londoner Exilverlag heraus.[88] Bis dahin kursierten von ihr in Rußland nur im Geheimen einige Abschriften einzelner Kapitel.[89] Über Puschkin gibt es die Anekdote, daß er seinem Buchhändler eine beträchtliche Summe für eine der Abschriften zahlte, nur um sie eine Nacht lesen zu dürfen.

Die deutschen Leser hatten es besser: Schon 1793 veröffentlichte die *Deutsche Monatsschrift* unter dem Titel *Bruchstücke einer Reise durch Rußland* eine Übersetzung der ersten sechs Kapitel, jedoch anonym und ohne den Zusammenhang des Buches zu nennen.[90] Die erste vollständige deutsche Fassung des Buches erschien 1922, als Anhang enthält sie einen Auszug der Kommentare Katharinas II. zu Radischtschews *Reise von Petersburg nach Moskau*.[91]

---

[86] Zitiert nach Bittner, Konrad: J. G. Herder und A. N. Radiščev. In: Zeitschrift für slavische Philologie 25. Jg. (1956). S. 8-53, S. 24.

[87] Vgl. zur Editionsgeschichte Radiščev, Aleksandr N.: Polnoe sobranie sočinenij, Bd. 1. Moskau, Leningrad 1938, S. 470-479; Hoffmann: Radiščev und die Anfänge, S. 146ff.

[88] Zusammen mit Ščerbatovs *Reise ins Land Ophir* als Dokumente der Kritik der absolutistischen Politik Katharinas II. (Radiščev, Aleksandr N.: Putešestvie iz Peterburga v Moskvu. In: Gercen, Aleksandr (Hrsg.): O povreždenii nravov v Rossii knjazja M. Ščerbatova i Putešestvie A. Radiščeva. London 1858. S. 101-331).

[89] Hoffmann nennt ca. 60 handschriftliche Exemplare (vgl. Hoffmann: Radiščev und die Anfänge, S. 147).

[90] Deutsche Monatsschrift 3. Jg. (1793) Bd. 2. S. 149-172; vgl. auch Graßhoff, Helmut/ u. a.: Die langgesuchte erste deutsche Übersetzung von Radiščevs *Reise von Petersburg nach Moskau* aus dem Jahre 1793. In: Zeitschrift für Slawistik 7. Jg. (1962). S. 175-197.

[91] Siehe Anm. 84.

Radischtschews *Reise von Petersburg nach Moskau* knüpft an das Genre der Reiseliteratur an. Der Ich-Erzähler beschreibt eine Reise mit der Postkutsche von St. Petersburg nach Moskau. Die vierundzwanzig Raststationen bilden die Kapitel des Buches. Der Erzähler schildert Begegnungen und Gespräche während der Reise, beschreibt die sozialen Verhältnisse und erzählt von Träumen und Texten, die er während der Reise liest. Doch es ist eine fiktive Reise. Die Orte, die der Erzähler als Stationen aufzählt, bilden lediglich das Gerüst, um ein Bild der politischen und sozialen Verhältnisse Rußlands zu entfalten. Insbesondere richtet er den Blick auf die leibeigenen Bauern und ihre soziale und rechtliche Lage. Die bestehenden Zustände konfrontiert er mit Reformprojekten und historischen Beispielen wie der Stadtrepublik Nowgorod. Zukunft und Vergangenheit werden als hypothetisches Ideal für die Gegenwart eingesetzt. Das Motiv der Reise hat mithin keine geographische Bedeutung. „Reise" wird vielmehr zur Chiffre für eine zwiefache Emanzipation: zum einen als Befreiung des Blicks und des Denkens – mit dem Erkennen der sozialen Realität; zum zweiten als Suche nach politischen und sozialen Alternativen.

Diese Emanzipationsbewegung spiegelt sich im Aufbau der *Reise von Petersburg nach Moskau*. Je weiter der Erzähler sich von St. Petersburg – dem Machtzentrum – entfernt, desto tiefer dringt er zur sozialen Wirklichkeit Rußlands vor und immer mehr stellt er das bestehende politische System in Frage. Im Verlauf der Reise werden die Schilderungen der sozialen Verhältnisse anklagender, die Analysen schärfer und die politischen Forderungen nach Veränderung radikaler. Am Anfang stehen Appelle an Vernunft und Tugend der Herrscher (Kapitel *Spasskaja Polest*), am Ende prophezeit der Erzähler den Volksaufstand (Kapitel *Twer*).[92] Vielfach wird das als stufenweiser Entwicklungsprozeß gedeutet, den der Erzähler durchlaufe: vom reformorientierten Adligen zum kompromißlosen Revolutionär. Die Hoffnung auf Veränderung durch Fürsten-Aufklärung werde als politische Illusion entlarvt, an deren Stelle trete die Erkenntnis der Notwendigkeit revolutionärer Veränderungen der Gesellschaft.[93]

---

[92] Vgl. zur Struktur der Steigerung in der *Reise von Petersburg nach Moskau* Wedel, Erwin: A. N. Radiščevs *Reise von Petersburg nach Moskau* und N. M. Karamzins *Reisebriefe eines Russen*. In: Die Welt der Slawen 4. Jg. (1959). S. 302-328, S. 304ff.; Singer: Alexander Nikolaevič Radiščev, S. 130; Hoffmann, Peter: Probleme des Übergangs von der Aufklärung zur revolutionären Thematik im Schaffen A. N. Radiščevs. In: Zeitschrift für Slawistik 8. Jg. (1963). S. 424-434, S. 430ff.

[93] Vgl. z. B. Makogonenko, Georgij P.: Radiščev i ego vremja. Moskau, Leningrad 1956, S. 435ff.; Lauch: Zeitkritik und Ideal, S. 173; Hoffmann: Probleme des Über-

Lotman konstatiert dagegen, die Anordnung der Kapitel als Steigerung repräsentiere nicht einen Reifungsprozeß des Erzählers, sie sei vielmehr das Stilmittel, um das Mitgefühl und die Erkenntnisbereitschaft des Lesers von Kapitel zu Kapitel zu steigern.[94] Das erfaßt Radischtschews Intention genauer als die Interpretation in den Kategorien eines Entwicklungsromans. Radischtschew ging es nicht um die Darstellung der inneren Entwicklung einer Hauptfigur, sondern um die Gegenüberstellung von gesellschaftlichem Sein und Sollen, von zeitgenössischer Realität und utopischem Ideal.

Das von Radischtschew entworfene Bild der russischen Verhältnisse und sein Gegenentwurf setzen sich zusammen aus Texten, die in ihrer Form äußerst heterogen sind: Reiseerlebnisse des Erzählers, seine Träume, Berichte anderer Personen, denen er auf der Reise begegnet, und Manuskripte, die ihm zugesteckt werden. Die *Reise von Petersburg nach Moskau* unterteilt sich in zwei Strukturebenen. Zum einen der eigentliche Reisebericht des Erzählers, er bildet die Rahmenhandlung; zum zweiten die eingefügten Episoden und Texte anderer Provenienz. Die beiden Ebenen unterscheiden sich sowohl sprachlich voneinander als auch in ihrem Bedeutungshorizont. Die erste Ebene verweist auf die Gegenwart und sucht mit ihrer Sprache im Stil des Sentimentalismus das Mitgefühl der Leser zu wecken. Die zweite Ebene umfaßt die Darstellung der politischen und sozialen Ideale und ihre theoretische Reflexion. Hier folgt die Sprache dem Essaystil der Zeitschriften der Aufklärung.[95] Zeigt die erste Ebene die kritisierte Gegenwart, ist auf der zweiten die Utopie angesiedelt. Auf ihr werden die Möglichkeiten der Alternative entworfen. In der Collage aus Reisebericht und scheinbar fremden Texten fügt Radischtschew so die Darstellung der gegenwärtigen Verhältnisse und den Gegenentwurf zur utopischen Kritik, in der Sein und Sollen miteinander verschränkt sind: Die beschriebenen Verhältnisse begründen die Notwendigkeit grundlegender Veränderung, die vorgestellten Alternativen kritisieren die gegenwärtigen Verhältnisse.

Während des Prozesses erklärte Radischtschew, er sei durch Laurence Sternes (1713-1768) *Yoricks empfindsame Reise durch Frankreich und Italien*

---

gangs, S. 432f.

[94] Vgl. Lotman, Jurij: Puti razvitija russkoj prosvetitel'skoj prozy XVIII veka. In: Akademija nauk SSSR (Hrsg.): Problemy russkogo prosveščenija v literature XVIII veka. Moskau u. a. 1961. S. 79-106, S. 105.

[95] Vgl. Graßhoff, Helmut: Radiščevs *Reise* und ihre Stellung innerhalb der zeitgenössischen literarischen Strömungen. In: A. N. Radiščev und Deutschland. Berlin 1969. S. 59-71, S. 69f.

(1768) zum Genre des Reiseberichts inspiriert worden. Die Parallele liegt nahe. Ähnlich wie Sternes Kultbuch des Sentimentalismus reiht auch Radischtschew in seiner *Reise* in lockerer Folge Eindrücke, Empfindungen und Reflexionen. Doch inhaltlich kam der wesentliche Impuls sichtlich von anderer Seite. Es war nicht zuletzt die Lektüre von Raynals *Philosophische und politische Geschichte der Institutionen und des Handels der Europäer in beiden Indien*.[96] Unter ihrem Eindruck begann Radischtschew, soziologische und philosophische Skizzen sowie kurze Erzählungen zu verfassen. Raynals von inständiger Humanität geprägte Schilderung der Lage der „gepeinigten Negersklaven" bewog Radischtschew, ebenso über die „russischen Sklaven", die leibeigenen Bauern, zu schreiben.[97] Daraus entstand die *Reise von Petersburg nach Moskau*.

„Ein Buch ... erfüllt von den schändlichsten Grübeleien"

Reise von Petersburg nach Moskau ist als Motto ein leicht abgeänderter Vers aus Wassili K. Trediakowskis (1703-1769) Poem *Tilemachida* vorangestellt.

> „Ein Untier, plump, frechwütend und riesig, bellend aus hundert Mäulern." (RPM, 5)

Das Motto ist dem 18. Buch der *Tilemachida* entlehnt, in dem die Qualen beschrieben werden, die jene Herrscher in der Unterwelt erleiden müssen, die ihre Macht mißbrauchten und das Volk unterdrückten.[98] Mit dem Motto eröffnet Radischtschew seinen Reisebericht als Herrscherkritik. Von Herrschern dieser Art in Rußland werde, so das Motto, die *Reise* handeln. Die Variation des Verses deutet jedoch an, es geht nicht allein um die Kritik einzelner Herrscher. Radischtschew macht aus Trediakowskis dreiköpfigen Zerberus ein hundertköpfiges Untier. Er setzt damit an die Stelle des für seine Untaten büßenden Herr-

---

[96] Guillaume-Thomas-Francois Raynal – 1713-1796; Raynal unterzog in *Histoire philosophique et politique des établissements et du commerce des Européens dans les deux Indes* (1771) die europäische Kolonialpolitik sowie die Religion einer scharfen Kritik.

[97] Vgl. zum Einfluß Raynals auf Radiščev Singer: Alexander Nikolaevič Radiščev, S. 128f.; McConnell, Allen: Abbé Raynal and a Russian Philosophe. In: Jahrbücher für Geschichte Osteuropas N. F. 12. Jg. (1964). S. 499-512.

[98] Vgl. Trediakovskij, Vasilij K.: Tilemachida. In: ders: Sočinenija, Bd. 2. St. Petersburg 1849. S. 1-788, S. 576; vgl. zu dem Epigraph auch Kostin, Andrej A.: „Čudišče oblo" i „monstrum horrendum". Vergilij – Trediakovskij – Radiščev. In: V. K. Trediakovskij: k 300-letiju so dnja roždenija. St. Petersburg 2004. S. 135-147.

schers den despotischen (autokratischen) Staat selbst als hydraartiges Ungeheuer. Wird mit dem Motto am Anfang noch abstrakt und ahistorisch vom Staat als Ungeheuer gesprochen, konkretisiert der Erzähler während der Reise das Bild anhand der russischen Verhältnisse. Am Ende hat der Leser den russischen Staat unter Katharina II. als jenes „frechwütende Untier" vor Augen. Diesem wird als Alternative zum einen der vernünftige und tugendhafte Herrscher gegenübergestellt, wie der von der allegorischen Figur der Wahrheit aufgeklärte Herrscher im Kapitel *Spasskaja Polest*, sowie als eigentliches Ideal die Republik mit der Volksversammlung als zentraler politischer Institution – sie sah Radischtschew in der historischen Stadtrepublik Nowgorod verkörpert.

Voraussetzungen und Begründung von Radischtschews Kritik

In der Einleitung zur *Reise* begründet Radischtschew seine Kritik der Verhältnisse und die Möglichkeit von Alternativen mit den Anschauungen der Aufklärung:

> „[...] ich erkannte, daß die Not des Menschen vom Menschen kommt, und dies häufig nur, weil sein Auge sich nicht geraden Blicks auf die Dinge richtet." (RPM, 5)

Er konstatiert, daß die gesellschaftlichen Verhältnisse nicht gott- oder naturgegeben und damit unveränderbar sind. Sie werden vom Menschen selbst gestaltet. Die Ursache des Elends liege in mangelnder Aufklärung: Die Menschen erkennen sich und die Verhältnisse nur ungenügend. Sie seien im Unklaren darüber, was das Wesen und Ziel des Menschen ist und welche sozialen und politischen Verhältnisse ihm gemäß sind. Als Antwort gibt Radischtschew seinen Lesern einen Schnellkurs der Naturrechtslehre und des Gesellschaftsvertrages: Dem Menschen seien von Natur aus unveräußerliche Rechte eigen. Diese könne ihm keine Herrschaft streitig machen. Der Mensch habe ein natürliches Recht, nicht zu leiden. Er strebe nach Glück und dem eigenen Wohl. Dieses Streben motiviere sein Handeln. Allein aus diesem Grund trete er in die Gesellschaft ein und verzichte auf einen Teil seiner ursprünglichen Freiheiten. Ein Staat, der dem Ziel individuellen Glücks und Wohlergehens entgegensteht, verliere mithin seine Legitimation. Er werde zur Quelle sozialer und politischer Mißstände.

Zur Erkenntnis, daß die Verhältnisse falsch sind, und der Einsicht, sie zu ändern, genüge jedoch nicht allein der Verstand. Wahres Erkennen heißt für Radischtschew, mit der Vernunft und dem Herzen zu schauen – es bedarf der Empathie. Das soziale Mitgefühl zu wecken, sei die Aufgabe des Aufklärers als

Dichter.⁹⁹ In Anlehnung an Rousseau¹⁰⁰ bestimmt Radischtschew die Fähigkeit, Mitgefühl zu empfinden, als dem Menschen wesenhaft.

> „Infolge der Feinheit seines Nervensystems und der Reizbarkeit seiner Fibern ist der Mensch das Wesen, das in der Lage ist, am meisten mitzuempfinden. [...] Am stärksten aber regt sich das Gefühl in uns, wenn wir ein Lebewesen leiden sehen. [...] Gewohnt, sich allem anzupassen, sieht der Mensch im Leidenden sich selbst und empfindet Schmerz. Jedes Gefühl dieser Art, das die Augen uns vermitteln, erregt in uns Furcht und Entsetzen."¹⁰¹

Mitgefühl bedeutet für Radischtschew, sich in die Lage des anderen zu versetzen und in ihm sich selbst zu erkennen. Auf dem Mitgefühl beruht für Radischtschew Soziabilität. Und es beinhaltet für ihn die Bereitschaft, helfend einzugreifen: Aus Mitgefühl erwachse notwendig Wille zur Veränderung. So dem Menschen das Mitgefühl als Gattungsmerkmal eigen ist, könne ihm mithin nicht das Recht abgesprochen werden, jene Verhältnisse zu kritisieren und zu ändern, die den Menschen zwingen zu leiden. Mitgefühl als anthropologische Grundkonstante und das unveräußerliche Recht auf Glück legitimieren damit das Recht – und die Notwendigkeit – öffentlicher Kritik der gesellschaftlichen Verhältnisse und des Einforderns von Alternativen.

Die Umrisse der neuen Gesellschaft

Radischtschews Schilderung und Kritik der sozialen Verhältnisse Rußlands sind von äußerster Schärfe und Radikalität. In ihrem Zentrum stehen die Leibeigenschaft und die autokratische Herrschaft sowie deren moralischen Auswirkungen auf den einzelnen. Der Maßstab seiner Kritik sind die unveräußerlichen natürlichen Rechte des Menschen. Immer wieder führt Radischtschew an Beispielen

---

⁹⁹ Vgl. zu Radiščev als Typus des „empfindsamen Aufklärers" Dudek, Gerhard: Die Herausbildung der typologischen Grundformen des gesellschaftlichen Dichterbildes in der russischen Literatur des 18. Jahrhunderts. In: Graßhoff, Helmut/ u. a. (Hrsg.): Studien zur Geschichte der russischen Literatur des 18. Jahrhunderts, Bd. III. Berlin 1968. S. 179-205, S. 203f.; Wedel, Erwin: Radiščev und Karamzin. In: Die Welt der Slawen 4. Jg. (1959). S. 38-65, S. 60ff.

¹⁰⁰ Vgl. Rousseau, Jean-Jacques: Über den Ursprung und die Grundlagen der Ungleichheit unter den Menschen. In: ders.: Kulturkritische und politische Schriften in zwei Bänden, Bd. 1. Berlin 1989. S. 183-330, S. 232f.

¹⁰¹ Radischtschew, Alexander N.: Über den Menschen, über seine Sterblichkeit und seine Unsterblichkeit. In: ders.: Ausgewählte Schriften. Berlin 1959. S. 121-298, S. 148f. Im folgenden abgekürzt mit der Sigle AS.

vor, wie mit ihrer Verletzung der Gesellschaftsvertrag gebrochen wird. Die Versklavung der Bauern als Leibeigene, ihre rechtlose Lage, ihre Auslieferung an die Willkürjustiz der Gutsherren, ihr materielles Elend, der Verkauf von Leibeigenen an andere Gutsherren oder als Rekruten, die Trennung von Familien – jeder einzelne Punkt stelle eine eklatante Verletzung der natürlichen Rechte des Menschen dar. Vom Staat kann er keine Hilfe erwarten: Gesetz und Staat selbst brechen in Rußland das Naturrecht. Um ihre elementarsten Bedürfnisse zu befriedigen, müssen die Bauern zu Mitteln der Notwehr greifen. Der Staat hebt damit selbst für seine Einwohner ihren Status als Staatsbürger auf (Kapitel *Saizowo*). Die zum Gesetz gewordene Verletzung der Rechte und Würde des Menschen durch den Staat bleibe, so Radischtschew, nicht ohne Folgen für die soziale und moralische Ordnung. Ihre Folgen sind geistige Unmündigkeit und Stagnation (Kapitel *Torshok*), Untertanengeist, Korruption, Unmenschlichkeit, Verantwortungslosigkeit (*Tschudowo*), Laster, Müßiggang und Ausschweifungen des Adels (*Jashelbizy, Jedrowo*), eine Erziehung, die die Kinder von den Eltern (*Krestzy*) und das Volk von seinen Wurzeln (*Podberesje*) entfremdet. Kurz: das genaue Gegenteil eines aufgeklärten und mündigen Staatsbürgers. Von der politischen Elite einschließlich Katharina II. sei trotz deren Rekurses auf die Aufklärung keine Änderung der Verhältnisse in Richtung Gerechtigkeit und Aufklärung zu erwarten. Sie sei gefangen in ihrer Selbsttäuschung über die sozialen, politischen und ökonomischen Verhältnisse. Sie sei nicht gewillt, die Realität wahrzunehmen und zeige sich verantwortungslos gegenüber dem Gemeinwohl. Um seiner Privilegien willen betreibe der Adel eine Politik der Aufrechterhaltung des status quo (Kapitel *Chotilow, Spasskaja Polest, Wydropusk*). Befreien könnten sich die Bauern nur selbst – durch eine Revolution von unten.

In der Radikalität der Sozialkritik steht Radischtschews *Reise von Petersburg nach Moskau* den Utopien der Aufklärung und beispielsweise deren Kritik des Ancien Régime in Frankreich in nichts nach.[102] Doch im Gegensatz zu diesen oder auch zu Schtscherbatows *Reise nach Ophir* zeichnet Radischtschew kein detailliertes Bild der Gesellschaft, die an die Stelle der kritisierten Verhältnisse treten soll. Sein utopischer Gegenentwurf beschränkt sich auf die Darstellung einzelner Aspekte und der Grundprinzipien, auf denen das neue Gemeinwesen beruht. In *Reise von Petersburg nach Moskau* ist die Utopie nicht, wie es sonst die Utopien der Aufklärung kennzeichnet, als Staatsroman ausformuliert.

---

[102] Vgl. Saage: Utopische Profile, Bd. 2, S. 310.

„Ein Buch ... erfüllt von den schändlichsten Grübeleien"   93

Radischtschew entwirft einen offenen Typus der politischen Utopie: Statt bis ins Kleinste eine Idealordnung aus der Perspektive von oben zu zeichnen, bestimmt er anhand von Beispielen die konstitutiven Prinzipien der erhofften Gesellschaft und ihrer Legitimation. Die fehlende Konkretheit des Zukunftsbildes bedeutet daher nicht Unschärfe der sozialen und politischen Alternative. In ihr zeigt sich vielmehr die Reflexion einer Perspektive von unten bei der Suche nach dem idealen Gemeinwesen, die der Pluralität und dem Wandel der individuellen Bedürfnisse Raum gibt.

Die Gesellschaft, die sich Radischtschew erhofft, beruht, das wurde schon deutlich, auf dem modernen, individuellen Naturrecht.[103] Seine Grundzüge und die des Gesellschaftsvertrages werden mehrfach rekapituliert (Kapitel *Ljubani*, *Nowgorod*, *Saizowo*, *Chotilow*, *Twer*).

> „Der Mensch wird in die Welt geboren dem anderen in allem gleich. Alle haben wir die gleichen Glieder, alle haben wir Vernunft und Willen. Folglich ist der Mensch, gehört er keiner Gesellschaft an, ein Wesen, das in seinen Handlungen von niemandem abhängt. Aber er setzt diesen eine Grenze, erklärt sich bereit, sich nicht in allem allein seinem Willen zu unterwerfen, wird den Weisungen seinesgleichen gehorsam, mit einem Wort, wird Staatsbürger. Um welcher Ursache willen legt er seinem Wollen Zügel an, warum stellt er eine Macht über sich, warum schränkt er, obwohl in der Ausübung seines Willens durch nichts gehindert, diesen durch eine Grenzlinie des Gehorsams ein? Seines Vorteils wegen, sagt die Vernunft; seines Vorteils wegen, sagt das innere Gefühl; seines Vorteils wegen, sagt das weise Gesetz. Folglich, wo es für ihn nicht von Vorteil ist, Bürger zu sein, dort ist er auch nicht Bürger. Folglich ist der, der ihn des Vorteils seiner Stellung als Bürger berauben will, sein Feind. Gegen seinen Feind sucht er Schutz und Vergeltung beim Gesetz. Ist das Gesetz nicht imstande, für ihn einzutreten, oder will es dieses nicht, oder kann die Staatsgewalt ihm bei einem bevorstehenden Unheil keine augenblickliche Hilfe gewähren, dann nimmt der Staatsbürger sein natürliches Recht auf Verteidigung, Unverletzlichkeit und Wohlbefinden in Anspruch. Denn ein Bürger, wenn er Bürger wird, hört nicht auf, Mensch zu sein, dessen erste, aus seiner Natur folgende Pflicht die eigene Unverletzlichkeit, der eigene Schutz, das eigene Wohlbefinden ist." (RPM, 72)

Radischtschew setzt den naturrechtlichen Gesellschaftsvertrag als unhintergehbar für die politische und soziale Ordnung eines jeden menschlichen Gemeinwesens. Er orientiert sich dabei vor allem an Rousseaus Auslegung des Gesellschaftsvertrages.[104] Der Mensch ist frei und gleich geboren. Sein elemen-

---

[103] Vgl. ebd., S. 311.
[104] Das liegt utopiegeschichtlich nahe. Rousseaus Verständnis des Gesellschaftsvertrags

tares Recht ist der „Gebrauch der Dinge, die zur Befriedigung seiner Bedürfnisse notwendig sind" (AS, 381). Aus Nützlichkeitserwägungen jedoch begrenze sich der Mensch in seinen ursprünglichen Freiheiten und Rechten; er stelle sich unter das Gesetz – mit der Erwartung, daß dieses förderliche Bedingungen für sein Glück und Wohl schaffe. Die Aufgabe des Staates ist der Schutz der Gesetze und ihrer Einhaltung. Der Staat ist dem Allgemeinwohl verpflichtet (AS, 388). Ist der Staat nicht in der Lage, die Gesetze zu schützen, oder widersprechen die Gesetze und das Handeln des Staates selbst den natürlichen Rechten des Menschen, dann bedeute das den Bruch des Gesellschaftsvertrages. Unter diesen Umständen haben die Bürger das Recht auf Notwehr und Verteidigung ihrer natürlichen Rechte – auch in gewaltsamer Form. Der Gesellschaftsvertrag erhebe sie zu Richtern über den Herrscher. Inhaber der Souveränität ist das Volk; auch in diesem Punkt folgt Radischtschew Rousseau. Radischtschew radikalisiert jedoch den rousseauschen *contrat social*, indem er ihn in einem wörtlichen Sinne auffaßt. Er nimmt ihn als einen Vertrag, der gleichsam mit jeder Regierung neu geschlossen wird, und bezieht ihn auf konkrete historische Situationen. Er setzt ihn in die Funktion einer Verfassung mit einklagbaren Grundrechten.

Um die ideale politische Herrschaftsform und ihre Legitimität für Rußland zu bestimmen, bezieht sich Radischtschew wie auch schon Schtscherbatow auf die historische Stadtrepublik Nowgorod. Im Gegensatz zu Schtscherbatow sieht Radischtschew jedoch nicht den Adel, sondern das Volk als uneingeschränkten Inhaber der Souveränität und als Träger der politischen Macht in Nowgorod. Das alte Nowgorod sei eine Republik mit einer Volksregierung gewesen.

> „Wahrer Herr war das Volk in seiner Versammlung, auf dem Wetsche."
> (RPM, 52)

Bei Schtscherbatow ist Nowgorod der Ort, an dem symbolisch der Gesellschaftsvertrag zwischen dem Adel als Repräsentant des Volkes und dem Zarentum geschlossen wurde, und er setzt als Ideal die Rückkehr zu der dort begründeten politischen Herrschaft. Radischtschew steht dieser Deutung konträr ent-

---

ist mit der Annahme, der Mensch werde durch den *contrat social* im Hinblick auf eine gemeinschaftliche Harmonie vervollkommnet, selbst schon ein utopischer Zug eigen, der es von Hobbes und Lockes Konzeptionen abhebt (vgl. Saage, Richard: Zur Konvergenz von Vertragsdenken und Utopie im Licht der „anthropologischen Wende" des 18. Jahrhunderts. In: ders.: Innenansichten Utopias. Berlin 1999. S. 113-127).

gegen. Was Schtscherbatow zum mythischen Anfang eines idealen *Einst* erklärt, ist für Radischtschew das Ende des Idealzustandes. Der Akt der Machtergreifung durch den Warägerfürsten Rurik in Nowgorod vernichtete in seinen Augen eine politische Ordnung, in der die natürlichen Rechte des Menschen, seine Würde und die Gleichheit aller gewährleistet waren. Wenn Radischtschew sich auf Nowgorod bezieht, dann auf die Geschichte vor Rurik. Er deutet Nowgorod nicht als symbolischen Ursprung des russischen Staates, sondern er interpretiert die Geschichte Nowgorods als eine „eigenständige volksnahe Entwicklung", die mit der Okkupation der Stadtrepublik durch die Zaren beendet wurde.[105] Nowgorod legitimiere daher als historischer Bezugspunkt weder die Autokratie noch eine Adelsaristokratie mit dem Zaren als primus inter pares. Für Radischtschew ist es die Republik mit Volksherrschaft, die durch Nowgorod legitimiert wird.

Neben dem Aufzeigen des Gesellschaftsvertrages als normative Grundlage für die politische Ordnung sowie historischen Beispiele als Maßstab erläutert Radischtschew sein Ideal am konkretesten in einem Manuskript, das der Erzähler an der Station Chotilow findet. Es trägt den Titel *Ein Zukunftsprojekt* und sein Autor wird vom Erzähler als „Staatsbürger künftiger Zeiten" bezeichnet (RPM, 124). Das Manuskript beginnt mit dem Bild eines prosperierenden Gemeinwesens. Der Staat und die Gesetze sind geprägt vom Geist der Aufklärung und Vernunft. Es herrscht Gewaltenteilung. Die ökonomische Ordnung beruht auf Privateigentum, auch im Agrarbereich,[106] wobei das Land denen gehört, die es bewirtschaften. Eine ausgeglichene Vermögensverteilung verhindert die soziale Spaltung der Gesellschaft. Handwerk, Wissenschaft und Kunst können sich ungehindert entfalten. Es herrscht religiöse Toleranz. Ein Volksschulsystem ermöglicht Bildung für alle. Erziehung[107] und die idealen Strukturen führen zur Bildung des Neuen Menschen: „friedliebende Bürger", die bescheiden in ihren materiellen Ansprüchen sind, sich friedlich und harmonisch gegenüber ihren Mitmenschen verhalten und die Gesetze achten (RPM, 112f.).

Es ist das Ideal einer aufgeklärten Gesellschaft, das Radischtschew hier skizziert. Ihre harmonische Ordnung und ihr Bild der sittlichen Vervollkommnung

---

[105] Vgl. Lübke: Novgorod in der russischen Literatur, S. 136.

[106] Der Mir wurde erst im Zuge seiner Rezeption durch die Narodniki zum Ideal einer gerechten Ökonomie und egalitären Lebensweise.

[107] Radiščev folgt in seinem Erziehungsideal v. a. Rousseau (vgl. AS, 168; Wölky, Heidelore: Die Darstellung der Frau in A. N. Radistschews Werk *Reise von Petersburg nach Moskau*. Berlin 1976, S. 30).

des Menschen entsprechen den Utopien der Aufklärung. Ähnlich wurde es auch in liberal-aufgeklärten Reformprojekten seiner Zeit als Ziel für Rußland propagiert; selbst von Katharina II. am Anfang ihrer Regierungszeit.[108] Doch Radischtschew konstatiert, diese Projekte und Ideale bleiben für Rußland solange Schimäre, bis die Leibeigenschaft aufgehoben ist. Glück setze Freiheit voraus.

> „Ordnung auf Kosten der Freiheit ist unserem Glück genauso zuwider wie eigentliche Fesseln." (RPM, 117)

Hatte Radischtschew in den anderen Kapiteln die Leibeigenschaft als das zentrale soziale, politische, ökonomische und moralische Problem Rußlands aufgezeigt, stellt er in *Ein Zukunftsprojekt* die Alternative vor: die Abschaffung der Leibeigenschaft. Die Notwendigkeit ihrer Aufhebung begründet er theologisch, naturrechtlich und ökonomisch. Die Leibeigenschaft widerspreche dem christlichen Glauben (RPM, 114). Sie verletze die natürlichen Rechte und die Würde des Menschen. Ihre sozialen Folgen gefährdeten die Gesellschaft und sie sei sowohl volkswirtschaftlich als auch für den einzelnen Gutsbesitzer schädlich.

> „Schädlich ist er [der Zustand der Leibeigenschaft] für die Vermehrung der Ackerfrüchte und des Volkes, schädlich durch sein Beispiel und gefährlich in seiner Unruhe." (RPM, 120)

Das Handeln der Menschen sei durch Eigennutz motiviert, ein leibeigener Bauer arbeite daher für den Gutsherrn nicht in dem Maße, wie er auf eigenem Land arbeiten würde. Leibeigenschaft führe so zur Verringerung der Produktivität (RPM, 120f.). Mit der Abschaffung der Leibeigenschaft dagegen werde die landwirtschaftliche Produktion steigen – und damit der Wohlstand insgesamt. Die Menschen würden zufriedener, glücklicher und sittlicher.

Die Lebensweise der befreiten Bauern ist für Radischtschew das allgemeine Ideal. Spricht er von Volk, hat er die Bauern vor Augen. Die Eigenschaften, die er ihnen zuschreibt, erhebt er zum generellen Tugendideal: Einfachheit, Mäßigung, Arbeitsliebe, Natürlichkeit, Sittlichkeit, Ehrlichkeit (Kapitel *Jedrowo*).[109] Den realen Verhältnissen enthoben und idealisiert zum Volk wird der russische Bauer zum Träger von Radischtschews utopischem Ideal. Der Adel hingegen steht für die Lebensweise der kritisierten Gegenwart: Heuchelei, Müßiggang, Ausschweifung, Geldgier, Korruption, Verantwortungslosigkeit und ein Leben

---

[108] Vgl. Hoffmann: Probleme des Übergangs, S. 419.
[109] Vgl. Gesemann: Die Entdeckung der unteren Volksschichten, S. 110 und 159f.

auf Kosten der Bauern. Adliges Stadt- und bäuerliches Landleben fungieren als konträre Gesellschaftsentwürfe.[110] Die Lebensweise der Stadt sei „krank" und „verdorben", die bäuerliche Lebensweise „gesund" und „natürlich". Die erste bedeutet Degeneration und Ausbeutung, sie sei zum Untergang verurteilt. Die zweite steht für Tugend und soziale Gerechtigkeit, sie enthalte die Zukunft.

Die Utopie als hypothetischer Maßstab der Politik
Radischtschew betont immer wieder, wenn es keine Reformen in Richtung seiner Utopie gibt, dann komme es zur gewaltsamen Veränderung von unten. Zur Warnung verweist er auf die Bauernaufstände 1773/1774 unter Pugatschow. Das verleiht seiner Utopie den Nachdruck pressierender Reformnotwendigkeit. Als Weg zur Utopie zeichnet Radischtschew in *Ein Zukunftsprojekt* die schrittweise Annäherung an das utopische Ideal durch Reformen (RPM, 124). Seine Utopie wird hier gleichsam zu Politikberatung. Doch zugleich wird auf der Handlungsebene des Textes das Scheitern einer Veränderung durch Aufklärung und Reformen angedeutet. Die Beschäftigung des Erzählers mit dem Manuskript *Zukunftsprojekt* wird mit dem Hinweis auf die Bedingungen der gegenwärtigen Realität abgebrochen (RPM, 125). Die Aufklärung des Herrschers am Anfang der Reise (Kapitel *Spasskaja Polest*) erweist sich als Illusion: Die allegorische Figur der Wahrheit hat den Herrscher wieder verlassen – und damit für immer (RPM, 45). Die ‚Politikberatung' scheitert. Ebenso scheitern die Versuche des Erzählers, sich direkt ans Volk zu wenden. In der Skepsis der Bauern in Jedrowo gegenüber dem Erzähler und ihrem Zurückweisen seiner Hilfe zeigt sich eine tiefgreifende Blockade der Verständigung zwischen Volk und adligem Aufklärer. Seine politischen und sozialen Ideale bleiben unverstanden und werden mißgedeutet – eine Erfahrung, mit der auch die Narodniki Anfang der 1870er Jahre bei ihrem Gang ins Volk konfrontiert wurden. Ebenso bleibt die Aufklärung der zum Militärdienst gezwungenen Bauern über ihre Rechte folgenlos (Kapitel *Gorodnja*). Die Episode endet mit der gewaltsamen Vertreibung des Erzählers und der Schilderung von Rekruten, die sich aus Gleichgültigkeit freiwillig zur Armee meldeten (RPM, 181ff.). Die utopischen Ideale scheitern an ihrer Bewährung in der Praxis.

---

[110] Vgl. Kafengauz, B. B.: Anjuta. Eine Episode aus der *Reise von Petersburg nach Moskau* von A. N. Radiščev. In: Steinitz, Wolfgang/ u. a. (Hrsg.): Ost und West in der Geschichte des Denkens und der kulturellen Beziehungen. Berlin 1966. S. 427-430.

Diese Momente des Scheiterns der Utopie lassen sich als „Mechanismen der Zurücknahme, der Anzweifelung, des Ausstellens diverser Hiate von revolutionärer Theorie und deren Praxis"[111] verstehen. Bei Radischtschew führt von der Utopie kein direkter Weg zu ihrer Umsetzung. Das spiegelt sich auch im Textaufbau der *Reise von Petersburg nach Moskau*: Die theoretischen Manifeste und Reformprojekte werden in Form fremder Manuskripte präsentiert, die verloren gehen und vom Erzähler gefunden werden – sie wirken nur vermittelt und sind für zukünftige Leser bestimmt. Im Gegensatz zu Schtscherbatows Utopie entfaltet Radischtschews *Reise von Petersburg nach Moskau* damit ein hohes Maß an Selbstreflexion, was die Umsetzung der utopischen Ideale angeht. Radischtschew zeichnet in ihr nicht die Blaupause für eine ideale Gesellschaft. Für ihn ist wie für Morus die Utopie ein „kognitives Prinzip" (Saage). Ausgehend von dem Menschen in seiner natürlichen Bedingtheit und seiner Bedürftigkeit reflektiert er in Form der Utopie die sozialen und politischen Defizite der Gesellschaft: die „historischen Sackgassen" Rußlands als Sklavenhaltergesellschaft.[112] Doch es geht Radischtschew dabei nicht allein um die Kritik des Gegenwärtigen. Er sucht dezidiert nach einer Alternative, nach den Umrissen des Zukünftigen – und damit nach einem Maßstab für die gegenwärtige Politik. In dieser Suche nach einem hypothetischen Ideal besteht der utopische Anspruch der *Reise von Petersburg nach Moskau*. Mit der Textstruktur und dem Wechsel der Sprachstile und Erzählperspektiven thematisiert Radischtschew den Charakter des Suchens und etabliert die Suche als Bestandteil der Utopie selbst. Die *Reise von Petersburg nach Moskau* präsentiert nicht von vornherein eine festgefügte Idealordnung als Ziel, sondern sie ist eine Reise „durch die zerklüftete Landschaft zeitgenössischer politischer Konzepte" und Reformvorschläge.[113] Radischtschew prüft diese in den jeweiligen Kapiteln; wie etwa in *Spasskaja Polest*, in Form eines Fürstenspiegels werden hier die Möglichkeiten und Grenzen der Aufklärung des Herrschers diskutiert. Radischtschew mißt dabei nicht nur die jeweiligen Konzepte und Reformvorschläge an den von ihm aufgestellten Prinzipien für eine ideale Gesellschaft. Er fragt auch, inwieweit sich die alternativen Entwürfe gegen die herrschenden Verhältnisse durchsetzen können.

---

[111] Uffelmann, Dirk: Radiščev lesen. Die Strategie des Widerspruchs im *Putešestvie iz Peterburga v Moskvu*. In: Wiener Slawistischer Almanach 43. Jg. (1999). S. 5-25, S. 21.
[112] Vgl. Heller/ Niqueux: Geschichte der Utopie, S. 134.
[113] Uffelmann: Radiščev lesen, S. 6; vgl. auch Lotman: Die Entwicklung des Romans, S. 50; Hoffmann: Probleme des Übergangs, S. 419.

Radischtschews Utopie zeigt sich so von zwei Aspekten bestimmt: Zum einen von der Reflexion des utopischen Status politischer und sozialer Ideale, das heißt inwiefern sie als politische Praxis wirken können. Zum zweiten von der Bestimmung der individuellen natürlichen Rechte, der Gleichheit des Menschen und der Unantastbarkeit seiner Würde als unhintergehbaren Kern für eine ideale Gesellschaft. An der (potentiellen) Einlösung dieser Ideale werden sowohl die gegenwärtigen Verhältnisse gemessen, mit dem Ergebnis vernichtender Kritik, als auch die utopischen Entwürfe selbst und die aus ihnen abgeleiteten Vorschläge zur Überwindung der gegenwärtigen Verhältnisse. Die daraus resultierenden Zweifel Radischtschews über die Wege von der Utopie zur Realität bedeuten jedoch keine generelle Skepsis hinsichtlich der Möglichkeit des Menschen, die Gesellschaft umzugestalten, wie Uffelmann vermutet.[114] Für Radischtschew ist es vielmehr unzweifelhaft, daß es zur Änderung der Verhältnisse kommen wird.[115] Am Ende einer seiner emphatischen Beschreibungen des Aufstands der Bauern und der darauf folgenden Möglichkeit eines befreiten Lebens heißt es:

> „Das ist kein Traum, sondern der Blick durchdringt den dichten Vorhang der Zeit, der die Zukunft vor unseren Augen verbirgt; ich blicke durch ein ganzes Jahrhundert hindurch!" (RPM, 180)

Die Überwindung der Leibeigenschaft und der Autokratie war für Radischtschew keine Frage des Ob, sondern des Wann und Wie. Das aufzuzeigen und die Möglichkeiten dafür zu erörtern, ist das eine Anliegen seiner Utopie. Das zweite ist es, das Mitgefühl der Leser für die Lage des Volkes und ihre Bereitschaft für Veränderungen zu wecken – anders gesagt: sie für die Utopie zu gewinnen. Die Rezeptionsgeschichte von Radischtschews Utopie zeigt, daß sie in diese Richtung wirkte. Wiewohl lange Zeit nur schwer zugänglich, inspirierte ihr sozialethischer Radikalismus die Intelligenzija bis zur Revolution 1917. In ihrem Kampf gegen die Leibeigenschaft und Autokratie berief sich die radikale Intelligenzija immer wieder auf Radischtschews *Reise von Petersburg nach Moskau*. Selbst Ende des 20. Jahrhunderts bildete sein utopischer Reisebericht noch einen Referenzpunkt für sozialkritische Darstellungen der Verhältnisse in Rußland. So adaptierte die Filmemacherin Viola Stephan für ihren Dokumentarfilm

---

[114] Vgl. Uffelmann: Radiščev lesen, S. 21.
[115] Vgl. zu Radiščevs Auffassung der Geschichte als einer Abfolge von Tyrannei und Freiheit Lübke: Novgorod in der russischen Literatur, S. 132; Utechin: Geschichte der politischen Ideen in Rußland, S. 66.

Die Reise von Petersburg nach Moskau Titel und Muster von Radischtschews Utopie.[116] Im März 1991 reiste sie gleichsam auf deren Spuren von Petersburg nach Moskau. Aus den Bildern, Porträts und Interviews von den Stationen setzt sie ein Bild der russischen Gesellschaft Anfang der 1990er Jahre zusammen, in dem wie bei Radischtschew anklagende Sozialkritik verbunden ist mit den Hoffnungen und Projekten für ein besseres Leben.

---

[116] *Putešestvie iz Peterburga v Moskvu* – 1991, 114 min, 35 mm, Farbe, Regie/ Buch: Viola Stephan, Kamera: Pavel T. Lebešev, Musik: Peter Gordon.

POPULARISIERUNGEN DES UTOPISCHEN

Das Schicksal Radischtschews und seiner Utopie tat dem utopischen Genre keinen Abbruch. Die Utopie blieb in Rußland en vogue. Erst ein Jahr zuvor, 1789, war Morus' *Utopia* auf Russisch erschienen. Übersetzungen vor allem französischer Utopien und ihre russischen Nachahmungen erfreuten sich großer Beliebtheit und bildeten einen großen Teil der Unterhaltungsliteratur.[117] Die Autoren nutzten das utopische Muster, um der Gesellschaft einen satirischen Spiegel vorzuhalten. Wassili Lewschin (1746-1826) beispielsweise schildert in seinem utopischen Roman *Neueste Reise, erdichtet in der Stadt Belew* (1784)[118] einen Erfahrungsaustausch mit der Mondgesellschaft. Ein Mensch fliegt von der Erde zum Mond und findet dort eine vollkommene Gesellschaft vor. Im Gegenzug besucht ein Mondbewohner die Erde, und bis auf Rußland scheinen ihm die Verhältnisse auf der Erde barbarisch. Im gleichen Sinne als utopische Erbauungsliteratur erörtern die freimaurerischen Autoren Fedor Emin (1735-1770) und Michail M. Cheraskow (1733-1807) in ihren Staats-, Historien- und Abenteuerromanen die Frage des idealen Staates und einer vollkommenen Tugend und Moral – immer mit einem gütigen und gerechten Zaren. Auch Karamsin bediente sich in den 1790er Jahren utopischer Muster und verfaßte „quasi-utopische" Erzählungen.[119]

Doch im Vergleich mit Radischtschews *Reise von Petersburg nach Moskau* mangelt es dieser utopischen Unterhaltungsliteratur an Schärfe der Kritik. Ihren Autoren ging es nicht um eine Alternative zu den politischen und sozialen Verhältnisse in Rußland. Ihre Idealgesellschaften präsentieren ein idealisiertes Rußland – wie es auch von Katharina II. propagiert wurde. Statt auf eine alternative Gesellschaft zielten sie auf die sittliche Erziehung des einzelnen im Geiste eines aufgeklärten, tugendhaften Bürgers. Statt kritischer Reflexion der Verhältnisse boten sie satirische Unterhaltung. Das war nicht zuletzt den Interessen ihrer

---

[117] Vgl. Boden: Sozial-politische Züge in russischen utopischen Erzählwerke, S. 37; Heller/ Niqueux: Geschichte der Utopie, S. 127ff.; Suvin: Die utopische Tradition der russischen Science Fiction, S. 210f.; Svjatlovskij: Russkij utopičeskij roman, S. 26-34.

[118] Vgl. Levšin, Vasilij: Novejšee putešestvie, sočinennoe v gorode Beleve. In: Ziberov, Dmitrij A. (Hrsg.): U svetlogo jara Vselennoj. Moskau 1988. S. 3-22 (Auszug).

[119] Vgl. Heller/ Niqueux: Geschichte der Utopie, S. 138f.

Leserschaft geschuldet, die überwiegend aus dem Kleinbürgertum und dem unterem Beamtentum kam.[120] Trotz der utopischen Muster und Motive lassen sich diese Texte kaum als Utopien im klassischen Sinne bezeichnen. Es sind in erster Linie moralische Parabeln, die zur Science Fiction und zum utopisch-historischen und utopisch-exotischen Reiseroman tendieren. Die Popularisierung der Utopie und ihr Diffundieren in andere literarische Genres führten zum Aufweichen ihrer Form. Sie wurde zur utopistischen Massenware, in der sich unter dem Druck der Marktes und der Zensur die politische Kritik zur moralischen Satire reduzierte. In der Folge verfiel die Utopie als eigenständige literarische Form der sozialphilosophischen und politischen Reflexion in Rußland um die Jahrhundertwende.

Die Erneuerung der Utopie I: Die Dekabristen

Erst in den 1820er Jahren fand die Utopie in Rußland wieder zu politischem Anspruch. Ihre Erneuerung als Medium politischer Reflexion begann mit der Oppositionsbewegung der Dekabristen.[121] Während der Kriege gegen Napoleon waren die russischen Offiziere in Deutschland und Frankreich in direkten Kontakt mit den Ideen der Französischen Revolution gekommen. Im Vergleich mit den westeuropäischen Gesellschaften wurde ihnen die soziale und politische Rückständigkeit Rußlands eindringlich bewußt. Unter dem Eindruck des antinapoleonischen Befreiungskrieges von 1812 formierte sich insbesondere unter der adeligen Jugend ein Nationalbewußtsein, das das „Volk" in Gestalt der russischen Bauern als nationale Zielgröße und Hoffnungsträger entdeckte.[122] Die sich in der Zeit in Rußland ausbreitende Romantik bestärkte die Entwicklung dieses neuen Nationalbewußtseins. Die Generation von 1812 entwickelte ein nationales Verantwortungsgefühl, das das petrinische Staatsdienerbewußtsein

---

[120] Vgl. zur Entstehung des Buchmarktes in Rußland Marker, Gary: Publishing, Printing, and the Origins of Intellectual Life in Russia, 1700-1800. Princeton 1985; zur Schichtspezifik der Leseinteressen Graßhoff, Helmut: Parteinahme und gesellschaftlicher Auftrag des Schriftstellers in der russischen Literatur der Aufklärung. In: ders./ u. a. (Hrsg.): Humanistische Traditionen der russischen Aufklärung. Berlin 1973. S. 16-71, S. 46ff.

[121] Dekabristen – nachträglicher Name der Bewegung nach dem Monat ihres Aufstands 1825: Dezember (dekabr').

[122] Vgl. Berlin, Isaiah: Ein denkwürdiges Jahrzehnt. In: ders.: Russische Denker. Frankfurt a. M. 1995. S. 164-279, S. 169; Figes, Orlando: Nataschas Tanz. Eine Kulturgeschichte Russlands. Berlin 2003, S. 98ff.

ablöste. Auf ihm gründete sich ihr Anspruch auf politische und soziale Veränderung: Sie empfand die Leibeigenschaft der Bauern und die politische Rückständigkeit Rußlands in Gestalt der Autokratie als nationale Schande.

Zurück in Rußland gründeten die adligen Offizieren Geheimgesellschaften, um nach Wegen für politische Reformen zu suchen.[123] Diese leisteten in ihren lokalen Organisationen unter den Offizieren politische Aufklärungsarbeit. Sie vermittelten die Ideen der französischen und russischen Aufklärung sowie auch schon des Frühsozialismus (Saint-Simon, Owen). In ihren Manifesten und Verfassungsentwürfen entwarfen sie das Bild eines zukünftigen Rußland als explizit politische Alternative. Der gemeinsame Nenner war Abschaffung der Autokratie und Leibeigenschaft, Gleichheit, Rechtsstaatlichkeit und Deismus.[124] Im Detail gingen die Vorstellungen der einzelnen Gruppen jedoch weit auseinander. Schon in der Frage der künftigen Regierungsform war man sich uneins. Der *Nordbund* unter Nikita Murawjow[125] plädierte für ein föderatives Rußland mit konstitutioneller Monarchie und Gewaltenteilung. Der politisch radikalere *Südbund* unter Pawel Pestel[126] dagegen stellte sich in die Tradition des Jakobinismus der Französischen Revolution. Er forderte eine revolutionäre Diktatur, die innerhalb von acht bis zehn Jahren den Weg für eine einheitliche Republik ebnen sollte.[127] Auch in der Frage der Eigentums- und Wirtschaftsordnung folgte der *Südbund* radikaleren Vorstellungen.[128] In Anlehnung an Saint-Simon forder-

---

[123] Rettungsbund oder Gesellschaft der Wahren und Getreuen Söhne des Vaterlands (1816-18), Wohlfahrtsbund (1818-21), Südbund (1821-25), Nordbund (1821-25), Gesellschaft der vereinten Slawen (1823-25).

[124] Vgl. zu den Ideen der Dekabristen Dudek, Gerhard: Die Dekabristen. Leipzig 1975; Edelman, Natan J.: Verschwörung gegen den Zaren. Köln 1984; Wolkonskij, Michael: Die Dekabristen. Die ersten russischen Freiheitskämpfer des 19. Jahrhunderts. Zürich 1946; Ulam, Adam B: Rußlands gescheiterte Revolutionen. Von den Dekabristen bis zu den Dissidenten. München u. a. 1985, S. 9-85; Semevskij, Vasilij I.: Političeskija i obščestvennyja idei dekabristov. St. Petersburg 1909.

[125] Nikita M. Murav'ëv – 1796-1843; Mitglied des *Rettungsbundes*, Mitbegründer des *Wohlfahrtsbundes* und Führer des gemäßigten Flügels der Dekabristen. 1826 wurde er zu 20 Jahren Zwangsarbeit in Sibirien verurteilt.

[126] Pavel I. Pestel' – 1793-1826; Mitbegründer des *Südbundes* und Führer des republikanischen Flügels der Dekabristen. 1826 wurde er zum Tode verurteilt und hingerichtet.

[127] Vgl. Dudek: Die Dekabristen, S. 211-268; Utechin: Geschichte der politischen Ideen in Russland, S. 68-71; Scherrer: Politische Ideen im vorrevolutionären und revolutionären Rußland, S. 206f.

[128] Vgl. zu den Eigentumskonzeptionen der Dekabristen Winkler, Martina: „Eigentum!

te er die Nationalisierung des Bodens und verknüpfte diese mit der Tradition des Mir: Der Boden sollte zur Hälfte gesellschaftliches Eigentum werden, das von lokalen Verwaltungseinheiten (*wolost*) verwaltet wird. Diese sollten das nationalisierte Land in Parzellen aufteilen und jeweils für ein Jahr zur Nutzung an die Bauern verteilen.[129]

Mit den detailliert ausgemalten Alternativen ist den Verfassungsentwürfen der Dekabristen fraglos ein genuin utopischer Charakter eigen. Doch sie stellen keine Utopien im formalen Sinn dar. Lediglich Alexander Ulybyschew[130] griff mit der Erzählung *Der Traum* (1819)[131] auf das Muster der Utopie zurück, um die Alternative zu beschreiben. Er stellt die erhoffte Gesellschaft in Form einer Zeitutopie dar. Der Zugewinn an utopischer Form geht jedoch einher mit dem Verlust inhaltlicher Schärfe. In *Der Traum* wird der Erzähler in das zukünftige St. Petersburg versetzt, dreihundert Jahre in der Zukunft. Die politischen und gesellschaftlichen Vorstellungen der Dekabristen sind Wirklichkeit geworden: Im Palast Pauls I. residiert das Parlament. Wo früher Kasernen die Stadt beherrschten, befinden sich Schulen, Akademien und Bibliotheken. Die Armee wurde aufgelöst – und damit eine Ursache der Ausbeutung und Demoralisierung des Volkes beseitigt. Die Leibeigenschaft ist abgeschafft. Die orthodoxe Kirche wurde abgelöst durch eine deistische Religion mit Laienpriestern. In der Schlußsentenz betont der Erzähler noch mal den mit der Zeitutopie aufgestellten Erwartungshorizont: Die Utopie sei Antizipation. Auch wenn es noch dauere, die geschilderte Gesellschaft werde kommen.

Die Ahnung am Ende von Ulybyschews Utopie, es werde bis zu deren Verwirklichung in Rußland nach lange Zeit brauchen, sollte sich wenige Jahre später als bittere Prophezeiung bestätigen. Gedrängt von der historischen Chance durch den Tod Alexanders I. am 19. November 1825 und den Unruhen um seine Nachfolge entschlossen sich die Dekabristen überstürzt zum Handeln: Am

---

Heiliges Recht! Seele der Gesellschaft!". In: Sperling, Walter: Jenseits der Zarenmacht. Frankfurt a. M. u. a. S. 71-97, S. 91ff.

[129] Vgl. Pestel, Pawel I.: Russische Wahrheit (Auszüge). In: Wolkonskij, Michael: Die Dekabristen. Zürich 1946. S. 136-146, S. 140f.; vollständige Fassung von Pestels Verfassungsentwurf und Programm für eine Provisorische Regierung: Pestel', Pavel I.: Russkaja pravda. St. Petersburg 1906.

[130] Aleksandr D. Ulybyšev – 1794-1858; Schriftsteller und Musikkritiker, Mitglied des literarisch-philosophischen Zirkels *Grüne Lampe* (1818-21).

[131] Ulybyschew, Alexander D.: Der Traum. In: Dudek, Gerhard: Die Dekabristen. Leipzig 1975. S. 319-328.

14. Dezember 1825 sollte der Aufstand in St. Petersburg beginnen. Er scheiterte, nicht zuletzt an der mangelnden Organisation und Entschlossenheit der Akteure. Im Anschluß wurden fast sechshundert Personen vor Gericht gestellt, fünf von ihnen zum Tode verurteilt[132] und über hundert nach Sibirien verbannt.

Das Ende der Dekabristen und ihrer Bewegung war für die russische Gesellschaft ein Schock. Dieser stärkte jedoch das utopische Denken in Rußland. Er trug wesentlich zu dessen weiterer Politisierung bei. Zum einen radikalisierte er das politische Denken, zum anderen verlagerte sich durch die Zensur die Diskussion politischer Fragen in die Literatur.[133] Das ließ die Utopie zum bevorzugten Medium sozialphilosophischer und politischer Reflexion werden. Diese Aufwertung konfrontierte jedoch die Utopie mit neuen Anforderungen. Es ging nicht mehr nur darum, eine Alternative aufzustellen. Die Utopie mußte zugleich das Verhältnis von Ideal und politischer Praxis erörtern. Sie mußte die Möglichkeiten und Konsequenzen der Verwirklichung einbeziehen. Sie mußte den historischen Kontext als Bezug herausstellen – und das alles unter den Bedingungen der Zensur. Diesen Anforderungen wurde der traditionelle Staatsroman nicht mehr gerecht.

Die Erneuerung der Utopie II: Thaddäus Bulgarin

Der Verdienst der ästhetisch-formalen Erneuerung des russischen Utopiediskurses kommt vor allem dem polnisch-russischen Publizisten Thaddäus Bulgarin[134]

---

[132] Pavel I. Pestel', Kondratij F. Ryleev, Pëtr G. Kachovskij, Sergej I. Murav'ëv-Apostol, Michail P. Bestužev-Rjumin.

[133] Vgl. Masaryk, Tomáš G.: Polemiken und Essays zur russischen und europäischen Literatur- und Geistesgeschichte. Wien u. a. 1995, S. 9; Berlin, Isaiah: Väter und Söhne. Turgenjew und das liberale Dilemma. In: ders.: Russische Denker. Frankfurt a. M. 1995. S. 343-393, S. 348.

[134] Thaddäus Bulgarin (auch Faddej V. Bulgarin) – 1789-1858; polnischer Offizier, der von der russischen Armee in die Polnische Legion Napoleons wechselte. Nach seiner Rückkehr nach Rußland gab er ab 1825 in St. Petersburg die erste russische Tageszeitung *Severnaja pčela* (*Nördliche Biene*) heraus; mit ca. 10.000 Abonnenten war sie eine der erfolgreichsten zu ihrer Zeit. In literaturgeschichtlicher Erinnerung blieb Bulgarin jedoch v. a. als Agent der Dritten Abteilung der zaristischen Polizei, der Zensurbehörde. Seine Erzählungen im Stil parabelhafter und anekdotischer Sittenschilderungen und Moraltraktate fanden seinerzeit großen Anklang. Ein Teil von ihnen erschien auch auf deutsch (Bulgarin, Thaddäus: Sämtliche Werke. Leipzig 1828). Vgl. zu Bulgarin Striedter, Jurij: Der Schelmenroman in Rußland. Berlin 1961, S. 212-242.

zu. Auch wenn seine Utopien politisch belanglos waren, für die formale Entwicklung der Utopie wirkte er als Katalysator: Er erschloß dem russischen Utopiediskurs die neuere westliche Utopieentwicklung, vor allem deren Technik- und Wissenschaftsdiskurs.[135] In den 1820er Jahren veröffentlichte Bulgarin drei Erzählungen mit utopischem Charakter: *Wahrscheinliche Erdichtungen oder Reise um die Welt im 29. Jahrhundert* (1824), *Unwahrscheinliche Erdichtungen oder Reise zum Mittelpunkt der Erde* (1825) und *Szene aus dem Privatleben im Jahre 2028* (1827/1828).[136]

In der ersten Utopie gerät der Erzähler unverhofft auf eine Zeitreise: Nach einem Schiffbruch sieht er sich tausend Jahre in die Zukunft versetzt, ins Jahr 2824. Das Land, in dem er ankommt, heißt Hoffnung (Nadeschi) und liegt in Ostsibirien. Bulgarin versieht die Zukunft reich mit technischen Erfindungen. Es gibt Flugzeuge, U-Boote, Autos, Elektrizität und Computer. Die Häuser sind aus Stahl und Glas. Ein großer Teil der Nahrung wird von Unterwasserplantagen im Meer gewonnen. Wissenschaft und Technik genießen zusammen mit dem Handel das höchste Ansehen. Neben technischen Fortschritt zeichnet sich die Gesellschaft vor allem durch sittliche Vervollkommnung aus. Zentrale Vermittlungsinstanz der Tugenden ist das für alle obligatorische Erziehungs- und Bildungssystem. In ihm werden die Schüler und Studenten insbesondere unterrichtet in „Gutes Gewissen", „Uneigennützigkeit", „Menschenfreundlichkeit", „Gesunder Menschenverstand", „Selbsterkenntnis", „Demut", „Moralischer Nutzen der Geschichte", „Anwendung der Kenntnisse zum allgemeinen Wohl".

Die zweite Utopie schließt vom Titel an die erste Utopie an, ist jedoch eine Raumutopie ohne genaue Zeitangabe. Der Erzähler gerät – wiederum durch einen Unfall auf einer Reise – in drei unterirdische Länder, die er nacheinander durchreist: das Land der ignoranten Dummheit (Ignorancija), das Land des Zwielichts (Skotinija) und zum Schluß das Land der Aufklärung (Swetonija)

---

[135] Vgl. Vaslef, Nicholas P.: Bulgarin and the Development of the Russian Utopian Genre. In: Slavic and East European Journal 12. Jg. (1968). S. 35-43; Suvin: Die utopische Tradition der russischen Science Fiction, S. 211f.

[136] Bulgarin, Faddej V.: Pravdopodobnye nebylicy, ili Stranstvovanie po svetu v 29-om veke. In: ders.: Polnoe sobranie sočinenij, Bd. 6. St. Petersburg 1843. S. 85-110 (englisch: Bulgarin, Faddei: Plausible Fantasies or a Journey in the 29th Century. In: Fetzer, Leland (Hrsg.): Pre-Revolutionary Russian Science Fiction. Ann Arbor 1982. S. 5-43); ders.: Neverojatnye nebylicy, ili Putešestvie k sredotočiju zemli. In: ders.: Polnoe sobranie sočinenij, Bd. 7. St. Petersburg 1844. S. 17-30; ders.: Scena iz častnoj žizni, v 2028 godu. In: ders.: Polnoe sobranie sočinenij, Bd. 7. St. Petersburg 1844. S. 63-69.

mit der Hauptstadt Utopia. Jedes Land steht für eine Phase der geschichtlichen Entwicklung im Sinne sittlich-aufklärerischer Vervollkommnung. Das Muster der unterirdischen Reise mit der Abfolge gesellschaftlicher Entwicklungsphasen hatte Bulgarin von Ludwig von Holbergs satirischer Utopie *Nils Klims unterirdische Reise* (1741) übernommen. Die Bewohner des ersten Landes leben in Dunkelheit, sie fürchten sich vor Feuer, Licht, Bildung und Aufklärung. Ihr ganzes Glück sehen sie allein im Essen. Die Bewohner des zweiten Landes zeichnen sich durch eine glänzende Halbbildung aus. Es ist das Land der Prahlerei und des von sich selbst überzeugten Dilettantismus. Sein Herrscher, Durindos, ist ein Philosoph, der vor allem berühmt ist für seine Erfindung von zwei neuen Pastetenarten, vierzehn Saucen und eines Mantels in hundert Farben. Das dritte Land, Swetonija, ist ein Staat ganz im Geiste der Aufklärung. Seine Bewohner entsprechen Bulgarins erster Utopie. Sie sind tugendhaft, selbstdiszipliniert, gehen fleißig der Arbeit nach, widmen sich Wissenschaft und Kultur. Die Richter haben kaum zu tun, sie beschäftigen sich nur noch mit der Kommentierung der Gesetze, und die Schriftsteller schreiben Bücher zur „Entwicklung und Verbreitung nützlicher moralischer Wahrheiten".

Die dritte Utopie (*Eine Szene* ...) hat die Form einen Rückblick aus dem Jahr 2028 auf das Rußland der 1820er Jahre. In einem adligen Salon unterhält sich eine Gesellschaft von Gutsbesitzern, Hofbeamten, Richtern und Kaufleuten über ein Buch Bulgarins, das der Gastgeber in einem Archiv fand. Man wundert sich über die von Bulgarin beschriebenen Zustände in Rußland Anfang des 19. Jahrhunderts. Man sieht es eine verwahrloste Gesellschaft, deren Verhältnisse unverständlich bleiben – zum Teil bis in die Bezeichnungen. Die betont inszenierte Distanz zwischen dem Rußland zu Bulgarins Zeit und dem der Utopie kann jedoch nicht darüber hinweg täuschen, daß die politischen und sozialen Verhältnisse dieser utopischer Gesellschaft wie auch in Bulgarins beiden anderen Utopien weitgehend identisch sind mit dem Rußland seiner Zeit: Die Gesellschaft ist ständisch gegliedert, an ihrer Spitze stehen Zar und Adel, auch die Eigentumsverhältnisse werden nicht in Frage gestellt. Bulgarin entwirft keine soziale und politische Alternative wie Radischtschew oder die Dekabristen. Seine utopischen Erzählungen sind moralische Erbauungs- und Unterhaltungsliteratur mit Technikphantasien. Sie propagieren die sittliche Vervollkommnung des einzelnen und den wissenschaftlich-technischen Fortschritt.

Bulgarin folgt zum Beginn der Romantik noch mal dem Utopiediskurs der Aufklärung, allerdings in dessen instrumenteller und affirmativer Verkürzung;

das heißt, so wie er sich im Staatsutopismus Peters I. und Katharinas II. zeigte. Zugleich erschloß Bulgarin die neuere Entwicklung des westlichen Utopiediskurses für die Utopie in Rußland, insbesondere den Aufstieg von Technik und Wissenschaft in der Utopie. Vertraut mit der populären utopischen Literatur Westeuropas, verarbeitete er deren Muster und Motive in seinen Utopien. Zum Teil zitiert er sie auch namentlich wie Louis-Sébastien Merciers *Das Jahr 2440* (1770) und Julius von Voss' *Ini. Ein Roman aus dem 21. Jahrhundert* (1810). Im Rückgriff auf die westlichen Utopien erweiterte Bulgarin das Spektrum an Mitteln für den reflexiven Bezug auf den zeitgenössischen Kontext und die Utopietradition. So sind einige Figuren in seinen utopischen Erzählungen satirische Portraits von Zeitgenossen und mit dem Titel seiner ersten Utopie, *Wahrscheinliche Erdichtungen...*, spielt Bulgarin auf Lewschins utopischen Roman an. Die von Bulgarin eingesetzten Mittel der Ironie, Parodie und Satire als Form der Kritik und der Selbstreflexion der Utopie waren zum größten Teil auch für das russische utopische Denken zu Bulgarins Zeit keine Novitäten mehr, Bulgarin trug jedoch wesentlich zu ihrer Etablierung und Verbreitung bei. Das gilt ebenso für die Rolle von Wissenschaft und Technik. In den politischen Utopien der Aufklärung wie der Radischtschews spielten Wissenschaft und Technik eine untergeordnete Rolle. Allein in den zur Science Fiction tendierenden populärutopischen Romanen nahmen sie einen breiten Raum ein als ausschmückendes und unterhaltendes Element. In Fortführung des Staatsutopismus Peters I. festigte Bulgarin nun auch für den sozialphilosophischen Teil des russischen Utopiediskurses die zentrale Funktion von Wissenschaft und Technik auf dem Weg zur Idealgesellschaft – so wie er es vorgezeichnet sah in den französischen Utopien der Aufklärung (Mercier) und der beginnenden Industriegesellschaft (Saint-Simon).

In der weiteren russischen Utopiegeschichte wurde die Frage nach der Bedeutung von Wissenschaft und technischem Fortschritt zu einem Kulminationspunkt des Utopiediskurses. Die einen steigerten deren Rolle als Schlüssel für die zukünftige Idealgesellschaft (Tschernyschewski, Bogdanow). Die anderen reflektierten dagegen die anomischen und dystopischen Folgen eines sich verselbständigenden Rationalismus und wissenschaftlich-technischen Fortschritts (Odojewski, Dostojewski, Samjatin).

Wladimir F. Odojewski – Russland als romantische Gelehrtenaristokratie

Einer der ersten in Rußland, der in der Form der Utopie kritisch über die gesellschaftlichen Folgen eines marktliberal entfesselten wissenschaftlich-technischen Fortschritts und den sich ausbildenden Kapitalismus reflektierte, ist Wladimir F. Odojewski (1804-1869).[137] In seinen utopischen Erzählungen *Der letzte Selbstmord*[138] und *Die Stadt ohne Namen*[139] zeichnete er das negative Szenario einer Gesellschaft, deren Entwicklung durch die „bloß technische Umsetzung eines formallogisch bestimmten Fortschritts"[140] beherrscht ist. Sie wurden als erste russische Dystopien bezeichnet[141] beziehungsweise als frühe Warnutopien.[142] Zugleich entwarf Odojewski jedoch in der utopischen Erzählung *Das Jahr 4338. Petersburger Briefe*[143] das Bild eines prosperierenden Rußlands, das sich durch eine dynamische wissenschaftlich-technische Entwicklung auszeichnet.

---

[137] Vgl. zu Odoevskijs Leben Cornwell, Neil: The Life, Times and Milieu of V. F. Odoevsky 1804-1869. London 1986; für einen Überblick zu Odoevskijs philosophischen und politischen Anschauungen Stammler, Heinrich A: Fürst Wladimir Fjodorowitsch Odojewskij, der philosophische Erzähler der russischen Romantik. In: Odojewskij, Fürst Wladimir F.: Russische Nächte. München 1970. S. 367-410.

[138] Odoevskij, Vladimir F.: Poslednee samoubijstvo. (1844) In: ders.: Sočinenija, Bd. 1. Moskau 1981. S. 87-93; dt.: Odojewski, Wladimir F.: Der letzte Selbstmord. In: ders.: Russische Nächte. Berlin 1987. S. 97-105.

[139] Odoevskij, Vladimir F.: Gorod bez imeni. (1839) In: ders.: Sočinenija, Bd. 1. Moskau 1981. S. 96-114; dt.: Odojewski, Wladimir F.: Die Stadt ohne Namen. In: ders.: Russische Nächte. Berlin 1987. S. 109-130. Beide Utopien werden im folgenden mit der Sigle RN nach der deutschen Ausgabe zitiert.

[140] Städtke, Klaus (Hrsg.): Russische Literaturgeschichte. Stuttgart u. a. 2002, S. 153.

[141] Vgl. Stammler, Heinrich A.: Wladimir Odojewskij: Der Improvisator. In: Zelinsky, Bodo (Hrsg.): Die russische Novelle. Düsseldorf 1982. S. 46-53, S. 48; Cornwell, Neil: Utopia and Dystopia in Russian Fiction: The Contribution of V. F. Odoevsky. In: ders.: Vladimir Odoevsky and Romantic Poetics. Oxford 1998. S. 120-135, S. 120; Städtke: Russische Literaturgeschichte, S. 153.

[142] Vgl. Baumann, Winfried: Die Zukunftsperspektiven des Fürsten V. F. Odoevskij. Frankfurt a. M. 1980.

[143] Odoevskij, Vladimir F.: 4338-j god. Peterburgskie pis'ma. (1830er) In: ders.: Povesti i Rasskazy. Moskau 1959. S. 416-448; im folgenden zitiert mit der Sigle *Das Jahr 4338* nach der dt. Ausgabe: Odojewskij, Wladimir F.: Das Jahr 4338. In: Müller-Kamp, Erich (Hrsg.): Der Polarstern. Hamburg u. a. 1963. S. 422-464.

ГОРОДЪ БЕЗЪ ИМЕНИ. *

(А. И. Кошелеву.)

Въ пространныхъ равнинахъ Верхней-Канады, на пустынныхъ берегахъ Ориноко, находятся остатки зданій, бронзовыхъ оружій, произведенія скульптуры, которыя свидѣтельствуютъ, что нѣкогда просвѣщенные народы обитали въ сихъ странахъ, гдѣ нынѣ кочуютъ лишь толпы дикихъ звѣроловцевъ.

Гумбольдтъ. *Vues des Cordilières*. Т. 1.

..... Дорога тянулась между скалъ, поросшихъ мохомъ. Лошади скользили, поднимаясь на крутизну, и наконецъ совсѣмъ остановились. Мы принуждены были выйти изъ коляски...

Тогда только мы замѣтили на вершинѣ почти неприступнаго утеса нѣчто имѣвшее видъ человѣка. Это привидѣніе въ черной епанчѣ сидѣло недвижно между грудами камней въ глубокомъ безмолвіи. Подойдя ближе къ утесу, мы удивлялись, какимъ обра-

* Изъ полнаго собранія сочиненій Князя Владиміра Ѳедоровича Одоевскаго. Эта книга въ непродолжительномъ времени выйдетъ въ свѣтъ.

Современникъ. Т. XIII.   16

Abb. 3 Titelseite von Odojewskis *Die Stadt ohne Namen* in der Zeitschrift *Sowremennik* 1839

Dieser positive Entwurf einer Idealgesellschaft stellt die eindeutige Einordnung Odojewskis als dystopischen Autor in Frage. Auch für *Der letzte Selbstmord* und *Die Stadt ohne Namen* läßt sich der Kritikhorizont nicht allein aus romantischer Technik- und Fortschrittsskepsis bestimmen. Liest man die drei utopischen Texte zusammen, wird deutlich: Odojewskis Utopien sind kein simpler Gegenentwurf zu den Utopien der Aufklärung mit gegenaufklärerischer Intention, sondern Ausdruck einer Selbstreflektion der Aufklärung über ihre Sackgassen, die auf die Bewahrung des Humanitätsanspruchs zielt.

Odojewski galt als eine der schillerndsten Figuren der romantischen Salonkultur Moskaus und St. Petersburgs in der ersten Hälfte des 19. Jahrhunderts.[144] Unter seinen Zeitgenossen genoß er aufgrund seines Dandytums ein Image von Exzentrik und enzyklopädischem Dilettantismus. Erst Anfang des 20. Jahrhunderts wurde seine Bedeutung als liberal-konservativer Reformpolitiker, Kunst- und Musiktheoretiker sowie Erziehungswissenschaftler erkannt.[145] Wie Radischtschew und Schtscherbatow gehörte Odojewski zum alten russischen Adel; seine Familie führte ihre Abstammung auf die Dynastie Ruriks zurück. Nach dem Studium an der Moskauer Universität 1816 bis 1822 trat Odojewski zunächst nicht in den Staatsdienst. Er blieb in Moskau und führte ein Leben als Literat. Er schrieb Erzählungen sowie Essays zu Musik, Kunst und Philosophie. Er war Mitglied mehrerer philosophischer und künstlerischer Zirkel, gab Zeitschriften heraus und förderte Autoren und Künstler. Sein Haus war ein Zentrum der intellektuell-künstlerischen Salonkultur jener Jahre.[146] 1823 gründete er den literarisch-philosophischen Zirkel *Gesellschaft der Freunde der Weisheit* (*Obschtschestwo ljubomudrow*). Dessen Anliegen war Schellings Philosophie und eine philosophisch begründete Literatur im Sinne der deutschen Romantik.

---

[144] Vgl. zur russischen Romantik Zelinsky, Bodo: Russische Romantik. Köln u. a. 1975; Lettenbauer, Wolfgang: Die russische Romantik. In: Die europäische Romantik. Frankfurt a. M. 1972. S. 524-567; Sacharov, Vsevolod I.: Romantizm v Rossii. Moskau 2004; Berlin, Isaiah: Die deutsche Romantik in Petersburg und Moskau. In: ders: Russische Denker. Frankfurt a. M. 1995. S. 191-206.

[145] Vgl. Cornwell: Utopia and Dystopia in Russian Fiction, S. 123f.; Olias, Günter: Die Bedeutung des Schaffens Vladimir Fedorovič Odoevskijs für die russische Nationalerziehung. Berlin 1965; Froese: Ideengeschichtliche Triebkräfte der russischen und sowjetischen Pädagogik, S. 52ff.; Siegmann, Frank: Die Musik im Schaffen der russischen Romantiker. Berlin 1954, S. 49-69.

[146] Vgl. zur adligen Salonkultur in Rußland Hildermeier, Manfred: Der russische Adel von 1700 bis 1917. In: Wehler, Hans-Ulrich (Hrsg.): Europäischer Adel 1750-1950. Göttingen 1990. S. 166-216; Lotman: Rußlands Adel.

Zusammen mit Wilhelm Küchelbecker[147] gab er von 1824 bis 1825 den Almanach *Mnemosina* heraus, das publizistische Forum der sogenannten deutschen Schule um Odojewski und Küchelbecker. Der Dekabristenaufstand 1825 führte für die philosophischen und literarischen Zirkel und Zeitschriften zur Zäsur. In diesen waren nicht nur die Ideen der Dekabristen diskutiert worden, viele ihrer Mitglieder gehörten zum inneren Kreis des Aufstandes. Mit der Verurteilung und Verbannung der aufständischen Offiziere und ihrer Sympathisanten lösten sich die meisten der Gesellschaften auf oder fielen wie die Zeitschriften der nach 1825 verschärften Zensur zum Opfer. Odojewski sympathisierte mit den Ideen der Dekabristen, stand aber deren politischen Aktivitäten distanziert gegenüber. Am Aufstand beteiligte er sich nicht. Er war gewissermaßen ein Dekabrist ohne Dezember. Nach dem Aufstand stand er zwar unter Verdacht, wurde aber nicht angeklagt.

Nach seiner Heirat 1826 zog Odojewski nach St. Petersburg und trat in den Staatsdienst: zunächst als Mitglied und Leiter der Kommissionen für Zensur und Aufklärung sowie für Religionsangelegenheiten, in den 1830er Jahren war er im Wirtschaftsdepartment sowie weiterhin Vizedirektor der Kaiserlichen Öffentlichen Bibliothek. Ende der 1830er Jahre wandte er sich Fragen der Erziehung und Bildung zu und erarbeitete Reformvorschläge für das Bildungssystem. Sie zeigen ihn als pragmatischen, konservativen Aufklärer. In ihrem Rahmen wandte er sich entschieden gegen die Volkstums-Ideologie der Slawophilen und deren „vorsintflutliches slavo-tatarisches" Bildungsideal, das den russischen Bauern als natürlich und unverdorben idealisierte.[148] Das Spektrum seiner Funktionen war enorm, meist war er in mehreren Positionen gleichzeitig tätig. Er versuchte in ihnen, eine liberale, reformorientierte Politik durchzusetzen. Mit seiner Haltung als „liberaler Konservativer" (Stammler) stand er dabei zwischen den politischen Fronten: Die Liberalen kritisierten ihn für seine Loyalität gegenüber der Autokratie, der konservative Adel hingegen beargwöhnte sein Reformengagement. 1846 übernahm Odojewski den Posten des Direktors des 1828 gegründeten Rumjanzew-Museums. Mit dem Umzug des Museums nach Moskau 1862 ging er nach Moskau zurück und nahm eine Berufung als Senator in

---

[147] Wilhelm K. Küchelbecker – 1797-1846; Schriftsteller aus deutsch-baltischem Adel. 1825 wurde er als Dekabrist zu 15 Jahren Haft und anschließender Verbannung nach Sibirien verurteilt.

[148] Vgl. Gesemann: Die Entdeckung der unteren Volksschichten, S. 279.

der Moskauer Adelsversammlung an. Als politischer Publizist trat er in der Öffentlichkeit weiterhin für eine liberale Reformpolitik ein.

Die drei utopischen Erzählungen entstanden während Odojewskis Zeit in St. Petersburg, seiner, wie Cornwell sie nennt, „Periode der Reife".[149] Die erste ist *Das Jahr 4338*. Sie sollte den dritten Teil einer Trilogie über Rußlands Vergangenheit, Gegenwart und Zukunft bilden. *Der letzte Selbstmord* und *Die Stadt ohne Namen* sind zwei Novellen aus Odojewskis Erzählzyklus *Russische Nächte*, seinem philosophisch ausgerichteten Hauptwerk.[150] *Die Stadt ohne Namen* erschien schon 1839 separat in der Zeitschrift *Sowremennik*, die Novelle *Der letzte Selbstmord* dagegen entstand direkt für die *Russischen Nächte*.[151]

In den *Russischen Nächten* entwirft Odojewski ein Panorama der damals vorherrschenden politischen, sozialen und ästhetischen Ideen, und in ihrer Bewertung formulierte er das Credo seiner eigenen Position. Das Buch besteht, wie Radischtschews *Reise von Petersburg nach Moskau*, aus zwei Ebenen: der Rahmenhandlung und mehreren eigenständigen Erzählungen und Essays; zum Teil hatte Odojewski diese zuvor schon separat veröffentlicht. Die Rahmenhandlung bilden die nächtlichen Gespräche eines philosophischen Zirkels: Rostislav, Viktor, Wjatscheslav und Faust,[152] den Mentor des Zirkels. Rostislav wirft die Frage auf, warum trotz des wissenschaftlich-technischen und zivilisatorischen Fortschritts der Aufklärung die Staaten immer noch Kriege führen, die Gesellschaften von ihren inneren Gegensätzen und Triebkräften zerrissen werden, warum die Menschen nicht glücklicher geworden sind. Seine Sinnsuche gipfelt in der philosophischen Gretchenfrage:

„Was ist Aufklärung?" (RN, 19) „Was sind wir?" (RN, 20)

Was hält die Gesellschaft zusammen? Was treibt sie voran? Welche Rolle spielt der Mensch dabei? Die Fragen nach dem Wesen des Menschen und der Gesellschaft bilden auf beiden Ebenen das Leitthema der *Russischen Nächte*. Als Antwort auf Rostislavs Fragen liest Faust in den Nächten einen Reisebericht von zwei Freunden vor. Dieser ‚Reisebericht' besteht aus einer Sammlung von

---

[149] Vgl. Cornwell: The Life, Times and Milieu of V. F. Odoevsky, S. 37f.
[150] Odoevskij, Vladimir F.: Russkie noči. (1844) In: ders.: Sočinenija, Bd. 1. Moskau 1981. S. 31-246; dt. (zitierte Ausgabe): Odojewski, Wladimir F.: Russische Nächte. Berlin 1987.
[151] Vgl. Cornwell: Utopia and Dystopia in Russian Fiction, S. 127.
[152] Der Name spielt auf Goethes Faust als Universalgelehrten an.

Erzählungen, Essays und Beobachtungen, die die beiden Reisenden auf ihrer Weltreise geschrieben oder gefunden haben. Neun Nächte lang lesen Faust und seine Schüler die Texte und diskutieren, welche Antworten sie auf die eingangs gestellten Fragen geben. Mit der offenen und fragmentarischen Erzählstruktur aus nächtlichen Diskussionen über philosophische Fragen und eigenständigen Exkursen rekurriert Odojewski auf die Form des platonischen Dialogs. Er transformiert diesen in das Modell des romantischen Gesprächs.[153] Besondere Bedeutung kommt dabei dem Zeitpunkt der Gespräche zu: Nacht ist bei Odojewski jene Zeit, die frei ist von den Fragen des Alltags. Die Nacht ist der Raum des freien philosophischen Denkens, das zum Wesen der Dinge vorzudringen sucht.[154] Die Erzählstruktur spiegelt das Thema der *Russischen Nächte*: die Suche nach Wahrheit und dem Wesen der Menschheit und der Gesellschaft.

Der letzte Selbstmord

Die Novelle *Der letzte Selbstmord* liest Faust in der vierten Nacht vor. Sie ist der vorletzte Text aus einer Textsammlung, die den Titel *Der Ökonomist* trägt. Die Erben des Autors, nur B. genannt, hatten sie den beiden Reisenden gegeben. Der Titel der Textsammlung benennt deren Leitthema: die Diskussion sozialökonomischer Theorien und Denkweisen. Die Novelle *Der letzte Selbstmord* wird von B. als „Fortführung eines Kapitels von Malthus" (RN, 97) bezeichnet, das jedoch frei sei von den Täuschungen, mit denen Malthus später seine Theorie versehen habe. In Form eines apokalyptischen Szenarios wird Malthus' Bevölkerungstheorie[155] in ihrer letzten Konsequenz dargestellt. Dieses Szenario sei

---

[153] Vgl. zur Bedeutung der Erzählstruktur der *Russischen Nächte* Zelinsky: Russische Romantik, S. 222ff.; Städtke, Klaus: Nachwort zu: Odojewski, Wladimir F.: Russische Nächte. Berlin 1987. S. 341-359, S. 350f.

[154] Vgl. zur Bedeutung der Nacht für das philosophische Gespräch Kapitel 6 der *Russischen Nächte* sowie Zelinsky: Russische Romantik, S. 228f.

[155] Thomas Robert Malthus – 1766-1834; Malthus wandte in seiner Bevölkerungstheorie (*An essay on the principle of population*, 1798) gegen die Auffassung, Bevölkerungswachstum führe zu Wirtschaftswachstum und so zu gesellschaftlichem Wohlstand, ein, daß die Bevölkerung schneller wachse als die Nahrungsproduktion. Die Folgen des ungleichen Wachstums seien Hungersnöte, Seuchen und Kriege. Durch diese werde die Überbevölkerung auf ‚natürliche' Weise korrigiert. Als Konsequenz forderte Malthus eine Bevölkerungspolitik, die auf Armenfürsorge verzichte. Sozialpolitik behindere nur die ‚natürliche Regulation'. Sie beschleunige das Bevölkerungswachstum und führe so zu neuen Kriegen.

„bitterer Hohn über die absurden Berechnungen eines englischen Ökonomen" (RN, 97). Ohne genaue Zeitangabe, nur mit dem Verweis, Jahrhunderte seien vergangen, wird über die letzten Tage der Menschheit berichtet. Während einer langen Periode des Fortschritts waren Wüsten und die Eisregionen des Nordens in fruchtbare Felder verwandelt worden. Die Erde wurde vollständig besiedelt und zu einer globalen Stadt. Dann kippte der Fortschritt. Die Nahrungsproduktion bleibt hinter dem Bevölkerungswachstum zurück. Hungerkatastrophen, Seuchen, Laster und Bürgerkriege lösen den einstigen Wohlstand ab. Die Zivilisation verfällt. Die bisherigen Grundwerte der Gesellschaft – Moral, Liebe, Familie und Kinder – werden verhöhnt und als strafbar verfolgt. Am Ende steht die Selbstvernichtung der Menschheit, vorgedacht durch die „Propheten der Verzweiflung" (RN, 101) und ausgelöst durch den „Messias der Verzweiflung" (RN, 104). Die wenigen Gegenstimmen werden verlacht. Die Menschheit sprengt die Erde und sich selbst in die Luft.

Die Stadt ohne Namen

Der Novelle *Der letzte Selbstmord* folgt *Die Stadt ohne Namen*. Faust liest sie in der fünften Nacht vor. Sie ist der Bericht der beiden Reisenden von einer Begegnung während ihrer Reise. Auf einem Berg trafen sie einen Mann, der sich als letzten Überlebenden der Stadt, die einst an dieser Stelle stand, ausgab. Auf Drängen der Reisenden erzählte er die Geschichte der Stadt.

Die Stadt wurde von einer Gruppe Auswanderer errichtet. Sie hatten ihre Heimat verlassen, um eine Gesellschaft zu gründen, die auf Benthams Theorie des Utilitarismus[156] beruhen sollte. Sie erklärten das Streben nach dem ‚eigenen Nutzen' zum Grundprinzip ihrer neuen Gesellschaft: Keine andere Autorität und Moral sollte in ihrem Gemeinwesen gelten.

> „[D]er *Nutzen* ist der wesentliche Antrieb aller menschlichen Handlungen! Was nutzlos ist, das ist schädlich, was nützlich ist, das ist erlaubt. Das ist das einzige feste Fundament der Gesellschaft! Der Nutzen und nur der Nutzen sei euer erstes und letztes Gesetz! Mögen sich daraus alle eure Bestimmungen, eure Beschäftigungen, eure Sitten herleiten; möge der Nutzen das unsichere Fundament des sogenannten Gewissens, des soge-

---

[156] Jeremy Bentham – 1748-1832; in *Introduction to the Principles of Morals and Legislation* (1789) begründete Bentham Moral und Gesetzgebung auf dem Streben des Menschen nach Glück. Ethisch gut sei, was diesem Glücksstreben nutze. Verfolge jeder seinen eigenen Nutzen, komme es auch zum allgemeinen Nutzen.

nannten angeborenen Gefühls, all die poetischen Wahngebilde, all die Erfindungen der Philanthropen ersetzen – und der Gesellschaft wird dauerhaft Wohlfahrt zuteil." (RN, 114f.)

Auf einer Insel – der Berg, auf dem die Reisenden den Fremden trafen, war damals vom Meer umgeben – gründeten die Auswanderer ihre Kolonie, die sie nach ihrem geistigen Gründungsvater Benthamien nannten. Sie bauten sie konsequent auf einem radikalen Utilitarismus auf.

> „Die Einwohner aller Stände standen stets früh auf, fürchteten sie doch, auch nur das kleinste Teilchen ihrer Zeit zu verschwenden, und jeder ging an sein Werk [...]. In Gesellschaft gab es nur ein Gesprächsthema: Woraus konnte man Nutzen ziehen? Es erschienen eine Menge Bücher über diesen Gegenstand – was sage ich? Es kamen überhaupt nur Bücher dieser Art heraus. Ein junges Mädchen las anstelle eines Romans eine Abhandlung über eine Spinnerei; ein Junge von zwölf Jahren begann bereits Geld zu sparen, um das Kapital für Handelsgeschäfte zusammenzubringen. [...] mit jeder Minute wurde gerechnet, jede Handlung wurde gewogen, und vergeudet wurde nichts. Man gönnte sich bei uns keine Minute der Ruhe, keine Minuten dessen, was andere Selbstgenuß nennen [...]." (RN, 116f.)

Jeder verfolgte seinen Nutzen. Uneigennützigkeit, Muße, Mitleid standen unter Strafe. Die Kolonie Benthamien prosperierte: Wirtschaft, Handel, Wissenschaft florierten. Benthamien expandierte und begann, andere Staaten zu erobern. Die steigenden Kriegskosten führten jedoch zum Interessenskonflikt in Benthamien. Die Bauern im Binnenland forderten neue Anbauflächen. Sie waren für weitere Kriege, um neue Kolonien zu erobern. Die Küstenstädte dagegen versprachen sich vom Handel mit den anderen Ländern größeren Nutzen. Sie plädierten dafür, die Eroberungskriege zu beenden. Die Benthamier konnten sich nicht einigen, was mehr Nutzen bringe. In der Folge kam es zur Spaltung des Landes. Damit begann der Abstieg Benthamiens. Der Handel zwischen den Regionen stockte, die Wirtschaft schrumpfte. Die Maximierung des Nutzens erfolgte nicht mehr auf Kosten anderer Länder, sondern richtete sich gegen die eigene Bevölkerung. Die Händler, vom „erhabenen Prinzip" des „eigenen Nutzen" geleitet, profitierten von den Bankrotten der anderen. Wissenschaft und langfristige Unternehmen wurden abgelehnt, sie brächten keinen unmittelbaren Nutzen.

> „Es verschwanden alle großen Unternehmen, die keinen unmittelbaren Gewinn brachten oder deren Zweck dem beschränkten, gewinnsüchtigen Blick der Händler unklar blieb." (RN, 123)

Die Händler übernahmen die Macht und die Regierung wurde in eine Aktiengesellschaft umgewandelt. In Benthamien herrschte jetzt ein „Bankiersfeudalismus" (RN, 123). Bis die Handwerker fragten, welchen Nutzen die Händler brächten. Sie, die Handwerker, seien es doch, die den Reichtum produzierten. Die Handwerker entmachteten die Kaufleute und organisierten die Regierung nach dem Modell einer Werkstatt. Wenig später traten die Bauern an die Stelle der Handwerker. Unter der Herrschaft der Kaufleute verfielen die Wissenschaften, unter der der Handwerker die überregionale Infrastruktur, unter den Bauern die Städte. Zuletzt zogen die Benthamier in die Wälder, um als Jäger und Sammler ihr Leben zu fristen. Benthamien durchlief so rückwärts die gesellschaftlichen Entwicklungsstufen: von einer technisch und wissenschaftlich avancierten Gesellschaft zurück zu einer primitiven Nomadengesellschaft. Am Ende vernichteten Hunger und Krankheiten die letzten Überlebenden Benthamiens.

Das Jahr 4338. Petersburger Briefe

Das Jahr 4338 ist die erste von Odojewskis Utopien. Sie entstand nicht als eigenständige Utopie. Sie war als dritter Teil einer Romantrilogie zur Geschichte und Entwicklung Rußlands gedacht. Der erste Band sollte die Zeit Peters I. beschreiben, der zweite die Gegenwart der 1830er Jahre und der dritte die Zukunft; der Arbeitstitel war *Petersburger Briefe*. Von der Trilogie entstanden jedoch nur Teile des zweiten und dritten Bandes. Einen Teil der Fragmente des geplanten dritten Bandes veröffentlichte Odojewski 1840 unter dem Titel *Das Jahr 4338* in der Zeitschrift *Utrennjaja zarja* (*Die Morgenröte*). 1926 erschien eine Fassung, die mit weiteren Fragmenten zum dritten Band aus dem Nachlaß ergänzt war. Für die Form von *Das Jahr 4338* greift Odojewski auf das Muster von Montesquieus satirischer Aufklärungsschrift *Persische Briefe*[157] zurück. Wie diese besteht *Das Jahr 4338* aus fiktiven Reisebriefen. Zugleich spielt Odojewski mit der Briefform und dem Untertitel *Petersburger Briefe* auch auf Küchelbeckers utopische Satire *Europäische Briefe*[158] an.

---

[157] *Lettres persanes* (1721) – in Form fiktiver Briefe eines adligen Persers, der durch Europa reist, schildert Montesquieu spöttisch die zeitgenössische Politik und die sozialen Verhältnisse Frankreichs.

[158] Küchelbecker nutzt in *Evropejskie pis'ma* (1820) ebenfalls Montesquieus Briefmuster. In mehreren Briefen schildert ein Amerikaner seine Eindrücke von einer Europareise im Jahr 2519. Während Rußland und die USA die gesellschaftliche Entwick-

Das Jahr 4338 besteht aus sieben Reisebriefen, die der chinesische Geschichtsstudent Ippolit Zungijew, der 4338 seinen Onkel in St. Petersburg besucht, an einen Kommilitonen in China schreibt, und einem Vorwort Odojewskis. Dieser bezeichnet sich als Herausgeber der Briefe und erklärt, wie sie aus der Zukunft des 44. Jahrhunderts in das 19. Jahrhundert gelangten. Er habe sie von einem Bekannten, der sich mittels Mesmerismus[159] in eine Person versetzte, die in der Zukunft lebt, weil er wissen wollte, wie die Menschheit mit der für 4339 prognostizierten Kollision eines Kometen mit der Erde[160] umgehen werde.

Zungijews Onkel war von der chinesischen Regierung nach St. Petersburg delegiert worden, um dort die Maßnahmen zur Abwehr des Bielaschen Kometen zu studieren. Rußland ist zu der Zeit das globale Zentrum von Aufklärung und Fortschritt. Es ist die in jeder Hinsicht führende Macht: wissenschaftlich, technologisch, wirtschaftlich, politisch. Der Aufstieg Rußlands zeigt sich schon in der Größe seiner Hauptstadt: Moskau wurde zu einem Viertel von St. Petersburg. An zweiter Stelle folgt China. Es eifert Rußland in allem nach – selbst ihre Häuser bauen sie à la russe. Die USA dagegen fielen in die Barbarei zurück. Aus Finanznot verkaufen sie sogar ihre Städte.[161] Ausführlich schildert Zungijew die wissenschaftlich-technische Entwicklung in Rußland. Es gibt elektrische Eisenbahnen, die in Tunneln unter den Gebirgen und auf dem Mee-

---

lung anführen, fiel Europa zurück in den Zustand der Barbarei (in: Kjuchel'beker, Vil'gel'm K.: Sočinenija. Leningrad 1989). Neben *Evropejskie pis'ma* schrieb Küchelbecker weitere utopische Satiren, in denen er die Verhältnisse in Rußland scharf kritisierte; u. a. *Zemlja bezglavcev* (*Das Land der Kopflosen*; 1824), in dem die Handlung auf den Mond verlegt ist.

[159] Mesmerismus – von dem Arzt Franz A. Mesmer (1734-1815) entwickelte Lehre des „animalischen Magnetismus". Sie beruht auf Techniken der Hypnose und Suggestion. Die daraus von Mesmer abgeleiteten Praktiken waren um 1800 ein beliebtes Gesellschaftsspiel. In der romantischen Literatur ist der Mesmerismus ein verbreitetes Motiv; z. B. in den Erzählungen E. T. A. Hoffmanns.

[160] Der Astronom Wilhelm von Biela (1782-1856) hatte 1826 den nach ihm benannten Bielaschen Kometen, der periodisch die Bahn der Erde kreuzt, entdeckt und berechnet, daß der Komet 4339 mit der Erde zusammenstoße werde. 1846 zerbrach der Komet in zwei Teile und zerfiel in der Folge zum Meteorstrom der Bieliden. In der deutschen Übersetzung von *Das Jahr 4338* ist der Komet irrtümlich als Halleyscher Komet bezeichnet.

[161] Im 2. Brief erklärt Cungiev: Hätte sich China nicht Rußland angeschlossen, dann wäre es jetzt „diesen verwilderten Amerikanern ähnlich, die aus Mangel an anderen Spekulationsobjekten ihre Städte meistbietend verkaufen und dann zu uns kommen, um uns auszuplündern, diese Amerikaner, gegen die wir als einzige Nation in der ganzen Welt eine Armee unterhalten müssen! Entsetzlich" (Das Jahr 4338, 432).

resgrund fahren, Flugzeuge, Elektrizität, Telefon, Fotografie, Kopierer, Gentechnik zur Züchtung neuer Pflanzen. Häuser werden aus durchsichtigen Kunststoffen gebaut. Die Städte werden durch ein Fernwärmesystem, das auf Solarenergie beruht, versorgt. Mit dem solaren Fernwärmesystem ist man auch in der Lage, das Klima zu steuern. Der Mesmerismus wird zur Gesundheitsvorsorge und als ‚Wahrheitsdroge' zur Festigung von Moral und Sitten genutzt.[162]

Die Gesellschaft ist hierarchisch strukturiert. Ganz unten stehen die ausländischen Arbeitsmigranten, sie sind völlig rechtlos. Auf sie folgt die einheimische Unterschicht: Bauern, städtische Handwerker, Händler. Sie gilt als ungebildet und zu intellektueller und künstlerischer Tätigkeit unfähig. In ihrem Verhalten sei sie triebgesteuert, in Krisensituationen reagiere sie mit Panik. Die Oberschicht bildet die aristokratische Gelehrtenelite. Sie ist nicht nur durch ihre soziale Stellung, sondern vor allem durch ihre intellektuellen Fähigkeiten und ihre Lebensweise von den Massen geschieden: Sie ist vernunftgeleitet und zur Affektkontrolle fähig. Ihre Hauptbeschäftigungen sind Wissenschaft, Kunst und Philosophie. Sie stellt die Staatsführung und Beamten. Mit dieser sozialen Hierarchie reproduziert Odojewski für seine utopische Gesellschaft letztlich die ständische Struktur des zeitgenössischen Rußlands: rechtlose Bauern, einflußlose Mittelschicht und adlige Oberschicht, aus der sich die Staatseliten rekrutierten, und kleidet sie in das Modell von Platons Philosophenstaat. Selbst die hauptstädtische adlige Salonkultur übernimmt Odojewski in idealisierter Form für die Lebensweise der aristokratischen Elite in seiner Utopie.

Odojewskis Zukunfts-Rußland ist eine technokratische Gelehrtenrepublik. Das Land wird von Philosophen, Wissenschaftlern und Dichtern regiert. Die Ministerien sind nicht nach Politikfeldern eingeteilt, sondern nach Wissenschafts- und Technikdisziplinen. Es gibt das Ministerium für Philosophie, für die Schöne Künste, für Luftfahrt, Medizin etc. Das ranghöchste Ministerium ist das Ministerium für Versöhnung. Es vereinigt in sich Justiz-, Innen-, Kultur- und Wissenschaftsministerium. Seine Aufgabe ist die Prävention und Schlichtung von Konflikten und die „Beobachtung aller wissenschaftlichen und literarischen Dispute [...]. E[s] hat die Pflicht, darauf zu achten, daß Auseinandersetzungen dieser Art nur so lange dauern, wie sie dem Fortschritt der Wissenschaft förderlich sind und keinen persönlichen Charakter annehmen." (Das Jahr 4338,

---

[162] „[D]ie Verbreitung der Magnetisierung [hat] jede Scheinheiligkeit und Verstellung aus der Gesellschaft völlig vertrieben; sie sind offenkundig unmöglich geworden." (Das Jahr 4338, 448)

451). Seine Beamten, die Friedensrichter, werden „aus dem Kreis der würdigsten und reichsten" Familien gewählt. Sie zeichnen sich durch besondere Tugendhaftigkeit und Gemeinwohlorientierung aus. Der Minister für Versöhnung repräsentiert die Synthese von Kunst und Wissenschaft. Das Amt ist daher dem besten Poeten und Philosophen vorbehalten. Als ranghöchster Minister ist er zugleich Präsident des Staatsrates, welcher sich aus den Ministern zusammensetzt. Die potentiellen Kandidaten für die Ministerämter werden seit ihrer frühesten Jugend in einem besonderen Internat erzogen: der „Schule für Staatsmänner". Auf das Internat kommen die besten Schüler eines Jahrgangs. Nach dem Examen an der Staatsschule hospitieren sie einige Jahre als Praktikanten beim Staatsrat und treten danach ihre Ministerposten an. Machtakkumulation und -mißbrauch durch lange Amtszeiten werden durch einen quasi natürlichen Mechanismus verhindert: Die hohe Arbeitsbelastung der Elite führt zu ihrer raschen Erschöpfung und erzeugt so einen kontinuierlichen Wechsel.

Zungijew hält sich auf seiner Reise ausschließlich im Kreis der aristokratischen Gelehrtenelite auf. Sein Mentor ist der Chefhistoriker des Premierministers. Er nimmt seinen Gast zu Diskussionen in der Akademie, Beratungen in Ministerien und in die Salons mit. Ausführlich schildert Zungijew die akademische Öffentlichkeit: ihre Institutionen, die Disziplinen, ihre Debatten und Themen. Besonders hebt er hervor, daß es gelungen ist, die Trennung der Wissenschaften zu überwinden. An die Stelle der Zersplitterung ist eine neue Einheit der Wissenschaft getreten. Sie ermögliche die ganzheitliche Betrachtung von Problemen und initiierte so den gewaltigen wissenschaftlichen und technologischen Fortschritt. Im Rahmen dieser Universalwissenschaft sind die Disziplinen hierarchisch geordnet. An der Spitze stehen die Philosophen und Poeten. Ihnen folgen Geschichte,[163] Physik, Linguistik etc. Den Historikern sind wiederum Altphilologen, Geographen und Chronologen zugeordnet, den Physikern Chemiker, Mineralogen und so fort.

> „Von dieser Arbeitsteilung gewinnen alle. Das Wissen, das dem einen fehlt, wird vom anderen ergänzt, eine Untersuchung erfolgt gleichzeitig von allen verschiedenen Seiten. Der Poet wird nicht durch materielle Ar-

---

[163] „Die Pflicht der Historiker besteht in der Bereitstellung historischen Materials für die dichterischen Kombinationen des Poeten oder in der Durchführung neuer Untersuchungen nach dessen Weisungen." (Das Jahr 4338, 462). Vgl. zur Bedeutung geschichtlicher Erkenntnis bei Odoevskij auch Koschmal, Walter: Die Utopie und ihre künstlerische Realisierung bei Odoevskij und Brjusov. In: Russische Erzählung. Amsterdam 1984. S. 195-238, S. 227ff.

beit von seiner Begeisterung, der Philosoph von seinem Denken abgelenkt." (Das Jahr 4338, 464)

Das zentrale Thema der Wissenschaften ist zu der Zeit, als Zungijew in Rußland ist, die für 4339 prognostizierte Kollision mit dem Bielaschen Kometen. Ausführlich werden in der Akademie und im Staatsrat Maßnahmen zur Rettung der Erde erörtert. Man ist sich gewiß, daß es gelingen werde, die Katastrophe abzuwenden. In den 1926 aus dem Nachlaß ergänzten Fragmenten beschreibt Odojewski in der Fortsetzung dann auch die erfolgreiche Abwehr des Kometen.

Die Kritik des Utilitarismus in Odojewskis Utopien

Odojewskis Utopien folgen dem klassischen Utopiemuster in unterschiedlichem Maße. *Der letzte Selbstmord* entspricht am wenigsten dem utopischen Muster: Die politischen, sozialen und ökonomischen Verhältnisse der utopischen Gesellschaft werden wenig ausgeführt. Dargestellt sind lediglich die Werte und Verhaltensweisen einer Gesellschaft kurz vor ihrem Untergang.[164] Die beiden anderen Utopien dagegen entsprechen dem klassischen Utopiemuster. Sie sind genuine säkulare Gesellschaftsentwürfe, in denen die alternative Ordnung ausführlich beschrieben ist. Die Kolonie Benthamien in *Die Stadt ohne Namen* ist eine auf einer Tabula Rasa gegründete Gesellschaft. Sie ist wie Morus' *Utopia* nach ihrem geistigen Gründer benannt und liegt auf einer Insel. Während *Die Stadt ohne Namen* eine Raumutopie ist, folgt *Das Jahr 4338* dem Muster der fortschrittsoptimistischen Zeitutopie des 18. Jahrhunderts. Die Idealgesellschaft ist in die Zukunft verlegt, Wissenschaft und Technik sind weit vorangeschritten und dienen dazu, soziale und politische Probleme zu lösen.

Auch in der Vermittlung des Geltungsanspruchs stehen Odojewskis Utopien den klassischen Vorbildern in nichts nach. In den *Russischen Nächten* entfaltet Odojewski Intention und Aussage mittels einer mehrfach gebrochenen Übermittlung der utopischen Fiktion – wie auch schon Radischtschew in *Reise von Petersburg nach Moskau*. Für *Die Stadt ohne Namen* entwickelt Odojewski den Bedeutungshorizont der utopischen Fiktion in einer Art Vexierspiegel, der immer neue Kritikhorizonte erzeugt. Mehrfach wird der Status der Erzählung in Frage gestellt, indem sie immer wieder in einer neuen Erzählperspektive veror-

---

[164] Saage sieht daher für dieser Text keine „genuin utopische Qualität" (Saage: Utopische Profile, Bd. 3, S. 282).

tet wird. Am Anfang erscheint sie als durch einen Zeitzeugen verbürgte Historie einer untergegangenen Stadt (Stadt 1), am Ende wird sie hingegen als Warnpredigt eines wahnsinnigen Wanderpredigers charakterisiert. Diese scheint jedoch zugleich die Verhältnisse jener Stadt widerzuspiegeln, durch die die beiden Reisenden, die Freunde Fausts, auf ihrer Reise kommen (Stadt 2). Diese Brechungen eröffnen jeweils einen neuen Bedeutungshorizont für die Kritik. Vor allem die letzte Verschiebung der Erzählperspektive hebt die Dimension der Kritik zeitgenössischer Verhältnisse hervor – indem sie die Frage stellt, inwiefern mit der historischen Stadt ohne Namen (Stadt 1) nicht eigentlich die gegenwärtige Stadt 2 gemeint ist. Diese Mehrdeutigkeit erzeugt eine Ambivalenz, aus der sich, wie im folgenden zu sehen sein wird, für den Leser erst die utopische Kritikfunktion und ihr Bezugspunkt erschließen.

Der Erzählung *Die Stadt ohne Namen* ist ein Zitat aus Alexander von Humboldts südamerikanischem Reisebericht[165] als Motto vorangestellt:

> „In den weiten Ebenen Oberkanadas, an den öden Ufern des Orinoko, finden sich Überreste von Bauwerken, bronzenen Waffen und Werken der Bildhauerkunst, die davon zeugen, daß einst gebildete Völker diese Länder bewohnten, wo heute nur Horden wilder Jäger ein Nomadenleben führen." (RN, 109)

Mit dem Motto stellt Odojewski *Die Stadt ohne Namen* in den Kontext der Suche nach den Ursachen für Aufstieg und Verfall von Gesellschaften: Wie kommt es dazu, daß hochentwickelte Gesellschaften zusammenbrechen, ihr kulturelles, technisches und soziales Wissen verloren geht und ihre Nachfahren zurückfallen auf die Entwicklungsstufe von Jägern und Sammlern? Auf die Zukunft von Gesellschaften gewendet, ist es die Frage: Was sichert die Entwicklung einer Gesellschaft, ihren sozialen, kulturellen, ökonomischen Fortschritt? Wie lassen sich Verfall und Untergang vermeiden? Der Beginn des Berichts von der Kolonie Benthamien setzt die historische Perspektive auf die Entwicklung von Gesellschaften fort. Der Mann, den die beiden Reisenden auf dem Berg treffen, stellt sich als letzter Überlebender der Stadt vor, deren Ruinen die Reisenden in den Felstrümmern zu erkennen meinen. Die beiden drängen den Mann, ihnen die Geschichte dieser Stadt zu erzählen. Das erzeugt die Erwartung, die Geschichte einer Stadt zu hören, deren historische Existenz durch

---

[165] Unter dem Titel *Vues des Cordillères et des monuments des peuples indigènes de l'Amérique* hatte Alexander von Humboldt 1810 einen Teil des Berichts über seine Forschungsreise durch Lateinamerika (1799-1804) veröffentlicht.

die Ruinen und einen Zeitzeugen verbürgt scheint. Mit dem Beginn der von dem Mann erzählten Geschichte Benthamiens greift Odojewski erneut die Fragestellung des Mottos auf. Stadt und Kolonie seien gegründet worden auf Basis der philosophischen Debatten im 18. Jahrhundert über „die Ursachen des Verfalls und der Wohlfahrt von Staaten" (RN, 114). Man wollte ein Gemeinwesen gründen, das den historischen Kreislauf von Aufstieg und Niedergang durchbricht und stetigen Fortschritt und Wohlstand garantiert. Doch im nächsten Abschnitt des Reiseberichts der beiden Reisenden wird die Geschichte der Kolonie Benthamiens demaskiert als Warnpredigt eines Wanderpredigers. Auf die Widergabe der Benthamien-Erzählung des Mannes im Gebirge folgt die Schilderung von der Fortsetzung der Reise der beiden Reisenden. Ihre nächste Station ist eine Stadt, die nicht weiter charakterisiert wird (Stadt 2). Die Einwohner dieser Stadt erklären den beiden Reisenden, ihnen sei der Mann im Gebirge bekannt. Er sei ein Wanderprediger, den sie eingeladen hatten, in ihrer Stadt zu predigen. Doch was er sagte, mißfiel und man verbot ihm weitere Auftritte.

> „[...] von den ersten Worten an schalt er [der Wanderprediger] uns, suchte zu beweisen, daß wir [die Bewohner der Stadt 2] das unsittlichste Volk der ganzen Welt seien, daß der Bankrott die gewissenloseste Sache sei, daß der Mensch nicht unaufhörlich an die Vermehrung seines Reichtums denken dürfe, daß wir unausweichlich zugrunde gehen würden ... und ähnlich anstößige Dinge. Unsere Eigenliebe konnte eine derartige Kränkung unseres Nationalcharakters nicht ertragen – und wir jagten den Redner zur Tür hinaus." (RN, 130)

Der Wanderprediger habe sie, so die Einwohner der Stadt 2, kritisiert als unsittlich, egoistisch und allein auf ihren materiellen Nutzen bedacht. Er warnte sie, ihr Verhalten führe zu ihrem Untergang. In der Predigt des davongejagten Wanderpredigers begegnet einem so erneut die Geschichte Benthamiens – jedoch in einer anderen Perspektive. Was anfänglich als historischer Bericht über eine untergegangene Stadt (Stadt 1) vorgestellt wurde, erscheint jetzt als Prophezeiung für eine gegenwärtig existierende Stadt (Stadt 2), deren Bewohner anscheinend den gleichen Werten folgen wie die Benthamier. Diese repetitive Erzählstruktur wird verstärkt durch den Einsatz des Kassandra-Motivs. Der Mann auf dem Berg klagt zum Beginn seiner Geschichte, er habe den Untergang Benthamiens vorausgesehen und die Bewohner gewarnt, doch keiner habe auf ihn gehört. Über den Wanderprediger erzählen die Bürger der Stadt 2 den beiden Reisenden, man habe seine Untergangsprophezeiungen nicht hören wollen und ihn daher ausgewiesen. Indem so in der Stadt 2 das Schicksal Benthamiens gespiegelt wird, wird dessen Geschichte zur dystopischen Parabel über die Gegenwart.

In der nächtlichen Diskussion nach der Lesung der Geschichte *Die Stadt ohne Namen* bezeichnet Faust die USA als eine Gesellschaft, die Benthamien entspreche (RN, 131). Zeitgenossen Odojewskis lasen daher *Die Stadt ohne Namen* als satirische Parabel auf die USA.[166] Doch das greift, wie Odojewskis Faust-Figur selbst konstatiert, zu kurz. Odojewski ging es nicht um die Kritik einer konkreten historischen oder zeitgenössischen Gesellschaft. Er zielte auf die moral- und geschichtsphilosophischen sowie nationalökonomischen Debatten Ende des 18./ Anfang des 19. Jahrhunderts um die Frage, wie sich gesellschaftlicher Fortschritt begründen lasse. Insbesondere richtet er den Blick auf die Theorien des utilitaristischen Individualismus und deren Szientismus, Materialismus und Positivismus. Odojewski nutzt die Utopie als Modell, um die Theorien Benthams, Smiths und Malthus' zu veranschaulichen und zu kritisieren. In *Die Stadt ohne Namen* malt er die gesellschaftlichen Konsequenzen aus, zu denen seiner Ansicht nach Benthams und Smiths utilitaristische Begründungen der Normen des menschlichen Handelns führen. In *Der letzte Selbstmord* extrapoliert er Malthus' Theorie als gesellschaftliches Szenario.

Die Übersetzung der Theorien in eine utopische Erzählung bringt eine Komplexitätsreduktion mit sich. Sie steigert, wie für die Funktion der Utopie erläutert, die Anschaulichkeit und konzentriert die Betrachtung auf einzelne Aspekte der Theorien – unbelastet vom Anspruch differenzierter Darstellung und wissenschaftlicher Beweisführung. Odojewski richtet den Fokus auf das utilitaristische Theorem der individuellen Nutzensmaximierung und Malthus' These, Hungersnöte, Seuchen und Kriege seien „natürliche Mechanismen" zur Regulation von Überbevölkerung. Die Theorien von Bentham, Smith und Malthus werden als bildhafte Gesellschaftsszenarien dargestellt, in denen die normativen Prinzipien der Theorien in die Handlung einer erzählerischen Fiktion übersetzt sind. Odojewski nimmt diese Prinzipien als individuelles Handeln wörtlich, und indem er sie verabsolutiert, stellt er sie unter die Bedingungen des Grenzfalls. Er nutzt die Utopie als Probe: Wie belastbar sind die normativen Annahmen Benthams, Smiths und Malthus'? Seine Antwort ist eindeutig: Die Theorien lösen ihren Anspruch nicht ein. Statt zu gesellschaftlicher Prosperität und zu

---

[166] Vgl. Baumann: Die Zukunftsperspektiven des Fürsten V. F. Odoevskij, S. 75f. Das korrespondiert auch mit dem Bild der USA in *Das Jahr 4338* als degenerierte Gesellschaft.

Wohlstand für alle führe das Prinzip der individuellen Nutzensmaximierung, absolut gesetzt, zur Auflösung der Gesellschaft. Denn es zerstöre jede Form der Solidarität und gesellschaftlicher Bindungen. Mit dem gleichen Argument weist Odojewski Malthus zurück. Akzeptiere man wie Malthus Kriege, Hungerkatastrophen und Epidemien als „natürliche Regulationsmechanismen" der Entwicklung von Gesellschaften, werde das Wesen menschlicher Gesellschaftlichkeit negiert. Der Verzicht auf Fürsorge bedeute die Absage an Solidarität und Soziabilität. Eine Gesellschaft auf dieser Basis zerstöre sich zwangläufig selbst. Im Grunde sei schon Malthus' Voraussetzung falsch. Seine Prognose einer unausweichlichen Diskrepanz zwischen dem Wachstum der Bevölkerung und dem der Subsistenzmittel und Produktivkräfte reduziere den Menschen auf eine mathematische Kostengröße, auf ein Objekt vermeintlicher Naturgesetze. Damit negiere er die, so Odojewski, göttliche Bestimmtheit des Menschen und die ihm wesenhaft eigene Möglichkeit der Vervollkommnung (RN, 97). Ebenso leugne Smiths „unsichtbare Hand" – die Annahme, Gesellschaft sei das Ergebnis anonym wirkender Kräfte – die individuelle Persönlichkeit und ihre Verantwortung. Gesellschaft und Gemeinwohl sei mehr als die Summe individueller Einzelinteressen. Eine Gesellschaft, die auf die Maximierung der Einzelinteressen und deren Summe ausgerichtet ist, untergrabe daher ihre Existenz.

Odojewskis Kritik von Bentham, Smith und Malthus enthält die seit Ende des 18. Jahrhunderts gängigen Argumente der Kritik des Utilitarismus: die Ersetzung von Tugend durch Nutzen, das Auseinanderfallen von Politik und Ökonomie, die rationalistische Verengung und Vereinzelung des Menschen im Modell des Homo oeconomicus, das Abschneiden des kulturellen und historischen Kontextes menschlichen Handelns. Für Odojewskis Rezeption und Kritik der Theorien Benthams, Smiths und Malthus' gilt zweifelsohne, daß sie verkürzend und einseitig ist. Doch trifft man damit nicht das Anliegen der *Russischen Nächte*. Odojewskis Kritikhorizont ist der Utilitarismus als hegemonialer Geisteshaltung. Der zum Zeitgeist avancierte Utilitarismus unterlag selbst schon den Verkürzungen der Popularisierung. Odojewski argumentiert gegen diesen popularisierten Utilitarismus vom Standpunkt der romantischen Philosophie aus. Am Beginn der *Russischen Nächte* steht das Bild einer zweifelhaft gewordenen Aufklärung: Trotz des von ihr initiierten zivilisatorischen, wissenschaftlichen und technischen Fortschritts vermag sie keine befriedigenden Antworten zu geben auf die gesellschaftlichen Probleme und auf die Fragen des Menschen nach seiner Stellung in der Welt. Warum ist der einzelne nicht glücklicher?

Warum gibt es immer noch soziale Ungerechtigkeit, Verbrechen und Kriege? Warum zerfallen Gesellschaften? Was bleibt vom Menschen in einer entzauberten und technisierten Welt? (RN,13ff.) Vorm Hintergrund dieser Fragen erfolgt die Kritik des Utilitarismus. Odojewski sieht die Aufklärung mit ihrem Rationalismus an ihre Grenzen gekommen. Sie schlage um in ihr Gegenteil: Statt zu individueller Emanzipation und gesellschaftlicher Harmonie führe ihr Versuch, die Gesellschaft und das individuelle Handeln rationalistisch zu erfassen, zur Barbarisierung der Gesellschaft und ihrem Verfall. Er warnt vor der Entzauberung der Welt und der Vereinzelung des Menschen, vor dem Zerfall der Wissenschaft und ihres Gegenstandes in partikulare Einzeldisziplinen, vor der Eindimensionalität der rationalen Vernunft. Ausgehend von der ontologischen Sprachskepsis der Romantik läßt Odojewski seine utopischen Protagonisten generell zweifeln an der Erklär- und Kontrollierbarkeit von Gesellschaft. Diese könne nicht in scheinbar natürliche Gesetze gezwungen werden. Weiter heißt es: Die utilitär-technologische Fortschrittsgläubigkeit und ihre ökonomistische Betrachtung der Gesellschaft – Odojewski beschreibt sie als Denkweisen der rationalistischen Aufklärung – gefährden die menschliche Existenz selbst. Die Mißachtung der Kunst als nutzlos vernichte den Ort gesellschaftlicher Reflexion. Damit beraube sich die Gesellschaft der Möglichkeit der Distanznahme, aus der überhaupt erst ihre Freiheits- und Progressivitätspotentiale resultierten.

In der Kritik des utilitaristischen Ökonomismus greift Odojewski zurück auf die romantische Figur des Künstlers als gesellschaftlichen Außenseiter, wie sie Baratynskij[167] entworfen hatte. Sie wird bei Odojewski zur geschichtsphilosophischen Denkfigur. Baratynskij hatte in *Der letzte Tod* (1827) und *Der letzte Poet* (1835) als Voraussetzung der künstlerischen Existenz die Möglichkeit der Distanznahme gegenüber der Gesellschaft bestimmt. Dichter sein heiße, sich dem prosaischen Alltag zu entziehen. Sein Denken und Schreiben sei zweckfrei. In dieser Zweckfreiheit offenbare sich die Freiheit eines menschlichen Lebens, das mehr ist als ein Überleben. Mit der Infragestellung der Kunst als nutzlos werde dieser gesellschaftliche Ort des Künstlers negiert. Für Odojewski verschwindet damit nicht nur einfach das Schöne und Schöpferische aus der Gesellschaft, sondern es werde ihre Balance aus Wissen, Religion und Poesie zer-

---

[167] Evgenij A. Baratynskij – 1800-1844; Lyriker der Romantik, der zum Kreis um Puschkin und Küchelbecker gehörte. Vgl. zum Bezug von Odoevskij auf Baratynskij Zelinsky: Russische Romantik, S. 127ff.; Baumann: Die Zukunftsperspektiven des Fürsten V. F. Odoevskij, S. 71ff.

stört. Der Mensch verlange nicht nur zu wissen, sondern er bedürfe ebenso des Glaubens, daß er wissen darf, und der Poetisierung des Wissens. Odojewski weist dem in Distanz zur Gesellschaft stehenden Künstler die Funktion der Sinnstiftung zu. Löse sich die Wissenschaft auf Kosten von Kunst und Glauben aus der Trias heraus und verdränge sie, dann verliere die Gesellschaft ihren Orientierungsrahmen und zerfalle in Einzelerscheinungen. Die Folge: Für den einzelnen sei das Leben nicht mehr im sinnfälligen Zusammenhang erfahrbar. Als Phänomene dieser Gefährdung sieht Odojewski das Verschwinden der individuellen Persönlichkeit und die Vermassung, die politische Instrumentalisierung der Religion sowie die Auflösung der Wissenschaft in Einzeldisziplinen. Die Konsequenz ist der Zerfall der Gesellschaft, wie er es in *Der letzte Selbstmord* und *Die Stadt ohne Namen* zeichnet.

Odojewskis positiver Gegenentwurf

Das Gegenbild zu dieser Verfallsprognose entwirft Odojewski in *Das Jahr 4338*. Entgegen womöglicher Erwartung ist diese zukünftige Idealgesellschaft technisch und wissenschaftlich höchst avanciert. *Das Jahr 4338* steht auf den ersten Blick ganz in der Tradition des Wissenschafts- und Technikoptimismus der Utopien der Aufklärung.[168] Doch trotz des großen Raumes, den Technik und Wissenschaft einnehmen, sind sie nicht das Anliegen der Utopie. Odojewski illustriert mit der außerordentlichen Wissenschafts- und Technikentwicklung in *Das Jahr 4338* die Potentiale einer Universalwissenschaft, die die einzelnen Wissenschaften unter dem Primat der Philosophie integriert. Diese ist der Gegenentwurf der Romantik zur technizistischen Ausdifferenzierung der Wissenschaft. Odojewski begründet diese Synthese von Schellings Naturphilosophie her.[169] Ausgehend von dieser Universalwissenschaft zeichnet Odojewski in *Das Jahr 4338* eine Gesellschaft, in der deren Selbstdestruktion durch eine „selbstläufig gewordene instrumentelle Vernunft" (Saage) und eine rein rationalistische Wissenschaft aufgehoben ist.

Odojewski entwirft eine „aufgeklärte Technokratie" (Cornwell) mit einer Aristokratie aus enzyklopädisch gebildeten Wissenschaftlern, Philosophen und

---

[168] Baumann bspw. ordnet Odojewskis in die Tradition des Fortschritt- und Technikdenkens der neuzeitlichen Utopie ein (vgl. Baumann: Die Zukunftsperspektiven des Fürsten V. F. Odoevskij, S. 111-140).

[169] Vgl. Stammler: Fürst Wladimir Fjodorowitsch Odojewskij, S. 379; Zelinsky: Russische Romantik, S. 217f.

Künstlern. Die Spitze dieser Elite bilden die Philosophen und Poeten, der beste von ihnen stellt den Herrscher. Das Vorbild dafür ist unverkennbar Platons *Politeia*. Wie bei Platon ist in Odojewskis Utopie die Elite ständisch und kulturell streng geschieden vom Volk. Dieses tritt nur als tumbe Masse auf. Auch die Rekrutierung und Ausbildung der Herrschaftselite folgt dem Muster Platons. Die künftigen Minister und Staatspräsidenten werden von Jugend an eigens in Internaten erzogen.

Diese Elite steht für das Ideal einer Trias aus Wissenschaft, Glaube und Kunst. Die Universalwissenschaft, die an die Stelle der ausdifferenzierten, partikularen Wissenschaften getreten ist, umfaßt neben der Ganzheitlichkeit des Wissens ebenso die Poetisierung ihres Gegenstandes, des Wissens. Philosophie als höchste Form der Erkenntnis sei, so Odojewski mit Schelling, ihrem Wesen nach künstlerischer Art. Die Universalwissenschaft beruhe, so Odojewski weiterhin, darauf, daß sich die Möglichkeit von Wissen im Glauben an Gott begründe. Dem liegt die Annahme einer „göttlichen Harmonie des Weltalls" zugrunde; Odojewski übernahm diese ebenfalls von Schelling.[170] In seiner Utopie fungiert sie als ethische Einhegung der Wissenschaft, insbesondere der naturwissenschaftlich-technischen Disziplinen. Ziel des Erkenntnisstrebens ist eben jene „göttliche Harmonie" der Natur. Auf deren Grundlage ließen sich die Fortschrittspotentiale in einem Maße entfalten, von dem die partikularen Wissenschaften weit entfernt seien.

Die derart eingehegte Wissenschaft bildet zusammen mit der Herrschaft der adligen Gelehrtenelite und der ständischen Sozialstruktur die Säulen einer technokratischen Modernisierung von oben. Sie ist Odojewskis Antwort auf den industriellen Kapitalismus und den Aufstieg des Bürgertums. Die aristokratische Gelehrtenrepublik aus *Das Jahr 4338* ist der Gegenentwurf zu einer utilitaristisch begründeten bürgerlichen Gesellschaft, wie sie Odojewski bei Bentham und Smith entworfen und in den USA entstehen sah. Gegen sie stellt er das Modell einer ständischen Meritokratie. Hinter deren Elite verbarg sich dabei – kaum verhüllt – das (utopische) Bild eines russischen Idealadels. Dessen Existenzweise wird von ihm als Platons Philosophenherrschaft stilisiert: enthoben der Notwendigkeit, für den Lebensunterhalt zu arbeiten, enzyklopädisch gebildet, sich in Kultur und Wissenschaft befleißigend und seine Berufung im Dienst für den Staat findend.

---

[170] Vgl. Siegmann: Die Musik im Schaffen der russischen Romantiker, S. 49ff.

Im Vergleich der drei Utopien treten für Odojewskis utopische Intention zwei Aspekte hervor. Zum einem die Frage danach, worauf die Gesellschaft normativ zu begründen ist, und welche soziale und politische Ordnung sich daraus ableitet. Der zweite Aspekt ist die Reflexion über die Folgen der Aufklärung. Diese Selbstreflexion der sich herausbildenden Moderne macht Odojewskis Utopien zu den mit bemerkenswertesten utopischen Texten in der ersten Hälfte des 19. Jahrhunderts. Odojewski nutzt die Utopie, um von der Warte eines liberalen Konservatismus aus die selbstläufig und instrumentell gewordene Aufklärung mit sich selbst und ihren politischen und sozialen Folgen zu konfrontieren. Das Ziel ist, die Bewahrung der Humanität fortzuschreiben. In allen drei utopischen Szenarien steht im Zentrum die Frage: Wie lassen sich die Tendenzen einer rationalistisch verkürzten Aufklärung zur Enthumanisierung zurücknehmen und der (Rück-)Fall der Gesellschaft in die Barbarei verhindern?

Odojewskis Anliegen ist nicht radikale Sozialkritik wie bei Radischtschew, auch nicht der Entwurf eines alternativen politischen Systems als Blaupause für die Politik, wie es Schtscherbatow intendierte. Trotz vielfältiger zeithistorischer Anspielungen[171] reagiert Odojewski mit seinen Utopien nur vermittelt auf die sozialen und politischen Verhältnisse in Rußland Anfang des 19. Jahrhunderts. Seine utopischen Szenarien antworten primär auf ideengeschichtliche Herausforderungen. In dem positiven utopischen Entwurf spielt Odojewski die romantische Wissenschaftsphilosophie als Modell für die wissenschaftlich-technische Entwicklung durch. Mit den negativen utopischen Szenarien unterzieht er die Theorien Benthams, Smiths und Malthus' einer kritischen Prüfung. Er inszeniert diese als geschichtsphilosophische Szenarien. In der Dramatik des negativen Handlungsverlaufs führt er utopieimmanent die Selbstdestruktion der Ideale Benthams und Smiths vor. Der in *Die Stadt ohne Namen* anfangs als Utopie eingesetzte Utilitarismus wird nicht von außen kritisiert, sondern von seinen eigenen Prinzipien und Ansprüchen her: Absolut gesetzt, das heißt unter den Bedingungen des Grenzfalls, schlagen sie um in ihr Gegenteil. Damit bringt Odojewski eine Methode zur Anwendung, die mit den Dystopien im 20. Jahrhundert zum herausragenden Merkmal des utopischen Denkens werden sollte – den dialektischen Umschlag der Utopie zur Dystopie.

Die Stadt ohne Namen und *Der letzte Selbstmord* sind jedoch noch keine Dystopien im eigentlichen Sinne. Odojewski kritisiert in ihnen nicht das utopi-

---

[171] Odoevskij zeichnet nach eigener Aussage in den *Russischen Nächten* ein Bild der Moskauer Salonkultur der 1820er und 1830er Jahre.

sche Denken, er wendet sich vielmehr gegen eine Theorie, die mit ihrem „besitzindividualistischen Egoismus" zu den „dezidiertesten Gegnern" des utopischen Denkens gehört.[172] Nicht die Strukturmerkmale der klassischen Utopie werden von Plus zu Minus transformiert, sondern der Utilitarismus unterliegt dem dialektischen Umschlag. Gleichwohl gab Odojewski mit seinen utopischen Fiktionen wesentliche Impulse für die Entwicklung der Dystopie innerhalb des utopischen Genres. In seiner Dystopie *Wir* (1920) griff Samjatin die Methode des dialektischen Umschlags auf und entwickelte sie weiter, indem er sie auf die Utopie selbst anwandte. Dabei kann Samjatin nicht nur auf Odojewskis Muster einer Steigerung bis zum dialektischen Umschlag aufbauen, sondern auch auf dessen Kritik des Utilitarismus und einer rationalistischen Vernunft. Die Auseinandersetzung um die zerstörerischen Folgen des rationalistischen Fortschrittsdenkens wurde zu einer zentralen Frage der russischen Utopiegeschichte. Odojewskis Utopien bildeten für sie eine gewichtige Eröffnung, die wesentliche Motive vorwegnahm. Die den utopischen Diskurs Rußlands scharf spaltende Kontroverse fand rund zwanzig Jahre später mit dem Utopiestreit zwischen Tschernyschewski und Dostojewski ihren ersten Höhepunkt.

---

[172] Saage: Utopische Profile, Bd. 3, S. 284.

UTOPIE ALS MODERNE UND GEGENMODERNE

DAS UTOPISCHE DENKEN ZWISCHEN WESTLERTUM UND SLAWOPHILIE

HISTORISCHER VORSPANN: VÄTER, SÖHNE, TÖCHTER – DIE NEUE INTELLIGENZIJA

Die Entstehung der russischen Intelligenzija unter Nikolaus I.

Mitte des 19. Jahrhunderts kam es zum Umbruch des utopischen Diskurses in Rußland, der ein neues Kapitel der russischen Utopiegeschichte einleitete. Mit der Entstehung der Intelligenzija trat ein neuer Akteur in den utopischen Diskurs, der nicht allein von anderen ideengeschichtlichen Wurzeln und politischen Einstellungen geprägt war. Die Intelligenzija eröffnete eine Position im utopischen Diskurs, die auf grundlegend anderen sozialgeschichtlichen und kulturellen Voraussetzungen beruhte. Sie war eine freie Intellektuellenschicht, die nicht mehr wie der Adel als Elite in den Staat eingebunden war. Sie rekrutierte sich zunehmend aus nichtadligen Schichten. Ihrem Selbstverständnis nach konstituierte sich die Intelligenzija, insbesondere ihr radikaler Flügel, in Opposition zur Autokratie und definierte sich über die Aufgabe, dem Volk zu dienen. Das blieb nicht ohne Auswirkungen auf das utopische Denken. Das Utopieverständnis der radikalen Intelligenzija richtete sich auf die Modernisierung der russischen Gesellschaft als soziale, politische und geistige Emanzipation des Volkes; auf Seiten der slawophilen Kontrahenten war der Horizont eine gegenmoderne soziale, politische und religiöse Einhegung der Modernisierungskräfte. Diesem Verständnis der Utopie als politisches Reformprogramm korrespondierte, daß die durch die Reformen Alexanders II. Mitte der 1850er Jahre ausgelösten Modernisierungsschübe dem utopischen Denken in Rußland neue Räume eröffneten und neue Funktionen zuwiesen.

Mit dem Dekabristen-Aufstand 1825 endete das lange 18. Jahrhundert Rußlands, das mit Peter I. begonnen hatte. Dieses war bestimmt gewesen vom aufgeklärten Absolutismus und dem unangezweifelten Selbstverständnis Rußlands, Teil der europäischen Kultur zu sein. Die Niederschlagung des Dekabristen-Aufstandes führte für das politische Denken in Rußland zu einer Zäsur sowohl auf der ideengeschichtlichen Ebene als auch in seinen sozio-kulturellen Voraussetzungen. Das Ausmaß der Verfolgungen schloß eine ganze Generation des Adels von politischer Verantwortung aus. Nikolaus I. (1796-1855) brüskierte damit gerade jene soziale Schicht, die seit Peter I. als Träger des Staates diente und ein entsprechendes politisches Selbstverständnis entwickelt hatte. Mit der Niederlage der Dekabristen scheiterten daher nicht nur die konstitutionellen und republikanischen Reformbewegungen Rußlands; sie markiert das Ende der petrinischen Epoche und ihrer Orientierung am rationalistischen Staats- und Politikverständnis der Aufklärung.[1] Auch die Vorgänger Nikolaus' I. hatten auf politische Opposition mit Verbannung und Todesstrafen geantwortet, wie der Fall Radischtschews zeigt; doch sie stellten den Adel nicht als politische Klasse in Frage. Nikolaus I. hingegen delegitimierte mit seiner Reaktion auf die Dekabristen den Adel in dessen politischen Verantwortungsethos und isolierte die Autokratie. Im kollektiven Gedächtnis errichtete das Schicksal der Dekabristen „eine unumstößliche Mauer zwischen Staat und Gesellschaft".[2] Die folgenden Generationen der sich formierenden Intelligenzija unterschieden strikt zwischen „ihnen", der Autokratie, und „uns", wie Herzen es beschrieb. Die Spaltung zwischen zaristischem Staat und der Gesellschaft prägte fortan das politische Denken in Rußland.[3]

Die Politik Nikolaus' I. war bis zum Ende bestimmt von der Abwehr gegenüber gesellschaftlichen Reformkräften und den Einflüssen aus Westeuropa. In den politischen Ideen Westeuropas, insbesondere aus Frankreich, sah Nikolaus I. die Hauptursache der dekabristischen Opposition. Er verschärfte die Zensur sowohl gegenüber der Einfuhr und Übersetzung westlicher Literatur als auch gegenüber der einheimischen Presse und Literatur. Mit der für diese Aufgabe 1826 eigens gegründeten Dritten Abteilung der eigenen Kanzlei seiner Majestät entstand eines der repressivsten Polizeiregime Europas. Politische Restriktion und Überwachung, Reformfeindlichkeit sowie soziale, wirtschaftliche und geistige Stagnation beherrschten die russische Gesellschaft unter Nikolaus I. Beim kleinsten Anzeichen von Protest und sozialen Unruhen verstärkte

---

[1] Vgl. Utechin: Geschichte der politischen Ideen in Rußland, S. 72.

[2] Scherrer: Politische Ideen im vorrevolutionären und revolutionären Rußland, S. 207.

[3] Vgl. Riasanovsky, Nicholas V.: A Parting of Ways. Government and the Educated Public in Russia, 1801-1855. Oxford 1976. Die neuere Historiographie zu Rußland weist zu Recht darauf, daß die Interpretationsfigur ‚Autokratie' versus ‚Gesellschaft' als geschichtliches Narrativ historiographisch den Blick verengt (vgl. Sperling (Hrsg.): Jenseits der Zarenmacht). Sie setzt dagegen einen Zugang, der die Vermittlungsprozesse zwischen den Akteuren in den Mittelpunkt stellt. Wenn im folgenden für die Skizzierung des sozialgeschichtlichen Raumes der Utopien auf die Figur der Opposition von Autokratie und Intelligenzija rekurriert wird, so in dem Sinne, daß sie, wie bei Herzen zu sehen, die Selbstwahrnehmung der ‚utopischen' Akteure bestimmte und die Utopien prägte.

die Regierung die Repression: Die über sechshundertfünfzig Bauernaufstände in der Zeit von 1825 bis 1850 wurden ebenso blutig niedergeschlagen wie der polnische Aufstand 1831. Die Bereiche, in denen sich die Unterdrückung am schärfsten auswirkte, waren Bildung, Presse und Literatur. Hatte es zuvor unter Alexander I. eine Bildungsreform mit zaghafter Bildungsexpansion gegeben, wurden unter Nikolaus I. die Bildungsmöglichkeiten wieder eingeschränkt und bestehende Rechte zurückgenommen. 1828 wurde die Ständegleichheit an den Schulen aufgehoben und der Zugang zu Gymnasium und Universität auf Adel und Beamtentum beschränkt, um das Entstehen einer freien Intelligenz zu verhindern. Die Gymnasien und Universitäten wurden unter politische Aufsicht gestellt, studentische Vereinigungen verboten, das Lehrangebot eingeschränkt – bis hin zum Abschaffen der Philosophie als Lehrfach, einige Universitäten wurden zeitweise ganz geschlossen. Nach den Revolutionen 1848 wurde die Zensur verstärkt. Die Folge war in den Augen der Intelligenzija die geistige Lähmung der Gesellschaft. In den Worten Herzens: die „finsterste Epoche Rußlands", die sich wie eine „Pestzone von 1825 bis 1855" dehnte.

Der durch Zensur und Überwachung erzeugte Druck und der Ausschluß von politischer Verantwortung führten unter der adligen Intelligenzija zum Rückzug in den privaten Raum der adligen Salons; sie erfuhren noch mal eine Blüte als exklusive Öffentlichkeit. Aus ihnen heraus entstanden ab Anfang der 1830er Jahre die sozialphilosophischen Zirkel, die zum Geburtsort der neuen Intelligenzija wurden. Sie lösten die Salons in der Funktion des Forums politischer Meinungsbildung ab. Ebenso wurde die Literatur zum Ersatz für eine politische Öffentlichkeit. Nur vermittelt über Kunst und Literaturkritik konnten in der Öffentlichkeit politische und soziale Fragen diskutiert werden – und auch hier setzte die Zensur enge Grenzen.

Die Salons des Adels in Moskau und St. Petersburg bildeten die intellektuellen Zentren Rußlands. Hier traf sich die gebildete Jugend. Diese machte die Salons und Zirkel zu Orten fieberhafter, selbstquälerischer, nicht endender Debatten. Desillusioniert durch die politische Realität, die sie zu politischer Unmündigkeit und Tatenlosigkeit verurteilte, suchte sie nach den Ursachen ihres, sich in der Niederschlagung des Dekabristen-Aufstandes symbolisierenden Scheiterns als politischer Klasse und nach Wegen, ihre stillgelegte Existenz zu überwinden. Mit dem Versagen der Staatstheorien der Aufklärung an der russischen Wirklichkeit sah sich die Intelligenzija vor die Notwendigkeit gestellt, ihre ethischen und intellektuellen Maßstäbe neu zu bestimmen. Ihr Fluchtweg, mit dem sie die Bresche in den politisch zugemauerten Horizont zu schlagen suchte, war die deutsche idealistische Philosophie: Schelling und Hegel dominierten das Denken in den 1830er und 1840er Jahren. Die, die einige Jahre später die Fahne des Slawophilentums aufrichteten, orientierten sich an Schelling, die Westler in spe an Hegel.[4]

Insbesondere der Zirkel Nikolai W. Stankewitschs (1813-1840) in Moskau war für seine exzessiven Hegelstudien bekannt.[5] Unter den russischen Fittichen des Weltgeistes waren hier Anfang der 1830er Jahre noch jene in der Lektüre Hegels vereint, die sich wenig später in unterschiedlichen politischen Lagern gegenüberstanden: Michail A. Bakunin (1814-1876), der nach seiner Emigration nach Westeuropa auf jeder revolutionären Barrikade auftauchte und der führende Theoretiker des revolutionären Anarchismus wurde, Wissarion G. Belinski (1811-1848), der mit seinen neuartigen Literaturkritiken und seinem radikalen Aufklärertum zum Idol der radikaldemokratischen Jugend Rußlands avancierte,[6] der Vater des russischen Liberalismus Timofei N. Granowski (1813-1855) sowie Juri F. Samarin (1819-1876) und Konstantin S. Aksakow (1817-1860), die Ende der 1830er Jahre die slawophile Schule mitbegründeten. Das Interesse des Stankewitsch-Zirkels galt den philosophischen und ästhetischen Fragen: Nicht soziale Reformen seien das vordringliche, diese erfaßten lediglich die äußere Struktur des Lebens. Es komme darauf an, daß der Mensch sich selbst reformiere. Die anstehende Aufgabe sei die persönliche, das heißt die moralische und ästhetische Vervollkommnung.

Der zweite prägende Zirkel der 1830er Jahre war der linkshegelianische Kreis um Herzen und Nikolai P. Ogarjow (1813-1870). Sein Thema waren die Ideen der französischen Frühsozialisten, insbesondere Saint-Simons. Mit der Ausrichtung auf politische und soziale Fragen stellte er sich in die Tradition der Dekabristen und deren Rezeption der Frühsozialisten Saint-Simon und Owen. Herzen warf Stankewitsch vor, sich mit der Konzentration auf ästhetische und

---

[4] Vgl. zur russischen Hegel-Rezeption Masaryk: Zur russischen Geschichts- und Religionsphilosophie; Utechin: Geschichte der politischen Ideen in Rußland; Berlin: Russische Denker.

[5] Vgl. zum Stankevič-Zirkel: Brown, Eduard J.: Stankevich and his Moscow Circle, 1830-1840. Stanford 1966.

[6] Vgl. zu Belinskij und seinem neuen Typus der Literaturkritik Rattner, Josef/ u. a.: Wissarion Belinski oder Literaturkritik als soziokulturelles Engagement. In: dies.: Der Humanismus und der soziale Gedanke im russischen Schrifttum des 19. Jahrhunderts. Würzburg 2002. S. 55-64.

philosophische Fragen in müßigen und spekulativen Träumereien zu verlieren: Statt die Wirklichkeit und ihre Probleme zu erfassen, vergrabe er sich mit seinem Zirkel im „Kloster der Wissenschaft". Im Gegenzug monierte Stankewitsch die Politisierung des Herzen-Zirkels. Trotz seines politischen Anspruchs fand allerdings auch Herzen mit seinem Zirkel in jenen Jahren nicht zu der von ihm geforderten „Philosophie der Tat".

Erst im 1845 in St. Petersburg gegründeten Zirkel Michail W. Petraschewskis (1821-1866) wurden, gerade in Abgrenzung zu den Zirkeln der 1830er, die Übungen in politischer Philosophie explizit mit dem Horizont politischer Praxis verknüpft.[7] Man wollte sich nicht in spekulativer Geschichtsphilosophie erschöpfen. Im Petraschewski-Zirkel hatten sich die Wege der Westler und Slawophilen schon getrennt. Wer sich bei Petraschewski einfand, stellte sich unter die Fahne Fouriers; dieser hatte zu Beginn der 1840er Jahre Hegel in der Diskurshegemonie unter der jungen Intelligenzija abgelöst. Die Petraschewzen – unter ihnen auch der junge Dostojewski – diskutierten nicht nur allgemein die Ideen der Frühsozialisten, sie suchten nach Wegen, sie als politische und soziale Alternative für Rußland umzusetzen. Petraschewski versuchte sogar, für seine Bauern nach Fouriers Plan eine Phalanstère zu gründen.[8] Der Zirkel pflegte einen verschwörerischen, konspirativen Habitus und sympathisierte mit revolutionären Methoden.[9] Beunruhigt durch die 1848er Revolutionen ließ Nikolaus I. 1849 die Petraschewzen verhaften; sie wurden als verschwörerische Gruppe angeklagt und verurteilt.[10] Dostojewski schildert in seinen Erinnerungen ein-

---

[7] Vgl. zum Petraševskij-Zirkel Lejkina-Svirskaja, Vera R.: Petraševcy. Moskau 1965; Desnickij, Vasilij A. (Hrsg.): Delo petraševcev. Moskau 1937ff.; Beltschikow, Nikolai F.: Dostojewski im Prozeß der Petraschewzen. Leipzig 1979.

[8] Allerdings kleiner, als es Fourier vorsah. Petraševskij ließ 1847 auf seinem Gut bei St. Petersburg ein Gemeinschaftshaus für sieben Familien mit ca. 40 Personen errichten. Jede Familie sollte ein Zimmer erhalten. Daneben waren eine Gemeinschaftsküche und mehrere Gemeinschaftsräume vorgesehen. Haus, Felder, Geräte und Vieh sollten Gemeinschaftseigentum sein. Doch die Phalanstère scheiterte am Widerstand der Bauern, die Petraševskij unter seinen Leibeigenen für das utopische Experiment ausgewählt hatte. In der Nacht vor der Einweihung brannten sie die Phalanstère nieder (vgl. Gradow, Georgij A.: Stadt und Lebensweise. Berlin 1971, S. 48).

[9] Berlin sieht – wie auch die sowjetische Forschung – die Petraševcy als Verschwörung, die das zaristische Regime stürzen und eine revolutionäre Regierung errichten wollten, ihre Methoden seien die Babeufs gewesen (vgl. Berlin, Isaiah: Rußland und 1848. In: ders.: Russische Denker. Frankfurt a. M. 1995. S. 27-50, S. 44).

[10] 123 der Petraševcy wurden angeklagt, 21 von ihnen zum Tode verurteilt, jedoch zu Verbannung begnadigt.

dringlich die Atmosphäre des Schauprozesses gegen die Petraschewzen und der Inszenierung ihrer öffentlichen Verurteilung. Nikolaus I. hatte diese als abschreckendes Exempel an die junge unruhige Intelligenzija adressiert. Für Dostojewski waren die Verurteilung und Verbannung bekanntlich der Auslöser, die Seiten zu wechseln: Er suchte danach Rußlands Heil in einem religiösen und nationalistischen Panslawismus. Die meisten Petraschewzen hingegen hielten an den frühsozialistischen Idealen fest und propagierten sie weiterhin als utopische Bilder in literarischer und publizistischer Form.[11]

Die Zirkel der 1830er und 1840er Jahre waren der Entstehungsort der russischen Intelligenzija.[12] Hier bildete sie ihr spezifisches Ethos aus, mit dem sich die Intelligenzija als ethische Gesinnungsgemeinschaft konstituierte und das später vor allem ihren westlichen und radikaldemokratischen Flügel kennzeichnete.[13] Die Entstehung der Intelligenzija vollzog sich im Kontext eines Generationenwechsels. Es war die Jugend, die sich in den Zirkeln zusammenfand – sowohl in denen der 1830er um Stankewitsch und Herzen als auch in denen der 1840er um Petraschewski. Kaum einer von ihnen war älter als Mitte zwanzig. Mit dieser neuen Generation zerbrach das kulturelle Selbstverständnis Rußlands, unbezweifelt Teil der europäischen Kultur zu sein, das sowohl den Adel und seine Vorstellungen als auch die Autokratie und ihre Politik bis 1825 bestimmt hatte. An seine Stelle trat unter der sich formierenden Intelligenzija ein Bewußtsein der Rückständigkeit gegenüber Europa und eines Mangels an Gesellschaft. Aus ihm heraus entwickelte sie die Frage nach der Geschichte und der Zukunft Rußlands als Frage des Verhältnisses von Rußland zu Europa. Diese wurde in der Folge zum Schlüsselmotiv für das kulturelle Selbstverständnis Rußlands.

---

[11] Vgl. zu diesen Utopiebildern Heller/ Niqueux: Geschichte der Utopie, S. 175f.

[12] Vgl. Berlin: Ein denkwürdiges Jahrzehnt, S. 165; Malia, Martin: Was ist die Intelligentsia? In: Pipes, Richard (Hrsg.): Die russische Intelligentsia. Stuttgart 1962. S. 11-32, S. 12 u. S. 21.

[13] Vgl. zum Begriff der Intelligencija und ihrer Unterscheidung als formal definierte Bildungsschicht versus ethische Gesinnungsgemeinschaft Müller, Otto Wilhelm: Intelligencija. Frankfurt a. M. 1971; zur Intelligencija als ethischer Gesinnungsgemeinschaft vgl. Berlin: Ein denkwürdiges Jahrzehnt; Lampert, Evgenij: Sons against Fathers. Oxford 1965; Pipes, Richard (Hrsg.): Die russische Intelligentsia. Stuttgart 1962; Scherrer: Politische Ideen im vorrevolutionären und revolutionären Rußland; Tompkins, Stuart Ramsay: The Russian Intelligentsia. Norman 1957; Stölting, Erhard: Strenge Moral. In: Faber, Richard/ u. a. (Hrsg.): Intellektuelle und Antiintellektuelle im 20. Jahrhundert. Frankfurt a M. 2013. S. 107-124.

Die erste Generation der Intelligenzija war in sozialer Hinsicht eine homogene Gruppe. Die gleiche soziale Herkunft und die gleiche Lebenslage schufen auch über die späteren konträren politischen Positionen hinweg ein gemeinsames Bewußtsein.[14] Bis auf wenige wie Belinski rekrutierte sich die Intelligenzija der 1830er und 1840er aus dem Adel. Ihr durch Herkunft und Erziehung vermittelter Lebensstil und Habitus einte sie. Sie waren jung und exzellent gebildet, viele von ihnen hatten in Westeuropa studiert, vor allem an deutschen Universitäten; sie kannten die westlichen politischen und philosophischen Debatten. Die Revenuen, die sie von ihren Gütern bezogen, enthoben sie der Notwendigkeit, für ihren Unterhalt zu arbeiten. Was die Autokratie ihnen an Betätigung bot, genügte ihnen nicht; was sie erstrebten, wurde von ihr unterdrückt. So in politische Untätigkeit gesetzt, richteten sie sich darauf, im freien Philosophieren über ihre Lage und die Situation Rußlands zu sinnieren. Das Zentrum ihrer Diskussionen bildeten die „verfluchten russischen Fragen" nach dem Ort und der Bestimmung Rußlands sowie nach ihrer Schuld und Verantwortung als Intelligenzija gegenüber dem Volk. Mit moralischer Leidenschaft stießen sie sich immer wieder auf die Frage: Was sollen wir tun? Wie sollen wir leben?[15] Sie waren kompromißlos in ihren Antworten; was ihnen um so leichter fiel, als sie nicht den Zwängen politischer Verantwortung und dem Druck praktischer Bewährung ausgesetzt waren. Jedoch reklamierten sie – das ist die paradoxe Ironie der Geschichte der Intelligenzija – gerade den Anspruch der Einheit von Theorie und Praxis für sich. Sie forderten von sich selbst, ihre Ideen und Ideale zu leben. Wenn der Weg politischer Reformen für die Änderung der gesellschaftlichen Verhältnisse versperrt war, dann mußte die Gesellschaft durch die Revolutionierung des eigenen Lebens auf ihren Zukunftskurs gebracht werden. Vor allem für die zweite und dritte Generation der Intelligenzija wurde der Habitus der gelebten Idee bestimmend, wie anhand der Utopie Tschernyschewskis zu sehen sein wird.

Letztlich stand für die Intelligenzija dahinter das verzweifelte Bemühen, ihre „Entfremdung" gegenüber dem „Volk" zu überwinden. Die Erfahrung der Ent-

---

[14] Vgl. zur sozio-kulturellen Charakteristik der Intelligencija Malia: Was ist die Intelligentsia?; Berlin: Ein denkwürdiges Jahrzehnt, S. 167ff. u. S. 183f.; für die Slawophilen Hughes, Michael: ‚Independent Gentlemen': The Social Position of the Moscow Slavophiles and its Impact on their Political Thought. In: The Slavonic and East European Review 71. Jg. (1993) H. 1. S. 66-88.

[15] Vgl. Berlin, Isaiah: Der Igel und der Fuchs. In: ders.: Russische Denker. Frankfurt a. M. 1995. S. 51-123, S. 61.

fremdung und ihre Thematisierung gehörten von Anfang an zum Kern der Debatten der Intelligenzija um ihre Identität und Rolle. Sie prägten ihre Zukunftsvorschläge für Rußland und die Mittel ihres Engagements. Über der Frage nach den Ursachen der Entfremdung und den Weg ihrer Überwindung zerbrach dabei die anfängliche geistige Einheit der Intelligenzija. Der als Slawophile bekannt gewordene Teil machte die durch Peter I. initiierte Verwestlichung für die Entfremdung verantwortlich. Sie habe den Adel als intellektueller und politischer Elite von den kulturellen und religiösen Wurzeln Rußlands entfernt: Seit der Aufklärung sei der Adel geistig und mit seiner Lebensweise mehr in Westeuropa daheim als in Rußland. Für den westlich orientierten liberalen und radikaldemokratischen Flügel dagegen resultierte die Entfremdung aus der sozialen Stellung der Intelligenzija und der ungeheuren Kluft zwischen ihr und den Bauern.

Die Spaltung der Intelligenzija in Westler und Slawophile

Der symbolische Ausgangspunkt der Spaltung in Westler und Slawophile war Tschaadajews[16] *Erster Philosophischer Brief*, der 1836 in der Zeitschrift *Teleskop* erschien.[17] Tschaadajews *Brief* brachte in der Öffentlichkeit erstmalig die grundsätzlichen Differenzen klar zum Ausdruck. Er wirkte, so Herzen in seinen Erinnerungen, „wie ein Schuß, der in dunkler Nacht fiel."[18] In der Reaktion auf den *Brief* formierten sich die beiden Lager: auf der einen Seite die Slawophilen, auf der anderen die Westler. Tschaadajew hatte in seinem *Brief* erklärt, Rußland könne seine Zukunft nicht auf einer eigenen Tradition begründen, denn es habe keine eigene Geschichte. Es stehe bislang außerhalb der „universalen Erziehung des Menschengeschlechts". Um seine geistige Rückständigkeit gegenüber den anderen europäischen Nationen aufzuholen, müsse Rußland seine kulturelle und religiöse Isolierung aufgeben und sich der westlichen Zivilisation anschließen. Aus der Diagnose der Traditionslosigkeit und des Ausschlusses aus der universalen – das meint die römisch-katholische – Geschichte leitete Tschaadajew

---

[16] Pëtr J. Čaadaev – 1794-1856; Čaadaev hatte als Offizier an den antinapoleonischen Befreiungskämpfen teilgenommen, 1821 trat er aus dem Militär aus und schloß sich den Dekabristen an, 1823 ging er nach Frankreich und kehrte erst 1826 nach Rußland zurück.

[17] Tschaadajew, Peter: Erster Philosophischer Brief. In: ders.: Apologie eines Wahnsinnigen. Leipzig 1992. S. 5-29.

[18] Herzen, Alexander: Mein Leben, Bd. 1. Berlin 1962, S. 692.

Die Spaltung der Intelligenzija in Westler und Slawophile 141

eine harsche Kritik der russischen Gegenwart ab. Rußland besitze keine eigene Identität, es bestehe nur aus blinder, oberflächlicher Nachahmung. Der russischen Gesellschaft fehlten selbst die geistig-moralischen Grundlagen des menschlichen Zusammenlebens: Die Ideen der Pflicht, der Gerechtigkeit, des Rechts und der Ordnung seien in Rußland unbekannt. Der russische Staat sei das Erbe der Tatarenherrschaft, die sich in seinem despotischen Charakter deutlich zeige. Und die Russisch-Orthodoxe Kirche mit ihrer byzantinischen Kirchentradition perpetuiere die kulturell-geistige Isolation Rußlands. Tschaadajews Charakterisierung der Geschichte Rußlands war eine unverhüllte Kritik der Staatsdoktrin des offiziellen Nationalismus, der sogenannten Nationalen Schule.[19] Der damalige Kultusminister Sergej S. Uwarow (1786-1855) hatte 1832 die Doktrin in der Formel Orthodoxie, Autokratie und Narodnost[20] zusammengefaßt; auf diesen drei Institutionen gründe, so Uwarow, die Stärke Rußlands. Die Reaktion auf Tschaadajews *Brief* erfolgte prompt. Nikolaus I. erklärte Tschaadajew für wahnsinnig und erteilte ihm Publikationsverbot. Unter der Intelligenzija entbrannte eine heftige Diskussion um Tschaadajews *Brief*. Abgesehen von Tscha-adajews Lobpreisung des Katholizismus wurde seine Kritik der politischen und sozialen Verhältnisse Rußlands weitgehend geteilt: die geistige Stagnation Rußlands, die Leibeigenschaft als nationale Schande, die Despotie und Willkür des Staates. Doch an der geschichtlichen Bestimmung der Ursachen und seinen Lösungsvorschlägen für die Zukunft Rußlands schieden sich die Geister.

Die Slawophilen wie Alexej S. Chomjakow (1804-1860), Samarin und Aksakow erklärten, mit der Forderung, Rußland solle sich der westlichen Entwicklung eingliedern, habe Tschaadajew die Ursache der Krise zu ihrer Lösung ernannt. Rußlands Problem sei nicht ein zu wenig an Verwestlichung, es sei gerade der von Peter I. eingeschlagene Weg, der Rußland in die Krise geführt habe. Die Erneuerung Rußlands müsse daher an den vorpetrinischen Verhältnissen anknüpfen und sich auf deren originär russischen Traditionen und Institutionen besinnen wie den russisch-orthodoxen Glauben und das Prinzip der Gemein-

---

[19] Vgl. zur Nationalen Schule Utechin: Geschichte der politischen Ideen in Rußland, S. 72ff.
[20] Narodnost' – wörtlich Volkstümlichkeit; gemeint war der Begriff im Sinne eines patriotischen Nationalismus, der sich auf die von Uvarov propagierten nationalen Eigenschaften gründete.

schaftlichkeit, das sich in der Bauerngemeinde des Mir[21] und der religiösen Gemeinschaft der Sobornost verkörpere. Mit ihnen unterscheide sich Rußland wesensmäßig von Westeuropa. Es könne sich nicht der westlichen Zivilisation anschließen, sondern müsse seinen eigenen Weg finden.[22]

Die Westler lehnten dagegen die These vom russischen Sonderweg ab. Sie folgten Tschaadajews Einschätzung, Rußland müsse sich der westlichen Zivilisation anschließen und die westlichen politischen Ideen als soziale und politische Alternative für Rußland übernehmen. In der programmatischen Ausdifferenzierung, an welchen Ideen Rußland sich bei seinem Anschluß an den Westen orientieren soll, zerbrach die anfängliche Einheit der Westler, die sich aus der Gegenüberstellung zu den Slawophilen ergeben hatte.[23] Der radikaldemokratische Teil wählte, wie die deutschen Linkshegelianer, als Bezugspunkt Feuerbach und die französischen Frühsozialisten, insbesondere Fourier und Saint-Simon. Der gemäßigte Flügel fand über Hegel zum Liberalismus.

Das Scheitern der 1848er Revolutionen setzte innerhalb der westlerischen Intelligenzija, vor allem ihres radikaldemokratischen Flügels, eine erneute Zäsur. Sie sah sich vor die Notwendigkeit gestellt, ihr politisches Programm und ihren Erwartungshorizont, der auf die Einlösung der frühsozialistischen Utopien durch die revolutionären Bewegungen gerichtet gewesen war, neu zu bestimmen. Westeuropa hatte in ihren Augen versagt. Von ihm war die Verwirklichung der (früh-)sozialistischen Ideale nicht mehr zu erwarten. Desillusioniert über die Kraft der sozialistischen Bewegungen Westeuropas und ihre Vorbildwirkung für Rußland begannen Herzen, Ogarjow und die anderen nach einem russischen Sonderweg zum Sozialismus zu suchen. Auf der Suche nach An-

---

[21] Mir bzw. auch Obščina – bäuerliche Gemeindeform in Rußland, die auf kommunitären Landbesitz und gemeinschaftlicher Selbstverwaltung beruhte. Das Land gehörte dem Mir und wurde jeweils für 5 bis 12 Jahre unter den Mitgliedern zur Bewirtschaftung aufgeteilt, danach wurde es neu verteilt. Die Aufteilung richtete sich nach sozialen Kriterien wie Familiengröße. Gegenüber dem Staat haftete der Mir kollektiv für seine Angehörigen, u. a. in der Zahlung der Steuern. Zugleich hatte er für sie eine soziale Fürsorgepflicht.

[22] Vgl. zu den Slawophilen Utechin: Geschichte der politischen Ideen in Rußland, S. 78-83; Beyme: Politische Theorien in Russland, S. 61-75; Walicki: The Slavophile Controversy; Hughes, Michael: State and Society in the Political Thought of the Moscow Slavophiles. In: Studies in East European Thought 52. Jg. (2000) H. 3. S. 159-183; ders.: ‚Independent Gentlemen'.

[23] Vgl. für einen Überblick der Strömungen der Westler Utechin: Geschichte der politischen Ideen in Rußland, S. 90-123; Scherrer: Politische Ideen im vorrevolutionären und revolutionären Rußland, S. 212-218.

knüpfungspunkten in der russischen Geschichte trafen sie sich paradoxerweise mit den Slawophilen. Wie diese wandte sich insbesondere Herzen der Bauerngemeinde des Mir als neuen Hoffnungsträger[24] zu und erklärte den russischen Bauern zum Sozialisten von Natur aus.

Der preußische Agrarexperte August von Haxthausen hatte 1843 bis 1844 im Auftrag der Regierung die russischen Agrarverhältnisse untersucht und im Rahmen dessen ausführlich den Mir beschrieben.[25] Er empfahl den Mir als Weg, die Agrarverhältnisse im Rahmen der Industrialisierung zu modernisieren. Mit ihm lasse sich die Freisetzung der Bauern als verelendete Massen verhindern und die Entwicklung des Proletariats unter Kontrolle halten. Die Slawophilen, die schon vor Haxthausen den Mir als soziales Strukturmerkmal des vorpetrinischen Rußlands für sich entdeckt hatten, folgten der Sicht. Sie sahen im Hinblick auf die anstehende Bauernemanzipation im Mir das probate Mittel, den Gefahren sozioökonomischer und politischer Destabilisierung zu begegnen.[26] Herzen verurteilte deswegen anfänglich den Mir: Dieser schwäche den Protest gegen das Joch der Leibeigenschaft. Nach dem Scheitern der demokratischen Bewegungen in den 1848er Revolutionen hingegen entdeckte er in dem Gemeinschaftsbesitz und den Umverteilungsmechanismen des Mir die Vorwegnahme sozialistischer Arbeits- und Eigentumsverhältnisse. In den Augen Herzens eröffnete nun der Mir Rußland einen Sonderweg zum Sozialismus, mit dem es den Kapitalismus umgehen könne und der Vorbildcharakter auch für Westeuropa habe – aus Europas häßlichem Entlein, dem barbarischen Rußland, wurde gleichsam der Schwan der sozialistischen Avantgarde. Damit war der revolutionäre Horizont fürs erste gerettet. Aber mit Herzens Proklamation eines agrarsozialistischen

[24] Vgl. zur Einstellung Gercens gegenüber dem Mir Družinin, Nikolaj M.: A. v. Haxthausen und die russischen revolutionären Demokraten. In: Steinitz, Wolfgang/ u. a. (Hrsg.): Ost und West in der Geschichte des Denkens und der kulturellen Beziehungen. Berlin 1966. S. 642-658; Malia, Martin E.: Alexander Herzen and the birth of Russian socialism, 1812-1855. Cambridge (Mass.) 1961, S. 310ff.; allgemein zum Mir und seiner Rezeption in Rußland Goehrke, Carsten: Die Theorien über Entstehung und Entwicklung des „Mir". Wiesbaden 1964.
[25] Haxthausen, August von: Studien über die innern Zustände, das Volksleben und insbesondere die ländlichen Einrichtungen Rußlands. Bde. 1-2 Hannover 1847, Bd. 3 Berlin 1852; vgl. Geier, Wolfgang: Russlandbilder in diplomatischen Reiseberichten aus vier Jahrhunderten. In: Kultursoziologie 22. Jg. (2013) H. 2. S. 2-23, S. 18ff.
[26] Vgl. zu den Positionen der Slavophilen zum Mir, v. a. im Hinblick auf die Bauernemanzipation Müller, Eberhard; Zwischen Liberalismus und utopischem Sozialismus. Slavophile sozialtheoretische Perspektiven zur Reform von 1861. In: Jahrbücher für Geschichte Osteuropas. N. F. 13. Jg. (1965) H. 4. S. 511-530.

russischen Sonderweges und seiner Idealisierung der russischen Bauern entfernte sich in der Folge die radikaldemokratische Intelligenzija immer weiter von der politischen und sozialen Wirklichkeit Rußlands, insbesondere in bezug auf die Bauern.[27] Ihr politisches Denken nahm immer stärker einen utopischen Charakter an. In der Idealisierung des Mir zur Keimzelle einer agrarsozialistischen Gesellschaft entwarf sie das Bild eines völlig neuen Rußlands, das sie den bestehenden Verhältnissen radikal entgegensetzte.

Von den adligen Vätern zu den nihilistischen Söhnen und Töchtern

Die Verschärfung der Zensur und der Repressionen nach 1848 ließen die Politik Nikolaus' I. weiter verhärten. Seine Verweigerung gegenüber den Ansprüchen auf Reformen und Partizipation bedeutete, wie beschrieben, für die Intelligenzija die Existenz erzwungener Wirkungslosigkeit. Gleichzeitig war der Reformstau unübersehbar. Die Frustrationserfahrung politischer Ohnmacht war einer der wesentlichen Gründe für die Radikalisierung des linkshegelianischen Flügels der westlerischen Intelligenzija.[28] Die zweite Ursache bildete die Veränderung der sozialen Zusammensetzung der Intelligenzija: Mit der zweiten und dritten Generation nahm der Anteil der nichtadligen Schichten, der sogenannten Rasnotschinzy zu.[29] Den Rasnotschinzy fehlte die soziale Sicherheit ihrer adligen Vorgänger. Von Herkunft und Ausbildung waren sie darauf ausgerichtet, ihre berufliche Existenz als intellektuelle Klasse zu bestreiten. Die ökonomischen und sozio-kulturellen Voraussetzungen dafür waren als Potential in der sich abzeichnenden Modernisierung der Gesellschaft durch die auch in Rußland

---

[27] Vgl. zum idealisierten Bauernbild der Intelligencija Hughes, Michael: Misunderstanding the Russian Peasantry. In: Schultz, Helga/ u. a. (Hrsg.): Bauerngesellschaften auf dem Weg in die Moderne. Wiesbaden 2010. S. 55-67.

[28] Vgl. zur Erklärung des Radikalismus der russischen Intelligencija als Folge der blockierten Partizipation Schelting, Alexander von: Rußland und Europa im russischen Geschichtsdenken. Bern 1948, S. 275f.

[29] Raznočincy – wörtlich: Leute von verschiedenem Rang. Mit dem Begriff wurden Personen bezeichnet, die keinem Stand (Adel, Bauern, steuerpflichtige Stadtbevölkerung, Geistlichkeit) angehörten. Im 18. und Anfang des 19. Jh.s rekrutieren sich aus ihnen die unteren Militär- und Zivilränge. Später bezeichnete der Begriff die nichtadligen Bildungsschichten (vgl. zu Begriff und Entstehung der Raznočincy Becker, Christoph: Raznochintsy. The Development of the Word and of the Concept. In: The American and East European Review 19. Jg. (1959). S. 63-74; Pietrow-Ennker, Bianka: Rußlands „neue Menschen". Frankfurt a. M. u. a. 1999, S. 47ff.).

beginnende Industrialisierung angelegt. Ihre Entfaltung wurde jedoch durch die Reformverweigerung Nikolaus' I. blockiert. Die neue Generation der Intelligenzija verband daher ein existentielles Interesse mit ihren vehementen Forderungen nach einer modernisierenden Umgestaltung der russischen Gesellschaft.

Die durch ihre politische Sozialisation und soziale Existenz radikalisierten Rasnotschinzy lösten ihre adligen ‚Väter' der 1830er und ihre liberalen ‚älteren Brüder' der 1840er ab. Sie brachten einen neuen Habitus in die russische Intelligenzija: Sie waren „intellektuelle Sansculotten" (I. Berlin), sie traten grob, rabiat und aggressiv auf. Sie bezogen sich nicht mehr auf den deutschen Idealismus, sondern auf die französischen Frühsozialisten, insbesondere auf Fourier, sowie auf Feuerbach und auf die englischen Utilitaristen wie John Stuart Mill. Sie waren bekennende Positivisten und Materialisten. Sie glaubten an die „Vernunft der Natur" und waren überzeugt, mit Hilfe der Wissenschaft die Antwort zu finden auf alle Fragen sowohl der Gesellschaft als auch der individuellen Lebensführung. Ihr Credo war Wahrheit und Nutzen; daran maßen sie alles – auch die Kunst. Ihre Haltung war kompromißlos. Ihr Anspruch: Die Wirklichkeit verändern. Es war ihnen ernst mit der von Herzen geforderten „Philosophie der rationalen und bewußten Tat". Dieser Wandel der Intelligenzija wurde von den Beteiligten und den Zeitgenossen als Generationenkonflikt gesehen: als Ablösung der Väter, der „reumütigen" und „melancholischen" Adligen, durch ihre radikalen und kompromißlosen Söhne und Töchter, den Neuen Menschen.

> „Um den konventionellen Katalog der Gegensätze zu wiederholen: Die Väter waren philosophische Idealisten und Romantiker, während die Söhne Materialisten und Anhänger empirischer Wissenschaften waren. Die Väter waren Ästheten und glaubten an die Kunst um der Kunst willen, als an die höchste Selbstverwirklichung des einzelnen. Die Söhne waren Utilitarier, die nur eine bürgerliche, pädagogische Kunst, die für die Reform der Gesellschaft nützlich sein konnte, anerkannten. Die Väter brachten die großen Ideale der Menschlichkeit, Vernunft, Freiheit und Demokratie nach Rußland, die Söhne versuchten, diese Ideale in die Wirklichkeit umzusetzen. Und schließlich waren die Söhne zorniger und bitterer als ihre besser erzogenen Väter."[30]

Die Söhne warfen ihren Vätern vor, sie hätten zwar viel diskutiert über die Verbesserung der Gesellschaft, doch trotz aller Erkenntnis und Einsicht nicht gehandelt. Sie dagegen werden die Ideen umsetzen. Sie werden nicht stillschweigend an den Verhältnissen leiden, sondern sie überwinden.

---

[30] Malia: Was ist die Intelligentsia?, S. 24f.

Die Deutung des Wandels und der Konflikte innerhalb der Intelligenzija wurde wesentlich geprägt durch die Romane Iwan A. Gontscharows (1812-1891) und Iwan S. Turgenjews (1818-1883) sowie durch die Literaturkritiken Belinskis, Nikolai A. Dobroljubows (1836-1861), Nikolai G. Tschernyschewskis (1828-1889) und Dmitri J. Pisarews (1841-1868). Gontscharow schuf mit der Titelfigur seines Romans *Oblomow* (1859) das literarische Symbol für die Stagnation der russischen Gesellschaft. Oblomow, ein etwa dreißigjähriger adliger Gutsbesitzer, verkörpert den Typus des „überflüssigen Menschen" (lišnij čelovek). Er weiß um die Notwendigkeit gesellschaftlicher Veränderung, er leidet an den alten Verhältnissen und träumt und redet von Reformen, die er auf seinem Gut und in seinem Leben durchführen will. Doch er kommt nicht zum Handeln. Er versinkt, wider bessere Einsicht, in Untätigkeit. Ihm stehen die Neuen Menschen gegenüber: Olga und Andrej Stolz in *Oblomow*, Jelena und Insarow in Turgenjews Roman *Vorabend* (1860) und – der Neue Mensch schlechthin – Basarow aus Turgenjews *Väter und Söhne* (1862). Sie sind Menschen der Tat. Sie brechen konsequent mit der überkommenen Ordnung und Moral. Sie fangen an, die neuen Ideale zu leben. Dobroljubow und Pisarew betonten in ihren Besprechungen der Romane, daß sie die eigentlichen Helden seien: Sie seien die Vorboten eines neuen Rußlands und die Vorbilder für die junge Generation. Mit ihrem Leben gäben sie die Antwort auf die Frage: Was tun? Insbesondere Turgenjews *Väter und Söhne* wurde zum Schlüsselroman, der die Ablösung der Generation der idealistischen Väter durch die nihilistische und materialistische Intelligenzija der 1860er zum Ausdruck brachte.[31] Die in der Literatur, den Zeitschriften und den Zirkeln diskutierten und von der jungen Intelligenzija im eigenen Leben ausprobierten Ansätze, wie man als Neuer Mensch leben solle, verdichtete dann Tschernyschewski in seinem utopischen Roman *Was tun?* (1863) programmatisch zum Entwurf einer neuen Gesellschaft. Tschernyschewskis Utopie wirkte wie ein Fanal. Sie wurde zum kanonischen Text der Intelligenzija der 1860er und der revolutionären Bewegung.[32]

---

[31] Vgl. zur Schlüsselstellung von Turgenevs Roman im geistigen Umbruch der 1860er Schwartz, Matthias/ u. a.: Bazarovs Erben. In: dies. (Hrsg.): Laien, Lektüren, Laboratorien. Frankfurt a. M. u. a. 2008. S. 9-36.

[32] Vgl. zu *Was tun?* als richtungsweisender Lektüre Fieseler, Beate: Frauen auf dem Weg in die russische Sozialdemokratie, 1890-1917. Stuttgart 1995, S. 22; McDermid, Jane/ u. a.: Midwives of the Revolution. London 1999, S. 20 u. S. 37; zur mythischen Stellung von *Was tun?* bis in die russische Emigration der 1920er vgl. Nabokov, Vladimir: Die Gabe. (1935-37) Reinbek bei Hamburg 1993.

Das in *Was tun?* aufgestellte Ideal prägte die Anschauungen einer ganzen Generation. Der Grund lag nicht zuletzt darin, daß Tschernyschewski in seiner Utopie die Fragen und das Lebensgefühl der Generation der Schestidesjatniki[33] zum Ausdruck brachte. *Was tun?* traf den Zeitgeist des durch den gesellschaftlichen Umbruch induzierten Wertewandels.

Mit dem Machtantritt Alexanders II. (1818-1881) war es 1855 zu einem Kurswechsel der zaristischen Politik gekommen. Die Niederlage im Krimkrieg (1853-1856) hatte deutlich gemacht, daß Rußland wirtschaftlich und militärisch den westlichen Großmächten unterlegen war. Die Notwendigkeit einer grundlegenden Modernisierung Rußlands war evident. Alexander II. begann eine Modernisierungspolitik, die einen tiefgreifenden ökonomischen, sozialen, politischen und kulturellen Wandel in Gang setzte. Die sogenannten Großen Reformen erfaßten alle gesellschaftlichen Bereiche: Justiz, Verwaltung, Finanzen, Militär, Bildungs- und Schulwesen, Pressewesen und – in den Augen der Zeit die wichtigste Frage – die Aufhebung der Leibeigenschaft. Seit ihrer Ankündigung 1856 durch Alexander II. war ihre Ausgestaltung intensiv in der Öffentlichkeit diskutiert worden. Die ersten Regierungsjahre Alexanders II. bildeten eine Zeit des Aufbruchs und der Öffnung.[34] Die Zensur wurde gelockert. Neue, nichtstaatliche Zeitschriften konnten gegründet werden und es wurden mehr Bücher als je zuvor publiziert. Das Zirkelwesen dehnte sich von den Hauptstädten in die Provinz aus. Die Zirkel griffen über die hauptstädtischen Adelseliten hinaus und wurden zum Generationsphänomen. Ihre Themen bestimmten als „brennende Fragen" den Zeitgeist: die Aufhebung der Leibeigenschaft, die Frauenfrage, die neuen Wertvorstellungen und Lebens-weisen, die Rolle der Intelligenzija in den politischen und sozialen Veränderungen. Es entstand eine in Ansätzen freie Presselandschaft und damit erstmals eine außerstaatliche Öffentlichkeit, die nicht mehr nur in den halbprivaten Nischen der adligen Salons existierte. Sie war getragen von der rapide wachsenden Intelligenzija der 1850er und 1860er, die sich aus den Rasnotschinzy rekrutierte. Ihr Zauberwort war Bildung. Parallel zu der von Alexander II. initiierten Bildungsreform entwickelte sich die Sonntagsschulbewegung, in der Provinz entstanden private Alphabetisierungsgesellschaften, pädagogische Selbstbildungszirkel und Bibliotheken.

---

[33] Šestidesjatniki – vom russ. Wort für sechzig abgeleitete Generationsbezeichnung.
[34] Vgl. als Forschungsüberblick zum Aufbruch der 1850er und 1860er Roßberg, Uta: Die Šestidesjatnica in Selbstzeugnissen? Berlin 2005, S. 2ff.

Ab 1859 duften Frauen an der Universität studieren; allerdings nur für kurze Zeit, 1863 wurde die Öffnung der Hochschulen zurückgenommen.[35]

Auch wenn die Modernisierungsprozesse immer wieder durch die Autokratie blockiert wurden, formierte sich eine sich „verbürgerlichende Gesellschaft",[36] in der neue Lebensentwürfe möglich wurden. Es war insbesondere das nihilistische Milieu, das zur Etablierung der neuen bürgerlichen Werte, Verhaltensweisen und Lebensmuster beitrug. Von seiner anfänglichen Bedeutung als philosophische Negation der herrschenden ästhetischen und religiösen Werte entwickelte sich der Nihilismus zur sozialen Protestbewegung.[37] Sie war geprägt von einem starken utopischen Bewußtsein. Ihre Anhänger waren erfüllt von dem unbedingten Willen, die Gegenwart der Autokratie und Leibeigenschaft zu überwinden. Sie formten ihre Reformvorstellungen für die Modernisierung Rußlands zunehmend im Muster der Utopie aus: Gegen die sozialen und politischen Defizite der Gegenwart setzten sie den detailliert beschriebenen Entwurf einer sozio-politischen Alternative.[38] Sie verwarfen radikal die bestehende Ordnung und deren Werte. Sie verneinten jede Form von Autorität wie Staat, Kirche und Familie. Sie konstituierten eine Gegenkultur zu den Normen der Adelsgesellschaft, die einen radikal anderen Habitus einschloß, der bewußt auf Konfrontation gerichtet war.[39] Sie waren entschlossen, mit der „höflichen Fiktion"

[35] Viele Frauen gingen daraufhin zum Studium in die Schweiz; an der Universität Zürich kamen in der Zeit 90% der eingeschriebenen Studentinnen aus Rußland. 1873 verbot Aleksandr II. selbst das. Unter Androhung von Berufsverbot forderte er die russischen Studentinnen in Zürich auf, nach Rußland zurückzukehren. Vgl. zur Frauenbildung als Teil des sozialen Aufbruchs der 1860er Pietrow-Ennker: Rußlands „neue Menschen".

[36] Ebd., S. 356 (mit Verweis auf Bayer, Waltraud: Die Moskauer Medici. Wien u. a. 1996, S. 36f.).

[37] Vgl. zum Nihilismus als sozio-kultureller Bewegung Masaryk: Zur russischen Geschichts- und Religionsphilosophie, Bd. 2, S. 36-131; Pietrow-Ennker: Rußlands „neue Menschen"; Pozefsky, Peter C.: The Nihilist Imagination. New York u. a. 2003; Roßberg: Die Šestidesjatnica in Selbstzeugnissen; Schmidt, Wolf-Heinrich: Nihilismus und Nihilisten. München 1974; vgl. auch die Memoiren russischer Nihilisten und Nihilistinnen wie Wodowosowa, Jelisaweta N.: Im Frührot der Zeit. Weimar 1972.

[38] Neben Černyševskis *Was tun?* u. a. zum Programm verdichtet in der Proklamation *Junges Rußland*, die Moskauer Studenten 1862 veröffentlichten (vgl. Schmidt: Nihilismus und Nihilisten, S. 26; Masaryk: Zur russischen Geschichts- und Religionsphilosophie Bd. 2, S. 104ff.); vgl. auch die Darstellung der Zukunftsvorstellungen der nihilistischen Zirkel in Vodovozovas *Im Frührot der Zeit* (S. 427f.).

[39] Vgl. z. B. die Schilderungen bei Wodowosowa: Im Frührot der Zeit, S. 332; sowie

ihrer adligen Väter zu brechen und laut und unangenehm die Wahrheit zu sagen. Ihr Ziel war eine libertäre, egalitäre und atheistische Gesellschaft. Sie erstrebten ein Maximum an Freiheit und Autonomie für das Individuum bei gleichzeitiger kommunitärer Einbindung des Lebens. Sie propagierten Emanzipation und Selbstentfaltung durch Bildung und eine materialistische und utilitaristische Ethik. Sie verurteilten Kunst und Poesie als nutzlos und setzten an deren Stelle das Primat der Naturwissenschaften und ihrer empirischen Methoden. Sie waren überzeugt, das Studium der Naturwissenschaften liefere den Schlüssel zur Lösung der sozialen Probleme und weise den Weg zur neuen Gesellschaft; die Naturwissenschaften wurden für sie zum Banner der Opposition gegen die Autokratie.[40] Gegen den tatenlosen „Utopismus" ihrer Väter beanspruchten sie die Transformation der Wirklichkeit: Wenn Utopie, dann als ‚wissenschaftliche' Ableitung der neuen Lebensweise, die ihre Realisierbarkeit in sich trägt. Der zum nihilistischen Milieu gehörende Publizist Nikolai W. Schelgunow erläuterte diese Haltung mit Verweis auf die Französische Revolution:

> „Die französische Revolution hat allen Träumereien und Utopien ein Ende gesetzt. [...] Die ehemaligen Utopisten haben sich in tatkräftige Männer verwandelt; sie haben ihre ‚Staatsromane' aufgegeben und sich statt dessen an den Entwurf von Transformationsvorhaben gemacht [...]."[41]

Um die proklamierte neue Lebensweise in Gestalt neuer, außerfamiliärer und kommunitärer Lebens- und Arbeitsformen sowie neuer Geschlechterbeziehungen zu erproben, gründeten die 1860er Wohnkommunen und Arbeitskooperativen (Artels). Aus ihnen heraus sollte die neue Gesellschaft entstehen. Die nihilistische Jugend wollte, wie Jelisaweta N. Wodowosowa (1844-1918) in ihren Memoiren den Anspruch beschrieb, Neue Menschen werden, die über ihre Selbstemanzipation die Gesellschaft emanzipieren.

> „Wir, das junge Rußland, sind verpflichtet, die alten Idole zu stürzen und die morschen Tempel zu zerstören, um an ihrer Stelle ein neues Leben zu schaffen, und dieses neue Leben soll nichts gemein haben mit dem Leben der alten Generation. Wir sollen fest auf dem neuen Weg gehen und nur

---

Roßberg: Die Šestidesjatnica in Selbstzeugnissen, S. 3 u. 6f.

[40] Vgl. zur szientistischen Weltanschauung der Intelligencija Steila, Daniela: Die Idee der Wissenschaft bei Bogdanov und den russischen Positivisten. In: Plaggenborg, Stefan/ u. a. (Hrsg.): Alexander Bogdanov. Theoretiker für das 20. Jahrhundert. München 2008. S. 66-79.

[41] Šelgunov, Nikolaj V.: Rabočie Associacii. In: Volodin, Aleksandr I. (Hrsg.): Utopičeskij socialzm v Rossii. Moskau 1985. S. 317-323, S. 317.

solche Tätigkeiten ergreifen, die dem Nächsten Nutzen bringen, und wer eine solche Tätigkeit nicht findet, der muß sich selbst eine erschaffen."[42]

In der Wahrnehmung der Zeitgenossen war der Neue Mensch vor allem die Neue Frau. Als sogenannte Frauenfrage stand die Emanzipation der Frau im Zentrum der intellektuellen Debatten.[43] Das nihilistische Milieu eröffnete gerade für Frauen neue Lebensentwürfe und Weiblichkeitskonzeptionen jenseits der traditionellen Familienrolle.[44] Für die rebellierenden ‚Töchter' war der nihilistische Tabubruch ein doppelter: Sie traten nicht nur anders in der Öffentlichkeit auf, sie traten überhaupt erst in die Öffentlichkeit ein. Das stellte die bestehende Moral- und Familienordnung grundlegend in Frage. Die nihilistischen Publizisten wie Tschernyschewski, Michailow und Pisarew sahen daher in der Befreiung der Frau die Vorwegnahme der Emanzipation der Gesellschaft. Für sie war die Emanzipation der Frau mit der Aufhebung der patriarchalischen Familie gleichbedeutend mit der Überwindung der autoritären Herrschaftsverhältnisse. Die Neue Frau wurde für sie zur Projektionsfläche der antizipierten idealen Gesellschaft.

1861 kam es endlich zur Abschaffung der Leibeigenschaft. Die Intelligenzija, besonders die Jugend, sah sich in ihren Hoffnungen bestätigt, ihre Ideale zu verwirklichen. Voller Elan erhob sie weitergehende und umfassendere Reformforderungen. Doch es kam rasch zur Enttäuschung. Die Bauernreform war halbherzig geblieben. Die Bauern erhielten zu wenig Land und mußten hohe Ablösesummen zahlen. De jure frei, blieb ihre soziale Lage weiterhin elend. Noch im selben Jahr kam es zu Bauernunruhen. Die Studenten solidarisierten sich mit Demonstrationen in den Städten. Alexander II. antwortete mit Repression und erneuerter Zensur: 1861 wurde die Universität in St. Petersburg bis zur Überarbeitung ihrer Statuten 1863 geschlossen. Die beiden führenden Zeitschriften der nihilistischen Bewegung – Tschernyschewskis *Sowremennik* und Pisarews *Russkoje Slowo* (*Das russische Wort*) – wurden 1862 für acht Monate verboten. Die nihilistischen Zirkel sahen sich verstärkter Überwachung ausgesetzt, ein Teil ihrer Mitglieder wurde verhaftet und nach Sibirien verbannt. Nach dem Attentat auf Alexander II. 1866 wurden der *Sowremennik* und das *Russkoje Slowo* ganz verboten, ebenso die nihilistischen Gruppen. Als unkontrollierte, außer-

---

[42] Wodowosowa: Im Frührot der Zeit, S. S. 364.
[43] Vgl. Clyman, Toby W./ u. a.: Russia through Woman's Eyes. New Haven u. a. 1996, S. 26.
[44] Vgl. Roßberg: Die Šestidesjatnica in Selbstzeugnissen, S. 116f.

staatliche Öffentlichkeit gerieten die Zirkel per se in den Verdacht politischer Opposition und terroristischer Bestrebungen. Die im Zuge der Großen Reformen entstandenen Freiräume wurden wieder eingeschränkt.

Die Radikalisierung der Intelligenzija: Terrorismus und Narodnitschestwo

Die Intelligenzija reagierte auf das Ende der liberalen Reformen mit politischer Radikalisierung. Sie schloß sich in revolutionären Geheimorganisationen zusammen mit dem Ziel, die Autokratie durch eine Revolution zu stürzen. Der revolutionäre Flügel der Intelligenzija sah seine Aufgabe zum einen darin, das Volk aufzuklären, um es in die Lage zu versetzen, sich selbst zu befreien – so wie es schon Herzen und Bakunin propagiert hatten, als sie aus dem Exil die Jugend aufforderten, ins Volk gehen. Zum anderen suchten die radikalen Gruppen, aktiv die Revolution vorzubereiten und die revolutionäre Situation zuzuspitzen. Anfangs verfolgte man vor allem die Agitation unter den Bauern. Ab Mitte der 1870er Jahre verschob sich der Schwerpunkt auf eine Strategie terroristischer Anschläge, die 1881 in der Ermordung Alexander II. gipfelte. Ihre Anhänger wie die *Narodnaja Wolja* (*Volkswille*) waren überzeugt: Wenn erst das autokratische Regime in Gestalt des Zaren beseitigt ist, dann lasse sich das Volk zur Revolution mobilisieren. Der „Schlag ins Zentrum" werde, so Wera N. Figner (1852-1942), Mitglied von *Semlja i Wolja* (*Land und Freiheit*) und der *Narodnaja Wolja*, in ihren Memoiren, „die lebendigen Volkskräfte entfesseln, sie im Moment der Destabilisierung und Verwirrung der Regierung hervorbrechen lassen".[45]

Die erste revolutionäre Untergrundorganisation, *Semlja i Wolja*, war schon 1861/62 gegründet worden. Ihr Ziel war die Verteilung des Landes an die Bauern und der Sturz der Autokratie. Über die künftige gesellschaftliche Ordnung sollte dann eine Nationalversammlung entscheiden, die unmittelbar nach der Revolution einberufen werden sollte. 1869 gründete Sergej G. Netschajew (1847-1882) die Geheimorganisation *Narodnaja Rasprawa* (*Volksvergeltung*), mit der er seine Konzeption einer konspirativen, aus Berufsrevolutionären bestehenden Organisation umzusetzen suchte.[46] 1874 kam es zum sogenannten

---

[45] Figner: Nacht über Rußland, S. 73.
[46] Vgl. Netschajew, Sergej: Komitee des Volksgerichts. Richtlinien der Organisation und Bestimmung des Bundes. In: Dämonen. Hrsg. von der Volksbühne Berlin. Berlin

„verrückten Sommer": Hunderte von Studentinnen und Studenten folgten den Aufrufen Bakunins und Herzens und zogen aufs Land, um unter den Bauern zu agitieren. Obwohl die Aktion scheiterte und Massenverhaftungen und Verbannung die Folgen waren,[47] der „Gang ins Volk" 1874 wurde zur symbolischen Geburtsstunde der agrarsozialistischen Bewegung des Narodnitschestwo.[48] Sie gab der Bewegung der 1870er den Namen.[49]

In seinem Kern beruhte das Ideal des Narodnitschestwo auf den agrarsozialistischen Utopien Herzens und Tschernyschewskis. Wie sie propagierten die Narodniki einen „russischen Sozialismus" als Sonderweg, um den Kapitalismus zu überspringen und die Bauern vor den „Fabrikkesseln" zu bewahren.[50] Die Basis des agrarsozialistischen Sonderweges sollte der von der feudalen Unterdrückung befreite Mir bilden. Die Narodniki sahen in ihm das russische Pendant zu Fouriers ländlichen Assoziationen und Proudhons kommunalen selbstverwalteten Genossenschaften.

Das Narodnitschestwo war keine einheitliche Bewegung. Es teilte sich in mehrere Strömungen und bestand aus kleinen, selbständigen Gruppen, die sich zwar im Kern über das Ziel – Sturz der Autokratie, Befreiung der Bauern und die Umgestaltung Rußlands auf agrarsozialistischer Basis – einig waren, doch in der Wahl der Mittel stark differierten. Der radikale Flügel wie die Gruppen um Netschajew und Peter N. Tkatschew (1844-1886) plädierte für eine zentralistisch organisierte, konspirative Avantgardepartei. Sie sollte unmittelbar die Revolution vorbereiten, notfalls auch gegen den Widerstand der Bauern. Die Mehrheit der Narodniki jedoch verneinte mit Peter L. Lawrow (1823-1900) und

---

1999. S. 18-22. Nečaevs *Narodnaja Rasprava* bildete die zeitgeschichtliche Vorlage für Dostoevskijs Roman *Die Dämonen* (vgl. Braunsperger, Gudrun: Sergej Nečaev und Dostoevskijs *Dämonen*. Frankfurt a. M. u. a. 2002).

[47] Bis Ende 1875 wurden über 1000 Personen festgenommen, nach jahrelanger ‚Untersuchungshaft' kam es im Oktober 1877 zum sogenannten „Prozeß der 193" (vgl. Dan: Die Ursprünge des Bolschewismus, S. 95).

[48] Vgl. zum Narodničestvo Scherrer: Politische Ideen im vorrevolutionären und revolutionären Rußland, S. 221-226; Utechin: Geschichte der politischen Ideen in Rußland, S. 124-142; Berlin, Isaiah: Der russische Populismus. In: ders.: Russische Denker. Frankfurt a. M. 1995. S. 280-314; Dan: Der Ursprung des Bolschewismus, S. 47-113; Hahn, Jeong-Sook: Sozialismus als „bäuerliche Utopie"? Tübingen 1994; Hughes: Misunderstanding the Russian Peasantry.

[49] Narodničestvo, bzw. Narodniki für die Anhänger, von *narod* (Volk).

[50] Vgl. zum Agrarsozialismus bzw. Agrarismus als Konzept einer alternativen Modernisierung Schultz, Helga/ Harre, Angela (Hrsg.): Bauerngesellschaften auf dem Weg in die Moderne. Wiesbaden 2010.

Nikolai K. Michailowski (1842-1904), den beiden führenden Theoretikern des Narodnitschestwo, den Führungsanspruch der Intelligenzija gegenüber dem Volk: Die revolutionären Ziele könnten dem Volk nicht aufgezwungen werden. Sie sahen ihre Aufgabe als Intelligenzija primär in einer emanzipatorischen Bildungsarbeit unter den Bauern. Das Volk sollte dazu gebracht werden, seine Ziele selbst zu erkennen. Die Intelligenzija habe dabei lediglich eine dienende Funktion.

Die Repression, mit der die Autokratie auf die soziale und kulturelle Aufklärungsarbeit der Narodniki reagierte, trieb das Narodnitschestwo jedoch auf den Weg des direkten Kampfes gegen den zaristischen Staat. Die Willkür und Härte, mit der der Staats- und Polizeiapparat die Aufklärungsarbeit der Narodniki zu unterbinden suchte – schon die Arbeit als Feldscher und Hebamme beim Semstwo stand unter Verdacht –, brachten die Narodniki dazu, daß man zunächst die politische Freiheit erkämpfen müsse.[51] Die Autokratie hatte sich durch die Rucknahme der liberalen Reformen gesellschaftlich isoliert. Die revolutionären Gruppen der Narodniki[52] sahen sich daher in der Überzeugung bestärkt, daß sie mit ihrem Kampf gegen das autokratische Regime im Namen auch der liberalen Kreise der Gesellschaft agierten und daß mit der Beseitigung des Zaren unmittelbar die Revolution möglich werde. Sie forcierten ihrerseits ebenfalls den gewalttätigen Kampf. Die aus dem radikalen Flügel von *Semlja i Wolja* hervorgegangene Untergrundorganisation *Narodnaja Wolja* propagierte eine Strategie des „progressiven Terrors": Durch systematische terroristische Anschläge auf Vertreter des Staates und den Zaren sollte die Autokratie zum Zusammenbruch gebracht werden. Attentate und Schauprozesse hielten die Öffentlichkeit abwechselnd in Atem. Die Sympathie der Öffentlichkeit lag oftmals auf Seiten der Narodniki – so etwa im Prozeß gegen Wera I. Sassulitsch (1848-1919), die 1878 ein Attentat auf den Petersburger Stadtkommandanten, General Fjodor F. Trepow (1812-1889), verübte hatte, weil er politische Gefangene mißhandeln ließ. Als es jedoch trotz des erfolgreichen Attentats auf Alexander II. 1881, dem Höhepunkt der *Narodnaja Wolja*, weder zur Revolution kam noch die Regierung zu politischen Reformen gezwungen werden konnte,

---

[51] Vgl. bspw. die Beschreibungen Figners (Figner: Nacht über Rußland, S. 178ff.).

[52] Vgl. zu den Gruppen Scherrer: Politische Ideen im vorrevolutionären und revolutionärem Rußland, S. 218ff.; Masaryk: Zur russischen Geschichts- und Religionsphilosophie, Bd. 2, S. 103ff.; Utechin: Geschichte der politischen Ideen in Rußland, S. 120ff.

fiel das Narodnitschestwo als politisch-terroristische Kampforganisation in sich zusammen. Seine revolutionäre Hochstimmung war fürs erste gebrochen.

Der politisch-revolutionäre Terror hatte sich als Sackgasse erwiesen. In der revolutionären Bewegung war Anfang der 1880er Jahre die Rat- und Hoffnungslosigkeit groß. Doch es greift zu kurz, die 1880er Jahre allein als Periode der Desorientierung und Ermüdung zu beschreiben. Es war für die revolutionäre Intelligenzija eine Phase, in der sie die Ursachen ihres Scheiterns reflektierte und sich theoretisch neuorientierte. Reflexion und Neuorientierung führten Ende der 1880er Jahre mit der Ausbreitung des Marxismus in Rußland zur Ausdifferenzierung der sozialistischen Bewegung. Die einzelnen Strömungen, Narodniki, orthodoxe und legale Marxisten, Anarchisten etc., separierten sich von einander. Die Mehrheit der Narodniki gab in der Folge die terroristische Strategie der „unmittelbaren politischen Aktion" auf und setzte an ihre Stelle eine „Theorie der kleinen Taten". Sie versuchte, die mit dem Semstwo-System[53] entstandenen Räume für eine Reformarbeit unter den Bauern zu nutzen. Sie hielt dabei utopiegeschichtlich am Ziel der sozio-ökonomischen und kulturellen Transformation im Sinne des agrarsozialistischen Ideals fest. Es war ein Rückzug in die Legalität – ohne jedoch den Anspruch auf die Überwindung der Autokratie aufzugeben. Die Utopie eines agrarsozialistischen Rußlands blieb für die Narodniki und die Sozialrevolutionäre als ihre Erben der geschichtliche Erwartungshorizont, der jederzeit als revolutionäres Zeitfenster aktiviert werden konnte. Geschichtsphilosophisch aufgeladen diente die Utopie nicht zuletzt als Kompensation der Frustrationserfahrungen in den Phasen revolutionärer Depression. In den Situationen der Krise und stagnierender Gegenwart vermittelte die Utopie politischen Lebenssinn.

---

[53] Zemstvo – lokale Selbstverwaltung auf Gouvernements- und Kreisebene, in der Adel, Städter und Bauern vertreten waren. Die Zemstva waren 1864 im Zuge der liberalen Reformen eingerichtet worden und bestanden bis 1917. Sie sollten die gutsherrliche Verwaltung ersetzen, die mit der Aufhebung der Leibeigenschaft weggefallen war. Die Zemstva wurden zum Tätigkeitsfeld der revolutionären Intelligencija, die nicht den Weg in den politischen Untergrund ging. Mit ihren um 1900 etwa 47.000 Beschäftigten bildeten sie die Basis der liberalen Narodniki. Sie kümmerten sich um dem Aufbau eines Elementarschulwesen und einer Gesundheitsversorgung, initiierten Modernisierungen in der Agrarwirtschaft und führten umfangreiche Studien und Statistiken zu den ländlichen Verhältnissen durch (vgl. Emmons, Terence/ u. a. (Hrsg.): The Zemstvo in Russia. Cambridge 1982; Gaudin, Corinne: Ruling Peasants. DeKalb 2007; Porter, Thomas L.: The Zemstvo and the Emergence of Civil Society in Late Imperial Russia, 1864-1917. San Francisco 1991; Schedewie, Franziska: Selbstverwaltung und sozialer Wandel in der russischen Provinz. Heidelberg 2006).

Die sich seit 1825 als Erfahrung immer wieder bestätigende Zurückweisung politischer Partizipation hatte die russische Intelligenzija dazu gebracht, ihr politisches Denken in Form und Inhalt zu utopisieren. Die – in ihrer Erfahrung – Unmöglichkeit, Reformen aus der Gesellschaft heraus zu initiieren, und der Rückfall der Autokratie in repressive Politikmuster in Krisensituationen waren der Intelligenzija Beleg für die Reformunfähigkeit des autokratischen Rußlands. Sie setzte diesem daher die Entwürfe einer grundlegenden Alternative zur Befreiung Rußlands entgegen, die die gegenwärtigen Verhältnisse in toto aufheben. An diesen Utopien hielt sie selbst in den Phasen liberalen Entgegenkommens seitens des Staates fest.

NIKOLAI G. TSCHERNYSCHEWSKI – DIE NEUEN MENSCHEN UND DER KRISTALLPALAST

Wortführer des nihilistischen Milieus

Der Höhepunkt der russischen Utopiegeschichte im 19. Jahrhundert ist Tschernyschewskis 1863 erschienener utopischer Roman *Was tun? Aus Erzählungen von neuen Menschen*.[54] Wenige Utopien lösten eine derartige Begeisterung aus. Keine prägte so intensiv das Denken und Handeln mehrerer Generationen.[55] Tschernyschewskis Roman wurde zeitweilig wie ein liturgisches Buch gelesen. Allein seine Entstehungsgeschichte und das Schicksal des Autors verbreiteten eine fromme Ehrfurcht um *Was tun?*. Die Utopie war ein Schlüsseltext der revolutionären Bewegung. Ihre prägende Bedeutung wurde von deren Akteuren selbst immer wieder hervorgehoben. Georgi W. Plechanow (1856-1918), Mitbegründer der russischen Sozialdemokratie, konstatierte im Rückblick:

> „Wer hätte dieses berühmte Werk nicht gelesen und immer wieder gelesen? Wen hätte er nicht begeistert? [...] Wer hätte nach der Lektüre des Romans nicht über sein eigenes Leben nachgedacht und seine eigenen Bestrebungen und Neigungen der strengsten Prüfung unterzogen? Wir alle schöpften aus ihm moralische Kraft und den Glauben an eine bessere Zukunft [...]."[56]

---

[54] Černyševskij, Nikolaj G.: Čto delat'? Iz rasskazov o novych ljudjach. In: ders.: Polnoe sobranie sočinenij, Bd. 11. Moskau 1939. S. 5-639; im folgenden zitiert mit der Sigle *Was tun?* nach Tschernyschewski, Nikolai G.: Was tun? Berlin u. a. 1974.

[55] Vgl. zur Rezeption von *Was tun?* Fieseler: Frauen auf dem Weg in die russische Sozialdemokratie, S. 146ff.; Halle, Fannina W.: Die Frau in Sowjetrussland. Berlin u. a. 1932, S 70f.; Hillyar, Anna/ u. a.: Revolutionary Women in Russia 1870-1917. Manchester u. a. 2000; Kaufer, Marion: Die beginnende Frauenbewegung in Russland und N. G. Černyševskijs Roman *Čto delat'?* Frankfurt a. M. u. a. 2003; McDermid/ Hillyar: Midwives of the Revolution, S. 20 u. S. 37; Nabokov: Die Gabe, S. 450f.; Noonan, Norma C./ u. a.: Encyclopedia of Russian Women's Movements. Westport u. a. 2001; Pietrow-Ennker: Rußlands „neue Menschen"; Puškareva, Natalia: Russkaja ženščina. Moskau u. a. 2002; Stender-Petersen: Geschichte der russischen Literatur, Teil II, S. 348ff.; Strasser, Nadja: Die Russin. Berlin 1917, S. 126; Wodowosowa: Im Frührot der Zeit, S. 471ff.

[56] Plechanov, Georgi V.: N. G. Černyševskij. (1890) In: ders.: Izbrannye filosofskie proizvedenija, Bd. II. Moskau 1958. S. 70-167, S. 159f.

Was thun?

Erzählungen von neuen Menschen.

Roman

von

N. G. Tschernyschewskij.

Aus dem Russischen übertragen.

Zweite Auflage.

Erster Theil.

Leipzig:
F. A. Brockhaus.
1890.

Abb. 4 Titelblatt der deutschen Erstausgabe von Tschernyschewskis *Was tun?*, Leipzig 1883 (2. Auflage von 1890)

Von den Narodniki über die russische Sozialdemokratie bis zu den Bolschewiki prägte Tschernyschewskis Utopie das Bild der zukünftigen Gesellschaft und vermittelte ihren Lesern die Gewißheit, sie im Hier und Jetzt verwirklichen zu können. *Was tun?* war für die russische Intelligenzija die „Bibel des Fortschritts" schlechthin. Der Titel wurde zum geflügelten Wort: In der Frage „Was tun?" kristallisierte sich für die Intelligenzija ihre verzweifelte Suche nach einer gesellschaftlichen Alternative für Rußland, wie sie Radischtschew mit seiner Anklage der Leibeigenschaft eröffnet hatte. Ein halbes Jahrhundert lang nutzte die Intelligenzija *Was tun?* als Lehrbuch in ihrer Bildungsarbeit unter den Bauern und Arbeitern. Tschernyschewskis Utopie war, wie Clara Zetkin schrieb, das „Alpha und Omega der russischen Jugend".[57] Die nihilistische Jugend der 1860er verstand *Was tun?* als programmatisches sozial-politisches Traktat zu den „brennenden Fragen" der Zeit. Sie las Tschernyschewskis Utopie als Lehrstück, wie die neue Gesellschaft zu verwirklichen sei, und nahm sie als Anleitung, wie man leben soll. *Was tun?* war das „kulturelle Manifest des russischen Rasnotschinzentums" (Serdjutschenko). Die 1860er Jugend adoptierte Tschernyschewskis Neue Menschen und deren Lebensweise als Vorbild. Insbesondere von jungen Frauen wurde die Figur der Wera Pawlowna und ihre Näherinnen-Genossenschaft als konkretes Bild eines alternativen Lebensentwurfs rezipiert, das ihre Suche nach einem neuen Geschlechter- und Rollenverständnis beförderte. Das ließ *Was tun?* zum Schlüsseltext auch für die sich formierende russische Frauenbewegung werden.

Für die 1860er Generation bildeten vor allem Wera Pawlowna und ihre lebensweltliche Verwirklichung der neuen Gesellschaft den Bezugspunkt in der Rezeption von Tschernyschewskis Utopie. Später verschob sich der Fokus auf die Figur des Revolutionärs Rachmetow. Sein revolutionäres Ethos und seine asketische Lebensweise waren das Ideal der Techniker der Revolution: Keiner der Anhänger der Untergrundorganisationen der 1870er und der Revolutionäre von 1905 und 1917, der nicht wie Rachmetow sein wollte. Alexander A. Bogdanow (1873-1928) etwa, der zeitweilig zum Führungszirkel der Bolschewiki gehörte, wählte nach ihm einen seiner Decknamen in der illegalen Parteiarbeit. Lenin übernahm den Titel von Tschernyschewskis Utopie für seine revolutionsstrategische Schrift von 1902.[58] In seiner auf das revolutionäre Ethos Rachme-

---

[57] Zitiert nach Düwel, Wolf: Nachwort. Zu: Tschernyschewski, Nikolai G.: Was tun? Berlin u. a. 1980. S. 551-577, S. 551.

[58] Lenin, Wladimir I.: Was tun? Brennende Fragen unserer Bewegung. (1902) In: ders.:

tows fokussierten Lesart wurde *Was tun?* in der sowjetischen Rezeption zum kanonischen Text: Verklärt zum programmatischen Leitfaden für den Berufsrevolutionär erhielt *Was tun?* den Rang eines Gründungsmanifestes aus den heroischen Anfangszeiten der revolutionären Bewegung Rußlands.

Auch außerhalb Rußlands reüssierte *Was tun?*. Marx schrieb, er habe begonnen, Russisch zu lernen, um Tschernyschewskis Analysen der russischen Verhältnisse lesen zu können.[59] Engels pries Tschernyschewski als den größten Denker, den die sozialistische Bewegung in Rußland derzeit habe.[60] Dimitroff[61] bezeichnete die Lektüre von *Was tun?* als prägenden Impuls für seine revolutionäre Sozialisation: Die Protagonisten des Romans, insbesondere der Revolutionär Rachmetow, seien sein Vorbild gewesen. Noch während seiner Haft im Reichstagsbrandprozeß 1933 habe er in der Lektüre von *Was tun?* Rückhalt gefunden.

> „Was hat meinen Charakter als Kämpfer beeinflußt? [...] Es war das Buch Tschernyschewskis: *Was tun?* [...] Die Ausdauer, die ich in den Tagen erworben habe, da ich an der Arbeiterbewegung Bulgariens teilnahm, die unentwegte Ausdauer, die Sicherheit und die Festigkeit auf dem Leipziger Prozeß – alles das steht zweifellos in Verbindung mit dem Kunstwerk Tschernyschewskis, das ich in den Tagen meiner Jugend gelesen habe."[62]

In den zitierten Erinnerungen zeigt sich die unmittelbare Wirkung von Tschernyschewskis Utopie als Inspirationsquelle. Diese reichte weit über die 1860er Generation hinaus. Die zitierten Beispiele sind die sprichwörtliche Spitze des Eisberges einer bis 1917 in jeder Generation aktualisierten Rezeption von *Was tun?* als handlungsleitender Schlüsseltext unter der Intelligenzija und in den revolutionären Bewegungen. Diese Rezeptionsgeschichte macht die Bedeutung der Utopie Tschernyschewskis für die russische Utopiegeschichte aus.

Werke, Bd. 5. Berlin 1955. S. 355-551.

[59] Vgl. Marx, Karl: Brief an Sigfrid Meyer vom 21. Januar 1871. In: MEW, Bd. 33. Berlin 1966. S. 172-174, S. 173.

[60] Vgl. Engels, Friedrich: Nachwort (1894) zu „Soziales aus Rußland". In: MEW, Bd. 22. Berlin 1963. S. 421-435, S. 422.

[61] Georgi Dimitrov (Michajlov) – 1882-1949; Gründungsmitglied der kommunistischen Partei Bulgariens, 1935-1943 Generalsekretär der Kommunistischen Internationale (Komintern) und 1946-1949 Ministerpräsident Bulgariens.

[62] Dimitroff, Georgi: Die revolutionäre Literatur im Kampfe gegen den Faschismus. In: Internationale Literatur 5. Jg. (1935) H. 5. S. 8-11, S. 10; vgl. auch das Zitat in Düwel: Nachwort, S. 576 (aus einem Artikel Dimitrovs in der *Komsomol'skaja Pravda*).

Nikolai G. Tschernyschewski

Daß *Was tun?* unmittelbar nach seinem Erscheinen in Rußland von der jungen, radikalen Intelligenzija so ehrfürchtig rezipiert wurde, begründete sich nicht zuletzt in der Stellung ihres Autors. Nikolai G. Tschernyschewski (1828-1889)[63] war das Idol der radikaldemokratischen und nihilistischen Jugend der 1850er und 1860er. Sie imitierte ihn bis in den Habitus. Er war einen von ihnen: Als Sohn eines Priesters zählte er wie seine jugendlichen Anhänger zu den Rasnotschinzy. Er verkörperte den neuen, radikalen Geist und die andere soziale Herkunft der Intelligenzija der 1850er und 1860er Jahre. Zusammen mit Pisarew und Dobroljubow war Tschernyschewski der Wortführer der radikaldemokratischen und nihilistischen Jugend. Sie brachten in ihren Artikeln deren Suche nach neuen Werten und Lebensentwürfen zum Ausdruck. Sie prägten die politischen, sozialen und ästhetischen Anschauungen dieser Generation der russischen Intelligenzija, der Schestidesjatniki. Das zaristische Regime zeigte sich aufs höchste beunruhigt von dem Einfluß des publizistischen Dreigestirns. Schon Tschernyschewskis öffentliche Verteidigung seiner Dissertation *Die ästhetischen Beziehungen der Kunst zur Wirklichkeit*[64] 1855 war ein Eklat gewesen. Tschernyschewski brach in ihr mit der offiziellen idealistischen Ästhetik. Er forderte: Die Kunst muß die objektive Wirklichkeit wahrheitsgemäß darstellen, erklären sowie beurteilen – und so dem Volk und dem sozialen Fortschritt dienen. Das professorale und autokratische Establishment waren entsetzt. Die Studenten jubelten. Für sie war der Autor und Redakteur des *Sowremennik* längst die maßgebliche Autorität unter der Intelligenzija.

Tschernyschewski hatte nach dem Besuch des Priesterseminars in Saratow von 1846 bis 1850 in St. Petersburg Philosophie und Allgemeine Literatur studiert. Beeinflußt durch Belinskis Publizistik wandte er sich den Linkshegelianern und Fourier zu. Unter dem Eindruck der 1848er Revolutionen vollzog er auch politisch die Wende zum Sozialismus.

---

[63] Vgl. als werk- und zeithistorische Biographien: Woehrlin, William F.: Chernyshevskii. The Man and the Journalist. Cambridge 1971; Paperno, Irina: Chernyshevsky and the Age of Realism. Stanford 1988. Biographische Einführungen: Randall, Francis B.: N. G. Chernyshevskii. New York 1967; Beltschikow, Nikolai F.: Tschernyschewski. Eine kritisch-biographische Skizze. Berlin 1948; Naumova, Nelli N.: Nikolaj Gavrilovič Černševskij. Moskau u. a. 1966.

[64] Tschernyschewski, Nikolai G.: Die ästhetischen Beziehungen der Kunst zur Wirklichkeit. In: ders.: Ausgewählte philosophische Schriften. Moskau 1953. S. 362-493.

„Mir scheint, daß ich in meinen Überzeugungen vom Endziel der Menschheit zum überzeugten Partisanen der Sozialisten und Kommunisten und radikalen Republikaner geworden bin [...]."[65]

Nach kurzer Zeit als Gymnasiallehrer in Saratow (1851-1853) kehrte Tschernyschewski mit seiner Familie zurück nach St. Petersburg und wurde Mitarbeiter des *Sowremennik* – zunächst als Autor, wenig später als Redakteur. Unter seiner Leitung wurde der *Sowremennik* zum Sprachrohr der radikaldemokratischen Intelligenzija und zur einflußreichsten Zeitschrift Rußlands.[66] Tschernyschewski verpflichtete neue Autoren wie Dobroljubow, der mit seinen Literaturkritiken die materialistische Kunstauffassung beförderte, und verschob das Profil des *Sowremennik* von einer liberalen Literaturzeitschrift hin zur radikaldemokratischen Positionierung in den politischen und sozialen Fragen der Zeit. Die in der russischen Publizistik von Belinski begründete Tradition, die Literaturkritik als Gesellschaftskritik zu nutzen, wurde im *Sowremennik* zu ihrem Höhepunkt geführt.[67] Das Selbstverständnis des *Sowremennik* bestand, wie Tschernyschewski es in einem Brief an seine Frau charakterisierte, in einem missionarischen Wahrheits- und Aufklärungsanspruch.

„Die Leute haben Unsinn im Kopf, deshalb sind sie arm und bemitleidenswert, böse und unglücklich; man muß ihnen erklären, worin die Wahrheit besteht und wie sie demzufolge denken und leben müssen."[68]

Die Redakteure des *Sowremennik* verstanden sich als Aufklärer mit dem Anspruch, gesellschaftlich eingreifend zu wirken. Der Dreiklang aus Aufklären über politische, soziale, ökonomische und geistige Unmündigkeiten, Aufzeigen der Lösung und Motivieren zum Handeln war das Motto ihrer Arbeit. Sie wollten mit ihrem Schreiben die Menschen befreien und glücklicher machen.

Anfang der 1860er Jahre stand Tschernyschewski auf dem intellektuellen und beruflichen Gipfel: Der *Sowremennik* war unter ihm das Leitmedium der

---

[65] Černyševskij, Nikolaj G.: Dnevniki. In: ders.: Polnoe sobranie sočinenij, Bd. 1. Moskau 1939, S. 122 (Tagebucheintrag 18. September 1848).

[66] Die Zahl der Abonnenten stieg bis 1860 auf über 6.500, davon rd. zwei Drittel auf dem Land und in Kleinstädten (vgl. Woehrlin: Chernyshevskii, S. 114).

[67] Vgl. exemplarisch Dobroljubovs ‚Rezensionen' zu Gončarovs *Oblomov*, Turgenevs *Vorabend* und der Werke Ostrovskis (in: Dobroljubow, Nikolai A.: Ausgewählte philosophische Schriften. Moskau 1951).

[68] Černyševskij, Nikolaj G.: Pis'mo O. S. Černyševskoj 5. 10. 1862 (Nr. 519). (Brief an Ol'ga S. Černyševskaja) In: ders.: Polnoe sobranie sočinenij, Bd. 14. Moskau 1949. S. 455-457, S. 456.

Intelligenzija geworden. Gerade der jungen Generation unter den Lesern konnten die Artikel Tschernyschewskis und Dobroljubows nicht radikal genug sein. Tschernyschewskis Name war für die Öffentlichkeit so sehr mit den radikaldemokratischen und sozialistischen Ideen verbunden, daß er zum Markenzeichen für Unruhen schlechthin wurde.[69] Polizei und Zensur verschärften in der Folge die Überwachung Tschernyschewskis und des *Sowremennik*. Sie hofften, ihm illegale und revolutionäre Aktivitäten nachzuweisen, um ihn verhaften zu können. Im Mai 1862 nahm die Zensur einen Artikel Tschernyschewskis über die Reaktion der Regierung auf die Unruhen in Polen zum Anlaß, den *Sowremennik* für acht Monate zu verbieten. Ein halbes Jahr später wurde auch Tschernyschewski verhaftet. Die Geheimpolizei hatte einen Brief Herzens an Tschernyschewskis Mitarbeiter abgefangen, in dem Herzen Tschernyschewski anbot, den *Sowremennik* in seinem Londoner Exilverlag herauszugeben. Die zaristische Regierung nutzte den Brief, um Tschernyschewski illegale Beziehungen zu revolutionären Organisationen im Ausland zu unterstellen. Das gab ihr den Vorwand, Tschernyschewski verhaften zu lassen. Doch sie ahnte: Das Material ist zu dürftig. Über anderthalb Jahre saß Tschernyschewski in Haft, bis es auf Grundlage gefälschter Beweisstücke zur Anklage kam und am 19. Mai 1864 das Urteil verkündet wurde: Verlust der Ehrenrechte, vierzehn Jahre Zwangsarbeit[70] und lebenslängliche Verbannung ins nordostsibirischen Jakutien. 1881 gelangt es dem Aktionskomitee der *Narodnaja Wolja*, eine Strafmilderung für ihr ehemaliges Idol auszuhandeln. Als Gegenleistung für ihren Verzicht auf Anschläge während der Krönungszeremonie von Alexander III. durfte Tschernyschewski 1883 nach Astrachan an der Wolgamündung umsiedeln. 1889, wenige Monate vor seinem Tod, wurde ihm auch die Rückkehr in den europäischen Teil Rußlands gestattet.

Was tun? schrieb Tschernyschewski in der ersten Zeit seiner Haft in der Peter-und-Pauls-Festung: von Dezember 1862 bis April 1863. Es ist viel spekuliert worden, ob der Roman ein Versuch war, politische Aufzeichnungen, die ihn hätten belasten können, als Vorarbeiten für diesen zu tarnen. Seine Briefe und Tagebucheintragungen aus der Zeit zeigen jedoch, daß *Was tun?* als populäre Darstellung frühsozialistischer Ideen geplant war. Die Romanform sollte

---

[69] Als es 1862 in St. Petersburg zu einer Serie von Bränden kam, war bspw. Dostoevskij überzeugt, Černyševskij sei für die Feuer verantwortlich, und flehte ihn an, die Brandstiftungen zu beenden.

[70] Aleksandr II. ‚begnadigte' Černyševskij und reduzierte das Strafmaß auf sieben Jahre.

nicht nur die Fortsetzung der publizistisch-aufklärerischen Arbeit unter den verschärften Zensurbedingungen ermöglichen, sondern vor allem neue Leserkreise ansprechen. Im Brief an seine Frau vom 5. Oktober 1862 kündigte Tschernyschewski *Was tun?* als Plan zu einer „Enzyklopädie des Wissens und Lebens" in unterhaltsamer, belletristischer Form an:

> „Ich will das Werk in ganz leichtem populärem Stil bearbeiten, fast wie ein Roman, mit Anekdoten, Szenen und witzigen Einlagen, damit alle diejenigen es lesen, die sonst nichts lesen als Romane."[71]

Nachdem die Untersuchungskommission – mit negativem Urteil – geprüft hatte, ob sich das Manuskript von *Was tun?* im Prozeß gegen Tschernyschewski verwenden ließe, gab sie es frei. Die Pressezensur folgte dem Urteil der Untersuchungskommission und genehmigte die Veröffentlichung im *Sowremennik*. Es scheint unglaublich: Die Zeitschrift, die ein Jahr zuvor für acht Monate verboten worden war, durfte den Roman ihres Redakteurs veröffentlichen, der wegen Aufruf zur Revolution in Haft saß. Als die Zensurbehörde ihren Fehler entdeckte, war es zu spät: *Was tun?* war in drei Folgen im Sommer 1863 im *Sowremennik* erschienen. Eine Buchausgabe gab es selbstredend nicht mehr. Bis zur Revolution 1905 blieb *Was tun?* in Rußland verboten. 1875 kam jedoch in Italien eine französische Übersetzung heraus, allerdings ohne das Kapitel *Weras Vierter Traum*, der Schilderung des utopischen Endzustandes.[72] 1883 erschien im Leipziger Brockhaus-Verlag die erste deutsche Übersetzung von *Was tun?*.[73] Bebel rezensierte sie in der sozialdemokratischen Zeitschrift *Die Neue Zeit* und stellte den Roman als Vorbild einer idealen Gesellschaft heraus.[74]

Was tun? Aus Erzählungen von neuen Menschen

Was tun? ist eine Utopie in Romanform. Ihre Hauptfiguren Wera Pawlowna Rosalskaja, die beiden Medizinstudenten Dmitri Sergejitsch Lopuchow und Alexander Matwejitsch Kirsanow sowie der Berufsrevolutionär Rachmetow werden als Neuen Menschen vorgestellt. Sie sind materialistisch und rationalis-

---

[71] Černyševskij: Pis'mo O. S. Černyševskoj 5. 10. 1862 (Nr. 519), S. 456.
[72] Vgl. Heller/ Niqueux: Geschichte der Utopie, S. 182.
[73] Tschernyschewskij, Nikolai G.: Was thun? Erzählungen von neuen Menschen, 3 Bde. Leipzig 1883; mit 15 Mark war die Ausgabe allerdings für Arbeiter sehr teuer.
[74] Bebel, August: Ein idealistischer Roman. In: Die Neue Zeit 3. Jg. (1885) H. 8. S. 371-373.

tisch, selbst ihre Gefühle suchen sie wie ein chemisches Experiment zu kontrollieren. Ihr Verhalten gründen sie auf dem sogenannten vernünftigen Egoismus und ihr Leben ist bestimmt durch Bildung und Arbeit als Sinnfindung und Selbstverwirklichung.

Im Zentrum der Handlung steht die Emanzipation Wera Pawlownas aus ihrem kleinbürgerlichen Elternhaus und der dort herrschenden Moral und Geschlechterordnung. Unter der Anleitung Lopuchows, des Nachhilfelehrers ihres Bruders, liest Wera Pawlowna Feuerbachs *Vorlesungen über das Wesen der Religion*[75] und Considerants *Destinée sociale*[76] und begeistert sich für Fouriers Utopie. Als ihre Eltern sie zwangsverheiraten wollen, geht sie mit Lopuchow eine Scheinehe ein und verläßt ihr Elternhaus. Wera Pawlowna und Lopuchow gestalten ihre Beziehung nach einem neuen Rollenverständnis, das von George Sands[77] und Fouriers Emanzipationsideal bestimmt ist: Gleichberechtigung, Kameradschaft, gegenseitige Unabhängigkeit, Verzicht auf männliche Besitzansprüche, rationale Gefühlskontrolle. Jeder der beiden hat sein eigenes Einkommen: Lopuchow arbeitet als Arzt, Wera Pawlowna als Privatlehrerin. Unter dem Einfluß Lopuchows vervollkommnet Wera Pawlowna ihre Bildung und emanzipiert sich von den alten Wertevorstellungen.

Um Fouriers utopisches Modell einer sozietären Arbeits- und Lebensgemeinschaft in die Praxis umzusetzen, gründet Wera Pawlowna eine Nähwerkstatt in Form einer Genossenschaft. Mit der Genossenschaft sollen für die Nähe-

---

[75] Ludwig Feuerbach – 1804-1872; Feuerbach fügte seinen 1848/49 in Heidelberg gehaltenen Vorlesungen in der Druckfassung (1851) ein moralphilosophisches Traktat über den „vernünftigen Egoismus" bei, auf diesem gründete Černyševskij seine Theorie des vernünftigen Egoismus.

[76] Victor Considerant – 1808-1893; Considerant popularisierte mit *Destinée sociale* (1834-44) Fouriers Utopie und Geschichtsphilosophie und verhalf diesen damit zum Durchbruch. In den Mittelpunkt der Darstellung der neuen Ordnung nach Fourier stellt er dessen Modell der Produktionsassoziationen und Phalanstèren (vgl. zu Considerant Saage: Utopische Profile, Bd. 3, S. 217-221).

[77] George Sand – 1804-1876; Sands Romane hatten unter der Intelligencija Kultstatus. Ihre Kritik der patriarchalischen Familien- und Geschlechterordnung prägte die sog. Frauenfrage unter der Intelligencija der 1840er Jahre. In der Publizistik gab es geradezu eine Sand-Schule (vgl. Maegd-Soep, Carolina de: The Emancipation of Women in Russian Literature and Society. Gent 1978). Auch Černyševskij verehrte Sands Romane. Noch Jahre später, als Sand längst von den russischen Bestseller-listen verschwunden war, empfahl er seinem Sohn die Lektüre ihrer Romane (vgl. Schuster, Marlies: Die Emanzipation der Frau im Schaffen Tschernyschewskis und G. Sands. Berlin 1970, S. 7).

rinnen Arbeitsmöglichkeiten geschaffen werden, die ihre soziale Lage verbessern, die frei von Ausbeutung sind und die ihnen ein selbstbestimmtes Leben und Arbeiten ermöglichen. Im Rahmen des Genossenschaftsprojektes setzt Wera Pawlowna ein Bildungsprogramm um, mit dem sie analog ihres eigenen Emanzipationsprozesses die Arbeiterinnen der Genossenschaft zu Neuen Menschen erzieht. Im Ergebnis weiten die beteiligten Frauen die Produktionsgenossenschaft zu einer Wohn- und Arbeitskommune aus, die sich an den Grundsätzen Fouriers orientiert. Der Erfolg und das Wachstum der Nähwerkstatt animieren die Gründung weiterer Genossenschaften nach ihrem Vorbild. Schrittweise breitet sich so das frühsozialistische Ideal als gelebte Utopie aus.

Nach einiger Zeit erkennt Wera Pawlowna, daß sie für Lopuchow primär Dankbarkeit empfindet und sie Lopuchows Freund und ehemaligen Studienkollegen Kirsanow liebt. Lopuchow trennt sich daraufhin von Wera Pawlowna; als Neue Menschen wollen sie ihre Beziehung, allein auf Liebe gründen. Um ihr die Heirat mit Kirsanow zu ermöglichen, täuscht Lopuchow einen Selbstmord vor und geht ins Ausland. Ihre neue Ehe bedeutet für Wera Pawlowna die nächste Emanzipationsstufe: Unter der Anleitung Kirsanows beginnt sie, Medizin zu studieren. Nach einigen Jahren kehrt Lopuchow unter anderem Namen aus Amerika zurück und heiratet eine Freundin Wera Pawlownas.

Die Darstellung der Handlung wird mehrfach durch zwei weitere Ebenen unterbrochen: einer Kommentarebene, auf der das Geschehen mit Blick auf das utopische Ziel zusammengefaßt und in Bezug zur Welt der Leser gesetzt wird, sowie durch vier Träume Wera Pawlownas. Die ersten drei Träume reflektieren die jeweilige Emanzipationsstufe Wera Pawlownas und verallgemeinern sie zu theoretisch begründeten Modellen. Der vierte Traum enthält Tschernyschewskis Utopie im engeren Sinne. In ihm wird das Bild der zukünftigen, idealen Gesellschaft präsentiert: Die Menschen leben in lokalen Arbeits- und Lebensgemeinschaften nach dem Muster von Fouriers Phalanstèren.[78] Ausbeutung und staatliche Herrschaft sind abgeschafft. Die vernunftgemäße neue Ordnung sowie die durch den wissenschaftlich-technischen Fortschritt und die Unterwerfung der

---

[78] Phalanstère – Fouriers Modell einer kommunitären Arbeits- und Lebensgemeinschaft. Die Grundstruktur besteht in einer landwirtschaftlichen bzw. industriellen Produktionsgenossenschaft mit einer Wohnanlage für rd. 2.000 Menschen. Arbeit, Konsum und Leben sind gemeinschaftlich organisiert. Auf den Phalanstèren als lokalen Einheiten baut föderativ die Gesellschaft auf (vgl. Saage: Utopische Profile, Bd. 3, S. 61-85).

Natur gesteigerten gesellschaftlichen Ressourcen ermöglichen die Vervollkommnung des Menschen.

Aus dem Kellerloch zum Kristallpalast

Was tun? ist eine Zeitutopie. Ihr utopisches Ziel ist für den Leser als geschichtsphilosophischer Erwartungshorizont ausgezeichnet. Das utopische Ideal wird von Tschernyschewski als Vollendung der als Fortschrittsprozeß verstandenen Geschichte entworfen. Er entfaltet die utopische Botschaft auf drei Ebenen, die wechselseitig auf einander bezogen sind: die Entwicklung der Neuen Menschen am Beispiel der Emanzipation Wera Pawlownas, die Schaffung neuer, kommunitärer Arbeits- und Lebensmodelle in Form der von Wera Pawlowna gegründeten Genossenschaft und – als Utopie im engeren Sinne – die Schilderung der „Endstufe des utopischen Prozesses" (Saage) in *Weras Viertem Traum*: eine kommunitäre Ordnung à la Fourier. Die Werte und Strukturprinzipien dieser künftigen Gesellschaft werden dabei schon in den Neuen Menschen und dem Genossenschaftsprojekt antizipiert. In den Kommentaren reflektiert Tschernyschewski die drei Ebenen und ihre Verschränkung als Stufen der Verwirklichung der Utopie. An die Leser gerichtet, erläutert er, wie es möglich ist, ein Neuer Mensch zu werden und die neue Gesellschaft zu errichten. Tschernyschewski stellt damit der kritisierten Ursprungsgesellschaft nicht allein das Bild einer Idealgesellschaft gegenüber. Er bezieht den Weg zur künftigen Gesellschaft als utopischen Prozeß in die Utopie ein und bindet ihn mit den Kommentaren geschichtlich an den Erfahrungshorizont seiner Leser.

Der Weg zur neuen Gesellschaft

Mit Wera Pawlowna und Rachmetow eröffnet Tschernyschewski zwei Wege, das utopische Ideal zu verwirklichen. Der erste ist die Umgestaltung der Lebenswelt durch die Selbstvervollkommnung des einzelnen zum Neuen Menschen, indem sie neue Werte und Lebensweisen entwickeln, und durch deren Vorbildwirkung. Es ist das Modell einer sozio-kulturellen Transformation. Für sie stehen Wera Pawlowna und ihre Genossenschaft. Der Weg selbst ist schon Utopie. Mit seiner Vorwegnahme des utopischen Morgen im Heute ist er das utopische Nahziel, das ganz im blochschen Sinne[79] das utopische Fernziel

---

[79] Vgl. Bloch, Ernst: Antizipierte Realität – wie geschieht und was leistet utopisches Denken? In: ders.: Abschied von der Utopie? Frankfurt a. M. 1980. S. 101-115,

wachhält und zu ihm hinführt. Die Transformation des Alltags durch das Erproben neuer Lebensentwürfe und Arbeitsformen fungiert als Nahziel, die kommunitäre Gesellschaft à la Fourier ist das Fernziel, das für die Generation der Neuen Menschen um Wera Pawlowna noch utopischer Horizont bleibt. In *Weras Viertem Traum* erklärt die als Mentorin Wera Pawlownas allegorisierte Emanzipationsgeschichte gegenüber Wera Pawlowna:

> „Nicht so bald aber wird das, was du gesehen hast, Wirklichkeit werden, noch viele Geschlechter werden darüber hinsterben. [...] Aber du hast nun die Zukunft geschaut. [...] arbeitet für sie, erkämpft sie, ergreift von ihr für die Gegenwart, soviel ihr ergreifen könnt, euer Leben wird so schön und gut sein, so reich an Freude und Genuß, soviel Zukünftiges ihr hineintragen könnt." (Was tun? 459)

Tschernyschewski betont, daß die neue Gesellschaft nicht durch einen einmaligen revolutionären Akt zu verwirklichen ist. Er kennzeichnet den Weg zu ihr als einen evolutionär ablaufenden historischen Prozeß der Emanzipation. In ihm kommt dem utopischen Bild die Funktion zu, Ziel und Maßstab des Handelns zu sein. Kampf für die Utopie heißt für Tschernyschewski, in der Gegenwart nach den Prinzipien der Zukunft zu leben. In *Was tun?* wird so in Gestalt der Neuen Menschen die erhoffte Zukunft als bereits gelebte Gegenwart dargestellt, während die herrschende Ordnung als überlebte Vergangenheit erscheint.

Im Gegensatz zu Turgenjew und auch Pisarew zeigt Tschernyschewski den Neuen Mensch nicht erst im Werden oder als Ausnahmeerscheinung.[80] Bei Tschernyschewski sind der Neue Mensch und seine Lebensweise schon Gegenwart auf dem Weg zur kulturellen Hegemonie, sie sind gelebte Utopie. Die Vorbildwirkung der Neuen Menschen wie Wera Pawlowna führt zur Ausbreitung des utopischen Ideals in der Gesellschaft und so zu deren Umgestaltung. Das Muster dieser sozio-kulturellen Transformation veranschaulicht Tschernyschewski in der Emanzipation von Wera Pawlowna und in ihrer Genossenschaft. Er charakterisiert die Transformation als zweifachen Emanzipationsprozeß mit Aufklärung und Bildung als Ausgangspunkt und treibende Kraft.

S. 111ff.

[80] Vgl. in Turgenevs *Vorabend* die Figuren Elena N. Stochova und Dmitri N. Insarov und in *Väter und Söhne* Basarov sowie Pisarevs Besprechungen der Romane Turgenevs (Pisarev, Dmitri I.: Sočinenija, Bd. 1 u. 2. Moskau 1955) und seinen Aufsatz zu Černyševskijs *Was tun?* (Pisarev, Dmitri I.: Mysljaščij proletariat. In: ders.: Sočinenija, Bd. 4. Moskau 1956. S. 7-49).

"Gute und kluge Männer haben Bücher geschrieben, in denen sie zeigen, wie man in der Welt leben muß, damit sich alle wohl fühlen." (Was tun? 216)

Die Emanzipation Wera Pawlownas wird durch ihre Lektüre der frühsozialistischen Gesellschafts- und Moralvorstellungen (Fourier, Considerant, Sand) initiiert. Indem Wera Pawlowna die frühsozialistischen Ideen als Programm rezipiert, das sie in ihre eigene Lebenspraxis übersetzt, beginnt ihre Selbstvervollkommnung zum Neuen Menschen. Mit dem Genossenschaftsprojekt weitet Wera Pawlowna den individuellen Emanzipationsprozeß aus zur Schaffung neuer gesellschaftlicher Räume für die utopischen Arbeits- und Lebensweisen. In der Folge werden Wera Pawlowna und ihre Arbeits- und Wohnkommune selbst zum Vorbild, das das utopische Ideal in die Gesellschaft vermittelt. Analog dem, wie Wera Pawlowna in den Traumszenen von ihrer allegorischen Mentorin über das utopische Ziel und den Weg dahin aufgeklärt wurde, leitet nun sie ihre Freundin Katharina Wassiljewna Polosowa beim Aufbau neuer Genossenschaften an. Als gelebte Utopie werden die Selbstverwirklichung zum Neuen Menschen und dessen neue Lebens- und Arbeitsformen so zur gesellschaftlichen Praxis – die individuelle Emanzipation des einzelnen geht über in die Emanzipation der Gesellschaft.

Das Schlüsselwort für die von Wera Pawlowna repräsentierte Transformationsstrategie ist Bildung. Im Begriff der Bildung kulminiert in emphatischer Weise das Emanzipationsversprechen von Tschernyschewskis Utopie.

"Erhebt euch aus eurem Kellerloch, meine Freunde, erhebt euch, [...] der Weg ist leicht und verlockend, versucht es nur: Bildung, Bildung." (Was tun? 375)

Tschernyschewski versteht Bildung als Aufklärung. Sie ist der Ausgang aus der Unmündigkeit des Kellerlochs – Tschernyschewskis Synonym für die depravierte Gegenwart. Erstmals in der russischen Utopiegeschichte dient Bildung nicht mehr dazu, die soziale und moralische Ordnung der utopischen Gesellschaft zu reproduzieren – wie etwa in Schtscherbatows *Reise ins Land Ophir* und Odojewskis *Das Jahr 4338*. Indem Bildung die Selbstvervollkommnung zum Neuen Menschen und die neue Lebensweise initiiert, wird sie zur Triebkraft des geschichtlichen Fortschritts.

Der zweite Weg zum Verwirklichen der Utopie, den Tschernyschewski in *Was tun?* beschreibt, ist der politische Umsturz durch revolutionäre Untergrundorganisationen. Für ihn steht die Figur des Berufsrevolutionärs Rachmetow. Es ist der Weg einer exklusiven Minderheit: der sogenannten „außerordentlichen Menschen". Sie leben ganz für ‚die Sache'. Für die Revolution verzichten sie auf privates Glück. Sie ordnen ihr Leben der revolutionären Arbeit im Untergrund unter und leben konspirativ und asketisch außerhalb des Alltags. Das unterscheidet sie von den einfachen Neuen Menschen, die gerade in der Umgestaltung des eigenen Alltags die Utopie realisieren. Die Revolution, für die Rachmetow kämpft, bringt jedoch nicht unmittelbar die Idealgesellschaft hervor, sie ebnet erst den Weg zu ihr. Tschernyschewski ordnet die Revolution der sozio-kulturellen Transformation unter, sie dient als Mittel. Mit ihr werden die politischen Blockaden für die von den Neuen Menschen getragene soziokulturelle Transformation aufgelöst. Bildlich gesprochen: Die Rachmetows sind die Sprengladungen, die die Felsen beseitigen, die den Weg zur neuen Gesellschaft versperren.[81] Tschernyschewski charakterisiert den Berufsrevolutionär als Protagonist des Übergangs. Der Horizont für ihn ist nicht das partizipative Verwirklichen der Utopie als vorwegnehmender lebensweltlicher Praxis, wie für die Neuen Menschen, sondern die politische Ermöglichung der künftigen Idealgesellschaft. Der Aufbau der neuen Gesellschaft ist nicht mehr die Sache des Revolutionärs. Diese Aufgabe überläßt er den Neuen Menschen.

Das Bild der zukünftigen Idealgesellschaft

Die utopische Gesellschaft in ihrem vollendeten Zustand wird von Tschernyschewski in *Weras Viertem Traum* (Was tun? 439-459) beschrieben. Der *Traum* beginnt mit einem Überblick über die historischen Etappen der Emanzipation der Frau von der Antike bis zur Gegenwart. Die allegorische Mentorin Wera Pawlownas zeichnet den Prozeß als eine stetige, gleichwohl schwer erkämpfte Zunahme von Freiheit und Gleichberechtigung. Seine Vollendung und damit die Überwindung aller Herrschaftsverhältnisse erreicht der Emanzipationsprozeß mit der utopischen Gesellschaft, die Wera Pawlowna im Anschluß als Zukunftsvision gezeigt wird.

„Keine vermochte ihre Vorgängerin [82] ganz zu ersetzen, darum blieben sie neben ihr bestehen. Ich aber ersetze sie alle, sie werde verschwinden,

---

[81] Durchaus im Sinne dieses Bildes verstanden sich die Untergrundgruppen der 1870er, die mit Attentaten auf Vertreter des Regimes versuchten, die Autokratie so zu destabilisieren, daß die soziale Revolution des Volkes möglich werde. Sie wurden aufgrund des für die Attentate verwendeten Dynamits auch als Dynamitniks bezeichnet.

[82] Gemeint sind die allegorischen Verkörperungen der jeweiligen gesellschaftlichen Situation der Frau bzw. des Frauenbildes: Astarte (Hirten und Nomaden), Aphrodite

ich allein werde bleiben und die Herrschaft über die ganze Welt gewinnen. Doch ihre Herrschaft mußte vorangehen; ohne sie würde mein Reich nicht möglich sein." (Was tun? 444)

Tschernyschewski bestimmt das utopische Ideal als Vollendung der Geschichte. Er definiert Geschichte als Fortschrittsprozeß, dessen Telos in der Befreiung des Menschen aus politischer, sozialer und geistiger Unterdrückung liege. Diesen Fortschrittsprozeß bindet Tschernyschewski, Fourier folgend,[83] an die Emanzipation der Frau: Diese ist die Voraussetzung für den sozialen Fortschritt allgemein. Worin die Emanzipation der Frau konkret besteht, beschreibt Tschernyschewski am Beispiel Wera Pawlownas. Er definiert sie, darin ebenfalls Fourier sowie Sand folgend, als Befreiung aus patriarchalischer Herrschaft, ökonomische Selbständigkeit und als Etablierung einer neuen Geschlechterordnung, in der Ehe und Familie auf dem Ideal der Freien Liebe und auf Selbstbestimmung gründen.

Auf die Vorrede zu den Etappen der Emanzipation der Frau folgt die Beschreibung des utopischen Endzustandes im eigentlichen Sinne (Was tun? 450-459). Tschernyschewski schildert ausführlich den Alltag und die Lebensweise in der utopischen Gesellschaft wie Tagesablauf, Freizeit, Wohnen, Kleidung, Essen, Geschlechterverhältnisse, ebenso den Bereich der Arbeit mit den Produktions- und Eigentumsverhältnisse sowie das Verhältnis Stadt-Land, die Umgestaltung der Natur und die Architektur. Die politische Ordnung und das Erziehungssystem dagegen werden mit keinem Wort erwähnt. Tschernyschewski läßt damit zwei Felder, die üblicherweise im Mittelpunkt der Utopie stehen, aus. Der Grund dafür liegt in der Ausrichtung seiner Utopie als lebensweltliche Emanzipationsstrategie: Sie ist als Programm einer neuen Lebensweise an den einzelnen gerichtet. Das Bild des utopischen Endzustandes zeigt dann lediglich die Ausweitung von Wera Pawlownas Genossenschaft, der Phalanstère en miniature, auf die Gesellschaft. Im Mittelpunkt des utopischen Szenarios steht der Alltag der neuen Arbeits- und Lebensweise. In der Konsequenz bleiben für

---

(Antike) und die „keusche Jungfrau" der mittelalterlichen Minne. Auf sie folgt das Ideal der Gleichberechtigung. Černyševskij folgt mit der Periodisierung Fouriers Schema der geschichtlichen Entwicklung (vgl. Wett, Barbara: ‚Neuer Mensch' und ‚Goldene Mittelmäßigkeit'. München 1986, S. 119f.).

[83] Vgl. zur Emanzipation der Frau bei Fourier: Fourier, Charles: Theorie der vier Bewegungen und der allgemeinen Bestimmungen. Frankfurt a. M. 1966, S. 190; zu Černyševskijs Rezeption von Fouriers Emanzipationsverständnis vgl. Pietrow-Ennker: Rußlands „neue Menschen", S. 68ff.

Tschernyschewskis Zukunftsgesellschaft jene Bereiche diffus, die eine Ordnung erfordern, die über die genossenschaftliche Selbstverwaltung hinausgeht.[84]

Die Leerstelle der Politik zeigt zum anderen aber auch, daß Politik und Staat in Tschernyschewskis utopischer Gesellschaft keine Rolle mehr spielen. Indem er mit seiner Utopie auf die generelle Befreiung von Herrschaft zielt, ist in seiner zukünftigen Gesellschaft jede Form von Staat abgeschafft. An die Stelle des Staates tritt eine in *Was tun?* nicht näher beschriebene anarchistische Selbstregulation der Gesellschaft. Tschernyschewski übernimmt mit ihr die für die frühsozialistische Utopie charakteristische Ablösung von Politik durch Wissenschaft.[85] Politik im eigentlichen Sinne ist in seiner utopischen Gesellschaft gegenstandslos geworden. Die sozialen Probleme wurden mit Hilfe des wissenschaftlich-technischen Fortschritts gelöst, und indem die Neuen Menschen per definitionem ihr Verhalten aus der „vernünftigen Natur der Dinge selbst" ableiten, ist die Möglichkeit widersprechender Interessen a priori aufgehoben. Damit sind für die utopische Gesellschaft jene Konfliktpotentiale beseitigt, für deren Bewältigung Politik und Staat nötig werden. Mit Verweis auf die a priori vernünftige Natur des Neuen Menschen verneint Tschernyschewski die Notwendigkeit jeder Form von Staatlichkeit mit ihren Kontroll- und Sanktionsinstanzen wie Gesetze, Polizei, Justiz. Politik und Staat werden durch Wissenschaft als gleichsam vorpolitische Integrationsinstanz ersetzt: An die Stelle von Herrschaft treten quasi naturgesetzliche Prinzipien, durch die sich die Gesellschaft als vernunftgemäße Ordnung selbstläufig verwirklicht. Für den einzelnen besteht lediglich die Aufgabe, das ‚Vernünftige' zu erkennen und umzusetzen.

Auch in der Gestaltung der sozialen und ökonomischen Verhältnisse folgt Tschernyschewski Fourier. Er organisiert seine utopische Gesellschaft in Phalanstèren, die bis in die Anzahl der Bewohner dem Vorbild Fouriers entsprechen: Die Neuen Menschen der Zukunft leben in kommunitären Wohn- und Produktionsgemeinschaften von jeweils rund zweitausend Personen.

> „Ein großes, großes Gebäude [...]. Es steht inmitten von Feld und Wiese, Garten und Wald. [...] Eisen und Glas – weiter nichts; doch bildet dies gleichsam ein schützendes Gehäuse, darinnen aber ist das richtige Haus

---

[84] Bspw. die in *Was tun?* beschriebenen Projekte der Umgestaltung der Natur (Kanalbau, Bewässerung der Wüsten), deren Planung und Umsetzung die einzelnen Phalanstèren übersteigen. Die Leerstelle von Erziehung und Schule bleibt allerdings unverständlich angesichts der zentralen Bedeutung von Bildung in Černyševskijs Utopie.

[85] Vgl. zur politischen Ordnung in den Utopien Saint-Simons, Owens und Fouriers Saage: Utopische Profile, Bd. 3, S. 27ff., S. 53ff. u. S. 79ff.

[…], es wird von diesem Gebäude aus Eisen und Kristall wie von einem Futteral umschlossen; breite Galerien führen um alle Stockwerke." (Was tun? 450)

Mit den Galerien, die um das Haus laufen und die Stockwerke verbinden, zitiert Tschernyschewski für seine kommunitären Wohn- und Arbeitssiedlungen die von Fouriers Schülern entworfenen und zum Teil auch gebauten Phalanstèren mit ihren Rues Galeries.[86] Die Stahl-Glas-Architektur hat, wie der Erzähler anmerkt, ihr Vorbild im Kristallpalast der Londoner Weltausstellung von 1851. Dessen industrielle Architektur und Bauweise stand seinerzeit für den technischen und gesellschaftlichen Fortschritt par excellence.[87] Wie jener verkörpert auch die Architektur von Tschernyschewskis Phalanstèren die Transparenz, Leichtigkeit und Modernität des zukünftigen Lebens. Sie sind aus Stahl und Glas gebaut, die Fußböden, Fensterrahmen und Möbel sind aus Aluminium.

Alles ist zweckmäßig gestaltet, gleichwohl luxuriös und im Überfluß vorhanden. Es gibt kein Luxusverbot mehr wie in den Renaissanceutopien. An die Stelle von deren Bedürfnislosigkeit und spartanischen Lebensweise ist ein rationalistischer Hedonismus getreten: Jeder ist frei in der Befriedigung seiner Bedürfnisse. Doch besteht der Schritt zum Neuen Menschen gerade in der Erkenntnis, daß der wahre individuelle Vorteil zugleich dem gesellschaftlichen entspreche. Nichts liegt dem rationalistischen Hedonismus des Neuen Menschen ferner als eine verantwortungslose Bedürfnisbefriedigung, die die Ressourcen der Gemeinschaft in Anspruch nimmt, ohne sich durch Arbeit an ihrer Reproduktion zu beteiligen. Der rationalistische Hedonismus schließt Arbeit als existentielles Bedürfnis ein.

In dieser Sicht auf Arbeit zeigt sich ein Paradigmenwechsel gegenüber der klassischen Utopie. Tschernyschewski entwirft Arbeit nicht mehr als zwangmäßige Notwendigkeit für die Reproduktion, die unter den Bedingungen einer durch die Produktionsverhältnisse limitierten Produktivität steht, und bei der die Arbeit nur durch die Verteilung auf alle für den einzelnen auf ein erträgliches Maß reduziert werden kann. Tschernyschewski setzt Arbeit als elementares Grundbedürfnis. Durch sie werde für den Menschen Emanzipation erst möglich.

---

[86] Vgl. zur Architektur der Phalanstèren Bollerey, Franziska: Architekturkonzeptionen der utopischen Sozialisten. Berlin 1991.
[87] Vgl. zur Architektur und Symbolik des Kristallpalastes: Haltern, Lutz: Die Londoner Weltausstellung von 1851. Münster 1971.

„[I]n der anthropologischen Analyse stellt die Arbeit die elementare Form der Bewegung dar, die allen anderen Formen der Bewegung, wie Zerstreuung, Erholung, Vergnügen, Lust, zugrunde liegt und deren ganzen Inhalt ausmacht. Sie alle besitzen ohne vorangegangene Arbeit keine Realität." (Was tun? 204)

Arbeit wird bei Tschernyschewski zur Grunderfahrung des menschlichen Seins: Erst durch die Arbeit entfalte sich der Mensch in seinem menschlichen Wesen. Das ist die Wende zur sozialistischen Utopie. Tschernyschewski vollzieht sie unter dem Einfluß der frühsozialistischen Theorien als Fortführung der Aufklärung: Arbeit wird neben Bildung zur Bedingung der Emanzipation. Daß die Arbeit nicht zur Repression und Ausbeutung okkupiert werden kann, wird durch die Eigentums- und Produktionsverhältnisse gesichert. In Tschernyschewski Utopie ist die Arbeit durch die kommunitären, sozialistischen Eigentums- und Produktionsverhältnisse von ihrem Ausbeutungs- und Zwangscharakter befreit; und die geschlechtsspezifische Arbeitsteilung ist in ihr ebenso aufgehoben wie die Trennung zwischen Hand- und Kopfarbeit.

Der Konsum ist in der Zukunftsgesellschaft von *Was tun?* ebenfalls gemeinschaftlich organisiert. Aber ohne, Tschernyschewski betont das ausdrücklich, den uniformierenden Zwang zur Kollektivität, wie es die klassischen Utopien bestimmte; es ist auch möglich, sich zu separieren. In Tschernyschewskis Phalanstèren gibt es eine Gemeinschaftsküche – in ihr arbeiten die Alten und Jugendlichen – mit gemeinsamen Mahlzeiten. Für die Freizeit gibt es ein umfangreiches kommunitären Kultur-, Bildungs- und Freizeitangebot: Konzerte, Theater, Tanz, Sport, wissenschaftliche Symposien, Museen etc. Die Konzerte und Theaterstücke werden dabei nicht von Berufsmusikern und -schauspielern aufgeführt, sondern von professionalisierten Laienensembles. Das gleiche gilt für die Wissenschaft: Der abendliche Referent zur Züchtung neuer Getreidesorten arbeitet tagsüber auf dem Feld als Brigadeführer bei der Getreideernte. Der Neue Mensch bedeutet für Tschernyschewski nicht lediglich eine neue Moral und eine neue, kommunitäre Lebensweise, sondern vor allem die Selbstvervollkommnung des Menschen als Entfaltung seiner schöpferischen und geistigen Fähigkeiten. Die materielle Basis für diese Selbstvervollkommnung der Neuen Menschen sind die kommunitären Eigentums- und Produktionsverhältnisse. Sie erst ermöglichen die gemeinschaftliche Nutzung des erarbeiteten Reichtums – so wie es in Weras Genossenschaft im Kleinen vorweg genommen wird.

Ökonomisch beruht Tschernyschewskis Zukunftsgesellschaft auf der Agrarwirtschaft. Die Phalanstèren bilden landwirtschaftliche Genossenschaften, Industrie kommt in ihrer Beschreibung nicht vor. Zugleich sind die Phalanstèren aber von den Standards einer urbanen Zivilisation geprägt. Zwar ist die Stadt als politisches, ökonomisches und kulturelles Zentrum in Tschernyschewskis Utopie abgeschafft. Es gibt nur noch wenige Städte, die als „Zentralpunkte des Warenverkehrs" und als Urlaubsorte dienen.

> „Es gibt weniger Städte als früher [...]. Die Städte sind viel größer und schöner als die einstigen; man besucht sie nur auf ein paar Tage zum Vergnügen oder um Geschäfte zu besorgen. [...] bei weitem die Mehrzahl der Menschen findet das Leben [auf dem Land] behaglicher und angenehmer." (Was tun? 455)

Das Zentrum des Lebens bilden die ländlichen Phalanstèren. Sie sind weitläufig über das Land verteilt. Sie bieten jedoch die vormals der Stadt eigenen kulturellen und zivilisatorischen Leistungen und vereinen sie mit den Vorzügen der „gesunden Natur". Jede der Kommunen besteht aus einer Sommerphalanstère im Norden und einer Winterphalanstère im Süden; sie bewohnen sie im Wechsel der Jahreszeiten, um der Sommerhitze im Süden und den trüben, kalten Wintern im Norden zu entgehen.

Tschernyschewskis ländliche Gemeinschaften der Zukunft zeichnen sich, wie schon ihrer Architektur zeigt, durch eine avancierte Wissenschaft und Technik aus. Sie greifen sowohl in der Arbeit als auch im Alltagsleben auf die Möglichkeiten einer hochindustrialisierten Zivilisation zurück. Die Landwirtschaft beruht auf dem Einsatz von Technik und Wissenschaft.

> „Auf den Feldern wachsen unsere bekannten Getreidearten, aber viel dichter und ertragreicher. Weizen von solcher Güte, mit so hohen und doch so vollen Ähren, könnte jetzt vielleicht nur im Treibhaus gezogen werden." (Was tun? 450)
>
> „Rasch geht die Arbeit vonstatten, da zu vielen Verrichtungen Maschinen verwendet werden, Maschinen zum Mähen, zum Binden der Garben, zum Einfahren in die Scheune. Die Menschen haben nur die Maschinen in Gang zu setzen und ihre Tätigkeit zu überwachen." (Was tun? 452)

Verbesserte Anbaumethoden und Züchtung steigern die Qualität und Quantität der Agrarproduktion. Technik erleichtert die Arbeit bis zum Verschwinden der körperlichen Belastung. Dank des wissenschaftlich-technischen Fortschritts und der Beherrschung der Naturkräfte können Gegenden besiedelt werden, die vorher unbewohnbare Wüsten waren.

> „[...] mitten in einer einstigen Wüste, doch jetzt hat man das ganze Gebiet [...] in fruchtbares Land umgewandelt, so fruchtbar wie jener Land-

strich, von dem man im Altertum sagte, dort flössen Milch und Honig. [...] Mit Maschinen von immenser Tragkraft wurde von Nordosten und von Westen her Lehm zugeführt, [...]; man grub Kanäle, leitete Wasser hinein, und es entwickelte sich Pflanzenwuchs, die Luft erfüllte sich mit größerem Feuchtigkeitsgehalt. So ging man Schritt für Schritt vorwärts [...]." (Was tun? 454f.)

Der wissenschaftlich-technische Fortschritt ermöglicht die Beherrschung der Natur und ihre Nutzung für die Interessen der Menschen. Tschernyschewski steht damit ganz in der rationalistischen Utopietradition. Ausdruck von deren Omnipotenz des Menschen gegenüber seiner natürlichen Umwelt ist auch in Tschernyschewskis Utopie die Umgestaltung der Natur, die Verwandlung von Wüsten in fruchtbare Gärten. So wie der Neue Mensch sich und die sozialen Verhältnisse umgestaltet, entwirft er ebenfalls die Natur neu nach seinen Bedürfnissen. Die Naturkräfte werden zur steuerbaren Produktivkraft.

„Die Menschen [...] haben sich Kräfte und Mittel nutzbar gemacht, die sie früher unbenutzt ließen oder gar zu ihrem Schaden verwendeten." (Was tun? 455)

In dem Glauben an die entscheidende Rolle von Wissenschaft und Technik für den gesellschaftlichen Fortschritt war Tschernyschewski von Saint-Simon geprägt.[88] Wie Saint-Simons Industriestaat beruht auch Tschernyschewskis Idealgesellschaft auf dem wissenschaftlich-technischen Fortschritt und treibt diesen weiter voran. Doch im Unterschied zu Saint-Simon bindet Tschernyschewski den Fortschritt nicht an eine industrielle Wirtschaftsordnung. Er bettet ihn in eine agrarische Wirtschaft ein – allerdings ohne zu beschreiben wie. Das Vorbild ist jedoch offensichtlich Fouriers Modell einer lokalen genossenschaftlichen Produktionsweise und deren Agrarbezug. Das soziale Fundament von Tschernyschewskis utopischer Gesellschaft ist daher nicht eine *classe industrielle* (Saint-Simon), sondern eine in ihren Arbeits- und Lebenszusammen-hängen genossenschaftlich strukturierte Landbevölkerung.

Das gilt allerdings erst für die vollendete Idealgesellschaft in *Weras Viertem Traum*. Die Neuen Menschen in *Was tun?* gehören noch zur urbanen Intelligenz wie Kirsanow, Lopuchow und Wera Pawlowna und zum städtischen Hand-

---

[88] Claude Henri de Rouvroy, Comte de Saint-Simon – 1760-1825. Im Unterschied zu Fourier entwarf Saint-Simon die künftige ideale Gesellschaft als wissenschaftlich-technischen Industriestaat (vgl. zu Saint-Simons Utopie Saage: Utopische Profile, Bd. 3, S. 9-33).

werks- und Dienstleistungsproletariat wie die Näherinnen. Zwischen den Neuen Menschen der Transformationsphase und des utopischen Endzustandes ergibt sich damit eine auffällige Diskrepanz. Deren Überwindung wird von Tschernyschewski nicht thematisiert, ihre Ursache ist jedoch evident. Diese liegt in dem von ihm angesprochenen Leserkreis. *Was tun?* war an die junge Intelligenzija der 1860er adressiert. Deren Emanzipationsstreben mit der Suche nach neuen Lebensweisen war eine urbane Bewegung. Ihren Kommunikations- und Wirkungsraum bildete die Stadt mit den im Zuge der beginnenden Industrialisierung entstehenden neuen Arbeitsmöglichkeiten für eine intellektuelle Klasse. Diese schufen den Raum, um die Entwürfe neuer Lebens- und Arbeitsweisen zu erproben. Von diesem zeitgenössischen Erwartungshorizont her bestimmen sich Tschernyschewskis Strategien der mittelfristige Alternative in Gestalt der Neuen Menschen à la Wera Pawlowna und ihrer Genossenschaft. Das utopische Fernziel der agrarsozialistischen Phalanstèren dagegen war auf den politischen Anspruch der Intelligenzija, die Emanzipation der Bauern, bezogen.

Der Sprung aus der Geschichte: Rußlands Sonderweg zum Sozialismus

In der Rezeption des Frühsozialismus durch die Intelligenzija als Alternative für Rußland kam es zu einer charakteristischen Verschiebung. Die frühsozialistischen Utopien antworteten auf die kapitalistische Industrialisierung und ihre sozialen Folgen wie Auflösung der traditionellen sozialen Strukturen, Verelendung, gesellschaftliche Desintegration, Entfremdung. Mit ihren Utopien zielten Fourier, Owen und Saint-Simon auf die Bändigung der gesellschaftlichen Dynamik der Industrialisierung und die Rekonstruktion des Sozialen. Es ging ihnen darum, die durch die kapitalistische Industrialisierung hervorgerufenen Fehlentwicklungen zu korrigieren. Fourier setzte dafür mit seinen Phalanstèren auf dezentrale, genossenschaftliche Produktions- und Arbeitsformen. Sie sollten eine kommunitäre Sozialstruktur etablieren, die auf agrarökonomischer Basis beruht, in die sich eine kleinteilig organisierte Industrie integriert. Damit, so Fouriers Erwartung, werde es möglich, die Potentiale des wissenschaftlich-technischen Fortschritts zu nutzen und zugleich die Entfaltung einer zerstörerischen kapitalistischen Dynamik zu verhindern.

Tschernyschewski übernahm für seine Utopie Fouriers Idee der Phalanstèren. Er sah in ihnen aber nicht nur das Modell einer kommunitären Produktions- und Lebensweise, das die industrielle Dynamik einhegt, sondern vor allem ein Modell, mit dem sich für das noch agrarische Rußland der Kapitalismus und seine Verwerfungen vermeiden lasse und mit dem die Bauernemanzipation in eine sozialistische Bewegung überführt werden könne. In direkter Anlehnung an Fouriers Utopie hatte er auch schon zuvor das Modell kooperativer Assoziationen bäuerlicher Gemeinden und industriell-handwerklicher Genossenschaften als Ideal für Rußland propagiert. Im Aufsatz *Kapital und Arbeit* im *Sowremennik* beschreibt er diese detailliert.[89] Sie sollten jeweils aus 400 bis 500 Familien mit 1.500 bis 2.000 Personen bestehen, die gemeinsam in einem Gebäudekomplex leben. Die Mitgliedschaft beruht auf Freiwilligkeit. Wer nicht arbeitet, kann ausgeschlossen werden. Die sozialen und kulturellen Einrichtungen wie medizinische Betreuung, Schulen, Bibliotheken werden aus dem Kommunefonds finanziert. Es gibt eine Gemeinschaftsküche, aber man kann sich auch individuell verpflegen. Neben den kostenfreien Dienstleistungen erhalten die Mitglieder zwei Formen von Einkommen: einen regulären Lohn, der nach der Arbeitsleistung berechnet wird, und eine Jahresdividende, die sich nach der Anzahl der geleisteten Arbeitstage bestimmt. Am Anfang soll die Assoziation von einem Direktor geleitet werden, später von der ganzen Genossenschaft.

Diese Assoziationen bilden die Blaupause für Wera Pawlownas Genossenschaft und die Phalanstère in *Weras Viertem Traum*. Analog den Assoziationen in *Kapital und Arbeit* beschreibt Tschernyschewski für die Genossenschaft, wie die Arbeiterinnen eine kommunitäre Arbeits- und Lebensweise entwickeln. Schrittweise baut die Genossenschaft eine gemeinschaftliche Versorgung und Unterstützung auf – einen finanziellen Hilfsfonds, eine Unterstützungskasse, einen Konsumverein – und dehnt die Gemeinschaft über die Arbeit auf den Bereich des Wohnens und der Freizeit aus. Die Arbeiterinnen gründen eine Wohngemeinschaft mit gemeinsamer Verpflegung und stellen ein gemeinsames Bildungs- und Freizeitprogramm auf. Sie richten eine Bibliothek ein und besuchen regelmäßig Theater, Konzerte, Museen, wissenschaftliche Vorträge etc. Am Anfang der Genossenschaft wird deren Gewinn anteilig dem Lohn verteilt. Dessen Höhe folgt noch der alten Arbeitshierarchie; die Zuschneiderinnen erhalten mehr als die einfachen Näherinnen. In mehreren Stufen werden dann die Löhne und die Gewinnverteilung egalisiert, so daß am Ende jeder den gleichen Lohn und Anteil erhält. Aus der einfachen Produktionsgenossenschaft wird eine Arbeit und Leben gleichermaßen umfassende frühsozialistische Kommune.

---

[89] Vgl. Černyševskij, Nikolaj G.: Kapital i trud. (1860) In: ders.: Polnoe sobranie sočinenij, Bd. 7. Moskau 1950. S. 5-63, S. 58-63.

Tschernyschewski ging für die Verwirklichung des utopischen Ideals davon aus, daß für die kommunitären Assoziationen à la Wera Pawlownas Genossenschaft und die künftigen Phalanstèren mit Mir und Artel[90] in Rußland schon Vorformen bereit ständen.[91] In ihnen würden bereits jene kollektiven Arbeits- und Eigentumsformen existieren, die in Westeuropa erst im Kampf gegen die kapitalistischen Produktions- und Eigentumsverhältnisse etabliert werden müßten. Durch den Mir und seinen Kollektivbesitz sei unter den russischen Bauern eine kommunitäre Arbeits- und Lebensweise verankert. Der Mir sei bereits ein „Stück Sozialismus", mit dem Rußland der sozialistischen Bewegung des Westens gleichsam voraus sei. Der Mir biete daher für Rußland die Möglichkeit eines Sonderwegs zum Sozialismus, auf dem es den Kapitalismus überspringen könne. Dem russischen Bauern bliebe im Gegensatz zum Westen der Elendsweg durch die „Fabrikkessel" der kapitalistischen Industrialisierung erspart.[92]

Tschernyschewski folgt mit dieser Charakterisierung des Mir als Ausgangspunkt für einen russischen Sozialismus Herzen. Herzen hatte nach dem Scheitern der 1848er Revolutionen für den Sozialismus in Westeuropa eine düstere Krisendiagnose gezogen. Europa mit seinen demokratischen Bewegungen hatte in seinen Augen versagt. Er forderte daher, Rußland müsse seinen eigenen Weg zum Sozialismus finden. In dieser Situation politischer Enttäuschung und Neuorientierung wandte er sich dem Mir zu, der durch Haxthausens Studie über die russischen Agrarverhältnisse in das Blickfeld der politischen Philosophie geraten war. Haxthausen hatte den Mir als Weg empfohlen, die Folgen der Industrialisierung wie die Proletarisierung der verelendeten Bauern einzudämmen. Die kollektive Verantwortung des Mir für seine Mitglieder gegenüber dem Staat

---

[90] Artel – handwerkliche Arbeitskooperativen. Die Artels gingen mitunter über den Status einer Produktionsgenossenschaft hinaus und umfaßten auch Teile des privaten Lebens wie Wohnen und Essen. Im Zuge der Industrialisierung Rußlands Ende des 19. Jh.s adaptierten Arbeiter ohne Familie, die vom Land in die Stadt kamen, die Form des Artels als Versorgungsgemeinschaft mit Zügen einer kommunitären Lebensweise – jedoch ohne auf den sozialistischen Horizont zu rekurrieren, den Černyševskij dem Artel zuschreibt.
[91] Vgl. Černyševskij, Nikolaj G.: Kritika filosofskich predubeždenij protiv obščinogo vladenija. In: ders.: Polnoe sobranie sočinenij, Bd. 5. Moskau 1950. S. 357-393.
[92] Vgl. zu Černyševskijs Sicht auf den Mir als russischen Sonderweg zum Sozialismus Berlin: Der russische Populismus, S. 301f.; Scherrer: Politische Ideen im vorrevolutionären und revolutionären Rußland, S. 220; Woehrlin: Chernyshevskii, S. 210ff.; Carli, Gabriela/ Lehmann, Ulf: Nikolai Gawrilowitsch Tschernyschewski – Leben und Werk. In: Tschernyschewski, Nikolaj G.: Das Schöne ist das Leben. Berlin 1989. S. 7-82, S. 51-59; Engels: Nachwort zu „Soziales aus Rußland".

und die Verpflichtung zur sozialen Fürsorge sollte die Landflucht der armen Bauern verhindern. Der Mir sollte als Mittel dienen, die Autokratie zu festigen. Herzen und in seiner Folge Tschernyschewski[93] und die Narodniki[94] drehten die Zielrichtung in der Bewertung des Mir um. Für sie bestand das Wesen des Mir im gemeinschaftlichen Eigentum. Der Kollektivbesitz und die darauf beruhenden kommunitären Elemente und Verhaltensweisen machten in ihren Augen den Mir zum Sprungbrett in ein agrarsozialistisches Rußland. Um den Mir als Keimzelle des „russischen Sozialismus" zu entwickeln, müsse er nur vom Joch des autokratischen Systems befreit werden. Dann würden sich seine kommunitären Potentiale als Sozialismus entfalten lassen. Für Tschernyschewski hieß das: die Transformation des Mir zu Phalanstèren durch Aufklärung und Agitation der Bauern im Sinne des frühsozialistischen Ideals.

Der Kristallpalast als Symbol der neuen Gesellschaft

Das Symbol der in *Was tun?* entworfenen zukünftigen Gesellschaft ist die Kristallpalast-Architektur der Phalanstèren. In ihr verkörpert Tschernyschewski die Prinzipien der neuen Lebensweise: Rationalität und Vernunft, Wissenschaftlichkeit und Planbarkeit, Gleichheit und Gemeinschaftlichkeit. Das Vorbild war der Kristallpalast der Londoner Weltausstellung 1851. In der Bedeutung als Sinnbild der neuen Gesellschaft wurde der Kristallpalast zu einem zentralen Topos des russischen Utopiediskurses: sowohl in der Fortschreibung als Bild des Fortschritts als auch als Menetekel einer durchrationalisierten Gesellschaft, die die Individualität vernichtet. Tschernyschewski hatte den Topos des Kristallpalastes nicht gänzlich neu erfunden. Schon als Emblem der Londoner Weltausstellung fungierte er als Fortschrittssymbol.[95] Tschernyschewski übernahm

---

[93] Černyševskij setzte sich mehrfach mit Haxthausens Studie auseinander, u. a. 1857 in einer Rezension (Černyševskij, Nikolaj G.: Polnoe sobranie sočinenij, Bd. 4. Moskau 1948. S. 303-348) und in *Über die neuen Bedingungen des dörflichen Lebens* (Černyševskij, Nikolaj G.: O novych uslovijach selskogo byta. (1858) In: ders.: Polnoe sobranie sočinenij, Bd. 5. Moskau 1950. S. 65-108, v. a. S. 72-76 u. S. 92-95).

[94] Vgl. zur Sicht der Narodniki auf den Mir als Basis für den Übergang zum Sozialismus den Briefwechsel zwischen Marx und Vera I. Zasulič: MEW, Bd. 19, S. 242ff. u. 384ff.; Geierhos, Wolfgang: Vera Zasulič und die russische revolutionäre Bewegung. München u. a. 1977, S. 170ff.; sowie Hildermeier, Manfred: Neopopulismus und Industrialisierung. In: Jahrbücher für Geschichte Osteuropas N. F. 22. Jg. (1974) H. 3. S. 358-389; Kotsonis, Yanni: Making Peasants Backward. New York u. a. 1999.

[95] In der Zeitschrift *Otečestvennyje zapiski* (*Vaterländische Annalen*) war der Londoner

Aus dem Kellerloch zum Kristallpalast

ihn in dieser Bedeutung und erweiterte diese um das Ideal der neuen, gemeinschaftlichen Lebensweise.

Die Weltausstellungen, insbesondere die erste internationale 1851 in London, verkörperten den Fortschrittsoptimismus des 19. Jahrhunderts schlechthin: den Glauben an die Möglichkeiten von Industrie, Wissenschaft und Technik sowie die Überzeugung, durch diese die sozialen und politischen Probleme zu lösen.[96] Sie feierten die industrielle Dynamik und zeigten den neuen Reichtum der Industrialisierung – die „Trophäen der Zivilisation".[97] Sie propagierten den Freihandel als Weg des Friedens und der Zivilisation. Zeitgenossen schwärmten von den Weltausstellungen als „Friedenskongressen", sie seien die „olympischen Spiele der Industrie" und „Tempel der Friedens- und Freihandelspolitik",[98] in ihnen habe der Geist des Enzyklopädismus der französischen Aufklärung des 18. Jahrhunderts seine zeitgemäße Fortsetzung gefunden.[99] Die Londoner Weltausstellung brachte den Bedeutungsanspruch erstmalig auch in der Architektur zum Ausdruck. Ihre Ausstellungshalle im Hydepark, der Kristallpalast, wurde zur Ikone des Fortschritts und der Modernität. Der Entwurf stammte von dem englischen Gartenarchitekten Joseph Paxton (1801-1865). Er hatte eine Eisen-Glas-Konstruktion entworfen, die aus vorgefertigten standardisierten Bauelementen errichtet wurde. Paxton wandte damit eine Bauweise an, die die Möglichkeiten der industriellen Serienproduktion nutzte. Mit 560 m Länge, 125 m Breite und 20 m Höhe war der Kristallpalast damals das größte Gebäude aus Glas. Er vermittelte seinen Besuchern ein völlig neuartiges Raumgefühl. Die zeitgenössischen Berichte schwelgen in märchenhaften Beschreibungen: Feenpalast, paradiesische Traumwelt, funkelnde Kristall- und Seifenblase.[100] Mit Paxtons Kristallpalast wurde die Industrialisierung schön. Wie im Märchen das häßliche junge Entlein zum stolzen Schwan wird, legte sie

---

Kristallpalast und sein Wiederaufbau in Sydenham in zwei Ausgaben 1854 beschrieben worden. Auch unter der russischen Intelligencija galt er als Symbol des Fortschritts (vgl. Hielscher, Karla: „Enzyklopädie der Menschheit" oder „Prophezeiung aus der Apokalypse"? In: Jahrbuch der Deutschen Dostojewskij-Gesellschaft 8. Jg. (2001). S. 122-131).

[96] Vgl. Haltern: Die Londoner Weltausstellung; Giedion, Sigfried: Raum, Zeit, Architektur. Ravensburg 1965, S. 175ff.

[97] Haltern: Die Londoner Weltausstellung, S. 350.

[98] Zitiert nach ebd., S. 284.

[99] Vgl. ebd., S. 352.

[100] Zitiert nach Giedion: Raum, Zeit, Architektur, S. 179ff.

Schmutz, Düsternis, bedrückende Enge und Gestank ab und wurde zur strahlenden Zukunft, in der die Begleiterscheinungen der kapitalistischen Industrialisierung wie soziales Elend, Hunger, Krankheiten verschwunden schienen. Nach dem Ende der Weltausstellung wurde der Kristallpalast von einer eigens gegründeten Crystal Palace Company übernommen und 1852 in Sydenham, einem Vorort südlich von London, wieder aufgebaut.[101] Die Crystal Palace Company schrieb in ihrer Nutzung des Palastes als Ausstellung- und Veranstaltungsort den Fortschritts- und Wissenschaftsoptimismus der Weltausstellungen fort. Das Programm der Company stellte in populärer Weise die neuesten Erkenntnisse der Wissenschaft, technische Erfindungen, geographische Entdeckungen und Kunst vor. Es sollte den industriellen und wissenschaftlich-technischen Fortschritt als zivilisatorische Bewegung vermitteln.

Tschernyschewski besichtigte den Kristallpalast 1859 in Sydenham. Dessen Symbolkraft für den Fortschrittsoptimismus und die Überzeugung, mittels Aufklärung und Wissenschaft die Gesellschaft verändern zu können, war ungebrochen. Tschernyschewski übernahm den Kristallpalast als Symbol für seine Zukunftsgesellschaft. Wie der Kristallpalast der Weltausstellung verkörpert der Kristall-palast in *Was tun?* den wissenschaftlich-technischen Fortschritt von Tschernyschewskis utopischer Gesellschaft und den Glauben an dessen zivilisatorische Kraft. Er steht für den Rationalismus und die Wissenschaftlichkeit der neuen Gesellschaft sowie ihre vernunftgemäße Gestaltung. Als Architektur der Phalanstèren symbolisiert der Kristallpalast vor allem aber die Wertvorstellungen und Verhaltensweisen der Neuen Menschen und deren kommunitären Arbeits- und Lebensformen. Diese werden mit der Bedeutung des Kristallpalastes als Symbol für Fortschritt und Rationalismus verknüpft. Die Lebensweise und Ethik der Neuen Menschen werden damit zum quasi natürlichen Ausdruck der Vernunft und der Zukunft.

Die Anthropologie des Neuen Menschen: Der vernünftige Egoismus

Tschernyschewski legt der Ethik und den Verhaltensweisen der Neuen Menschen den sogenannten „vernünftigen Egoismus" zugrunde.[102] In *Das anthropologische Prinzip* hatte er diesen als Theorie entwickelt, Moral und Ethik im Anschluß an Feuerbach materialistisch zu begründen. Tschernyschewski setzt

---

[101] 1936 brannte er aus und wurde danach abgerissen.
[102] Vgl. Berlin: Der russische Populismus, S. 302f.; Wett: ‚Neuer Mensch' und ‚Goldene Mittelmäßigkeit', S. 86f.

als anthropologische Prämisse, der Mensch sei in dem, was er sein kann, durch seine biologischen Anlagen bestimmt, und in dem, was er ist, durch Erziehung und Milieu. Das Verhalten des Menschen sei daher rational erklär- und kausal bestimmbar. Sein Handeln sei determiniert. Was der Mensch als seinen freien Willen bezeichnet, sei lediglich sein „subjektiver Eindruck" von einer Handlung.[103] Ferner sei der Mensch nicht von Natur aus böse, sondern die Verhältnisse lassen ihn ‚gut' oder ‚böse' sein.[104] Er handle böse, wenn er durch das Milieu an der Befriedigung seiner Bedürfnisse gehindert werde. Neun Zehntel aller gemeinen, unmoralischen Verhaltensweisen würden verschwinden, beseitigte man für den Menschen nur den Mangel an Mitteln zur Befriedigung seiner Bedürfnisse. Der Mensch wolle angenehm leben. Darin besteht, so Tschernyschewski, im Kern das menschliche Streben. Dessen Befriedigung verfolge der einzelne als seinen Nutzen. Tschernyschewski begründet damit seine Ethik für die Neuen Menschen utilitaristisch.[105]

> „Bei aufmerksamer Betrachtung der Motive, von denen sich die Menschen leiten lassen, stellt sich heraus, daß alle ihre Handlungen [...] ein und derselben Quelle entspringen: der Mensch handelt so, wie es ihm angenehm ist, und läßt sich von der Berechnung leiten, die ihn veranlaßt, auf den geringeren Nutzen oder das geringere Vergnügen zu verzichten, um den größeren Nutzen, das größere Vergnügen zu gewinnen."[106]

Daß Tschernyschewski den Utilitarismus zum moralischen Grundgerüst seiner utopischen Gesellschaft macht, ist utopiegeschichtlich pikant. Das utopische Denken wandte sich entschieden gegen den besitzindividualistischen Egoismus. Warnte, wie in der russischen Utopiegeschichte Odojewski, die Utopie, die egoistische Nutzenmaximierung vernichte jede Form von Solidarität und gesellschaftlicher Harmonie, reklamierte vice versa der Utilitarismus, die Utopie ne-

---

[103] Vgl. Tschernyschewski, Nikolaj G.: Das anthropologische Prinzip in der Philosophie. (1860) In: ders.: Ausgewählte philosophische Schriften. Moskau 1953. S. 63-174, S. 121 (analog Was tun? 112f.).

[104] Vgl. ebd., S. 127ff.

[105] Černyševskij bezieht sich v. a. auf John Stuart Mill (1806-1873). Mill hatte in Reaktion auf die Kritik des Utilitarismus als „pig philosophy" Benthams Utilitarismus dahingehend modifiziert, daß er die Formen des Glücks hierarchisiert: Er stellte die geistigen Freuden über die sinnlichen Genüsse. Vgl. zu Černyševskijs Utilitarismus-Rezeption Masaryk: Zur russischen Geschichts- und Religionsphilosophie, Bd. 2, S. 36-79.

[106] Tschernyschewski: Das anthropologische Prinzip, S. 159 (analog Was tun? 108-112).

giere im Namen eines überindividuellen Ordnungsdenkens die Natur des Menschen. Tschernyschewski löst diesen Gegensatz auf, indem er den Utilitarismus als „vernünftigen" Egoismus umformuliert. Das „greatest happiness" ergibt sich bei ihm nicht als willkürliches Spiel individueller Nutzensmaximierung, sondern aus der Vernunft. Er unterstellt für den einzelnen einen „wahren Nutzen", der auf der Vernunft beruht. Dieser ist durch Aufklärung zur Anwendung zu bringen. Der Bestimmung dieses wahren Nutzens liegt jedoch faktisch ein definiertes Ideal des guten Lebens zugrunde. Tschernyschewski übernimmt dieses weitgehend von Fouriers Utopie. Das Glück aller ist dem vernünftigen Egoismus als a priori harmonische Ordnung eingeschrieben. Für diese ist per definitionem ausgeschlossen, daß der wahre Nutzen des einen mit dem eines anderen in Konflikt steht; widersprechen sie einander, sind sie nicht ‚wahr' im Sinne des von Tschernyschewski definierten Ideals.[107]

Der Realisierung des utopischen Ideals durch das utilitaristische Glücksstreben steht jedoch die in Aufklärungsverweigerung verharrende russische Gegenwart entgegen. Tschernyschewski beschreibt diese als Milieu depravierender Unvernunft, das durch sinnloses Leiden gekennzeichnet sei. Die Menschen leiden, weil sie durch die Verhältnisse gezwungen sind, gegen die vernünftige, natürliche Ordnung zu leben.[108] Die vernunftbestimmte Lebensweise und die neuen Werte werden durch den eklatanten Mangel an aufklärerischer Bildung und durch die soziale Not blockiert. „Kellerloch" ist Tschernyschewskis Synonym für dieses Milieu. In ihm nehme das utilitaristische Streben zwangsläufig einen anomischen Charakter an. Die Menschen strebten nach falschen Vorteilen, weil sie unaufgeklärt seien über ihren wahren Nutzen, das vernünftige Glück, oder ihnen die sozialen Verhältnisse keine andere Wahl ließen.[109]

---

[107] Vgl. zur positivistischen Logik, die dem zugrunde liegt, Berlin, Isaiah: Der Verfall des utopischen Denkens. In: ders.: Das krumme Holz der Humanität. Frankfurt a. M. 1992. S. 37-71, S. 42.

[108] Lukács sieht Černyševskijs Definition des Leidens als Ausdruck der Unvernunft als Ergebnis von dessen Auseinandersetzung mit Hegels Theorie des Tragischen: Černyševskij lehnte Hegels „tragische Notwendigkeit" ab (vgl. Lukács, Georg: Tschernyschewskijs Roman *Was tun?*. In: ders.: Werke, Bd. 5. Neuwied u. a. 1964. S. 126-160, S. 142ff.; ders.: Einführung in die Ästhetik Tschernyschewskijs. In: ders.: Werke, Bd. 10. Neuwied u. a. 1969. S. 147-204, S. 187ff.). Utopiegeschichtlich bedeutsamer ist jedoch Černyševskijs Bezug auf Fouriers Theorie der Leidenschaften; nach ihr resultiert das Leiden aus der Mißachtung der Natur des Menschen.

[109] Černyševskij veranschaulicht das in *Was tun?* am Beispiel der Figur von Wera Pawlownas Mutter. Als Pfandleiherin nutzt diese die Not der anderen aus, und sie will,

An diesem Punkt setzt Tschernyschewskis Ethik der Neuen Menschen ein. Sie soll das Kellerloch-Milieu entlarven und den einzelnen über die Natur seines wahren Nutzens aufklären. Aus der Prämisse, das menschliche Verhalten ergebe sich aus dem Zusammenspiel der natürlichen Anlagen und des sozialen Milieus, leitet Tschernyschewski ab, daß es gleichsam mathematisch bestimmbar sei, welches Verhalten jeweils der Natur des einzelnen entspreche. Auf jede Lebenssituation gebe es eine ‚wahre' Lösung, die für den Menschen leidensfreies Glück schaffe. Diese sei das vernunftgemäß Gute. Für den einzelnen manifestiere sich diese Lösung, das heißt das Gute, als sein wahrer Nutzen. Es sei daher für den einzelnen in bezug auf seinen Vorteil rational, das Gute zu tun.

> „Nur gute Handlungen machen sich wahrhaft bezahlt: vernünftig ist nur, wer gut ist, und zwar genau in dem Maße, wie er gut ist. Der Mensch, der nicht gut ist, ist einfach ein unvernünftiger Verschwender, der tausend Rubel für den Ankauf einer Ramschware verausgabt [...]."[110]

Wer vernünftig handelt, das heißt rational seinen Vorteil abwägend, – und Tschernyschewskis Neuen Menschen tun das per definitionem – komme nicht umhin, das Gute zu tun. Der Nutzen, den der einzelne aus dem Guten ziehe, sei konstant und größer als jeder andere Vorteil; das Gute ist, so Tschernyschewski, der „Superlativ des Nutzens".[111]

Woher weiß nun der einzelne, was das als sein wahrer Nutzen bestimmte Gute ist? Durch Aufklärung und Bildung. Indem Tschernyschewski das Gute respektive den wahren Nutzen als naturgesetzlich bestimmbare Größe charakterisiert, erklärt er Ethik zur Naturwissenschaft wie Chemie. Das Gute lasse sich, wie in den empirischen Wissenschaften, als „exaktes Wissen" ermitteln. Um den wahren Nutzen zu erkennen, bedürfe es für den einzelnen nur der Bildung – so wie sie Wera Pawlowna aus der Lektüre Considerants, Fouriers und Sands zieht und an die Näherinnen ihrer Genossenschaft weitergibt. Die zur Aufklärung der Neuen Menschen herangezogene frühsozialistische Lektüre verdeut-

um des sozialen Aufstiegs willen, ihre Tochter zwingen, den moralisch verkommenen Sohn ihrer adligen Vermieterin zu heiraten. Černyševskij urteilt jedoch über ihr Verhalten: „Ihre Mittel gehören zu Ihren Verhältnissen, nicht zu Ihrer Person; [...] im Augenblick handeln Sie schlecht, weil Ihre Verhältnisse es erfordern – brächte man Sie aber in andere Verhältnisse, würden Sie gewiß nicht nur unschädlich, sondern sogar nützlich sein." (Was tun? 185f.)
[110] Tschernyschewski: Das anthropologische Prinzip, S. 167f.
[111] Ebd., S. 166.

licht, wonach Tschernyschewski den wahren Nutzen bestimmt: Er setzt Fouriers Utopie als die in der Natur des Menschen begründete vernünftige Ordnung ein.

Mit der Einbettung in den Utilitarismus holt Tschernyschewski die frühsozialistische Utopie aus der Ecke philanthropischer Projekte.[112] Er beförderte sie zur alltagstauglichen Ethik, die für das Gute nicht mehr einen weltentsagenden Idealismus voraussetzt. Tschernyschewskis vernünftiger Egoismus ist die Absage an jedwede Ethik des Verzichts und Opferbringens.[113] Seine Neuen Menschen müssen keine altruistischen Helden sein, die zugunsten des Guten ihrer Interessen entsagen. Darin liegt utopiegeschichtlich die zentrale Bedeutung von Tschernyschewskis vernünftigem Egoismus: Der Selbstverwirklichungsanspruch der Generation der 1860er wird mit der frühsozialistischen Utopie verbunden. Dergestalt wurde diese im Umbruch der 1860er zur charismatischen Option für die Suche nach neuen Lebens- und Gesellschaftsentwürfen. Mit der Umformulierung des Utilitarismus im Geist des Frühsozialismus schien Tschernyschewski der 1860er Intelligenzija zu bestätigen, daß ihr Anspruch auf individuelle Emanzipation mit ihrem politischen Ziel der Befreiung der Bauern zusammen gehe: Sie müsse ihr Engagement für eine gerechte Gesellschaft nicht mit dem Opfer des eigenen Glücks erkaufen. Zum anderen entsprach der frühsozialistische Vernunft- und Wissenschaftsoptimismus dem Wertekanon der nihilistischen Intelligenzija: Naturwissenschaften, Materialismus, Rationalismus und Nützlichkeit galten unter ihr als Trumpf.[114] Mit seinem vernünftigen Egoismus formte Tschernyschewski den darauf aufbauenden Habitus der jungen Intelligenzija und ihr Lebensgefühl zur emanzipativen Ethik.

Das Modell Wera Pawlowna

Der bislang beschriebene Weg zur neuen Gesellschaft, die sozio-kulturelle Transformation durch „individuelle Selbstaufklärung und vernunftbestimmte Lebensführung",[115] wird von Tschernyschewski primär als ‚weiblicher' Weg

---

[112] 1816 hat Nikolaj I. sogar Owen eingeladen, mit Unterstützung des Staates in Rußland eine Kolonie nach dem Muster New Lanarks zu gründen. Mit Blick auf die Leibeigenschaft und die autoritären politischen Verhältnisse lehnte Owen aber das Angebot ab (vgl. Scheibert, Peter: Von Bakunin zu Lenin. Leiden 1956, S. 71).

[113] „Es werden keine Opfer, keine Entbehrungen von euch verlangt – deren bedarf es nicht." (Was tun? 375).

[114] Den Prototypen dafür hatte Turgenev mit der Bazarov-Figur in *Väter und Söhne* entworfen.

[115] Pietrow-Ennker: Rußlands „neue Menschen", S. 43.

vorgestellt. Für diesen stehen die Emanzipation Wera Pawlownas und die Kommune der Näherinnen. Der Neue Mensch ist zuvörderst die Neue Frau. Ihr Emanzipationsstreben bestimmt das Bild der Neuen Menschen: Tschernyschewski stellt die Entwicklung einer emanzipativen Geschlechterordnung, mit der für Frauen neue soziale Rollenmuster geschaffen werden, ins Zentrum der Ethik der Neuen Menschen.

Am Beginn steht Wera Pawlownas Erkenntnis ihrer sozialen und ökonomischen Unmündigkeit. Diese manifestiert sich für sie in den patriarchalischen Familienverhältnissen. Ihre Emanzipation beginnt daher mit der Neubestimmung von Ehe und Familie. In ihren Ehen mit Lopuchow und Kirsanow wird die patriarchalische Ehe durch ein Beziehungsmodell ersetzt, das auf Gleichberechtigung und Selbstbestimmung sowie dem Ideal der Freien Liebe[116] beruht. Tschernyschewski folgt mit diesem Modell den Emanzipationsvorstellungen Fouriers und Sands. Voraussetzung der Selbstbestimmung der Frau innerhalb der Ehe ist ihre ökonomische Selbständigkeit. Solange die Frau auf den Bereich der Familie beschränkt sei, bleibe sie unfrei.

> „Uns Frauen sind formell alle Bahnen des staatlichen Lebens und praktisch sehr viele, nahezu alle Gebiete der gesellschaftlichen Tätigkeit verschlossen. Von allen Lebensgebieten ist uns nur eins: die Familie. […] Welche Berufe stehen uns sonst noch offen? Fast nur ein einziger Beruf: Wir können Gouvernante werden, höchstens noch Privatunterricht geben, solange die Männer nicht Lust bekommen, uns auch das nicht mehr zu gestatten. Dieser einzige Weg ist natürlich viel zu eng […]; er kann uns daher nicht zur Selbständigkeit verhelfen […]. Nein, solange sich die Frauen nicht darum bemühen, auch andere Wege einzuschlagen, werden sie unselbständig bleiben." (Was tun? 423f.)

Tschernyschewski faßt mit Wera Pawlowna als sich beruflich verwirklichender und selbständiger Frau die sozialen Erwartungen der Frauen des nihilistischen Milieus der 1860er, die sogenannten Schestidesjatnizy, ins utopische Bild der Neuen Frau. Die Modernisierungsprozesse der 1850er und 1860er Jahre hatten für Frauen aus dem Adel und dem Bürgertum Wege für neue Lebensentwürfen eröffnet. Im Zuge der Großen Reformen Alexanders II. waren die Bildungsmöglichkeiten für Mädchen ausgeweitet und die Hochschulen für Frauen geöffnet

---

[116] Freie Liebe meint nicht, wie oft unterstellt, ungehemmte Sexualität, sondern daß die Beziehungen zwischen Mann und Frau allein auf Liebe beruhen – befreit von gesellschaftlicher Konvention und ökonomischem Zwang (vgl. zu Černyševskijs Ideal der Freien Liebe Rego Diaz, Victor: Freie Liebe. In: Historisch-Kritisches Wörterbuch des Marxismus, Bd. 4. Hamburg 1999. S. 904-916, S. 907f.).

worden. Das stärkte die Erwartungen, daß sich auch die bürgerliche Berufswelt für sie öffne, sie etwa als Ärztin und Lehrerin arbeiten könnten. Mit dem Infragestellen der patriarchalischen Ehe und Geschlechterordnung schuf das nihilistische Milieu dazu den entsprechenden Wertehorizont. Unter Berufung auf Sand verwarfen die Schestidesjatnizy die ihnen von Kirche und Staat zugewiesene Rolle als dem Mann unterworfene Hausfrau. Sie lehnten Ehe, Familie und Kirche ab. Sie forderten Gleichberechtigung und Freiheit. Sie wollten studieren, sich beruflich verwirklichen und selbstbestimmt leben.

Für die russische Öffentlichkeit war der Aufbruch der Schestidesjatnizy der augenfällige Ausdruck des Umbruchs der 1850er und 1860er Jahre. Die jungen Frauen lebten die Werte der nihilistischen Bewegung als neue Lebensentwürfe und markierten in der Öffentlichkeit den Bruch mit der alten Gesellschaft provokativ durch einen exaltierten Habitus: Sie trugen schwarze Kleidung und blaue Brillen, schnitten sich die Haare kurz, rauchten, lebten in Kommunen, diskutierten wie ihre männlichen Kommilitonen in Zirkeln nächtelang politische und soziale Fragen.[117] Als Neue Frau wurden die Schestidesjatnizy zum Symbol schlechthin für den erstrebten gesellschaftlichen Neuanfang: Die Neue Frau bildete die Projektionsfläche für die Antizipation der befreiten Gesellschaft.[118]

---

[117] Vgl. Wodowosowa: Im Frührot der Zeit, S. 332ff.; Rosenholm, Arja: Gendering Awakening. Helsinki 1999, S. 210ff.

[118] Dem Topos der Neuen Frau liegt dabei, wie die Genderforschung herausstellt, eine ‚männliche' Konstruktion zugrunde, die die traditionellen Genderbilder mit der geschlechtsspezifischen Zuordnung von Emotionalität und Rationalität fortschreibt: Die Frau wird als unterdrückte Frau gezeichnet, die vom Mann aus ihrer Lage befreit und zur Neuen Frau erzogen wird. Auch Wera Pawlowna wird in ihrem Emanzipationsprozeß von Lopuchow und Kirsanow geleitet. Gegenüber Lopuchow, Kirsanow und Rachmetow erscheint Wera Pawlowna als noch defizitärer Neuer Mensch. Während jene ihre Gefühle und ihr Handeln gemäß der Ethik des Neuen Menschen rational steuern, wird das Denken und Handeln Wera Pawlownas als emotional bestimmt charakterisiert; sie erzeuge dadurch für sich unnötiges Leiden (vgl. Wood, Elizabeth A.: The Baba and the Comrad. Bloomington u. a. 1997, S. 24f.). Kaufer deutet die vormundschaftliche Erziehungskonstellation als sozialpsychologische Kompensationsstrategie der männlichen Raznočincy der 1860er. Als Bildungsaufsteiger der ersten Generation aus sozial deklassierten Schichten suchten sie die soziale und kulturelle Distanz zu den adligen Šestidesjatnicy zu überbrücken, indem sie sich diesen gegenüber als Lehrer des ‚neuen Wissens' einsetzten (vgl. Kaufer: Die beginnende Frauenbewegung in Rußland, S. 82ff.; sowie Paperno: Chernyshevsky and the Age of Realism, S. 75ff.). Für Roßberg und Rosenholm spiegeln sich dagegen in dem Bild der unterdrückten Frau, deren Emanzipation von männlichen „Erweckern" initiiert wird, die Machtverhältnisse der Diskursstrukturen. Der in den Zeitschriften geführte Diskurs um die Frauenfrage war von männlichen Autoren be-

Mit *Was tun?* gab Tschernyschewski einen Rahmen, in dem sich der Wandel der 1850er und 1860er Jahre für den einzelnen sinnstiftend deuten ließ: als Raum individueller Emanzipation, die mit dem Horizont der gerechten Gesellschaft verknüpft ist. Die Frauen der 1860er Generation identifizierten sich mit Wera Pawlowna, weil sie in ihr ihre eigenen Erfahrungen und Erwartungen gespiegelt sahen. Sie übernahmen ihr Emanzipationsmodell als Vorbild bei ihrer Suche nach einem neuen weiblichen Selbstverständnis.[119] Für das nihilistische Milieu der 1860er läßt sich gleichsam von einer Pawlowna-Mode sprechen. Die Schestidesjatnizy erprobten das in Wera Pawlownas Ehen vorexerzierte Ideal der Freien Liebe als neues Beziehungsmodell. Sie nutzten das Mittel der Scheinehe, um den traditionellen Rollen für Ehe und Familie zu entkommen und zu studieren.[120] Als Studentinnen lebten sie in kommunitären Wohngemeinschaften, den sogenannten Petersburger Kommunen. Sie gründeten nach dem Vorbild der Nähwerkstatt Genossenschaften – wenn auch selten so erfolgreich wie das Vorbild – und gingen aufs Land, um unter den Bauern Bildungs- und Aufklärungsarbeit zu leisten. Indem Tschernyschewski mit Wera Pawlowna ein anschauliches und mit seiner Verankerung im nihilistischen Wertehorizont charismatisches Muster für die Erprobung alternativer Lebensentwürfe bereitstellte, kam *Was tun?* für den weiblichen Identitätswandel eine katalytische Funktion zu.[121] Der Roman transportierte die Ideale der Frauenemanzipation selbst in Kreise, die dem nihilistischen Milieu fern standen. *Was tun?* gehörte für eine russische Gymnasiastin in den 1860er und 1870er Jahren zum selbstverständlichen Wissensbestand. Die anhand der Figur der Wera Pawlowna formulierten Forderungen nach einem selbstbestimmten Leben, Gleichberechtigung und ökonomischer und sozialer Unabhängigkeit enthielt dabei einen Anspruch, der über die Frauenfrage der 1860er hinaus reicht. Er wurde von Frauen der folgenden Generationen immer wieder neu aktiviert – nicht zuletzt, weil das mit *Was tun?* gegebene Emanzipationsversprechen nie vollständig eingelöst wurde.

---

stimmt, Frauen waren als Autorinnen ausgeschlossen. Die Frauenfrage der 1860er habe daher den Charakter einer Spiegeldebatte, in der die Neue Frau als Zeichen i. S. eines Signifikanten für die befreite Gesellschaft fungiere (vgl. Roßberg: Die Šestidesjatnica in Selbstzeugnissen; Rosenholm: Gendering Awakening).

[119] Vgl. McDermid/ Hillyar: Midwives of the Revolution, S. 20f. u. 26.
[120] Frauen brauchten für den Paß, um zum Studium in die Stadt oder ins Ausland gehen zu können, die Einwilligung ihres Vaters bzw. ihres Ehemannes. Das war einer der Gründe für die Scheinehen der 1860er.
[121] Vgl. Pietrow-Ennker: Rußlands „neue Menschen", S. 185f.

Noch in der Begründung einer Neuen Lebensweise im Rahmen der Kulturrevolution der 1920er Jahre rekurrierten Frauen auf *Was tun?* und Wera Pawlowna als Bezugspunkt und Vorbild emanzipativer Lebensentwürfe.

Diese frauengeschichtliche Rezeption von *Was tun?* ist umfänglich dokumentiert.[122] Ebenso ausführlich erforscht sind die zeitgenössischen Vorbilder für die Romanfiguren, für ihre Konstellationen sowie für die Genossenschaft.[123] Tschernyschewski nahm sie aus dem nihilistischen Milieu. Direktes Vorbild für die Scheinehe Wera Pawlownas mit Lopuchow und für ihre zweite Ehe mit Kirsanow waren Maria A. Obrutschewa (1838-1929) und ihre Ehen: zuerst mit dem Medizinstudenten Peter I. Bokow (1835-1915) und später mit Iwan M. Setschenow (1825-1905), der wie Kirsanow Professor für Physiologie war und die wissenschaftliche Arbeit seiner Frau förderte. Ein weiteres Vorbild für die Dreiecksbeziehung Wera Pawlownas waren die Ménage-à-trois zwischen dem *Sowremennik*-Mitarbeiter Michail L. Michailow (1829-1865), der Übersetzerin Ljudmila P. Schelgunowa (1832-1901) und dem Publizisten Nikolai W. Schelgunow (1824-1891) sowie die Beziehung der Schriftstellerin Awdotja P. Panajewa (1819-1893) mit den beiden *Sowremennik*-Herausgebern Iwan I. Panajew (1812-1862) und Nikolai A. Nekrasow (1821-1877). Die Genossenschaft Wera Pawlownas hat ihre historische Entsprechung in der 1859 im Rahmen der philanthropischen Frauenbewegung gegründeten *Gesellschaft für billige Wohnungen und andere Unterstützung für die bedürftigen Bürger von St. Petersburg*.

Die Verhaltensweisen und Beziehungen der Neuen Menschen in *Was tun?* sind jedoch nicht einfach exemplarische Abbildung von Zeitgeschichte als Utopie. Tschernyschewski entwirft Wera Pawlowna, Lopuchow und Kirsanow sowie Rachmetow und – als Kontrapunkt – Wera Pawlownas Mutter als soziale Typen.[124] Ihre Anordnung fungiert als „gedankliches Experiment"[125] zur Erläuterung der sozialphilosophischen Theorien, auf denen Tschernyschewskis Uto-

---

[122] Vgl. Puškareva: Russkaja ženščina; Pietrow-Ennker: Rußlands „neue Menschen".

[123] Vgl. Kaufer: Die beginnende Frauenbewegung in Rußland; Paperno: Chernyshevsky and the Age of Realism; Stender-Petersen: Geschichte der russischen Literatur, Teil II, S. 348ff.; Brower, Daniel R.: Training the Nihilists. Ithaca u. a. 1975, S. 218; Stites, Richard: Revolutionary Dreams. New York u. a. 1989, S. 26ff.

[124] Vgl zum typisierten Aufbau der Figuren der Neuen Menschen Rudenko, Jurij: Roman N. G. Černyševskogo *Čto delat'?* Èstetičesko svoeobrazie i chudožestvennyj metod. Leningrad 1977.

[125] Vgl. Lotman, Lidija M.: Realism russkoj literatury 60-ch godov XIX veka. Leningrad 1974, S. 213ff.

pie fußt: des vernünftigen Egoismus als Ethik, durch die sich die frühsozialistische Utopie verwirklicht, und Fouriers Theorie der Leidenschaften als Grundlage einer emanzipativen Sexual- und Geschlechterordnung.[126] Die beiden Theorien werden in *Was tun?* gleichsam wie in einem Labor vorgeführt. Im Sinne dieses gedanklichen Experiments fungieren auch die Kommentare des Erzählers. Protokollartig werden in ihnen die Versuchsanordnung erläutert und die Ergebnisse bilanziert.

> „Wir nahmen zwei Individuen dieses Typs, Wera Pawlowna und Lopuchow, und sahen, wie ihr gegenseitiges Verhältnis sich bisher gestaltet hat. Jetzt tritt eine dritte Person hinzu." (Was tun? 246) „Ich wollte gewöhnliche, anständige Menschen der neuen Generation vorführen [...]. Ich wählte drei solcher Menschen aus [...]." (Was tun? 373)

In den Versuchsordnungen dieses gedanklichen Experiments spiegelt Tschernyschewski – in Gestalt des beschriebenen Rückgriffs auf Zeitgenossen aus seinem Umfeld als Vorbild für die Neuen Menschen – die Erfahrungen und Verhaltensweisen des nihilistischen Milieus der 1860er. Dessen Werte, Rollenmuster und Lebensentwürfe werden damit zum einen als Vernunft der utopischen Zukunft legitimiert, zum anderen demonstriert Tschernyschewski mit der Darstellung des nihilistischen Milieus als gleichsam gelebter Utopie die Realisierbarkeit seiner Utopie.

Das Modell Rachmetow

Der Kontrapunkt zu Wera Pawlowna und ihrer sozio-kulturellen Transformation ist der „außergewöhnliche Mensch" Rachmetow (Was tun? 323-347). Mit ihm stellt Tschernyschewski dem rationalistischen Hedonismus der Neuen Menschen den asketischen Berufsrevolutionär gegenüber, der sein Leben der Revolution für das Volk widmet. Seine Aufgabe ist es, im Untergrund am Sturz des alten Systems zu arbeiten, um mit dessen Beseitigung dem sozio-kulturellen Transformationsprozeß der Neuen Menschen den Weg zu ebnen.

Tschernyschewski beschreibt Rachmetow als Mönch der Revolution. Der Revolutionär steht außerhalb des gewöhnlichen Lebens. Rachmetow strebt nicht

---

[126] In Anlehnung an Fourier naturalisiert Černyševskij Sexualität als natürlichen Trieb (Nervenkräfte) und unterstellt sie der Kontrolle der Vernunft. Es geht ihm damit um die rationale Gestaltung der Geschlechterbeziehungen. Deren Gelingen führt er im Dreiecksverhältnis von Wera Pawlowna, Lopuchow und Kirsanow vor. Vgl. zur ‚Versuchsanordnung' Günther, Hans: Turgenevs *Väter und Söhne* und Černyševskijs *Was tun?*. In: Zeitschrift für Slawistik 34. Jg. (1989). S. 674-683, S. 678ff.

wie die Neuen Menschen für sich nach dem Guten.[127] Zugunsten ‚der Sache' stellt er sein eigenes Leben zurück und verzichtet auf Liebe und privates Glück.[128] Die Revolution ist seine Berufung. Tschernyschewski entwirft den Revolutionär als Typus, der durch das Politische bestimmt ist: Er lebt nicht für sich, er lebt für die Revolution.[129]

> „Wir fordern für das Volk den vollen Genuß des Lebens; darum müssen wir durch unsere Lebensweise den Beweis liefern, daß wir dies nicht tun, um unsere eigenen Neigungen und Leidenschaften zu befriedigen, [...], sondern für die Menschheit erheben, daß sie auf Grundsätzen [...] auf Überzeugung [...] beruhen." (Was tun? 333)

Die Anforderungen der revolutionären Arbeit begründen die Lebensweise Rachmetows und sein Ethos. Rachmetow opfert sein ererbtes Vermögen für die Revolution: Er unterstützt einen Kreis mittelloser Studenten und finanziert die Arbeit illegaler Zirkel.[130] Er selbst lebt in spartanischer Askese. Er verzichtet auf jede Form von Bequemlichkeit und lebt in dürftigster Einfachheit. Um dem Volk verbunden zu sein, ernährt er sich nur von dem, was die Ärmsten essen.[131] Er zog als Wanderarbeiter durch Rußland und arbeitete als Wolgatreidler, um durch körperliche Arbeit die Achtung der Arbeiter zu erwerben.[132] Er erlegt sich sexuelle Enthaltsamkeit auf. Er trainiert, Qualen zu ertragen, um bei einer Verhaftung auf die Folter vorbereitet zu sein. Er rationiert seine Zeit mit eiserner Disziplin: Er schläft nur wenige Stunden, jede freie Minute nutzt er zum Ler-

---

[127] „Er war stets vollauf beschäftigt, doch nie mit seinen eigenen Angelegenheiten: Die gab es bei ihm gar nicht." (Was tun? 340).

[128] „Menschen wie ich [haben] kein Recht [...], ein fremdes Schicksal an ihr eigenes zu knüpfen." (Was tun? 344)

[129] Vgl. zur erzähltechnischen Konstruktion der Rachmetow-Figur als Typus des Öffentlichen und zu den zugrunde liegenden geschlechtsspezifischen Rollenmustern Wood: The Baba and the Comrade, S. 24ff.

[130] Das zeitgenössische Vorbild dafür war Bachmet'ev, ein mit Černyševskij befreundeter Gutsbesitzer aus Saratov. Er spendete sein Vermögen Gercen zur Finanzierung revolutionärer Aktionen in Rußland (vgl. Stender-Petersen: Geschichte der russischen Literatur, Teil II, S. 350).

[131] „Was [...] dem einfachen Volk stets unerschwinglich bleibt, darf auch ich nicht genießen. [...] ich fühle so doch wenigstens teilweise an mir selbst, wie dürftig das Volk lebt." (Was tun? 334).

[132] Maksim Gor'kij (1868-1936) zog Anfang der 1890er Jahre tatsächlich als Wanderarbeiter durch Rußland. Inwiefern er Rachmetow als Vorbild nahm, ist Spekulation, er beschreibt jedoch im nachhinein seine Jahre als Wanderarbeiter in dem mit Rachmetow präfigurierten Muster eines einfachen Lebens aus Solidarität mit dem Volk.

nen. Er konzentriert sich dabei ausschließlich auf „nützliches" Wissen. Als unnütz hingegen bezeichnet er die historischen Schriften Macaulays, Guizots, Thiers', Gervinus' und Rankes. Zerstreuung und Erholung lehnt er für sich als Luxus ab. Selbst Höflichkeit gilt ihm als Zeitverschwendung.

Tschernyschewski beschreibt ausführlich Rachmetows Lebensweise und dessen Ethos. Seine revolutionäre Arbeit jedoch deutet er nur geheimnisvoll an.[133] Im Unterschied zu Wera Pawlowna und ihrer Genossenschaft ist Rachmetow als Handlungsmodell unausgeführt. Tschernyschewski gibt mit ihm keine Anleitung zur Revolution oder zur Gründung revolutionärer Geheimorganisationen,[134] er veranschaulicht in Rachmetow vielmehr eine exklusive Ethik der Selbstaufopferung. Mit ihr hebt er den Berufsrevolutionär von der utilitaristischen Ethik der Neuen Menschen ab. Tschernyschewski greift dabei zur Charakterisierung des Typus des Revolutionärs eine Unterscheidung Turgenjews von Hamlet und Don Quijote als Grundtypen der menschlichen Natur auf.

Turgenjew setzte Hamlet und Don Quijote als Idealtypen, in denen sich „die zwei grundlegenden, einander widersprechenden Besonderheiten der menschlichen Natur verkörper[n], [...] die beiden Enden jener Achse, um die sie sich dreht": Egoismus und Selbstopferung.[135] Jeder Mensch, so Turgenjew, gründe bewußt oder unbewußt sein Leben auf ein Ideal. Er lebe „kraft dessen, was er für wahr, schön und gut erachtet" (ebd.). Für die einen liege „diese Grundlage und dieses Ziel ihrer Existenz" in ihnen selbst, für die anderen in einer Wahrheit außerhalb des Menschen: „Für jeden von uns steht entweder das eigene *Ich* an erster Stelle oder etwas anderes, was wir als Höheres anerkennen" (ebd.). Don

---

[133] „Was er aber eigentlich zu tun hatte, wußte keiner von uns." (Was tun? 340). Rachmetow wird auch nicht offen Revolutionär genannt, sondern mit „Rigorist" umschrieben. Das ist keinesfalls allein als äsopische Sprache zum Täuschen der Zensur zu verstehen. In der Klandestinität Rachmetows spiegelt Černyševskij die Anforderungen des konspirativen Lebens im revolutionären Untergrund.

[134] Die lieferte wenig später Nečaev mit seinem *Katechismus eines Revolutionärs* und den Organisationsregeln für illegale Zirkel (vgl. Nechaev, Sergej: Katechismus eines Revolutionärs. (1869) In: Laqueur, Walter (Hrsg.): Zeugnisse politischer Gewalt. Kronberg/Ts. 1978. S. 56-59; Netschajew: Komitee des Volksgerichts). Nečaevs Katalog der Eigenschaften des Revolutionärs (*Katechismus*, §§ 1-7) ähnelt dabei auffallend der Charakteristik Rachmetows: Verzicht auf ein privates Leben und Familie, sexuelle Enthaltsamkeit, „tyrannische" Härte und Selbstdisziplin, „eiskalte Leidenschaft für die Revolution".

[135] Turgenjew, Iwan: Hamlet und Don Quijote. (1860) In: ders.: Literaturkritische und publizistische Schriften. Berlin u. a. 1979. S. 296-316, S. 297; im folgenden zitiert mit der Sigle *Hamlet*.

Quijote repräsentiert in Turgenjews Typologie „den Glauben an die Wahrheit, die *außerhalb* des einzelnen Menschen existiert" (Hamlet, 298). Er glaubt an das Gute und Gerechte als Wahrheit, er ist bereit, dafür sein Leben zu opfern.

> „Don Quijote ist seinem Ideal restlos ergeben, er ist bereit, dafür alle möglichen Entbehrungen auf sich zu nehmen und dafür sein Leben zu lassen; sein eigenes Leben schätzt er nur insofern, als es ihm Mittel zur Verwirklichung des Ideals, zur Verwirklichung von Wahrheit und Gerechtigkeit auf Erden sein kann. [...] Nur für sich allein zu leben, an sich zu denken, das würde Don Quijote für schmachvoll erachten. Er lebt sozusagen völlig außerhalb seiner selbst, er lebt für andere, für seine Brüder, für die Vernichtung des Bösen, [...] er schert sich nicht um sich selbst, er ist ganz Selbstaufopferung [...] Don Quijote ist ein Enthusiast, ein Diener seiner Idee und deshalb von ihrem Glanz umgeben." (Hamlet, 298f.)

Don Quijote verkörpert das Prinzip des Enthusiasmus und der Selbstaufopferung für das Gute. In seinem Glauben an die Existenz des Guten als Wahrheit und die Möglichkeit, es zu erreichen, wenn nur sein Einsatz und Opfer groß genug sind, ist Don Quijote ohne Zweifel. Er „glaubt fest und voller Hingabe." Er zweifelt „nicht an sich, an seiner Berufung [...] Er kennt seine Aufgabe, er weiß, wofür er auf der Welt ist" (Hamlet, 299). Das gibt ihm den Anschein der Naivität und Lächerlichkeit. Aber es verleiht ihm ebenso die Kraft zur Tat.

Hamlet dagegen verkörpert das Prinzip der Analyse und der Verneinung. Er glaubt nicht an „etwas, was außerhalb und über uns ist". „Er lebt nur für sich" (ebd.). Fortwährend beobachtet er sich selbst und seine Situation. Alles unterzieht er der Analyse. Er ist ein Skeptiker. An allem zweifelt er, insbesondere an sich selbst: „Sein Geist ist zu entwickelt, um sich mit dem zu begnügen, was er in sich selbst findet." (Hamlet, 300) Geradezu mit Wollust versenkt er sich in seine Schwächen und verachtet sich. Er „weiß nicht, was er will und wofür er lebt" (ebd.). Doch seine Verneinung ist nicht Ausdruck einer mephistophelischen Lust des Zerstörens.

> „Hamlets Verneinung ist der Zweifel am Guten, am Bösen zweifelt sie nicht, sie beginnt vielmehr einen erbitterten Kampf dagegen. Am Guten zweifelt sie, das heißt, sie bezweifelt, daß es wahr und aufrichtig ist, und attackiert es nicht als das Gute, sondern als das unechte Gute, unter dessen Maske sich wiederum seine Erzfeinde, das Böse und die Lüge verbergen." (Hamlet, 307)

Hamlet will nicht das Böse. Seine destruktive Negativität ist die Folge seines Zweifelns, ob das Gute wirklich das Gute ist oder ob sich hinter ihm nicht doch die Lüge verbirgt. Hamlet fehlt der naive Enthusiasmus Don Quijotes, dafür ist sein Verstand zu scharf und zu tiefgründig. Er will zwar wie Don Quijote ebenfalls das Gute, aber er glaubt nicht daran, „daß sich die Wahrheit […] durchsetzen wird" (ebd.). In dieser Verneinung aus Zweifel liegt eine „zerstörerische Kraft". Sie löst alle Ideale im Säurebad der Analyse auf. Am Ende läßt sie den einzelnen allein und desillusioniert ob der Möglichkeit zu handeln zurück. Diese Haltung kalter Intellektualität trägt Hamlet, wie Turgenjew prophezeit, wenig Sympathie ein: Die Hamlets werden nicht geliebt.

Die Reaktion auf *Väter und Söhne* bestätigte Turgenjews Prophezeiung. Die nihilistische Intelligenzija zeigte sich aufs heftigste empört über das Bild ihrer Generation, das Turgenjew mit dem Nihilisten Basarow zeichnete.[136] Turgenjew hatte Basarow als Hamlet entworfen, der kalt den Idealismus der Väter der nihilistischen Intelligenzija – der Generation Herzens – dekonstruiert, die frühsozialistische Schwärmerei verspottet und an ihre Stelle die nihilistische Verneinung aller Ideale und den nackten Materialismus der Naturwissenschaft setzt. Nichts bleibt bei Basarow übrig, was als wärmende Kraftquelle für den Kampf um Gerechtigkeit herhalten könnte.

Tschernyschewskis Antwort auf Turgenjews Nihilisten Basarow ist Rachmetow. Er entwirft – als positives Gegenbild – den Nihilisten nicht als Hamlet, sondern als Don Quijote. In der Beschreibung des Berufsrevolutionärs Rachmetow ist deutlich Turgenjews Charakterisierung Don Quijotes zu erkennen: Rachmetow lebt wie Don Quijote nicht für sich, sondern für die „Verwirklichung von Wahrheit und Gerechtigkeit auf Erden", er ist bereit, für das Ideal sein Leben zu opfern. Tschernyschewski variiert jedoch in einem entscheidenden Punkt Turgenjews Vorlage. Er tilgt den Charakter der Lächerlichkeit, den Turgenjew dem Prinzip der Selbstaufopferung attestiert hatte. Rachmetow kämpft nicht wie Don Quijote in gläubiger Naivität für das Gute. Tschernyschewski macht aus ihm einen kalten Analytiker mit dem scharfen Verstand Hamlets. Im Unterschied zu Hamlet weiß der Berufsrevolutionär Rachmetow jedoch, wofür er lebt. Er ist nicht wie Hamlet nur Verneinung. Er hat ein Ideal des Guten, das er dem Verneinen als unbezweifelte Wahrheit entgegenstellt.

Rachmetow ist, im Gegensatz zu den Neuen Menschen, von Tschernyschewski nicht als sozialer Typus für den utopischen Alltag entworfen. Tscher-

---

[136] In ihren Erinnerungen zitiert Vodovozova die Reaktionen der nihilistischen Kreise: „Der ganze Roman ist eine gemeine Karikatur auf die junge Generation! […] Das ist eine verachtungswürdige Schmähschrift. Turgenjew hat nicht die geringste Vorstellung von der jungen Generation." (Wodowosowa: Im Frührot der Zeit, S. 421).

nyschewski hält seine utopische Ordnung frei von Rachmetows Opferethik, um sie nicht durch deren Tugendzumutung zu überdehnen. Er setzt Rachmetow als märtyrerhaften Ausnahmecharakter für historische Krisen- und Übergangszeiten. Ihm kommt als sozialer Typus eine katalytische Funktion zu: Die Selbstaufopferung der Rachmetows für das Gute helfe, die Gesellschaft vorm Erstarren zu bewahren, und treibe ihre geschichtliche Entwicklung voran.[137]

> „Ihre Zahl ist gering, aber sie ermöglichen allen Menschen das Atmen; ohne sie würden die Menschen ersticken. [...] alle Kraft kommt von ihnen; sie sind die Blüte der Besten; sie gehen den Guten voran; sie sind das Salz der Erde." (Was tun? 347)

Darin liegt schon der Gedanke des Revolutionärs als Avantgarde. Doch Tschernyschewski schreibt Rachmetow als Berufsrevolutionär noch keinen politischen und ethischen Führungsanspruch zu, wie ihn später Lenin für die Bolschewiki als Avantgardepartei gegenüber der Arbeiterklasse reklamierte. Der Revolutionär hat bei Tschernyschewski keine Erziehungsfunktion gegenüber den Neuen Menschen. Befreien kann das Volk sich nur selbst. „Selbständiges Handeln des Menschen, nicht autoritäre Aktion, führe zur Weiterentwicklung der Zivilisation."[138] Für Tschernyschewski ist die Aufgabe des Revolutionärs, politisch den gesellschaftlichen Spielraum für die Neuen Menschen – das heißt für emanzipatorisches Handeln – zu öffnen.

Historische Kontingenzen der Rezeption: Von Wera Pawlowna zu Rachmetow

Mit Wera Pawlowna als Neuem Menschen und dem Berufsrevolutionär Rachmetow schuf Tschernyschewski zwei neue soziale Rollenmuster, die innerhalb der nihilistischen und revolutionären Milieus der Intelligenzija ein außerordentlich hohes Identifikationspotential entwickelten. Für Tschernyschewski lag der Fokus auf dem Modell Wera Pawlowna. Die sozio-kulturelle Transformation durch die Neuen Menschen war für ihn der Königsweg zum utopischen Ideal, nicht der politische Umsturz als revolutionärer Eingriff in die Geschichte. Die Rezeption von *Was tun?* folgte in der ersten Phase dieser Sicht: Die 1860er verstanden sich als Neue Menschen. Sie wollten mit einer neuen Lebensweise die alte Gesellschaft überwinden. Doch je deutlicher wurde, daß die nihilistische

---

[137] Auch Turgenev sah im Prinzip der Selbstaufopferung für die anderen die Kraft des Fortschritts (vgl. Hamlet 309).
[138] Pietrow-Ennker: Rußlands „neue Menschen", S. 68.

Intelligenzija mit ihrem Anspruch der gesellschaftlichen Emanzipation an den politischen Verhältnissen scheiterte, desto mehr gewann unter der radikaldemokratischen Jugend Rachmetow als Vorbild an Attraktivität.

Die Ursache lag in der Kehrtwende der liberalen Reformpolitik Alexanders II. Mitte der 1860er Jahre. Die Großen Reformen hatten in Gestalt der nihilistischen Bewegung eine gesellschaftliche Dynamik entfesselt. Sie drohte das autokratische System zu sprengen, da sie den Modernisierungsprozeß dem Steuerungsanspruch der Autokratie entzog. Die Reformen wurden abgebrochen oder wie die Öffnung der Hochschulen zurückgenommen. Die nihilistischen Kreise sahen sich Überwachung und Repression ausgesetzt. Die Zensur wurde verschärft, Zeitschriften wie der *Sowremennik* verboten, die Anhänger der nihilistischen Zirkel nach Sibirien verbannt. Die Folge war die politische Radikalisierung der Intelligenzija. Die Forderung nach individueller Selbstverwirklichung im Sinne Wera Pawlownas rückt in den Hintergrund. Das vorrangige Ziel schien jetzt der Sturz der Autokratie, durch ihn erst waren die politischen Bedingungen für die soziale Revolution, die sozio-kulturelle Transformation der Neuen Menschen zu schaffen. Das war die Stunde Rachmetows. In den 1870er Jahren bildeten sich die revolutionären Untergrundzirkel, die ihren Auftrag darin sahen, die Autokratie zu stürzen. Ihr Vorbild wurde Rachmetow. Er inspirierte bis in die 1920er Jahre Ethos und Habitus des Berufsrevolutionärs: asketisch, kompromißlos, opferbereit, moralisch hochstehend, konspirativ, isoliert vom Alltag, die Revolution als Lebensinhalt, der Verzicht auf privates Glück für die Befreiung der Menschheit.

Die beiden Rezeptionspfade verstetigten sich nach dem Scheitern der revolutionären Gruppen der 1870er Jahre und ihres Terrors. Für die Semstwobewegung in der Tradition der gemäßigten Narodniki blieben die Bezugspunkte Wera Pawlowna und ihr genossenschaftliches Emanzipationsmodell mit dem Agrarsozialismus als Horizont, ebenso für die Frauenbewegung. Für diese war *Was tun?* weiterhin Inspiration und Anleitung zur sozialen und sexuellen Emanzipation der Frau und für ihr Streben nach Bildung und Unabhängigkeit.[139] Für die revolutionären Gruppen wie die Sozialrevolutionäre und die Bolschewiki mit ihrem Avantgardebewußtsein hingegen bestand die Botschaft von *Was tun?* in dem Berufsrevolutionär, der dem Volk vorangeht und die Revolution vorbereitet.

---

[139] Vgl. Fieseler: Frauen auf dem Weg in die russische Sozialdemokratie, S. 147.

Diese Verlagerung von Wera Pawlowna zu Rachmetow in der Rezeption von *Was tun?* verdrängte nicht nur den ‚weiblichen', libertären Emanzipationsansatz zugunsten der ‚männlichen' Revolution,[140] sie änderte auch das Bild des Neuen Menschen. Seine Eigenschaften und Verhaltensweisen bestimmten sich nicht mehr durch den Anspruch auf individuelle Emanzipation und Selbstverwirklichung, sondern durch revolutionäres Leistungsethos und Opferbereitschaft. Die Verabsolutierung Rachmetows zum eigentlichen Neuen Menschen deutet zwar Tschernyschewskis Intention um, indem sie die Priorität der Wege zur utopischen Gesellschaft umkehrt, jedoch gründet auf ihr die über die nihilistische Bewegung der 1860er hinausreichende Wirkung von Tschernyschewskis Utopie. Ohne die Verschiebung zu Rachmetow als Vorbild wäre *Was tun?* in den 1870er Jahren in der Bedeutungslosigkeit gescheiterter utopischer Bewegungen verschwunden. Seine Vorbildwirkung hätte sich auf die Frauenbewegung beschränkt. Das Scheitern der 1860er Bewegung und die politische Radikalisierung der 1870er hatten unter der Intelligenzija den Erwartungshorizont für die (früh-)sozialistische Utopie verschoben: von der libertären, auf die Alltagswelt gerichteten Transformationsstrategie, die von der Aufbruchsstimmung der Großen Reformen getragen worden war, hin zum Vorrang des revolutionären Sturzes der Autokratie. Mit dem Wechsel von Wera Pawlowna zu Rachmetow erwies sich *Was tun?* als Utopie für den veränderten Erwartungshorizont anschlußfähig. Hatten die Nihilisten Tschernyschewskis Ethik der Neuen Menschen als Anleitung für eine neue Lebensweise genutzt, zogen die Techniker der Revolution aus der Opferethik Rachmetows die Verhaltenslehren für ein Leben als klandestiner Berufsrevolutionär. Was beide einte, ist ihr Avantgardebewußtsein. Wera Pawlowna, Kirsanow und Lopuchow treten ebenso wie Rachmetow als Vertreter der Zukunft auf, die im Namen der Wahrheit und Vernunft den Bruch mit der alten, unvernünftigen Welt vollziehen.

Was tun? war die Utopie einer sozialen Bewegung. In ihr fanden utopischer Entwurf und soziale Praxis zusammen. Darin begründet sich ihre außergewöhnliche Wirkung. Sie traf mit den 1860ern auf eine Bewegung, die mit neuen Lebensentwürfen angetreten war. Für diese wurde Tschernyschewskis Utopie zum Taktgeber. Mit konkreten Handlungsanweisungen versehen, die auf den Erfahrungsraum seiner Leser bezogen waren und diese in der Reichweite ihres Handelns nicht überforderten, entsprach *Was tun?* dem utopischen Tagesbedarf, der

---

[140] Vgl. ebd., S. 147f.; Wood: The baba and the comrade, S. 24ff.

durch die Großen Reformen erzeugt worden war. Als Vademecum der nihilistischen Bewegung aktivierte Tschernyschewskis Utopie gesellschaftliche Innovationspotentiale: Sie beförderte mit ihrem Emanzipationsideal die Entwicklung einer neuen Geschlechterordnung und die Etablierung neuer Rollenmuster für Frauen, popularisierte den Bildungs- und Berufsanspruch für Frauen, forcierte das Erproben neuer Lebensweisen und faßte den sich vollziehenden Wertewandel in das symbolkräftige Bild des Neuen Menschen. Mit seiner Gestaltung des Topos der Neuen Menschen stellte Tschernyschewski ein Deutungsmuster für den von Turgenjew und Gontscharow artikulierten Generationenkonflikt bereit, das diesen über den Wertewandel hinaus als notwendige Umgestaltung der Gesellschaft kennzeichnete; parallel rückte es den Erwartungshorizont für die neue Gesellschaft dicht an die Gegenwart. Der heute naiv anmutende Vernunft- und Fortschrittsoptimismus und die Einfachheit pragmatischer Handlungsanweisungen gaben der Utopie dabei das Charisma des Machbaren. Das utopische Surplus von *Was tun?* deckte sogar die Enttäuschungen der utopischen Erwartung: Als Avantgarde wußte man die Zukunft auf seiner Seite. Das bot in Krisenzeiten, wenn die Gegenwart die Zukunft zu verschlingen schien, Trost. Tschernyschewskis Utopie gab damit seinen Lesern nicht nur das Bild der utopischen Zukunft, es stärkte auch ihre Frustrationsresistenz im Kampf um die Utopie. Das ließ *Was tun?* bis in die 1920er Jahre als ‚Lehrbuch' für die Erziehung zur neuen Gesellschaft wirken.

FJODOR M. DOSTOJEWSKI – DIE KRITIK DER „AMEISENHAUFEN DES GLÜCKS"

Der utopische Zeitgeist der 1840er und 1860er

Der frühsozialistische Utopismus prägte den Zeitgeist der 1860er. Die zweite Generation der Intelligenzija war mit den Utopien Fouriers, Saint-Simons und Owens sowie dem Emanzipationsideal Sands politisch sozialisiert worden. Ihre Lehrbücher waren die Literaturjournale der Westler.[141] In diesen waren die frühsozialistischen Utopien als Vorbild für die Erneuerung Rußlands propagiert worden: der Glaube an die universelle Kraft der Vernunft, die Emanzipation der Frau und die Neudefinition von Ehe und Familie, die Befreiung der Bauern und Änderung der ungerechten Landverteilung, die Bildung von Produktionsgenossenschaften nach den Vorstellungen von Saint-Simon und Fourier, selbst Pläne für Phalanstèren fanden sich. Aufklärung und die Umgestaltung des eigenen Lebens sollten den friedlichen Fortschritt hin zur vernünftigen Gesellschaft in Gang setzen. Alles schien nur eine Frage der Vernunft.[142]

Über die Publizistik breitete sich der frühsozialistische Utopismus in die Literatur aus und gelangte über den engeren Kreis der politisch-philosophischen Zirkel hinaus. Die Autoren der westlerischen Intelligenzija verarbeiteten die Utopien Fouriers, Saint-Simons, Owens, Cabets, Blancs und Sands in ihren Erzählungen. Nekrassow[143] schildert etwa in der 1855 im *Sowremennik* erschie-

---

[141] V. a. die Petersburger Journale *Sovremennik* (*Der Zeitgenosse*, 1836/1847-1866) und *Otečestvennyje zapiski* (*Vaterländische Annalen*, 1839-1884) sowie Herzens Exilzeitschriften *Poljarnaja Zvezda* (*Der Polarstern*, 1855-1862) und *Kolokol* (*Die Glocke*, 1857-1867).

[142] Vgl. zur Rezeption des Frühsozialismus durch die 1840er Generation Reeve, Helen: Utopian Socialism in Russian Literature: 1840's-1860's. In: The American Slavic and East European Review 18. Jg. (1959). S. 374-393; Kuprejanova, Elizaveta N.: Idei socializma v russkoj literature 30-40-ch godov. In: Pruckov, Nikita I. (Hrsg.): Idei socializma v russkoj klassičeskoj literature. Leningrad 1969. S. 92-150.

[143] Nikolaj A. Nekrasov – 1821-1877. Belinskij holte Nekrasov Anfang der 1840er an die *Otečestvennyje zapiski*. 1847 übernahm Nekrasov mit Ivan I. Panaev den *Sovremennik*, den er bis zum Verbot 1866 führte. Ab 1868 leitete er mit Saltykov-Ščedrin die *Otečestvennyje zapiski* (vgl. zu ihm Luisier, Annette: Nikolaj Nekrasov. Ein Schriftsteller zwischen Kunst, Kommerz und Revolution. Zürich 2005).

nen Erzählung *Ein feiner Mensch* eine neu gegründete Bauernkommune, in der die Grundzüge der frühsozialistischen Utopie verwirklicht sind: Die Produktion ist gemeinschaftlich organisiert, ebenso die Verwaltung des Dorfes, die Bauern leben als Neue Menschen, sie richten ihr Leben und ihre Beziehungen auf Basis der Vernunft ein, jeder ist in der Lage, seine individuellen Möglichkeiten zu entfalten.[144] Auch Saltykow-Schtschedrin,[145] begeisterter Verfechter der Ideen Fouriers und Saint-Simons, verarbeitete in seinen Erzählungen deren Utopien. In einer seiner ersten Erzählungen, der 1848 in den *Otetschestwennye Sapiski* veröffentlichten Geschichte *Eine verwickelte Angelegenheit*,[146] läßt er die Hauptfigur die Erziehungs- und Bildungsideale Fouriers vortragen und sie den herrschenden Verhältnissen als Ideal gegenüberstellen. Die Verarbeitung von Motiven der frühsozialistischen Utopien und die Verwendung von klassischen Elementen der Utopie – wie die Inszenierung fiktiver Gesellschaften, deren Lokalisierung an abgelegenen Orten und der Traum als Erfahrungsmedium der Idealgesellschaft – geben der Literatur jener Jahre einen semiutopischen Charakter. Das Utopische wurde in den Erzählungen zum Stilmittel der satirischen Entlarvung der mediokren Gegenwart. Exemplarisch zeigt sich das etwa in Saltykow-Schtschedrins Roman *Die Geschichte einer Stadt*, in dem die Geschichte der fiktiven Stadt Glupow (Dummshausen) erzählt wird.[147] Saltykow-Schtschedrin nutzt das utopische Muster zur Satire auf die politischen und moralischen Verhältnisse: die Autokratie und ihre politische „Großmäuligkeit", die Willkür und Inhumanität der Bürokratie. *Die Geschichte einer Stadt* sei, so Saltykow-Schtschedrin,

> „eine Satire, die sich gegen diejenigen charakteristischen Züge des russischen Lebens richten sollte, die es nicht ganz bequem machen. Diese Zü-

---

[144] Nekrasov, Nikolaj A.: Tonkij čelovek, ego priključenija i nabljudenija. (1855) In: ders.: Polnoe sobranie sočinenij, Bd. 7. Leningrad 1983. S. 434-468.

[145] Michail E. Saltykov-Ščedrin – 1826-1889; von 1844 bis 1868 war Saltykov im Staatsdienst tätig; 1868 mußte er den Staatsdienst aus politischen Gründen verlassen. Seit 1856 schrieb Saltykov unter dem Pseudonym Ščedrin für den *Russkij vestnik*, ab 1863 war er zeitweilig Mitarbeiter des *Sovremennik*, nach dessen Verbot übernahm er 1868 mit Nekrasov und Nikolaj K. Michajlovskij die *Otečestvennyje zapiski* und führte sie bis zu ihrem Verbot 1884.

[146] Saltykov-Ščedrin, Michail E.: Zaputannoe delo. (1848) In: ders.: Sobranie sočinenij, Bd. 1. Moskau 1965. S. 201-275. Die Erzählung führte zur Strafversetzung Saltykov-Ščedrins 1848 nach Vjatka im Norden Rußlands.

[147] Saltykow-Schtschedrin, Michail: Die Geschichte einer Stadt. Berlin 1952; Der Roman erschien 1869/70 in den *Otečestvennyje zapiski*.

ge sind: eine bis zur Schlaffheit getriebene Gutmütigkeit, ein gewaltiger Elan, der sich einerseits in ununterbrochener Großmäuligkeit und andererseits darin äußert, daß mit Kanonen auf Spatzen geschossen wird, und eine Leichtfertigkeit, die bis zu der Fähigkeit gesteigert ist, ohne zu erröten aufs gewissenloseste zu lügen."[148]

Die satirische Kritik der gesellschaftlichen und politischen Verhältnisse stand im Vordergrund der utopischen Literatur der 1840er und 1850er. Der Rückgriff auf die frühsozialistischen Utopien führte jedoch dazu, daß sich deren Ideale fest im Bewußtsein der 1860er Generation verankerten. Durch die westlerische Publizistik und Literatur wurde die Utopien Fouriers, Saint-Simons, Sands etc. als Bezugspunkt für die mit der Kritik der Verhältnisse angemahnten Reformen und den erstrebten gesellschaftlichen Wandel gesetzt. Der durch die Großen Reformen unter Alexander II. eröffnete Modernisierungsprozeß schien dabei die Möglichkeit eines „allgemeinmenschlichen Fortschritts" zu bekräftigen. Das ließ unter der Intelligenzija den Glauben an die Allmacht der Vernunft wachsen, an die Möglichkeit, sowohl die gesellschaftlichen Verhältnisse als auch das individuelle Leben vernunftbestimmt zu gestalten. Die prägende Metapher dieses utopistischen Zeitgeistes lieferte, wie gezeigt, Tschernyschewski in *Was tun?* mit dem Bild des Aufstiegs aus den Kellerlöchern mittels der Vernunft hinauf in den Kristallpalast künftigen Glücks.

Gegenspieler des utopischen Zeitgeistes der 1860er

Einer der schärfsten Kritiker der utopistischen 1860er war Dostojewski.[149] Seit seiner Rückkehr aus der Verbannung 1859 wandte er sich als Publizist und in seinen Romanen vehement gegen den frühsozialistischen Utopismus und dessen russische Anhänger. Er verhöhnte das Glücksversprechen von Tschernyschewskis Utopie und den Glauben an die Allmacht der Vernunft. Er brandmarkte die Milieutheorie und das sozialistische Menschenbild, verurteilte den Rationalismus und den Materialismus als Ursache des gesellschaftlichen Zerfalls, als Boden von Nihilismus und Terrorismus. Und er polemisierte mit beißendem Hohn gegen die Westler – unterschiedslos von der nihilistischen Intelligenzija des *So-*

---

[148] Saltykow-Schtschedrin, Michail: Brief an die Redaktion des *Europäischen Boten*. In: ders: Die Geschichte einer Stadt. Berlin 1952. S. 313-322, S. 316.
[149] Fedor M. Dostoevskij – 1821-1881; vgl. zu seinem Leben Mochulsky, Konstantin: Dostoevsky. His Life and Work. Princeton 1967; Seleznev, Jurij: Dostoevskij. Moskau 2004. Dostoevskij wird im folgenden v. a. auf seine Utopiekritik hin betrachtet.

Fedor Dostojewsky.

Aus dem Dunkelsten Winkel der Großstadt.

Deutsch mit einer Einleitung

von

Dr. Alexis Markow.

Berlin SW.
Hugo Steinitz Verlag
Charlottenstraße 2.

Abb. 5 Titelblatt der deutschen Erstausgabe von Dostojewskis *Aufzeichnungen aus dem Kellerloch*, Berlin 1895 (2. Aufl. von 1905)

wremennik-Kreises um Tschernyschewski bis zu den Vertretern des liberalen Flügels wie Turgenjew.

Dostojewski gehörte anfänglich selbst zum Kreis der radikalen Intelligenzija um den *Sowremennik*. Sein erster Roman, *Arme Leute*, war 1846 in Nekrassows *Petersburger Almanach* erschienen und von den Sowremennikern euphorisch gefeiert worden: Belinski erklärte Dostojewski zum Nachfolger Gogols.[150] Sein Roman bedeute die Erneuerung der sozialkritischen Naturalen Schule,[151] er befreie diese aus der Krise künstlerischer Mittelmäßigkeit, in die sie durch Gogols Wechsel ins politisch und religiös konservative Lager geraten sei. Unter dem Einfluß Belinskis schloß sich Dostojewski den Kreisen der jungen westlerischen Intelligenzija und ihrer Revolte gegen die gesellschaftliche Lähmung unter Nikolaus' I. an. 1847 wurde er Mitglied des Petraschewski-Zirkels. In diesem Rahmen wandte er sich intensiv Fourier zu. Er rezipierte dessen Utopie als Versuch einer humanistischen Religion, die den christlichen Grundimpuls erneuere und auf die sittliche Veredelung des Menschen gerichtet sei.[152] 1849 kam die Zäsur. Beunruhigt durch die 1848er Revolutionen ließ Nikolaus I. den Petraschewski-Zirkel verhaften. Seine Mitglieder wurden angeklagt, eine politische Verschwörung zu bilden, mit dem Ziel, die Autokratie zu stürzen. Dostojewskis besondere ‚Schuld' war: Er hatte im Petraschewski-Zirkel Belinskis verbotenen *Brief an N. W. Gogol*[153] vorgelesen. Belinski verurteilte in dem *Brief*

---

[150] Nikolaj V. Gogol' – 1809-1852; Belinskij begründete auf Gogol's Werk die Naturale Schule. Mitte der 1840er Jahre distanzierte sich Gogol' von seinen früheren Werken. Er rechtfertigte die Autokratie und die orthodoxe Kirche (als „Erzieherin des Volkes"). Belinskij ‚exkommunizierte' ihn daraufhin aus dem Kreis der Intelligencija.

[151] Im Mittelpunkt ihrer Ästhetik stand die Forderung, die Wirklichkeit ungeschminkt in ihren typischen Erscheinungen darzustellen. Ihr Sujet war der Alltag. Im Sinne von Gogol's Detailrealismus wurden Alltagserscheinungen, in denen sich die Typik zeige, und soziale Typen mit dem Anspruch wissenschaftlicher Genauigkeit beschrieben – „wie mit einem anatomischen Messer seziert" (Belinskij).

[152] Wett konstatiert daher, daß Dostoevskij mit dem atheistischen und radikalen Fourierismus Belinskijs wenig gemein habe (vgl. Wett: ‚Neuer Mensch' und ‚Goldene Mittelmäßigkeit', S. 8ff.). Auch Zil'berfarb charakterisiert Dostoevskij als nichtsozialistischen Petraščevcen (vgl. Zil'berfarb, Ioganson I.: Idei Fur'e v Rossii v 30-40-ch godach XIX veka. In: Istoričeskie zapiski 12. Jg. (1948), Nr. 27. S. 240-265, S. 257f.).

[153] Belinski, Wissarion G.: Brief an N. W. Gogol. (1847) In: ders.: Ausgewählte Philosophische Schriften. Moskau 1950. S. 566-576. Der Brief entstand in Reaktion auf Gogol's *Ausgewählte Stellen aus dem Briefwechsel mit Freunden* (1847), einer losen Sammlung predigtartiger Texte, die Gogol's Hinwendung zur Autokratie und orthodoxen Kirche zeigen. Belinskijs *Brief* kursierte unter der Intelligencija in geheimen

Gogol für dessen Rechtfertigung der Autokratie und der orthodoxen Kirche. Gogol sei damit zum „Prediger der Knute" und „Verfechter der Verdummung" geworden. Belinski faßte in dem *Brief,* gleichsam als Vermächtnis, seine Kritik am Zustand der russischen Gesellschaft zusammen. Für Nikolaus I. waren der Brief und seine Verbreitung gleichbedeutend mit dem Aufruf zum Sturz der Autokratie. Die Petraschewzen wurden in einem Schauprozeß zum Tode verurteilt. Erst zu ihrer öffentlichen Erschießung am 22. Dezember 1849 ‚begnadigte' sie Nikolaus I. Das Urteil für Dostojewski lautete jetzt: vier Jahre Zuchthaus mit Zwangsarbeit in Sibirien und anschließend vier Jahre Militärstrafdienst.

1859 kam Dostojewski aus der Verbannung zurück und gründete mit seinem Bruder die Monatszeitschrift *Wremja* (*Die Zeit*), eines der typischen dickleibigen russischen Journale über Literatur und Politik. Dostojewski schloß sich nach der Verbannung dem konservativen, slawophilen Lager an. Die *Wremja* war das Sprachrohr der sogenannten Bodenständigen Schule.[154] Er kommentierte im Rückblick seinen politischen Wechsel mit Verweis auf die Erfahrungen des Zuchthauses als die entscheidende Zäsur für sein Denken:

> Es „war etwas anderes, was unsere Anschauungen, Überzeugungen und Herzen änderte [...]. Dieses andere war: die unmittelbare Berührung mit dem Volk, die brüderliche Vereinigung mit ihm im gemeinsamen Unglück; die Einsicht, daß man selbst zu Volk geworden [...] war."[155]

Diese Absage Dostojewskis an die Ideale seiner Petraschewzen-Zeit bestimmt den Rahmen, innerhalb dessen seine Kritik des frühsozialistischen Utopismus erfolgt. Dostojewski sah nunmehr die frühsozialistischen Anschauungen der westlerischen, insbesondere der nihilistischen Intelligenzija der 1860er als Ausdruck von deren Entfremdung vom Volk und vom orthodoxen Glauben.[156] Seine Utopiekritik zeigt sich damit als Teil seiner Abrechnung mit dem Westlertum der Intelligenzija. Sie setzt auf deren moralischen Delegitimierung und auf der

---

Abschriften, 1855 veröffentlichte Gercen ihn in seiner Exilzeitschrift *Poljarnaja Zvezda* (vgl. zu Belinskijs *Brief* Rattner/ Danzer: Wissarion Belinski oder Literaturkritik als soziokulturelles Engagement, S. 61ff.).

[154] Počvenničestvo – von Dostoevskij mitbegründete konservative politische Denkschule; vgl. zum Počvenničestvo Dowler, Wayne: Dostoevsky, Grigor'ev, and Native Soil Conservatism. Toronto u. a. 1982.

[155] Dostojewski, Fjodor M.: Tagebuch eines Schriftstellers. München 1972, S. 76f.

[156] Dostoevskij sah, wie die Slawophilen, das ‚russische Volk' und den orthodoxen Glauben als Einheit: Das ‚russische Volk' verkörpere mit seiner nationalen Kultur (Narodnost') den orthodoxen Glauben.

geschichtsphilosophischen Abgrenzung Rußlands von Europa auf. In dem Abonnementaufruf für die *Wremja* heißt es programmatisch.

> „Wir wissen jetzt, daß wir keine Europäer sein können, daß wir nicht in der Lage sind, uns in eine der westlichen Lebensformen hineinzuzwängen, [...] in Lebensformen, die uns fremd und entgegengesetzt sind".[157]

Als Antwort auf das Westlertum formulierte Dostojewski seine Gegenutopie. Sie ist, wie zu sehen sein wird, bestimmt von der heilsgeschichtlichen Überhöhung Rußlands und der Charakterisierung des orthodoxen Glaubens als Träger für die Erlösung der Menschheit.

Aufzeichnungen aus dem Kellerloch

Dostojewskis direkte Utopiekritik beginnt mit *Aufzeichnungen aus dem Kellerloch*[158] – ein zwischen literarischer Novelle, philosophischem Traktat und psychoanalytischer Beichte changierender Text, den Dostojewski 1864 in seiner Zeitschrift *Epocha*[159] veröffentlichte.[160] Formal ist es eine Erzählung, die aus den fiktiven autobiographischen Aufzeichnungen eines vierzigjährigen ehemaligen Beamten besteht. Nach einer Erbschaft quittierte dieser den Staatsdienst und lebt seitdem allein in einer Souterrainwohnung in einem abgelegenen Viertel St. Petersburgs – „ließ ich mich in diesem Winkel nieder, mein Zimmer ist ein elendes, scheußliches Loch am Rande der Stadt." (Kellerloch, 6).[161] Der

---

[157] Dostoevskij, Fedor M.: Ob''javlenie o podpiske na žurnal *Vremja* na 1861 god. In: ders.: Polnoe sobranie sočinenij, Bd. 18. Leningrad 1978. S. 35-40, S. 36.

[158] Dostoevskij, Fedor M.: Zapiski iz podpol'ja. In: ders.: Polnoe sobranie sočinenij, Bd. 5. Leningrad 1973. S. 99-179. Oft auch übersetzt mit *Aufzeichnungen aus dem Untergrund*. In den ersten deutschen Ausgaben (die Erstausgabe 1895 und in der von Moeller van den Bruck und Dmitrij S. Merežkovskij betreuten Werkausgabe im Piper-Verlag 1906-1919) lautet der Titel *Aus dem Dunkel der Großstadt*; sie ordnen den Text damit Dostoevskijs Petersburger Großstadtromanen zu und stellen ihn in den Kontext von deren Großstadtkritik. Im folgenden zitiert mit der Sigle *Kellerloch* nach Dostojewskij, Fjodor: Aufzeichnungen aus dem Kellerloch. Stuttgart 1984.

[159] *Epocha* – von Dostoevskij und seinem Bruder ab 1864 herausgegebenes Literaturjournal in der Nachfolge der *Vremja*, die 1863 verboten worden war. 1865 mußte Dostoevskij die Zeitschrift mangels Abonnenten einstellen.

[160] Der erste Teil *Das Kellerloch* erschien im Heft Nr. 1/2, der zweite Teil *Bei nassem Schnee* im Heft Nr. 4.

[161] *Podpol'e* läßt sich räumlich als Keller verstehen, im übertragenen Sinne als politischer (Illegalität) und seelischer Untergrund (das Unbewußte) sowie auch als soziales Unten, z. B. im Sinne eines sozial deklassierten, abgelegenen Stadtviertels, wie

Habitus und die Lebenssituation des Ich-Erzählers, des Kellerlochmenschen, bilden eine Variante des Topos des überflüssigen Menschen (lišnyj čelovek). Der erste Teil (*Das Kellerloch*) ist ein zivilisations- und aufklärungskritisches Traktat. In Form eines „aufgeregt räsonierenden Monologs" (Doerne) richtet sich der Ich-Erzähler gegen die nihilistische Intelligenzija à la Tschernyschewski und deren Forderung, das Leben vernunftgemäß einzurichten. Er spricht den Leser unmittelbar als imaginierten Gegner an („Wissen Sie, meine Herrschaften"), unterstellt ihm Gegenargumente, um sie im nächsten Moment polemisch zurückzuweisen.[162] Der zweite Teil (*Bei nassem Schnee*) ist eine autobiographische Novelle des Ich-Erzählers aus seinem früheren Leben. Sie veranschaulicht die Ansichten des ersten Teils: Anhand der Verhaltensweisen des Ich-Erzählers wird die Herausbildung der Kellerlochmentalität dargestellt.

Die *Kellerloch*-Memoiren sind ein Kahlschlag der Utopiekritik. Mit ihnen stellte Dostojewski in den russischen Utopiediskurs eine furiose Kampfansage an die „wissenschaftliche Weltanschauung" der Nihilisten und ihre publizistischen Halbgötter vom *Sowremennik*: Tschernyschewskis Theorie des vernünftigen Egoismus, die soziologische Milieu- und Geschichtstheorie, der Materialismus, die Glücksmathematik – alles wird von ihm verurteilt als eine einzige Masse der Verdammnis. Der Text ist maßlos in jede Richtung. Schon sein Ton war ein Novum. Er ist eine Mischung aus eruptivem Räsonieren, Lamentieren, Polemisieren und Selbsterniedrigung, auf die umgehend trotzige Selbsterhöhung folgt und erneut wollüstiges Bekennen der eigenen Niedrigkeit und Nichtigkeit. Alles im Duktus rasender Hast und sich überschlagender Sätze. Der Kellerlochmensch setzt mit seiner Rede die Konventionen literarischen Schreibens und philosophischen Disputierens außer Kraft.[163] Es ist eine von Erniedri-

---

es im Wort ‚Winkel' zum Ausdruck kommt.

[162] Das Muster wird mitunter als argumentative Dialogbereitschaft Dostoevskijs interpretiert, indem das Darstellen der gegnerischen Argumente auf die Polyphonie der Romane Dostoevskijs bezogen wird (z. B. Ingold: Dostoevskij und das Judentum). Doch das ignoriert den „rhetorisch-monologischen" Charakter (Bachtin) von Dostoevskijs Essayistik. Das Muster dient sichtlich als Stilmittel zum Desavouieren ideologischer Kontrahenten.

[163] Städtke verortet daher die *Kellerloch*-Memoiren primär literaturgeschichtlich. Er sieht sie zusammen mit den *Winteraufzeichnungen* als Parodie auf Karamzins *Briefe eines russischen Reisenden* (1791/92). Mit der Figur des Antihelden, dem Auflösen des Erzählers, der individuellen Autorschaft als unmoralische Einstellung und dem Zweifeln am Schreiben selbst ziele Dostoevskij auf die Dekonstruktion der traditionellen Strukturen literarischen Schreibens und des erhabenen Stils. An deren Stelle

gung, Kränkung und (Selbst-)Haß getriebene Selbstanalyse, die der Kellerlochmensch wütend gegen den aufklärerisch-rationalistischen Zeitgeist richtet; er destruiert mit ihr die „humanistische Selbstgewißheit" (Berdjajew). Mit dem psychoanalytischen Impetus einer Erkundung der inneren Verfassung des Menschen und der Gesellschaft markieren die *Kellerloch*-Memoiren sowohl in literarischer Hinsicht als auch in politisch-philosophischer die Wende in Dostojewskis Schaffen: von der sozialen Typisierung in der Tradition der Naturalen Schule, die seine frühen Werke bestimmt – *Arme Leute* (1846), *Der Doppelgänger* (1846), *Weiße Nächte* (1848) – hin zum psychologischen Realismus der philosophischen Romane – *Schuld und Sühne* (1866), *Der Idiot* (1868), *Die Dämonen* (1871/72), *Der Jüngling* (1875), *Die Brüder Karamasow* (1879). Aus dem Dichter des sozialen Mitleids wird der „Experimentalanthropologe der menschlichen Natur",[164] der den Mensch in den sozialen und politischen Pathologien der entstehenden kapitalistischen Massengesellschaft analysiert. Die *Kellerloch*-Memoi-ren sind gleichsam die Ouvertüre zu den philosophischen Romanen. Mit der Selbstbehauptung des Kellerlochmenschen eröffnet Dostojewski seine Untersuchung der existentiellen „Tragödie der Freiheit" des Menschen in der Moderne mit der Frage nach dessen ethischer Verantwortung.[165] Das Finale dieser ‚Untersuchung', die in den Romanen gleichsam als Fallstudien entfaltet wird,[166] bildet die *Legende vom Großinquisitor*.[167]

Die Wirkung der Utopiekritik, die Dostojewski in den *Kellerloch*-Memoiren aufmacht, reicht weit über die Kritik des frühsozialistischen Utopismus in Rußland hinaus. Seine Kritik präfigurierte wesentliche Motive des Utopiediskurses und des dystopischen Denkens des zwanzigsten Jahrhunderts.[168] Durch die 1886

---

setze er eine moderne Schreibweise (vgl. Städtke: Europareisen, S. 27f.).

[164] Berdjajew, Nikolai: Die Weltanschauung Dostojewskijs. München 1925, S. 32.

[165] Vgl. ebd.

[166] Die Romane werden daher oft als Ideenromane bezeichnet, als Versuchsanordnungen der experimentellen Erprobung von Ideen. Die einzelnen Figuren stehen, z. T. in bewußter Selbstidentifikation, mit ihren Verhaltensweisen jeweils für eine Idee (vgl. dazu Bachtin, Braun, Doerne, Hollenberg, Stender-Petersen, Stepun, Wett).

[167] Dostojewski, Fjodor M.: Der Großinquisitor. In: ders.: Die Brüder Karamasoff. München 1952. S. 401-432.

[168] Vgl. zu Dostoevskijs Utopiekritik als prägendes Muster für den Utopiediskurs Saage: Utopische Profile, Bd. 3, S. 288; zur Rezeption der Figur des Kellerlochmenschen: Jackson, Robert Louis: Dostoevsky's Underground Man in Russian Literature. Den Haag 1958; Scheffler, Leonore: Jurij Olešas Roman *Zavist'*. In: Zeitschrift für slavische Philologie 36. Jg. (1972). S. 266-295. Scheffler zeigt, wie Oleša im Roman

erschienene französische Übersetzung der *Kellerloch*-Memoiren[169] wurde Nietzsche auf Dostojewski aufmerksam.[170] In der Folge seiner Dostojewskirezeption wurde der anthropologische Aufschrei des Kellerlochmenschen als Aufstand der irrationalen Seele ab Ende des 19. Jahrhunderts zu einem zentralen Bezugspunkt der philosophischen, psychologischen und ästhetischen Diskurse über das Wesen des Menschen in der Moderne. Noch in Camus' und Sartres Existentialismus ist die Spur des Kellerlochmenschen und seines verzweifelten Ringens um die Freiheit des Menschen sichtbar.[171]

Parodierende Polemik gegen Tschernyschewskis „Was tun?"

Dostojewski antwortet mit den *Kellerloch*-Memoiren auf Tschernyschewskis Utopie *Was tun?*.[172] Im Zuge der *Winteraufzeichnungen*, dem Bericht seiner

---

Neid (*Zavist'* 1927) die Kellerloch-Figur zur satirischen Dekonstruktion utopischer Motive nutzt (vgl. zu Utopie und Dystopie bei Oleša auch Ehre, Milton: Olesha's *Zavist'*: Utopia and Dystopia. In: Slavic Review 50. Jg. (1991) H. 3. S. 601-611).

[169] *L'esprit souterrain* (Paris: E. Plon, Nourrit et cie, übers. von Ely Halpérine und Charles Morice) – sie war die erste westliche Ausgabe. Die erste deutsche Übersetzung erschien 1895 unter dem Titel *Aus dem dunkelsten Winkel der Großstadt*. In ihr fehlt jedoch der erste Teil; der Monolog des Kellerlochmenschen sei, so der Übersetzer Alexis Markow in seiner Einleitung, den deutschen Lesern nicht zumutbar.

[170] Vgl. Nietzsches Briefe an Franz Overbeck vom 23. Februar 1887 und an Heinrich Köselitz (d. i. Peter Gast) vom 13. Februar und 7. März 1887 (Nietzsche, Friedrich: Briefwechsel, Bd. III, 5. Berlin u. a. 1984).

[171] Vgl. Camus' Roman *Der Fall* und Sartres Essay *Der Existentialismus ist ein Humanismus* sowie Kirk, Irina: Dostoevskij and Camus. München 1974; Raether, Martin: Der *Acte gratuit*. Revolte und Literatur. Heidelberg 1980; Krapp, John: An Aesthetics of Morality. Columbia 2002. – Die Rezeption von Dostoevskij als politischer Prophet – wie sie sich in der deutschen Rezeption Anfang des 20. Jh.s zeigt – knüpfte dagegen nicht an den *Kellerloch*-Memoiren an, sondern v. a. am *Tagebuch eines Schriftstellers* (dt. erstmals 1918/19) und an die philosophischen Romane (vgl. zur deutschen politischen Dostoevskij-Rezeption Bluhm, Harald: Dostojewski und Tolstoi-Rezeption auf dem „semantischen Sonderweg". In: Politische Vierteljahresschrift 40. Jg. (1999) H. 2. S. 305-327).

[172] Vgl. zu den direkten Bezügen Dryzhakova, Elena: Dostoevsky, Chernyshevsky, and the Rejection of Nihilism. In: Oxford Slavonic Papers 13. Jg. (1980). S. 58-79; Dudek, Gerhard: Chrustal'nyj dvorec – Podpol'e – Zolotoj Vek: Zur Metaphorisierung gesellschaftlicher Phänomene bei F. M. Dostojewski. In: Zeitschrift für Slawistik 28. Jg. (1983). S. 667-682; Gerhardt, Dietrich: Dostoevskij und Černyševskij. In: Gesemann, Wolfgang u. a. (Hrsg.): Serta Slavica. In Memoriam Aloisii Schmaus. München 1971. S. 191-200; Hielscher: „Enzyklopädie der Menschheit" oder „Prophezeiung aus der Apokalypse"; Kirk: Dostoevskij and Camus, S. 19-31; Lambeck, Barbara: Dostojewskis Auseinandersetzung mit dem Gedankengut Černyševskijs in

Europareise 1862,[173] hatte er die Idee notiert, die, so er, Deformation der westlichen Zivilisation durch die rationalistische Auffassung von Mensch und Gesellschaft in einer Figur darzustellen. Sie sollte das in den *Winteraufzeichnungen* entworfene Bild der westlichen Zivilisation als dekadent und materialistisch fortsetzen und die Wurzel ihrer Degeneration aufzeigen: den rationalistischen Sündenfall des cartesianischen *cogito ergo sum*, das heißt, die „säkulare Selbstsetzung des Menschen aus dem Prinzip der Vernunft"[174]. Der Arbeitstitel dafür lautete *Bekenntnisse* (*Ispowed*); er war als Verweis auf Rousseaus *Les Confessions* (1782) gedacht.[175] Das Erscheinen von *Was tun?* im Sommer 1863 nahm Dostojewski als Anlaß, das Projekt auf die Adaption des Rationalismus beziehungsweise des Positivismus und Materialismus durch die nihilistische Bewegung der 1860er zur szientistischen Weltanschauung zu richten.[176] Er änderte den Titel zu *Aufzeichnungen aus dem Kellerloch* und stellte die Auseinandersetzung mit dem Bild des Neuen Menschen, wie es Tschernyschewski in *Was tun?* entworfen hatte, in den Vordergrund.[177]

Der unmittelbare Bezug auf *Was tun?* zeigt sich auf der formalen Ebene des Textes in Form parodierender Anspielungen auf Tschernyschewskis Utopie. Sie verkehren deren Aussagen ins Gegenteil und machen sie lächerlich. So zitiert Dostojewski mit dem Bild des Kristallpalastes die Glasarchitektur der Phalanstèren in *Was tun?*, Tschernyschewskis Symbol für die ideale Gesellschaft, er charakterisiert den Kristallpalast als Hühnerstall (Kellerloch, 39f.). Tschernyschewskis „außergewöhnlicher Mensch" Rachmetow und sein Heldentum

---

Aufzeichnungen aus dem Untergrund. Tübingen 1980; Offord, Derek: Dostoyevsky and Chernyshevsky. In: The Slavonic and East European Review 57. Jg. (1979) H. 4. S. 509-530; Wett: ‚Neuer Mensch' und ‚Goldene Mittelmäßigkeit'.

[173] Dostojewski, Fjodor M.: Winteraufzeichnungen über Sommereindrücke. (1863) In: ders.: Aufzeichnungen aus einem Totenhaus und drei Erzählungen. München 1958. S. 735-833.

[174] Städtke: Russische Literaturgeschichte, S. 200.

[175] Vgl. Dostoevskij: Polnoe sobranie sočinenij, Bd. 5, S. 374f

[176] Vgl. ebd.

[177] Meier-Graefe, Praxmarer und Poll betonen dagegen statt der geistesgeschichtlichen Auseinandersetzung den autobiographischen Charakter der *Kellerloch*-Memoiren. Für sie spiegelt sich in der Geistesverfassung des Kellerlochmenschen Dostoevskijs persönliche Krisensituation im Herbst 1863: die Krankheit seiner ersten Frau, die wenig später im April 1864 starb, das Verbot der *Vremja*, die daraus folgenden finanziellen Existenzsorgen, seine Spielsucht und die für ihn desaströse Affäre mit der Schriftstellerin Apollinarija P. Suslova (1840-1918).

werden als „überbewußte Maus" parodiert (Kellerloch, 11f.). Der Anspruch von Tschernyschewskis Neuen Menschen, ohne Kompromisse ihren Weg zu gehen, wird zum lächerlichen Bemühen des Kellerlochmenschen, einem Offizier auf der Straße nicht auszuweichen, sondern ihn anzurempeln, um seinen Stolz zu behaupten (Kellerloch, 59ff.).

Dem Kapitel *Bei nassem Schnee* ist Nekrassows Gedicht *Ich hoffte, aus des Lasters Ketten* als Motto vorangestellt. Mit ihm spielt Dostojewski auf Nekrassow als Lieblingsdichter von Wera Pawlowna an, der mehrfach in *Was tun?* zitiert wird (Was tun? 412, 511, 533 u. 547). In dem Gedicht behandelt Nekrassow die Frage der Prostitution aus Sicht der Milieutheorie: Die Frau wird als Opfer der sozialen Verhältnisse gezeigt und ihre moralische Verurteilung aufgehoben. Dostojewski bricht Nekrassows Gedicht in der Mitte abrupt ab mit „usw. usw. usw." (Kellerloch, 47). Durch die pejorative Diktion verwirft er Nekrassows Sicht auf die ‚gefallene Frau' und deren Rettung als idealistisches Geschwätz. In der Begegnung des Kellerlochmenschen mit der Prostituierten Lisa (Kellerloch, 97-142) führt er das weiter aus. Auch hier stellt er über Nekrassows Gedicht den polemischen Bezug zu *Was tun?* her, er nutzt dessen Schluß zur ironischen Brechung (Kellerloch, 124 u. 130). Bei Nekrassow wird am Ende die ‚gefallene Frau' gerettet, indem ihr sozialer Ausschluß zurückgenommen wird: „Mein Haus / Steht dir stets offen! Geh in Ehren / Als Herrin darin ein und aus."[178] Dostojewskis Kellerlochmensch stellt sich vor, in diesem Sinne Lisa aus der Prostitution zu retten. In Gedanken malt er sich aus, sie zu heiraten. Doch als Lisa zu ihm kommt, behandelt er sie als Prostituierte: Er versucht, sie für ihre Liebe zu bezahlen. Nekrassows Vernunft scheitert am seelischen Abgrund des Kellerlochmenschen.

Der prägnanteste Bezug auf *Was tun?* ist der Titel *Kellerloch*. Er bildet das Symbol der Kontroverse. In Tschernyschewskis Utopie symbolisiert das Kellerloch die depravierte russische Gegenwart und ihre erniedrigenden Existenzweisen. Gegen das Kellerloch als Milieu entwürdigender Unvernunft stellt Tschernyschewski die vernünftige Welt des Kristallpalastes und fordert den einzelnen auf, sich durch Aufklärung und Bildung aus dem Kellerloch zu befreien.

> „Erhebt euch aus eurem Kellerloch, meine Freunde [...] kommt heraus in die freie, helle Welt [...] der Weg ist leicht und verlockend, versucht es nur: Bildung, Bildung." (Was tun? 375)

---

[178] Nekrassow, Nikolai A.: Ich hoffte, aus des Lasters Ketten. (1845) In: ders.: Gedichte und Poeme, Bd. 1. Berlin u. a. 1965, S. 99-100, S. 100.

An dieser Stelle setzt Dostojewski ein. Sein Kellerlochmensch weigert sich, das Kellerloch zu verlassen. Er verteidigt es gegen den Kristallpalast als den Ort des eigentlichen Menschseins.

> „[E]s lebe das Kellerloch! [...] Nein, nein, das Kellerloch ist unter allen Umständen vorteilhafter!" (Kellerloch, 41f.)

Dostojewski leugnet nicht den erniedrigenden, depravierten Charakter der Kellerlochexistenz. Das Leben im Kellerloch ist „kalte ekelhafte Halbverzweiflung", ist „leidvolles Sich-selbst-lebendig-Begraben" (Kellerloch, 13). Es widerspricht allen Vorstellungen eines guten Lebens. Es ist ohne Zweifel unvernünftig. Doch gerade in dem Unvernünftigen, dem Handeln gegen den eigenen Vorteil, gegen das eigene Glück äußere sich das „uneingeschränkte und freie Wollen" des Menschen (Kellerloch, 28). In diesem „selbständigen Wollen" liege der „wahre Vorteil" des Menschen, sein eigentlicher Nutzen – gerade weil es sich der rationalen Bestimmung entzieht. In ihm begründe sich das für den Menschen „Allerhauptsächlichste und Allerteuerste, [seine] Persönlichkeit und [...] Individualität" (Kellerloch, 32). Dostojewski erklärt die Unvernunft des Kellerlochs zur existentiellen Garantie des Menschlichen.

> „Das Wollen [...] ist die Offenbarung des ganzen Lebens [...]." (Kellerloch, 31)

Der Kellerlochmensch verwirft den Kristallpalast und sein Glücksversprechen als nichtmenschliche Ordnung. In ihr sei der Mensch reduziert zum „Drehorgelstift" eines rationalistischen Glücksprogramms, zu „Klaviertasten, auf denen die Naturgesetze eigenhändig spielen" (Kellerloch, 34). Der Mensch werde darauf beschränkt, das Vernünftige zu erkennen und auszuführen. Der Kristallpalast suspendiere das „freie Wollen". Seine Diktatur der Vernunft vernichte die Willensfreiheit des Menschen und seine ethische Selbstverantwortung.

Kritik von Tschernyschewskis Anthropologie der Neuen Menschen

Dostojewski stellt die Widerlegung der rationalistischen Anthropologie Tschernyschewskis in den Mittelpunkt seiner Utopiekritik. Er greift damit den Kern von dessen Utopie an: den Neuen Menschen. Von der Kritik der Anthropologie des Neuen Menschen aus interveniert er gegen den „materialistischen Utilitarismus des kollektiven Glücks"[179], gegen den Vernunft- und Fortschrittsopti-

---

[179] Saage: Utopische Profile, Bd. 3, S. 289.

mismus, den Glauben, der Mensch könne die Gesellschaft planen, gegen die Milieutheorie von der Schuld der Verhältnisse am Handeln der Menschen. Er zerpflückt die szientistische Weltanschauung der Neuen Menschen und ihren Glauben an das Gute im Menschen als Vorstellungen, die vor der Natur des Menschen keinen Bestand haben. Der Mensch, so Dostojewski, sei mehr als eine Glücksformel des „zwei mal zwei gleich vier".

> „[...] fände man wirklich einmal die Formel unseres Willens und unserer Launen, das heißt ihren Grund und das Gesetz ihrer Entstehung, ihrer Ausbreitung, ihrer Richtung in diesem und jenem Fall usw. usw., das heißt die richtige mathematische Formel – so würde der Mensch womöglich augenblicklich aufhören zu wollen [...] Was ist denn das für ein Vergnügen, nach einer Tabelle zu wollen? Das wäre ja auch noch nicht alles: er verwandelte sich dann augenblicklich aus einem Menschen in einen Drehorgelstift oder etwas Derartiges; was ist denn ein Mensch ohne Wünsche, ohne Willen und ohne Begehren anderes als ein Stiftchen an einer Drehorgelwalze?" (Kellerloch, 29)

Dostojewski setzt als unhintergehbar für das menschliche Sein den freien Willen. Er definiert diesen Willen, das „selbständige Wollen", als den irrationalen, triebhaften Grund menschlichen Denkens und Handelns. Es ist das Unbewußte, das sich dem rationalen Zugriff entzieht – metaphorisch gesprochen: das Kellerloch der menschlichen Seele. Der Mensch sei primär nicht rational, von seinem Verstand bestimmt, sondern durch sein Unbewußtes. Sollte es tatsächlich gelingen, dessen ‚Gesetze' aufzudecken und das Handeln des Menschen berechenbar zu machen, dann sei das nicht der Eintritt in das Reich der Freiheit, wie es Tschernyschewski den Neuen Menschen prophezeite. Es wäre „der Anfang des Todes" (Kellerloch, 37). Ein Wollen nach einer Tabelle der Naturgesetze – nach einer Logarithmentafel des menschlichen Verhaltens, wie Dostojewskis Kellerlochmensch höhnt – wäre kein Wollen mehr. Es wäre ein mechanisches Funktionieren. Der Mensch strebe zwar nach einem Zustand vollkommenen Glücks – und dieser Endzustand sei mit der Formel „zwei mal zwei gleich vier" treffend erfaßt. Aber sein Ziel sei nicht das Erreichen des vollendeten Glücks, sondern das Streben danach. In der „Unaufhaltsamkeit des Strebens" liege das Leben: Der Mensch liebe nicht die Glückseligkeit, sondern das Leben mit seinen Unvollkommenheiten und Leiden. Der Kristallpalast mit seiner „zwei mal zwei gleich vier"-Glückseligkeit sei zwar vollkommen vernünftig, aber von ebenso absoluter Langeweile. Der Mensch würde in kürzester Zeit gegen den Kristallpalast und sein vernünftiges Glück rebellieren. Das Beängstigende am Kristallpalast sei gerade seine eherne Gültigkeit, gegen die jeder Zweifel und jede Rebellion sinnlos sind:

> „[I]ch fürchte diesen Palast [...] gerade deshalb, weil er aus Kristall und in alle Ewigkeit unzerstörbar sein wird und weil man ihm nicht einmal heimlich die Zunge wird herausstrecken können." (Kellerloch, 39)

Aus der ehernen Langeweile des Kristallpalastes würden Zerstörung und Chaos entstehen: allein aus dem puren Willen zur Verneinung. Diese wären schrecklicher als alle gekannten Verhältnisse zuvor. Denn sie wären die Reaktion auf die totalitäre Inhumanität der mathematischen Logik des Kristallpalastes.

> „Wie wäre es meine Herrschaften, sollten wir nicht diese ganze Vernünftigkeit mit einem Fußtritt zertrümmern, einzig in der Absicht, all diese Logarithmen zum Teufel zu jagen und allein nach unserem unvernünftigen Willen zu leben!" (Kellerloch, 28)

Getrieben vom Grundbedürfnis des Zweifelns würde der Mensch das vollkommene Glück und die vernünftige Ordnung preisgeben. Immer ziehe es der Mensch vor, gegen die Vernunft und seinen Vorteil zu handeln, wenn er damit sein „selbständiges Wollen" bewahren könne. Selbst Erniedrigung und Leiden nehme er dafür auf sich. Das ist direkt gegen *Was tun?* als Programmschrift für ein vom Leiden befreites Leben gerichtet. Tschernyschewski hatte das Leiden als sinnlose Folge unvernünftiger Verhältnisse definiert; im vernunftbestimmten Leben der Neuen Menschen würde das Leiden von selbst verschwinden. Dostojewski setzt dagegen die *Kellerloch*-Memoiren als Manifest eines Existentialismus des Leidens. Er erklärt das Leiden zur anthropologischen Grundkonstante: Im Leiden offenbare sich das Leben selbst.

> „[Ich bin] davon überzeugt, daß der Mensch auf wirkliches Leiden [...] niemals verzichten wird. Das Leiden – das ist ja der einzige Grund des Bewußtseins." (Kellerloch, 38)

Indem Dostojewski das Leiden zum Ausdruck des „selbständigen Wollens" erklärt, weist er ihm eine sinnstiftende Funktion zu. Im Leiden erfahre der Mensch seine Freiheit gegenüber der Vernunftdiktatur des Kristallpalastes, er versichere sich in ihm existentiell seines Menschseins. Der Mensch liebe daher das Leiden mehr als die tschernyschewskische Glückseligkeit, die ihn nur wollen lasse, was vernünftig ist. Eher verzichte er auf das Glück als auf den Genuß des Leidens. Entgegen der Vernunft suche der Mensch Erniedrigung und Leiden. Er ziehe aus der eigenen Erniedrigung Genuß und Befriedigung.

„[M]it diesen Kränkungen bis aufs Blut, mit diesem Hohn, unbekannt von wem, beginnt [...] der Genuß, der sich zuweilen bis zu höchster Wollust steigern kann." (Kellerloch, 16)

Dieses Begehren nach Erniedrigung und Leiden ist selbstzerstörerisch, aber seine Befriedigung ist Dostojewskis Kellerlochmenschen wichtiger als die „allergesündesten Schlüsse[..] unseres Verstandes über unsere Vorteile" (Kellerloch, 32). Dostojewski destruiert damit die rationalistische Vorstellung eines vernunftgesteuerten Menschen, der nach Glück und Harmonie strebe, als humanistische Illusion. Er setzt ein Menschenbild dagegen, in dem der Mensch bestimmt ist durch seine irrationalen Triebe: Gegenüber den dunklen, unberechenbaren, destruktiven Leidenschaften mache die rationale Vernunft nur einen Bruchteil des menschlichen Denkens und Handelns aus. Mit dieser Betrachtung des Menschen als irrational und triebbestimmt nimmt Dostojewski für den Utopiediskurs Freuds psychoanalytische Bestimmung des Menschen vorweg.[180]

Von diesem Menschenbild aus ist Dostojewskis Verurteilung von Tschernyschewskis deterministischer Milieutheorie und materialistischen Utilitarismus evident. Tschernyschewski ging davon aus, daß der Mensch von Natur aus gut ist. Er handle nur deswegen böse, weil er seinen wahren Vorteil nicht erkenne; die gesellschaftlichen Verhältnisse und seine Unwissenheit hinderten ihn daran. Einmal aufgeklärt und seinen ‚wahren' Vorteil erkennend, würde er sich zwangsläufig gut verhalten; denn im Guten bestehe sein wahrer Nutzen. In diesem milieutheoretischen Determinismus liegt für Dostojewski der fundamentale anthropologische Trugschluß Tschernyschewskis. Er setzt dagegen ein existentialistisches Verständnis des Bösen: Das Böse sei nicht die Folge von Unwissenheit und sozialem Elend, sondern liege in der irrationalen Triebstruktur des Menschen. Mit Bildung und Wohlstand für alle lasse sich das Gute nicht heraufbeschwören. Tschernyschewskis Ableitung des Guten aus dem vorgeblichen Nutzen hebe die ethische Selbstverantwortung des Menschen auf und reduziere die Frage nach dem Guten auf einen Automatismus der Vernunft. Der aufgeklärte Mensch würde, spottet Dostojewski, „gewissermaßen aus Notdurft das Gute tun" (Kellerloch, 22).

Tschernyschewski gründet den Automatismus, wie Dostojewski treffend analysiert, auf der Annahme, daß das menschliche Handeln in seinen Möglich-

---

[180] Diese Erschütterung der humanistischen Selbstgewißheit durch Dostoevskijs Kellerlochmenschen war auch für Nietzsches Dostoevskij-Rezeption der Anknüpfungspunkt.

keiten determiniert sei durch die natürlichen Anlagen des Menschen, und daß sich daher, so Tschernyschewskis Folgerung, das Spektrum des Verhaltens klassifizieren lasse: gemäß der Natur – gegen die Natur, richtig – falsch, gut – böse. Für Dostojewski liegt darin der zweite Trugschluß Tschernyschewskis. Das Handeln des Menschen lasse sich nicht berechnen. Das „selbständige Wollen" beruhe auf irrationalen Triebkräften, die mit rationalistischen Kategorien wie Nutzen, Vernunft und leidensfreies Glück nicht erfaßbar seien. Daher lasse sich weder ein ‚wahrer' Vorteil für den einzelnen bestimmen noch eine Formel aufstellen für die ideale Organisation des Sozialen. Tschernyschewskis Utopie, die Gesellschaft rational umzugestalten, scheitere so schon an ihren Voraussetzungen. Tschernyschewski und die Neuen Menschen könnten sich zudem, fügt Dostojewskis Kellerlochmensch süffisant hinzu, nicht einmal gewiß sein, daß eine solche neue Welt überhaupt wünschenswert wäre. Die vernünftige Ordnung des Kristallpalastes und ihre Uniformität entspreche doch eher dem Geschmack von „entmündigten Herdentieren", „als da sind: Ameisen, Schafe usw." (Kellerloch, 37), für den „wahren Menschen" aber sei der Kristallpalast kein erstrebenswerter Ort.

Kristallpalast und Ameisenglück – Die Kritik der westlichen Zivilisation mit den Utopiemetaphern

Dostojewski führt die Utopiekritik der *Kellerloch*-Memoiren in den Romanen und seiner Publizistik wie dem *Tagebuch eines Schriftstellers*[181] fort. Sie geht hier über in eine religiös begründete konservative Modernekritik. In deren Zentrum stehen die Diagnose einer „sittlich enthegten Lebensform",[182] dem „alles ist erlaubt" aus der säkularen Selbstsetzung des Menschen, wie Dostojewski es in

---

[181] Das *Tagebuch eines Schriftstellers* war zunächst eine seit Januar 1873 erscheinende Rubrik in der von Dostoevskij geleiteten Wochenzeitschrift *Graždanin* (*Der Staatsbürger*). 1874 gab Dostoevskij die Stelle als Redakteur des *Graždanins* auf und brachte das *Tagebuch* 1876-77 als Monatsheft im Selbstverlag heraus. 1880 erschien ein Heft mit Dostoevskijs Puschkinrede. 1881 sollte das *Tagebuch* wieder monatlich erscheinen, doch es kam nur zum Januarheft, am 28. Januar 1881 starb Dostoevskij. Das Spektrum des *Tagebuchs* reicht von Kommentaren zu Fragen der Innen- und Außenpolitik, Wirtschaft, Erziehung, Religion über Berichte von Gerichtsprozessen, Theater-, Buch- und Ausstellungsbesprechungen, zeitgeschichtlichen und sozialphilosophischen Essays bis zu literarischen Erzählungen. Die Piper-Ausgabe enthält eine Auswahl der *Tagebuch*-Schriften, eine vollständige Übersetzung erschien im Musarion Verlag München 1921-23.

[182] Bluhm: Dostojewski und Tolstoi-Rezeption, S. 308.

der Figur des Raskolnikow in *Schuld und Sühne* zeichnet, sowie die politischen und gesellschaftlichen Verwerfungen im Umbruch zur Moderne, die Dostojewski im Nihilismus, Atheismus und Materialismus der Intelligenzija sowie im Sozialismus und Terrorismus sah.

Dostojewski entfaltet die Utopie- und Modernekritik in den Romanen und im *Tagebuch* wie in den *Kellerloch*-Memoiren im direkten Bezug auf Tschernyschewskis Utopie. Er stellt den Bezug zum einen über den Topos des Neuen Menschen her. Er greift für die Figuren der Westler in seinen Romanen die den Neuen Menschen zugeschriebenen Charaktereigenschaften und Verhaltensweisen sowie die Figurenkonstellationen in *Was tun?* auf und persifliert diese. Die Vertreter der Westler werden charakterlich diskreditiert. Die wesentlichen Verfahren dazu sind die polemische, parodistische Umkehrung der zugrunde gelegten Eigenschaften und Handlungsmuster, die Konstruktion eines Widerspruchs zwischen ideologischem Anspruch und eigenem Verhalten, die Unterstellung, die jeweilige ideologische Position werde nicht aus inhaltlicher Überzeugung, sondern aus Eigennutz vertreten, sowie Strategien des Lächerlich machen wie die karikierende Darstellung mit psychischen und physischen Schwächen.[183] Eine weitere Form der Delegitimierung sind die pejorativen Namen der Figuren. Dostojewski verwendet für die Westler und die Neuen Menschen sprechende Namen, die einen abwertenden Charakter haben. So etwa in *Schuld und Sühne* Luschin von Pfütze, Lache (luža), Lebesjatnikow von scharwenzeln, vor jemanden kriechen (lebezit'), in *Die Dämonen* Werchowenski – der Hochhinauf-, an die Spitze Strebende, Liputin von klebenbleiben, klebrig sein (lipnut') und von Nachahmung, Schwindel (lipa), Schatow von schwankend (žatkij)[184] und Gaganow von schnatternde Gans (gogot bzw. gaga).

Die zweite Ebene des Bezugs von Dostojewskis Modernekritik auf den Utopiediskurs sind die Metaphern zur Kritik der westlichen Zivilisation. In ihnen greift er zentrale Motive von Tschernyschewskis *Was tun?* auf. Die Schlüsselmetaphern sind Kristallpalast, Ameisenhaufen und Drehorgelstift. Sie fungieren als Leitmotive, über die Dostojewski ausgehend von den *Kellerloch*-Memoiren seine Kritik an den (früh-)sozialistischen Utopien und ihren russischen Anhängern in jeweils neuen Kontexten aktualisiert und weiterführt.

---

[183] Vgl. dazu Wett: ‚Neuer Mensch' und ‚Goldene Mittelmäßigkeit', S. 130ff.; auf diese Ebene der Bezugnahme soll hier nicht weiter eingegangen werden.

[184] Das ‚Schwanken' steht für die moralisch-geistige Desorientierung, in der Dostoevskij die Ursache des Nihilismus sah.

Kristallpalast: Dostojewski bezieht die Metapher des Kristallpalastes zum einen auf Tschernyschewskis Phalanstère, die in *Weras vierten Traum* beschriebene Lebens- und Arbeitsform der Neuen Menschen. Auch bei Dostojewski steht der Kristallpalast für die Rationalität der sozialistischen Zukunft. Doch was Tschernyschewski als Ideal erhofft, ist bei Dostojewski eine Schreckensvision: Die rationale Ordnung des Kristallpalastes wird zur nichtmenschlichen Ordnung, die die Freiheit des Menschen vernichtet. Dostojewski kehrt Tschernyschewskis Metapher der Idealgesellschaft um zum dystopischen Bild. Er erzeugt diese Umkehrung durch die pejorative, polemische Beschreibung, etwa im Vergleich des Kristallpalastes mit einem Hühnerstall, dem Wunsch, ihm die Zunge herauszustrecken, und seiner Bewertung als Ort „entmündigten Herdenviehs". Zum anderen entzieht er dem Kristallpalast die anthropologische Grundlage: Die irrationale Natur des Menschen, so Dostojewski gegen Tschernyschewski, stehe der Rationalität des Glücks entgegen. Die rationale Ordnung des Kristallpalastes werde daher zur Zwangsjacke der Inhumanität.

Tschernyschewski hatte die Kristallpalastmetapher im Rekurs auf den Kristallpalast der Londoner Weltausstellung entwickelt. Auch Dostojewski greift auf das historische Vorbild zurück. Im Bezug auf den realen Kristallpalast entwickelt er die zweite Bedeutungsebene für seine Interpretation des Kristallpalastes. Wie Tschernyschewski hatte er den Kristallpalast bei seiner Europareise 1862 besichtigt. Doch während Tschernyschewski im Kristallpalast der Weltausstellung die aufklärerische Vernunft und den Fortschritt verkörpert sah, beschreibt Dostojewski in den *Winteraufzeichnungen* den Londoner Kristallpalast als Spiegel der Degeneration der westlichen Zivilisation.[185] Er zeichnet den Kristallpalast als neuen babylonischen Tempel, der die Menschen wie eine Viehherde zur Anbetung ihrer neuen Götzen Geld, Konsum und technischer Fortschritt zusammentreibe. In ihm zeige sich der Charakter der westlichen Zivilisation: ihr Materialismus und Utilitarismus, ihr hybrider Fortschritts- und Wissenschaftsglaube, die Auflösung der Gesellschaft zur entindividualisierten Masse sowie, als Konsequenz, die sittliche Degeneration.[186] Dostojewski setzt den Kristallpalast sowohl als Metapher für die bürgerlich-kapitalistische Gesellschaft als auch für den sozialistischen Gegenentwurf. Er charakterisiert beide

---

[185] Dostojewski: Winteraufzeichnungen, S. 777-788 (Kapitel *Baal*).
[186] Unter dem Signum des Kristallpalastes beschreibt Dostoevskij in den *Winteraufzeichnungen* bspw. die alkoholsüchtigen, gewalttätigen Vergnügungen der proletarisierten Massen und das Elend in den Prostituiertenvierteln in London.

gleichermaßen als Entartung der Gesellschaft durch das westliche Vernunft- und Fortschrittsdenken, das aus der Aufklärung entstanden sei. Die sozialistische Utopie vollende den westlichen Materialismus und Rationalismus.

Ameisenhaufen: Auch die zweite Schlüsselmetapher bezieht Dostojewski sowohl auf die westliche Zivilisation als auch auf die sozialistischen Utopien. In den *Winteraufzeichnungen* und im *Tagebuch* verwendet er das Bild des Ameisenhaufens als Metapher für das Leben in den Metropolen der kapitalistischen Massengesellschaft wie London und Paris. In den *Kellerloch*-Memoiren und in den Romanen sowie ebenfalls im *Tagebuch* charakterisiert er mit diesem Bild das Ideal der Phalanstère à la Tschernyschewski. Dostojewski zielt mit dem Bild in beiden Verwendungen zum einen auf die Entindividualisierung und den Massencharakter der jeweiligen Lebensweise: Für die westliche Zivilisation versteht er darunter die Auflösung der Gesellschaft zur proletarisierten Masse; er beschreibt das vor allem am Beispiel Londons (Winteraufzeichnungen, 781ff.). Für die (früh-)sozialistischen Gesellschaftsentwürfe hingegen meint er damit die Einordnung des Individuums in ein übergeordnetes Kollektiv. Zum anderen metaphorisiert Dostojewski im Bild des Ameisenhaufens die Reduktion des Menschen auf eine rein materielle Existenz, die er für beide Gesellschaftsordnungen sah. Für die sozialistischen Gesellschaftsentwürfe charakterisiert er mit der Metapher ferner die Vorstellung, das Leben planerisch gestalten zu können. Dem Leben der Ameisen könne durchaus eine derartige Formel des Sozialen zugrunde gelegt werden. Der Versuch hingegen, für den Menschen eine rational bestimmte, allgemein gültige Formel des Sozialen aufzustellen, führe immer zum Ameisenhaufen (Kellerloch, 37; Tagebuch, 539). In seiner Publizistik bezeichnet Dostojewski die Anhänger der nihilistischen Bewegung als „arbeitsliebende Ameisen" und spricht für sie von der „Zwanghaftigkeit von Ameisen". Gerade der letzte Aspekt zeigt die Intention, die Dostojewski mit der Metapher des Ameisenhaufes verband. Diese sollte die mit ihr beschriebenen Lebensweisen und Gesellschaftsformen lächerlich machen und delegitimieren. Jene entsprächen einer entindividualisierten, der Eigenverantwortung enthobenen Existenz von Herdenvieh. Diese für den Menschen zu akzeptieren, bedeute, ihn seiner Würde zu berauben: Die Freiheit des Menschen sei unvereinbar mit dem Glück des Ameisenhaufens.

Drehorgelstift: In der Metapher des Drehorgelstiftes beziehungsweise der Klaviertaste faßt Dostojewski seine Kritik der Milieutheorie und der Anthropologie des Neuen Menschen zusammen. Sie ist direkt gegen Tschernyschewskis

Utopie und sein Anthropologisches Prinzip gerichtet. Die Milieutheorie, so Dostojewski, reduziere den Menschen auf einen Reflex der sozialen Umwelt, die Anthropologie des Neuen Menschen entwürdige ihn zum Objekt der Naturgesetze. Sie ließen den Menschen zu einem „Zahnrädchen" in der Mechanik vermeintlicher Gesetze der Natur und des Sozialen werden. Dostojewski setzt dagegen die Irrationalität als existentiellen Kern der Freiheit des Menschen. Der Kellerlochmensch beharrt gegenüber Tschernyschewskis Reich der Vernunft in trotziger Verweigerung auf seinem irrationalen Wollen. Darin liege, so Dostojewski, die Freiheit und Selbstbestimmtheit des Menschen. Diese gingen mit dem berechneten Glück nicht zusammen. Wie schon mit der Metapher des Ameisenhaufens zeigt Dostojewski im Bild des Drehorgelstiftes, daß Tschernyschewskis Neue Menschen und ihr vernünftiges Glück die Enthumanisierung des Menschen bedeuteten.

Dostojewskis Metaphern führen seine Utopiekritik als Zeit- und Zivilisationskritik fort. Dostojewski nutzt in ihnen vor allem die Mittel der Polemik und der Delegitimation. Er warnt im Gestus eines Untergangspropheten vor den (früh-)sozialistischen Utopien wie Tschernyschewskis *Was tun?* und dem utopischen Zeitgeist der nihilistischen Intelligenzija. Diese seien getrieben von der Hybris des rationalistischen Denkens und dessen säkularer Selbstsetzung des Menschen. Deren Folgen seien für die westliche Zivilisation zu sehen: der Verfall der Gesellschaft und die Reduktion des Menschen zu Ameisen und Drehorgelstiften.

Dostojewskis Gegenutopie

Dostojewskis grimmige Utopiekritik vermittelt den Eindruck, daß sein Denken von entschiedener Utopiefeindlichkeit bestimmt sei. Seine Utopiekritik richtet sich jedoch gegen eine spezifische Form des utopischen Denkens: gegen die rationalistische Utopie. Der Fluchtpunkt seiner Utopiekritik hingegen ist nicht minder utopisch bestimmt. Sein Denken ist beherrscht „von dem Verlangen nach einer *Zukunft*, in der der Mensch zu seinem wahren Menschsein befreit sein wird."[187] Dostojewskis utopisches Verlangen ist sowohl auf eine Alternative zur Gegenwart als auch zu den sozialistischen Zukunftsbildern gerichtet. Er

---

[187] Doerne: Tolstoj und Dostojewskij, S. 146; vgl. auch Pruzkow, Nikita I.: Die sozialethische Utopie Dostojewskis. In: Graßhoff, Helmut/ u. a. (Hrsg.): Dostojewskis Erbe in unserer Zeit. Berlin 1976. S. 72-126, S. 72f.

entwirft keine Utopie im Sinne eines säkularen sozio-politischen Gegenentwurfs; in derartigen Entwürfen sah er gerade die Hybris des Rationalismus. Er stellt gegen diesen eine heilsgeschichtliche Erneuerung der Gesellschaft durch die sittlich-religiöse Selbstvervollkommnung des Menschen. Sie wird von Dostojewski auf zwei Ebenen entworfen: als eschatologischer Traum eines Goldenen Zeitalters und als politischer Messianismus einer Historischen Mission Rußlands. Den Nexus zwischen ihnen ist der orthodoxe Glaube, er liegt sowohl dem Traum vom Goldenen Zeitalter als auch der Historischen Mission Rußlands zugrunde.

Der Traum vom Goldenen Zeitalter

Der Traum vom Goldenen Zeitalter kommt in Dostojewskis Romanen in drei Versionen vor, jeweils als ein Traum einer Romanfigur: in *Die Dämonen* als Teil der Beichte Stawrogins gegenüber dem Mönch Tichon,[188] in *Der Jüngling* als Traum, den Andrej P. Werssilow seinem Sohn Arkadij, dem Jüngling, erzählt,[189] und in *Traum eines lächerlichen Menschen*.[190] Mit dem Traum als Erfahrungsform des Utopischen greift Dostojewski auf eine Standardform der Utopie zurück, zum anderen spielt er damit auf Wera Pawlownas Träume in *Was tun?* an. Der Traum verkörpert bei Dostojewski die „Sehnsüchte des Herzen". Als solche sind die Träume vom Goldenen Zeitalter bei ihm der Gegenpol zu den „mathematisch präzisen Träumen" Wera Pawlownas.[191] Ihr Inhalt sind nicht wie bei Tschernyschewski rational begründete Zukunftsbilder, sondern sie beziehen sich auf einen Bereich des religiösen Un- beziehungsweise Vorbewußten des Menschen.[192]

Die beiden *Traum*-Versionen in *Die Dämonen* und *Der Jüngling* sind inhaltlich weitgehend identisch, zum Teil sogar wortgleich, wobei die Variante in *Der Jüngling* detaillierter ist. Der Ausgangspunkt des Traums ist in beiden Fällen Claude Lorrains Gemälde *Landschaft mit Acis und Galatea* (1657), das die Erzähler jeweils während einer Europareise in der Gemäldegalerie Dresden sahen.

---

[188] Dostojewski, Fjodor M.: Die Dämonen. (1870-72) München 1969, S. 619ff. (Zweiter Teil, 9. Kapitel *Bei Tichon*).

[189] Dostojewski, Fjodor M.: Der Jüngling. (1874-75) München 1970, S. 711f. (Dritter Teil, 7. Kapitel).

[190] Dostojewski, Fjodor M.: Traum eines lächerlichen Menschen. (1877) In: ders.: Der Spieler. Späte Romane und Novellen. München 1965. S. 717-746, S. 728-743.

[191] Pruzkow: Die sozial-ethische Utopie Dostojewskis, S. 93.

[192] Vgl. ebd., S. 95.

In ihrem Traum imaginieren sie Lorrains Gemälde als Paradies im Sinne eines ursprünglichen Goldenen Zeitalters. In dem Bild zeige sich die „Erinnerung [der Menschheit] an ihre Wiege" (Jüngling, 711). Wie in Lorrains Gemälde wird das Paradies in dem Traum als arkadische Landschaft gezeichnet, mit „herrlichen Menschen", die glücklich, schuldlos und voller Liebe sind. Die unmittelbare Wirkung des Traums ist ein vorher nie erlebtes Glücksgefühl seitens der Erzähler. Die imaginative Erfahrung des paradiesischen Urzustandes vermittelt ihnen das Gefühl einer „allumfassenden Liebe zur Menschheit". Dostojewski hatte diese Menschheitsliebe als Wesensmerkmal des orthodoxen Glaubens definiert, sie wird hier zum Fundament der sittlichen Erneuerung und Erlösung. Der Traum vom Goldenen Zeitalter ist in beiden Varianten als hypothetische Vergegenwärtigung eines einstigen Idealzustandes entworfen. Das *einst* bezieht sich sowohl auf die Vergangenheit als verlorener Urzustand als auch auf die Zukunft als Erlösung der Menschheit. Die Form des Traum verweist darauf, daß sich in dem vergegenwärtigen Ideal die vorrationalen Sehnsüchte des Menschen außern. Dostojewski setzt in beiden Fällen den Traum vom Goldenen Zeitalter in Kontrast zur Gegenwart: In *Der Jüngling* konstatiert Werssilow im Anschluß an den Traum, daß, obwohl die Menschheit das im Goldenen Zeitalter verkörperte Ideal als ihr höchstes Ziel ansehe, die europäische Geschichte und Gegenwart mit ihrer Gewalt dem Ideal in jeder Hinsicht konträr sei. In *Die Dämonen* weckt der Traum in Stawrogin die Erinnerung, daß er die kleine Tochter seiner früheren Zimmerwirtin vergewaltigt und in den Selbstmord getrieben hatte; dem absolut Guten im Traum wird das absolut Böse in der Realität gegenübergestellt. Das Goldene Zeitalter erscheint hier als hypothetische sittliche Lebensmaxime, die es über die Rückgewinnung des Glaubens zu verwirklichen gilt.

Die dritte Variante von Dostojewskis Traum vom Goldenen Zeitalter in *Traum eines lächerlichen Menschen* ist die ausführlichste. Sie unterscheidet sich in Inhalt und Aufbau von den beiden anderen. Die entscheidende Differenz ist, daß der Erzähler des Traums vom Goldenen Zeitalter zugleich Protagonist in diesem ist. Dieser Ich-Erzähler ist in seinem Habitus und Lebensumständen ein Pendant des Kellerlochmenschen. Wie dieser spricht er den Leser als imaginierten Zuhörer an. Er tritt ihm mit einem Monolog gegenüber, in dem er über seine Lebensverhältnisse räsoniert, sich anklagt für seine Verkommenheit, sich erniedrigt und als lächerlichen Menschen bezeichnet und im nächsten Moment wieder seinen Stolz zu behaupten sucht. Wie der Kellerlochmensch beharrt er ebenfalls auf seiner Irrationalität und Unvernunft und sieht das daraus resultierende Leiden als Garantie seiner Existenz als Mensch.

> „Es ist doch klar, daß ich, wenn ich noch ein Mensch und noch keine Null bin, das heißt mich noch nicht in eine Null verwandelt habe, daß ich dann lebe – und folglich kann ich mich dann noch ärgern, kann ich noch leiden und wegen meiner Handlungen Scham empfinden." (Traum, 726)

Im Anschluß an den Monolog erzählt der lächerliche Mensch seinen Traum vom Goldenen Zeitalter (Kapitel III bis V). Er sieht den Traum als Offenbarung der Wahrheit eines neuen Lebens mit der Erlösung der Menschheit, er leitet daraus für sich den Auftrag ab, diese Wahrheit zu verkünden.

> „Denn ich habe doch die Wahrheit gesehen, und ich weiß: die Menschen können schön und glücklich sein, ohne dabei die Fähigkeit einzubüßen, auf der Erde zu leben. [...] ich werde gehen und verkünden [...]." (Traum, 744f.)

Der Traum setzt ein mit dem geträumten Selbstmord des Erzählers. Nach seinem Tod gelangt er auf eine zweite, parallele Erde, die die Erde im paradiesartigen Urzustand der Unschuld zeigt.

> „Das war eine durch keinen Sündenfall entweihte Erde, auf ihr lebten Menschen, die nicht gesündigt hatten, lebten im gleichen Paradies wie das, in dem nach den Überlieferungen der ganzen Menschheit auch unsere in Sünde gefallenen Ureltern gelebt haben [...]." (Traum, 734)

Wie in den beiden anderen Varianten des Traums vom Goldenen Zeitalter wird das Paradies als arkadische Idylle gezeigt, in der die Menschen in unschuldiger Harmonie mit einer heiteren Natur leben. Mensch und Natur stehen in unmittelbarer natürlicher Beziehung zueinander. Das Glück und die Harmonie dieser unschuldigen Existenz der Menschen spiegeln sich in deren Schönheit, sie werden als von liebreicher Vollkommenheit charakterisiert.

> Die Menschen „waren munter und fröhlich wie Kinder. Sie schweiften in ihren herrlichen Hainen und Wäldern umher, sie sangen ihre schönen Lieder, nährten sich von leichter Kost, von den Früchten ihrer Bäume, vom Honig ihrer Wälder und von der Milch der sie liebenden Tiere. Um ihre Ernährung und Kleidung machten sie sich nur wenig Mühe und nur so nebenbei. [...] Sie kannten weder Streit nach Eifersucht untereinander und wußten nicht einmal, was das bedeutet." (Traum, 736f.)

Utopiegeschichtlich zitiert Dostojewski mit diesem Bild einer von den Entfremdungen der Zivilisation freien Naturgemeinschaft die Bon-Sauvage-Utopie und ihre Zivilisations- und Fortschrittskritik. Diese werden mit dem antiken Bild des Goldenen Zeitalters und dem biblischen Paradiesmotiv verbunden. Auch die Begegnung des Erzählers mit der utopischen Gemeinschaft steht in der Tradition der Utopie. Sie erfolgt analog zu den klassischen Utopien wie Morus' *Utopia*.[193] Der lächerliche Mensch gelangt wie Morus' Weltreisender Hythlodeus unverhofft durch eine ‚Reise' ins Goldene Zeitalter und erkundet es als fremder Gast. Sein Bericht von der Gemeinschaft fungiert als Gegen-entwurf zu seiner Herkunftsgesellschaft. Er vergleicht, was in der utopischen Gemeinschaft besser ist als auf der Erde. Eine weitere Gemeinsamkeit mit Morus' *Utopia* ist, daß die Glaubwürdigkeit des Erzählers durch die Charakterisierung im Namen in Frage gestellt wird: Morus' Hythlodeus, der geschwätzige Schaumredner, hat sein Pendant in Dostojewskis „lächerlichen Menschen".

Die Parallele zum klassischen Utopiemuster endet bei der Darstellung der utopischen Gemeinschaft. Dostojewski gibt keine Beschreibung der sozialen Strukturen, die ‚ökonomische' Grundlage wird beiläufig im Sinne göttlicher Daseinsvorsorge wie in der Bibel[194] charakterisiert, eine politische Ordnung gibt es nicht. Dostojewski schildert in der Art eines Stimmungsbildes vor allem die sittlichen Grundlagen der Idealgemeinschaft. Diese bestehen zum einen, wie in den anderen *Traum*-Varianten, in der auf dem Glauben beruhenden „allumfassenden Liebe". Aus ihr erwachsen die Unschuld, Harmonie und sittliche Vollkommenheit der utopischen Gemeinschaft. Die zweite Grundlage bildet die Absage an die rationalistische Wissenschaft mit ihrem Bestreben, die Welt zu erklären.

> „Sie wünschten nichts und waren ruhig, sie rangen nicht nach der Erkenntnis des Lebens so, wie wir es tun, denn ihr Leben war vollkommen erfüllt. [...] unsere Wissenschaft sucht zu erklären, was das Leben ist, sie will es selbst ergründen, um die anderen zu lehren, wie sie leben sollen; jene aber wußten auch ohne Wissenschaft, wie sie zu leben hatten und das begriff ich, aber ihr Wissen konnte ich nicht begreifen." (Traum, 735)

---

[193] Pruzkow sieht weiterhin Parallelen zu Campanellas *Sonnenstaat*, Cabets *Reise nach Ikarien* und Considerants *Destinée Sociale* (vgl. Pruzkow: Die sozial-ethische Utopie Dostojewskis, S. 107).

[194] Vgl. Matthäus 6, 25ff.: „Sorget nicht um euer Leben, was ihr essen und trinken werdet; auch nicht um euren Leib, was ihr anziehen werdet. [...] Seht die Vögel unter dem Himmel an: sie säen nicht, sie ernten nicht, sie sammeln nicht in die Scheunen; und euer himmlischer Vater nährt sie doch. [...] Schauet die Lilien auf dem Felde, wie sie wachsen: sie arbeiten nicht, auch spinnen sie nicht. Ich sage euch, daß auch Salomo in aller seiner Herrlichkeit nicht bekleidet gewesen ist wie derselben eine."

An die Stelle des Aufklärungs- und Fortschrittsanspruchs läßt Dostojewski ein mystisches Wissen ums Dasein treten, das auf universeller Liebe, göttlicher Gewißheit und fraglosem Einverständnis mit der Welt beruht. Es ist ein Wissen, das nicht rational erfaßbar ist, sondern letztlich nur erfahren werden kann. Raunend wird es als „tieferes und höheres Wissen als unsere Wissenschaft" (Traum, 735) beschrieben.

Der lächerliche Mensch bleibt in seinem Traum nicht unbeteiligter Beobachter. Sein Eintritt in die utopische Paradiesgemeinschaft führt zu deren Zerstörung – ungewollt, aber unumkehrbar. Er wird zum Auslöser ihres Sündenfalls.

> „Ich weiß nur, daß ich die Ursache des Sündenfalls war. Wie eine abscheuliche Trichine [...] verseuchte ich mit meiner Gegenwart diese ganze glückliche, vor meinem Erscheinen sündenlose Erde. Sie lernten lügen [...]. Danach kam schnell die Sinnenlust auf, und die Wollust erzeugte Eifersucht, und die Eifersucht Grausamkeit ..." (Traum, 740)[195]

Als Folge des Sündenfalls läßt Dostojewski die menschliche Zivilisation als eine Geschichte aus Entfremdung und sittlichen Verfall abrollen: Eroberung der Natur, Entstehung des Eigentums sowie von Nationen und Staaten, Krieg, Aufstieg der rationalistischen Wissenschaft und des Fortschrittsdenkens, Aufkommen des Individualismus, der Theorie des vernünftigen Egoismus und des Nihilismus, dem „Kult des Nichtseins" (Traum, 743). Am Ende steht die Sehnsucht nach dem verlorenen Paradies. Die verfallene Paradiesgemeinschaft versucht, den verlorenen Zustand des Glücks mittels Wissenschaft und Aufklärung wiederzugewinnen. Der lächerliche Mensch warnt verzweifelt, daß sie damit die Ursache des Verfalls zum Weg der Erlösung erkläre: An die Stelle des in der Liebe zu Gott gegebenen Wissens um das Glück setze sie das rationalistische Erkenntnisstreben nach den „Gesetzen des Glücks" – eine direkte Spitze gegen Tschernyschewskis Utopie. Die utopische Gemeinschaft ignoriert jedoch die Mahnung des lächerlichen Menschen. Als er, sich in die Nachfolge Christus stellend, erklärt, die Schuld für den Sündenfall auf sich zu nehmen, und seine Kreuzigung verlangt, wird er ausgelacht und, als er weiter darauf besteht, zum gefährlichen Narren erklärt. An dem Punkt endet der Traum des Erzählers.

Angesichts des Bezugs auf den Utopiediskurs legt das negative Ende, die Zerstörung des Paradieses, nahe, den *Traum eines lächerlichen Menschen* als

---

[195] Das Bild von den Trichinen des Rationalismus, die den Untergang der Gesellschaft herbeiführen, gebraucht Dostoevskij fast wortgleich auch in *Schuld und Sühne* (vgl. Raskolnikoff, 735f.).

dystopische Parabel über das Wesen des Utopischen zu verstehen.[196] Doch Dostojewski kritisiert zwar die rationalistische Utopie, aber er läßt die Utopiemotive nicht, wie in den Dystopien, dialektisch umschlagen. Die Entlarvung der rationalistischen Utopie war das Thema der *Kellerloch*-Memoiren. In *Traum eines lächerlichen Menschen* beschreibt Dostojewski dagegen sein utopisches Ideal: das „Reich der Liebe" mit der „allmenschlichen", „universell-brüderlichen" Vereinigung. Es steht für eine heilsgeschichtliche Erneuerung der Gesellschaft durch den Glauben.

Der Verfall der utopischen Gemeinschaft und ihrer ursprünglichen Harmonie am Ende des *Traums* bedeutet nicht die Verlagerung des Ideals ins Jenseits. Er verweist auf die im Gottmenschentum begründete Freiheit und Verantwortung des Menschen: Eine Existenz in erkenntnisloser Unschuld, die ihn der sittlichen Selbstverantwortung enthebt, ist dem Menschen nicht mehr möglich. Die Harmonie des unschuldigen Paradieszustandes ist ein Dasein ohne die Erkenntnis der Wahrheit Christi.[197] Um sich seines Menschseins zu vergewissern, muß der Mensch sich jedoch seines Gottmenschentums bewußt werden. Er muß den Zustand des unbewußten, natürlichen Glücks durch die Wahrheit Christi vergeistigen.[198] Dazu muß er in selbstverantworteter Freiheit durch das Böse hindurch. Der Weg ist die im Glauben gründende Liebe, die im Vertrauen in die Aufge-hobenheit des Menschen in Gott durch das Leiden hindurchgeht.[199] In *Traum eines lächerlichen Menschen* bildet die Verkündung der Erlösung durch die Liebe die utopische Schlußvision.

> „Die Hauptsache: Liebe die anderen wie dich selbst! – das ist das Wichtigste und das ist alles, weiter ist so gut wie nichts mehr nötig: sofort wirst du wissen, wie du leben sollst. [...] ‚Die Erkenntnis des Lebens – steht höher als das Leben, die Kenntnis der Gesetze des Glücks – steht höher als das Glück' – das ist es, wogegen man kämpfen muß! Und ich werde es tun. Wenn nur alle wollten, würde sich alles auf Erden sofort anders ordnen." (Traum, 746)

---

[196] Vgl. bspw. Braun: Dostojewskij, S. 222f.
[197] Vgl. Pruzkow: Die sozial-ethische Utopie Dostojewskis, S. 100ff.
[198] Vgl. ebd., S. 120.
[199] In den Romanen verkörpert Dostoevskij diesen Weg der Erlösung in den Frauenfiguren wie der Prostituierten Lisa in den *Kellerloch*-Memoiren und der zur Prostitution gezwungenen Sonja in *Schuld und Sühne*, sie sind Figuren der Erniedrigung. Ihnen gegenüber stehen die Figuren der rationalistischen Hybris wie der Kellerlochmensch. Deren cartesianischer Zweifel bedeutet die Leugnung der Existenz Gottes; sie bleiben vom Reich der Liebe ausgeschlossen.

Mit dem „‚Die Erkenntnis des Lebens – steht höher als das Leben, die Kenntnis der Gesetze des Glücks – steht höher als das Glück' – das ist es, wogegen man kämpfen muß!" schlägt Dostojewski den Bogen zu seiner Utopiekritik in den *Kellerloch*-Memoiren. In den *Kellerloch*-Memoiren hatte Dostojewski den Rationalismus der Neuen Menschen und ihres Glücksversprechens polemisch analysiert und zurückgewiesen. Im Traum vom Goldenen Zeitalter stellt er gegen den Rationalismus das „Reich der Liebe" mit dem Gottmenschentum, das heißt, die Erlösung der Menschheit durch den orthodoxen Glauben, in dem allein das Gottmenschentum bewahrt sei.

Die Historische Mission Rußlands

In seiner Publizistik überführt Dostojewski das eschatologische „Reich der Liebe" ins Politische. Er schreibt die Erlösung der Menschheit, wie sie der lächerliche Mensch verkündete, Rußland als Historische Mission zu: In der Offenbarung des „russischen Christus" liege Rußlands „zivilisatorische[..] Berufung"[200] gegenüber der Menschheit. Als Volk, das allein die „Wahrheit Gottes" bewahrt habe, sei es seine Aufgabe, die Menschheit zu führen. Insbesondere in dem Essay mit dem bezeichnenden Titel *Utopische Geschichtsauffassung* (Tagebuch, 225-233), in den Kommentaren zum Russisch-Türkischen Krieg (1877-1878) und in der *Puschkinrede* (Tagebuch, 469-556) stellt Dostojewski für die Historische Mission Rußlands den Anspruch als politische Utopie heraus. Er entwirft diese als Dreischritt aus nationaler Erneuerung, Panslawismus und der europäischen und universalen Vereinigung unter der Führung Rußlands.

Im Zentrum der nationalen Erneuerung steht die Überwindung der Entfremdung der Intelligenzija. Diese soll zu einer ‚nationalen Versöhnung' führen: Mit ihr werde sowohl die Spaltung der Intelligenzija in Slawophile und Westler aufgehoben als auch die Spaltung zwischen der Intelligenzija und dem Volk sowie die politische Spaltung zwischen der westlerischen Intelligenzija und der Autokratie. Für diese Überwindung der Entfremdung setzt Dostojewski den ‚russischen Bauern' gleichsam als Messias für die entfremdete Intelligenzija. In den russischen Bauern sei der ‚wahre' Glaube, die „Wahrheit Gottes", bewahrt geblieben. Die Intelligenzija habe sich daher demutsvoll zu den Bauern und ihrer vom westlichen Rationalismus unberührten, nationalen Kultur zurückzuwenden,

---

[200] Dostojewskij, Fjodor M.: Brief an Nikolai Nikolajewitsch Strachow vom 18. März 1869. In: ders.: Als schwanke der Boden unter mir. Briefe 1837-1881. Wiesbaden 1954. S. 230-232, S. 231f.

statt zu versuchen, ihn im Geist des sozialistischen Utopismus zu erziehen. Als es mit dem Russisch-Türkischen Krieg zu einer patriotischen Stimmung kommt, die den Krieg als panslawistischen Befreiungskampf auflädt, interpretiert Dostojewski dies als Beginn der nationalen Erneuerung Rußlands (Tagebuch, 341ff.). Er schreibt in seinen Kommentaren zum Krieg, daß Rußland zur nationalen Einheit zusammenwachse, in der alle Unterschiede zwischen Volk, Intelligenzija und Autokratie aufgehoben sein werden. Mit dieser nationalen Einigung übernehme Rußland, so Dostojewski, zugleich die Aufgabe der panslawistischen Vereinigung. Dostojewski sah deren Beginn in der Befreiung der Südslawen im Russisch-Türkischen Krieg.

Auf die panslawistische Vereinigung folgt in Dostojewskis Konzeption als dritter Schritt die „Versöhnung der europäischen Widersprüche" unter der Führung Rußlands. Rußland und die Orthodoxie werden als „slawische Idee", so Dostojewski, die „katholische Idee" und die „protestantische Idee" in der Führung der Menschheit ablösen. Die utopische Endstufe werde die Erlösung der Menschheit sein in einer „allmenschlichen", „universalen brüderlichen" Vereinigung: das „brüderliche[..] Einvernehmen aller Völker nach dem evangelischen Gesetz Christi" (Tagebuch, 505). Dostojewski entwirft diesen utopischen Endzustand in der Tradition von Augustinus' Gottesstaat und der mittelalterlichen Gemeinschaftslehre.[201] In dem am Ende stehenden „Reich der Liebe" wandle sich der Staat in Kirche um (im Sinne von Ecclesia). Die äußerliche Gewalt des Staates werde durch die innerliche Macht der Liebe Christi ersetzt. An die Stelle politischer und staatlicher Strukturen läßt Dostojewski eine religiös begründete Gemeinschaft treten, wie er sie in der Idee der Sobornost[202] vorgezeichnet sah.

---

[201] Vgl. Hollenberg, Heinrich: Der Gottesstaat bei Dostojewski. Münster 1921; Utechin: Geschichte der politischen Ideen in Rußland, S. 88.

[202] Der Begriff der Sobornost' ist letztlich nur interpretativ zu erfassen. Er leitet sich ab von *sobor*, das zum einen die versammelte Gemeinde bezeichnet, zum anderen das Kirchengebäude; das Adjektiv *sobornyj* meint im orthodoxen Glauben die dritte Qualität der Kirche: ‚allumfassend'. Theologisch bedeutet Sobornost' somit die Gesamtheit und allumfassende Verbundenheit der Kirche als Gemeinschaft, ohne daß diese einer formalen Vereinigung bedarf. Bulgakov übersetzt Sobornost' in diesem Sinne als Ökumenizität, Berdjaev als Konziliarität. In der geschichtsphilosophischen Ausweitung des Begriffs wurde v. a. das Prinzip der inneren organischen Verbundenheit hervorgehoben und dieses gegen den westlichen Individualismus und Kollektivismus gestellt (vgl. u. a. Florovskij, Georgij V.: Sobornost. Kirche, Bibel, Tradition. München 1989; Schmid, Ulrich: Russische Religionsphilosophen des 20. Jahrhunderts. Freiburg u. a. 2003, S. 11ff.).

In dieser von den Slawophilen als spezifisch russische „kommunitäre Rechtgläubigkeit" (von Beyme) interpretierten Gemeinschaftskonzeption[203] begründet sich für ihn der innere Zusammenhalt der utopischen Gemeinschaft des „Reichs der Liebe". In ihr sei die politische Herrschaft aufgehoben in einer organischen Einheit von Volk und Zar: Der Zar bilde den Ausdruck des politischen Willen des Volkes, das sich selbst des Politischen in toto entäußere.[204]

In den Kommentaren zum Russisch-Türkischen Krieg gibt Dostojewski der Historischen Mission Rußlands eine geopolitische Ausrichtung. In dieser zeigt sich deutlich deren ideologischer Charakter: Dostojewski entwirft die Historische Mission als nationalistischen Panslawismus. Dieser ist gekennzeichnet durch einen aggressiven und imperialen großrussischen Missionsanspruch, einen chauvinistischen Messianismus und religiöse Intoleranz mit einem dezidierten, politisch instrumentalisierten Antisemitismus.[205] Wenn für Dostojewskis Historische Mission hier von einer politischen Utopie gesprochen wird, so nur als einer zutiefst reaktionären, der jedwedes aufklärerische und emanzipatorische Potential fehlt. Statt die Gegenwart in ihren sozialen und politischen Verhältnissen zu überwinden, macht sie sich gemein mit jenen Kräften, die die Autokratie zu befestigen suchten. Indem das Volk auf die Idee nationaler Einheit und Größe Rußlands verpflichtet wird, soll der Agitation der revolutionären Intelligenzija, ihrem Versprechen sozialer und politischer Emanzipation, der Boden entzogen werden. Was Dostojewski in der Historischen Mission mit Panslawismus und „universaler Vereinigung" als utopischen Horizont gibt, ist die Fortschreibung seiner tagespolitischen Kommentare, die zur prophetischen Zukunftsbelehrung gesteigert sind.

---

[203] Die Slawophilen wie Chomjakov sahen die Sobornost' als im orthodoxen Glauben begründete, spezifisch russische Form einer spirituellen Einheit und religiösen Gemeinschaft, die auf einer freiheitlich-brüderlichen Bindung beruhe. Sie übertrugen den Begriff im Sinne einer organischen Gemeinschaftskonzeption ins Politische. Aksakov etwa setzte die Sobornost' der russischen kommunitären Dorfgemeinschaft (Obščina) gleich.

[204] Dostoevskij rekurriert damit auf den im slawophilen Denken immer wieder bemühten Gründungsmythos vom unpolitischen russischen Volk, das politische Macht und Souveränität dem Zar überantwortet habe.

[205] Vergleichbar dem Antisemitismus H. von Treitschkes (vgl. Luks, Leonid: Die Sehnsucht nach der „organischen nationalen Einheit" und die „jüdische Frage" im publizistischen Werk Fedor Dostoevskijs und Heinrich von Treitschkes. In: Anton, Florian/ u. a. (Hrsg.): Deutschland, Rußland und das Baltikum. Köln 2005. S. 155-186). Dostoevskij machte im russischen politischen Denken den modernen Antisemitismus salonfähig (vgl. Golczewski/ Pickhan: Russischer Nationalismus, S. 38).

Für das in religiös-mystizistischen Wendungen[206] raunend beschriebene „Reich der Liebe", das aus der Tiefe der russischen Orthodoxie heraufdämmere, kann von einer Utopie im eigentlichen Sinn nicht die Rede sein. Dostojewskis politische Ausdeutung seines „Reichs der Liebe" impliziert zwar, dieses auch als politische Utopie zu betrachten. Doch das für die Utopie konstitutive Verständnis von Gesellschaft als „Produkt säkularer Arbeit"[207] und das emanzipative Bewußtsein der rationalen Verfügung des Menschen über die ihn umgebenden Verhältnisse ist Dostojewskis Zukunftsbild fremd. Hier schließt sich der Kreis zu seiner Kritik der Aufklärung als zerstörerische Hybris. Dostojewski ist geradezu bestrebt, den durch das utopische Denken erschlossenen Raum, Gesellschaft rational umzugestalten, zurückzunehmen und der Verfügung des Menschen zu entziehen. Das gilt ebenso für seine Gegenwartskritik. Deren radikale Unversöhnlichkeit gegenüber den gegenwärtigen Verhältnissen vermittelt zwar einen utopischen Eindruck. Doch nichts liegt ihr ferner als die utopische Haltung, aus der Kritik der Verhältnisse eine säkulare Alternative zu entwickeln. Dostojewskis Kritik der Gegenwart ist eine apokalyptische Verfallsdiagnose. Für ihn ist die Gegenwart das Endstadium des Verfalls einer ursprünglichen Harmonie. Deren Rückgewinnung verortet er im Religiösen. Der von den Fourier-Lektüren inspirierte utopische Impuls der Befreiung des Menschen zu dessen „wahren Menschsein" war von Dostojewski im Zuge seiner religiösen Rückbesinnung in den eschatologischen Traum vom Goldenen Zeitalter übersetzt worden. In dessen politischer Ausdeutung wurde das „wahre Menschsein" zu einem religiösen Mystizismus, in dem eschatologisches Denken, apokalyptische Gegenwartsdiagnose und tagespolitisches Kommentatorentum im Geiste eines konservativen Extremismus zusammengeführt sind. Als politisches Programm wirkt Eschatologie letztlich reaktionär.

Von der Apologie der Freiheit zur Apotheose des Leidens

Dostojewskis utopiegeschichtliche Bedeutung liegt in seiner Utopiekritik. Diese reicht weit über den zeitgenössischen und russischen Utopiediskurs hinaus. Dostojewskis Kritik der Anthropologie des Neuen Menschen trifft nicht nur den Kern der Utopie Tschernyschewskis und des frühsozialistischen Utopismus der russischen 1860er. Sie erfaßt den neuralgischen Punkt der rationalistischen

---

[206] Dostoevskijs Formeln Allmenschlichkeit, Weltallheit, Reich der Liebe etc. bleiben inhaltlich unbestimmt. Sie sind politisch letztlich spekulative Leerformeln.

[207] Saage: Utopieforschung, Band II, S. 135.

Utopie: deren vernunftfixiertes Menschenbild. Dostojewski setzt dagegen in den *Kellerloch*-Memoiren die irrationale Natur des Menschen: Die Triebkräfte des Unbewußten, des „seelischen Kellerlochs", entzögen den Menschen jedweden Versuchs rationaler Beglückung. In dem „Wollen gegen die Vernunft" äußere sich die existentielle Freiheit des Menschen. Dieses irrationale Wollen im Namen einer idealen Ordnung aufzuheben, bedeute, den Menschen auf die Existenz eines Drehorgelstiftchens zu reduzieren. In dieser Verteidigung der Freiheit des Menschen von seiner irrationalen Natur her liegen das Novum und die innovatorische Kraft von Dostojewskis Utopiekritik für den Utopiediskurs. Mit ihr erweist sich Dostojewski als treffender und wirkmächtiger Kritiker der rationalistischen Utopie. Sie wurde zum zentralen Motiv der Selbstkritik des Utopiediskurses, die mit der Dystopie Anfang des 20. Jahrhunderts einsetzte. Brjussow und Samjatin etwa beziehen sich in ihren Dystopien direkt auf Dostojewski und seine *Kellerloch*-Memoiren. Dostojewskis Warnung vor der Reduktion des Menschen auf eine „Logarithmentafel" scheint selbst noch in Houellebecqs dystopischen Roman *Die Möglichkeit einer Insel* (2005) nachzuhallen, wenn dort für die Neo-Menschen das Szenario „eines stabilisierten Lebens" als „vollständiges Register der Verhaltensmuster" gezeichnet wird, in dem das individuelle Verhalten „ebenso vorhersehbar [ist] wie das Funktionieren eines Kühlschranks".[208]

Für die russische Utopiegeschichte stellt die Kontroverse zwischen Dostojewski und Tschernyschewski den entscheidenden Drehpunkt dar. In ihr prägten sich die beiden Lager aus, die den russischen Utopiediskurs im folgenden bestimmten. Auf der einen Seite steht das zur Realität drängende rationalistische Glücksversprechen des Kristallpalastes, das sich bis in die kulturrevolutionären Utopien der Neuen Lebensweise und die avantgardistischen Stadtutopien der 1920er Jahre fortsetzt. Auf der anderen Seite steht die Verteidigung der Freiheit und Individualität des Menschen im Namen des Kellerlochs. Sie reicht über die Dystopien Brjussows und Samjatins bis in die philosophische Phantastik Bulgakows, Sinjawskis (Abram Terz) und der Strugatzkis. Während die utopischen Welten des Kristallpalastes als Antizipation der Zukunft entworfen wurden und mit Handlungsanweisungen der Realisierung versehen waren, kamen aus dem Kellerloch die Warnrufe vor dem Realitätsdrang der Utopie: Die totalisierende Vernunft des Kristallpalastes stehe im Widerspruch zur Individualität und

---

[208] Houellebecq, Michel: Die Möglichkeit einer Insel. Köln 2005, S. 410.

Selbstbestimmung des Menschen, sie lasse sich nur um den Preis der Vernichtung des Menschen durchsetzen. Von Dostojewskis Verteidigung des Menschen gegen die rationalistische Utopie zehrt selbst noch die postmaterialistische Erneuerung der Utopie in der zweiten Hälfte des 20. Jahrhunderts, wenn die Zukunftsbilder nun nicht mehr auf dem Homogenitätsideal des „sittlich veredelten Neuen Menschen der klassischen Utopietradition"[209] aufbauen, sondern auf der Verteidigung des Individuums. Und wenn in den transhumanistischen Utopien das „vernünftige Glück" durch die technische Perfektionierung des Menschen, sein „Enhancement" durch Gen-, Nano- und Computertechnologien propagiert wird,[210] dann trifft der Einspruch von Dostojewskis Kellerlochmensch erneut den Kern derartiger Glückszumutungen: daß sie den Menschen dehumanisieren, indem sie ihn auf eine rein materielle Existenz reduzieren und die Autonomie des Menschen aufheben.

Dostojewskis Gegenutopie zu den Utopien der 1860er Intelligenzija hingegen blieb utopiegeschichtlich weitgehend wirkungslos. Seine für die Utopiekritik zentrale Verteidigung der Freiheit schlägt im Rahmen des eschatologischen „Reichs der Liebe" um in eine Apotheose des Leidens. „Der Weg der Freiheit ist der Weg des Leidens", faßt Berdjajew Dostojewskis Antwort auf Tschernyschewskis leidensfreies Glück zusammen.[211] Dem Menschen könne die Entscheidung über Gut und Böse nicht abgenommen werden, er müsse allein in Freiheit entscheiden. Er kann sich in seiner Entscheidung irren und das Böse wählen. Er leide daran, daß er das Böse tue. Aber in diesem Leiden beweise sich seine Freiheit und durch das Leiden finde er zu Gott zurück. Aus dem Leiden als Ausdruck der existentiellen Freiheit – der Kellerlochmensch *will* nicht das vernünftige Glück – wird das Leiden zur Vergewisserung des Gottmenschentums. Dostojewskis Erneuerung beziehungsweise Erlösung der Gesellschaft durch den orthodoxen Glauben setzt auf einer Ethik des Leidens auf.

---

[209] Saage: Utopieforschung, Bd. II, S. 191.
[210] Vgl. Saage, Richard: Konvergenztechnologische Zukunftsvisionen – das amerikanische und das europäische Beispiel. In: Fritsche, Wolfgang/ u. a. (Hrsg.): Wissenschaft und Werte im gesellschaftlichen Kontext. Stuttgart u. a. 2008. S. 28-35; Saage, Richard: Die utopische Konstruktion als ethisches Veto. In: Mamczak, Sascha/ u. a. (Hrsg.): Das Science Fiction Jahr 2008. München 2008. S. 253-275; Coenen, Christopher/ u. a. (Hrsg.): Die Debatte über „Human Enhancement". Bielefeld 2010.
[211] Berdjajew: Die Weltanschauung Dostojewskijs, S. 92; vgl. zu Dostoevskijs Stilisierung des Leidens auch Saitschik, Robert: Die Weltanschauung Dostojewskis und Tolstois. Halle 1902, S. 5f.

Leiden als Ethik – darauf ließ sich keine Utopie gründen. Dostojewskis Versuch, der nihilistischen Bewegung den heilsgeschichtlich überhöhten orthodoxen Glauben als Utopie entgegenzustellen, blieb, zumal als politisches Programm von Rußland als weltgeschichtlichen Messias, unter seinen Zeitgenossen von geringer Resonanz.[212] Sein Programm einer religiösen Erneuerung Rußlands bot keine Antwort auf die drängenden sozialen und politischen Fragen wie das Elend der Bauern und die in Despotie und Agonie treibende Autokratie. Angesichts dessen, daß die Intelligenzija die Überwindung der sozialen und politischen Verhältnisse als ihre vordringlichste Aufgabe sah, fehlte Dostojewskis Gegenutopie das Charisma der Emanzipation, wie es Tschernyschewskis Utopie auszeichnet. Das in *Was tun?* eröffnete Emanzipationsprogramm zeigte sich als entschieden anschlußfähiger für die Erfahrungen und Erwartungen der Intelligenzija. Als politische Philosophie mit utopischem Anspruch wurden Dostojewskis Gegenwartsdiagnose und Zukunftsdeutung im wesentlichen Maße erst im Kontext der konservativen Revolution in Deutschland rezipiert.[213] Deren Vertreter entdeckten Dostojewski als Vordenker einer zivilisationskritischen Gegenmoderne. Nach dem Zusammenbruch der Sowjetunion hatten in Rußland der nationalistische Panslawismus und konservative Antiliberalismus von Dostojewskis Historischer Mission eine Renaissance als Utopieersatz. Sie schlagen sich beispielsweise in Solschenizyns utopischen Manifesten zur Zukunft Rußlands nieder.

---

[212] Vgl. Luks: Die Sehnsucht nach der „organischen Einheit", S. 186.
[213] Vgl. Stern, Fritz: Kulturpessimismus als politische Gefahr. München 1986; Bluhm: Dostojewski und Tolstoi-Rezeption.

UTOPIE IM ZEICHEN DER REVOLUTION

POLITISIERUNG UND DIALEKTISCHER UMSCHLAG

ALEXANDER A. BOGDANOW – SOZIALISMUS ALS PROLETARISCHE MODERNE

Utopie und Industrialisierung

Die Industrialisierung Rußlands zum Ende des 19. Jahrhunderts beeinflußte auch den Utopiediskurs. Maschinen, Fabriken, der Fortschritt von Wissenschaft und Technik, die neuen Formen der Mobilität wie Eisenbahnen, Autos, Flugzeuge sowie die Urbanisierung wurden zu beherrschenden Motiven. Die Rückständigkeit Rußlands verstärkte sogar die utopische Technikfaszination. Sie ließ die industrielle Welt und ihre Möglichkeiten in der Erwartung umso leuchtender erscheinen. Um die Jahrhundertwende gab es einen Boom utopischer Romane, die die Zukunft als hyperindustrielle Zivilisation, technisierte Stadt und Umgestaltung der Natur durch Wissenschaft und Technik beschrieben.[1] Es war eine viel gelesene Massenliteratur. Politisch eher indifferent, tendierte diese als Genre zur Science Fiction mit Abenteuercharakter. Eine große Rolle bei ihrer Verbreitung spielten populärwissenschaftliche Zeitschriften wie die 1861 gegründete *Wokrug Sweta* (*Rund um die Welt*). Bedient wurde sie sowohl von Übersetzungen als auch von russischen Autoren. Zu den beliebtesten ausländischen SF-Autoren gehörten H. G. Wells, unter anderem mit *The Time Machine* (1895) und *War of the Worlds* (1898), Jules Verne und Kurd Laßwitz, auch Edward Bellamys *Looking Backward* (1887) erschien in mehreren Übersetzungen. Von den russischen Autoren sei hier nur auf Konstantin E. Ziolkowski (1857-1935), den späteren Begründer der sowjetischen Raumfahrt, und seine SF-Erzählungen über interplanetare Raumflüge und die Besiedlung des Weltraums gewiesen.[2]

Die Science Fiction beeinflußte über ihre Genregrenzen hinaus die Literatur. Exemplarisch sind dafür die „Zukunftsszenen" Valeri J. Brjussows (1873-

---

[1] Graham und Stites geben im Anhang zur englischen Übersetzung von Bogdanovs *Der rote Stern* eine Auswahl der 1895-1915 in Rußland erschienenen utopischen und SF-Literatur (Bogdanov, Alexander: Red Star. Bloomington 1984, S. 256f.). Vgl. auch Stites: Revolutionary Dreams, S. 30ff.; ders.: Fantasy and Revolution, S. 4f.

[2] Vgl. Ciolkovskij, Konstantin É.: Na Lune. (1893) Moskau 1955 (dt. Ziolkowski, Konstantin E.: Auf dem Monde. Berlin 1956); ders.: Grezy o zemle i nebe. (1895) Moskau 1959 (Träume über Erde und Himmel); ders.: Vne zemli. (1896) Moskau 1958 (dt. Ciolkovskij, Konstantin E.: Außerhalb der Erde. München 1977).

1924). Brjussow, bekannt vor allem als Wortführer der ersten Generation des Symbolismus in Rußland, hatte sowohl in seiner Lyrik als auch in Erzählungen und Theaterstücken utopische Zukunftsbilder entworfen, die unmittelbar an den Großstadt- und Technikdiskurs der Science Fiction anschließen.[3] Sie sind gekennzeichnet durch eine Ambivalenz von wissenschaftlich-technischem Fortschrittsdenken, das auf die Beherrschung der Natur zielt, und mystischer Weltsicht, die die Grenzräume des Rationalen auszuloten sucht. Mitunter geht wie in dem Drama *Die Erde. Szenen zukünftiger Zeiten* (1904) die Technikfaszination in eine Fin-de-siècle-Untergangsstimmung über.[4]

Am deutlichsten dem Utopiemuster entspricht von Brjussows Zukunftsszenen die Erzählung *Die Republik des Südkreuzes* (1904f.).[5] Was sie utopiegeschichtlich bemerkenswert macht, ist, daß sich in ihr schon der dialektische Umschlag der Utopie in Dystopie abzeichnet. Brjussow greift Dostojewskis Kritik einer rationalistischen Durchdringung und Normierung des Lebens aus den *Kellerloch*-Memoiren auf[6] und wendet sie auf die moderne, technizistische Zivilisation an. Er entwirft in *Die Republik des Südkreuzes* einen technokratischen Fabrikstaat, in dem das Leben vollständig organisiert ist. Die Republik war von einem Stahltrust in der Antarktis gegründet worden und wird von dessen Managern geführt. Als vollberechtigte Bürger gelten in ihm nur die Arbeiter der Metallindustrie. Seine Städte sind von der natürlichen Umwelt abgeschlossene, technisch perfektionierte Lebensräume – darin zeigt sich immer noch der Kristallpalast als Vorbild. Ein quasisozialistisches Wohlfahrtsystem, das alle Lebensbereiche umfaßt von der Erziehung über das Gesundheitssystem bis hin

---

[3] Vgl. zur Utopie bei Brjusov Ebert, Christa: Utopie und Antiutopie in Valerij Brjusovs Sceny buduščich vremen. In: Grübel, Rainer: Russische Literatur an der Wende vom 19. zum 20. Jahrhundert. Amsterdam u. a. 1993. S. 327-346.

[4] Vgl. Brjusov, Valerij: Zemlja. In: ders.: Zemnaja os'. Moskau 1910. S. 113-159; dt. Brjussow, Valeri: Die Erde. In: ders.: Nur der Morgen der Liebe ist schön. Berlin 1987. S. 136-186 (erste dt. Übersetzung Brjussoff, Valerius: Erduntergang. München 1909). Das Stück beschreibt die letzte Phase einer von Entropie und Todesphantasien gekennzeichneten Weltgesellschaft: Die Menschheit, auf dem Höhepunkt ihrer wissenschaftlich-technischen Entwicklung angekommen, ist zivilisatorisch erschöpft und löscht sich in einem letzten Akt selbst aus.

[5] Vgl. Brjusov, Valerij: Respublika Južnogo Kresta. In: ders.: Zemnaja os'. Moskau 1910. S. 62-82; dt. Brjussow, Valeri: Die Republik des Südkreuzes. In: ders.: Nur der Morgen der Liebe ist schön. Berlin 1987. S. 78-102 (erste dt. Übersetzung Brjussoff, Valerius: Die Republik des Südkreuzes. München 1908).

[6] Vgl. Jackson: Dostoevsky's Underground Man, S. 113ff.

zur Versorgung, dem Wohnen und der Freizeit, bietet allen Arbeitern ein luxuriöses Leben.

> „Das Leben der Arbeiter zeichnete sich nicht nur durch allen möglichen Komfort, sondern geradezu durch Luxus aus. Ihnen standen, außer erstklassigen Räumlichkeiten und einer hervorragenden Verpflegung, mannigfaltige Bildungs- und Unterhaltungsmöglichkeiten zur Verfügung: Bibliotheken, Museen, Theater, Konzertsäle, Sporteinrichtungen aller Art und so weiter. Die tägliche Arbeitszeit war auf ein Minimum beschränkt. Die Sorge um Erziehung und Ausbildung der Kinder, um medizinische […] Betreuung […] lag in den Händen des Staates. Da den Arbeitern der staatlichen Betriebe die Befriedigung aller ihrer Bedürfnisse […] gewährleistet wurde, erhielten sie keinerlei finanzielle Vergütung; doch die Familien derjenigen Bürger, die zwanzig Jahre in einem Betrieb gearbeitet hatten, die verstorben waren oder während ihres Berufslebens ihre Arbeitsfähigkeit eingebüßt hatten, erhielten eine hohe lebenslange Rente […]." (Südkreuz, 80)

Zugleich ist dieser umfassende Wohlfahrtstaat von einer „unerbittlichen Reglementierung des gesamten Lebens" bestimmt: „Bei scheinbarer Freiheit war das Leben der Bürger bis ins letzte normiert." (Südkreuz, 81)

> „Die Gebäude aller Städte der Republik wurden nach ein und demselben Muster errichtet, das mittels Gesetz bestimmt wurde. Die Ausstattung sämtlicher Räumlichkeiten für die Arbeiter war, bei allem Luxus, streng vereinheitlicht. Alle erhielten zur gleichen Zeit das gleiche Essen. Die Kleidung, die aus staatlichen Magazinen verteilt wurde, war jahrzehntelang unverändert von ein und derselben Fasson." (Südkreuz, 81)

Brjussow greift zentrale Merkmale der klassischen Utopie auf: das Ideal der Gleichheit mit sozialer Sicherheit, die für den einzelnen auf ein Minimum reduzierte Arbeitszeit. Die Gleichheit wird zwar schon im warnenden Ton als staatlich gelenkte Normierung und als Machtinstrument der Diktatur beschrieben, aber das Ideal einer durch die Entwicklung von Wissenschaft und Technik vervollkommnten sozialen Harmonie bleibt positiv besetzt. Die soziale und technische Perfektion des Lebens führt jedoch unverhofft zum Ausbruch von Irrationalität und archaischer Gewalt. Nach anfänglicher Blütezeit fällt Brjussows utopische Gesellschaft, vergleichbar Odojewskis *Die Stadt ohne Namen* und *Der letzte Selbstmord*, zurück in einen Zustand der Anarchie und Barbarei.

> „Die Zivilisation fiel wie eine in Jahrtausenden gewachsene dünne Kruste ab, und der Wilde, das Tier kam zum Vorschein, als das der Mensch einst über die jungfräuliche Erde streifte. Jedes Rechtsgefühl ging verloren – es zählte nur noch die Gewalt." (Südkreuz, 94)

Die Hypertrophie der technizistischen Zivilisation schlägt um in dystopische Selbstzerstörung. Wie in Samjatins Dystopie *Wir* ist es die in Übernormierung und Erstarrung gefangene technizistische Zivilisation selbst, die die Gegenkräfte der Entropie und des Totalitarismus erzeugt. In dem Stück *Diktator* von 1921 nimmt Brjussow dieses Bild erneut auf und spitzt die antiutopische Tendenz politisch zu. Er thematisiert in dem Stück die Gefahr totalitärer Macht, die durch die Vereinigung der Menschheit zur (sozialistischen) Weltgesellschaft, die Vergesellschaftung aller Lebensbereiche sowie durch den Anspruch technokratischer Herrschaft über die Natur im nie dagewesenen Maße möglich werde.[7] Doch auch wenn das Verhältnis von Utopie und antiutopischer Tendenz in Brjussows Zukunftsszenen auf den dialektischen Umschlag zur Dystopie weist, das utopische Ideal einer harmonisch geordneten Gesellschaft – ihr Symbol ist bei Brjussow die technisierte (Welt-)Stadt – wird nicht in Frage gestellt. Brjussow hält an Wissenschaft und Technik als Kraft für die Befreiung der Menschheit fest. Es sind insbesondere der Kosmos und seine Eroberung, die die Zukunft der Menschheit symbolisieren.

Der durch die Science Fiction popularisierte industrielle Fortschrittsoptimismus bildete den einen Hintergrund für den Wandel der Utopie in Rußland zum Beginn des 20. Jahrhunderts. Der zweite war die wachsende Arbeiterbewegung und die Ausbreitung des Marxismus. Zusammen führten sie dazu, daß die früh- und agrarsozialistischen Vorstellungen, wie sie das Narodnitschestwo vertreten hatte, abgelöst wurden durch industrielle Zukunftsentwürfe. Nach der Jahrhundertwende erschienen in Rußland vermehrt Übersetzungen der programmatischen Texte der westlichen Sozialdemokratie, die in konkreten Bildern die sozialistische Zukunft beschreiben: unter anderem August Bebels *Die Frau und der Sozialismus*, Lily Brauns *Die Frauenfrage* und Carl Ballods *Der Zukunftsstaat*, ebenso die Schriften Karl Kautsky zur Utopie. Gemeinsam ist diesen, daß sie die Zukunft von der Industrie und dem Proletariat aus dachten. Die in ihnen entworfene künftige Lebensweise ist bestimmt durch die Großstadt, industrielle Massenproduktion, den intensiven Einsatz von Technik und Elektri-

---

[7] Vgl. Brjusov, Valerij: Diktator. In: Sovremennaja dramaturgija 5. Jg. (1986) H. 4. S. 176-198. In seiner Eindrücklichkeit als politische Parabel ist das Stück Zamjatins *Wir* vergleichbar. Es zeigt die totalitäre Machtergreifung nach der sozialistischen Weltrevolution durch einen Diktator. Nahezu prophetisch beschreibt Brjusov dessen Methoden aus Geheimdienst, Terror und demagogischer Instrumentalisierung der Revolutionsideale. Das Stück endet mit einer erneuten Revolution der Arbeiter, die die Diktatur stürzt.

zität im Alltag sowie durch die Aufhebung des individuellen Haushalts durch eine öffentliche Dienstleistungsindustrie, um die Emanzipation der Frau zu fördern, zum Teil gab es auch Entwürfe von Kommunehäusern. Diese Zukunftsbilder waren eine wesentliche Inspirationsquelle für die Utopien der Neuen Lebensweise nach 1917.

Utopie für die Revolution. Biographie und Kontext

Die erste russische Utopie, die das Wissenschafts- und Technikdenken der Science Fiction mit dem Marxismus zusammenführte und zum Bild der sozialistischen Zukunft verband, ist Alexander A. Bogdanows Doppelutopie einer sozialistischen Gesellschaft auf dem Mars: die utopischen Romane *Der rote Stern* (1907) und *Ingenieur Menni* (1912).[8] Sie markiert in der russischen Utopiegeschichte den Bruch mit den Vorstellungen eines agrarsozialistischen Sonderwegs Rußlands zum Sozialismus, der an den „Fabrikkesseln" der kapitalistischen Industrialisierung vorbeiführe. Es ist die erste originär bolschewistische Utopie. Bogdanow, der von 1904 bis 1909/1910 zum Führungszirkel der Bolschewiki gehörte, beschreibt den Sozialismus nicht mehr in der Tradition der agrar- und genossenschaftssozialistischen Utopien, wie sie seit Herzen und Tschernyschewskis *Was tun?* unter der revolutionären Intelligenzija vorherrschten. Er entwirft in ihr den Sozialismus als proletarisch-industrielle Moderne, die auf dem Doppelsieg der wissenschaftlich-technischen und der proletarischen Revolution beruht. Die revolutionäre Erwartung richtet sich nicht mehr auf die Bauern und einen sozialistisch erneuerten Mir, sondern auf das Proletariat.

Der rote Stern wurde für die Generation der Revolution von 1905 und 1917 zu einem Schlüsseltext, in seiner Rezeption vergleichbar Tschernyschewskis *Was tun?* für die 1860er Generation. Bogdanows Utopie prägte bis in die 1920er Jahre die Vorstellungen vom Sozialismus. Eine Rezension zur Neuauflage der beiden utopischen Romane 1918 hob im Rückblick ihre entsprechende Bedeutung hervor und empfahl sie erneut als „Bild des sozialistischen Lebens". Gegenüber den Notmaßnahmen der Bürgerkriegszeit halte Bogdanows Utopie den „wahren Sozialismus" lebendig.

---

[8] Bogdanov, Aleksandr A.: Krasnaja zvezda/ Inžener Mènni. Hamburg 1979; im folgenden zitiert mit den Siglen *Planet* und *Menni* nach Bogdanow, Alexander: Ingenieur Menni. In: ders.: Der rote Planet. Ingenieur Menni. Berlin 1989.

Abb. 6 Einband der deutschen Erstausgabe von Bogdanows *Der rote Stern*, Berlin 1923

Utopie für die Revolution. Biographie und Kontext 243

„Bücher haben gewöhnlich sehr interessante Schicksale. Nehmen wir die zwei Romane des Gen. A. Bogdanow und versuchen wir, uns an die Eindrücke zu erinnern, die sie im Moment ihrer ersten Ausgabe hervorriefen. Es war im November 1907, als *Der rote Stern* erschien: Die Reaktion war schon in all ihre Rechte eingetreten, aber für uns einfache Arbeiter des Bolschewismus waren die Hoffnungen auf eine nahe Erneuerung der Revolution nicht im geringsten erstorben, und gerade eine solche Schwalbe sahen wir in diesem Roman. [...] In den Parteizirkeln redeten alle viel über den Roman. [...]
Schon jetzt müssen wir [...] skizzieren, wie wir uns diesen Staat der Zukunft vorzustellen versuchen. Beginnt doch bei vielen unter dem Einfluß der Organisation der Lebensmittelversorgung in unserer Kriegszeit der wahre Sozialismus sich als irgendein ‚Karten'-Sozialismus darzustellen, in dem alle nach Karten arbeiten als auch die Produkte benutzen werden. Deshalb verdient das Bild des sozialistischen Lebens, das der Autor zeichnet, die intensivste Aufmerksamkeit der Arbeiter."[9]

Lenin dagegen hielt nichts von Bogdanows Utopien. Er kritisierte sie als unmarxistisch und als für die Agitationsarbeit unter den Arbeitern nutzlos. Gorki berichtet in seinen Erinnerungen, daß Lenin bei einem Besuch auf Capri 1909 – Gorki und Bogdanow organisierten hier zusammen mit Lunatscharski ihre erste Parteischule – Bogdanow vorwarf, *Der rote Stern* zeige zu wenig, wie der Kapitalismus die Arbeiter ausbeute, statt dessen breite er in ihm seine „kleinbürgerliche Ideologie" des Machismus aus.

„Ungefähr zwei Jahre später, auf Capri, als er sich mit A. A. Bogdanow-Malinowskij über den utopischen Roman unterhielt, sagte er ihm: ‚Sehen Sie, Sie müßten für die Arbeiter einen Roman darüber schreiben, wie die kapitalistischen Räuber die Erde ausgeplündert haben, wie sie alles Erdöl, alles Eisen, Holz, sämtliche Kohle verbraucht haben. Das wäre ein sehr nützliches Buch, Signor Machist!'"[10]

Ebenso verurteilte Lenin auch Bogdanows zweiten utopischen Roman *Ingenieur Menni*. In einem Brief an Gorki kritisiert er diesen im noch schärferen Ton.

„Bogdanow hingegen randaliert: in Nr. 24 der *Prawda* steht eine Erzdummheit.[11] Nein, mit dem ist nichts anzufangen! Ich habe seinen *Ingenieur Menni* gelesen. Derselbe Machismus = Idealismus, so versteckt, daß

---

[9] Dolnykov, S.: A. Bogdanov Krasnaja zvezda i Inžener Mènni. In: Proletarskaja Kul'tura 1. Jg. (1918) H. 3. S. 33-34, S. 33.
[10] Gorki, Maxim: W. I. Lenin. In: Kosing, Eva/ u. a. (Hrsg.): Lenin und Gorki. Berlin u. a. 1964. S. 23-76, S. 39.
[11] Das bezieht sich auf einen Offenen Brief Bogdanovs, in dem sich dieser gegen die Position der *Pravda*-Redaktion und Lenins zur Duma-Frage stellt.

es weder die Arbeiter noch die einfältigen Redakteure in der *Prawda* verstanden haben. Nein, das ist ein hoffnungsloser Machist, ebenso wie Lunatscharski [...]."[12]

Der Beliebtheit und Verbreitung der Utopien Bogdanows unter der revolutionären Bewegung tat die Kritik Lenins jedoch keinen Abbruch. Sie wurden vielmehr als originär bolschewistisches Bild des Sozialismus gelesen. Gorki lobte den Roman *Der rote Stern* in diesem Sinne gegenüber seiner ersten Frau Katherina P. Peschkowa (1887-1965) in einem Brief von Dezember 1907.

> „Schicke Dir auch Bogdanows *Der rote Stern* – interessant als erster russischer Versuch, eine sozialistische Utopie zu schaffen."[13]

Ähnlich hatte er auch kurz zuvor Lunatscharski über Bogdanows Utopie geschrieben und ihm empfohlen, sie zu lesen:

> „Erhielt Al(exander) Alex(androwitschs) *Der rote Stern* – lese es. Gefällt mir und gefällt mir nicht, aber eine kluge Sache. Wenn Sie das Buch nicht haben – schreiben Sie mir, ich lese es fertig und schicke es Ihnen."[14]

Bogdanows Utopien bedienten, gerade in der Rezeption nach 1917, das Bedürfnis nach Bildern für den Aufbau der sozialistischen Gesellschaft. Wie programmatisch man, trotz Lenins Kritik, Bogdanows Utopien auffaßte, zeigt die Tatsache, daß Bucharin und Preobraschenski in ihrer Erläuterung des Parteiprogramms 1919, *Das ABC des Kommunismus*, auf *Der rote Stern* als „zugrundeliegende Literatur" verwiesen und es zum weiterführenden Selbststudium empfahlen.[15] Der Roman bildete einen gängigen Referenzpunkt für die Frage nach der konkreten Gestalt der sozialistischen Gesellschaft und zur Veranschaulichung theoretischer Fragen.[16] In den Entwürfen einer neuen, sozialistischen

---

[12] Lenin, Wladimir I.: An A. M. Gorki (Februar 1913). In: ders.: Werke. Berlin 1962. S. 65-67, S. 66.

[13] Gor'kij, Maksim: Pis'mo E. P. Peškovoj, 7. (20.) Dezember 1907. In: ders.: Polnoe sobranie sočinenij, Serija 2, Pis'ma, Bd. 6. Moskau 2000. S. 127-128, S. 128.

[14] Gor'kij, Maksim: Pis'mo A. V. Lunačarskomy, 26. od. 27. November (9. od. 10. Dezember) 1907. In: ders.: Polnoe sobranie sočinenij, Serija 2, Pis'ma, Bd. 6. Moskau 2000. S. 117-118, S. 117.

[15] Vgl. Bucharin, Nikolaj I./ Preobraschenskij, Jewgenij A.: Das ABC des Kommunismus. Zürich 1985, S. 40 u. 630 (I. Teil, Kapitel III: Kommunismus und Diktatur des Proletariats).

[16] Vgl. auch Grille, Dietrich: Lenins Rivale. Bogdanov und seine Philosophie. Köln 1966, S. 165f.; Stites: Fantasy and Revolution, S. 15f.

Lebensweise nach 1917 lassen sich, wie zu sehen sein wird, immer wieder Bezüge auf ihn ausmachen, insbesondere in den linksbolschewistischen, kulturrevolutionären Entwürfen.

Die herausgehobene Rezeption von Bogdanows Utopie rührt nicht zuletzt aus seiner Stellung innerhalb der russischen Sozialdemokratie. Bogdanow gehörte seit 1904 zum Führungszirkel der Bolschewiki. In der Zeit um die Revolution von 1905 und der ersten Exiljahre war er neben Lenin einer der einflußreichsten Führer der Partei. Sein Einfluß gründete insbesondere auf seiner enormen publizistischen Präsenz.[17] Auch nach seiner parteipolitischen Entmachtung durch Lenin 1909/1910[18] übte er mit seinen Schriften zu Fragen der Ökonomie, Philosophie und Soziologie sowie zum politischen Zeitgeschehen und mit seiner Konzeption einer proletarischen Kultur und Wissenschaft weiterhin einen großen Einfluß innerhalb der Partei und der revolutionären Bewegung aus.[19] Unter anderem war Nikolai I. Bucharin (1888-1938) in seinen ökonomischen, soziologischen und philosophischen Ansichten stark von Bogdanow beeinflußt.[20] Viele seiner Mitstreiter, etwa aus der *Vpered*-Gruppe, nahmen nach 1917 führende Funktionen in der Partei und im Staatsapparat ein, insbesondere in der Wirtschafts- und Kulturpolitik. Über sie vermittelten sich seine Konzeptionen in die politische Praxis der frühen Sowjetunion.[21] In den 1920er Jahren wirkte etwa seine Organisationslehre, die Tektologie, als eine Art universalistische beziehungsweise wissenssoziologische Hintergrundtheorie, unter anderem im Bereich der Wirtschaftsplanung.[22] Den Höhepunkt seines Einflus-

---

[17] Vgl. Grille: Lenins Rivale, S. 15f.; Rollberg, Peter: Nachwort zu: Bogdanow, Alexander: Der rote Planet. Ingenieur Menni. Berlin 1989. S. 293-298, S. 293.

[18] Vgl. Grille: Lenins Rivale.

[19] Vgl. zur Übersicht der Schriften Bogdanovs die Bibliographie Biggart, John/ u. a. (Hrsg.): Bogdanov and His Work. Aldershot u. a. 1998.

[20] Vgl. Rink, Dieter: Der theoretische Beitrag A. A. Bogdanovs zur Bestimmung der praktisch-gesellschaftlichen und formationsspezifischen Determination des Erkennens. Leipzig 1990, S. 130f.

[21] Vgl. Grille: Lenins Rivale, S. 10f.

[22] Vgl. Bogdanow, Alexander: Allgemeine Organisationslehre. (1913ff.) Berlin 1926ff. (im folgenden zitiert mit der Sigle *Tektologie*). Die Tektologie stellt eine systemtheoretische Universalwissenschaft dar. Bogdanov entwarf sie im Rückgriff auf die in der Zeit gängigen naturwissenschaftlichen Theorien wie Darwins Evolutionslehre und Le Chateliers Gleichgewichtsprinzip. Den Begriff der Tektologie übernahm er von Haeckel (vgl. Haeckel, Ernst: Generelle Morphologie der Organismen, Bd. 1. Berlin 1966, S. 239ff.). Vgl. zur Tektologie und ihrer Rezeption Soboleva, Maja: Aleksandr Bogdanov und der philosophische Diskurs in Russland zu Beginn des 20. Jahrhun-

ses bildete die 1917, noch vor der Oktoberrevolution, gegründete Proletkult-Bewegung, die sich bis Anfang der 1920er Jahre zur Massenbewegung entwickelte.[23] Sie beruhte unmittelbar auf seiner seit 1907 entwickelten Konzeption einer proletarischen Kultur und Wissenschaft. Deren Kern, die Forderung nach einer proletarischen Kulturrevolution als Voraussetzung für die sozialistische Revolution, prägte über die Proletkult-Bewegung hinaus als kulturrevolutionäres Paradigma die postrevolutionären Diskurse.

Alexander A. Bogdanow

Die Entstehung und Wirkung von Bogdanows Utopien sind eng mit seinem politischen Weg und der Entwicklung seiner wissenschaftlichen Anschauungen verknüpft.[24] Bogdanow – sein Geburtsname ist Alexander A. Malinowski, Bog-

---

derts. Hildesheim u. a. 2007; Rink: Der theoretische Beitrag A. A. Bogdanovs; Grille: Lenins Rivale; zur Adaption in der Ökonomik u. a. Belykh, A. A.: A Note on the Origins of Input-Output Analysis and the Contribution of the Early Soviet Economists. In: Soviet Studies 41. Jg. (1989) H. 3. S. 426-429.

[23] Vgl. zum Proletkul't Seemann, Klaus-Dieter: Der Versuch einer proletarischen Kulturrevolution in Rußland. In: Jahrbücher für Geschichte Osteuropas N. F. 9. Jg. (1961) H. 2. S. 179-222; Proletkult. Eine Dokumentation zur Proletarischen Kulturrevolution in Rußland. In: Ästhetik und Kommunikation. 2. Jg. (1972) H. 5/6. S. 63-203; Gorsen, Peter/ u. a. (Hrsg.): Proletkult. 2 Bde. Stuttgart 1974f.; Lorenz, Richard (Hrsg.): Proletarische Kulturrevolution in Sowjetrußland. München 1969; Paech, Joachim: Das Theater der russischen Revolution. Kronberg i. Ts. 1974; Gorbunow, Wladimir: Lenin und der Proletkult. Berlin 1979; Mally, Lynn: Culture of the Future. The Prolekult Movement in Revolutionary Russia. Berkeley u. a. 1990; McClelland, James C.: Utopianism versus Revolutionary Heroism in Bolshevik Policy: The Proletarian Culture Debate. In: Slavic Review 39. Jg. (1980) H. 3. S. 403-425; Knödler-Bunte, Eberhard/ u. a. (Hrsg.): Kultur und Kulturrevolution in der Sowjetunion. Berlin u. a. 1978; Fitzpatrick, Sheila: The Cultural Front. Power and Culture in the Revolutionary Russia. Ithaca u. a. 1992; Das Bildungswesen in Sowjetrußland. Vorträge, Leitsätze und Resolutionen der Ersten Moskauer Allstädtischen Konferenz der kulturell-aufklärenden Organisationen (Mosko-Proletkult) vom 23.-28. Februar 1918. Annaberg im Erzgebirge 1921; Knödler-Bunte: Eberhard: Bibliographie deutschsprachiger Literatur zum Proletkult. In: Ästhetik und Kommunikation. Beiträge zur politischen Erziehung 2. Jg. (1972) H. 5/6. S. 191-200.

[24] Vgl. zur Biographie Bogdanovs Bogdanov, Aleksandr A.: Avtobiografija. In: Neizvestnyj Bogdanov, Bd. 1. Moskau 1995. S. 18-21 (dt. in Grille: Lenins Rivale, S. 249ff.); Jagodinskij, Viktor N.: Aleksandr Aleksandrovič Bogdanov (Malinovskij), 1873-1928. Moskau 2006; Grille: Lenins Rivale; Hedeler, Wladislaw: Organisationswissenschaft statt Marxismus. Berlin 2007; Maschke, Günter: Bogdanovs Warnung. In: Bogdanov, Alexander A.: Der Rote Stern. Frankfurt a. M. 1972. S. 181-194; Rink: Der theoretische Beitrag A. A. Bogdanovs.

danow ist eines seiner Pseudonyme[25] – wurde am 10. (22.) August 1873 in Sokolka bei Tula geboren. Sein Vater war Volksschullehrer, später Schulinspektor. Sein Elternhaus entsprach dem typischen Sozialisationsmilieu der heranwachsenden Generation der revolutionären Intelligenzija seit den 1860ern. In einem autobiographischen Lexikoneintrag von 1925 beschreibt Bogdanow, daß ihn die autoritären Verhältnisse im Gymnasium und Internat in Tula früh zur revolutionären Haltung trieben:

> „[D]ort lehrte mich böswillig-stumpfsinnige Obrigkeit in praxi, die Herrschenden zu fürchten und zu hassen und die Autoritäten zu verneinen."[26]

1891 begann er an der Moskauer Universität Naturwissenschaften zu studieren. Während des Studiums schloß er sich den Narodniki an und engagierte sich in der Tulaer Landsmannschaft der Moskauer Studentenschaft. 1894 wurde er als Mitglied des Bundesrates der Landsmannschaften verhaftet, relegiert und für drei Jahre nach Tula verbannt. In der Tulaer Zeit begann seine Hinwendung zur Sozialdemokratie und zum Marxismus – nicht zuletzt beeinflußt von Lenins *Der ökonomische Inhalt der Volkstümlerrichtung und die Kritik an ihr in dem Buch des Herrn Struve*.[27] Es war das Charisma der „Wissenschaftlichkeit der marxistischen Soziallehre", das Bogdanow vom Narodnitschestwo zu Marx brachte; wie viele von der jungen, sozialistischen Intelligenzija las er den Marxismus als positiv-revolutionäre Sozialwissenschaft.[28]

> „Marxismus ist nichts anderes als eine *naturwissenschaftliche Philosophie des sozialen Lebens*."[29]

Er schloß sich den sozialdemokratischen Zirkeln an und engagierte sich in der Bildungsarbeit der Arbeiterzirkel in Tula. Er hielt vor allem Kurse und Vorträge zu Ökonomie und Marx' *Kapital* – aus ihnen entstand sein *Kurzer Lehrgang der ökonomischen Wissenschaften*, ein populäres Lehrbuch, das bis in die 1920er

---

[25] Vgl. die Liste der Pseudonyme Bogdanovs in Biggart/ u. a. (Hrsg.): Bogdanov and His Work, S. 481f.

[26] Bogdanov: Autobiographie, S. 249.

[27] Vgl. Lenin, Wladimir I.: Der ökonomische Inhalt der Volkstümlerrichtung und die Kritik an ihr in dem Buch des Herrn Struve. In: ders.: Werke, Bd. 1. Berlin 1961. S. 338-528.

[28] Rink: Der theoretische Beitrag A. A. Bogdanovs, S. 27f.

[29] Bogdanow, Alexander: Ernst Mach und die Revolution. In: Die Neue Zeit 26. Jg. (1908) 1. Bd., Nr. 20. S. 695-700, S. 698.

Jahre genutzt wurde[30] – sowie zu den modernen Naturwissenschaften wie Biologie, Physik, Psychologie. Bogdanow ging es darum, den Arbeitern eine „progressive Weltanschauung" zu vermitteln, die die neusten Erkenntnisse der Naturwissenschaften und den Marxismus vereint. Die Bildungsarbeit in den Arbeiterzirkeln prägte Bogdanows weiteres Denken.[31] In ihr formte sich die Verknüpfung mit der Agitations- und Propagandaarbeit, und sie beeinflußte seine Konzeption einer proletarischen Kultur als wesentliches Element der sozialistischen Revolution. Tula war ein traditionelles Industriegebiet und sein Proletariat weit entwickelt. Es besaß eine hohe Facharbeiterbildung, war gewerkschaftlich organisiert und selbstbewußt. Von der Intelligenzija erwartete man keine politische Führung, sondern verlangte Unterstützung bei der Bildungsarbeit. Sie sollte ihnen das Wissen für die Selbstorganisation vermitteln. Diese Haltung schlug sich in Bogdanows späterer Theorie und Programmatik des Proletkults nieder.

Ab Herbst 1895 konnte Bogdanow an der Universität Charkow sein Studium fortsetzen, er schrieb sich für Medizin ein. Die meiste Zeit war er jedoch weiterhin zur Parteiarbeit in Tula. 1899 schloß er das Medizinstudium ab, im gleichen Jahr heiratete er Natalja Bogdanowna Korsak (1865-1945).[32] Er kehrte nach Moskau zurück und war als Agitator in der illegalen Parteiarbeit aktiv. Nach kurzer Zeit wurde er erneut verhaftet und nach einem halben Jahr Gefängnis zu Verbannung verurteilt. Er kam zunächst nach Kaluga, ab 1901 war er in Wologda. Bis zum Ende der Verbannung arbeitete er hier als Arzt in einer psychiatrischen Klinik.

Die Verbannung in Kaluga und Wologda wurde für Bogdanow zur Schlüsselzeit, mit ihr begann sein Weg zu den Bolschewiki. Unter den Verbannten sammelte sich ein Kreis junger, marxistisch orientierter Angehöriger der Intelligenzija, unter ihnen Lunatscharski, Berdjajew und Basarow.[33] Sie waren wie er

---

[30] Vgl. Bogdanov, Aleksandr A.: Kratkij kurs ėkonomičeskoj nauki. Moskau 1897; 1923 erschien auch eine englische Übersetzung.

[31] Vgl. Rink: Der theoretische Beitrag A. A. Bogdanovs, S. 18ff.; Scherrer, Jutta: Russischer Sozialismus und russische Utopie am Beispiel Bogdanovs. In: Plaggenborg, Stefan/ u. a. (Hrsg.): Alexander Bogdanov. Theoretiker für das 20. Jahrhundert. München 2008. S. 151-163, S. 152f.; White, James D.: Bogdanov in Tula. In: Studies in Soviet Thought 22. Jg. (1981) H. 1. S. 33-58.

[32] Nach ihrem Vatersnamen wählte er sein Pseudonym Bogdanov.

[33] Anatolij V. Lunačarskij – 1875-1933; nach der Oktoberrevolution 1917 Volkskommissar für Bildung und Kultur (bis 1929), 1903 heiratete er Bogdanovs Schwester Anna A. Malinovskaja (1884-1959). Nikolaj A. Berdjaev – 1874-1948; Philosoph, er gehörte zu den sogenannten „legalen Marxisten" und schloß sich 1903 den Liberalen

für ihre Arbeit in illegalen Arbeiterzirkeln und sozialistischen Untergrundorganisationen verbannt worden. Lunatscharski beschreibt in seinen Erinnerungen die Atmosphäre ihres Kreises als intensiven marxistischen Theoriezirkel.

> „Ich glaube, es gab damals in Rußland nicht viele Städte, wo ein solcher Kreis marxistischer Kräfte versammelt war. Zudem vereinte uns eine originelle Neigung. Wir alle brachten der philosophischen Seite des Marxismus größtes Interesse entgegen, und zwar brannten wir darauf, seine gnoseologische, ethische und ästhetische Seite auszubauen, einerseits unabhängig vom Kantianismus, zu dem hin schon damals die Abweichung begann, die sich später in Deutschland und bei uns (Berdjajew, Bulgakow) so bemerkbar machte, aber auch ohne auf die Seite jener beschränkten französischen enzyklopädischen Orthodoxie zu geraten, auf die Plechanow den ganzen Marxismus zu gründen versuchte."[34]

Im Zentrum ihrer Diskussionen stand die Frage, wie sich die marxistische Theorie weiterentwickeln lasse, um die Leerstellen der orthodoxen Marxisten wie Plechanow in bezug auf Ethik und Ästhetik sowie auf die Erkenntnistheorie zu überwinden. Es ging ihnen um eine ethische Fundierung des Marxismus. Sie verstanden den Sozialismus nicht nur ökonomisch, sondern „als eine wahrhaft menschliche Kultur und [als] ein harmonisch-humanistisches Weltbild, wozu unter anderem ‚eine mit Leben erfüllte Empfindung der Welt', der ‚Aufbau der Gefühlswelt' gehörte".[35] Sie sahen den Sozialismus nicht zuletzt als Entwurf eines Neuen Menschen und Entwicklung einer neuen Lebensweise. Lunatscharski schätzte Bogdanow als den entschiedensten Denker von ihnen ein.

> „Der Reifste unter uns, der von sich und seinen Kräften am meisten Überzeugte, war Bogdanow. Er arbeitete zu jener Zeit intensiv an der Klärung seiner marxistischen Weltanschauung und versuchte, auf dem marxistischen Fundament ein allseitiges wissenschaftliches Gebäude zu errichten. [...] Er war der glänzende und von der jungen Sozialdemokratie hochgeschätzte Verfasser der *Politökonomie*, nach der fast die gesamte Partei lernte."[36]

---

an, 1922 wurde er aus Sowjetrußland ausgewiesen und emigrierte nach Berlin (bis 1924) und Paris. Vladimir A. Bazarov (Rudnev) – 1874-1939; Ökonom und Philosoph, zusammen mit Ivan I. Skvorcov-Stepanov (1870-1928) übersetzte er Marx' *Kapital*.

[34] Lunatscharski, Anatoli: Erinnerungen an die revolutionäre Vergangenheit. In: ders.: Schlaglichter. Erlebnisse und Gestalten auf meinem Wege. Berlin 1986. S. 15-60, S. 29.

[35] Scherrer: Russischer Sozialismus und russische Utopie, S. 152.

[36] Lunatscharski, Anatoli: Iwan Skworzow-Stepanow. In: ders.: Schlaglichter. Berlin

Bogdanows Zugang zum Marxismus erfolgte weniger von der Ökonomie aus, er war vielmehr erkenntnisphilosophisch bestimmt. Es ging ihm, kurz gesagt, um eine erkenntnistheoretische Fundierung des Marxismus, die die aktuellen Entwicklungen der Naturwissenschaften einbezieht.[37] Von dieser Fragestellung her entwickelte er in der Folge seine Philosophie des Empiriomonismus. Er bezog sich dabei auf den Empiriokritizismus Richard Avenarius' (1843-1896) und Ernst Machs (1838-1916). Der Versuch, den Marxismus derart erkenntnistheoretisch weiterzuentwickeln, führte später zum Konflikt mit Lenin, in dessen Verlauf es zur parteipolitischen Entmachtung Bogdanows kam. Lenin verurteilte Bogdanows Empiriomonismus als „kleinbürgerlichen Revisionismus" und „reaktionären Idealismus".[38]

Von den späteren philosophischen und politischen Gegensätzen war jedoch vorerst noch keine Rede. Im Gegenteil, unter dem Eindruck der Lektüre von Lenins *Was tun?*, welches sich der Kreis der Verbannten enthusiastisch zu eigen machte,[39] schloß sich Bogdanow der bolschewistischen Fraktion an. Nach dem Ende der Verbannung 1904 ging er in die Schweiz, um dort im Exil Lenin zu treffen. Zusammen mit ihm bereitete er die Herausgabe der Zeitung *Vpered* (*Vorwärts*) als Gegenstück der Bolschewiki zur menschewistischen *Iskra* (*Der Funke*) vor und wurde Mitglied des Büros der Komitees der Mehrheit, dem ersten bolschewistischen Zentrum. Ende 1904 kehrte er nach Rußland zurück. Er organisierte in St. Petersburg die Parteiarbeit und war Redaktionsmitglied der *Nowaja Schisn* (*Neues Leben*), der ersten legalen bolschewistischen Zeit-

---

1986. S. 230-235, S. 230. Vgl. zur Bewertung von Bogdanovs *Kratkij kurs ėkonomičeskoj nauki* auch Lenins Rezension (Lenin, Wladimir I.: Rezension. A. Bogdanow, Kurzer Lehrgang der ökonomischen Wissenschaft. In: ders.: Werke, Bd. 4. Berlin 1955. S. 36-44).

[37] Vgl. auch Gloveli, Georgii D.: „Socialism of Science" versus „Socialism of Feelings": Bogdanov and Lunacharsky. In: Studies in Soviet Thought 42. Jg. (1991) H. 1. S. 29-55.

[38] Vgl. zu Bogdanovs Empiriomonismus und der philosophischen Kontroverse mit Lenin Rink: Der theoretische Beitrag A. A. Bogdanovs; Soboleva: Aleksandr Bogdanov und der philosophische Diskurs in Russland; Kolakowski: Die Hauptströmungen des Marxismus, Bd. 2, S. 483ff.; Wetter, Gustav A.: Der Empiriomonismus Bogdanovs. In: ders: Der dialektische Materialismus. Wien 1958. S. 106-115; Utechin, Sergej V.: Philosophie und Gesellschaft. Alexander Bogdanov. In: Labedz, Leopold (Hrsg.): Der Revisionismus. Köln u. a. 1966. S. 149-161; Hedeler: Organisationswissenschaft statt Marxismus. Auf den Empiriomonismus wird im folgenden bei der Analyse von Bogdanovs Utopien nicht näher eingegangen.

[39] Vgl. Scherrer: Russischer Sozialismus und russische Utopie, S. 152.

schrift in Rußland. Auf dem 3. Parteitag der RSDRP 1905 in London wurde er ins Zentralkomitee der Bolschewiki gewählt; er war unter anderem Mitglied der Finanzgruppe und verantwortlich für die publizistische Agitationsarbeit. Im Dezember 1905 wurde Bogdanow als Mitglied des Petersburger Sowjets der Arbeiterdeputierten verhaftet. Nach einem halben Jahr Gefängnis wurde er entlassen und aus Rußland ausgewiesen. Er kehrte illegal zurück und hielt sich zusammen mit Lenin in Kuokkala in Finnland auf, um von hier die Partei zu führen. In der Zeit entstand sein erster utopischer Roman *Der rote Stern*. Er war nicht zuletzt der Versuch, die Erfahrungen der Revolution zu verarbeiten und für die Fortführung des revolutionären Kampfes zu agitieren. Samjatin sprach daher dem Roman vor allem eine „publizistische Bedeutung" zu.[40]

Ende 1907 emigrierte Bogdanow in die Schweiz. In der im Exil einsetzenden Analyse der Niederlage und dem Überdenken der politischen Taktik brach der Konflikt zwischen Lenin und Bogdanow, der seit Bogdanows *Empiriomonismus* (1904) schwelte, offen aus und schlug von der Philosophie auf die Politik über. Das stillschweigende Abkommen, die philosophischen Kontroversen aus der Parteiarbeit herauszuhalten, wurde von beiden Seiten aufgekündigt. Gorki versuchte im Vorfeld der Parteischule auf Capri zwischen Bogdanow und Lenin zu vermitteln, jedoch vergeblich.[41] Schon in der Frage der Haltung der Partei zur Duma – dem Parlament, dessen Einrichtung Nikolaus II. nach der Revolution 1905 zugestehen mußte – hatten sich die politischen Gegensätze abgezeichnet. Bogdanow gehörte zur Fraktion der Boykottisten. Sie forderten, die Wahlen zur dritten Duma 1907 zu boykottieren. Dahinter stand die Erwartung, daß unmittelbar weitere revolutionäre Aufstände bevorstünden, so beschreibt es Bogdanow auch am Ende von *Der rote Stern*. In dieser Situation würde die Beteiligung an dem „Spielzeugparlament" die Partei diskreditieren. Lenin hingegen sah, daß mit der staatsstreichartigen Auflösung der zweiten Duma im Juni 1907 durch Nikolaus II. die Revolution zerschlagen war. Man dürfe daher jetzt, so sein Einwand gegen die Boykottisten, nicht die Existenz der Partei aufs Spiel setzen. Trotz aller Beschränkungen müsse man die Duma als legale Plattform nutzen, um die Arbeit der Partei fortzuführen. Er konnte auf der Parteikonferenz

---

[40] Vgl. Samjatin, Jewgeni: Der genealogische Baum von H. G. Wells. In: ders.: Ausgewählte Werke, Bd. 4. Leipzig u. a. 1991. S. 41-49, S. 49.

[41] Vgl. den Briefwechsel zwischen Lenin und Gor'kij (vgl. Kosing/ Mirowa-Florin (Hrsg.): Lenin und Gorki, S. 93ff.) sowie Haupt, Georges/ u. a.: Gor'kij, Bogdanov, Lenin. In: Cahiers du Monde russe et soviétique 19. Jg. (1978) H. 3. S. 321-334.

in Kotka seine Position durchsetzen. Ein Teil der bolschewistischen Arbeiter blieb jedoch bei dem Boykott; die Folge war, daß die Bolschewiki in der sozialdemokratischen Dumafraktion nur mit einem Mitglied vertreten waren.

Der Konflikt eskalierte mit der Veröffentlichung von Bogdanows Vorwort zur russischen Ausgabe von Machs *Analyse der Empfindungen* in der SPD-Zeitschrift *Die Neue Zeit*. Nicht nur, daß Bogdanow Machs Philosophie in Analogie zum Marxismus setzte und sie als „den Gedanken des historischen Materialismus" nahestehend beschrieb,[42] in der redaktionellen Vorbemerkung wurden die philosophischen Differenzen mit den Fraktionskämpfen in Beziehung gebracht.

> „Insbesondere in der russischen Sozialdemokratie beschäftigt man sich sehr lebhaft mit Mach und ist leider auf dem besten Wege, die Stellung zu Mach zu einem der Merkmale der Fraktionen in der Partei zu machen."[43]

Lenin ging daraufhin – wie auch Plechanow mit *Materialismus militans*[44] – in die Offensive gegen den Kreis der „suchenden Marxisten" um Bogdanow. In *Materialismus und Empiriokritizismus* verurteilt er Bogdanows Empiriomonismus als „reaktionäre Philosophie".[45] Sieht man davon ab, daß der militante Ton auch Ausdruck des Emigrantengezänks war, lag dem Konflikt in der Sache eine grundlegend andere Sicht der politischen Situation und einzuschlagenden Taktik zugrunde.[46] Bogdanow entwickelte in Fortführung seines Empiriomonismus seinen organisationswissenschaftlichen Ansatz, der die Rolle der Ideologie für die Revolution in den Mittelpunkt stellt. Statt auf die politischen Machtverhältnisse richtet er den Blick auf eine Analyse der kulturellen, ‚subjektiven' Voraussetzungen für die Revolution. Das Proletariat habe, so Bogdanow, die Revolution verloren, weil es – und ebenso die Partei – ideologisch zu wenig auf den Kampf vorbereitet gewesen sei. Während die Gegenseite, die Autokratie und die bürgerliche Klasse, eine Überlegenheit an Wissen besitze, fehle es dem Proletariat an einem *eigenen* Wissen auf Basis der sozialistischen Weltanschau-

---

[42] Bogdanow: Ernst Mach und die Revolution, S. 700.

[43] Ebd., S. 695.

[44] Vgl. Plechanow, Georgi: Materialismus militans. Antwort an Herrn Bogdanow. In: ders.: Eine Kritik unserer Kritiker. Berlin 1982. S. 249-351.

[45] Vgl. Lenin, Wladimir I.: Materialismus und Empiriokritizismus. In: ders.: Werke, Bd. 14. Berlin 1962. S. 7-366.

[46] Vgl. Scherrer, Jutta: Gor'kij und Bogdanov am Scheidewege bolschewistischer Kultur und Politik. In: Brockmann, Agnieszka/ u. a. Hrsg.): Kulturelle Grenzgänge. Berlin 2012. S. 245-259.

ung. Dem Proletariat und der Revolution 1905 habe als Vorbereitung eine Aufklärungsperiode gefehlt, wie sie der Französischen Revolution 1789 mit den Enzy-klopädisten vorangegangen sei. Die kulturelle Revolution müsse, wie Bogdanow es in der Proletkult-Konzeption weiter ausbaute, der politischen vorausgehen. Er zog als Schlußfolgerung, daß es die vordringliche Aufgabe sei, dem Proletariat das entsprechende Wissen zu vermitteln. Der Neuansatz nach der Niederlage könne nur in der proletarischen Bewußtseinsbildung der Arbeiter liegen, erst auf deren Basis sei die sozialistische Revolution möglich. Im Mittelpunkt der Arbeit der Partei müsse daher, neben dem Erhalt und Ausbau der Parteiorganisation, stehen, die sozialistische Propaganda zu intensivieren.

Von dieser Diagnose aus initiierte Bogdanow zusammen mit Lunatscharski und Gorki das Projekt einer Parteischule. Die erste fand 1909 auf Capri statt, die zweite 1910/1911 in Bologna.[47] Sie sollten in einem mehrmonatigen Kurs (künftigen) Funktionären der Partei einen breiten Grundkurs in Ökonomie, russischer Geschichte, Geschichte der Arbeiterbewegung, Literatur etc. auf sozialistischer Grundlage geben sowie praktische Kenntnisse der Partei- und Agitationsarbeit vermitteln.[48] Bogdanow, Lunatscharski und Gorki hatten auch Lenin eingeladen, sie wollten für die Schule keine Spaltung. Aber Lenin verweigerte sich und griff im *Proletarij (Der Proletarier)*, der bolschewistisch kontrollierten Parteizeitung der RSDRP, scharf die Leiter der Schule an. In Folge des Artikels kam es innerhalb der Capri-Schule zu Auseinandersetzungen, in denen sich ein Teil der Teilnehmer auf die Seite Lenins stellte und die Schule verließ.

Im Dezember 1909 gründeten Bogdanow, Lunatscharski und Gorki mit Mitgliedern der Capri-Schule die „unabhängige ideologische Gruppe" *Vpered*.[49] Diese sollte die Bildungsarbeit der Parteischule fortsetzen. Sie verstand sich, so die offizielle Gründungsmitteilung ans ZK, als „literarische Organisation" der Partei und setzte sich als Aufgabe die Herausgabe „sozialdemokratischer Partei-

---

[47] Vgl. zu den Parteischulen Scherrer, Jutta: Les écoles du parti de Capri et de Bologne. In: Cahiers du Monde russe et soviétique 19. Jg. (1978) H. 3. S. 259-284; sowie zu Lenins Gegenparteischule in Longjumeau Elwood, Ralph Carter: Lenin and the Social Democratic Schools for Underground Party Workers, 1909-11. In: Political Science Quarterly 81. Jg. (1966) H. 3. S. 370-391.

[48] Vgl. den Programmentwurf in Scherrer: Les écoles du parti de Capri et de Bologne, S. 270.

[49] Vgl. zur *Vpered*-Gruppe Biggart, John: „Anti-Leninist Bolshevism": the *Forward* Group of the RSDRP. In: Canadian Slavonic Papers 23. Jg. (1981) H. 2. S. 134-153; Marot, John Eric: Alexander Bogdanov, Vpered, and the Role of the Intellectual in the Workers' Movement. In: Russian Review 49. Jg (1990) H. 3. S. 241-264.

literatur".[50] Daß es einen Bedarf nach neuer Literatur für die Agitations- und Parteiarbeit gab, die den Verhältnissen nach der gescheiterten Revolution von 1905 Rechnung trug, hatte nicht zuletzt die Parteischule Capri gezeigt. Aber die Gründung der *Vpered*-Gruppe war auch ein Ergebnis von Bogdanows Analyse des Scheiterns der Revolution. Die *Vpered*-Gruppe plante eine Reihe von Publikationsprojekten, unter anderem eine große „Arbeiter-Enzyklopädie", die das Wissen aus proletarischer Sicht systematisieren sollte – vergleichbar der Enzyklopädie Diderots für die Aufklärung. Die meisten der Projekte wurden nicht realisiert; einige wie die Arbeiter-Enzyklopädie griff Bogdanow dann im Proletkult 1917 wieder auf.[51]

Noch vor der Parteischule auf Capri hatte Lenin dafür gesorgt, daß Bogdanow aus der Redaktion des *Proletarij* ausgeschlossen wurde. Im Januar 1910 erfolgte der Ausschluß aus dem ZK der Bolschewiki. Damit war der Machtkampf zwischen Lenin und Bogdanow weitgehend entschieden. Aus den bolschewistischen Führungsgremien war er fortan ausgeschlossen. Als 1912 die *Prawda* (*Die Wahrheit*) als neue Zeitung der Partei gegründet wurde, veranlaßte Lenin erneut, daß Bogdanow nach kurzer Zeit aus der Redaktion und von der Mitarbeit ausgeschlossen wurde. 1911 verließ Bogdanow auch die *Vpered*-Gruppe. Der Grund waren Meinungsverschiedenheiten über das Konzept einer proletarischen Kultur. Er zog sich aus der politischen Parteiarbeit zurück und widmete sich in der Folgezeit seinen Theorieprojekten: dem Ausarbeiten der Organisationswissenschaft und seiner Konzeption einer proletarischen Kultur.

Nach der Amnestie zum dreihundertjährigen Thronjubiläum der Romanows 1913 kehrte Bogdanow nach Rußland zurück. Kurz zuvor, Ende 1912, war sein zweiter utopischer Roman *Ingenieur Menni* erschienen, in diesem stellte er seine Organisationslehre und die Theorie einer proletarischen Kultur in literarisch-populärer Form dar. Zum Kriegsbeginn 1914 wurde Bogdanow als Militärarzt einberufen, aufgrund einer Krankheit jedoch bereits 1915 von der Front wieder entlassen. Bis Kriegsende arbeitete er in einem Lazarett in Moskau.

Unmittelbar nach der Februarrevolution initiierte Bogdanow die Proletkult-Bewegung, um seine Konzeption einer proletarischen Kultur in die Praxis umzusetzen. Sie sollte eine proletarische Kultur, Kunst und Wissenschaft schaffen. Der Proletkult wurde bis Anfang der 1920er Jahre zur kulturellen Massenorga-

---

[50] Zitiert nach Haupt/ Scherrer: Gor'kij, Bogdanov, Lenin, S. 331.
[51] Vgl. zu Bogdanovs publizistischen Arbeiten im Kontext der *Vpered*-Gruppe Neizvestnyj Bogdanov, Bd. 2.

nisation mit eigenen Zeitschriften, Ateliers, Klubs, Theatern und Universitäten. Auf ihrem Höhepunkt 1920 hatte sie eine halbe Million Mitglieder. Der Proletkult bestand gegenüber der Partei und dem Staat auf politischer Autonomie. Er verstand sich als eigenständige kulturelle, ‚ideologische', Säule der proletarischen Macht analog zur Gewerkschaft im ökonomischen Bereich und zur Partei für den politischen. Er beanspruchte sowohl die kulturelle Alleinvertretung als auch, die Richtung der Kultur- und Bildungspolitik zu bestimmen. Das führte unvermeidlich zum Konflikt: Der Proletkult stellte den Führungsanspruch der Partei in Frage. Lenin forderte, daß der Proletkult dem Narkompros und der Gewerkschaft unterstellt werde und sich der Führung durch die Partei unterordne. Die Auseinandersetzung wurde durch den alten Konflikt zwischen Lenin und Bogdanow verschärft. Lenin übertrug seine Kritik an Bogdanows Empiriomonismus auf den Proletkult und warf diesem „revisionistische", „kleinbürgerliche", „idealistische" und „sektiererische" Tendenzen vor. In der Folge der Angriffe auf ihn trat Bogdanow 1920 aus dem ZK des Proletkults aus und zog sich aus der Organisationsarbeit des Proletkults zurück.

Seit 1918 lehrte Bogdanow auch an der Moskauer Universität Politische Ökonomie (bis 1921) und war Mitglied der Kommission für die Übersetzung und Herausgabe der Marx-Engels-Werke. 1921 bis 1922 war er als Wirtschaftsberater beim Volkskommissariat für Außenhandel tätig; er begleitete 1922 die sowjetische Mission in England, die die politischen und wirtschaftlichen Folgen des Versailler Vertrags erkunden sollte. Anfang September 1923 verhaftete die GPU Bogdanow unter dem Vorwurf, Mitglied der oppositionellen Gruppe *Rabotschaja Prawda* (*Arbeiterwahrheit*) zu sein. Er gehörte der Gruppe nicht an, aber seine schon 1917/1918 öffentlich geäußerte und 1921 in einem Offenen Brief an Bucharin erneuerte Kritik an der Oktoberrevolution als nichtsozialistisch[52] hatte der Gruppe als Grundlage für ihre Kritik am Kurs der Partei gedient. Vorausgegangen war der Verhaftung eine „publizistische Hetzjagd" gegen ihn, die seinen Ausschluß aus dem Proletkult fortsetzte: „Menschewismus im Proletkultgewand", „bürgerliche Ideologie", „Opportunist in der Theorie" und „Renegat in der Politik" lauteten die Vorwürfe.[53] Nach fünf Wochen wurde

---

[52] Vgl. Bogdanov, Aleksandr A.: Otkrytoe pis'mo tov. Bucharinu, 10 dekabrja 1921 g. In: Neizvestnyj Bogdanov, Bd. 1. Moskau 1995. S. 204-207; Bogdanov, Aleksandr A.: Voprosy socializma. Moskau 1990, S. 295ff.

[53] Vgl. Jakolev, Jakov A.: Men'ševizm v proletkul'tovskoj odežde. In: Pravda Nr. 2, v. 4. Januar 1923, S. 2; Hedeler: Organisationswissenschaft statt Marxismus, S. 16.

Bogdanow wieder freigelassen,[54] insgeheim liefen die Ermittlungen jedoch gegen ihn weiter.

1925 begann die letzte Phase in Bogdanows Schaffen. Er wandte sich, als Anwendung seiner Organisationslehre, der medizinischen Forschung zur Bluttransfusion zu. Ende 1925 legt er den Plan für ein Institut für Bluttransfusion vor,[55] Anfang 1926 wurde es in Moskau gegründet und Bogdanow als Direktor berufen. Bogdanows ging es mit der Bluttransfusionsforschung um die Steigerung der „Lebensfähigkeit".[56] Als Mittel zur Verlängerung des Lebens hatte er sie auch in *Der rote Stern* beschrieben (Planet, 84f.). Bogdanows Theorie zur Bluttransfusion beruht auf seiner Organisationslehre. Sie geht von der Annahme aus, daß sich der Mensch und das Leben als System von Gleichgewichtsprozessen beschreiben lassen. Altern stelle in diesem Sinne einen Fall divergierender Systemprozesse dar. Mit Bluttransfusionen lasse sich, so Bogdanows These, in die Gleichgewichtsprozesse steuernd eingreifen und ein „harmonischeres Lebensmilieu" erzeugen, das zur Ausweitung und Steigerung der individuellen Lebensfähigkeit führe. Bogdanow führte an dem Institut bis Ende 1927 rund zweihundert Bluttransfusionen mit über hundertfünfzig Patienten durch, an elf von ihnen war er im Selbstversuch beteiligt. In *Borba sa shisnesposobnost* (*Kampf um die Lebensfähigkeit*) bilanzierte er die ersten Ergebnisse der Experimente.[57] Er konstatierte, daß die Bluttransfusionen sowohl eine Erhöhung der physischen Leistungsfähigkeit als auch des psychischen Wohlbefindens bewir-

---

[54] Vgl. Bogdanovs Aufzeichnungen aus der Haft in: Neizvestnyj Bogdanov, Bd. 1, S. 34ff.

[55] Hedeler schreibt, daß Stalin Bogdanov vorgeschlagen habe, ein entsprechendes Institut zu gründen (vgl. Hedeler: Organisationswissenschaft statt Marxismus, S. 37). Rink beschreibt dagegen, daß – was plausibler ist – Bogdanov mit Unterstützung des Volkskommissars für Gesundheit, Nikolaj A. Semaško, das Projekt durchsetzte (vgl. Rink: Der theoretische Beitrag A. A. Bogdanovs, Anhang S. IX).

[56] Vgl. zu Bogdanovs Bluttransfusionstheorie Bogdanov, Aleksandr A.: Bor'ba za žiznesposobnost'. Moskau 1927 (Auszüge auf dt. Zur Theorie des Alterns. In: Deutsch-Russische Medizinische Zeitschrift 3. Jg. (1927) H. 1. S. 32-44; Der Kampf um die Vitalität. In: Groys, Boris/ u. a. (Hrsg.): Die Neue Menschheit. Frankfurt a. M. 2005. S. 525-605); ders.: Allgemeine Organisationslehre, Bd. 2, S. 84ff.; Vöhringer, Margarete: Rausch im Blut: Aleksandr Bogdanovs Experimente zwischen Kunst und Wissenschaft. In: Klimó, Árpád von/ u. a. (Hrsg.): Rausch und Diktatur. Frankfurt a. M. u. a. 2006. S. 139-150; Soboleva: Aleksandr Bogdanov und der philosophische Diskurs in Russland, S. 147ff.; Krementsov, Nikolai: A Martian Stranded on Earth. Alexander Bogdanov, Blood Transfusions, and Proletarian Science. Chicago 2011.

[57] Vgl. auch Bogdanow: Allgemeine Organisationslehre, Bd. 2, S. 94f.

ken würden. Er verzeichnete bei den Probanden eine Steigerung der Arbeitsfähigkeit und des Selbstwertgefühls, eine Verbesserung der Muskel- und Sehkraft sowie des Gehörs, den Rückgang grauer Haare, die allgemeine Beweglichkeit nehme zu, bei Arteriosklerose verbessere sich das allgemeine Befinden, das Nervensystem werde ausgeglichener, die Reizbarkeit lasse nach, die Probanden würden gelassener im Umgang mit Alltagsproblemen. Aus heutiger Sicht liest sich Bogdanows Bluttransfusionstheorie als phantastische Science Fiction, für die damalige Zeit stand sie jedoch durchaus im Kontext der zeitgenössischen Theorien des Alters und Vorstellungen zur Verjüngung.[58]

Am 7. April 1928 starb Bogdanow bei einem Selbstversuch. Er hatte eine Bluttransfusion mit einem an Malaria erkrankten Studenten vorgenommen und starb an den Folgen.[59] Zu seinem Tod erschienen eine Reihe ehrender Nachrufe, die Bogdanows Beiträge für die Partei und die Revolution und seine Verdienste für die Entwicklung der Wissenschaften würdigten.[60] Wenige Tage nach seinem Tod, am 13. April, wurde auf Beschluß des Rates der Volkskommissare der RSFSR das Institut nach ihm benannt; es trug seinen Namen bis 1938.

Die Würdigungen zu seinem Tod änderten jedoch nichts daran, daß Bogdanow in den folgenden Jahren als Theoretiker des Marxismus und des Proletkults zur Unperson erklärt wurde. Die Tabuisierung schrieb die Verurteilung seiner philosophischen Ansichten und des Proletkults durch Lenin fort. Schon 1930 wurde auf dem 16. Parteitag der Begriff der „Bogdanowschtschina" als pejoratives Synonym für „die idealistische Verfälschung des Marxismus, für die Anbiederung an die bürgerliche Wissenschaft" gebraucht.[61]

---

[58] Vgl. Vöhringer: Rausch im Blut, S. 142ff.

[59] Adams geht davon aus, daß der Bluttransfusionsversuch ein indirekter Selbstmord war. Anfang April begannen die Verfolgungen zum Schachty-Prozeß. Deren Form habe Bogdanov, so Adams, an seine Verurteilung durch Lenin erinnert und er habe für den Sozialismus, wie er ihn verstand, in der Sowjetunion keine Perspektive mehr gesehen. Adams beruft sich für die Selbstmord-These auf Aussagen von Bogdanovs Sohn (vgl. Adams, Mark B.: *Red Star*. Another Look at Aleksandr Bogdanov. In: Slavic Review 48. Jg. (1989) H. 1. S, 1-15, S. 14f.) Auch von anderen wird sie teilweise vertreten, sie ist aber eher unwahrscheinlich.

[60] Vgl. bspw. Bucharin, Nikolaj: A. A. Bogdanov. In: Pravda Nr. 84, vom 8. April 1928, S. 3; Semaško, Nikolaj: Smert' A. A. Bogdanova (Malinovskogo). In: Pravda Nr. 84, vom 8. April 1928, S. 3; Lunatscharski, Anatoli W.: Alexander Alexandrowitsch Bogdanow. In: Internationale Pressekorrespondenz 8. Jg. (1928) Nr. 38. S. 692-693; Milonow, J.: A. A. Bogdanow. In: Wochenbericht der Gesellschaft für kulturelle Verbindung der Sowjetunion mit dem Auslande 4. Jg. (1928) H. 18-19. S. 23-24.

[61] Hedeler: Organisationswissenschaft statt Marxismus, S. 19.

Die Wiederentdeckung Bogdanows in der Sowjetunion begann in den 1970er Jahren.[62] Im Zuge der Kybernetik wurde vereinzelt auf ihn und seine Organisationslehre als Vorläufer der Systemtheorie verwiesen. Zur systematischen Relektüre und Werkrezeption kam es jedoch noch nicht. Von offizieller Seite wurden die Rehabilitierungsversuche vielmehr scharf zurückgewiesen. Seine Wiederentdeckung im größeren Maße erfolgte in den 1980er Jahren. *Der rote Stern* erschien mehrfach in Anthologien zur russischen Science Fiction und im Zuge der Perestroika wurde Bogdanow als Theoretiker des Marxismus wiederentdeckt, der eine alternative Position zum kanonisierten Marxismus-Leninismus biete und der frühzeitig auf die Gefahren der Deformierung des Sozialismus gewiesen habe.[63] 1989 veranstaltete die Akademie der Wissenschaften der UdSSR unter dem Titel *Revolutionär und Denker* eine internationale Bogdanow-Konferenz[64] und man begann, seine Schriften neu herauszugeben sowie bislang unveröffentlichte wie seine Aufzeichnungen aus der GPU-Haft 1923.[65] In den 1990er Jahren verschob sich der Fokus der Betrachtung. Bogdanow wurde zunehmend außerhalb des Marxismus verortet: Man las ihn als Vertreter des russischen Positivismus[66] und als Theoretiker der Moderne;[67] und man versucht, seine philosophischen Theorien, vor allem seine Organisationslehre, an gegenwärtige Diskurse anzuschließen. 1999 wurde in Jekaterinburg das Internationale

---

[62] Vgl. zur Entwicklung der Wiederentdeckung Bogdanovs in Rußland ebd., S. 24ff.; Biggart/ u. a. (Hrsg.): Bogdanov and His Work.

[63] In diesem Kontext steht auch die Dissertation Rinks *Der theoretische Beitrag A. A. Bogdanovs zur Bestimmung der praktisch-gesellschaftlichen und formationsspezifischen Determination des Erkennens*. Auch Sochor macht Bogdanov stark als Denker eines alternativen Marxismus (vgl. Sochor, Zenovia A.: Was Bogdanov Russia's Answer to Gramsci? In: Studies in Soviet Thought 22. Jg. (1981) H. 1. S. 59-81); vgl. auch das Bogdanov-Sonderheft der *Russian Review* (49. Jg. (1990) H. 3, u. a. mit Beiträgen von Biggart, Kelly, Sochor, Walicki).

[64] Vgl. Hedeler: Organisationswissenschaft statt Marxismus, S. 26.

[65] Vgl. u. a. Neizvestnyj Bogdanov. Hrsg. von Gennadij A. Bordjugov. Moskau 1995; Bogdanov: Voprosy socializma. Unter dem Titel *Alexander Bogdanov Library* wurde 2013 im Brill-Verlag auch eine englische zehnbändige Werkausgabe unter der Leitung von John Biggart begonnen (www.bogdanovlibrary.org).

[66] Vgl. Soboleva: Aleksandr Bogdanov und der philosophische Diskurs in Russland.

[67] Vgl. Plaggenborg, Stefan/ Soboleva, Maja (Hrsg.): Alexander Bogdanov. Theoretiker für das 20. Jahrhundert. München 2008 (Soboleva sieht Bogdanovs Organisationslehre als „avantgardistisches Modernisierungsprojekt"); Biggart, John/ u. a. (Hrsg.): Alexander Bogdanov and the Origins of Systems Thinking in Russia. Aldershot u. a. 1998; Oittinen, Vesa (Hrsg.): Aleksandr Bogdanov revisited. Helsinki 2009.

Bogdanow-Institut gegründet. Es widmet sich der historischen Aufarbeitung des Werks Bogdanows und versteht sich als interdisziplinäres Forschungsinstitut, das Bogdanows Organisationslehre fortführt.[68]

Außerhalb Rußlands wurde Bogdanow zunächst vor allem als Theoretiker einer proletarischen Kulturrevolution rezipiert. In Deutschland erfolgte die erste Rezeption in den 1920er Jahren, sie war von den linkssozialistischen, kulturrevolutionären Kreisen wie dem um Franz Pfemfert (1879-1954) und seine Zeitschrift *Die Aktion* getragen. Diese brachten Bogdanows Schriften zur proletarischen Kultur und Wissenschaft als Programmtexte für „Weg und Ziel" des Sozialismus heraus.[69] Pfemfert stellte Bogdanows kulturrevolutionären Ansatz gegen die Gefahr einer „Verflachung" und „Verbürgerlichung" des Sozialismus zum „Reformsystem". Im Vorwort zu *Die Wissenschaft und die Arbeiterklasse* schreibt er:

> „Bogdanows Werk ist sehr wichtig. Es zeigt nicht nur Weg und Ziel [...], es gibt mehr: die Sicherheit und Gewißheit, daß die proletarische Weltanschauung die rettende Idee für die Menschheit ist."[70]

Daneben erschienen auch seine organisationswissenschaftlichen Arbeiten[71] sowie 1923 die erste Übersetzung seiner Utopie *Der rote Stern*. Die zweite Rezeptionswelle setzte Anfang der 1970er Jahre unter der westdeutschen Linken ein. Sie war ebenfalls auf Bogdanow als Theoretiker des Proletkults gerichtet.[72] Die Beschäftigung mit Bogdanow und dem Proletkult erfolgte anfänglich pri-

---

[68] Vgl. dessen Homepage www.bogdinst.ru.

[69] Vgl. Bogdanoff, Alexander Die Kunst und das Proletariat. Leipzig u. a. 1919; ders.: Die Wissenschaft und die Arbeiterklasse. Berlin 1920; ders.: Was ist proletarische Dichtung? Berlin 1920.

[70] Bogdanow: Die Wissenschaft und die Arbeiterklasse, S. 3.

[71] Vgl. Bogdanow, Alexander: Die Entwicklungsformen der Gesellschaft und die Wissenschaft. Berlin 1924; ders.: Allgemeine Organisationslehre; ders.: Um die allgemeine Organisationslehre. In: Weltwirtschaftliches Archiv 26. Bd. (1927 II), Literatur. S. 24**-27**; Plenge, Johann: Um die allgemeine Organisationslehre. In: Weltwirtschaftliches Archiv 25. Bd. (1927 I), Literatur. S. 18**-29**; Geck, L. H. Ad.: Rezension zu A. Bogdanows *Allgemeine Organisationslehre. Tektologie*, Bd. 1. In: Jahrbücher für Nationalökonomie und Statistik 126. Bd. (1927 I) S. 845-848.

[72] Vgl. Anm. 23; Gorzka, Gabriele: Bogdanov und der russische Proletkult. Frankfurt a. M. u. a. 1980; Lüscher, Rudolf: Bogdanovs Gesellschaftslehre. In: Ästhetik und Kommunikation 3. Jg. (1972) H. 7. S. 72-79; Mänicke-Gyöngyösi, Krisztina: „Proletarische Wissenschaft" und „sozialistische Menschheitsreligion" als Modelle proletarischer Kultur. Berlin 1982; sowie die Arbeiten Erlers, Gorsens und Knödler-Buntes.

mär als theoretische und politische Selbstverständigung: Sie zielte auf die Suche nach Anknüpfungspunkten für eine emanzipatorische, gegenkulturelle Praxis. Es ging um die „Wiedergewinnung einer revolutionären Theorie und Praxis".[73] Den zweiten Schwerpunkt der Forschung zu Bogdanow bildete der politische und philosophische Konflikt mit Lenin. Er wurde als Teil der ideologischen Kämpfe in der russischen Sozialdemokratie rekonstruiert.[74] Grille brachte das mit dem Titel seiner Arbeit auf die Formel von Bogdanow als „Lenins Rivale".

Diese beiden Perspektiven, Bogdanow als Theoretiker des Proletkults und die parteipolitische Gegnerschaft zu Lenin, dominierten bis Ende der 1980er Jahre den Blick auf Bogdanow. Die Betrachtung der Philosophie Bogdanows blieb dem gegenüber marginal. Sie richtete sich vor allem auf seinen Empiriomonismus als Versuch, den Marxismus erkenntnistheoretisch zu erneuern.[75] Erst in den 1990er Jahren setzte ein Perspektivwechsel ein, in dessen Folge Bogdanow jenseits des Marxismus als Philosoph in den Blick genommen wird.

Auch die utopiegeschichtliche Erfassung der Utopien Bogdanows blieb lange Zeit hinter ihrer Bedeutung zurück. In Voßkamps *Utopieforschung* werden sie nur beiläufig erwähnt. Selbst Heller und Niqueux gehen in ihrer *Geschichte der Utopie in Rußland* nur kurz auf sie ein. Die utopiegeschichtliche Forschung

---

[73] Gorsen/ Knödler-Bunte: Proletkult 1, S. 9. Symptomatisch für die über die Bogdanov-Rezeption geführten Kämpfe zur eigenen Positionierung ist Lücks Aufsatz *Aleksandr Bogdanov zwischen Revolution und Illusion* (in: Quarber Merkur 32 10. Jg. (1972) H. 4. S. 24-30). Lück, der sich ganz auf die leninistische Linie stellt, wirft Maschke, der das Vorwort zur Neuauflage von *Der rote Stern* schrieb, vor, er „verharmlose" den „plattesten Revisionismus" Bogdanovs. Vgl. zur Einschätzung der zweiten Rezeption auch Rink: Der theoretische Beitrag A. A. Bogdanovs, S. 138f.

[74] Vgl. Ballestrem, Karl G.: Lenin and Bogdanov. In: Studies in Soviet Thought 9. Jg. (1969) H. 4. S. 283-310; Grille: Lenins Rivale; Haupt/ Scherrer: Gor'kij, Bogdanov, Lenin; Scherrer: Les écoles du parti de Capri et de Bologne; dies.: Russischer Sozialismus und russische Utopie; dies.: Der „alternative Bolschewismus" ; Sochor, Zenovia A.: Revolution and Culture. The Bogdanov-Lenin Controversy. Ithaca u. a. 1988; Williams, Robert C.: The other Bolsheviks. Lenin and His Critics, 1904-1914. Bloomington u. a. 1986; Yassour, Avraham: Lenin and Bogdanov: Protagonists in the ‚Bolshevik Center'. In: Studies in Soviet Thought 22. Jg. (1981) H. 1. S. 1-32; White, James D.: Alexander Bogdanov's Conception of Proletarian Culture. In: Revolutionary Russia 26. Jg. (2013) H. 1. S. 52-70; dazu auch Hedeler: Organisationswissenschaft und Marxismus; Rink: Der theoretische Beitrag A. A. Bogdanovs.

[75] Vgl. u. a. Jensen, Kenneth Martin: Beyond Marx and Mach. Aleksandr Bogdanov's Philosophy of Living Experience. Dordrecht u. a. 1978; Kolakowski: Die Hauptströmungen des Marxismus, Bd. 2, S. 483ff.; Utechin: Philosophie und Gesellschaft. Alexander Bogdanov; Wetter: Der Empiriomonismus Bogdanovs.

zu ihnen setzte im wesentlichen Maße in den 1980er Jahren ein. Sie erfolgte vor allem mit den Übersetzungen der Utopien – beziehungsweise Neuauflagen der früheren Übersetzung – sowie durch Saage.[76]

Die Utopien *Der rote Stern* und *Ingenieur Menni*

Der rote Stern, Bogdanows erster utopischer Roman, entstand 1907 im finnischen Exil und erschien Ende des Jahres[77] in St. Petersburg in einer Auflage von 5.000 Exemplaren. Bogdanow verarbeitete in ihm die Erfahrungen der Revolution von 1905. Er gab in ihm nicht nur ein Bild der sozialistischen Zukunft Der Roman sollte angesichts der Krisenzeit revolutionären Optimismus vermitteln. Am Ende, als der Erzähler die Revolution von 1905 analysiert, heißt es:

„Selbst ich [...] sah deutlich, daß die Revolution fortgeführt werden mußte. [...] Eine neue Welle der Revolution war unausbleiblich und nicht fern." (Planet, 144)

Die Anziehungskraft von *Der rote Stern* lag nicht zuletzt darin, daß Bogdanow die Revolution mit einem konkreten Bild der künftigen sozialistischen Lebens-

---

[76] Vgl. Saage, Richard: Wider das marxistische Bilderverbot. Bogdanows utopische Romane *Der rote Planet* (1907) und *Ingenieur Menni* (1912). In. UTOPIE kreativ 11. Jg. (2000) H. 112. S. 165-177; ders.: Utopische Profile, Bd. 4, S. 51ff.; ders.: Politische Utopien der Neuzeit, S. 234ff.; ders.: Utopieforschung, S. 110ff.; ders.: Utopie und Staatsästhetik; Graham, Loren R.: Bogdanov's Inner Message. In: Bogdanov, Alexander: Red Star. Bloomington 1984. S. 241-253; Maschke, Günter: Der Roman der Technokratie. In: Bogdanov, Alexander A.: Der rote Stern. Darmstadt u. a. 1982. S. 172-181; ders.: Bogdanovs Warnung; Rollberg: Nachwort; Rullkötter, Bernd: Bogdanov – Politiker und Phantast. In: Bogdanov, Aleksandr A.: Krasnaja zvezda/ Inžener Menni. Hamburg 1979. S. I-XVIII; Stites: Fantasy and Revolution; sowie Adams: *Red Star*. Another Look at Aleksandr Bogdanov; Hedeler, Wladislaw: Alexander Bogdanows Mars-Romane als kommunistische Utopie. In: Berliner Debatte Initial 16. Jg. (2005) H. 1. S. 29-42; ders.: Die gesellschaftliche Utopie in den Romanen Aleksandr Bogdanovs. In: Oittinen, Vesa (Hrsg.): Aleksandr Bogdanov revisited. Helsinki 2009. S. 235-258; ders.: Alexander Bogdanows Utopie einer kommunistischen Gesellschaft. In: Vielfalt sozialistischen Denkens; 5. Berlin 1999. S. 24-46; ders.: Alexander Bogdanov als Utopier; Jensen, Kenneth Martin: Red Star: Bogdanov Builds a Utopia. In: Studies in Soviet Thought 23. Jg. (1982) H. 1. S. 1-34; Kluge, Rolf-Dieter: Alexander A. Bogdanow (Malinowskij) als Science-Fiction-Autor. In: Kasack, Wolfgang (Hrsg.): Science-Fiction in Osteuropa. Berlin 1984. S. 26-37; Rullkötter: Die Wissenschaftliche Phantastik der Sowjetunion, S. 69ff.

[77] In der Erstausgabe ist das Erscheinungsjahr vordatiert auf 1908; ebenso bei *Ingenieur Menni* auf 1913.

und Arbeitsweise und neuer menschlicher Beziehungen sowie der plastischen Beschreibung der zukünftigen Entwicklung von Wissenschaft und Technik, einschließlich der Eroberung des Kosmos, verknüpft. Das traf offenkundig den Nerv der Leser. Die Utopie wurde, wie die späteren Rezensionen zeigen, als Agitationsschrift für die Revolution und als Bild der Zukunft gelesen.

> „Es war im November 1907, als *Der rote Stern* erschien: Die Reaktion war schon in all ihre Rechte eingetreten, aber für uns einfache Arbeiter des Bolschewismus waren die Hoffnungen auf eine nahe Erneuerung der Revolution nicht im geringsten erstorben, und gerade eine solche Schwalbe sahen wir in diesem Roman."[78]

Der zweite utopische Roman, *Ingenieur Menni*, erschien 1912. Bogdanow wollte ihn in Fortsetzung in der *Prawda* veröffentlichen. Doch die Redaktion lehnte ihn nach einigem Zögern ab; vermutlich auf Druck Lenins. *Ingenieur Menni* steht in der Nachfolge der Aufklärungsarbeit der Parteischulen und der *Vpered*-Gruppe. Bogdanow gibt in ihm in literarischer Form eine populäre Darstellung seiner Organisationslehre und seines Konzepts einer proletarischen Kultur und Wissenschaft und wie diese als Instrumente der Revolution wirken sollten. Er veranschaulicht, wie die „bürgerlich-individualistische" Kultur durch die „proletarisch-kollektivistische" Weltanschauung abgelöst wird. Er erlangte jedoch nicht die Popularität wie *Der rote Stern*; vielfach wurde er als trocken und schematisch kritisiert.[79] In den 1920er Jahren wurde beiden Utopien mitunter auch vorgeworfen, daß sie zu sehr auf eine „progressive Technokratie" der technischen Intelligenzija aus Ingenieuren und Wissenschaftlern gerichtet seien und ihr gegenüber die „schöpferische Rolle" des Proletariats zu kurz komme. Gleichwohl wirkten sie für die postrevolutionäre Science Fiction musterbildend und galt Bogdanow später als Begründer der sowjetischen Science Fiction.

Nach 1917 kamen beide utopische Romane in mehreren Neuauflagen heraus. Bis 1925 erschienen sieben Auflagen von *Der rote Stern* und sechs von *Ingenieur Menni*,[80] in einer weiteren Ausgabe erschienen sie 1929 als Beilage der Zeitschrift *Wokrug Sweta*[81] in einer Auflage von 120.000 Exemplaren. Die

---

[78] Dolnykov: A. Bogdanov *Krasnaja zvezda* i *Inžener Mènni*, S. 33. Vgl. zu den Reaktionen auch die Anmerkungen in Bogdanov: Voprosy socializma, S. 468ff.

[79] Vgl. die Anmerkungen in Bogdanov: Voprosy socializma, S. 469.

[80] Vgl. die Angaben in Biggart/ u. a. (Hrsg.): Bogdanov and His Work.

[81] Die 1861 gegründete Zeitschrift wurde, nachdem sie 1917 vorübergehend eingestellt worden war, ab 1927 vom Komsomol neu herausgegeben als „Zeitschrift für Reisen,

Neuauflagen ermöglichten die Rezeption über die alte Revolutionsgeneration hinaus. Die beiden Utopien erreichten jetzt ein Massenpublikum, vor allem unter der Jugend. 1920 wurde von einem Proletkult-Theater *Der rote Stern* auch als Theaterstück aufgeführt. Die Ausgabe von 1929 war in der Sowjetunion jedoch vorerst die letzte gewesen. Wie Bogdanows andere Schriften wurden in den folgenden Jahrzehnten auch seine Utopien nicht mehr aufgelegt. Erst im Zuge der Wiederentdeckung Bogdanows in den 1980er Jahren brachte man sie wieder heraus. Das Interesse konzentrierte sich dabei auf *Der rote Stern*. Er erschien ab 1979 in mehreren Anthologien zur russischen Phantastik sowie in Einzelausgaben.[82] *Ingenieur Menni* wurde hingegen bislang nur im Bogdanow-Sammelband *Fragen des Sozialismus* neu veröffentlicht[83] sowie im Internet.

Die erste deutsche Übersetzung von *Der rote Stern* erschien 1923 im Verlag der Jugendinternationale als erster Band der Internationalen Jugendbücherei, übersetzt von Hermynia zur Mühlen.[84] 1984 kam in der DDR eine Neuübersetzung heraus und 1989 – als Doppelausgabe mit *Der rote Stern* – eine Übersetzung von *Ingenieur Menni*; sie stehen im Kontext der Wiederentdeckung Bogdanows in den 1980er Jahren.[85]

Die beiden utopischen Romane sind inhaltlich und auf der Ebene der Form miteinander verbunden. Sie beschreiben beide eine sozialistische Gesellschaft auf dem Mars. Formal beruhen sie auf dem Prinzip der Manuskriptfiktion. Die Utopie im engeren Sinn, die Darstellung der Idealgesellschaft, bildet jeweils eine Binnenhandlung, die in Form eines Manuskripts des Erzählers präsentiert wird: in *Der rote Stern* als Bericht des Erzählers über seinen Aufenthalt auf dem Mars, in *Ingenieur Menni* als Übersetzung eines historischen Romans aus der

---

Entdeckungen, Erfindungen, Abenteuer" (ab 1930: Zeitschrift für beschreibende Literatur, revolutionäre Romantik, wissenschaftliche Phantastik, Reisen und Entdeckungen). In ihr schrieben viele bekannte SF-Autoren wie Vladimir A. Obručev und Ivan A. Efremov.

[82] Die erste Anthologie mit *Der rote Stern* ist Kalmykov, S. (Hrsg.): Večnoe solnce. Moskau 1979; zu den weiteren Anthologien vgl. www.fantlab.ru/work69320

[83] Bogdanov: Voprosy socializma, S. 204-283.

[84] Vgl. Bogdanoff, Alexander: Der rote Stern. Berlin 1923; Neuauflage 1972 im Makol-Verlag, 1974 bei Heyne, 1982 bei Luchterhand und 2010f. im Europäischen Hochschulverlag (2011 in korrigierter Übersetzung).

[85] Weitere Übersetzungen u. a. lettisch 1908 (*Sarkana Zvaigzne*), englisch 1982 (*Red Star*) und 1984 (*Red Star/ Engineer Menni*; Neuauflage 2007), französisch 1985 (*L'étoile rouge/ L'ingénieur Menni*), italienisch 1988 (*La stella rossa/ L'ingegnere Menni*; Neuauflage 2009). 1929 erschien auch eine Esperanto-Ausgabe (*Ruĝa stelo*).

Zeit des Übergangs zum Sozialismus auf dem Mars. Der Ich-Erzähler ist in beiden Utopien ein russischer Revolutionär namens Leonid. Die Rahmenhandlung des zweiten utopischen Romans setzt die des ersten fort, die utopische Binnenhandlung liegt jedoch zeitlich davor. In *Der rote Stern* wird die vollendete sozialistische Marsgesellschaft beschrieben, *Ingenieur Menni* erzählt deren Vorgeschichte, den Übergang zum Sozialismus. Formal sind sie Raumutopien, inhaltlich jedoch Zeitutopien. Die sozialistische Gesellschaft auf dem Mars existiert zwar räumlich parallel zur Gesellschaft auf der Erde, wird aber als deren vorweggenommenes geschichtliches Entwicklungsziel charakterisiert.

Die Figuren und Orte der Rahmenhandlung enthalten autobiographische Anspielungen. In dem Erzähler sowie der Figur des Dr. Werner, dem Leiter einer Nervenklinik, porträtiert Bogdanow sich selbst. Der Erzähler ist wie Bogdanow Naturwissenschaftler und führendes Parteimitglied. Werner war eines der Pseudonyme Bogdanows und die Nervenklinik spielt auf seine Arbeit in einer psychiatrischen Klinik während der Verbannung in Wologda an. Auch die Figur der ersten Lebensgefährtin des Erzählers, Anna Nikolajewna, enthält autobiographische Züge. Sie ist wie Bogdanows Frau Natalja Korsak mehrere Jahre älter und ebenfalls in der revolutionären Arbeit aktiv, auch ihr Weg zur Partei ist dem Natalja Korsaks nachempfunden.[86]

Der rote Stern

Die Rahmenhandlung der ersten Utopie setzt zum Beginn der Revolution 1905 ein. Der Erzähler Leonid wird von dem Marsmenschen Menni – Leonid hält diesen anfänglich für einen Parteigenossen – zum Erfahrungsaustausch auf den Mars eingeladen. Dieser ist in seiner Entwicklung weiter als die Erde: Auf dem Mars ist schon der Sozialismus verwirklicht.

> „Sie sollen als lebendes Verbindungsglied zwischen unserer Gesellschaft und der irdischen Menschheit dienen, sollen unsere Lebensweise kennenlernen und die Marsmenschen näher über das Leben auf der Erde informieren, Sie sollen der Vertreter Ihres Planeten auf dem Mars sein […]." (Planet, 21)

Der Aufbau des Berichts folgt dem klassischen Utopiemuster. Der erste Teil schildert die Reise und die Ankunft auf dem Mars. Im zweiten Teil werden die Verhältnisse der utopischen Marsgesellschaft dargestellt. Ausführlich werden

---

[86] Vgl. zu den autobiographischen Bezügen Novoselov, Vitalij I.: Marsiane iz-pod Volodgy. Volodga 1994.

die einzelnen Bereiche der Gesellschaft beschrieben: die Produktion und Distribution, die Organisation der Arbeit, der Fortschritt von Wissenschaft und Technik, die politische Lenkung der Gesellschaft, die neuen Formen der menschlichen Beziehungen, das Erziehungswesen, die Kunst, die Städte und ihre Architektur. Die Marsgesellschaft überfordert jedoch den Erzähler. Die „Unmenge fremder Eindrücke", die sein „Bewußtsein überfluteten", führen zum Kulturschock; er erleidet einen psychischen Zusammenbruch. Nach seiner Genesung versucht er erneut, sich in das Leben auf dem Mars einzugliedern. Er beginnt, in einem Textilkombinat zu arbeiten. Bei der Arbeit gerät er jedoch immer wieder an seine Grenzen. Die Diskrepanz zwischen der höher entwickelten, kollektiven Kultur der Marsgesellschaft und ihm ist zu groß. Er sei, so seine Analyse, noch in seinem irdischen Individualismus befangen.

In der folgenden Zeit versucht Leonid, sich über die Vorgeschichte und Umstände der Mars-Expeditionen zur Erde zu informieren. Er stößt in der Bibliothek auf die Protokolle einer Tagung, bei der das Problem der Überbevölkerung auf dem Mars diskutiert wurde. Man entschied, einen anderen Planeten zu kolonisieren, um dessen Ressourcen für den Mars zu erschließen. Zwei Vorschläge standen zur Wahl: die Kolonisierung der Erde oder der Venus. Der Chefastronom Sterni plädierte dafür, die Erde zu kolonisieren; sie biete die besten Voraussetzungen. Man müsse allerdings die dortige irdische Menschheit vernichten. Diese sei durch ihren barbarischen Nationalismus so deformiert und liege in ihrer gesellschaftlichen Entwicklung so weit zurück, daß für sie auch bei Hilfe durch die Marsgesellschaft ein Sieg des Sozialismus zu erwarten sei.

> „Ich spreche vom Ausmerzen der gesamten Menschheit [...]. Höheres Leben darf nie für niederes geopfert werden. Unter den Erdenmenschen finden sich nicht einmal ein paar Millionen, die bewußt nach einer wahrhaft menschlichen Lebensform streben. [...] Das Leben im Universum ist ein einheitliches Ganzes. Und für dieses Leben wird es kein Verlust, sondern eine Errungenschaft sein, wenn sich auf der Erde anstelle eines noch fernen halbbarbarischen Sozialismus bald *unser* Sozialismus entfalten wird, ein unvergleichlich harmonischeres Leben [...]." (Planet, 123f.)

Die Ärztin Netti – sie war an der Expedition auf die Erde beteiligt, hatte Leonid nach seinem Zusammenbruch behandelt und ist mittlerweile seine Lebensgefährtin – widersprach Sterni. Auch wenn die irdische Menschheit noch einen barbarischen Charakter habe, gerade in ihrer Andersartigkeit und Vitalität liege die Chance auf eine neue, höhere Harmonie. Sie überzeugte das Gremium, daß es ein „Verbrechen an der Zukunft" wäre, die Menschheit auf der Erde zu vernichten. In der Folge entschloß man sich für eine Kolonie auf der Venus.

Unter dem Eindruck der Protokolle bricht Leonids psychische Verwirrung wieder auf. Er sucht Sterni auf und erschlägt ihn. Das ist das Ende seines Marsaufenthalts. Er wird zur Erde zurückgeflogen und dort in eine Nervenklinik gebracht, deren Chefarzt Dr. Werner ein Parteigenosse Leonids ist. Während des Klinikaufenthaltes schreibt er seine Marserlebnisse auf. Am Ende seiner Genesung bricht in Rußland erneut die Revolution aus. Leonid verläßt die Klinik, um sich ihr anzuschließen. In den Kämpfen wird er verwundet und von Genossen zurück in die Klinik gebracht. Hier wird er von Netti aufgesucht und auf den Mars zurückholt. Seine Aufzeichnungen läßt er Dr. Werner zurück, mit der Bitte, sie zu veröffentlichen.

Ingenieur Menni

Die Rahmenhandlung von *Ingenieur Menni* setzt an dem Punkt ein, an dem *Der rote Stern* endet. Nach der Rückkehr auf den Mars wird dem Erzähler die Rolle eines Mittlers zwischen der irdischen Menschheit und der Marszivilisation übertragen. Die „Marsianische Gesellschaft für Kolonisation" gründete „eine spezielle Gruppe zur Verbreitung der Neuen Kultur auf der Erde". In ihrem Auftrag übersetzt Leonid einen historischen Roman über die Epoche des Übergangs zum Sozialismus auf dem Mars, der die ökonomische Entwicklung, den politischen Wandel und die revolutionäre Arbeiterbewegung in der Zeit beschreibt. Der Roman soll für das Proletariat auf der Erde als Anschauung und Hilfestellung beim Kampf um den Sozialismus dienen.

> „Er spielt in einer Epoche, die ungefähr dem jetzigen Stand der Erdenzivilisation entspricht: den letzten Phasen des Kapitalismus. Es werden Typen und Beziehungen dargestellt, die den unseren verwandt sind und deshalb einigermaßen verständlich für den Erdenleser." (Menni, 159)

Vorangestellt ist dem Roman ein Abriß der Geschichte der Marszivilisation sowie der Geographie und Natur des Mars. Der Roman selbst beginnt in der Spätphase des Kapitalismus und beschreibt den Übergang zum Sozialismus als evolutionären, gleichmäßig und friedlich verlaufenden Prozeß zunehmender rationaler Organisation, Harmonisierung und Vereinheitlichung der Gesellschaft im Sinne von Bogdanows Organisationslehre. Schon zuvor, während des Kapitalismus, war der Mars zu einer Föderativen Republik vereinigt worden mit einheitlicher Sprache und Kultur. Um die Wüstengebiete auf dem Mars zu erschließen, schlägt der Ingenieur Menni den Bau eines globalen Systems von Bewässerungskanälen vor.[87] Zugleich soll der Kanalbau als gigantisches Konjunkturprogramm wirken, das einer drohenden Wirtschaftskrise vorbeugt. Die Größe des Projektes erfordert die Nationalisierung des Bodens. Nach einiger Zeit kommt es zum Putsch des Finanzkapitals und der Industriesyndikate, die das Kanalprojekt unter ihre Kontrolle bringen wollen. Sie nutzen dafür einen Generalstreik der Kanalarbeiter aus. Menni stellt sich dem entgegen und ersticht seinen Stellvertreter, der einer der Organisatoren des Putschs ist. Der Putsch läßt sich jedoch nicht mehr verhindern. Die Vertreter des Finanzkapitals und der Industriesyndikate übernehmen die Regierung, der Streik wird niedergeschlagen, die Gewerkschaften werden zerschlagen und Menni wird zu fünfzehn Jahren Gefängnis verurteilt. In der Folgezeit geht das Kanalprojekt aufgrund von Korruption, Mißwirtschaft und Fehlplanungen nur stockend voran. Nach zwölf Jahren kommt es erneut zum Generalstreik. Die Gewerkschaften decken die Hintergründe des damaligen Putschs und die Korruption beim Kanalbau auf. Sie fordern die Verbesserung der Situation der Arbeiter sowie die Rehabilitierung Mennis und seine Wiedereinsetzung als Leiter des Kanalprojekts. Die Regierung muß zurücktreten. Menni bleibt zwar im Gefängnis – er verweigert eine Revision seines Verfahrens –, übernimmt aber wieder die Leitung des Projekts. Sein neuer Stellvertreter wird der Ingenieur und Gewerkschaftsvertreter Netti, der, wie sich wenig später herausstellt, sein Sohn ist. In den Gesprächen zwischen ihnen über die Rolle der Gewerkschaften, das Proletariat und die Entwicklung der Gesellschaft gibt Bogdanow einen Grundkurs in Marxismus sowie seiner Kultur- und Ideologietheorie.[88] Im Ergebnis der Gespräche mit Netti re-

---

[87] Die Marskanäle waren in der Science Fiction um die Jahrhundertwende ein verbreitetes Motiv, bspw. in Percy Greggs *Across the Zodiac* (1880), Kurd Laßwitz' *Auf zwei Planeten* (1897) und Leonid B. Afanas'evs *Putešestvie na Mars* (1901). Der italienische Astronomen Giovanni Schiaparelli (1835-1910) – er wird in *Ingenieur Menni* auch erwähnt (Menni, 165) – hatte Ende der 1870er Jahre auf dem Mars vermeintlich linienförmige Muster entdeckt. Er vermutete, es seien ehemalige Wasserläufe und bezeichnete sie als *canali*. In der englischen Übersetzung wurden sie als *cannels* bezeichnet, was die Vorstellung von künstlich angelegten Wasserstraßen weckt. Das inspirierte Spekulationen über eine Marszivilisation, die die Kanäle gebaut habe.

[88] Von der Form her erinnern die Gespräche an das Frage-Antwort-Muster der Lehrbücher Bogdanovs. Bogdanov verwendet dabei, wie Ščerbatov, die Form des Anagramms als Mittel der versteckten Anspielung: Marx wird im Roman als der „berühmte Ksarma, [...] der klügste und weitsichtigste Ökonom unserer Zeit" bezeichnet (Menni, 170f.).

flektiert Menni seine Lage als Vertreter einer untergehenden Klasse. Er will nicht zum „Vampir" der reaktionären Kräfte werden, der die Kräfte des Neuen, des Proletariats und des Sozialismus, lähmt.[89] Am Tag der Entlassung aus dem Gefängnis begeht er daher Selbstmord. In der Folgezeit wird das Kanalprojekt von Netti vollendet. Das Proletariat erobert Schritt für Schritt die politische Macht und Netti entwickelt, um die Wissenschaft so zu reformieren, daß sie für Arbeiter zugänglich wird, die Allgemeine Organisationslehre – Bogdanow begründet ihre kulturrevolutionäre Bedeutung fast wortgleich, wie in seinen Proletkult-Texten,[90] selbst das Projekt einer Arbeiter-Enzyklopädie wird angeführt (Menni, 287). Auf Basis der Organisationslehre erfolgt der endgültige Übergang zum Sozialismus.

> Durch die Organisationslehre „gelang es später, als die Epoche der grundlegenden Reformierung der gesamten Gesellschaftsordnung anbrach, die gewaltigen Schwierigkeiten zu überwinden. So wie die Naturwissenschaft früher zur Waffe der wissenschaftlichen Technik wurde, stellte die universelle Wissenschaft jetzt eine Waffe beim wissenschaftlichen Aufbau des sozialen Lebens in seiner Gesamtheit dar. Noch früher aber hatte diese Wissenschaft schon breite Anwendung bei der Entwicklung der Arbeiterorganisation und ihrer Vorbereitung auf den letzten, entscheidenden Kampf gefunden." (Menni, 288)

Bogdanows dritte Utopie

Laut Graham und Stites plante Bogdanow nach der Oktoberrevolution 1917 eine weitere Utopie als Fortsetzung zu *Der rote Stern* und *Ingenieur Menni*.[91] Graham und Stites sehen als inhaltliche Skizze dafür das 1920 verfaßte Gedicht *Ein Marsianer, gestrandet auf der Erde* (*Marsianin, zabrošennyj na Zemlju*), das der Ausgabe von *Der rote Stern* von 1924 als Anhang beigefügt war.[92] Der Inhalt des Gedichtes ist: Ein Raumschiff des Mars stürzt bei der Landung auf der Erde ab und nur einer der Marsianer überlebt. Es gibt für diesen keine Möglichkeit, zum Mars zurückzukehren, er muß sich dem Leben auf der Erde an-

---

[89] Vgl. zu Bogdanovs ‚Vampirtheorie' das Kapitel *Die Legende von den Vampiren* (Menni, 255ff.). Dessen Stellung im Roman ist in Analogie zu Dostoevskijs *Legende vom Großinquisitor* in *Die Brüder Karamasow* zu sehen.

[90] Vgl. bspw. Bogdanow: Die Wissenschaft und die Arbeiterklasse.

[91] Vgl. Graham: Bogdanov's Inner Message, S. 251f.; ebenso Hedeler: Alexander Bogdanov als Utopier, S. 149f.; Šušpanov, Arkadij: Literaturnoe tvorčestvo A. A. Bogdanova i utopičeskij roman 1920-ch godov. Ivanovo 2001.

[92] Vgl. die englische Übersetzung in Bogdanov: Red Star, S. 235ff.

schließen. Aus der Sicht der weiterentwickelten sozialistischen Marszivilisation erscheinen ihm die Verhältnisse auf der Erde grausam und von rücksichtslosem Egoismus. Das Leben auf der Erde ist für ihn wie die Hölle. Seine Klage greift Sternis Prognose aus *Der rote Stern* über die Perspektiven des Sozialismus auf der Erde auf. Die Hoffnung des Marsianer ist zwar, daß irgendwann auch die irdische Menschheit den Weg zu einem harmonischen Sozialismus wie auf dem Mars findet. Doch angesichts der gegenwärtigen Verhältnisse verzweifelt er. Der Glaube an den Sieg des Sozialismus auf der Erde am Ende des Gedichts ist ungewiß und von tiefer Resignation geprägt.

Graham sieht das Gedicht und die geplante Fortsetzung der Utopien im Kontext von Bogdanows Kritik der Oktoberrevolution und des Kriegskommunismus. Bogdanow habe sich in dem gestrandeten Marsianer selbst porträtiert. Die auf dem Gedicht aufbauende dritte Utopie hätte vermutlich einen dystopischen Charakter gehabt oder zumindest einen sehr resignativen. Für die Annahme einer dritten Utopie spricht allerdings nicht viel. Sie stützt sich im Grunde nur auf das Gedicht. Sollte Bogdanow tatsächlich eine Fortsetzung geplant haben, so führte er den Plan jedenfalls nicht aus. Er hielt statt dessen, wie seine Nachworte zu den Ausgaben in den 1920er Jahren zeigen,[93] trotz aller Kritik an der Oktoberrevolution und dem Kriegskommunismus an der positiven Utopie fest und ging nicht wie etwa Samjatin zur Dystopie über.[94]

Agitation für die Revolution und Utopie der Moderne

Bogdanows Utopien beruhen auf seiner Analyse der Revolution von 1905 und seinen philosophischen Theorien, dem Empiriomonismus und der Organisationslehre. Sie dienen der populären Darstellung seiner politischen und philosophischen Ideen sowie der Agitation für die Revolution. Beide Utopien entstanden im Zusammenhang mit Bogdanows philosophischen Hauptwerken: *Der rote Stern* erschien ein Jahr nach Abschluß der *Empiriomonismus*-Bände, *Ingenieur Menni* in der Zeit, als Bogdanow seine Organisationslehre ausarbeitete. Die utopische Marsgesellschaft und die Darstellung ihrer Geschichte bauen auf deren Grundüberlegungen auf. Teilweise werden diese in den Utopien direkt als Theoriereferate präsentiert. Ebenso führte Bogdanow Überlegungen aus den

---

[93] Vgl. Hedeler: Alexander Bogdanov als Utopier, S. 149f.
[94] Auf *Ein Marsianer, gestrandet auf der Erde* als möglichen dritten Teil der Utopien wird daher im folgenden nicht weiter eingegangen.

Utopien in späteren Schriften weiter: Die Vorstellungen aus dem Kapitel *Kinderstadt* etwa griff er in *Die Philosophie der lebendigen Erfahrung* (1911) auf, die Konzeption einer proletarischen Wissenschaft und Kultur setzte sich im Proletkult fort und die Idee der Bluttransfusion als Mittel zur „Steigerung der Lebensfähigkeit" bildete die Grundlage für das 1926 gegründete Institut für Bluttransfusion.

Die Utopien sind eng verknüpft mit den Erfahrungen der Revolution von 1905 und deren Verarbeitung. In *Der rote Stern* gibt Bogdanow am Ende, nach der Rückkehr des Erzählers auf die Erde, eine Analyse der Revolution (Planet, 143ff.). Sie hält die Erwartung aufrecht, daß die Revolution fortgeführt wird.

> „Das Land ging offenbar neuen entscheidenden Schlachten entgegen. [...] Selbst ich [...] sah deutlich, daß die Revolution fortgeführt werden mußte. [...] Eine neue Welle der Revolution war unausbleiblich und nicht fern." (Planet, 144)

Bogdanow charakterisiert die Duma als „Spielzeugparlament". Ihre Einrichtung sei eine „parlamentarische Komödie", die darauf gerichtet sei, die Revolution zu ersticken. Erschreckt vom Auftreten des Proletariats, so Bogdanows Darstellung der Situation, drifte die Bourgeoisie nach rechts. Die Bauern dagegen schließen sich der Revolution und dem Proletariat an. Es herrsche ein „doppelter Terror – von oben und von unten" (Planet, 144). Am Ende steht der Sieg der Revolution.

> „Aber all den Schrecken übertönte ein freudiges Gefühl, ein frohes Wort: Sieg! Es war unser erster Sieg in einer echten großen Schlacht. Aber jedem war klar, daß dieser Sieg die Sache entschieden hatte. [...] Das Schlimmste liegt hinter uns. Der Kampf war lang und schwer, doch der Sieg ist nahe. Der nächste Kampf wird leichter sein." (Planet, 151ff.)

Der revolutionäre Optimismus, den Bogdanow hier vermittelt, spiegelte sich, wie die zitierte Rezension zur Neuauflage der Utopien 1918 zeigt, in der ersten Rezeption. Die zweite Utopie, *Ingenieur Menni*, dagegen fiel 1910 in eine Phase der revolutionären Depression. Die Parteiführung war großteils verbannt oder im Exil. Viele der sympathisierenden Intellektuellen wandten sich von der Revolution und Partei ab. Als Konsequenz aus seiner Analyse des Scheiterns der Revolution hatte Bogdanow mit Lunatscharski und Gorki 1909 die *Vpered*-Gruppe gegründet. *Ingenieur Menni* steht im Kontext von deren Anspruch, durch Aufklärungs- und Agitationsarbeit die Revolution ideologisch vorzubereiten. Bogdanow gab mit ihr einerseits eine geschichtsphilosophische Erläuterung und andererseits eine strategische Anschauung für den Weg zum Sozialismus.

Bogdanow machte sich für die Agitation und für die Popularisierung seiner Theorien nicht von ungefähr die Form der Utopie zu eigen. Science Fiction und Abenteuerromane gehörten zur beliebten Massenlektüre unter den Arbeitern.[95] Über die Form des utopischen Romans mit Science Fiction- und Abenteuermotiven ließen sich, so Bogdanows Überlegung, die Arbeiter besser erreichen als mit traditionellen politischen Agitationsschriften. Der Bezug auf die Utopie greift jedoch über die Nutzung einer populären Form und die Anklänge an die zeitgenössische Science Fiction hinaus. Bogdanows Utopien lassen sich als Vollendung der utopischen Tradition der Moderne lesen.[96] Bogdanows Utopien führen die Zeitdiagnose und Kritik der Sozialutopien des 19. Jahrhunderts fort: die Kritik des industriellen Kapitalismus und dessen sozialer Verhältnisse, der Entfremdung und der Entsolidarisierung sowie die Diagnose der Anarchie der kapitalistischen Produktionsweise, die die vollständige Entfaltung der Produktivkräfte verhindere. Auch übernimmt Bogdanow die zentralen Motive der archistischen Utopietradition: die Abschaffung von Privateigentum und Markt, die zentrale Rolle von Wissenschaft und Technik, der Antiindividualismus und das Primat des Ganzen, das Ideal einer konfliktfreien Gemeinschaft sowie die Symbolisierung der Idealgesellschaft in einer rationalistischen Architektur. In Bogdanows Utopien erfährt die klassische Sozialutopie noch einmal einen Höhepunkt, bevor sie durch den dialektischen Umschlag zur Dystopie radikal in Frage gestellt wird. Im folgenden sollen Bogdanows Utopien in dieser Doppelperspektive von einerseits Zeit- und Werkkontext und andererseits Utopietradition betrachtet werden.

Sozialistische Technokratie

Bogdanows Marsgesellschaft ist ein sozialistischer Weltstaat, der den ganzen Planeten umfaßt, vergleichbar Wells' *A Modern Utopia* (1905); Bogdanow kannte Wells' Utopien. Es gibt keine nationalen und kulturellen Unterschiede mehr wie verschiedene Sprachen, die Marsgesellschaft vereinigte sich im Laufe der Entwicklung zu einer einheitlichen Gesellschaft. Bogdanow beschreibt das als Teil der organisatorischen Höherentwicklung. Einen Staat im eigentlichen Sinne gibt es nicht mehr. Bogdanow zeigt in seiner Utopie keine politischen Institutionen wie Regierung, Wahlen oder Räteversammlung. So wie es bei

---

[95] Vgl. Stites: Fantasy and Revolution, S. 5.
[96] Vgl. Saage: Politische Utopien der Neuzeit, S. 235ff.; ders.: Utopische Profile, Bd. 4, S. 60ff.; ders.: Utopieforschung, S. 112f.

Marx und Engels heißt, ist die „Herrschaft von Menschen über Menschen" durch „die Verwaltung der Sachen" ersetzt. Diese besteht in Bogdanows Utopie in einer Selbstregulierung der Gesellschaft durch die Wissenschaft. Die politischen, ökonomischen etc. Fragen der Marsgesellschaft werden von wissenschaftlichen Expertengruppen entschieden und eine Statistikzentrale organisiert als zentrale Steuerungsinstanz die Verwaltung und Produktion. Die Entscheidungen richten sich danach, wie ein Problem wissenschaftlich und technisch am effizientesten zu lösen sei. Bogdanows Utopie steht damit ganz in der Tradition des Rationalitäts- und Wissenschaftsglaubens der Utopie, wie er auch Tschernyschewskis *Was tun?* prägte.

Bogdanows Marsgesellschaft ist eine Technokratie. Die Entscheidungen werden von einer technokratischen Elite aus Wissenschaftlern getroffen. Diese „entwickelt das sozialistische Modernisierungsprojekt und leitet zugleich dessen Durchführung."[97] Von den Arbeitern ist in *Der rote Stern* dagegen kaum die Rede. Sie kommen letztlich nur als Statisten vor: als anonyme Masse in den Fabriken und als Besucher der Museen. Diese wissenschaftlich-technokratische Elite legitimiert sich politisch nicht durch Wahlen oder Mandat, sondern durch ihre Verfügung über das „Organisationswissen". Die Bedeutung und Führungsrolle, die Bogdanow der wissenschaftlich-technischen Intelligenz zuweist, resultieren aus seiner Tektologie-Konzeption. Nach ihr beruht (Klassen-)Herrschaft primär nicht auf dem Besitz der Produktionsmittel, sondern auf dem Besitz des Organisationswissens, das heißt der Verfügung über Wissenschaft und Technik.

Bogdanow entwirft die technokratische Elite seiner Utopie im Sinne eines aristokratischen Gelehrtenideals. Diese steht utopiegeschichtlich deutlich in der Tradition der Philosophen- und Wissenschaftlerelite Platons und Bacons sowie der Manager und Ingenieure in Saint Simons Technischem Staat. Es heißt zwar, daß auch ein Genie wie Menni die Arbeit des Kollektivs und dessen gesammelten Erfahrungen benötige, aber de facto agieren die wissenschaftlichen Führer wie Menni, Netti, Sterni als charismatische Führungspersönlichkeiten. Bogdanow aktualisiert in ihnen das Rachmetow-Ideal. Er charakterisiert sie als außergewöhnliche, überdurchschnittlich intelligente Menschen. Sie leben wie Rachmetow ganz für die Sache, dem Dienst an der Gesellschaft und verzichten dafür auf privates Glück aus Liebe und Familie. Wie für Rachmetow in *Was tun?* heißt es für Menni, daß Liebe und Familie ihn von seiner Aufgabe ablenken

---

[97] Saage: Politische Utopien der Neuzeit, S. 260.

würden (Planet, 104f.). Bogdanow weist dem Rachmetow-Ideal jedoch eine neue Funktion zu. Er verallgemeinert es und verknüpft es mit Platons Philosophenelite. Bei Tschernyschewski waren die Rachmetows Helden des Übergangs, die den Weg für die Neuen Menschen bereiteten. Bei Bogdanow stellen sie die Elite der zukünftigen sozialistischen Gesellschaft.

Avantgarde der Industrialisierung – Arbeit und Produktion
Bogdanows sozialistische Marsgesellschaft ist eine reine Industriegesellschaft. Der Unterschied zwischen Stadt und Land ist aufgehoben, es gibt nur noch Städte. Landwirtschaft und Bauern im ursprünglichen Sinne kommen nicht mehr vor. Die Landwirtschaft ist zu einem Industriezweig geworden und man arbeitet an ihrer vollständigen Ersetzung durch synthetische Nahrungsmittelproduktion mittels Eiweißsynthese. Der wissenschaftlich-technische Fortschritt spielt eine zentrale Rolle. Die Marsgesellschaft ist der Erde auf allen Gebieten von Wissenschaft und Technik voraus: Man nutzt die Atomenergie, die Produktion ist automatisiert, natürliche Rohstoffe werden durch synthetische ersetzt, die Natur wurde durch ein globales Bewässerungssystem umgestaltet, man ist in der Lage, das Leben zu verlängern, beherrscht die Raumfahrt. Bogdanows Beschreibung der künftigen Technik wurde oft als prognostisch hervorgehoben, insbesondere im Hinblick auf die Nutzung der Atomenergie und die Gefahren ihres Mißbrauchs. Die in der Utopie beschriebenen wissenschaftlich-technischen Möglichkeiten finden sich großteils jedoch schon in der damaligen Science Fiction. Der utopiegeschichtlich interessante Punkt ist, daß sie explizit mit dem Sozialismus verknüpft werden: Bei Bogdanow ist die vollständige Entfaltung des wissenschaftlich-technischen Fortschritts erst im Sozialismus möglich.

Das Privateigentum ist erwartungsgemäß abgeschafft. An die Stelle der Konkurrenz und der „Anarchie" der kapitalistischen Produktionsverhältnisse ist eine staatliche Planwirtschaft getreten. Deren rationale Gesamtorganisation der Wirtschaft ermöglicht eine Produktivitätssteigerung und Überflußproduktion im zuvor unbekannten Maße. Gelenkt wird die Produktion durch eine Statistikzentrale. Diese berechnet jährlich den Bedarf aller Güter und der ermittelte Gesamtbedarf wird mit einem Aufschlag als Plan festgelegt. Nach diesen wird der Bedarf der Arbeitskräfte bestimmt. Ebenso ist es bei Projekten wie dem Bau einer neuen Fabrik oder der Expedition zur Venus. Auf großen Tafeln wird in der Öffentlichkeit ständig der aktuelle Bedarf oder Überschuß an Arbeitsstunden in den jeweiligen Branchen angezeigt. Die Zahlen werden von der Statistikzentrale stündlich aktualisiert. Anhand der Anzeige auf den Tafeln wählen die Arbeiter ihren aktuellen Arbeitsplatz.

> „Sie [die Statistikzentrale] hat überall Agenturen, die den Warenbestand in den Lagern, die Produktivität der Unternehmen und die Zahl der Arbeiter registrieren. Auf diese Weise wird genau festgestellt, wieviel und was für bestimmte Zeit produziert werden soll und wieviel Arbeitsstunden dafür benötigt werden. Dann braucht die Zentrale nur noch den Unterschied zwischen Soll und Haben zu berechnen." (Planet, 61)
> „Mit Hilfe der Tabellen soll auf die Verteilung der Arbeit eingewirkt werden: Jeder kann sehen, wo und in welchem Umfang Arbeitskräfte fehlen. Bei gleicher [...] Neigung zu zwei Beschäftigungen wählt man die aus, wo der Mangel größer ist." (Planet, 60)

Zwangs- und Anreizmittel zur Arbeit wie Arbeitszeiten und Löhne gibt es nicht mehr. Jeder arbeitet freiwillig. Arbeit gilt als „natürliches Bedürfnis".

> „Arbeit ist das natürliche Bedürfnis eines entwickelten, sozial denkenden Menschen, und jede Art maskierten oder offenen Zwangs ist völlig überflüssig." (Planet, 61)

Die Arbeitszeit ist, wie in den klassischen Sozialutopien seit Morus, für den einzelnen auf ein Minimum reduziert. Sie beträgt nur noch zwei Stunden am Tag. Aber alle arbeiten freiwillig mehr. Die Befreiung der Arbeit liegt nicht in der radikalen Verkürzung der Arbeitszeit bis hin zur Abschaffung der Arbeitspflicht – das wird als Übergang vom „Reich der Notwendigkeit" zum „Reich der Freiheit" vorausgesetzt. Die Befreiung der Arbeit besteht darin, daß diese zur Selbstverwirklichung wird. Die Trennung zwischen Arbeit und Freizeit ist in Bogdanows Marsgesellschaft aufgehoben. Alle arbeiten in ihrer ‚Freizeit' freiwillig weiter: an ihrer Arbeitsstelle, in anderen Betrieben, in wissenschaftlichen Projekten, oder sie lernen und bilden sich weiter. Wenn Bogdanow Arbeiter außerhalb der Arbeit beschreibt, sind es Orte wie Laboratorien, Bibliotheken und Museen. Die Freizeit fungiert als Verlängerung der Arbeitswelt und dient der kulturellen Selbstvervollkommnung als Neuer Mensch.

Körperliche Arbeit ist weitgehend abgeschafft. Die Produktion ist vollautomatisiert mit sich selbstregulierenden Maschinen. In der Folge bildete sich ein neuer Typus von Arbeiter heraus. Für diesen ist die Trennung zwischen geistiger und manueller Arbeit – der, wie Bogdanow es bezeichnet, „organisierenden" und „ausführenden" Arbeit – aufgehoben, ebenso die Spezialisierung. Die industrielle Produktion und der wissenschaftlich-technische Fortschritt, so Bogdanow, verwissenschaftliche und vereinheitliche die Arbeit. Die manuelle Ar-

Agitation für die Revolution und Utopie der Moderne 275

beit und die Spezialisierung verlagerten sich in die Maschinen. Im Gegenzug übernehme der Arbeiter „organisierende" Aufgaben. Er wird zum Ingenieur, der als Generalist arbeitet. Die Arbeiter programmieren und überwachen nur noch die automatische, sich selbstregulierende Produktion. Eine Folge der Generalisierung der Arbeit ist deren allgemeine Flexibilität; sie zeigte sich schon in der Beschreibung der Lenkung der Produktion durch die Statistikzentrale. Der einzelne hat keinen festen Beruf mehr. Durch die Vereinheitlichung der Arbeit ist er überall einsetzbar. Er wechselt je nach Bedarf den Arbeitsplatz und arbeitet dort, wo jeweils Arbeitskräfte gebraucht werden. Daß bei der Freiwilligkeit der Arbeitswahl jeder da arbeitet, wo es nötig ist, wird durch die proletarische Kultur garantiert, die das moralische Fundament der Neuen Menschen bildet. Sie wirkt als spezifisch solidarisches Vernunft- und Arbeitsethos.[98]

Bogdanow leitet das Bild der zukünftigen Arbeit zum einen vom Marxismus ab, zum anderen von seiner Organisationslehre. Den Ausgangspunkt bildet Marx' Bestimmung, daß Arbeit in der „kommunistischen Gesellschaft [...] nicht nur Mittel zum Leben, sondern selbst das erste Lebensbedürfnis geworden"[99] sei. Im Sinne einer sozialistischen Anthropologie definiert Bogdanow Arbeit als „natürliches Bedürfnis" (Planet, 61): Erst durch Arbeit verwirkliche sich der Mensch. Ferner ist in Bogdanows Generalisierung und Flexibilisierung der Arbeit unschwer Marx' Bild von der Aufhebung der Teilung der Arbeit und der Entfremdung zu erkennen.

> „[...] während in der kommunistischen Gesellschaft, wo Jeder nicht einen bestimmten ausschließlichen Kreis der Tätigkeit hat, sondern sich in jedem belieben Zweig ausbilden kann, die Gesellschaft die allgemeine Produktion regelt und mir dadurch möglich macht, heute dies, morgen jenes zu tun, morgens zu jagen, nachmittags zu fischen, abends Viehzucht zu treiben, nach dem Essen zu kritisieren [...]."[100]

Bogdanow wendet Marx' Aufhebung der Arbeitsteilung auf die industrielle Arbeitswelt an. Wie bei Marx das Individuum morgens Jäger, mittags Fischer und abends Kritiker ist, so arbeitet in Bogdanows Utopie der einzelne morgens in der Kleiderfabrik, mittags im Chemiekombinat und abends forscht er im La-

---

[98] Vgl. zu Bogdanovs proletarischer Kultur als Arbeitsethos Mänicke-Gyöngyösi: „Proletarische Wissenschaft" und „sozialistische Menschheitsreligion", S. 133ff.
[99] Marx, Karl: Kritik des Gothaer Programms. In: MEW, Bd. 19. Berlin 1962. S. 11-32, S. 21.
[100] Marx, Karl/ Engels, Friedrich: Die deutsche Ideologie. In: MEW, Bd. 3. Berlin 1958, S. 33.

bor. Und aus dem abstrakten Bild einer Gesellschaft, die „die allgemeine Produktion regelt", wird bei Bogdanow das Bild der Statistiktafeln, die die „Aufteilung der gesamten verfügbaren Arbeit" lenken (Planet, 64).

Bogdanows Bild der zukünftigen Arbeitswelt ist neben dem Marxismus aber ebenso von der utopischen Tradition geprägt. In der Beschreibung der Fabriken und der Technik überträgt er das Harmonieideal der klassischen Utopie auf die industrielle Arbeitswelt. Er entwirft für diese eine Ästhetik der Technik: Die Fabriken sind gläserne Paläste – in ihnen zeigt sich die Tradition von Tschernyschewskis Kristallpalast –, die Bewegung der Maschinen wird zum Ballett, der Maschinenlärm zur Melodie. Schmutz, Rauch und Gestank sind verschwunden. Der Zwang und die Last der Arbeit werden durch die Eleganz der Technik aufgehoben. Es ist eine Sinfonie der Arbeit, die den industriellen Fortschritt feiert.

> „Fünf gewaltige Gebäude, kreuzförmig angeordnet, alle von gleicher Bauweise: gläserne Gebäude, auf einigen Dutzend dunkler Säulen ruhend, ebensolche gläserne Platten, abwechselnd durchsichtig und matt, als Wände zwischen den Säulen. [...] ein Netz von Brücken, das von allen Seiten gigantische Maschinen überspannte. Einige Meter darüber sah ich ein zweites, ähnliches Netz, darüber ein drittes, viertes, fünftes; alle bestanden aus gläsernem Parkett [...]. Kein Rauch, kein Ruß, keine Gerüche, kein Staub. In reiner Luft arbeiteten die Maschinen harmonisch [...]. Hebel, riesigen Stahlhänden ähnelnd, bewegten sich gleichmäßig [...]." (Planet, 58)

Wie im Kristallpalast der Weltausstellung verliert die Industrialisierung ihr Elendskleid. Doch das Bild, das Bogdanow hier entwirft, steht für mehr als nur die Humanisierung der Arbeit. Die ästhetisierte Arbeit und Technik symbolisieren die überlegene Rationalität der sozialistischen Produktionsweise. Die ästhetische Ordnung der Arbeit steht in der Tradition des rationalistischen Harmonieideals der klassischen Utopie: Die Arbeitswelt in Bogdanows Utopie ist von Geometrie, Transparenz und der Harmonie des Ganzen bestimmt. Bogdanows Ästhetik der Arbeit und Technik ist jedoch eine Ästhetik der Masse. Das unterscheidet sie von der Staatsästhetik der klassischen Utopie. Sie ist Ausdruck der Rationalität der industriellen Massengesellschaft, so wie es Kracauer in *Das Ornament der Masse* darstellt. Die von Bogdanow entworfene Harmonie der Arbeit und Technik ist „der ästhetische Reflex der [...] erstrebten Rationalität".[101] Ihre Abläufe und Bewegungen sind mathematische Demonstrationen, ihnen gegenüber wird der einzelne zum „Ornament" der Technik, das aus ...

---

[101] Kracauer, Siegfried: Das Ornament der Masse. In: ders.: Schriften, Bd. 5.2. Frankfurt

„Graden und Kreisen [besteht], wie sie in den Lehrbüchern der euklidischen Geometrie sich finden; auch die Elementargebilde der Physik, Wellen und Spiralen, bezieht es mit ein. Verworfen bleiben die Wucherungen organischer Formen und die Ausstrahlungen des seelischen Lebens".[102]

Diese Ästhetik der Arbeit und Technik bildet in Bogdanows Utopie nicht nur den Gegenentwurf zur Anarchie des Kapitalismus. Sie ist ebenso gegen die „blinde Natur" gerichtet. Die Möglichkeit des dialektischen Umschlags der industriellen Rationalität in zerstörerische Irrationalität, wie sie Brjussow in *Die Republik des Südkreuzes* vorführte und wie es Dostojewski gegen Tschernyschewski einwandte, ist für Bogdanow augenscheinlich ausgeschlossen.

Sieg über die Natur – Sozialismus und Naturbeherrschung

Bogdanows Utopie ist eine rückhaltlose Feier des technischen Fortschrittsoptimismus. Sie ist vom Glauben an Wissenschaft und Technik bestimmt. Bogdanow erhebt „den wissenschaftlich-technischen Fortschritt in Gestalt eines unbegrenzten Wirtschaftswachstums [...] zur ‚conditio sine qua non'" seiner Utopie.[103] Wissenschaft und Technik dienen als Vehikel der Emanzipation. Ganz im Geist der klassischen Aufklärung wird ihr Fortschritt gleichgesetzt mit der Entfaltung von Vernunft und Humanität.

Das Ziel des wissenschaftlich-technischen Fortschritts ist bei Bogdanow die Überwindung der „blinden Natur". Wissenschaft und Technik sind auf eine progressive Naturbeherrschung gerichtet. Es geht darum, die Herrschaft des Menschen über die Natur bis an die Grenze des nur Denkbaren voranzutreiben. Das ist das Programm, wie es schon Bacon in *Nova Atlantis* aufstellte und auch den frühsozialistischen Utopien zugrunde lag. Neu ist utopiegeschichtlich jedoch der Totalitätsanspruch, mit dem Bogdanow die Herrschaft über die Natur erklärt. Er beschreibt das Verhältnis zur Natur als Krieg auf Leben und Tod.

„Die Natur ist ein Feind, der immer von neuem besiegt werden muß."
(Planet, 77).

Der Anspruch der Naturbeherrschung erstreckt sich über alle Bereiche der Gesellschaft bis hin zum Menschen selbst: angefangen von der Umgestaltung der Natur durch ein globales Kanalsystem, mit dem die Wüstengebiete des Mars

---

a. M. 1990. S. 57-67, S. 60.
[102] Ebd., S. 59.
[103] Saage: Utopieforschung, S. 117.

erschlossen werden (sein Bau wird in *Ingenieur Menni* beschrieben), über die Ersetzung der natürlichen Nahrungsmittel durch Eiweißsynthese[104] bis hin zur Eroberung des Kosmos. Für den Menschen besteht der Sieg über die Natur vor allem in der Verlängerung des Lebens durch Bluttransfusion. Mit der Bluttransfusion sei man in der Lage, erklärt Netti Leonid, die „Lebensfähigkeit" des einzelnen zu steigern. Sie helfe beim Vorbeugen von Alterskrankheiten, bei der Immunisierung gegen Infektionskrankheiten etc. Die Naturbeherrschung wird in einer Kriegsmetaphorik dargestellt: Die Natur ist der Feind, der besiegt werden muß. – Das weist, ohne von einer direkten Linie sprechen zu wollen, auf die Aufbaustimmung der 1920er, 1930er Jahre voraus. In den Darstellungen des industriellen Aufbaus der Fünfjahrpläne finden sich gleichermaßen der Anspruch der Naturbeherrschung und die Kriegsmetaphorik wieder, wie sie Bogdanows Utopien prägten.

Bogdanows wissenschaftlich-technischer Fortschritt besteht vor allem in der „rigorose[n] Ausbeutung" der Natur „im universellen Maßstab und ihre[r] Umgestaltung nach den Vorstellungen des Menschen."[105] Man erklärt Leonid: „In jüngster Zeit haben wir die Ausbeutung unserer Bodenschätze verzehnfacht." (Planet, 77) Kritisch gewendet, ließe sich auch von einem monströsen Raubbau an der Natur sprechen, dessen Folgen nur durch eine koloniale Ausdehnung der Ausbeutung der Natur in den Griff zu bekommen sind. In aller Schärfe wird das in der Diskussion sichtbar, wie das Problem des Bevölkerungswachstums und des drohenden Nahrungsmangels zu lösen sei. In dieser Diskussion zeigt sich unter der Hand die Grenze von Bogdanows Fortschrittsmodell.

Die Marsgesellschaft hat die Ausbeutung ihrer natürlichen Ressourcen bis an die Grenzen vorangetrieben. So sind bereits die Eisenerzvorkommen erschöpft und man stieg auf Aluminium um, ebenso nach dem Ende der Kohle auf Atomenergie. Mittlerweile gehen auch die Vorräte an radioaktivem Material zur Neige. Das trifft die Marsgesellschaft in ihrem Lebensnerv, ihre Wirtschaft beruht auf der Nutzung der Radioaktivität (Planet, 129). Das zweite zentrale Problem der Marsgesellschaft ist: Angesichts des Bevölkerungswachstums zeichnet sich in dreißig Jahren ein Nahrungsmangel ab. Als Lösung arbeitet man daran, die natürlichen Nahrungsmittel durch Eiweißsynthese zu ersetzen. Diese erfordert jedoch einen hohen Energieeinsatz, also radioaktives Material. Als Ausweg

---

[104] Die Vorstellung, Nahrungsmittel auf chemischem Wege industriell herzustellen, findet sich auch schon Bebels *Die Frau und der Sozialismus* (S. 494f.).

[105] Saage: Politische Utopien der Neuzeit, S. 247.

Agitation für die Revolution und Utopie der Moderne 279

sieht man nur die Kolonisation anderer Planeten, um deren Ressourcen auszubeuten. Die Frage ist allein, welcher. Man entscheidet sich in einer dramatischen Debatte für die Kolonierung der Venus (Planet, 114ff.). Aber allein schon die Alternative, die unbesiedelte Venus oder die bewohnte Erde, zeigt das Dilemma des Wachstums um den Preis kolonialer Expansion.

Der mögliche zweite Ausweg, das Einschränken des Bevölkerungswachstums und der Bedürfnisse wird aus ideologischen Gründen ausgeschlossen.

> „Die Geburtenzahl verringern? Das wäre doch der Sieg der Naturkräfte. Das wäre die Absage an das grenzenlose Wachstum des Lebens, wir würden auf der nächsten Stufe stehenbleiben. [...] Wenn wir auf ein Anwachsen unserer Armeen verzichten, werden uns die Naturkräfte bald von allen Seiten belagern. Dann sinkt der Glaube an unsere kollektive Kraft, an unser großes gemeinsames Lebensziel. Und mit diesem Glauben wird auch der Lebenssinn jedes einzelnen verlorengehen [...]." (Planet, 78)

Der Verzicht auf Wachstum gilt als Niederlage im Kampf gegen die Natur. Mit ihm würde die Höherentwicklung der Menschheit unterbrochen – warum, bleibt allerdings unklar – und das sinnstiftende Moment von Bogdanows sozialistischer Gesellschaft, als Kollektiv die Natur zu beherrschen, ginge verloren.

Für Bogdanows Ideologie der unbegrenzten Naturbeherrschung zeigen sich, neben der utopischen Tradition, im wesentlichen zwei Bezugspunkte. Sie wurzelt zum einen in dem Wissenschafts- und Technikglauben und dem Positivismus Ende des 19. Jahrhunderts. Bogdanows Utopie steht in einer Reihe mit holistischen Zukunftserwartungen um die Jahrhundertwende in Rußland, die davon ausgingen, daß Wissenschaft und Technik den Gang der Weltgeschichte bestimmen und für die das Ziel des wissenschaftlich-technischen Fortschritts die Beherrschung der Natur war. Dazu gehören insbesondere Nikolai F. Fedorows (1829-1903) „Philosophie der gemeinsamen Tat", die die Besiedlung des Kosmos und die Überwindung des Todes als Aufgabe für die Menschheit stellte,[106] Wladimir I. Wernadskis (1863-1945) Lehre von der „Noosphäre" – diese zielte darauf, daß die Menschheit die Natur (die Biosphäre) im Einklang mit der universalen kosmischen Ordnung rational umgestaltet,[107] sowie Ziol

---

[106] Vgl. zu Fedorov und seiner Philosophie der Tat Hagemeister, Michael: Nikolaj Fedorov. München 1989.

[107] Vgl. zu Vernadskij und seinem Konzept der Noosphäre Krüger, Peter: Wladimir Iwanowitsch Wernadskij. Leipzig 1981. Nach seiner Rückkehr in die Sowjetunion 1926 bezeichnete Vernadskij den Sieg des Sozialismus als Basis für die Verwirklichung der Noosphäre.

kowskis Vorstellung einer kosmischen Geschichte und der Vervollkommnung des Menschen in eine „denkende Maschine" durch die Rationalisierung des Bewußtseins. Der gemeinsame Kern dieser Zukunftserwartungen war der Glaube an die Kontinuität des Fortschritts mit dem Sieg der Vernunft, die Überzeugung, durch eine perfektionierte technische Kultur die Probleme der Menschheit zu lösen, die Annahme, daß der wissenschaftlich-technische Fortschritt und die sittliche Entwicklung miteinander korrelieren, das Ideal einer harmonisch-rationalen Ordnung des menschlichen Zusammenlebens, die Verwissenschaftlichung und Rationalisierung des Alltags sowie der Anspruch, die Natur im Dienst der Menschheit neu zu entwerfen.[108] Diese Zukunftserwartungen griffen sichtlich selbst schon ins Utopische. Ihr Natur- und Fortschrittsdenken prägten, bei allen Differenzen zwischen ihnen, Bogdanows Utopie sowie auch sein Sozialismusverständnis.[109]

Der zweite Bezugspunkt für das Natur- und Fortschrittsverständnis in Bogdanows Utopie ist dessen Tektologie. Bogdanow definiert mit dieser den Anspruch der Naturbeherrschung als entscheidende Triebkraft der menschlichen Geschichte.

> „Im allgemeinen ist der ganze Prozeß des Kampfes des Menschen mit der Natur, der Unterordnung und der Ausbeutung ihrer elementaren Kräfte nichts anderes als ein Prozeß der *Organisation der Welt* für den Menschen im Interesse seines Lebens und seiner Entwicklung. Das ist der objektive Sinn der menschlichen Arbeit." (Tektologie, 20)

Indem die menschliche Arbeit „objektiv" auf die Unterwerfung der Natur gerichtet sei, bilde der Kampf gegen die Natur zugleich auch die Triebkraft und das sinnstiftende Moment des Kollektivismus. Im Kapitalismus und in den vorhergehenden Epochen seien, so Bogdanow, die Kräfte der Menschheit im Kampf der Klassen zersplittert. Damit bleibe die Menschheit im Kampf gegen die Natur geschwächt. Erst indem sich die Menschheit zum proletarischen Kollektiv vereinige, werde für sie die vollständige Beherrschung der Natur möglich. Mit der Aufhebung der Klassen im Sozialismus gehe der Kampf der Klassen in den kollektiven Kampf der Menschheit gegen die Natur über. Darin, mit dem

---

[108] Vgl. Soboleva: Aleksandr Bogdanov und der philosophische Diskurs, S. 223ff.

[109] Wie weit dieses szientistische Natur- und Fortschrittsdenken den utopischen Diskurs prägte, zeigt auch Lunačarskijs Bild des Neuen Menschen. Dieses beruht ebenso auf der Vorstellung, daß sich die Menschheit die Natur neu entwerfe (vgl. dazu Sesterhenn, Raimund: Das Bogostroitel'stvo bei Gor'kij und Lunačarskij bis 1909. München 1982).

Kollektivismus die Voraussetzung für den Sieg über die Natur zu schaffen, liegt für Bogdanow die historische Mission des Proletariats.

Rationalisierung und Verwissenschaftlichung des Alltags

Bogdanow beschreibt in seiner Utopie das Alltagsleben nur wenig. Das der Arbeiter kommt sogar fast gar nicht vor. Leonids Gastgeber sind ausschließlich Wissenschaftler. Sie zeigen ihm die Produktion – später arbeitet Leonid auch in einer Fabrik –, die Kinderstadt, Nettis Krankenhaus und Museen, sie erklären ihm, wie die Verteilung der Güter organisiert ist, das Erziehungssystem, die neuen Geschlechterbeziehungen, den Stand der Medizin sowie ausführlich auch die Kunst der sozialistischen Marsgesellschaft. Aus den Beschreibungen lassen sich zwei Grundzüge des Alltagslebens ablesen. Zum einen die Rationalisierung und Verwissenschaftlichung der Lebensweise analog zur Produktion. Wie Tschernyschewskis Neue Menschen richten die Neuen Menschen in Bogdanows Utopie ihr Leben nach rationalen, wissenschaftlichen Kriterien ein. Zum anderen beschränkt Bogdanow den Kollektivismus auf die Arbeit, für die Konsumtion und die alltägliche Lebensweise betont er dagegen die Entfaltung der Individualität. Seine Utopie ist frei von einem Verbrauchskommunismus, wie er die Utopie in der Tradition von Morus und Campanella kennzeichnet.

Konsum: Bogdanow entwirft ein staatliches Versorgungssystem, das alle Lebensbereiche umfaßt: Konsum, Wohnen, Freizeit, Gesundheit etc. Die Versorgung beruht auf der Planung des Gesamtbedarfs durch die Statistikzentrale. Die Verteilung der Waren erfolgt über Konsumgüterlager. Das Geld ist abgeschafft, jeder erhält, was er benötigt. Das Luxusverbot der klassischen Utopien ist aufgehoben: Die Neuen Menschen verhalten sich jedoch vernünftig: Jeder nimmt nur das, was er braucht. Und selbst wenn einer mehr nehme, gleiche sich das, so Bogdanow, in der Menge aus. Die Technik ermöglicht die Produktion auch nach individuellen Bedürfnissen. So heißt es etwa für die Kleidung.

> „Wer wegen seiner Körpermaße nichts Passendes findet, läßt sich Maß nehmen, und eine Zuschneidemaschine wird eingerichtet. Es wird speziell für eine bestimmte Person ‚genäht', was ungefähr eine Stunde dauert." (Planet, 101)

Wohnen: Die Städte sind nach den einzelnen Funktionsbereichen aufgegliedert: Industrie, Freizeit, Kinderstadt etc. Die Architektur ist funktionalistisch und sachlich. Sie symbolisiert die rationalistische Ordnung der sozialistischen Gesellschaft. Das Wohnen selbst wird nur indirekt beschrieben. Beim Besuch eines Architektur- und Designmuseums heißt es, daß Gemeinschaftshäuser eine typische Wohnform seien.

> „[...] luxuriöse[..] Gemeinschaftshäuser[..] aus Glas und Aluminium mit einer Innenausstattung, die von den besten Künstlern geschaffen wurde [...]." (Planet, 74)

Konkret werden allerdings in Bogdanows Utopie keine Gemeinschaftshäuser gezeigt. Die Wissenschaftler wie Menni und Netti, bei denen Leonid wohnt, leben in Einzelwohnungen. Die Architektur der Gemeinschaftshäuser aus Glas und Aluminium zitiert jedoch Tschernyschewskis Kristallpalast. Bogdanow nimmt für die Architektur und für das Alltagsdesign in seiner sozialistischen Gesellschaft aber auch schon das Prinzip des Neuen Bauens vorweg: Die Form folgt der Funktion, Schönheit ergibt sich aus Nützlichkeit.

> „Unter Architektur verstehen die Marsmenschen nicht nur die Baukunst, sondern auch die schöne Form von Möbeln, Werkzeugen und Maschinen, überhaupt die Ästhetik alles Nützlichen. [...] Wie bei uns wurde in früheren Epochen Eleganz auf Kosten der Bequemlichkeit erreicht; die Verzierungen minderten die Stabilität, die Kunst übte Gewalt am nützlichen Zweck der Gegenstände. Bei den Werken der jüngsten Epoche sah ich nichts dergleichen – weder bei Möbeln oder Gerätschaften noch bei Bauwerken. Ich fragte [...], ob ihre zeitgenössische Architektur um der Schönheit willen Abweichungen von der praktischen Vollkommenheit zulasse. ‚Niemals [...], das wäre falsche Schönheit [...].'" (Planet, 74f.)

Freizeit: Die durch die Reduzierung der Arbeitszeit gewonnene Zeit wird vom Einzelnen zur kulturellen und geistigen Selbstvervollkommnung als Neuer Mensch genutzt: Nach der Arbeit geht man in Museen, studiert in Bibliotheken, forscht in Laboratorien. Ähnlich entwarfen auch die Utopien der Neuen Lebensweise und der Avantgarde nach 1917 die Freizeit als „Hochschulen der Kultur" (El Lissitzky), die den Neuen Menschen erziehen. Letztlich hebt Bogdanow, wie oben beschrieben, Freizeit als Gegenraum zur Arbeit auf. Beide dienen in gleicher Weise der Selbstverwirklichung als Neuer Mensch.

Gesundheitsversorgung: Leonid besichtigt mit Netti auch ein Krankenhaus und sie erläutert ihm den Stand der medizinischen Versorgung und Forschung. In der Marsgesellschaft gibt es kaum noch Krankheiten. Die Mehrzahl der Patienten im Krankenhaus hatten Arbeitsunfälle.

> „Meist sind es Neulinge, die sich mit den Maschinen noch nicht auskennen. Schließlich wechseln alle gern von einem Produktionszweig zum anderen. Spezialisten und Künstler werden besonders oft Opfer ihrer Zer-

streutheit: Sie denken an andere Dinge oder grübeln über Probleme."
(Planet, 81)

Ein großes Problem stellen aber auch psychische Erkrankungen aus Überanstrengung in der Arbeit und aus Beziehungskonflikten dar. Bogdanows sozialistische Gesellschaft leidet paradoxerweise unter den typisch psychischen Krankheiten der postmodernen Arbeitsgesellschaft.

Hervorgehoben werden weiterhin der Kampf gegen das Altern durch Bluttransfusion sowie die Befürwortung der aktiven Sterbehilfe. In den Krankenhäusern gibt es extra Sterbezimmer für Menschen, die den Freitod suchen.

„‚Sie stellen Selbstmördern diesen Raum zur Verfügung, damit sie ihre Tat ausführen können?' ‚Ja, und alle Mittel für einen friedlichen, schmerzlosen Tod.' [...] ‚Warum sollten wir das nicht zulassen, wenn das Bewußtsein des Patienten klar und die Entscheidung unumstößlich ist? [...] ‚Ist Selbstmord sehr häufig?' ‚Ja, besonders unter alten Menschen. Wenn die Erlebnisfähigkeit abnimmt und abstumpft, ziehen es viele vor, nicht auf das natürliche Ende zu warten.'" (Planet, 83)

Der Kampf gegen das Altern und die Sterbehilfe werden von Bogdanow gleichermaßen als Selbstbestimmung und Emanzipation des Menschen gegenüber der Natur dargestellt.

Geschlechterbeziehungen: Für die neuen Geschlechterbeziehungen folgt Bogdanow dem Ideal der Freien Liebe, wie es Tschernyschewski unter Rekurs auf Fourier und Sand entworfen hatte. Er verknüpft dieses mit der marxistischen Annahme vom Absterben der Familie und mit Erziehungsvorstellungen in der Tradition der klassischen Utopie. In seiner sozialistischen Marsgesellschaft ist die traditionelle Familie aufgehoben. An die Stelle der Ehe ist die Freie Liebe getreten. Die Kinder leben separat von den Eltern in eigenen Kinderstädten und werden gemeinschaftlich erzogen.

Zwischen Mann und Frau herrscht in allen Lebensbereichen Gleichberechtigung. Die Emanzipation geht sogar in die Angleichung der Körperformen der Geschlechter über. Leonid hält etwa die Ärztin Netti anfänglich für einen Mann.

„Ich bemerkte, daß die Körperformen von Mann und Frau einander mehr ähneln als bei den meisten irdischen Völkern. [...] Das gilt hauptsächlich für die letzte Epoche, das Zeitalter der freien menschlichen Entwicklung. Bei Statuen aus der kapitalistischen Periode treten die Geschlechtsunterschiede stärker hervor. Die häusliche Sklaverei der Frau und der fieberhafte Existenzkampf des Mannes entstellen offenbar die Körper auf unterschiedliche Weise." (Planet, 72f.)

Für die Angehörigen der Elite wie Menni heißt es, daß sie auf Liebe und Beziehung verzichten, weil diese sie von ihrer eigentlichen Aufgabe ablenkten.

> „Es erwies sich, daß für Mennis gewaltige geistige Arbeit, für die volle Entwicklung seiner genialen Fähigkeiten körperliche Enthaltsamkeit, möglichst wenig Lebeslust angeraten war. [...] Menni lebte auf, arbeitete energischer als je zuvor, neue Pläne wurden mit ungewohnter Schnelligkeit geboren und besonders erfolgreich ausgeführt [...]." (Planet, 104f.)

Bogdanow greift hier das Rachmetow-Ideal auf, für die Revolution und die Gemeinschaft privates Glück und Liebe zu opfern. Liebe und Sexualität werden damit ambivalent besetzt. Einerseits sind sie als Ideal der Freien Liebe Ausdruck der Emanzipation, anderseits führt Bogdanow, indem er das asketische Rachmetow-Ideal übernimmt, die repressive und misogyne Sicht der archistischen Utopie auf die Sexualität fort. Bogdanow schreibt die asketische Haltung der Elite zu. Er führt damit unterschwellig eine Differenzierung zwischen vernunftgesteuerter Elite und einer „primitiveren, weniger komplizierten" Masse ein (Planet, 148), vergleichbar wie es Odojewski in *Das Jahr 4338* in Anlehnung an Platon entworfen hatte. Der Vorwurf, daß Bogdanows Utopie nicht das Proletariat als Träger habe, sondern vielmehr die Elite einer technokratischen Intelligenzija bediene,[110] ist an dieser Stelle nicht von der Hand zu weisen.

Das Proletariat als Neuer Mensch

Wie Lunatscharski und Gorki verstand Bogdanow den Sozialismus als Kulturfrage. Das einte sie in ihrem Sozialismusverständnis gegenüber Lenin. Es ging ihnen um die Schaffung grundsätzlich anderer menschlicher Beziehungen. Sozialismus schloß für sie die kulturelle und sozio-moralische Revolutionierung des Menschen ein. Das hieß die Schaffung eines Neuen Menschen.[111]

Bogdanows Bild des Neuen Menschen schließt an die utopische Tradition an. Wie in der klassischen Utopie prästabilisiert in seiner Marsgesellschaft der Neue Mensch die Idealordnung: Der institutionellen Ordnung entspricht der Neue Mensch als sozio-moralische. Bogdanows Neuer Mensch ist kulturell bestimmt, auch das folgt der utopischen Tradition. Bogdanow dachte nicht, wie es etwa die Biokosmisten vorsahen, den Menschen durch den Umbau seiner

---

[110] Vgl. Lück: Aleksandr Bogdanov zwischen Revolution und Illusion; Rullkötter: Bogdanov – Politiker und Phantast.

[111] Vgl. zu Lunačarskijs und Gor'kijs Verständnis des Sozialismus als Schaffung eines Neuen Menschen Sesterhenn: Das Bogostroitel'stvo bei Gor'kij und Lunačarskij.

biologischen Natur und durch die Steuerung seiner Evolution zu vervollkommnen. Ihm ging es um die kulturelle Natur des Menschen.

Bogdanow greift für das Bild des Neuen Menschen jene Motive auf, die unter der Intelligenzija der Jahrhundertwende den Topos des Neuen Menschen prägten. Das waren zum einen immer noch Tschernyschewskis rationalistische Neue Menschen und ihr Glaube an Vernunft und Wissenschaft, zum anderen Nietzsches Übermensch.[112] Dazu kommt jedoch etwas Neues: das Proletariat als Neuer Mensch und der Kollektivismus als dessen Klasseneigenschaft. Bogdanows Neuer Mensch ist weniger das Produkt einer Erziehung wie die Neuen Menschen in Tschernyschewskis *Was tun?*, die durch Aufklärung zur Erkenntnis der neuen, vernunftgemäßen Lebensweise gelangen. Bogdanow leitet das Proletariat als Neuen Menschen und seinen Kollektivismus als Ausdruck der industriellen Produktionsweise ab.

Mit der Entwicklung der industriellen Produktion entstehe, so Bogdanow, ein neuer Arbeitertypus. Dieser sei durch drei Merkmale bestimmt: 1.) durch die Aufhebung der Trennung zwischen geistiger und körperlicher Arbeit, 2.) durch die Aufhebung der Spezialisierung der Arbeit und 3.) in deren Folge durch eine kollektivistische Arbeits- und Denkhaltung.

> „Die Spezifika dieses Typs sind folgende: 1. die Verbindung von Elementen ‚physischer' und ‚geistiger' Arbeit; 2. der eindeutige, durch nichts verhüllte und maskierte Kollektivismus seiner ganzen Form. Das erste hängt mit dem wissenschaftlichen Charakter der modernen Technik zusammen, insbesondere damit, daß die mechanische Seite des Arbeitsaufwands der Maschine übertragen wird. Der Arbeiter wird immer mehr zu einem ‚Anführer' eiserner Sklaven, und seine Arbeit reduziert sich in steigendem Maße auf die ‚geistigen' Anstrengungen der Aufmerksamkeit, Überlegung, Kontrolle und Initiative [...]. Das zweite hängt mit der Konzentration der Arbeitskraft in den Massenbetrieben zusammen wie mit dem Angleichen der spezialisierten Formen der Arbeit durch die Kraft der maschinellen Produktion, die in immer stärkerem Maße die unmittelbare physische Spezialisierung der Arbeiter auf die Maschinen überträgt. Die objektive und subjektive Gleichartigkeit der Arbeit wächst und reißt die Barrieren zwischen den Arbeitern nieder. Bei dieser Gleichartigkeit bildet die faktische Gemeinsamkeit die Basis kameradschaftlicher, d. h. bewußt kollektivistischer Beziehungen zwischen ihnen."[113]

---

[112] Vgl. zum Einfluß von Nietzsches Übermensch auf den Topos des Neuen Menschen in Rußland Müller: Der Topos des Neuen Menschen, S. 77ff.; Scheibert: Der Übermensch in der russischen Revolution.

[113] Bogdanov, Aleksandr: Wege des proletarischen Schaffens. (1920) In: Gorsen, Peter/

Zu 1.) Bogdanow prognostizierte für die industrielle Produktion einen zunehmenden wissenschaftlichen und „organisatorischen" Charakter der Arbeit. Die mechanische Arbeit verlagere sich immer mehr in die Maschinen. Die Tätigkeit des Arbeiters wandle sich zur Kontrolle der automatisierten Produktion.

> „[D]er Fortschritt der maschinellen Produktion [verleiht] der Tätigkeit des Arbeiters einen immer vollständiger und klarer ausgedrückten organisatorischen Charakter [...]."[114]
>
> „Je komplizierter und vollkommener die Maschine, je mehr ist die Arbeit nichts als Überwachung und Kontrolle, Erwägen aller Seiten und Umstände der Arbeit [...]."[115]

Der Arbeiter übernimmt die Rolle und Arbeitsweise eines leitenden Ingenieurs. Seine Arbeit wird wissenschaftlich und organisierend. Damit werde die Trennung zwischen geistiger und physischer Arbeit aufgehoben.

Zu 2.) Indem die Arbeit immer mehr zum Kontrolle der Produktion wird, werde sie, so Bogdanow, auch „gleichartiger". Die Aufgaben der Kontrolle glichen einander. Die „unmittelbare physische Spezialisierung der Arbeiter" hingegen verlagere sich wie die mechanische Arbeit ebenfalls in die Maschinen.

> „Die Spezialisierung wird auf die Maschine [...] übertragen; was jedoch die Unterschiede der Erfahrung und der Empfindungen der Arbeiter bei den verschiedenen Maschinen betrifft, so verschwinden diese Unterschiede immer mehr und erscheinen bei einer hochentwickelten Technik minimal gegenüber jener Summe gleichartiger Erfahrungen, gleichartiger Empfindungen, die sich aus dem Inhalt der Arbeit, aus Leitung, Kontrolle und Beobachtung der Maschine ergeben." (Tektologie, S. 55) „Dadurch wird der Zusammenhang und das gegenseitige Verständnis bei der gemeinschaftlichen Arbeit und die Möglichkeit, sich gegenseitig mit Rat und Tat zu helfen, erhalten. Hier entsteht jene *genossenschaftliche* Form der Zusammenarbeit, auf welcher nachher das Proletariat alle seine Organisationen baut."[116]

Zu 3.) Aus der objektiven und subjektiven Gleichartigkeit der Arbeit erwachse in der Folge der Kollektivismus des Proletariats. Die Gleichartigkeit bilde die Basis für die „genossenschaftliche" („kameradschaftliche") Zusammenarbeit

---

u. a.: Proletkult 2. Stuttgart 1975. S. 47-51, S. 48f.

[114] Bogdanow, Alexander: Die Wissenschaft der Zukunft. (1913) In: Goerdt, Wilhelm (Hrsg.): Die Sowjetphilosophie. Basel u. a. 1967. S. 47-49, S. 47 (aus: *Filosofija živogo opyta*).

[115] Bogdanoff: Die Kunst und das Proletariat, S. 22.

[116] Ebd., S. 23.

und Solidarität: Sie schaffe ein gemeinsames allseitiges Verständnis der Arbeit, ermögliche die gegenseitige Hilfe und stelle alle Arbeiter auf die gleiche Stufe. Damit verschwinde die aus der Arbeitsteilung resultierende Anarchie und Konkurrenz. Weiterhin erzeuge die Einheitlichkeit der Arbeitserfahrung zusammen mit der „Konzentration der Arbeitskraft in den Massenbetrieben" eine kollektivistische Weltsicht. Die Arbeitsteilung der bürgerlich-kapitalistischen Gesellschaft habe, so Bogdanow, als deren Ideologie den Individualismus hervorgebracht. Indem sich nun der Charakter der Arbeit ändere, werde der Individualismus durch den Kollektivismus des Proletariats abgelöst: Der Arbeiter erfahre sich nicht als vereinzeltes Individuum, sondern als Kollektiv, er denke nicht mehr vom Ich aus, sondern denke sich und die Welt als Wir.

Kollektivismus versus Individualismus

Bogdanow weist in seiner Utopie dem Gegensatz von Individualismus und Kollektivismus eine zentrale Rolle zu. Dieser ist der Grund, warum Leonid in *Der rote Planet* scheitert, sich in die sozialistische Marsgesellschaft zu integrieren. Bogdanow beschreibt den Gegensatz als Ablösung einer evolutionär niederen Kultur durch die höher entwickelte. Jeder Gesellschaftsformationen, so Bogdanow, entspreche eine spezifische Kultur (Ideologie): Die frühen Klassengesellschaften seien bestimmt von der autoritären Kultur, die bürgerlich-kapitalistische Gesellschaft vom Individualismus, der Sozialismus vom Kollektivismus als Kultur des Proletariats. Die Kultur begründe sich in der jeweiligen Produktionsweise und der Form der Arbeitsteilung. Während der Individualismus aus der Spezialisierung der Arbeit entstanden sei, erwachse der Kollektivismus aus deren Aufhebung.

> „Die organisatorische Grundlage des Kollektivismus ist die *kollegiale* Zusammenarbeit, und zwar in ihrer höchsten Form, die auf der Maschinenproduktion basiert und sich weiter zur Klassenvereinigung des Proletariats entwickelt. Bei dieser Zusammenarbeit hört […] die Teilung der Funktionen, die die Menschen trennt, auf […]."[117]

Die jeweilige Kultur bestimme, so Bogdanow, sowohl das Individuum in seinen Verhaltensweisen als auch die einzelnen Bereiche der Gesellschaft. Der Individualismus äußere sich als Konkurrenzdenken, Anarchie der Produktion und

---

[117] Bogdanov, Aleksandr: Das Erziehungsideal. (1918) In: Lorenz, Richard (Hrsg.): Proletarische Kulturrevolution in Sowjetrußland (1917-1921). München 1969. S. 179-184, S. 181.

Zersplitterung der Kräfte der Menschheit im Kampf gegen die Natur. Der Kollektivismus dagegen bedeute die rationale Organisation der Gesellschaft. Er ermögliche die volle Entfaltung des wissenschaftlich-technischen Fortschritts und die progressive Beherrschung der Natur. Die zuvor im Kampf der Klassen zerteilten Kräfte werden mit ihm auf die Unterwerfung der Natur gerichtet.

Der Kollektivismus des Proletariats bildet bei Bogdanow die Grundlage des Sozialismus. Er gründet auf ihm die Organisation der Produktion sowie, von dieser ausgehend, die sozialen, politischen, kulturellen etc. Formen des Proletariats. Der Sozialismus ist gleichsam eine kollektivistische Umgestaltung der Gesellschaft durch das Proletariat.

> „Die sozialistische Gesellschaft ist jene, in der die gesamte Produktion auf bewußt-kameradschaftlichen Grundlagen organisiert ist. Von hier aus folgen schon alle anderen Züge des Sozialismus: sowohl das gesellschaftliche Eigentum an den Produktionsmitteln wie auch die Vernichtung der Klassen [...]."[118]

In *Ingenieur Menni* beschreibt Bogdanow in einem Theorieexkurs den Kollektivismus entsprechend als Daseinsform des Proletariats: Der Arbeiter existiere sozial nur als Teil des Kollektivs. Er sei nicht unabhängig von diesem zu denken, eben weil seine Existenz auf der gemeinsamen Arbeit beruhe.

> „Würde man einen Arbeiter aus dem großen Miteinander der Millionen Menschen und der Kette der Generationen herausreißen, verwandelte er sich augenblicklich in ein Nichts. [...] Als Arbeiter ist er nur in Gemeinschaft real, existiert er nur in der tätigen Einheit unzähliger Menschenpersönlichkeiten [...]." (Menni, 230f.)

Damit der Kollektivismus zur manifesten Kultur werde, müsse jedoch das Klassenbewußtsein als Proletariat dazu kommen.

> „[S]o gehört [...] auch jener Arbeiter nicht zur Arbeiterklasse, der nichts von seinem Wesen als Arbeiter begreift, von seiner untrennbaren Verbindung zu den anderen, zu seinesgleichen, von seiner Stellung im System der Arbeit, in der Gesellschaft." (Menni, 231)

Bogdanow greift hier, ohne es so zu nennen, die Unterscheidung zwischen Klasse an sich und Klasse für sich auf. Als proletarische Kultur sei der Kollektivismus, so Bogdanow, mehr als die objektive Gemeinschaft der Arbeit; erst als

---

[118] Bogdanov, Aleksandr: Sozialismus in der Gegenwart. (1910) In: Gorsen, Peter/ u. a.: Proletkult 1. Stuttgart 1974. S. 131-136, S. 131.

bewußte kollektivistische Organisation der Arbeit und der Gesellschaft werde der Kollektivismus zur Kultur, die den Sozialismus eröffne. An diesem Punkt setzt Bogdanows Kulturrevolution an.

Bogdanow zeigt den Kollektivismus als Emanzipationsstrategie im doppelten Sinne. In bezug auf das Individuum bedeute der Kollektivismus die Aufhebung der Entfremdung des Menschen: die „Umwandlung des Bruchteils Mensch in einen Menschen als Ganzes".[119] Indem er die Spezialisierung, Fragmentierung und Vereinzelung aufhebe, zu denen der Individualismus den einzelnen im „grausamen Lebenskampf" nötige, ermögliche er erstmals die Entfaltung des Menschen in seiner ganzen „schöpferischen Individualität".

> „Die schablonenartige Verteidigung des Individualismus basiert auf einer Begriffsverwirrung, indem nämlich seine Fürsprecher ihn mit der Entwicklung der Individualität, im Sinne individueller Fähigkeiten, verwechseln. In der Tat schafft erst der Kollektivismus die Bedingungen für ihre systematische und planmäßige Entwicklung. Die Welt des Individualismus unterdrückt ihre Mitglieder nicht nur durch die vom Lebenskampf geforderte Spezialisierung, sondern auch durch die für den einzelnen bestehende Notwendigkeit, seine schöpferische Individualität zur Gänze dem grausamen Kampf zu widmen, der die Mehrheit der Menschen schon frühzeitig in ungünstige Verhältnisse bringt. [...] So ist es um die individualistische Freiheit [...] bestellt."[120]

Bogdanow grenzt den Kollektivismus dezidiert ab von Vorstellungen einer uniformen Egalität, die den einzelnen zum gesichtslosen Teil der Masse macht. Er betont für ihn gerade die Entfaltung der Individualität.

> „Unsinnig ist der Gedanke, der Kollektivismus entspreche nicht oder fördere nicht die persönliche Selbständigkeit. Im Kollektiv *ergänzt* einer den anderen, darin liegt seine besondere Bedeutung. Aber ergänzen kann einer den anderen nur dann, wenn jeder sich vom anderen unterscheidet, wenn jeder einzigartig ist, wenn jeder selbständig ist."[121]

Zum zweiten stellt Bogdanow den Kollektivismus als Voraussetzung für die Emanzipation der Menschheit von der „blinden Natur" dar. Der Kollektivismus vereinige die Kräfte der Menschheit im Kampf gegen die Natur.

> „[I]n allen [...] Tendenzen des Kollektivismus ist ein gemeinsamer Sinn, ein allgemeines Prinzip enthalten: *Die bewußte, organisierte Vereinigung*

---

[119] Bogdanov: Die Integration des Menschen, S. 504.
[120] Bogdanov: Das Erziehungsideal, S. 183.
[121] Ebd., S. 183.

> *aller Kräfte der Menschheit für den Kampf mit der Natur, für die grenzenlose Entfaltung der Macht der Arbeit über die Natur.*"[122]

Bogdanows Utopien zeigen jedoch die Ambivalenz von dessen Kollektivismus. Für diesen gilt ebenfalls das von der klassischen Utopie bekannte Primat des Ganzen gegenüber dem einzelnen. Gegenüber der Entwicklung der Gemeinschaft hat der einzelne keinen Eigenwert als Individuum. Bogdanow kleidet das einerseits in eine Logik des simplen ‚Abwiegens' und anderseits in eine heroische Ethik des Aufopferns. Das Leben des einzelnen wird gegen das Glück der Mehrheit und den Fortschritt der Gemeinschaft aufgewogen und sein Tod nicht nur in Kauf genommen, sondern als Opfer für die Gemeinschaft gerechtfertigt. Über die Arbeiter, die beim Bau der Marskanäle starben, heißt es:

> „Würdet ihr behaupten, daß einige tausend Menschenleben heute schwerer wiegen als Millionen in der Zukunft? Nein, so würdet ihr nicht denken [...], ihr haltet es für richtig und vernünftig, Tausende Leben jetzt zu opfern, damit in der Zukunft Millionen freier atmen werden." (Menni, 215)

Ebenso heißt es über die Gefahren bei der Kolonisierung der Venus, um deren Bodenschätze für die Marsgesellschaft zu erschließen:

> „Selbst wenn von zehn Mann neun umkommen, lohnt es sich. Sie wissen wenigstens, wofür sie sterben." (Planet, 71)

Bogdanow geht bezeichnenderweise in der Begründung des Verhältnisses von Individuum und Gesellschaft nicht von Marx' dialektischer Bestimmung des Menschen als gesellschaftlich vermitteltes Wesen aus: „*wie die Gesellschaft selbst den Menschen als Menschen producirt, so ist sie durch ihn producirt*".[123] Er greift auf Gemeinschaftsvorstellungen zurück, wie sie das utopische Denken seit Platon beherrschen.[124] Dabei treten insbesondere zwei Aspekte hervor. Zum einen die Annahme, daß der Gemeinschaft gegenüber dem einzelnen ein eigener Wert eigne, daß sie mehr sei als die Summe ihrer Mitglieder.

> „[...] daß das Ganze stets mehr ist als die Summe seiner Teile; die menschliche Gesellschaft beispielsweise ist mehr als die Ansammlung von Individuen." (Planet, 35)

---

[122] Bogdanow: Entwicklungsformen der Gesellschaft, S. 226.
[123] Marx, Karl: Ökonomisch-philosophische Manuskripte. In: MEGA, Abt. 1, Bd. 2. Berlin 1982. S. 323-438, S. 390.
[124] Vgl. Saage: Wider das marxistische Bilderverbot, S. 171f.

Zum zweiten legt Bogdanow, wie die klassischen Utopien, der Idealgesellschaft eine harmonische, konfliktfreie Ordnung zugrunde. Der Kollektivismus bedeute die Aufhebung der gesellschaftlichen Widersprüche. Darin zeige sich, so Bogdanow, die höhere Rationalität des Kollektivismus. Die „Ablösung [...] der disharmonischen Entwicklung der zersplitterten Menschheit durch die harmonische Entwicklung der vereinten Menschheit"[125] ist jedoch nicht ohne den Neuen Menschen zu haben, wie das Scheitern des Erzählers in *Der rote Stern* zeigt. In *Die Integration des Menschen* erklärt Bogdanow für diesen Neuen Menschen:

> „[...] erkennen wir ein ganzheitliches Wesen [als Menschen] an und ein zersplittertes nicht, dann muß unsere Schlußfolgerung lauten: Der Mensch ist noch nicht erschienen, doch er ist nahe, und seine Umrisse zeichnen sich deutlich am Horizont ab."[126]

Erziehung zum Kollektivismus – die Kinderstadt

Bogdanow beschreibt neben der Arbeit den Kollektivismus am ausführlichsten für den Bereich der Erziehung. In *Der rote Stern* widmet er dieser ein eigenes Kapitel: *Die Kinderstadt*. Auch in seinen Proletkult-Schriften hob er später die Rolle der Erziehung für den Aufbau des Sozialismus immer wieder hervor: Die Erziehung solle den einzelnen auf seine Rolle in der Gesellschaft vorbereiten.

> „Erziehung ist jene Arbeit, die die menschliche Larve zu einem tätigen Mitglied der Gesellschaft macht. [...] Ihr Wesen besteht darin, den Menschen auf die Ausübung jener Rolle und jener Funktion vorzubereiten, die er im System der Gesellschaft zu erfüllen hat."[127]

Bogdanow entwirft in *Die Kinderstadt* eine kommunitäre Gemeinschaftserziehung. In deren Mittelpunkt stehen die Überwindung des Individualismus und die Erziehung zum Kollektivismus. Bogdanow löst die Erziehung vollständig aus der Familie heraus und überträgt sie der Gesellschaft. Bei jeder Stadt gibt es eine separat Kinderstadt, in der die Kinder getrennt von den Erwachsenen leben. Es sind autonome Erziehungskolonien, die mit allen Einrichtungen für Bildung, Freizeit, Sport etc. ausgestattet sind. Neben den Wohnheimen, Kindergärten und Schulen gibt es Spiel- und Sportplätze, Werkstätten für eine polytechnische Arbeitserziehung, Studios für die verschiedenen Künste, Museen, Zoos und

---

[125] Bogdanov: Die Integration des Menschen, S. 508.
[126] Ebd., S. 509.
[127] Bogdanov: Das Erziehungsideal, S. 179.

Botanische Gärten. Die Kinderstädte sind als Park angelegt und liegen abseits an den schönsten und gesündesten Orten.

> „Die ‚Kinderstadt' war der schönste Stadtteil mit fünfzehn- bis zwanzigtausend Einwohnern. Es waren tatsächlich fast nur Kinder und ihre Erzieher. […]. Große einstöckige Häuser liegen in einem Gelände mit Bächen, Teichen, Spiel- und Sportplätzen, Blumen- und Kräuterbeeten, Freigehegen und Tierhäusern." (Planet, 64)

Die ersten Jahre leben die Kinder noch bei ihrer Mutter, dann wechseln sie in die Kinderstadt. Die Eltern können sie jedoch jederzeit besuchen und auch für längere Zeit in der Kinderstadt wohnen. Bogdanow hebt die Familie als Einzelhaushalt auf, aber es geht ihm nicht darum, die persönlichen familiären Bindungen abzuschaffen. In der Kinderstadt leben die Kinder in gemischten Altersgruppen, wobei die Älteren die Jüngeren betreuen. Bogdanow begründet das mit der Vorstellung einer Sozialerziehung durch die Gemeinschaft der Kinder.

> „Um für die Gesellschaft erzogen zu werden, muß ein Kind in einer echten Gemeinschaft aufwachsen. Die meiste Lebenserfahrung und die größten Kenntnisse erwerben die Kinder durch den Umgang mit ihresgleichen. Wenn wir die älteren von den jüngeren Kindern isolierten, würden wir ein einseitiges und enges Milieu schaffen, und die Entwicklung des Kindes verliefe langsam, träge und eintönig. Kinder verschiedenen Alters können untereinander am besten aktiv werden. Die Älteren helfen uns bei der Betreuung der Kleinen." (Planet, 65)

Die Kinder sollen sich durch die Gemeinschaft selbst erziehen und in ihrer Entwicklung gegenseitig befördern. Bogdanow greift damit Vorstellungen der sogenannten Freien Erziehung auf, die Anfang des 20. Jahrhunderts in Rußland aufkam. Wo diese jedoch die freie, selbstbestimmte Entwicklung des Kindes durch die ‚Abwesenheit' des Erziehers betont, geht es Bogdanow vor allem um die Entwicklung eines kollektivistischen Bewußtseins.

Bogdanow greift für die Begründung der kommunitären Gemeinschaftserziehung auf Ernst Haeckels Biogenetische Grundregel zurück, daß die Ontogenese die Phylogenese rekapituliere. Er überträgt diese auf die kulturelle Entwicklung des Menschen. Analog zur biogenetischen Entwicklung, so Bogdanow, durchlaufe das Kind in seiner Sozialisation die einzelnen Stadien der gesellschaftlichen Entwicklung.

> „Die Ontogenese wiederholt die Phylogenese, und die Entwicklung des Individuums wiederholt auf die gleiche Weise die Entwicklung der Gesellschaft. Wenn ein Kind […] seinen Platz innerhalb der Gemeinschaft

sucht, hat es in den meisten Fällen einen verschwommen-individualistischen Charakter. [...] Erst bei den Jugendlichen besiegt die soziale Umwelt der Gegenwart endgültig die Überreste der Vergangenheit." (Planet, 66)

So wie die Gesellschaft sich vom Individualismus zum Kollektivismus entwickelt habe, so durchlaufe das Kind eine individualistische Phase, in der es in den Kategorien von ‚mein' und ‚dein' denke, um danach zum Kollektivismus zu gelangen. Bogdanow bettet Haeckels Biogenetische Grundregel milieutheoretisch ein. Um in seiner Sozialisation den Individualismus zu überwinden, brauche das Individuum das Kollektiv als soziales Milieu – das heißt für die Kinder: die Erziehung im Kinderkollektiv.

In Bogdanows Beschreibung der Kinderstadt zeigt sich das Ideal einer umfassenden polytechnischen, wissenschaftlichen Bildung, In diese sind auch die Vorschulkinder – sofern von einer solchen Unterteilung noch zu sprechen ist – einbezogen. Wissenschaftler der verschiedenen Disziplinen halten als eine Art Kinderuniversität regelmäßig Vorträge. Mit ihnen sollen die Kinder und Jugendlichen schon früh an Wissenschaft herangeführt werden. Das Bildungsideal wird in *Der rote Stern* nicht näher beschrieben. Erkennbar ist jedoch, daß Bogdanow Ansätze der zeitgenössischen Reformpädagogik wie die Arbeitsschule und die kommunitäre Gemeinschaftserziehung aufgreift. Er verbindet diese mit seiner Auffassung der führenden Rolle von Wissenschaft und Technik sowie mit den marxistischen Vorstellungen zur Aufhebung der Familie.

Bogdanows Kinderstadt erlangte nach der Oktoberrevolution vielfach Vorbildcharakter. Ihre Erziehung zum Kollektiv war, wie im nächsten Kapitel zu sehen ist, ein zentraler Anknüpfungspunkt für die Vorstellungen zur Vergesellschaftung der Erziehung und für die Entwürfe einer kommunitären Gemeinschaftserziehung unter Aufhebung der Familie. Die Utopien der Neuen Lebensweise griffen in ihren Entwürfen separater Kinderhäuser und Kinderviertel teilweise direkt Bogdanows Kinderstadt auf.

Revolution versus Evolution

In Bogdanows Utopien erfolgte der Übergang zum Sozialismus auf friedlichem Weg. Bogdanow beschreibt diesen als Prozeß der gleichmäßigen Höherentwicklung der Gesellschaft mit deren rationalen Organisation und Harmonisierung.

> „Und wiederum ging alles ziemlich friedlich zu. Die Hauptwaffe der Arbeiter waren Streiks, zu Aufständen kam es nur in den seltensten Fällen und an wenigen Orten, fast ausschließlich in landwirtschaftlichen Gebie-

ten. [...] Das Bild einer gleichmäßigen Entwicklung der Gesellschaft, ein Weg, der nicht mit Blut befleckt ist wie auf der Erde, weckte in mir unwillkürlich Neidgefühle." (Planet, 49)

Bogdanow entwirft damit einen Weg zum Sozialismus, der eine Alternative zum Revolutionsverständnis bot, daß, wie Lenin in *Staat und Revolution* erklärt, der „bürgerliche Staat" nur durch die „gewaltsame Revolution" überwunden werden könne.[128] Die Alternative ist, zugespitzt gesagt, Evolution versus Revolution. Dahinter steht erneut Bogdanows Organisationslehre. Bogdanow wendet diese als politische Evolutionstheorie an. Er bettet die Entwicklung zum Sozialismus ein in einen evolutionären Prozeß des Anwachsens der rationalen Organisation der Gesellschaft, das heißt der Zunahme von Vernunft und Harmonie.

Bogdanow beschreibt mit seiner Organisationslehre Geschichte als Prozeß von Organisation und Desorganisation. Er definiert Organisation zum einen als Grundprinzip der Natur und des Sozialen: Alles sei Organisation. Bogdanow umfaßt mit dem Begriff sowohl die Formen instinktiver Selbstorganisation der Natur als auch die bewußte, zweckmäßige Organisation durch den Menschen. Zum zweiten definiert er Organisation als Gesetz der Evolution. Entwicklung, so Bogdanow, sei ein Prozeß zunehmender Organisation: Die niedrigeren „organisatorischen Formen" werden von jeweils höheren abgelöst. Je komplexer eine Form organisiert sei, um so mehr sei sie in der Lage, ihre Umwelt zu beherrschen. Das Ziel der organisatorischen Entwicklung sei das Erreichen eines harmonischen „Gleichgewichtszustands". Dieser werde durch den „Kampf" der organisatorischen Formen gegeneinander jedoch immer wieder zerstört. Auf diese Desorganisation erfolge erneut ein Organisationsprozeß, der ein neues Gleichgewicht auf höherer Ebene herstelle. Geschichte, so Bogdanow, stelle einen Fortschritt hin zur immer höheren, immer rationaleren und harmonischeren Organisation der Gesellschaft dar.

„Wachstum der Harmonie des Lebensprozesses bedeutet Schwächung seiner inneren Widersprüche, die Verringerung der gegenseitigen Unangepaßtheit ihrer Elemente, durch die sie auf die eine oder andere Weise zerstörend aufeinander wirken. [...] so ist der Inhalt der Idee des Fortschritts [...] das Wachsen der Fülle und Harmonie des Lebens [...]."[129]

---

[128] „Die Ablösung des bürgerlichen Staates durch den proletarischen ist ohne gewaltsame Revolution unmöglich." (Lenin, Wladimir I.: Staat und Revolution. In: ders.: Werke, Bd. 25. Berlin 1960. S. 393-507, S. 413).

[129] Bogdanov, Aleksandr A.: Čto takoe idealizm'? (1901) In: ders.: Iz psichologij

Bogdanow unterscheidet für Organisation als sozialen Prozeß drei Ebenen: Organisation der Natur durch die Technik, Organisation der Gesellschaft durch die Ökonomie und Organisation der Ideen und sozialen Erfahrung durch Wissenschaft und Kunst.

> „Der soziale Prozeß zerlegt sich in drei Momente, oder vielleicht genauer, hat drei Seiten: die technische, die ökonomische und die ideologische. In der technischen kämpft die Gesellschaft gegen die Natur und unterwirft sie, d. h. sie *organisiert die Außenwelt* in den Interessen ihres eigenen Lebens und ihrer eigenen Entwicklung. In der ökonomischen [...] *organisiert sich die Gesellschaft selbst* für diesen Kampf mit der Natur. In der ideologischen *organisiert sie ihre Erfahrung und ihre Erlebnisse* und schafft daraus Organisationswerkzeuge für ihr gesamtes Leben und ihre gesamte Entwicklung. Infolgedessen ist jede Aufgabe in der Technik, in der Ökonomie oder im Gebiet der geistigen Kultur eine *Organisationsaufgabe* und außerdem eine *soziale*."[130]

Ausgehend von der Organisationslehre beschreibt Bogdanow weiterhin Klassenkämpfe als Kämpfe organisatorischer Formen.

> „Wenn Gesellschaften, Klassen, Gruppen gegeneinander ankämpfen und sich gegenseitig desorganisieren, so geschieht das deshalb, weil jede dieser menschlichen Gemeinschaften danach strebt, die Welt und die Menschheit für sich, für ihre eigenen Zwecke zu *organisieren*. Das ist das Ergebnis der Sonderexistenz und der Sondertendenzen der organisierenden Kräfte, das Ergebnis der Tatsache, daß weder ihre Einheit noch ihr gemeinsamer harmonischer Zusammenschluß erzielt worden ist. Die Folge ist der *Kampf der organisatorischen Formen* gegeneinander." (Tektologie, Bd. 1, S. 21)

Klassenkämpfe sind in diesem Sinne Ausdruck der Desorganisation des Gleichgewichtszustands der Gesellschaft. Ihnen gegenüber bedeutet Revolution die „Harmonisierung des menschlichen Daseins".[131] Bogdanow stellt damit für die sozialistische Revolution nicht die Eroberung der politischen Macht durch das Proletariat ins Zentrum – in einem Brief an Lunatscharski nach der Oktoberrevolution kritisiert er das als Simplifizieren des Sozialismus.[132] Es geht ihm stattdessen um die Entwicklung des Proletariats als „organisatorische Form",

---

obščestva. St. Petersburg 1904. S. 11-34, S. 16.
[130] Bogdanoff: Die Kunst und das Proletariat, S. 43f.
[131] Masaryk: Zur russischen Geschichts- und Religionsphilosophie, Bd. 2, S. 325.
[132] Vgl. Bogdanov, Aleksandr A.: Pis'mo A. V. Lunačarskomy, 19 nojabrja (2 dekabrja) 1917 g. In: Neizvestnyj Bogdanov, Bd. 1. Moskau 1995. S. 189-192, S. 190.

das meint dessen kulturelle Befähigung, die Gesellschaft und die Natur in seinem Interesse zu organisieren und so einen neuen, höheren Zustand zu schaffen.

Bogdanow definiert das Proletariat als Klasse, die ihrem Wesen nach die „Klasse der Organisation" sei. Er begründet das in dem Kollektivismus des Proletariats, der aus dessen Stellung in der Arbeit erwachse. Das Proletariat sei dazu berufen, die Organisation der Arbeit und Gesellschaft zu vollenden.

> „Das Proletariat organisiert die Dinge in seiner Arbeit, sich selbst in seinem Kampfe, seine Erfahrung in beiden. Es ist in seinem Wesen die Klasse der Organisation. Es ist berufen, alle trennenden Hindernisse der Menschheit zu beseitigen, jeder Anarchie ein Ende zu machen. Es ist der Erbe aller Klassen, die in der Geschichte auftraten, es ist die unmittelbare Quelle der zu organisierenden Arbeit, es ist das Erbe der angehäuften Erfahrungen. Dieses Erbe zu ordnen in der Form einer allumfassenden Wissenschaft, dazu ist das Proletariat berufen. Diese Wissenschaft wird seine Basis sein, auf der es imstande sein wird, seine Ideale ins Leben zu rufen."[133]

Um sich als Klasse verwirklichen und den Sozialismus aufbauen zu können, müsse das Proletariat, so Bogdanow, sich jedoch seiner Organisationsaufgabe bewußt werden. Sozialismus bedeute die rationale Organisation der gesamten Gesellschaft und des Lebens. Dafür brauche das Proletariat eine neue, eigene Wissenschaft, die die begrenzte, individualistische Anschauung der bürgerlichen Welt aufhebe.

> „Ihre historische Aufgabe, ihr soziales Ideal erfordert, daß sie im Reiche der Wissenschaft etwas ganz Neues schafft, was der bürgerlichen Welt nicht nur versagt blieb, sondern was sie unfähig war, auch nur zur Diskussion zu stellen. Die Verwirklichung des Sozialismus bedeutet eine Organisationsarbeit von einer Weite und Tiefe, zu der noch keine Gesellschaftsklasse in der Geschichte der Menschheit berufen war."[134]

In dem Entwickeln dieser neuen Wissenschaft, die die rationale Organisation der Gesellschaft ermögliche, der Organisationslehre, liegt für Bogdanow die historische Mission des Proletariats und dessen revolutionäre Aufgabe. Bogdanow bestimmt die Organisationslehre als Programm für die Revolution. Für das Proletariat heißt das, daß die Revolution vor allem in einer Kulturrevolution bestehen müsse, in der sich das Proletariat die Instrumente der Organisationsarbeit aneigne.

---

[133] Bogdanow: Die Wissenschaft und die Arbeiterklasse, S. 23.
[134] Ebd., S. 20.

Revolution als Kulturrevolution

Bogdanows Utopien lassen sich als Manifest für eine proletarische Kulturrevolution lesen, insbesondere *Ingenieur Menni*. Bogdanow veranschaulicht in ihnen sein Konzept einer proletarischen Kultur und Wissenschaft. Am Ende von *Ingenieur Menni* beschreibt er, wie die neue, proletarische „Universalwissenschaft" – das ist die Organisationslehre – als Instrument der Revolution und für den Aufbau des Sozialismus fungiert.

> „So wie die Naturwissenschaft früher zur Waffe der wissenschaftlichen Technik wurde, stellte die universelle Wissenschaft jetzt eine Waffe beim wissenschaftlichen Aufbau des sozialen Lebens in seiner Gesamtheit dar. Noch früher aber hatte diese Wissenschaft schon breite Anwendung bei der Entwicklung der Arbeiterorganisationen und ihrer Vorbereitung auf den letzten, entscheidenden Kampf gefunden." (Menni, 288)

Ebenso weist Bogdanow in *Der rote Stern* in der Analyse des Scheiterns des Erzählers in der sozialistischen Marsgesellschaft auf die Notwendigkeit hin, für den Sozialismus eine neue Kultur kollektivistischen Denkens und Verhaltens zu entwickeln, um die bürgerliche Ideologie zu überwinden.

Die Schaffung einer proletarischen Weltanschauung, Kultur und Wissenschaft bildet den Kern von Bogdanows Kulturrevolution. Diese sollte als „innere Revolution" des Proletariats der politischen vorangehen.

> „Der Übergang zu ihrer bewußten Schöpfung ist eine hervorragende kulturelle Revolution im Proletariat: es ist *seine innere sozialistische Revolution*, die unbedingt der äußeren sozialistischen Revolution der Gesellschaft vorangehen muß."[135]

Bogdanow entwirft hier eine alternative Revolutionsprogrammatik. Der Vorrang der kulturellen Revolution vor der politischen umfaßt zum einen, daß die sozialistische Revolution mehr bedeute als die Eroberung der politischen Macht durch das Proletariat. Für Bogdanow bestand die sozialistische Revolution in der Entwicklung einer höheren Form von Gesellschaft und der Schaffung eines Neuen Menschen durch dessen kulturelle Emanzipation. Zum zweiten betont Bogdanow mit der Kulturrevolution die Notwendigkeit, für den Sozialismus die kulturelle Hegemonie der Bourgeoisie zu brechen.[136] Der Hintergrund von Bogdanows Kulturrevolution war dessen Analyse des Scheiterns der Revolution von

---

[135] Bogdanow: Die Entwicklungsformen der Gesellschaft und die Wissenschaft, S. 223f.
[136] Bogdanovs Kulturrevolution wird daher oft auch mit Gramscis Hegemoniekonzept verglichen (vgl. z. B. Sochor: Was Bogdanov Russia's Answer to Gramsci?).

1905. Bogdanow ging es um die ideologische Organisierung des Proletariats. Er sah, wie beschrieben, die Klassen nicht durch den Besitz der Produktionsmittel bestimmt, sondern durch den Besitz des „Organisationswissens", das die Gesellschaft, Ökonomie etc. organisiert. Die sozialistische Revolution erfordere die Aneignung des Organisationswissens durch das Proletariat. Eben daran sei, so Bogdanow, die Revolution von 1905 gescheitert: Dieser habe die ideologische Emanzipation des Proletariats gefehlt, die – wie die Aufklärung die Französische Revolution – die sozialistische Revolution vorbereite. Der entscheidende Moment sei dabei nicht, sich das vorhandene Wissen anzueignen; das allein würde nur die bürgerliche Ideologie fortschreiben. Es komme vielmehr darauf an, so Bogdanow, das Wissen *proletarisch* neu zu interpretieren, um eine proletarische, das heißt kollektivistische, Sicht der Welt zu generieren.

> „Der Sozialismus fordert ebenso eine neue Wissenschaft und eine neue Philosophie. Wir wissen, die Sache der Wissenschaft und Philosophie besteht darin, die Erfahrung der Menschen zusammenzusammeln und zu einer harmonischen Anordnung zu organisieren. Doch die proletarische Erfahrung ist eine andere als die der alten Klassen [...]. Man kann unterstellen, daß alle Wissenschaften und die gesamte Philosophie in den Händen des Proletariats ein neues Aussehen annehmen werden, weil andere Lebensbedingungen andere Wahrnehmungsweisen und ein anderes Verständnis der Natur erzeugen werden."[137]

Diese neue, proletarische Wissenschaft, die Bogdanow hier einfordert, sollte seine Organisationslehre, die Tektologie, bilden. Sie war als eine Art Universalwissenschaft gedacht. Als das „proletarische" an ihr bezeichnet Bogdanow, daß sie die Spezialisierung und „Zersplitterung" der Wissenschaften aufhebe und diese in einer neuen Einheit zusammenführe und damit allgemein erfaßbar und anwendbar mache. Mit ihr sollten sich die Organisationsprozesse der Gesellschaft und Natur bestimmen und durch das Proletariat lenken lassen. Sie ermögliche die wissenschaftliche Organisation der Gesellschaft und Natur. Bogdanow verdeutlicht die Bedeutung der Tektologie mit dem Bild des Fahrplans: Die Tektologie beschreibe zum einen die Strukturen und Prozesse, zum anderen gebe sie die Richtung der Entwicklung vor – die organisatorische Höherentwicklung der Gesellschaft. In diesem Sinne bildete die Tektologie nicht einfach eine Wissenschaft, die sich auf den Marxismus berief, sie war zugleich politisches Programm. Sie war als Instrument zur Analyse der Gesellschaft, Ökono-

---

[137] Bogdanov: Sozialismus in der Gegenwart, S. 134.

mie etc. und als Mittel für den politischen Kampf sowie als dessen Ziel in einem gedacht.[138] Sie sollte, wie Bogdanow es in *Ingenieur Menni* beschreibt, für das Proletariat das Instrument bilden, sich zu organisieren und den Sozialismus aufzubauen.

Warnung vor der Deformation des Sozialismus

In *Der rote Stern* läßt Bogdanow in der Debatte über die Kolonisierung der Erde Sterni vor einer Deformation und Entartung des Sozialismus auf der Erde warnen. Das Proletariat sei in seiner Entwicklung noch nicht so weit, und auch der Nationalismus stehe einer einheitlichen sozialistischen Revolution auf der Erde entgegen.

> „Nicht eine, sondern viele Revolutionen sind voraussehbar, in den verschiedenen Ländern zu unterschiedlicher Zeit, in vielem werden sie einander wahrscheinlich nicht gleichen, und die Hauptsache – ihr Ausgang – ist zweifelhaft. Die herrschenden Klassen, die sich auf die Armee und die hoch entwickelte Kriegstechnik stützen, könnten in manchen Fällen dem aufständischen Proletariat eine solche vernichtende Niederlage zufügen, daß der Kampf für den Sozialismus in mehreren großen Staaten um Jahrzehnte zurückgeworfen wird. [...] Dann werden einzelne fortgeschrittene Länder, in denen der Sozialismus gesiegt hat, zu Inseln inmitten einer kapitalistischen und teilweise sogar vorkapitalistischen Welt. Die herrschenden Klassen der nichtsozialistischen Länder werden alles versuchen, um diese Inseln zu zerstören, sie werden ständig kriegerische Überfälle organisieren und sogar unter den ehemaligen großen und kleinen Besitzenden in den sozialistischen Ländern genügend Verbündete finden, die zu jedem Verrat bereit sind. Das Ergebnis solcher Zusammenstöße ist schwer vorherzusagen. Aber selbst dort, wo der Sozialismus als Sieger hervorgeht, wird sein Charakter nach den vielen Jahren des Belagerungszustandes, nach dem unvermeidlichen Terror und dem Militarismus stark und für lange Zeit verzerrt sein, was unausweichlich einen barbarischen Patriotismus zur Folge haben wird. Es wird bei weitem nicht unser Sozialismus sein." (Planet, 120f.)

Diese Warnung, daß bei einer Revolution mit einem Proletariat, das kulturell noch nicht reif ist, der Sozialismus Gefahr laufe, zur Barbarei zu entarten, griff Bogdanow nach 1917 wieder auf. Er war, was lange übersehen wurde, ein scharfer Kritiker des Kriegskommunismus, der nach der Oktoberrevolution entstand, und auch der Oktoberrevolution selbst. Er hielt zwar loyal zur Partei,

---

[138] Vgl. Gorsen/ Knödler-Bunte: Proletkult 1, S. 38f.

stand dem Oktoberumsturz aber skeptisch gegenüber. Er sah eine sozialistische Revolution zu dem Zeitpunkt in Rußland für verfrüht an. Er warnte genau wie Sterni in *Der rote Stern* vor der Gefahr, daß dabei der Sozialismus deformiere. 1921 schrieb er in einem Offenen Brief an Bucharin:

> „Sie [die Partei] betrachtete die aus dem Krieg hervorgegangene Weltrevolution als sozialistisch, ich kam zu einem anderen Schluß."[139]

Die Entartung des Sozialismus zeige sich, so Bogdanow, unter anderem in dem gegenwärtigen „autoritären Verbrauchskommunismus". Was man mit dem Kriegskommunismus habe, sei eine „widerliche Karikatur" des Sozialismus, „eine Ausgeburt des Krieges und der alten Staatsform". Das sei kein Sozialismus, sondern lediglich die neue Form eines „staatlichen Kapitalismus".[140] Schon 1917 hatte Bogdanow gegenüber Lunatscharski den sozialistischen Charakter der Oktoberrevolution bezweifelt.

> „Die Position einer Partei, die aus verschiedenen Klasseneinheiten besteht, wird von ihrem rückständigen Flügel bestimmt. Eine Arbeiter- und Soldatenpartei ist *objektiv* einfach eine Soldatenpartei. Und es ist erstaunlich, in welchem Maß sich der Bolschewismus in diesem Sinne umwandelte. Er eignete sich die ganze Logik der Kaserne an, alle ihre Methoden, ihre ganze spezifische Kultur und ihr Ideal. Die Logik der Kaserne im Gegensatz zur Logik der Fabrik ist dadurch charakterisiert, daß sie jede Aufgabe als eine Frage der Stoßgewalt versteht und nicht als eine Frage der organisierten Erfahrung und Arbeit. Die Bourgeoisie schlagen – und hier ist der Sozialismus. Die Macht ergreifen – und dann können wir alles."[141]

Bogdanow hielt der Parteiführung vor, daß sie die Aufgabe des Sozialismus unterschätze, indem sie diesen auf die politische Machtergreifung reduziere. Seine Kritik der Oktoberrevolution und des Kriegskommunismus beruht auf seiner Organisationslehre und dem Kulturrevolutionskonzept.[142] Bogdanow sah die Februarrevolution 1917 als Fortsetzung der niedergeschlagenen Revolution von 1905. Ihrem Wesen nach sei diese jedoch eine bürgerliche gewesen und ihr Ziel die demokratische Republik. Auf der politischen Agenda stand für ihn 1917 daher nicht die sozialistische Revolution. Er sah als Aufgabe, vorerst die Bedin-

---

[139] Bogdanov: Otkrytoe pis'mo tov. Bucharinu, S. 204f.
[140] Vgl. zu Bogdanovs Kritik des Kriegskommunismus den Abschnitt „Voennyj kommunizm i gosudarstvennyj kapitalizm" in *Voprosy socializma* (S. 335ff.).
[141] Bogdanov: Pis'mo A. V. Lunačarskomy, 19 nojabrja (2 dekabrja) 1917 g, S. 190.
[142] Vgl. Rink: Der theoretische Beitrag A. A. Bogdanows, S. 112.

gungen für die ideologische Entwicklung des Proletariats zu schaffen, das heißt für eine proletarische Kulturrevolution. Diese bilde die Voraussetzung für den Aufbau des Sozialismus. Er ging entsprechend von einer Übergangsperiode aus.

Bogdanow konstatierte in seiner Kritik, daß die sozialistische Revolution nur im globalen Maßstab erfolgreich sein könne. Sozialismus in einem Land, wie später die Losung lautete, war für ihn undenkbar. Die einzelnen Staaten seien, so Bogdanow, ökonomisch auf einander angewiesen; das sozialistische Land bliebe mithin vom Kapitalismus abhängig. Eine isolierte Revolution in einem rückständigen Land wie Rußland sei daher zum Scheitern verurteilt. Selbst wenn sie sich halte, die Abwehr gegen das kapitalistische Lager würde, so Bogdanow, den Sozialismus auf lange Sicht deformieren.

> „In den Grenzen eines einzelnen Landes kann man nicht alles Nötige für die Wirtschaft finden [...] Das würde aber bedeuten, daß die sozialistischen Ländern oder das sozialistische Land vom Kapitalismus abhängig wäre [...] der Übergang zum Sozialismus muß entweder sofort alle Länder ergreifen oder, was wahrscheinlicher ist, eine solche bedeutende Gruppe von Ländern [...], daß der restliche, rückständige Teil der Menschheit nicht ernsthaft ihre Macht gefährden und ihre Wirtschaft nicht durch die Ablehnung des Austausches notwendiger Produkte zerstören kann."[143]

Weiterhin konstatierte Bogdanow, daß das russische Proletariat in seiner Entwicklung noch nicht reif für die sozialistische Revolution sei. Es habe zwar mit dem Oktoberumsturz die Macht erobert, doch es sei ideologisch nicht darauf vorbereitet, den Sozialismus aufzubauen. Der Sozialismus erfordere eine emanzipierte Arbeiterschaft. Das Proletariat in Rußland, so Bogdanow, sei jedoch noch kulturell unselbständig und weit davon entfernt, die Organisationslehre als „wissenschaftlichen Plan" für den Aufbau des Sozialismus zu beherrschen.

> „Die kulturelle Unselbständigkeit des Proletariats heutzutage ist ein grundlegender und unbestreitbarer Fakt, den man ehrlich anerkennen muß [...]. Bis die Arbeiterklasse nicht ihre organisatorischen Instrumente beherrscht, sondern im Gegenteil diese sie beherrschen, [...] kann und *darf sie nicht* versuchen, die Aufgabe der Organisation der Welt unmittelbar zu lösen und den Sozialismus zu verwirklichen. Das wäre ein Abenteuer ohne die geringste Chance auf Erfolg, ein Versuch, einen weltweiten Palast zu errichten, ohne die Gesetze der Architektur zu kennen. Es würde eine neue blutige Lehre sein, wahrscheinlich eine noch grausamere als die, die wir jetzt durchleben."[144]

---

[143] Bogdanov, Aleksandr: Put' k socializmu. Moskau 1917, S. 12f.
[144] Bogdanov: Voprosy socializma, S. 331f. (von 1918).

Die Warnung Bogdanows sollte sich als prophetisch erweisen. Und das nicht nur im Hinblick darauf, daß die sozialistische Revolution nur in einzelnen Ländern siegen werde und diese sich als „Inseln" gegen das kapitalistische Lager zu behaupten haben. Die weitere Entwicklung Sowjetrußlands beziehungsweise der Sowjetunion bestätigte sichtlich – und blutig – die Prognose aus *Der rote Stern*, daß der „unvermeidliche Terror" und „Militarismus" eines Sozialismus in einem Land den Sozialismus „stark und für lange Zeit" deformieren werde. In diesem Sinne läßt sich Bogdanows Utopie auch als indirekte Warnutopie für den real existierenden Sozialismus lesen.

ALEXANDER W. TSCHAJANOW – SOZIALISMUS ALS GENOSSENSCHAFTLICHE BAUERNREPUBLIK

Agrarsozialist nach 1917. Biographie und Kontext

Nach den Revolutionen 1917 wurde die Utopie zum beliebten Medium, um die Erwartungen für die neue Gesellschaft zum Ausdruck zu bringen oder auch um kritisch die entstehenden Verhältnisse zu reflektieren. Insbesondere der Kriegskommunismus forderte zur utopischen Produktion heraus. Eine der ersten Utopien, die ein Gegenbild zum Kriegskommunismus bot, ist der 1920 von dem Agrarökonomen Tschajanow unter dem Pseudonym Iwan Kremnew veröffentlichte utopische Roman *Reise meines Bruders Alexej ins Land der bäuerlichen Utopie*.[145] Tschajanow warnt, anders als Samjatin, nicht mit einer Dystopie, sondern stellt dem Kriegskommunismus eine positive Alternative gegenüber.[146] Er entwirft für Sowjetrußland das Bild einer sozialistischen genossenschaftlichen Bauernrepublik. Seine *Reise* läßt sich utopiegeschichtlich als Antwort auf Bogdanow verstehen. Sie ist das agrarsozialistische Gegenbild zu Bogdanows Bild des Sozialismus als industrielle, proletarische Moderne.

Tschajanows *Reise* nimmt im russischen Utopiediskurs nach 1917 eine Schlüsselstellung ein. Sie ist zwar nicht, wie Shaw schreibt, die einzige sowje-

---

[145] Kremnev, Ivan: Putešestvie moego brata Alexeja v stranu krest'janskoj utopii. Moskau 1920 (Reprint: Čajanov, Aleksandr V.: Œuvres choisies, Bd. 3. Paris 1967. S. 73-153). Im folgenden zitiert mit der Sigle BU nach Tschajanow, Alexander W.: Reise meines Bruders Alexej ins Land der bäuerlichen Utopie. Frankfurt a. M. 1981. Online-Ausgabe der dt. Übersetzung: http://nemesis.marxists.org/tschajanow-reise-meines-bruders-alexej1.htm.

[146] Bogomasow und Drosdowa sehen hingegen Čajanovs *Reise* als Antiutopie, in der Čajanov zeige, „daß die eigenmächtigen Versuche, eine gerechte Gesellschaftsordnung zu verwirklichen, von katastrophalen Folgeerscheinungen begleitet werden und zu einem von Fanatikern geleiteten totalitären Regime führen müssen" (Bogomasow, Gennady G./ Drosdowa, Natalia P.: Alexander Wassiljewitsch Tschajanow: Leben und Werk. In: Schefold, Bertram (Hrsg.): Vademecum zu einem russischen Klassiker der Agrarökonomie. Düsseldorf 1999. S. 37-74, S. 61). Auch Hedeler sieht Čajanovs *Reise* als Antiutopie (vgl. Hedeler, Wladislaw: Transformationstheorie – oder Utopie. In: Bucharin, Nikolai: Ökonomik der Transformationsperiode. Berlin 1990. S. 255-267, S. 256).

Abb. 7 Einband von Tschajanows *Reise meines Bruders Alexej ins Land der bäuerlichen Utopie*, New York 1981

tische literarische Bauernutopie.[147] Auch seitens der Anarchisten erschien eine Reihe von Utopien, die eine agrarsozialistische Alternative entwarfen, etwa Apollon A. Karelins (1863-1926) *Rußland im Jahr 1930*.[148] Was jedoch Tschajanows *Reise* heraushebt, ist, daß sie die agrarsozialistische Tradition des Narodnitschestwo aktualisiert und mit der direkten Kritik der bolschewistischen Politik verknüpft. Sie kehrt die Diktatur des Proletariats um zur Diktatur der Bauern. Das gibt ihr einen gleichermaßen polemischen wie ironischen Charakter, der für sie ähnlich wie Morus' *Utopia* die Ambivalenz als hypothetisches Ideal offenhält. In bezug auf den Kriegskommunismus zeigt sie sich von „großer ideologischer Sprengkraft".[149] Auf dem Höhepunkt der kriegskommunistischen Erwartungen, umgehend den Kommunismus zu verwirklichen, polemisiert sie gegen zentrale Elemente des Kriegskommunismus: Tschajanow kritisiert in ihr die Politik des staatlichen Kollektivismus, das Primat der Industrialisierung und der Stadt gegenüber dem Land sowie das Ideal der Aufhebung der Familie.

Als agrarpolitische Alternative reicht Tschajanows Utopie über die Kritik des Kriegskommunismus hinaus. Mit ihrem Bezug auf Tschajanows Theorie der bäuerlichen Familienwirtschaft und auf sein Genossenschaftsideal läßt sie sich noch gegen die Stalinsche Kollektivierung und die Politik des Klassenkampfes unter den Bauern als utopische Kritik stellen. Tschajanow galt als führender Vertreter der sogenannten Organisations- und Produktionsschule, einer Gruppe von Agrarökonomen, die in der Tradition der Narodniki und des Semstwo standen.[150] Diese war in den agrarpolitischen Debatten nach 1917 der Widerpart zu den bolschewistischen Agrarmarxisten. Gegen deren Politik einer raschen Kollektivierung der Landwirtschaft setzte sie die Entwicklung der bäuerlichen Familienwirtschaft und eines autonomen Genossenschaftswesens. In seiner Utopie gründet Tschajanow auf den Vorstellungen der Schule die öko-

---

[147] Vgl. Shaw, Nonna D.: The Only Soviet Literary Peasant Utopia. In: The Slavic and East European Journal 7. Jg. (1963) H. 3. S. 279-283.

[148] Vgl. Karelin, Apollon A.: Rossija v 1930 godu. Moskau 1921. Vgl. zu den anarchistischen Utopien der Revolutionszeit Heller/ Niqueux: Geschichte der Utopie, S. 257ff.

[149] Waegemans, Emmanuel: Kremnjov: alle macht aan de boeren: een utopische visie op Rusland in 1984. In: ders. (Hrsg.): Russische Literatuur in de 20ste EEUW. Leuven 1986. S. 77-90, S. 84.

[150] Vgl. zur Organisations- und Produktionsschule Hahn: Sozialismus als „bäuerliche Utopie", S. 115f.

nomische sowie die politische und soziale Ordnung. In ihrer Analyse der agrarsozialistischen Konzeptionen der Neonarodniki bewertet Hahn daher die *Reise* als „die politischste Schrift, die jemals von einem Wissenschaftler der Organisations- und Produktionsschule verfaßt wurde".[151]

> „Diese in belletristische Form gekleidete Utopie stellte einen Höhepunkt, aber gleichzeitig auch die letzte Station der offen regimekritischen Schriften der Narodniki und der Neonarodniki dar."[152]

Die politische „Sprengkraft" seiner Utopie zeigte sich für Tschajanow auch persönlich. Als er 1930 unter dem Vorwurf, eine konterrevolutionäre Bauernpartei gegründet zu haben, verhaftet und verurteilt wurde, zog man als ‚Beweis' dafür seine *Reise* heran.

Alexander W. Tschajanow

Alexander W. Tschajanow wurde am 17. Januar 1888 in Moskau geboren.[153] Sein Elternhaus zählte zum gutsituierten kaufmännisch-bürgerlichen Milieu. Nach Abschluß der Realschule begann er 1906 ein Studium der Agrarökonomie am Landwirtschaftlichen Institut in Petrowskoje bei Moskau. 1908 und 1909 unternahm er seine ersten Europareisen nach Italien und Belgien und studierte die dortige Genossenschaftsbewegung. Die Genossenschaftsidee wurde eines der zentralen Themen seiner theoretischen und seiner politischen Arbeit. Noch während des Studiums begann er, sie publizistisch in Rußland zu fördern. Nach dem Studium blieb er am Institut und promovierte. 1912, nach der Magister-Dissertation, delegierte ihn das Institut erneut auf Studienreise nach Westeuropa. Er besuchte Deutschland, England, Italien, Frankreich und die Schweiz. Die

---

[151] Ebd., S. 160.

[152] Ebd., S. 309.

[153] Vgl. zur Biographie Čajanovs Schulze, Eberhard (Hrsg.): Alexander Wasiljewitsch Tschajanow – die Tragödie eines großen Agrarökonomen. Kiel 2001; Čajanov, Vasilij A.: A. V. Čajanov – čelovek, učenyj, graždanin. Moskau 2000; Baljazin, Vladimir N.: Professor Aleksandr Čajanov, 1888-1937. Moskau 1990; Bogomasow/ u. a.: Alexander Wassiljewitsch Tschajanow; Kerblay, Basile: A. V. Chayanov: Life, Career, Works. In: Thorner, Daniel/ u. a. (Hrsg.): A. V. Chayanov on The Theory of Peasant Economy. Homewood 1966. S. XXV-LXXV; zu seinen agrarpolitischen Positionen vgl. Hahn: Sozialismus als „bäuerliche Utopie". Zu Čajanovs Schriften vgl. die Bibliographien in Čajanov, Aleksandr V.: Œuvres choisies, Bd. 1. Paris 1967; Thorner, Daniel/ u. a. (Hrsg.): A. V. Chayanov on The Theory of Peasant Economy; Hahn: Sozialismus als „bäuerliche Utopie"; Čajanov: A. V. Čajanov – čelovek, učenyj, graždanin.

wichtigste Station war für ihn das Bauernsekretariat des Schweizerischen Bauernverbandes unter Ernst Laur, einem der führenden Agrarökonomen und einflußreichen Agrarpolitiker in der Zeit. 1913 wurde Tschajanow mit fünfundzwanzig Jahren zum Professor für landwirtschaftliche Ökonomie am Landwirtschaftlichen Institut in Petrowskoje berufen. In der Folgezeit wandte er sich insbesondere den Semstwo-Statistiken über die wirtschaftlichen und sozialen Verhältnisse auf dem Land zu. Ausgehend von der Frage, wie es der bäuerlichen Familienwirtschaft gelinge, unter dem Kapitalismus zu überleben, entwickelte er seine Theorie der lohnarbeiterfreien bäuerlichen Familienwirtschaft als eigenen, nichtkapitalistischen Wirtschaftstyp.[154]

Tschajanow ging es mit seiner Arbeit immer auch um aktive Gestaltung der Agrarpolitik und um praktische Hilfe für die Bauern; das war nicht zuletzt ein Erbe des Semstwos. Sein Ziel war die Stärkung und Weiterentwicklung der bäuerlichen Familienwirtschaft durch Ausbau des Genossenschaftswesens und der sozialagronomischen Beratung. Er engagierte sich in der bäuerlichen Genossenschaftsbewegung und den agrarpolitischen Reformdebatten.[155] 1915 war er an der Gründung der Zentralen Genossenschaft der Leinanbauer (Leinzentrum) beteiligt.[156] Er war erst Vorsitzender der Leitung, später Vorsitzender des Rates des Leinzentrums. Im Rahmen des Leinzentrums organisierte er Ausbildungskurse für die Mitarbeiter der genossenschaftlichen Vereinigungen. Auf deren Basis entstand 1918 auf seine Initiative das zentrale Genossenschaftsinstitut.

Wie viele der gemäßigten Sozialisten begrüßte Tschajanow die Februarrevolution 1917 und unterstützte die Provisorische Regierung. Die Revolution eröffnete für ihn die Chance, seine agrarpolitischen Vorstellungen politisch umzusetzen.[157] Er vertrat unter anderem den Allrussischen Genossenschaftskongreß, die Zentrale der Genossenschaftsbewegung, im Hauptkomitee für die Bodenfrage bei der Provisorischen Regierung und war Mitglied der Liga für Agrarreformen, dem zentralen agrarpolitischen Forum in der Zeit – im April 1917

---

[154] Vgl. Tschajanow, Alexander W.: Die Lehre von der bäuerlichen Wirtschaft. Berlin 1923 (Reprint 1987 u. 1999).

[155] Vgl. dazu Kerblay: A. V. Chayanov: Life, Career, Works; Hahn: Sozialismus als „bäuerliche Utopie".

[156] Vgl. zum Leinzentrum Schulze (Hrsg.): Alexander Wasiljewitsch Tschajanow, S. 106.

[157] Programmatisch faßte Čajanov seine agrarpolitischen Vorstellungen und Forderungen in *Čto takoe agrarnyj vopros?* (1917) zusammen; vgl. dazu Hahn: Sozialismus als „bäuerliche Utopie", S. 133ff.

war dieses von Agrarwissenschaftlern, Semstwo-Aktivisten und Agrarpolitikern als gemeinsame Initiative agrarökonomischer Gesellschaften gegründet worden. Von Ende Oktober war er, bis die Oktoberrevolution die Provisorische Regierung stürzte, stellvertretender Minister im Landwirtschaftsministerium. Tschajanow ging für die Lösung der Agrarfrage von seiner Theorie der bäuerlichen Familienwirtschaft aus. Er gründete die Agrarordnung Rußlands auf der lohnarbeiterfreien bäuerlichen Familienwirtschaft und deren Genossenschaften. Ihnen sollte der, mit Entschädigungszahlung, nationalisierte Grund und Boden übergeben werden. Tschajanow sah die Bodenfrage jedoch nicht als alleinige Hauptfrage. Die Umverteilung des Bodens müsse, so Tschajanow, ergänzt werden durch die Frage, wie die landwirtschaftliche Produktion organisieren wird, um ihre Produktivität zu steigern. Er sah dafür vor allem den Aufbau einer sozialagronomischen Beratung und die Förderung des Genossenschaftswesens vor.

Die Oktoberrevolution brach Tschajanows politische Arbeit vorerst ab. Er emigrierte jedoch nicht wie viele andere der Organisations- und Produktionsschule. Er blieb auch unter den Bolschewiki als Agrarexperte tätig. Er versuchte, seine Vorstellungen zur Förderung der bäuerlichen Wirtschaft und des Genossenschaftswesens weiterhin umzusetzen und sie den neuen Bedingungen anzupassen. 1919 gründete er an der Landwirtschaftlichen Akademie in Petrowskoje als Forschungskolleg das Höhere Seminar für Agrarökonomie und Agrarpolitik. Aus ihm ging 1921/1922 das Wissenschaftliche Institut für Agrarökonomie und Agrarpolitik hervor. Das von ihm geleitete Institut wurde in der Folgezeit zum zentralen agrarökonomischen Forschungsinstitut.[158] Bis Mitte der 1920er Jahre dominierten Tschajanow und die Organisations- und Produktionsschule die russische Agrarökonomie und waren die maßgebenden agrarpolitischen Berater des Volkskommissariats für Landwirtschaft (Narkomsem). Er arbeitete 1918/1919 für das Narkomsem eine Rechnungsmethode für eine geldlose sozialistische Wirtschaft aus.[159] Ab 1921 war er an der Ausgestaltung des Übergangs zur NEP und der Agrarpolitik während der NEP beteiligt. Zusammen mit seiner Organisations- und Produktionsschule entwickelte er Konzepte zur Verbindung der Landwirtschaft mit der verarbeitenden Industrie, für die agrarwissenschaftliche Beratung und für ein Kleinkreditsystem, um die bäuerliche Kapitalbildung zu stärken, und erstellte Studien zur optimalen Betriebsgröße für die einzelnen Agrarprodukte. Auch in der Genossenschaftsbewegung war

---

[158] Vgl. zum Institut Schulze (Hrsg.): Alexander Wasiljewitsch Tschajanow, S. 106ff.
[159] Vgl. dazu Hahn: Sozialismus als „bäuerliche Utopie", S. 150ff.

er weiterhin an führender Stelle tätig. 1921 wurde er Mitglied des Kollegiums des Narkomsem und auf Vorschlag Lenins zum Vertreter des Narkomsem im Staatlichen Plankomitee ernannt.

Tschajanow versuchte, sein Ideal einer bäuerlichen Ökonomie mit den bolschewistischen Sozialismusvorstellungen zu verbinden. Eine zentrale Rolle nahm dabei die Genossenschaftsfrage ein.[160] Er machte anfänglich das Genossenschaftswesen als Dritten Weg stark, der gegenüber Kapitalismus und Staatssozialismus zu einem eigenen, nichtkapitalistischen Wirtschaftssystem führe.[161] Er ging davon aus, daß es zum staatlichen Kollektivismus in der Industrie koexistieren könne. Ab der NEP-Zeit betonte er dagegen den Zusammenhang von Genossenschaft und Sozialismus. Er stellte nunmehr die Genossenschaft als Instrument heraus, die bäuerliche Wirtschaft in die staatliche Planwirtschaft zu integrieren. Die Annäherungen lassen Tschajanows pragmatische politische Haltung erkennen.[162] Er wollte mitgestalten. Ihm ging es darum, unter den jeweiligen politischen Bedingungen die Situation der Bauern zu verbessern und ihre Interessen gegen die Ausbeutung durch die Industrialisierung zu verteidigen. Aber bei aller Annäherung bleiben wesentliche Differenzen bestehen. Tschajanow hielt an der Autonomie der Genossenschaften gegenüber dem Staat fest. Ebenso setzte er weiter gegen die Vorstellung der Agrarmarxisten, die Landwirtschaft zu Großbetrieben zusammenzufassen, das Konzept einer „vertikalen Integration". Statt einer „horizontalen Integration" durch die Kollektivierung sah Tschajanow vor, nur die Bereiche als Genossenschaft zu organisieren, für die größere Betriebe gegenüber der Familienwirtschaft ökonomisch Vorteile schaffen. Das waren für ihn vor allem die vor- und nachgelagerten Bereiche der Landwirtschaft wie Einkauf, Absatz und Verarbeitung.[163]

---

[160] Vgl. ebd., S. 177ff.

[161] Vgl. Tschayanoff, Alexander W.: Zur Frage einer Theorie der nichtkapitalistischen Wirtschaftssysteme. In: Archiv für Sozialwissenschaft und Sozialpolitik 51. Jg. (1924) H. 3. S. 577-613.

[162] Hahn sieht die Gründe für die Annäherungen zum einen in der liberaleren Agrarpolitik während der NEP und zum anderen in der Konsolidierung der Macht der Bolschewiki. Das habe die Bereitschaft und den Druck erhöht, sich mit dem neuen System zu arrangieren (vgl. Hahn: Sozialismus als „bäuerliche Utopie", S. 210f.).

[163] Vgl. zu Čajanovs Genossenschaftskonzept Tschajanow, Alexander W.: Die volkswirtschaftliche Bedeutung der landwirtschaftlichen Genossenschaften. In: Weltwirtschaftliches Archiv 24. Bd. (1926) H. 2. S. 275-298; Gerschenkron, Alexander: Alexander Tschajanoffs Theorie des landwirtschaftlichen Genossenschaftswesens. In: Vierteljahresschrift für Genossenschaftswesen 8. Jg. (1930/1931) H. 3. S. 151-

1922 heiratete Tschajanow Olga E. Gurewitsch (1897-1983). Im gleichen Jahr ging er für anderthalb Jahre zum Forschungsaufenthalt nach Westeuropa; hauptsächlich war er in Deutschland.[164] In diesem Kontext erschienen auch die meisten seiner deutschen Veröffentlichungen; darunter sein Hauptwerk *Die Lehre von der bäuerlichen Wirtschaft*.[165] Sie erschien sogar zuerst auf deutsch und erst in einer zweiten, erweiterten Fassung 1925 auf russisch. In Deutschland wurde 1923 auch sein erster Sohn Nikita geboren (1942 im Krieg gefallen); sein zweiter Sohn Wasilij wurde 1925 geboren.

Ende der 1920er Jahre geriet Tschajanow zunehmend unter Druck. Der Konflikt mit den Agrarmarxisten spitzte sich politisch zu. Tschajanow wurde in der Öffentlichkeit als „kulakenhörig" und „Neonarodnik", der „konterrevolutionäre Schädlingsarbeit" betreibe, angegriffen.[166] Tschajanow reagierte auf die Kritik mit weiterer Anpassung, die bis zur Revision früherer Positionen geht.[167] Doch der Druck verschärfte sich weiter. 1928 wurde er als Leiter seines Institutes abgesetzt. Am 21. Juli 1930 verhaftete man ihn unter dem Vorwurf, eine oppositionelle Bauernpartei gegründet zu haben.[168] Analog zum Schauprozeß gegen die ebenso fiktive Industriepartei (Prompartija-Prozeß) war offenbar auch ein

---

166 u. H. 4. S. 238-245.

[164] Vgl. zu Čajanovs Auslandsaufenthalt 1922/1923 Bourgholtzer, Frank (Hrsg.): Aleksandr Chayanov and Russian Berlin. London u. a. 1999 (mit Briefen von Čajanov aus der Zeit); Bogomasow/ u. a.: Alexander Wassiljewitsch Tschajanow, S. 62ff.

[165] Vgl. Tschajanow: Die Lehre von der bäuerlichen Wirtschaft; ders.: Gegenwärtiger Stand der landwirtschaftlichen Ökonomik in Rußland. In: Schmollers Jahrbuch 46. Jg. (1922) H. 3/4. S. 731-741; ders.: Die neueste Entwicklung der Agrarökonomik in Rußland. In: Archiv für Sozialwissenschaft und Sozialpolitik 50. Jg. (1923) H. 1. S. 238-245; ders.: Zur Frage einer Theorie der nichtkapitalistischen Wirtschaftssysteme; ders.: Die Sozialagronomie, ihre Grundgedanken und Arbeitsmethoden. Berlin 1924; ders.: Zur Frage der Bedeutung der Familienwirtschaft im Gesamtaufbau der Volkswirtschaft. In: Weltwirtschaftliches Archiv 22. Bd. (1925) H. 1, Literatur. S. 1**-5**; ders.: Die Landwirtschaft des Sowjetbundes. Berlin 1926; ders.: Die volkswirtschaftliche Bedeutung der landwirtschaftlichen Genossenschaften.

[166] Hugo Huppert bspw. zitiert diese Verurteilungen Čajanovs in seiner Reportage *Sibirische Mannschaft*: „ältliche ‚Spezialisten' vom Typus des geeichten Schädlings Tschajanow" (Huppert, Hugo: Sibirische Mannschaft. (1934) Berlin 1961, S. 71).

[167] Vgl. Hahn: Sozialismus als „bäuerliche Utopie", S. 223ff. Hahn spricht denn auch von der „Kapitulation Tschajanows als Wissenschaftler und politischer Aktivist vor dem Druck des Stalinismus" (ebd., S. 229).

[168] Vgl. zu Čajanovs Verhaftung, Verurteilung und Verbannung Schulze (Hrsg.): Alexander Wasiljewitsch Tschajanow; der Band enthält u. a. die Verhörprotokolle Čajanovs.

Schauprozeß für den Bereich der Landwirtschaft geplant. Dieser fand jedoch nicht statt. Im Januar 1932 verurteilte man Tschajanow zu fünf Jahren Gefängnis. Nach vier Jahren wurde die Strafe in Verbannung nach Alma-Ata umgewandelt. Im Juli 1934 kam Tschajanow in Alma-Ata an. Er wurde hier wieder als Agrarökonom herangezogen; seine Expertise blieb gefragt. Er begann am Kasachischen Landwirtschaftlichen Institut Statistik zu lehren. Ende 1934 wurde er Mitglied des Institutsrats und man übertrug ihm die Leitung für den Forschungsbereich. Auf Befehl des Leiters der Hauptabteilung Hochschulen und Technika im Narkomsem der UdSSR wurde er jedoch im Februar 1935 von allen Leitungsfunktionen entbunden und im April ganz aus dem Institut entlassen. Er begann als Berater im Kasachischen Forschungsinstitut für Agrarökonomie, bis er Ende des Jahres auch hier gehen mußte. Der kasachische Volkskommissar für Landwirtschaft holte ihn daraufhin als persönlichen Berater ans kasachische Narkomsem für den Bereich Planung und Ökonomie. Zuvor, im Juni 1935, war Tschajanows Verbannung um drei Jahre verlängert worden. Am 17. März 1937 verhaftete ihn die GPU erneut. Die Anklage lautete wieder „antisowjetische Schädlingsarbeit" sowie Spionage. Am 3. Oktober 1937 wurde er zum Tode verurteilt und am gleichen Tag erschossen.

In der Folgezeit waren Tschajanow und seine Schriften tabuisiert. Im Zuge der Entstalinisierung kam es 1956 zu einer ersten Teilrehabilitierung: Das Todesurteil von 1937 wurde posthum revidiert. Die Verurteilung von 1932 jedoch blieb bestehen. Erst 1987 wurde Tschajanow vollständig rehabilitiert. In der Perestroika-Zeit wurde er auch als Agrartheoretiker wiederentdeckt.[169] Man hoffte, mit seinem Modell der Familienwirtschaft und der vertikalen Genossenschaft einen Weg aus der Dauerkrise der sowjetischen Landwirtschaft zu finden. Ähnlich wie Bogdanow wurde Tschajanow als unterdrückte und vergessene Alternative zur stalinistischen Deformierung des Sozialismus beurteilt.

In der deutschsprachigen Agrarökonomie war Tschajanow nach dem Erscheinen seiner *Lehre von der bäuerlichen Wirtschaft* in den 1920er Jahren viel diskutiert.[170] Seine Theorie der bäuerlichen Familienwirtschaft und ihrer Über-

---

[169] Vgl. Jegorow, J.: Zurück zu Tschajanow. In: Sputnik 23. Jg (1989) H. 1. S. 36-40; Hahn: Sozialismus als „bäuerliche Utopie", S. 6f. u. 108ff.

[170] Vgl. u. a. Skalweit, August: Die Familienwirtschaft als Grundlage für ein System der Sozialökonomik. In: Weltwirtschaftliches Archiv 20. Bd. (1924) H. 2. S. 231-246; Ritter, Kurt: Alexander Tschajanows *Die Lehre von der bäuerlichen Wirtschaft*. In: Jahrbücher für Nationalökonomie und Statistik 122. Bd. (1924) S. 680-683; Gerschenkron: Alexander Tschajanoffs Theorie des landwirtschaftlichen Genossen-

lebens- und Entwicklungsmöglichkeiten gegenüber der kapitalistischen Wirtschaft stieß auf lebhaftes Interesse. Überwiegend wurde jedoch ihre Allgemeingültigkeit bestritten. Das Modell der lohnarbeiterlosen Wirtschaft treffe, so die Kritik, nur für Rußland und Osteuropa zu.[171] Ab den 1930er Jahren gerieten Tschajanow und seine Theorie wieder aus der Diskussion.

Für die agrarischen Bewegungen in Mittelosteuropa der Zwischenkriegszeit dagegen war er ein wesentlicher Theoretiker und Stichwortgeber.[172] Insbesondere in den Utopien eines Bauernstaates, die im südosteuropäischen Agrarismus aufkamen, zeigen sich Parallelen zu Tschajanows Agrarkonzeption und zu seiner Utopie. Eine Arbeitsgruppe um Tschajanow hatte auch die theoretischen Grundlagen der 1923 in Moskau gegründeten Roten Bauerninternationale (Krestintern) ausgearbeitet. Die lateinamerikanischen Bauern- und Landarbeiterbewegungen der 1970er und 1980er Jahre griffen ebenfalls auf Tschajanows Theorie zurück.[173] Einige ihrer Genossenschaften benannten sich sogar nach ihm.[174] Auch in Japan wurde Tschajanows Theorie rezipiert, 1929 erschien eine japanische Übersetzung seiner *Lehre von der bäuerlichen Wirtschaft*. Ebenso griffen niederländische Agrarökonomen für Indonesien auf sie zurück. Die Rezeption erfolgte vor allem in agrardominierten Ländern. Tschajanow hatte selbst schon darauf hingewiesen, daß sein Modell einer lohnarbeiterfreien Familienwirtschaft gerade für diese Länder relevant sei.

1966 erschien eine englische Übersetzung der *Lehre von der bäuerlichen Wirtschaft*.[175] Mit dieser setzte in der westlichen Rezeption eine Tschajanow-Renaissance ein. Sie stand im Kontext der agrarsoziologischen Debatten zur

---

schaftswesens; sowie Spittler, Gerd: Tschajanow und die Theorie der Familienwirtschaft. In: Tschajanow, Alexander: Die Lehre von der bäuerlichen Wirtschaft. Frankfurt a. M. u. a. 1987. S. VII-XXVIII, S. Xf.; Schmitt, Günther: Ein bedeutender Agrarökonom ist wieder zu entdecken: Alexander Tschajanow. Göttingen 1987.

[171] Vgl. zu den weiteren Kritikpunkten Schmitt: Ein bedeutender Agrarökonom ist wieder zu entdecken.

[172] Vgl. Harre, Angela: Demokratische Alternativen und autoritäre Verführungen. In: Schultz, Helga/ u. a. (Hrsg.): Bauerngesellschaften auf dem Weg in die Moderne. Wiesbaden 2010. S. 25-39, S. 33f.

[173] Vgl. Love, Joseph L.: Late Agrarianism in Brazil. Kautsky and Chayanov in the 1970s and 1980s. In: Schultz, Helga/ u. a. (Hrsg.): Bauerngesellschaften auf dem Weg in die Moderne. Wiesbaden 2010. S. 257-274.

[174] Vgl. Jegorow: Zurück zu Tschajanow, S. 37.

[175] Vgl. Thorner, Daniel/ u. a. (Hrsg.): A. V. Chayanov on The Theory of Peasant Economy. Homewood (Ill.) 1966.

Entwicklungspolitik in der Dritten Welt und in der Wirtschaftsethnologie.[176] Man sah in Tschajanows Theorie einen Ansatz, die Entwicklungsbedingungen in unterentwickelten Agrargesellschaften zu erklären, vor denen die klassische Ökonomie versagte. Das von Thorner nach Tschajanow aufgestellte Modell der Arbeit-Konsum-Balance[177] wurde in der Folge zum Standardmodell in der Wirtschaftsethnologie. Einen Schwerpunkt hatte die Rezeption in Indien; der Wirtschaftsnobelpreisträger Amartya Sen etwa ist von Tschajanows Theorie der bäuerlichen Familienwirtschaft beeinflußt.[178]

Im Zuge der Renaissance Tschajanows in der Agrarentwicklungspolitik und Wirtschaftsethnologie kam es Mitte der 1980er Jahre auch in der deutschen Agrarökonomie zur Wiederentdeckung von Tschajanow als Theoretiker der bäuerlichen Wirtschaft.[179] 1987 erschien eine Neuauflage seiner *Lehre von der bäuerlichen Wirtschaft*.[180] Neben seiner Pionierleistung für die Theorie der (klein-)bäuerlichen Agrarökonomie wurde dabei, bei aller Einschränkung, die

---

[176] Vgl. Bagchi, Belykh, Chandra, Chibnik, Durrenberger, Hammel, Harrison, Hedican, Hunt, Kerblay, Krishnaji, Lehmann, Malmberg, Millar, Özveren, Patnaik, Shanin, Smith, Streck, Tannenbaum, Thorner.

[177] Ihr Kern ist die Annahme, daß die Familienwirtschaft nicht auf Profitmaximierung gerichtet sei, sondern auf die Befriedigung der Bedürfnisse der Familie. Sind diese gesichert, sinke der subjektive Nutzen weiteren Einkommens (Grenznutzen), während die Beschwerlichkeit der Arbeit steige („Grenzleid"). Das Minimum des Arbeitsaufwandes bestimme sich durch das Bedürfnisminimum, das Maximum durch die physische Arbeitskapazität der Familienmitglieder und das Optimum durch die Relation von Grenznutzen und Grenzleid (vgl. Tschajanow: Die Lehre von der bäuerlichen Wirtschaft, S. 25ff.).

[178] Vgl. Bagchi, Amiya Kumar: Tschajanow und die Forschung über die Bauernschaft in Entwicklungsländern. In: Schefold, Bertram (Hrsg.): Vademecum zu einem russischen Klassiker der Agrarökonomie. Düsseldorf 1999. S. 95-124, S. 100ff.

[179] Vgl. Schmitt: Ein bedeutender Agrarökonom ist wieder zu entdecken; Spittler: Tschajanow und die Theorie der Familienwirtschaft; Brandt, Hartmut: Von Thaer bis Tschajanow. Kiel 1994; Schefold, Bertram (Hrsg.): Vademecum zu einem russischen Klassiker der Agrarökonomie. Düsseldorf 1999; Peters, Antje: Ein Leben für die Landwirtschaft: Alexander Tschajanow und die Theorie der bäuerlichen Familienwirtschaft. In: Arbeitsergebnisse H. 33 (1996). S. 34-39.

[180] Vgl. die Rezensionen Henning, Friedrich-Wilhelm: A. Tschajanows *Die Lehre von der bäuerlichen Wirtschaft*. In: Vierteljahresschrift für Sozial- und Wirtschaftsgeschichte 75. Bd. (1988) H. 3. S. 439-440; Ziche, Joachim: Tschajanow, Alexander: *Die Lehre von der bäuerlichen Wirtschaft*. In: Zeitschrift für Agrargeschichte und Agrarsoziologie 36. Jg. (1988) H. 1. S. 166; Zank, Wolfgang: Das Land der bäuerlichen Utopie. In: Die Zeit Nr. 46 vom 11. November 1988, S. 37. Eine weitere Neuauflage erschien 1999 als Reprint der Ausgabe von 1923.

Aktualität seiner Theorie betont, insbesondere in bezug auf seine Adaption der Grenznutzentheorie für die bäuerliche Familienwirtschaft, sowie die seines sozialagronomischen Ansatzes für die Entwicklungspolitik.[181]

Nach seiner Wiederentdeckung in den 1960er Jahren rückte Tschajanow darüber hinaus auch ins Interesse der Forschung zur Geschichte der frühen Sowjetunion sowie zur Agrarbewegung und zum Agrarsozialismus in Rußland.[182] Man betrachtete einerseits seine Theorie als Gegenmodell zur gewaltsamen Kollektivierung der Landwirtschaft. Zum anderen nahm man ihn als Erben des Narodnitschestwo und der Semstwo-Bewegung in den Blick und verortete ihn in den Debatten der Narodniki, der liberalen und der marxistischen Ökonomen über die kapitalistische Entwicklung in Rußland und ob und wie sich diese für Rußland abändern lasse.

Reise meines Bruders Alexej ins Land der bäuerlichen Utopie

Tschajanows utopischer Roman *Reise meines Bruders Alexej ins Land der bäuerlichen Utopie* erschien unter dem Pseudonym Iwan Kremnew 1920 im Moskauer Staatsverlag (Gosisdat) in einer Auflage von zwanzigtausend Exemplaren. Das Pseudonym war nicht nur Spielerei. Tschajanow befürchtete – zu Recht, wie sich zeigte – politische Unannehmlichkeiten.[183] Vorangestellt ist dem Roman ein Vorwort von Wazlaw W. Worowski (1871-1923), dem Leiter

---

[181] Vgl. bspw. Brandt: „Auf dem Gebiete der Agrarentwicklungspolitik hat Tschajanow wegweisend gewirkt. Seine Sozialagronomie sollte eine Pflichtlektüre für Entwicklungspolitiker sein. Sie gehört auch heute noch zum Besten, was über dieses Arbeitsgebiet jemals geschrieben worden ist." (Brandt: Von Thaer bis Tschajanow, S. 162)

[182] Vgl. u. a. Banaji, Jarius: Chayanov, Kautsky, Lenin. In: Economic and Political Weekly 11. Jg. (1976) H. 40. S. 1594-1607; Bernstein, Henry: V. I. Lenin and A. V. Chayanov. In: The Journal of Peasant Studies 36. Jg. (2009) H. 1. S. 55-81; Bruisch, Katja: Historicizing Chaianov. In: Müller, Dietmar/ u. a (Hrsg.): Transforming Rural Societies. Innsbruck u. a. 2011. S. 96-113; Hahn: Sozialismus als „bäuerliche Utopie"; Patnaik, Utsa: Neo-Populism and Marxism. In: The Journal of Peasant Studies 6. Jg. (1979) H. 4. S. 375-420.

[183] Vgl. Čajanovs Brief vom 13. August 1922 an Aleksandr S. Jaščenko, dem Herausgeber der in Berlin erscheinenden Zeitschrift *Novaja Russkaja Kniga* (in: Bourgholtzer (Hrsg.): Aleksandr Chayanov and Russian Berlin, S. 65). In der *NRK* – sie zählte zu den wichtigen Literaturzeitschriften der russischen Emigration – war bei einer Auflistung der aktuellen Schriften Čajanovs auch seine Utopie aufgeführt (vgl. NRK 2. Jg. (1922) H. 5, S. 38). Im Heft 11/12 erschien dann eine Rezension zu ihr, die Čajanovs Pseudonym wahrte (vgl. M., N.: Iv. Kremnev: *Putešestvie moego brata Alexeja v stranu krest'janskoj utopii*. In: NRK 2. Jg. (1922) H. 11/12. S. 23).

des Staatsverlages (unter dem Pseudonym P. Orlowski).[184] Worowski – führender Parteipublizist und Literaturkritiker, der seit 1902 zu den Bolschewiki gehörte und nach 1917 Sowjetrußland als Diplomat vertrat[185] – verurteilt in dem Vorwort Tschajanows Utopie als rückständig und reaktionär. Sie sei Ausdruck der „reaktionären bäuerlichen Klassenideologie". Man veröffentliche sie jedoch trotzdem, da sie Teil der Kämpfe um den Aufbau des Sozialismus sei. Sie könne dazu dienen, Klarheit über den Gegner und den eigenen Weg zu erlangen.

> „[D]iese Utopie ist eine natürliche, unvermeidliche und interessante Erscheinung. Rußland ist ein überwiegend agrarisches Land. [...] Das Proletariat ist bestrebt, die Bauernschaft mit zum Sozialismus zu führen, aber diese Aufgabe fordert vom Bauern eine große innere Arbeit an sich selbst, und auf dem Weg zu dieser inneren Erneuerung wird die Bauernschaft noch oft und lange dazu neigen, die eigenen, eng-bäuerlichen, in ihrem Kern reaktionären Ideale hervortreten zu lassen; sie wird immer wieder versuchen, sich an das Alte zu klammern, [...] das Vergangene wiederherzustellen, indem sie es mit Bruchstücken sozialistischer Ideologie ausschmückt. In diesem Kampf werden diverse Theorien über bäuerlichen Sozialismus, diverse Utopien auftauchen. [...] Wir drucken sie auch deshalb, damit jeder Arbeiter und vor allem jeder Bauer [...] sich kritisch und bewußt mit den Beweggründen des Gegners auseinandersetzen kann." (BU, 15)

Worowskis Vorwort zeigt die Herausforderung, die Tschajanows Utopie darstellte. Auf dem Höhepunkt der kriegskommunistischen Erwartungen erschienen, war sie mehr als nur eine Kritik des Kriegskommunismus und dessen Kollektivierungspolitik. Sie war ein Gegenbild zur Diktatur des Proletariats. Tschajanows *Reise* wird gemeinhin als literarische Darstellung seiner agrarökonomischen Vorstellungen gesehen, er habe in ihr diese zum Gesamtbild einer agrarsozialistischen Alternative zum bolschewistischen Modernisierungsprojekt geformt.[186] Er wechselt gleichsam die Perspektive: Richten sich seine agraröko-

---

[184] Hedeler und Schefold gehen allerdings davon aus, daß das Vorwort von Čajanov selbst sei. Es habe als Mittel gedient, die Zensur zu passieren (vgl. Hedeler: Transformationstheorie – oder Utopie, S. 256; Schefold (Hrsg.): Vademecum zu einem russischen Klassiker der Agrarökonomie, S. 21). Das wird jedoch nicht näher begründet, und es ist unwahrscheinlich, daß Čajanov ausgerechnet das bekannte Pseudonym des Verlagsleiters für ein fiktives Vorwort gewählt haben soll.
[185] 1923 wurde Vorovskij in Lausanne bei einem Attentat ermordet; vgl. zu ihm als marxistischen Literaturkritiker Worowski, Wazlaw: Literaturkritik im politischen Kampf. Berlin 1984.
[186] Vgl. Brandt; Hahn; Heller/ Niqueux; Kerblay; Mänicke-Gyöngyösi; Platone; Saage; Schefold;, Shaw.

nomischen Arbeiten vorrangig auf mikroökonomische Fragen, entwirft er in der *Reise* den politischen und volkswirtschaftlichen Rahmen.[187] Die Situation erschien 1920 noch soweit offen, daß der Agrarsozialismus als hypothetisches Korrektiv noch denkbar war. Noch waren die agrarsozialistischen Stimmen der Revolution[188] nicht gänzlich zum Verstummen gebracht; und auch die Aufstände unter den Bauern ließen den bolschewistischen Kurs prekär erscheinen.

Eine Rezension zur *Reise* in der Zeitschrift *Kniga i Revoljuzija* nimmt die Utopie in diesem Sinne ernst als spekulatives Bild über den Weg der Revolution. Sie bekräftigt Worowskis Vorwort: Tschajanows Ideal sei „im wahrsten Sinne utopisch und einfach reaktionär". Trotzdem sei seine Utopie interessant und auch „nicht ohne Talent" geschrieben, „lebendig" und „überzeugend".[189] Später sprach man von ihr nur noch als „Kulaken-Manifest"[190] und sie wurde wie seine anderen Schriften tabuisiert.

Als Ende der 1960er Jahre in der westlichen Rezeption Tschajanow wiederentdeckt wurde, brachte man auch seine Utopie neu heraus. Neben dem Nachdruck der russischen Ausgabe in der von Kerblay besorgten Werkausgabe[191] erschienen 1976 eine englische und französische Übersetzung, 1979 eine italienische, 1981 eine deutsche und 1984 eine niederländische. Man las Tschajanows Utopie vor allem historisch vor dem Hintergrund der agrarpolitischen Richtungskämpfe Anfang der 1920er Jahre und sah sie als alternative Position, die die agrarsozialistische Tradition des Narodnitschestwo und der Sozialrevolutionäre fortführte.[192] Zum anderen wurde Tschajanows Utopie aber auch im

---

[187] Vgl. Mänicke-Gyöngyösi: Nachwort, S. 117.

[188] Vgl. zu ihnen Striegnitz, Sonja: Bauernsozialistische Ideen in Rußland: Viktor Michailowitsch Tschernow. In: Vielfalt sozialistischen Denkens; 5. Berlin 1999. S. 3-23.

[189] Inokov, A.: Iv. Kremnev *Putešestvie moego brata Alexeja v stranu krest'janskoj utopii*. In: Kniga i Revoljucija 1. Jg. (1920/1921) H. 12. S. 48.

[190] Zitiert nach Baljazin: Professor Aleksandr Čajanov, S. 128.

[191] Vgl. Čajanov, Aleksandr V.: Œuvres choisies, Bd. 3. Paris 1967, S. 73-153.

[192] Vgl. die Nachworte zu den Übersetzungen. Dezidiert utopiegeschichtliche Betrachtungen sind demgegenüber in der Minderheit (vgl. Saage: Utopische Profile, Bd. 4, S. 278ff.; Platone, Rossana: A. V. Čajanov: un'utopia contadina tra passato e futuro. In: Europa orientalis 12. Jg. (1993) H. 2. S. 151-166; Shaw: The Only Soviet Literary Peasant Utopia; dies.: The soviet state in twentieth-century utopian imaginative literature, S. 37ff.; Waegemans: Kremnjov: alle macht aan de boeren; Lecke, Mirja: Utopie und romantische Kunsttheorie in A. V. Čajanovs *Putešestvie moego brata Alekseja v stranu krest'janskoj utopii*. In: Zeitschrift für Slavische Philologie 59. Jg. (2000) H. 2. S. 379-400).

postmateriellen Utopiediskurs aufgegriffen.[193] Der französische Agrarsoziologe Henri Mendras (1927-2003) bezieht sich in seiner Utopie *Reise ins Land der bäuerlichen Utopie* (1979), in der er eine postindustrielle Gesellschaft mit ländlich-anarchistischen Gemeinschaften entwirft, unmittelbar auf sie; schon der Titel zeigt die Nähe an.[194] Auch Mänicke-Gyöngyösi sieht in ihrem Nachwort zur deutschen Übersetzung in Tschajanows Utopie Denkanstöße für die Frage der Ökologiebewegung nach einer alternativen „kleinen" Ökonomie.[195]

Lecke kritisiert dagegen, daß die Lesart von Tschajanows *Reise* als literarische Darstellung seiner agrarökonomischen und agrarpolitischen Vorstellungen zu kurz greife. Sie liege zwar nahe, doch man verliere damit das „eigentlich Charakteristische dieses Werkes aus dem Blick".[196] Tschajanows *Reise* sei nicht einfach eine positive Gegenutopie in der Tradition des Narodnitschestwo. Dafür sei sie in sich zu widersprüchlich. Sie stelle vielmehr im Sinne Bachtins eine „polyphone Utopie" dar, die jedwede „ideologische Verbindlichkeit" suspendiere. Wie auch schon Murawjew in seinem Vorwort zur ersten sowjetischen Neuauflage von Tschajanows Utopie und seiner weiteren literarischen Texte,[197] stellt Lecke die *Reise* in den Kontext der romantisch-phantastischen Erzählungen, die Tschajanow von der Revolutionszeit bis Mitte der 1920er Jahre schrieb.[198] Der Deutungshorizont der *Reise* sei die romantische Kunsttheorie. Tschajanow, so Leckes These, setze in seiner Utopie die Kunst als „Kompensationswelt". Von dieser her bestimme sich die politische und ideologische Kritik von Tschajanows Utopie.

> „Die Kunst ist der Raum, in dem die Möglichkeit und Unmöglichkeit hinter Schönheit und Phantasie zurücktreten [...]. Allein von der Kunst erhofft Čajanov sich eine Verbesserung des Lebens. Und sie ist es, die Entschädigung für die unzulängliche Realität leistet."[199]

---

[193] Vgl. Saage: Utopische Profile, Bd. 4, S. 282.

[194] Vgl. Mendras, Henri: Voyage au pays de l'utopie rustique. Le Paradou 1979 (deutsche Übersetzung 1980); sowie Saage: Utopische Profile, Bd. 4, S. 335ff.

[195] Mänicke-Gyöngyösi: Nachwort, S. 128f.

[196] Lecke: Utopie und romantische Kunsttheorie, S. 381.

[197] Vgl. Murav'ev, Vladimir B.: Tvorec moskovskoj gofmaniady. In: Čajanov, Aleksandr V.: Venecianskoe zerkalo. Moskau 1989. S. 5-23.

[198] Vgl. Čajanov, Aleksandr V.: Istorija parikmacherskoj kukly i drugie sočinenija Botanika X. New York 1982 (Reprint der Originalausgaben); Tschajanow, Alexander W.: Wenediktow oder Die denkwürdigen Ereignisse meines Lebens. In: Keller, Christoph: Moskau erzählt. Frankfurt a. M. 1993. S. 17-44.

[199] Lecke: Utopie und romantische Kunsttheorie, S. 398f.

Im folgenden soll Tschajanows Utopie jedoch utopiegeschichtlich im Sinne ihrer Rezeption analysiert werden: das heißt als Kritik des Kriegskommunismus und als agrarsozialistischer Gegenentwurf zur bolschewistischen Politik, der auf Tschajanows agrarökonomischen Vorstellungen beruht und das Erbe des Narodnitschestwo aktualisiert. Was Lecke als „Widerspruch zwischen Gattungssemantik [als positive Utopie] und Romangeschehen"[200] sieht, ist dabei als genrespezifisches Mittel der Utopie zur Selbstreflektion ihres Geltungsanspruchs zu verstehen – so wie es schon in Morus' *Utopia* zu finden ist.[201]

Erzählrahmen der Utopie

Tschajanows *Reise* ist eine Zeitutopie mit doppeltem Zeitsprung in die Zukunft. Die Rahmenhandlung beginnt im Oktober 1921, die utopische Idealgesellschaft spielt im Jahr 1984.[202] Die Figur, anhand der die Utopie erzählt wird, ist der Funktionär im Weltvolkswirtschaftsrat Alexej Kremnew. Er wird eines Abends bei der Lektüre von Herzens *Vom anderen Ufer* unverhofft in die Zukunft versetzt, in der aus dem bolschewistischen Sowjetrußland eine sozialistische Bauernrepublik geworden ist. Die Erzählkonstruktion beruht auf einer Manuskriptfiktion. Der Titel der Utopie gibt den Autor als Bruder der Hauptfigur aus, der die Reise seines ‚Bruders' in die Bauernrepublik erzählt. Beigefügt ist als Anhang eine Ausgabe der fiktiven Zeitung *Tierkreiszeichen* vom 5. September 1984; ohne jedoch zu erklären, wie sie aus der Zukunft an den Autor gelangte. Sie dient wie der Titel der Realitätsfiktion. Darüber hinaus geben die Nachrichten und Artikel in ihr ein Bild der politischen Ordnung der bäuerlichen Utopie.

Kremnew wird bei seiner Ankunft im Moskau der Zukunft für den amerikanischen Ingenieur Charlie Man gehalten, der zu einer Informationsreise über „Ingenieuranlagen auf dem Gebiet der Bodenbearbeitung" (BU, 28) erwartet wird. Sein Gastgeber ist die Familie Minin.[203] Sie zeigt ihm das Land, das heißt

---

[200] Ebd., S. 387.

[201] Der von Lecke aufgemachte Widerspruch resultiert auch eher aus einem ungenauen Utopiebegriff. Ebenso überfrachtet der Bezug auf die romantische Kunsttheorie Čajanovs *Reise*. Waegemans sieht diese sogar weniger als Literatur als vielmehr als Publizistik (vgl. Waegemans: Kremnjov: alle macht aan de boeren, S. 80); ähnlich auch Shaw (vgl. Shaw: The Only Soviet Literary Peasant Utopia, S. 280).

[202] Zur gleichen Jahreszahl in Čajanovs Utopie und Orwells *1984* vgl. Smith, R. E. F.: Note on the Source of George Orwell's *1984*. In: The Journal of Peasant Studies 4. Jg. (1976) H. 1. S. 9-10.

[203] Der Name spielt auf den Agrarökonomen Aleksandr N. Minin (1881-1939) an, mit

vor allem Moskau und die Umgebung, und erklärt ihm die politischen, ökonomischen und sozialen Verhältnisse. Sein schlechtes Englisch, dafür aber reines Russisch, Details seiner Kleidung und seine Unkenntnis in der Mathematik lassen Zweifel an seiner Identität als amerikanischer Ingenieur aufkommen. Man verdächtigt ihn, ein Anthroposoph und deutscher Spion zu sein. Die Tochter der Gastgeber, die sich in ihn verliebt hat, warnt ihn zwar noch, aber als es zum Krieg mit Deutschland kommt, wird er verhaftet. Bei der Vernehmung erklärt Kremnew seine wahre Identität, daß er ein Funktionär des Weltvolkswirtschaftsrates aus dem Jahr 1921 sei und per Zeitreise in die Zukunft gelangte. Er wird daraufhin von einer Kommission aus Historikern geprüft. Sie attestiert ihm zwar genaue historische Kenntnisse, doch er verkörpere „den Geist jener Epoche in keiner Weise". Er könne daher „unmöglich als deren Zeitgenosse angesehen werden" (BU, 77). Da aber der Krieg nach zwei Tagen beendet ist und außer dem falschen Namen kein anderer Vorwurf gegen Kremnew vorliegt, wird er freigelassen. Mit seiner Freilassung endet die *Reise*:

> „Gebeugt und niedergedrückt von alldem, was vorgefallen war [...] und allein, ohne Beziehungen und mittellos, ging er einem Leben in einem fast unbekannten utopischen Land entgegen." (BU, 80).

Der erschienene Teil der *Reise* ist als *Teil I: Die Ankunft* bezeichnet. Ein möglicherweise geplanter zweiter Teil, der beschreibt, ob Kremnew sich in die utopische Gesellschaft integriert oder ob er zurückkehrt in das Moskau der 1920er Jahre, ist jedoch nicht erschienen und auch nicht als Manuskript nachgewiesen.

Alle Macht den Bauern. Antwort auf den Kriegskommunismus

Die *Reise* beginnt mit einem ersten Zeitsprung ins Jahr 1921, der die Oktoberrevolution und die kriegskommunistischen Erwartungen extrapoliert. Der Sprung in die Zukunft besteht dabei weniger in der zeitlichen Distanz, als vielmehr in der zugespitzten Einlösung des bolschewistischen Programms. Die sozialistische Revolution hat überall auf der Erde gesiegt. Die Sowjetregierung beschloß gerade per Dekret die endgültige Abschaffung des „heimischen Herdes". In dem Dekret spitzt Tschajanow die linksbolschewistischen kulturrevolu-

---

dem Čajanov befreundet war. Er gehörte wie Čajanov zur Organisations- und Produktionsschule. 1918-1920 war er Mitglied des Präsidiums des Allrussischen Genossenschaftskongresses. 1939 wurde er erschossen.

tionären Parolen, die Familie aufzuheben und den individuellen Haushalt durch eine öffentliche Versorgung zu ersetzen, parodistisch zu.

> „‚Indem wir den heimischen Herd zerstören, versetzen wir der bourgeoisen Gesellschaft den Todesstoß!' ‚Unser Dekret, das die häusliche Verpflegung verbietet, wirft das süße Gift der bourgeoisen Familie hinaus aus unserem Dasein und verankert das sozialistische Prinzip bis ans Ende aller Zeiten.' ‚Die familiäre Behaglichkeit gebiert eigensüchtige Wünsche, die Freude des Kleinbesitzers birgt in sich die Keime des Kapitalismus.'" (BU, 20)

Kremnew selbst wird mit der Charakterisierung eingeführt:

> „[...] der Besitzer des Arbeitsbuches Nr. 37413, in der bourgeoisen Welt einst Alexej Wassiljewitsch Kremnew genannt [...]." (BU, 19)

Das markiert ebenfalls die neue Zeit. Mit der Ersetzung des Namens durch eine Arbeitsnummer spielt Tschajanow auf Gastews Taylorisierung des Neuen Menschen zur anonymen „proletarischen Einheit"[204] sowie auf Trotzkis Arbeitsarmeen und auf die Einführung der Arbeitspflicht an.

Die kriegskommunistische Zukunft des Jahres 1921 fungiert erzähltechnisch als Gegenwart. Aus dieser wird Kremnew plötzlich auf magische Weise in die Zukunft des Jahres 1984 versetzt.

> „Die Zeiger der großen Wanduhr begannen sich immer schneller und schneller zu drehen [...]. Rauschend lösten sich die Blätter des Abreißkalenders von selbst [...]. Völlig erschöpft [...] ließ sich Alexej auf irgendein Sofa nieder [...] und fiel in Bewußtlosigkeit." (BU, 23)

Mit diesem zweiten Zeitsprung beginnt die eigentliche Utopie. In dieser ist aus dem bolschewistischen Sowjetrußland eine sozialistische Bauernrepublik geworden. Tschajanow unterlegt die Reise in die Zukunft mit einer ironischen Reflexion der utopischen Tradition und des Genre der Utopie selbst. Dem zweiten Zeitsprung geht voraus, daß Kremnew erschöpft von einer Versammlung nach Hause kommt. Er läßt in Gedanken die Klassiker der Utopie Revue passieren und sinniert über die Einlösung der utopischen Ideale durch die Oktoberrevolution.

> „So hat es sich also erfüllt. [...] Der alte Morris, der wohltätige Thomas [Morus], Bellamy, Blatchford und ihr anderen guten, lieben Utopisten.

---

[204] Vgl. Gastev, Alexej K.: Über die Tendenzen der proletarischen Kultur. In: Lorenz, Richard (Hrsg.): Proletarische Kulturrevolution in Sowjetrußland (1917-1921). München 1969. S. 57-64, S. 62.

> Eure einsamen Träume sind heute allgemeine Überzeugung, eure großartigen, kühnen Ideen – offizielles Programm und graue Alltäglichkeit! [...] Seid ihr's zufrieden, ihr Pioniere der Utopie?" (BU, 21)

Zweifel und Melancholie überkommen ihn angesichts der Verwirklichung. Er wendet sich zum Regal mit den einstigen Idolen der russischen revolutionären Bewegung: Herzen, Tschernyschewski, Plechanow. Er beginnt in Herzens *Vom anderen Ufer* zu lesen und läßt sich von der Lektüre ergreifen. Im inneren Zwiegespräch mit ihnen fragt er:

> „[...] wir leben noch lange nicht im sozialistischen Paradies, doch was wollt ihr an seine Stelle setzen?" (BU, 23)

Als Antwort erfolgt der Zeitsprung in die Bauernrepublik. Als Kremnew hier wieder zu Bewußtsein kommt, reflektiert er die Situation, daß er in einer Utopie gelandet sei. Er geht verschiedene Möglichkeiten durch, was für eine Gesellschaft ihn hier erwarte.

> „Sollte ich etwa der Held eines utopischen Romans geworden sein? [...] Offen gestanden, eine ziemlich dumme Situation! [...] Was erwartet mich [...]? Das treffliche Reich eines geläuterten und gefestigten Sozialismus? Die wunderliche Anarchie des Fürsten Pjotr Alexejewitsch [Kropotkin]? Zurückgekehrter Kapitalismus? Oder vielleicht ein neues, früher unbekanntes soziales System?" (BU, 26)

Der Bruch der Erzählfiktion erzeugt eine Ironisierung, zumal durch den Zusatz, daß es „eine ziemlich dumme Situation" sei. Das wird als Erzählstrategie in den Untertiteln zu den Kapiteln fortgesetzt, etwa wenn es zum 9. Kapitel heißt:

> „das junge Leserinnen auch auslassen dürfen, das aber den Mitgliedern der Kommunistischen Partei zur besonderen Aufmerksamkeit empfohlen wird." (BU, 49)

Der ironische Bezug auf die utopische Tradition eröffnet in subtiler Weise die antibolschewistische Kritik von Tschajanows Utopie. Der Rückblick auf die Klassiker der Utopie ist für Kremnew der Anlaß, am Verwirklichen der utopischen Ideale durch die Bolschewiki zu zweifeln. Der „graue" sowjetische Alltag läßt ihn resignieren. Den utopischen Ausweg eröffnet ausgerechnet Herzen, der Vordenker des russischen Agrarsozialismus. Über die Lektüre von Herzens *Vom anderen Ufer* heißt es:

> „Der Verstand befreite sich gleichsam aus der Hypnose der sowjetischen Alltäglichkeit [...]." (BU, 22)

Tschajanow eröffnet mit Herzens Abrechnung mit der Revolution von 1848 für den Sozialismus eine erneute Revolutionsperspektive, die über die Oktoberrevolution hinausweist. Das ist erzähltechnisch als auch thematisch die Eröffnung für die Gegenutopie.

> „Der Sozialismus wird sich in allen seinen Phasen bis zu den äußersten Konsequenzen, bis zu Absurditäten entwickeln. Dann wird von neuem [...] ein Kampf auf Leben und Tod beginnen, in dem der Sozialismus den Platz des heutigen Konservatismus einnehmen und von einer kommenden, uns unbekannten Revolution besiegt werden wird ..." (BU, 22)[205]

Zwischen bäuerlichem Rätesystem und Intelligenzija-Oligarchie

Aus dem bolschewistischen Sowjetrußland ist 1984 eine sozialistische Bauernrepublik geworden. In einem historischen Kapitel (BU, 45-48) wird die Entwicklung dahin beschrieben. Die sozialistische Revolution hatte weltweit gesiegt. Doch die „Welteinheit des sozialistischen Systems" hielt nicht lange. Nach einem erneuten Krieg – Anlaß war die Besetzung des Saarlandes durch Deutschland – teilte sich die Welt in „fünf geschlossene volkswirtschaftliche Systeme: das deutsche, das englisch-französische, das amerikanisch-australische, das japanisch-chinesische und das russische" (BU, 46). Jedes System erhielt in allen Klimazonen Gebiete, die ihm einen „vollkommenen Aufbau des volkswirtschaftlichen Lebens garantierten" (BU, 46). Das Motiv des autarken Staates entspricht der klassischen Utopietradition. In Blick auf die utopische Intention gibt es aber noch einen anderen Bezugspunkt. In Anlehnung an von Thünens Modell des Isolierten Staates[206] hatte Tschajanow auch schon in *Das Bevölkerungsproblem eines isolierten Inselstaates* (1915) einen quasi utopischen Staat konstruiert, um seine Theorie der bäuerlichen Familienwirtschaft als volkswirtschaftliches Modell zu demonstrieren.[207] Darauf wird noch zurückzukommen sein.

---

[205] Vgl. Herzen, Alexander: Vom anderen Ufer. In: ders.: Ausgewählte philosophische Schriften. Moskau 1949. S. 351-490, S. 458.

[206] Johann Heinrich von Thünen – 1783-1850; in *Der isolierte Staat in Beziehung auf Landwirtschaft und Nationalökonomie* hatte v. Thünen ein Modell zur Berechnung der Produktions- und Standortfaktoren in der Land- und Forstwirtschaft aufgestellt (vgl. dazu Viereck, Gunther: Johann Heinrich von Thünen. Hamburg 2006).

[207] Vgl. Čajanov, Aleksandr V.: Problema naselenija v izolirovannom gosudarstve-ostrove, als erweiterte Fassung in ders: Očerki po ėkonomike trudovogo sel'skogo chozjastva. Moskau 1924. S. 117-144 (Reprint in: Œuvres choisies, Bd. 4. Paris 1967. S. 269-296); vgl. dazu auch Bogomasow/ u. a.: Alexander Wassiljewitsch

Die fünf Systeme entwickelten sich politisch und ökonomisch in unterschiedliche Richtungen. In England-Frankreich „artete die Oligarchie der Sowjetfunktionäre [...] in ein kapitalistisches Regime aus" (BU, 46). Amerika führte den Parlamentarismus wieder ein und reprivatisierte die Wirtschaft, bis auf die Landwirtschaft, diese blieb staatlich. Japan-China kehrte zurück zur Monarchie bei gleichzeitig sozialistischer Wirtschaft. Deutschland – sein erster sozialistischer Präsident ist in Tschajanows Utopie Karl Radek – hielt am staatskollektivistischen System der 1920er Jahre fest. In Rußland blieb es politisch bei der Räteordnung. Die Bauern bildeten die Mehrheit, aber die Macht lag vorerst bei den Bolschewiki; die „versöhnlerische Politik" der sozialrevolutionären Parteien – traditionell die Vertreter des Agrarsozialismus[208] – schwächte die „Klassenvertretung" der Bauern. Es gelang den Bolschewiki jedoch nicht, die Landwirtschaft vollständig zu nationalisieren, die Bauern fügten sich nur widerstrebend der Kommunalisierung.[209] Nach einer Verfassungsänderung, die den Bauern das gleiche Wahlrecht gab, errangen die „rein klassengebundenen bäuerlichen Gruppierungen" die Mehrheit in den Sowjets und im Zentralen Exekutivkomitee (WZIK).[210] In der Folge wurde „das Regime [...] durch langsame Evolution immer bäuerlicher" (BU, 47). Nach einem Putsch 1934, der eine „Intelligenzoligarchie" wie in Frankreich zum Ziel hatte, übernahmen die Bauern vollständig die Macht. Sie bildeten eine bäuerliche Regierung (Rat der Volkskommissare) und beschlossen, die Großstädte aufzulösen. Dieses Dekret über die Vernichtung der Städte gilt als Gründungsdokument der Bauernrepublik.

In einem ironischen Seitenhieb macht Tschajanow an anderer Stelle nochmals deutlich, daß in seiner utopischen Gegengeschichtsschreibung die Bolschewiki nur eine Etappe der Revolution waren. Das Denkmal für die Revolution zeigt Lenin, Alexander F. Kerenski (1881-1970), den Ministerpräsidenten der durch die Oktoberrevolution gestürzten Provisorischen Regierung, und Pawel N. Miljukow (1859-1943), den Außenminister der Provisorischen Regie-

---

Tschajanow, S. 52.

[208] Vgl. zu ihnen Striegnitz, Sonja: Die Narodniki-Parteien von der Jahrhundertwende bis zur bürgerlich-demokratischen Revolution von 1905/07 in Rußland. Berlin 1986.

[209] Čajanov gebraucht Nationalisierung und Kommunalisierung des Bodens bzw. der Landwirtschaft hier synonym.

[210] Vserossijskij Central'nyj Ispolnitel'nyj Komitet (Allrussisches Zentrales Exekutivkomitee) – vom Allrussischen Rätekongreß für die Zeit zwischen den Kongressen gewähltes oberstes Regierungsorgan.

rung, freundschaftlich vereint. Auf Kremnews empörte Verwunderung, die einstigen Gegner in einem Denkmal vereint zu sehen, antwortet man ihm:

„[...] aus der historischen Perspektive erscheinen sie für uns als Kollegen ein und derselben revolutionären Tätigkeit, [...] ein heutiger Moskauer kümmert sich herzlich wenig um die Meinungsverschiedenheiten, die zwischen ihnen bestanden." (BU, 33f.)

Die Gegensätze der Revolutionen von 1917 werden kurzerhand nivelliert. Tschajanow läßt die Provisorische Regierung der Februarrevolution und die Oktoberrevolution im historischen Rückblick beide gleichermaßen als Vorphase der bäuerlichen Revolution erscheinen. Das mußte als pure Provokation wirken, in ihrer polemischen Ironie kaum zu überbieten.

Die Bauernrepublik führt das Rätesystem von 1917 fort. Sie ist ein Rätesystem bäuerlicher Sowjets (BU, 65). Das wird einerseits als Erbe der sozialistischen Epoche erklärt – Tschajanow betont, daß sich die staatlichen Formen nicht logisch, sondern historisch entwickeln. Vor allem aber bindet er die Sowjets an die Tradition der bäuerlichen Selbstverwaltung und Selbstorganisation zurück, das heißt an die Genossenschaftsbewegung und an den Mir.

„Hierbei muß man betonen, daß dieses System in seinem Kern im bäuerlichen Milieu lange vor dem Oktober des Jahres 17 existierte, und zwar in der Verwaltungsform kooperativer Organisationen." (BU, 65f.)

Tschajanow entwirft formal kein neues politisches System. Er übernimmt für den institutionellen Aufbau das sowjetrussische Rätesystem von 1917. Der Gegenentwurf besteht in dessen normativen Neuausrichtung gegenüber den Bolschewiki. Tschajanow betont für sein bäuerliches Sowjetsystem zum einen das Prinzip der „direkten Verantwortlichkeit aller machttragenden Organe gegenüber dem Volk" – ausgenommen davon sind „nur das Gerichtswesen, die staatliche Kontrolle sowie einige Verkehrsbehörden und Verkehrswege" (BU, 66). Als zweites Grundprinzip gilt „die Teilung der legislativen Gewalt". Jene sieht vor, „daß prinzipielle Fragen vom Sowjetkongreß entschieden werden, und zwar nach vorausgegangener Erörterung in den örtlichen Gremien" (BU, 66). Die Gesetzgebung selbst ist dem WZIK und dem Rat der Volkskommissare übertragen. Verbunden ist damit auch das Verbot eines imperativen Mandats für die Sowjetdelegierten; das erfolge im Gegensatz zum Rätesystem unmittelbar nach der Revolution. Auf diese Weise werde, so Tschajanow, „das Volk am stärksten in die schöpferische Tätigkeit des Staates einbezogen" und gleichzeitig „die Flexibilität des gesetzgeberischen Apparates [...] gewährleistet"

(BU, 66). Offen bleibt allerdings, was zu den „prinzipiellen Fragen" gehört und wie die Regierung (Rat der Volkskommissare, WZIK) an die Sowjets und die durch diese gebildete öffentliche Meinung zurückgebunden ist. Auch die Wahl und Zusammensetzung des WZIK und des Rats der Volkskommissare werden nicht näher erläutert.

Das Sowjetsystem gilt jedoch nicht überall. Minin erklärt Kremnew, man lasse den Regionen die Freiheit, eigene Regierungsformen zu wählen – solange diese die bäuerliche Grundordnung und die unveräußerlichen individuellen Rechte wahren. Das Spektrum reiche vom Parlamentarismus über eine konstitutionelle Monarchie mit einem „Teilfürsten", der durch den lokalen Deputiertensowjet eingeschränkt werde, bis zu einem „Generalgouverneur als Zentralmacht in Ein-Mann-Regie" (BU, 66).

Im Zentrum des politischen Gegenentwurfs steht die Kritik der staatlichen Gewalt unter den Bolschewiki. Tschajanow kritisiert den Kriegskommunismus und den „staatlichen Kollektivismus" als „aufgeklärten Absolutismus" (BU, 50). Er kommt auf diesen Punkt immer wieder zurück und läßt ihn in einem programmatischen Essay in der Zeitung im Anhang – als dessen Autor fungiert Kremnews Gastgeber Minin – kulminieren. Unter dem Titel *Freiheit für die Autorität oder Freisein von Autorität* ruft er den Punkt hier als Frage nach dem Verhältnis von individueller Freiheit und Staat auf. Unter direkter Kritik der Bolschewiki verteidigt er die Freiheit des Einzelnen und dessen „unveräußerlichen individuellen Rechte" – in der Bauernrepublik wurde zu diesen eigens ein Dekret erlassen. Der Staat dürfe, so Tschajanow, in die Freiheit des Individuums nur eingreifen, um die Rechte der anderen zu schützen.

> „Die Staatsautorität schlägt [...] nur dann zu, wenn bei der Nutzung der persönlichen Freiheit die unveräußerlichen individuellen Rechte eines anderen verletzt werden [...]. Aber wenn die Nutzung der eigenen Freiheit nicht die unveräußerlichen Rechte einer anderen Person verletzt, kann keine Macht diese Freiheit einschränken." (BU, 83)

Der Essay endet mit dem Plädoyer für einen Staat, der sich in seiner Autorität und Souveränität gegenüber dem Individuum selbst begrenze.

> „Die Struktur des bäuerlichen Rußland sollte weniger Freiheit gewähren für Manifestationen der Autorität, als vielmehr für ein Freisein von Autorität." (BU, 84)

Gegen den „absolutistischen Staatskollektivismus" der Bolschewiki stellt Tschajanow die anarchistische Rücknahme des Staates. Nicht zufällig wird am

Anfang der Utopie Kropotkin erwähnt. Auch wenn nur beiläufig genannt, sein Name hat Signalfunktion. Minin erklärt Kremnew, man habe die Rolle des Staates reduziert. Der Staat sei in der Bauernrepublik so eingerichtet, daß man jahrelang leben könne, „ohne ein einziges Mal daran erinnert zu werden, daß ein Staat als eine Institution des Zwanges existiert" (BU, 54). Man sehe, so Minin, im Staat nicht den „ausschließlichen und einzigen Ausdruck gesellschaftlichen Lebens", man stütze sich vielmehr auf „Methoden der gesellschaftlichen Lösung von Problemen und nicht auf Verfahren staatlicher Zwangsmaßnahmen" (BU, 51). An die Stelle des Staates tritt in Tschajanows Utopie die Zivilgesellschaft: „diverse Gesellschaften, Kooperationen, Kongresse, Ligen, Zeitungen, andere Organe der öffentlichen Meinung, Akademien und schließlich Clubs". Sie bilden „das soziale Gewebe, aus dem sich das Leben [des] Volkes [...] zusammensetzt" (BU, 67). In Minins Essay heißt es als Begründung dazu:

> „Die erst kürzlich zu Ende gegangene Periode des Staatskollektivismus war ein eindeutiger Beweis dafür, daß es jetzt keinen Atlas mehr gibt, der fähig wäre, den Globus allein auf seinen Schultern zu tragen [...]." (BU, 83)

Tschajanow knüpft mit der Rücknahme des Staates nicht zuletzt an Tolstoi und dessen Kritik des Staates an. In *Die Sklaverei unserer Zeit* hatte Tolstoi erklärt, „die Menschen [können] nur dann von der Sklaverei befreit werden, wenn man die Regierungen abschafft".[211] Eine wahre Verbesserung der Verhältnisse lasse sich nicht mit Regierungsprogrammen erreichen, sondern nur durch zivilgesellschaftliche Selbstorganisation.

> „Wir sehen im Gegenteil, daß die Menschen unserer Zeit bei den vielfältigsten Gelegenheiten ihr eigenes Leben unvergleichlich besser einrichten, als es die Regierenden für sie tun. Ohne jede Einmischung der Regierung und häufig sogar trotz Einmischung der Regierung gründen die Menschen alle möglichen gesellschaftlichen Unternehmen – Arbeiterverbände, Genossenschaftsverbände [...]."[212]

Tolstois Anarchismus beruht auf einer generellen Ablehnung des Staates: Staat bedeute Gewalt und Versklavung des Menschen.

> „Die Versklavung von Menschen wird durch die Gesetze verursacht, die Gesetze wiederum werden von Regierungen geschaffen [...]." (ebd., 587)

---

[211] Tolstoi, Lew: Die Sklaverei unserer Zeit. In: ders.: Gesammelte Werke; 15. Berlin 1974. S. 531-603, S. 587.
[212] Ebd., S. 584.

So radikal dachte Tschajanow den Anarchismus nicht. Er verurteilt den Staat nicht als solchen. Doch er sieht wie Tolstoi, daß sich für die russischen Bauern in der historischen Erfahrung der Staat in erster Linie als Zwang und Ausbeutung zeigte. Diese historische Erfahrung lege für eine bäuerliche Utopie die anarchistische Perspektive nahe, den Staat durch zivile Organisationen zu ersetzen.

Tschajanow stellt gegen die Politik der Bolschewiki, „ihre Ideale mit den Methoden des aufgeklärten Absolutismus" (BU, 50) zu realisieren, eine Herrschaft, die auf kultureller Hegemonie beruht. Man behaupte nicht, so Minin in direkter Polemik gegen die Bolschewiki, das Wahrheitsmonopol auf die Idee des Guten, um diese mit Gewalt durchzusetzen. Man wolle nicht durch Zwang herrschen, sondern durch die innere Kraft des eigenen Ideals überzeugen.

> „[...] unseren Ideologen [...] waren die Ideen irgendeines Monopols auf dem Gebiet sozialen Schaffens geistig völlig fremd. Ohne Anhänger eines monistischen Verständnisses, Denkens oder Handelns zu sein, verfügten unsere Führer in den meisten Fällen über ein Bewußtsein, in das eine pluralistische Weltvorstellung hineinpaßte, [...]. Wir wollten die Welt mit der unserer Sache inhärenten Kraft, mit unserer Organisation, mit der technischen Überlegenheit unserer organisatorischen Idee erobern und keineswegs, indem wir jedem Andersdenkenden ‚in die Fresse schlugen'." (BU, 51)

In dem Essay *Freiheit für die Autorität oder Freisein von Autorität* benennt Tschajanow das erneut mit der Forderung nach Pluralität und Meinungsfreiheit.

> Deshalb können wir nicht die Staatsautorität zur Kontrolle der ideologischen Propaganda benutzen, solange sie nicht die Freiheit irgendeiner Person verletzt und die bestehende gesellschaftliche Struktur nicht direkt gefährdet." (BU, 83)

Der Anspruch, die Herrschaft auf geistige Hegemonie zu gründen, wird ergänzt durch eine Erziehung zur Demokratie. Die Bauern sollen zu politischer Partizipation emanzipiert werden. Die „aktive Teilnahme" der „bäuerlichen Massen" an der „öffentlichen Meinung" werde, so Tschajanow, die Regierung in ihrer Macht beschränken. Seien die Bauern politisch erst einmal selbständig, werde die Regierung nicht mehr gegen sie regieren können. Minin erklärt:

> „Die bäuerlichen Massen sind bei der Bildung der öffentlichen Meinung des Landes zur aktiven Teilnahme herangewachsen, und wenn wir geistig an der Macht sind, so nur deshalb, weil: ‚Und der Kaiser absolut, wenn er unsren Willen tut', wie die Deutschen sagen. [...] Glauben Sie mir, die geistige Kultur des Volkes kann sich, nachdem sie erst einmal einen be-

stimmten Grad erreicht hat, selbst automatisch halten und gewinnt eine innere Widerstandsfähigkeit." (BU, 69)

Als Basis für die Erziehung zu politischer Partizipation und Demokratie sieht Tschajanow die Genossenschaftsbewegung. Deren Formen der Selbstorganisation sollten unter den Bauern die Grundelemente einer demokratischen Kultur vermitteln. Ähnlich beschrieb er es auch in *Die Sozialagronomie*.

„Wir wissen, daß diese Hauptelemente einer demokratischen Kultur nicht durch Verordnung geschaffen werden können [...], daß diese Pfeiler aufgebaut werden müssen in langer, von außen nicht wahrnehmbarer Arbeit der sozialen Kräfte [...]."[213]

Tschajanows Utopie zeigt sich hier parallel zu seiner politischen Arbeit. Vor 1917 hatte Tschajanow wenig davon gesprochen, die Bauern politisch zu organisieren. Nach der Oktoberrevolution hingegen betonte er die Notwendigkeit, eine Bauernpartei zu schaffen, mit der die Bauern ihre Interessen politisch vertreten. Er erklärte jedoch, daß man darauf noch mehrere Jahre hinarbeiten müsse. Vorläufig sollten deshalb die Genossenschaften die Funktion einer Bauernpartei übernehmen.[214] In der *Reise* läßt Tschajanow die politische Entwicklung der Bauern in einer eigenen Partei münden. Die GPU nahm das bei Tschajanows Verhaftung als Vorwand zur Anklage. Sie beschuldigte ihn, eine „konterrevolutionäre" Bauernpartei gegründet zu haben.

Bislang wurde gezeigt, daß Tschajanow gegen den „Staatskollektivismus" der Bolschewiki eine anarchistische Rücknahme des Staates stellt. Seine Utopie ist jedoch nicht frei von Ambivalenzen, die das anarchistische Ideal untergraben. Seine Bauernrepublik ist gleichzeitig auch durch einen starken Staat gekennzeichnet. Einerseits heißt es:

„Besonders vorsichtig verhalten wir uns dem Staat gegenüber, von dem wir nur im äußersten Notfall Gebrauch machen." „[Ü]berhaupt sind wir der Ansicht, daß der Staat eine veraltete Organisationsmethode des sozialen Lebens darstellt." (BU, 65 u. 66f.)

Andrerseits steht dem ein Staat gegenüber, der das Leben fest organisiert.

„Außerdem ist der Staat kein schlechtes Werkzeug für eine ganze Reihe technischer Notwendigkeiten." (BU, 65)

---

[213] Tschajanow: Die Sozialagronomie, S. 74.
[214] Vgl. Hahn: Sozialismus als „bäuerliche Utopie", S. 162.

Tschajanow verzichtet in seiner Utopie keineswegs auf den Staat, um die Gesellschaft zu lenken. Die Abgrenzung zu den Bolschewiki erfolgt an diesem Punkt erklärtermaßen nur in der Wahl der Mittel.

> „Das bedeutet nicht, daß unsere staatliche Organisation schwach sei. Keineswegs. Nur halten wir uns an solche Methoden staatlicher Tätigkeit, bei denen vermieden wird, unsere Mitbürger am Schlafittchen zu packen."
> „Es galt eine solche menschliche Gesellschaft zu schaffen, in der sich die Persönlichkeit durch keinerlei Art von Fesseln eingeschränkt fühlte, die Gesellschaft aber mit für das Individuum unsichtbaren Fesseln als Hüter des öffentlichen Interesses auftrat." (BU, 54 u. 64)

Unter der Hand führt Tschajanow hier einen starken Staat „als Hüter des öffentlichen Interesses" ein. Dieses „öffentliche Interesse" ist ganz in der Tradition der klassischen Utopie als „organisierte gesellschaftliche Vernunft" bestimmt, die für den erstrebten Idealzustand steht. Das Gute erscheint, wie schon bei Tschernyschewski, als rational bestimmbar. Wenn Tschajanow von „unsichtbaren Fesseln" spricht, so meint das genau das: die Verwissenschaftlichung des Lebens. Und es ist letztlich der Staat, der in Tschajanows Bauernrepublik die „gesellschaftliche Vernunft" vermittelt und durchsetzt.

Dem entspricht, daß es eine Elite aus der Genossenschaftsintelligenzija ist, die die bäuerliche Utopie als „organisierte gesellschaftliche Vernunft" entwirft und umsetzt. Bezeichnenderweise wird immer nur *über* die Bauern gesprochen. Vergleichbar dem Erzähler in Bogdanows Utopie hält Kremnew sich nur im Kreis der Intelligenzija auf. Die Bauern treten lediglich als Staffage für Volksfeste in Erscheinung. Ihr Arbeitsalltag wird nicht beschrieben. Auch als politische Akteure sind sie nicht zu sehen. Entgegen dem Ideal kommen sie als politisch mündiges Subjekt nicht vor. Die Politik liegt in den Händen der Genossenschaftsintelligenzija wie Kremnews Gastgeber Minin. Diese führt in der Bauernrepublik den Staat. Worowski spottet dazu im Vorwort, daß Tschajanows Utopie Marx' Urteil über die Bauern in der Französischen Revolution bestätige.

> „Sie sind daher unfähig, ihr Klasseninteresse im eigenen Namen [...] geltend zu machen. Sie können sich nicht vertreten, sie müssen vertreten werden. Ihr Vertreter muß zugleich als ihr Herr, als eine Autorität über ihnen erscheinen, als eine unumschränkte Regierungsgewalt, die sie vor anderen Klassen beschützt und ihnen von oben Regen und Sonnenschein schickt." (BU, 11)[215]

---

[215] Vgl. Marx, Karl: Der 18. Brumaire des Louis Bonaparte. In: MEW, Bd. 8. Berlin

Es sei, so Worowski, „bis zur Lächerlichkeit charakteristisch" (BU, 12), daß der Staat in Tschajanows Utopie buchstäblich den Bauern Regen und Sonne gibt: Mit elektromagnetischen Wettermaschinen wird von ihm das Wetter nach Bedarf gesteuert.

Worowskis Kritik weist auf eine der zentralen Ambivalenzen. Auch wenn Tschajanow das Ideal einer rätedemokratischen Bauernrepublik aufstellt, das Bild, das seine Utopie vermittelt, ist ein anderes. An die Stelle des „absolutistischen Staatskollektivismus" tritt nicht eine selbstbestimmte Herrschaft der Bauern, sondern die Oligarchie einer Genossenschaftsintelligenzija. Diese regiert nicht weniger im Geiste eines aufklärerischen Absolutismus. Es ist eine Erziehungsdiktatur. Tschajanow stellt die Gründungselite seiner Bauernrepublik in die Tradition der Semstwointelligenzija: Ihre Angehörigen seien „Enthusiasten der Renaissance des Dorfes" (BU, 70). Sie agiert als aufklärerischer Erzieher des Volkes. Sie will die Bauern zur Selbstemanzipation ermächtigen, vorerst aber „denkt und entscheidet" sie, wie Worowski treffend anmerkt, für „ihre Zöglinge" (BU, 12).

Tschajanow setzt das politische Ethos der Elite, um diese zu charakterisieren, in Analogie zum romantischen Künstlerethos.

> „Was unsere Arbeit [...] beflügelt? Fragen Sie Skrjabin, was ihn beflügelte, seinen *Prometheus* zu schaffen, was Rembrandt dazu bewog, seine märchenhaften Visionen zu malen! Die Funken des prometheischen schöpferischen Feuers [...] wir sind Menschen der Kunst." (BU, 70)

Mit dieser Charakterisierung soll die Elite über moralische Zweifel erhoben werden. Doch die Verpflichtung der Politik auf eine innere Wahrheit vergleichbar der Kunst läßt deutlich werden, daß ihr ein absolutistischer Wahrheits- und Unbedingtheitsanspruch zugrunde liegt. Lecke sieht den Grund für den Widerspruch von rätedemokratischem Ideal und oligarchischer Elite darin, daß Tschajanow das Modell der bäuerlichen Familienwirtschaft auf den Staat ausweite. Damit übertrage er auch deren patriarchalische Struktur auf den Staat.[216] Doch das greift zu kurz. Die Ambivalenz hat ihren Grund im rationalistischen Utopiediskurs selbst. Tschajanow gründet seine Utopie auf dessen Vorstellung einer „gesellschaftlichen Vernunft" als apriorisch bestimmtem Guten. Hatte Tschernyschewski diese in die Ethik der Neuen Menschen hinein verlegt, ist es bei

---

1960. S. 111-207, S. 198f.
[216] Vgl. Lecke: Utopie und romantische Kunsttheorie, S. 397f.

Tschajanow die Genossenschaftsintelligenzija, die sie als Aufklärungsprojekt durchsetzt.

Bäuerliche Familienwirtschaft und Genossenschaft

Die ökonomische Basis von Tschajanows Utopie ist eine auf der bäuerlichen Familienwirtschaft beruhende Landwirtschaft.

> „Unserer Wirtschaftsstruktur liegt, ebenso wie zur Zeit des alten Rußland, die individuelle bäuerliche Wirtschaft zugrunde." (BU, 50)

In dem Entwurf einer auf der bäuerlichen Familienwirtschaft beruhenden Ökonomie läßt sich der Kern von Tschajanows Utopie sehen. Er ist der Versuch, seine Theorie der lohnarbeiterfreien bäuerlichen Familienwirtschaft und der Genossenschaft[217] als volkswirtschaftliches Gesamtmodell darzustellen. Tschajanow entwirft einen nichtkapitalistischen Wirtschaftstyp, der die Arbeit sowohl jenseits kapitalistischen Profitstrebens als auch jenseits industrieller Entwicklungslogik entfaltet. Schon in *Das Bevölkerungsproblem eines isolierten Inselstaates* hatte er modelliert, wie sich eine Gesellschaft volkswirtschaftlich und sozio-demographisch entwickle, wenn der Agrarsektor als lohnarbeiterfreie Wirtschaft und ohne Privateigentum an Boden organisiert sei. Unter diesen Bedingungen würde sich, so Tschajanow, mit der Intensivierung der Landwirtschaft die Stadtbevölkerung verringern, gleichzeitig könnte eine bedeutend größere Bevölkerung ernährt werden und das Arbeitsprodukt verteile sich gleichmäßiger als unter kapitalistischen Bedingungen. Im *Inselstaat*-Text beschränkte sich Tschajanow darauf, einzelne nationalökonomische Konsequenzen der bäuerlichen Familienwirtschaft aufzuzeigen. In der *Reise* entwirft er für diese nationalökonomisch und politisch ein Gesamtsystem.

> [U]m die Ordnung der Nation des XX. Jahrhunderts auf der Basis der bäuerlichen Wirtschaft und bäuerlichen Lebensweise zu festigen, mußten wir zwei grundlegende organisatorische Probleme meistern. Das ökonomische Problem: seine Lösung erforderte die Schaffung eines volkswirtschaftlichen Systems, das auf der bäuerlichen Wirtschaft beruhte, ohne deren führende Rolle zu beeinträchtigen, und das gleichzeitig einen volks-

---

[217] Vgl. zu ihr Tschajanow: Die Lehre von der bäuerlichen Wirtschaft; Brandt: Von Thaer bis Tschajanow, S. 144ff.; Hahn: Sozialismus als „bäuerliche Utopie", S. 107ff.; Tschajanow, Wasilij A./ u. a.: A. W. Tschajanow und seine Lehre über die Bauernwirtschaft und die Genossenschaft. In: Schulze, Eberhard (Hrsg.): Alexander Wasiljewitsch Tschajanow – die Tragödie eines großen Agrarökonomen. Kiel 2001. S. 16-29.

wirtschaftlichen Apparat hervorbrachte, dessen Arbeitsweise in technischer Hinsicht hinter keinem anderen denkbaren Apparat zurückstand und der automatisch, ohne Zuhilfenahme von außerökonomischem staatlichem Zwang, funktionierte." (BU, 50)

Tschajanow verknüpft seinen Entwurf einer agrarischen Ökonomie aus Familienwirtschaft und Genossenschaft mit der direkten Kritik der bolschewistischen Agrarpolitik. Er setzt ihn als Gegenbild zu deren Industrialisierung und Kollektivierung der Landwirtschaft. Süffisant läßt er Minin erklären, die Vorstellung einer industrialisierten und kollektivierten Landwirtschaft sei nichts anderes als ein Ausdruck der Entfremdung des „gequälten städtischen Proletariats", das in den „Folterkammern der [...] kapitalistischen Fabrik" von jeglicher „schöpferischen Arbeit" abgeschnitten sei. Sie erhebe das industrielle „Tagelöhnertum" zum Ideal der zukünftigen Gesellschaft.

> „Ihnen dürfte bekannt sein, daß man [...] die bäuerliche Wirtschaft für etwas Minderwertiges, für jene Urmaterie gehalten hat, aus der sich die ‚höheren Formen einer großen Kollektivwirtschaft' herauskristallisieren müßten. Hieraus erklärt sich die alte Idee von den Brot- und Fleischfabriken. Für uns heute ist es sonnenklar, daß sich eine solche Ansicht [...] aus ihrer Entstehungsgeschichte herleitet. Der Sozialismus wurde gezeugt als Antithese zum Kapitalismus; geboren in den Folterkammern der deutschen kapitalistischen Fabrik, ausgetragen von der Psychologie des in abhängiger Arbeit gequälten städtischen Proletariats, von Generationen, die jeglicher individuellen schöpferischen Arbeit und Denkweise entwöhnt waren, konnte er sich als ideale Gesellschaftsordnung nur die Negation der Lebensordnung, die ihn umgab, vorstellen. Selbst ein Tagelöhner, führte der Arbeiter, als er seine Ideologie schuf, das Tagelöhnertum als Symbol des Glauben an eine zukünftige Gesellschaftsordnung ein und errichtete ein ökonomisches System, in dem alle Befehlsempfänger waren [...]." (BU, 51f.)

Das war pure Provokation. Ironisch demontiert Tschajanow die Sozialismusvorstellungen der Bolschewiki. Indem er jene als Ausdruck der proletarischen Entfremdung erklärt, wendet er gleichsam den Historischen Materialismus gegen die Bolschewiki.

Als Gegenbild zur Entfremdung des Proletariats zeigt Tschajanow die individuelle bäuerliche Wirtschaft als selbstbestimmte, nichtentfremdete, schöpferische Arbeit. Sie sei, so Minin zu Kremnew, die „vollendetste Form wirtschaftlicher Tätigkeit" (BU, 50). Ihre Grundlage ist der lohnarbeiterfreie Familienbetrieb. Er wird nur durch die Familienmitglieder bewirtschaftet, seine Größe richtet sich nach deren Anzahl. Die Lohnarbeiterfreiheit ist der zentrale Punkt in

Tschajanows Theorie. Auf ihr beruht die Aufhebung des Kapital- und Profitprinzips. Eng verbunden damit ist der Verzicht auf eine Technisierung der Landwirtschaft. Diese erfolge weitgehend in manueller Arbeit.

> „Unsere Ernten [...] sind nur dadurch zu erklären, daß bei uns nahezu jede einzelne Ähre individuell gepflegt wird. Niemals zuvor war die Landwirtschaft in solchem Maße auf Handarbeit eingestellt wie heute. Und das ist [...] eine Notwendigkeit bei der heutigen Bevölkerungsdichte." (BU, 41)

Die kleinteilige, manuelle Landwirtschaft steigere, so Tschajanow, die Bearbeitungsintensität; man pflege gleichsam jede Ähre einzeln. Dadurch werde eine höhere Ertragsfähigkeit erzielt. Darüber hinaus werden besonders arbeitsintensive Kulturen wie Hackfrüchte und Gemüse angebaut. Das Ziel dieser manuellen Intensivierung der Landwirtschaft ist neben dem Steigern der Erträge, die Bevölkerung weitgehend als Arbeitskräfte in der Landwirtschaft zu integrieren. Je intensiver die Landwirtschaft auf diese Weise betrieben wird, umso mehr Arbeitskräfte absorbiere sie und umso größer sei die Bevölkerung, die mit ihr ernährt werden könne.

Was Tschajanow allerdings in der Utopie ausblendet: Die bäuerliche Familienwirtschaft tendiert zur Selbstausbeutung. Ihre Steigerung der Bearbeitungsintensität und Ertragsfähigkeit beruht auf der Ausdehnung der Arbeitszeit. In seiner Theorie erklärt Tschajanow, die Familienwirtschaft rechne nicht nach kapitalistischen Rentabilitätskriterien, sondern in der Befriedigung der Bedürfnisse ihrer Mitglieder. Solange deren Bedürfnisse nicht gesättigt seien, dehne sie die Arbeitszeit aus. Sie finde sich mit niedrigen Erträgen je Arbeitszeiteinheit ab und gehe bis an die Grenze der physischen Belastbarkeit – eben „weil Hunger weh tut".[218] Genau darauf gründet in seiner Theorie die Überlebensfähigkeit der bäuerlichen Familienwirtschaft gegenüber dem Kapitalismus. In der Utopie ist dagegen vorausgesetzt, daß die Arbeit-Konsum-Balance ohne Selbstausbeutung erreicht wird.

Tschajanows Weg, die Landwirtschaft weiterzuentwickeln und der Selbstausbeutung entgegenzuwirken, ist die Genossenschaft. Diese ergänzt die individuelle Familienwirtschaft. In seiner Genossenschaftstheorie beschreibt Tschajanow das als „vertikale Integration". Die Landwirtschaft wird nicht in Gänze zu Großbetrieben zusammengefaßt, sondern es werden nur die Bereiche des Ein-

---

[218] Tschajanow: Die Lehre von der bäuerlichen Wirtschaft, S. 39.

kaufs, des Absatzes und der Verarbeitung vergenossenschaftet. Für diese sei es vorteilhaft, größere Wirtschaftseinheiten zu schaffen. Für den Anbau dagegen bleibt es beim individuellen Familienbetrieb. Die Vergenossenschaftung führe aber, so Tschajanow, zur rationellen Umgestaltung der landwirtschaftlichen Produktion. Der einzelne Bauer müsse im Einklang mit dem Absatz- und Verarbeitungsplan der Genossenschaft produzieren. Umgekehrt führe die Genossenschaft verbesserte Anbaumethoden und Kulturen ein. Die Landwirtschaft werde so immer mehr zu einer „genossenschaftlichen Gemeinwirtschaft".[219]

Die Industrie ist in Tschajanows Utopie der Landwirtschaft untergeordnet. Aber Tschajanow fordert kein Zurück zu Handwerk und dörflicher Hausindustrie; das schließe sich beim Stand der Technik aus. Er entwirft in seiner Utopie eine lokale Industrie, die ebenfalls genossenschaftlich organisiert ist (BU, 52f.). Sie wird von der Bauernschaft kontrolliert und ist an die bäuerlichen Kooperationen gebunden; diese bilden ihren garantierten und konkurrenzfreien Absatzmarkt. Mit Hilfe des Staates wurden die privaten Unternehmen durch die Genossenschaftsbetriebe weitgehend verdrängt.

> „[W]ir haben [...] den kapitalistischen Fabriken durch eine enorm hohe Besteuerung, von der die kooperative Produktion ausgenommen war, das Rückgrat gebrochen." (BU, 53)

Auch die verstaatliche Industrie wurde wieder abgeschafft; der Staat besitzt keine Unternehmen mehr. Nur für den Energiesektor (Erdöl, Steinkohle, Holz) wurde das staatliche Monopol beibehalten. Über dieses kontrolliere man die weiterverarbeitende Industrie.

Der Handel liegt ebenfalls in den Händen der Genossenschaften. Das beruht auch auf Tschajanows Genossenschaftstheorie. Tschajanow hatte in dieser erklärt, die Ausbeutung der Landwirtschaft erfolge vor allem über das kapitalistische Handelssystem. Die Bauern müßten daher als Gegenmacht für den Handel eigene Genossenschaften aufbauen.[220]

Neben den Genossenschaften existieren in der Bauernrepublik noch einige private Unternehmen. Minin erklärt Kremnew, man dulde diesen „Restkapitalismus", weil seine Konkurrenz die kooperative Industrie zur Innovation antreibe. Man begrenze aber die Privatwirtschaft durch eine „hohe Besteuerung" und durch Arbeitsgesetze werden die Arbeiter vor Ausbeutung geschützt.

---

[219] Tschajanow: Die volkswirtschaftliche Bedeutung der landwirtschaftlichen Genossenschaften, S. 282.
[220] Vgl. ebd., S. 277ff.

„Dennoch existiert bei uns immer noch private Initiative kapitalistischer Art: in jenen Bereichen, in denen die kollektiv geleiteten Unternehmen zu schwach sind, und in jenen Fällen, wo ein organisatorisches Genie mit dem hohen Stand der Technik unsere drakonischen Steuern besiegt. Wir denken gar nicht daran, ihr den Todesstoß zu versetzen, weil wir es für notwendig erachten, für die Genossen-Kooperatoren eine gewisse Drohung beständiger Konkurrenz aufrechtzuerhalten, um sie damit vor technischer Stagnation zu bewahren. [...] Dieser Restkapitalismus bei uns ist jedoch äußerst zahm [...]." (BU, 53)

Die dem „Restkapitalismus" zugedachte Funktion, durch seine Konkurrenz Innovationen anzuregen, weist auf einen wesentlichen Aspekt in Tschajanows Kritik des Kriegskommunismus. Für Tschajanow schnitt der Staatskollektivismus mit seiner Verstaatlichung und Planwirtschaft „jegliche Stimulation" in der Wirtschaft ab. Er mache die Arbeiter zu „willenlosen Befehlsempfängern" ohne jedes Eigeninteresse an der Arbeit.

„Das System des Kommunismus verwies alle am Wirtschaftsleben Beteiligten auf etatmäßige Tagelöhnerpositionen und raubte ihrer Arbeit somit jegliche Stimulation." (BU, 55)

Die fehlende Stimulation wirke sich auch in der Organisation der Produktion aus. Die Planwirtschaft erzeuge ein Beamtentum, das statt an der Effizienz der Produktion an der Vervollkommnung der Wirtschaftsplanung interessiert sei.

„Das Fehlen einer Stimulation wirkte sich nicht nur auf die Produzierenden, sondern auch auf die Organisatoren der Produktion aus, weil diese, wie alle Beamten, an der Vervollkommnung der Wirtschaftstätigkeit an sich, an der Arbeitsgenauigkeit und dem äußeren Glanz des Wirtschaftsapparates statt an seiner Effektivität interessiert waren. Für sie war die Vorstellung von einer Sache wichtiger als deren materielle Ergebnisse." (BU, 55)

Tschajanow spart in seiner Kritik des Staatskollektivismus nicht mit bissigem Spott. Dessen Methoden aus „Verfügungen, Unterordnung, Verstaatlichung, Verbote, Befehle" seien „heidnische Requisiten", vergleichbar den „Donnerkeilen des Zeus".

„Methoden dieser Art haben wir längst aufgegeben, so wie man seinerzeit Katapulte, Sturmböcke, Signaltelegraphen und Kremlmauern aufgegeben hat." (BU, 54).

Tschajanow setzt dagegen wieder auf die finanziellen Anreizmittel der Privatwirtschaft.

> „Als wir die Organisation des Wirtschaftslebens übernahmen, haben wir unverzüglich alle Motoren, die die private Wirtschaftstätigkeit stimulieren, in Gang gesetzt [...]: Leistungslohn, Tantiemen für Organisatoren, und wir haben [...] Prämien auf jene Produkte der bäuerlichen Wirtschaft gezahlt, deren Förderung wir für unerläßlich hielten [...]." (BU, 55).

Auch für die bäuerliche Familienwirtschaft betont er die Rolle des privaten Interesses für die Steigerung der Produktion. Ironischerweise wurde Tschajanows Utopie in der Frage der Stimulation von Wirtschaft und Arbeit wenig später von der NEP eingeholt. Mit ihr führte man nach dem Scheitern des Kriegskommunismus wieder Formen der privatwirtschaftlichen Stimulation ein und ließ privates Wirtschaftsinteresse zu.

Tschajanow erneuerte mit seiner bäuerlichen Ökonomie den Agrarsozialismus des Narodnitschestwo. Das zeigt sich insbesondere in seiner Charakterisierung des „industriellen Kapitalismus" und von dessen Rolle in der Geschichte.

> „Für uns jedoch war es völlig klar, daß vom sozialen Standpunkt aus der industrielle Kapitalismus nichts anderes als ein krankhafter Anfall war, der die weiterverarbeitende Industrie wegen der Besonderheit ihrer Natur befallen hatte, und daß er keineswegs eine Etappe in der Entwicklung der gesamten Volkswirtschaft darstellte. Dank der zutiefst gesunden Natur der Landwirtschaft ging an ihr der bittere Kelch des Kapitalismus vorüber [...]." (BU, 52)

Tschajanows Charakterisierung des Industriekapitalismus als „krankhaft" und „unnatürlich" und die Annahme, ihn umgehen zu können, führt die Vorstellungen des Narodnitschestwo von einem agrarsozialistischen Sonderweg fort, der die „Fabrikkessel" des Kapitalismus überspringe. Ab Herzen hatten die Narodniki jenen immer wieder als Ziel für Rußland formuliert. Sie gründeten ihn insbesondere auf dem Mir, dessen gemeinschaftlicher Besitz von ihnen zur Keimzelle des Sozialismus erklärt wurde. Tschajanow geht dagegen nicht mehr vom Mir aus.[221] Er sah, daß sich der Mir sozial und ökonomisch überlebt hatte. An dessen Stelle treten bei ihm die bäuerliche Familienwirtschaft und die Genossenschaft. Tschajanow führt den Agrarsozialismus gleichsam aufs Ökonomische zurück. Es ging ihm nicht mehr wie der ersten Narodniki-Generation um einen russischen Sonderweg zum Sozialismus, sondern um eine nichtkapitalistische und nichtindustrielle Entwicklung der Landwirtschaft.

---

[221] Vgl. Hahn: Sozialismus als „bäuerliche Utopie", S. 132f. u. 306ff.; Bruisch: Historicizing Chaianov, S. 97ff.

Die Einbettung der Industrie in genossenschaftliche und lokale Strukturen verweist dabei erneut auf den Anarchismus als Bezugspunkt. Die von den Bauern kontrollierte genossenschaftliche Industrie schließt an Kropotkins Ideal einer dezentralisierten genossenschaftlichen Wirtschaft an, bei der Industrie und Landwirtschaft vereinigt sind. Es war insbesondere dieser Ökonomieentwurf, der Tschajanows Utopie für den postindustriellen Utopiediskurs interessant werden ließ. Sie bot den Ansatz für eine ökologische „kleine Ökonomie", die mit dem Wachstumszwang bricht.

Bäuerliche Science Fiction: Wetter- und Regenmaschinen

Tschajanow setzt zwar für die Landwirtschaft auf den Einsatz von Handarbeit, er erteilt aber dem wissenschaftlich-technischen Fortschritt keineswegs eine Absage.[222] Exemplarisch dafür sind die sogenannten Meteorophoren, mit denen sich das Wetter steuern läßt. Diese bestehen aus einem Netz elektromagnetischer Kraftwerke, die es ermöglichen, das Magnetfeld und über dieses „den Zustand des Wetters nach Belieben zu steuern" (BU, 71). Je nach Bedarf läßt man es in einzelnen Gebieten regnen. Man setzt die Meteorophoren auch militärisch ein. Im Falle eines Angriffs erzeugt man mit ihnen gezielt Wirbelstürme, mit denen die feindlichen Armeen und Flugzeuge „buchstäblich hinweggefegt werden" (BU, 80). Das ist fraglos auch spielerische Science Fiction, die das Genre bedient. Doch das Beispiel der Meteorophoren verdeutlicht, daß Tschajanows *Reise* keine technikskeptische Utopie ist. Wissenschaft und Technik sind wie die Industrie den Bedürfnissen der Landwirtschaft und der ländlichen Lebensweise untergeordnet, aber sie stehen an der Spitze des Fortschritts. Tschajanows Utopie präsentiert neben den Meteorophoren auch die umfassende Nutzung von Elektroenergie bis ins letzte Dorf sowie Flugzeuge und Autos als alltägliche Massenverkehrsmittel. Das Beispiel der Elektrizität und ihrer utopischen Nutzung als Wettermaschine zeigt dabei, wie Tschajanow in seiner Utopie die zeitgenössischen Technikerwartungen aufgreift. In ihm läßt sich unschwer das – nicht minder utopisch aufgeladene – frühsowjetische Elektrifizierungsprogramm, der GOÈLRO-Plan, erkennen.[223]

---

[222] Vgl. Saage: Utopische Profile, Bd. 4, S. 282.
[223] Vgl. Baumann, Werner/ u. a.: „„… um die Organisation des typischen Arbeitsbetriebes kennenzulernen." In: Schweizerische Zeitschrift für Geschichte 47. Jg. (1997) H. 1. S. 1-27, S. 6; GOÈLRO – Gosudarstvennyj plan èlektrifikacii Rossii (Staatlicher Plan zur Elektrifizierung Rußlands).

Die bäuerliche Gartenstadt

Die Vorherrschaft der Bauern hat ihren Ausdruck auch in der Siedlungsweise. In Tschajanows Utopie gibt es keine Großstädte mehr. Die Menschen leben in Gartenstädten und ländlichen Siedlungen. Die Umwandlung Moskaus zur Gartenstadt ist das erste, was Kremnew bei seiner Ankunft in der Zukunft bemerkt.

> „Zweifellos, dies war Moskau. [...] Doch wie sich ringsum alles verändert hatte! Verschwunden waren die steinernen Monumentalbauten, die einst den Horizont überzogen [...]. Statt dessen versank die ganze Umgebung in Gärten ... Die gesamte Fläche bis dicht an den Kreml füllten weit ausladende Baumgruppen, in denen einsame Inseln architektonischer Einheiten zurückblieben. [...] Zweifellos, dies war Moskau, aber ein neues Moskau, ein verwandeltes, lichteres." (BU, 25f.)

Alle Städte mit mehr als zwanzigtausend Einwohnern wurden zu Gartenstädten umgebaut. Die Bauernregierung hatte 1934 den Abriß der Städte beschlossen. Minin begründet das gegenüber Kremnew politisch: Man habe in den „riesigen Ansammlungen städtischer Bevölkerungen" eine „Gefahr [...] für ein demokratisches Regime" (BU, 34) gesehen. Die Industrie wurde dezentral an die neuen Eisenbahnknotenpunkte verteilt, die Bevölkerung in ländliche Vororte umgesiedelt und die Innenstädte radikal entkernt. An Stelle der Hochhäuser und engen Wohnviertel entstanden Parks, Gärten und Alleen. Erhalten wurden nur die historisch wertvollen Bauten, Kirchen und öffentliche Einrichtungen wie Theater, Museen und Bibliotheken; sie liegen nunmehr wie „Inseln" in den Parks. Der Umbau der Städte erfolgte innerhalb von zehn Jahren.

Die Stadt wird damit in Tschajanows Utopie ihrer früheren Funktionen fast vollständig entkleidet. Die umgebauten Städte sind „keine Städte mehr im eigentlichen Sinne", sie bilden nur noch „soziale Knotenpunkte eines allgemeinen Landlebens" (BU, 39). Diese dienen hauptsächlich als Verwaltungs- und Versammlungsort und Freizeit- und Kulturzentren. In ihnen ist man nur noch ausflugsweise zu Besuch.

> „Heute [...] gibt es überhaupt keine Städte im eigentlichen Sinne mehr, sondern nur noch Orte, die als Knotenpunkte sozialer Verbindungen dienen. Jede unserer Städte ist nichts anderes als ein Versammlungsort, ein zentraler Platz des Verwaltungskreises. Das ist kein Ort, an dem man lebt, sondern ein Ort für Feierlichkeiten, Versammlungen und einige andere Anliegen. Ein Punkt, aber kein soziales Wesen." (BU, 36)

Diese „sozialen Knotenpunkte" bestehen aus den Verwaltungseinrichtungen, Kultur- und Freizeiteinrichtungen sowie Hotels für die Besucher – für die Region Moskau heißt es, auf hunderttausend Einwohner kommen Hotels für vier Millionen Besucher, in den Kreisstädten sind es auf zehntausend Einwohner Hotels für hunderttausend (BU, 36). Parallel zum Umbau der Städte wurde das Verkehrssystem so ausgebaut, daß jeder seine Stadt in anderthalb Stunden erreichen kann. Im Personenverkehr benutzt man vor allem Flugzeuge[224] und Autos (u. a. mit unterirdischen Autobahnen), für den Gütertransport die Eisenbahn.

In Tschajanows Bauernrepublik ist wie in Bogdanows Utopie und in den bolschewistischen Zukunftsbildern der Gegensatz von Stadt und Land aufgehoben – jedoch in die entgegengesetzte Richtung. Es ist das genaue Spiegelbild: Nicht das Dorf wird liquidiert, sondern die Stadt. Die Bauern werden nicht zu Arbeitern, die in Agrarfabriken arbeiten, sondern alle leben auf dem Land; auch die Industriearbeiter haben einen Hof mit kleiner Wirtschaft. Über die neue Siedlungsweise heißt es:

> „[E]igentlich ist es jetzt an der Zeit, die altmodische Einteilung von Stadt und Dorf aufzugeben, weil wir heute nur noch einen Siedlungstyp ein- und derselben Agrarbevölkerung haben, der sich lediglich in der Bevölkerungsdichte unterscheiden kann." (BU, 38).

Die Siedlungen sind weitläufig, ohne feste Grenze. Entlang von Alleen sind die Bauernhäuser mit den Gärten aufgereiht, zwischen ihnen stehen Obst- und Maulbeerbäume als Hecken. In regelmäßigen Abständen verdichten sich die Siedlungen zu den „sozialen Knotenpunkten". Trotz der dezentralisierten ländlichen Siedlungsweise sollen „die höchsten Formen der Kultur" erhalten bleiben. Die lokalen Zentren sind daher mit allen Einrichtungen der Kultur und Bildung ausgestattet: Bibliothek, Kreistheater, Kreismuseum, Volksuniversität etc. (BU, 67f.). Tschajanow präsentiert nicht das alte Dorf als Ideal. Dieses soll vielmehr durch die Übertragung der städtischen Kultur aufs Land zu einer neuen, aufgeklärten Lebensweise erhoben werden.

Tschajanow greift für die neue, ländliche Siedlungsweise in seiner Utopie die Gartenstadtdebatten aus der Zeit auf. Die Umwandlung Moskaus zur Gartenstadt zitiert die postrevolutionären Pläne zum Umbau Moskaus als neue Hauptstadt. Tschajanow hatte als Mitglied der Gesellschaft *Das Alte Moskau* diese Debatten intensiv verfolgt. 1918 hatte Iwan W. Sholtowski im Auftrag des Moskauer Stadtsowjets einen ersten Plan vorgelegt, Moskau zur Gartenstadt

---

[224] Die kleineren Passagierflugzeuge nennt Čajanov nach H. G. Wells' *When the Sleeper Wakes* (1899) Aeropile.

umzubauen.[225] Dieser wird in der *Reise* als direkte Vorlage genannt (BU, 35). Sholtowski sah vor, die Innenstadt durch Abriß aufzulockern und mit Parks zu begrünen, bewahrt werden sollten die historisch wertvollen Bauten. Industrie und Wohnen sollten in Vorortsiedlungen verlegt werden und die Innenstadt hauptsächlich als kulturelles und politisches Zentrum dienen. Im Gegensatz zu Tschajanow Utopie bleibt in Sholtowskis Plan aber die Stadt in ihrem Wesen erhalten, sie wird nicht zum ‚Freizeitpark' des Dorfes. Tschajanows Radikalisierung der Gartenstadtidee, die Stadt gänzlich abzuschaffen, zeigt, daß die Gartenstadt in seiner Utopie vor allem als ideologisches Konzept fungiert: Sie dient dazu, die bäuerliche Hegemonie zum Ausdruck zu bringen. Minin spricht denn auch von dem Dekret über den Abriß der Städte als dem „für uns heilige[n] Dekret" (BU, 35).

Ironischerweise kehrte Tschajanows Abschaffung der Städte in dem Entwurf der Avantgarde-Architekten Barschtsch und Ginsburg für Selenyj Gorod, einem geplanten Kur- und Erholungsort in der Nähe Moskaus, von 1929/1930 wieder.[226] Barschtsch und Ginsburg sahen ebenfalls vor, Moskau radikal zu entsiedeln und in einen „zentralen Park der Erholung und Kultur" zu verwandeln. Wie bei Tschajanow sollte die Innenstadt abgerissen und nur historisch wertvolle Bauten als architektonisches Erbe bewahrt werden. Sogar die Idee der Hotels für die Besucher findet sich bei ihnen. Die Ironie liegt in dem konträren Ziel. Barschtsch und Ginsburg ging es nicht um die Liquidation der Stadt zugunsten einer bäuerlichen Lebensweise, sondern um eine neuartige Urbanität, die Stadt und Dorf gleichermaßen aufhebt. Die Gemeinsamkeiten zeigen nicht nur die Nähe der utopischen Tabula-Rasa-Radikalität. In ihnen liegt ein subversives Moment: daß die proklamierte Aufhebung des Gegensatzes von Stadt und Land wohlmöglich näher dem Land war als der Stadt.

Lebensweise, Familie und Erziehung

Das Alltagsleben mit Arbeit und Familie wird in Tschajanows Utopie nicht direkt beschrieben, das Bild des Alltags ergibt sich eher nebenher. Wie für die ökonomische Ordnung heißt es auch für die Lebensweise, man gründe diese darauf, die „alten, ewigen Gesetze, die seit eh und je die Grundlage der bäuerlichen Wirtschaft bildeten, zu sanktionieren" (BU, 49).

---

[225] Dazu im Kapitel *Die Rote Gartenstadt*.
[226] Dazu im Kapitel *Urbanismus versus Desurbanismus*.

"Wir haben nichts anderes erstrebt, als diese uralten, erhabenen Prinzipien zu festigen, ihren kulturellen Wert zu vertiefen, sie geistig zu verwandeln und bei ihrer Verwirklichung jene sozial-technische Organisation anzuwenden, die sie nicht nur als althergebrachte, bloß passive Resistenz erscheinen, sondern sie aktive Leistungsfähigkeit, Flexibilität und [...] Schlagkraft erlangen ließe." (BU, 49f.)

Gegen das entfremdete Leben im „Industriekapitalismus" wird das Ideal eines „in die Gesamtheit des Lebens integrierten Menschen" (BU, 65) gestellt. Es besteht in der Rückgewinnung der bäuerlichen Arbeits- und Lebensweise. Diese, so Tschajanow, sei der „natürliche Zustand des Menschen".

„Hier tritt der Mensch der Natur entgegen, hier kommt die Arbeit in schöpferische Berührung mit allen Kräften des Kosmos und läßt neue Lebensformen entstehen. Jeder Arbeiter wird zu einem Schöpfer, jede Äußerung seiner Individualität ein Kunstwerk der Arbeit. [...] daß Leben und Arbeiten auf dem Lande äußerst gesund sind, daß das Leben eines Landwirts außerordentlich vielseitig ist [...]. Dies ist der natürliche Zustand des Menschen, aus dem er von dem Dämon Kapitalismus vertrieben wurde." (BU, 50)

Tschajanow greift hierin Tolstois Zivilisationskritik und Idealisierung der bäuerlichen Lebensweise auf. Tolstoi hatte die Stadt als neurotische industriell-urbane Lebensweise verurteilt. Sie pervertiere das menschliche Dasein und bedeute die Ausbeutung und Verelendung der Bauern.[227] In *Was sollen wir denn tun?* schreibt er:

„Die erste Ursache [der Verelendung] besteht darin, daß ich den Dorfbewohnern das Notwendigste wegnehme und in die Stadt schleppe. Die zweite Ursache jedoch besteht darin, daß ich hier in der Stadt all das genieße, was ich auf dem Dorf zusammengetragen habe, und dabei die Dorfbewohner, die mir in die Stadt folgen, um auf irgendeine Weise zurückzugewinnen, was ihnen auf dem Dorf weggenommen wurde, durch meine unsinnige Verschwendung in Versuchung führe und ins Verderben stürze."[228]

Tolstoi setzt dagegen die ‚einfache' Lebensweise des Bauern und dessen Arbeit als Ideal eines nichtentfremdeten und gerechten Lebens. Die Landarbeit sei die „sittlichste, gesundeste, freudigste und notwendigste" sowie „vornehmste von

---

[227] Vgl. Lindenau: Requiem für einen Traum, S. 106f.
[228] Tolstoi, Lew: Was sollen wir denn tun? In: ders.: Gesammelte Werke; 15. Berlin 1974. S. 165-470, S. 233.

allen menschlichen Tätigkeiten".[229] Als eigener Hände Arbeit sei sie die „natürliche" Grundlage des menschlichen Daseins, der Mensch müsse aufhören, „sich fremde Arbeit nutzbar zu machen".[230] Tschajanow zitiert das fast wörtlich in seiner Utopie. Auch bei ihm ist die bäuerliche Lebensweise der „natürliche Zustand", die Landarbeit „äußerst gesund" und gilt die „individuelle bäuerliche Wirtschaft" als die „vollendetste Form" der Arbeit.

Wie für die politische Ordnung heißt es auch für das soziale Leben, daß man die Rolle des Staates zurückgedrängt habe. Der Staat sei für den einzelnen im Alltagsleben kaum mehr präsent. Er könne jahrelang leben, „ohne ein einziges Mal daran erinnert zu werden, daß ein Staat als eine Institution des Zwangs existiert" (BU, 54).

> „[...] wir haben den Staat fast aller sozialen und ökonomischen Funktionen beraubt, und der Durchschnittsbürger kommt mit ihm kaum in Berührung. Ja, und überhaupt sind wir der Ansicht, daß der Staat eine veraltete Organisationsmethode des sozialen Lebens darstellt, und $^9/_{10}$ unserer Arbeit werden mit gesellschaftlichen Methoden durchgeführt, denn diese sind für unser Regime charakteristisch [...]." (BU, 66f.)

Aber zugleich ist der Staat im Hintergrund steuernd präsent. Über die Kontrolle des Konsums lenkt er die Bedürfnisse und das soziale Verhalten. Minin erklärt Kremnew, man sei in der Lage, das Konsumverhalten der Bevölkerung statistisch genau zu erfassen und durch Steuern zu beeinflussen.

> „Wir kennen die Komponenten und die Mechanik des Konsums einer jeden Schicht unserer Gesellschaft gut genug [...]." (BU, 53f.)

Die Steuern dienen nicht nur dazu, Einkommensunterschiede auszugleichen.[231] Durch Steuern und andere „Mittel der indirekten Einwirkung" lenke man die Gesellschaft ohne offenen Zwang und ohne daß es der einzelne in seinem Alltag merke. Dieser klandestine Steuerungsanspruch konterkariert das Bild eines zurückgenommenen Staates. Kremnew merkt das gegenüber Minin selbst an.

> „Das ist ja eine Tyrannei, wie sie schlimmer nicht sein kann! [...] stehen jedem beliebigen staatlichen Terror in nichts nach." (BU, 69).

---

[229] Tolstoi, Leo N.: Die Bedeutung der russischen Revolution. Oldenburg u. a. 1907, S. 29.
[230] Tolstoi: Was sollen wir denn tun, S. 313.
[231] Čajanovs Bauernrepublik ist entgegen der Utopietradition keine egalitäre Gesellschaft.

Hinter dem Steuerungsanspruch steht die Annahme, die Gesellschaft wissenschaftlich erfassen zu können und für diese eine „organisierte gesellschaftliche Vernunft"[232] zu bestimmen. Tschajanows Utopie zeigt sich damit in der Tradition des rationalistischen Wissenschaftsglaubens der Utopie, insbesondere der frühsozialistischen. Der Anspruch verweist aber auch auf das Selbstverständnis von Tschajanows Produktions- und Organisationsschule. Diese verfolgte in der Tradition der Semstwos die soziologische Erfassung der ländlichen Lebensverhältnisse. Ihr Ziel war nicht zuletzt, durch eingreifende Wissenschaft aufzuklären und die ländlichen Verhältnisse im Sinne jener „organisierten gesellschaftlichen Vernunft" zu entwickeln. In seiner Utopie läßt Tschajanow die Agrarintelligenzija den Staat übernehmen und weist ihr die Aufgabe zu, diese „Vernunft" gesellschaftlich umzusetzen.

Die Familie: Das Fundament der Gesellschaft ist in Tschajanows Bauernrepublik die traditionelle Familie. Im Untertitel zum 7. Kapitel heißt es:

> „[...] daß eine Familie eine Familie ist und immer eine Familie bleiben wird." (BU, 41).

Tschajanow richtet das unmittelbar gegen die bolschewistische Familienpolitik in der ersten Zeit nach der Revolution. Er polemisiert gegen die Vorstellungen, die Familie abzuschaffen und durch Formen des kollektiven Zusammenlebens, der gesellschaftlichen Kindererziehung und der öffentlichen Versorgung zu ersetzen. Er entwirft als Gegenbild eine bäuerliche Familienidylle mit Kinderreichtum und patriarchalischem Oberhaupt. Auch deren opulente Küche läßt sich als Contra zur dürftigen öffentlichen Versorgung während des Kriegskommunismus lesen. Es ist ein traditionelles, patriarchalisches Familienmodell. Die patriarchalische Vorherrschaft wird ebensowenig hinterfragt wie die geschlechtsspezifische Arbeitsteilung und die Festlegung der Frau auf die Mutterrolle. Schon für Tschajanows Theorie der bäuerlichen Familienwirtschaft hatte von Reichenau kritisiert, daß Tschajanow die Rolle und die Arbeit der Frau vernachlässige.[233] Tschajanows idyllische Fortschreibung der traditionellen Familie steht nicht nur kontrar zum Emanzipationsdiskurs der Zeit. Sie überrascht auch angesichts seiner Studien zu den ländlichen Verhältnissen. Die „russische Bauernfamilie war ihrer inneren Struktur nach" fern der Idylle, die

---

[232] Tschajanow: Die Sozialagronomie, S. 4.
[233] Vgl. Reichenau, Charlotte von: Die Bäuerin. In: Jahrbücher für Nationalökonomie und Statistik 153. Bd. (1941) S. 678-700, S. 680f.

Tschajanow zeichnet.[234] Ihre Unterdrückung der Frau und ihre Gewalt waren nicht zu überwinden, ohne die traditionellen Familienstrukturen aufzubrechen und die patriarchalische Vorherrschaft abzuschaffen.

Erziehung und Bildung: Die Kinder leben gemäß dem Familienideal in der Familie. Es gibt für alle eine allgemeine Schule; deren Aufbau wird aber nicht näher beschrieben. Neben der allgemeinen Schule gibt es eine spezielle Einrichtung zur Elitenförderung: die *Bruderschaft des heiligen Florus und Laurus*. Diese betreibt eine systematische Talentsuche und Begabtenförderung.

> „Heute kennen wir die Morphologie und Dynamik des menschlichen Lebens, wir wissen, wie man in einem Menschen alle vorhandenen Kräfte zur Entfaltung bringen kann. Spezielle mitgliederstarke und mächtige Gesellschaften beschäftigen sich mit der Beobachtung von Millionen von Menschen, und Sie können überzeugt sein, daß heute kein einziges Talent abhanden kommen kann [...]." (BU, 69)

Die *Bruderschaft des heiligen Florus und Laurus* unterhält Internatsschulen für wissenschaftlich und künstlerisch hochbegabte Jungen und Mädchen. Diese Internatsschulen werden als eine Art „weltliches Kloster" mit einer „strengen", „klösterlich anmutenden" Satzung charakterisiert. Sie sind mit „Bibliotheken, Laboratorien und Bildergalerien ausgestattet" und verfügen über eigene Landgüter (BU, 40). Ihre Absolventen bilden die künftige Elite.

Nach der Schule absolvieren alle, sowohl Jungen als auch Mädchen, einen zweijährigen Wehrdienst. Dieser diene jedoch, erklärt Minin, weniger der militärischen Ausbildung. Zur Verteidigung verfüge man über effektivere Mittel als Armeen und konventionelle Waffen; mittels der elektromagnetischen Wettermaschinen, den Meteorophoren, könne man jeden Angriff abwehren. Der Wehrdienst habe in erster Linie eine pädagogische Funktion. Er diene der „moralischen Disziplinierung" und staatsbürgerlichen Erziehung.

> „[D]ie pädagogische Seite des Wehrdienstes, die moralische Disziplinierung, kann gar nicht überschätzt werden. Sport, rhythmische Gymnastik, bildhafte Gestaltung, Arbeit in Fabriken, Wanderungen, Manöver, Landarbeiten – durch all dies wird uns der Mitbürger geschmiedet [...]." (BU, 68)

Neben dem Wehrdienst gibt es für die Jugendlichen auch sogenannte Pflichtreisen nach dem Vorbild der Gesellenwanderung der mittelalterlichen Zünfte. Sie dienen ebenfalls der kulturellen Erziehung. Zusammen mit dem Wehrdienst

---

[234] Vgl. Mänicke-Gyöngyösi: Nachwort, S. 127f.

sollen sie die Jugendlichen in „Berührung mit der ganzen Welt" bringen und ihren Horizont erweitern (BU, 68).

Trotz der dezidiert auf die Steigerung der Kultur gerichteten Erziehung entwirft Tschajanow für seine utopische Gesellschaft jedoch keinen Neuen Menschen. Es gibt bei ihm keine kulturelle Vervollkommnung des Menschen wie in Bogdanows Utopie oder denen der Avantgarde. Tschajanow wendet sich vielmehr entschieden gegen den zeitgenössischen Diskurs des Neuen Menschen. Er hält dem Anspruch, den Menschen mittels seiner kulturellen Umerziehung zu emanzipieren, entgegen, daß sich die menschliche Natur nicht ändern lasse. Der soziale Fortschritt liege vielmehr in der Ausweitung der Kultur für alle.

> „Der ganze soziale Prozeß besteht allein darin, daß sich der Kreis von Personen, die aus den Urquellen der Kultur und des Lebens trinken, langsam erweitert. Nektar und Ambrosia sind bereits nicht mehr den Olympiern vorbehalten, sie schmücken heute den Herd der ärmsten Dorfbewohner." (BU, 65)

Botticelli und Folklore – zwischen Kunst fürs Volk und Volkskunst

Kunst und Kultur nehmen in Tschajanows Utopie einen auffallend großen Raum ein. Sie sind mit das erste, was Kremnew erklärt wird. Kaum angekommen, erhält er von seinen Gastgebern einen Vortrag zur Malerei in Rußland seit 1917: Vom Futurismus habe sich diese über die Wiederentdeckung des italienischen Klassizismus des 16. und 17. Jahrhunderts zu einem neuen Realismus entwickelt (BU, 29ff.). Die von Tschajanow für seine Bauernrepublik entworfene Kultur ist auf den ersten Blick eine eklektizistische Mischung aus einerseits bäuerlich-slawophiler Folklore mit Ikonen, volkstümlichem Kunsthandwerk, traditioneller Tracht, Volksliedern, Bauernchören, Konzerten mit Kirchenglocken und andererseits der Popularisierung der Hochkultur. Alexander Skrjabins Sinfonie *Prométhée* wurde zur Nationalhymne erklärt, Wanderausstellungen zeigen auf den Dörfern klassische und zeitgenössische Malerei, Kunstgeschichten haben Massenauflagen, in allen lokalen Zentren gibt es Theater und Museen, Künstler werden durch Stipendien und öffentliche Aufträge gefördert und es existiert ein reger privater Kunstmarkt.

> „Um eine erfolgreiche Entwicklung der Kunst sicherzustellen, muß ihr die Gesellschaft erhöhte Aufmerksamkeit und aktive und großzügige Nachfrage nach ihren Erzeugnissen entgegenbringen. [...] Es gilt noch hinzuzufügen, daß die von der jetzigen ländlichen Gesellschaftsorganisation bestellten Fresken in die Hunderte, wenn nicht sogar Tausende von Quadratsaschen gehen. Prächtige Exemplare der Malerei werden Sie in

> den Schulen und Volkshäusern eines jeden Amtsbezirks finden. Es besteht eine erhebliche private Nachfrage. […] bei uns besteht nicht nur Nachfrage nach den Erzeugnissen der Künstler, sondern sogar nach den Künstlern selbst. Mir sind mehrere Fälle bekannt, wonach der eine oder andere Bezirk oder Kreis auf der Basis langjähriger Verträge einem Maler, Poeten oder Gelehrten erhebliche Summen allein für die Verlegung des Wohnsitzes auf ihr Territorium zahlten. Sie müssen zugeben, daß dies an die Zeiten der Medici und Gonzago der italienischen Renaissance erinnert." (BU, 64)

Nach dem Krieg mit Deutschland verlangte man als Reparationen „einige Dutzend Bilder von Botticelli, Domenico Veneziano, Holbein, den Pergamon-Altar, 1000 buntbemalte chinesische Stiche aus der Epoche der Tang-Dynastie" (BU, 80). Das Ziel all der Bemühungen um die Kunst ist, trotz der Auflösung der Städte deren Kultur- und Zivilisationsniveau zu bewahren und für die bäuerliche Lebensweise zu übernehmen. Kunst und Kultur sollen aufs Land getragen werden.

> „Das soziale oder, wenn Sie wollen, kulturelle Problem war das der Organisation des sozialen Lebens […] in Formen, die – unter der Bedingung dezentralisierter dörflicher Siedlungen – den höchsten kulturellen Lebensstil, der lange Zeit ein Monopol städtischer Kultur war, bewahrten und kulturellen Fortschritt auf allen Gebieten des geistigen Lebens zumindest in nicht geringerem Maße als jede andere Gesellschaftsordnung ermöglichten." (BU, 50; vgl. auch BU, 67)

In dem Bild einer bis in den Alltag von Kunst durchdrungenen Gesellschaft spiegeln sich gleichsam unter umgekehrtem Vorzeichen die postrevolutionäre Kulturpolitik und deren Erwartungen einer Aneignung der Kunst durch das Volk. Nur daß Tschajanow sie nicht unter das Signum einer proletarischen Kultur stellt. Der Neorealismus und die Wanderausstellungen auf den Dörfern verweisen auf die sogenannten Wandermaler, die Peredwischniki, und ihren sozialkritischen Realismus[235] als Bezugspunkt. Doch all die Kunstbemühungen passen nicht recht ins Bild einer traditionellen bäuerlichen Gesellschaft. Sie durchbrechen mehr das Ideal einer bäuerlichen Lebensweise, als daß sie überzeugen, daß „die darstellenden Künste nunmehr zum Alltag des bäuerlichen Lebens gehörten und auf vorbereitetes Verständnis trafen" (BU, 59). Doch gerade in dieser Brechung, ob intendiert oder nicht, zeigt sich die Perspektive Tschajanows. Ihm ging es nicht um eine bäuerlich-slawophile Folklorekunst als Aus-

---

[235] Vgl. zu den Peredvižniki Jackson, David: The Wanderers and critical realism in nineteenth-century Russian painting. Manchester u. a. 2006.

druck der Emanzipation der Bauern. Das zeigt auch die ironische Überspitzung der folkloristischen Elemente. Das Ideal ist die klassische Hochkultur. Diese sollte in ihrer Verbreitung demokratisiert werden, und nicht abgelöst werden durch eine spezifisch bäuerliche Kultur. Kulturelle Emanzipation heißt bei Tschajanow nicht bäuerliche Kulturrevolution, sondern die Bauern zur klassischen Kultur zu heben; das heißt, den „Kreis von Personen, die aus den Urquellen der Kultur und des Lebens trinken," zu erweitern (BU, 65). Das Ineinssetzen von Kultur und Leben, das sich in dem Zitat zeigt, verdeutlicht dabei die zentrale Bedeutung, die Tschajanow der Kunst für das Leben zumaß.[236]

Korrektiv für die Revolution

Tschajanow läßt Kremnew Minin vorhalten, dessen Bauernrepublik sei „nichts anderes als eine verfeinerte Oligarchie von zwei Dutzend superklugen Ehrgeizlingen", geführt von „Oberkommandierende[n] des geistigen Lebens" und „Fanatiker[n] der Pflicht" (BU, 69f.). Das scheint Worowskis Kritik aus dem Vorwort zu bestätigten, daß Tschajanows Utopie die Diktatur einer Genossenschaftsintelligenzija zeige. Stellt Tschajanow damit seine Utopie selbst in Frage, wie Lecke konstatiert?[237] Das ist die Frage nach der utopischen Intention. Tschajanows Utopie ist in erster Linie Kritik – polemisch, spöttisch und ironisch. Gerichtet ist sie gegen die kriegskommunistische Politik. So heißt es als Untertitel zum 9. Kapitel, in dem Tschajanow seine Kritik am offensivsten entfaltet:

> „das junge Leserinnen auch auslassen dürfen, das aber den Mitgliedern der Kommunistischen Partei zur besonderen Aufmerksamkeit empfohlen wird." (BU, 49)

Tschajanow arbeitet zur Kontrastierung von kritisierter Gegenwart und utopischen Gegenbild mit dichotomen Motivpaaren, die als narrative Leitmotive fungieren: grauer Alltag des Kriegskommunismus versus farbenfroher Alltag der Bauernrepublik, Lebensmittelkarten und Mangelversorgung versus Überfülle an Essen, Dekret zur Abschaffung der Familie versus Tradierung der Großfamilie, Industrialisierung der Landwirtschaft versus Handarbeit, Aufhebung des Dorfes versus Abriß der Städte. Die Motivpaare geben der Kritik eine eingängige Bildlichkeit, für das Gegenbild erzeugen sie jedoch zugleich eine ironische Über-

---

[236] Vgl. zu Čajanovs Kunstauffassung Lecke: Utopie und romantische Kunsttheorie; Murav'ev: Tvorec moskovskoj gofmaniady.
[237] Vgl. Lecke: Utopie und romantische Kunsttheorie, S. 387ff.

spitzung. Die Utopie scheint sich selbst in Frage zu stellen. Das ordnet das Gegenbild der Kritikfunktion unter.

Hahn konstatiert für das Narodnitschestwo, daß dieses keine überzeugende Konzeption besaß, wie ein moderner Staat auf agrarsozialistischer Basis aussehen könne.[238] Das gilt auch für Tschajanow. Er kritisiert die Hypertrophie des Staates unter den Bolschewiki sowie deren Gewalt und Willkür, doch er entwirft kein alternatives politisches System. Seine Bauernrepublik führt das Rätesystem der Revolution fort, bleibt aber für dessen Praxis vage. Der Gegenentwurf erfolgt im Ökonomischen. Hier stellt Tschajanow mit der bäuerlichen Familienwirtschaft und den Genossenschaften ein alternatives Modell auf. Dieses bildet den positiven Kern seiner Utopie. Von ihm aus entwirft er eher spielerisch einen politischen und kulturellen Überbau für eine agrarische Gesellschaft. Waegemans sieht aufgrund des Agrarismus sowie der Betonung der russisch-bäuerlichen Folklore Tschajanows Utopie in der slawophilen Tradition.[239] Doch das verkennt den aufklärerischen und fortschrittsorientierten Charakter von Tschajanows Agrarismus. Tschajanow mythologisiert nicht den russischen Bauern und das Dorf. Der Agrarsozialismus seiner Utopie führt die rationalistische Tradition des Frühsozialismus fort. Tschajanows Utopie läßt sich im Hinblick auf die Kritik am Kriegskommunismus als hypothetischer Denkraum lesen, um die Sackgassen der bolschewistischen Politik aufzuzeigen. Unterstrichen wird das von den konkreten zeithistorischen Anspielungen. Tschajanow setzt den Agrarsozialismus als Korrektiv für die Revolution.

---

[238] Vgl. Hahn: Sozialismus als „bäuerliche Utopie", S. 306.
[239] Vgl. Waegemans: Kremnjov: alle macht aan de boeren, S. 86.

RUSSLAND 1917

UTOPIEN EINER SOZIALISTISCHEN LEBENSWEISE ZWISCHEN POLITIK, ALLTAG UND KUNST

Der Aufbruch in die Utopie

Die Revolutionen 1917 setzten in einem bis dahin ungesehenen Maße utopisches Potential frei. Ein „grenzenlose[r] und unterdrückte[r] Vorrat an Ideen und Sehnsüchten" drängte in ihnen an die Oberfläche. Die „ganze Phantasiewelt des 19. Jahrhunderts: Technikphantasien, Gerechtigkeitsphantasien, urbane und anti-urbane Visionen, Maschinenfetischismus und Maschinenstürmerei, rationalistische Träume," die Visionen eines Neuen Menschen und der Überwindung der Natur – all das flammte geradezu auf. Die „verschiedenen Ströme und Rinnsale sozialer und kultureller Phantasie" trafen in den Revolutionen aufeinander, verbanden sich, überboten einander oder paralysierten sich.[1] Was der Utopie dabei eine neue Dimension gab, war die Überzeugung, sie verwirklichen zu können. Die Utopie schien in greifbare Nähe gerückt. Alles schien machbar, alles im Hier und Jetzt erreichbar. Rußland wurde von zwei Bewegungen zugleich erfaßt, die in utopischen Weise auf eine neue Welt zielten: auf der einen Seite die sozialistische Bewegung mit den Bolschewiki, Sozialrevolutionären und Anarchisten, auf der anderen die Avantgarde und ihre ästhetische Revolution. Ging es ersteren um eine radikale politische, ökonomische und soziale Neuordnung, beanspruchte die Avantgarde, in der Aufhebung der Trennung von Kunst und Leben die bürgerliche Gesellschaft zu überwinden. Mit der ästhetischen Neuschöpfung der Gesellschaft und des Menschen überbot die Avantgarde die Bolschewiki noch an Radikalität und Totalität. In das Experiment der utopischen Neuschöpfung wurde das Leben als Ganzes hineingezogen: vom Alltagsdesign für Teller und Tassen bis hin zur Umgestaltung des Menschen und der Überwindung des Todes.

---

[1] Schlögel, Karl: Utopie als Notstandsdenken – einige Überlegungen zur Diskussion über Utopie und Sowjetkommunismus. In: Hardtwig, Wolfgang (Hrsg.): Utopie und politische Herrschaft im Europa der Zwischenkriegszeit. München 2003. S. 77-96, S. 84f.

Der utopische Überschwang erzeugte gleichsam einen Rausch der Utopie. Der Erste Weltkrieg und die Revolutionen hatten den Eindruck geweckt, einem fundamentalen Bruch beizuwohnen, der einen Neuanfang nötig und auch möglich werden lasse. Die Agonie des Ersten Weltkriegs schlug um in einen utopischen Zukunftswillen. „Wir kamen, um die neue Welt zu bauen", erinnerte sich eine Ingenieurin der Großbaustellen der 1920er und 1930er Jahre.[2] Dieser utopische Aufbruchswille wurde zum einen von dem aufgestauten sozialen und politischen Emanzipationsbedürfnis der russischen Gesellschaft getrieben, zum anderen von einem euphorischen Technik- und Fortschrittsoptimismus. Die rapide wachsenden wissenschaftlich-technischen Möglichkeiten bestärkten den Glauben, daß eine neue Welt geschaffen werden könne. Eine Welt, in der nicht nur die gesellschaftlichen Verhältnisse umgestaltet sind, sondern Berge versetzt und Wüsten zu Gärten werden, der Mensch das Wetter steuert. Der vereinte menschliche Verstand werde, so Gorki, alle Grenzen überwinden.

> „Arbeit und Wissen besiegen alles [...]. Zweifellos wird eine Zeit kommen, da der Mensch Herr über die Natur sein wird und ein solcher Wundertäter, daß es für ihn keinerlei Hindernisse mehr geben wird. Vielleicht wird er auch die interplanetaren Räume erobern, den Tod besiegen und alle seine Krankheiten und inneren Mängel, und dann wird höchstwahrscheinlich das Paradies auf Erden sein."[3]

Dem Umgestaltungsanspruch wurde der Mensch selbst unterworfen. Der „alte Adam" sollte einen revolutionären Umgestaltungsprozeß durchlaufen und als Neuer Mensch auferstehen. Allerorten wurde die „Reorganisation des Menschen"[4] proklamiert als Entfaltung seiner kulturellen, geistigen und physischen Potentiale, so wie in Leo Trotzkis (1879-1940) emphatischer Prognose des Neuen Menschen:

> „Der Mensch wird endlich daran gehen, sich selbst zu harmonisieren. Er wird es sich zur Aufgabe machen, der Bewegung seiner eigenen Organe [...] höchste Klarheit, Zweckmäßigkeit, Wirtschaftlichkeit und damit Schönheit zu verleihen. Er wird den Willen verspüren, die halbbewußten und später auch die unterbewußten Prozesse im eigenen Organismus: Atmung, Blutkreislauf, Verdauung und Befruchtung zu meistern, und wird sie in den erforderlichen Grenzen der Kontrolle durch Vernunft und Wil-

---

[2] Schattenberg, Susanne: Stalins Ingenieure. Lebenswelten zwischen Technik und Terror in den 1930er Jahren. München 2002, S. 217.
[3] Zitiert nach Hagemeister, Michael: „Unser Körper muss unser Werk sein." In: Groys, Boris/ ders. (Hrsg.): Die Neue Menschheit. Frankfurt a. M. 2005. S. 19-67, S. 20.
[4] Gol'cman, Abram Z.: Reorganizacija čeloveka. Moskau 1924.

len unterwerfen. Das Leben, selbst das rein physiologische, wird zu einem kollektiv-experimentellen werden. Das Menschengeschlecht, der erstarrte Homo sapiens, wird erneut radikal umgearbeitet und – unter seinen eigenen Händen – zum Objekt kompliziertester Methoden der künstlichen Auslese und des psycho-physischen Trainings werden. [...] Der Mensch wird sich zum Ziel setzen, seiner eigenen Gefühle Herr zu werden, seine Instinkte auf die Höhe des Bewußtseins zu heben, sie durchsichtig klar zu machen, mit seinem Willen bis in die letzte Tiefe seines Unbewußten vorzudringen und sich so auf eine Stufe zu erheben – einen höheren gesellschaftlich-biologischen Typus, und wenn man will – den Übermenschen zu schaffen. [...] Der Mensch wird unvergleichlich viel stärker, klüger und feiner; sein Körper wird harmonischer, seine Bewegungen werden rhythmischer und seine Stimme wird musikalischer werden. Die Formen des Alltagslebens werden dynamische Theatralität annehmen. Der durchschnittliche Menschentyp wird sich bis zum Niveau des Aristoteles, Goethe und Marx erheben. Und über dieser Gebirgskette werden neue Gipfel aufragen."[5]

Die Angelpunkte für die Neukonstitution des Menschen waren Kollektivität und Emanzipation. In der Maximalvariante dachte man die Emanzipation als Befreiung selbst von den Naturgesetzen: mit der Aufhebung der Schwerkraft und der Überwindung des Todes. Was wie Science Fiction klingt, war durchaus ernst gemeint. Das Ideal des Neuen Menschen reichte durch alle Bereiche bis in die Politik. In dem Topos des Neuen Menschen kulminierten die revolutionären Erwartungen. Man verkündete für ihn eine neue Lebensweise und Moral, entwarf neue Häuser und Städte, arbeitete an seiner kulturellen Umrüstung. Der durch die Oktoberrevolution freigesetzte Utopismus fand hier zum eingängigen Bild.

Auch wenn sich Lenin entschieden gegen das Beschreiben des Sozialismus als Utopie verwahrte und die Utopie als „anarchistische Träumerei" verurteilte,[6] die Bilder der sozialistischen Zukunft speisten sich aus den klassischen und frühsozialistischen sowie den russischen Utopien. Die utopische Tradition wurde dezidiert zur Legitimation aufgerufen. So gehörten zu Lenins Programm neuer Denkmäler für die Vorkämpfer der Revolution auch die Klassiker der Utopie: Morus, Campanella, Fourier, Saint-Simon und Owen. Das im April 1918 initiierte Denkmalprogramm war Teil von Lenins sogenannter Monumentalpropaganda, einer Agitprop-Aktion, die vorsah, den Stadtraum mittels Kunst zur politischen Agitation zu nutzen. Neue Denkmäler und Tafeln mit Zitaten an

---

[5] Trotzki, Leo: Literatur und Revolution. (1924) Essen 1994, S. 250ff.
[6] Vgl. Lenin: Staat und Revolution, S. 438; ders.: Zwei Utopien. In: ders.: Werke, Bd. 18. Berlin 1962. S. 347-351.

Hauswänden[7] sollten die „revolutionären Ideen und Gefühle" vermitteln.[8] Lenin begründete, so Lunatscharski, die Aktion mit Rekurs auf Campanellas *Sonnenstaat*.

> „Sie erinnern sich, daß Campanella in seinem *Sonnenstaat* davon spricht, daß an die Mauern seiner sozialistischen Phantasiestadt Fresken gemalt seien, die der Jugend als Anschauungsunterricht in Naturwissenschaft und Geschichte dienen, das staatsbürgerliche Empfinden wecken – mit einem Wort: Bestandteil der Bildung, Erziehung der neuen Generation sind. Mir scheint das alles andere als naiv zu sein und von uns jetzt mit gewissen Änderungen übernommen und verwirklicht werden zu können."[9]

Ebenso deutlich ist der Legitimationsbezug auf die utopische Tradition in der Konturierung der neuen, sozialistischen Lebensweise. Man verstand sich als Erben der Utopien.[10] Das utopische Bewußtsein zeigt sich als prägende Triebkraft der Revolution und der Umgestaltung der Gesellschaft.

Gerade in Lenins Politik, nach der Februarrevolution sofort zur proletarischen Revolution überzugehen, lag ein eminent utopisches Moment.[11] Mit den *Aprilthesen* stellte Lenin ein Programm auf, das die bestehenden Verhältnisse gleichsam im utopischen Sprung hinter sich läßt. In den *Aprilthesen* hatte Lenin gefordert: „Keine parlamentarische Republik!" An ihre Stelle müsse die Republik der Sowjets der Arbeiter-, Landarbeiter- und Bauerndeputierten treten: mit sofortiger Abschaffung der Polizei, der Armee, der Beamtenschaft, mit der Na-

---

[7] U. a. gab es Tafeln zu Černyševskijs *Was tun?*, die die Schlußsequenz von *Weras Viertem Traum* zitieren: die Aufforderung, die Zukunft ins Heute zu holen (Was tun? 459).

[8] Vgl. zur Monumentalpropaganda Lunatscharski, Anatoli W.: Lenin und die Kunst. In: Lenin, Wladimir I.: Über Kultur und Kunst. Berlin 1960. S. 641-648; Drengenberg, Hans-Jürgen: Die sowjetische Politik auf dem Gebiet der bildenden Kunst von 1917 bis 1934. Berlin 1972, S. 181ff.; German, Michail (Hrsg.): Die Kunst der Oktoberrevolution. Leningrad 1985, S. 12ff.; Grumpelt-Maaß, Yvonne: Kunst zwischen Utopie und Ideologie. St. Augustin 2001, S. 171ff.; Plaggenborg: Revolutionskultur, S. 247ff.; Stites, Richard: Festival and Revolution: The Role of Public Spectacle in Russia. In: Strong, John W. (Hrsg.): Essays on Revolutionary Culture and Stalinism. Columbus 1990. S. 9-28, S. 18ff.

[9] Lunačarskij, Anatolij: Lenin o monumental'noj propagande. In: Literaturnaja gazeta Nr. 4/5 vom 29. Januar 1933, S. 1. Die entsprechende Passage im *Sonnenstaat*: Campanella: Sonnenstaat, S. 120ff. Lunačarskij schrieb über Campanella auch ein Drama, das ihn als Ahnen der Revolution zeigt (Foma Kampanella. Moskau 1922).

[10] Vgl. bspw. Gradow: Stadt und Lebensweise, S. 38-48.

[11] Vgl. Žižek, Slavoj: Die Revolution steht bevor. Dreizehn Versuche über Lenin. Frankfurt a. M. 2002, S. 8ff.

tionalisierung des gesamten Bodens und mit der Arbeiterkontrolle über Produktion und Distribution.[12] Der utopische Gehalt der Forderungen zeigt sich gemessen am zeitgenössischen Kontext. Nichts schien in Rußland unwahrscheinlicher als die proletarische Revolution durch die Bolschewiki. Im Ersten Weltkrieg war die Zweite (sozialistische) Internationale zerbrochen, die sozialdemokratischen Parteien hatten sich der patriotischen Linie angeschlossen. In der politischen Lage nach der Februarrevolution sahen sich die Bolschewiki in der Minderheit. Gleichzeitig war Rußland nach der Februarrevolution mit seinem Maximum an Organisations- und Pressefreiheit das demokratischste Land Europas. Sozial und ökonomisch hingegen war Rußland eine agrarisch geprägte Gesellschaft: Die industrielle Entwicklung beschränkte sich auf wenige Zentren, neunzig Prozent der Bevölkerung waren Bauern. In dieser Situation führte Lenin den revolutionären Erwartungshorizont der Sozialistischen Internationale fort. Er erklärte, man dürfe jetzt nicht bei der bürgerlichen Revolution stehen bleiben, sondern müsse den Augenblick für die proletarische Revolution nutzen und den Staatsapparat durch kommuneartige Formen der gesellschaftlichen Selbstverwaltung ersetzen. Nicht nur sprach alles dagegen, sondern die *Aprilthesen* schienen politischer Selbstmord. Lenins Parteigenossen hielten ihn für verrückt.[13] Das Utopische der Position Lenins liegt nun weniger im Inhalt der Forderungen, als in dem Insistieren darauf, die proletarische Macht und ihre Neuordnung der Gesellschaft nicht nur gegen alle politischen Wahrscheinlichkeiten, sondern gegen die Wirklichkeit selbst durchzusetzen. Mit dem Kriegskommunismus wurde diese Utopisierung der Politik bestätigt und über die *Aprilthesen* hinaus radikalisiert. Mit ihm begann „das Experiment, mit einem geldlosen Naturalaustauschsystem bei weitgehender öffentlicher Versorgung der Bevölkerung den Sozialismus unmittelbar zu verwirklichen."[14] Das hieß, mit der proletarischen Revolution und dem Aufbau der sozialistischen Gesellschaft in

---

[12] Lenin, Wladimir I.: Über die Aufgaben des Proletariats in der gegenwärtigen Revolution. (1917) In: ders.: Werke, Bd. 24. Berlin 1959. S. 1-8, S. 5f.

[13] Vgl. Abramovitch, Raphael R.: The Soviet Revolution 1917-1939. New York 1962, S. 30f.

[14] Erler, Gernot: Politische und sozialökonomische Determinanten des Entfaltungsraums kultureller Betätigung in Sovetrußland zwischen 1917 und 1934. In: ders./ u. a. (Hrsg.): Von der Revolution zum Schriftstellerkongreß. Berlin 1979. S. 35-49. Vgl. zum Kriegskommunismus Gimpel'son, Efim G.: „Voennyj kommunizm". Politika, praktika, ideologija. Moskau 1973; Haumann, Heiko: Beginn der Planwirtschaft. Düsseldorf 1974; Pipes, Richard: Die Russische Revolution, Bd. 2. Berlin 1992, S. 557-625.

Rußland nicht zu warten, bis die „objektiven Bedingungen" den Erfolg der Revolution garantieren und die sozialistische Gesellschaft aus der Entwicklung der Produktionsverhältnisse erwachse. Daß sie gleichsam als reife Frucht vom Baum der Geschichte in den Schoß des Proletariats falle. In diesem kontrafaktischen „Drängen des Augenblicks" besteht, so Žižek, die Utopie der Politik Lenins. Mit ihm wurde gegen den *topos* der realen Verhältnisse der *u-topos* der zukünftigen Gesellschaft gesetzt und dessen revolutionäre Überführung ins Hier und Jetzt betrieben.

Ist das noch Utopie im Sinne der Definition eingangs? Ist eine solche ‚Utopie' begrifflich anschlußfähig an die bislang diskutierten Utopien? Anders gefragt: Ist der Aufbau des Sozialismus in Rußland als Verwirklichung einer Utopie beschreibbar? Und welche Konsequenzen hat es für die Utopie, wenn sie vom hypothetischen Denkmodell zur Praxis wird? In welchem Verhältnis steht die Utopie als auf die gesamte Gesellschaft bezogene politische Praxis zu anderen utopischen Entwürfen – sowohl zu Utopien, die ebenfalls den Anspruch auf Praxis erheben, als auch zu Utopien im Sinne eines hypothetischen Ideals?

Konkurrenz und Erbe – das Verhältnis von Utopie und Marxismus

Die Betrachtung Rußlands 1917 als konkreter Utopie setzt die Frage nach dem Verhältnis des Marxismus zum utopischen Denken voraus. Im Blick auf die Selbstbeschreibung[15] spannt sich das Verhältnis zwischen Lenins polemischer Abwehr des Utopischen und Blochs emphatischer Charakterisierung des Marxismus als „konkrete Utopie".[16] Blochs Einordnung des Marxismus ins utopische Denken scheint purer Revisionismus, setzten doch Marx und Engels gerade die Ablösung von der Utopie als Beginn des „modernen Sozialismus". Im *Kommunistischen Manifest* grenzen sie den Sozialismus als wissenschaftlich begründete Zukunftserwartung vom „kritisch-utopischen Sozialismus und Kommunismus" der Frühsozialisten Fourier, Saint-Simon, Owen und Cabet ab.[17] Die Abgrenzung erfolgt über den Begriff der Utopie. Mit ihm werden die

---

[15] Zum Blick von Außen vgl. Kolakowski, Leszek: Marxismus – Utopie und Anti-Utopie. Stuttgart u. a. 1974.

[16] Bloch: Das Prinzip Hoffnung, S. 727.

[17] Vgl. Marx, Karl/ Engels, Friedrich: Manifest der Kommunistischen Partei. (1848) In: MEW, Bd. 4. Berlin 1959. S. 459-493, S. 489ff.

frühsozialistischen Zukunftsentwürfe als „unreife" Phantasien charakterisiert. In *Die Entwicklung des Sozialismus von der Utopie zur Wissenschaft* erneuert Engels diese Abgrenzung. Er würdigt die utopischen Sozialisten als achtbare Vorgänger,[18] doch nunmehr gehörten sie der Vergangenheit an. Ihre Theorien seien durch Unreife gekennzeichnet, die aus dem „unreifen Stand der kapitalistischen Produktion, der unreifen Klassenlage" resultiere.[19] Die unentwickelten ökonomischen Verhältnisse ließen noch nicht die aus ihnen erwachsenden Mittel zur Lösung der gesellschaftlichen Probleme erkennen. Engels richtet die Kritik vor allem darauf, daß „die Lösung der gesellschaftlichen Aufgaben [...] aus dem Kopf erzeugt" werde,[20] und daß das Proletariat nicht das Subjekt der Verwirklichung der neuen Gesellschaft bilde, sondern nur als Objekt gesehen werde. Die utopischen Sozialisten würden eine ideale Ordnung der Gesellschaft erfinden und sie der Wirklichkeit und den Arbeitern überstülpen. Mit der Entwicklung des Proletariats ändere sich jedoch die Lage grundlegend.

> „Hiernach erschien jetzt der Sozialismus nicht mehr als zufällige Entdeckung dieses und jenes genialen Kopfes, sondern als das notwendige Erzeugnis des Kampfes zweier geschichtlich entstandener Klassen, des Proletariats und der Bourgeoisie. Seine Aufgabe war nicht mehr, ein möglichst vollkommenes System der Gesellschaft zu verfertigen, sondern den geschichtlichen ökonomischen Verlauf zu untersuchen, dem diese Klassen und ihr Widerstreit mit Notwendigkeit entsprungen, und in der dadurch geschaffenen ökonomischen Lage die Mittel zur Lösung des Konfliktes zu entdecken."[21]

Der moderne Sozialismus, so Engels, sei die Reflexion der Entwicklung der gesellschaftlichen Produktionsverhältnisse und ihrer hervortretenden Widersprüche. Er denke sich nicht wie die Utopisten eine Idealgesellschaft aus und male ein buntes Bild der Zukunft. Sein Anliegen sei es, die gesellschaftlichen und ökonomischen Verhältnisse und die Gesetze ihrer Bewegung zu analysieren. Aus dieser Analyse bestimme er die Mittel und Wege zur Überwindung der kapitalistischen Verhältnisse. Damit habe sich der Sozialismus von der Utopie

---

[18] Er lobt u. a. Fourier als Kritiker der „Bourgeois-Ideologen": „Er deckt die materielle und moralische Misère der bürgerlichen Welt unbarmherzig auf [...]." (Engels, Friedrich: Die Entwicklung des Sozialismus von der Utopie zur Wissenschaft. (1880) In: MEW, Bd. 19. Berlin 1962. S. 177-228, S. 196).
[19] Ebd., S. 193.
[20] Ebd., S. 194.
[21] Ebd., S. 208.

zur Wissenschaft entwickelt. Der Entwurf bunter Zukunftsbilder habe darin keinen Platz mehr.

Doch trotz der entschiedenen Absetzung des Sozialismus von der Utopie blieb das Verhältnis prekär. Einerseits kam man nicht umhin, die (frühsozialistische) Utopie als „genetische Frühform"[22] des Sozialismus anzuerkennen. Eine allzu scharfe Abgrenzung riskierte, die mobilisierende Kraft des Utopischen abzuschneiden. Anderseits galt es, Ansprüche auf die Deutungsmacht über die Zukunftsentwürfe abzuwehren – gerade als Konkurrenz innerhalb der sozialistischen Bewegung.[23] Kautsky löst in *Vorläufer des neueren Sozialismus* das Dilemma, indem er Engels' Unterscheidung zwischen utopischem und wissenschaftlichem Sozialismus als historische Zäsur stark macht, von der her die Utopie zu bewerten sei. Sei bis Marx der Sozialismus utopisch gewesen, entäußere er sich mit der Entdeckung der materialistischen Geschichtsauffassung und der „Enthüllung des Geheimnisses der kapitalistischen Produktion"[24] des Utopischen. Als Form des Denkens entspreche die Utopie nicht mehr den Verhältnissen. Das heißt für die Utopie: Vor Marx ist die Utopie sozialistisch, nach ihm jedoch wirkt die Utopie – auch wenn sie sozialistischen Inhalts ist – reaktionär.

> „Im Jugendalter des Kapitalismus ist der Utopismus vorwiegend sozialistisch, denn in diesem Stadium ist es fast nur die Arbeiterklasse, die sich unbehaglich fühlt, sind es also deren Wünsche, die im Utopismus ihren Ausdruck finden. Aber in demselben Maße, wie [...] der Sozialismus aufhört utopisch zu sein, und wissenschaftlich wird, in demselben Maße wird die tatsächliche Entwicklung der Produktionsweise den anderen Klassen der Gesellschaft unangenehm, und sind es nun diese, welche ihren Wünschen nach *Hemmung* dieser Entwicklung [...] in utopistischer Weise Ausdruck geben. In demselben Maße, als die sozialistischen Utopien abnehmen, wachsen die konservativen Utopien."[25]

Mit der Differenzierung zwischen Utopie vor und nach Marx versichert sich Kautsky des Charismas der Utopie, indem er deren Geschichte dem Sozialismus einverleibt. Gleichzeitig behauptet er gegenüber der Utopie das Deutungsmonopol über die politisch-soziale Alternative. Was sich von diesen Entwürfen außerhalb des marxistischen Sozialismus bewege, sei nicht mehr auf der Höhe der

---

[22] Seidel-Höppner, Waltraud/ u. a.: Sozialismus vor Marx. Berlin 1987, S. 6.
[23] Weber beschreibt das für das Verhältnis des marxistischen Sozialismus zum anarchistischen Sozialismus (vgl. Weber: Sozialismus als Kulturbewegung).
[24] Engels: Die Entwicklung des Sozialismus, S. 209.
[25] Kautsky, Karl: Vorläufer des neueren Sozialismus. (1921-23) Berlin 1991, S. 428.

Zeit: Es entbehre der Einsicht in die Entwicklung der Produktionsverhältnisse beziehungsweise stelle sich gegen sie. Utopie nach Marx sei der Ausdruck falschen Bewußtseins oder reaktionären Denkens.

Die immer wieder erneuerte Abgrenzung verdeutlicht das Konkurrenzverhältnis des Marxismus zur Utopie im Hinblick auf die Zukunftsdeutung. Es ging um die Deutungsmacht über politisch-soziale Alternativen.[26] Zugleich ist es aber auch ein Erbeverhältnis, dessen man sich zu versichern bemühte. Das macht die Beziehung so spannungsreich. Mittels der Historisierung der Utopie suchte man diese auf den Status als Erbe festzulegen. Das bedeutete umgekehrt: Wer als Utopist bezeichnet wurde, sollte als gestrig, „reaktionär" delegitimiert werden. ‚Utopist' und ‚utopisch' wurden, wie bei Lenin zu sehen, zu polemischen Kampfbegriffen im Kampf um das Deutungsmonopol über die Zukunft.

Vor diesem Hintergrund ist Blochs Bestimmung des Marxismus als konkrete Utopie mehr als provokativ. Bloch stellt die Historisierung der Utopie und die pejorative Verwendung des Begriffs in Frage. Er holt die Utopie in die Gegenwart und marxistische Theoriebildung zurück. Habe man doch, so sein Vorwurf, beim Fortschritt des Sozialismus von der Utopie zur Wissenschaft auch die „Feuersäule der Utopie" liquidiert.[27] Aber gerade das utopische Moment sei, so Bloch, der unverzichtbare Kern des Marxismus.

> „Marxismus ist *nicht keine Antizipation (utopische Funktion), sondern das Novum einer prozeßhaften-konkreten.*"[28]

Der Marxismus trete nicht *aus* der Utopie heraus, sondern stelle *innerhalb* des utopischen Denkens ein Novum dar. Gegenüber den früheren Utopien, von Bloch als „abstrakte Utopien" bezeichnet, sei der Marxismus konkret gewordene Utopie.

> „Konkreter Utopie kommt es also darauf an, den Traum von ihrer Sache, der in der geschichtlichen Bewegung selbst steckt, genau zu verstehen. Es kommt ihr, als einer mit dem Prozeß vermittelten, darauf an, die Formen und Inhalte zu entbinden, die sich im Schoß der gegenwärtigen Gesell-

---

[26] Das zeigt sich exemplarisch in Preobraženskijs Darstellung der frühsozialistischen Utopien. Seine Kritik Saint-Simons, Fouriers, Owens und Cabets ist auf die Auseinandersetzung mit konkurrierenden Positionen innerhalb der Bolschewiki und gegen die Sozialrevolutionäre gerichtet (vgl. Preobrashenskij, Evgenij: Die sozialistische Alternative. (1924f.) Berlin 1974).
[27] Bloch: Prinzip Hoffnung, S. 726.
[28] Ebd.

schaft bereits entwickelt haben. Utopie in diesem nicht mehr abstrakten Sinn ist derart das gleiche wie realistische Antizipation des Guten."[29]

Während die abstrakten Utopien neun Zehntel der Beschreibung der besseren Gesellschaft widmeten, aber nur ein Zehntel der Kritik der Gegenwart, drehe Marx das Verhältnis um: ein Zehntel für die „Bezeichnung der Zukunft" und neun Zehntel Analyse der Verhältnisse. Halten die abstrakten Utopien das Ziel bunt und lebhaft, zeige der Marxismus – und darin liege das Novum – den Weg zur Veränderung auf. Damit werde die Utopie aus ihrem statischen und abstrakten Zustand in einen prozeßhaft-konkreten überführt.

Blochs Verortung des Marxismus als spezifische Form utopischen Denkens in der Gegenwart hebt die Verwendung des Utopiebegriffs als delegitimierendes Distinktionsinstrument auf. Was als historische Abfolge vorgestellt wurde, in der der Marxismus die Utopie beerbt und überwunden habe, gerät mit Bloch als ein *utopisches Feld* in den Blick, in dem sich die utopischen Entwürfe aus den unterschiedlichsten Bereichen neben- und gegeneinander positionieren. Der marxistische Sozialismus kann sich in dieser Perspektive gegenüber der Utopie nicht als quasi gesetzmäßige Einlösung der Geschichte behaupten. Er muß sich mit seinem Zukunftsbild an den utopischen Zukunftsentwürfen – etwa den anarchistischen und agrarsozialistischen – als Konkurrenten messen.

Methodische Überlegungen: Utopisches Feld „Rußland 1917"

Rußland öffnete sich 1917 als ein Laboratorium der Utopie. Durch die Oktoberrevolution schien eine Tabula rasa geschaffen, auf der sich die langgehegten utopischen Träume von einer gerechten Gesellschaft, einem Neuen Menschen, von idealen Städten etc. verwirklichen ließen. Im Namen der Utopie traten die unterschiedlichsten Gruppen an. Neben den Bolschewiki sahen ebenso die Anarchisten mit der Revolution die Umsetzung ihrer Utopien gekommen. 1917 und in den Folgejahren schossen anarchistische Agrarkommunen wie Pilze aus dem Boden. Die Avantgarde sah in der Oktoberrevolution die Fortführung ihrer ästhetischen Revolte gegen die bürgerliche Gesellschaft und stellte sich an ihre Seite. Die Revolution erschien ihr als Möglichkeit, der Kunst neue politische und soziale Gebrauchszusammenhänge zu eröffnen. Die Avantgarde nahm die politischen und sozialen Umwälzungen durch die Bolschewiki als Ausgangs-

---

[29] Ebd., S. 727.

Methodische Überlegungen: Utopisches Feld „Rußland 1917"   359

punkt, ihre ästhetische Utopie umzusetzen, die Gesellschaft und den Menschen durch die Aufhebung der Trennung von Kunst und Leben zu erneuern. In ihrem Selbstverständnis ließ sich die Revolution nur durch die von der Kunst erzeugten neuen Formen des Lebens vollenden. Der LEF-Theoretiker[30] Nikolai F. Tschushak warnte „vor der Gefahr der ‚nackten Revolution' [...], einer Revolution, die sich nicht in neuen Wörtern, einer neuen Sprache und Kultur niederschlägt und daher umsonst gewesen wäre".[31] Meyerhold proklamierte in Analogie zur Oktoberrevolution den Theateroktober und forderte das Bekenntnis des Theaters zur Revolution.

„Ein Theater darf nicht unpolitisch, es muß entweder weiß oder rot sein. Die Schauspieler müssen mit dabei sein, den neuen Aufbau der Gesellschaft zu bewerkstelligen, das neue Leben zu organisieren."[32]

Majakowski sprach von den Futuristen als einer Kunstarmee, die für die Sowjetmacht kämpft.[33] Und mit ihren Inszenierungen der Feste des Roten Kalenders,[34] der Ausgestaltung der Städte –1920 verwandelte beispielsweise Malewitschs UNOWIS-Gruppe[35] Witebsk in ein suprematistisches Gesamtkunstwerk –, mit ihrer Architektur und mit dem Versuch, den Alltag mit einem neuen Design zu durchdringen, prägte die Avantgarde das Erscheinungsbild der Revolution als Realität werdende Utopie. Die Parteinahme für die Oktoberrevolution radikalisierte dabei auch die künstlerische Praxis der Avantgarde zum utopischen Programm.[36] In Konkurrenz zur Avantgarde propagierte ebenso der Pro-

---

[30] LEF – Levyj front iskusstva (Linke Front der Künste); 1922 gegründete Künstlergruppe der Avantgarde um Majakovskij.

[31] Günther, Hans: Proletarische und avantgardistische Kunst. In: Ästhetik und Kommunikation. 4. Jg. (1973) H. 12. S. 62-75, S. 62.

[32] Meyerhold, Wsewolod E.: Das Revolutionstheater. In: ders./ u. a.: Theateroktober. Leipzig 1967. S. 121-123, S. 122.

[33] Majakowski, Wladimir: Tagesbefehl an die Kunstarmee. In: Mirowa-Florin, Edel/ u. a. (Hrsg.): Oktober-Land 1917 – 1924. Berlin 1967, S. 72-73.

[34] Die ersten neuen, schon 1918 begangenen Gedenktage waren: Blutsonntag – 22.1. (ab 1925 zugleich Lenin-Gedenktag), Sturz der Selbstherrschaft – 11.3., Tag der Pariser Kommune – 18.3., 1. Mai, Tag der Oktoberrevolution – 7.11. (vgl. Glebkin, Vladimir V.: Ritual v sovetskoj kul'ture. Moskau 1998, S. 74f.).

[35] UNOVIS – Bekräftiger der neuen Kunst (utverditely novogo iskusstva); von Malevič gegründeter Zirkel (1919/20-1922), zu seinen Mitglieder gehörten neben Malevič u. a. Lisickij, Suetin, Chidekel' (vgl. zum UNOVIS-Zirkel Shadowa, Larissa A.: Suche und Experiment. Dresden 1978, S. 297ff.).

[36] Vgl. dazu Günther: Proletarische und avantgardistische Kunst, S. 63ff.

letkult die kulturrevolutionäre Neuorganisation der Gesellschaft.[37] Er stellte gegen die rein ökonomistische Basis-Überbau-Auffassung, daß die bürgerliche Gesellschaft erst durch die klassenspezifische Reorganisation des Überbaus vollständig besiegt werden könne. Das Proletariat müsse eine eigene proletarische Kultur, Kunst und Wissenschaft entwickeln.

> „Der Übergang zu ihrer bewußten Schöpfung ist eine hervorragende kulturelle Revolution im Proletariat: es ist seine *innere sozialistische Revolution*, die unbedingt der äußeren sozialistischen Revolution der Gesellschaft vorangehen muß."[38]

> „Um die Macht der niedergeworfenen Bourgeoisie endgültig zu brechen, muß man sie nicht nur physisch mit Panzerwagen, Maschinengewehren und dem Enthusiasmus der revolutionären Volksmassen besiegen, sondern auch geistig – indem man sich von ihrem ideellen Joch befreit und eine neue Kultur schafft. Andernfalls wird unser Sieg nicht von langer Dauer sein."[39]

Dieser kulturrevolutionäre Impetus von Avantgarde und Proletkult ging zusammen mit der Forderung der Linksbolschewiki, das Alltagsleben proletarisch umzugestalten. Die Linksbolschewiki forderten für den Neuen Menschen eine neue, kollektive Lebensweise mit entsprechenden Häusern und Städten, einer neuen Moral, einer rationalistischen Organisation des Alltags etc.

Faßt man das utopische Denken und die utopisch-experimentelle Praxis in Rußland 1917 in dem Bild eines utopischen Feldes analog Bourdieus Modell des literarischen Feldes (siehe Einleitung), so wird deutlich, daß es sich nicht um ein buntes zusammenhangsloses Nebeneinander utopischer Entwürfe und Experimente handelt. In Anlehnung an Bourdieus Feldtheorie lassen sich diese als konkurrierende Positionen und Stellungnahmen um das Deutungsmonopol über die Gestaltung der Zukunft lesen: Der Proletkult konkurrierte mit der Avantgarde um die Definition der sozialistischen Kunst, desurbanistische Stadtkonzepte mit dem Urbanismus um die Gestalt der sozialistischen Stadt, die

---

[37] Vereinfacht gesagt, ging es der Avantgarde um die Erneuerung der Gesellschaft durch deren ästhetische Neuschöpfung als Gesamtkunstwerk – ihre Parole war, die Kunst ins Leben zu überführen. Der Proletkul't hingegen zielte auf die Ausbildung einer klassenspezifischen proletarischen Kultur.

[38] Bogdanow: Die Entwicklungsformen der Gesellschaft und die Wissenschaft, S. 223f.

[39] Poljanskij, V. I.: Unter dem Banner des Proletkult. In: Lorenz, Richard (Hrsg.): Proletarische Kulturrevolution in Sowjetrußland (1917-1921). München 1969. S. 29-33, S. 30.

linksbolschewistischen Entwürfe einer kollektiven Lebensweise mit der Vergemeinschaftung des Haushalts standen gegen die Aufwertung der Kleinfamilie, industrielle Agrostädte gegen anarchistische Agrarkommunen.

In den utopischen Entwürfen manifestieren sich die Ergebnisse vorangegangener Feldbewegungen: die Kämpfe um Deutungsmacht, Bedeutungszuweisungen, Rezeptionsverläufe sowie das Verhältnis des utopischen Feldes zu dem, was Bourdieu das Feld der Macht nennt. In diesem Sinne ist die Feldposition der Entwürfe bestimmt durch deren utopiegeschichtlichen Traditionsbezüge, ihre Intention, ihr Verhältnis zur Wirklichkeit und zum Feld der Macht sowie durch ihr Genre. Als Stellungnahmen sind die utopischen Entwürfe der feldimmanente Einsatz im Kampf um die Deutungsmacht über die Zukunft. Sie können sowohl utopischer Entwurf als auch utopisch-experimentelle Praxis sein. Utopischer Entwurf bedeutet, sie sind diskursiven Charakters. Es sind literarische Texte, Manifeste zur Umgestaltung des Alltags oder einzelner Bereiche der Gesellschaft, Architektur- und Stadtentwürfe etc. Sie können sowohl als fiktives Bild und Muster gedacht sein als auch als unmittelbar zur Umsetzung vorgesehenes Programm. Unter utopisch-experimenteller Praxis sind die Realisierungsversuche utopischer Entwürfe zu verstehen: die Gründung utopischer Gemeinschaften (Kommunen), der Bau spezieller Häuser für sie, der Umbau der Städte zur sozialistischen Idealstadt, die Versuche der Avantgarde, die Gesellschaft als Gesamtkunstwerk ästhetisch zu formen. Der Einspruch gegen die Realisierung utopischer Entwürfe ist, so er aus dem utopischen Feld heraus erfolgt, ebenfalls als Stellungnahme im Feld zu verstehen, etwa Malewitschs Warnung vor der Verkürzung des Sozialismus als bolschewistischer „Futtertrog-Sozialismus" oder Samjatins dystopische Utopiekritik.

Das symbolische Kapital der utopischen Stellungnahmen bemißt sich an ihrem emanzipativen Gehalt und ihrem Mobilisierungspotential. Die Realisierbarkeit an sich ist kein Kriterium des utopischen Feldes. Unter der für das utopische Feld *Rußland 1917* konstitutiven Prämisse des Wirklichkeitsanspruchs erlangt sie jedoch Geltung als Frage politischer Durchsetzungskraft. Das heißt, inwiefern ist die jeweilige Utopie in der Lage, politische Unterstützung zu mobilisieren und sich als handlungsleitende Norm der Politik durchzusetzen. Die Beziehung zum Feld der Macht wurde für die Utopie zur Größe, die über ihre Positionierung im utopischen Feld entschied. Von Seiten des utopischen Feldes aus begnügte man sich nicht mehr mit dem Spiel um hypothetische Möglich- und Denkbarkeiten, sondern erhob den Anspruch, die Wirklichkeit zu gestalten.

Für die Utopie änderte das Funktion und Bedingung. Die Utopie trat in Konkurrenz zur Politik um das Deutungsmonopol und die Gestaltungskompetenz der Zukunft. Mit dem Politikanspruch erwuchs der Utopie ein neuer Maßstab: Sie mußte sich und ihren Emanzipationsanspruch in der Umsetzung beweisen. Zwischen der Utopisierung der Politik und der Politisierung der Utopie drohte allerdings, wie zu sehen sein wird, die Utopie von der Politik okkupiert zu werden. Das war dann das Ende des utopischen Feldes *Rußland 1917*.

Um die Strukturen und Bewegungen des utopischen Denkens *Rußland 1917* im Sinne des Feldmodells aufzuzeigen, wird die bisherige Darstellungsweise modifiziert. Die Utopien werden nicht in Form von Einzelporträts analysiert, sondern im Vergleich exemplarischer utopischer Entwürfe und Experimente als Positionen und Stellungnahmen im utopischen Feld. Im Mittelpunkt stehen die sozialen und politischen Utopien der Linksbolschewiki und der Avantgarde. Es handelt sich vor allem um Entwürfe, in denen beschrieben wird, wie die Neuen Menschen leben, arbeiten, wohnen. Sie sollen hier als Utopien der Neuen Lebensweise bezeichnet werden. Der Begriff schließt an die Debatten um die sozialistische Umgestaltung der Lebensweise in den 1920er Jahren, die sogenannten *Nowyj-Byt*-Debatten, an.[40] Diese waren eines der zentralen Foren, in dem die utopische Neugestaltung des Lebens verhandelt wurde. Der Begriff soll aber nicht auf die utopischen Bilder dieser *Byt*-Debatten begrenzt werden. Unter Utopie der Neuen Lebensweise werden im folgenden politische, soziale, architektonische, künstlerische etc. Entwürfe betrachtet, die auf die kulturrevolutionäre Umgestaltung der Gesellschaft und des Alltagslebens gerichtet waren. Mit ihnen verband sich eine utopisch-experimentelle Praxis wie die Gründung von Kommunen, der Bau von Häusern für diese und der Um- und Neubau von Städten zur sozialistischen Idealstadt. Als Material herangezogen werden daher sowohl utopische Entwürfe der oben aufgeführten Art als auch Beispiele der utopisch-experimentellen Praxis.

---

[40] Novyj byt – Neue Lebensweise. „Der [...] Begriff des byt umfaßt die verschiedenen Lebensäußerungen und -prozesse einzelner Schichten und Gruppen der Bevölkerung außerhalb ihrer unmittelbaren Produktionstätigkeit: Sitten, Gebräuche, Formen der täglichen Kommunikation; Familie, Haushalt und Kindererziehung; verschiedene Formen der Befriedigung materieller und geistiger Bedürfnisse; kulturelle und gesellschaftlich-politische Aktivitäten." (Meyer, Gert: Alltagsleben sowjetischer Industriearbeiter Mitte der zwanziger Jahre. In: Brokmeier, Peter/ u. a. (Hrsg.): Beiträge zur Sozialismusanalyse II. Köln 1979. S. 244-292, S. 244).

Methodische Überlegungen: Utopisches Feld „Rußland 1917"   363

Das Einbeziehen der utopischen Praxis bringt ein methodisches Problem mit sich. Indem die Grenze zwischen Utopie und Realität aufgehoben wird, verschwimmt für die Utopie nicht nur ihr Status als Gegenbild zur Realität, das deren Fehlentwicklungen aufzeigt. Utopie als Politik läßt ebenso die Utopie selbst unscharf werden. Das zeigt sich beispielsweise beim Kriegskommunismus: War seine kommunitäre Versorgungsdiktatur Notstandsreaktion oder begann man mit ihr, das utopische Modell einer kommunistischen Distribution umzusetzen? Schon den Zeitgenossen boten sich beide Deutungen. Erschien auf der einen Seite die Utopie als Blaupause, war sie andererseits das Narrativ zur politischen Legitimation. Diese Verschränkungen sollen als Utopisierung der Politik und Politisierung der Utopie in den Blick genommen werden. Es geht dabei nicht darum, die Geschichte der Revolution und der frühen Sowjetunion unter der Perspektive der Utopie zu rekonstruieren. Wie in der Einleitung ausgeführt, ist das Anliegen dieser Arbeit, anhand ausgewählter Utopien die sozial- und ideengeschichtlichen Herausforderungen aufzuzeigen, auf die die Utopien reagierten, und die Konstellationen, in denen sie entstanden.

Die Utopien der Avantgarde werden im folgenden dort einbezogen, wo sie einen explizit sozio-politischen Aussagegehalt aufweisen, das ist vor allem der Bereich der Architektur.[41] Ebenso werden die utopischen Kunst- und Kulturkonzeptionen des Proletkults nur dort einbezogen, wo sie sich zur Utopie der Neuen Lebensweise weiten.[42] Auf die Frage, inwiefern der Stalinismus ein totalitärer Utopieversuch ist, wird im folgenden nicht eingegangen.[43] Diese Frage

---

[41] Ansonsten sind die Avantgardeutopien eher mit einem die Sozialutopie i. e. S. übersteigenden und zum Utopischen tendierenden Utopiebegriff zu erfassen. Vgl. zu den Utopien der Avantgarde Gaßner, Hubertus/ u. a. (Hrsg.): Die Konstruktion der Utopie. Marburg 1992; Gray, Camilla: Das große Experiment. Köln 1974; Groys, Boris: Gesamtkunstwerk Stalin. München 1988; Groys, Boris/ u. a. (Hrsg.): Am Nullpunkt. Frankfurt a. M. 2005; Grumpelt-Maaß: Kunst zwischen Utopie und Ideologie; Hornbostel, Wilhelm/ u. a. (Hrsg.): mit voller Kraft. Heidelberg 2001; Günther: Utopie nach der Revolution; Krieger, Verena: Von der Ikone zur Utopie. Köln u. a. 1998; dies.: Kunst als Neuschöpfung der Wirklichkeit Köln u. a. 2006; Margolin, Victor: The Struggle for Utopia. Chicago u. a. 1997; Schaumann: Aspekte des Utopischen in der frühen russischen Sowjetliteratur; Stites: Revolutionary Dreams; Stobbe, Peter: Utopisches Denken bei V. Chlebnikov. München 1982; Waschik, Klaus/ u. a. (Hrsg.): Werben für die Utopie. Bietigheim-Bissingen 2003; Wolter, Bettina-Martine/ u. a. (Hrsg.): Die große Utopie. Frankfurt a. M. 1992.

[42] Vgl. zu den utopischen Elementen des Proletkul'ts Lorenz: Proletarische Kulturrevolution in Sowjetrußland.

[43] Vgl. zum Stalinismus als totalitäres utopisches Projekt Saage: Utopische Profile,

würde in der Betrachtung des Feldes *Rußland 1917* zu einer Verengung führen, da eine solche Perspektive die utopischen Strömungen und Entwürfe der Zeit dem Stalinismus subsumiert. Damit geriete aus dem Blick, was das utopische Feld *Rußland 1917* konstituierte: die Pluralität der utopischen Entwürfe und das vielfältige Konkurrenzverhältnis zwischen Utopie und Politik sowie der Entwürfen untereinander.

Utopie der Neuen Lebensweise

Die Utopien der Neuen Lebensweise bestimmten das utopische Feld *Rußland 1917*. Die Oktoberrevolution hatte das marxistische Bilderverbot außer Kraft gesetzt. Die Eroberung der politischen Macht stellte ihre Akteure vor die Notwendigkeit, ein Bild des Sozialismus zu geben, das konkret zeigt, was an die Stelle der alten Gesellschaft treten soll. Die Forderung nach Rätesystem, Nationalisierung des Bodens und Arbeiterkontrolle der Produktion genügte nicht, um die Neugestaltung der sozialen und sozio-kulturellen Verhältnisse im Alltag zu leiten. Mit den Utopien der Neuen Lebensweise füllten ihre Protagonisten in der Folge den abstrakten Erwartungshorizont der marxistischen Geschichtsphilosophie mit lebhaften Bildern des sozialistischen Alltags. Im Zentrum stand die Frage, welche Eigenschaften und Verhaltensweisen der Neue Mensch besitzen und wie er leben wird.

Diese Utopien der Neuen Lebensweise wurden als kulturrevolutionäre Strategie insbesondere von den Linksbolschewiki forciert. Für sie wurde die sozialistische Gesellschaft erst durch die Ausbildung spezifisch sozialistischer respektive kommunistischer Lebensformen mit einer proletarischen Kultur, Moral und Geschlechterordnung garantiert.

> „Die Planung des kommunistischen Alltags ist genauso wichtig wie die Planung der Produktion." „Wir müssen schrittweise, aber zielbewußt das Fundament für eine kollektive Lebensweise legen [...]."[44]

Bd. IV, S. 528ff.; Schlögel: Utopie als Notstandsdenken; Beyrau, Dietrich: Das bolschewistische Projekt als Entwurf und als soziale Praxis. In: Hardtwig, Wolfgang (Hrsg.): Utopie und politische Herrschaft im Europa der Zwischenkriegszeit. München 2003. S. 13-39.

[44] Kollontai, Alexandra M.: Die Situation der Frau in der gesellschaftlichen Entwicklung. Vierzehn Vorlesungen vor Arbeiterinnen und Bäuerinnen an der Sverdlov-Universität 1921. Frankfurt a. M. 1975, S. 178 u. 174.

Gegen die rein ökonomistische Basis-Überbau-Auffassung stellten die Linksbolschewiki, daß der Sieg der sozialistischen Revolution auf der Einheit von politischer, ökonomischer und Kulturrevolution beruhe. Erst mit der sozio-kulturellen Revolutionierung des Lebens werde die Hegemonie des bürgerlichen Denkens gebrochen und an die Stelle individualistischer Denk- und Verhaltensweisen trete der Kollektivismus des Proletariats. Aus der Kulturrevolution erwachse so der Neue Mensch. Als ihre zentralen Aufgaben sah man zum einen die Entwicklung einer klassenspezifischen proletarischen Kultur; sie wurde vor allem vom Proletkult propagiert. Zum zweiten ging es um die Kollektivierung der Lebensweise durch die Neuorganisation des Alltags. In deren Mittelpunkt stand die Aufhebung der Familie als Einzelhaushalt durch die Vergemeinschaftung ihrer wirtschaftlichen und sozialen Funktionen. Die Entwicklung der gemeinschaftlichen Alternativen zur Familie bildet den Kern der Utopien der Neuen Lebensweise. Ihr Forum waren insbesondere die *Nowyj- Byt*-Debatten der 1920er Jahre, das heißt die Diskussionen um die sozialistische Umgestaltung des Alltags und die Entwicklung einer neuen Moral sowie die Debatten um die sozialistische Stadt.[45]

Die größte Anschaulichkeit und Faszination entwickelten die Utopien der Neuen Lebensweise in den Entwürfen von Kommunehäusern. Diese vereinen die zentralen Topoi: der Neue Mensch, die Kollektivierung des Lebens, die Emanzipation der Frau durch die Aufhebung des Haushalts, die neue Moral und Geschlechterordnung, der Glaube an die Planbarkeit der Gesellschaft. Gleichzeitig öffnete sich mit dem Kommunehaus die Utopie der Neuen Lebensweise zu anderen Positionen im utopischen Feld *Rußland 1917*. Als Modell der Neuen Lebensweise war das Kommunehaus unmittelbar eingebunden in die *Nowyj-Byt*-Debatten der 1920er Jahre, in ihm manifestierte sich deren Utopisierung. Das Kommunehaus markierte die utopische Maximalposition der *Byt*-Debatten, insbesondere mit der Forderung nach sofortiger und totaler Kollektivierung der Lebensweise mit vollständiger Abschaffung der Familie und tayloristischer Normierung der Tagesabläufe.[46] Die Gegenposition zu dieser Utopisierung der

---

[45] Vgl. als Überblick zur *Byt*-Debatte Scheide, Carmen: Kinder, Küche, Kommunismus. Zürich 2002; Obertreis, Julia: Tränen des Sozialismus. Wohnen in Leningrad zwischen Alltag und Utopie 1917-1934. Köln u. a. 2004, S. 172ff.; in architekturgeschichtlicher Perspektive Chan-Magomedov, Selim O.: Architektura sovetskogo avangarda II: Sozial'nye problemy. Moskau 2001; ders.: Pioniere der sowjetischen Architektur. Dresden 1983, S. 342ff.

[46] Vgl. bspw. Nikolaj S. Kuz'mins (1905-1985) Entwurf eines Kommunehauses für eine

Byt-Frage war die den Vorrang der Ökonomie betonende Sicht, daß die Lebensweise als Überbau Reflex der ökonomischen Entwicklung sei, dem nicht in utopischer Weise vorgegriffen werden kann.

Als architektonischer Entwurf schloß das Kommunehaus zum anderen an die Debatten um die sozialistische Stadt an. Diese waren durch einen Doppelcharakter aus Utopie und politischen Handlungszwängen gekennzeichnet. Als stadtutopischer Diskurs waren sie primär auf die Kommunikation von Gesellschaftsvorstellungen ausgerichtet. In dieser Hinsicht bezogen sie sich direkt auf die Utopien der Neuen Lebensweise. Architekturgeschichtlich knüpfte der stadtutopische Diskurs *Rußland 1917* an den Idealstadtdiskurs[47] und das Neue Bauen[48] an. Utopiegeschichtlich griff er den Technikoptimismus der Science Fiction und den Emanzipationsdiskurs des Biokosmismus[49] auf. In beide Richtungen öffnete er sich damit zu von der Avantgarde besetzten Feldpositionen. Er entfaltete in noch weit höherem Maße als die Utopien der Neuen Lebensweise eine Radikalität, die mit den fliegenden Häusern und Städten Chlebnikows[50] und Krutikows (Abb. 13 bis Abb. 17) schon ins Phantastische überging. Dieser utopistische Überschwang resultierte wesentlich aus der Anbindung an den Technikoptimismus und den Biokosmismus. Wo die Debatten um die sozialistische Stadt jedoch auf konkreten Bauauftrag zielten, wurde das Kommunehaus mit den Anforderungen der Wohnungspolitik konfrontiert. In deren Perspektive war die Frage nach einer Architektur, die die Neuen Menschen erzieht, eine utopische Luxusfrage. Die Wohnungspolitik der 1920er Jahre stand vor dem Problem, die eklatante Wohnungsnot zu bewältigen.[51] Die Industrialisierung hatte

---

Bergarbeitersiedlung (Kuz'min: Problema naučnoj organizacii byta. In: Sovremennaja Architektura 5. Jg. (1930) H. 3. S. 14-17).

[47] Vgl. zum Idealstadt-Diskurs Eaton, Ruth: Die ideale Stadt. Von der Antike bis zur Gegenwart. Berlin 2001.

[48] Vgl. zum Neuen Bauen Poppelreuter, Tanja: Das Neue Bauen für den Neuen Menschen. Hildesheim u. a. 2007.

[49] Der Biokosmismus zielte mit der Befreiung von den Naturgesetzen, wie der Aufhebung der Schwerkraft und der Überwindung des Todes, auf die absolute Emanzipation des Menschen. Stadtutopisch äußert sich diese u. a. im Ideal der Besiedlung des Weltalls (vgl. zum Biokosmismus Groys, Boris/ Hagemeister, Michael (Hrsg.): Die Neue Menschheit. Biopolitische Utopien in Rußland zu Beginn des 20. Jahrhunderts. Frankfurt a. M. 2005).

[50] Vgl. Chlebnikov, Velimir: Wir und die Häuser. Wir und die Straßenbauer. In: ders.: Werke, Bd. 2. Reinbek bei Hamburg 1972. S. 233-242.

[51] Vgl. zum Spannungsverhältnis der sowjetischen Wohnungspolitik der 1920er Jahre

auch in Rußland zum bekannten Wohnelend der Arbeiter geführt, vielleicht sogar noch extremer als in den westlichen Industriezentren. Der Erste Weltkrieg und der Bürgerkrieg hatten diese Lage noch verschärft.[52] Erst mit dem Fünfjahrplan 1928/29 fielen die beiden Dimensionen der Städtebaudiskussion zusammen. Mit dem Plan, im Rahmen der Industrialisierung neue Städte zu errichten, stand die sozialistische Stadt als konkrete Bauaufgabe an: Der Fünfjahrplan sah vor, zweihundert neue Industriestädte zu errichten. Die Utopie wurde gleichsam zum Bauauftrag. Das verlieh dem stadtutopischen Diskurs neuen Aufschwung, änderte aber zugleich dessen Bedingungen. Der Diskurs spaltete sich in einen auf die Planung und den Bau der neuen Städte ausgerichteten Teil, der primär von Architekten und Stadtplanern betrieben wurde und sich durch den Rekurs auf die Fachdiskurse verwissenschaftlichte. Dem gegenüber stand die Rücknahme der Architektur in die Kunst: Malewitsch und Lissitzky forderten, der utopische Impuls müsse sich frei von realer Zweckbestimmtheit zum Ausdruck bringen.

zwischen Utopie der Neuen Lebensweise und Mangelverwaltung Obertreis: Tränen des Sozialismus.

[52] Die Arbeiter wohnten oft in sog. Fabrikkasernen, die die Unternehmen bei den Fabriken errichteten. In den bis zu neun Stockwerken hohen Wohnheimen schliefen die ledigen Arbeiter, getrennt nach Männern und Frauen, in Schlafsälen auf Holzpritschen. Für Familien gab es durch Bretter abgeteilte Kammern, die sich jeweils zwei bis drei Familien teilten (vgl. Bobroff-Hajal, Anne: Working women in Russia under the hunger tsar. Brooklyn u. a. 1994, S. 124; Šmidt, V.: Rabočij klass SSSR i žiliščnyj vopros. Moskau 1929; vgl. auch die Schilderung der Moskauer Slums um die Jahrhundertwende in Giljarowski, Wladimir: Kaschemmen, Klubs und Künstlerklausen. Berlin 1988). Die Umverteilung des Wohnraums nach 1917 und der Bevölkerungsrückgang in den Städten während des Bürgerkrieges (in St. Petersburg um 70 %, in Moskau um 50 %, im Durchschnitt um 30 %) linderte kurzzeitig die Wohnungsnot für Arbeiter. Doch mit dem Aufschwung der Industrie ab Mitte der 1920er Jahre verschärfte sich die Lage wieder. 1926 betrug der durchschnittliche Wohnraum 4,8 m^2 pro Kopf, in den Industriegebieten des Donezbecken und des Urals lag der Wert unter 3,5 m^2. In den Großstädten wie Moskau schliefen viele der neu zugezogenen Arbeiter in den Fabriken oder selbstgegrabenen Erdhöhlen. Nicht besser ging es den Studenten: Wer keinen Platz in den völlig überbelegten Wohnheimen fand, schlief in den Hörsälen und Fluren der Institute (vgl. Meyer: Alltagsleben sowjetischer Industriearbeiter, S. 254; Schlögel: Terror und Traum, S. 78ff.; Schattenberg: Stalins Ingenieure, S. 170ff.).

Exkurs: Die marxistische Prognose vom Absterben der Familie

Die Neuorganisation des Alltags durch die Utopien der Neuen Lebensweise beruht wesentlich auf der, vor allem von Engels formulierten, marxistischen Theorie der Familie.[53] Engels hatte in *Der Ursprung der Familie* die Einzelfamilie und die Ehe, deren rechtliche Form, als Institutionen des Privateigentums definiert. Die monogame, patriarchalische Familie sei mit dem Privateigentum zu dessen Schutz entstanden.

> „Sie war die erste Familienform, die nicht auf natürliche, sondern auf ökonomische Bedingungen gegründet war, nämlich auf den Sieg des Privateigentums über das ursprüngliche naturwüchsige Gemeineigentum. Herrschaft des Mannes in der Familie und Erzeugung von Kindern, die nur die seinigen sein konnten und die zu Erben seines Reichtums bestimmt waren – das allein waren die von den Griechen unumwunden ausgesprochenen ausschließlichen Zwecke der Einzelehe."[54]

Die patriarchalische Familie beruhe, so Engels, auf der Ausbeutung der Frau als häuslicher Arbeitskraft. Die Frau habe in ihr die Stellung des Proletariats.

> „Die moderne Einzelfamilie ist gegründet auf die offne oder verhüllte Haussklaverei der Frau [...]."[55]

Die Frau ist in der Ehe der Herrschaft des Mannes rechtlich und materiell unterworfen. Ihre ökonomische Unselbständigkeit fesselt sie an die Familie. Ihr Leben wird bestimmt durch die ökonomische Funktion des Haushalts als Institution der Reproduktion und verlaufe zwischen Kochtopf, Waschtrog und Windeln.

Als Institution des Privateigentums werde die Familie, so Engels, mit der bürgerlichen Gesellschaft absterben. Der Prozeß ihrer Auflösung setze schon im Kapitalismus ein. Die industrielle Entwicklung schneide ihr auf der einen Seite die ökonomische Legitimation ab: Die billige Massenproduktion von Alltagsgütern und Lebensmitteln mache den heimischen Nähkorb und Herd ökonomisch überflüssig. Auf der anderen Seite untergrabe der Kapitalismus die proletarische

---

[53] Vgl. v. a. Engels *Der Ursprung der Familie, des Privateigentums und des Staats* (1884) und Bebels *Die Frau und der Sozialismus* (1878); Merfeld, Mechthild: Die Emanzipation der Frau in der sozialistischen Theorie und Praxis. Reinbek bei Hamburg 1972 sowie die Einträge Ehe, Familie, Frauenemanzipation und Freie Liebe im *Historisch-Kritischen Wörterbuch des Marxismus* (Bd. 3 u. 4).

[54] Engels, Friedrich: Der Ursprung der Familie, des Privateigentums und des Staats. In: MEW, Bd. 21. Berlin 1962. S. 25-173, S. 67f.

[55] Ebd., S. 75.

Familie in ihrer Funktion als Versorgungseinheit, indem die Frau von der Industrie als billige Arbeitskraft in die Fabrik gezogen wird. Nur aufgrund der Sanktionsmacht der bürgerlichen Familienideologie komme es in der kapitalistischen Gesellschaft trotz des inneren Zerfalls der Familie nicht zu ihrer äußeren Auflösung. Erst die sozialistische Gesellschaft hebe die Heiligsprechung der Familie auf. Sie löse die ökonomischen Funktionen der Familie vollständig von ihr ab und vergesellschafte sie. An die Stelle des Einzelhaushalts werde eine öffentliche Dienstleistungsindustrie aus Wäschereien, Großküchen, Kantinen etc. treten. Die Betreuung der Kinder werde in Form von Kindergärten zur öffentlichen Aufgabe.

Mit der Aufhebung des Privateigentums und der Vergesellschaftung ihrer Reproduktions- und Versorgungsfunktionen werde die Familie von ihren „ökonomischen Nebeninteressen" befreit. Das Verhältnis der Geschlechter werde zur Privatangelegenheit, die „nur die beteiligten Personen angeht und worin sich die Gesellschaft nicht zu mischen hat."[56] An die Stelle der Familie tritt das Ideal der Freien Liebe.[57] Deren Geschlechterbeziehungen seien, so Engels, frei von materiellen Beweggründen und moralischen und rechtlichen Zwängen. Sie gründeten allein auf Liebe[58] und die Frau stehe in ihnen dem Mann in jeder Hinsicht gleichberechtigt gegenüber. Mit der Freien Liebe werde die bourgeoise Herrschaft des Mannes über die Frau beseitigt.

In marxistischer Sicht ist die Emanzipation der Frau keine Frage an sich. Die Frauenfrage wird als Teil der sozialen Frage verhandelt. Die Stellung der Frau in der Gesellschaft und Familie bestimme sich durch ihre Stellung in der Produktion. Indem die Frau zur Arbeiterin werde, gehe die Frage ihrer Emanzipation im Kampf des Proletariats um seine Befreiung als Klasse auf. Die Voraussetzung für die Emanzipation der Frau ist daher ihre Integration in die Arbeit.

---

[56] Engels, Friedrich: Grundsätze des Kommunismus. (1847) In: MEW, Bd. 4. Berlin 1959. S. 361-383, S. 377.

[57] Vgl. zum Ideal der Freien Liebe Rego Diaz: Freie Liebe.

[58] Engels sieht diese befreiten Geschlechterverhältnisse schon in den familiären Geschlechterbeziehungen des Proletariats aufscheinen. Die proletarische Familie gründe nicht wie die bürgerliche auf dem Schutz des Privateigentums. Das Proletariat ist per definitionem besitzlose Klasse. In ihm könne Ehe und Familie allein auf der Freiheit der Liebe beruhen. Diese Abgrenzung der proletarischen von der bürgerlichen Familie zeigt sich aber schon bei Engels selbst als Idealisierung. In seiner empirischen Studie zur Lage der Arbeiter in England konstatiert Engels die Depravation der Arbeiterfamilien (vgl. Engels, Friedrich: Die Lage der arbeitenden Klasse in England. In: MEW, Bd. 2. Berlin 1957. S. 225-508, S. 356).

„Es wird sich [...] zeigen, daß die Befreiung der Frau zur ersten Vorbedingung hat die Wiedereinführung des ganzen weiblichen Geschlechts in die öffentliche Industrie [...]."[59]

Die rechtliche und politische Gleichstellung mit Frauenwahlrecht und Zugang zu Bildung reiche nicht aus. Sie ist nur der Boden, auf dem die Emanzipation erkämpft wird. Solange die Frau materiell abhängig von der Versorgung durch den Mann ist, bleibe sie seiner patriarchalischen Herrschaft unterworfen. Die Funktion, „Ernährer der Familie zu sein, [...] gibt ihm eine Herrscherstellung, die keiner juristischen Extrabevorrechtung bedarf."[60] Erst die Erwerbsarbeit ermögliche der Frau die Unabhängigkeit und breche die bourgeoise Herrschaft des Mannes in der Familie. Die Voraussetzung für die Erwerbstätigkeit der Frau ist ihre Befreiung aus der familiären Hauswirtschaft. Die Doppelbelastung von Haus- und Erwerbsarbeit würde für die Frau die Benachteiligung in neuer Form fortschreiben. Die Arbeiterin, die zugleich Hausfrau ist, ist dem Arbeiter nicht gleichgestellt. Die wirtschaftlichen Funktionen des Privathaushalts müßten daher zur „gesellschaftlichen Industrie" und die Betreuung und Erziehung der Kinder öffentliche Aufgabe werden.[61]

Soweit die Theorie und ihr Erwartungshorizont, die Haushaltsfunktionen zu vergesellschaften. Bis man im Sozialismus an die vollständige Aufhebung des Einzelhaushalts gehen könne, setzte man in der sozialdemokratischen Praxis vorerst auf die Rationalisierung der Hausarbeit, um der Frau den Weg in die Arbeit zu erleichtern. Bebel hatte in *Die Frau und der Sozialismus* die Entlastung der Frau vom Haushalt durch die Optimierung der Arbeitsabläufe, die darauf abgestimmte Einrichtung der Wohnung und den Einsatz von Technik propagiert.[62] Im sozialen und genossenschaftlichen Wohnungsbau gab es eine Reihe von Projekten, die diesen Gedanken der Rationalisierung des Haushalts aufgriffen. In vielen Fällen erwiesen sich allerdings die mit Einbauküche und Technik ausgerüsteten Wohnungen als für Arbeiter zu teuer. Erfolgreicher war es, in die Wohnanlagen Gemeinschaftseinrichtungen für einen Teil der Hausarbeit zu integrieren, etwa zentrale Waschküchen, und diese mit Technik auszustatten. Mit dem Bau gemeinsamer Freizeiteinrichtungen näherte man sich dann

---

[59] Engels: Der Ursprung der Familie, S. 76.
[60] Ebd., S. 75.
[61] Ebd., S. 77.
[62] Vgl. Bebel: Die Frau und der Sozialismus, S. 578ff.

Utopie der Neuen Lebensweise 371

sogar schon dem Ideal sozialistischer Wohnformen, wie beispielsweise beim 1927-1930 gebauten Karl-Marx-Hof in Wien.[63]

Die Überzeugung, daß die Entwicklung der neuen Wohnformen an der Rationalisierung des Haushalts ansetzen müsse, war im Neuen Bauen nach dem Ersten Weltkrieg Konsens. Die sozialpolitisch engagierte Architektin Schütte-Lihotzky,[64] die in Wien am Bau von Arbeiterwohnungen beteiligt war, formulierte Mitte der 1920er Jahre dieses Anliegen als Leitlinie des Neuen Bauens.

> „Das Problem, die Arbeit der Hausfrau rationeller zu gestalten, ist fast für alle Schichten der Bevölkerung von gleicher Wichtigkeit. [...] Schon vor mehr als 10 Jahren haben führende Frauen die Wichtigkeit der Entlastung der Hausfrau vom unnötigen Ballast ihrer Arbeit erkannt und sich für die zentrale Bewirtschaftung von Häusern, d. h. für die Errichtung von Einküchenhäusern eingesetzt. Sie sagten: warum sollen 20 Frauen einkaufen gehen, wenn eine dasselbe für alle besorgen kann? Warum sollen 20 Frauen in 20 Herden Feuer machen, wenn auf einem Herd für alle gekocht werden kann? Warum sollen 20 Frauen für 20 Familien kochen, wenn doch bei richtiger Einteilung 4-5 Personen dieselbe Arbeit für 20 Familien besorgen können? Diese jedem vernünftigen Menschen einleuchtenden Erwägungen haben bestochen. Man baute Einküchenhäuser. Bald aber zeigte sich, daß man 20 Familien nicht so ohne weiteres in einem Haushalt vereinigen kann. Abgesehen von persönlichem Gezänk und Streit, sind starke Schwankungen in der materiellen Lage der verschiedenen Bewohner unvermeidlich, weshalb der Zusammenschluß mehrerer Familien notwendig zu Konflikten führen muß. [...] Das Problem der Rationalisierung der Hausarbeit kann also nicht für sich allein gelöst werden, sondern muß mit notwendigen sozialen Erwägungen Hand in Hand gehen. Nach den bereits gemachten Erfahrungen erkennen wir, daß wir beim

---

[63] Die in den 1920er Jahren von der Stadt Wien gebauten „Volkswohnpaläste" wie der Karl-Marx-Hof waren u. a. mit Zentralwäscherei, Kindergarten, Bibliothek, Klubräumen und Schwimmbad ausgestattet. Die gemeinschaftliche Infrastruktur sollte den separatistischen Tendenzen der Einzelwohnung entgegenwirken und solidarische Sozialbeziehungen unter den Bewohner stärken (vgl. Kriechbaum, Gerald und Genoveva (Hrsg.): Karl-Marx-Hof: Versailles der Arbeiter. Wien 2007).

[64] Margarete Schütte-Lihotzky – 1897-2000; Schütte-Lihotzky hatte 1926 für den kommunalen Wohnungsbau in Frankfurt a. M. als Modell eines rationalisierten Haushalts die *Frankfurter Küche* entwickelt, in der sie die tayloristischen Prinzipien auf die Gestaltung der Küche übertrug. 1930-1937 ging sie mit dem Frankfurter Baudezernenten Ernst May auf Einladung der sowjetischen Regierung in die UdSSR, um am Bau der neuen Städte mitzuarbeiten. Sie arbeite hier v. a. in der Projektierung von Kindereinrichtungen. Vgl. zu ihr Friedl, Edith: Nie erlag ich seiner Persönlichkeit. Wien 2005; Schütte-Lihotzky, Grete: Warum ich Architektin wurde. Salzburg 2004; dies.: Damals in der Sowjetunion. In: form+zweck. 19. Jg. (1987) H. 4. S. 11-14 (Teil 1) u. H. 5. S. 8-15 (Teil 2).

> Einzelhaushalt bleiben, jedoch diesen so rationell wie nur irgend möglich gestalten müssen. Wie können wir aber die bisher übliche kraft- und zeitvergeudende Arbeitsweise im Haushalt verbessern? Wir können die Grundsätze arbeitsplanender, wirtschaftlicher Betriebsführung, deren Verwirklichung in Fabriken und Büros zu ungeahnten Steigerungen der Leistungsfähigkeit geführt hat, auf die Hausarbeit übertragen. Wir müssen erkennen, daß es für jede Arbeit einen besten und einfachsten Weg geben muß, der daher auch der am wenigsten ermüdende ist."[65]

Mit der Rationalisierung des Haushalts spricht Schütte-Lihotzky die Frage an, die für die Utopien der Neuen Lebensweise zentral war: die Entlastung der Frau von der Hausarbeit als Voraussetzung für ihre Emanzipation. Schütte-Lihotzky stellt die zwei Lösungswege als Alternativen gegeneinander: Rationalisierung durch Vergemeinschaftung oder Rationalisierung durch Taylorisierung des Einzelhaushalts. Unter der Frage „Wie können wir durch richtigen Wohnungsbau den Menschen die Hausarbeit erleichtern?"[66] heißt das: Bau von Einküchenhäusern, in denen eine Zentralküche für alle Bewohner einkauft und kocht,[67] oder die normierte Umgestaltung der Einzelküche nach den „Grundsätze[n] arbeitsplanender, wirtschaftlicher Betriebsführung"; wie es Schütte-Lihotzky mit ihrer Frankfurter Küche verfolgte.[68] Für die kapitalistische Gesellschaft komme, so Schütte-Lihotzky, nur der zweite Weg in Betracht. Die ungleichen sozialen Verhältnisse ständen der Vergemeinschaftung des Haushalts im Einküchenhaus entgegen. In Rußland hingegen schien nach der Oktoberrevolution die Voraussetzung gleicher Lebensverhältnisse gegeben. Die Utopien der Neuen Lebensweise folgen daher mit dem Kommunehaus dem Prinzip des Einküchenhauses. Die Vergemeinschaftung der Hausarbeit versprach die vollständige Befreiung der Frau aus dem Haushalt. Zugleich bot sie die Aussicht auf volkswirtschaftliche Effizienzgewinne und Professionalisierung der Arbeit: Die Arbeit, mit der in zwanzig Einzelhaushalten zwanzig Hausfrauen beschäftigt werden, erledigen

---

[65] Lihotzky, Margarete: Rationalisierung im Haushalt. In: Noever, Peter (Hrsg.): Die Frankfurter Küche von Margarete Schütte-Lihotzky. Berlin 1992. S. 16-19, S. 16f.

[66] Schütte-Lihotzky, Margarete: Die Frankfurter Küche. In: Noever, Peter (Hrsg.): Die Frankfurter Küche von Margarete Schütte-Lihotzky. Berlin 1992. S. 7-15, S. 7.

[67] Vgl. zum Einküchenhaus Uhlig, Günther: Kollektivmodell „Einküchenhaus": Wohnreform und Architekturdebatte zwischen Frauenbewegung und Funktionalismus 1900-1933. Gießen 1981; Dörr, Gisela: Der technisierte Rückzug ins Private. Zum Wandel der Hausarbeit. Frankfurt a. M. 1996, S. 69ff.

[68] Vgl. zur Frankfurter Küche Noever, Peter (Hrsg.): Die Frankfurter Küche von Margarete Schütte-Lihotzky. Berlin 1992; Dörr: Der technisierte Rückzug ins Private, S. 107-114.

im Kommunehaus fünf Fachkräfte. Für die linksbolschewistischen Utopien, die die rationale Organisation der Gesellschaft bis in ihre letzten Kapillaren anstrebten, hatte das einen unwiderstehlichen Charme. Die Ironie der Utopiegeschichte wollte es jedoch, daß, wie zu sehen sein wird, die Probleme, die Schütte-Lihotzky für das Einküchenhaus benennt, auch die russischen Kommunehäuser einholten.

Kollontai: Die Utopie der Neuen Lebensweise als Emanzipation der Frau

Als Ausgangspunkt für die Betrachtung der Utopien der Neuen Lebensweise soll Alexandra Kollontais[69] Utopie genommen werden. Kollontai verband die kulturrevolutionäre Neuordnung des Lebens durch die Kollektivierung der Lebensweise mit einem radikalen Emanzipationskonzept. Sie beschränkte die Emanzipation der Frau nicht auf die Befreiung aus der „Haushaltssklaverei" und den Eintritt in die Arbeit. Sie zielte auf die Neuordnung der Geschlechterverhältnisse, mit der Beseitigung patriarchalischer Vorherrschaft und einer emanzipativen Sexualmoral. Dieser Emanzipationsanspruch gab Kollontais Utopie einen normativen Überschuß, der noch als Emanzipationshorizont aktualisiert

---

[69] Aleksandra M. Kollontaj – 1872-1952; Vertreterin des linksbolschewistischen Flügels. Kollontaj trat Mitte der 1890er Jahre der sozialdemokratischen Bewegung bei. 1905 holten Bogdanov und Lenin sie in die Redaktion der *Iskra*, der von den Bolschewiki geleiteten Zeitung der RSDRP. Kollontaj näherte sich dem bolschewistischen Flügel, blieb aber distanziert zu Lenins Auffassung der Parteiorganisation und der Beziehungen zu den Massen. 1908 emigrierte sie nach Westeuropa und in die USA, 1910/11 lehrte sie an der von Bogdanov und Lunačarskij organisierten Parteischule auf Capri. Nach der Februarrevolution 1917 kehrte sie zurück, 1917-1918 war sie Volkskommissarin für Soziale Fürsorge, 1920-1922 Vorsitzende der Frauenabteilungen beim ZK der KPR (B). 1921 hatte sie eine führende Rolle bei der Arbeiteropposition. Seit 1923 war sie Diplomatin, u. a. in Norwegen und Mexiko. Vgl. zu ihr Clements, Barbara E.: Bolshevik Feminist. The Life of Aleksandra Kollontai. Bloomington u. a. 1979; Farnsworth, Beatrice Brodsky: Aleksandra Kollontai. Socialism, Feminism, and the Bolshevik Revolution. Stanford 1980; Geyer, Dietrich: Eine Klasse für sich. Die adelige Kommunistin Alexandra Kollontaj und ihr Weg ins Sowjetreich. In: Die Zeit Nr. 10 vom 28. Februar 2002, S. 90; Porter, Cathy: Alexandra Kollontai. London 1980; Schejnis, Sinowi: Alexandra Kollontai. Das Leben einer ungewöhnlichen Frau. Berlin 1984; Raether, Gabriele: Alexandra Kollontai zur Einführung. Hamburg 1986; Steiner, Helmut: Alexandra M. Kollontai über Theorie und Praxis des Sozialismus. In: Beiträge zur Geschichte der Arbeiterbewegung 45. Jg. (2003) H. 4. S. 75-117; sowie ihre Autobiographien Kollontai, Alexandra: Ich habe viele Leben gelebt. Berlin 1980; dies.: Mein Leben in der Diplomatie. Berlin 2003.

werden konnte, als die Kollektivierungsphantasien längst in den Versuchen ihrer Umsetzung bankrott gegangen waren und sich zu dystopischen Alpträumen gewandelt hatten.[70]

Kollontai entwarf ihre Utopie nicht als ein systematisches Gesamtbild der neuen Gesellschaft à la Morus' *Utopia*. Sie entfaltete sie in einzelnen Elementen in ihren Artikeln zur Frauen- und Familienpolitik und zur sozialistischen Geschlechter- und Moralordnung[71] sowie in ihren Erzählungen.[72] Ihre Utopie war unmittelbar Teil ihres politischen Programms und ihrer politischen Arbeit, unter anderem als Volkskommissarin für Soziale Fürsorge und als Vorsitzende der Frauenabteilungen der Partei – der *Schenotdely*.[73] Sie verschränkte, ganz im Sinne der Utopiedefinition Elias' und Saages, die Kritik der Unterdrückung der Frau in der bürgerlich-kapitalistischen Gesellschaft mit dem lebhaft ausgemalten Bild des Sozialismus als befreiter Gesellschaft. Ihre Utopie ist wie Tschernyschewskis *Was tun?* auf eine sozio-kulturelle Transformation gerichtet: auf das Eröffnen neuer Lebensentwürfe für Frauen jenseits der Familienrolle und auf die Ausbildung einer neuen Moral, die jeweils durch die Umgestaltung der Lebensweise gestützt werden. Als Emanzipationsstrategie beruht Kollontais Utopie damit auf zwei Aspekten: erstens auf der Befreiung der Frau vom Haus-

---

[70] Mitte der 1930er Jahre war Kollontajs Utopie aus den Debatten verschwunden. In den 1970er Jahren wurde Kollontaj jedoch von der Frauenbewegung als marxistische Feministin wiederentdeckt; vgl. die westdeutschen Neuausgaben von Kollontajs Schriften (vgl. Steiner: Alexandra M. Kollontai, S. 76f.) sowie ihre Rezeption bei Irmtraud Morgner (vgl. Wölfel, Ute: Rede-Welten. Zur Erzählung von Geschlecht und Sozialismus. Trier 2007, S. 252ff.).

[71] Vgl. auf deutsch Kollontai, Alexandra: Die Situation der Frau; Die Familie und der kommunistische Staat. In: Sowjet 1. Jg. (1920) H. 8-11 und in: Neue Ordnung 4. Jg. (1920) H. 8-14; Die neue Moral und die Arbeiterklasse. Berlin 1920; Die Arbeiterin und die Bäuerin in Sowjet-Rußland. Leipzig 1921; Die neuen Frauen. Berlin 1913; Durch Bürgerkrieg zur Gleichberechtigung der Frauen. In: Jugend-Internationale 3. Jg. (1917) H. 8. S. 9-10; Das fremde Kollektiv. In: Jugend-Internationale 3. Jg. (1917) H. 10. S. 5-6; Der weite Weg. Frankfurt a. M. 1979.

[72] V. a. Kollontaj, Aleksandra M.: Ljubov' pčel trudovych. Petrograd 1923; dt. Kollontai, Alexandra: Wege der Liebe. Berlin 1925 (Neuauflage: Berlin 1982). Der Originaltitel (*Die Liebe der Arbeitsbienen*) verdeutlicht die utopische Intention: der Glücksanspruch der arbeitenden Frau, die bislang gleichsam auf den Status von Arbeitsbienen reduziert war: ein Leben nur aus Arbeit und ohne Anspruch auf Liebe und eigene Sexualität.

[73] *Ženskije otdely* – 1918 gegründet, 1930 wurden sie aufgelöst (vgl. zu ihnen Scheide: Kinder, Küche, Kommunismus, S. 40-88; Clements, Barbara Events: The Utopianism of the Zhenotdely. In: Slavic Review 51. Jg. (1992) H. 3. S. 485-496).

halt durch die Vergemeinschaftung der Familien- und Haushaltsfunktionen sowie zweitens auf der sexuellen Befreiung und der Abschaffung patriarchalischer Vorherrschaft.

Emanzipation I: Befreiung vom Haushalt und Eintritt in die Arbeit

Die Projektionsfläche für Kollontais Utopie der Neuen Lebensweise ist das Kommunehaus. Auf Initiative von Kollontai – sie war zu der Zeit *Schenotdely*-Vorsitzende – zeigte der Moskauer Stadtsowjet 1922 eine Ausstellung, die neue Wohnhausformen vorstellte. In ihr präsentierte die Frauenabteilung des Moskauer Stadtsowjets das Modell eines Kommunehauses, das nach den Ideen Kollontais entworfen war.[74] In ihm gab es keine einzelnen Einfamilienwohnungen mehr. An ihre Stelle trat die Gemeinschaft der Kommune. Für die Bewohner waren jeweils ein bis zwei Zimmer vorgesehen. Die Haushaltsarbeiten wurden in Gemeinschaftseinrichtungen zusammengefaßt und sollten von Angestellten verrichtet werden. Es gab eine Kantine mit Speisesaal, eine Wäscherei und einen Näh- und Reparaturservice, für die Kinderbetreuung eine Tages- und Wochenkrippe, einen Kindergarten sowie Spiel- und Sportplätze. Weiterhin waren Freizeiträume wie Bibliotheks- und Lesezimmer vorgesehen.

Dem Kommunehaus lag die beschriebene Annahme von der Aufhebung der Familie im Sozialismus und die Vergesellschaftung ihrer wirtschaftlichen und sozialen Funktionen zugrunde. Auch Kollontai sah die Auflösung der Familie schon im Kapitalismus beginnen.[75] Allein die bürgerliche Familienideologie mit ihrem Fetisch des Privateigentums erzwinge den Fortbestand der Familie als Einzelhaushalt. Indem sie den heimischen Herd und Waschtrog für sakrosankt erkläre, mache sie das Leben der Arbeiterin „zu einem ewigen Schuften" zwischen Haushalt und Fabrik.[76] Kollontai entwarf die Utopie der Neuen Lebens-

---

[74] Vgl. Schejnis: Alexandra Kollontai, S. 202f.; vgl. auch die Beschreibung von Kommunehäusern in Kollontai, Alexandra: Wasilissa Malygina. (1923) In: dies.: Wege der Liebe. Berlin 1982. S. 63-266; dies.: Die Situation der Frau in der gesellschaftlichen Entwicklung, S. 197ff.

[75] Die Familie „verschwindet mit der Entfaltung des kapitalistischen Warenaustausches und der Massenproduktion von Gütern. Die Familie, in der Periode des Naturhaushaltes eine Notwendigkeit, entwickelt sich zu einem Hemmschuh, der die Arbeitskraft der Frau auf eine für die nationale Ökonomie unnütze und unproduktive Art und Weise bindet." (Kollontai: Die Situation der Frau, S. 126). „Je weiter die Lohnarbeit der Frau sich ausbreitet, desto größere Fortschritte macht der Zerfall der Familien." (Kollontay: Die Familie und der kommunistische Staat, Sowjet H. 8/9, S. 16).

[76] Kollontai: Die Situation der Frau, S. 125.

weise unmittelbar als Alternative zur bürgerlichen Familie und deren Unterdrückung der Frau: Die sozialistische Gesellschaft schafft den Einzelhaushalt ab, weil sie die Frau als Arbeiterin braucht.[77] Sie holt die Frau aus der Familie in die Produktion, weil sie ihre Emanzipation will. Sie ersetzt den individuellen familiären Konsum, um die rationale Organisation des Alltagslebens zu ermöglichen und um zu einem kollektiven Bewußtsein zu erziehen.

Kollontai setzt das Kommunehaus als Grundeinheit der Neuen Lebensweise. Es ist die primäre Form der Vergesellschaftung des Haushalts. Ergänzt wird es durch einen Dienstleistungsbereich. Dieser sollte aus einem „weitverzweigte[n] Netz von Säuglingsheimen und Kindergärten"[78] bestehen sowie Zentralküchen und öffentlichen Kantinen, Wäschereien. Kollontai insistiert darauf, daß erst die Befreiung von „Küche und Waschtrog" durch die Vergesellschaftung des Haushalts der Frau den Weg ins Berufsleben als gleichberechtigte Arbeiterin öffne.[79] Das war als utopische Stellungnahme in den 1920er Jahren politischer Konsens. Er bestimmte den Emanzipationsdiskurs. Lenin hob die „Frauenfrage" in diesem Sinne als zentrale Frage für den Aufbau des Sozialismus hervor.

> „[...] ohne die Frauen aus ihrer abstumpfenden Haus- und Küchenatmosphäre herauszureißen, *kann keine* wirkliche Freiheit gewährleistet werden, *kann nicht einmal* die Demokratie, vom Sozialismus ganz zu schweigen, aufgebaut werden."[80]
> „Die wahre *Befreiung der Frau*, der wahre Kommunismus wird erst dort und dann beginnen, wo und wann der Massenkampf [...] gegen diese

---

[77] „Die bisherige enorme Verschwendung weiblicher Arbeitskraft [...] ist eine Konsequenz des äußerst unwirtschaftlichen Einfamilienhaushalts. Diese Verschwendung kann erst dann gebremst werden, wenn wir zum kollektiven Kommunehaushalt übergehen. [...] Erst wenn die Frau von der eintönigen Hausarbeit und den anderen Familienpflichten entlastet ist, kann sie ihre gesamte Arbeitskraft für eine gesellschaftlich nützliche Arbeit verwenden." (ebd., S. 176).

[78] Ebd., S. 174.

[79] „Es ist einleuchtend, daß ihre Arbeitskraft in der Produktion sich umso mehr verschlechtert, je stärker die Arbeitskräfte der Frauen außerhalb des gesellschaftlichen Produktionsprozesses verbraucht werden. Die Arbeiterin [...], die nächtelang an der Wiege des Säuglings wacht und die gezwungen ist, sich während ihrer Freizeit der Familie und dem Haushalt zu widmen, ist natürlich am Arbeitsplatz weniger aufmerksam als der Mann, der nachts ungestört schlafen kann und sich außerdem nicht um allerlei Familienpflichten zu kümmern braucht." (ebd., S. 173f.).

[80] Lenin, Wladimir I.: Briefe aus der Ferne, Brief 3. In: ders: Werke, Bd. 23. Berlin 1957. S. 334-347, S. 343.

Kleinarbeit der Hauswirtschaft oder, richtiger, ihre *massenhafte Umgestaltung* zur sozialistischen Großwirtschaft beginnt."[81]

Die Agitprop-Plakate aus der Zeit[82] stellen die Emanzipation der Frau ganz in diesem Bild und nach Kollontais Utopie dar. Die Frau wird als Arbeiterin gezeigt, ihre Kulisse bildet ein utopischer Raum aus Fabriken, Orten der Wissenschaft und Bildung.[83] Auf Schegals bekanntem Plakat *Küchensklaverei* wird dieser utopische Raum dem der alten Familie gegenüber gestellt. Der Haushalt ist als düsterer Raum gezeichnet, beherrscht von Waschtrog, Wäsche und Spirituskocher. Aus ihm öffnet sich die Tür zum Raum der Neuen Lebensweise: eine hellstrahlende urbane Welt mit öffentlichen Kantinen, Kinderkrippen und Klub- und Sporteinrichtungen. Die Anordnung der Bildteile als aktive Diagonale unterstreicht die Aussage der Eroberung der Zukunft. Der Raum der Vergangenheit besetzt die Ecke links unten, der utopische Raum die Ecke rechts oben, die Bildmitte wird von der Frau beherrscht, die in Linie der Diagonale die Tür aufstößt und durchschreitet. Der utopische Raum wird als Ausweg aus der Gegenwart imaginiert. Auf einem anderen Plakat von 1920 ist der utopische Raum kommentiert mit „Das gab die Oktoberrevolution der Arbeiterin und Bäuerin". Zu diesem Zeitpunkt, unmittelbar nach dem Bürgerkrieg, war das eine rein utopische Aussage. Mit dem Kommentar wird die Utopie als virtuelle Realität inszeniert. Sie ist vorweggenommene Zukunft zur Selbstbeschreibung der Politik. Die Plakate kommunizierten die Utopie als politischen Sollwert.

Mit der NEP[84] konterkarierte die Politik jedoch die utopische Position. Die NEP führte emanzipationspolitisch zum Rückschritt. Das Ende des Bürgerkrie-

---

[81] Lenin, Wladimir I.: Die große Initiative. In: ders: Werke, Bd. 29. Berlin 1961. S. 397-424, S. 419.

[82] Vgl. zum frühsowjetischen Agitprop-Plakat als Medium der Utopie Waschik/ Baburina (Hrsg.): Werben für die Utopie.

[83] Vgl. ebd., Abb. 109 und 110 (S. 99). Ab Mitte der 1930er Jahre änderte sich die Ikonographie: An die Stelle der Fabrik und der Arbeiterin trat die Darstellung von Mütterlichkeit und (Klein)Familienidylle in den Mittelpunkt (ebd., Abb. 124, 164 und 184).

[84] NÈP – novaja ėkonomičeskaja politika (Neue ökonomische Politik). Die NÈP löste die utopistische Phase des Kriegskommunismus ab. Lenin und Trockij hatten sie auf dem 10. Parteitag im März 1921 als neuen wirtschaftspolitischen Kurs durchgesetzt. Das Naturaltauschsystem und die unmittelbare staatliche Lenkung der Produktion wurden abgeschafft. An ihre Stelle traten marktwirtschaftliche Elemente. Staat und Partei beschränkten sich auf die Besetzung der „Kommandohöhen". Privater Handel und Kleinindustrie wurden legalisiert. Auch die staatlichen Betriebe wurden auf Ge-

ges und die NEP verstärkten sich dabei gegenseitig in ihrer Wirkung gegen die Utopie. Während des Bürgerkrieges war der Anteil von Frauen in der Produktion durch die allgemeine Arbeitspflicht und den Arbeitermangel stark gestiegen, sie hatten selbst in männerorientierten Branchen wie der Metallindustrie Fuß gefaßt. Als mit dem Ende des Bürgerkrieges die Rote Armee demobilisiert wurde und die aufs Land geflüchtete Stadtbevölkerung zurückkehrte, wurden die Frauen zugunsten der zurückkehrenden Arbeiter wieder entlassen. Gleichzeitig kappten in der Folge des mit der NEP durchgesetzten Primats des betriebswirtschaftlichen Kostenprinzips die Betriebe die frauen- und familienpolitischen Sozialprogramme. Für die Kinderkrippenplätze war jetzt eine Gebühr zu zahlen und von 1922 zu 1923 halbierte sich die Zahl der Krippen. Die zu Beginn der NEP einsetzende Arbeitslosigkeit traf damit besonders Frauen. Sie wurden zurück in die Familie gedrängt, die alten Abhängigkeitsverhältnisse und Rollenmuster restaurierten sich – ein Punkt, auf den Kollontai immer wieder mahnend hinwies. An der Mitte der 1920er Jahre beginnenden wirtschaftlichen Erholung partizipierten die Frauen kaum. Während sich die Beschäftigungszahl der Männer bis 1928 im Vergleich zur Vorkriegszeit verdoppelte, erreichte sie für die Frauen erst 1928 wieder das Vorkriegsniveau.[85] Im Ergebnis kam es für die Utopie der Neuen Lebensweise zu gegenläufigen Prozessen. Auf der einen Seite wurde sie als Emanzipationsstrategie bis Anfang der 1930er Jahre von der Politik immer wieder als Leitbild bestätigt; auf der anderen Seite unterminierte die NEP die zentrale Voraussetzung für die Emanzipation: die gleichberechtigte Einbeziehung der Frauen in die Arbeit.

Erziehung des Neuen Menschen

Die Einrichtungen zur Vergemeinschaftung der Familie haben in Kollontais Utopie eine Doppelfunktion. Sind sie in Hinblick auf die Emanzipation die Voraussetzung für den Eintritt der Frau in die Arbeit, weist Kollontai ihnen in be-

---

winnorientierung verpflichtet. Die Umstellung aufs betriebswirtschaftliche Kostenprinzip bedeutete für viele sozial- und kulturpolitische Programme und Institutionen das Aus. Da auf ihnen die Umsetzung der Utopie der Neuen Lebensweise beruhte, sahen viele Linksbolschewiki die NĖP als Verrat an der Utopie. Vgl. zur NĖP Senjavskij, Aleksandr S. (Hrsg.): NĖP. Ėkonomičeskie, političeskie i sociokul'turnye aspekty. Moskau 2006; Davies, Robert William (Hrsg.): From Tsarism to the new economic policy. Ithaca 1991.

[85] Vgl. zu den Beschäftigungszahlen Dieckmann, Kai Thomas: Die Frau in der Sowjetunion. Frankfurt a. M. u. a. 1978, S. 62ff.

zug auf den Topos des Neuen Menschen eine Erziehungsfunktion zu. Ihr Kollektivismus erziehe den Neuen Menschen zum Kommunismus.

> „Der neue Mensch unserer neuen Gesellschaftsordnung wird in sozialistischen Organisationen aufwachsen, auf Spielplätzen, in Gärten, Heimen und ähnlichen Instituten, in denen er den größten Teil des Tages zubringen wird und in denen intelligente Erzieher aus ihm einen Kommunisten machen werden, der bewußt ist der Größe und Heiligkeit der Begriffe: Solidarität, Kameradschaft, gegenseitige Hilfe, Hingabe an das gemeinsame Ganze."[86]
>
> „Die[..] sozialen Einrichtungen, die für alle Kinder unter 16 Jahren offen stehen, sind die notwendige Voraussetzung für das Entstehen eines neuen Menschen. […] Schon in frühester Kindheit werden diese Kinder durch ihre Umwelt im Säuglingsheim, im Kindergarten so beeinflußt, daß bei ihnen gerade jene Eigenschaften entwickelt werden, die für die Entfaltung des Kommunismus notwendig sind. Die Kinder, die in diesen Einrichtungen unserer Arbeiterrepublik herangewachsen sind, werden sich später wesentlich besser in ein Arbeitskollektiv einordnen können als die Kinder, die in der abgeschlossenen Sphäre egoistischer Kleinfamilien aufgewachsen sind. […] Diese Kinder haben bereits gemeinsame Verhaltensweisen entwickelt. Sie denken und handeln im *Kollektiv*."[87]

Dieser Gedanke der frühkindlichen Erziehung zum Kollektiv war schon in Bogdanows *Der rote Stern* zu sehen. Mit dem Kindergarten als Ort zur Entwicklung kollektivistischer Denk- und Verhaltensweisen paraphrasiert Kollontai Bogdanows Kinderstadt. Ebenso sieht Kollontai die Erziehung zum Neuen Menschen für das Kommunehaus und den neuen öffentlichen Raum vor.

> „Die Kommunehäuser sind […] in erster Line eine Schule, sie bilden den kommunistischen Geist."[88]

Der Reduktion der Familie als Lebensraum stand die Schaffung eines kommunitären öffentlichen Raums gegenüber. Je marginaler der private Wohnraum war, umso luxuriöser sollte der öffentliche Raum sein. Analog der Einrichtungen zur Vergesellschaftung des Haushalts sollte ein dichtes Netz von Kultur-, Bildungs- und Sporteinrichtungen entstehen: Klubs, Kulturparks, Bibliotheken, Volksuniversitäten etc. Den Linksbolschewiki ging es dabei ausdrücklich nicht um eine Massen- und Unterhaltungskultur für Arbeiter. In diesem Punkt trafen sie sich mit der Avantgarde. Die Freizeiteinrichtungen standen im Dienst der

---

[86] Kollontay: Die Familie und der sozialistische Staat, Sowjet H. 10/11, S. 46.
[87] Kollontai: Die Situation der Frau, S. 205.
[88] Kollontai: Wasilissa Malygina, S. 154.

Utopie. Sie sollten als „Hochschulen der Kultur" fungieren, die den Neuen Menschen erziehen.[89]

> „Hier sollen Kinder, Halbwüchsige, Erwachsene und ältere Menschen außerhalb der Familie gemeinsam zu neuen Menschen erzogen [...] werden. [...] Wenn die Privatwohnung bestrebt ist, möglichst puritanisch zu wirken, so soll hier in der öffentlichen Wohnung der größtmögliche Luxus allen zugänglich sein."[90]

Im Vergleich zu den anderen Utopien der Neuen Lebensweise beschreibt Kollontai diesen Bereich allerdings nur vage. Der Fokus ihrer Utopie liegt auch hinsichtlich der Erziehung des Neuen Menschen auf den sozialen Fragen, die unmittelbar die Familie und die Emanzipation der Frau berühren.

Das Kommunehaus bedeute, so Kollontai, nicht allein die Abschaffung des Einzelhaushalts. Es werde die Familie als autonomen Bereich aufheben und die ökonomische Selbständigkeit der Frau werde zu neuen Beziehungen zwischen Mann und Frau führen. Die patriarchalische Familie werde zwangsläufig verschwinden.

> „[...] die bürgerliche Familie wird aussterben. An ihre Stelle wird ein neuer Typus von Familie – das arbeitende Kollektiv – treten. In dieser neuen Grundform leben nicht Menschen aufgrund irgendwelcher Blutsbande zusammen, sondern sie sind durch ihre gemeinsame Arbeit, ihre gemeinsamen Interessen und Pflichten solidarisch vereint und erziehen sich gegenseitig."[91]

In Kollontais Utopie ist der Mittelpunkt des Lebens für den einzelnen nicht mehr die Familie, sondern das Arbeitskollektiv. Kollontai überträgt dessen Prinzip der proletarischen Solidarität auf die Gemeinschaft des Kommunehauses. Das Kommunehaus ist damit mehr als nur eine Gemeinschaft des Wohnens. Es bildet ein solidarisches Kollektiv, das, als neue Form der Familie, die Einzel-

---

[89] Das galt ebenso für den Sport. In den *Körperkultur*-Konzeptionen der 1920er Jahre (*fizičeskaja kul'tura*) wurde der Sport nicht auf die körperliche Erziehung beschränkt. Er wurde als Teil der kulturellen Erziehung verstanden. Indem er die Tugenden der Kollektivität, Disziplin, Beharrlichkeit, des Kampfgeistes etc. ausbilde, vervollkommne er die kulturelle Ausstattung des Neuen Menschen (vgl. Plaggenborg: Revolutionskultur, S. 62-95).

[90] Lissitzky, El: Rußland. Die Rekonstruktion der Architektur in der Sowjetunion. Wien 1930, S. 22f. Vgl. zu Lisickijs Ideal des Neuen Menschen als Erziehung zum schöpferischen, kulturellen Menschen Nobis, Betrix: El Lissitzky. Der Traum vom Neuen Menschen. In: Pan. Zeitschrift für Kunst und Kultur 1991/ 2. S. 42-45.

[91] Kollontai: Die Situation der Frau, S. 222.

familie ablöst. Kollontai spaltet die traditionelle Familie gleichsam in zwei Bereiche auf: Auf der einen Seite die Kollektive des Kommunehauses und der Arbeit, die die sozialen und ökonomischen Funktionen der Familie ausfüllen, auf der anderen Seite die Liebesbeziehung als geistige und sexuelle „Kameradschaft", die von den einstigen familiären Bindungen befreit ist. Kollontais Neuer Mensch ist damit einerseits ganz in der Tradition der klassischen Utopie auf das Kollektiv verpflichtet: Er wird in allen Lebensbereichen durch das Kollektiv bestimmt. Auf der anderen Seite befreit sie gerade den Bereich, der in den klassischen Utopien am strengsten reglementiert ist: Für ihren Neuen Menschen wird Liebe zur in jeder Hinsicht autonomen und freien Beziehung.

Emanzipation II: sexuelle Befreiung und proletarische Moral

Die Vergesellschaftung des Haushalts bildete die sozialpolitische Basis von Kollontais Emanzipationsstrategie. Als deren gleichsam kulturrevolutionären Überbau forderte sie eine neue, proletarische Sexualmoral.[92] Diese sollte die Emanzipation der Frau in neuen Geschlechterbeziehungen verankern.[93] In deren Zentrum stellt Kollontai die Abschaffung der patriarchalischen Denk- und Verhaltensweisen und die Etablierung eines neuen Frauenbildes.

> „Der neue Typ der Frau, innerlich selbständig, unabhängig und frei, entspricht der Moral, die die Arbeiterklasse, eben im Interesse ihrer Klasse, ausarbeitet. Für die Arbeiterklasse bedarf es zur Erfüllung ihrer Mission nicht einer Dienerin des Mannes, nicht eines unpersönlichen Hausgeschöpfes, das mit passiven, weiblichen Tugenden ausgestattet ist, sondern einer gegen Sklaverei jeder Art sich aufrichtenden, rebellierenden Persönlichkeit, eines aktiven, bewußten, gleichberechtigten Mitgliedes der Gemeinschaft, der Klasse."[94]

Kollontai faßt ihr Bild des Neuen Menschen paradigmatisch im Ideal der Frau als freier, gleichberechtigter, selbständiger und rebellierender Persönlichkeit.

---

[92] Vgl. Kollontai: Die neue Moral und die Arbeiterklasse.

[93] Vgl. zu Kollontajs proletarischer Moral als Emanzipationsstrategie Laudowicz, Edith: Zwischen Pragmatismus und Utopie. In: Hohmann, Joachim S. (Hrsg.): Sexualforschung und -politik in der Sowjetunion seit 1917. Frankfurt a. M. u. a. 1990. S. 148-168; Mänicke-Gyöngyösi, Krisztina: Menschliche Emanzipation und neue Gesellschaft. In: Kollontai, Alexandra: Der weite Weg. Frankfurt a. M. 1979. S. 236-262; Scheide: Küche, Kinder, Kommunismus, S. 144ff.; Soden, Kristine von (Hrsg.): Lust und Last. Berlin 1990; Marxismus, Nr. 28 (2006): Kommunismus und Frauenbefreiung, S. 235-258.

[94] Kollontai: Die neue Moral und die Arbeiterklasse, S. 46f.

Wie schon mit Wera Pawlowna in *Was tun?* erscheint in ihrer Utopie der Neue Mensch zuvörderst als Neue Frau. In ihr manifestiert sich der Anspruch, daß ohne die Befreiung der Frau die Befreiung der Gesellschaft nicht zu haben ist.

> „Der Arbeiterstaat braucht eine neue Form der Beziehung der Geschlechter."[95]

In der Erzählung *Die Liebe der drei Generationen*[96] verdeutlicht Kollontai ihre Forderung einer emanzipativen Moral anhand drei historischer Konstellationen, in denen der Kampf um gesellschaftliche und individuelle Befreiung jeweils verbunden sind. Sie knüpft damit an Tschernyschewskis Utopie an; auch für Wera Pawlowna fielen individuelle und gesellschaftliche Emanzipation zusammen. Kollontai beschreibt drei revolutionäre Frauengenerationen auf ihrer Suche nach neuen Geschlechterbeziehungen: die Generation der Narodniki in Gestalt der Großmutter Marja Stepanowna, ihre Tochter Olga Sergejewna für die Generation der Oktoberrevolutionäre und die Enkelin Genia, sie repräsentiert die Anfang des 20. Jahrhunderts geborene erste jugendliche Aufbaugeneration. Am Beginn der Revolutionierung der Moral- und Geschlechtervorstellungen steht die Narodniza Marja Stepanowna mit dem Ideal einer partnerschaftlichen Ehe aus Liebe, wie es Tschernyschewski mit dem Ideal der Freien Liebe beschrieben hatte. Marja Stepanowna heiratet aus Liebe gegen den Willen ihrer Eltern. Sie schildert ihre Ehe als glücklich, doch als sie sich in einen anderen Mann verliebt, verläßt sie ihre Familie und läßt sich scheiden. Als ihr zweiter Mann ein Verhältnis mit einer anderen Frau beginnt, trennt sie sich von ihm. Kollontai konstatiert für die Generation Marja Stepanownas, daß diese den Anspruch auf Liebe noch im Rahmen der Ehe dachte. Daher der Rigorismus Marja Stepanownas in der Ehefrage, eine Ménage-à-trois war für sie undenkbar. Ihre Tochter Olga Sergejewna, ebenfalls Revolutionärin wie ihre Mutter, lehnt dagegen aus Prinzip die Ehe ab. Sie löst den Anspruch auf Liebe von der Ehe. An ihre Stelle setzt sie die freie Beziehung, die sich nicht auf einen Menschen festlegen und begrenzen lasse. Sie liebt zwei Männer gleichzeitig. Aber sie scheitert daran, beide Beziehungen zu vereinbaren – nicht zuletzt, weil ihr die morali-

---

[95] Kollontay: Die Familie und der kommunistische Staat, Sowjet H. 10/11, S. 50. Morgner bringt das in ihrer Kollontaj-Rezeption auf die schöne Formel: „Ein Sozialismus aber, der die Männervorherrschaft nicht abschafft, kann keinen Kommunismus aufbaun." (Morgner, Irmtraud: Amanda. Berlin u. a. 1983, S. 549).

[96] Kollontai, Alexandra: Die Liebe der drei Generationen. (1923) In: dies.: Wege der Liebe. Berlin 1982. S. 7-47.

schen Kategorien dafür fehlen. Genia, das jüngste Glied in der Generationenkette, geht erneut einen Schritt weiter. Sie fordert für die neue Moral auch die sexuelle Befreiung. Sie entkoppelt das Bedürfnis nach Sexualität von der festen Liebesbeziehung, sie lebt ihre sexuellen Bedürfnisse aus, ohne eine feste Beziehung einzugehen.

> „Es erstaunt Sie wohl am meisten, daß ich mich Männern hingeben kann, wenn sie mir bloß gefallen, ohne abzuwarten, daß ich mich in sie verliebe? Sehen Sie, zum Verlieben muß man Zeit haben […]. Aber ich habe keine Zeit. Wir haben soviel Arbeit im Bezirk, soviel wichtige Fragen sind zu lösen, wann hatten wir denn Zeit in all diesen über uns hinwegrasenden Revolutionsjahren? […] Aber gerade deshalb lernt man die Stunden schätzen, wenn man sich zufällig getroffen hat und sich zu zweit glücklich fühlt … Das verpflichtet zu nichts […] Ich meine, es ist so einfacher und besser."[97]

Selbst die emanzipierte Mutter Genias zweifelt angesichts der scheinbaren „Härte des Gemüts" und der nüchternen Sachlichkeit, mit der Genia ihre Beziehungen auf die Befriedigung von Sexualität reduziert.

> „Was soll das sein? Zügellose Leidenschaft, durch kein moralisches Gesetz eingedämmt, oder Anschauungen, hervorgebracht von dem neuen Leben und geboren aus den Aufgaben der aufbauenden Klasse? Neue Moral?"[98]

Kollontai bringt in der Frage der Mutter die gespaltene Rezeption auf den Punkt, mit der ihre in der Figur Genias beschriebene Sexualethik in den 1920er Jahren konfrontiert war.[99] Kollontai hatte unter der Jugend, der Generation Genias, ein Massenpublikum. Diese fand in Kollontais Erzählungen und Artikeln ihre Fragen der sexuellen Selbstfindung angesprochen. Von Seiten der Parteiführung hingegen wurde ihr vorgeworfen, mit ihrem Fokus auf die Fragen der Sexualität verfehle sie die wirklichen Probleme im Alltag der sowjetischen

---

[97] Ebd., S. 40ff.
[98] Ebd. S. 39.
[99] Vgl. zur sowjetischen Rezeption der Erzählungen im Blick auf Kollontajs Emanzipationsideal: Imendörffer, Helene: Die Belletristik und ihre Rezeption. Sexistische Literaturkritik oder das „Scheitern" Alexandra Kollontais. In: Kollontai, Alexandra: Der weite Weg. Frankfurt a. M. 1979. S. 263-284; Cheauré, Elisabeth: Das Schicksal dreier Generationen. In: Osteuropa 43. Jg. (1993). S. 965-977; sowie zur Rezeption in Deutschland Cohen, Aaron J.: Revolution und Emanzipation. In: Koenen, Gerd/ u. a. (Hrsg.): Deutschland und die Russische Revolution 1917-1924. München 1998. S. 527-553, S. 544ff.

Jugend. Kollontais neue Moral, so etwa Polina S. Winogradskaja, sei „feministische Tunke" und Pornographie.[100] Lenin verurteilte ihre Sexualethik als kleinbürgerliche und dekadente „Glas-Wasser-Theorie".

> „Sie kennen gewiß die famose Theorie, daß in der kommunistischen Gesellschaft die Befriedigung des sexuellen Trieblebens, des Liebesbedürfnisses, so einfach und belanglos sei wie ‚das Trinken eines Glases Wassers'. [...] Nun gewiß! Durst will befriedigt sein. Aber wird sich der normale Mensch unter normalen Bedingungen in den Straßenkot legen und aus einer Pfütze trinken?"[101]

Doch Kollontai propagierte mit der Entkopplung von Sexualität und Liebe keineswegs wilde Promiskuität, wie ihr ihre Kritiker vorwarfen. Hinter ihrer Sexualethik steht das Ideal der Freien Liebe, so wie es Tschernyschewski entworfen hatte.[102] Auch Kollontai setzt die Freie Liebe als auf Gleichberechtigung und Emanzipation der Frau gerichtetes Gegenmodell zur patriarchalischen bürgerlichen Ehe. In deutlicher Anlehnung an Tschernyschewski definiert sie sie als „seelisch-geistige Kameradschaft". Sie gründe auf „Gleichheit in den gegenseitigen Beziehungen", „beiderseitige Anerkennung der Rechte des anderen", „gegenseitige Unterstützung, feinfühlige Anteilnahme und aufmerksame Aufgeschlossenheit für die Bedürfnisse des anderen, Gemeinsamkeit der Interessen und Ziele".[103] Kollontai hält an der monogamen Beziehung als Ideal der „großen Liebe" fest – dem „geflügelten Eros", wie sie es emphatisch nennt. Von dieser grenzt sie jedoch das Bedürfnis nach Sexualität als „kleine Liebe" ab.[104] Sie trete als „erotische Kameradschaft" dort ein, wo für die „große Liebe" kein Raum sei; so wie es Genia für sich konstatiert, wenn sie sagt, sie habe in der Revolution keine Zeit für eine tiefe Liebesbeziehung. Mit der Forderung einer befreiten Sexualität zielte Kollontai auf die Anerkennung der Sexualität als „natürlicher Instinkt" wie „Hunger oder Durst" und auf deren Enttabuisierung. Es ging ihr um eine aufgeklärte Sexualmoral und einen „natürlichen", „gesunden" Umgang mit Sexualität, der das Erlebnis von Glück in den Mittelpunkt stellt.

---

[100] Vinogradskaja, P.: Voprosy morali, pola, byta i tov. Kollontaj. In: Krasnaja nov' 3. Jg. (1923) H. 6 (16). S. 179-214.

[101] Zitiert nach: Zetkin, Clara: Erinnerungen an Lenin. Berlin 1985, S. 73f.

[102] Vgl. Kollontajs Artikelserie *Briefe an die arbeitende Jugend* in der Zeitschrift des Komsomols *Molodaja Gvardija* 1922/23 (Kollontai: Der weite Weg, S. 67-126).

[103] Kollontai: Ein Weg dem geflügelten Eros, S. 123f.

[104] Vgl. Kollontai: Die neue Moral und die Arbeiterklasse, S. 58ff; dies.: Ein Weg dem geflügelten Eros.

„Unter den vielfachen und bedeutenden Aufgaben, die der Arbeiterklasse gestellt sind, befindet sich zweifellos auch die, gesündere und freudvollere Beziehungen zwischen den Geschlechtern zu schaffen."[105]

Dahinter stand die Kritik der bürgerlichen Ehe- und Sexualmoral als repressiv und „widernatürlich". Die Unterdrückung der Sexualität als „schmutziges Laster" lasse, so Kollontai, die Psyche des Menschen verkümmern. Insbesondere sei sie gegen die Frau gerichtet, weil sie diese zur Ware mache. In ihrer Kritik und ihrem Gegenentwurf bezog sich Kollontai auch auf die sexualethischen Debatten im Anschluß an die Psychoanalyse;[106] was ihr prompt als Freudianismus vorgeworfen wurde.

Mit der Forderung nach „freudvolleren Beziehungen" ging es Kollontai auch darum, sich der Liebe als revolutionärer Kraft zu versichern. Die freie Entfaltung der Sexualität, so Kollontai, verfeinere und bereichere die menschliche Psyche. Sie stärke die revolutionäre Persönlichkeit als freien Charakter. Utopiegeschichtlich knüpft Kollontai damit an Fouriers Charakterisierung der Liebe als gesellschaftliche Emanzipationskraft an.[107] „Freiheit in den Liebesbeziehungen", so Fourier, „ist die Freiheit schlechthin."[108] Dieser Gedanke läßt sich auch für Kollontais Utopie als Leitmotiv sehen. Auch für sie war die Liebe – wie Fourier spricht sie mythisch vom Eros – eine revolutionäre, das heißt, die Revolution beflügelnde Kraft.

„Woher stammt unsere Gleichgültigkeit gegen eine der wesentlichsten Aufgaben der Arbeiterklasse? [...] als ob die Beziehungen zwischen den Geschlechtern [...] nicht wesentlich den Ausgang des Kampfes der sich befeindenden Gesellschaftsklassen mit bestimmt hätten?"[109]

Mit dieser Sicht auf befreite Sexualität als Agens der Revolution stand Kollontai singulär in den damaligen Debatten um eine proletarische Sexualmoral.[110]

---

[105] Kollontai: Die neue Moral und die Arbeiterklasse, S. 68.

[106] Joseph Roth konstatierte in seinen Rußlandreportagen: „Man fängt in Rußland dort an, wo bei uns Bebel und Gretel Meisel-Heß und alle ihre belletristischen Zeit- und Gesinnungsgenossen gestanden haben." (Roth, Joseph: Reise nach Rußland. Köln 1995, S. 182)

[107] Vgl. Fourier, Charles: Aus der neuen Liebeswelt. Berlin 1977; Saage: Utopische Profile, Bd. 3, S. 79ff.

[108] Zitiert nach Marxismus, Nr. 28, S. 219.

[109] Kollontai: Die neue Moral und die Arbeiterklasse, S. 68.

[110] Vgl. als Überblick der sexualethischen Diskussion der 1920er Jahre und ihrer Polarisierung zwischen Freier Liebe und kontrollierter Sexualität Scheide: Kinder, Küche,

Die Mehrheit, besonders die Parteiführung, stellte sich in die Tradition dessen, was man in bezug auf die russische Utopiegeschichte das Rachmetowprinzip nennen könnte: Die Unterordnung der Liebe unter die Revolution. Die freie Entfaltung von Liebe und Sexualität, so der Vorwurf gegen Kollontai, lenke von den Aufgaben der Revolution ab. Sie sei gleichsam Sabotage am Aufbau des Sozialismus. Die Revolution, so Lenin in seiner Polemik gegen Kollontais Sexualethik,

> „fordert Konzentration, Steigerung der Kräfte. [...] Sie duldet keine orgiastischen Zustände [...]. Deshalb, ich wiederhole es, keine Schwächung, Vergeudung, Verwüstung von Kräften."[111]

Das ist die Umformung der rachmetowschen Revolutionsethik zur Sexualmoral. Sie bedeutet die Disziplinierung und Unterdrückung von Sexualität sowie deren Begrenzung auf Ehe und Fortpflanzung. In Salkinds[112] *Zwölf Geboten des Sexuallebens für das revolutionäre Proletariat* (1926) heißt es entsprechend:

> „7. Liebe muß monogam sein [...]. 8. Bei jedem Geschlechtsverkehr muß man daran denken, potentiell ein Kind zu zeugen."[113]

Kollontai dagegen befreite in ihrer Sexualethik die weibliche Sexualität von der Festlegung auf Mutterschaft, auch wenn sie das nicht als direktes Ziel formulierte. Mit der „erotischen Kameradschaft" hatte sie der Sexualität einen autonomen Bereich eröffnet, in den *Briefen an die arbeitende Jugend* sprach sie vom „Liebesspiel".

Wirkungsgeschichtlich gesehen, lag die Bedeutung von Kollontais utopischen Interventionen in der Sexualethik-Diskussion in deren polarisierender Position. Sie wirkten als Katalysator des Geschlechterdiskurses der 1920er Jahre. Auch wenn ihre neue Moral in der Sache unterlag, ihr Bild der Neuen Frau setzte den normativen Maßstab für die Frage der Emanzipation.

Kommunismus, S. 144-157; Carleton, Gregory: Sexual Revolution in Bolshevik Russia. Pittsburgh 2004.

[111] Zitiert nach Zetkin: Erinnerungen, S. 76.

[112] Aron Zalkind – 1889-1936; Sexualwissenschaftler und Pädagoge. Zalkind, der an der Kommunistischen Sverdlov-Universität in Moskau lehrte, galt in den 1920er Jahren als Autorität in Fragen der Sexualerziehung. In der Sexualethik-Diskussion war er der theoretische Gegenpart zu Kollontaj. Er wandte „sich mit aller Schärfe gegen die Folgen der ‚sexuellen Revolution' und das Konzept der ‚freien Liebe'" (Groys: Die Neue Menschheit, S. 606).

[113] Zitiert nach Scheide: Kinder, Küche, Kommunismus, S. 154.

Die Utopie als Sozialpolitik

Kollontais Utopie hing als Emanzipationsstrategie an ihrer sozialpolitischen Verankerung. Anfänglich folgte die sowjetische Frauen- und Familienpolitik der Richtung ihrer Utopie; nicht zuletzt unter Kollontais Einfluß als Volkskommissarin und als *Schenotdely*-Vorsitzende. Unmittelbar nach der Oktoberrevolution begann man, die Grundlagen der Familie umzugestalten und sie aus den alten Moralvorstellungen zu lösen.[114] Die Ehe-Dekrete vom Dezember 1917[115] schafften das alte Ehegesetz ab. Die vormundschaftliche Stellung des Ehemannes wurde beseitigt und die Frau dem Mann rechtlich gleichgestellt, die Ehe aus der Hoheit der Kirche gelöst und von gesetzlichen Vorgaben befreit. Der Staat trat gegenüber der Familie lediglich als Vertreter der Interessen des Kindes auf. Ehe und Scheidung waren nur noch bei der Stadtverwaltung zu registrieren; sie wurden zur bloßen Formalität, die von der Familienfunktion gelöst war. Eheliche und uneheliche Kinder wurden gleichgestellt. Mit dem Familiengesetz von 1927[116] wurde der registrierten Ehe auch die nicht-registrierte, ‚wilde' Ehe als De-facto-Ehe gleichgestellt. Mit dem *Dekret über die Krankenversicherung* von Januar 1918 wurde der Mutterschutz ausgebaut.[117] Mütter erhielten vier Monate bezahlten Schwanger- und Mutterschaftsurlaub, das Recht auf bezahlte Stillpausen während der Arbeit und bis zum neunten Monat nach der Geburt eine zusätzliche finanzielle und materielle Unterstützung, wie erhöhte Milchration, Stoff für Babykleidung und Windeln. Auf Druck von Kollontai

---

[114] Vgl. Hohmann, Joachim S. (Hrsg.): Sexualforschung und -politik in der Sowjetunion. Frankfurt a. M. u. a. 1990; König, René: Entwicklungstendenzen der Familie im neueren Rußland. In: Materialien zur Soziologie der Familie. Köln 1974. S. 151-199; Gorecki, Jan: Kommunistische Familienstruktur. In: Lüschen, Günther/ u. a. (Hrsg.): Soziologie der Familie. Opladen 1970. S. 490-507; Navailh, Françoise: Das sowjetische Modell. In: Duby, Georges/ u. a. (Hrsg.): Geschichte der Frauen, Bd. 5. Frankfurt a. M. 1995. S. 257-283. Ein schönes Beispiel der zeitgenössischen westlichen Wahrnehmung der bolschewistischen Familienpolitik als utopisches Experiment ist Harmsen, Hans: Die Befreiung der Frau. Berlin 1926; ders.: Frau und Kind in Sowjetrußland. Berlin 1931.

[115] Vgl. Dekrety Sovetskoj vlasti, Bd. 1. Moskau 1957, S. 237-240 u. 247-250; dt. (in Auszügen) in: Wolters, Margarete/ Wolters, Analise: Elemente des russischen Rätesystems, Bd. IX.2. Hamburg 1980, S. 81-85; Altrichter, Helmut/ Haumann, Heiko (Hrsg.): Die Sowjetunion, Bd. 2. München 1987, S. 44-48.

[116] Vgl. Wolters/ Wolters: Elemente des russischen Rätesystems, Bd. IX.2, S. 142-146.

[117] Vgl. Dekrety Sovetskoj vlasti, Bd. 1, S. 267-276; dt. (in Auszügen) in: Schützler, Horst/ Striegnitz, Sonja (Hrsg.): Die ersten Dekrete der Sowjetmacht. Berlin 1987, S. 114-121.

wurde im November 1920 mit der *Verordnung zum Schutz der Gesundheit der Frau* die Abtreibung legalisiert. Frauen erhielten ohne Einschränkungen das Recht zum Schwangerschaftsabbruch mit kostenfreier medizinischer Betreuung.[118] Noch im November 1917 hatte Kollontai im Volkskommissariat für Soziale Fürsorge die Abteilung für Mutterschaft und Kindheit (OMM) gegründet.[119] Die OMM und die 1918 gegründeten Schenotdely wurden zu zentralen Akteuren der *Byt*-Debatte der 1920er Jahre, welche die Emanzipation der Frau sozialpolitisch zu stärken suchten, unter anderem mit dem Aufbau einer staatlichen Mutterschutzversicherung[120] und einer sozialen Infrastruktur für Mütter und Kinder, der Entwicklung neuer Wohnmodelle mit öffentlicher Kinderbetreuung und der Unterstützung von Frauen bei Arbeitskonflikten. Mit ihrer auf den Alltag der Frauen ausgerichteten praktischen Arbeit wirkten sie gleichsam als „Transmissionsriemen" der Utopie. Die Resolution des 8. Allrussischen Rätekongresses vom Dezember 1920 *Über die Heranziehung der Frauen zum wirtschaftlichen Aufbau* proklamierte die familienpolitischen Elemente von Kollontais Utopie der Neuen Lebensweise als politisches Programm,[121] ebenso das auf dem 8. Parteitag im März 1919 beschlossene Parteiprogramm.[122]

---

[118] Vgl. Sobranie Uzakonenij i Rasporjaženij Nr. 9, S. 475. Die Abtreibung durfte nur durch autorisierte Ärzte erfolgen, private Ärzte und Hebammen, die außerhalb der Krankenhäuser Abtreibungen vornahmen, machten sich weiterhin strafbar. Es gab jedoch nicht genügend Klinikplätze für Abtreibungen und auf dem Land waren die Kliniken oft weit entfernt. Viele Frauen trieben daher weiterhin ‚illegal' ab. 1923 und 1924 wurde der Zugang zur Abtreibung wieder eingeschränkt (Beratungspflicht, Registrierung, Gebühr, keine Abtreibung beim ersten Kind) und mit der Novellierung des Familiengesetzes 1936 ganz verboten.

[119] OMM – *otel ohrany materinstva i mladenčestva*; vgl. zu ihrer Geschichte Konjus, Esther M.: Puti razvitija sovetskoj ochrany materinstva i mladenčestva. Moskau 1954.

[120] Kollontaj hatte das schon 1914 gefordert und Pläne dafür entworfen (vgl. Kollontai, Alexandra: Mutterschutz. In: dies.: Der weite Weg. Frankfurt a. M. 1979. S. 50-63).

[121] „[D]amit die unproduktive Arbeit der Frauen bei der Hausarbeit und der Sorge für die Kinder verringert wird, verpflichtet der 8. Rätekongreß die lokalen Räte, die Initiative der Arbeiterinnen und deren Eigentätigkeit in der Sache der Reform eines Lebensstils auf kommunistischer Grundlage (Organisation von Wohnkommunen, von Flickstuben für Stadt und Land, von Genossenschaften für das Saubermachen, von Kinderkrippen, von öffentlichen Wäschereien und Kantinen usw.) zu fördern und zu unterstützen." (Dekrety Sovetskoj vlasti, Bd. 12, S. 88f.; deutsch Wolters/ Wolters: Elemente des russischen Rätesystems, Bd. IX.1, S. 160).

[122] Vgl. Meissner, Boris: Das Parteiprogramm der KPdSU 1903 bis 1961. Köln 1962, S. 121-141.

Im Oktober 1925 wurde der Entwurf für das neue Familien- und Ehegesetz vorgestellt, das dann am 1. Januar 1927 in Kraft trat. Die breite öffentliche Diskussion des Gesetzentwurfes, die über ein Jahr andauerte,[123] wurde gleichsam zur Volksabstimmung über die Utopisierung der Familienpolitik. Alternativ zum Gesetzentwurf des Volkskommissariats für Justiz hatte Kollontai vorgeschlagen, Mutter und Kind finanziell nicht mehr über den individuellen Unterhalt der Väter abzusichern, sondern durch einen allgemeinen Fonds.[124] In den Fonds sollte die arbeitsfähige Bevölkerung im Sinne einer Sozialabgabe für Kinder einzahlen. Aus dem Fonds sollten zum einen Mütter bis zum vierten Lebensjahr des Kindes finanziell unterstützt werden; zum zweiten sollten aus ihm Einrichtungen für die Betreuung und Erziehung der Kinder finanziert werden. Dahinter stand die Auffassung, daß Kinder keine ‚Privatangelegenheit' mehr seien. Kollontai sah Mutterschaft als soziale Aufgabe.

> „[D]ie Frau steht sozusagen im Dienste der Gesellschaft und ‚produziert'
> mit ihrem Körper ein neues Mitglied unserer Arbeiterrepublik."[125]

Das Interesse der Gesellschaft an Kindern dürfe jedoch, so Kollontai, nicht zu Lasten der Freiheit der Frauen gehen. Mutterschaft dürfe nicht dazu führen, daß die Frau in ihrem Lebensentwurf eingeschränkt und sie unter die patriarchalische Herrschaft der Familie gedrückt werde. Die Gesellschaft habe daher die materielle Verantwortung für Mütter und Kinder zu übernehmen. Das Fondsmodell war die Weiterentwicklung der Mutterschaftsversicherung. Kollontai zielte mit ihm darauf, die Familienpolitik auf die Utopie der Neuen Lebensweise und die Aufhebung der Familie zu verpflichten. Als Versuch, die finanzielle Abhängigkeit der Mütter vom Mann zu beseitigen, reagierte Kollontai mit ihm

---

[123] Neben Artikeln in der Presse wurde eine landesweite Kampagne mit Diskussionsrunden initiiert. Halle erwähnt rd. 6.000 protokollierte Diskussionen: von Versammlungen in Fabriken mit über tausend Teilnehmern bis zu bäuerlichen Lesezirkeln (vgl. Halle: Die Frau in Sowjetrussland, S. 169f.).

[124] Kollontaj, Aleksandra: Obščij kotël ili individual'nye alimenty? In: Komsomol'skaja pravda, vom 2. Februar 1926.

[125] Kollontai: Die Situation der Frau, S. 202; vgl. auch Kollontai: Mutterschutz. In seiner Darstellung der frühsowjetischen Frauenpolitik leitet Scharinger daraus und aus dem Fokus von Kollontajs Frauenpolitik auf den Mutterschutz ab, daß Kollontaj die Frau auf Mutterschaft verpflichte (vgl. Marxismus, Nr. 28). Das verkennt jedoch, daß Kollontajs Utopie gerade darauf gerichtet war, die Frau von den Einengungen in ihrem Lebensentwurf durch die Mutterschaft zu befreien, indem sie Betreuung und Erziehung der Kinder der Gesellschaft und dem Staat überantwortete. Ebenso implizierte ihre Sexualethik, weibliche Sexualität nicht auf Mutterschaft festzulegen.

zugleich auf ein Mitte der 1920er Jahre akutes Problem. Mit Beginn der NEP war die Arbeitslosigkeit von Frauen sprunghaft angestiegen. Und angesichts der ungeordneten Verhältnisse war es für Väter leicht, sich ihrer Alimentenpflicht zu entziehen. Vor dem Hintergrund der Auflösung von Familien durch den Bürgerkrieg und der durch die Ehegesetze von 1917 nur schwach geregelten Familienverhältnisse verschärften sich Abhängigkeit und Notlage von Frauen mit Kindern; bezeichnenderweise stieg die Zahl der Abtreibungen stark an, sie verzehnfachte sich in den 1920er Jahren.[126]

Kollontais Fondsmodell fand jedoch keine Mehrheit, weder in Parteiführung und Regierung noch in der Bevölkerung. Gerade Frauen wandten sich gegen Kollontais Idee.[127] Ein Grund der Ablehnung lag im utopischen Charakter der Idee selbst. Indem Kollontai mit dem Fondsmodell auf ihre Utopie rekurrierte, griff sie den realen Verhältnissen und Mentalitäten vor. Das traditionelle Familienbild war in bezug auf Kinder noch fest verankert. Und nicht ohne Grund befürchteten Frauen, daß das Fondsmodell zusammen mit Kollontais libertärer Sexualethik von Männern als Freibrief mißbraucht werden würde. Ein zweiter Grund waren die Erfahrungen mit der Utopie der Neuen Lebensweise als sozialpolitischem Experiment seit 1917. Von den öffentlichen Dienstleistungen, die die Familie ersetzen sollten, waren kaum rudimentäre Ansätze geschaffen worden.[128] Das weckte zu Recht Zweifel, ob der Staat in der Lage sei, die familiären Versorgungsfunktionen zu übernehmen. So innovativ Kollontais Idee des allgemeinen Fonds im Hinblick auf die Verknüpfung von Emanzipations- und Familienpolitik war, angesichts der realen Verhältnisse war die Entlassung der Väter aus der individuellen finanziellen Verantwortung sozialpolitisch ein mehr als waghalsiges utopisches Experiment, dessen Risiken allein die Frauen zu tragen gehabt hätten. Statt die Familie weiter im Sinne der Utopie der Neuen Lebensweise aufzulösen, hielt das Familiengesetz von 1927 daher an der Ehe als Versorgungsgemeinschaft fest und stärkte die Absicherung von Mutter und Kind durch die Familie. Das Gesetz schrieb die Unterhaltspflicht des ökonomisch stärkeren Ehepartners gegenüber dem bedürftigeren und nicht arbeitsfähigen fest. Nach der Scheidung bestand die Unterhaltspflicht bei Arbeitslosig-

---

[126] Vgl. Scheide: Kinder, Küche, Kommunismus, S. 239ff.
[127] Vgl. die Dokumentation von Reaktionen bei Halle: Die Frau in Sowjetrussland, S. 178-181.
[128] 1927 gab es bei ca. zehn Millionen Kindern rd. 150.000 Plätze der vorschulischen Betreuung (vgl. Vol'fson, Semen Ja.: Sociologija braka i sem'i. Minsk 1929, S. 389).

keit ein halbes Jahr fort und ein Jahr bei Arbeitsunfähigkeit, etwa durch Schwangerschaft, kleine Kinder oder Krankheit. Dazu kamen die Alimente für die Kinder. Sie betrugen ein Drittel des Lohns, eheliche und uneheliche Kinder waren gleichgestellt; bei Nichtzahlung drohten Geld- und Gefängnisstrafen. Ein Novum war die Einführung der Gütergemeinschaft. Sie bedeutete die Anerkennung des Anteils der Hausarbeit am während der Ehe gebildeten Vermögen. Kollontai hatte alternativ vorgeschlagen, die Gütertrennung beizubehalten und den Anteil der Hausarbeit in Form eines Lohns für die Frau zu fixieren, konnte sich aber damit nicht durchsetzen. In bezug auf die Utopie der Neuen Lebensweise als Emanzipationsstrategie waren die Gleichstellung von registrierter und De-facto-Ehe und die Verkürzung des Unterhaltsanspruchs nach der Scheidung auf maximal ein Jahr die stärksten utopischen Elemente des neuen Familiengesetzes. Manifestierte sich im ersten die Auffassung der Ehe als reine Privatangelegenheit, stand hinter dem zweiten die Vorstellung, die Ehe von ihren „ökonomischen Nebeninteressen" zu lösen. Angesichts der fortbestehenden Benachteiligung der Frauen – niedrigeres Qualifikations- und Lohnniveau, höheres Arbeitslosigkeitsrisiko, fehlende Betreuungseinrichtungen für Kinder etc. – wirkte die Regelung dem Emanzipationsanspruch de facto jedoch entgegen. Sie verstärkte die Abhängigkeit der Frau vom Mann und hielt sie, gerade wenn sie Kinder hatte, in der Familie fest.

Als Entwurf neuer Lebensentwürfe wirkte Kollontais Utopie als Katalysator der Emanzipationsdiskurse: Ihr Ideal der Neuen Frau prägte in den 1920er Jahren den Topos des Neuen Menschen, ihre Sexualethik und ihr Ideal der Freien Liebe bestimmten die Diskussionen um die neuen Geschlechterbeziehungen. Sozialpolitisch jedoch scheiterte Kollontais Utopie als Emanzipationsstrategie. Die Diskrepanz zwischen Kollontais Utopie und den Ressourcen des Staates war zu groß, als daß sie in der Politik bestehen konnte. Daß Kollontais Sexualethik und Ideal der Freie Liebe als Gegenentwurf zur patriarchalischen Familie Ende der 1920er Jahre ebenfalls verdrängt wurde und in den 1930er Jahren ganz aus dem Diskurs verschwanden, lag zum einen an dem Scheitern der sozialpolitischen Verankerung. Der Ausbau der staatlichen Kinderbetreuung in den 1930er Jahren[129] erfolgte nicht mehr mit dem Ziel der Aufhebung der Familie. Er stand im Dienst der Industrialisierung, mit dem Aufschwung der Industrie

---

[129] Von 1927 bis 1937 verzehnfachte sich die Zahl der Plätze in Vorschuleinrichtungen auf rd. 1,05 Mill. (vgl. Liegle, Ludwig: Familienerziehung und sozialer Wandel in der Sowjetunion. Berlin u. a. 1970, S. 75).

wurden die Frauen als Arbeitskräfte gebraucht.[130] Der zweite Grund für die Verdrängung von Kollontais Emanzipationsansatz aus dem Feld *Rußland 1917* war die Kehrtwende der Familienpolitik unter Stalin. Sie wendete sich zurück zur patriarchalisch gefestigten Kleinfamilie,[131] diese wurde zur sozialpsychologischen Fundamentierung der stalinistischen Herrschaft vereinnahmt. Emanzipative Ansätze wie Kollontais waren damit nicht mehr möglich.[132]

Die Utopie der Neuen Lebensweise als ABC des Kommunismus

Als nächstes soll Nikolai Bucharins und Jewgeni Preobrashenskis „populäre Erläuterung" des Parteiprogramms *Das ABC des Kommunismus* (1919)[133] als utopische Stellungnahme im Feld *Rußland 1917* betrachtet werden. Bucharin[134] und Preobrashenski[135] waren Mitglied des ZK und Politbüros, zum Zeitpunkt

---

[130] Entsprechend änderten sich auch die Agitprop-Plakate: Die Gewinnung der Frau als Arbeitskraft trat in den Vordergrund (vgl. die Beispiele in Hornbostel (Hrsg.): mit voller Kraft, S. 199).

[131] Neben der Wiedereinführung des Abtreibungsverbotes war das deutlichste Signal die Erschwerung der Scheidung; mit der Novellierung des Familienrechts 1936 wurden die Gebühren für die Registrierung der Scheidung drastisch erhöht. Vgl. zur konservativen Wende in der Familienpolitik Navailh: Das sowjetische Modell.

[132] Bezeichnenderweise wurde Kollontaj schon in den 1920er Jahren als Vertreterin der Linken Opposition kalt gestellt und in den diplomatischen Dienst ‚verbannt'. Der frühe Zeitpunkt rettete sie jedoch davor, in den 1930er Jahren Opfer der Stalinistischen Säuberungen zu werden.

[133] Bucharin, Nikolaj I./ Preobraschenskij, Jewgenij A.: Das ABC des Kommunismus. Populäre Erläuterung des Programms der Kommunistischen Partei Russlands (Bolschewiki). (1919) Zürich 1985; im folgenden zitiert mit der Siegle *ABC*.

[134] Nikolaj I. Bucharin – 1888-1938; Bucharin schloß sich 1906 den Bolschewiki an, 1911 emigrierte er. Im Exil gab er in den USA mit Kollontaj und Trockij die Zeitschrift *Novy Mir* heraus. 1917 wurde er Mitglied des ZK, 1919 des Politbüros. 1917-1929 war er Chefredakteur der *Pravda*. Im Machtkampf nach Lenins Tod 1924 stellte er sich auf die Seite Stalins gegen Trockij. In dem Richtungsstreit über die Wirtschaftspolitik legitimierte er die NĖP und Stalins Theorie des Sozialismus in einem Land. 1926 wurde er Vorsitzender der Komintern. 1928 wandte er sich gegen Stalins Industrialisierungs- und Kollektivierungspolitik. Daraufhin wurde er als „Rechtsabweichler" verurteilt. 1934 widerrief er seine Ansichten, er wurde ‚rehabilitiert' und Herausgeber der *Izvestija*. 1937 wurde er Opfer der „Säuberungen": Er wurde unter dem Vorwurf des Trotzkismus verurteilt und 1938 erschossen (vgl. zu ihm Löwy, Adolf G.: Die Weltgeschichte ist das Weltgericht. Wien u. a. 1969; Cohen, Stephen: Bukharin and the Bolshevik Revolution. Oxford u. a. 1980).

[135] Evgenij A. Preobraženskij – 1886-1937; Preobraženskij schloß sich wie Bucharin als Gymnasiast der sozialistischen Bewegung an, 1904 trat er den Bolschewiki bei.

des *ABC des Kommunismus* gehörten beide noch zur linken Fraktion. Das *ABC des Kommunismus* läßt sich als Versuch lesen, nach dem Sieg der Revolution konkret zu beschreiben, wie die neue Gesellschaft aufgebaut werden soll. Bucharin und Preobrashenski formten in ihm das Parteiprogramm zum detaillierten utopischen Bild der kommunistischen Gesellschaft aus, insbesondere im zweiten Teil *Die Diktatur des Proletariats und der kommunistische Aufbau*. Das *ABC des Kommunismus* war gleichsam als Fibel der neuen Gesellschaft gedacht. Gegenüber dem „Kartensozialismus" des Bürgerkrieges sollte es auf eingängige Weise das Bild des „wahren" Kommunismus vermitteln, Interpretationshilfe zum Verständnis der Entwicklungen sowie Ratgeber für den Aufbau der sozialistischen Gesellschaft sein. Bucharin und Preobrashenski verstanden das *ABC*, wie sie im Vorwort schreiben, als „Elementar-Lehrbuch des kommunistischen Wissens". Es sollte als „Elementarkursus" für die Parteischulen und das Selbststudium der Arbeiter dienen. Diesen Anspruch erfüllte das *ABC des Kommunismus*. Vergleichbar Tschernyschewskis *Was tun?* hatte es unter der ersten Aufbaugeneration den Status eines Vademekums für den Aufbau der neuen Gesellschaft.

In Bucharins und Preobrashenskis Bild der sozialistischen Gesellschaft ist als Vorbild Bogdanows Utopie *Der rote Stern* zu erkennen. Wie Bogdanow zeigen sie die künftige Wirtschaft als „große kameradschaftliche Arbeitsgenossenschaft", in der der Bedarf aller Produkte und die benötigten Arbeitskräfte in einem gesamtgesellschaftlichen „allgemeinen Produktionsplan" exakt berechnet werden (ABC, 133f.). Besonders die Beschreibung der Lenkung der Produktion paraphrasiert Bogdanows Bild von einer statistisch gesteuerten Planwirtschaft (vgl. Planet, 59ff.).

> „Die Hauptleitung wird in verschiedenen Rechnungskanzleien und statistischen Büros liegen. Dort wird Tag für Tag über die ganze Produktion und ihre Bedürfnisse Rechnung gelegt werden; es wird auch angegeben werden, wo die Zahl der Arbeitskräfte zu vergrößern, wo zu verringern und wieviel zu arbeiten ist. Und weil alle von Kindheit her die gemeinsame Arbeit gewohnt sein und begreifen werden, daß diese Arbeit notwendig und das Leben am leichtesten ist, wenn alles nach einem durchdach-

---

1909 wurde er verhaftet und verbannt. Im Bürgerkrieg war er Offizier und Kommissar in der Roten Armee. 1920 wurde er ins ZK gewählt und ZK-Sekretär sowie Vorsitzender des Finanzkomitees des ZK und des Volkswirtschaftsrates. 1923 schloß er sich der Linken Opposition an. 1927 wurde er unter dem Vorwurf der „Fraktionstätigkeit" aus der Partei ausgeschlossen, 1929 rehabilitiert und wieder aufgenommen. 1936 wurde auch er Opfer der „Säuberungen" und 1937 erschossen.

ten Plan vor sich geht, so werden auch alle nach den Anordnungen dieser Berechnungsbüros arbeiten." (ABC, 141)

Wie in *Der rote Stern* wird die Produktion statistisch erfaßt und täglich berechnet, wo Arbeitskräfte fehlen und wo Überproduktion herrscht. Und wie die Arbeiter in Bogdanows Marsgesellschaft arbeiten in Bucharins und Preobrashenskis Zukunftsgesellschaft die Arbeiter aus Einsicht in die gesamtgesellschaftliche Planung nach den Vorgaben der Statistikbüros. Auch die Distributionsverhältnisse entsprechen bis ins Detail denen in Bogdanows Utopie: Der Handel ist abgeschafft. Die Produkte werden über kommunale Magazine verteilt. Aus ihnen nimmt sich jeder nach Bedarf, was er braucht.

Das Alltagsleben zeichnen Bucharin und Preobrashenski im Sinn der Utopie der Neuen Lebensweise. Wie Kollontai fordern sie die Aufhebung der Familie.

> „[D]as Kind [gehört] jener Gesellschaft, in welcher und dank welcher es geboren wurde, nicht aber einzig und allein der ‚Gesellschaft' seiner Eltern. [...] Der Gesellschaft steht es frei, die Kindererziehung den Eltern anzuvertrauen, aber je eher es ihr möglich ist, selbst einzugreifen, um so weniger Grund ist vorhanden, sie den Eltern zu überlassen, weil die Fähigkeiten zur Kindererziehung doch seltener vorkommen als die Fähigkeit, Kinder zu gebären." (ABC, 406)

Kollontai hatte die Vergesellschaftung der Kinderbetreuung primär emanzipationspolitisch begründet. Bucharin und Preobrashenski argumentieren hingegen vom Kollektivismus aus: Das autonome Individuum sei eine bürgerliche Fiktion, der Einzelne existiere nur als Teil der Gesellschaft und durch sie. Ebensowenig wie das einzelne Individuum sich selbst gehöre, ‚gehörten' Kinder daher der Familie. Kinder seien eine soziale Aufgabe. Wo es ihr materiell möglich ist, übernehme die Gesellschaft Betreuung und Erziehung der Kinder. Wie diese im Detail aussehen sollte, darauf gehen Bucharin und Preobrashenski im *ABC des Kommunismus* allerdings nicht ein. Das Modell der Vergesellschaftung von Haushalt und Familie ist ebenfalls das Kommunehaus.

> „Organisation der Häuserkommunen (nicht solcher, wo gezankt wird, sondern wo wirklich menschlich gelebt wird) mit zentralen Wäschereien; die Organisation der Gemeinschaftsküchen, Tagesheime, Kindergärten, Spielplätze, Sommerkolonien für Kinder, Schulen mit gemeinschaftlicher Kinderspeisung usw." (ABC, 317)

Das Kommunehaus war das Standardmodell der Utopien der Neuen Lebensweise. Bucharin und Preobrashenski relativieren es allerdings. Sie lassen die Frage offen, ob das Kommunehaus oder „gut eingerichtete kleine Arbeiterhäuschen" zukünftig die bevorzugte Wohnform sein werde.

> „Im gegenwärtigen Augenblick ist es noch schwer zu sagen, welche Bautype die beste sein wird: ob es große Häuser mit allen Einrichtungen, mit Garten, gemeinsamem Speisesaal u. dgl. oder gut eingerichtete kleine Arbeiterhäuschen sein werden. Eines steht fest: das Wohnungsprogramm darf mit dem Programm der Vereinigung der Industrie mit der Landwirtschaft nicht im Widerspruch stehen. Dieses Programm muß die Auflösung der Stadt in kleine Landeinheiten fördern, nicht aber das Anhäufen auf einem Fleck Hunderttausender und Millionen von Menschen vergrößern, die der Möglichkeit beraubt sind, frei Luft zu atmen, die von der Natur abgeschnitten und zu einem frühzeitigen Tod verurteilt sind." (ABC, 595)

Bucharin und Preobrashenski reagieren damit auf die Debatten um die Gestalt der sozialistischen Stadt. Kollontai war für die Wohnform von der Vergesellschaftung des Haushalts ausgegangen, für sie stand die Emanzipation der Frau im Mittelpunkt. Bucharin und Preobrashenski betrachten die Wohnfrage vor allem stadtplanerisch. Sie gehen vom Anspruch aus, den Gegensatz zwischen Stadt und Land aufzuheben. Sie fordern die Auflösung der Großstädte in „kleine Landeinheiten". Mit den „kleinen Arbeiterhäuschen" greifen sie die Vorstellungen einer „Roten Gartenstadt" auf. Bucharin und Preobrashenski sehen ferner für jede Stadt eine kommunale Agrarwirtschaft vor.

> „Es ist nötig, daß jede Stadt so viel Bodenfläche für Gemüsegärten zur Verfügung hat, als für die Gemüseversorgung der gesamten Stadtbevölkerung erforderlich ist. Es ist wichtig, daß jede Stadt eine Molkerei besitzt, die wenigstens für alle Kranken und Kinder Milch sichert, und auch über eine genügende Fläche zum Anbau von Futtergräsern verfügt. Bei einer gut geleiteten städtischen Agrarwirtschaft kann die Arbeiterschaft nicht nur mit Kartoffeln und Kohl, sondern auch mit Graupen (Heiden, Hirse) versorgt werden." (ABC, 522f.)

Hinter der Überlegung einer kommunalen Selbstversorgung stand fraglos die Erfahrung der Hungerkrisen in den Städten während des Bürgerkrieges. Bucharin und Preobrashenski knüpfen mit der „munizipalen Landwirtschaft" aber auch an eine utopiegeschichtliche Tradition an. Sowohl in den frühsozialistischen Utopien als auch in der Gartenstadt-Bewegung war eine genossenschaftliche kommunale Landwirtschaft vorgesehen.

Betrachtet als utopische Stellungnahme im Feld *Rußland 1917*, läßt sich als Fazit für das *ABC des Kommunismus* konstatieren, daß Bucharin und Preobrashenski das Parteiprogramm im Sinne der Utopien der Neuen Lebensweise interpretieren. Sie greifen dabei für die Beschreibung der künftigen Gesellschaft auf Bilder aus der Utopietradition zurück. Mitunter verweisen sie sogar direkt auf diese, so etwa auf Bogdanows *Der rote Stern* (ABC, 40 u. 630). Zugleich wurde das *ABC des Kommunismus* selbst zur Vorlage für die utopische Massenliteratur der 1920er Jahre; in Jakow Okunews Roman *Zukunftswelt* beispielsweise finden sich deutliche Bezüge.[136]

Preobrashenskis Utopie „Von der NEP zum Sozialismus"

Preobrashenski schrieb mit *Von der NEP zum Sozialismus* – deutsch unter dem Titel *UdSSR 1975. Ein Rückblick in die Zukunft* – 1922 eine weitere Utopie.[137] Sie zählt nicht zu den Utopien der Neuen Lebensweise. Trotzdem soll hier auf sie eingegangen werden, denn Preobrashenski thematisiert in ihr gleichsam die wirtschaftspolitische Rückseite. *UdSSR 1975* ist unmittelbar bezogen auf die Debatten um die Wirtschaftspolitik und den Weg zum Sozialismus nach Ende des Kriegskommunismus und Einführung der NEP. Auch in *UdSSR 1975* zeigt sich die für *Rußland 1917* charakteristische Verschränkung von Utopie und Politik, nämlich daß die politischen Debatten über den Aufbau des Sozialismus über utopische Stellungnahmen geführt wurden.

UdSSR 1975 ist eine Zeitutopie in Form eines Rückblicks aus der Zukunft. In acht Vorlesungen beschreibt ein Wirtschaftsprofessor 1975 die wirtschaftliche Entwicklung von der NEP bis zum Sieg der proletarischen Revolution in Europa und der Gründung der Föderation der Räterepubliken Europas. Preobrashenski entwirft eine alternative Industrialisierungspolitik für den Übergang zum Sozialismus, in der die NEP die Bedeutung einer kurzen Take-Off-Phase der sozialistischen Akkumulation hat. Er zeichnet die NEP-Zeit als Übergangsgesellschaft, in der private, genossenschaftliche und staatliche Wirtschaftsfor-

---

[136] Okunev, Jakov M.: Grjaduščij mir. Petrograd 1923. In Okunevs Zukunftsgesellschaft ist die Welt zu einer Weltstadt vereinigt. In dieser globalen Kommune ist der Staat abgeschafft. Auch die Familie ist aufgehoben, alle leben gemeinschaftlich in Kommunehäusern und die Kinder in eigenen Kinderstädten. Ein Statistikamt organisiert, wie in Bogdanovs Utopie und im *ABC des Kommunismus*, die „Arbeitsarmeen", deren Mitglieder – sie werden als „Krafteinheiten" bezeichnet – freiwillig dort arbeiten, wo Arbeitskräfte gebraucht werden.

[137] Preobraženskij, Evgenij A.: Ot NĖPa k socializmu. Moskau 1922; dt. Preobrashenskij, Evgenij A.: UdSSR 1975. Ein Rückblick in die Zukunft. Berlin 1975, im folgenden zitiert mit der Sigle *UdSSR 1975*.

men noch nebeneinander bestehen. Der proletarische Staat steuert durch Instrumente wie Kredit, Steuern und Geld- und Preispolitik die private Landwirtschaft und Kleinindustrie; er schöpft deren Überschuß auf dem „sanften" Weg marktwirtschaftlicher Mechanismen ab, um mit ihm den Aufbau der Produktionsmittelindustrie als staatliche Planwirtschaft zu finanzieren. An der Spitze des Wirtschaftssystems stehen die Staatsbank und die Staatliche Plankommission (Gosplan). In der ersten Phase ist die Staatsbank der zentrale Akteur. Ihre Aufgabe ist es, die „kapitalistische[n] Verhältnisse an den Sozialismus anzupassen" und „die kapitalistischen Elemente unter die Kontrolle des Sozialismus, unter die Aufsicht der Gosplan" zu stellen (UdSSR 1975, 73). Sie hat das Monopol auf das Kreditwesen sowie den Groß- und Außenhandel. Über Kreditvergabe und Unternehmensbeteiligungen[138] steuert sie die private Wirtschaft nach den Vorgaben der Gosplan. Die Kreditvergabe erfolgt in Form spezieller Naturaldarlehen.[139] Mit ihnen legt die Staatsbank die Grundlage für die Planwirtschaft und sozialistische Rechnungsführung und verknüpft die Landwirtschaft mit der staatlichen Industrie.

Preobrashenski bindet den Aufbau der Industrie an die Entwicklung der Landwirtschaft. Für die Entwicklung der Industrie benötige man die Landwirtschaft nicht nur als Kapitalquelle, sondern ebenso als Absatzmarkt. Preobrashenski macht dabei aus Rußlands ökonomischer Rückständigkeit, als industrieller Nachzügler nicht auf dem Weltmarkt reüssieren zu können, die utopische Tugend der Autarkie. Sowjetrußland brauche keinen Außenmarkt für seine Industrie, es könne sich als „sich selbst genügender ökonomischer Organismus entwickeln" (UdSSR 1975, 35f.). In *UdSSR 1975* ist die Industrialisierungspolitik daher auf die Entwicklung der Landwirtschaft als innerer Markt ausgerichtet: auf ihre Produktivitätssteigerung und Ausdehnung durch Mechanisierung, Elektrifizierung, Agrowissenschaft und Erschließung neuer Anbauflächen sowie auf ihre Integration in die Industrie als Rohstoffquelle. Die staatliche Landwirtschaft in Form von Sowchosen nimmt dabei eine Vorbildfunktion ein, aber sie

---

[138] „Betriebsneugründungen waren ohne Bankbeteiligung fast völlig ausgeschlossen […]." (UdSSR 1975, 78)

[139] Die Staatsbank gab an die Bauern Warenkredite in Form von Maschinen und Dünger und die Bauern zahlten den Kredit mit ihren Produkten. zurück. Die Staatsbank verteilte die landwirtschaftlichen Produkte als ‚Bezahlung' für die Maschinen etc. an die Industrie oder exportierte sie. Die Betriebe wiederum versorgten mit den erhaltenen landwirtschaftlichen Produkten ihre Arbeiter oder verrechneten sie im Warentausch mit anderen Betrieben.

ist – das ist ein deutlicher Unterschied zum *ABC des Kommunismus* – in der ersten Phase nicht das agrarpolitische Leitbild.[140] Die Bauern sollten über ihr ökonomisches Eigeninteresse für den Aufbau des Sozialismus, für das immer wieder beschworene Bündnis mit dem Proletariat, gewonnen werden. Das ist zum einen die Kritik der bolschewistischen Agrarpolitik sowohl im Kriegskommunismus als auch in der NEP. Denn entgegen ihrem Programm[141] vernachlässigte diese die Entwicklung der Landwirtschaft. Zum anderen entwirft Preobraschenski hier das Gegenmodell zu einer Industrialisierungspolitik, die für die ursprüngliche Akkumulation die Landwirtschaft auf den Export verpflichtet, ihren Überschuß okkupiert und sie zum Konsumverzicht zwingt. Da die russische Landwirtschaft aufgrund ihrer Rückständigkeit stagniere, lasse sich diese Politik, so Preobraschenski, nur durch die Verschärfung des Konsumverzichts bis zum Hunger aufrechterhalten. Die verdeckte Repression der Fiskalpolitik schlage in die offene Gewalt des Staates gegen die Bauern um. Die innenpolitischen Folgen einer solchen Industrialisierungspolitik waren schon vom zaristischen Staat nicht zu bewältigen. Und auch im Kriegskommunismus führte die offene Gewalt gegen die Bauern ins Desaster.[142]

Die Bedeutung, die Preobraschenski in *UdSSR 1975* der Landwirtschaft beim Aufbau des Sozialismus in Sowjetrußland zuweist, bedeutet aber nicht, daß er eine agrarsozialistische Position einnimmt. Nichts lag ihm ferner als die Vorstellungen einer agrarsozialistischen Gesellschaft, wie sie die Sozialrevolutionäre in der Tradition der Narodniki vertraten. Er polemisiert in *UdSSR 1975* im-

---

[140] „Im Verlauf der ersten zehn Jahre unterwarf sich die proletarische Großindustrie die Bauernschaft hauptsächlich über den Tausch (Handel, langfristiger Kredit) und nur in geringem Maße durch die Einrichtung von Sowchosen." (UdSSR 1975, 52)

[141] Vgl. u. a. Lenins Referat zur Bauernfrage auf dem 8. Parteitag der KPR (B) 1919: „Die Mittelbauernschaft wird in der kommunistischen Gesellschaft nur dann auf unserer Seite sein, wenn wir ihre wirtschaftlichen Lebensbedingungen [...] verbessern. Wenn wir morgen 100000 erstklassige Traktoren liefern, [...] dann würde der Mittelbauer sagen: ‚Ich bin für die Kommune'. (d. h. für den Kommunismus)." (Lenin, Wladimir I.: Bericht über die Arbeit auf dem Lande. In: ders.: Werke, Bd. 29. Berlin 1971. S. 184-201, S. 200).

[142] In dem vier Jahre später in *Die neue Ökonomik* aufgestellten Modell der „ursprünglichen sozialistischen Akkumulation" setzt Preobraženskij allerdings für den forcierten Aufbau der sozialistischen Industrie ebenfalls darauf, das landwirtschaftliche Mehrprodukt ohne entsprechende Gegenleistung und notfalls gewaltsam zu „akkumulieren". Die Landwirtschaft dient hier nur noch als „innere Kolonie" zur Finanzierung der Industrialisierung (vgl. Preobraženskij, Evgenij A.: Die neue Ökonomik. (1926) Berlin 1971).

mer wieder gegen die Sozialrevolutionäre. Er bedient sich dabei des klassischen Topos der marxistischen Utopiekritik: Die agrarsozialistischen und genossenschaftlichen Vorstellungen der Sozialrevolutionäre seien „reaktionäre kleinbürgerliche Hoffnungen".[143] Der Polemik entspricht, daß *UdSSR 1975* das genaue Gegenbild zu Tschajanows agrarsozialistischer Utopie *Reise meines Bruders Alexej ins Land der bäuerlichen Utopie* ist. Tschajanow ordnet die Industrie als genossenschaftliche Kleinindustrie, die von den Bauern kontrolliert wird, der Landwirtschaft unter, Preobrashenski definiert die Landwirtschaft als Mittel für den Aufbau der sozialistischen Industrie. Bei Tschajanow beruht die Entwicklung der Landwirtschaft auf der bäuerlichen Handarbeit, Preobrashenski fordert die Industrialisierung der Landwirtschaft. Tschajanows utopische Gesellschaft ist vom Bauern mit seiner individuellen Wirtschaft bestimmt, bei Preobrashenski ist der Neue Mensch der „Arbeiter höheren Typs" mit einer kollektivistischen Einstellung. Tschajanow sah die Auflösung der Großstädte vor, Preobrashenski wendet sich gegen ihre Zerstörung[144] – im Unterschied zum *ABC des Kommunismus*, dort hatte er mit Bucharin noch für die Gartenstadt plädiert. Ist Tschajanows Utopie ein Gegenentwurf zum Kriegskommunismus, hält Preobrashenski am utopischen Kern des Kriegskommunismus fest.

UdSSR 1975 läßt sich als Versuch lesen, das bolschewistische Modernisierungsprojekt neu zu justieren. Als utopische Umformung der NEP war *UdSSR 1975* einerseits an die Linksbolschewiki gerichtet, die über der NEP als Verrat an der Utopie resignierten. Sie war ein Angebot zur Vergewisserung des utopischen Horizonts der Revolution. Ihr Kern ist die Frage, wie trotz der kapitalistischen Elemente der NEP der Übergang zum Sozialismus vorangetrieben

---

[143] Vgl. UdSSR 1975, 46 u. 49; ebenso in *Die sozialistische Alternative*.

[144] „Die Zerstörung dieses gewaltigen einzigartigen Meisterwerks, das die Großstadt ist, wäre ökonomisch häufig schädlich gewesen. Überdies konnte die Großstadt als Kulturzentrum nur teilweise ersetzt werden, ungeachtet aller Erfolge der Rundfunkübertragung. Es war deswegen selbstverständlich, daß die Lösung des Problems vor allem im Transportwesen gesucht wurde und nicht in der Zertrümmerung großer Zentren. Schon in dem Jahrzehnt, über das wir sprechen, wurde dem Transport große Aufmerksamkeit gewidmet. Damals freilich wickelte sich der Verkehr zwischen Moskau und den Randgebieten hauptsächlich über die Eisenbahn, städtische elektrische Straßenbahnen und das Auto ab, der Flugverkehr hatte noch keine Massenbedeutung wie jetzt. […] Wenn der Arbeiter jetzt bis zu 150 km von Moskau wohnen kann und morgens und abends mit einem Passagierflugzeug hin und her fliegt, lebte er seinerzeit in einem Maximalabstand von 50 km und kam per Eisenbahn oder einer Trambahn nach Moskau." (UdSSR 1975, 65)

werden könne. Programmatisch heißt es im Titel: von der NEP zum Sozialismus. Das ist sowohl als Parole als auch als historische Standortbestimmung gemeint. Die Einführung der NEP bedeute, so Preobrashenski, nicht die Kapitulation der Revolution vor dem Kapitalismus. Sie sei das Eingeständnis, daß Rußland als unterentwickeltes Agrarland auf dem Weg zum Sozialismus um eine Übergangsphase nicht umhin komme, in der neben der sozialistischen Wirtschaft kapitalistische Elemente weiterbestehen. Angesichts der Zerstörung der Industrie im Krieg und Bürgerkrieg könne in der ersten Phase des Übergangs die Aufgabe nicht die unmittelbare Vergesellschaftung im Sinne des kommunistischen Endziels sein. Für den Aufbau der Industrie und die Steigerung ihrer Produktivität brauche man die kapitalistischen Instrumente der NEP.[145] Unter der politischen Herrschaft des Proletariats schaffe die NEP die Grundlagen für den „vollen Sieg" des Sozialismus.

> „Historisch hatten wir in Sowjet-Rußland durch die Kombination des Sozialismus mit dem Kapitalismus auf wirtschaftlichem Gebiet und mit der Diktatur des Proletariats auf politischem Gebiet eine stufenweise Unterwerfung niedrigerer kapitalistischer Formen unter höhere sozialistische erreicht, was später die Grundlage abgab für den vollen Sieg des Sozialismus." (UdSSR 1975, 71)

Die zentrale Rolle wies Preobrashenski dabei, wie beschrieben, der Staatsbank zu. Ihr System der Naturaldarlehen stellt zusammen mit der Naturalsteuer letztlich die Fortsetzung der kriegskommunistischen Distribution unter kapitalistischem Vorzeichen dar. Preobrashenski beschreibt es als Modell, das den Markt von innen her in sozialistische Produktions- und Distributionsverhältnisse transformiert. Das Geld verliert seine Funktion und wird zu einem „Hilfsmittel der Planeinteilung". Die Staatsbank übernimmt als zentrale Verrechnungsstelle die Steuerung der Wirtschaft. Mit dem Übergang des staatlichen Sektors zur Plan-

---

[145] „Die persönliche Interessiertheit jedes Arbeiters an der Steigerung der Produktion wurde freilich mit bourgeoisen Methoden stimuliert; dafür zwang diese Verteilungsmethode alle, sich im Vergleich mit der Periode, als sich die Industrie in der sozialen Obhut des Staates befand, zusammenzunehmen, um die Arbeitsdisziplin nicht zu lockern. Die Losung dieser Periode war: Produktionsausweitung unter allen Umständen bei geringsten Kosten, mit allen geeigneten Mitteln mehr Produkte. Bei der Armut des Landes, dem niedrigen kulturellen Niveau, und weil man unvorbereitet war für ein anderes Verteilungssystem, das größere Gleichheit bedeutet hätte, gab es keinen anderen Ausweg. Die Ungleichheit in dieser Zeit wurde dadurch gerechtfertigt, daß die Arbeitsproduktivität tatsächlich zunahm und eine sehr schwere Zeit überwunden wurde." (UdSSR 1975, 67)

wirtschaft werde dabei auch ein neuer Typ des Arbeiters entstehen, der dem „höheren Industrietyp" der sozialistischen Produktion entspreche. Dieser „Arbeiter höheren Typs" löse mit seinem Kollektivbewußtsein „den Individualisten der Periode der Warenproduktion" ab (UdSSR 1975, 89). Preobrashenski greift hier unter anderem Gastews utopisches Programm der Erziehung eines neuen „Arbeitertypus" auf.[146]

Auf der anderen Seite richtete sich *UdSSR 1975* gegen Bucharins Legitimierung der NEP als „proletarischen Staatskapitalismus".[147] Preobrashenski griff damit den ökonomischen Richtungsstreit von 1918 auf. Nach der Revolution hatte Lenin als Wirtschaftspolitik für einen Staatskapitalismus analog der deutschen Kriegswirtschaft plädiert: Durch seine Tendenz der Zentralisierung und Vergesellschaftung der Industrie schlage dieser in den Händen des proletarischen Staates gleichsam von selbst in Sozialismus um.[148] Doch Lenin konnte sich damit nicht gegen die Linken wie Preobrashenski und damals noch Bucharin durchsetzen; das war der Preis für den Frieden von Brest-Litowsk.[149] Mit der NEP schien Lenin auf die staatskapitalistische Option zurückzukommen. An diesem Punkt, der Frage der Bewertung der NEP, begann die wirtschaftspolitische Divergenz zwischen Bucharin und Preobrashenski, die 1926/27 in der Auseinandersetzung um Preobrashenskis *Die neue Ökonomik* gipfelte.[150] Bu-

---

[146] Gastev hatte 1920 in Moskau unter dem Dach der Gewerkschaft das Zentral-Institut für Arbeit (CIT) gegründet. Auf der Basis tayloristischer Studien der Bewegungsabläufe bei Arbeitsprozessen versuchte er, Arbeiter zu einem wissenschaftlich optimierten Arbeitsverhalten zu erziehen. Das System der wissenschaftlichen Arbeitsorganisation (NOT) sollte einen „höheren Typus" des Arbeiters erzeugen. In den Kursen des CIT wurden rd. eine Million Arbeiter ausgebildet, unter ihnen viele der späteren Stachanov-Arbeiter.

[147] „Dieser ganz bunt gemischte Wirtschaftstyp wurde damals erfolglos Staatskapitalismus genannt." (UdSSR 1975, 40).

[148] „Die Wirklichkeit besagt, daß der Staatskapitalismus für uns ein Schritt vorwärts wäre. [...] hätten wir ihn in Rußland, dann wäre der Übergang zum vollständigen Sozialismus leicht, dann hätten wir ihn mit Händen greifbar, weil der Staatskapitalismus etwas Zentralisiertes, Durchgerechnetes, Kontrolliertes und Vergesellschaftetes ist [...] weil der Staatskapitalismus [...] unter der Sowjetmacht [...] drei Viertel des Sozialismus wäre [...]." (LW, Bd. 27, S. 284ff.)

[149] Vgl. Pipes: Die Russische Revolution, Bd. 2, S. 567ff.

[150] Vgl. dazu Wolter, Ulf (Hrsg.): Die linke Opposition in der Sowjetunion, Bd. 3. Berlin 1976, S. 57-91 u. S. 583-605 (Bucharin), S. 192-228 u. S. 525-582 (Preobraženskij); Löwy: Die Weltgeschichte ist das Weltgericht, S. 119-245; Rabehl, Bernd: Preobrashenskijs Theorie der „neuen Ökonomik" beim Aufbau des Sozialismus. In: Preobrashenskij, Evgenij: Die sozialistische Alternative. Berlin 1974. S. 5-32.

charin hatte anfänglich noch am Kriegskommunismus festgehalten: Die NEP sollte nicht mehr als ein von den Umständen erzwungenes taktisches Zugeständnis an die Bauern sein. Mitte 1921 wechselte er jedoch die Fronten und legitimierte die NEP als staatskapitalistischen Weg zum Sozialismus. In einer Gedenkrede auf Lenin erhob er sie später zum „soliden Fundament" für den Aufbau des Sozialismus. Mit ihr seien bereits neun Zehntel des Wegs geschafft.[151] Wie die meisten sah Preobrashenski dagegen in der NEP eine Notmaßnahme, die es so schnell wie möglich zu überwinden gelte. In *UdSSR 1975* charakterisiert er die NEP als „warensozialistisches Wirtschaftssystem", das nur die erste Phase des Übergangs bilden könne. Für den weiteren Übergang zum Sozialismus müsse sie durch eine sozialistische Industrie mit Planwirtschaft ersetzt werden. Für diesen Übergang – der „ursprünglichen sozialistischen Akkumulation", wie Preobrashenski ihn dann in *Die neue Ökonomik* bestimmte – kann in *UdSSR 1975* von neun Zehnteln keineswegs die Rede sein. Der Übergang erscheint als langer Prozeß, der aufgrund der kapitalistischen Elemente der NEP immer wieder von Rückschlägen bedroht ist. In *UdSSR 1975* kulminiert die Gefahr „kapitalistischer Restauration" in einem konterrevolutionären Putsch der neuen NEP-Bourgeoisie aus Mittelbauern, Privathandel und Kleinindustrie (UdSSR 1975, 91ff.). Dieser wird zwar ohne Mühe niedergeschlagen, aber er verweist auf die ideologische Sprengkraft der kapitalistischen Elemente auch im proletarischen Staat. Das ist eine deutliche Spitze gegen Bucharins Behauptung, daß sich das Proletariat mittlerweile der politischen Macht sicher sei, um ohne Gefahr kapitalistische Elemente in der Wirtschaft zuzulassen.

Bucharin hatte die NEP unter Verweis auf die ausbleibende Weltrevolution legitimiert und sie zu einem Teil des von Stalin proklamierten Aufbaus des Sozialismus in einem Land erklärt. Trotz seiner Rückständigkeit könne Sowjetrußland den Aufbau aus eigener Kraft schaffen.[152] Preobrashenski hielt dagegen wie Trotzki an der Notwendigkeit fest, daß die Revolution international siegen müsse. In *UdSSR 1975* ist der vollständige Aufbau des Sozialismus in Rußland erst möglich, als auch in Westeuropa das Proletariat die Macht erobert hat. Ruß-

---

[151] Bucharin, Nikolai: Dem Andenken. In: Lenin! Neuss 1989. S. 265-271, S. 270.

[152] „Ich glaube, daß wir [...] wegen unserer technischen Rückständigkeit nicht zugrunde gehen werden, daß wir den Sozialismus selbst auf dieser elenden technischen Basis aufbauen können, [...] daß wir in seinem Aufbau vielleicht nur mit Schneckenschritten vorwärts schreiten werden, aber wir werden ihn vollenden." (Bucharin, Nikolai: Diskussionsbeitrag auf dem 14. Parteitag der KPdSU (B). In: Wolter, Ulf (Hrsg.): Die linke Opposition in der Sowjetunion, Bd. 3. Berlin 1976. S. 336-357, S. 341).

lands Industrie sei zu gering entwickelt und zudem im Krieg zerstört, als daß sie ihre Rekonstruktion und die Entwicklung der Landwirtschaft selber finanzieren könne. In der NEP-Phase sei Rußland dafür auf Kapital und Maschinen aus dem Ausland angewiesen; Europa hingegen brauche die russische Landwirtschaft.[153] Nach dem Sieg der proletarischen Revolution in Europa gliedere sich Sowjetrußland dann als Agrarland in das Wirtschaftsbündnis mit den fortgeschrittenen Industrieländern unter den Räterepubliken ein.[154] Preobrashenski verweist Sowjetrußland als industriell „rückständiges Land" in die zweite Reihe des sozialistischen Lagers; die Avantgarde des Sozialismus bildeten die industriell am weitesten entwickelten Länder. Was als schlichtes Rekapitulieren der Politischen Ökonomie daher kommt, erwies sich wenig später von erheblicher Brisanz: Preobrashenski entzog dem erhobenen Führungsanspruch der Sowjetunion gegenüber der Kommunistischen Internationale kurzerhand die Grundlage.

Die Utopie der Neuen Lebensweise als Leitbild des Städtebaus

Eine der radikalsten Varianten der Utopie der Neuen Lebensweise entwarf Ende der 1920er Jahre Leonid Sabsowitsch.[155] Sabsowitsch war Mitglied der Planungsabteilung des Obersten Volkwirtschaftsrates, sein Thema waren Fragen der sozialistischen Stadtplanung. Es war die Zeit des ersten Fünfjahrplans. Nach der Zäsur der NEP erneuerte sich mit ihm der utopische Anspruch, aus dem Stand die sozialistische Gesellschaft zu schaffen. Sabsowitsch hielt dabei an der Notwendigkeit einer Kulturrevolution fest.

---

[153] „Die russische sozialistische Industrie war nicht in der Lage, der Landwirtschaft große Hilfe zu leisten. [...] Sie besaß selbst nicht genügend Kapital, denn ihre Betriebsanlagen waren in Kriegs- und Revolutionsjahren stark verschlissen worden. Nur die viel reichere europäische Industrie war in der Lage, der russischen Landwirtschaft, an deren Unterstützung sie in hohem Maße selbst Interesse haben mußte, Kredit zu gewähren. Folglich stellte sich die ökonomische Situation in Europa so dar, daß für die Entwicklung der Produktivkräfte des kapitalistischen Europas sowie des sozialistischen Rußlands gegenseitige wirtschaftliche Verflechtung unumgänglich war, um der sprunghaften Entwicklung der Landwirtschaft dienen zu können." (UdSSR 1975, 37)

[154] „Die industrielle Technik Deutschlands vereinigte sich mit der russischen Landwirtschaft, und auf dem Territorium Europas begann sich der neue Wirtschaftsorganismus schnell zu entfalten [...] Sowjetrußland, das vorher Europa politisch überholt hatte, [nahm jetzt] bescheiden seinen Platz als rückständiges Land hinter den fortgeschrittenen Industrieländern der proletarischen Diktatur ein." (UdSSR 1975, 133)

[155] Leonid M. Sabsovič – ?-1943/44; Soziologe und Ökonom.

"Die Aufgabe des Aufbaus des Sozialismus besteht in der Schaffung sozialistischer Lebensbedingungen und in der *Schaffung eines neuen Menschen*, frei all jener negativen Eigenschaften, die die bürgerliche Ordnung, die Bedingungen der bürgerlichen oder kleinbürgerlichen Lebensweise zwangsläufig hervorbringen [...]."[156]

Er kritisierte, bei allem Industrialisierungsenthusiasmus, daß der sozialistische Aufbau einseitig auf den Aufbau der Industrie ausgerichtet sei. Die Frage, wie das Alltagsleben sozialistisch umgestaltet werden könne, werde vernachlässigt. Im Städtebau folge man immer noch dem Bild der bürgerlich-individuellen Familie. Die neuen Wohnungen böten zwar mehr Komfort für die Arbeiter, aber es seien Einfamilienwohnungen, die Individualisierung und Privatisierung perpetuierten. Das werde, warnte er, in absehbarer Zeit zum Widerspruch zwischen sozialistisch organisierter Produktion und bürgerlich geprägtem Alltagsleben führen.[157] Er forderte als neues Leitbild für den Städtebau die sofortige vollständige Vergesellschaftung der Lebensweise. In utopischer Manier der Tabula rasa proklamierte er dieses Leitbild nicht allein für die neuen Städte, er forderte ebenso den Umbau der bestehenden Städte. In seinen Schriften zur Stadtplanung der Fünfjahrpläne – *Die UdSSR in 15 Jahren. Hypothese eines Generalplans zum Aufbau des Sozialismus in der UdSSR, Die Städte der Zukunft und die Organisation der sozialistischen Lebensweise* und *Sozialistische Städte*[158] – entwarf er dabei für den Städtebau ein utopisches Gesamtbild der neuen Gesellschaft.

Auch Sabsowitsch geht von der Aufhebung der Familie im Sozialismus aus und setzt an die Stelle des Einzelhaushalts das Kommunehaus und eine öffentliche Dienstleistungsindustrie. Er radikalisiert jedoch die Vergesellschaftung des Haushalts zur vollständigen Kollektivierung des Lebens. Es geht ihm um eine aktive Abschaffung der Familie an sich. Kollontai hatte die Vergesellschaftung der Haushaltsfunktionen in den Mittelpunkt gestellt, diese sollte die Emanzipation der Frau ermöglichen. Sabsowitsch hingegen zielt auf die Vergesellschaftung der Familie selbst, er löst diese gänzlich im Kollektiv auf. An die Stelle der

---

[156] Sabsovič, Leonid M.: Goroda buduščego i organizacija socialističeskogo byta. Moskau 1929, S. 36.

[157] Vgl. Dieckmann, Kai Thomas: Sabsovič' Konzeption der sozialistischen Städte. In: Archiv für Kulturgeschichte 60 (1978). S. 446-451, S. 447.

[158] Sabsovič, Leonid M.: SSSR čeres 15 let. Gipoteza general'nogo plana, kak plana postroenija socializma v SSSR. Moskau 1929 (engl. Auszug in: Schlesinger, Rudolf (Hrsg.): The Family in the U.S.S.R. London 1949, S. 169-171); ders.: Goroda buduščego; ders.: Socialističeskie goroda. Moskau 1930 (mit *Goroda buduščego* dt. Auszüge in: Altrichter/ Haumann: Die Sowjetunion, Bd. 2, S. 278-287).

Die Utopie der Neuen Lebensweise als Leitbild des Städtebaus 405

Emanzipation des einzelnen tritt bei ihm die Rationalisierung des Lebens zugunsten der Industrialisierung.

„[...] ist die rationale und vollständige Ausnutzung aller Arbeitskraftreserven der Bevölkerung eine der wichtigsten Aufgaben der sozialistischen Organisation des Lebens." (Socialističeskie goroda, 40)

Er rechnet vor, daß die „kleinbürgerliche individualistische" Haushaltsweise allein für Essenkochen pro Tag in Rußland 36 Millionen Arbeitsstunden koste, bei einer Zentralisierung in Großküchen dagegen nur sechs Millionen (ebd., 33). Sabsowitsch setzt Rationalisierung und Kollektivierung als Prinzip für die sozialistische Umgestaltung. Die Grundeinheit der neuen Stadt ist wie bei Kollontai das Kommunehaus, das „Wohnkombinat". Dieses ist als Typ maximaler Kollektivierung konzipiert.

„Die Wohnhäuser in der sozialistischen Stadt sollen so gebaut werden, daß sie den größten Komfort gewähren für *das kollektive Leben, die kollektive Arbeit und die kollektive Erholung der Werktätigen.* [...] Sie sollen auch *keine Räumlichkeiten für ein isoliertes Leben jeder einzelnen Familie enthalten* [...]." (Socialističeskie goroda, 44)

Als Standardtyp sieht er ein Ensemble aus Einzelgebäuden für zwei- bis dreitausend Bewohner vor.[159] Dieses umfaßt einen umfangreichen Gemeinschaftsbereich mit Zentralküche, Cafeteria, Wäscherei, auch ein Warenhaus sowie Bibliothek, Lernkabinette, Kino, Sport- und Schwimmhalle für die Freizeit. Dieser kollektive Bereich müsse mit größtmöglichem Komfort ausgestattet sein. Was, wie Sabsowitsch selbstkritisch einräumt, auch bedeute, die Qualität des Großküchenessens zu verbessern.[160] Im Gegenzug ist der individuelle Wohnraum aufs Minimum reduziert. Sabsowitsch plant für den einzelnen nur ein standardisiertes[161] Schlafzimmer von 2,3 x 3,5 m (vgl. Abb. 18). Paare können ihre Zimmer durch Schiebetüren verbinden, aber ein familiäres Zusammenleben soll es nicht mehr geben.

---

[159] Die Untergrenze von zweitausend Personen ähnelt Fouriers und Černyševskijs Phalanstèren.

[160] Der Spott über den erfolglosen Kampf der Großküche gegen die heimische „Primuskocherei" war in den 1920er Jahren ein Lieblingsmotiv der Satire; vgl. bspw. Olescha: Neid.

[161] „In den sozialistischen Städten wird es kein Bedürfnis nach Privatbesitz an Möbeln [...] geben. Alle Zimmer sollen sich in der Möblierung entsprechen [...]." (Socialističeskie goroda, 52).

„*Es soll keine Zimmer für das gemeinsame Wohnen von Mann und Frau geben.* [...] Die Zimmer werden hauptsächlich für den Schlaf, die individuelle Erholung und bisweilen vielleicht für individuelle Beschäftigung bestimmt sein." (Socialističeskie goroda, 49)

Entsprechend gibt es für die Kinder auch keinen Platz bei den Eltern. Für sie sind separate Quartiere vorgesehen, in denen sie in Kinderkollektiven leben.

Einige sind der Meinung, „daß die Kinder mit den Erwachsenen in einem Haus leben müssen. [...] Andere halten es für notwendig, daß die Eltern, *wenn sie wollen*, jederzeit zu ihren Kinder gehen, sich mit ihnen eine Weile unterhalten können usw. All das ist *kleinbürgerliche Gefühlsduselei, ein Aufstoßen der alten Lebensweise* [...]." (Socialističeskie goroda, 80)

Die Annahme einer „natürlichen Mutter-Kind-Beziehung" in Form der „Mutterliebe" sei, so Sabsowitsch, ein Ideologem der bürgerlichen Familienideologie, ein „kleinbürgerlich-intellektuelles Vorurteil", das in der Eigentumsfunktion der bürgerlichen Familie wurzele. Im Sozialismus werde das Kind der Gesellschaft ‚gehören'.

„Unter sozialistischen Bedingungen, bei Vergesellschaftung der Erziehung, werden die Kinder nicht mehr das ‚Eigentum' der Eltern sein: sie werden das ‚Eigentum' des Staates sein, der alle Aufgaben und Sorgen der Erziehung der Kinder übernehmen wird."(Goroda buduščego, 37)

Von Geburt an sollen die Kinder in eigenen Kinderkollektiven leben. Für die Kleinkinder sah Sabsowitsch Kinderhäuser innerhalb der Wohnkombinate vor. Solange sie als Säuglinge gestillt werden, kommen die Mütter zur Stillpause dorthin; Sabsowitsch geht allerdings davon aus, daß in Zukunft das Stillen durch eine „rationellere, künstlichere Form der Kinderernährung" ersetzt wird (ebd., 38). Sobald die Kinder größer sind, ziehen sie in Kinderstädte außerhalb der Wohnkombinate, die abseits der Industriegebiete in den gesündesten Gegenden liegen. Die Kinderstädte stellen eine Art Internat zur Erziehung des Neuen Menschen dar. Schon für die vorschulischen Kinderstädte sah Sabsowitsch eine breitgefächerte Erziehung aus musischer und künstlerischer, polytechnischer und naturwissenschaftlicher Bildung vor. In ihnen sollte es verschiedene „Einrichtungen zur physischen und geistigen Entwicklung der Kinder" geben: „Elementarwerkstätten, Laboratorien, Gemüsegärten etc., *um den Kindern Arbeitsfertigkeiten beizubringen*; Museen und zoologische Gärten, um die Kinder mit dem Leben in der Natur vertraut zu machen usw." (ebd., 40).

Mit sieben Jahren wechseln die Kinder in Schulstädte, die Fortsetzung der Kinderstädte. Auch sie sind mit Werkstätten, Laboratorien, Museen etc. ausgestattet. Für die Schule folgt Sabsowitsch dem Konzept der Einheits-Arbeitsschule.[162] Der Unterricht ist polytechnisch ausgerichtet sowie mit der Produktion und der Wissenschaft verknüpft. Einen „bedeutenden Raum in der Erziehung" sollen Exkursionen einnehmen. Die Weltaneignung durch Reisen wurde ganz wie bei Goethe als Bildungskonzept verstanden.

> „Einen bedeutenden Raum in der Erziehung der Kinder im Schulalter sollen Reisen einnehmen, um mit der Vielfalt der Natur- und Lebensbedingungen des weiten Territoriums unserer Union bekannt zu machen (und vielleicht auch anderer sozialistischer Sowjetstaaten, wenn bis zu der Zeit die sozialistische Revolution auch in anderen Ländern erfolgt)". (Goroda buduščego, 41)[163]

Mit dem siebzehnten Lebensjahr endet die Schulzeit. Auf sie folgt eine vierjährige Phase der höheren Bildung aus Berufsausbildung und Fachhochschule. Diese letzte Bildungsphase ist in die Arbeitswelt integriert. Mit dem Ende der Schule verlassen die Jugendlichen die Schulstädte und wechseln in die normalen Städte.

Sabsowitschs Schulstädte und Bildungsideal sind nicht originär. Mit den autonomen Schulstädten, der Einheits-Arbeitsschule und der Verknüpfung des Unterrichts mit der Produktion rekapituliert er den utopischen Kern der frühsowjetischen Bildungspolitik, so wie er insbesondere vom radikalen Flügel des Volkskommissariats für Bildung (Narkompros) vertreten wurde. An dessen Schulkommunen-Entwürfe knüpft Sabsowitsch unmittelbar an, deutet sie allerdings in Richtung eines rigiden Kollektivismus um. Ein utopiegeschichtliches Vorbild für seine Kinder- und Schulstädte ist auch Bogdanows Kinderstadt. Deren Elemente finden sich eins zu eins in Sabsowitschs Kinderstädten: die wissenschaftsorientierte vorschulische Erziehung, die Ausstattung mit Laboratorien und Museen, die Lage abseits der Städte der Erwachsenen an besonders gesunden und schönen Orten. Bei Bogdanow ist auch schon die zentrale Be-

---

[162] Vgl. zur Einheits-Arbeitsschule als Bildungsideal in Sowjetrußland Anweiler, Oskar: Geschichte der Schule und Pädagogik in Rußland vom Ende des Zarenreiches bis zum Beginn der Stalin-Ära. Berlin 1978.

[163] Vgl. zum Exkursionskonzept als Bildungsideal Plaggenborg: Revolutionskultur, S. 214ff. Plaggenborg sieht im Exkursionskonzept auch Parallelen zu Gastevs Arbeitskultur: In beiden Konzepten ist die Fähigkeit des genauen Beobachtens ein Merkmal in der kulturellen Ausstattung des Neuen Menschen (vgl. ebd., S. 220).

gründung für die Gemeinschaftserziehung formuliert: Die Erziehung in Kinderkollektiven werde die individualistischen Denk- und Verhaltensmuster durch ein Kollektivbewußtsein ablösen. Diese Begründung war ein Standardtopos. Kollontai legte sie ebenfalls den Kindereinrichtungen zugrunde. Ebenso Lunatscharski, in den *Nowyj-Byt*-Debatten plädierte er für separate Kinderquartiere innerhalb der Kommunehäuser, unter anderem mit den Ziel, den „egoistischen Individualismus" der Familie (‚meine' Eltern, ‚unsere' Kinder) zu überwinden. Sabsowitsch radikalisiert allerdings die Vergesellschaftung der Erziehung. Bogdanow sah in *Der Rote Stern* vor, daß die Eltern die Kinder in den Kinderstädten besuchen und dort auch zeitweise leben können. Auch Kollontai und Lunatscharski gehen davon aus, daß zwar die Familie als Haushalt aufgelöst wird, die Familienbindungen aber bestehen bleiben. In Kollontais Konzeption leben die Kinder in der Regel bei ihren Eltern und werden tagsüber oder wochenweise in den Kindergärten betreut.

> „Die Arbeitermutter mag versichert sein: der kommunistische Staat beabsichtigt nicht, die Kinder den Eltern wegzunehmen [...] er will keineswegs zu Gewaltmaßnahmen greifen, um die Familie als solche zu zerstören. [...] Die kommunistische Gesellschaft will alle Pflichten auf sich nehmen, die die Erziehung des Kindes mit sich bringt, aber die Vaterfreuden, die mütterliche Genugtuung, – all dies soll keineswegs jenen entzogen werden, welche diese Freuden zu schätzen und zu begreifen wissen."[164]

Lunatscharski gründet die Kinderkollektive der Kommunehäuser auf Freiwilligkeit. Der Kindertrakt sollte mit dem Gebäude der Erwachsenen direkt verbunden sein, um den Kontakt zwischen Eltern und Kindern zu ermöglichen.

> „Es wäre idiotisch, die Kinder mit Gewalt von ihren Eltern zu trennen. Wenn wir aber gut organisierte Kinderquartiere haben, die mit den Erwachsenenquartieren [...] verbunden sind, so ist kein Zweifel, daß die Eltern ihre Kinder freiwillig in diese Wohnviertel schicken werden, wo sie von ausgebildetem pädagogischem und medizinischem Personal betreut werden. Zweifellos werden allmählich die Begriffe ‚meine Eltern' und ‚meine Kinder' aus dem Gebrauch kommen."[165]

Sabsowitsch hingegen verbindet mit der Vergesellschaftung von Haushalt und Kindererziehung die Aufhebung aller familiären Beziehungen. Diese Radikali-

---

[164] Kollontay: Die Familie und der kommunistische Staat, Sowjet H. 10/11, S. 47f.
[165] Zitiert nach Kingsbury, Susan M./ u. a.: Factory, family and woman in the Soviet Union. New York 1935, S. 205.

sierung verweist auf den eingangs benannten Perspektivwechsel der Utopie der Neuen Lebensweise: Die Vergesellschaftung ist bei Sabsowitsch nicht mehr auf die Emanzipation des einzelnen gerichtet, sondern dient der Rationalisierung und Kollektivierung der Gesellschaft.

Für die Gestalt der künftigen sozialistischen Stadt geht Sabsowitsch vom Ideal der Gartenstadt aus, wie es Ebenezer Howard entworfen hatte.[166] Er kritisiert die Politik, die bestehenden Städte als Industriezentren weiter auszubauen. Damit setze man das Elend und Chaos der kapitalistischen Städte fort. Mit ihrem Mangel an „Licht, Luft und Sonne" erzeugten die „Gigantenstädte" zwangsläufig ungesunde Lebensverhältnisse.

> „Was machen wir zum gegenwärtigen Zeitpunkt mit den bestehenden Städten? Wir fahren fort, in den alten Städten neue Fabriken und Werke zu bauen, wir erweitern die bestehenden Werke, vergrößern ununterbrochen ihre Bevölkerung und sind in dem Zusammenhang gezwungen, den Wohnungsbau in den alten Städten immer mehr auszuweiten." „Was ist das Ergebnis? Wir […] schaffen in ihnen eine immer größere ‚Anhäufung gigantischer Bevölkerungsmassen', wir schaffen für diese Millionenbevölkerung völlig unmögliche, schädliche und sinnlose Lebensbedingungen […]." (Socialističeskie goroda, 108 u. 111)

Durch die Entwicklung des Verkehrswesens werde es, so Sabsowitsch, obsolet, die Industrie an einem Ort zu konzentrieren. Man werde sie und die Städte zukünftig dezentral verteilen. Als Idealgröße für die Stadt definiert Sabsowitsch fünfzig- bis sechzigtausend Einwohner. Sie werde aus fünfzehn bis zwanzig Wohnkombinaten bestehen sowie den Kinderhäusern und separaten Schulstädten, Gästehäusern und öffentlichen Gebäuden. Die Stadt soll als Parklandschaft angelegt sein, mit den öffentlichen Gebäuden als Zentrum. Die Wohnareale sind von der Industrie getrennt. Als Schutz vor Abgasen und Lärm liegt zwischen Stadt und Industrie eine breite Grünzone. Je entwickelter das Verkehrswesen ist, umso größer soll der Abstand sein. So lange es noch an Verkehrsmitteln fehlt,

---

[166] Ebenezer Howard – 1850-1928; Howard sah an Stelle der Großstädte einen Verbund von Kleinstädten (rd. 32.000 Einw.) vor, die sich jeweils um eine Zentralstadt (rd. 58.000 Einw.) gruppieren. Jede Stadt sollte aus ringförmigen Wohnsiedlungen mit Einfamilienhäusern und max. dreigeschossigen Reihenhäusern um einen Park als Zentrum bestehen. In dem Park befinden sich die kulturellen Einrichtungen und eine Ladenpassage (nach dem Vorbild des Kristallpalastes). Durch eine Grünzone getrennt vom Zentrum und den Wohngebieten schließen sich als äußerer Ring Gewerbegebiete an. Jede Stadt sollte in der Lage sein, sich selbst mit Grundnahrungsmitteln zu versorgen (vgl. Howard, Ebenezer: Gartenstädte in Sicht. (1898/1902) Jena 1907).

soll die Entfernung jedoch nicht mehr als fünfzehn bis fünfundzwanzig Minuten Fußweg betragen (ebd., 90ff.).

Der Dezentralisierung der Stadt und ihrer Umwandlung in Gartenstädte stellt Sabsowitsch die Urbanisierung der Landwirtschaft durch ihre Industrialisierung gegenüber. Die beiden gegenläufigen Prozesse heben den Unterschied zwischen Stadt und Land auf. An die Stelle der „völlig unzivilisierten und kulturlosen Siedlungen dörflichen Typs" werden, so Sabsowitsch, „Agrarindustriestädte" treten (ebd., 30).[167] Sabsowitsch maximiert gleichsam die utopische Trinität der bolschewistischen Agrarpolitik: Kollektivierung, Industrialisierung und Aufhebung des Gegensatzes zwischen Stadt und Land. Er plant die Landwirtschaft als industrialisierte Großbetriebe. Die Einzelbauernwirtschaften sollen zu gigantischen „Agrofabriken" von hunderttausend Hektar und mehr zusammengefaßt werden, die „auf der Grundlage höchstentwickelter Technik und Organisation" produzieren. In ihnen werde sich der Bauer zum Arbeiter wandeln.

> „Die Arbeiter dieser großen landwirtschaftlichen Fabriken werden hauptsächlich Arbeiter an Maschinen sein und sich in dieser Beziehung wenig von Industriearbeitern unterscheiden." (Socialističeskie goroda, 29)

Wie in den klassischen Utopien arbeiten die Menschen in Sabsowitschs Zukunftsgesellschaft nur noch wenige Stunden am Tag. Sabsowitsch prognostiziert, daß die Einbeziehung aller in die Arbeit sowie die Steigerung der Produktivität durch die gesamtgesellschaftliche Wirtschaftsplanung und durch die Entwicklung der Technik die „gesellschaftlich notwendige Arbeitszeit" für den einzelnen auf ein Minimum verkürzen werde. Im dritten Fünfjahrplan müsse jeder nur noch fünf Stunden am Tag arbeiten, ab dem vierten Fünfjahrplan sogar nur noch drei bis vier, oder vier bis sechs Monate im Jahr. Zusammen mit der Rationalisierung des Alltags und der Befreiung vom Haushalt gewinne der einzelne ein Übermaß an freier Zeit. Darin sieht Sabsowitsch die Chance, den von Marx prophezeiten „ganzen Menschen" zu verwirklichen. So wie bei Marx der Mensch im Kommunismus morgens jagen, mittags fischen und abends kritisieren kann,[168] so wechselt auch Sabsowitschs Neuer Mensch zwischen Arbeiter, Wissenschaftler und Künstler. Die Trennung zwischen Kopf- und Handarbeit wird obsolet.

---

[167] „Mit der ‚Idiotie' des Dorflebens ist ein für allemal und in relativ kurzer Zeit Schluß zu machen." (Socialističeskie goroda, 29).
[168] Vgl. Marx/ Engels: Die deutsche Ideologie, S. 33.

Die Utopie der Neuen Lebensweise als Leitbild des Städtebaus 411

> „Jeder Arbeiter der körperlichen Arbeit wird den überwiegenden Teil seiner Zeit sogenannten ‚nebensächlichen' Beschäftigungen widmen können. Der eine wird sich besonders mit Wissenschaft beschäftigen, andere mit Musik, dritte mit Erfindungen auf dem Gebiet seiner hauptsächlichen Arbeit oder in einer anderen Branche, der vierte mit Bildhauerei, ein fünfter mit Sport usw. Damit wird sich *der Unterschied zwischen körperlich und geistig Arbeitenden allmählich verwischen.*" (Goroda buduščego, 35)

Der Mensch werde sich kulturell entfalten. Sabsowitsch fordert daher, daß die Einrichtungen für die „kulturellen Bedürfnisse" als Raum des Neuen Menschen und des gemeinschaftlichen Lebens eine herausragende Stellung einnehmen müssen. Sie bilden das Zentrum der Stadt mit den schon aus den anderen Utopien der Neuen Lebensweise bekannten „Palästen des Wissens", Kulturhäusern und -parks sowie Klubs mit Zirkeln für Theater, Malerei etc.

In der ersten Zeit nach der Revolution hatten die Utopien der Neuen Lebensweise mit der Forderung nach weitreichender Vergesellschaftung und Vergemeinschaftung eine dominante Position im Feld *Rußland 1917* besetzt. Wie Bucharins und Preobraschenskis Interpretation des Parteiprogramms zeigt, reichte die Utopie über das utopische Feld hinaus ins politische. Mit dem Kriegskommunismus war sie sogar zum Regierungsprogramm geworden. Als Sabsowitsch Ende der 1920er Jahre im Rahmen der Stadtplanungsdebatten den utopischen Anspruch erneuerte, hatten sich jedoch die Koordinaten im Feld verschoben. Als politische Position war die Vergemeinschaftung des Haushalts, so sie über den Aufbau einer familienergänzenden Dienstleistungsindustrie hinaus auf die Aufhebung der Familie selbst zielte, seit Mitte der 1920er Jahre marginalisiert worden, ebenso auch die Vorstellungen autonomer Schulkommunen. Mit der „Resolution zur Umgestaltung der Lebensweise" vom Mai 1930 erteilte die Parteiführung den Plänen einer vollständigen und sofortigen Vergesellschaftung der Lebensweise eine entschiedene Absage. Sabsowitsch wurde dabei an erster Stelle kritisiert.

> „Das Zentralkomitee stellt fest, daß es zugleich mit der wachsenden Bewegung hin zu einer sozialistischen Lebensweise völlig unbegründete, halb-phantastische und daher äußerst gefährliche experimentelle Bestrebungen von seiten einzelner Genossen (Sabsowitsch, Larin – teilweise – und andere) gibt. Sie würden sich am liebsten ‚mit einem Sprung' über alle jene Hindernisse auf dem Weg des sozialistischen Umbaus unserer Lebensweise hinwegsetzen, die ihren Grund einerseits in der ökonomischen und kulturellen Rückständigkeit unseres Landes haben und andererseits in der gegenwärtigen Notwendigkeit einer äußersten Konzentration all unserer Mittel auf die schnellstmögliche Industrialisierung unseres Landes.

[...] Mit den Versuchen gewisser Arbeiter, die ihren opportunistischen Charakter hinter ‚linken Schlagworten' verbergen, verbinden sich Projekte, die vor kurzem im Druck erschienen sind: Projekte für die Neuplanung bestehender und den Aufbau neuer Städte, ganz auf Kosten des Staates, unter vollständiger und sofortiger Sozialisierung aller Aspekte der Lebensweise der Arbeiter: Ernährung, Unterkunft und Erziehung der Kinder getrennt von ihren Eltern, Aufhebung aller Beziehungen zwischen den Familienmitgliedern, amtliches Verbot individueller Essenszubereitung etc. Die Durchführung dieser gefährlichen utopischen Grundsätze [...] würde zu einer ungeheuren Verschwendung von Ressourcen und zu einer bösen Diskreditierung der eigentlichen Idee des sozialistischen Umbaus unserer Lebensweise führen."[169]

Als Leitlinie für Stadtplanung und Wohnungsbau setzte das ZK anstatt des Kommunehauses mit vollständiger Vergemeinschaftung die Einfamilienwohnung und die Entwicklung einer Dienstleistungswirtschaft, die den Einzelhaushalt entlastet, aber nicht ersetzt. Die Interpretation, daß die Befreiung der Frau aus der „Küchensklaverei" die Abschaffung der Familie bedeute, sei eine „linksradikale" Überspitzung, sie diskreditiere die Idee des Kommunismus. Ein Jahr später erneuerte das Politbüromitglied Lasar M. Kaganowitsch (1893-1991) in einer Rede zur Stadtentwicklung auf dem Juni-Plenum des ZK die Kritik, ebenfalls direkt auf Sabsowitsch bezogen.

In der Frage der sozialistischen Stadt und der Umgestaltung der Lebensweise „stoßen wir auf Voreiligkeit und auf Abweichungen. [...]. Die ‚Linken' erstreben ein künstliches Heranzüchten von Wohnkommunen, eine zwangsmäßige Abschaffung der Einzelküchen usw. [...] Als Beispiel will ich eine dieser absurden und unannehmbaren Thesen vorlesen, mit denen Genosse Sabsowitsch vor einem Jahr aufgetreten ist."[170]

Ebenso verurteilte Nadeschda K. Krupskaja (1869-1939) Sabsowitschs Schulstädte als „unwillkommene Phantasien". Die sozialistische Erziehung bestehe nicht in der Trennung der Kinder von den Eltern, sondern sie müsse die Familie als „Transmissionsriemen" zur Vermittlung der sozialistischen Werte einbinden.

Als stadtplanerischer Entwurf waren Sabsowitschs Pläne zur Umgestaltung der Lebensweise zweifelsohne eine utopische Überforderung – der zudem der

---

[169] Resolution des ZK der KPdSU (B) vom 16. Mai 1930: Die Anstrengungen zur Umordnung unserer Lebensweise betreffend. In: Bodenschatz, Harald/ u. a. (Hrsg.): Städtebau im Schatten Stalins. Berlin 2003. S. 368-369, S. 368.

[170] Kaganovič, Lazar' M.: Über die Entwicklungswege der Städte in der Sowjetunion. Juni 1931. In: Bodenschatz, Harald/ u. a. (Hrsg.): Städtebau im Schatten Stalins. Berlin 2003. S. 369-374, S. 370.

emanzipative Charme fehlt. Mit der Abschaffung der Familie und der rigiden Rationalisierung des Alltags hatte Sabsowitschs Utopie auch in damaliger Sicht den Umschlag zur Dystopie überschritten. Die emanzipativen Elemente, wie Fünfstunden-Arbeitstag, Gartenstadt, Ausweitung der Kultur, treten gänzlich hinter der Ordnung der Gesellschaft als ein bis ins Kleinste normiertes Kollektiv zurück. Doch die Kritik der Parteiführung an Sabsowitsch („linksradikales Abweichlertum") war nicht einfach die Kritik überspitzter Vorstellungen. Der Verweis des ZK auf den Vorrang der Industrialisierung gegenüber der Umgestaltung der Lebensweise zeigt die zugrundeliegende Feldbewegung. Es stand nicht realpolitischer Pragmatismus gegen die Utopie – die Industrialisierungspolitik des Fünfjahrplans war nicht minder utopisch. In der Zurechtweisung Sabsowitschs zeigt sich, daß die linksbolschewistische Position der Kulturrevolution im Kampf um die Deutungsmacht über die sozialistische Zukunft verdrängt wurde.

Erziehung des Neuen Menschen durch ein neues Alltagsdesign

Die Utopien der Neuen Lebensweise zeigten sich auch für die Avantgarde anschlußfähig. Diese hatte als Antwort auf die Krise der Moderne proklamiert, die Kunst ins Leben zu überführen und vice versa das Leben durch die Kunst zu erneuern. Aus diesem Anspruch entwickelte sie die Aufgabe, ein Design für den Alltag zu schaffen, das das Leben selbst revolutioniert. Es sollte das Leben im Sinne einer neuen Ordnung organisieren und den Neuen Menschen erziehen.[171] Das traf zusammen mit der kulturrevolutionären Umgestaltung der Lebensweise. Wie die Utopien der Neuen Lebensweise sah die Avantgarde die zukünftige Lebensweise durch die Industrialisierung bestimmt und legte dem neuen Design Rationalität und Funktionalität als Prinzipien zugrunde. Die Avantgarde akzeptierte darüber hinaus die Revolution als sozialen und politischen Auftraggeber für die Ästhetisierung des Alltags. Sie entwarf unter anderem neues Geschirr und neue Stoffmuster, die das Bild des Sozialismus vermitteln sollten.[172] Sie

---

[171] Vgl. zum Design der Avantgarde als Entwurf einer neuen Gesellschaft Lawrentjew, Alexander N.: Design für sich – Design für alle. In: Hornbostel, Wilhelm/ u. a. (Hrsg.): mit voller Kraft. Heidelberg 2001. S. 137-146.
[172] Vgl. Bubtschikowa, Marianna A.: Entwurf des neuen Alltagslebens – Sowjetisches Porzellan der 1920er bis Anfang der 1930er Jahre. In: Hornbostel, Wilhelm/ u. a. (Hrsg.): mit voller Kraft. Heidelberg 2001. S. 197-200; Wlassowa, Galina A.: „Wir bauen unsere neue Welt!" – Gegenständliche Stoffmuster. In: Hornbostel, Wilhelm/

versah die Teller, Tassen und Stoffe mit den Losungen und Symbolen der Revolution sowie mit utopischen Bildern der Industrialisierung und Neuen Lebensweise. Das neue Geschirr und die neuen Stoffe traten gleichsam als Agitatoren der Revolution auf, die die Utopie bis in Küche und Schlafzimmer trugen. Jede Tasse und jeder Teller, jedes Taschentuch und Tischtuch agitierte für die Revolution und den Aufbau des Sozialismus. Wie die Architektur des Kommunehauses sollte das revolutionäre Design den Neuen Menschen in seinem Alltagsleben erziehen. Insbesondere der dem Konstruktivismus verpflichtete Kreis der Moskauer Kunsthochschule WChUTEMAS (ab 1927 WChUTEIN) hatte sich des Projektes eines revolutionären Alltagsdesigns angenommen.

Für das utopisierende Agitprop-Porzellan lassen sich zwei Phasen unterscheiden. In der ersten Phase 1918-1923 dominieren thematisch die Revolution und ihre politischen Symbole.[173] Auf den Tassen, Tellern und Kannen finden sich Losungen wie „Proletarier aller Länder vereinigt euch", „Kampf gebiert Helden", „Es lebe der weltweite Bürgerkrieg", ebenso die Symbole der Sowjetmacht, aber auch Bilder von Lenin und anderen Parteiführern – hatte man seine Suppe gegessen, sah einen vom Tellergrund Lenin an und am Rand mahnte „Wer nicht arbeitet, ißt auch nicht". Auch die Revolutionsjubiläen, die neuen Feiertage sowie die Sowjet- und Kominternkongresse wurden auf Tassen und Tellern gefeiert.

Die zweite Phase 1927-1931 fällt mit dem ersten Fünfjahrplan zusammen. In ihr dominieren Motive der Industrialisierung und Neuen Lebensweise.[174] Auf den Tassen standen jetzt Losungen wie „Lerne über Radio",[175] „Alle zum Kul-

---

u. a. (Hrsg.): mit voller Kraft. Heidelberg 2001. S. 201-204. Im folgenden wird nur auf diese Bereiche des Avantgarde-Designs eingegangen, in ihnen zeigt sich der Bezug auf die politische Utopie am deutlichsten.

[173] Vgl. die Abbildungen in Andreeva, Lidija V.: Sovetskij farfor. 1920-1930 gody. Moskau 1975, S. 133ff.; Lobanov-Rostovsky, Nina: Revolutionskeramik. Sowjetisches Porzellan 1917-1927. Basel 1990, S. 32ff.; Hornbostel (Hrsg.): mit voller Kraft, S. 121ff.

[174] Vgl. die Abbildungen in Hornbostel (Hrsg.): mit voller Kraft, S. 167ff. u. S. 229f.

[175] Ein schönes Beispiel des Zusammenspiels utopischer Erziehungsagenten. Das Radio als Medium der Erziehung des Neuen Menschen war eine der fixen Ideen der Zeit: „Das Radio ist der Mittler der proletarischen Kultur", „das Radio verwirklicht das Bündnis zwischen Stadt und Dorf" etc. lauteten die Losungen. Krupskaja konstatierte, daß die „Radiofizierung" des Landes entscheidend dafür sei, „wie rasch wir uns zu zivilisieren vermögen und wie tief die Idee des Kommunismus in die Massen eindringt" (vgl. Plaggenborg: Revolutionskultur, S. 154f.).

turausflug", „Zum Neuen Leben durch die Neue Schule", „Stahl für das Land", „Gib dem Land Erdöl". Die Services hießen *Industrialisierung* (Michail M. Adamowitsch, 1926), *Metall* (Michail N. Mach, 1930), *Industrie* (Ljudmilla W. Protopopowa, 1931), *Stoßarbeiter* (Trifon S. Podrjabinnikow, 1930er). Sie zeigen Fabriken, rauchende Schornsteine, Kräne, Strommasten sowie markige Arbeiter – bevorzugt mit Hämmern. Die Industriemotive griffen auf die standardisierte Ikonographie der Agitprop-Plakate zurück. Zur Illustration der Neuen Lebensweise nutzte man vor allem die Welt des Sports und des Lernens.

In beiden Phasen finden sich sowohl für das Thema Revolution und Politik als auch für die Industrialisierung und Neue Lebensweise einerseits streng konstruktivistische und kubistische Darstellungen sowie anderseits Muster, die an das traditionelle figürliche und Blumendekor anknüpfen. So wurden etwa Hammer und Sichel von Blumen umrankt oder die Blumenmuster auf dem Tellerrand durch einen Kreis aus Werkzeugen ersetzt. Es ist eine Ästhetik des Heroismus. Sie feiert die Revolution und den industriellen Aufbau und ruft in imperativem Ton zum Mitkämpfen auf.

Aber auch eine revolutionäre Teetasse bleibt eine Tasse. Das liegt, will man nicht die Funktion des Geschirrs aufheben, in der Natur der Sache. Der revolutionäre Anspruch des Agitprop-Porzellans beschränkt sich letztlich weitgehend auf das Dekor; in der Form ist es vielfach sogar den traditionellen verschnörkelten Formen verhaftet. Man nahm die Tassen und Teller einfach als weitere Fläche für die Agitation, auf die man die politische Botschaft schrieb. Das war in der Sache keineswegs neu. Auch das bürgerliche Porzellan kannte entsprechende Politisierungen des Dekors, etwa während der napoleonischen Befreiungskriege, und die appellative Inszenierung eines Lebensstils, beispielsweise im Biedermeier. Neu war allerdings der performative Anspruch. Das neue Design sollte die Wahrnehmung revolutionieren und dadurch eine neue soziale Wirklichkeit konstituieren. Doch wie die Politisierungen und moralischen Inszenierungen des bürgerlichen Porzellans unterlag auch das sowjetische Agitprop-Porzellan der raschen Tendenz zur Trivialisierung und zum Kitsch. Als Sahnekännchen bleibt ein Revolutionsaufruf nicht lange heroisch.

Beim revolutionären Textildesign dominieren am Anfang industrielle Motive. Die ersten neuen Muster sind von den Konstruktivisten der WChUTEMAS. Alexandra A. Exter (1882-1949), Ljubow S. Popowa (1889-1924), Alexander M. Rodtschenko (1891-1956) und Warwara F. Stepanowa (1894-1958) entwarfen 1924 für die Moskauer Kattundruckerei geometrische Muster aus Kreisen,

Spiralen, Karos und Winkeln.[176] Dem Bauhaus vergleichbar machten sie den industriellen Produktionsprozeß zur Grundlage der neuen Stoffmuster, indem sie das Serielle herausstellten und den industriellen Takt in rhythmische Linien übersetzten. Sie erfaßten damit offensichtlich das neue Lebensgefühl, die Stoffe verkauften sich entgegen der anfänglichen Skepsis der Fabrikleiter erfolgreich.[177] Ende der 1920er Jahre kommt es, mit der Aufbaupolitik der Fünfjahrpläne, zum Wechsel der Motive. Die Muster werden gegenständlicher und thematischer – und damit auch ideologischer. Im Vergleich mit den Mustern Mitte der 1920er Jahre tritt der agitatorische Charakter in den Vordergrund. Die Motive beziehen sich direkt auf die Revolutionserzählung und ihre politischen Symbole, auf den industriellen Aufbau und auf die Utopie der Neuen Lebensweise. Für letztere sind sie vor allem dem Bereich des Sports entlehnt.[178] Die WChUTEMAS-/ WChUTEIN-Absolventen von Stepanowa, Popowa und Exter führen deren konstruktivistischen Stil fort, verwenden aber statt der geometrischen Formen bildhafte industrielle und Sportmotive wie Flugzeuge, Kräne, Traktoren, Weberinnen an Maschinen, Radrennen sowie die politischen Symbole Hammer und Sichel. In stilisierter Form verarbeiten sie die Motive ebenfalls zu seriellen Mustern. Damit bleibt, wie in den früheren Mustern, die Aussage von Dynamik und Modernität als Lebensgefühl erhalten. Daneben treten aber die politischen Botschaften: die Feier der Revolution, die Elektrifizierung,[179] der Aufbau der Schwerindustrie, die Mechanisierung der Landwirtschaft, die Emanzipation der Frau als Arbeiterin, die Freizeitkultur der Neuen Lebensweise. Bei Industrie- und Sportmotiven treffen die beiden Aussageebenen durchaus noch sinnstiftend als Motive einer neuen politischen Alltagsmythologie zusammen. Aber bei den politischen Stoffmustern wie *Rotarmisten bei der Baumwollernte* (Moskauer Kattundruckerei, 1932) führt das zu offenkundigem Agitationskitsch. Daneben gibt es figürliche Muster, die, wie beim Agitprop-Porzellan, einfach die traditionellen Blumenornamente durch Produktionsmotive ersetzen: Traktoren, Mähdrescher, Flugzeuge, Autos, Elektrifizierung.[180] Es war gleichsam eine utopische Leistungsschau der sowjetischen Industrie. Auf den Blusen

---

[176] Vgl. die Abbildungen in Hornbostel (Hrsg.): mit voller Kraft, S. 73.
[177] Vgl. Wlassowa: „Wir bauen unsere neue Welt!", S. 201f.
[178] Vgl. die Abbildungen in Hornbostel (Hrsg.): mit voller Kraft, S. 162ff. u. 243ff.
[179] Immer mit der bekannten Formel zu denken: „Kommunismus – das ist Sowjetmacht plus Elektrifizierung des ganzen Landes." (Lenin: Werke, Bd. 31, S. 513).
[180] Vgl. die Abbildungen in Hornbostel (Hrsg.): mit voller Kraft, S. 202f.

und Kleidern konnte in Vollendung bewundert werden, was in der Realität gerade erst begann. Der agitatorische Charakter dieser Stoffe ist noch vordergründiger als in den konstruktivistischen Mustern, zugleich trivialisiert sich aber in ihnen die politische Aussage zum reinen Dekor. Eine dritte Variante der revolutionären Textilmuster nimmt die Stoffe als Agitationsfläche für die politischen Großnarrationen. Sie behandelt die Stoffe wie Agitationsplakate. Auf Vorhängen, Tischtüchern, Bettwäsche, Möbelstoffen werden die Kollektivierung und Mechanisierung der Landwirtschaft, der Aufbau des Sozialismus, der Sieg der Revolution etc. erzählt.[181] In der Darstellungsweise knüpfen diese Muster an die Tradition der russischen Tafelmalerei und des Luboks an.[182] Sie zeigen nicht einzelne Motive als Symbol des Neuen Lebens, sondern ganze Szenen, in denen das utopische Bild der neuen Gesellschaft entworfen wird.

Eine Sonderposition nahmen die suprematistischen Entwürfe für ein neues Geschirr und für neue Textilien ein.[183] Auch sie zielten auf die performative Erneuerung der Gesellschaft im Namen der Utopie. Aber sie entzogen sich der politischen Vereinnahmung als Agitprop. Während die bislang beschriebenen Entwürfe für ein revolutionär-utopisches Design auf die politischen Symbole und industriellen Motive der offiziellen politischen Narration der Utopie zurückgriffen, entwarfen die Suprematisten um Malewitsch ein ganz eigenes Bildprogramm zur Erziehung des Neuen Menschen. Die suprematistischen Muster sind von radikaler Abstraktion. Sie zielen auf die Rückführung auf die reine Farbe und Form wie Rechteck, Kreis, Dreieck, Gerade. In den Mustern manifestiert sich die suprematistische Befreiung von der Gegenständlichkeit. Malewitsch hatte seiner Interpretation des Sozialismus als Emanzipation zugrunde gelegt, daß die sozialistische Welt eine nichtgegenständliche sein müsse. Daher roter Keil und schwarzes Quadrat statt Traktor und Fabrikschlot. Das suprematistische Design sollte die Dinge visuell derart verwandeln, daß die Materialität und „Geschlossenheit der Gegenstände aus dem Bewußtsein getrieben" wer-

---

[181] Vgl. die Abbildungen ebd., S. 245.
[182] Vgl. Wlassowa: „Wir bauen unsere neue Welt!", S. 202f.
[183] Vgl. zum Geschirr die Abbildungen in Andreeva: Sovetskij farfor, S. 208ff. u. 279ff.; Lobanov-Rostovsky: Revolutionskeramik, S. 126ff.; Shadowa: Suche und Experiment, Abb. 255ff.; Hornbostel (Hrsg.): mit voller Kraft, S. 77ff. u. 170f.; zum Textildesign Kasimir Malewitsch (1878-1935). Werke aus sowjetischen Sammlungen. Düsseldorf 1980, S. 63ff. u. S. 93 (u. a. *Entwurf für ein suprematistisches Kleid*, 1923).

de.[184] Malewitsch setzt dabei die Entgegenständlichung über das Dekor hinaus bis in die Form um. Seine suprematistischen Tassen und Teekannen negieren ihre Funktion als Geschirr. Sie sind nicht einfach unpraktisch, sondern von einer antithetischen Unbrauchbarkeit, die sie ihrer Gegenständlichkeit enthebt. Zugleich halten sie aber an ihrer Definition durch ihre Funktion im alltäglichen Gebrauch fest. Sie sind kein dekoratives Schmuckgeschirr. In dieser Negation liegt der eminent utopische Charakter von Malewitschs suprematistischem Design. Es zeichnete nicht einfach ein Bild der neuen Gesellschaft wie das Agitprop-Porzellan. Mit der Verweigerung der Brauchbarkeit eröffnete es eine utopische Position, die mit ihrer Kritik der Gegenständlichkeit und des Materialismus einen als Alternative uneinlösbaren Kern hatte: Malewitschs Design der Entgegenständlichung ist nur als permanente Utopie denkbar, nicht aber als Versprechen ihrer Einlösung. Diese Distanz der Utopie selbst zu der von ihr entworfenen utopischen Wirklichkeit scheint selbst in dem ‚normalen' gebrauchsfähigen und durchaus funktionalen suprematistischen Design auf, beispielsweise von Nikolai M. Sujetin (1897-1954), Ilja G. Tschaschnik (1902-1929) und Irina I. Roshdestwenskaja (1903-1991). Dort, wo das Agitprop-Porzellan und die revolutionären Textilmuster die Utopie als virtuelle Realität inszenieren, die die versprochene Zukunft vorwegnimmt, markiert das suprematistische Design die utopische Lücke. Die Materialität und Gegenständlichkeit der Teller, Tassen und Kannen schrieben dem utopischen Bildprogramm der Entgegenständlichung die Ambivalenz eines hypothetischen Ideals ein.

Das performative Potential der revolutionären Tassen und Stoffmuster blieb letztlich gering. Aus ihrer Inszenierung der Utopie entsprang kein revolutionäres Bewußtsein. Die erzieherische Absicht schlug im Gegenteil in Spott über den utopischen Übereifer um. Die ideologisierten Muster stießen im Alltag auf deutliche Ablehnung. Man wollte sich beim Mittagessen nicht von Lenin ermahnen lassen und nicht aus Tassen trinken, deren Rand mit Zahnradmustern geschmückt war. Bei solchen Tassen, so die spöttische Kritik, täten einem doch die Zähne weh.[185] Nicht minder beißend war der Spott über Kleider mit Traktoren, Zahnrädern, Flugzeugen: „Vorn ein Traktor, hinten ein Mähdrescher" titelte eine Kritik.[186] Auch Taschentücher mit Schmuckkanten aus Sowjetsternen wa-

---

[184] Gaßner, Hubertus: Utopisches im russischen Konstruktivismus. In: ders./ u. a. (Hrsg.): Die Konstruktion der Utopie. Marburg 1992. S. 48-68, S. 50.

[185] Vgl. Bubtschikowa: Entwurf des neuen Alltagslebens, S. 200.

[186] Vgl. Wlassowa: „Wir bauen unsere neue Welt!", S. 204.

ren nicht jedermanns Sache. Das Pathos der politischen Botschaft brach sich an der Prosaik der Funktion. Die Praxis, Kleiderstoffe als Agitationsplakate zu nutzen, wurde 1933 dann auch von offizieller Seite in der *Prawda* kritisiert. Im Dezember 1933 setzte der Rat der Volkskommissare mit dem Beschluß „Über die Unzulässigkeit der Warenproduktion in einigen Betrieben, welche armselige und nicht angemessene Zeichnungen verwenden" dem Agitprop-Design ein Ende.[187] An die Stelle der utopischen Vorschau traten wieder Blumen.

Scheitern und Verdrängung. Zwischenresümee der Felddynamik *Rußland 1917*

1923 zog Trotzki in *Fragen des Alltagslebens* eine Zwischenbilanz der sozialistischen Umgestaltung der Lebensweise. Er konstatiert ein vorläufiges Scheitern der Utopie: Es sei nicht gelungen, die alte Familie durch die neuen Formen der Vergesellschaftung zu ersetzen. Die sowjetische Gesellschaft sei noch zu arm, um die Utopie zu verwirklichen.

> „Der Arbeiterstaat muß erst reicher werden, damit er ernsthaft und wie es sich gehört die öffentliche Erziehung der Kinder und die Entlastung der Familie von Küche und Waschküche in Angriff nehmen kann. Die Vergesellschaftung der Familienwirtschaft und der Kindererziehung ist undenkbar ohne ein gewisses Reicherwerden unserer Wirtschaft als Ganzes. [...] Die Wäsche muß durch eine gute öffentliche Wäscherei gewaschen werden. Die Verpflegung muß durch ein gutes öffentliches Restaurant besorgt werden."[188]

Trotzki hält den radikalen Verfechtern der Utopien der Neuen Lebensweise entgegen, daß sie im revolutionären Überschwang das vollendete utopische Ideal zum politischen Programm machten, ohne zu bedenken, daß das emanzipative Potential der Utopie bei ihrer Verwirklichung an die soziale und ökonomische Verankerung gebunden ist. Die Alternative müsse eine wirkliche sein. Es genüge nicht, die Abschaffung der Familie zu proklamieren. Man müsse sie durch

---

[187] Vgl. ebd.
[188] Trotzki, Leo: Fragen des Alltagslebens. Essen 2001, S. 44; ebenso in *Verratene Revolution*: „Leider erwies sich die Gesellschaft als zu arm und zu unkultiviert. Die realen Mittel des Staates entsprachen nicht den Plänen und Absichten der Kommunistischen Partei. [...] Auf der Grundlage der ‚verallgemeinerten Not' ist eine wirkliche Befreiung der Frau nicht zu verwirklichen." (Trotzki, Leo: Verratene Revolution. (1936) Essen 1990, S. 154).

kommunitäre Strukturen ersetzen, die nicht wie während des Kriegskommunismus den Geruch einer Notgemeinschaft haben.

Ende der 1920er Jahre hatte die Sowjetunion ökonomisch aufgeholt. Mit dem Fünfjahrplan setzte man zum großen Industrialisierungssprung an. Mit ihm schien auch die Zeit gekommen, die Utopie der Neuen Lebensweise als sozialpolitisches Programm umzusetzen. Entsprechend erneuerten die Linksbolschewiki, wie an Sabsowitschs Utopie zu sehen war, den Anspruch der Vergesellschaftung des Haushalts. Doch genau zu dem Zeitpunkt wurde von der Parteiführung die Aufhebung der Familie als politisches Leitbild abgebaut. Das verweist darauf, daß die Position der Utopie der Neuen Lebensweise im Feld *Rußland 1917* nicht allein von den finanziellen Möglichkeiten abhing. Die Verdrängung war auch nicht einfach der thermidorische Verrat an der Revolution, wie es Trotzki in seiner Abrechnung mit Stalin nannte, in welchem sich der Sieg der neuen Bürokratie über die revolutionären Massen manifestiere.[189] Die Utopie der Neuen Lebensweise hatte unmittelbar nach der Revolution eine diskurs- und politikbestimmende Feldposition besetzt. Ihr Bild der neuen Gesellschaft schien alle anderen zu vereinigen, vom Parteiprogramm bis hin zu Proletkult und Avantgarde – nicht zuletzt indem es das Bild des vollendeten Kommunismus vergegenwärtigte. Dadurch war jedoch überdeckt worden, daß der kulturrevolutionären Strategie ein anderes Politikverständnis zugrunde lag. Die Linksbolschewiki wie Kollontai setzten die Utopie unmittelbar als politisches Programm. Gegen diese Utopisierung der Politik stellte Lenin mit der NEP eine Politik der Faktizität.

Diese war keineswegs die Absage an die Utopie – auch wenn die NEP von vielen seinerzeit so empfunden wurde. In bezug auf die Dynamik des Feldes *Rußland 1917* bedeutete Lenins Intervention gegenüber der Utopie den Versuch, die Utopie als Mobilisierungsressource zu bewirtschaften, sie jedoch nicht die Politik bestimmen zu lassen. In den ersten Jahren nach der Revolution hatte die Utopie sichtlich die Politik radikalisiert. Das äußerte sich einerseits in der linksbolschewistischen Utopisierung der Politik. Auf der anderen Seite hatte Lunatscharski als Volkskommissar die Kultur- und Bildungspolitik als utopisches Experimentierfeld geöffnet; in der Kultur insbesondere für den Proletkult und die Avantgarde, im Bereich der Bildung etwa für Schul- und Erziehungsexperimente in der Tradition der Narodniki und Kropotkins Anarcho-Kommunis-

---

[189] Vgl. Trotzki: Verratene Revolution, S. 100ff. u. 117ff.

mus. Die Kulturrevolution war für die Avantgarde das Tor in die Politik. Hierin dürfte ein wesentlicher Grund für die anfängliche Dominanz des ästhetischen Arms der Utopie liegen. Indem Lunatscharski die Kulturpolitik für die Avantgarde öffnete, machte er diese zum Mittler der Revolution. Die Utopien der Avantgarde sowie des Proletkults prägten in der Folge das Bild der sozialistischen Zukunft. Das schloß an historische Erfahrungen der Intelligenzija an. Deren politische Ohnmacht hatte der Kunst das Charisma verliehen, Instanz für die Erneuerung der Gesellschaft zu sein.

Im ersten Moment nach der Revolution dominierte Bogdanows Proletkult. Als Massenbewegung mit eigenen Zeitschriften, Kulturhäusern, Theatern und Universitäten besaß er gegenüber der Avantgarde einen institutionellen Vorsprung.[190] Der pathetische proletarisch-industrielle Kollektivismus des Proletkults und seine Maschinenästhetik[191] erwiesen sich jedoch als zu eskapistisches Zukunftsbild und in ihrer ästhetischen Praxis über weite Strecken auch als zu primitiv.[192] Schon vor seiner Auflösung[193] verlor der Proletkult die Hegemonie über die Bilder der Revolution und der sozialistischen Zukunft an die Avantgarde. Die zentralen bildgebenden Felder wie Architektur, Theater, Alltags- und politisches Kommunikationsdesign waren von ihr besetzt worden: Sie führte die entsprechenden Sektionen in den Hochschulen, die Theater, die Designabteilungen in den Fabriken, ebenso die Kulturadministration, unter anderem die 1918 gegründete Abteilung für Bildende Künste im Narkompros.[194]

---

[190] 1920 hatte die Proletkul't-Organisation rd. eine halbe Million Mitglieder (das entsprach fast der Größe der Partei). Von 1918 bis 1923 gab sie insgesamt 34 Zeitschriften heraus, 1919 und 1920 machten diese 13 % bzw. 11 % der Zeitschriften aus (vgl. Gorbunow: Lenin und der Proletkult, S. 109f.). Allein im ersten Halbjahr 1918 erhielt der Proletkul't 9 Mill. Rubel aus dem Etat des Narkompros (vgl. Seemann: Der Versuch einer proletarischen Kulturrevolution in Rußland, S. 187).

[191] Vgl. die Beispiele in Lorenz (Hrsg.): Proletarische Kulturrevolution in Sowjetrußland.

[192] Majakovskij spottete über die Wir-Lyrik des Proletkul'ts: „Doch ich denke,/ wenn man nur Kleines zu sagen hat,/ dann kommt man durch Austausch von ‚Ich' und ‚Wir'/ nicht aus der lyrischen Grube heraus." (Majakovskij, Vladimir: Pjatyj Internacional. In: ders.: Polnoe sobranie sočinenij, Bd. 4. Moskau 1957. S. 105-134, S. 122). Vgl. zum Dilemma der trivialen ästhetischen Praxis des Proletkul'ts auch Günther: Proletarische und avantgardistische Kunst, S. 69f.

[193] 1921/22 sank die Mitgliederzahl und die Bedeutung des Proletkul'ts rapide, auf Druck der Parteiführung wurde er 1925 dem Allrussischen Zentralrat der Gewerkschaftsverbände unterstellt und 1932 ganz aufgelöst.

[194] Vgl. zur Avantgarde und der Abteilung für Bildende Künste Post, Christiane: Künst-

Die Kämpfe um den Führungsanspruch zwischen Proletkult und Avantgarde sowie den anderen Gruppen verliefen nicht ohne Eingriff durch die Politik, wie beim Proletkult zu sehen ist.[195] Aber es waren Kämpfe des *utopischen* Feldes. Schrittweise monopolisierte jedoch die Politik die Deutungsmacht über die Zukunft. Die Utopien der Avantgarde bildeten einen konkurrierenden Anspruch auf die Gestaltung der neuen Gesellschaft. Ihr Projekt einer ins Leben überführten Kunst bedeutete die Umgestaltung des Lebens nach autonomen Maßstäben. Ihre Bilder der neuen Gesellschaft und des Neuen Menschen standen zunehmend in Diskrepanz zu denen der Partei. Das hieß letztlich politische Kritik im Namen der Utopie und ihres Emanzipationsversprechen. Es ging um den Zugriff auf die Utopie als zentrales Narrativ der Sinnstiftung und politischen Legitimation. Und es galt, die Politik gegen utopische Überforderung zu sichern.

Spiegelten sich anfänglich die politischen Richtungskämpfe in den utopischen Entwürfen, wie in *UdSSR 1975* zu sehen, verengten sich zunehmend die utopischen Spielräume. Die Utopie wurde auf die Politik verpflichtet. Die Utopisierung der Politik schlug um in die Politisierung der Utopie. Die Utopie wurde von der Politik als Mobilisierungsressource und zur Wirklichkeitsbestätigung okkupiert. In aller Deutlichkeit zeigt sich das in den Fünfjahrplänen. Schon Lenin sah die Utopie in diesem Sinne vor allem als Agitationsmittel. Er hatte etwa einen utopischen Roman zum Elektrifizierungsprogramm GOELRO gefordert, der wie Tschernyschewskis *Was tun?* unter der Jugend Aufbauenthusiasmus erzeugen sollte.[196] Die Instrumentalisierung der Utopie durch die Politik

---

lermuseen. Berlin 2012, S. 35ff.

[195] Vgl. zu Lenins Kritik des Proletkul'ts Gorbunow: Lenin und der Proletkult; Gorsen/ Knödler-Bunte (Hrsg.): Proletkult 1; Grille: Lenins Rivale. Auch Trotzki wies den Anspruch des Proletkul'ts, die sozialistische Kultur zu vertreten, zurück: Eine klassenspezifische proletarische Kultur gebe es nicht, denn die Diktatur des Proletariats sei nur die Übergangsphase zur klassenlosen Gesellschaft. Die Aufgabe der proletarischen Revolution bestehe darin, den Grundstein für eine klassenlose, „wahrhaft menschliche" Kultur zu legen (vgl. Trotzki: Literatur und Revolution, S. 25 u. S. 187ff.). Zu den Konkurrenzen in der *Kunst* vgl. Bown, Matthew Cullerne: Kunst unter Stalin. München 1991; Eimermacher, Karl: Die sowjetische Literaturpolitik 1917-1932. Von der Vielfalt zur Bolschewisierung der Literatur. Bochum 1994; Erler/ u. a. (Hrsg.): Von der Revolution zum Schriftstellerkongreß; für die *Architektur* Bodenschatz, Harald/ u. a. (Hrsg.): Städtebau im Schatten Stalins. Berlin 2003, S. 16ff.

[196] Vgl. Schlögel, Karl: Jenseits des Großen Oktobers: Das Laboratorium der Moderne. Petersburg 1909-1921. Berlin 1988, S. 309. Ähnlich sah auch Lunačarskij die Notwendigkeit utopischer Romane darin, der Jugend das Ziel des sozialistischen Auf-

verschob die Bedingungen der Positionierbarkeit im Feld *Rußland 1917*. Die Utopien, die sich nicht politisch bewirtschaften ließen, wurden aus dem Feld exmittiert. Je fester die Partei die Zukunftsbilder in den Griff nahm, desto härter wurden die Formen des Ausschlusses. Wenn die Utopien der Neuen Lebensweise als Emanzipationsstrategie versackten oder das Experiment der Avantgarde, das Leben durch ein revolutionäres Alltagsdesign performativ zu durchdringen, leerlief, dann ist für dieses Scheitern immer auch die politische Vereinnahmung oder das Kassieren der Utopie mitzudenken.

Das Experiment der Gemeinschaft – Kommunen nach 1917

Eine zentrale Form der Umsetzung der Utopie der Neuen Lebensweise waren die Kommunen. Sie bildeten einen der Kulminationspunkte des utopischen Diskurses *Rußland 1917*. Die Kommune-Losung erwies sich wie der Topos des Neuen Mensch als Schnittpunkt verschiedener Feldpositionen: Hier trafen neben der linksbolschewistischen Neuen Lebensweise ebenso anarchistische Bildungsexperimente und agrarsozialistische Vorstellungen zusammen. Auf der anderen Seite beherrschte die Kommune als neue Organisation des Lebens zeitweise das Bild des utopischen Aufbruchs – sowohl in der Binnenperspektive als auch in der Außenwahrnehmung Sowjetrußlands als Utopie.[197] Sie galt als Vorwegnahme der sozialistischen Zukunft. Zeitweilig hatte alles Kommune zu sein: Hauskommune, Konsumkommune, Arbeitskommune, Schulkommune. Euphorisch wurden sie als „Inseln der Zukunft", „Keimzelle des Kommunismus", „Fabrik zum Umbau der Menschenseele", „Keimzelle des neuen Daseins und der Sowjetmoral" bezeichnet.[198] In der Kommune forme sich der Neue Mensch. Sie verwirkliche die Utopie als individuelle Lebenspraxis: durch Abschaffung

---

baus zu vermitteln (vgl. Heller/ Niqueux: Geschichte der Utopie, S. 252).

[197] Vgl. bspw. Halle: Die Frau in Sowjetrussland; Mehnert, Klaus: Die Jugend in Sowjetrussland. Berlin 1932; Reich, Wilhelm: Die sexuelle Revolution. Frankfurt a. M. 1971, Teil 2: *Der Kampf um das „neue Leben" in der Sowjetunion* (der erste Teil erschien 1930 unter dem Titel *Geschlechtsreife, Enthaltsamkeit, Ehemoral*; in der 2. Auflage 1936 unter dem Titel *Die Sexualität im Kulturkampf* fügte Reich als Teil 2 den Bericht seiner Reise durch die Sowjetunion hinzu. Er hob dabei den zunehmenden „Verrat" der Revolution durch die Rückkehr zur patriarchalen Familie hervor).

[198] Mehnert: Die Jugend in Sowjetrussland, S. 175; Halle: Die Frau in Sowjetrussland, S. 520.

des Privateigentums, durch das Ersetzen der Familie durch das Kollektiv der Kommune und durch die Überwindung des Individualismus.

Die Kommune konnte sich auf eine breite utopiegeschichtliche Tradition stützen. „Die Kommune-Losung bildete in der russischen revolutionären Bewegung das Banner der anarchistischen und linken sozialrevolutionären Gruppen [...]."[199] Die verschiedenen Traditionslinien spiegeln die divergenten Positionen im Feld *Rußland 1917* von urbaner Kommune der Neuen Lebensweise bis zur anarchistischen Agrarkommune. Für die urbane Tradition stehen vor allem die Wohn- und Arbeitskommune von Wera Pawlownas Nähwerkstatt in *Was tun?* und die durch sie inspirierten Kommunen der nihilistischen Intelligenzija, die sogenannten Petersburger Kommunen der 1860er Jahre. Mit Wera Pawlownas Kommune hatte Tschernyschewski das Vorbild geliefert für die Kommune als Modell der sozio-kulturellen Transformation. In ihrem Mittelpunkt stand die individuelle Erprobung neuer kultureller Lebensmuster. Daran knüpften, wie zu sehen sein wird, die Jugendkommunen der 1920er Jahre an, die sich die Utopie der Neuen Lebensweise als revolutionären Lebensentwurf zu eigen machten.

Die agrarische Kommunetradition dagegen war stärker als sozio-ökonomische Alternative entwickelt. Sie bezog sich insbesondere auf den Mir. Die russische Bauerngemeinde mit ihrer Form des Gemeineigentums war, beginnend mit Herzen, von den Narodniki zur Basis eines kommunitären Agrarsozialismus idealisiert worden. Auch die Anarchisten wie Kropotkin rekurrierten auf den Mir als Vorform der anarcho-kommunistischen Kommune.[200] Utopisches Charisma gab dem Kommunegedanke in der agrarischen Tradition auch Tolstois christlich-anarchistische Sozialethik. Tolstoi hatte, wie beschrieben, die „natürliche" Lebensweise des russischen Bauern als Ideal eines nichtentfremdeten Lebens gegen die Pervertierung des menschlichen Daseins durch die neurotische industriell-urbane Lebensweise gestellt. Die Landarbeit sei die „sittlichste, gesundeste, freudigste und notwendigste" Tätigkeit.[201] Als Arbeit der eigenen Hände beruhe sie nicht auf der Ausbeutung der anderen. Das „Ackerbauleben" bedürfe daher auch keines Staates, der die Eigentums- und Machtverhältnisse schützt. Tolstoi verknüpfte seine Zivilisationskritik dezidiert mit der Eigentums- und Machtfrage. Ursache der Verelendung der Bauern seien die „verbrecherischen Besitzverhältnisse". Sie raubten das Land denen, die es bear-

---

[199] Anweiler: Geschichte der Schule und Pädagogik in Rußland, S. 113.
[200] Vgl. Kropotkin: Die Eroberung des Brotes, S. 59.
[201] Tolstoi: Die Bedeutung der russischen Revolution, S. 29.

beiten.²⁰² Dagegen setzte er die autonome Landkommune mit Gemeineigentum, „natürlicher" Arbeitsteilung zwischen Bauern und Handwerkern und ohne staatliche Herrschaft. Inspiriert von Tolstois Zivilisationskritik zogen ab den 1880er Jahren immer wieder Angehörige der Intelligenzija aufs Land, um Kommunen im Sinne des tolstoischen Ideals zu gründen. Noch in den 1920er Jahren machten in Rußland und der Ukraine die sogenannten Tolstoikommunen rund ein Fünftel der agrarischen Kollektivwirtschaften religiöser Gemeinschaften aus.²⁰³ Aber auch die Intelligenzija in der Stadt hatte sich das russische Bauernhemd mit Gürtel à la Tolstoi als identitätsstiftenden Habitus zu eigen gemacht.

Grob unterteilt lassen sich für *Rußland 1917* zwei Wellen der Kommunebewegung ausmachen. Die erste setzte unmittelbar nach der Oktoberrevolution ein. Ihren Schwerpunkt bildeten die Agrarkommunen. Daneben entstanden in der Stadt sogenannte Hauskommunen, in welchen die Utopie der Neuen Lebensweise umgesetzt werden sollte. Ein bildungsutopischer Sonderfall der Zeit waren die Schulkommunen. Einen zweiten Höhepunkt erreichte die Kommunebewegung Ende der 1920er Jahre. Sie war nun primär zu einer Jugendbewegung geworden. Ihr Schwerpunkt hatte sich in die Stadt und die Zentren des industriellen Aufbaus verlagert. Die Kommunen waren überwiegend Wohn- und Lebensgemeinschaften von Studenten, jungen Arbeitern und Angehörigen der jungen Intelligenz. Auch begann man, eigens Häuser für Kommunen zu bauen.

Typologisch lassen sich die Kommunen zum einen in Agrarkommunen und Kommunen in der Stadt unterscheiden, zum anderen nach ihren sozialen Trägern: Jugendkommunen von Studenten und Arbeitern, Schulkommunen, Hauskommunen in der Zeit des Kriegskommunismus, deren Gemeinschaften eher zufällig zusammengesetzt waren, und Kommunehäuser, die von Verbänden und Institutionen für ihre Mitglieder gebaut wurden, wie das *Dom Politkatorshan* der Gesellschaft der ehemaligen politischen Zwangsarbeiter und Zwangsumsiedler. In der damaligen Diskussion wurden die Kommunen auch nach Bereich und Intensität der Vergemeinschaftung klassifiziert: Arbeits-, Wohn-, Byt- und Vollkommunen.

Die Kommunebewegung im Feld *Rußland 1917* war keine Massenbewegung. Selbst zu ihrer Hochzeit Ende der 1920er, Anfang der 1930er Jahre umfaßte die jugendliche Kommunebewegung nicht mehr als fünfzigtausend Mit-

---

²⁰² Vgl. Tolstoi, Lew: Die große Sünde. In: ders.: Gesammelte Werke, Bd. 15. Berlin 1974. S. 630-661.
²⁰³ Vgl. Red'kina: Sel'skochozjajstvennye religioznye trudovye kollektivy, S. 619ff.

glieder.²⁰⁴ Auch die Agrarkommunen im originären Sinne als utopisch-experimentelle Gemeinschaft machten nur einen Bruchteil der Landwirtschaft aus. 1931 waren rund 7.600 sozialistische Agrarkommunen registriert, das war das Maximum. Ihnen standen anfänglich 25 Millionen bäuerliche Einzelwirtschaften gegenüber und die Zahl der einfachen Agrargenossenschaften betrug durchgängig ein Vielfaches der Agrarkommunen.²⁰⁵ Doch obwohl die Kommunen nur einen verschwindend kleinen Teil der Bevölkerung erfaßten, standen sie im Zentrum des öffentlichen Diskurses. Sie waren die Chiffre für die Umgestaltung des Lebens. In ihnen verkörperten sich die Erwartungen und die Aufbruchstimmung der Zeit. Die Kommunen der 1920er Jahre waren keine Flucht aus dem Alltag im Sinne der Sinnsuche zivilisationskritischer Aussteiger. Sie lagen nicht als Inseln des ‚guten Lebens' abseits der Gesellschaft. Den Kommunarden ging es um die Verwirklichung einer alternativen Lebensform, deren Ziel die Transformation der Gesellschaft war. Sie verstanden sich als Avantgarde der neuen Gesellschaft. Als beispielgebende Neue Menschen wurden sie im öffentlichen Diskurs auch herausgestellt, bis der Kommunegedanke Mitte der 1930er Jahre die politische Gunst verlor und verurteilt wurde als „linkslerische Gleichmacherei" (urawnilowka), die den Sozialismus diskreditiere.

Im folgenden werden exemplarisch einzelne Kommunen als Stellungnahmen im Feld *Rußland 1917* betrachtet. Anhand der Fallbeispiele sollen die sozialen und politischen Konstellationen, unter denen sie entstanden, ihre Intentionen und Funktionen sowie die ideengeschichtlichen Bezugspunkte aufgezeigt werden. Die Beispiele sind hauptsächlich Reportagen und den damaligen Debatten in Zeitschriften entnommen. Im Mittelpunkt stehen die urbanen Kommunen als Hauptfeld der Utopien der Neuen Lebensweise sowie die Schul- und Jugendkommunen.

Auf die Agrarkommunen wird im folgenden nicht näher eingegangen.²⁰⁶ Sie verlassen den Rahmen der Utopie der Neuen Lebensweise, diese war im Kern

---

²⁰⁴ Vgl. Obertreis: Tränen des Sozialismus, S. 359.

²⁰⁵ Vgl. Wesson, Robert G.: The Soviet Communes. In: Soviet Studies 13. Jg. (1962). S. 341-361, S. 354; ders.: Soviet Communes. New Brunswick 1963, S. 119ff.; Schempp, Hermann: Gemeinschaftssiedlungen auf religiöser und weltanschaulicher Grundlage. Tübingen 1969, S. 252ff. Die Zahlen sind historisch ungenau, aber sie zeigen die Relationen: 1927 wurden über 90 % des Bodens von Einzelbauernwirtschaften bewirtschaftet (vgl. Nove, Alec: An Economic History of the U.S.S.R. London u. a. 1969, S. 106).

²⁰⁶ Vgl. zu den sozialistischen Agrarkommunen Anm. 205; zu den Agrarkommunen

urban ausgerichtet. Gleichwohl wurden auch die Agrarkommunen seinerzeit als „Keimzellen des neuen Daseins", als „Inseln der Zukunft" gesehen.[207] Sie wurden anfänglich staatlich gefördert, dann jedoch in ihrer Autonomie immer mehr eingeschränkt und zum Schluß der Kollektivierung untergeordnet. Wie weit das utopische Potential der Agrarkommunen auch politisch reichte, zeigen die anarchistischen Agrarkommunen im Bereich der ukrainischen Machnobewegung.[208] Aus ihnen heraus entstand eine regionale politische Selbstverwaltung, die Kropotkins Ideal einer Assoziation von Genossenschaften nahe kam.

Von den Hauskommunen zum Kommunehaus

Am Anfang der urbanen Kommunen stand die Forderung, die Mietshäuser in Hauskommunen umzuwandeln. Zeitweilig zum wohnungspolitischen Leitbild erklärt, zeigen sich in den Hauskommunen paradigmatisch sowohl die Konstellationen, unter denen sich die Utopie als kulturrevolutionäre Strategie in die Politik einschreiben konnte, als auch die Rückwirkung der Realität auf die Utopie. Mit dem „Dekret über die Aufhebung des Privateigentums an Immobilien in den Städten" vom 20. August 1918 hatte man die privaten Wohnhäuser enteignet und verstaatlicht. Damit war die Voraussetzung geschaffen, die Utopie der Neuen Lebensweise als wohnungspolitisches Programm umzusetzen und in den Häusern Hauskommunen zur Vergemeinschaftung des Lebens einzurichten. Doch vorerst verfolgte man eine soziale Umorganisation der Wohnverhältnisse, die vor allem das proletarische Wohnelend beseitigen sollte. Die Wohnungen des Bürgertums und des Adels in den Stadtzentren wurden an Arbeiterfamilien verteilt, die vorher in Fabrikkasernen, Kellern und Slums gelebt hatten. Es war ein Programm, bei dem allein in Moskau eine halbe Million Menschen umzogen, in St. Petersburg rund dreihunderttausend.[209]

religiöser Gemeinschaften wie der Duchoborzen und Mennoniten sowie den Tolstoikommunen Red'kina: Sel'skohozjajstvennye religioznye trudovye kollektivy; Petrus, K.: Religious Communes in the U.S.S.R. New York 1953; Klibanov: History of Religious Sectarianism in Russia; Heller/ Niqueux: Geschichte der Utopie, S. 48ff.

[207] Vgl. Tretjakow, Sergej: Feld-Herren. Der Kampf um eine Kollektiv-Wirtschaft. Berlin 1931; Halle: Frauen in Sowjetrussland, S. 524ff.

[208] Vgl. Arschinoff, Peter A.: Geschichte der Machno-Bewegung (1918-1921). Münster 1998; Dahlmann, Dittmar: Land und Freiheit. Machnovščina und Zapatismo als Beispiele agrarrevolutionärer Bewegungen. Stuttgart 1986.

[209] Vgl. Pott, Philipp: Moskauer Kommunalwohnungen 1917 bis 1997. Zürich 2009, S. 29ff.; Chan-Magomedow: Pioniere der sowjetischen Architektur, S. 342.

Diese Umquartierungen waren nicht mit dem Konzept eines gemeinschaftlichen Wohnens verbunden. Sie wurden jedoch zur Geburtsstunde der real existierenden sowjetischen Gemeinschaftswohnung: die sogenannte Kommunalka. Diese sollte in der Folge gleichsam als ins Dystopische verzerrtes Abbild der Utopie das Bild des sowjetischen Wohnens prägen.[210] In den 1920er Jahren wurde die Kommunalka in Großstädten wie Moskau und Leningrad zur vorherrschenden Wohnform. In Leningrad lebten Mitte der 1920er Jahre rund drei Viertel der Bevölkerung in Gemeinschaftswohnungen.[211] Kommunalka hieß: In den Wohnungen erhielten die Familien je ein Zimmer, Küche und Bad wurden von allen geteilt. In einer Wohnung lebten so, je nach Zahl der Zimmer, fünf und mehr Familien. Als Obergrenze waren in den Großstädten dreizehn Quadratmeter pro Familie festgelegt, größere Zimmer wurden geteilt. Die Kommunalkas waren eine reine Zwangsmaßnahme aufgrund der eklatanten Wohnungsnot. Ihre erzwungene Gemeinschaft hatte nichts gemein mit einem Leben im Sinne der Utopie der Neuen Lebensweise. Nichts lag ihr ferner als der utopische Elan kulturrevolutionärer Umgestaltung. In den Kommunalkas wurde der Haushalt nicht vergemeinschaftet. Jede Familie kochte, wusch, lebte für sich. Erbittert wurde um die Reste der Privatsphäre gestritten. Die Schilderungen des Alltags dieser erzwungenen Gemeinschaft füllten die Satiren.[212]

Das Bild der Kommunalka bildete jedoch den zeitgenössischen Hintergrund für das kommunitäre Wohnideal der Utopien der Neuen Lebensweise. Wenn die Hauskommune als Prototyp des sozialistischen Wohnens propagiert wurde, stieß das auf die Kommunalka als vorherrschende Erfahrung des neuen Wohnens. Durch die Satiren wurde das diskursiv verstärkt. Sie parodierten die Kommunalka als in den Niederungen des Alltags gefallene Utopie des kommunitären Lebens. Die Forderung, Hauskommunen einzurichten, erfolgte daher in expliziter Abgrenzung von den Kommunalkas. Es sollten „richtige" Kommunen sein, keine „Vergemeinschaftung des Mangels". In ihnen sollte es ein „wirkliches" gemeinschaftliches Leben geben. Explizit heißt es im *ABC des Kommunismus*:

---

[210] Vgl. Sinjawskij: Der Traum vom neuen Menschen, S. 238ff.; vgl. zur Kommunalka auch Gerasimova, Katerina: Public Spaces in the Communal Apartment. In: Rittersporn, Gábor T./ u. a. (Hrsg.): Sphären von Öffentlichkeit in Gesellschaften sowjetischen Typs. Frankfurt a. M. u. a. 2003. S. 165-193; Pott: Moskauer Kommunalwohnungen; Evans, Sandra: Sowjetisch Wohnen. Bielefeld 2011.

[211] Vgl. Obertreis: Tränen des Sozialismus, S. 238.

[212] Vgl. bspw. Zoščenkos Satiren *Das Igelchen, Familienglück im Badezimmer, Die kleine Sommererholung*.

"Organisation der Häuserkommunen [...] nicht solcher, wo gezankt wird, sondern wo wirklich menschlich gelebt wird" (ABC, 317).

Die Zeit der Hauskommunen als utopisches Modell des Wohnens kam mit dem Kriegskommunismus 1919/1920. Sie boten sich als Statthalter des kriegskommunistischen Versorgungssystems an. Während des Bürgerkrieges waren sukzessive der private Handel liquidiert und ein System der öffentlichen Versorgung errichtet worden.[213] An dessen Anfang stand der Versuch, die bestehenden Konsumgenossenschaften[214] zur Basis eines staatlichen Versorgungssystems mit planmäßiger Verteilung der Produkte zu machen. Schon im Januar 1918 hatte Lenin gefordert, die Genossenschaften zu nationalisieren und sie in Konsumkommunen umzuwandeln, die die Versorgung der gesamten Bevölkerung organisieren.

> "Alle Staatsbürger müssen einer lokalen Konsumgenossenschaft angehören (des Dorfes, des Amtsbezirks, der Siedlung oder eines bestimmten Stadtviertels, eines Straßenviertels usw.) [...] Die bestehenden Konsumgenossenschaften werden nationalisiert und sind verpflichtet, die gesamte Bevölkerung des betreffenden Ortes aufzunehmen."[215]

Die Konsumkommunen sollten den örtlichen Sowjets unterstehen und der Verkauf beziehungsweise die Verteilung der Lebensmittel und Waren sollte ausschließlich über sie erfolgen. Der Gesetzentwurf scheiterte am Widerstand der Genossenschaften, die auf ihrer Unabhängigkeit bestanden. Sie wurden vorerst lediglich verpflichtet, auch Leute mit geringem Einkommen zu einem Minimalbeitrag von maximal fünfzig Kopeken aufzunehmen, um einen möglichst großen Teil der Bevölkerung in sie zu integrieren.[216] Ein Jahr später, im März 1919, nationalisiert man die Genossenschaften und faßte sie zu Konsumkommunen zusammen.[217] Diese wurden dem Volkskommissar für Versorgung un-

---

[213] Vgl. dazu Pipes: Die Russische Revolution, Bd. 2, S. 560, 572 u. 602ff.
[214] 1917 gab es rd. 35.000 Konsumgenossenschaften mit ca. 11 Mill. Mitgliedern (vgl. Schützler/ Striegnitz: Die ersten Dekrete der Sowjetmacht, S. 168).
[215] Lenin, Wladimir I.: Entwurf eines Dekrets über die Konsumkommunen. In: ders.: Werke, Bd. 26. Berlin 1961. S. 415-417, S. 415f.
[216] Vgl. Dekret über die Konsumgenossenschaften, 11.4.1918 (Dekrety Sovetskoj vlasti, Bd. 2, S. 91-93; Schützler/ Striegnitz: Die ersten Dekrete der Sowjetmacht, S. 166-168).
[217] Vgl. Dekret über die Erfassung der Gesamtbevölkerung in Konsumkommunen, 20.3.1919 (Dekrety Sovetskoj vlasti, Bd. 4, S. 491-508; Altrichter/ Haumann: Die Sowjetunion, Bd. 2, S. 91).

terstellt und jeder mußte sich in sie eintragen. Für ihr Einzugsgebiet hatten sie jeweils das Monopol der Versorgung mit Lebensmitteln und Alltagswaren. Damit war der private Handel aufgehoben, zumindest offiziell.[218] Zügig ging es weiter: Ab Mai 1919 wurden für Kinder bis vierzehn Jahre die Lebensmittel kostenlos abgegeben.[219] Für die Versorgung der Erwachsenen richtete man Volksküchen ein. Im Winter 1920/21 erreichte die öffentliche Versorgung ihren Höhepunkt: Anfang Dezember wurde die kostenlose Verteilung der monatlichen Lebensmittelrationen eingeführt. Wenig später wurde sie ausgeweitet auf Alltagswaren. Bücher und Zeitungen waren schon vorher umsonst. Im Januar 1921 wurden die Mieten abgeschafft und die Gebühren für Strom, Wasser, Gas sowie für Post und Telefon, auch die Transportmittel waren kostenlos.[220]

Das System der kriegskommunistischen Versorgung mit Grundlebensmitteln beruhte auf der Zwangsrequisition des Getreides etc. bei den Bauern und der drakonischen Liquidierung des Handels. Es war eine Versorgungsdiktatur. Diese Entwicklung war wesentlich bestimmt durch die Reaktion auf die Hunger- und Versorgungskrisen in den Städten. Die Einführung des staatlichen Getreidemonopols im Frühjahr 1918 hatte einen circulus vitiosus ausgelöst, in dem sich die Verweigerung der Bauern gegenüber der Abgabepflicht und die Zwangsmaßnahmen der Bolschewiki wechselseitig verstärkten. Die Bauern ließen die Produktion aufs Subsistenzniveau fallen, im Gegenzug suchten die Bolschewiki mit immer schärferer Gewalt, das Abgabesoll einzutreiben. Unter den Bedingungen des Bürgerkrieges gab es für sie kein Zurück: Ein Nachgeben gegenüber den Bauern hätte ihren Rückhalt unter den Arbeitern in den Städten, der Machtbasis der Revolution, geschwächt.[221] Es greift jedoch zu kurz, das kriegskommunistische System der öffentlichen Versorgung allein als Notmaß-

---

[218] Faktisch versorgte sich die Stadtbevölkerung v. a. über den Schwarzmarkt und die Reste des privaten Handels; die Versorgung mit Nahrungsmittel erfolgte schätzungsweise zu zwei Dritteln über den Schwarzmarkt (vgl. Pipes: Die Russische Revolution, Bd. 2, S. 561 u. 605ff.).

[219] Vgl. Dekret über die kostenlose Speisung der Kinder, 17.5.1919 (Dekrety Sovetskoj vlasti, Bd. 5, S. 197f.; Altrichter/ Haumann: Die Sowjetunion, Bd. 2, S. 91f.).

[220] Vgl. Dekret über die kostenlose Abgabe von Lebensmitteln an die Bevölkerung, 4.12.1920; Über die kostenlose Abgabe von Massengebrauchsartikel, 17.12.1920; Über die Abschaffung der Mieten und der Abgaben für Wasser, Gas, Strom etc., 27.1.1921 (Dekrety Sovetskoj vlasti, Bd. 12, S. 10f., 46f. u. 227ff.; Altrichter/ Haumann: Die Sowjetunion, Bd. 2, S. 107ff.).

[221] Vgl. Figes, Orlando: Die Tragödie eines Volkes. Berlin 1998, S. 648ff.

nahme im Bürgerkrieg zu erklären.²²² Es war, wie Lenins frühzeitiger Entwurf der Konsumkommunen zeigt, nicht nur Notstandsreaktion. Ihm lag die Utopie einer kommunistischen Versorgung zugrunde, in der Geld und Handel abgeschafft sind und zum planmäßigen, geldlosen Austausch der Waren und Dienstleistungen übergegangen wird. Diese Utopie knüpfte an die frühsozialistischen Distributionskonzepte wie Owens Arbeitstauschbanken (1832) und die Konsumgenossenschaften von Blancs *ateliers sociaux* (1848) an. Die utopische Überformung der bolschewistischen Versorgungspolitik zeigt sich nicht zuletzt schon in der Bezeichnung der verstaatlichten Konsumgenossenschaften als Konsum- beziehungsweise Verbraucher*kommunen*. Im Parteiprogramm von 1919 wurden diese als Ziel fixiert.²²³ Im Spiegel von Bucharins und Preobrashenskis Erläuterung des Parteiprogramms erscheint der Kriegskommunismus entsprechend als lediglich durch die Not ausgebremste Form der künftigen Distributionsverhältnisse. Daß nach dem Ende des Bürgerkrieges das kriegskommunistische System mit der kostenlosen Versorgung und der Abschaffung der Mieten weiter ausgebaut wurde, schien den utopischen Anspruch zu bestätigen.

In die kriegskommunistische Versorgung wurde auch das Wohnen einbezogen. Nach den Enteignungen und Umquartierungen waren die Häuser den Bewohnern zur Selbstverwaltung übergeben worden. Dabei wurde an die Bewohner und die Wohnungsgenossenschaften appelliert, über die Selbstverwaltung hinaus Hauskommunen zu gründen und Einrichtungen der Vergemeinschaftung zu schaffen. Das meinte vor allem Gemeinschafsküche, Wäscherei, Kindergarten sowie einen Klubraum mit Bibliothek und einer sogenannten Roten Ecke für Agitationsmaterial und Wandzeitung. Die Abschaffung der Mieten und der Gebühren für Gas, Wasser, Strom stützte die Voraussetzungen dafür. Darüber hinaus wurden Hauskommunen bevorzugt mit Lebensmitteln und Heizmaterial versorgt. Dahinter stand das Ziel, sie mit ihren kommunitären Dienstleistungen als Basiseinheiten einer kommunistischen Versorgung zu entwickeln, die über die Versorgungsdiktatur des Bürgerkrieges hinausreichen. Sie sollten zukünftig im Sinne der Utopie der Neuen Lebensweise die Alltagsdienstleistungen organisie-

---

²²² Vgl. ebd.; Pipes: Die Russische Revolution, Bd. 2, S. 557ff.
²²³ „Auf dem Gebiete der Verteilung besteht die Aufgabe der Sowjetmacht gegenwärtig darin, die Ersetzung des Handels durch eine planmäßige, im gesamtstaatlichen Maßstabe organisierte Verteilung der Erzeugnisse unentwegt fortzusetzen. Das Ziel ist die Organisierung der gesamte Bevölkerung zu einem einheitlichen Netz von Verbraucherkommunen [...]." (Meissner: Das Parteiprogramm der KPdSU, S. 137; vgl. auch Lenin: Entwurf des Programms der KPR (B), S. 121).

ren und ihre Gemeinschaftsküche sollte nicht nur den privaten Herd ersetzen, sondern auch den Lebensmittelhandel überflüssig machen.

Die privilegierte Einbindung in die öffentliche Versorgung machte die Hauskommunen für den einzelnen ökonomisch attraktiv. Diesem materiellen Anreiz korrespondierte ein subversiver Eigensinn der Praxis der Hauskommunen. Entgegen den an sie gerichteten Erwartungen war das Interesse der Hauskommunen mehr auf die Steigerung der Wohn- und Lebensqualität gerichtet, weniger auf die Verwirklichung eines utopischen Gemeinschaftsideals und gar nicht auf die Aufhebung der Familie. In der Regel endete die Vergemeinschaftung bei einem Klubraum mit Roter Ecke, die zum Pflichtprogramm gehörte, einem gemeinschaftlichen Bade- und Waschraum und einer Gemeinschaftsküche als zusätzlicher Kantine. Für mehr fehlten die Mittel und die Räumlichkeiten, aber auch das Interesse. Bis 1921 entstanden so in Moskau nominell knapp neunhundert Hauskommunen.[224] In absoluten Zahlen erreichte die Hauskommunebewegung damit eine beachtliche Größe. Aber in Relation gesehen, blieb sie marginal. Die Gründe dafür sind vielfältig. Auf der einen Seite standen die Genossenschaften und Kommunalverwaltungen der Gründung von Hauskommunen distanziert gegenüber. Angesichts der Wohnungsnot hatten sie kein Interesse, zusätzliche Gemeinschaftsräume auszuweisen. Selbst wenn sie gewollt hätten, ihre Möglichkeiten waren gering: Jede Besenkammer wurde als Wohnraum vergeben. Auf der anderen Seite desavouierten die Kommunalkas das Ideal des gemeinschaftlichen Lebens. Es brauchte, trotz aller materiellen Anreize, viel kulturrevolutionären Enthusiasmus, um sich dafür zu entscheiden. Die ausschlaggebende Zäsur kam jedoch mit der NEP. Mit dem Ende des kriegskommunistischen Systems der öffentlichen Versorgung entfiel für die Hauskommunen zum einen die privilegierte Versorgung. Zum anderen machte die Wiedereinführung von Mieten und Gebühren für Strom, Wasser, Gas die Vergemeinschaftung zu einem zusätzlichen Kostenfaktor. Die NEP untergrub die ökonomischen Bedingungen, auf denen die Hauskommunen bisher beruhten. In der Folge lösten sich die bestehenden Hauskommunen schleichend auf.

Politisch wurde trotzdem weiterhin, auch während der NEP, die Vergemeinschaftung des Haushalts in Form der Hauskommune als Leitbild öffentlich bekräftigt. Man verortete die Ursachen für ihre stockende Entwicklung einerseits in der dürftigen Qualität der Vergemeinschaftung. Sie sei, so etwa Trotzki in

---

[224] Vgl. Chan-Magomedow: Pioniere der sowjetischen Architektur, S. 343.

seiner Bilanz der Umgestaltung des Alltags, noch zu gering, um als Alternative über die Not der Kriegszeit hinaus attraktiv zu sein. Andererseits sah man das entscheidende Problem darin, „daß die alten Haustypen den neuen Lebensgewohnheiten nicht entsprachen".[225] Der Hauptpunkt der Kritik war: Ihre Struktur biete keinen Raum für das Gemeinschaftsleben. Sie separiere die Familien, statt sie zur Gemeinschaft zusammenzuführen. Als Lösung wurde der Bau von Häusern gefordert, deren Architektur auf die Bedürfnisse der Kommunen ausgerichtet ist. Doch vom Bau neuer Häuser konnte Anfang der 1920er Jahre nicht die Rede sein. Zum Bau der ersten Kommunehäuser kam es erst Ende der 1920er, Anfang der 1930er Jahre.

Jugendkommunen

Die ökonomische Untergrabung der Hauskommunen durch die NEP verwies das Kommuneideal auf den kulturrevolutionären Enthusiasmus des einzelnen als Ressource zur Mobilisierung. Seinen Rückhalt in diesem Sinne fand es in den Jugendkommunen der 1920er Jahre. Sie wurden zum neuen Träger der Kommunebewegung.[226] In ihnen traf das Versprechen der neuen Gesellschaft mit dem Aufbruchsgeist einer jugendlichen Aufsteigergeneration zusammen, die ihren sozialen Aufstieg gerade dieser neuen Gesellschaft verdankte. Sie war erfüllt vom Aufbau und bereit, die neue Welt auch im persönlichen Leben umzusetzen. Auch für die Jugendkommunen lassen sich zwei Wellen ausmachen.[227] Die erste erfolgte Anfang bis Mitte der 1920er Jahre und wurde vor allem von Studenten getragen. Die zweite setzte Ende der 1920er Jahre ein, in der Zeit des ersten Fünfjahrplans. Sie hatte, neben den Studenten, ihren Rückhalt unter den jungen Arbeitern in den Zentren des industriellen Aufbaus. Im Unterschied zu den Hauskommunen ging es den Jugendkommunen dezidiert um die Selbsterziehung zum Neuen Menschen im Geist der Utopie der Neuen Lebensweise; das heißt, das Einüben kollektiver Lebensweisen und die Abschaffung des Privateigentums. Ihre Losung war: vom Ich zum Wir. Mit ihrem Anspruch, das persönliche Leben im Zugriff auf die Utopie zu revolutionieren, stehen sie utopiegeschichtlich in der Tradition der Kommunen der 1860er. Mit ihnen teilen sie das Erproben neuer kultureller und sozialer Lebensformen. Und

---

[225] Ebd.
[226] Vgl. ebd., S. 391.
[227] Vgl. Obertreis: Tränen des Sozialismus, S. 358.

wie diese verstanden sie sich als gesellschaftliche Avantgarde. In der Komsomol-Zeitung *Molodaja Gwardija* (*Junge Garde*), die in den 1920er Jahren ein Forum für die Diskussion um die Jugendkommunen und ihre Erfahrungen bot, hieß es:

> Sie sind „Enthusiasten, denen es in erster Linie um die Schaffung ihnen selbst oft noch nicht ganz klarer, neuer menschlicher Beziehungen zu tun ist."[228]

Es waren in der Regel kleine Gruppen. Ihre Größe wurde schon durch den verfügbaren Wohnraum begrenzt. Sie hatten wie die Kommunen der 1860er den intimen Charakter einer Wohn- oder Lebensgemeinschaft, die die Familie ersetzt.

Anhand des Tagebuchs einer Kommune beschreibt Mehnert in seinen Rußlandreportagen eine solche Jugendkommune in Moskau Mitte der 1920er Jahre.[229] Diese wurde 1924/1925 von zehn Studenten gegründet: fünf Frauen und fünf Männer. Im Laufe der Zeit traten einige aus, andere kamen hinzu, von den Gründungsmitgliedern waren am Ende noch vier dabei. Im Schnitt lag die Größe bei zehn Mitgliedern. Sie hatten eine Wohnung mit drei Zimmern, Küche und Bad. Ein Zimmer war der Schlafraum der Frauen, das zweite der der Männer und das dritte der „Klub", das gemeinsame Wohnzimmer. Für die Hausarbeit stellten sie nach einem halben Jahr eine Putzfrau an; die gemeinsame Hausarbeit nach Putzplan hatte im Fiasko geendet. Die Kommune war eine sogenannte „Vollkommune" mit vollständiger Vergemeinschaftung und Abschaffung des Privateigentums. Die Mitglieder zahlten ihr gesamtes Einkommen in die Kommunekasse. Aus ihr wurden die Gemeinschaftsausgaben und die persönlichen Ausgaben der Mitglieder bezahlt. Monatlich wurde ein Etat aufgestellt. Bei seiner Diskussion ging es beispielsweise darum, ob Wintermäntel gekauft werden oder ob ein neuer Primuskocher nötiger ist. Für die kleinen persönlichen Ausgaben wie Zigaretten und Kino gab es eine offene Kasse, aus ihr nahm jeder nach Bedarf und trug die Ausgaben mit Namen ein. Sie wurden bei der Etatdiskussion im Plenum kontrolliert. Das Kommunestatut umfaßte neben den Regeln des Zusammenlebens in der Kommune auch das Verhalten ihrer Mitglieder außerhalb. Es forderte von ihnen im Rahmen der Selbsterziehung zum Neuen Menschen einen vorbildhaften Lebenswandel. Sie hatten besonders fleißige Studenten zu sein und sich auf der Arbeit als Aktivisten auszuzeichnen.

---

[228] Zitiert nach Halle: Die Frau in Sowjetrussland, S. 515.
[229] Vgl. Mehnert: Jugend in Sowjetrussland, S. 171-201.

Sie sollten sich politisch engagieren. Und sie sollten, auch das gehörte zum Bild des Neuen Menschen, eine ordinäre Ausdrucksweise mit Fluchen vermeiden, sich nicht betrinken und auf Körperhygiene achten. Im Kommunetagebuch ist stolz vermerkt, daß alle Kommunarden sich täglich die Zähne putzen und wöchentlich baden und ihre Wäsche wechseln. Verfehlungen und Konflikte der Kommunemitglieder wurden im Plenum diskutiert. Die Entscheidungen waren verbindlich. Wer ihnen nicht folgte, mußte die Kommune verlassen. Die Regelungen erstreckten sich auch auf die Frage der Geschlechterbeziehungen. Die Kommunarden übernahmen Kollontais Ideal der kameradschaftlichen Beziehung und ihre libertäre Neue Moral. Angesichts der Raumsituation beschlossen sie wenig später jedoch, daß vorerst Ehebeziehungen in der Kommune unerwünscht seien. Als mit der Heirat eines Kommunarden die Frage erneut im Raum stand, revidierten sie den Beschluß. Sie entschieden, Ehebeziehungen zuzulassen, jedoch mit der Einschränkung, daß Kinder vorerst in der Kommune nicht möglich seien. Später nahmen sie auch diese Einschränkung zurück. Mit zunehmendem Alter verschoben sich die Lebensperspektiven. Sie beschlossen für die Zukunft, daß die Kommune kollektiv für die Kinder sorgen und sie erziehen solle.

Eine ähnliche Studentenkommune Anfang der 1930er Jahre in Moskau beschreibt Schattenberg in ihrer Darstellung der Lebenswelten von Ingenieuren.[230] Der Ingenieur Nikita Posdnjak (1906-1982) schildert in seinen Memoiren, wie er als Student mit Kommilitonen eine Kommune gründete. Sie gingen in der Vergemeinschaftung des Lebens allerdings nicht so weit wie die von Mehnert beschriebene Kommune. Sie zahlten nur einen Teil ihres Einkommens in die Kommunekasse für Miete, Essen und ebenfalls eine Wasch- und Putzfrau. Die persönlichen Ausgaben wurden nicht in die Vergemeinschaftung einbezogen. Der Zugriff des Kollektivs auf die individuelle Lebensführung blieb damit wesentlich geringer. Mit dem Ende des Studiums löste sich die Kommune auf.

Die beiden Beispiele veranschaulichen das Muster der Jugendkommunen. Sie changierten zwischen der Zweckgemeinschaft einer Studenten-WG und der Vergemeinschaftung im Sinne der Utopie der Neuen Lebensweise. Ihr Ausgangspunkt war in der Regel das gemeinsame Studium. Was sie als utopisch-experimentelle Gemeinschaft über eine Studenten-WG hinaushob, war der kulturrevolutionäre Anspruch, die eigene Lebensweise im Vorgriff auf die Utopie

---

[230] Vgl. Schattenberg: Stalins Ingenieure, S. 170.

umzugestalten. Im Zentrum stand die Selbsterziehung zum Neuen Menschen. In Form eines Verhaltenskodex gehörte sie zum Kern der Kommunestatute.[231] In ihm verband sich, wie das Beispiel von Mehnerts Kommune zeigt, der Anspruch der Überwindung individualistischer Einstellungen mit Ordnungs- und Sauberkeitsvorstellungen. Die Kommunarden sollten nicht nur gemeinschaftlich leben und das Denken in den Kategorien ‚mein' und ‚dein' überwinden – das ist die schon aus den Utopien Kollontais, des Proletkults etc. bekannte Erziehung zum Kollektiv. Sie sollten in ihrem Verhalten auch auf Ordnung, Sauberkeit, Körperhygiene, Disziplin, Pünktlichkeit und Höflichkeit achten, eine ordinäre Ausdrucksweise vermeiden und gegen Alkoholismus und Gewalt auftreten. Der Neue Mensch der Jugendkommunen war explizit als Gegenbild zum Rowdy und „rückständigen" Bauern entworfen. Die zeitgenössischen Darstellungen zeigen ihn in deutlicher Absetzung zur traditionellen bäuerlichen Kultur als jungen, klassenbewußten Arbeiter respektive Arbeiterin mit einer großstädtischen, massenkulturellen Lebensweise: bildungs- und kulturbeflissen, technik- und wissenschaftsaffin, sportbegeistert.[232] Unter dem Stichwort kommunistische Moral wurden der neue Werte- und Verhaltenskodex und seine Durchsetzung intensiv in den Jugendzeitschriften wie der *Molodaja Gwardija* diskutiert. Dabei war der Kodex der kommunistischen Moral nicht mehr nur auf die Jugendkommunen gerichtet, sondern zielte über sie hinaus. Die Jugendkommunen wurden gleichermaßen als Vorgriff wie Vorbild verstanden. Was sie als Avantgarde im besonderen Maße vorlebten, galt für alle. Auch wer nicht als Kommune lebte, sollte sich die neuen Werte zu eigen machen.

Ein zweiter Punkt in der Diskussion um die Jugendkommunen als utopisch-experimentelle Gemeinschaften war ihre Unterscheidung nach Grad und Bereich der Vergemeinschaftung. Man unterschied idealtypisch zwischen Arbeits- und Betriebs-, Wohn-, Byt- und Vollkommunen; realiter überschnitten sie sich aber, die Übergänge waren fließend. Die Arbeits- und Betriebskommunen bildeten in bezug auf das Vergemeinschaftungsideal die unterste Stufe. Sie begrenzten sich auf die beispielgebende Selbsterziehung zum Neuen Menschen und stellten den industriellen Aufbau in den Lebensmittelpunkt. Sie kollektivierten

---

[231] Vgl. Ber, Julij: Kommuna segodnja. Opyt proizvodstv i bytovych kommun molodezi (Die Kommune heute. Erfahrungen der Produktions- und Wohnkommunen der Jugend). Moskau 1930, S. 53-77.

[232] Vgl. zum Sport als Medium der körperlichen und sittlichen Erziehung in den *fizičeskaja kul'tura*-Konzeptionen der 1920er Jahre Plaggenborg: Revolutionskultur, S. 65ff.

die Arbeitsweise, nicht das Alltagsleben. Sie entstanden durch die Gründung einer sogenannten Stoßbrigade, sie waren Arbeitskollektive, die sich zu Arbeitsleistungen über der Norm verpflichteten und sich an die vorderste Front des industriellen Aufbaus stellten. Der Lohn wurde unter allen gleichverteilt. Dazu kam die Verpflichtung auf den Verhaltenskodex des Neuen Menschen, insbesondere dessen politischen Teil sowie die Ordnungs- und Sauberkeitstugenden. Die Hochzeit dieser Arbeitskommunen war die Zeit des ersten Fünfjahrplans. Mit dem Ende der Kommunebewegung schrumpfte der utopische Kodex, um nicht zu sagen pervertierte. Die Arbeitskommunen wurden zu jugendlichen Akkordarbeitsbrigaden, die für die Steigerung des Arbeitstempos instrumentalisiert wurden.

Kommunen wie die des Ingenieurstudenten Posdnjak galten als Wohnkommunen. Charakteristisch für sie war, daß in ihnen, im Gegensatz zu den Hauskommunen, die Räume nicht familienweise aufgeteilt waren, sondern nach Funktionen: in der Regel gemeinschaftliche Schlafräume und Wohnzimmer sowie Küche und Bad. Das bedingte nicht zuletzt schon die Raumnot. Häufig stellten die Kommunen, wenn sie es sich leisten konnten, für die Hausarbeit eine Putz- und Waschfrau an.[233] In der damaligen Diskussion über die Jugendkommunen wurde jedoch immer wieder kritisch angemerkt, daß die meisten Wohnkommunen eher Zweckgemeinschaften gemeinsamen Wohnens während des Studiums oder der Ausbildung blieben und keine vollwertigen Kommunen im Sinne der Utopie der Neuen Lebensweise seien; selbst wenn sie Hausarbeit und Verpflegung ‚vergemeinschafteten'.

‚Echte' Kommunen bildeten in diesem Sinne erst die sogenannten Byt-Kommunen. Sie gingen in der Umgestaltung der Lebensweise über die Vergemeinschaftung der Hausarbeit hinaus. Sie versuchten eine Vergemeinschaftung des persönlichen Lebens. Ihr Anspruch war es, mit dem Kommunekollektiv eine neue Form von Familie zu gründen, die auf der Solidarität des, wie es bei Kollontai heißt, „arbeitenden Kollektivs" beruht, das durch gemeinsame Arbeit und gemeinsamen Interessen geeint ist.[234] Zur Vollendung gelangte nach damaliger Klassifizierung die Byt-Kommune in der Vollkommune. Diese kam dem Vergemeinschaftungsideal der Utopie der Neuen Lebensweise am nächsten. In ihr war, wie in Mehnerts Beispiel, das Privateigentum abgeschafft und die Kommunarden zahlten ihr gesamtes Einkommen in die Kommunekasse. Die Voll-

---

[233] Das läßt sich auch als Vergesellschaftung der Haushaltsarbeit sehen.
[234] Kollontai: Die Situation der Frau, S. 222.

kommune hatte das höchste Prestige. Aber sie war auch die utopisch anspruchsvollste Form. Sie forderte dem einzelnen ein Höchstmaß an kulturrevolutionären Enthusiasmus und Bereitschaft zum Kollektiv ab. Ihre Vergemeinschaftung griff tiefer in die individuelle Lebensführung ein als die der anderen Kommunen. Sie gab eben nicht nur einen Wertekodex für die Selbsterziehung zum Neuen Menschen vor, sie bestimmte den Rahmen für die persönliche Lebensplanung. Das Erproben neuer, „kameradschaftlicher" Geschlechterbeziehungen war das eine. Das andere und schwierigere war das Entwickeln neuer Strukturen alternativ zur traditionellen Familie. Mit der vollständigen Vergemeinschaftung des Einkommens war zudem eine Grenze in der Lebensführung überschritten. Die Beteiligten sahen ihr Leben im Vorgriff der privateigentums- und geldlosen Gesellschaft. Doch vorerst machte die Gesellschaft keine Schritte, ihre utopische Avantgarde mit der Abschaffung des Geldes einzuholen; ganz im Gegenteil. Dadurch aber bedeutete aber die gemeinsame Kasse einen erheblichen Einschnitt in die Autonomie der Lebensführung. Sie ordnete die individuellen Interessen den Bedürfnissen des Kollektivs unter. Dem Druck dieser Anforderungen zeigten sich, wie Mehnert beschreibt, viele auf die Dauer nicht gewachsen. Man sehnte sich nach privatem Rückzugsraum, war der endlosen Diskussionen im Kollektiv müde, wollte – das war in der Regel der entscheidende Grund – eine eigene Familie mit Kindern. Charakteristischerweise wurde jedoch, wie schon bei den Hauskommunen, als wesentliche Ursache für das Scheitern der Jugendkommunen auf die unpassenden Wohnverhältnisse gewiesen.

Ende der 1920er Jahre kam es im Zuge des Um- und Neubaus der Städte dann zum Bau eigener Kommunehäuser. Zwei Richtungen lassen sich dabei ausmachen, sie unterscheiden sich sowohl in der Form als auch ihrer Trägerschaft. In der Mehrheit waren die Kommunehäuser für Jugendkommunen Studentenheime mit ausgeprägtem Gemeinschaftscharakter.[235] Sie boten zur Versorgung Mensa, Waschsalon, Ambulanz und – im Idealfall – Kinderkrippe und Kindergarten sowie Kultur-, Lern-, Sport- und Erholungsräume. In der Regel waren sie für tausend bis zweitausend Personen geplant. An eine kommunitäre Gemeinschaft mit Vergemeinschaftung des Einkommens, gegenseitiger Erziehung zum Neuen Menschen und gemeinsamen Entscheiden aller Lebensfragen wie in den intimen Kommunen der Wohngemeinschaften war in diesen Kommunehäusern nicht mehr zu denken. Die Jugendkommunen wurden mit ihnen

---

[235] Vgl. zu Beispielen Chan-Magomedow: Pioniere der sowjetischen Architektur, S. 392f.; Obertreis: Tränen des Sozialismus, S. 358f.

zu Studentenheimen, die das Leben als Kollektiv organisieren sollten. In radikalen Entwürfen wie denen Sabsowitschs und Kusmins war in ihnen der Tagesablauf tayloristisch durchrationalisiert: mit gemeinsamem Aufstehen, Frühsport, kollektiver Freizeit etc. Die Selbsterziehung zum Neuen Menschen wurde hier zur Sozialdisziplinierung. Faktisch standen jedoch in den gebauten Kommune-Studentenheimen der utopischen (Ver-)Planung des Alltags schon die mangelnde Ausführung der Gemeinschaftseinrichtungen und die Überbelegung der Wohnheime entgegen. Ihr utopischer Anspruch schliff sich in der Folge mehr und mehr zu einem normalen Alltag in einem Studentenheim ab.

Die zweite Variante der Ende der 1920er, Anfang der 1930er Jahre gebauten Kommunehäuser waren Kommunen im Sinne von Kollontais Utopie. Es waren architektonisch aufgerüstete und im Sinne der Utopie vervollkommnete Hauskommunen. Im Unterschied zu den studentischen Kommunehäusern waren sie nicht auf den Lebensabschnitt des Studiums begrenzt, sondern für einen generellen Lebensentwurf konzipiert, wie das 1930 im Auftrag des Verbandes Proletarischer Schriftsteller gebaute *Haus der neuen Lebensweise* (*doma nowogo byta*) in Leningrad.[236] In der Mehrheit wurden sie von jungen Angehörigen der Intelligenzija, Ingenieure, Schriftsteller, Angestellte der Ministerien, gebildet; sie sollen daher hier zu den Jugendkommunen gezählt werden. Die Anzahl dieser Kommunehäuser läßt sich an wenigen Händen abzählen. Sie wurden in Eigenregie von Genossenschaften oder im Auftrag von Organisationen gebaut. Die meisten waren für hundert bis einhundertfünfzig Personen gedacht. Neben den Wohnungen hatten sie einen Gemeinschaftsbereich im Erdgeschoß oder in einem separaten Gebäudetrakt: in der Regel eine Kantine mit Speisesaal – im Gegenzug gab es in den Wohnungen keine Küche, allenfalls eine kleine Kochnische –, Waschsalon, Bibliothek, Klubräume, mitunter auch einen Kindergarten, einen Friseur und eine Concierge. Die Dienstleistungen wurden von bezahlten Angestellten ausgeführt. Im Mittelpunkt dieser Kommunehäuser stand die Vergemeinschaftung des Haushalts. Darüber hinaus bestand die ‚Vergemeinschaftung' eher in der Entwicklung einer geselligen Hausgemeinschaft mit familiären Freundschaftsbeziehungen. Die Kommunarden legten ihr Einkommen nicht in einer gemeinsamen Kasse zusammen wie die studentischen Byt-Kommunen. Sie zahlten eine Miete, die die kommunitären Nebenkosten einschloß, und zusätzlich für die gemeinsame Verpflegung eine monatliche Pau-

---

[236] Vgl. zu diesem Obertreis: Tränen des Sozialismus, S. 352ff.

schale. Auch griffen die Kommunehäuser wie das *Haus der neuen Lebensweise* bei weitem nicht in dem Maße wie die oben beschriebenen Jugendkommunen unmittelbar in die individuelle Lebensführung ein. Es gab keinen Verhaltenskodex zur Erziehung des Neuen Menschen. Die Mitglieder dieser Kommunehäuser verorteten sich zwar ebenfalls innerhalb der Utopie der Neuen Lebensweise und ihrer Überwindung individualistischer Denk- und Verhaltensweisen, aber man vertraute für die Entwicklung des Neuen Menschen darauf, daß aus der Abschaffung des Einzelhaushalts die Aufhebung der Familie erwachse. Die Statuten und Regeln ließen den privaten Bereich des einzelnen weitgehend frei. Das reduzierte das Frustrationspotential beträchtlich. Trotzdem erwies sich, wie in den Jugendkommunen, auch in diesen Kommunehäusern die Geburt von Kindern als der neuralgische Punkt.[237] Das Problem der Jugendkommunen war der Platzmangel, für die Kommunehäuser war es vor allem die fehlende Küche. Die kommunitäre Infrastruktur mit Gemeinschaftsküche war zu unflexibel, um den Bedürfnissen von Familien mit kleinen Kindern zu entsprechen. Die Kommunehäuser waren von ihrer Grundidee her trotz Kindergarten insofern auf einen Alltag ohne Kinder ausgerichtet, als daß die Kinder in ein eigenes Quartier gleichsam ausgelagert werden sollten. Doch mit der Aufhebung der Familie war es nicht so weit, wie man propagierte. Trotz allem Selbstverständnis als Neuer Mensch waren die Kommunarden dieser Kommunehäuser nicht geneigt, ihre Kinder in separaten Kinderquartieren unterzubringen, wie es Sabsowitsch oder Lunatscharski in ihren Utopien vorsahen. Die Kinder waren tagsüber in Kinderkrippe und Kindergarten, aber ansonsten wie in der traditionellen Familie bei den Eltern. Für Kleinkinder waren die Wohnungen jedoch nicht ausgelegt. Mit der Küche fehlte allein schon die Möglichkeit, im Tagesrhythmus der Kleinkinder zu kochen. In der Folge suchten die Familien, mit provisorischen Kochecken die fehlende Küche zu kompensieren. Der Haushalt wanderte wieder zurück in die Einzelfamilie. Unter doppelter Belastung für die Frauen, fehlten den Notlösungen doch die Arbeitserleichterungen eines optimierten Haushalts, wie sie Schütte-Lihotzkys Frankfurter Küche bot. Die Kommunehäuser untergruben so zunehmend ihren Kommunecharakter und den Anspruch, die Frau vom Haushalt zu befreien. Noch vor dem politisch verfügten Ende – Mitte der 1930er Jahre wurden die selbständigen Genossenschaften aufgelöst und ihre Kommunehäuser verstaatlicht und in Kommunalkas umgewandelt – kam es für

---

[237] Vgl. Obertreis: Tränen des Sozialismus, S. 354 u. S. 411; Chan-Magomedow: Pioniere der sowjetischen Architektur, S. 393.

die meisten Häuser zur inneren Selbstauflösung. Für die Kommunehäuser zeigt sich damit die für das utopische Feld *Rußland 1917* charakteristische Ambivalenz von Scheitern und politischem Abbruch. Markierte sich in den inneren Friktionen der Kommunehäuser die Diskrepanz zwischen utopischem Ideal und seiner Realisierung, verhinderte das Beenden des utopischen Experiments seitens der Politik für sie einen institutionellen Lernprozeß.[238]

Es greift jedoch zu kurz, die Kommunehäuser und Jugendkommunen allein daran zu messen, daß es ihnen nicht gelang, ihre kommunitäre Wohn- und Lebensform dauerhaft zu etablieren. Utopische Gemeinschaften müssen nicht, wie die Utopiegeschichte immer wieder zeigt, auf Dauer bestehen, um neue Lebensweisen und Werte zu inspirieren. Wie schon für die 1860er Kommunen liegt auch für die frühsowjetischen Kommunen ihre Bedeutung als Utopie weniger in dem, was sie sozialgeschichtlich an neuen Lebensentwürfen und Rollenmustern unmittelbar durchsetzten, als vielmehr in dem, was sie diskursiv an Räumen und Identifikationsangeboten eröffneten. In dieser Hinsicht lag ihre Bedeutung zum einen im Verknüpfen des Emanzipationsdiskurses sowie des Topos des Neuen Menschen mit dem Architektur- und Stadtdiskurs: Sie übersetzten die Befreiung der Frau vom Haushalt und die Erziehung zum Kollektiv als Aufgabe der sozialistischen Architektur und Stadtplanung. Zum anderen fungierten sie, wie schon die 1860er Kommunen, als Kristallisationspunkt zur Infragestellung traditioneller Familienbilder und Rollenmuster. Man sah in den Geschlechterbeziehungen der Jugendkommunen die „Ehe der Periode der sozialistischen Gesellschaft" vorweggenommen, wie es in der *Molodaja Gwardija* hieß.[239] Das war sichtlich zu utopisch-euphorisch, scheiterten die Kommunen doch gerade am Punkt der Familiengründung. Und mit der konservativen Kehrtwende der Familienpolitik restaurierten sich auch die alten familiären Geschlechterbilder. Das Emanzipationscharisma der Kommunen reichte nicht über ihre kurze Zeit jugendlichen Aufbruchs hinaus. Ein Grund war ihre Überlagerung durch die desavouierenden Kommunalka-Erfahrungen, ein zweiter die schon für Kollontais Utopie beschriebene sozialpolitische Konterkarierung. Das Emanzipationsversprechen von der Befreiung aus der „Haushaltssklaverei" und von gleichberechtigten Geschlechterbeziehungen war eng mit dem Modell des Kommunehauses und seiner Vergemeinschaftung verbunden worden. Das erwies sich als kontrapro-

---

[238] Ein Beispiel für einen solchen Lernprozeß utopisch-experimenteller Gemeinschaften sind die israelischen Kibbutzim (vgl. Lindenau: Requiem für einen Traum).

[239] Zitiert nach Halle: Die Frau in Sowjetrussland, S. 522.

duktiv. Das Verschwinden der Kommunehausidee beschädigte auch das Emanzipationsversprechen.

Nachhaltiger wirkten die Jugendkommunen mit ihrem Werte- und Verhaltenskodex, allerdings in einer Hinsicht, die so in den Utopien der Neuen Lebensweise nicht intendiert war. Mit seinen Ordnungs- und Sauberkeitstugenden fungierte der Kodex gleichsam als nachholender Prozeß der Zivilisation (Elias), in dem sich statt der avisierten „proletarischen Kollektivität" die bürgerlichen Sekundärtugenden durchsetzten. Während das Gleichheits- und Kollektivitätsideal mit dem Ende der Kommunebewegung versackte beziehungsweise unter Stalins Verdikt der „Gleichmacherei" fiel,[240] trugen jene zur ‚Umerziehung' der bäuerlichen Aufsteigerschichten bei. Sie vermittelten die kulturellen Normen einer städtischen Lebensweise und ließen sich zur Ausbildung einer industriellen Arbeitskultur heranziehen.

Schulkommunen und Jugendkolonien

Ein bildungsutopischer Sonderfall unter den postrevolutionären Kommunen waren die Schulkommunen. In ihnen manifestierte sich die linksbolschewistische Utopisierung der Bildungspolitik. Sie standen für die Maximalposition der Utopie der Neuen Lebensweise. Ihre Hochzeit waren die Jahre unmittelbar nach der Revolution. Lunatscharski hatte, wie erwähnt, die Bildungs- und Schulpolitik als utopisches Experimentierfeld geöffnet. Er ließ sich vom Kommunezeitgeist mitreißen, wenngleich er wie Krupskaja der Schulkommuneidee distanziert gegenüberstand. Unter seiner Leitung förderte das Narkompros Kommuneprojekte als Modellexperimente der sozialistischen Erziehung.[241] Über den Grundcharakter der künftigen Schule bestand unter den neuen Bildungsfunktionären Konsens: Die Schule sollte zur Keimzelle der neuen Gesellschaft werden. An die Stelle der alten Schule mit ihrer sozialen Segregation sollte eine polytechnische Einheits- und Arbeitsschule treten, unentgeltlich und obligatorisch für alle. In ihr sollten Bildung und Arbeit zusammengeführt werden und ihre Grundlage sollte die Freie Erziehung bilden. Das Ziel war der „wahre Mensch",

---

[240] Vgl. Stalin, Josef W.: Neue Verhältnisse – neue Aufgaben des wirtschaftlichen Aufbaus. In: ders.: Werke, Bd. 13. Berlin 1955. S. 47-72, S. 51ff.

[241] Vgl. die von der kommunistischen Partei Österreichs hrsg. Broschüre zur sowjetrussischen Bildungspolitik *Das Kulturwerk Sowjetrußland* (1920); Beispiele von Schulkommunen in Anweiler: Geschichte der Schule und Pädagogik in Rußland, S. 136.

die durch Aufhebung der Entfremdung von manueller und geistiger Arbeit „sozial entwickelte harmonische Persönlichkeit". Um die Form der neuen Schule jedoch konkurrierten die verschiedensten utopischen Ideen.[242]

Als Verfechter der Schulkommunen trat vor allem die radikale, anarchokommunistisch geprägte Moskauer Linke des Narkompros auf;[243] zu ihr gehörten unter anderem N. A. Poljanskij, W. M. Posner, L. Schapiro und W. N. Schulgin. Sie verstanden die Arbeitsschule nicht nur als Form einer polytechnischen Bildung, sie nahmen sie gleichsam wörtlich als ein „werktätiges Kollektiv" der Schüler. Die meisten von ihnen waren keine Pädagogen, sondern kamen von der Politik zu Erziehung und Schule. Ihnen fehlten die fachliche Kompetenz Krupskajas und das breite, humanistische Bildungsverständnis Lunatscharskis.[244] Das gab ihren Schulvorstellungen einen naiven Optimismus und eine Engführung auf die revolutionäre Funktionsbestimmung. Ihr Marxismus war dabei „durchsetzt von den Vorstellungen eines theoretisch wenig geformten Anarchismus und ursprünglichen Kommunismus; sie verkörper[te]n den ‚proletarischen' Geist der Revolution im Sinne einer unmittelbaren Arbeiterherrschaft in den Betrieben und ländlicher Arbeitskommunen auf urkommunistischer Grundlage."[245] Dieses Gesellschaftsbild bestimmte ihr pädagogisches Ideal der Arbeits-Schulkommune.

Im November 1918 veröffentlichte N. A. Poljanskij in der *Narodnoe Prosweschtschenie* (*Volksbildung*), der Zeitschrift des Narkompros, den „Entwurf für ein Schulstädtchen". Dieser kann, so Anweiler, als Musterbeispiel der Schulkommunen der Linken des Narkompros gelten.[246] „Tod der Schule" war die Parole. Es genüge nicht, so Poljanskij, die Schule zu reformieren, man müsse die alte Schule zertrümmern und sie als kommunitäre Erziehungsgemeinschaft von Grund auf neu aufbauen. Nur so könne sie als „Embryo der neuen

---

[242] Vgl. zur postrevolutionären Bildungspolitik und ihrem utopischen Charakter Anweiler: Geschichte der Schule und Pädagogik in Rußland. Im folgenden wird nur auf den Kommuneaspekt eingegangen, die Schulkommunen werden dabei in bezug auf ihre Stellung im utopischen Feld betrachtet.

[243] Vgl. ebd., S. 113ff.; Poljanskij, V. I.: Erzieherische und produktive Arbeit in der neuen Schule. (1918) In: Lorenz, Richard (Hrsg.): Proletarische Kulturrevolution in Sowjetrußland. München 1969. S. 194-201.

[244] Vgl. Froese: Ideengeschichtliche Triebkräfte der russischen und sowjetischen Pädagogik, S. 143.

[245] Anweiler: Geschichte der Schule und Pädagogik in Rußland, S. 171.

[246] Vgl. Narodnoe prosveščenie 1918, Nr. 21. S. 4-6, zitiert nach Anweiler: Geschichte der Schule und Pädagogik in Rußland, S. 171f.

Gesellschaft" wirken. In seinem Entwurf sah Poljanskij vor, am Stadtrand Schulkommunen zu errichten, die aus Internat, Schulgebäude und Werkstätten bestehen. In den Werkstätten sollen die Kinder die verschiedenen Handwerke erlernen. Im Sommer zieht die Schulkommune aufs Land, um die Garten- und Feldarbeit zu lernen und die Natur kennenzulernen. Die Farmen der Schulkommunen sollen dabei zugleich als Musterfarmen für die Bauern der jeweiligen Gegend fungieren. Und aus dem Ertrag von Farm und Werkstätten sollen sich die Schulkommunen selbst versorgen. Für die Zukunft prognostiziert Poljanskij, daß die Schulkommunen ganz auf dem Land bleiben und dort autonome Schulstädtchen bilden werden. Aus der inneren Organisation der Schulkommunen und des Unterrichts soll sich der Staat fernhalten; diese würden die Schüler selbst schaffen, denn – so Poljanskij Marx' Parole paraphrasierend: „Die Befreiung der Schüler kann nur das Werk der Schüler selbst sein". Die Schüler würden sich „gemäß ihren persönlichen Sympathien und Neigungen nach den einzelnen Beschäftigungen, Fächern und Handwerken" gruppieren. Die „natürliche Neugier" des Kindes, alles kennenzulernen, verhindere dabei, daß sie sich nur auf ein Fach oder eine Arbeit konzentrieren. „Anfangs wird die Arbeit unter der Leitung des Lehrers geschehen, später werden die Kinder sich gegenseitig unterweisen, organisieren und vollkommen ohne einen Lehrer damit fertig werden." Die Erzieher würden gewissermaßen zu beratenden Begleitern des selbsttätigen Lernens der Kinder.

Poljanskijs Schulstädtchen zeigt gleichsam idealtypisch die Merkmale der utopischen Schulkommunen der 1920er Jahre.[247] Da ist erstens die Organisation des Unterrichts im Sinne einer radikal verstandenen Freien Erziehung[248] – mit einem fast grenzenlosen Vertrauen in die Fähigkeit des Kindes zur selbsttätigen Bildung. Die Freie Erziehung wurde gleichsam als bildungspolitische Verlängerung der rätedemokratischen Erwartungen gesehen. Dem entsprach, zweitens, das Prinzip der gemeinsamen Selbstverwaltung durch Erzieher und Schüler. Sie war analog den Arbeiterräten in den Fabriken gedacht. Die Schulkommunen sollten von einem Sowjet geführt werden, in dem Schüler, Erzieher und technisches Personal gleichberechtigt vertreten sind. Drittens die gemeinschaftliche, gegenseitige Erziehung durch das Kollektiv (Soziale Erziehung), die den Indi-

---

[247] Auf die pädagogische Konzeption wie Auflösung der Klassen, Komplexunterricht etc. wird im folgenden nicht eingegangen.
[248] Vgl. zur Freien Erziehung Anweiler: Geschichte der Schule und Pädagogik in Rußland, S. 48ff.; Kamp, Johannes-Martin: Kinderrepubliken. Opladen 1995, S. 567.

vidualismus der Familie ablösen sollte. Die Schulkommunen waren viertens als „werktätige Kommunen" konzipiert. Sie besaßen eigene Werkstätten und Landwirtschaft, in denen die Schüler arbeiteten. Wissenschaftliche Bildung und praktische handwerkliche und landwirtschaftliche Ausbildung sollten miteinander verbunden werden. Dahinter stand zum einen der Anspruch, die Trennung zwischen geistiger und manueller Arbeit und die daraus resultierende Entfremdung aufzuheben. Die Schüler sollten nicht nur ein Handwerk lernen, sondern im Sinne des Ideals der polytechnischen Bildung in allen Zweigen arbeiten. Zum anderen verband sich die Einbettung der Schule in die Arbeit mit den Erwartungen der Sozialen Erziehung: Die Erfahrung der gemeinsamen Arbeit sollte ein Bewußtsein proletarischer Solidarität und Kollektivität entwickeln. Durch die schuleigene Landwirtschaft und Werkstätten sollten sich, fünftens, die Kommunen auch weitgehend selbst versorgen. Sie waren als autarke Wirtschaftsbetriebe gedacht. Sechstens, hinter den Schulkommunen stand ein Bild des Neuen Menschen, das über jenes des Jugendkommunediskurses der 1920er Jahre hinausging. Dessen Kollektivismus wird mit einem anarchistischen Freiheitsverständnis komplementiert. Der Neue Mensch soll nicht nur kollektiv denken und handeln, sondern in seinem Charakter selbstbestimmt und antiautoritär sein. Und er ist, anknüpfend an bildungsutopische Diskurse, als befreite ganzheitliche, nichtentfremdete Persönlichkeit gedacht.

Die werktätigen Schulkommunen waren keine bolschewistische Erfindung. In ihnen verbinden sich anarchistische Ideen, Bildungs- und Schulkonzeptionen in der Tradition der Narodniki, reformpädagogische Ideale wie die Freie Erziehung und Arbeitserziehung, entwicklungspsychologische Experimente der russischen Psychoanalyse[249] sowie Elemente der klassischen Utopie. Der marxistische Anteil an dieser Melange war gering. Utopiegeschichtlich findet sich die separate Gemeinschaftserziehung der Kinder schon bei Platon, Morus und Campanella, ebenso als Kinderstadt bei Bogdanow, der autonome Charakter der Erziehung unter anderem bei Fourier. Kurz nach der Jahrhundertwende kam es mit der Reformpädagogik auch in Rußland zu ersten Experimenten selbstverwalteter Kinderkolonien, etwa Konstantin N. Wentzels (1857-1947) *Haus des freien Kindes*[250] und Stanislaw T. Schazkis (1878-1934) Kinderkolonie *Bodraja*

---

[249] Vgl. zur Ausrichtung der russischen Psychoanalyse der 1920er Jahre auf die Erziehung des Neuen Menschen Kloocke, Ruth: Mosche Wulff. Zur Geschichte der Psychoanalyse in Rußland und Israel. Tübingen 2002.

[250] 1906 hatte Ventcel' in Moskau für Kinder von fünf bis zehn Jahre das *Haus des*

Shisn (Munteres Leben).[251] Die Idee der Arbeitserziehung führte schon Odojewski in die russische Pädagogik ein.[252] Die russische Volksschulbewegung machte sie in der Folge unter Betonung der Verknüpfung von geistiger und manueller Arbeit zu einem Kernelement ihrer Schul- und Bildungskonzeption.[253] Auch Kropotkins *éducation intégrale*[254] ist ein Bezugspunkt, ebenso das anarchistische Ideal autonomer, sich selbst regulierender Gemeinschaften. Die Gegner der Schulkommunen wie Lunatscharski und Lenin wiesen in ihrer Kritik gerade auf diese anarchistischen Traditionen. Lunatscharski bezeichnete – zu Recht – Kropotkin und Tolstoi als deren geistige Väter.[255]

Eines der Vorbilder aus der Tradition der Narodniki ist der Plan genossenschaftlicher Gymnasialfarmen, den Sergej N. Juschakow (1849-1910) in den 1890er Jahren entwarf – bezeichnenderweise unter dem Titel *Bildungsutopie*.[256] Der Plan sah vor, in jedem Amtsbezirk zwei Gymnasialfarmen zu errichten: je eine für Jungen und eine für Mädchen, insgesamt vierzigtausend. Diese waren ebenfalls als werktätige Unterrichts- und Lebenskommunen mit eigener Landwirtschaft konzipiert, die sich selbst versorgen sollten. In ihnen sollten die Kinder vom achten bis zum zwanzigsten Lebensjahr leben. Juschakow legte der Verknüpfung von Schule und Arbeit in Form der Kommune die Überlegung

---

freies Kindes gegründet, in ihm sollten die Kinder gemäß der Freien Erziehung ihren Unterricht selbst organisieren. Das Experiment scheiterte, die Kinder waren mit der Freiheit überfordert; Ventcel' und seine Mitarbeiter mußten als Erzieher eingreifen. 1909 schloß das Heim (vgl. Anweiler: Geschichte der Schule und Pädagogik in Rußland, S. 51f.).

[251] Vgl. ebd., S. 57f.

[252] Vgl. Froese: Ideengeschichtliche Triebkräfte der russischen und sowjetischen Pädagogik, S. 36f.

[253] Vgl. ebd., S. 52f.

[254] Vgl. Kropotkin, Peter: Landwirtschaft, Industrie und Handwerk. (1899) Berlin 1976, S. 216ff.

[255] Vgl. Anweiler: Geschichte der Schule und Pädagogik in Rußland, S. 114; vgl. auch die Kritik V. I. Poljanskijs: „Diese Schulkommune als *geschlossene wirtschaftliche Einheit* erinnert an jene kleinbürgerlichen Pläne, die uns aus der Literatur der Anarchisten bekannt sind. Vollkommen zu Recht fragen die Petrograder Genossen: Ist unser Ideal denn eine Kommune im Sinne irgendeines Tolstoj'schen Dorfes?" (Poljanskij: Erzieherische und produktive Arbeit in der neuen Schule, S. 196f.).

[256] Vgl. Južakov, Sergej N.: Prosvetitel'naja utopija. In: ders.: Voprosy prosveščenija. St. Petersburg 1897. S. 201-237; Anweiler: Geschichte der Schule und Pädagogik in Rußland, S. 75f.; Lenin, Wladimir I.: Gymnasialwirtschaften und Korektionsgymnasien. In: ders.: Werke, Bd. 2. Berlin 1961. S. 64-72.

zugrunde, daß die Bildung das Volk nicht von seiner bäuerlichen Kultur entfremden dürfe, sie müsse vielmehr aus dessen Arbeits- und Lebensverhältnissen heraus erwachsen und diese als allgemeines Ideal einer kommunitären bäuerlich-handwerklichen Lebens- und Arbeitsweise entwickeln. Die Gymnasialfarmen sollten gleichsam als Propädeutikum für den als Utopie aufgerüsteten Mir dienen. Dieser utopische Erwartungshorizont einer agrarsozialistischen Gesellschaft wurde von den postrevolutionären Schulkommune-Protagonisten nicht mehr geteilt, doch unterschwellig wirkte er fort. Er blieb, solange die Schulkommunen als sich selbstorganisierende, werktätige und ländliche Gemeinschaften konzipiert waren, trotz aller Betonung des industriellen Charakters der Arbeit als Ideal eines genossenschaftlichen Sozialismus in ihnen erhalten.

Die Schulkommunen erwiesen sich im utopischen Feld *Rußland 1917* anschlußfähig für die Utopien der Neuen Lebensweise. Sie trafen sich zum einen in der Forderung, daß die Schule die Familie als zentrale Erziehungsinstanz ablöst. Wie in den Utopien der Neuen Lebensweise argumentierten die Schulkommune-Befürworter von einer kulturrevolutionär aufgeladenen Milieutheorie her: Für die Erziehung zum Neuen Menschen müsse das Kind aus dem „depravierenden Milieu" der Familie mit ihrem Individualismus und ihrer „Erziehungshandwerkelei" befreit werden. An ihre Stelle sollte als sozialistisches Erziehungsmilieu das Kollektiv treten. Zum anderen schien die Schulkommune das passende bildungspolitische Mittel, um das utopische Maximalprogramm, die Befreiung der Frau vom Haushalt und die Aufhebung der Familie, umzusetzen.

Im Zuge des utopischen Überschwangs während des Kriegskommunismus konnte die Schulkommune-Idee in der ersten Phase nach der Revolution diskursiven Geländegewinn für sich verbuchen. Selbst Skeptiker wie Lunatscharski und Krupskaja konnten sich ihrem Einfluß nicht entziehen. Sie stimmten dem Entwurf der Moskauer Linken des Narkompros für das Parteiprogramm von 1919 zu, der die Gemeinschaftserziehung aller Kinder vom frühesten Alter an vorsah.[257] Doch auch wenn die Anhänger der Schulkommune den utopischen

---

[257] Vgl. Anweiler: Geschichte der Schule und Pädagogik in Rußland, S. 146. Unter Lenins Leitung strich die Programmkommission die Schulkommunen jedoch aus dem Programmentwurf und setzte an ihre Stelle: „Gewährleistung einer unentgeltlichen und obligatorischen allgemeinen und polytechnischen (theoretisch und praktisch die Grundlagen aller Hauptzweige der Produktion vermittelnden) Bildung für alle Kinder beiderlei Geschlechts bis zum 16. Lebensjahr" mit „einer engen Verbindung zwischen Unterricht und gesellschaftlich-produktiver Arbeit der Kinder" und „Versorgung aller Schüler mit Nahrung, Kleidung und Lernmitteln auf Staatskosten"

Zeitgeist auf ihrer Seite hatten, politisch blieb diese eine Minderheitsposition. Ihr Einfluß beschränkte sich auf einige Versuchs- und Musterschulen.[258] Im Rückblick zeigt sich, daß die meisten Schulkommuneprojekte Entwurf blieben. Die wenigen als Versuchsschulen realisierten Schulkommunen schrumpften in der Praxis meist rasch auf Notgemeinschaften für die durch den Krieg entwurzelten und obdachlosen Kinder und Jugendlichen, die Besprizorniki. Der pädagogische Anspruch trat hinter die sozialfürsorgerische Funktion zurück. Vereinzelt nur gelang es Schulkommunen, sich mit ihrer ursprünglichen Zielsetzung als Musterschulen des Narkompros zu etablieren; ihre Zahl läßt sich an wenigen Fingern abzählen. Die bekannteste war die von Pantelejmon N. Lepeschinski, er gehörte ebenfalls zum radikalen Moskauer Flügel des Narkompros, gegründete und später nach ihm benannte Schulkommune. Sie war 1918 in einem weißrussischen Dorf gegründet worden. 1919 zog sie nach Moskau um, Grund für den Umzug war die ablehnende Haltung seitens der Bauern.[259]

Aber auch für diese Schulkommunen gilt, daß sie nur einen Teil des ursprünglichen Programms einlösten. Der utopische Anspruch war zu hoch. Die Schulkommunen wie Poljanskijs Schulstädtchen waren, wie Anweiler konstatiert, „eine ungeschichtliche ‚pädagogische Provinz'".[260] Sie bildeten gegenüber der Realität gleichsam eine utopische Insel. Als schulpolitisches Leitbild wären sie in der Praxis in mehrerer Hinsicht eine utopische Überforderung gewesen: pädagogisch für Schüler und Lehrer, finanziell für den Staat sowie hinsichtlich

---

(LW, Bd. 29, S. 116f.; vgl. auch den entsprechenden Absatz im beschlossenen Parteiprogramm).

[258] 1920 gab es ca. 100 dieser experimentellen Modellschulen, davon waren jedoch nur ein kleiner Teil Schulkommunen. Anders in der Sowjetukraine. Das ukrainische Narkompros unter der Leitung von Jan P. Rjappo und Grigorij F. Grin'ko machte die vollständige Vergemeinschaftung der Erziehung in Kinderheimen und -städten zum offiziellen Kurs der Bildungspolitik (vgl. Anweiler: Geschichte der Schule und Pädagogik in Rußland, S. 173ff.). Die meisten der selbstverwalteten Kinder- und Jugendkolonien der Zeit befanden sich daher in der Ukraine. Der bildungspolitische Sonderweg der Sowjetukraine erfolgte explizit in utopischer Überbietung des russischen Narkompros: Grin'ko und Rjappo warfen Lunačarskij „idealistische Halbheiten" und das Verharren in bürgerlicher Pädagogik vor. Der durch den Anarcho-Kommunismus geprägte Sonderweg der Sowjetukraine hielt bis zur NÉP an. Danach brach auch er ab, sowohl aus Ernüchterung über das Scheitern der Utopie als auch aufgrund der Vereinheitlichung der Bildungspolitik (vgl. dazu Kamp: Kinderrepubliken, S. 475f. u. 543f.).

[259] Vgl. Anweiler: Geschichte der Schule und Pädagogik in Rußland, S. 136f.

[260] Ebd., S. 172.

der Akzeptanz in der Bevölkerung. Sie waren wie schon Wentzels *Haus des freien Kindes* von einem zu optimistischen Vertrauen in die Fähigkeit zur Selbstorganisation und -bildung getragen. Auch der Anspruch der Selbstversorgung ließ sich nicht einlösen. Kritiker wandten zudem nicht zu Unrecht ein, daß unter dem Druck der Wirtschaftlichkeit die Arbeitserziehung zum monotonen Arbeitszwang werde, der die „schöpferischen Fähigkeiten" des Kindes abtöte.[261] Selbst unter idealen Bedingungen wären die Projekte schnell an ihre Grenzen gestoßen. Um wieviel rascher erst unter den Verhältnissen des Bürgerkrieges und der Not. Es fehlte schlicht an allem: qualifizierten Erziehern, Gebäuden, Lebensmitteln, Kleidung. Man scheiterte bereits daran, das Problem der Besprizorniki zu lösen, 1922 waren es geschätzte sieben bis neun Millionen.[262] Für sie gab es bei weitem zu wenig Heimplätze. In den Heimen herrschten zudem zum Teil katastrophale materielle und hygienische Zustände, die Fluktuation der Kinder und Jugendlichen betrug über fünfzig Prozent. So anspruchsvolle Projekte wie die utopischen Schulkommunen für alle (!) Kinder lagen angesichts dessen ganz außerhalb des Möglichen.

Auf der anderen Seite waren auch die Eltern nicht bereit, ihre Kinder in Schulkommunen zu geben. Die Schulkommunen setzten die Aufgabe des traditionellen Familienverständnisses voraus. Doch daran war nicht zu denken. Die Bereitschaft, die Utopie zum eigenen Lebensentwurf zu machen, wie es im Fall der Jugendkommunen für die jugendliche Aufbaugeneration zu sehen ist, gab es für die Schulkommunen nicht. Die Schulkommunedebatte lief fern der kulturellen Realität und der sozialen Bedürfnisse der Bevölkerung, insbesondere der bäuerlichen. Auch unter den Lehrern hatte sie mit ihrer Losung „Tod der Schule" keinen Rückhalt. Die Schulkommunen waren das utopische Projekt eines kleinen Kreises aus dem linksradikalen Flügel der Bildungsfunktionäre und aus enthusiastischen Reformpädagogen, die mit der Oktoberrevolution die Chance für ihre Ideen gekommen sahen. Sie zum Kern der neuen Schulpolitik zu machen, hätte absehbar für die Bolschewiki die Situation des utopischen Desasters vom Gang ins Volk 1874 reproduziert. Die Schulkommunen und ihr utopisches

---

[261] Vgl. Poljanskij: Erzieherische und produktive Arbeit in der neuen Schule, S. 200f.
[262] Vgl. zu den Besprizorniki Ball, Alan M.: And Now My Soul Is Hardened. Berkeley 1994; Weitz, Siegfried C.: Verwahrlosung, Delinquenz und Resozialisierung Minderjähriger in der Sowjetunion. Marburg 1978 (Neuauflage: Geschichte der Jugendverwahrlosung in der Sowjetunion. Marburg 1990); zur utopischen Überfrachtung der Lösungsansätze Anweiler: Geschichte der Schule und Pädagogik in Rußland, S. 223ff.

Emanzipationsversprechen wären wie seinerzeit der Aufklärungszug der Narodniki an ihrer Kluft zur Lebenswelt der bäuerlichen Bevölkerung zerschellt und an deren Mißtrauen gegenüber der neuen Macht; das zeigte schon das Beispiel der *Lepeschinski*-Kommune. Die Utopie erfordert einen sozio-kulturellen Rückhalt in der Gesellschaft, um als Bewegung mobilisiert werden zu können. So viel an utopiegeschichtlicher Lernerfahrung hatte man gewonnen; immerhin stand nunmehr die eroberte Macht auf dem Spiel. Das Menetekel der utopischen Überdehnung der Politik war mit dem Kriegskommunismus präsent. Dessen Fazit galt ebenso für den Bereich von Schule und Erziehung: Die Kluft zwischen proklamierter Utopie und Wirklichkeit ließ sich nicht überbrücken. Lenin warnte entsprechend auch für die Bildungspolitik vor weiteren linksradikalen utopischen Experimenten. Er mahnte die „Anpassung an die faktischen Möglichkeiten" an.[263] Mit der NEP griff dann auch für die Schulkommunen das Muster der Ambivalenz von Scheitern und politischer Rücknahme der postrevolutionären Utopisierung. Anweiler bilanziert entsprechend, daß sich „die Entwicklung der kommunistischen Schulpolitik vom Herbst 1918 bis zum Frühjahr 1921 als ein Weg von der Utopie zur Wirklichkeit beschreiben" lasse.[264] Nach den hochfliegenden Plänen trat Ernüchterung ein, die das politisch Machbare in den Blick nahm.

Mit dem utopischen Aufschwung im Zuge des ersten Fünfjahrplans und der intensivierten Planung des sozialistischen Um- und Neubaus der Städte wurde jedoch auch die Idee der Schulkommune wieder als Modell der Erziehung des Neuen Menschen aktualisiert. Einer der ausgefeiltesten Entwürfe stammt von Wiktor N. Schulgin (1894-1965) vom linken Flügel des Narkompros.[265] Er entwarf ein flächendeckendes Netz von Schulkommunen für Schüler bis zum siebzehnten Lebensjahr. Diese sind nicht mehr als autonome, selbstverwaltete Kommunen auf ländlicher Basis gedacht, sondern als Kinderhäuser in der Stadt. Sie haben einen betont industriellen und kollektivistischen Charakter. Unter der Losung der polytechnischen Massenerziehung ist in ihnen der Unterricht unmittelbar in die Produktion integriert, die Fabrik selbst soll zur Schule werden. Ihr Tagesablauf ist bis ins Detail reguliert. Als separate Kinder- und Schulstädte

---

[263] Anweiler: Geschichte der Schule und Pädagogik in Rußland, S. 152.
[264] Ebd., S. 145.
[265] Vgl. Šul'gin, Viktor N: Pjatiletka i zadači narodnogo obrazovanija (Der Fünfjahrplan und die Aufgaben der Volksbildung). Moskau 1930; vgl. Anweiler: Geschichte der Schule und Pädagogik in Rußland, S. 420ff.

griffen auch Stadtplaner wie Sabsowitsch die Schulkommuneidee auf. Die freiheitliche Selbstorganisation, die den emanzipativen Charme der Schulkommunen von 1917 ausmacht, fehlt in diesen Entwürfen jedoch. Angesichts der durchrationalisierten kollektivistischen Kommunehäuser Sabsowitschs ist beispielsweise für dessen Schulstädte mehr der Charakter rigider Internatsschulen zu vermuten. Die Schulkommunen werden als Form maximaler Vergesellschaftung und Kollektivierung in den Dienst der Industrialisierungspolitik gestellt. Schon in Schulgins Neuauflage der Schulkommunepläne zeigt sich das deutlich. Doch auch die Aktualisierung der Schulkommune blieb linksradikale Außenseiterposition, die politisch scharf kritisiert wurde. Mit der Wende zu einer auf die traditionelle Familie orientierten Familienpolitik und der Absage an die Vergemeinschaftung des Einzelhaushaltes kam das endgültige politische Aus für die Schulkommunen.

Ende der 1950er Jahre tauchten sie allerdings wie ein eskapistischer Nachhall unverhofft erneut auf, als man unter Chruschtschow daran ging, den Eintritt der Sowjetunion in den vollendeten Kommunismus zu prognostizieren.[266] Diese Zukunftsprognosen lesen sich wie eine Neuauflage der Utopien der Neuen Lebensweisen von 1917. In ihrem Zuge wurde die Internatsschule erneut zum Standardmodell der kommunistischen Erziehung erklärt.[267] Im Vergleich mit den postrevolutionären Schulkommunen war sie jedoch ein matter Abglanz. Wie schon den Kinder- und Schulstädten in den Stadtentwürfen der Fünfjahrpläne lag den Internatsschulen der 1950er Jahre der freiheitliche Charakter der Selbstbestimmung fern. Doch so eskapistisch das Aufflackern der Schulkommuneidee war, es zeigt die Faszination, die von ihr für das Ausmalen der kommunistischen Gesellschaft ausging.

Fragt man nun nach den Spuren, die die Schulkommunen über den utopischen Diskurs hinaus hinterlassen haben, kommen unter anderem die Jugend-Arbeitskolonien der 1920er und 1930er Jahre für die Besprizorniki in den Blick. Von einem direkten Bezug auf die Schulkommunen als utopische Vorlage kann dabei allerdings nicht Rede sein. Die Jugend-Arbeitskolonien waren Einrichtungen zur Resozialisierung der verwahrlosten und kriminell gewordenen Ju-

---

[266] Vgl. zur kommunistischen Zukunftsprognose unter Chruščëv Leonhard, Wolfgang: Die rote Welt von morgen. In: Die Zeit Nr. 13 vom 24. März 1961, S. 3 u. Nr. 14 vom 31. März 1961, S. 3.

[267] Vgl. bspw. Gradow: Stadt und Lebensweise, S. 127; Gradow prognostizierte, daß zukünftig 90 % der Schüler in Internatsschulen leben würden.

gendlichen. Als solche hatten sie mit den Schulkommunen primär nichts zu tun. Doch als Teil des utopischen Zeitgeistes der Erziehung des Neuen Menschen klingt die Schulkommuneidee auch in ihnen an. Deren Modell der Sozialen Erziehung, die Erziehung zum Kollektiv durch das Kollektiv in Form selbstverwalteter, werktätiger Kommunen, bildete auch für die Jugend-Arbeitskolonien den normativen Kern. Dieser präfigurierte die Debatten um die Resozialisierung der Besprizorniki. Diese Jugend-Arbeitskolonien sind heute vor allem mit dem Namen Makarenkos[268] verbunden. Ist von ihnen die Rede, wird auf seine 1920 bei Poltawa aufgebaute *Gorki-Kolonie*[269] verwiesen und auf die im Auftrag der ukrainischen GPU[270] 1927 bei Charkow gegründete *Dserschinski-Kommune*.[271]

---

[268] Anton S. Makarenko – 1888-1939; seit 1905 als Lehrer und Schulleiter in der Ukraine tätig. 1920 organisierte er in Poltava die Umwandlung der Schulen in Arbeitsschulen. Im Herbst 1920 beauftragte ihn die Gouvernements-Volksbildungsabteilung, eine Arbeits- und Fürsorgekolonie für Jugendstraftäter aufzubauen, die *Gor'kij-Kolonie*. 1927 übernahm er die von der ukrainischen GPU neu gegründete *Dzeržinskij-Kommune*. 1935-36 war er stellv. Leiter der Abt. Arbeitskolonien des ukrainischen NKVD. 1936/37 leitete er erneut eine Jugend-Arbeitskolonie des NKVD. Vgl. zu ihm und seinen Jugend-Arbeitskolonien Hillig, Götz/ u. a. (Hrsg.): Makarenko. Darmstadt 1979; Kamp: Kinderrepubliken, S. 467ff.; Lüpke, Friedemann: Pädagogische Provinzen für verwahrloste Kinder und Jugendliche. Würzburg 2004, S. 140ff.

[269] Sie wurde bis 1928 von Makarenko geleitet, ab 1922 unterstand sie als Versuchs- und Mustereinrichtung direkt dem ukrainischen Narkompros. Vgl. Makarenko, Anton S.: Ein Pädagogisches Poem (Gesammelte Werke; 3-5). Ravensburg 1982 (literarisch verarbeitete Geschichte der *Gor'kij-Kolonie*); ders.: Gesammelte Werke, Bd. 1. Ravensburg 1976, S. 1-12 (Beiträge zur *Gor'kij-Kolonie*). Vgl. auch Nikolaj Ėkks semidokumentarischen Spielfilm über die Resozialisierung von Besprizorniki durch die selbstverwalteten Jugend-Arbeitskommunen *Der Weg ins Leben* (1931), am Drehbuch war Makarenko beteiligt; das Vorbild für den Film war allerdings nicht die *Gor'kij-Kolonie*, sondern die *2. Arbeitskommune der OGPU* in Ljubercy bei Moskau.

[270] Seit 1921 war die Politische Polizei für die Bekämpfung der Jugendverwahrlosung zuständig. 1919 war zunächst der Kinderschutzrat als zentrale Instanz der sozialen Hilfsmaßnahmen für Kinder gegründet worden. Er unterstand dem Narkompros und wurde von Lunačarskij geleitet. Im Mittelpunkt seiner Arbeit standen die Versorgung der Kinder mit Lebensmitteln und Kleidung sowie die Unterstützung der Einrichtung von Kolonien. Das utopische Ziel war die Umwandlung der Waisenheime in „sozialistische Kinderkommunen". Vom Ausmaß der Jugendverwahrlosung waren die Politik und die Heime jedoch völlig überfordert. Als 1921 u. a. in Folge der Hungerkatastrophe die Zahl der Besprizorniki erneut sprunghaft anstieg und sich die Kriminalisierung ihres Milieus verfestigte, wurde zur Bekämpfung der Jugendverwahrlosung eine Sonderkommission der Čeka (bzw. OGPU) unter dem Vorsitz von Dzeržinskij eingerichtet (vgl. Anweiler: Geschichte der Schule und Pädagogik in Rußland, S. 226ff.; Weitz: Verwahrlosung, Delinquenz und Resozialisierung Min-

Ihnen wurde die Funktion eines utopischen Musterbeispiels für die sozialistische Kollektiverziehung zum Neuen Menschen zugeschrieben. Doch auch wenn schon Makarenko selbst seine Kollektiv-Pädagogik zur vorbildlosen Neuschöpfung stilisierte, seine Jugend-Arbeitskolonien waren weder die ersten und musterbildenden noch die im Feld *Rußland 1917* bedeutendsten.[272] Ihre Kanonisierung setzte erst Ende der 1930er Jahre ein. Die Gründe dafür sind, wie im folgenden zu sehen sein wird, symptomatisch für die Verschiebungen im Feld *Rußland 1917*.

Die Bolschewo-Kommune

Die seinerzeit mit Abstand bekannteste sowjetische Jugend-Arbeitskolonie war die 1924 in Bolschewo bei Moskau gegründete *1. Arbeitskommune der OGPU* für jugendliche Straftäter.[273] Sie soll im folgenden exemplarisch als Feldposition dargestellt werden. Die *Bolschewo-Kommune* war ein sozialpädagogisch ausgerichteter offener Strafvollzug für Jugendliche mit einem hohen Grad an Autonomie und Selbstverwaltung; ihr Vorbild waren die amerikanischen Reformatorien.[274] Sie ging aus der im Februar 1924 in Moskau gegründeten *Ersten*

---

derjähriger, S. 87ff.).

[271] Bis 1935 unter Makarenkos Leitung. Im Unterschied zur *Gor'kij-Kolonie* war die *Dzeržinskij-Kommune* für nicht-straffällige Besprizoniki. Vgl. Makarenko, Anton S.: Der Marsch des Jahres dreißig (Gesammelte Werke; 2). Ravensburg 1977 (ebenfalls eine literarische Verarbeitung); ders.: Gesammelte Werke, Bd. 7. Ravensburg 1976, S. 1-59 (Beiträge zur *Dzeržinskij-Kommune*).

[272] Vgl. die Beispiele selbstverwalteter Jugend-Arbeitskolonien bei Kamp: Kinderrepubliken, S. 479ff.

[273] Vgl. Hillig, Götz: Die Arbeitskommune der OGPU in Bolševo. In: Jahrbuch für Forschungen zur Geschichte der Arbeiterbewegung 5. Jg. (2006) H. 3. S. 42-58; Hillig, Götz: Bolševskaja kommuna – „staršij brat" makarenkovskoj „dzeršinki". In: Besprizornik 2006/1. S. 19-36; Gladyš, Svetlana: Deti bol'šoj bedy. Moskau 2004; Bolševo. Literaturnyj istoriko-kraevedčeskij al'manach, Nr. 3 (1994), mit Bibliographie zur *Bolševo-Kommune*; Weitz: Verwahrlosung, Delinquenz und Resozialisierung Minderjähriger, S. 266ff. Trotz ihrer Bedeutung in den 1920er und 1930er Jahren ist die Geschichte der *Bolševo-Kommune* bislang wenig aufgearbeitet. Die Forschung zu den sowjetischen Jugend-Arbeitskolonien konzentriert sich weitgehend auf Makarenko. Für die *Bolševo-Kommune* wird im westlichen Kontext oft auf die Berichte der damaligen Utopietouristen rekurriert (so bspw. Kamp). Entsprechend ist die Legendenbildung. An neueren Arbeiten, die die Chance der nach 1990 teilweise geöffneten Archive nutzten, sind v. a. Hilligs und Gladyš' zu nennen.

[274] Vgl. zu den Reformatorien als sozialpädagogisches Reformmodell eines jugendgerechten Strafvollzugs Kamp: Kinderrepubliken.

Rosa-Luxemburg-Jugendarbeitskommune der Moskauer Volksbildungsabteilung hervor, die in Folge des Dekrets zur Ausweisung von Kriminellen aus der Hauptstadt im Sommer der OGPU unterstellt worden war. Sie wurde im Herbst 1924 nach Bolschewo verlegt, einem Vorort Moskaus, circa fünfundzwanzig Kilometer entfernt, der mit der Bahn erreichbar war. Die OGPU betrieb hier einen Sowchos, auf ihm wurde die Jugend-Arbeitskolonie angesiedelt. Als Wohnheim für die Jugendlichen richtete man das ehemalige Gutshaus her. Die Bauern der Umgebung, so die Berichte über die *Bolschewo-Kommune*, protestierten anfangs heftig gegen die neuen Nachbarn. Sie mißtrauten dem Experiment und befürchteten einen Anstieg der Kriminalität. Sie wandten sich mit ihren Eingaben gegen das „Mördernest" bis an den Vorsitzenden des Zentralen Exekutivkomitees der UdSSR Michail Kalinin.[275] Weiter heißt es jedoch dann in den Berichten, daß sich die Befürchtungen der Bauern als grundlos erwiesen und sich ihre anfängliche Ablehnung zu gegenseitiger Unterstützung wandelte. Kaum einer der Berichte versäumt den Hinweis, daß Angehörige der Kolonie Frauen aus den umliegenden Dörfern heirateten.

Die Kommune setzte auf Vertrauen und (Selbst-)Verantwortung als pädagogische Prinzipien. Sie hatte keine Umzäunung und Bewachung und beruhte auf Freiwilligkeit; deren Alternative allerdings Gefängnis war. Man übertrug den Jugendlichen die Verantwortung, selbst für die Einhaltung der Regeln und der Disziplin zu sorgen. Das oberste Gremium der Selbstverwaltung war die Vollversammlung der Insassen. Ihre Beschlüsse waren bindend, der Leiter der Kolonie konnte sie nur bei „Rechtswidrigkeit" und „offenkundiger Unzweckmäßigkeit" bis zur endgültigen Entscheidung durch die OGPU aussetzen. Das Exekutivorgan bildete ein fünfköpfiges Direktorium, das von den Kommunemitgliedern gewählt wurde. Daneben gab es für einzelne Aufgabenbereiche Kommissionen: die Produktionskommission, die Kooperativkommission, die den Einkauf organisierte, die Produktenkommission für die Verwaltung der Lebensmittel, die Kleiderkommission, die Klub- und Kulturkommission etc. Sie wurden monatlich neu gewählt. Die Kolonie hatte ein selbstbeschlossenes Statut als eigene Gesetzgebung. Verstöße gegen die Kolonieordnung wurden vor einer eigenen Konfliktkommission verhandelt und streng bestraft. Die Strafen waren: Rüge, Geldstrafe, zusätzlicher Arbeitseinsatz, Ausgangsverbot und Internierung in einem Moskauer Gefängnis (max. eine Woche). Höchststrafe war der Aus-

---

[275] Vgl. Hillig: Bolševskaja kommuna, S. 21.

schluß aus der Kolonie. Für die Aufnahme in die Kolonie mußten die Jugendlichen den Kontakt zu ihrem früheren Leben vollständig abbrechen. Verboten waren auch Alkohol, Drogen (Rauchen allerdings nicht) und Kartenspiel. Ab 1928 gab es eine sechsmonatige Probezeit. An ihrem Ende mußten die Kandidaten auch nachweisen, daß sie lesen und schreiben konnten. Nach drei Jahren galt die jeweilige Strafe als verbüßt.

Im Mittelpunkt der Jugend-Arbeitskolonie stand die Resozialisierung durch Arbeit. Die Kolonie sollte – wie schon für die Schulkommunen propagiert – ökonomisch selbständig sein und die Kommunarden für ihren Unterhalt selbst aufkommen.[276] Auch für die Hausarbeit waren sie selbst zuständig. Anfangs arbeiteten die Insassen in der Landwirtschaft des OGPU-Sowchos. Relativ rasch baute man die Werkstätten aus, unter anderem Tischlerei und Schlosserei, und übernahm Auftragsarbeiten. In den folgenden Jahren wurden dann mehrere Fabriken errichtet: eine Trikotagenfabrik – als Anekdote wird immer wieder erzählt, daß Gorki, als ihm 1932 bei einer Entlassungsfeier die Jugendlichen einen Pullover schenkten, gerührt sagte: „Kinder, die noch vor gar nicht so langer Zeit die Leute ausgezogen hatten, kleiden mich jetzt ein."[277] –, eine Sportschuhfabrik und eine für Schlittschuhe und Tennisschläger. Diese Fabriken waren keine geschlossenen Werkstätten. In ihnen waren auch freie Arbeiter aus Bolschewo beschäftigt, ihr Anteil überwog sogar den der Kommunarden.[278] Zum Arbeitsanreiz erhielten die OGPU-Kommunarden bereits ab 1925 einen nach Leistung gestaffelten Lohn. In der Anfangszeit war dieser allerdings eher symbolisch: von 48 Kopeken pro Monat bis fünf Rubel vierzig Kopeken. Später wurden sie nach gewerkschaftlichem Tarif bezahlt. Vom Lohn zahlten die Kommunarden einen Beitrag für den Unterhalt. Lag der Lohn darunter, wurde die Differenz als ‚Kredit' gewährt, der später, bei höherem Verdienst, abgezahlt werden mußte. Die Arbeitszeit betrug acht Stunden, für die bis Sechzehnjährigen sechs. Die Schulbildung spielte eine untergeordnete Rolle. Zwar gab es einen obligatorischen Unterricht, er bestand in den ersten Jahren aber nur aus einem zweistündigen Abendkurs nach der Arbeit, zeitweilig scheint der Unterricht sogar ganz eingestellt worden zu sein.[279] Neben der Vermittlung von Elementarkenntnissen

---

[276] Die Anfangsfinanzierung und das Gehalt der Erzieher kamen aber aus dem OGPU-Etat.
[277] Zitiert nach Hillig: Die Arbeitskommune der OGPU in Bolševo, S. 51.
[278] Vgl. die Zahlen bei Hillig: Bolševskaja kommuna, S. 23.
[279] Vgl. ebd., S. 26.

hatte der Unterricht vor allem den Charakter einer Berufsschule. 1930 wurde eine technische Fachschule in der Kolonie eröffnet.

Die *Bolschewo-Kommune* bestand zunächst aus achtzehn Jugendlichen von der *Luxemburg-Kommune*. Dazu kamen weitere Insassen aus Moskauer Gefängnissen und anderen Straf- und Arbeitslagern. 1926 hatte sie knapp achtzig Mitglieder, 1931 über zweitausend, 1936, auf dem Höhepunkt, rund fünftausend. Die Mehrzahl war sechzehn bis einundzwanzig Jahre alt. Seit 1927 wurden auch Frauen aufgenommen, ihr Anteil betrug knapp elf Prozent. Nach der Entlassung blieben viele in Bolschewo und arbeiteten weiter in den Betrieben der Kolonie; ehemalige Kommunarden übernahmen unter anderem einen Großteil der Leitungsfunktionen in den Fabriken. In ihrer ersten Phase entsprach die *Bolschewo-Kommune* dem utopischen Bild der Jugendkommunen: Die Jugendlichen wohnten, arbeiten und lebten gemeinschaftlich. Hugo Jacobi, der die Kolonie 1926 besuchte, schrieb mit hoffnungsvollem Unterton, daß in ihr „Familientradition" und „individualistische Erziehung" überwunden seien.

> „Zunächst hat die individualistische Erziehung einer kollektivistischen das Feld geräumt und an die Stelle einer Familientradition die neue Gesinnung der Kommune gesetzt; nicht der Zufall der Blutsverwandtschaft kettet die Heimgenossen an einander, sondern das bewußte und freudige Zusammenleben geistig und moralisch sich verbunden fühlender und gemeinsam schaffender Menschen."[280]

Doch war eine kommunitäre Lebensweise als dauerhafter Lebensentwurf nicht das Ziel der *Bolschewo-Kommune*. Mit der Zunahme von Heiraten Angehöriger der Kolonie familialisierte sich die Lebensweise. 1935 waren rund tausend der Kommunarden verheiratet. Für sie gab es eigene Familienwohnheime. Auch die, die aus der Kolonie entlassen waren, aber in Bolschewo blieben, wohnten in Einfamilienwohnungen. Kommunehäuser, wie im vorherigen Kapitel beschrieben, waren für sie nicht geplant. Im Laufe der Zeit entwickelte sich die *Bolschewo-Kommune* zunehmend von einer einfachen Jugend-Arbeitskolonie zu einer kleinen Musterstadt.[281] Mit den freien Arbeitern lebten und arbeiteten in ihr 1936 über zehntausend Menschen. Zur *Bolschewo-Kommune* gehörten in

---

[280] Jacobi, Hugo: Sowjetrussische Fürsorgeerziehung. In: Das werdende Zeitalter. 6. Jg. (1927) H. 7/9. S. 230-238, S. 235.

[281] 1928 hatte man bereits einen Generalplan zur Entwicklung der Siedlung aufgestellt. Viele Gebäude wurden im konstruktivistischen Stil erbaut. Das Ensemble ist heute, wenn auch heruntergekommen, noch weitgehend erhalten (vgl. Gladyš: Deti bol'šoj bedy, S. 290f.; vgl. auch die Abbildungen in *Bolševo*).

Schulkommunen und Jugendkolonien

der Hochphase neben den Fabriken unter anderem Kinderkrippen, Schulen, ein Krankenhaus sowie ein umfangreiches kulturelles Angebot. Neben den üblichen Klubs für Kultur und Sport gab es ein Kino und Theater sowie ein Symphonieorchester und einen eigenen Radiosender. Diese kulturelle Ausstattung wurde in den Schilderungen der Kolonie als Beleg ihrer utopischen Qualität herausgestellt. Sie sei von Anfang an Teil der Umerziehung zum Neuen Menschen gewesen – so wie es in den Utopien der Neuen Lebensweise vorgedacht war.

Soweit man dem Material über die Kolonie folgt, ging ihr Konzept auf: Die Zahl von Ausbrechern war gering, ebenso die Kriminalität und die Rückfallquote. Die Jugendlichen erhielten eine Ausbildung, die ihnen eine Berufsperspektive eröffnete und für einen Teil zu einem beachtlichen Aufstieg führte. Vom mehrfach verurteilten Kriminellen zum Fabrikdirektor, das war selbst für die damalige Zeit außergewöhnlich. Auch wirtschaftlich war die Kolonie erfolgreich. Zum zehnjährigen Jubiläum 1935 wurden ihre Mitglieder mit Ehrungen überhäuft. Ende 1937 jedoch, im Zuge der Absetzung und Verurteilung des NKWD-Chefs Genrich G. Jagoda (1891-1938), nach dem sie 1935 umbenannt worden war, geriet die *Bolschewo-Kommune* in eine Säuberungswelle. In der Öffentlichkeit sah sie sich Angriffen ausgesetzt. Über vierhundert ihrer Mitglieder wurden verhaftet und erschossen oder zu Lager verurteilt, darunter fast das gesamte Führungspersonal der Kolonie und ihrer Betriebe. Diese Krise der Kolonie fiel zusammen mit einem Kurswechsel in der Verwahrlostenpädagogik und der Verschärfung des Jugendstrafrechts, der die reformpädagogisch ausgerichteten Ansätze der Resozialisierung ins Aus beförderte.[282] An ihre Stelle trat ein autoritärer Disziplinierungsdiskurs. Die Jugend-Arbeitskolonien verloren damit ihren politischen Rückhalt. 1939 wurde die *Bolschewo-Kommune*, wie auch die anderen Jugend-Arbeitskolonien des NKWD, aufgelöst. Ihre Betriebe und Einrichtungen wurden als „Kombinat zur Produktion von Sportgeräten" reorganisiert und dem Volkskommissariat für Leichtindustrie unterstellt.[283]

Die *Bolschewo-Kommune* galt seinerzeit als Musterbeispiel der frühsowjetischen Jugend-Arbeitskolonien. Für die westlichen Utopietouristen der 1920er, 1930er Jahre gehörte ihr Besuch faktisch zum Pflichtprogramm. Die Berichte

---

[282] 1935 wurden die Strafmündigkeit auf zwölf Jahre herabgesetzt (einschließlich für die Todesstrafe) und die heilpädagogischen Maßnahmen abgeschafft. Vgl. zur Rückkehr zum Strafprinzip in der Resozialisierungsarbeit Weitz: Verwahrlosung, Delinquenz und Resozialisierung Minderjähriger, S. 79ff. u. 411f.

[283] Vgl. zum Ende der Kolonie Hillig: Bolševskaja kommuna, S. 32ff.

sind mehrheitlich von Begeisterung geprägt.[284] Insbesondere zeigten sich die Besucher fasziniert von dem Vertrauen gegenüber den kriminellen Jugendlichen, das sich im Verzicht auf Überwachung und Mauern und in der Selbstverwaltung ausdrückte.[285] Der Ansatz der Kolonie zur Resozialisierung der jugendlichen Straftäter wurde als mustergültiges Vorbild herausgestellt. Man sah in ihr die Bestätigung der eigenen Bestrebungen für eine sozialpädagogische Reform des Jugendstrafvollzugs und der Fürsorgearbeit. Unter anderen berichteten auch Wilhelm Reich und Otto Fenichel über sie.[286] Beide hoben ebenfalls den freiheitlichen, emanzipierenden Charakter der *Bolschewo-Kommune* hervor: Selbstverwaltung, selbsttätige Umerziehung zum Neuen Menschen durch Kollektiv und Arbeit sowie freier Umgang mit Sexualität.[287] Gerade in letzterem sahen Reich und Fenichel die Voraussetzung für die Entwicklung zum nichtautoritären Charakter.

> „Die Kommune ‚Bolschewo' darf uns als das Musterbeispiel der auf dem Prinzip der Selbstverwaltung und der unautoritären Umstrukturierung beruhenden Erziehung jugendlicher Verbrecher gelten."[288]

> „Der Grundsatz der ganzen Institution ist die volle [...] *Autonomie* der Kolonie, deren Mitglieder in einer Kommune zusammengefaßt und nur dieser verantwortlich sind. Die Selbständigkeit der Kommune erfaßt nicht nur deren Gesetzgebung und Disziplin, sondern ist auch in wirtschaftlicher Hinsicht gegeben [...]."[289]

---

[284] Unter den französischen Utopietouristen scheint dagegen eine kritische Bewertung zu überwiegen (vgl. Zahn: Reisen als Begegnung mit dem Anderen?, S. 284ff.).

[285] Vgl. Rosenfeld, Kurt: Ein russisches Jugendgefängnis. In: Das neue Rußland 4. Jg. (1927) H. 1-2. S. 29-30; Jacobi: Sowjetrussische Fürsorgeerziehung; Walden, Herwarth: Sowjet-Russland. In: Der Sturm 18. Jg. (1927/28) H. 8. S. 105-112, S. 105-107 (*Verbrecher Kolonie. Die Kommune der OGPU*); Gorki in der Kolonie der jugendlichen Verwahrlosten. In: Wochenbericht der Gesellschaft für kulturelle Verbindung der Sowjetunion mit dem Auslande 4. Jg. (1928) H. 32-33. S. 11-12; Bergmann, F.: „Die Republik der Strolche". In: Moskauer Rundschau vom 15. Februar 1931, S. 7; Koerber, Lenka von: Sowjetrußland kämpft gegen das Verbrechen. Berlin 1933, S. 88ff.; Hoelz, Max: „Ich grüße und küsse Dich – Rot Front!" Berlin 2005, S. 215; Gide, André: Zurück aus Sowjetrußland. In: ders.: Gesammelte Werke, Bd. 6. Stuttgart 1996. S. 41-116, S. 112f.

[286] Vgl. Reich: Die sexuelle Revolution, S. 223ff.; Fenichel, Otto: Die offene Arbeitskommune Bolschewo. In: Imago 17. Bd. (1931) H. 4. S. 526-530.

[287] „Der Geschlechtsverkehr [...] wird als etwas Natürliches angesehen [...], über Verhütungsmittel ist jeder instruiert, für Kinder ist in Krippen und Kindergarten gesorgt." (Fenichel: Die offene Arbeitskommune Bolschewo, S. 529).

[288] Reich: Die sexuelle Revolution, S. 226.

[289] Fenichel: Die offene Arbeitskommune Bolschewo, S. 526.

Die *Bolschewo-Kommune* war eine Vorzeigeeinrichtung. Sie war bevorzugt ausgestattet und ihre Verhältnisse lassen sich zweifelsohne nicht für die sowjetischen Jugend-Arbeitskolonien in toto verallgemeinern. Der utopische Kern der Kolonie bleibt davon jedoch unbenommen. Mit ihrer nachdrücklichen Ausrichtung auf Selbstverwaltung und eine selbsttätige (Um-)Erziehung stand die *Bolschewo-Kommune* im Feld *Rußland 1917* noch unmittelbar in der Tradition des utopischen Anspruchs der Revolutionspädagogik, das heißt der Freien und Sozialen Erziehung, wie sie auch die Schulkommunen inspiriert hatte. In dieser Perspektive wurde sie, wie die Schilderungen Reichs und Fenichels zeigen, auch rezipiert. Man sah in ihr die Einlösung des utopischen Emanzipationsversprechens; so wie es Kollontai in ihrem Bild des Neuen Menschen formuliert hatte: die Ermächtigung des Einzelnen zum selbstbestimmten, freien Charakter einerseits und seine Entfaltung im Kollektiv andererseits. Der Blick Fenichels, Reichs und anderer Utopietouristen auf die *Bolschewo-Kommune* ist nun freilich nicht frei von Idealisierung, gerade im Punkt der Selbstverwaltung.[290] Man suchte die Bestätigung der Utopie. Reich konstatiert in seiner Beschreibung, die Leitung der Betriebe entspreche dem Ideal der rätedemokratischen Arbeiterselbstverwaltung. Das ist für Anfang der 1930er Jahre kaum mehr vorstellbar. Doch man muß Reichs Bericht aus dem Herz der Utopie als Teil der Deutungskämpfe um Revolution und Utopie lesen. Wenn Reich anhand der *Bolschewo-Kommune* das Emanzipationsversprechen der Revolution beschwört, so ist das nicht zuletzt gegen den Abbau der frührevolutionären utopischen Ideale gerichtet. Er warnte, daß man es versäumte, die neue Gesellschaft auf einem nichtautoritären Charakter zu gründen.[291] Als Stellungnahme im Feld *Rußland 1917* war das ex aequo schon für Kollontais utopische Interventionen zu sehen.

Der für die *Bolschewo-Kommune* erkennbare utopische Impetus gilt generell für den anfänglichen Umgang mit dem Besprizorniki-Problem. Die frühsowjetische Verwahrlostenpädagogik war im hohen Maß utopisch überformt. Sie stand wie die utopischen Schul- und Bildungskonzepte unter der Fahne der Freien und Sozialen Erziehung. Und wie für die Utopisierung der Bildungspolitik, die

---

[290] Auch die von Reich, Fenichel u. a. kolportierte Version der Gründung der *Bolševo-Kommune*, die den Aspekt des Vertrauens gegenüber den kriminellen Jugendlichen hervorhebt, gehört ins Reich der Legenden.

[291] „Leider blieben derartige Kommunen vereinzelte Institutionen und aus uneinsichtigen Gründen wurde das gleiche Prinzip in den folgenden Jahren nicht mehr angewendet." (Reich: Die sexuelle Revolution, S. 226).

Schulkommunen, gilt auch für sie, daß sie die von der Gesellschaft respektive vom Staat verantwortete Erziehung im Kollektiv als grundsätzliches Modell der sozialistischen Erziehung setzte. Die Kinderheime sollten in selbstverwaltete Kinder- und Jugendkommunen für *alle* Kinder umgewandelt werden. Die Argumente dafür sind die der Utopie der Neuen Lebensweise: Befreiung der Arbeiterin von der Kinderbetreuung und vom Haushalt, Herauslösung der Kinder aus dem „depravierenden Milieu" der Familie, Erziehung im und durch das Kollektiv zum Neuen Menschen. Die Ansätze der Verwahrlostenpädagogik der ersten Phase zeigen sich eingebettet in den Vergesellschaftungsenthusiasmus der Utopie der Neuen Lebensweise.

Die Besprizorniki wurden dabei vielfach als „Prototyp des jugendlichen Revolutionärs" idealisiert, der im Kampf um den Neuen Menschen die Avantgarde zu bilden vermag.[292] Man attestierte ihnen protorevolutionäre Eigenschaften. In ihrem Verhalten zeige sich ein virulenter anarchischer Protest gegen die überkommene Gesellschaft und Familie, der nur in die richtige Bahn gelenkt werden müsse. Sie seien unverbildet durch die kleinbürgerlich-individualistische Familienmoral. Stattdessen zeichneten sie sich durch ein solidarisches Gruppenethos aus. Das Leben auf der Straße habe sie physisch und psychisch abgehärtet: Es habe ihre „Sinne geschärft, den Körper widerstandsfähig gemacht, Mut und Initiative geweckt", ihnen eiserne Selbstdisziplin anerzogen. Diese Eigenschaften ließen „den Verwahrlosten gegenüber dem normalen Jugendlichen überlegen erscheinen".[293] Damit rekurrierte man, nicht explizit, doch unverkennbar, auf das Rachmetow-Ideal; so wie es Gorki in seiner Idealisierung der Wanderarbeiter tradiert hatte. Der Neue Mensch war hier, im Gegensatz zu den Utopien der Neuen Lebensweise, schon nicht mehr als Neue Frau kodiert (siehe Kollontai), sondern als männlicher Revolutionär.

Die Freie Erziehung als utopisches Ideal wurde vor allem vom Kreis des Narkompros verfochten, das anfangs nicht nur für das Besprizorniki-Problem zuständig war, sondern auch mit dem Ideal der Freien Erziehung den Diskurs beherrschte. Deren Prinzipien, rätedemokratische Selbstbestimmung und -verwaltung der Kinder, keine Strafen, eine Atmosphäre des Vertrauens zwischen Erzieher und Zögling, wurden eins zu eins als Leitlinien auf die Verwahrlostenpädagogik übertragen. Die Realität jedoch war von dem utopischen Ideal weit entfernt. Nicht nur, daß in Folge des Bürgerkrieges, aber auch des sozial-

---

[292] Vgl. Anweiler: Geschichte der Schule und Pädagogik in Rußland, S. 230f.
[293] Ebd., S. 231.

politischen Rückzugs während der NEP die materiellen Verhältnisse in den meisten Kinderheimen und Jugendkolonien katastrophal waren. In vielen Fällen kapitulierten die Erzieher vor der Anforderung, die Freie Erziehung gegen die psychische und soziale Verwahrlosung der Besprizorniki zur Geltung zu bringen. „Die Praktiker der Verwahrlostenpädagogik suchten den Ausweg entweder in rücksichtsloser Härte oder in einem Verzicht auf jede erzieherische Einwirkung, indem sie die Zöglinge sich selbst überließen."[294] Die Fluktuation, das heißt die Flucht der Jugendlichen lag zeitweise über fünfzig Prozent. Zum Großteil waren die Heime nicht mehr als notdürftige Bewahranstalten, die den Kindern und Jugendlichen keine Perspektive, das heißt vor allem keine Berufsausbildung zu geben vermochten. Ihnen gegenüber bildeten Einrichtungen wie die *Bolschewo-Kommune* oder auch die Jugend-Arbeitskolonien Makarenkos im wahrsten Sinne des Wortes utopische Inseln. Sie eröffneten einerseits tatsächlich einen geschützten Raum, der den Jugendlichen einen „Weg ins Leben" bot, wie es emphatisch mit Ekks Film über die Jugend-Arbeitskolonien hieß. Auf der anderen Seite wurden sie entsprechend als utopischer Gegenentwurf wahrgenommen beziehungsweise reklamierten sie diese Rolle in ihrer Selbstbeschreibung für sich. Es gelang ihnen, die utopischen Energien und Ansprüche zu bündeln und in sich zum Modell zu verdichten. So wurde auch das Jugend-Arbeitskommunengesetz von 1926 im wesentlichen auf der Grundlage der Erfahrungen der *Bolschewo-Kommune* ausgearbeitet.[295]

Makarenkos Jugend-Arbeitskolonien

Angesichts der skizzierten hilflosen Verhältnisse, die in einem Großteil der Kinder- und Jugendheime des Narkompros herrschten, wurde diesem nicht ganz zu Unrecht vorgeworfen, mit der Freien Erziehung eine „falsche Sentimentalität" zu bedienen. Einer, der sich zum Wortführer der Kritik machte, war Makarenko. Ihm wird häufig attestiert, daß er mit seinen Jugend-Arbeitskolonien für die Verwahrlostenpädagogik einen „realistischen Weg" eröffnete zwischen dem utopischen Maximalismus der Freien Erziehung und der autoritären Disziplinierung einer überholten Strafpraxis.[296] Es soll an dieser Stelle nicht näher betrach-

---

[294] Ebd., S. 232.
[295] Vgl. Weitz: Verwahrlosung, Delinquenz und Resozialisierung Minderjähriger, S. 266 u. S. 353ff.
[296] Vgl. z. B. Anweiler: Geschichte der Schule und Pädagogik in Rußland, S. 233; Froese: Ideengeschichtliche Triebkräfte der russischen und sowjetischen Pädagogik,

tet werden, inwieweit das pädagogisch zutreffend ist; es ist allerdings zu vermuten, daß diese Einschätzung nicht frei ist von Makarenkos postumer Aufwertung zum „sowjetischen Pestalozzi". Was hier interessiert, ist seine Positionierung im utopischen Feld *Rußland 1917*.

Zuallererst fallen die zeittypischen Gemeinsamkeiten in den Blick. Makarenkos Jugend-Arbeitskolonien, die *Gorki-Kolonie* und die *Dserschinski-Kommune*, beruhten ebenfalls auf der Sozialen Erziehung durch das Kollektiv zum Kollektiv. Sie waren, ganz im Sinne des utopischen Zeitgeistes, als werktätige und wirtschaftlich selbständige Kommunen angelegt. Die Resozialisierung sollte, wie für die *Bolschewo-Kommune* beschrieben, durch die selbstverantwortete, gemeinsame Arbeit erfolgen. Deren Bedeutung als pädagogisches Prinzip der (Um-)Erziehung betonte Makarenko: Sie sei der entscheidende Faktor zur Formung des Kollektivs. Ebenso unterstrich er die pädagogische Bedeutung der wirtschaftlichen Selbständigkeit: Die Eigenverantwortung und der wirtschaftliche Erfolg stärkten das Selbstwertgefühl der Jugendlichen sowie das Kollektivbewußtsein. Die wirtschaftliche Organisation entsprach der der *Bolschewo-Kommune*, allerdings auf einem materiell niedrigeren Niveau.[297] Die *Gorki-Kolonie* betrieb Landwirtschaft und einfache agrarbezogene Werkstätten. Die *Dserschinski-Kommune* begann mit maschinellen Werkstätten zur Holz- und Metallverarbeitung, in denen sie einfache Auftragsproduktionen ausführte. 1931 wurde für sie eine Fabrik für Bohrmaschinen errichtet, 1932 kam eine für Fotoapparate hinzu. Wie die *Bolschewo-Kommune* setzte Makarenko auf Vertrauen gegenüber den Jugendlichen und deren Selbstverantwortungsgefühl. Auch das Prinzip der Selbstverwaltung gilt für seine Jugend-Arbeitskolonien.

Im Punkt der Selbstverwaltung zeigt sich jedoch schon die erste Differenz. Makarenko verstand diese nicht als rätedemokratische Selbstregierung der Jugendlichen, wie sie die Vertreter der Freien Erziehung forderten. Er beschränkte sie darauf, die Verantwortung für das Einhalten der Regeln an die Jugendlichen zu delegieren. Die Ziele selbst setze der Erzieher. Makarenko hielt damit im Gegensatz zur Freien Erziehung an der führenden Rolle des Erziehers fest. Er stärkte sie noch, indem er die erste Phase der Bildung des Kollektivs als „dikta-

---

S. 160ff.

[297] Makarenko hatte die *Bolševo-Kommune* mehrfach besucht und deren wirtschaftliche Stärke als Vorbild für die *Dzeržinskij-Kommune* hervorgehoben. Gegenüber ihrer pädagogischen Konzeption hingegen zeigte er sich reserviert. Vgl. zum Verhältnis Makarenkos zur *Bolševo-Kommune* Hillig: Bolševskaja kommuna.

torische" definierte, in der der Erzieher das Kollektiv als „Diktator" mit strenger Disziplin organisiere.[298] In der damit verbundenen Frage nach der Autorität des Erziehers, das heißt nach Disziplinierung zeigt sich die zweite Differenz; sie war die gravierende. Makarenko lehnte den von der Freien Erziehung geforderten bedingungslosen Verzicht auf Zwang und Strafe ab. Er setzte Disziplin als zentrales Prinzip.[299] In seiner Konzeption erscheint Erziehung letzten Endes als Machtkampf zwischen Erzieher und Zögling, in dem selbst körperliche Gewalt als ultima ratio der Autorität legitimiert ist.[300] Makarenko begründete die Ausrichtung seiner Kollektivpädagogik auf Disziplin und Autorität mit den Erfahrungen der ersten Jahre der *Gorki-Kolonie*, die von ihm als verzweifelter Machtkampf gegen die kriminellen Jugendlichen geschildert wurden. Auf diese verweisend polemisierte er gegen die Freie Erziehung als sentimentale „Damenpädagogik" – was wohl auch als Anspielung auf Krupskaja zu verstehen ist. Gegenüber der kriminellen Energie der Besprizorniki versage eine solche Pädagogik. Sie liefere den Erzieher den Jugendlichen aus und führe zu Chaos und Schlendrian.[301] Als Gegenmodell entwickelte er für seine Jugend-Arbeitskolonien eine militärisch geprägte Ordnung mit Forderung, Härte[302] und Strafe. Er organisierte die Jugendlichen in militärischen Einheiten wie Brigade, Abteilung, Einsatzgruppe. An ihrer Spitze stand jeweils ein Jugendlicher als Kommandeur. Er war für seine Einheit und deren Arbeit verantwortlich und hatte ihr gegenüber Befehlsgewalt. Die Kommandeure wurden anfangs von Makarenko bestimmt, später von den Jugendlichen gewählt. Sie wechselten regelmäßig, damit

---

[298] Vgl. Makarenko, Anton S.: Probleme der sowjetischen Schulerziehung. 2. Vorlesung: Disziplin, Ordnung, Bestrafung und Ansporn. In: ders.: Werke, Bd. 5. Berlin 1956. S. 134-166, S. 154.

[299] „Das äußere Gerippe meines Kollektivs ist die Disziplin." (Makarenko, Anton S.: Vortrag in einer Pädagogischen Anstalt. In: ders.: Werke, Bd. 7. Berlin 1957. S. 306-319, S. 313).

[300] Vgl. u. a. Makarenko: Pädagogisches Poem, Teil 1 (GW; 3), S. 14ff.

[301] Kamp konstatiert jedoch, daß Makarenkos betonte Gegnerschaft zur offiziellen Freien Erziehung zum Teil auch als Rhetorik zu sehen sei, deren polemische Schärfe erfolgte nicht zuletzt in Reaktion auf seine Absetzung als Leiter der *Gor'kij-Kolonie* (vgl. auch Anweiler). Makarenko kam selbst von der Reformpädagogik. In der Praxis läßt sich für seine Pädagogik ein Nebeneinander von autoritären, machtbetonten militärischen Elementen und reformpädagogischen beobachten (vgl. Kamp: Kinderrepubliken, S. 491ff.).

[302] Makarenko verwendet den Begriff im Sinne von hoher (Leistungs-)Anforderung, strenger Disziplin und asketischer Selbstdisziplinierung. Er richtet ihn gegen die „Schlappheit" der Freien Erziehung.

sich keine Hierarchien verfestigen. Im Gegensatz zur sonst üblichen Praxis war nicht die Vollversammlung das oberste Gremium, sondern der Rat der Kommandeure. Auch für die Gestaltung des Alltags wurden militärische Formen übernommen: Es gab Uniformen, Dienstplan, Tagesbefehl und Rapport, Appell, Fahnengruß, Trompetensignale, Paraden und Wehrerziehung. In der Kolonie müsse, faßte Makarenko später zusammen, „eine Ästhetik des militärischen Alltags" herrschen.[303] Auch wenn er Vorbilder abstritt, sind hier deutliche Anleihen bei der Pfadfinderbewegung und deren Partisanenromantik erkennbar.[304]

Das gilt auch für seinen Kollektivbegriff. Das Kollektiv hat bei ihm einen jugendbündischen Charakter, ähnlich dem Gemeinschaftsbegriff der Pfadfinderbewegung. Die zentralen Kategorien der Kollektivbildung, das heißt der Umerziehung zum Neuen Menschen waren – neben der Arbeit – Selbstdisziplin, Verantwortung, Kameradschaft, Gruppenethos sowie ein asketischer und soldatischer Tugendbegriff, der das Rachmetow-Ideal tradierte: „Ein edler, wertvoller Charakter im Sinne Makarenkos mußte straff, soldatisch, kämpferisch, heroisch, aktiv, fleißig, hilfsbereit, kameradschaftlich, kollektivbewußt, diszipliniert, stets fröhlich optimistisch, nie pessimistisch sein [...]".[305] Makarenkos Kollektiverziehung zeigt sich hier vor allem als Charaktererziehung durch den Gruppendruck des Kollektivs und des Gruppenethos. Vor dem Hintergrund des Kollektivbegriffs wird auch Makarenkos Disziplinbegriff deutlich. Disziplin bedeutet bei ihm nicht hierarchischer Gehorsam und Kasernenhofdrill. Es ging ihm, kurz gesagt, um eine innere, freiwillige Selbstdisziplinierung, eine kämpferische „Disziplin des Sieges", wie er es nannte. Die Jugendlichen sollten den Erziehungszielen aktiv als eigenem Ziel zustimmen und sich den Interessen und der Autorität des Kollektivs unterordnen.[306] Makarenko argumentierte, daß die militärische Ordnung nicht nur zur Disziplinierung der Jugendlichen führe, sondern

---

[303] Vgl. Makarenko, Anton S.: Probleme der sowjetischen Schulerziehung. 1. Vorlesung: Erziehungsmethoden. In: ders.: Werke, Bd. 5. Berlin 1956. S. 109-133 S. 133.

[304] Kamp vermutet daneben als direktes Vorbild für Makarenko William R. George und dessen *Junior Republic* (vgl. Kamp: Kinderrepubliken, S. 506ff.).

[305] Ebd., S. 535.

[306] Ähnlich hatte es auch Bogdanov definiert: „Die Erziehung muß den Menschen für die Gesellschaft disziplinieren. Aber dies ist keine blinde Disziplin des Gehorsams gegenüber einer Autorität, keine fetischistische Disziplin gegenüber Pflicht und Gesetz. Diese neue Disziplin ist die der lebendigen schöpferischen Verbindung zum Kollektiv, der bewußten Unterwerfung unter dessen allgemeine Interessen und Ziele." (Bogdanov: Das Erziehungsideal, S. 183).

auch ihren Charakter und ihr Selbstbewußtsein stärke.[307] Zudem greife er so den latenten Heroismus der Straßenbanden der Besprizorniki und deren Gruppenethos auf; letzteres wohl vor allem in der Disziplinierung durch das Kollektiv. Er knüpfe damit im Gegensatz zur Freien Erziehung, so Makarenko, an der Lebenspraxis der Jugendlichen an.

Der Erfolg schien Makarenko recht zu geben. Seine Jugend-Arbeitskolonien waren in der Resozialisierung ähnlich erfolgreich wie die *Bolschewo-Kommune*. Als eine der wenigen funktionierenden Einrichtungen wurde die *Gorki-Kolonie* 1922 zur Versuchs- und Musteranstalt des ukrainischen Narkompros. Zu ihrem fünfjährigen Bestehen wurde Makarenko, trotz Kritik an seinem Führungsstil, ausgezeichnet und die Kolonie auf einer Kinderheimkonferenz im Januar 1926 als mustergültig hervorgehoben.

> „Makarenko wurde als Mann mit außergewöhnlichen Fähigkeiten gelobt und die Gorki-Kolonie als die *vielleicht beste Kolonie der gesamten Ukraine* bezeichnet, als vorbildlicher und *bester Repräsentant der Arbeitserziehung*, als mustergültig geführte Arbeitskolonie, als die einzige Kolonie der Ukraine, die über eine wirklich gut funktionierende Wirtschaft verfügt. Ebenso wurde die straffe Disziplin und mitreißende Begeisterung für die Arbeit und die auf der Arbeit als Hauptlebensinhalt aufbauende Zöglingsselbstverwaltung lobend betont und der Kolonie bescheinigt, daß jugendliche Verbrecher dort tatsächlich erfolgreich grundlegend umgezogen wurden und daß die dort erzogenen Jugendlichen hinterher tatsächlich beruflich einsatzfähig und vermittelbar seien, beides im Gegensatz zu den Abgängern sehr vieler anderer Kolonien [...]."[308]

Gleichwohl jedoch galt Makarenko im Feld *Rußland 1917* als militaristischer Außenseiter und wurde als autoritärer „Prügel-Pädagoge" kritisiert. Mit seinen Ansichten zur Disziplin und seinen militärischen Methoden stand er gegen die freiheitliche Reformpädagogik, die in den 1920er Jahren das Feld beherrschte. Er inszenierte diesen Gegensatz auch selbst mit seiner Polemik gegen die Freie Erziehung des Narkompros: „Damenpädagogik", „weltfremde Phrasen schlapper Intelligenzler", „pädagogischer Olymp". Vice versa stand die Kritik an ihm

---

[307] „Vor allem bemerkte ich den guten Einfluß einer richtigen militärischen Haltung. Das Äußere des Kolonisten veränderte sich völlig: Er war straffer und schlanker geworden, lehnte sich nicht mehr an den Tisch oder die Wand an, er konnte jetzt ruhig und frei stehen, ohne jede Stütze. Ein neuer Kolonist unterschied sich schon merklich von einem älteren. Auch der Gang der Jungens wurde sicherer und federnder. Sie trugen den Kopf höher und hatten sich abgewöhnt, die Hände in die Taschen zu stecken." (Makarenko: Pädagogisches Poem, Teil 1 (GW; 3), S. 190).
[308] Kamp: Kinderrepubliken, S. 494f.

Makarenkos Polemik in nichts nach. Krupskaja warf ihm „Kasernen- und Kommandeurspädagogik" vor und kritisierte die *Gorki-Kolonie* als „Leibeigenenschule". Das verantwortliche Volksbildungsamt sprach von „Folterkammer" und „Gendarmenexperiment". 1928 eskalierte der Konflikt um seine Methoden und führte letztlich zu seiner Absetzung als Leiter der *Gorki-Kolonie*. Das ukrainische Narkompros warf ihm vor, die Umsetzung der demokratischen Zöglingsselbstverwaltung zu hintertreiben und in seiner Kolonie Prügelstrafen zuzulassen. Auch in der *Dserschinski-Kommune* war in der Folgezeit, wenn auch aus anderen Gründen, seine Stellung nicht unumstritten.

Der Aufstieg Makarenkos zum „Klassiker" der sowjetischen Pädagogik setzte mit der Verdrängung der freiheitlichen Reformpädagogik und der Freien Erziehung ein. Geschickt suchte Makarenko deren schrittweise Delegitimierung und Zurückdrängung für seine eigene Positionierung zu nutzen. 1929 löste Andrej S. Bubnow (1883-1940), ehedem Leiter der Politischen Hauptverwaltung der Roten Armee, Lunatscharski als Volkskommissar für Bildung ab. Die von Lunatscharski zusammen mit Krupskaja vertretenen reformpädagogischen Ansätze verloren damit ihren politischen Rückhalt. Unter Bubnows Ägide wurde die Bildungspolitik wieder auf Disziplin und Autorität ausgerichtet und militarisiert. 1929 führte man an den Schulen die Wehrerziehung ein. Disziplin und Ordnung wurden in den Vordergrund gestellt, die Rolle des Lehrers gestärkt, eine feste Lehrplanordnung eingefordert, was sich vor allem gegen die Experimente einer freien Unterrichtsgestaltung richtete, sowie die Elemente der Schülerselbstverwaltung abgebaut. Der Beschluß des ZK der KPdSU (B) „Über die Grund- und Mittelschule" von 1931[309] sanktionierte den Richtungswechsel in der Bildungspolitik. Mit dem ZK-Beschluß „Über die Pädologischen Abweichungen im Bereich der Volkskommissariate für Bildungswesen" 1936[310] wurde dann die freiheitliche Reformpädagogik der 1920er Jahre – sie firmierte als Pädologie – als „antimarxistisch" verurteilt. „Makarenko sah in diesen beiden wesentlichen Beschlüssen die Chance zur Durchsetzung *seiner* pädagogische Vorstellungen und arbeitete sie zu dieser Zeit entsprechend aus in den drei

---

[309] Über die Grund und Mittelschule, Beschluß des ZK der KPdSU (B) vom 25. August 1931. In: Anweiler, Oskar/ Meyer, Klaus (Hrsg.): Die sowjetische Bildungspolitik 1917-1960. Wiesbaden 1979. S. 178-186.

[310] Über die pädologischen Abweichungen im Bereich der Volkskommissariate für das Bildungswesen, Beschluß des ZK der KPdSU (B) vom 4. Juli 1931. In: Anweiler/ Meyer (Hrsg.): Die sowjetische Bildungspolitik. S. 227-231.

Buchprojekten *Disziplin, Versuch einer Methodik für die Arbeit in der Kinderarbeitskolonie* (November bzw. Dezember 1931) und *Methodik der Kommunistischen Erziehung* (Juli 1936)."[311] Ebenso nutzte er seine Stellung als stellver-tretender Leiter der Arbeitskolonien im ukrainischen NKWD (1935-1936).

Makarenko war kein „Stalin der Pädagogik", der den Stalinismus in der Bildungspolitik umsetzte. Dafür war seine Pädagogik selbst zu sehr von der Reformpädagogik bestimmt; Mitte der 1930er Jahre wurde bezeichnenderweise auch sein *Pädagogisches Poem* als zu reformpädagogisch kritisiert. Doch seine Pädagogik fügte sich nahtlos in die stalinistische Verdrängung der frühsowjetischen freiheitlichen Pädagogik. Ihre Mischung aus Arbeitserziehung, militärischer Disziplin, Führerautorität, Kollektivethos, Härte und Heroismus erwies sich offensichtlich als paßgenau für den Stalinismus. In der postumen Rezeption wurden seine Jugend-Arbeitskolonien zur Vorwegnahme der kommunistischen Zukunft stilisiert und seine Kollektivpädagogik zum verbindlichen Modell erklärt. Die Jugend-Arbeitskolonien selbst waren zu dem Zeitpunkt allerdings schon abgeschafft worden, Makarenkos ebenso wie die anderen. 1939 hatte man sie aufgelöst. Damit zeigt sich in bezug auf die Positionierung im Feld *Rußland 1917* für Makarenkos Jugend-Arbeitskolonien eine, im Vergleich zur *Bolschewo-Kommune* gegenläufige Bewegung. Die *Bolschewo-Kommune* wurde in der Zeit ihres Bestehens als utopisches Modellexperiment wahrgenommen, geriet nach ihrem Ende jedoch rasch in Vergessenheit, beziehungsweise wurde aufgrund ihrer Verwicklung in den Sturz Jagodas totgeschwiegen.[312] Makarenkos Kolonien stiegen hingegen im wesentlichen ex post zum utopischen Vorbild auf. In ihrem Aufstieg zeigen sich die Verschiebungen innerhalb des utopischen Feldes: Verband sich in der zeitgenössischen Wahrnehmung mit der *Bolschewo-Kommune* das utopische Emanzipationsversprechen der Revolutionszeit, mar-

---

[311] Kamp: Kinderrepubliken, S. 517. Alle drei Projekte kamen nicht zustande. Teile von *Versuch einer Methodik für die Arbeit in einer Arbeitskolonie für Kinder* (Makarenko, Anton S.: Werke; 5. Berlin 1956. S. 459-494 u. 517-519) griff Makarenko dann in *Methodik der Organisation des Erziehungsprozesses* (1936/36) auf; einem internen Arbeitshandbuch für die Abt. Arbeitskolonien des ukrainischen NKVD, die zu dem Zeitpunkt von ihm geleitet wurde. In ihm faßte er seine Erfahrungen der Jugend-Arbeitskolonien zusammen (Makarenko, Anton S.: Werke, Bd. 5. Berlin 1956. S. 11-106).

[312] Ein großer Teil der Dokumente und Publikationen der *Bolševo-Kommune* wurde, wie Hillig berichtet, offenbar gezielt vernichtet (vgl. Hillig: Bolševskaja kommuna, S. 33).

kiert die Einsetzung der Kolonien Makarenkos als utopisches Modell die Vereinnahmung der Utopie durch den Stalinismus.

Wie nah jedoch auch Makarenko den Familienvorstellungen der Utopie der Neuen Lebensweise stand, zeigt sein Konzeptpapier *Die Kinderverwahrlosung und ihre Bekämpfung* von 1931.[313] Es war der Versuch, das Ideal der Sozialerziehung, so wie es die erste Phase nach der Revolution beherrscht hatte, zu erneuern und sie in den Dienst der Industrialisierung der Fünfjahrpläne zu stellen. Die Verknüpfung zwischen der Utopie der Neuen Lebensweise und der Idee der Schul- und Kinderkommunen sowie die Einbettung der Verwahrlostenpädagogik in diese zeigen sich hier noch einmal in aller Deutlichkeit.

Makarenko plädierte zur Bekämpfung der Jugendverwahrlosung dafür, die Sozialerziehung in Form werktätiger Kinder- und Jugendkommunen nicht auf die Besprizorniki zu beschränken, sondern sie zum generellen Erziehungsmodell für alle Kinder auszuweiten. Denn, so seine Diagnose, die wesentliche Ursache der Jugendverwahrlosung liege im Zerfall und dem Individualismus der Familie. Außerdem bleibe die Frau immer unfrei, „wo die Familie als pädagogische Einrichtung gilt".

> „Wir sehen, daß die Verwahrlosung ihren Ursprung in der Familie hat, sie gelangt nur deshalb auf unsere Straßen, weil die Familie als primäres Erziehungskollektiv das Kind weder vor dem Hunger schützen noch vor dem Alleinsein und schlechten Einflüssen bewahren kann. Und wir sehen, daß dort, wo die Familie das dennoch zu leisten versucht, die Frau nur noch Köchin, Kindermädchen, Wäscherin, ein verschüchtertes, scheues und erschöpftes Arbeitstier ist. Niemals wird die Frau dort völlig frei sein, wo die Familie als pädagogische Einrichtung gilt. Und niemals wird das Kind vor dem Straucheln völlig sicher sein, wenn seine Erziehung von einer solchen pädagogischen Einrichtung abhängt. Die Verwahrlosung – das ist das Produkt einer erschreckenden Handwerkelei auf dem Gebiet der Erziehung, denn die Familie ist eine unqualifizierte Erziehungseinrichtung."[314]

Befreiung der Frau aus dem Haushalt, depravierendes Milieu der Familie und „unqualifizierte Erziehung in der Familie" – das sind die Stichworte, die Makarenkos Kinderkommunen direkt an die Utopie der Neuen Lebensweise anschließen. Makarenko greift selbst deren Losung der kulturellen Revolution auf.

---

[313] Vgl. Makarenko, Anton S.: Die Kinderverwahrlosung und ihre Bekämpfung. In: ders.: Gesammelte Werke, Bd. 1. Ravensburg 1976. S. 82-128.

[314] Ebd., S. 122.

Schulkommunen und Jugendkolonien

> „Wir müssen immer daran denken [...], daß eine gut organisierte Kinderkommune eine der ersten Errungenschaften in unserem Kampf um eine neue Lebensweise, für die kulturelle Revolution ist."[315]

Das Neue gegenüber den Utopien der Neuen Lebensweise und den postrevolutionären Schulkommunen ist die betonte Ausrichtung auf die Industrialisierung, so wie sie zeitgleich auch bei Sabsowitsch und Schulgin zu sehen ist.

> „Genauso, wie unser Fünfjahrplan die Verkaufsbuden und Kramläden zum Verschwinden bringt und an ihrer Stelle gewaltige Industriesiedlungen aus Beton und Stahl errichtet, so wird der Fünfjahrplan auch die unqualifizierte Erziehung der Familie beseitigen, indem er statt dessen ‚Erziehungsfabriken' errichtet, hell und luftig, mit Aufmerksamkeit und Sorge für das Kind, voll Kollektivkraft und schöpferischer Arbeit."[316]

Makarenko forderte analog zur Industrialisierungspolitik einen „Fünfjahrplan für Kinderheime". Die Kinderheime sollten „nach dem Muster einer kleinen Fabrik" organisiert und jeweils an einen Industriebetrieb angegliedert werden. Als Vorbild dafür nennt er seine *Dserschinski-Kommune* und die dort praktizierte Arbeitserziehung; sie wurden von ihm zum utopischen Muster erklärt.

> „Ein Kinderheim, das nach dem Muster einer kleinen Fabrik organisiert ist, wird nicht nur den Reichtum des ganzen Landes vermehren, wobei auch alle Probleme der Ausbildung von Kadern gelöst werden, sondern auch die Unterhaltung des Kinderheims selbst verbilligen, möglicherweise sogar bis zur völligen Deckung der Kosten. Eine solche Organisation des Kinderheims wird, wenn sie hauptsächlich Kinder aus Familien einbezieht, auch die heikle Frage der Verwahrlosung endgültig lösen. [...] diese Fabrik wird nicht nur den kleinen, von der Straße aufgelesenen Rowdy umerziehen, sondern wird gegenüber der Verwahrlosung selbst vorbeugend wirken; ein Kind aus einer solchen Fabrik wird nicht mehr auf der Straße landen [...]."[317]

Den erwartbaren Protestschrei vorwegnehmend, fügte Makarenko ergänzend hinzu, daß die Sozialerziehung der Kinderkommune nicht auf die Trennung von Eltern und Kind hinauslaufe. Wie das konkret aussehen sollte, ließ er allerdings offen.

> „Das bedeutet durchaus nicht, daß man das Kind von der Mutter wegnehmen muß, daß es wie ein Niemandskind aufwachsen muß [...]. Jene, die sich lautstark für die völlige Trennung von Mutter und Kind einsetzen

---

[315] Ebd., S. 128.
[316] Ebd., S. 122f.
[317] Ebd.

[...] sind Sonderlinge und ‚Krakeeler'. Denn gerade in der vollen Harmonie der organisatorischen Kraft des Kindererziehungsheims mit der natürlichen Bindung an die Familie wird das ganze Geheimnis der zukünftigen Erziehung liegen."[318]

Mit „Erziehungsfabrik", „Fünfjahrplan für Kinderheime" beschreibt Makarenko die Erziehungspolitik in der Zeitgeist-Rhetorik der Fünfjahrpläne. Inhaltlich jedoch stand seine Verteidigung der Sozialerziehung als generelles Erziehungsmodell konträr zur offiziellen Familien- und Schulpolitik. Anfang der 1930er Jahre war diese wieder auf die Stärkung der Familie gerichtet. So sehr das Modell einer kommunitären Sozialerziehung noch einmal die utopischen Phantasien zum Aufbau des Kommunismus beflügelte, politisch war sie nicht mehr opportun. Entsprechend fielen Makarenkos „Erziehungsfabriken" – wie Sabsowitschs Kinderstädte – unter das Verdikt „linksradikaler Phantasterei". Wenig später trug Makarenko dem Rechnung. In *Ein Buch für Eltern* (1937) benannte er die Familie als „Erziehungskollektiv". In Form eines Erziehungsratgebers übertrug er hier die Prinzipien seiner Kollektiverziehung auf die Erziehung in der Familie.[319]

---

[318] Ebd., S. 123f.
[319] Makarenko, Anton S.: Ein Buch für Eltern. In: ders.: Werke, Bd. 4. Berlin 1958. S. 11-364. Im Anschluß an das Buch hielt Makarenko im Januar 1937 acht Rundfunk-Vorträge zur Familienerziehung (Werke, Bd. 4, S. 365-448).

Architekturvisionen – Neue Häuser und Städte für die Neuen Menschen

Ein eigenes Kapitel der Utopie der Neuen Lebensweise sind die Entwürfe neuer Städte und Häuser. Ihre Bedeutung resultiert zum einen aus dem Anspruch der Utopien *Rußland 1917*, das Wohnelend der kapitalistischen Städte zu beseitigen. Zum anderen stehen sie in einer originär utopischen Tradition. Utopie und Architektur sind ein klassisches Geschwisterpaar.[320] Zum Entwurf der idealen Gesellschaft gehörte immer auch die Suche nach einer ihr gemäßen Architektur und städtebaulichen Gestalt. Deren Beschreibung nimmt in den Utopien einen zentralen Raum ein. Dahinter steht zum einen die Überzeugung, daß sich das Soziale und Politische durch die Architektur formen lasse. Indem sie den privaten und öffentlichen Raum strukturiere, gestalte sie die Lebensweise mit. Wo etwa der private Raum auf das Schlafen reduziert ist, lenke sie, so die Erwartung, den einzelnen zum Leben im Kollektiv. Zum anderen wird der Architektur die Aufgabe zugewiesen, die neue Ordnung zu symbolisieren. Vice versa liegen ebenso Architektur und Stadtplanung – explizit oder implizit – immer auch Vorstellungen der politischen und sozialen Ordnung zugrunde. Die Stadt- und Architekturentwürfe erzeugen Ordnungen. In geradezu idealtypischer Reinform äußert sich das in den frühneuzeitlichen Idealstädten oder auch den Gartenstädten.[321] In ihnen fallen Stadtplanung und Utopie in eins. Die Stadt zeigt sich hier als das Ergebnis eines utopischen Willensaktes, der sie ganz auf den utopischen Entwurf verpflichtet.

Für die bislang betrachteten Utopien wurde die zentrale Bedeutung, die der Architektur für die ideale Gesellschaft zugemessen wurde, schon sichtbar: wenn

---

[320] Vgl. zu Utopie und Architektur Bernard, Veronika: Signale utopischer Städte in der Zeit; Bloch: Prinzip Hoffnung, S. 819-872; Bollerey: Architekturkonzeptionen der utopischen Sozialisten; Eaton: Die ideale Stadt; Kruft, Hanno-Walter: Städte in Utopia; Hipp, Hermann/ u. a. (Hrsg.): Architektur als politische Kultur; Münter, Georg: Idealstädte; Nerdinger, Winfried (Hrsg.): L'architecture engagée; Pinder, David: Visions of the City; Rahmsdorf, Sabine: Stadt und Architektur in der literarischen Utopie der frühen Neuzeit; Rosenau, Helen: The Ideal City; Schauer, Lucie (Hrsg.): Stadt und Utopie; Saage/ Seng: Geometrische Muster zwischen frühneuzeitlicher Utopie und russischer Avantgarde; Seng, Eva-Maria: Stadt und Planung; Vercelloni, Virgilio: Europäische Stadtutopien; Zinsmeister, Annett (Hrsg.): Constructing Utopia; sowie die IRB-Bibliographie Stadtutopien und utopische Stadtmodelle (1989).

[321] Vgl. zur Gartenstadt als Utopie Krückemeyer, Thomas: Gartenstadt als Reformmodell. Siegen 1997; sowie die IRB-Bibliographie Gartenstädte und Gartenstadtbewegung (1994).

Tschernyschewski für seine Neuen Menschen eine Phalanstère nach Fouriers Vorbild vorsah, Dostojewski diese als Symbol rationalistischer Hybris verdammte, Tschajanow die Städte auflöste oder Kollontai für die neue, kommunitäre Lebensweise eigene Kommunehäuser forderte. Im folgenden sollen sowohl die konkreten Stadt- und Architekturentwürfe der Utopien der Neuen Lebensweise in den Blick genommen werden als auch der frühsowjetische Stadt- und Architekturdiskurs auf seinen utopischen Gehalt hin betrachtet werden, insbesondere auf den Anschluß an die Utopie der Neuen Lebensweise. Anhand von Fallbeispielen soll gezeigt werden, wie sich die Architektur- und Stadtentwürfe der 1920er und 1930er Jahre in das utopische Feld *Rußland 1917* einordnen: Welche Utopien greifen sie auf? Welche architektonische Form geben sie ihr? Wie gestalten sich die Beziehungen zwischen utopischem Entwurf und Realisierung? Wo steht der „unifizierende Wille" (Münkler), der den utopischen Entwurf gegen geschichtliche Pluralität und Widerstände als einheitlichen Gründungsakt durchsetzt? Herangezogen werden Entwürfe, aber auch Gebautes. Diese werden in drei Perspektiven betrachtet: Befreiung vom topos, sozialistische Idealstadt und Architektur als Medium der Organisation des Sozialen. Vorangestellt sind dem zwei einleitende Exkurse zur Tradition der Utopisierung des russischen Stadtdiskurses.

Exkurs I: Utopische Virtualisierung

Für den russischen Stadtdiskurs läßt sich ein eminent utopischer Charakter erkennen, insbesondere zu den Hochzeiten des Staatsutopismus. Seit der Gründung St. Petersburgs, Rußlands erster geplanter Stadt, waren Architektur und Stadtplanung im hohen Maße darauf gerichtet, politische, soziale und kulturelle Ordnungsvorstellungen zu kommunizieren. Die Stadt fungierte als utopisches Medium. Sie sollte die ideale Gesellschaftsordnung zum Ausdruck bringen. Das gilt für die Stadtgründungen Peters I. und Katharinas II. als auch für die Stadtplanung der 1920er und 1930er Jahre.[322] Der Indienstnahme für die Utopie entsprach dabei eine, schon von zeitgenössischen Beobachtern vermerkte Tendenz zur Simulation und Virtualisierung. Die Pläne der Neuordnung und -gründungen, der Stadt wie der Gesellschaft, eilten gleichsam der Realität voraus und

---

[322] Vgl. zum Idealstadtmuster in der Stadtplanung unter Peter I. und Katharina II. Blumenfeld: Russian City Planning; für die frühsowjetische Stadtplanung Vercelloni: Europäische Stadtutopien, T. 160, 162, 165, 170 u. 177f.

traten in der Selbstdarstellung an deren Stelle. Astolphe de Custine konstatierte bei seiner Rußlandreise 1839:

> „Die Russen haben von Allem den Namen, aber von nichts die Sache; nur an Ankündigungen sind sie reich; man lese nur die Etiketten, sie haben die Civilisation, die Gesellschaft, die Literatur, das Theater, die Künste, die Wissenschaft [...]."[323]

Die doppelte Wirklichkeit aus proklamiertem Idealentwurf und zurückbleibender Realität, die de Custine hier beschreibt, bildete das konstitutive Muster der Virtualisierung. In dem Nebeneinander von städtebaulicher Realität und Idealentwurf schien der utopische Entwurf als das Eigentliche zu gelten. Die in Zeichnungen, Modellen und Kulissen antizipierte Zukunft nahm unter der Hand „den Charakter von Realität" an und ersetzte diese „in der Wahrnehmung der kulturellen Selbstdarstellung".[324] Der Idealentwurf wurde zur eigentlichen, „wahren" Wirklichkeit. Dieses Muster zeigt sich als Konstante gleichermaßen für die im *Historischen Exkurs I.* beschriebenen Idealstädte Katharinas II., in der Dekoration der Städte zu den Revolutionsfeiern durch die Avantgarde und für die frühsowjetische Stadtplanung, insbesondere in ihrem utopischen Kulminationspunkt, dem Umbau Moskaus.

De Custine kritisiert diese Virtualisierung als Politik der Fassade. Doch das trifft die Sache nur halb. Es übersieht die utopische Funktion, die dieser zukam. Paradigmatisch zeigt sich das an den sogenannten Potjomkinischen Dörfern, die für den Vorwurf der Fassadenpolitik immer zitiert werden; auch de Custine erwähnt sie in diesem Sinne.[325] Diese ‚Dörfer' waren hölzerne Staffagen, die Grigori A. Potjomkin (1739-1791) als Generalgouverneur Neurußlands[326] zu einer Inspektionsreise Katharinas II. 1787 errichten ließ. Sie waren aber kein

---

[323] Custine, Marquis von: Rußland im Jahre 1839, Bd. 1. (1843) Leipzig 1847, S. 228. An späterer Stelle heißt es erneut: „Rußland ist das Land der Verzeichnisse; wenn man nur die Aufschriften liest, so klingt es prächtig, aber man hüte sich weiter zu gehen. Schlägt man das Buch auf, so findet man nichts von dem, was es ankündigt; alle Kapitelüberschriften sind da; es fehlen nur die Kapitel selbst. [...] die Städte, die Straßen sind projectirt, die Nation selbst ist nicht als ein Anschlagzettel an Europa [...]." (ebd., Bd. 2, S. 72).

[324] Urussowa, Janina: Das neue Moskau. Die Stadt der Sowjets im Film 1917-1941. Köln u. a. 2004, S. 12.

[325] Vgl. Custine: Rußland im Jahre 1839, Bd. 1, S. 282.

[326] Das waren die Gebiete im Süden Rußlands und der Ukraine bis zum Schwarzen Meer (einschließlich der Krim), die durch die Zurückdrängung des Osmanischen Reichs und der Krimtataren annektiert worden waren.

Betrugsmanöver, um der Zarin die erfolgreiche Besiedlung der neuen Gebiete vorzutäuschen, wie im Anschluß an den damaligen sächsischen Gesandtschaftssekretär von Helbig, der das Wort von den Potjomkinischen Dörfern in Umlauf brachte,[327] immer kolportiert wird. Rekonstruiert man ihren historischen Kontext, wird deutlich, daß sie zum einen eine Inszenierung im Sinne der barocken höfischen Festkultur bildeten, zum anderen Idealentwürfe und symbolische Demonstrationen darstellten. Die Reise Katharinas II. durch die eroberten südrussischen Gebiete war als politische Demonstration gedacht, die die Stärke Rußlands zeigen sollte. Mit der Teilnahme des österreichischen Kaisers Josef II. sowie unter anderen des französischen und des englischen Gesandten hatte man sich die entsprechende europäische Publizität gesichert. Die Reise war aufwendig inszeniert.[328] Sie war als Mischung aus Diplomatie, höfischer Vergnügungsfahrt und Machtdemonstration nach Innen und Außen angelegt.[329] Der zentrale Teil begann ab Kiew. Katharina II. und ihr Gefolge fuhren von hier den Dnjepr abwärts mit Schiffen, die, luxuriös ausgestattet, im Stil römischer Galeeren gestaltet waren. Entlang der Reiseroute waren an den Ufern Triumphbögen und bemalte Dekorationen errichtet, auf dem Landweg von Cherson bis Sewastopol auch hölzerne Paläste zum Übernachten, den Weg markierten Obelisken zu Ehren Katharinas II. im Abstand von je einem Kilometer. Neu angelegte Gärten rundeten das Bild ab.[330] Die Staffagen dienten als Kulisse für die Festlichkeiten: für die Bälle, Empfänge, Ausflüge, Manöver. Das entsprach den Konventionen der Festkultur. Zum anderen waren sie aber auch als utopisches Bild eines glücklichen Arkadiens gedacht. Das gehörte mit zur Festinszenierung. Die

---

[327] Vgl. Helbig, Gustav Adolf Wilhelm von: Potemkin. Der Taurier. In: Minerva 26. Bd. (1798) H. 5. S. 291-319 (12. Folge von v. Helbigs biographischer Skizze zu Potëmkin, die in der Monatszeitschrift *Minerva* von 1797/ H. 4 bis 1800/ H. 12 erschien).

[328] Von Helbig lästert, sie habe mehr als zehn Millionen Rubel gekostet (vgl. Helbig: Potemkin, S. 292).

[329] Vgl. die Reisebeschreibung des damaligen französischen Gesandten Louis-Philippe de Ségur (Ségur, Louis-Philippe de: Denkwürdigkeiten, Rückerinnerungen und Anekdoten, Bd. 3. Stuttgart 1827, S. 1-165).

[330] Vgl. die Beschreibung de Ségurs: „Die Städte, die Dörfer, die Landhäuser und selbst manchmal die Bauernhütten waren so mit Triumphbögen, Blumengewinden, eleganten Verzierungen u. s. w. geschmückt und verdeckt, daß sie dem getäuschten Blick als die herrlichsten Städte, als Feenpaläste und magische Zaubergärten erschienen." (ebd., Bd. 3, S. 79) „[Potjomkin] wußte auf eine wunderbare Art mit allen Hindernissen zu ringen, die Natur zu überwinden, Entfernungen abzukürzen, das Elend aufzuputzen, das Auge über die Einförmigkeit sandiger Ebenen [...] zu täuschen, und den unaufhörlichen Wüsten ein belebtes Ansehen zu geben." (ebd., S. 92).

Exkurs I: Utopische Virtualisierung

Krimreise Katharinas II. fiel mit ihrem 25-jährigen Thronjubiläum zusammen. Das war ein Anlaß, der es geboten erscheinen ließ, den utopischen Anspruch ihrer Regierung zu erneuern, zumal vor den Augen der ausländischen Öffentlichkeit. Die Kulissen sollten vermitteln, was entstehen wird: Sie nahmen als Simulation die Kolonisierung des eroberten „wüsten" und „barbarischen" Landstrichs zum Arkadien aufklärerischer Herrschaft vorweg.

Im gleichen Sinne fungierten nach der Oktoberrevolution die Stadtkulissen, die die Avantgarde zu den revolutionären Feiertagen errichtete.[331] Sie bildeten einerseits die Bühne für die Massenspektakel, zum anderen entwarfen sie das Bild der Zukunft. Es ging dabei, wie Malewitschs und Lissitzkys suprematistische Ausgestaltung der Straßen und Plätze in Witebsk 1920[332] zeigt, um mehr als die Bebilderung der politischen Losungen. Sie inszenierten gegen die Erfahrungen des Bürgerkrieges, der Not und des Fortbestehens der alten Verhältnisse im Alltag einen Erfahrungsraum der künftigen sozialistischen Gesellschaft. Es waren gleichsam Stadtbühnenbilder der Utopie, die vor die Realität geschoben wurden. Sie zielten auf die Erzeugung eines virtuellen Raums, der, indem in ihm für den Moment des revolutionären Festes die Zukunft vergegenwärtigt ist, eine die Wirklichkeit transformierende Kraft entfaltet. In Orten wie Witebsk, an denen sich die utopisch-revolutionären Avantgarden konzentrierten, kam es tatsächlich zu einer entsprechenden Praxis: Die Inszenierungen der Utopie wurden zum Laboratorium der Utopie, das die Stadt erfaßte.[333]

---

[331] Vgl. zu den Festen Geldern, James von: Bolshevik Festivals, 1917-1920. Berkeley u. a. 1993; Lorenz (Hrsg.): Proletarische Kulturevolution; Plaggenborg: Revolutionskultur, S. 258ff.; Rolf, Malte: Das sowjetische Massenfest. Hamburg 2006; Röttjer, Julia: Die Stadt als Bühne: Orte bolschewistischer Massenfeste. In: Schlögel, Karl/ u. a. (Hrsg.): Sankt Petersburg. Frankfurt a. M. u. a. 2007. S. 211-226; Stites: Festival and Revolution; Tolstoy, Vladimir/ u. a. (Hrsg.): Street Art of the Revolution. London 1990 sowie Hornbostel (Hrsg.): mit voller kraft, S. 109ff. (Abb.).

[332] Ėjzenštejn beschreibt in seinen Erinnerung das Bild: „Eine merkwürdige Provinzstadt. Aus Backstein, wie viele Städte im Westen des Landes. Die Backsteinmauern verrußt und trübselig. Die Stadt aber ist besonders merkwürdig. Hier sind in den Hauptstraßen die roten Ziegel weiß übertüncht. Und auf dem weißen Grund verteilt grüne Kreise. Orange Quadrate. Blaue Rechtecke. Das ist Witebsk im Jahre 1920. Über seine Ziegelmauern ist Kasimir Malewitschs Pinsel hinweggegangen. ‚Die Plätze sind unsere Paletten' tönt es von diesen Mauern. […] Suprematistisches Konfetti, ausgestreut auf den Straßen einer fassungslos staunenden Stadt […]." (Eisenstein, Sergej M.: Notizen über W. W. Majakowski. In: Schaumann, Gerhard (Hrsg.): Erinnerungen an Majakowski. Leipzig 1972. S. 157-161, S. 157f.)

[333] Vgl. Schlögels Beschreibung Vitebsks in der Revolutionszeit, u. a. war Chagall

Den Höhepunkt der Virtualisierung bildeten die Planungen zum Umbau Moskaus in den 1930er Jahren. Für die utopischen Stadtkulissen zu den Revolutionsfesten war evident, daß sie Inszenierungen der Zukunft darstellten; sie legten eo ipso die Konstruktion der utopischen Wirklichkeit offen. Das hielt die Differenz zwischen Realität und Utopie fest. Die Bilder des Neuen Moskaus hingegen präsentierten die utopischen Stadtentwürfe als Realität. Die Entwürfe wie Boris M. Iofans (1891-1976) Palast der Sowjets (1934) wurden in den Moskau-Filmen der 1930er Jahre und auf Gemälden als schon verwirklicht gezeigt. Waren die utopischen Entwürfe in den Filmen nicht als Teil des realen Stadtraums zu sehen, wurden diese kritisiert, daß sie den Aufbau des sozialistischen Moskaus nicht ‚dokumentierten'.[334] Iofans Palast der Sowjets, der das zentrale Gebäude des Neuen Moskaus werden sollte und zu dessen Symbol wurde,[335] war medial so omnipräsent, daß er, obwohl nie gebaut, von den Zeitgenossen als so real empfunden wurde, daß er in den 1930er und 1940er Jahren als Stadtikone Moskaus galt, vergleichbar dem Eiffelturm für Paris.[336] Die städtebauliche Realität wurde durch das utopische Bild vollständig überblendet. Das war an Virtualisierung kaum mehr zu überbieten.

Diese Virtualisierungen zeigen sich insofern als utopische Strategie, als daß sie auf das performative Potential der Bilder spekulierten. Man erwartete von den utopischen Stadtkulissen, daß sie dazu beitragen, die neue Wirklichkeit zu begründen. Sie waren eine Einübung in die Utopie. Daß sie den Erwartungshorizont visualisierten, stand dabei erst an zweiter Stelle. Es ging darum, wie auch für das utopische Design beschrieben, den Erfahrungsraum umzustrukturieren:

„Kommissar der schönen Künste" (Schlögel, Karl: Die erste Stadt der neuen Welt. In: Die Zeit Nr. 4 vom 19. Januar 2006, S. 90).

[334] Vgl. Urussowa: Das neue Moskau, S. 240f. u. 333ff.

[335] Vgl. die Abbildungen in Antonowa/ Merkert: Berlin – Moskau 1900-1950, S. 348 u. 429. Iofan hatte 1934 den Wettbewerb gewonnen. Nach mehrfachem Ändern der Pläne begann 1937 der Bau. Als Standort hatte man den Platz der Erlöserkirche gewählt, die 1931 für den geplanten Palast gesprengt wurde. Der Zweite Weltkrieg unterbrach die Arbeiten, 1958 stellte man das Projekt ein. In die fertigen Fundamente wurde ein beheizbares Freibad gebaut. Anfang der 1990er Jahre wurde dieses für den Wiederaufbau der Erlöserkirche abgerissen (vgl. zum Wettbewerb und zu Iofans Palast Schlögel: Terror und Traum, S. 692ff.; Naum Gabo und der Wettbewerb zum Palast der Sowjets. Berlin 1992; Hoisington, Sona Stephan: „Ever Higher": The Evolution of the Project for the Palace of Soviets. In: Slavic Review 62. Jg. (2003) H. 1. S. 41-68).

[336] Vgl. Urussowa: Das neue Moskau, S. 240f.

Sie sollten die Gegenwart als beginnende Utopie vermitteln. Die utopischen Bilder fungierten als Erläuterung der Realität. Über die Grenzen dieser Strategie wird noch zu sprechen zu sein.

Exkurs II: Utopische Eröffnung – St. Petersburg

Die erste russische Stadtutopie ist die Gründung St. Petersburgs 1703 durch Peter I.[337] Sie ist Utopie im doppelten Sinne: Sie steht einerseits in der Tradition der frühneuzeitlichen Idealstadt; zum anderen verkörperte sie in der „symbolischen Ordnung der Petrinischen Epoche [...] die bereits realisierte Utopie eines neuen Rußlands".[338] In ihr zeigen sich schon jene Merkmale, die auch für die Stadtutopien der sowjetischen Avantgarde charakteristisch wurden: die Radikalität der Tabula rasa, die Gründung auf rationalistischen Prinzipien, das Primat, in der Architektur die gesellschaftliche Idealordnung zu fassen, die menschliche Omnipotenz gegenüber der Natur sowie die Tendenz, sich vom durch die Natur vorgegebenen Boden zu emanzipieren.

> „Den ersten Versuch, in Rußland eine utopische Stadt zu erbauen, unternahm Peter der Große Ende des 16., Anfang des 17. Jahrhunderts. Ein geeigneter U-Topos wurde vortrefflich bestimmt – es war ein Sumpf, auf dem die Stadt St. Petersburg erbaut wurde."[339]

St. Petersburg war zunächst als Festung zur Sicherung der Newamündung geplant: die Peter-und-Paul-Festung. – Später als Gefängnis genutzt, sollte diese zu einem Utopie-Ort ganz eigener Art werden. Ein Großteil der russischen Utopisten saß in ihr ein, angefangen von Radischtschew über die Dekabristen bis zu Tschernyschewski. – Erst 1705/06 wurde daraus der Plan, hier die neue Hauptstadt zu errichten. An die Stelle der unregulierten Besiedlung um die Festung und Werften trat ein Stadtentwurf, der die neue Hauptstadt als Ab- beziehungsweise Vorbild der Europäisierung Rußlands entwarf. Wenn Dostojewski in seiner Abrechnung mit dem Westlertum St. Petersburg als „abstrakte" und „ausge-

---

[337] Vgl. zu St. Petersburg als utopischen Stadtentwurf du. Die Zeitschrift der Kultur 58. Jg. (1998) H. 12: Sankt Petersburg. Die gebaute Utopie; Groys, Boris: Die Erfindung Rußlands. München u. a. 1995, S. 156ff.; Nicolosi, Riccardo: Mikrokosmos des Neuen. In: Pietrow-Ennker, Bianka (Hrsg.): Kultur in der Geschichte Rußlands. Göttingen 2007. S. 128-142; Vercelloni: Europäische Stadtutopien, T. 100.

[338] Nicolosi: Mikrokosmos des Neuen, S. 128.

[339] Groys, Boris: U-Bahn als U-Topie. In: ders.: Die Erfindung Rußlands. München u. a. 1995. S. 156-166, S. 157.

dachte" Stadt bezeichnete und in ihr den Ausdruck des Westlertums sah,[340] bestätigte er damit genau jenen utopischen Status. St. Petersburg sollte die zivilisatorische Neuordnung Rußlands durch die Petrinischen Reformen symbolisieren: die Hinwendung zu Westeuropa, die Neubegründung des Staates und der Gesellschaft auf Aufklärung und Rationalismus. So war es entworfen und so wurde es auch wahrgenommen. St. Petersburg war das „Denkmal einer militanten europäischen Aufklärungs-Ideologie".

> „Der westliche Rationalismus verwandelte sich hier in ein russisches Phantasma und wurde mit der Radikalität eines Traums umgesetzt."[341]

Städtebaulich und architektonisch manifestierte sich der Rationalismus in der geometrischen Stadtstruktur St. Petersburgs.

> „Die urbanistische Grundstruktur der neuen Hauptstadt ist den Gesetzen der Geometrie und damit auch dem westlichen Denken unterworfen [...]."[342]

Die städtebauliche Struktur war im Sinne der Idealstadt auf eine geometrische Harmonie ausgerichtet. Sie ist geprägt durch einen rasterförmigen Grundriß mit geraden Straßen, breiten Achsen und Randbebauung und durch einheitliche, repräsentative Fassaden; Größe und Stil der Häuser waren genau vorgeschrieben. Den Aufklärungsanspruch demonstrieren unter anderem die Gründung der Akademie der Wissenschaften (1724) durch Peter I. und der Aufbau weiterer wissenschaftlicher Institutionen: das astronomische Observatorium, der botanische Garten, das anatomische Theater, die Petersburger Kunstkammer[343] und eine Druckerei.[344] Auch späterhin galt St. Petersburg als Stadt der westlichen Intelligenzija; es wurde von ihr als Petersburger Intelligenzija gesprochen. Ebenso

---

[340] Vgl. Dostojewskij: Aufzeichnungen aus dem Kellerloch, S. 7.

[341] Groys, Boris: St. Petersburg – Petrograd – Leningrad. In: ders.: Die Erfindung Rußlands. München u. a. 1995. S. 167-179, S. 168.

[342] Leiprecht, Helga: Der Text ist die Stadt ist der Text. In: du 58. Jg. (1998) H. 12. S. 25-93, S. 25.

[343] Die Kunstkammer (heute Museum für Anthropologie und Ethnographie der Russischen Akademie der Wissenschaften) war das erste Museum Rußlands. Sie war ursprünglich als Kabinett „natürlicher und menschlicher Kuriositäten und Absonderlichkeiten" angelegt und gehörte zu Peters I. Programm, die Anschauung und Verbreitung der Wissenschaften in der Bevölkerung zu fördern. Besucher erhielten, so die Anekdote, als Anreiz zum Besuch eine Tasse Kaffee.

[344] Sie sollte insbesondere ausländische wissenschaftliche Werke übersetzen und drucken.

Exkurs II: Utopische Eröffnung – St. Petersburg 479

bildete St. Petersburg die politische Ordnung ab. Während Moskau von den Kirchenbauten geprägt wurde und Sitz des Patriarchen der Russisch-Orthodoxen Kirche war, repräsentierte die neue Hauptstadt den absolutistischen Staat. Das Stadtbild wurde beherrscht von der Repräsentation der staatlichen Macht. Der Stadtstruktur lag darüber hinaus eine streng reglementierte soziale Gliederung zugrunde: Die Gebäude des Staates bildeten das Zentrum, an sie schloß der Bereich des Adels an, getrennt von ihm durch die Newaarme lagen die Viertel der niederen Stände.[345]

Zeigt sich St. Petersburg so als gebaute Utopie im Sinne einer klassischen Idealstadt, gründet sein utopischer Status zum anderen auch auf der Gegenüberstellung zu Moskau innerhalb der symbolischen Ordnung. Die beiden Städte wurden als kultureller und geschichtsphilosophischer Gegensatz mythologisch überhöht.[346] Sie wurden zur Chiffre für zwei konträr aufeinander bezogene Beschreibungen beziehungsweise Entwürfe der politischen, sozialen und kulturellen Ordnung Rußlands. Moskau stand für das alte – das „wahre", wie es bei den Slawophilen hieß – Rußland: für die Verwurzelung der sozialen und politischen Ordnung in der russischen Geschichte und der Orthodoxie. St. Petersburg hingegen war das Symbol für den Bruch mit der traditionellen Lebensweise, für die Westorientierung und Europäisierung, für die rationalistische Begründung der Macht und die staatliche Modernisierung von oben – sowie auch deren Zerrbild: die Bürokratisierung des Lebens.[347] Schon in seinem ‚fremden' Namen markier-

---

[345] In der weiteren Stadtentwicklung wurde die Struktur überformt. Schon Anna (1693-1740, ab 1730 Zarin) ließ das Zentrum von der heutigen Petrograder Seite der Neva auf die Admiralitätsseite verlegen und das dreistrahlige Straßensystem mit dem Nevskij-Prospekt anlegen, das heute das historische Zentrum bestimmt.

[346] Vgl. Wehner, Markus: Hauptstadt des Geistes, Hauptstadt der Macht. In: Creuzberger, Stefan/ u. a. (Hrsg.): St. Petersburg – Leningrad – St. Petersburg. Stuttgart 2000. S. 220-232; Rüthers, Monica: Auf dem Weg nach Leningrad: Der Moskowskij Prospekt. In: Schlögel, Karl/ u. a. (Hrsg.): Sankt Petersburg. Frankfurt a. M. u. a. 2007. S. 159-172, S. 159f., Wegner, Michael: Die „Russische Idee" – Geschichte und Wirkung. In: ders./ u. a. (Hrsg.): Russland und Europa. Leipzig 1995. S. 17-33, S. 17; Groys: St. Petersburg, S. 168ff.; Figes: Nataschas Tanz, S. 36f.

[347] Interessanterweise entspricht diesem Gegensatz auch die Ausbildung zweier Unternehmertypen gegen Ende des 19. Jahrhunderts. Auf der einen Seite der sog. Moskauer Unternehmer, ein patriarchalischer Unternehmertyp, der in der Regel den unteren Schichten entstammte. In seiner Wertorientierung betonte er das „echt Russische" und lehnte für den Aufbau der Industrie Auslandskapital ab. Auf der anderen Seite der sog. Petersburger Unternehmer, der sich aus dem Adel rekrutierte. Von seiner Position und seinem Selbstverständnis her war dieser primär Manager. In der

te sich das Universalistische, das *Andere*. St. Petersburg verkörperte, wie Groys es beschreibt, den russischen Traum „vom idealen Europäertum, idealen Rationalismus und idealen übernationalen Imperialismus".[348] Moskau versus St. Petersburg, diesen Gegensatz bediente schon Schtscherbatow in seiner Utopie als Kritik an Peter I. und Katharina II. Ihren Anker hatte die Kontrastierung in dem städtebaulichen Charakter der beiden Städte. St. Petersburg mit seinem rationalistischen Grundriß war modern, urban, westlich. Moskau dagegen hatte einen ländlichen Charakter, es galt als „großes Dorf".[349] Seine Struktur beruhte auf dem Prinzip der Höfe, die Wohnhäuser waren meist aus Holz und überwiegend ein- bis zweigeschossig. Auch als sich der städtebauliche Kontrast abschliff und Moskau sich zur Metropole entwickelte, blieb die symbolische Kontrastierung bestehen; sie war bis ins 20. Jahrhundert virulent.

Unter umgekehrten Vorzeichen setzte sie sich in der Verlagerung der Hauptstadt nach der Oktoberrevolution von St. Petersburg nach Moskau fort. Moskau als Hauptstadt des kommunistischen Rußlands symbolisierte den utopischen Bruch mit dem Rußland der Petersburger Autokratie und den geschichtlichen Neuanfang. Bezeichnenderweise wurde für den Stalinismus denn auch Iwan Grosny (1530-1584), der Gründer des Moskauer Zarentums, zur zentralen national-mythischen Figur der russischen Geschichte. Iwan Grosnys Bestrebungen, die Zentralherrschaft des Zaren gegenüber der Macht der Bojaren zu stärken und ein national geeintes Rußland zu schaffen, ließ sich für den Sowjetnationalismus in den Dienst nehmen.[350] In einem Gespräch mit Eisenstein zu dessen Film *Iwan der Schreckliche* (1944/46) – zusammen mit Molotow, Shdanow und dem Darsteller Iwans, Tscherkasow – beschrieb Stalin Iwan Grosny als für Rußland historisch progressive Herrscherfigur und setzte ihn in eine Linie mit Lenin:

„Zar Iwan war ein großer und weiser Herrscher [...]. Die Weisheit Iwan Grosnys bestand darin, daß er einen nationalen Standpunkt vertrat und

---

Regel begann seine Karriere als Staatsbeamter oder Ingenieur. Er befürwortete die Finanzierung der Industrialisierung mit ausländischem Kapital (vgl. Haumann, Heiko: Lebenswelten im Zarenreich: Ursachen der Revolution von 1917. In: ders.: (Hrsg.): Die Russische Revolution 1917. Köln u. a. 2007. S. 17-34, S. 18f.).

[348] Groys: St. Petersburg, S. 177.

[349] Vgl. bspw. Vasilij D. Polenovs (1844-1927) Gemälde *Hof in Moskau* (1878; Staatliche Tretjakov-Galerie, Moskau).

[350] Ganz abgesehen davon, daß sich im Spiegel von Ivans Politik der Terror als historisch notwendige Kompromißlosigkeit für die „große Idee" legitimieren ließ.

Ausländer nicht in sein Land ließ; damit bewahrte er das Land vor dem Eindringen ausländischer Einflüsse. [...] Peter I. – war auch ein großer Herrscher, aber er war in Bezug auf Ausländer zu liberal, er öffnete das Tor zu weit und ließ den ausländischen Einfluß auf das Land zu, er ließ die Germanisierung Rußlands zu. [...] Die außerordentliche Maßnahme Iwan Grosnys war, daß er als erster das staatliche Außenhandelsmonopol einführte. Iwan Grosny war der erste, der es einführte, Lenin der zweite."[351]

Die dritte Ebene, auf der St. Petersburg als Utopie erscheint, ist die Erzählung seiner Gründung. Die Gründungslegenden rufen für die Stadt die konstitutiven Merkmale der klassischen Utopie auf. Insbesondere zeichnen sie den Ort als buchstäblichen u-topos, der erst durch die menschliche Aneignung zum bewohnbaren wird. Die Newamündung, in der Peter I. die Stadt errichtete, bot in der Tat ein entsprechendes utopisches Erzählpotential. Es war ein sumpfiges Gebiet, das regelmäßig überflutet und kaum besiedelt war sowie fern der Zentren lag. Gebaut auf zum Teil durch die Anlage der Kanäle und durch Aufschüttungen geschaffenen künstlichen Inseln, erschien die neue Hauptstadt selbst als ferne utopische Insel. Der Ort wurde zudem als geschichtliche Tabula rasa gesetzt. An der Stelle existierte seit Beginn des 17. Jahrhunderts eine schwedische Festung mit einer Siedlung, Nyenschanz und Nyen. In den Nordischen Kriegen zerstört, wurden sie im Bau und der Geschichte St. Petersburgs ausgeblendet. Die Geschichte der Stadt ist ganz auf ihren Gründungsakt durch Peter I. fixiert. Sie kennt kein geschichtliches Davor, das in das Bild der Stadt zu integrieren wäre. Gründung und Gestalt der Stadt beruhen allein auf dem Wort Peters I. Er wird als unifizierender Wille der Utopie gesetzt. In Puschkins Poem *Der Eherne Reiter* (1833), einem Schlüsseltext für das Bild St. Petersburgs, heißt es:

„Er, dessen Wort gleich Schicksalsmacht
Die Stadt gegründet einst am Meere ..."[352]

Die Gründungsgeschichte zitiert damit die Omnipotenz des Menschen gegenüber der Natur, so wie sie der klassischen Utopie zugrunde liegt. Der Bau der Stadt im Sumpf wird als Unterwerfung und Umgestaltung der Natur erzählt. Für St. Petersburg ließ sich das Bild einer Hauptstadt aus dem Nichts zeichnen, das

---

[351] Èjzenštejns Gedächtnisprotokoll des Gesprächs vom 25. Februar 1947, in: Mar'jamov, Grigorij B.: Kremlevskij cenzor. Stalin smotrit kino. Moskau 1992. S. 84-92, S. 85 (engl. Eisenstein, Sergei M.: Stalin, Molotov and Zhdanov on *Ivan the Terrible*, Part Two. In: ders.: Selected Works, Bd. 3. London 1996. S. 299-304).

[352] Puschkin, Alexander S.: Der Eherne Reiter. Eine Petersburger Erzählung. In: ders.: Ausgewählte Werke, Bd. 2. Berlin 1949. S. 423-440, S. 438.

die Stadtgründung als demiurgischen Akt inszeniert. Wie die Stadt, die Goethes Faust erbaut, muß der bewohnbare Ort durch die menschliche Umgestaltung der Natur erst erschaffen werden.[353] Spätestens mit Puschkins *Der Eherne Reiter* gehörte dieses Bild zum Kern des Mythos St. Petersburg. Alle Erzählungen der Stadt kamen darauf zurück.[354]

Die latente Verknüpfung der Gründungserzählung St. Petersburgs mit dem Faust-Mythos im Bild der demiurgischen Stadtgründung im Kampf gegen die Natur, die sich hier zeigt, führt in Lunatscharskis *Faust*-Adaption *Faust und die Stadt* (1916)[355] zu einer frappierenden utopiegeschichtlichen Volte für St. Petersburg. Das Drama gehört nicht zum Petersburg-Kanon, es ruft aber im russischen Kontext auf der Bildebene unausweichlich dessen utopischen Kern auf. *Faust und die Stadt* setzt an dem Punkt der utopischen Stadtgründung ein: der Bau der Stadt, die dem Meer abgetrotzt wird; entsprechend heißt die Stadt bei Lunatscharski Trotzburg. In ihr läßt sich unmittelbar St. Petersburg mitlesen. Faust regiert als absolutistischer Herrscher, der einen aufklärerisch-technokratischen Staat schafft. Seine Manifestation ist – wie St. Petersburg für die Herrschaft Peters I. – das dem Meer abgerungene Trotzburg. Am Ende steht die Versöhnung Fausts mit der sozialistischen Revolution, die Trotzburg in eine Volksherrschaft umwandelt. Faust erkennt, daß sie sein Vermächtnis, die Befreiung der menschlichen Schöpferkraft im Sieg über die Natur, einlöst. Utopiegeschichtlich gesehen, wird damit die utopische Gründungserzählung St. Petersburgs von Lunatscharski an den, von ihm sozialistisch ausgedeuteten Emanzipationshorizont von Fausts Vision vom „freien Volk auf freiem Grund" angeschlossen. Die in St. Petersburg symbolisierte Neubegründung Rußlands durch Peter I. findet danach ihre Vollendung mit der sozialistischen Revolution. 1920 wurde das Stück in diesem Sinne zum dritten Jahrestag der Oktoberrevolution in Petrograd aufgeführt.

Der Gründungsort erwies sich aber noch in einem weiteren Sinne als symbolträchtig für St. Petersburg als Utopie. Der sumpfige Boden, auf dem die

---

[353] Auch die dunkle Seite von Fausts Stadt, die ihrer Gründung eingeschriebene Gewalt, scheint in St. Petersburg auf. Es ist, wie Fausts Stadt auf dem Tod von Philemon und Baucis (*Faust II*, 5. Akt), buchstäblich auf den Leichen der leibeigenen Bauern errichtet, die für den Bau zwangsverpflichtet wurden (vierzigtausend waren es zu Hochzeiten) und zu Zehntausenden dabei umkamen.

[354] Vgl. die Beispiele in Ziegler, Gudrun: Moskau und Petersburg in der russischen Literatur. München 1974.

[355] Vgl. Lunatscharski, Anatoli W.: Faust und die Stadt. Frankfurt a. M. 1973.

Exkurs II: Utopische Eröffnung – St. Petersburg

Stadt gebaut war, schien, wie Groys es beschreibt, den fragilen Stand der westlichen Zivilisation in Rußland zu symbolisieren.

> „Dieser Sumpfboden hat sich als der ideale Träger für die westliche Zivilisation in Rußland erwiesen. Ein festerer Boden hätte die Russen mit Sicherheit zu einer Ideologie der Bodenständigkeit verführt."[356]

In dieser Metaphorisierung schließt sich der Bogen vom Bild des sumpfigen Gründungsortes als u-topos zu St. Petersburg als Chiffre der Europäisierung. In der Metapher markiert der sumpfige Baugrund den Stand der Europäisierung. Beide sind gleichermaßen dem scheinbar a priori Gegebenen entgegengesetzt, der Natur als auch der Tradition. Wie St. Petersburg immer wieder von Überschwemmungen bedroht war, so erschien auch die westliche Zivilisation in Rußland fragil.[357] Sie hatte, so deuten es sowohl die Beschreibungen seitens der Slawophilen als auch der Westler aus, keinen festen Grund. Bildlich zugespitzt, schien sie stetig bedroht, im ‚russischen Sumpf' zu versinken.[358] Als Programm der politischen und kulturellen Erneuerung Rußlands mußte die Europäisierung – wie die Stadt gegen das Wasser – immer wieder verteidigt werden. Das hielt im Ergebnis ihren utopischen Anspruch als Gegenentwurf wach.

Nach 1917 hatte St. Petersburg als Utopiesymbol ausgedient. Es wurde von Moskau abgelöst. Daran änderte auch die Umbenennung in Leningrad nichts. Es konnte zwar die Ehre beanspruchen, der Ausgangspunkt der Revolution gewesen zu sein, die sozialistische Neuordnung Rußlands jedoch verband sich mit Moskau. Insbesondere dessen Umbau unter Stalin in den 1930er Jahren sowie die ihn begleitenden Debatten waren es, in denen der neuen Hauptstadt die Funktion zugeschrieben wurde, das neue, sozialistische Rußland zu symbolisieren, so wie einst St. Petersburg das Rußland Peters I.[359] Desungeachtet wurde jedoch die utopiegeschichtliche Traditionslinie auf Peter I. immer wieder als

---

[356] Groys: U-Bahn als U-Topie, S. 157.

[357] Das ist in bezug auf die Wahrnehmung der Europäisierung gesagt, nicht als historische Beschreibung.

[358] Vgl. bspw. Gončarovs Figur des Fürst Oblomov; oder auch Čechovs *Onkel Wanja*: „[I]m Laufe von so etwa zehn Jahren waren wir im grauen Alltagsleben, in diesem miesen Leben versunken und versumpft. Es hat mit seinen fauligen Ausdünstungen unser Leben vergiftet" (Tschechow, Anton: Onkel Wanja. Stuttgart 1988, S. 59).

[359] Vgl. zum Umbau Moskaus Kreis, Barbara: Moskau 1917-35. Düsseldorf 1985; Schlögel: Terror und Traum, S. 60ff; Bodenschatz/ Post (Hrsg.): Städtebau im Schatten Stalins; Lykoshin, Ivan/ u. a.: Sergey Chernyshev. Architect of the New Moscow. Berlin 2015.

Legitimationsbezug aufgerufen; etwa wenn der Bau des Weißmeer-Ostsee-Kanals unter Stalin als Erfüllung des Kanalnetzprojektes Peters I. dargestellt wird[360] oder wenn Alexej Tolstoi Peter I. gleichsam als historischen Geistesgenossen Lenins und Stalins herausstellt.[361]

Die Befreiung vom topos

Die Loslösung vom festen Boden, die Groys in seiner Beschreibung der Gründung St. Petersburgs als utopischer Akt hervorhebt, wurde auch für die Stadtentwürfe der sowjetischen Avantgarde zur bestimmenden Perspektive. Die Revolutionsarchitektur ist durch eine bodenflüchtende Tendenz gekennzeichnet.[362] Die neuen Häuser und Städte, die die Avantgarde entwarf, stehen auf Stelzen über der Erde, schweben in der Luft und fliegen im Weltraum.[363] Anton M. Lawinski (1893-1968) entwarf 1921 eine *Stadt auf Stoßdämpfern*, in der er die Stadt entlang der Vertikalen gliedert.[364] Ihre Bereiche wie Verkehr und Wohnen sind in Ebenen übereinander angeordnet. Die Häuser stehen auf Trägern über der Erde. Unter ihnen verläuft der Verkehr. Die Träger sind als Stahlfedern konstruiert, sie dienen als Stoßdämpfer, die die Vibrationen des Verkehrs abfangen. Die erste Ebene der Häuser, unmittelbar über den Trägern, ist für die öffentlichen Einrichtungen vorgesehen, die Ebenen darüber für Wohnungen. Die Häuser lassen sich zudem um ihre vertikale Achse drehen, um sie nach Bedarf mit Sonne zu versorgen. Auch Lissitzky hob mit seinen *Wolkenbügeln* die Stadt in luftige Höhe, ebenso Chidekel mit seinen Stelzenstädten. Malewitsch und Krutikow ließen die Städte der Zukunft ganz im Weltall schweben. Der Neue Mensch, so die Überzeugung der Avantgarde in ihren Stadtvisionen, werde die Schwerkraft überwinde und sich mit seinen Städten von der Erde befreien.

---

[360] Vgl. Gor'kij, Maksim/ u. a. (Hrsg.): Belomorsko-Baltijskij Kanal imeni Stalina. Moskau 1934.

[361] Vgl. Tolstoi, Alexej: Peter der Erste. (1929-1945) Berlin u. a. 1975.

[362] Vogt, Adolf Max: Russische und französische Revolutionsarchitektur 1917, 1789. Braunschweig u. a. 1990, S. 114.

[363] Vgl. für das Spektrum der Entwürfe Utopies et réalités en URSS 1917-1934. Paris 1980; Chan-Magomedow: Pioniere der sowjetischen Architektur; www.utopia.ru – Russian Utopia: a depository. Museum of Paper Architecture.

[364] Vgl. Lavinskij, Anton: Schemy konstruktivista. In: LEF 1. Jg. (1923) H. 1. S. 62f.; Arvatov, Boris: Oveščestvlennaja utopija. In: LEF 1. Jg. (1923) H. 1. S. 61f.; Chan-Magomedow: Pioniere der sowjetischen Architektur, S. 281.

Zwischen Science Fiction und Biokosmismus

Ihre Vorläufer hatten diese Stadtvisionen der Avantgarde unter anderem in der Science Fiction fliegender Städte und kosmischer Lebenswelten um die Jahrhundertwende.[365] Diese war von einem futuristischen Technikoptimismus geprägt, der selbst vor der Überwindung der Naturgesetze nicht Halt machte. So gab beispielsweise die Moskauer Schokoladenfirma *Einem*[366] 1914 eine Postkartenserie mit dem Titel „Moskau in der Zukunft" heraus.[367] Die acht Karten zeigen, wie man sich Moskau in zwei- bis dreihundert Jahren vorstellte. Zu sehen sind Hochhäuser aus Glas und Stahl. Zwischen ihnen verkehren Schwebebahnen, die hoch über den Straßen Menschen und Lasten befördern. Am Flußufer starten und landen ununterbrochen Flugzeuge, auch die Häuser haben Landeplätze für die Flugzeuge. Man bewegt sich „nach Wunsch in Telegrammgeschwindigkeit", so eine der Bildunterschriften.

1914/1915 schrieb Welimir Chlebnikow (1885-1922) auch sein utopisches Manifest *Wir und die Häuser*.[368] Er entwirft als zukünftige Stadt ebenfalls gläserne Hochhäuser und verlegt den Lebensraum der Menschen von der Erde in die Luft. Chlebnikows Manifest folgt dem klassischen Utopiemuster aus Kritik und Gegenentwurf. Chlebnikow charakterisiert die gegenwärtigen Städte als dunkle, enge, schmutzige „Rattenkäfige" und „Mülleimer". Ihre Mietskasernen sperrten die Menschen ein wie in ein Gefängnis. Ihre Straßen seien der „Habgier- und Dummheitsausbünde der Hausbesitzer" ausgeliefert. Dagegen setzt er die zukünftige Stadt. In ihr werde der Staat das Bauen übernehmen, um das Chaos des Privateigentums zu beseitigen. Die Straßen werden von der Enge der

---

[365] Vgl. Smurova, Nina: Urbanistische Phantasien in der künstlerischen Kultur Rußlands Ende des 19., Anfang des 20. Jahrhunderts. In: Graefe, Rainer/ u. a. (Hrsg.): Avantgarde I. Stuttgart 1991. S. 56-61; Strigaljow, Anatolij: „Architektur aus Neigung". Der Einfluß der Avantgarde-Künstler auf die Architektur. In: Wolter, Bettina-Martine/u. a. (Hrsg.): Die große Utopie. Frankfurt a. M. 1992. S. 261-281; Demjanov, Leonid: Zur Rolle der Technik in den architektonischen Utopien in Rußland zu Anfang des Jahrhunderts. In: Thesis. 43. Jg. (1997) H. 3/4. S. 358-365.

[366] Nach der Verstaatlichung 1918 *Staatliche Konditoreifabrik Nr. 1, vormals Einem*, 1922 umbenannt in *Krasnyj Oktjabr* (*Roter Oktober*). Sie stellt das bekannte Mischka-Konfekt her.

[367] Vgl. Smurova: Urbanistische Phantasien in der künstlerischen Kultur Rußlands, S. 60.

[368] Vgl. Chlebnikov: Wir und die Häuser, im folgenden zitiert mit der Sigle *Häuser*; vgl. auch Chlebnikov, Velimir: Lebedija der Zukunft. In: ders.: Werke, Bd. 2. Reinbek bei Hamburg 1972. S. 243-245.

Erde befreit sein, die Perspektive auf die Stadt wird die von oben sein. Die Menschen der Zukunft, die Budetljane (Zukünftler), können fliegen. Ihre Städte sind „ins Blau des Himmels geschmiegt". Die Stadt wird zu einem Netz von Hochhäusern aus Stahl und Glas, die durch Glasbrücken verbunden sind. An die Stelle der Straßen treten Dächer und Wolken als Raum der Fortbewegung. Auch die Landwirtschaft werde man aus der Luft betreiben: Die zukünftigen Menschen säen und bewässern die Felder mit Flugzeugen. Das zentrale Kommunikationsmittel wird das Radio sein.[369] In jedem Ort werden Rundfunkstationen als „Lesesäle des Radios" stehen. Sie heben den Unterschied zwischen Stadt und Land auf. Das Radio werde die Menschheit „zu einer einigen Menschheitsseele" vereinigen – eine Aufgabe, die die Kirche, so Chlebnikow, nicht zu lösen imstande war – und es wird zur „einigen Geisteswoge, die täglich das Land [überzieht] und es über und über mit einem Regen aus wissenschaftlichen und künstlerischen Neuigkeiten besprengt" (Radio, 271). Das Radio der Zukunft wird dabei nicht nur Sprache und Musik, sondern auch Bilder, Gerüche[370] und Geschmacksempfindungen übertragen;[371] selbst für die Medizin dient es.[372]

Chlebnikow entwarf für seine Stadt der Zukunft mehrere Haustypen.[373] Gemeinsam ist allen, daß sie aus Glas und Stahl bestehen und sich vom festen Boden lösen. Sie erobern dem Menschen den Luftraum und das Wasser als neuen Lebensraum. In *Wir und die Häuser* werden dreizehn Typen beschrieben, einige sind speziellen Bevölkerungsgruppen zugedacht. 1. „Häuser-Brücken" oder auch „Straßbrücken"[374] – das sind Hochhäuser in Brückenform, bei denen die Turmpfeiler als auch die halbkreisförmigen Brückenbögen für Wohnungen

---

[369] Vgl. Chlebnikov, Velimir: Radio der Zukunft. In: ders.: Werke, Bd. 2. Reinbek bei Hamburg 1972. S. 270-274; im folgenden zitiert mit der Sigle *Radio*.

[370] „Selbst die Gerüche werden in Zukunft dem Willen des Radios untertan sein: im tiefen Winter wird der Honigduft einer Linde, mit dem Geruch des Schnees vermischt, ein echtes Geschenk des Radios an das Land sein." (Radio, 274)

[371] „[Z]um einfachen, derben, aber gesunden Mittagsmahl strahlt das Radio Geschmacksträume aus, Vorstellungen von völlig anderen Geschmacksempfindungen. Die Menschen werden Wasser trinken – aber glauben, Wein vor sich zu haben. Ein einfaches und sättigendes Mahl wird die Maske eines luxuriösen Festmahls anlegen …" (Radio, 273f.)

[372] „Die Ärzte von heute heilen auf Entfernung, über einen Draht […]. Das Radio der Zukunft wird auch als Arzt auftreten können […]." (Radio, 274)

[373] Vgl. auch Chlebnikovs Zeichnungen der Häuser: *Prognostische Zeichnungen* (Abbildungen in Shadowa: Suche und Experiment, S. 21).

[374] Stra- von Straße, im Original: ul- von ulica.

genutzt werden. Sie sind vor allem an Flüssen vorgesehen (Häuser, 239f.).
2. „Häuser-Pappeln" – sie sind in Chlebnikows Stadtutopie die zentrale Form
(Häuser, 240). Sie bestehen aus einem schmalen Turm aus einem Stahlgerüst, in
das mobile Glaskajüten einhängt werden. Im Turm befindet sich der Aufgang
mit den Zugängen zu den Kajüten. Der Turm bildet den ‚Stamm', die Glaskajüten das ‚Laub', daher die Bezeichnung. Die Glaskajüten sind Einzimmerappartements – „transportable Schrank-Zimmer", die zugleich als Transportmittel
dienen. Mit ihnen läßt sich von Stadt zu Stadt fliegen und an den jeweiligen
Türmen andocken. Sie ermöglichen die absolute Mobilität: „[N]icht mehr der
Mensch reiste, sondern sein Haus" (Häuser, 237). 3. Für „Vielredner" sind entlegene „Unterwasser-Paläste" vorgesehen – „Glas-Blöcke mit Ausblick aufs
Meer und einem Unterwasser-Ausgang".[375] 4. „Haus-Boote" – das sind Boote,
die in hohen, künstlichen Wasserbehältern schwimmen. Sie werden „in erster
Linie von Matrosen bewohnt" (Häuser, 240). 5. „Häuser-Häute" – ein Typ, der
vor allem für Hotels und Sanatorien vorgesehen ist. „Bestehend aus einem
Zimmer-Gewebe, das in gerader Linie zwischen zwei Türmen aufgespannt war.
Größe 3 x 100 x 100 Klafter.[376] Viel Licht! Wenig Platz. Tausende von Bewohnern. Äußerst zweckmäßig für Hotels, Heilanstalten, auf Bergrücken, an
Meeresufern. Von den kleinen gläsernen Zimmern durchschienen, glich es einer
Haut. Besonders schön war es nachts, wo es einer flammenden Feuerstelle zwischen schwarzen, düsteren Turm-Nadeln glich." (Häuser, 240) 6. „Schachbrett-Häuser. Leere Zimmer-Lücken in Schachbrettmuster." (Häuser, 240) 7. „Häuser-Wiegen" – sie bestechen durch ihre vorgesehenen Bewohner: „Zwischen zwei
Fabrikschloten wird eine Kette befestigt, an der eine Hütte hängt. Für Denker,
Matrosen, Budetljane." (Häuser, 240) 8. „Häuser-Haare" – hohe schmale
Wohntürme, „[b]estehend aus einer Seitenachse und einem Budetljanin-
Zimmer-Haar, das sich entlang der Achse bis zu einer Höhe von 100 bis 200
Klaftern" emporzieht (Häuser, 240). 9. „Häuser-Schalen" – sie bestehen aus
einer gläsernen Kugel mit vier bis fünf Zimmern, die sich auf einem schmalen,
eisernen Turm von zehn bis dreihundertsechzig Meter Höhe befindet. Chlebnikow kommentiert sie mit: „Ein einsamer Ort für Leute, die sich von der Erde
abgewandt haben" (Häuser, 2401). 10. „Häuser-Trompeten" – kreisförmige
Häuser in Form einer Trompete mit einem großen Innenhof, der durch einen

---

[375] Chlebnikov kommentiert sie: „In der Stille des Meeres wurden Lektionen in Beredsamkeit erteilt." (Häuser, 240).

[376] Klafter – ca. 1,80 m.

Wasserfall besprengt wird (Häuser, 241). 11. Das „Bücher-Haus" – ein Haus in der Form eines aufgeschlagenen Buches. Die Außenwand, gleichsam der Bucheinband, besteht aus zwei Steinmauern, dazwischen als ‚Seiten' „Glasblätter" mit den Zimmern (Häuser, 241). 12. „Häuser-Krempen" – sie sind große, leere Hallen, auch in mehreren Etagen übereinander, in denen „gläserne Hütten und Zelte" (nomadische Behausungen) in „malerischer Unordnung" aufgestellt werden; zusätzlich sind sie mit Hirschgeweihen dekoriert. 13. „Häuser auf Rädern" – sie bestehen aus den mobilen Glaskajüten. Mehrere von ihnen werden auf einen Rolluntersatz montiert. Zusammen aufgestellt, bilden sie ein „weltoffenes Nomadenlager für die Zigeuner des 20. Jahrhunderts" (Häuser, 241).

Was Chlebnikow hier im expressionistischen Gestus beschreibt, war bei aller überschäumenden Phantastik insofern ernst gemeint, als daß er in die unbegrenzten Möglichkeiten des technischen Fortschritts vertraute. Das war, wie schon die *Einem*-Postkarten zeigen, der futuristische, technikvisionäre Zeitgeist. Entwürfe himmelstürmender und fliegender gläserner Städte beherrschen die Science Fiction der Jahrhundertwende, etwa bei H. G. Wells, Paul Scheerbart und Kurd Laßwitz. Zeitgleich finden sie sich auch in der (westlichen) Architektur, beispielsweise bei Wenzel Hablik, der es mit seinen fliegenden Wohnmaschinen und Luftkolonien[377] nicht minder ernst meinte; ebenso für die Glashäuser Bruno Tauts[378] sowie in den Stadtvisionen der 1919 von Taut gegründeten Architektenvereinigung *Gläserne Kette*.[379] Das Vorbild dieser transparenten und schwerelosen Glasarchitektur ist sichtlich immer noch der Kristallpalast der Londoner Weltausstellung, der nun technikvisionär zum Fliegen gebracht wird. Was dabei in Chlebnikows Stadtvisionen hervorsticht, ist – neben der Emanzipation von der Erde – die entfesselte Mobilität. Sein Neuer Mensch ist ein urbaner Nomade. Er hat keinen festen Wohnsitz, sondern ist mit seinen mobilen Wohnzellen, den Glaskajüten, überall zu Hause. Es ist die Vision eines globalen Weltbürgertums. Man lebt nicht mehr „in einer bestimmten Stadt, sondern einfach in einer jener Städte des Landes, die Mitglieder der Vereinigung zum Austausch von Bürgern waren." „Jede Stadt des Landes, die der Eigentümer eines

---

[377] Vgl. Breuer, Gerda (Hrsg.): Wenzel Hablik. Architekturvisionen 1903-1920. Darmstadt 1995.

[378] Z. B. Tauts gläserner Pavillon auf der Werkbundausstellung 1914 in Köln.

[379] Vgl. Whyte, Iain Boyd/ u. a. (Hrsg.): Die Briefe der Gläsernen Kette. Berlin 1986; Musielski, Ralph: Bau-Gespräche. Architekturvisionen von Paul Scheerbart, Bruno Taut und der „Gläsernen Kette". Berlin 2003.

Die Befreiung vom topos 489

Glaskastens besuchte, war verpflichtet, dem transportablen Schrank-Zimmer einen Platz auf einem der Häuser-Gerippe [das sind die Häuser-Pappeln] anzuweisen." (Häuser, 237) Aus der durch den technischen Fortschritt entfesselten Mobilität erwächst so eine neue Qualität gesellschaftlicher Verhältnisse. Chlebnikow umreißt diese vage als sozialistische Weltgemeinschaft: mit der Abschaffung des Privateigentums, der Aufhebung der Klassenverhältnisse und mit der Überwindung der Nationalstaaten.

Der zweite Bezugspunkt für die fliegenden Städte war der Biokosmismus.[380] Dessen Forderung, den Kosmos als Lebensraum zu erobern und die Naturgesetze für den Menschen zu überwinden, bildete den philosophischen Unterbau für die urbanen Visionen eines von der Erde befreiten Lebens. In der Sicht des Biokosmismus weitete sich die Gerechtigkeitsfrage des Befreiten Wohnens, die Forderung nach Licht, Luft, Sonne für alle, zur Frage nach der Zukunft der Menschheit. Drei Aspekte stehen dabei im Vordergrund. Die Eroberung des Kosmos als Lebensraum markiert, erstens, die unbegrenzte Herrschaft des Menschen über die Natur. Insbesondere die Überwindung der Schwerkraft symbolisiert seine Befreiung aus dem „Gefängnis der Natur". Sie beinhaltet, zweitens, eine technikvisionäre, transhumanistische Anthropologie: Der Mensch werde, so Fedorow, die Fähigkeit erwerben (müssen), seinen Körper aus elementarer kosmischer Materie neu zu synthetisieren. Aus einem gebrechlichen Naturwesen wandle er sich in ein sich selbst regulierendes, von der Natur autonomes Wesen um. Die Besiedlung des Kosmos ist, drittens, die Voraussetzung, den Sozialismus als absolute Gerechtigkeit zu verwirklichen. Vollkommene Gerechtigkeit, so Fedorow, könne es nur unter der Bedingung der Unsterblichkeit und der Wiedererweckung aller Menschen, die je gelebt haben, geben. Gerechtigkeit nur für die jetzige und die zukünftigen Generationen wäre ein halbierter Sozialismus. Er wäre nicht vollkommen, weil er behaftet bliebe mit der Ausbeutung und den Opfern der vorangegangen Generationen. Wiedererweckung der Toten und Unsterblichkeit setze jedoch die Besiedlung des Kosmos voraus, weil für alle Menschen die Erde nicht genügend Platz biete.

Diese Vorstellungen einer kosmischen Lebensweise gaben den Architektur- und Stadtentwürfen der Avantgarde eine Radikalität, die sie im buchstäblichen Sinne vom festen Boden löste. Anhand von Lissitzkys *Wolkenbügeln*, Chidekels *Aero-Stadt*, Krutikows *Stadt der Zukunft* und Malewitschs *Planiten* soll dieser

---

[380] Vgl. zum Biokosmismus Groys/ u. a. (Hrsg.): Die Neue Menschheit.

bodenflüchtende Charakter der Revolutionsarchitektur im folgenden exemplarisch beschrieben werden.

El Lissitzkys Wolkenbügel und Chidekels Aero-Stadt

Auch für El Lissitzky (1890-1941) ist der Ausgangspunkt die Kritik der kapitalistischen Stadt als unsoziales, unhygienisches und ineffizientes Chaos. An ihre Stelle müsse, so Lissitzky, eine rational und funktional neugeordnete Stadt treten. Diese sollte zugleich die Neuordnung der Gesellschaft widerspiegeln. Der Anspruch war radikal. Lissitzky forderte die völlige Umgestaltung der Stadt, die das Verhältnis zur Natur neu definiert. Er beschreibt das emphatisch im Gestus einer Neuschöpfung der Erde aus dem Geist des Suprematismus heraus.

> „nachdem wir [...] plan und system des suprematismus begriffen haben werden wir der erde ein neues gesicht geben. wir werden sie durch und durch umgestalten so daß die sonne ihren trabanten nicht mehr wieder erkennen wird. [...] wir setzen uns die stadt zur aufgabe. [...] die neue stadt wird nicht so chaotisch angelegt sein wie die modernen städte in nord- und südamerika, sondern klar und übersichtlich wie ein bienenstock."[381]

Bestimmend für Lissitzkys Stadtentwürfe ist zum einen die rationale Organisation, zum andern die funktionale Neuordnung des Raums entlang der Vertikalen. Paradigmatisch zeigt sich das in seinen *Wolkenbügeln* für das Neue Moskau aus den Jahren 1923 bis 1925 (Abb. 9 und Abb. 10).[382] Die *Wolkenbügel* sind Hochhäuser, die Lissitzky für die Kreuzungen des Boulevardrings mit den Radialmagistralen vorsah. Sie sollten einen Ring um die Innenstadt bilden und als Ordnungs- und Orientierungspunkte fungieren.[383] Sie bestehen jeweils aus drei Türmen, die einen mehrgeschossigen horizontalen Baukörper tragen. Die Trägertürme dienen der vertikalen Erschließung: In ihnen befinden sich die Trep-

---

[381] Lissitzky, El: Der Suprematismus des Weltaufbaus. In: El Lissitzky. Maler, Architekt, Typograf, Fotograf. Dresden 1967. S. 327-330, S. 328.

[382] Vgl. Lissitzky: Rußland, S. 29f.

[383] Beim Wiederaufbau Moskaus nach dem Zweiten Weltkrieg wurde mit den sog. *Sieben Schwestern* die Idee wieder aufgegriffen. Die sieben Hochhäuser, die 1947-1957 im Stil des Stalin-Empire errichten wurden, stehen an markanten Stadtpunkten entlang des Gartenrings (mit Ausnahme der Lomonosov-Universität auf den Sperlingsbergen) und bilden mit ihrer Silhouette einen Ring um das Stadtzentrum (vgl. zu ihnen Vas'kin, Aleksandr A./ u. a.: Architektura stalinskich vysotok Moskvy. Moskau 2006; Dmitrieva, Marina: Der Traum vom Wolkenkratzer. In: Bartetzky, Arnold/ u. a. (Hrsg.): Imaginationen des Urbanen. Berlin 2009. S. 119-156, S. 131ff.; Huber, Werner: Moskau – Metropole im Wandel. Köln u. a. 2007, S. 152ff.).

Die Befreiung vom topos

pen und Fahrstühle; sie sind direkt an die Trambahn und Metro angebunden. Die horizontalen Baukörper sind für Arbeiten und Wohnen vorgesehen. Ganz im Sinne des Konzepts der Funktionalen Stadt, wie es in der *Charta von Athen* auf dem Internationalen Kongreß für Neues Bauen 1933 formuliert wurde, gliedert Lissitzky die Stadt in ihre Funktionsbereiche auf. Er ordnet diese jedoch nicht in der Fläche an, sondern – die Überwindung der Schwerkraft im Blick[384] – entlang der Vertikalen. Die Bereiche des Arbeitens, Wohnens und des öffentlichen Lebens werden mit den *Wolkenbügeln* in die Höhe gehoben, während die Erde vor allem dem Verkehr vorbehalten ist. Die *Wolkenbügel* erzeugen den Eindruck von Dynamik. Ihre Bodenflucht versinnbildlicht die erwartete Beschleunigung und Technisierung des urbanen Lebens.

Auch Lasar M. Chidekel (1904-1986), ein Schüler Malewitschs und wie Lissitzky UNOWIS-Mitglied,[385] geht bei seinen Stadtentwürfen in den 1920er Jahren von der vertikalen Zonenbildung nach Funktionsbereichen aus.[386] Er stellt die Beziehung des Menschen und der Städte zur Natur in den Mittelpunkt. In seinen Entwürfen der zukünftigen Stadt befreit er die Erde von den die Natur zerstörenden Bereichen der menschlichen Siedlungstätigkeit. Er verlegt den Verkehr in unterirdische Tunnel, die Häuser stehen auf hohen Stelzen aus Eisenbeton. Die Stelzen sind so hoch, daß sich die Häuser weit über den Bäumen befinden. Die Erde wird frei für eine Parklandschaft (Abb. 11 und Abb. 12). Wie bei Lissitzky dienen die Träger der Erschließung der Häuser und verbinden die Verkehrstunnel mit dem oberen Stadtbereich. Chidekels *Aero-Stadt* unterteilt sich so in drei Zonen: die unterirdische des Verkehrs, die Parklandschaften auf der Erde als Erholungsraum und der eigentliche Stadtbereich des Wohnens und des öffentlichen Lebens in der Luft. In der Gestaltung der Häuser greift Chidekel die suprematistische Formensprache auf. Die Häuser bestehen aus mehrstöckigen und freistehenden quaderförmigen Blöcken ohne Verzierungen. Sie sind untereinander in einem horizontalen, rechteckigen Raster verbunden. Einzelne Abschnitte, gleichsam Stadtviertel, bilden wie Malewitschs *Planiten* die Form eines Flugzeuges. Mit den Parklandschaften zwischen und unter den Häusern erscheint Chidekels *Aero-Stadt* als eine aufgestelzte Garten- beziehungsweise Waldstadt. Sie ist keine kompakte Siedlung mehr, sondern die Häu-

---

[384] Vgl. Lissitzky: Rußland, S. 36.
[385] Vgl. zu Chidekel' www.lazarkhidekel.com.
[386] Vgl. die Abbildungen in Efimova, Alla: Surviving Suprematism. Lazar Khidekel. Berkeley 2005; Chan-Magomedow: Pioniere der sowjetischen Architektur, S. 300ff.

ser stehen auf ihren Stelzen in lockeren Gruppen zwischen den Bäumen, in einigen Entwürfen setzt Chidekel sie auch über Wasserflächen. Die Emanzipation der Stadt vom Boden geht bei Chidekel einher mit der Auflösung der Stadt zur Parklandschaft. Die Bodenflucht resultiert bei ihm vor allem aus der Forderung nach Licht, Luft und Sonne. Sie ist der Versuch, die Bereiche des Wohnens von denen des Verkehrs und der Industrie zu trennen, so daß eine grüne Stadt entsteht. Dieser Aspekt gilt für die meisten Entwürfe mit Stelzen- und Tunnelkonstruktionen, beispielsweise auch für Lawinskis *Stoßdämpfer-Stadt*.

Krutikows fliegende Stadt der Zukunft

Einer der radikalsten und faszinierendsten Entwürfe der bodenflüchtenden Architektur der 1920er Jahre ist Georgi T. Krutikows (1899-1958) fliegende *Stadt der Zukunft* von 1928.[387] In ihr vereinigt sich das Kommunehaus der Utopie der Neuen Lebensweise mit der Forderung des Biokosmismus, den Weltraum als Lebensraum zu erschließen. Krutikow hatte bei Nikolai A. Ladowski (1881-1941), dem führenden Vertreter des Rationalismus, an den WChUTEMAS Architektur studiert. Die *Stadt der Zukunft* ist seine Diplomarbeit zum Thema *Die neue Stadt*, das Ladowski seinen Studenten als Aufgabe stellte.

Krutikow siedelt die zukünftige Stadt im Weltraum an. Er gliedert dabei die Stadt nach ihren Funktionsbereichen in zwei Teile auf: den Bereich des Wohnens und gesellschaftlichen Lebens, der als die eigentliche Stadt im Weltraum schwebt, und den Bereich der Industrie, der sich auf der Erde befindet. Den Industriegebieten ist jeweils ein Stadtkomplex zugeordnet. Dieser fliegt nicht frei durch den Weltraum, sondern ist auf das Zentrum der Industriegebiete ausgerichtet (Abb. 13 und Abb. 14). Der fliegende Stadtkomplex hat die Form eines elliptischen Paraboloids, dessen Spitze auf die Erde gerichtet ist. Die Häuser gruppieren sich an der Außenseite des Paraboloids. Krutikows *Stadt der Zukunft* ist gleichsam eine in die Vertikale gedrehte und in die Luft gehobene Gartenstadt. Die Häuser bilden jeweils autonome Wohnkomplexe. Sie sind, wie die Satellitenstädte in der Gartenstadtkonzeption, konzentrisch um einen Mittelpunkt gruppiert. Für den Verkehr zur Erde und zwischen den Städten und Häusern im Weltraum sind individuelle Flugkabinen vorgesehen (Abb. 17), die sich auf der Erde, in der Luft und im Wasser bewegen können. Sie dienen allerdings nicht nur als Transportmittel, sondern stellen, wie Chlebnikows Glaskajüten,

---

[387] Vgl. Chan-Magomedow: Pioniere der sowjetischen Architektur, S. 284ff.

mobile Wohneinheiten dar. Sie sind mit ausklappbaren Wandmöbeln als Einraumappartements ausgestattet. Ihre Bewohner können mit ihnen von Stadt zu Stadt fliegen und dort jeweils an den Wohnkomplexen andocken.

Krutikow entwirft für seine *Stadt der Zukunft* drei Häusertypen. Sie sind als Kommunehäuser angelegt: Für die Bewohner gibt es jeweils ein Zimmer, die Haushaltsfunktionen sind vergemeinschaftet und in einem Gemeinschaftstrakt untergebracht. Der erste Typ ist das *Hochentwickelte Kommunehaus*. Es besteht aus acht fünfgeschossigen, zylindrischen Wohntürmen, die durch ein ringförmiges Gebäude unterhalb von ihnen verbunden sind (Abb. 15). In dem Ring befinden sich die Gemeinschaftseinrichtungen: Küche, Speisesaal, Kindergarten, Lesesaal, Klubräume, Kino, Sporträume. Die Wohntürme werden durch Aufzüge in der Mitte erschlossen. Auf jeder Etage liegen sechs Wohneinheiten; insgesamt also dreißig je Wohnturm und 240 pro Kommunehaus. Die Wohneinheiten sind jeweils für eine Person gedacht. Sie bestehen aus einem Zimmer mit Bad und einer darunter liegenden Loggia. Dort docken die Flugkabinen an. Der zweite Gebäudetyp, das *Kompakte Kommunehaus*, ist eine vereinfachte Form des *Hochentwickelten Kommunehauses*. Es besteht aus einem achtgeschossigen Wohnturm und einem kugelförmigen Gebäudeteil mit den Gemeinschaftseinrichtungen, der unter ihm hängt (Abb. 16). Die Wohneinheiten bestehen ebenfalls aus einem Zimmer und einer Parkbox für die Flugkabinen. Der dritte Typ ist eine Art Appartementhaus aus Flug-Wohnkabinen. Es ist wie das zweite Kommunehaus ebenfalls ein runder Turm. Der untere Teil des Turms ist eine Regalkonstruktion, an der die Flug-Wohnkabinen andocken. Im Mittelteil befinden sich stationäre Wohneinheiten und in den oberen Etagen die Gemeinschaftseinrichtungen.

Krutikows *Stadt der Zukunft* ist unmittelbar auf die Utopie der Neuen Lebensweise bezogen, besteht sie doch ausschließlich aus Kommunehäusern mit vollständiger Vergemeinschaftung. Krutikow folgt dabei der Maximalvariante. Seine Kommunehäuser bieten als Wohnraum für den einzelnen jeweils nur ein Zimmer. Sinnfällig wird die Minimierung des privaten Wohnraums in den Flug-Wohnkabinen. Sie reduzieren den individuellen Raum auf die Funktionen Schlafen und Transport. Das eigentliche Leben erfolgt jenseits von ihm.

Das Vorbild für die Flug-Wohnkabinen sind offenkundig Chlebnikows Glaskajüten. Krutikow geht von einer ähnlichen Überlegung wie Chlebnikow aus. Seiner Ansicht nach beschleunige sich im Laufe der Geschichte mit der Entwicklung der Technik unaufhaltsam die Geschwindigkeit der menschlichen

Fortbewegung. Gleichzeitig werde die Antriebstechnik im Verhältnis zum bewegten Volumen immer kleiner. Die Evolution der Mobilität – Schiff, Auto, Flugzeug – könne jedoch nicht ohne Auswirkung auf das Wohnen und die Architektur der Häuser bleiben. Die ausgemachten Tendenzen – Krutikow stellt ihre geschichtlichen Stufen in seiner Diplomarbeit auf sogenannten analytischen Tafeln dar – wiesen auf die zukünftige Konvergenz von Mobilität und Wohnen: Die Architektur selbst müsse mobil werden. So wie es schon bei Chlebnikow heißt: Nicht mehr der Mensch reist, sondern das Haus. Wenn es jedoch technisch möglich sei, die Häuser in mobile Einheiten zu verwandeln, dann sei es zweckmäßig, sie ganz von der Erde zu lösen und sie in den Weltraum zu verlegen. Die Erde werde am Ende nur noch als Ort der Produktion dienen und als Erholungsraum. Das ist die Vollendung der Befreiung des Wohnens.

Krutikow entwarf seine fliegende Stadt mit der Überzeugung, daß sie in naher Zukunft technisch realisierbar sei. Sie ist von ihm ebenso real gemeint wie Chidekels Stelzenstädte. Die fliegenden Wohnkomplexe sind technisch gesehen Orbitalstationen, die als Satellitenstädte um die Erde fliegen. Krutikow ging davon aus, daß man mit Atomenergie in der Lage sein werde, solche Orbitalstationen zu betreiben; auch für die Flugkabinen sollte sie den Antrieb liefern. In der Nachfolge Krutikows entwarfen auch weitere Schüler Ladowskis fliegende Häuser und Städte. Wiktor P. Kalmykow entwarf beispielsweise eine fliegende Stadt in Form eines Rings über dem Äquator, der sich mit der gleichen Geschwindigkeit wie die Erde dreht. Isaak L. Josefowitsch plante ein *Haus der Kongresse* in Form eines Zeppelins, der von Stadt zu Stadt fliegt.[388] Als Antrieb setzte man wie Krutikow vor allem auf die Atomenergie.

Malewitschs Planiten

Auch Kasimir S. Malewitsch (1878-1935) verlegt die Städte der zukünftigen Menschen von der Erde in den Weltraum. Ausgehend von seinen suprematistischen Architekturmodellen, den Architektonen, entwarf er Anfang der 1920er Jahre mit den Planiten kosmische Städte für den Neuen Menschen.

> „Die neuen Behausungen der neuen Menschen liegen im Weltraum. Die Erde wird für sie zu einer Zwischenstation, und dementsprechend müssen Flugplätze angelegt werden, die sich den Aeroplanen anpassen, also ohne säulenartige Architektur. Die provisorischen Behausungen des Menschen müssen sowohl im Weltraum als auch auf der Erde den Aeroplanen ange-

---

[388] Vgl. ebd., S. 309 (Abb. 806).

Die Befreiung vom topos

paßt sein. [...] Wir Suprematisten schlagen daher die gegenstandslosen Planiten als Grundlage für die gemeinsame Gestaltung unseres Seins vor."[389]

Wie Krutikows *Stadt der Zukunft* schweben die Planiten als Satelliten im Weltraum. Die Erde dient den Neuen Menschen nur noch als Zwischenstation. Die Ablösung von der Erde symbolisiert nicht allein der Name der fliegenden Stadt Malewitschs,[390] sondern auch ihre Form. Sie sind einem Propellerflugzeug nachgebildet. In der perspektivischen Draufsicht zeigen die *Planiten*-Zeichnungen[391] die Planiten als Ensemble unterschiedlich hoher und langer Quader, die entlang einer Achse zentriert angeordnet sind (Abb. 8).[392] In der Seitenperspektive – Zeichnungen am Bildrand – bilden die Planiten einen terrassenförmigen Baukörper, dessen unterschiedlich hohe Etagen ineinander verschränkt sind. Am unteren Bildrand sind das Material und die Eigenschaften der Planiten kommentiert. Zu *Planiten für Semljaniten*[393] von 1920 heißt es.

> „Planiten-Suprematismus in Bauwerken, Form ‚aF' 2. Gruppe. Material: weißes Mattglas, Beton, Stahl, Eisen, elektrische Heizung ohne Schornsteine. Bemalung der Planiten in schwarz und weiß, bevorzugt rot, in Ausnahmefällen hängt sie von Aufstieg und Fall des dynamischen Zustandes einer Stadt oder eines Landes ab. Ein Planit muß von allen Seiten für den Semljaniten zugänglich sein. Er muß überall sein können – auf dem Haus und im Inneren des Hauses. Das gleiche Leben sowohl im Inneren als auch auf dem Dach des Planiten. Sein System bietet die Möglichkeit, ihn immer sauber zu halten; er wird ohne besondere Vorrichtungen gereinigt. Jede seiner Etagen ist niedrig, aber man kann dort umhergehen und wie auf einer Treppe hinabsteigen. Die Wände werden ebenso beheizt wie die Decken und Fußböden." (Abb. 8, Beschriftung unten)

Die Architektur der Planiten ist auf die Geometrie des Quaders zurückgeführt, es gibt keine Schmuckelemente wie Säulen und Ornamente. Die Farbgebung folgt der suprematistischen Farbsymbolik: weiß für die reine Bewegung und die

---

[389] Malewitsch, Kasimir: Suprematistisches Manifest Unowis. (1924) In: ders.: Suprematismus – Die gegenstandslose Welt. Köln 1989. S. 237-240, S. 238.
[390] Planiten – aus *planirovat'* (russ. gleiten, schweben) abgeleiteter Neologismus.
[391] Vgl. u. a. Shadowa: Suche und Experiment, Abb. 217ff.
[392] Chidekel' übernimmt die Form in seinen Studien für eine suprematistische Architektur, bspw. in *Suprematistische Kompositionen im Kosmos* und *Kosmisches Habitat* (vgl. Efimova: Surviving Suprematism, T. 5 u. 10); ebenso Čašnik, ebenfalls Mitglied des UNOVIS-Zirkels (vgl. Shadowa: Suche und Experiment, Abb. 238ff.).
[393] Semljaniten – aus *zemlja* (russ. Erde) abgeleiteter Neologismus Malevičs für den Neuen Menschen. An anderer Stelle bezeichnete er ihn, wie Chlebnikov, auch als Budetljane (Zukünftler).

jenseitige Realität, schwarz als Zeichen der Ökonomie und des Nullpunkts, rot als Signal der Revolution und des Lebens.[394] Möbel, Geschirr und Kleidung der Bewohner werden in Form und Farbe auf die Architektur der Planiten abgestimmt, sie sollen eine Synthese bilden.[395] Die modernen Baumaterialien (Beton, Stahl, Opakglas), die Malewitsch für die Planiten vorgibt, und ihre Ausstattung (elektrische Fußboden- und Wandheizung, automatische Reinigung, Dachterrassen) entsprechen dem Neuen Bauen. Sie sind als Realisierung durchaus vorstellbar. Doch mit Blick auf die Bewohner der Planiten, die Semljaniten, vermerkt Malewitsch, daß die Häuser von Innen und Außen gleichermaßen bewohnbar seien. In der Seitenansicht A unten rechts sieht man eine Figur auf dem Planit außen entlang gehen. Im Kommentar heißt es dazu, daß man auf den Etagenterrassen umhergehen könne und sie wie eine Treppe hinabsteigen.

Die Emanzipation der Architektur vom festen Boden geht hier in den Entwurf einer neuen Welt über, in der die Naturgesetze wie die Schwerkraft für den Menschen aufgehoben sind. Malewitsch folgt darin Fedorow. Fedorow, der mit seinen Vorstellungen, die Schwerkraft und den Tod für den Menschen zu überwinden, den Biokosmismus prägte, hatte in seiner „Philosophie der gemeinsamen Tat" gefordert, daß der Mensch eine neue, höhere Welt schaffen müsse, in der er sich aus der Abhängigkeit der Natur befreit. Statt sich an der naturgegebenen Welt abzuarbeiten, solle er sie durch ein neues Universum ersetzen und sich mit ihm das Weltall als Lebensraum erobern. Alles bislang Naturgegebene, einschließlich des Menschen selbst, müsse in Vernunftgeschaffenes verwandelt werden. An die Stelle der „blinden Natur" trete so die neue Welt als vollkommenes Kunstwerk. Dem „Künstler-Architekten" komme dabei, so Fedorow, die Aufgabe zu, die Ordnung des neuen Universums zu modellieren und symbolisch darzustellen. Eine Rolle, die sich Malewitsch mit den Planiten sichtlich zu eigen macht. In ihnen verräumlicht er die Utopie des Suprematismus: die gegenstandslose Welt. War dieser zunächst eine Kunsttheorie der radikalen Abstraktion, die auf eine absolut gegenstandslose Kunst zielt, wird er hier zum Entwurf einer höheren Lebenswelt im Sinne eben jenes, von Fedorow geforderten neuen

---

[394] Vgl. Malewitsch, Kasimir: Suprematismus. (1920) Tübingen 1974, S. 3.

[395] Vgl. Malevičs Kommentare zu seinen Entwürfen suprematistischer Kleider (1923): „Wenn man berücksichtigt, daß die Architektur der Zukunft suprematistische Formen übernehmen wird, muß man unbedingt auch das ganze Ensemble der Formen ausarbeiten, die mit denen der Architektur eng verbunden sind." (Abb. in: Kasimir Malewitsch. Werke aus sowjetischen Sammlungen, S. 65).

Universums, in dem der Mensch die Naturgesetze überwindet und das den Weltraum als Lebensraum erschließt.[396]

Diese gegenstandslose Welt des Suprematismus schließt die Vervollkommnung des Menschen ein. Die Planiten setzen einen Neuen Menschen voraus. Malewitsch weist den Semljaniten neue Eigenschaften zu, die sie über den gegenwärtigen Menschen hinausheben. Im Zentrum steht dabei die Aufhebung der Schwerkraft.[397] In der Schwerelosigkeit manifestiert sich für Malewitsch die Emanzipation aus dem Reich der Notwendigkeit und Naturgesetze, der, wie er es nennt, „Garküchen-" und „Freßwelt". Mit dieser Emanzipation eröffne sich für den Menschen die Möglichkeit neuer Bewußtseinsformen. Dem liegt die Vorstellung einer inneren Evolution des Menschen zugrunde, die von ihm selbst als seine Vervollkommnung betrieben werde. Malewitsch hatte diese in wesentlichen Teilen aus der Beschäftigung mit der antipositivistischen Philosophie Uspenskis[398] übernommen. Durch diese Evolution sollte der Mensch befähigt werden, die gegenstandslose Welt jenseits der dreidimensionalen, materialistischen Gegenstandswelt zu erfahren. Als Medium dieser Evolution sah Malewitsch die Kunst.[399] Der Neue Mensch des Suprematismus zeigt sich als Produkt eines ästhetischen Transhumanismus.

Wie sind die Planiten im Feld *Rußland 1917* zu verorten? Die Kommentare zu Material und Bau legen die Frage nahe, ob sie als konkrete Wohnvisionen zu verstehen sind, so wie Lissitzkys *Wolkenbügel*, oder zumindest als Studien dafür.[400] Einige der Planiten-Entwürfe, wie *Zukünftige Planiten für Leningrad*

---

[396] Dieser Anspruch, die „blinde", naturgegebene Welt zu überwinden und durch eine vollkommene, künstliche zu ersetzen, kommt auch schon in der futuristischen Oper *Sieg über die Sonne* (1913) zum Ausdruck, für die Malevič das Bühnenbild und die Kostüme schuf (vgl. zu ihr Sieg über die Sonne. Berlin 1983; zum Bezug der Oper zur klassischen Utopietradition vgl. Saage: Utopieforschung, S. 119ff.).

[397] Vgl. Malevič, Kazimir: Die Architektur als Grad der größten Befreiung des Menschen vom Gewicht. Ziel des Lebens ist die Befreiung vom Gewicht der Schwere. (1924) In: Groys, Boris/ u. a. (Hrsg.): Am Nullpunkt. Frankfurt a. M. 2005. S. 523-539, insb. S. 531ff.

[398] Pëtr D. Uspenskij – 1878-1947; Schüler Georges I. Gurdjieffs (1872–1949) und dessen esoterischer Lehre des Vierten Weges einer Höherentwicklung des Menschen (vgl. Ouspensky, Pyotr D.: Vom inneren Wachstum des Menschen. Weilheim 1965).

[399] „Die Kunst kann [...] als der einzige Wirkzustand des Menschen und seines ungegenständlichen Welt-Verhältnisses gelten" (Malevič: Die Architektur als Grad der größten Befreiung des Menschen, S. 536f.).

[400] Vgl. Vetter, Andreas K.: Die Befreiung des Wohnens. Tübingen u. a. 2000, S. 154f.; Eaton: Die ideale Stadt, S. 190. Vetter sieht die Planiten v. a. als spekulative Archi-

(1924), weist Malewitsch auch konkreten Orten zu. Doch die Frage verfehlt letztlich Malewitschs Planiten. Die Planiten waren, im Unterschied zu seinen Architektonen, nicht allein auf den Stadt- und Architekturdiskurs bezogen. Wo Lissitzky, Chidekel und Krutikow daran arbeiteten, die Gestalt der sozialistischen Stadt im Sinne einer konkreten Architektur zu bestimmen, stehen Malewitschs Planiten für eine metaphysische Alternativwelt; das zeigt sich schon in seinem Neuen Menschen. Diese ‚höhere', suprematistische Welt stellte ein Gegenbild zum Sozialismus der Bolschewiki dar.[401] Malewitsch hatte, wie die meisten der Avantgarde-Künstler, die Oktoberrevolution als „Nullpunkt" der politischen, sozialen und ökonomischen Verhältnisse begrüßt, der dem Nullpunkt durch die Avantgarde in der Kunst entspreche. In ihrem Versprechen einer neuen Welt und der Befreiung der Menschheit sah er auch seine Utopie enthalten. Doch kritisierte er die Revolution bald als nicht radikal genug. Der Sozialismus Lenins sei auf materielle Gerechtigkeit fixiert; das greife für die Emanzipation des Menschen zu kurz. Verächtlich sprach Malewitsch von ihm als „Futtertrog-Ideologie".[402]

> „Das Erlangen des materialistischen Güter-Himmels ist ebenso unsinnig, wie zu Fuß über das Meer zu gehen."[403]

Der Sozialismus, wie ihn die Bolschewiki verständen, sei, so Malewitsch, noch dem Materialismus und dem ökonomischen Zweck- und Wertdenken verhaftet. Mit seinem Arbeitskult halte er den Menschen in der „kleinlichen Ökonomie" fest. Er unterwerfe diesen damit dem Diktat der Notwendigkeit. Statt den Menschen von der Arbeit zu befreien, verherrliche man die Arbeit.[404] Aber die Paro-

---

tekturphantasie. Eaton hingegen spricht davon, daß die *Planiten*-Zeichnungen „als praktische Inspiration für die Entwürfe realer Gebäude dienen" sollten.

[401] Vgl. zu Malevičs Suprematismus als politische Utopie auch Saage, Richard: Die Geburt der „schwarzen" Utopie aus dem Geist des Suprematismus. In: ders.: Innenansichten Utopias. Berlin 1999. S. 13-32; Gaßner: Utopisches im russischen Konstruktivismus; Grumpelt-Maaß: Kunst zwischen Utopie und Ideologie; Günther: Utopie nach der Revolution, S. 381.

[402] Malewitsch, Kasimir: Suprematismus als Gegenstandslosigkeit. (1922) In: ders.: Suprematismus – Die gegenstandslose Welt. Köln 1989. S. 163-212, S. 193.

[403] Malevič, Kazimir: Ökonomische Gesetze. (1924) In: Groys, Boris/ u. a. (Hrsg.): Am Nullpunkt. Frankfurt a. M. 2005. S. 514-518, S. 517.

[404] Vgl. zu Malevičs Kritik der sozialistischen Arbeitsideologie Malevič, Kazimir: Die Faulheit als eigentliche Wahrheit der Menschheit. (1921) In: ders.: Gott ist nicht gestürzt! München 2004. S. 107-119. Malevič stützt sich in seinem Lob der Faulheit als Strategie der Entgegenständlichung auf Paul Lafargues *Das Recht auf Faulheit*

Die Befreiung vom topos 499

le, den Menschen durch die Arbeit zu befreien, sei eine Chimäre. Auf Ökonomie lasse sich keine befreite Welt gründen.

> „Die ökonomische Basis und die ökonomischen Verhältnisse der Menschen und die Einrichtung der menschlichen Beziehungen auf ökonomischer Basis sind nicht jene Grundlage, auf der die proletarische Klasse ihre Gesellschaft und das ganze Leben bauen könnte. Auf der ökonomischen Basis kann nur eine kapitalistische oder bürgerliche Gesellschaft Leben und Staat bauen. Wenn man aber danach strebt, das Weltverhältnis der Gesellschaftsmitglieder aus der proletarischen Klasse zu bauen, muß man eine neue Basis suchen. Auf der ökonomischen Basis entsteht eine rein kapitalistische Gesellschaft, die Akkumulation von Werten einer neuen Art von Kapital. [...] Das Streben nach Ökonomismus ist ein Streben nach Kapitalismus, nach Wert, nach Akkumulation. Die Befreiung vom Ökonomismus dagegen führt zu einem völlig neuen System und neuen Verhältnissen der Menschen untereinander."[405]

Gegen den Ökonomismus der Bolschewiki setzt Malewitsch die gegenstandslose Welt des Suprematismus. Die sozialistische Revolution müsse in die suprematistische übergehen. Erst in der Befreiung von der Gegenständlichkeit lasse sich die Emanzipation des Menschen vollenden. In ihr befreie er sich von Materialismus und utilitaristischem Zweckdenken und entkomme der niederen „Freßwelt". Man müsse sich daher radikal von allem Denken lösen, das auf einen „praktischen Nutzen" gerichtet ist. Das ist nicht zuletzt gegen den Konstruktivismus und dessen Produktionskunst gesagt. Wie im *Schwarzen Quadrat* die Kunst ist das Leben auf Null zurückzuführen; das heißt, von Ökonomismus und Gegenständlichkeit zu befreien. Dahinter eröffne sich dann die befreite Welt, in der der Mensch zu neuen Bewußtseins- und Seinsformen vorstoße. Der Weg dieser suprematistischen Revolution ist, wie für die Evolution des Neuen Menschen, die Kunst.

> „Die Kunst soll diesem neuen Muster dienen; hier gibt es keine ökonomische Basis und Wertakkumulation, denn kein einziger Produzent von Kunst kennt schon sein Produkt und kann es würdigen [...]."[406]

Malewitsch schließt hier das Projekt einer absolut autonomen Kunst und politische Utopie miteinander kurz. Die sich im Suprematismus befreiende, „totale

---

(1883; russ. Übersetzung 1903; poln. 1906; vgl. Benz, Ernst: Das Recht auf Faulheit oder Die friedliche Beendigung des Klassenkampfes. Stuttgart 1974, S. 113).

[405] Malevič: Ökonomische Gesetze, S. 514. Das ist auch direkt gegen die NĖP gerichtet.
[406] Ebd.; vgl. zu Malevičs Konzept der Kunst als schöpferische Weltgestaltung auch Krieger: Kunst als Neuschöpfung der Wirklichkeit, S. 202ff.

Kunst", die – eben das meint die Befreiung von der Gegenständlichkeit – alles an Sinngebung, Zweck, Normen und Nützlichkeit hinter sich gelassen hat, soll auch die befreite Gesellschaft hervorbringen. Als politisches Emanzipationsprogramm ist das Mystik. Daher rührt nicht zuletzt auch das expressionistische Pathos. Doch Malewitsch war es durchaus ernst damit, den Sozialismus in Richtung der suprematistischen Revolution weiterzutreiben. Ganz im Sinne des kulturrevolutionären Optimismus erhob er den Anspruch auf politische Mitgestaltung der neuen Gesellschaft durch die Kunst. Das führte zwangsläufig zum Konflikt mit der Macht.[407] Malewitsch polemisierte nicht nur gegen die offizielle Kunst als „Futtertrog-Realismus" und „Garküchen-Kunst", er kritisierte das Sozialismusverständnis und die Politik der Bolschewiki: die rasche Verstaatlichung der revolutionären Strukturen, die Parteiherrschaft und die Ideologisierung.[408] Auf der anderen Seite wandte er sich ebenso scharf gegen den Konstruktivismus. Dessen, unter der Losung, die Kunst ins Leben zu überführen, betriebene „angewandte" Kunst bedeute die Utilitarisierung der Kunst. Sie sei nichts weiter als „kleinliche Wirtschaftlichkeitskunst". Der Neue Mensch entstehe jedoch erst jenseits des „praktischen Ökonomismus".

Malewitsch hatte seine suprematistische Utopie in den Planiten verräumlicht. Sein Insistieren auf der Gegenstandslosigkeit macht jedoch deutlich, daß die Planiten im Grunde nur als buchstäblicher *u-topos* denkbar sind. Die gegenstandslose Welt des Suprematismus und ihr Neuer Mensch lassen sich nur als hypothetisches Ideal einsetzen. Bei Malewitsch bilden sie den Maßstab für die Kritik des bolschewistischen Sozialismus: Für die Emanzipation des Menschen, so Malewitsch, genüge nicht die politische und soziale Befreiung, es bedürfe vor allem seiner geistigen. So phantastisch die Planiten als Architekturentwurf erscheinen, als Statthalter der suprematistischen Utopie verwiesen sie auf den uneingelösten Horizont des Emanzipationsversprechens. Darin lag der Kern der politischen Wirkung seiner Utopie.

---

[407] Vgl. dazu und zu den Folgen für Malevič Stachelhaus, Heiner: Kasimir Malewitsch. Düsseldorf 1989.
[408] Vgl. Malevič, Kazimir: Über die Partei in der Kunst. In: Groys, Boris/ u. a. (Hrsg.): Am Nullpunkt. Frankfurt a. M. 2005. S. 211-220.

Die Moskauer Metro als utopische Volte der Befreiung vom topos

Die utopische Volte zur Bodenflucht der Avantgarde-Architektur ist die Moskauer Metro.[409] Wo die aufgestelzten und fliegenden Städte in den Himmel und Kosmos ausgriffen, erschloß sie den Untergrund als utopischen Raum. Die Moskauer Metro war an ihrem Beginn mehr als nur als Verkehrsmittel gedacht. Sie verband sich sichtlich mit einem utopischen Anspruch.[410] Ihre Bahnhöfe waren als Abbild der Utopie entworfen. Auf ihren Wand- und Deckengemälden, Mosaiken und Friesen wurde ein Bild der kommunistischen Zukunft gezeichnet und die Geschichte der Revolution erzählt. Das utopiegeschichtliche Vorbild dafür sind die öffentlichen Wandbilder zur Vermittlung der Utopie in Campanellas *Sonnenstaat*.[411] Ebenso lassen sich die Wand- und Deckengemälde der Metrostationen aber auch in der Tradition der bildlichen Darstellung der Bibel in den Kirchen sehen. Es ging darum, die kommunistische Geschichts- und Zukunftsdeutung bildlich zu vermitteln. Die palastartige, luxuriöse Gestaltung der Bahnhöfe sollte desweiteren die Schönheit und den Reichtum des Kommunismus antizipieren. Die Metrostationen bildeten die neuen Paläste des Volkes, die jene der Zaren ablösten. In der Moskauer Metro verschränkte sich so die performative Inszenierung der Utopie, wie sie schon für die utopischen Stadtkulissen der Avantgarde zu beobachten war,[412] mit einer politik-didaktischen Erziehungsfunktion.

In den zeitgenössischen Berichten wurde der Metrobau als siegreicher Kampf gegen die Natur metaphorisiert.[413] Dem Bau der Metro wurde der utopische Anspruch der Beherrschung der Natur unterlegt. Utopiegeschichtlich läßt sich jedoch, wie Groys zeigt, der Bedeutungshorizont der Naturmetaphorik noch weiter ziehen. Vergleichbar der Gründung St. Petersburgs ist der unterirdi-

---

[409] Vgl. zum Bau der Moskauer Metro Neutatz, Dietmar: Die Moskauer Metro. Köln u. a. 2001.

[410] Vgl. Groys: U-Bahn als Utopie; Ohlrogge, Karen: „Stalins letzte Kathedralen": Die älteste Metrotrasse als Erinnerungsraum. In: Schlögel, Karl/ u. a. (Hrsg.): Sankt Petersburg. Frankfurt a. M. u. a. 2007. S. 230-240.

[411] Vgl. Campanella: Sonnenstaat, S. 120ff.

[412] Die Metrostationen, die von Avantgarde-Architekten wie Ladovskij gestaltet wurden, waren u. a. psychologisch durchkomponiert auf die Organisation der Wahrnehmung und Erfahrung des Raumes (vgl. dazu Vöhringer, Margarete: Professionalisiertes Laientum: Nikolaj Ladovskijs Psychotechnisches Labor für Architektur. In: Schwartz, Matthias/ u. a. (Hrsg.): Laien, Lektüren, Laboratorien. Frankfurt a. M. u. a. 2008. S. 325-345, S. 244f.).

[413] Vgl. Neutatz: Die Moskauer Metro, S. 320f.

sche topos der Metro eine demiurgische Neuschöpfung, die mit einem explizit utopischen Anspruch versehen ist, wie ihn die Ausgestaltung der Bahnhöfe als Bild des ‚kommunistischen Paradieses' unterstreicht. Unter der Erde wurde eine neue, künstliche Welt geschaffen. Diese bildete gleichsam das gegenüber der Natur autonome, vernunftgeschaffene Universum, das in den kosmischen Städten Malewitschs, Krutikows oder auch der Biokosmisten avisiert worden war. Nur eben erfolgte dessen Einlösung unter Stalin in der Moskauer Metro – und darin liegt die Pointe der Volte – nicht als Besetzung des Himmels und des Kosmos, sondern als Ausbau des Untergrunds zum Paradies-Surrogat. Es war gleichsam die Absage an den utopischen Interplanetarismus analog zur Politik des „Sozialismus in einem Land".

Die Befreiung vom topos

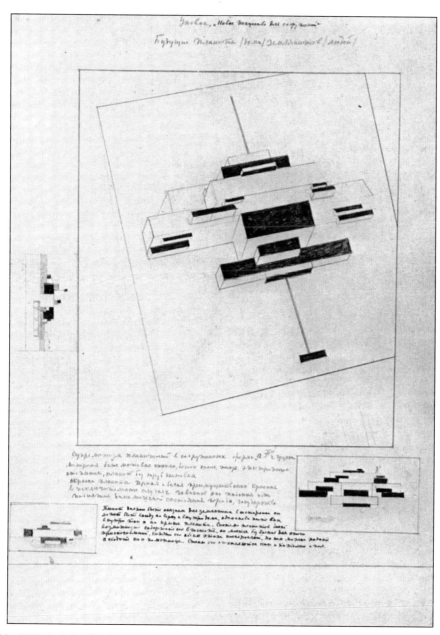

Abb. 8 Kasimir Malewitsch *Planiten für Semljaniten*
Obere Beschriftung: „UNOWIS, ‚Neue Kunst für den Bau'. Die künftigen Planiten (Häuser) der Semljaniten (Menschen)". Untere Beschriftung: siehe Zitat S. 495.

Abb. 9 Lissitzky *Horizontaler Wolkenkratzer für Moskau: Wolkenbügel* (Perspektive)

Abb. 10 Lissitzky *Horizontaler Wolkenkratzer für Moskau: Wolkenbügel* (Axonometrie)

Die Befreiung vom topos 505

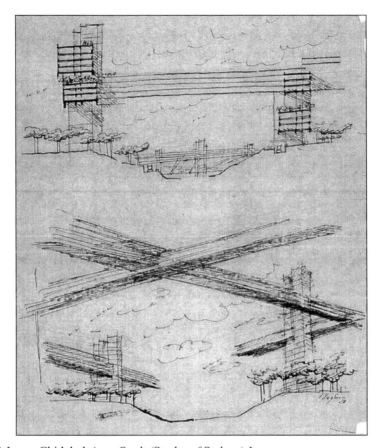

Abb. 11 Lasar Chidekel *Aero-Stadt (Stadt auf Stelzen) I*

Abb. 12 Lasar Chidekel *Aero-Stadt (Stadt auf Stelzen) II*

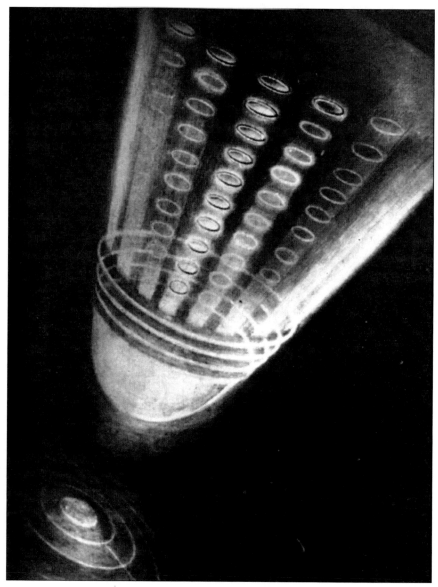

Abb. 13 Georgi Krutikow *Fliegende Stadt* (Gesamtansicht)

Die Befreiung vom topos

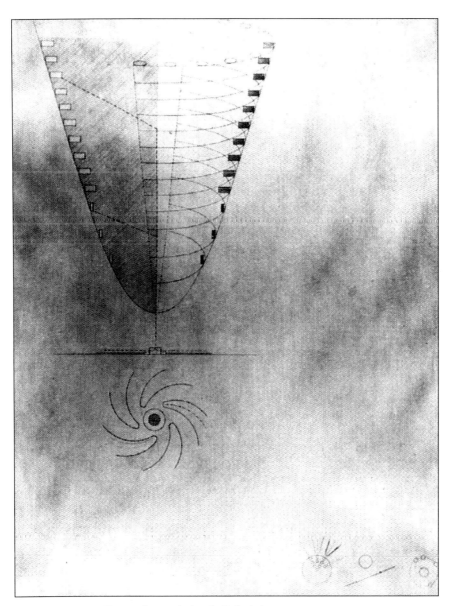

Abb. 14 Georgi Krutikow *Fliegende Stadt* (Schnitt)

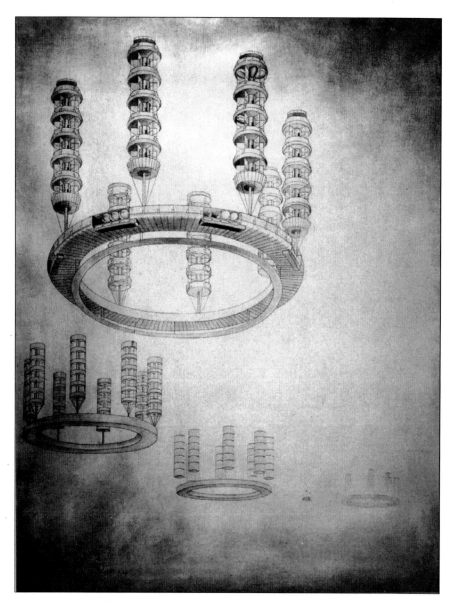

Abb. 15 Georgi Krutikow *Fliegende Stadt: Hochentwickeltes Kommunehaus*

Die Befreiung vom topos 509

Abb. 16 Georgi Krutikow *Fliegende Stadt: Kompaktes Kommunehaus*

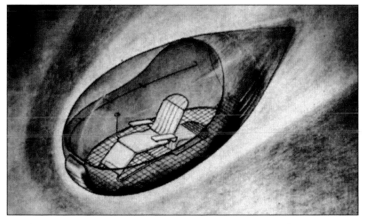

Abb. 17 Georgi Krutikow *Fliegende Stadt: Kabine als Universaltransportmittel*

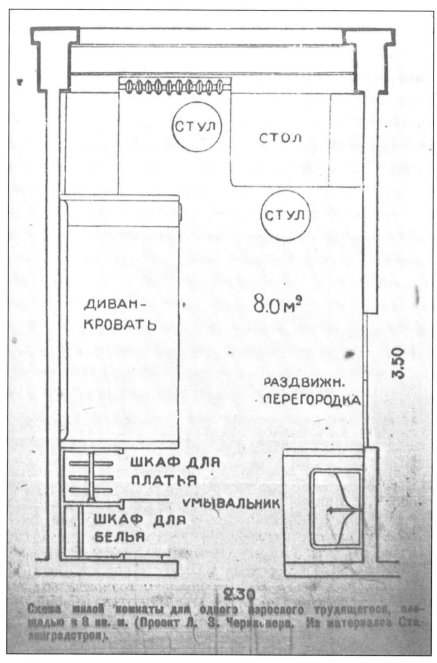

Abb. 18 Sabsowitsch *Schema eines Zimmers für einen werktätigen Erwachsenen*

Die Befreiung vom topos 511

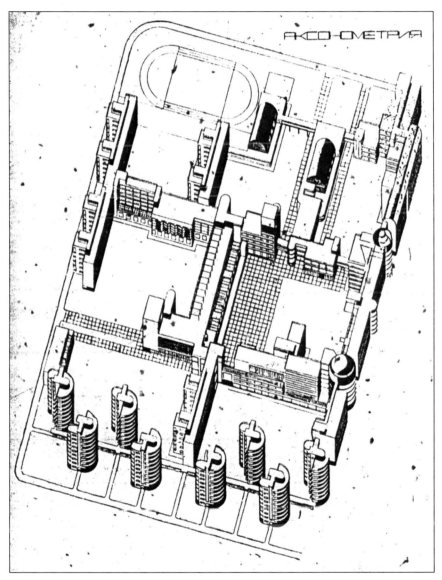

Abb. 19 Kusmin *Entwurf eines Kommunehauses für Bergarbeiter*

			1-я смена
1) Schlafengehen	22 Uhr	1) Ложится спать	в 22 часа
2) Schlafen 8 h. Aufstehen	6 Uhr	2) Сон 8 часов. Встает	» 6 »
3) Gymnastik 5 Min	6 Uhr 5 Min	3) Гимнастика 5 мин. ...	» 6 » 5 ми
4) Waschen 10 Min	6 Uhr 15 Min	4) Умывание 10 мин.	» 6 » 15 »
5) Duschen (fakult. 5 Min)	6 Uhr 20 Min	5) Душ (факультативно 5 мин.).	» 6 » 20 »
6) Anziehen 5 Min	6 Uhr 25 Min	6) Одевание 5 мин.	» 6 » 25 »
7) Weg zur Kantine 3 Min	6 Uhr 28 Min	7) Путь в столовую 3 мин. ...	» 6 » 28 »
8) Frühstück 15 Min	6 Uhr 43 Min	8) Завтрак 15 мин.	» 6 » 43 »
9) Weg zur Garderobe 2 Min	6 Uhr 45 Min	9) Путь в гардероб 2 мин. ...	» 6 » 45 »
10) Anziehen 5 Min	6 Uhr 50 Min	10) Одевание 5 мин.	» 6 » 50 »
11) Weg zum Schacht 10 Min	7 Uhr	11) Путь в шахту 10 мин. ...	» 7 »
12) Arbeitszuteilung, Vorbereiten auf die Einfahrt, Arbeit im Schacht, Auffahrt, Bad, Anziehen. 8 Stunden	15 Uhr	12) Раскомандировка, приготовление к спуску. Работа в шахте. Подъем. Баня. Одевание. 8 часов	» 15 »
13) Weg zur Kommune 10 Min	15 Uhr 10 Min	13) Путь в коммуну 10 мин. ...	» 15 » 10 »
14) Ausziehen 7 Min	15 Uhr 17 Min	14) Раздевание 7 мин.	» 15 » 17 »
15) Händewaschen 8 Min	15 Uhr 25 Min	15) Мытье рук 8 мин.	» 15 » 25 »
16) Mittagessen 30 Min	15 Uhr 55 Min	16) Обед 30 мин.	» 15 » 55 »
17) Weg in den Erholungssaal zur Ruhestunde 3 Min	15 Uhr 58 Min	17) Путь в зал отдыха для мертвого часа 3 мин.	» 15 » 58 »
18) Ruhestunde. Wer wünscht, kann auch länger schlafen. Dann geht man in die Schlafkabinen	16 Uhr 58 Min	18) Мертвый час. Желающие могут соснуть и больше. Тогда они проходят в спальные комнаты	» 16 » 58 »
19) Waschen (Alltagskleidung anziehen) 10 Min	17 Uhr 8 Min	19) Умывание (переодевание костюма) 10 мин.	» 17 » 8 »
20) Weg zur Kantine 2 Min	17 Uhr 10 Min	20) Путь в столовую 2 мин. ...	» 17 » 10 »
21) Tee 15 Min	17 Uhr 25 Min	21) Чай 15 мин.	» 17 » 25 »
22) Weg zum Klub. Kulturelle Unterhaltung. Sport. Vielleicht danach ins Bad, Schwimmen. Das Leben selbst wird Ablauf und Plan vorgeben. Vorgesehen: 4 Stunden	21 Uhr 25 Min	22) Путь в клуб. Культурные развлечения. Культразвитие. Физкультура. Может быть затем баня, плават. бассейн. Жизнь сама здесь составит расписание, составит план. Ассигнуется 4 часа	» 21 » 25 »
23) Weg in die Kantine, Abendbrot und Weg zum Schlafen 25 Min	21 Uhr 50 Min	23) Путь в столовую, ужин и путь в спальни 25 мин.	» 21 » 50 »
24) Vorbereiten zum Schlafen (wer will, kann auch duschen) 10 Min	22 Uhr	24) Приготовление ко сну (может быть также принят душ) 10 мин.	» 22 »

Abb. 20 Kusmin *Tagesablauf für ein Kommunehaus für Bergarbeiter*

Gebauter Sozialismus I: Auf der Suche nach der sozialistischen Stadt

Mit der neuen, sozialistischen Stadt ging es um einen radikalen Bruch mit der traditionellen Stadt. Das ließen die beschriebenen Stadtentwürfe der Avantgarde schon erkennen. Ziel war, wie Lissitzky erklärte, nicht die „Reformierung von schon Bestehendem, sondern eine andere Gegebenheit zustande zu bringen".[414] Man strebte ein Neudenken der Stadt an.

„in der architektur kommen wir zu einer völlig neuen auffassung."[415]

Utopiegeschichtlich ist die frühsowjetische Debatte um die Gestalt der sozialistischen Stadt beschreibbar als Entwicklung von sozialer Kritik hin zur Symbolisierung der politischen Macht. Stellten die Stadtentwürfe zunächst Lösungsvorschläge für soziale Problemlagen dar, die in eine kritische Zeitdiagnose eingebettet waren, standen am Ende Idealstadtentwürfe, die der Inszenierung der stalinistischen Herrschaft dienten. Die utopische Überformung des frühsowjetischen Stadtdiskurses[416] äußert sich dabei auf zwei Ebenen. Die Stadtentwürfe waren einerseits zugleich eine Beschreibung der künftigen Gesellschaft. Zum anderen waren sie bezogen auf das Paradigma von Rationalität und Ordnung der Utopietradition: Es sind Stadtentwürfe aus dem Geist der Utopie.

Ausgangspunkt war die Kritik der kapitalistischen Großstadt.[417] Diese Kritik ist vornehmlich eine soziale. Man kritisierte die Lebensverhältnisse der Großstädte als ungesund und unsozial. Die Mehrheit ihrer Bewohner lebe wie im Gefängnis: in „unnatürlicher Ansammlung" großer Menschenmassen, zusammengedrängt in Elendsquartieren, abgeschnitten von Licht, Luft und Sonne. Der

---

[414] Lissitzky, El: Die plastische Gestaltung der elektromechanischen Schau „Sieg über die Sonne". In: El Lissitzky. Maler, Architekt, Typograf, Fotograf. Dresden 1967. S. 349.

[415] Lissitzky: Der Suprematismus des Weltaufbaus, S. 328.

[416] Vgl. zum frühsowjetischen Stadtdiskurs u. a. die Arbeiten von Chan-Magomedow; Bodenschatz/ Post (Hrsg.): Städtebau im Schatten Stalins; Altrichter, Helmut: „Living the Revolution". Stadt und Stadtplanung in Stalins Rußland. In: Hardtwig, Wolfgang (Hrsg.): Utopie und politische Herrschaft im Europa der Zwischenkriegszeit. München 2003. S. 57-75; Goldzamt, Edmund: Städtebau sozialistischer Länder. Berlin 1973; Gradow: Stadt und Lebensweise; den Anhang zur Neuauflage von Lissitzkys *Rußland* (Lissitzky, El: 1929. Rußland: Architektur für eine Weltrevolution. Berlin u. a. 1965, S. 135ff.).

[417] Vgl. z. B. Lissitzky: Rußland, S. 32f. und Miljutin, Nikolaj A.: Sozgorod. Die Planung der neuen Stadt. (1930) Basel u. a. 1992, S. 58ff.

nächste Kritikpunkt ist der Gegensatz von Stadt und Land, der durch die kapitalistische Großstadt verfestigt werde. In dem Punkt ist die Kritik weniger sozial begründet; das unterscheidet sie von der Großstadtkritik der Gartenstadtbewegung, die ebenfalls auf den Gegensatz von Stadt und Land zielte. Man bezog sich vor allem auf Marx und Engels. Der Gegensatz von Stadt und Land wurde als Ausdruck der Arbeitsteilung gesehen.

> „Die größte Teilung der materiellen und geistigen Arbeit ist die Trennung von Stadt und Land. [...] Der Gegensatz zwischen Stadt und Land kann nur innerhalb des Privateigentums existieren. Er ist der krasseste Ausdruck der Subsumtion des Individuums unter die Teilung der Arbeit, unter eine bestimmte, ihm aufgezwungene Tätigkeit, eine Subsumtion, die den Einen zum borniertem Stadttier, den Andern zum borniertem Landtier macht und den Gegensatz der Interessen Beider täglich neu erzeugt."[418]

Die Forderung, den Gegensatz von Stadt und Land aufzuheben, meint daher nicht nur, die Natur in die Stadt zu holen, um gesunde Wohnverhältnisse zu schaffen. Es ging vielmehr darum, die „Idiotie des ländlichen Daseins" abzuschaffen und die bäuerliche Welt an die industrielle, städtische Zivilisation anzuschließen sowie Landwirtschaft und Industrie zu verbinden.

Drittens ist die Kritik auf die Stadtstruktur gerichtet: Die kapitalistische Stadt bilde eine chaotische Agglomeration. Ihr fehlten Funktionalität, Effizienz, Klarheit und die Ausrichtung der Stadt auf ein einheitliches Ganzes. Ursache für dieses depravierende Chaos der alten Städte sei, daß diese eklektisch nach den Interessen des Handels, der Verteidigung und nach den Profitinteressen der Hausbesitzer gebaut worden seien.

Mit der Nationalisierung von Grund und Boden sah man nun die Voraussetzung dafür geschaffen, die alten Städte umzubauen und neue nach neuen Grundsätzen zu errichten. Als grundlegende Ziele setzte man für die neuen, sozialistischen Städte: die Einlösung der Forderung von Licht, Luft und Sonne, die Aufhebung des Gegensatzes von Stadt und Land, die funktionale Gliederung der Stadt sowie die Vergesellschaftung des Haushalts als Basis für eine sozialistische Lebensweise. Die Stadtentwürfe, insbesondere jene der Avantgarde zeigen dabei eine deutliche Affinität zum Paradigma der utopischen Stadt.[419] Wie in den klassischen Utopien orientierte man für die neuen Städte auf Rationalität,

---

[418] Marx/ Engels: Die deutsche Ideologie, S. 50.
[419] Vgl. Saage/ Seng: Geometrische Muster zwischen frühneuzeitlicher Utopie und russischer Avantgarde, S. 44ff.

Funktionalität und Transparenz, eine geometrische Ordnung sowie eine holistische Stadtplanung, die die einzelnen Teile der Stadt dem Ganzen unterordnet und die Architektur in den Dienst der kollektiven Interessen stellt.

Für die frühsowjetischen Debatten um die Gestalt der sozialistischen Stadt lassen sich drei Phasen unterscheiden. Die erste beginnt unmittelbar nach der Revolution und reicht bis Mitte der 1920er Jahre. In ihr dominierte die Gartenstadt-Konzeption.[420] Die zweite Phase fällt zusammen mit dem Fünfjahrplan Ende der 1920er, Anfang der 1930er Jahre. Sie wurde geprägt von der Auseinandersetzung zwischen Urbanismus und Desurbanismus.[421] Die dritte Phase bildet die stalinistische Wende zur Idealstadt Mitte der 1930er Jahre. In ihr wurde die Architektur auf die Inszenierung der Macht ausgerichtet. Für alle drei Phasen gilt gleichermaßen der beschriebene Charakter der Virtualität. Ihre Foren waren in den ersten beiden Phasen vor allem die Wettbewerbe, die Architekturzeitschrift *Sowremennaja architektura*[422] und die experimentellen Übungen in den Architekturwerkstätten der WChUTEMAS/ WChUTEIN und des INChUK.[423] Für die dritte Phase war es der 1935 beschlossene *Generalplan der Rekonstruktion Moskaus*. „Der Generalplan diente über Moskau hinaus landesweit als Schule der Stadtplanung und der Vermittler einer neuen Ikonographie des Städtischen."[424] Gebaut wurde von den Stadtentwürfen der ersten und zweiten Phase kaum etwas. Auch für die dritte Phase überdeckten die medialen Inszenierungen des Neuen Moskaus das tatsächliche Bauen. Die Stadtentwürfe

---

[420] Vgl. Chan-Magomedow, Selim O.: Gartenstädte und Probleme des Arbeiterwohnungsbaus. In: Graefe, Rainer/ u. a. (Hrsg.): Avantgarde I. Stuttgart 1991. S. 96-107; ders.: Pioniere der sowjetischen Architektur, S. 273ff.; Bodenschatz/ Post (Hrsg.): Städtebau im Schatten Stalins, S. 19ff. Zur Gartenstadt siehe Anm. 166 u. 321.

[421] Vgl. Post, Christiane/ Oswalt, Philipp: Russischer Desurbanismus. In: Oswalt, Philipp (Hrsg.): Schrumpfende Städte, Bd. 2. Ostfildern-Ruit 2005. S. 196-203; Chan-Magomedow: Pioniere der sowjetischen Architektur, S. 333ff.; Starr, S. Frederick: Visionary Town Planning during the Cultural Revolution. In: Fitzpatrick, Sheila (Hrsg.): Cultural Revolution in Russia, 1928-1931. Bloomington u. a. 1978. S. 207-240.

[422] *Sovremennaja architektura (Architektur der Gegenwart)* – Zeitschrift der Vereinigung zeitgenössischer Architekten (OSA – Obščestvo sovremennych architektorov), dem 1925 gegründeten Verband der Konstruktivisten, 1926-1930 herausgegeben.

[423] INChUK – Institut für künstlerische Kultur (Institut chudžestvennoj kul'tury); 1920 in Moskau gegründetes Institut, das der Abteilung für Bildende Künste des Narkompros (IZO) angeschlossen war. Zu seinen Mitgliedern zählten u. a. Ladovskij, Vesnin, Kandinskij und Rodčenko.

[424] Schlögel: Terror und Traum, S. 62.

dienten in erster Linie zur Klärung von Grundsatzpositionen und der Verständigung, wie die sozialistische Lebensweise aussehen sollte. Sie vermittelten die sozialistische Zukunft als utopisches Bild.

Die Rote Gartenstadt

Der historische Hintergrund der ersten Phase war bestimmt von den Folgen des Bürgerkrieges. Dieser brachte ein städtebauliches Phänomen hervor, das für die industrielle Welt neu war: die drastische Entvölkerung der Großstädte. Der Zusammenbruch der Industrie[425] und die Versorgungsnot trieben die Arbeiter zurück aufs Land.[426] Am stärksten war der Bevölkerungsrückgang in den beiden Hauptstädten. In Petrograd nahm die Bevölkerung um siebzig Prozent ab. Vor der Revolution hatte Petrograd knapp zweieinhalb Millionen Einwohner, 1920 siebenhunderttausend. In Moskau halbierte sich die Einwohnzahl von zwei auf eine Million. In den anderen Städten sank die Einwohnerzahl durchschnittlich um dreißig Prozent. Bilder des Verfalls beherrschen die zeitgenössischen Berichte. „Petrograd stirbt", schrieb Gorki an seine Frau. „Alle verlassen die Stadt."[427] Die Städte schienen sich aufzulösen.

Angesichts dieser Entwicklungen lag der Rückgriff auf die Gartenstadtkonzeption nahe.[428] Diese schien die städtebauliche Antwort auf die Schrumpfungs- und Auflösungsprozesse, war doch die Auflösung der Großstädte ihr Ziel. Vor allem aber bot sie ein Programm zur Lösung für die Kritik an der kapitalistischen Großstadt: Beseitigung des Wohnelends, Schaffung gesunder Lebensbedingungen mit Licht, Luft, Sonne und der Natur als Erholungsraum, Überwindung des Gegensatzes von Stadt und Land. Auch verband man mit ihr die Hoffnung, in Zukunft städtischen Versorgungskrisen vorbeugen zu können. Durch

---

[425] 1921 war die industrielle Bruttoproduktion auf ein Drittel des Niveaus von 1913 gesunken (vgl. Hildermeier, Manfred: Geschichte der Sowjetunion 1917-1991. München 1998, S. 1173).

[426] Vgl. dazu Figes: Die Tragödie eines Volkes, S. 644ff.

[427] Brief an Ekaterina P. Peškova, zitiert nach Figes: Die Tragödie eines Volkes, S. 639.

[428] Auch vor der Revolution war die Gartenstadt in Rußland bereits rezipiert worden. Ihre Rezeption hatte im verstärkten Maße 1910 eingesetzt: 1911 war die russ. Übersetzung von Howards *Garden Cities of Tomorrow* erschienen (Gouard, Ebenizer: Goroda buduščago. St. Petersburg 1911). 1913 gründete sich die Gesellschaft für Gartenstädte, ihre Mitglieder wie Vladimir N. Semenov (1874-1960) waren nach 1917 weiter in der Stadtplanung aktiv. In der Nähe von Moskau war 1914 auch schon die erste russ. Gartenstadt gebaut worden (vgl. zu ihr Belousov, Vladimir N./ Smirnova, Ol'ga V.: V. N. Semenov. Moskau 1980, S. 25ff.).

Obst- und Gemüsegärten für die Arbeiter und eine kommunale Landwirtschaft sollten die Städte in die Lage versetzt werden, sich selbst mit Obst und Gemüse sowie Molkereiprodukten zu versorgen. Die ersten Ansätze dazu sah man in der während des Bürgerkrieges entstandenen Kleinstlandwirtschaft am Rande der Städte. Politik und Stadtplanung übernahmen die Gartenstadt als Konzept der sozialistischen Stadt. Nach ihrem Muster sollten sowohl die neuen Arbeitersiedlungen gebaut als auch die bestehenden Großstädte umgestaltet werden.

> „Die Gartenstadtkonzeption erschien vielen Städtebauern als soziales Programm der sozialistischen Siedlungsweise der Zukunft. Sie sahen darin einen Plan zu Dezentralisierung der großen Städte, die der Kapitalismus hinterlassen hatte, und zur Überwindung des Gegensatzes zwischen Stadt und Land. Den Städtebau der Zukunft dachte man sich in den Siedlungsformen einer ‚Arbeitergartenstadt', einer ‚Roten Gartenstadt' oder eines ‚Stadtdorfes'."[429]

Die Gartenstadtkonzeption bestimmte die Stadtplanungsdebatten und die Wettbewerbe für die geplanten Arbeitersiedlungen bis Mitte der 1920er Jahre. Von der Architekturabteilung des Narkompros war die Gartenstadt zur städtebaulichen Leitlinie erklärt worden. Auch Bucharin und Preobraschenski bezogen sich in ihrer Erläuterung des Parteiprogramms auf sie.

Am umfassendsten zeigt sich die utopische Aufladung der Stadtplanung im Namen der Gartenstadt in den Plänen für die „Rekonstruktion" Moskaus Anfang der 1920er Jahre. Nach dem Umzug der Regierung nach Moskau im März 1918 war beim Moskauer Stadtsowjet, dem Mossowjet, ein Sonderarchitekturbüro unter der Leitung des Architekten Iwan W. Sholtowski (1867-1959) eingerichtet worden, der auch die Architekturabteilung des Narkompros leitete. Bereits 1918 wurde von ihm ein erster Plan vorgelegt, Moskau in eine Gartenstadt umzuwandeln.[430] Der Plan sah vor, das Stadtzentrum zu begrünen und im Umkreis von fünfzehn Kilometern neue Wohnviertel als Gartenstädte zu errichten, die bestehenden Wochenendsiedlungen sollten ebenfalls in Gartenstädte umgewandelt werden. Diese Gartenvorstädte waren als Schlafsiedlungen gedacht; die Arbeitsbindung an die Stadt sollte vorerst bestehen bleiben. In zwei Projekten zu einem Generalbebauungsplan für Moskau wurde die Gartenstadtidee dann weiter als Stadtentwicklungskonzept für Moskau ausgearbeitet: das Projekt *Neues Moskau* (1921-1922) unter Leitung von Sholtowski und Alexej W.

---

[429] Chan-Magomedow: Pioniere der sowjetischen Avantgarde, S. 275.
[430] Vgl. ebd., S. 274.

Schtschussew (1873-1949)[431] und das Projekt *Groß-Moskau* (1921-1925) unter der Leitung des Stadtplaners Sergej S. Schestakow.[432] Beide Pläne waren sichtlich mehr als nur ein Stadtentwicklungsplan, sie griffen, ganz im Sinne der Utopie, auf die Gestaltung der Lebensweise über.

Sholtowski und Schtschussew gingen im 1923 veröffentlichten Plan *Neues Moskau* vom bisherigen Territorium der Stadt aus. Sie sahen vor, in der Innenstadt die Bebauung aufzulockern und das Wohnen in die äußeren Bezirke zu verlagern. Die historischen Bauten im Zentrum sollten freigelegt und die durch den Abriß entstandenen Freiflächen begrünt werden. Dieser Innenstadtbereich war als politisches und kulturelles Zentrum vorgesehen. Um ihn herum waren Gartensiedlungen geplant; als Ring, der das bestehende Ringmagistralensystem erweitert. Die Industrie sollte in Außenbezirken konzentriert werden und in den jeweiligen Nachbarbezirken die neuen Arbeitersiedlungen. Deren Bebauung sollte einen Vorstadtcharakter haben. Vorgesehen waren Häuser mit wenigen Stockwerken und großen Gartenflächen, die die Möglichkeit für Obst- und Gemüsegärten boten.

Trotz der funktionalen Neugliederung und der Entkernung der Innenstadt zielte der Plan *Neues Moskau* nicht auf einen radikalen Bruch mit der alten Stadt, wie es die Avantgarde forderte. Sholtowski und Schtschussew zählten zum traditionalistischen, neoklassizistisch orientierten Flügel der russischen Architektur.[433] Ihnen ging es um die „Vereinigung der Schönheiten der alten Stadt mit den Errungenschaften der Kultur und Zivilisation". Das zeigte sich insbesondere in ihrem Plan für die historische Innenstadt. Entsprechend harsch war die Kritik der Avantgarde: Sholtowskis und Schtschussews *Neues Moskau* sei eine rückwärtsgewandte „Museumsstadt". Lissitzky lästerte:

> Für ihr Neues Moskau „haben diese Utopisten [...] die Mumie des Plans Moskaus aus dem 18. Jahrhundert wieder hervorgeholt und die alten Ringmagistralen der Weißen Stadt ‚wiederhergestellt' [...]. Wo sind solche abstrusen Utopien geboren worden? – Im Archiv."[434]

---

[431] Vgl. ebd., S. 274f. (Abb. S. 285f.); Bodenschatz/ Post (Hrsg.): Städtebau im Schatten Stalins, S. 65ff.

[432] Vgl. Chan-Magomedow: Pioniere der sowjetischen Avantgarde, S. 275 (Abb. S. 285 u. 290); Bodenschatz/ Post (Hrsg.): Städtebau im Schatten Stalins, S. 70ff.; Šapiro-Obermair, Ekaterina: Bol'šaja Moskva. In: dies./ u. a. (Hrsg.): Bol'šaja Moskva, kotoroj ne bylo. Wien 2008. S. 166-178, S. 169ff.

[433] Vgl. dazu Chmelnizki, Dmitrij: Iwan Scholtowski. Architekt des sowjetischen Palladianismus. Berlin 2015.

[434] Lisickij, Lazar' M.: Katastrofa architektury. In: Barchina, M. G./ u. a. (Hrsg.): Mastera

Lenin hingegen befürwortete den Plan. Sholtowski beschreibt in seinen Erinnerungen, daß Lenin die Arbeit an dem Entwurf aufmerksam verfolgt habe und sich immer wieder dazu äußerte, wie Moskau als sozialistische Hauptstadt aussehen solle.[435] Lenins im Exil von den westeuropäischen Großstädten geprägtes Stadtideal traf sich dabei offensichtlich mit Sholtowskis neoklassizistischem Traditionalismus. Man sei sich, so Sholtowski, in den Grundvorstellungen zur Schaffung gesunder und schöner Wohnungen für die Werktätigen, der Begrünung der Stadt und über den Erhalt des architektonischen Erbes einig gewesen.

Schestakows im Auftrag der Moskauer Kommunalwirtschaft parallel zum Plan *Neues Moskau* erarbeiteter Entwicklungsplan *Groß-Moskau* geht ebenfalls von Sholtowskis Planungsskizze von 1918 aus. Im Unterschied zu *Neues Moskau* bezog Schestakow jedoch die Vorstadtzone ein. Die Stadtfläche sollte bei einer prognostizierten Einwohnerzahl von sechs Millionen auf das Zehnfache vergrößert werden: auf rund zweitausend Quadratkilometer. Das wäre die doppelte Größe des heutigen Moskaus gewesen, bei einem Drittel der Bevölkerung. Auch Schestakow sah vor, das Radial- und Ringmagistralensystem Moskaus auszubauen. Der aufgelockerte und durchgrünte historische Stadtkern sollte wie in *Neues Moskau* das politische und kulturelle Zentrum bilden. Für die Knotenpunkte der Magistralen waren administrative und soziale Bauten vorgesehen. An die Innenstadt schlossen drei Gürtel an, die die Stadt weiter in Funktionszonen aufgliederten. Der erste unterteilte sich in vier Sektoren. Zwei waren für die Industrie vorgesehen, sie lagen einander gegenüber. Die beiden Sektoren dazwischen sollten als Park gestaltet werden. Der zweite Gürtel bestand aus acht Sektoren: vier Gartenstädten, zwischen denen jeweils ein Park lag. Den dritten Gürtel bildete ein Waldgebiet als Erholungsgebiet. Für die weitere Umgebung sah Schestakow mehrere Ringe von selbständigen „Sputnikstädten" vor, ebenfalls als Gartenstädte angelegt und mit Moskau und untereinander durch ein Eisenbahnnetz verbunden, das das Radial- und Ringsystem fortsetzte.

Ähnliche Pläne zum Umgestalten als Gartenstadt mit der Aufgliederung nach Funktion gab es in der ersten Hälfte der 1920er Jahre auch für die anderen Großstädte.[436] Iwan A. Fomins (1872-1936) und Lew A. Iljins (1880-1942) Plan

---

sovetskoj architektury ob architekture, Bd. 2. Moskau 1975. S. 135-137, S. 135.

[435] Vgl. Žoltovskij, Ivan V.: V 1918-m. In: Lenin, Vladimir I.: O literature i iskusstve. Moskau 1957. S. 596-598.

[436] Vgl. die Beispiele in Chan-Magomedow: Pioniere der sowjetischen Avantgarde, S. 275ff.

zur „Regulierung" Petrograds sah ebenfalls vor, das Zentrum aufzulockern und es gleichsam zum Park mit den historisch wertvollen Bauten umzugestalten. Wohnen und Industrie sollten wie in den Moskauer Plänen in den äußeren Bezirken konzentriert werden. Für den Erdölbezirk Baku schlugen Alexander P. Iwanizki (1881-1947), Alexander A. und Wiktor A. Wesnin (1883-1959, 1882-1950) gleichfalls die Umgestaltung zur Gartenstadt vor. Ihr Plan von 1924/1925 sah vor, die Innenstadt mit Parks und Boulevards zu begrünen und als kulturelles und Verwaltungszentrum auszubauen, die Wohnbezirke sollten zu Gartensiedlungen umgestaltet werden. Für die Umgebung waren, unter Einbezug der bestehenden Vororte, nachgeordnete Gartensiedlungen geplant.

Die Gartenstadtentwürfe basierten auf der Entwicklung des Verkehrswesens, insbesondere auf dem Ausbau der Eisenbahn. Diese war die Voraussetzung für die Dezentralisierung und funktionale Aufteilung der Großstädte. Deutlich zeigt sich das in Schestakows *Groß-Moskau* mit seinen weiträumig angeordneten Gartensiedlungen und Vororten. Außerdem ging man davon aus, daß es durch die Entwicklung des Verkehrswesens obsolet werde, die Industrie wie bislang in den Großstädten zu konzentrieren. Man werde sie zukünftig in kleinen Einheiten übers Land verteilen können und mit ihr ebenso die Städte.

Schestakows *Groß-Moskau* war in den 1920er Jahren die offizielle Grundlage der Stadtplanung für Moskau. Die Pläne eines Umbaus der ganzen Stadt zur Gartenstadt blieben jedoch utopischer Entwurf, ebenso jene für die anderen Städte. Die Utopie wurde in kleineren Münzen ausgezahlt. Die Bautätigkeit war in den Jahren nach der Revolution zum Erliegen gekommen. Erst Mitte der 1920er Jahre, mit der wirtschaftlichen Erholung durch die NEP, belebte sie sich wieder. Die Träger des Wohnungsbaus waren in dieser Phase vor allem Industriebetriebe und Wohnungsgenossenschaften. Ihr Hauptanliegen war nicht der utopisch ausgreifende Um- und Neubau ganzer Städte, sondern Wohnungen für ihre Arbeiter und Mitglieder. Sie errichteten nach dem Gartenstadtmuster Wohnanlagen und Arbeitersiedlungen innerhalb der Städte und bei den Fabriken.[437] Ein Beispiel ist die 1923 bis 1925 gebaute Siedlung *Sokol* in Moskau, eine Genossenschaftssiedlung aus Ein- und Mehrfamilienhäusern im ländlichen Stil.[438] Diese Gartenstadtsiedlungen waren zwar abgeleitet aus den utopischen

---

[437] Vgl. für Beispiele ebd., S. 275ff.; ders.: Gartenstädte und Probleme des Arbeiterwohnungsbaus.
[438] Vgl. Wasmuths Monatshefte für Baukunst 13. Jg. (1929) H. 3, S. 131; Huber: Moskau, S. 46.

Vorlagen, aber von dem Ziel einer sozialistischen Gartenstadt, wie in den Entwürfen *Neues Moskau* und *Groß-Moskau*, blieb man mit ihnen weit entfernt. Sie ersetzten die bestehende Stadtstruktur nicht, sie ergänzten sie mit neuen Wohnvierteln in den äußeren Bezirken. Wo die Utopie zur Realität kam, wirkte sie letztlich weniger städtebaulich als Entwurf der idealen Stadt, sondern vielmehr hinsichtlich der sozialen Frage des Wohnens. Was die Utopie hier leistete, war, daß sie das Ziel eines sozialen, gesunden Wohnens für Arbeiter mit der Gartenstadt in eine konkrete Form übersetzte und diese zur Erprobung stellte.

Mitte der 1920er Jahre geriet die Gartenstadt zunehmend in Kritik. Diese war einerseits eine politische. Man warf den Gartenstadtsiedlungen wie *Sokol* vor, daß sie mit ihren Einfamilienhäusern im Gegensatz zum Ideal einer sozialistischen Lebensweise stünden. Sie böten keine gemeinschaftlichen Räume. Statt ihre Bewohner im Alltag zur Kollektivität zu erziehen, individualisierten sie sie. Sie würden den Rückzug in die Familie befördern. Aus Sicht der Utopie der Neuen Lebensweise erschien damit die Gartenstadt als falscher Weg. Zum anderen kritisierte man sie ökonomisch. Die Gartenstadtsiedlungen seien für den Massenwohnungsbau zu teuer und man sei mit ihnen nicht in der Lage, ausreichend Wohnraum zu schaffen. Diese Zäsur in der Bewertung der Gartenstadt erfolgte parallel zur Beschleunigung des wirtschaftlichen Aufbaus und der Industrialisierungspolitik. Statt, wie in den theoretischen Erörterungen über die sozialistische Stadt propagiert, die Industrie und die Großstädte zu dezentralisieren, wuchsen die industriellen Ballungszentren. Die Gartenstadtkonzeption erwies sich letztlich der realen Entwicklung unterlegen.

Urbanismus versus Desurbanismus

Mit dem ersten Fünfjahrplan setzte die zweite Phase der Diskussion um die Gestalt der sozialistischen Stadt ein. „Dieser auf den Aufbau einer sozialistischen Großindustrie zielende Plan beinhaltete unter anderem eine radikale Neuverteilung der Produktivkräfte im Land."[439] In seinem Rahmen war vorgesehen, zweihundert neue Städte zu errichten. Das gab der Städtebaudebatte einen utopischen Aufschwung. Die Aufgabenstellung wurde wieder umfassender, grundsätzlicher. Bauherr waren nicht mehr einzelne Wohnungsgenossenschaften und Betriebe, sondern der Staat. Der Städtebau wurde in den Dienst der Industrialisierung gestellt. 1929 initiierten die obersten Planungsbehörden des Fünfjahr-

---

[439] Post/ Oswalt: Russischer Desurbanismus, S. 196.

plans, Volkswirtschaftsrat und Gosplan,[440] eine Debatte zur Gestalt der neuen Städte.[441] Sie erfolgte wesentlich in den Medien. Die Städtebaudiskussion trat aus dem Fachdiskurs heraus und erlangte eine breite Öffentlichkeit. Im Vergleich zur ersten Phase fällt auf, daß nunmehr stärker betont wurde, daß die sozialistische Stadt die Ordnung der sozialistischen Gesellschaft zum Ausdruck bringen müsse, daß ihr eine neue Struktur, Architektur und neue Gebäudetypen zugrunde liegen müssen. Die zentralen Leitbilder waren die Vergesellschaftung der Lebensweise und die Aufhebung des Gegensatzes zwischen Stadt und Land. Von der Parteiführung wurde die Diskussion zunächst wenig beeinflußt. Es gab weder zur Architektur noch zur Stadtstruktur politische Vorgaben. Für die Partei- und Staatsführung standen zum Beginn des ersten Fünfjahrplanes die Fragen des Städtebaus und der Raumordnung hinter der Beschleunigung der Industrialisierung und der Kollektivierung der Landwirtschaft zurück. Das ermöglichte für die Städtebaudiskussion utopische Freiräume.

In der einsetzenden Debatte kristallisierten sich rasch zwei konträre Grundpositionen heraus. In der Kritik der traditionellen Stadt war man sich einig, ebenso in den Zielen, den Gegensatz zwischen Stadt und Land aufzuheben, die Stadt auf eine rationale und funktionale Grundlage zu stellen, die Kosten durch den Einsatz neuer Konstruktionsweisen und Baumaterialien zu senken sowie die Lebensweise zu vergesellschaften, das heißt, die Haushaltsfunktionen aus der Familie herauszulösen. Der Dissens bestand in der Frage der Siedlungsweise, der Struktur der Stadt. Auf der einen Seite standen die sogenannten Urbanisten, die an einer kompakten Siedlungsweise festhielten. Sie sahen als Grundeinheit der neuen Stadt kommunitäre Wohnkomplexe vor, in die – ähnlich wie bei Le Corbusiers *Unité d'Habitation* – die Einrichtungen der Alltagsversorgung (Läden, Dienstleistungen etc.) integriert sind.[442] Ihnen gegenüber stand die Desurbanisten. Sie lehnten die kompakte Siedlungsform grundsätzlich ab, selbst in der radikal erneuerten Form der Urbanisten. Sie lösten die traditionelle Stadtstruktur in sogenannte Siedlungsbänder auf.

Zunächst bestimmte der Urbanismus die Debatte. Als dessen führender Vertreter galt Sabsowitsch mit seiner *Sozgorod*-Konzeption.[443] Sabsowitsch forder-

---

[440] Gosplan –1921 gegründetes Staatliches Plankomitee.
[441] Vgl. Bodenschatz/ Post (Hrsg.): Städtebau im Schatten Stalins, S. 27ff.
[442] Vgl. zu Beispielen Chan-Magomedow: Pioniere der sowjetischen Architektur, S. 334ff.
[443] Siehe Anm. 156 u. 158.

te, daß die Industrie in kleinen Einheiten dezentral verteilt werde. Die Basis dafür sollte ein „dichtes Transportnetz" bilden, für dessen Aufbau veranschlagte er fünf bis acht Jahre. Mit der Dezentralisierung der Industrie werde es, so Sabsowitsch, möglich, die Großstädte aufzulösen. Die neuen Städte sollten nur noch fünfzig- bis sechzigtausend Einwohnern haben. Für die Stadtstruktur ging Sabsowitsch von der Gartenstadt aus. Das Zentrum sollte aus einem Park mit den Gebäuden für Verwaltung und Kultur bestehen. Daran schloß der Wohnbereich mit den Wohnkombinaten an. Am Stadtrand, getrennt durch einen breiten Grüngürtel, lag die Industrie. Je Stadt sah Sabsowitsch fünfzehn bis zwanzig Wohnkombinate für zwei- bis dreitausend Erwachsene vor. Für die Kinder waren separate Kinderhäuser und Schulstädte vorgesehen. Die Wohnkombinate stellten, wie beschrieben, Kommunehäuser dar, die auf der maximalen Vergesellschaftung der Lebensweise beruhten. Sie sollten das Alltagsleben weitgehend kollektivieren. Als Zeitplan für die Neuordnung der Siedlungsweise ging Sabsowitsch von fünfzehn Jahren aus. Neben dem Bau neuer Städte sollten die bestehenden Großstädte verkleinert und umgestaltet werden.

Ende 1929 erfolgte auf die urbanistischen Stadtentwürfe der desurbanistische Widerspruch. Dessen Wortführer war zunächst vor allem der Ökonom und Stadtsoziologe Michail A. Ochitowitsch (1896-1937). Unter seiner Leitung hatte sich in der Sektion für sozialistische Siedlungsweise beim Gosplan der RSFSR eine desurbanistische Arbeitsgruppe gegründet. Zu ihr gehörten unter anderem Moissej Ja. Ginsburg (1892-1946), Michail O. Barschtsch (1904-1976) und Wjatscheslaw N. Wladimirow (1896-1942). Sie kamen aus dem Kreis der OSA, der Vereinigung des konstruktivistischen Flügels in der frühsowjetischen Architektur. Die Desurbanisten gingen wie die Urbanisten von der funktionalen Gliederung der Stadt aus. Doch Dezentralisierung hieß für sie auch Auflösung der kompakten Stadtstruktur. Sie ordneten die Bereiche der Stadt in linearen, parallel verlaufenden „Siedlungsbändern" an. Das Vorbild für diese „Bandstadt" war Henry Fords dezentralisierte Anti-Stadt.[444] Entlang der Hauptverkehrsstraßen sollten, jeweils getrennt durch breite Grünzonen, Bänder mit den Wohnungen, den kulturellen und Dienstleistungseinrichtungen, für die Industrie und für den Verkehr verlaufen. Die Voraussetzung für die Dezentralisierung als Bandstadt war ebenfalls die Entwicklung des Transportwesens. Die Desurbanisten übersetzten jedoch diese in die Stadtstruktur selbst. Die künftigen Transport-

---

[444] Vgl. Post/ Oswalt: Russischer Desurbanismus, S. 197.

und Versorgungssysteme würden, so Ochitowitsch, die Befreiung von den Zwängen der traditionellen Stadt ermöglichten. Der Gegensatz von Stadt und Land sollte dadurch aufgehoben werden, daß die Landwirtschaft – industrialisiert und kollektiviert – als weiteres Produktionsband in die Stadt integriert wird und die ‚Agrararbeiter' wie alle anderen in der Stadt leben. Diese neue Stadt sei, so Nikolai A. Miljutin (1889-1942), nicht mehr als Stadt im herkömmlichen Sinne zu verstehen, sie sei vielmehr eine Stadt*landschaft*.[445] Man sprach daher nicht mehr von sozialistischer Stadt, sondern von sozialistischer Siedlungsweise. Das Wohnen beruhte ebenfalls auf der Vergesellschaftung des Haushalts. Als Wohnungen waren meist kleine Einraumappartements vorgesehen, die wie Reihenhäuser als standardisierte Wohnzellen aneinandergereiht waren.[446]

Ausformuliert wurden die desurbanistischen Positionen vor allem in den Wettbewerben für die neuen Städte zum Beginn des ersten Fünfjahrplans. Utopiegeschichtlich bedeutsam sind insbesondere Barschtschs und Ginsburgs Entwurf für Selenyj Gorod (Grüne Stadt),[447] eine geplante Kur- und Wochenendsiedlung dreißig Kilometer nordöstlich von Moskau, und der Entwurf von Barschtsch, Wladimirow, Ochitowitsch und Sokolow für das 1929 gegründete Magnitogorsk.[448] Es sind, wie Sabsowitschs *Sozgorod*, kompakte Utopien, die über den Stadtentwurf hinausgehen. Ebenso wie den Stadtaufbau, die Architektur und Bauweise sowie das Verkehrswesen ist in ihnen detailliert die vorgesehene Lebensweise beschrieben, die, wie es in *Selenyj Gorod* heißt, „Grundprinzipien der sozialistischen Organisation": das heißt, die „völlige Vergesellschaftung aller Wirtschafts-, Produktions- und Dienstleistungsprozesse eines Kollek-

---

[445] Vgl. Miljutin: Sozgorod, S. 54.

[446] Einige Bandstadtentwürfe sahen auch statt der individuellen Appartements Kommunehäuser vor, die in einer Linie angeordnet sind, z. B. Lavrovs Bandstadtentwurf zum Ideenwettbewerb für den Umbau Moskaus 1931 (vgl. die Abbildungen in Chan-Magomedow: Pioniere der sowjetischen Avantgarde, S. 305).

[447] Baršč, Michail O./ u. a.: Zelenyj gorod. Socialističeskaja rekonstrukcija Moskvy. In: Sovremennaja architektura 5. Jg. (1930) H. 1/2. S. 17-37 (in Auszügen auf dt. in Fehl, Gerhard/ u. a. (Hrsg.): „Die Stadt wird in der Landschaft sein und die Landschaft in der Stadt". Basel u. a. 1997, S. 118-133) – im folgenden zitiert mit der Sigle *Zelenyj gorod*. Zum Wettbewerb vgl. Bodenschatz/ Post (Hrsg.): Städtebau im Schatten Stalins, S. 78ff.

[448] Baršč, Michail O./ u. a.: Magnitogor'e. K scheme Gen-plana. In: Sovremennaja architektura 5. Jg. (1930) H. 1/2. S. 38-57 (in Auszügen auf dt. in Fehl/ u. a. (Hrsg.): „Die Stadt wird in der Landschaft sein und die Landschaft in der Stadt", S. 136-152); zum Wettbewerb vgl. Bodenschatz/ Post (Hrsg.): Städtebau im Schatten Stalins, S. 43ff.

tivs, einschließlich Verpflegung, Kindererziehung, Lernen, Reinigen und Reparieren der Wäsche, das heißt alle Arten der Versorgung" (Zelenyj gorod, 22). Im folgenden sollen exemplarisch Barschtschs und Ginsburgs Selenyj Gorod-Entwurf vorgestellt werden sowie ergänzend der Entwurf für Magnitogorsk. Vorweg sei noch erwähnt, daß beide Entwürfe nicht realisiert wurden. Den Wettbewerb für Selenyj Gorod gewann Ladowski. Sein Entwurf wurde allerdings auch nicht umgesetzt, da das Projekt nach den Erschließungsarbeiten und dem Bau einiger Modellgebäude Ende 1930 eingestellt wurde.[449]

Der Wettbewerb für Selenyj Gorod wurde Ende 1929 ausgeschrieben. Im Vergleich mit den anderen Stadtgründungen des Fünfjahrplans wie Magnitogorsk, Awtostroi und Stalingrad nahm es in den damaligen Debatten eine Sonderstellung ein. Es war nicht wie diese als neue Industriestadt gedacht, sondern als reiner Kur- und Erholungsort. Mit Selenyj Gorod sollte eine „sozialistische Gartenstadt" geschaffen werden, die, wie ihr Initiator, der Journalist Michael J. Kolzow (1898-1942), schrieb, „eine kulturelle Ergänzung, eine sozialistische Korrektur des […] stickigen, chaotisch-verbauten Moskaus"[450] bilden sollte. Die Stadt war laut Wettbewerbsausschreibung für einhunderttausend „Erholungsbedürftige" geplant. Die Moskauer Kommunalwirtschaft gründete für den Bau eine Aktiengesellschaft; geplantes Kapital: zehn Millionen Rubel. Einbezogen wurden in die Finanzierung auch die Gewerkschaftsverbände und die Organe der Sozialversicherung und des Gesundheitswesens, sie sollten unter anderem die Sanatorien und Erholungsheime errichten.

Während die anderen Wettbewerbsteilnehmer sich in ihren Entwürfen an die Vorgaben hielten und einen Kur- und Erholungsort konzipierten, faßten Barschtsch und Ginsburg die Aufgabenstellung weiter. Sie behandelten Selenyj Gorod als Teil der sozialistischen Umgestaltung Moskaus. Statt einer separaten Erholungsstadt im Grünen sah ihr Entwurf vor, ganz Moskau zu einer grünen Stadt nach den Prinzipien der Bandstadt umzubauen. Sie erklärten, daß die sozialistische Stadtplanung als „Prophylaxe" wirken müsse und nicht als „Medizin", die nachträglich die Folgen der ungesunden Lebensbedingungen der Stadt mit Datschensiedlungen im Grünen zu kurieren sucht.

---

[449] Vgl. Bodenschatz/ Post (Hrsg.): Städtebau im Schatten Stalins, S. 84ff.; zum Ausgang des Wettbewerbs für Magnitogorsk und der weiteren Planung vgl. ebd., S. 47ff. u. S. 193ff.
[450] Kolzow, Michael: Die Grüne Stadt. In: W.O.K.S. 1. Jg. (1930) H. 8/10. S. 44-47, S. 44.

> „Wenn ein Mensch krank ist – erhält er eine Arznei. Doch sicherer und
> billiger ist – die Krankheit zu vermeiden. [...] Geht es der Stadt schlecht,
> das heißt, ist sie von Lärm und Staub erfüllt, fehlt ihr Luft, Licht und
> Sonne, dann verordnet man als Arznei: die Datsche, den Kurort – eine
> Stadt der Erholung – eine grüne Stadt." „[Doch] die ausgegebenen Millionen werden nur ein schmerzlinderndes Mittel sein, eine zeitweilige
> Maßnahme, die grundsätzlich fast nichts ändert: grüne Städte werden weitere Millionen verschlingen [...]. Wir sind berechtigt, vom sozialistischen
> Moskau gesündere und organischere Wege zu fordern – Wege, die wirklich Wege der sozialistischen Umgestaltung genannt werden können."
> (Zelenyj gorod, 17 u. 18)

Fahre man in der bisherigen Entwicklung fort, werde Moskau, so Barschtschs und Ginsburgs Prognose, in wenigen Jahren eine „Verkehrshölle" sein, und „Staub, Enge, Lärm, Gedränge werden Nervenkrankheiten verursachen, deren Namen wir noch nicht einmal kennen" (Zelenyj gorod, 17). An die Stelle des „Systems von Gift und Gegengift" müsse daher eine „sozialistische System-Prophylaxe" treten, die für die Stadt „die Probleme der Arbeit, der Erholung und der Kultur als einheitlichen Prozeß des sozialistischen Seins" löst (ebd.). Im Rahmen eines derartigen vollständigen Stadtumbaus sollte Selenyj Gorod – „als erstes Glied in der Kette der Maßnahmen" – eines der neuen Siedlungsbänder Moskaus werden.

Barschtsch und Ginsburg konzipierten den Umbau Moskaus als dessen schrittweise Entsiedlung. Moskau sollte „in einen zentralen Park der Erholung und Kultur umgestaltet" werden,[451] in den die geplanten neuen Siedlungsbänder „hineinführen und sich dort vereinigen" (Zelenyj gorod, 18). Als erster Schritt sollten die Industrie sowie die wissenschaftlichen und administrativen Einrichtungen, die nicht direkt zu Moskau gehörten, allmählich aus der Stadt abgezogen und im Land verteilt werden. Das müsse nicht in einem Akt erfolgen, aber die Mittel für Erneuerungen und Erweiterungen sollten konsequent in den Aufbau der neuen Standorte investiert werden. Den zweiten Schritt bildete die Umsiedlung der verbleibenden Bevölkerung aus der Innenstadt heraus in Siedlungsbänder „entlang der Magistralen, die Moskau mit den umliegenden Zentren verbinden" – so wie für Selenyj Gorod vorgesehen.

> „Dieses gleichmäßige und freie Ansiedeln des Moskauer Proletariats und
> der landwirtschaftlichen Proletarier, die um Moskau herum wohnen, soll
> auf den Prinzipien der maximalen Annäherung des Menschen an die Natur, der maximal hohen hygienischen Lebensbedingungen und der voll-

---

[451] Das erinnert an die Gartenstadtentwürfe für Moskau sowie an Čajanovs Utopie.

kommenen wirtschaftlichen und kulturellen Versorgung des Menschen auf Grundlage der Kollektivierung, der hochentwickelten Technik und der Industrialisierung beruhen." (Zelenyj gorod, 18)

Der dritte Schritt bestand im völligen Neubauverbot für die Innenstadt und dem „systematischen Begrünen aller freien Flächen". Barschtsch und Ginsburg stellten sich das – etwas naiv – in Form einer passiven Sanierung vor.

„Dieser Prozeß soll in ökonomischer Sicht völlig schmerzlos ablaufen. Noch sind wir gezwungen, die Flächen der bestehenden Gebäude zu nutzen. Aber wir werden kein neues Kapital mehr in das bestehende Moskau investieren und geduldig warten auf den natürlichen Verschleiß der alten Bauten. Wenn die Amortisation abgelaufen ist, wird das Abtragen dieser Häuser und Viertel ein schmerzloser Prozeß der Bereinigung Moskaus." (Zelenyj gorod, 18)

Erhalten werden sollten nur die historisch wertvollen Gebäuden als architektonisches Erbe für die kulturgeschichtliche Identität Moskaus.

„Wir werden die charakteristischen Teile des alten Moskaus erhalten und sorgsam bewahren: den Kreml, Teile des adligen Moskaus mit den Straßen und Palästen am Arbat und der Powarskaja, teilweise der Pretschinskaja, des Kauf- und Handelsgebietes am Sarjad, Samoskworetsch, Mjasnitzkaja und des proletarischen Viertels Krasnaja Presnja." (Zelenyj gorod, 18f.)

Diese sollten in den geplanten Park integriert werden. Um die Dimensionen und die Radikalität des Plans zu verdeutlichen: Es ging um das gesamte historische Stadtgebiet Moskaus. Was Barschtsch und Ginsburg hier planten, war die Auflösung einer Zweieinhalbmillionen-Metropole zu einem Kultur- und Freizeitpark. Entkleidet von den Funktionen des Wohnens, Arbeitens, des Handels und der Versorgung sollten in ihr nur noch Einrichtungen für Kultur, Sport und Erholung angesiedelt sein sowie die verbliebenen wissenschaftlichen und administrativen Einrichtungen; Barschtsch und Ginsburg nennen unter anderem Stadien, Wassersportanlagen, Zoos und botanische Gärten sowie Hotels, ferner die politischen und administrativen Institutionen in der Funktion Moskaus als Hauptstadt.

Die neue ‚Stadt' sollte in Form von Siedlungsbändern entlang der Ausfallstraßen entstehen; im Falle Selenyj Gorods bildete die Jaroslawer Chaussee die Hauptachse. Ziel war, einerseits das System der Besiedlung, das heißt die Anlage der Straßen und die Bebauung, so wirtschaftlich wie möglich zu organisieren und zum anderen hygienische Wohnverhältnisse zu schaffen, das heißt ein Maximum an Natur, Sonne, Luft und Ruhe. Barschtsch und Ginsburg sahen vor, links und rechts der Straßen jeweils zweihundert bis zweihundertfünfzig Meter breite Grünstreifen anzulegen, die vor dem Verkehr schützen. An sie schlossen die Bereiche mit den Wohnbauten an. Diese bildeten eine Art Reihenhauskette aus Einraumappartements, die parallel zu den Straßen verläuft. Die Wohnbänder waren den lokalen Naturgegebenheiten angepaßt.

> „Steht uns ein Hügel im Weg – steigt unser Wohnband stufenförmig am Hang empor; stoßen wir auf einen See – macht es einen Bogen; treffen wir auf einen Wald – zerteilt sich das Band in einzelne Glieder, die zwischen den Bäumen stehen [...]." (Zelenyj gorod, 30)

Hinter den Wohnbändern war erneut ein grüner Bereich vorgesehen aus „Wälder, Felder, Sowchosen, Zoos und allen möglichen Gärten" (Zelenyj gorod, 29); so daß die Wohnungen nach zwei Seiten Licht, Luft und Grün haben.

> „Die ganze Organisation der Besiedlung ist so ausgerichtet, daß zu beiden Seiten vor den Fenstern die weiten Flächen der Parks, Gärten, Kolchosen usw. liegen." (Zelenyj gorod, 31)

Zwischen der Jaroslawer Chaussee und der Eisenbahnlinie sollte sich als breites Band ein lokaler Kultur- und Erholungspark erstrecken. Neben Sport- und Kultureinrichtungen waren in ihm der Stadtsowjet von Selenyj Gorod, die Verwaltung, Polizei und Feuerwehr, Partei- und Gewerkschaftseinrichtungen sowie Kindergärten und Schulen untergebracht.

Die Wohnzellen der Wohnbänder waren jeweils für eine Person gedacht. Sie sollten mindestens zwölf Quadratmetern groß sein und aus einem Wohnraum sowie einem Bad mit Dusche und WC bestehen. Sie besaßen keine Küche. Die Haushaltsfunktionen wurden im Sinne der Utopie der Neuen Lebensweise als Dienstleistungsindustrie vergesellschaftet. Für Ehepaare waren benachbarte Wohnzellen vorgesehen, „die mit einer Tür verbunden sind, die sie, wie sie wollen, benutzen können – oder auch nicht" (Zelenyj gorod, 32). Für Kinder gab es eigene Kinderquartiere in der Nähe. Sie sollten aber auch bei ihren Eltern in den Wohnzellen leben können. Barschtsch und Ginsburg legen ihrem Entwurf zwar eine weitgehende Vergesellschaftung des Haushalts zugrunde, aber sie grenzen diese dezidiert von Sabsowitschs tayloristischer Reglementierung der Lebensweise ab.[452] Gegen dessen totale Kollektivierung setzen sie die Be-

---

[452] „Die mechanische Übertragung der Produktionsprinzipien auf die Verbraucherprinzipien würde unweigerlich zur Verletzung der Interessen der Verbraucher führen.

Gebauter Sozialismus I: Auf der Suche nach der sozialistischen Stadt 529

wahrung eines privaten Raums als Bedingung für die „Entfaltung jeder einzelnen Persönlichkeit". Der eigene Wohnraum müsse mehr sein als nur ein Platz zum Schlafen; er müsse der „maximalen Entfaltung der kreativen Kräfte des Menschen" dienen.

> „Wir sehen in der individuellen Wohnstätte einen Platz der gewaltigen, konzentrierten und vertieften Arbeit. [...] Wir vernichten lediglich die Individualwirtschaft, nicht aber die Persönlichkeit und das persönliche Eigentum. So projektieren wir eigenen Wohnraum für den einzelnen Werktätigen, sind uns aber bewußt, daß ihm niemand verwehren kann, seinen Wohnraum, so er das will, mit anderen zu teilen. [...] Wir planen nicht die Auflösung der Familie; uns genügt es, wenn wir den Herd vernichten, die Grundlage der bürgerlichen Familie. Doch um so konsequenter befürworten wir, daß der Frau ein vom Mann getrenntes Zimmer zur Verfügung steht; und wir sorgen dafür, daß die Kinder werktätiger Eltern in deren Abwesenheit beaufsichtigt werden [...]. Für die Kinder planen wir deshalb besondere Wohnstätten möglichst dicht bei der Wohnung der Eltern; gleichgültig ob sie dieses Angebot zur Betreuung der Kinder annehmen."[453]

Die Wohnzellen waren in Skelettbauweise aus vorgefertigten und standardisierten Holzgerüsten als Tragkonstruktion, Holzfasertafeln, Fensterrahmen aus Holzspan oder Holz sowie einem flachen Zement- oder Teerpappendach geplant. Das ermögliche, so Barschtsch und Ginsburg, eine industrielle Bauweise, die kostengünstig und schnell sei und regionale Baumaterialien nutze. Die Wohnetage sollte auf Stützen 2,25 m über der Erde stehen. Der darunterliegende Eingang erhalte dadurch ein Schutzdach; im Sommer könne der Raum unter dem Haus auch als „große, komfortable Terrasse" genutzt werden. Außerdem entstehe so ein überdachter Weg, der die einzelnen Wohnzellen miteinander verbinde. Auch blieben mit der Aufstelzung der Wohnzellen die Gebiete vor und hinter dem Wohnband miteinander verbunden. Die Wände zwischen den Wohnzellen sollten schalldicht sein und in regelmäßigen Abständen aus Brandschutzmauern bestehen. Die Fenster des Wohnraums sollten auf beiden Seiten die ganze Wandfläche einnehmen und waren als Faltfenster geplant, die über die ganze Raumbreite aufgezogen werden können. Das Zimmer lasse sich so „in eine vom Grün umgebene, überdachte Terrasse" verwandeln.[454] Als Sonnen-

---

[...] Man darf [...] nicht die irrige Konsequenz ziehen (wie es häufig geschieht), daß es nötig ist, die individuellen Eigenheiten der Persönlichkeit zu vernichten und alle gleichermaßen über einen Kamm zu scheren [...]." (Zelenyj gorod, 23f.).
[453] Baršč/ u. a: Magnitogor'e, S. 54ff.
[454] Als Beispiel, wie Baršč und Ginzburg ihren Entwurf mit der *fiz-kul'tura*-Erziehung

schutz im Sommer waren Stoffmarkisen über den Fenstern vorgesehen und als Wärmeschutz im Winter „Thermogardinen" – mit dichtem Stoff oder Filz bespannte Holzrahmen, die vertikal auf- und zugezogen werden (Zelenyj gorod, 31).[455]

Von den Wohnzellen führten überdachte Fußgängerwege zu den Dienstleistungs- und Freizeiteinrichtungen und zu den Auto- und Busstationen. Die Stationen sollten im Abstand von jeweils achthundertfünfzig Meter an der Autobahn liegen, so daß die maximale Entfernung zur Wohnung vierhundertfünfundzwanzig Meter, also fünf bis zehn Minuten beträgt. Sie waren als Endpunkt für den Autoverkehr gedacht, in den Wohnbereich sollte es nur zu Fuß gehen. An den Kreuzungen der Autobahnen mit der Eisenbahn lagen die Bahnstationen – etwa alle zwei Kilometer –, um vom Auto und Bus in den Zug umzusteigen. Die „Auto-Bus-Stationen" sollten zugleich als Stützpunkte des „vergesellschafteten Sektors" mit den Dienstleistung- und Freizeiteinrichtungen dienen.

> „An jeder Auto-Bus-Station befindet sich auf dem Weg zum Wohnband eine Kantine [...]. Mit der Kantine sind direkt Räume für die kollektive (ein großer Saal, Terrassen) und die individuelle (separate Kabinen für Lesen, Spiele, Gespräche, Treffen etc.) Erholung verbunden. Die Erholungsräume sind wiederum mit einem kleinen Sportkomplex verbunden [...]. Kommt ein Mensch aus Moskau von seiner Arbeit, dann hält der Bus an der Auto-Bus-Station. Ohne Umwege auf dem Weg zum Wohnungsband kann er sich waschen, duschen, zu Mittag essen, Zeitung lesen, Volleyball oder Tennis spielen und nur, wenn er sich ganz der Ruhe und Erholung hingeben will oder er den Wunsch nach kreativer Beschäftigung hat oder sich zurückziehen will, dann geht er weiter zur eigenen Wohnzelle, wo er das machen kann, worauf er gerade Lust hat. In der Gegenrichtung sieht es so aus: Er eilt nach Moskau zur Arbeit. Auf dem Weg zur Auto-Bus-Station, wo er in den Bus steigen will, geht er, wiederum ohne einen überflüssigen Schritt zu tun, in die Kantine, wo er frühstückt, Tee trinkt und Zeitung liest, während er auf den Bus wartet. Hat er zu einer anderen Zeit das Bedürfnis nach dem Erholungs- und Verpflegungskomplex, dann braucht er vom Wohnband nur 3-5 Minuten auf dem überdachten Korridor dahin." (Zelenyj gorod, 32ff.)

---

des Neuen Menschen verknüpften: „Diese Funktion des Zimmers – die maximale Verbindung des Wohnens mit der Natur –, ist für uns fast nur im Sommer denkbar; sie wird aber bei entsprechender körperlicher Erziehung zweifellos auch im Winter möglich werden." (Zelenyj gorod, 31).

[455] Beim damaligen Stand der Bautechnik in Rußland wären die Wohnzellen im Winter aber wohl nur mit großem Heizaufwand warm zu halten gewesen. Schon die Wettbewerbsjury merkte an, daß die Häuser nur für den Sommer geeignet seien (vgl. Bodenschatz/ Post (Hrsg.): Städtebau im Schatten Stalin, S. 83).

Die „Erholungs- und Verpflegungskomplexe" dienten gleichsam als kollektivierte Wohnräume, die die individuelle Wohnzelle ergänzen. Alles, was an Haushaltsfunktionen ausgelagert wurde, erfolgte hier. Es war aber auch möglich, sich das Essen in seine Wohnzelle liefern lassen.[456] Barschtsch und Ginsburg planten eine hochgradig rationell organisierte Versorgung „auf Grundlage der Kollektivierung, der hochentwickelten Technik und der Industrialisierung" (Zelenyj gorod, 18). Das zeigt sich auch in ihrem Vorschlag, den Einzelhandel mit Kaufhäusern und Läden durch einen Versandhandel zu ersetzen. Sie sahen vor, in den lokalen Kulturparks Musterausstellungen für die Konsumgüter einzurichten, über sie bestelle jeder per Telefon und erhalte die Waren nach Hause geliefert. Der Zahlungsverkehr sollte weitgehend bargeldlos erfolgen.

Der Tagesablauf, den Barschtsch und Ginsburg skizzieren, zeigt die utopische Durchdringung ihres Stadtentwurfs. Dieser gründete unmittelbar auf der Utopie der Neuen Lebensweise. Die Wohnzellen bilden im Grunde ein in die Fläche verteiltes Kommunhaus. Im Entwurf für Magnitogorsk heißt es auch: „Nicht ein Kommunehaus, sondern eine Kommune aus Häusern"[457] Der private Einzelhaushalt ist abgeschafft, alle Haushaltsfunktionen sind vergesellschaftet. Barschtsch und Ginsburg betonen dabei zwar den individuellen Wohnraum für den einzelnen und daß sie die Familie nicht auflösen wollen. Aber ihre Wohnzellen setzen letztlich der individuellen Gestaltung der Lebensweise enge Grenzen. Die Wohnzellen verweisen ihre Bewohner für den Alltag ganz auf die „Erholungs- und Versorgungskomplexe". Ein Leben als Familie mit Kindern ist in ihnen schwer vorstellbar. Der ausgeprägte Dienstleistungscharakter war als Emanzipation gedacht, aber er wirkte ebenso normierend. Wie weit Barschtsch und Ginsburg in ihrem Stadtentwurf letztlich für die Erziehung des Neuen Menschen gingen, zeigt ihr Vorschlag von Hygieneinspekteuren für die Wohnungen: Diese sollten einerseits als Wäscheservice dienen, der die schmutzige Wäsche abholt, sie in die kommunale Wäscherei liefert und die saubere Wäsche zurückbringt. Aber sie sollten die Wohnzellen auch regelmäßig „nach strengen Vorschriften" kontrollieren und bei mangelnder Sauberkeit Strafen verhängen.[458]

---

[456] „Auf einen Telefonanruf hin kann innerhalb von 3-5 Minuten in einem fahrbaren Thermobehälter Tee, Frühstück oder was gerade gewünscht wird, in die Wohnzelle geliefert werden." (Zelenyj gorod, 34).
[457] Baršč/ u. a: Magnitogor'e, S. 41.
[458] Ebd., S. 57.

Wie schon für die Gartenstädte der ersten Phase gilt auch für die zweite Phase des Stadtdiskurses: Die utopischen Stadtentwürfe blieben Papierarchitektur. Weder die Entwürfe der Urbanisten noch die der Desurbanisten wurden umgesetzt. Ab Anfang der 1930er Jahre gerieten beide Richtungen gleichermaßen seitens der Politik in Kritik. Sie wurden verurteilt als „linksradikale" und „anarcho-individualistische Phantastereien". Die erste Zäsur kam mit der ZK-Resolution „Zur Umgestaltung der Lebensweise" vom Mai 1930 und dem ZK-Plenum zur Kommunalwirtschaft 1931.[459]

> „In architektonischer Hinsicht brachten die dreißiger Jahre eine Abkehr von den konstruktivistischen Ideen der zwanziger Jahre und eine Hinwendung zu vorrevolutionären Traditionen. Dabei waren die zeitlichen Grenzen fließend, und der Konstruktivismus hat auch in den dreißiger Jahren weitergewirkt. Die Phase, in der das Regime die avantgardistischen Ideen aufgriff und sich zu eigen machte, war allerdings sehr kurz und endete schon 1931/32 wieder. Mit dem Juni-Plenum des ZK von 1931 zur Kommunalwirtschaft begann die Dominanz des Dogmas vom sozialistischen Realismus in der Architektur."[460]

Die ZK-Resolution und das Juni-Plenum wandten sich entschieden gegen den Tabula-rasa-Furor, die bestehenden Städte vollständig umzubauen, und gegen die Vorstellungen einer völligen Vergesellschaftung. Diese seien „gefährliche utopische Grundsätze". Zum einen, so Kaganowitsch auf dem Juni-Plenum, seien vom „sozialen politischen Standpunkt aus" mit der Oktoberrevolution die Städte in der Sowjetunion bereits sozialistische: „Wer den sozialistischen Charakter unserer Städte leugnet, geht von einer vollkommen unrichtigen menschewistischen Einstellung aus".[461] Zum anderen greife die Forderung nach einer sofortigen vollständigen Vergesellschaftung der Lebensweise den ökonomischen Möglichkeiten und dem „Grad der Vorbereitung in der Bevölkerung" voraus. Der sozialistische Umbau der Lebensweise bestehe nicht im utopischen Sprung ins Kommunehaus, sondern in dem schrittweisen Aufbau eines die Familien entlastenden kommunalen Dienstleistungssektors. Die Hauptaufgabe bleibe jedoch vorerst, ausreichend Wohnraum zu schaffen.

Die zweite Zäsur markiert der 1935 beschlossene Generalplan für Moskau. Er bedeutete die Wende zur stalinistischen Idealstadt. Diese war nicht weniger utopisch als die Stadtentwürfe der Avantgarde. Aber in ihrem Mittelpunkt stan-

---

[459] Siehe Anm. 169 u. 170.
[460] Obertreis: Tränen des Sozialismus, S. 134.
[461] Kaganovič: Über die Entwicklungswege der Städte in der Sowjetunion, S. 369.

den, utopiegeschichtlich gesehen, nicht mehr die soziale Frage und die Vergesellschaftung der Lebensweise. An deren Stelle trat die Repräsentation der Macht.[462] Dafür ließen sich jedoch die rationalistischen und konstruktivistischen Stadtentwürfe nicht in den Dienst nehmen. Ihre radikale Ausrichtung auf Funktionalität und Dezentralisierung bot für die Herrschaftsinszenierung des Stalinismus keine Anhaltspunkte. Dessen Repräsentationsbedürfnis setzte städtebaulich vielmehr auf die Stärkung des Zentrums, um es zur Demonstration der Macht zu nutzen, und in der Architektur auf das Pathos des Neoklassizismus. Als Staatsarchitektur des Stalinismus verdrängte der Neoklassizismus in der Folge die Avantgarde.

Die für das utopische Feld *Rußland 1917* charakteristische Ambivalenz von politischem Abbruch und eigenem Scheitern zeigt sich jedoch auch für die Stadtentwürfe und Architektur der Avantgarde. Ihre Verdrängung ist nicht allein als politisches Verbot zu erklären. Es ist auch ein Scheitern aus ihrem utopischen Anspruch heraus. Die Avantgarde betrieben ihre Stadt- und Architekturentwürfe als theoretische Erörterung und Forschung, und nicht mit Blick auf die Baugrube. Es waren utopische Recherchen, in denen sie Möglichkeiten einer neuen Architektur und Stadt erkundeten. Während beispielsweise die Bau-Avantgarde in Deutschland mit Taut, Scharoun und Gropius den utopischen Spiel- und Diskussionsraum[463] verließ, als sich die Gelegenheit zum Bauen eröffnete, hielt die frühsowjetische Architektur-Avantgarde auch in konkreten Wettbewerben an der Utopie fest. Das gab ihren Entwürfen eine experimentelle Kühnheit und visionäre Kraft, die bis heute faszinieren.[464] Die Kehrseite war jedoch, daß sie weitgehend Papierarchitektur blieben.

---

[462] So wurde der Wechsel auch von ausländischen Beobachtern in der Zeit reflektiert, z. B. von dem Gartenarchitekten Ulrich Wolf (vgl. Wolf, Ulrich: Als Grünflächen-Bearbeiter bei der Planung in Rußland. In: Gartenkunst 46. Jg. (1938) H. 7. S. 105-111, S. 110).

[463] Siehe z. B. die Diskussionen von Tauts *Gläserner Kette*; ebenso der Vereinigungen *Der Ring* und *Novembergruppe*.

[464] Oswalt und Post sehen bspw. im sowjetischen Desurbanismus einen Anknüpfungspunkt für die Debatte um schrumpfende Städte (vgl. Post/ Oswalt: Russischer Desurbanismus, S. 203). Auch Oswald Mathias Ungers bezog sich in seinem Stadtplanungsentwurf für Berlin als „grüner Stadtarchipel" von 1977 auf die desurbanistischen Stadtentwürfe (vgl. Cepl, Jaspar: Oswald Mathias Ungers' Stadtarchipel für das schrumpfende Berlin. In: Oswalt, Philipp (Hrsg.): Schrumpfende Städte, Bd. 2. Ostfildern-Ruit 2005. S. 187-195).

Gebauter Sozialismus II: Architektur als Erziehung – das Kommunehaus

Die Stadtentwürfe Barschtschs und Ginsburgs sowie Sabsowitschs zeigen deutlich, daß die Avantgardearchitekten der Architektur eine utopische Erziehungsfunktion zudachten. Man sah sie als Medium zur Gestaltung des Sozialen: Die neuen Häuser und Städte sollten das Leben als sozialistische Lebensweise organisieren und zur Entwicklung des Neuen Menschen beitragen. Im ersten Heft der *Sowremennaja architektura* heißt es programmatisch.

"Die moderne Architektur muß die neue sozialistische Lebensweise kristallisieren."[465]

Die Architekten der Avantgarde schlossen damit an die kulturrevolutionären Erwartungen der Utopien der Neuen Lebensweise an. Sie wandten sich besonders dem Kommunehaus zu.[466] An den Anfang ihrer Überlegungen zur neuen, sozialistischen Wohnform stellten sie die Neudefinition des Wohnens. Die separate Einzelwohnung sei, so Pasternak – er gehörte ebenfalls zum OSA-Kreis –, die „materielle Form der kleinbürgerlichen Ideologie". Für die sozialistische Gesellschaft müsse man sich von dieser „bürgerlichen" Vorstellung des Wohnens lösen.[467] An ihre Stelle sollten die in den Utopien der Neuen Lebensweise entworfenen Formen treten, die den Einzelhaushalt vergemeinschaften und an die Stelle der Familie das Kollektiv treten lassen. Das meinte nicht immer gleich die Abschaffung der Familie. Es ging um die Neudefinition von privat und öffentlich für das Wohnen.

In den Debatten über die Haus- und Jugendkommunen hatte man als Hindernis für diese gesehen, daß es noch keine Häuser gab, die auf ihre Bedürfnisse hin geplant waren. An diesem Punkt setzten die Avantgardearchitekten ein. Die Avantgarde machte sich die Suche nach der Architektur des Neuen Wohnens als

---

[465] Sovremennaja architektura 1. Jg. (1926) H. 1, S. 15.
[466] Vgl. zu den Kommunehäusern der Avantgarde Chan-Magomedov: Architektura sovetskogo avangarda II; ders.: Pioniere der sowjetischen Architektur, S. 342ff.; Gradow: Stadt und Lebensweise, S. 48ff.; Afanasjew, Kyrill N.: Ideen, Projekte, Bauten. Dresden 1973, S. 126ff.; Chlebnikov, Igor' N.: Architektur der zwanziger und dreißiger Jahre im Industriegebiet von Ivanovo-Voznesensk. In: Schädlich, Christian/ u. a. (Hrsg.): Avantgarde II. Stuttgart 1993. S. 44-53; Kreis: Moskau 1917-35.
[467] Vgl. Pasternak, Aleksander L.: Novye formy sovremennogo žil'ja. In: Sovremennaja architektura 2. Jg. (1927) H. 4/5. S. 125-129, S. 125.

gesellschaftlichen Auftrag zu eigen. Ladowski, der seit 1920 an den WChU-TEMAS unterrichtete, stellte beispielsweise seinen Studenten kontinuierlich die Aufgabe, Kommunehäuser zu entwerfen.[468] Von ihm stammt auch einer der frühesten Entwürfe für ein Kommunehaus; ein expressiver Entwurf aus dem Jahre 1920.[469] Diese frühen Kommunehausentwürfe haben einen äußerst experimentellen Charakter. Dieser resultierte nicht zuletzt daraus, daß sie in erster Linie spekulative Übungen waren. Ihnen stand, wie Lissitzky konstatierte, kein konkreter Auftrag gegenüber.[470]

Erst gegen Mitte der 1920er Jahre konkretisierten sich die Anforderungen, als die Stadtverwaltungen begannen, Wettbewerbe für Kommunehäuser auszuschreiben. 1925/1926 führte beispielsweise der Mossowjet einen Wettbewerb für ein Arbeiter-Kommunehaus für achthundert Personen durch. Die Wohnungen für Familien sollten zwei bis drei Zimmer haben und ohne Küche sein, für Ledige sollte es ein Wohnheim geben. Der Gemeinschaftsteil sollte eine Zentralküche und einen Speisesaal mit zweihundertfünfzig Plätzen, eine Tageskrippe und einen Kindergarten für je dreißig Kinder, eine Wäscherei, einen Klub und eine Bibliothek mit Lesesaal bieten.[471] Von den drei prämierten Entwürfen wurde jedoch keiner gebaut. 1926/1927 organisierte die OSA für ihre *Erste Ausstellung der Architektur der Gegenwart* einen Wettbewerb zu modernen Wohnformen. Die Mehrheit der eingereichten Entwürfe folgte dem Modell des Kommunehauses. Sie sahen jeweils einen umfangreichen Teil zur gemeinschaftlichen Versorgung und Freizeit vor.[472] In den Wettbewerben kristallisierte sich rasch eine typische Grundform für das Kommunehaus heraus: ein Ensemble aus einem Wohngebäude und einem separaten Haus mit den Gemeinschaftseinrichtungen, mitunter war auch ein eigener Trakt für die Kinder vorgesehen. Verbunden waren die Gebäude durch geschlossene Übergänge, meist in Höhe des ersten Stocks und verglast. Die Unterschiede zeigten sich vor allem in Hinblick auf den Grad der vorgesehenen Vergemeinschaftung. Sie entsprachen dem beschriebenen Spektrum der Utopien der Neuen Lebensweise. Die einen Kommunehäuser waren gleichsam für den vollendeten Neuen Menschen entworfen: mit vollständiger Vergemeinschaftung des Haushalts bis hin zur Abschaffung

---

[468] Vgl. Chan-Magomedow: Pioniere der sowjetischen Avantgarde, S. 345 u. 350f.
[469] Vgl. die Abbildungen in Antonowa/ Merkert: Berlin – Moskau 1900-1950, S. 140.
[470] Vgl. Lissitzky: Rußland, S. 11.
[471] Vgl. Gradow: Stadt und Lebensweise, S. 48ff.
[472] Vgl. Sovremennaja architektura 2. Jg. (1927) H. 4/5, S. 130ff.

der Familie. Die anderen bildeten einen sogenannten Übergangstyp, der auf die Entwicklung hin zum Neuen Menschen angelegt war und in dem die Vergemeinschaftung vorerst einen ergänzenden Charakter hatte.

Die Kommunehäuser galten als Symbol des Neuen Wohnens und wurden in der Öffentlichkeit breit diskutiert. Aber gebaut wurden nur wenige. Gradow zählt in seiner Bilanz der frühsowjetischen Kommunehäuser rund ein Dutzend.[473] Die Wettbewerbe fungierten zum Teil eher als wohnpolitische und städtebauliche Recherchen so wie der OSA-Wettbewerb. Doch auch bei jenen, die sich auf konkrete Bauvorhaben richteten, wurde kaum einer der Entwürfe realisiert. Die entworfenen Kommunehäuser erschienen meist als zu komplex und ihre Gemeinschaftsteile als in Bau und Unterhalt zu teuer. Anhand von Entwürfen und gebauten Häusern sollen im folgenden die Formen und die Entwicklung der Kommunehäuser beschrieben werden.

Das Übergangshaus

Für den Übergangstyp (*doma perechodnogo tipa*) ging man davon aus, daß es für die Vergemeinschaftung des Lebens einer Transformationsperiode bedürfe. Für diese müsse es Übergangstypen an Häusern geben, die sowohl Elemente des alten als des neuen Wohnens enthalten. Statt der sofortigen vollständigen Abschaffung des Einzelhaushaltes sahen die Entwürfe für Übergangshäuser eine Mischung aus Einzelwohnungen mit Küche und Appartementzimmern ohne eigene Küche sowie den Gemeinschaftseinrichtungen vor. Die Vergemeinschaftung war auf die teilweise Entlastung der Familien von der Hausarbeit gerichtet und auf die Versorgung der Alleinstehenden in der Art eines Appartementhotels. In der Regel umfaßten die Gemeinschaftseinrichtungen Cafeteria, Wäscherei und Kindergarten sowie Freizeiteinrichtungen, meist eine Bibliothek mit Lesesaal, Klub- und Galerieräume.

Das bekannteste Beispiel für ein solches Übergangshaus ist das sogenannte *Dom Narkomfina* in Moskau.[474] Es wurde 1928-1930 auf Initiative von Miljutin, dem Leiter des russischen Volkskommissariats für Finanzen, als Wohnhaus für

---

[473] Die meisten von ihnen waren in Moskau und Leningrad, vgl. Gradow: Stadt und Lebensweise, S. 48.

[474] Dom narodnogo komissariata finansov (Haus des Volkskommissariats für Finanzen); vgl. Ginzburg, Moisej Ja./ Milinis, Ignati F.: Dom sotrudnikov Narkomfina, Moskva. In: *Sovremennaja architektura* 4. Jg. (1929) H. 5, S. 158-164; Cramer, Johannes/ u. a. (Hrsg.): Das Narkomfin-Kommunehaus in Moskau (1928-2012). Petersberg 2013.

dessen Angestellte gebaut. Die Architekten waren die OSA-Mitglieder Ginsburg und Ignati F. Milinis (1899-1974); Miljutin, der später selbst als Architekt und Stadtplaner tätig trat, beteiligte sich an der Planung. Das *Dom Narkomfina* war als „enzyklopädischer Experimentalbau" angelegt.[475] Es diente der Erprobung von neuen Wohnungstypen. Die Anlage bestand aus einem Haupthaus mit den Wohnungen und einem Gebäude mit den Gemeinschaftseinrichtungen. Der Wohnteil war ein langgestreckter sechsgeschossiger Bau mit offenem Erdgeschoß auf Stützen. In ihm gab es dreiundzwanzig Ein- und Zweiraumwohnungen mit Küchennische, Schlafalkoven und Bad, acht Wohnungen für große Familien und einen Wohnheimteil mit einzelnen Zimmern. Auf dem Flachdach befanden sich ein Solarium und ein Dachgarten sowie eine Penthouse-Wohnung für Miljutins Familie. Am einen Ende des Wohnhauses lag der Servicestrakt mit Cafeteria und Kindergarten. In Höhe der ersten Etage waren die beiden Gebäude durch einen verglasten Übergang verbunden. Daneben gab es ein separates Waschhaus. Neben den neuen Wohnungstypen experimentierten Ginsburg und Milinis auch mit neuen Konstruktionsweisen, Baumaterialien und optischer Innenraumgestaltung. Das *Dom Narkomfina* funktionierte in der ersten Zeit mit seinen Gemeinschaftseinrichtungen. Aber vermutlich, weil diese mehr auf zusätzlichen Service als auf eine Erziehung zur Gemeinschaft ausgerichtet waren. Lou Scheper, die Frau des an der Farbgestaltung des Hauses beteiligten Bauhaus-Meisters Hinnerk Scheper, lästerte über die „Kleinbürgerlichkeit" der Narkomfin-Bewohner.[476] In der Kriegszeit wurden die Gemeinschaftseinrichtungen geschlossen und später die Wohnungen umgebaut, auch das offene Erdgeschoß wurde zugemauert und für Büros, Läden und Lagerräume genutzt.

Das vollendete Kommunehaus

Die sogenannten vollendeten Kommunehäuser lassen sich in zwei Kategorien unterteilen. Die eine Gruppe bildeten Kommunehäuser, die in ihrer Gestaltung und Intention nahe beim Übergangstyp lagen. Wie in diesen war die Vergemeinschaftung primär auf die Entlastung von der Haushaltsarbeit gerichtet. Auch in ihnen ging es nicht darum, die Familie abzuschaffen, sondern den Einzelhaushalt. Sie beruhten auf einem eher libertären, individuellen Emanzipationsverständnis; sie entsprachen der Position Kollontais. In der Regel waren es Angehörige der jungen Intelligenzija, die sich an diesen utopischen Wohnexpe-

---

[475] Cramer/ u. a. (Hrsg.): Das Narkomfin-Kommunehaus in Moskau, S. 52.
[476] Ebd., S. 34.

rimenten beteiligten. Ihnen gegenüber standen Kommunehäuser in der Art von Sabsowitschs *Sozgorod*-Konzeption, die auf die sofortige Abschaffung der Familie gerichtet waren. In ihnen ging die Vergemeinschaftung in eine völlige Kollektivierung des Lebens über. Nicht nur der Haushalt, auch alle anderen Bereiche des Wohnens und der Familie waren in die Gemeinschaft verlagert. Als privater Wohnraum war für den einzelnen nur ein Schlafzimmer vorgesehen. Die Kinder sollten in eigenen Kinderhäusern leben. Anhand von jeweils zwei Beispielen sollen im folgenden die beiden Ausprägungen des vollendeten Kommunehauses beschrieben werden. Die Beispiele für den ersten Typ sind das schon erwähnte *Haus der neuen Lebensweise* in Leningrad und das *Dom Politkatorshan* der Leningrader Sektion der *Gesellschaft der ehemaligen politischen Zwangsarbeiter und Zwangsumsiedler*. Für die kollektivistische Variante sind es Kusmins Entwurf eines Kommunehauses für Bergarbeiter und Nikolajews Studentenkommunehaus in Moskau.

Das *Haus der neuen Lebensweise* wurde 1930 von dem OSA-Mitglied Andrej A. Ol (1883-1958) im Auftrag des Verbandes Proletarischer Schriftsteller gebaut.[477] Es umfaßte achtunddreißig Zwei- bis Vierzimmerwohnungen, zwölf Appartementzimmer sowie den Gemeinschaftsteil. Insgesamt war es für hundertfünfzig Personen gedacht. In den Wohnungen gab es keine Küche, aber es bestand die Möglichkeit, einen Herd aufzustellen. Zwölf der Wohnungen hatten ein eigenes Bad, für die anderen Wohnungen und die Einzelzimmer gab es neun Gemeinschaftsbäder. Die Gemeinschaftseinrichtungen befanden sich im Erdgeschoß: eine Kantine mit Speisesaal, ein Friseur, ein Kindergarten, ein Lesesaal sowie Klub- und Veranstaltungsräume. Die Dienstleistungen wurden von bezahlten Angestellten ausgeführt. Die Bewohner zahlten jeweils fünfzig Rubel Miete im Monat,[478] dazu eine Pauschale für die Verpflegung.

> „Die Bewohner gaben ihre Lebensmittelkarten in der Verwaltung der Kantine ab, bezahlten monatlich im voraus 60, später 75 Rubel und bekamen dafür Frühstück, Mittag- und Abendessen. Die Kantine wurde von Angestellten des *Narpit*, des staatlichen Betreibers öffentlicher Kantinen, unterhalten. In einem Imbißraum (*bufet*) konnte man zusätzlich Lebensmittel kaufen, dort bedienten Frauen aus dem Haus abwechselnd."[479]

---

[477] Vgl. zu ihm Obertreis: Tränen des Sozialismus, S. 352ff.
[478] Das monatliche Durchschnittseinkommen betrug rd. 250 Rubel.
[479] Obertreis: Tränen des Sozialismus, S. 353.

Die Bewohner waren in der Mehrzahl junge Schriftstellerinnen und Schriftsteller, sie hatten sich aus eigener Initiative zu dem Kommuneprojekt zusammengefunden. Es entsprach weitgehend dem utopischen Modell, wie es Kollontai entworfen hatte; auch wenn nicht zu unrecht kritisiert wurde, das Haus habe eher den Charakter eines Hotels als den eines echten Kommunehauses. Getragen vom Enthusiasmus der jungen Bewohner funktionierte das Haus anfangs als Kommunegemeinschaft. Mit der Gründung von Familien und der Geburt von Kindern entwickelten sich die Lebensbedürfnisse jedoch auseinander. Dabei wirkten sich auch Konstruktionsfehler des Hauses aus. Es war unter anderem zu hellhörig. Ehemalige Kommunemitglieder berichten von entsprechenden Konflikten zwischen Familien mit Kindern, Bewohnern, die Ruhe zum Schreiben forderten und anderen, die abends Diskussionen und Feiern veranstalteten. Entscheidend jedoch war die Küchenfrage: Für Familien mit kleinen Kindern erwies sich die Hauskantine als zu unflexibel. In der Folge improvisierten sie Kochgelegenheiten in den Zimmern. Damit wurde die Vergemeinschaftung des Kommunehauses in ihrem zentralen Punkt untergraben. In der Zeit des Stalinschen Terrors zerfiel die Hausgemeinschaft. Das *Haus der neuen Lebensweise* wurde zu einem gewöhnlichen Kommunalkahaus. Die Hauskantine wurde in eine städtische Kantine umgewandelt. 1962/1963 baute man bei einer Sanierung des Hauses Küchen in die Wohnungen ein.

Das zweite Beispiel, das *Dom Politkatorshan* (*Haus der politischen Zwangsarbeiter*),[480] funktionierte erfolgreicher. 1929 hatte die Leningrader Sektion der *Gesellschaft der ehemaligen politischen Zwangsarbeiter und Zwangsumsiedler* beschlossen, für ihre Mitglieder ein Kommunehaus zu gründen. Es wurde 1930-1932 nach Plänen des Leningrader Konstruktivisten Grigori A. Simonow (1893-1974) gebaut. Seine Bewohner waren ehemalige politische Gefangene, die in der Zarenzeit im Gefängnis und in Verbannung gewesen waren, und ihre Familien. Das *Dom Politkatorshan* bestand aus drei Gebäuden mit insgesamt 144 Wohnungen. Die Wohnungen im Haupttrakt hatten drei bis vier Zimmer und ein eigenes Bad. In den beiden anderen Flügeln waren die Wohnungen ein bis zwei Zimmer groß und je zwei Wohnungen teilten sich ein Bad. Im Erdgeschoß des Haupttraktes lag der Speisesaal. Neben Frühstück, Mittag- und Abendessen gab es in einer Cafeteria Getränke und Imbißspeisen. Im Untergeschoß befanden sich die Wäscherei und verschiedene Dienstleistungen wie

---

[480] Vgl. zu ihm ebd., S. 354ff.

Friseur, Schuhmacher und Läden. Das Dach bot eine Dachterrasse. Im zweiten Trakt befanden sich ein Kindergarten und eine Ambulanz. Weiterhin gab es ein Revolutionsmuseum, ein Kino, eine Bibliothek, einen Saal für vierhundert Personen und Klubräume. Das Niveau der Ausstattung und des Services war sehr hoch, ebenso die Qualität der Verpflegung. Das trug wahrscheinlich wesentlich zum Erfolg dieses Kommunehauses bei. Ein zweiter Grund war, daß das *Dom Politkatorshan* weniger auf einem kulturrevolutionären Enthusiasmus seiner Bewohner beruhte. Es funktionierte mehr im Sinne eines komfortablen Wohnheimes, das – vergleichbar Le Corbusiers *Unité d'Habitation* – die Versorgung im Alltag fast vollständig abdeckte. Das *Dom Politkatorshan* endete aus politischen Gründen. 1935 wurde die Gesellschaft der Politkatorshans aufgelöst. Das Haus ging in staatliche Verwaltung über, in der Folge sank die Versorgungsqualität erheblich. Wenig später kam das endgültige Aus, als fast neunzig Prozent der Bewohner dem Stalinschen Terror zum Opfer fielen.

Das kollektivistisch-tayloristische Kommunehaus

Eines der radikalsten Kommunehäuser der kollektivistisch-tayloristischen Art ist Kusmins Kommunehausentwurf für eine Bergarbeitersiedlung des Steinkohlegebietes Anshero-Sudshensk von 1930.[481] Es war für rund tausend Personen geplant und bestand aus einem Ensemble mehrerer miteinander verbundener Gebäude und Sportanlagen (Abb. 19). Die Bewohner sollten nach Altersgruppen getrennt wohnen: Kinder, Arbeiter, alte Leute. Für ledige Erwachsene waren nach Geschlechtern getrennte Schlafsäle à sechs Personen vorgesehen, Ehepaare erhielten eine eigene Schlafkabine. Für Schwangere gab es extra Schlafsäle mit medizinischer Betreuung. Die Kinder lebten, nochmals unterteilt in Altersgruppen, in separaten Kindertrakten getrennt von den Eltern. Für alte Leute gab es ebenfalls einen eigenen Trakt mit speziellen Räumen. Kusmin sah sein Kommunehaus als Vollkommune vor: Die Bewohner sollten ihr Gehalt in eine Gemeinschaftskasse einzahlen und alles sollte Gemeinschaftseigentum sein. Die Radikalität des Entwurfs liegt jedoch vor allem in seiner Durchplanung des Alltags. Kusmin kollektivierte die Lebensweise nicht nur, er taylorisierte sie. Analog zur Produktion zerlegte er den Tagesablauf in Einzelprozesse und legte bis auf die Minute fest, wann und wie lange sie erfolgen (Abb. 20). Mit einer Vergemeinschaftung des Haushalts, um die Frau aus der „Haushalt-

---

[481] Vgl. Kuz'min: Problema naučnoj organizacii byta.

sklaverei" zu befreien, hatte diese Taylorisierung des Alltags nichts mehr gemein, ebensowenig auch mit Bogdanows proletarischem Kollektivismus. Was hier sichtbar wird, ist eine rationalistische Ordnungsphantasie, die unter dem Motto der „wissenschaftlichen Organisation der Lebensweise" das Leben gleichsam mathematisch zu formen sucht.

Solcherart tayloristische Ordnungsphantasien für die Kommunehäuser blieben jedoch utopische Gedankenspiele. Lediglich einige Studentenheime aus der Zeit des ersten Fünfjahrplans folgten in Ansätzen diesem Kommunehausmodell. Das bekannteste Beispiel unter ihnen ist das 1929/1930 von dem OSA-Architekten Iwan S. Nikolajew (1901-1979) in Moskau gebaute Studentenheim.[482] Es war für zweitausend Studenten ausgelegt. Es bestand aus drei miteinander verbundenen Häusern. Das achtgeschossige Hauptgebäude bildete den Wohntrakt mit 6,5 m^2 großen Zimmern für je zwei Personen. Nikolajew sah vor, daß sich die Studenten hier nur zum Schlafen aufhalten. Der zweite Trakt war der „Tagesflügel" mit den Gemeinschaftseinrichtungen. In ihm befanden sich eine Mensa mit fünfhundert Plätzen, die Wäscherei, eine Kinderkrippe für hundert Kinder, eine Ambulanz, ein Solarium, eine Sporthalle, zwei Veranstaltungssäle für dreihundert und tausend Personen, eine Bibliothek mit hundertfünfzig Plätzen und Arbeitskabinen. Verbunden wurden die beiden Häuser durch einen Sanitärtrakt mit Duschen und Schließfächern für die Kleidung. Nikolajew sah in seinem Entwurf vor, daß die Studenten morgen aus ihren Schlafkabinen in den Sanitärtrakt kommen, sich duschen und umkleiden, und von dort in den Tagesflügel gehen. Vergleichbar Kusmins Plan für den Tagesablauf sollte diese Struktur zusammen mit den Gemeinschaftseinrichtungen für Versorgung und Freizeit unter den Studenten einen einheitlichen, kollektiven Lebensrhythmus hervorbringen. Diesen Anspruch untergruben jedoch schon die hoffnungslose Überbelegung der Wohnheime und die unvollständige Ausführung der Gemeinschaftseinrichtungen. Auch zeigte sich, daß die kommunitären Studentenheime zwar durchaus auf einen zeittypischen jugendlichen Gemeinschaftsenthusiasmus unter den Studenten bauen konnten, doch dieser richtete sich vor allem auf die Gemeinschaft des Studierens und der Freizeit. Was darüber hinaus ins private Leben griff, fand rasch eine Grenze.

---

[482] Vgl. zu ihm Chan-Magomedow: Pioniere der sowjetischen Architektur, S. 366 u. S. 392; Gradow: Stadt und Lebensweise, S. 53f.; Obertreis: Tränen des Sozialismus, S. 358.

Die Bilanz der Kommunehäuser zeigt deren Grenzen als experimentelle Gemeinschaften der Utopie der Neuen Lebensweise. Die gebauten Kommunehäuser ließen sich an wenigen Händen abzählen und wurden nach kurzer Zeit in herkömmliche Wohnhäuser umgewandelt. Eine der Ausnahmen war das *Dom Politkatorshan*. Dessen Erfolg beruhte letztlich darauf, daß es weniger Kommune als vielmehr ein Wohnheim mit dem Charakter eines Appartementhotels war. Was hingegen im Fall der studentischen Kommunehäuser als Vorschein der Neuen Lebensweise angesehen wurde, blieb eine auf die Gemeinschaft des Studiums begrenzte Situation. Die Kommunehäuser scheiterten in erster Linie an den inneren Widersprüchen, bis sie auch politisch beendet wurden. Die Vorstellungen den Haushalt zu vergemeinschaften waren damit aber nicht abgetan. Die Konzeptionen sahen in der Folgezeit die Vergemeinschaftung jedoch nicht mehr als Teil der Häuser vor, sondern „vergesellschafteten" die Haushaltsarbeiten in einem kommunalen Dienstleistungssektor. Es ging nicht mehr darum, den Einzelhaushalt zu ersetzen, sondern ihn zu ergänzen. Für den mit dem zweiten Fünfjahrplan beginnenden Massenwohnungsbau wandte man sich dezidiert vom Leitbild der Vergemeinschaftung in Form des Kommunehauses ab. Als wohnungsbaupolitisches Leitbild wurde wieder die Einzelwohnung gesetzt. „Mit der Orientierung auf Einzelwohnungen und der Auslagerung der Gemeinschaftseinrichtungen aus den Häusern waren die Kommunehausprojekte entwertet. In den Mittelpunkt aller Wohnungsbauplanung rückte während der dreißiger Jahre die Frage, wie möglichst sparsam möglichst komfortable Wohnungen für Familien zu bauen seien."[483] Der utopische Anspruch wurde zurückgenommen. An die Stelle der Organisation der Neuen Lebensweise durch die Architektur, wie es die Avantgarde für die sozialistische Stadt eingefordert hatte, trat als Prämisse der schnelle und kostengünstige Bau von Wohnungen.

---

[483] Obertreis: Tränen des Sozialismus, S. 138.

Emanzipation und Disziplinierung. Resümee

Mit Blick auf die frühsowjetische Avantgarde schrieb der Architekt Rem Koolhaas: „Utopia ist das schmutzige Geheimnis der Architektur."[484] Ohne utopischen Anspruch stagniere die Architektur, dieser lasse sie aber zugleich zur „Komplizin schwerer Verbrechen" werden. In den Entwürfen einer neuen, befreiten Welt liege immer auch ein Moment der Unterwerfung durch das utopische Ideal. In diesem Sinne ist die Gretchenfrage der Utopie ihre Realisierung. Mit dem Versuch der Umsetzung verliert die Utopie ihre Unschuld. Schon Morus ließ offen, ob ein reales Utopia ein erstrebenswerter Ort wäre. Emanzipativ wirkte die Utopie geschichtlich vor allem als Stachel der Kritik und hypothetisches Ideal.

Für die russischen Utopien 1917 stellt sich die Frage nach der „Komplizenschaft" im besonderen Maße. Ihre Gretchenfrage ist der Stalinismus. Pervertierte dieser die Ideale der Revolution oder ist er deren Konsequenz? Groys, Plaggenborg, Heller und Niqueux etwa sehen den Stalinismus schon in den Utopien der Avantgarde angelegt: Ihr Neuer Mensch, ihre Politisierung der Kunst, ihr militanter Anspruch, das ganze Leben zu erfassen, hätten dem Stalinismus vorgearbeitet. Das verkürzt jedoch den Blick. Indem sie die Avantgarde unter Totalitarismusverdacht stellen, gerät der emanzipative Gehalt von deren utopischen Entwürfen aus dem Blick. Es waren gerade die Utopien der Avantgarde, die dem Stalinismus zum Opfer fielen. Dieser kam allerdings auch nicht unvermittelt als Thermidor über die Utopie, wie es Trotzki beschreibt.

> „Es ist zur Genüge bekannt, daß bisher jede Revolution eine Reaktion oder sogar Konterrevolution nach sich zog, die [...] dem Volk [...] immer den Löwenanteil seiner Eroberungen wieder entriß. Opfer der ersten reaktionären Welle sind in der Regel die Pioniere, Urheber, Initiatoren, die in der Angriffsperiode der Revolution an der Spitze der Massen standen; dagegen treten an die erste Stelle Leute zweiten Kalibers, im Bunde mit gestrigen Feinden der Revolution."[485]

In dem Anspruch, die Gesellschaft wie auch den Menschen rationalistisch umzugestalten mit dem Kollektiv als Ziel, gründete für die kulturrevolutionären Utopien eine Ambivalenz von „Terror und Traum" (Schlögel). Auf der einen Seite stand der radikale Emanzipationsanspruch – bis hin zur Überwindung der

---

[484] Koolhaas, Rem: Ich habe einen Traum. In: Die Zeit Nr. 34 vom 12. August 2004, S. 62.
[485] Trotzki: Verratene Revolution, S. 102.

Natur und des Todes. Auf der anderen Seite bedeuten die Bilder eines rationalistisch berechneten und zum Kollektiv geformten Lebens eine Sozialdisziplinierung, wie sie schärfer nicht zu denken ist und in der es kein Entrinnen gibt. Schon gegen Tschernyschewskis Neue Menschen hatte Dostojewski eingewandt, das rationalisierte Glück reduziere den Menschen auf ein anonymes Rädchen in einer Maschine. Als nichts anderes erscheint der Einzelne in den Entwürfen Kusmins. Diese widersprüchliche Gleichzeitigkeit von Terror und Traum äußerte sich schon in der historischen Konstellation der Utopien *Rußland 1917*: auf der einen Seite der durch die überschäumenden utopischen Ideen freigesetzte Aufbauenthusiasmus mit dem Gefühl, eine ganz neue Welt zu errichten, und auf der anderen die Zwangskollektivierung und Hungeraufstände der Bauern, die Stalinschen Arbeitslager und Schauprozesse.[486]

Um den emanzipativen Gehalt der Utopien der Neuen Lebensweise zu beurteilen, sind sie in ihren historischen Kontext zu sehen. Die Wohnutopien der Kommunehäuser wirken aus heutiger Sicht eher einengend als befreiend, insbesondere die radikalen Entwürfe. Das in ihnen als privater Raum vorgesehene standardisierte, nur wenige Quadratmeter große Zimmer erscheint als repressive Wohnzelle und die Zentralküche als Diktatur des Kollektivs. Sozialgeschichtlich war die damalige Sicht für die Mehrheit eine andere. Angesichts der herrschenden Wohnverhältnisse versprachen die Kommunehäuser utopischen Luxus. In den vorrevolutionären Arbeitervierteln herrschte das Wohnelend des Manchesterkapitalismus. Auch mit den ersten wohnpolitischen Maßnahmen nach der Revolution – die Enteignung und Umverteilung der Wohnhäuser in den Großstädten – besserten sich die Wohnverhältnisse für die Arbeiter nur geringfügig. Der Alltag war: ein Zimmer für eine Familie. Der Aufschwung des industriellen Aufbaus verschärfte die Lage, viele hatten nur ein Bett als Schlafgänger oder lebten in Erdhütten. Ein eigenes Zimmer, Bad, hygienische Verhältnisse mit Licht, Luft, Sonne, wie es die Kommunehäuser entwarfen, das war die utopische Gegenwelt schlechthin. Gemeinschaftsküche, Waschsalon, Kindergarten versprachen für die Frauen die Entlastung vom Haushalt. Die Freizeit- und Kulturräume eröffneten für viele erstmals den Zugang zu Bildung und Kultur.

Dahinter stand ein Emanzipationsanspruch, der weit über gute Wohnungen für Arbeiter und die Befreiung der Frau hinausreichte. Die Kommunehäuser

---

[486] Vgl. Schlögel: Terror und Traum.

waren auf das Ideal des nichtentfremdeten, „ganzen Menschen" gerichtet. Das gilt insbesondere für die Entwürfe der Avantgarde. Der Neue Mensch sollte nicht nur aus sozialer Not und Abhängigkeit befreit werden. Er sollte sich ebenso geistig vervollkommen, er werde sich, wie es emphatisch bei Trotzki heißt, „bis zum Niveau des Aristoteles, Goethe und Marx erheben".[487] Dieses Ideal scheint selbst in den rigiden Kollektivierungsvorstellungen wie denen Sabsowitschs auf. Die durch die Rationalisierung des Haushalts und der Arbeit gewonnene Zeit wird in ihnen frei für die Beschäftigung mit Kunst, Kultur, Wissenschaft, Sport.

Die dafür in den Kommunehäusern und mit den Kulturhäusern vorgesehenen umfangreichen Kultur-, Bildungs- und Freizeiteinrichtungen sollten gleichsam als kollektive Wohnzimmer den vormals privaten Raum des Wohnens ersetzen. Bei Lissitzky heißt es dazu:

> „Wenn die Privatwohnung bestrebt ist, möglichst puritanisch zu wirken, so soll hier in der öffentlichen Wohnung der größtmögliche Luxus allen zugänglich sein."[488]

In der Auflösung des privaten Raums des Wohnens und der Familie in einer kollektivierten Öffentlichkeit liegt jedoch ein wesentliches Moment der Disziplinierung. Sie lieferte den Einzelnen dem Kollektiv aus und stellte sein Leben unter öffentliche Kontrolle. Die Utopien der Neuen Lebensweise kannten keine Privatheit mehr als Rückzugsraum. In allen Lebensbereichen wurde der Einzelne in Kollektive eingeordnet: auf der Arbeit, in der Freizeit, beim Wohnen, in den Schulkommunen. Insbesondere der Proletkult und die Avantgarde radikalisierten in ihren Entwürfen des Neuen Menschen die Aufhebung des Ich im Wir.

Die Vorstellungen eines zum Kollektiv geformten Lebens lassen sich als Antwort auf die Erfahrungen der Atomisierung der Gesellschaft, die mit Beginn der Moderne aufkamen, sehen.[489] Diese bestanden einerseits in der Krise des Individuums, anderseits in der Erfahrung der Masse. Die Auflösung der traditionellen sozialen Strukturen durch die kapitalistische Entwicklung erzeugte für den einzelnen das Gefühl der Vereinzelung, Verlorenheit und Entfremdung. Der Kapitalismus schien, wie Marx und Engels es im *Kommunistischen Manifest* beschrieben, „kein anderes Band zwischen Mensch und Mensch übriggelassen"

---

[487] Trotzki: Literatur und Revolution, S. 252.
[488] Lissitzky: Rußland, S. 23.
[489] Vgl. Bernauer, Markus: Die Ästhetik der Masse. Basel 1990.

zu haben „als die gefühllose ‚bare Zahlung'".[490] Im Blick auf die Gesellschaft erschien diese Auflösung des sozialen Gefüges als Vermassung. Der Zerfall der traditionellen Bindungen und die Industrialisierung mit ihrer Technisierung des Lebens lösten, so die Deutungen, die Gesellschaft zur Masse auf, in der das Individuum verschwinde. Dagegen setzten die Utopien der Avantgarde sowie des Proletkults das Kollektiv als *geordnete* Masse. Sie überboten gleichsam die Vermassung durch Kollektivierung und die Technisierung des Lebens durch Maschinisierung des Individuums.[491] Der Kollektivismus wurde dabei als proletarische Daseinsform hergeleitet. Doch das war letztlich Zeitgeist. Das Kollektiv war ästhetisch begründet. Das Individuum wurde einer rationalistischen, geometrischen Ästhetik der Masse unterworfen. In ihr galt der Einzelne nur, wie es etwa bei Gastew heißt, als anonyme „proletarische Einheit".[492]

Es ist die Perspektive einer Ordnung von oben. In ihr und der rationalistischen Ästhetik zeigt sich die Tradition der archistischen Utopie.[493] Der Bezug auf diese erfolgte zum Teil direkt, auffallend oft dabei auf Campanella.[494] Ihre Merkmale bestimmten auch die Utopien der Neuen Lebensweise: Rationalismus und Funktionalismus, Homogenität, Aufhebung des Privaten, Regulierung der inneren Natur des Menschen, ein instrumentelles Verhältnis zur äußeren Natur und die zentrale Rolle von Arbeit sowie Wissenschaft und Technik. Was dabei in den Utopien der Neuen Lebensweise als Aufhebung des Staates beschrieben wird, ist letztlich dessen Verdinglichung in einer rationalistischen Verwaltung des Lebens. An die Stelle des Staates trat das „stählerne Gehäuse" eines durchrationalisierten Lebens.

In dem Rationalismus der Utopien der Neuen Lebensweise liegt ein weiteres Moment der Sozialdisziplinierung. Sie beruhten auf einer rationalistischen und funktionalistischen Betrachtung des Lebens: „[D]er Sozialismus sollte das Leben rational bewältigen."[495] Das zeigt sich insbesondere in den Stadt- und

---

[490] Marx/ Engel: Manifest der Kommunistischen Partei, S. 464.
[491] Vgl. zum Bild des Neuen Menschen als Maschine bei der Avantgarde Wi, Min-Chor: Die Phänomenologie des Androiden. Bochum 2006, S. 77ff.
[492] Gastew: Über die Tendenzen der proletarischen Kultur, S. 62.
[493] Vgl. zur Staatsästhetik der Utopie Saage, Richard: Utopie und Staatsästhetik. In: Depenheuer, Otto (Hrsg.): Staat und Schönheit. Wiesbaden 2005. S. 33-117.
[494] Bspw. von dem konstruktivistischen Architekten Ivan I. Leonidov (1902-1959) mit seiner *Sonnenstadt*-Serie (vgl. Schwarz, Hans-Peter (Hrsg.): Ivan Ilich Leonidov. La città del sole. Stuttgart u. a. 1989).
[495] Kreis: Moskau 1917-35, S. 226.

Kommunehausentwürfen. Das Wohnen beziehungsweise die Wohnung wurde rein utilitaristisch aufgefaßt. Jeder Aspekt des Wohnens war auf eine Funktion bezogen und daraufhin berechnet. Nützlichkeit, Zweckmäßigkeit und Funktionalität waren die Kriterien. Ebenso betrachte man die Familie vor allem als ökonomische Einheit. Die Utopien der Neuen Lebensweise gingen davon aus, daß sich das Alltagsleben analog zum Produktionsprozeß rational erfassen und entsprechend planen und optimieren lasse. Das Ergebnis waren Stadt- und Wohnentwürfe, die das Leben funktionalisierten und den Ablauf des Alltags zum Teil bis ins Detail berechneten und vorgaben. In den Extremvarianten wie den Entwürfen Sabsowitschs und Kusmins wurde das bis zur Taylorisierung und Normierung des Tagesablaufes zugespitzt.[496] Diesen Glauben an die „wissenschaftliche" Planbarkeit des Lebens hatte Dostojewski in seiner Kritik der Neuen Menschen Tschernyschewskis als „zwei mal zwei gleich vier"-Glückseligkeit verspottet. Das berechnete Glück entspreche dem Geschmack von „*aux animaux domestiques*, als da sind: Ameisen, Schafe usw. usw." (Kellerloch, 37), für den Menschen aber sei es nicht erstrebenswert. Es reduziere ihn vielmehr zu „Klaviertasten, auf denen die Naturgesetze eigenhändig spielen" (Kellerloch, 34).

Für die einzelnen utopischen Entwürfe wurde schon beschrieben, wie die Utopien der Neuen Lebensweise zwischen innerer Ernüchterung und politischem Abbruch zerbrachen. Zwei Zäsuren stechen hervor: die Einführung der NEP 1921 und der erste Fünfjahrplan ab 1928/1929. Beide stellten jeweils die Weichen für die Entwicklung des utopischen Feldes *Rußland 1917*. Die NEP führte für die Utopie zu einer gespaltenen Situation: Sie nahm auf der einen Seite die Utopisierung der Politik, wie sie sich im Kriegskommunismus entwickelt hatte, zurück. Auf der anderen Seite blieben in den Bereichen wie Kunst und Architektur der utopische Impetus der Revolutionszeit und seine Radikalität ungebrochen. Der kulturrevolutionäre Elan richtete sich jetzt nicht zuletzt gegen die Tendenzen der NEP, sich in einer bourgeoisen Existenz einzurichten, und gegen die Bürokratisierung der Revolution. Mit dem Fünfjahrplan kam es erneut zum utopischen Aufschwung in der Politik. Gleichzeitig wurde mit ihm jedoch die Utopie auf die Industrialisierungspolitik ausgerichtet. Die Fünfjahr-

---

[496] Vgl. zur Disziplinierung des Neuen Menschen durch die funktionalisierten Wohnräume auch Schahadat, Schamma: Zusammenleben. Mensch und (Wohn)Raum im Russland der 1920er Jahre. In: Bröckling, Ulrich/ u. a. (Hrsg.): Disziplinen des Lebens. Tübingen 2004. S. 149-169.

pläne bedeuteten die Disziplinierung der Utopie. Die anarchistischen, aufklärerischen und karnevalesken[497] Momente, die die utopischen Entwürfe der Revolutionszeit geprägt hatten, verschwanden endgültig. Die Utopie der Neuen Lebensweise als aufklärerisches Konzept einer individuellen Selbsterziehung wurde verdrängt. An ihre Stelle trat die Konzeption einer Vergesellschaftung der Lebensweise, die auf staatlicher Lenkung und Kontrolle beruhte.[498] Die Kommuneprojekte wurden durch die Wende der Familien- und Wohnungspolitik zurück zur Einzelfamilie entwertet.[499] Ebenso die frührevolutionären Schulkommunen, ihre Formen der Gemeinschaftserziehung, die ursprünglich auf einen nicht-autoritären Charakter gerichtet waren, wurden zur autoritären Kollektiverziehung umgebildet. Das Versprechen von der Revolution als einem allseitig humanisierenden Emanzipationsprozeß, wie es etwa Kollontai für die Befreiung der Frau formuliert hatte, wurde sukzessive ausgehöhlt. „Die Geschichte der Utopie nach der Oktoberrevolution", faßt es Günther zusammen, „ist im wesentlichen die Geschichte eines Utopieverschleißes."[500]

Paradigmatisch zeigt sich dieser Abbau des Emanzipationspotentials in der Umwertung des Topos des Neuen Menschen.[501] Kollontai hatte ihn in der Tradition Wera Pawlownas als Konzept individueller Selbstaufklärung und Selbstbefreiung entworfen. Ihre Neue Frau stand über die Geschlechterbeziehungen hinaus für die Überwindung patriarchalischer und autoritärer Herrschaftsverhältnisse. Die diskursprägende Position, die dieser ‚weibliche' Topos des Neuen Menschen zunächst hatte, gründete nicht zuletzt in der politischen Bedeutung, die dem Ziel der Befreiung der Frau zugemessen wurde – trotz aller Differenzen in der Auffassung, worin die Emanzipation der Frau bestehe.[502] Kollontais Neue Frau wurde jedoch sukzessive durch einen ‚männlichen' Topos des Neuen Menschen verdrängt. Dieser umfaßte einerseits die Bilder des asketischen Berufsre-

---

[497] Diese zeigten sich v. a. in den Gestaltungen der Revolutionsfeste durch die Avantgarde; vgl. dazu Stites: Festival and Revolution.

[498] Vgl. Obertreis: Tränen des Sozialismus, S. 177 u. 412f.

[499] Vgl. ebd., S. 138.

[500] Günther: Utopie nach der Revolution, S. 378.

[501] Vgl. zu den einzelnen Bildern des Neuen Menschen u. a. Müller: Der Topos des Neuen Menschen; Plaggenborg: Revolutionskultur; Schattenberg: Stalins Ingenieure; Rüting: Pavlov und der Neue Mensch; Wi: Die Phänomenologie des Androiden.

[502] Siehe z. B. Lenins Kritik an Kollontajs neuer, proletarischer Sexualmoral sowie ebenso an Inès Armand (vgl. LW, Bd. 35, S. 155ff. (Briefe Lenins an I. Armand); Marxismus, Nr. 28).

volutionärs in der Tradition Rachmetows, eines kämpferischen Helden und das jugendbündische Männlichkeitsideal, wie es Makarenko seiner Pädagogik zugrunde legte, als auch die Bilder eines rationalistischen und tayloristischen Maschinenmenschen, wie sie Gastew und die Avantgarde entwarfen, sowie die biokosmistischen Visionen eines Menschen, der mittels Wissenschaft und Technik die Grenzen der Natur überwindet. Mit der Industrialisierungspolitik der Fünfjahrpläne wurde die Figur des Ingenieurs zum Leitbild des Neuen Menschen. Über das Bild des wissenschaftlich-nüchternen Technikers hinausgehend, vereinigte sie Elemente der anderen ‚männlichen' Bilder des Neuen Menschen: die Technikeuphorie, die kämpferische Beherrschung der Natur, die rachmetowsche Opferbereitschaft, den militärischen Gestus. Wie Kollontais Neue Frau waren auch diese ‚männlichen' Bilder nicht ohne moralische als auch ästhetische Anziehungskraft. Sie enthielten das Versprechen, als Revolutionär und Erbauer der neuen Welt an der Geschichte teilzuhaben, und sie versprachen die Überwindung der ‚blinden Natur'. Was sie jedoch – bei allen Differenzen und Konkurrenzen zwischen ihnen – von Kollontais Neuer Frau unterscheidet: An die Stelle der Emanzipation als Aufklärung und Selbstverwirklichung setzten sie ein Ethos der (Selbst-)Disziplinierung und die instrumentelle Beherrschung der Natur. Im Ergebnis stand der Topos des Neuen Menschen nicht mehr für die Überwindung von Herrschaft, sondern diente ihrer Befestigung und dem Erzeugen von Ordnung. Das war die Vereinnahmung der Utopie.

JEWGENI I. SAMJATIN – DER DIALEKTISCHE UMSCHLAG DER UTOPIE

Dem Utopismus der Oktoberrevolution folgte schon früh eine utopische Gegenreaktion. Zu dieser gehört Samjatins „sozial-phantastischer" Roman *Wir* von 1920.[1] Er ist für die Utopiegeschichte richtungweisend: Mit *Wir* beginnt der dialektische Umschlag der Utopie. Samjatins Roman wurde zum schulemachenden Vorbild der Dystopien im 20. Jahrhundert.[2] Bereits Orwell wies in einer Rezension des Romans darauf hin, daß Huxleys *Schöne neue Welt* von *Wir* beeinflußt sei.

> „Was einem bei der Lektüre von *Wir* zuerst auffällt, ist die Tatsache [...], daß Aldous Huxleys *Schöne neue Welt* teilweise von diesem Werk herstammen muß. Beide Bücher handeln von der Rebellion der primitiven geistigen Natur des Menschen gegen eine rationalisierte, mechanisierte, schmerzfreie Welt, und beide Geschichten sollen in über sechshundert Jahren in der Zukunft spielen. Die Atmosphäre der beiden Bücher ist ähnlich, und es ist, grob gesagt, die gleiche Art von Gesellschaft, die beschrieben wird [...]."[3]

Auch Orwells *1984* ist von Samjatins Dystopie beeinflußt.[4] Orwells, Huxleys und Samjatins Dystopien teilen, bei allen Unterschieden, grundlegende Strukturmerkmale: den Umschlag einer perfektionierten rationalistischen Zivilisation in die totalitäre Diktatur, die Verinnerlichung ihrer Ideologie, die Selbstaufgabe des Individuums, der Entwurf einer gleichsam vorzivilisatorischen, naturhaften Gegenwelt sowie Liebe und freie Sexualität als letzte Zufluchtsorte menschlicher Subjektivität und emanzipatorischer Vernunft.[5]

Von den hier verhandelten Utopien ist Samjatins *Wir* eine der utopiegeschichtlich und in ihrer Kritik komplexesten. Sie ist zum einen satirische Zeit-

---

[1] Zamjatin, Evgenij I.. My. In: ders.: Sobranie sočinenij, Bd. 2. Moskau 2003. S. 211-368; im folgenden zitiert mit der Sigle *Wir* nach Samjatin, Jewgenij: Wir. Köln 1984.

[2] Vgl. Saage: Politische Utopien der Neuzeit, S. 265; ders.: Utopische Profile, Bd. 4, S. 97.

[3] Orwell, George: Review of *We* by E. I. Zamyatin. (1946) In: ders.: Collected Essays, Bd. 4. London 1968. S. 72-75, S. 73.

[4] Vgl. zu *Wir* als Vorbild für Orwells *1984* Connors; Rühle; Saage; Seng; Thiry.

[5] Vgl. Saage: Utopieforschung, S. 82.

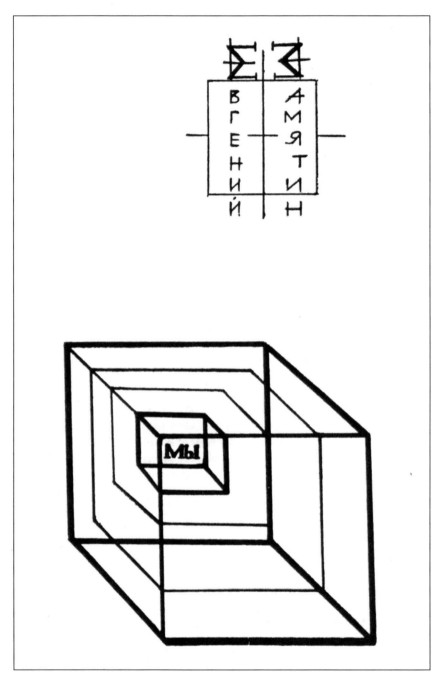

Abb. 21 Einband von Samjatins *Wir*, New York 1967 (russ. Ausgabe).

kritik, sowohl der Entwicklungen in Rußland nach der Oktoberrevolution als auch der westlichen rationalistisch-technizistischen Zivilisation. Zum anderen stellt sie eine Selbstreflektion der rationalistischen Utopietradition dar. Samjatin zeigt mittels des dialektischen Umschlags die inhumanen Züge des klassischen Utopieideals auf sowie ebenso auch jene des zeitgenössischen Utopiediskurses der Avantgarde und des Proletkults. Er greift dabei auf Dostojewskis Kritik am rationalistischen Menschenbild und am Harmonieideal der Utopie zurück. Darüber hinaus veranschaulicht Samjatin in *Wir* nicht zuletzt auch seine Auffassung von Geschichte als fortwährender Wechsel von Entropie und Energie, von Erstarrung und Revolution. Diese verschiedenen Bezüge bewirkten für *Wir*, wie zu sehen sein wird, eine Vielzahl von Lesarten.

Wie viele der russischen Utopien hatte auch *Wir* für seinen Autor tragische Folgen. Der Roman wurde von der Zensur verboten. Er galt als „Schmähschrift auf die sozialistische Zukunft".[6] 1929 nahm man ihn als Anlaß für eine Hetzkampagne gegen Samjatin, in deren Folge er 1931 emigrierte. In der Sowjetunion wurde *Wir* erst 1988 im Zuge der Perestroika veröffentlicht.

Biographischer und zeitgeschichtlicher Kontext

Jewgeni I. Samjatin wurde am 20. Januar 1884 in Lebedjan, einer Kleinstadt in Zentralrußland, geboren.[7] Seine Familie gehörte zum liberal-konservativen Bürgertum. Der Vater war orthodoxer Priester und Lehrer am örtlichen Progymnasium. In seinen Erinnerungen beschrieb Samjatin sein Elternhaus als kulturell aufgeschlossenes Milieu. Ab 1896 besuchte er das Gymnasium in Woronesch. Nach Abschluß des Gymnasiums 1902 begann er am Polytechnikum in Petersburg Schiffsbau zu studieren. Petersburg bedeutete für ihn „eine dem Milieu der Familie entgegengesetzte" Welt.[8] Es herrschte eine Situation des revolutionären

---

[6] Zitiert nach Rühle: Literatur und Revolution, S. 67.

[7] Vgl. zu Zamjatins Biographie Samjatin, Jewgeni: Autobiographie. (1929) In: ders.: Ausgewählte Werke, Bd. 4. Leipzig u. a. 1991. S. 112-122; Shane, Alex M.: The Life and Works of Evgenij Zamjatin. Berkeley u. a. 1968; Leech-Anspach, Gabriele: Evgenij Zamjatin. Häretiker im Namen des Menschen. Wiesbaden 1976; Scheffler, Leonore: Evgenij Zamjatin. Sein Weltbild und seine literarische Thematik. Köln u. a. 1984; Kasper, Karlheinz: Nachwort. In: Samjatin, Jewgeni: Ausgewählte Werke, Bd. 4. Leipzig u. a. 1991. S. 154-189; Goldt, Rainer: Thermodynamik als Textem. Mainz 1995, S. 107ff.

[8] Scheffler: Evgenij Zamjatin, S. 16.

Umbruchs. Versammlungen, Streiks und Demonstrationen der Arbeiterbewegung bestimmten das Bild. Samjatin schloß sich dem bolschewistischen Flügel der RSDRP an. Über die Motivation und Art seines politischen Engagements wird in der Forschung zu Samjatin immer wieder spekuliert. Häufig erklärt man es als „jugendliche Rebellion", als – von Nietzsche und Bergson geprägte – lebensphilosophische Bejahung der Revolution und auch psychoanalytisch als Aufstand gegen den Vater. Sein Engagement sei nicht aus einer theoretisch fundierten politischen Überzeugung erfolgt.[9] Das läßt jedoch unerklärt, warum sich Samjatin gerade den Bolschewiki anschloß. Es war ihm, wie die Briefe an seine Lebensgefährtin Ljudmila N. Usowa (1883-1965) aus der Zeit zeigen,[10] ernst mit seinem politischen Engagement, und er setzte sich intensiv mit den marxistischen Sozialismusvorstellungen auseinander, unter anderem mit Bebel und Kautsky. Ende 1905 wurde Samjatin wegen seines politischen Engagements verhaftet und zu Gefängnis verurteilt. Auf Fürbitte der Mutter wurde das Urteil in Verbannung geändert. 1906 wurde er nach Lebedjan ausgewiesen. Noch im gleichen Jahr jedoch kehrte er illegal nach St. Petersburg zurück und setzte sein Studium fort; ein Registrierungsfehler bei den Behörden machte es möglich. Bis zum Ende des Studiums blieb er weiter politisch aktiv. Danach trat er aus der Partei aus und zog sich von der Politik zurück.

Nach Abschluß des Studiums 1908 arbeitete Samjatin als Mitarbeiter am Institut für Schiffsbau des Petersburger Polytechnikums und als Schiffsbauingenieur für die Verwaltung der Handelshäfen beim Innenministerium. Seine Arbeit führte ihn unter anderem zu den Werften der zentralrussischen Flußhäfen, des Kaspischen und Schwarzen Meeres; noch während des Studiums hatte er 1905 als Praktikant an einer Schiffsreise in den Vorderen Orient teilgenommen. 1911 übernahm er eine Dozentur für Schiffsbau am Polytechnikum, die er bis zu seiner Emigration 1931 beibehielt. Im gleichen Jahr entdeckten die Behörden seinen illegalen Aufenthaltsstatus. Erneut wurde er aus St. Petersburg ausgewiesen, behielt aber seine Anstellung beim Ministerium und seine Dozentur.

Samjatin hatte seit 1908 erste Erzählungen geschrieben und in Zeitschriften veröffentlicht. Aber erst die 1912 in der Verbannung verfaßte, satirische Erzählung *Provinzleben*,[11] in der er die Inhumanität und Brutalität in der russischen

---

[9] Vgl. ebd., S. 16ff.; Shane: The Life and Works of Evgenij Zamjatin, S. 9; Goldt: Thermodynamik als Textem, S. 159ff.

[10] Vgl. zum Nachweis der Briefe Goldt: Thermodynamik als Textem, S. 608f.

[11] Vgl. Samjatin, Jewgeni: Provinzleben. In: ders.: Ausgewählte Werke, Bd. 1. Leipzig

Provinz beschreibt, machte ihn als Autor bekannt. Eine weitere Erzählung, *Am Ende der Welt* (1914),[12] brachte ihm ein Gerichtsverfahren wegen Verhöhnung der Armee ein und stärkte seinen Ruf als kritischer Autor der jungen Literatur.

1913 wurde Samjatins Verbannung mit der allgemeinen Amnestie zum dreihundertjährigen Thronjubiläum der Romanows aufgehoben. 1916 beauftragte ihn das Ministerium, in England den Bau von Eisbrechern für die russische Flotte zu beaufsichtigen. Im März 1916 reiste er nach Schottland, unter anderem nach Glasgow und Newcastle.[13] Dort, auf den Werften, wurde er zum ersten Mal mit dem Taylorismus konfrontiert, dem in *Wir* dann eine zentrale Rolle zukommt. Neben seiner Arbeit befaßte er sich mit der englischen Literatur, insbesondere mit H. G. Wells. Auf die Nachricht von der Februarrevolution 1917 versuchte Samjatin, sofort nach Rußland zurückzukehren. Doch es dauerte ein halbes Jahr, erst im September traf er in Rußland ein.

Wie viele russische Intellektuelle begrüßte Samjatin die Revolution 1917. Sie war der lang erwartete Aufbruch aus der Erstarrung der Autokratie. Samjatin ging es in der sozialistischen Neugestaltung Rußlands insbesondere um eine geistige Erneuerung.[14] Er gab, außer der Dozentur am Polytechnikum, seine Arbeit als Schiffsbauingenieur auf und wandte sich ganz der Literatur und der Arbeit des kulturellen Aufbaus zu. In den ersten Jahren nahm er eine zentrale Position im postrevolutionären Literaturbetrieb ein und arbeitete als Redakteur der Zeitschriften *Dom iskusstw* (*Haus der Künste*), *Sowremennyj sapad* (*Der moderne Westen*) und *Russkij sowremennik* (*Der russische Zeitgenosse*) sowie in dem von Gorki gegründeten Verlag für Weltliteratur. Er gab unter anderem die Werke von H. G. Wells, Jack London, George Bernhard Shaw, Upton Sinclair, Anatole France und Romain Rolland heraus. Sein Interesse galt eigens jenen Autoren, die sich als Sozialisten verstanden und die Krisen und den Zusammenbruch der westlichen technischen Zivilisation thematisierten. In seinen

---

u. a. 1991. S. 5-90.

[12] Vgl. Samjatin, Jewgeni: Am Ende der Welt. In: ders.: Ausgewählte Werke, Bd 1 Leipzig u. a. 1991. S. 91-199.

[13] Vgl. zu Zamjatins Englandaufenthalt Myers, Alan: Evgenii Zamiatin in Newcastle. In: The Slavonic and East European Review 68. Jg. (1990) H. 1. S. 91-99; ders.: Evgenii Zamiatin in Newcastle: A Source for *Islanders*. In: The Slavonic and East European Review 68. Jg. (1990) H. 3. S. 498-501; ders.: Zamiatin in Newcastle: The Green Wall and The Pink Ticket. In: The Slavonic and East European Review 71. Jg. (1993) H. 3. S. 417-427.

[14] Vgl. Scheffler: Evgenij Zamjatin, S. 32.

Vor- und Nachworten diskutierte er die Aktualität ihrer Werke für die gegenwärtige Situation Rußlands.[15] Ferner war er als Gutachter für mehrere Verlage tätig (u. a. Grshebin, Petropolis, Akwilon), gehörte zum Vorstand des Allrussischen Schriftstellerverbandes in Petrograd und war Mitglied der Leitungsgremien weiterer Literaturorganisationen. Am *Haus der Künste* und am *Haus der Schriftsteller* in Petrograd, dem Herzen-Institut und weiteren Einrichtungen hielt er Vorlesungen und Kurse zur neueren russischen Literatur und Technik des Schreibens.[16] Unter seinem Einfluß entstand die literarische Gruppe der *Serapionsbrüder*.

Samjatin bezog in seinen Essays, Literaturkritiken und Erzählungen Position zur politischen Entwicklung nach der Revolution, zum Teil direkt,[17] zum Teil satirisch verhüllt wie in den *Märchen vom Fita*.[18] Er kritisierte schon frühzeitig und scharf die bolschewistische Politik. Unter dem Pseudonym Michail Platonow (bzw. M. Platonow und M. P.) schrieb er 1918 bis 1919 in der *Delo naroda* (*Sache des Volkes*), der Zeitung der Sozialrevolutionäre, und in der von Gorki herausgegebenen *Nowaja shisn* (*Neues Leben*) mehrere Artikel, in denen er die tagespolitischen Ereignisse kommentiert und vor einem neuen Opportunismus in der Kunst warnt.[19] Er wandte sich gegen die Politik, dem Terror der Weißen den „roten Terror" entgegenzusetzen, verurteilte den Frieden von Brest-Litowsk, kritisierte das Dekret über den Abriß der zaristischen Denkmäler und die Errichtung neuer für die Revolution[20] als Ablenkungsmanöver, protestierte gegen das Verbot der Presse der nichtbolschewistischen linken Parteien und die

---

[15] Vgl. ebd., S. 34ff.

[16] Vgl. zu Zamjatins literaturpädagogischen Arbeiten Zamjatin, Evgenij I.: Sobranie sočinenij, Bd. 5. Moskau 2011; Shane: The Life and Works of Evgenij Zamjatin, S. 26ff.

[17] Vgl. auf deutsch u. a. Samjatin, Jewgeni: Ich fürchte. In: ders.: Ausgewählte Werke, Bd. 4. Leipzig u. a. 1991. S. 5-10; ders.: Über Literatur, Revolution, Entropie und anderes. In: ders.: Ausgewählte Werke, Bd. 4. Leipzig u. a. 1991. S. 24-34; ders.: Das Ziel. In: ders.: Ausgewählte Werke, Bd. 4. Leipzig u. a. 1991. S. 35-40.

[18] Vgl. Samjatin, Jewgenij: Rußland ist groß. Wiesbaden u. a. 1976, S. 193ff.; vgl. zu ihnen auch Scheffler, Leonore: *Otec i blagodetel*. In: Jekutsch, Ulrike/ u. a. (Hrsg.): Slavica litteraria. Wiesbaden 2002. S. 341-349. Scheffler sieht die *Märchen vom Fita* in der Tradition der Satiren Saltykov-Ščedrins und als Beispiel einer postrevolutionären „karnevalesken Literatur".

[19] Vgl. Scheffler: Evgenij Zamjatin, S. 42ff.; Lampl, Horst: Einige unbekannte Aufsätze Evgenij Zamjatins. In: Wiener Slavistisches Jahrbuch 16. Jg. (1970). S. 161-172.

[20] Vgl. Dekret *Über die Denkmäler der Republik* vom 12. April 1918 (in: Dekrety sovetskoj vlaste, Bd. 2, S. 95f.; dt. in: Aly, Götz (Hrsg.): Demontage. Berlin 1992, S. 11).

Unterdrückung der kritischen Öffentlichkeit und polemisierte gegen die Tendenz, sich an utopischen Projekten wie gigantischen Wasserkraftwerken an den Flüssen im Norden zu berauschen und dabei die naheliegenden Notwendigkeiten aus dem Auge zu verlieren. Unter dem bezeichnenden Titel *Gespräche eines Häretikers* zog er in einem Artikel in der *Delo naroda* Mitte März 1919 eine Bilanz der kriegskommunistischen Politik.[21] Sein Urteil war scharf: In den anderthalb Jahren seit der Machtergreifung habe die neue Regierung keinerlei positive Aufbauarbeit geleistet, Industrie, Verkehr und Versorgung lägen völlig am Boden. Die Ursache für den Niedergang liege, so Samjatin, in der destruktiven Position der Bolschewiki, ihrer militanten, klassenkämpferischen Verneinung. Mit Haß und Vernichtung könne kein Neuaufbau erfolgen. Das einzige, was die Bolschewiki geleistet haben, sei die endgültige Zerstörung des „Leichnams des alten Rußlands".

In mehreren Essays kritisierte Samjatin das neue „Hofpoetentum" der Futuristen und des Proletkults sowie die Vernichtung des Autors als kritischen Intellektuellen.[22] Die Futuristen, so Samjatin, hätten sich mit wenigen Ausnahmen wie Majakowski als die „Wendigsten" erwiesen, die „wissen, wann die rote Mütze auf- und wann sie abzusetzen ist".[23] Doch mit ihren Elogen auf Revolution und Sozialismus schadeten sie der Revolution, vernichteten sie deren emanzipatorischen Anspruch. Samjatin forderte für den Sozialismus den kritischen Intellektuellen. Schriftsteller dürften keine „gesinnungstreuen Vollzugsbeamten" sein, die panegyrisch der Politik das Wort reden.[24] Sie müßten vielmehr Ketzer sein, die immer wieder das Erreichte in Frage stellten und das Bequeme und Nützliche zerstörten.[25] Nur als zeitkritische Literatur könne die Literatur emanzipatorisch wirken. Er verglich die Aufgabe der Literatur metaphorisch mit der des Matrosen im Mastkorb. Wie dieser halte der Schriftsteller Ausschau und warne vor Fehlentwicklungen.[26] Deshalb müsse er frei sein, der Wahrheit und

---

[21] Die *Gespräche* waren anscheinend in Fortsetzungen geplant. Doch 10 Tage nach dem Erscheinen der Ausgabe mit Zamjatins Artikel wurde die *Delo naroda* verboten.

[22] Vgl. auf deutsch Samjatin: Ich fürchte; ders.: Über Literatur, Revolution, Entropie; ders.: Das Ziel; ders.: Über Heutiges und Zeitgemäßes. In: ders.: Ausgewählte Werke, Bd. 4. Leipzig u. a. 1991. S. 77-95; ders.: Morgen. In: ders.: Morgen. Wiesbaden 1967. S. 170-171; sowie Scheffler: Evgenij Zamjatin, S. 47ff.

[23] Samjatin: Ich fürchte, S. 5.

[24] Ebd., S. 8.

[25] Samjatin: Über Literatur, Revolution, Entropie, S. 25ff.; ders.: Morgen.

[26] Samjatin: Über Literatur, Revolution, Entropie, S. 27f.

seinem Gewissen zu folgen. Zensur und Verpflichtung auf eine „propagandistische Nutzliteratur" bedeuteten nicht nur das Ende der Literatur – Samjatin spricht von einer „verlogenen Blattgoldliteratur",[27] sondern auch das Ende der Revolution, ihre entropische Erstarrung.

> „[I]n der Kunst kommt die Dogmatisierung der Entropie des Geistes gleich."[28]

Gegen diese Dogmatisierung und Erstarrung der Revolution stellte er das freie Wort als Garant für die Emanzipation und die Entwicklung des Menschen.

> „Die einzige Waffe, die des Menschen – des Menschen von morgen – würdig ist, ist das Wort. Mit dem Wort hat die russische Intelligenz, hat die russische Literatur zehn Jahre hindurch für das große Morgen des Menschen gekämpft. Jetzt ist es Zeit, von neuem diese Waffe zu erheben. [...] Wir rufen die russische Intelligenz zur Verteidigung des Menschen und der Menschlichkeit."[29]

1922 kam es zum ersten größeren Angriff auf Samjatin in der Presse. In einem Aufsatz in der Literaturzeitschrift *Krasnaja now* wertete der bolschewistische Literaturkritiker Alexander K. Woronski (1884-1937) Samjatins Erzählungen als „beschränkten bürgerlichen Individualismus", „schädlich", „philisterhaft" und „reaktionär". Er stehe der Revolution verständnislos und ablehnend gegenüber.[30] Auch Trotzki nannte Samjatin einen „inneren Emigranten" und „literarischen Snob".[31] Samjatin wurde den sogenannten bürgerlichen Weggenossen zugezählt. Im gleichen Jahr, im August 1922, wurde er verhaftet. Er sollte zusammen mit weiteren Intellektuellen ausgewiesen werden.[32] Auf Fürsprache von Freunden und Kollegen wurde seine Ausweisung zurückgenommen. Samjatin selbst schien über die Fürsprache nicht informiert gewesen zu sein. Er schwankte, ob er in Sowjetrußland bleiben oder ins Ausland gehen sollte. Ende

---

[27] Samjatin: Über Heutiges und Zeitgemäßes, S. 78.

[28] Samjatin: Über Literatur, Revolution, Entropie, S. 26.

[29] Samjatin: Morgen, S. 171.

[30] Vgl. Voronskij, Aleksandr K: Literaturnye siluėty. III. Evg. Zamjatin. In: Krasnaja nov' 2. Jg. (1922) H. 6 (10). S. 304-322 (engl. Übersetzung in Kern, Gary (Hrsg.): Zamyatin's *We*. Ann Arbor 1988. S. 25-48); vgl. auch Goldt: Thermodynamik als Textem, S. 214ff.

[31] Trotzki: Literatur und Revolution, S. 44f.

[32] Vgl. zu der von Lenin 1922 angeordneten Ausweisungsaktion von insgesamt über 200 Intellektuellen Artizov, Andrej N./ u. a. (Hrsg.): „Očistim Rossiju nadolgo...". Repressii protiv inakomysljaščich, konec 1921 – načalo 1923 g. Moskau 2008.

Biographischer und zeitgeschichtlicher Kontext 559

1922 stellte er einen Ausreiseantrag, der zunächst abgelehnt, einige Monate später bewilligt wurde. Aber Samjatin entschied sich, zu bleiben. Ab Mitte der 1920er Jahre nahmen die Angriffe zu. Sie erreichten 1929 ihren Höhepunkt mit einer Kampagne gegen Samjatin und Boris Pilnjak.[33] Als Anlaß diente die Veröffentlichung einer gekürzten Fassung von *Wir* in der Prager Emigrantenzeitschrift *Wolja Rossii* 1927. Der Vorwurf lautete: Er habe *Wir* im Ausland veröffentlicht, um das Verbot für seinen „konterrevolutionären", „antisowjetischen" Roman durch die Zensur zu umgehen. Samjatin verteidigte sich, daß *Wir* ohne sein Wissen in der *Wolja Rossii* veröffentlicht worden sei; ganz läßt sich der Hergang allerdings nicht rekonstruieren. Auch waren zuvor eine englische, französische und tschechische Übersetzung legal erschienen, ohne daß daran Anstoß genommen worden war. Offensichtlich sollte mit der Kampagne gegen Samjatin und Pilnjak ein Exempel statuiert werden, um die literarische Opposition zu zerschlagen. Samjatin wurde in der Folgezeit systematisch aus dem literarischen Leben ausgeschlossen: Seine Theaterstücke wurden abgesetzt, seine Bücher aus den Bibliotheken entfernt, die begonnene Werkausgabe im Federazija-Verlag (Moskau 1929) wurde abgebrochen, die Verlage durften seine Arbeiten nicht mehr veröffentlichen und ihn auch nicht mehr als Übersetzer und Redakteur beschäftigen. Nachdem er auch aus dem letzten Verlag – dem Verlag der Schriftsteller in Leningrad – herausgedrängt worden war, schrieb er Juni 1931 seinen berühmt gewordenen Brief an Stalin, in dem er bittet, das „Todesurteil" des Publikationsverbotes in Ausweisung zu ändern.

> „[...] zur Höchststrafe verurteilt, wendet sich der Verfasser des vorliegenden Briefes mit der Bitte an Sie, dieses Strafmaß durch ein anderes zu ersetzen. [...] Für mich als Schriftsteller kommt der Entzug jeder Möglichkeit zu schreiben einem Todesurteil gleich [...]. Ich weiß, daß ich die unangenehme Eigenschaft besitze, nicht das zu sagen, was im gegebenen Moment genehm ist, sondern das, was ich für die Wahrheit halte. Insbesondere habe ich aus meiner Haltung zu literarischem Kriechertum, zu Liebedienerei und Schönfärberei in der Literatur nie einen Hehl gemacht. Ich war – und ich bin nach wie vor – der Meinung, daß dadurch sowohl der Schriftsteller als auch die Revolution erniedrigt werden. [...] Wenn ich tatsächlich ein Verbrecher bin und Strafe verdiene, dann, so glaube ich, wohl doch nicht eine so schwere wie den literarischen Tod, und deshalb bitte ich, das Todesurteil in Ausweisung aus der UdSSR umzuwandeln – und meiner Frau zu gestatten, mich zu begleiten."[34]

---

[33] Vgl. dazu Goldt: Thermodynamik als Textem, S. 229ff.
[34] Samjatin, Jewgeni: Brief an Stalin. In: ders.: Ausgewählte Werke, Bd. 4. Leipzig u. a.

Vermittelt durch Gorkis Fürsprache erhielt Samjatin die Ausreisegenehmigung. Im November 1931 emigrierte er mit seiner Frau Ljudmila Usowa-Samjatina über Berlin und Prag nach Paris. Samjatin schloß sich dort nicht den weißen Emigrantenkreisen an. Er behielt seinen sowjetischen Paß und hoffte, zurückzukehren, wenn sich die Situation in der Sowjetunion verbessert hat. Er verdiente seinen Lebensunterhalt vor allem mit Arbeiten für das französische Kino;[35] auch verfaßte er ein Filmszenario zu *Wir*, aber der Film kam nicht zustande.[36] Daneben schrieb er in Zeitungen und Zeitschriften über die aktuelle russische Literatur und das Theater. Eigene literarische Texte entstanden in der Zeit kaum noch. Seine letzte große Arbeit, der aus dem *Attila*-Drama (1928) entwickelte Roman *Die Geißel Gottes*, blieb unvollendet.[37] Am 10. März 1937 starb er in Paris an einem Herzleiden.

1934 wurde Samjatin in Abwesenheit in den neugegründeten sowjetischen Schriftstellerverband aufgenommen, doch er blieb in der Sowjetunion ab den 1930er Jahren tabuisiert. Seine Texte wurden nicht mehr gedruckt und er wurde in Literaturgeschichten und Lexika totgeschwiegen. Wenn er gelegentlich erwähnt wurde, dann negativ.[38] Erst in der Glasnost- und Perestroika-Zeit konnte sein Werk wieder erscheinen. *Wir* wurde 1988 erstmals in der Sowjetunion veröffentlicht und ein erster Band mit seinen Werken herausgebracht.[39] Seit 2003 erscheint auch eine kommentierte Gesamtausgabe.[40]

Die Forschung zu Samjatin erfolgte bis Anfang der 1990er Jahre vor allen in Westeuropa und den USA, sie setzte Mitte der 1950er Jahre ein.[41] Orwells Hinweis, daß *1984* und Huxleys *Schöne neue Welt* von Samjatins *Wir* beeinflußt seien, rückte Samjatin in die Aufmerksamkeit der westlichen Öffentlichkeit. Als 1952 in New York die erste vollständige russische Ausgabe erschien, stieg das Interesse sprunghaft an. Rezipiert wurde *Wir* jedoch zunächst als Vorläufer für Orwells und Huxleys Dystopien. Die Lesart von *Wir* als eine Kritik am Aufbau

---

1991. S. 147-153, S. 147ff.

[35] Vgl. Scheffler: Evgenij Zamjatin, S. 81.

[36] Vgl. Zamjatin, Evgenij I.: D-503. (1932) In: ders.: Sobranie sočinenij, Bd. 4. Moskau 2010. S. 37-41.

[37] Vgl. Samjatin, Jewgenij: Die Geißel Gottes. Attila. Hamburg u. a. 1965.

[38] Vgl. Scheffler: Evgenij Zamjatin, S. 4.

[39] Vgl. Zamjatin, Evgenij I.: Sočinenija. Moskau 1988.

[40] Vgl. Zamjatin, Evgenij I.: Sobranie sočinenij. Moskau 2003ff.

[41] Vgl. als Forschungsüberblick Scheffler: Evgenij Zamjatin, S. 1ff.; Mihailovich, Vasa: Critics on Evgeny Zamyatin. In: Zamiatin, Eugene: We. Boston 1975. S. 219-236.

der neuen Gesellschaft in Rußland, wie sie der sowjetischen Tabuisierung Samjatins zugrunde lag, wurde dabei stark relativiert: *Wir* sei weniger Kritik der totalitären Verhältnisse der frühen Sowjetunion als vielmehr Warnung vor Tendenzen der westlich-rationalistischen Massenzivilisation. Eine Initialzündung für die Samjatinforschung war Shanes Studie *The Life and Works of Evgenij Zamjatin* von 1968. Sie nahm erstmals das Gesamtwerk in den Blick und stellte ästhetische und poetologische Fragen in den Mittelpunkt. Ein Höhepunkt der Forschung zu Samjatin lag in den 1970er Jahren, aber das Interesse setzt sich bis heute kontinuierlich fort.[42] Samjatins *Wir* ist heute vermutlich die meist diskutierte russische Utopie, zumindest von westlicher Seite aus.

In Deutschland waren erste Übersetzungen von Samjatins Erzählungen und Essays schon in der zweiten Hälfte der 1920er Jahre in Zeitschriften erschienen.[43] In den 1930er Jahren geriet er jedoch wieder in Vergessenheit. Seine Wiederentdeckung begann mit der Übersetzung von *Wir* 1958.[44] In der Folgezeit erschienen mehrere Ausgaben mit Übersetzungen der Erzählungen und der Essays zur Literatur,[45] überwiegend von Gabriele Leech-Anspach übersetzt

---

[42] Vgl. Aldridge; Altrichter; Angeloff; Baak; Barker; Barratt; Beauchamp; Beaujour; Borenstein; Brousek; Brown; Browning; Buchner; Burns; Carden; Cavendish; Collins; Connolly; Connors; B. Cooke; O. M. Cooke; Deutschländer; D'Idler; Donskis; Edwards; Ehre; Franz; Gerigk; Glišovič; Goldstaub; Goldt; Gregg; Guenther; Günther; Heller; Hoisington; Holthusen; Jackson; Kasack; Kasper; Kern; Kluge; La Bossiére; Lampl; Leatherbarrow; Leech-Anspach; Lewis; McCarthy; Mihailovich; Myers; Neumann; Niqueux; Orwell; Parrinder; J. E. Peters; J.-U. Peters; Proffer; Rakusa; Reich-Ranicki; Rhodes; Richards; Rosenshield; Rotmann; Rühle; Russell; Ryčlová; Saage; Schahadat; Scheck; Scheffler; Schmid; Scholle; Seng; Shane; Sieburg; Slonim; Ssachno; Stenbock-Fermor; Striedter; Suvin; Thiry; Ulph; Vaagan; Warrick; Wellek; White; Wouters; Yarwood; Zilboorg; sowie die *Bibliographien* in: Goldt: Thermodynamik als Textem, S. 650ff.; Shane: The Life and Works of Evgenij Zamjatin, S. 257ff.; Russell, Robert: Zamiatin's *We*. Bristol 2000, S. 118ff.

[43] U. a. sein Essay über Revolution und Entropie (in: Russische Rundschau 1925/ H. 1). Vgl. die Bibliographie in Goldt: Thermodynamik als Textem, S. 637ff.

[44] Vgl. Samjatin, Jewgenij: Wir. Köln u. a. 1958; vgl. als erste Rezensionen Reich-Ranicki, Marcel: Die gläserne Stadt. *Wir*, der Roman über das 26. Jahrhundert. In: Die Kiepe 6. Jg. (1958) H. 2. S. 5; Sieburg, Friedrich: Grenzen der Utopie. In: Frankfurter Allgemeine Zeitung, vom 24. Dezember 1958, BuZ S. 5.

[45] Der Floh (1962), Die Geißel Gottes. Attila (1965), Morgen. Essays, Erzählungen, Dokumente (1967), Rußland ist groß. Erzählungen und Satiren (1976), Wie der Mönch Erasmus geheilet ward (1986), Kleine Prosa, 2 Bde. (1989f.); vgl. auch die Rezension zu *Rußland ist groß* und zur Neuauflage von *Wir* Brousek, Antonin: Wer kennt bei uns den Erzähler Jewgenij Samjatin? In: Frankfurter Allgemeine Zeitung, vom 24. September 1976, S. 24.

(*Morgen, Rußland ist groß* und *Kleine Prosa*). 1991 brachte der Gustav Kiepenheuer Verlag Leipzig eine vierbändige Werkausgabe *Ausgewählte Werke* heraus, die noch zu DDR-Zeiten im Zuge der sowjetischen Wiederentdeckung Samjatins begonnen worden war. Samjatins Werk ist damit in einem breiten Spektrum in Übersetzung zugänglich. Trotzdem bleibt dessen Rezeption – über die slawistische Fachöffentlichkeit hinaus – weiterhin im Schatten von *Wir*. Als moderner Erzähler und Dramatiker ist Samjatin wenig bekannt.

Werk- und Rezeptionsgeschichte

Samjatin schrieb *Wir* 1920. Notizen von ihm zeigen, daß er schon Anfang 1921 ahnte, daß es aufgrund der Zensur kaum möglich sein würde, den Roman in der Sowjetunion herauszubringen.[46] In den folgenden Jahren trug Samjatin bei Lesungen im Schriftstellerverband und im privaten Kreis aus dem Manuskript vor.[47] Er versuchte, ihn in Zeitschriften zu veröffentlichen, unter anderem in der 1921 von Woronski gegründeten Literaturzeitschrift *Krasnaja now* (*Rotes Neuland*); jedoch erfolglos.[48] Der Roman sollte dann als vierter Band von Samjatins Werkausgabe im Grshebin-Verlag (1922f.) erscheinen, und zwar bei dessen Filiale in Berlin.[49] Aber auch das scheiterte. Auch in der Werkausgabe von 1929 im Moskauer Federazija-Verlag durfte er nicht erscheinen. Samjatins *Wir* blieb in der Sowjetunion verboten. Erst im Zuge der Perestroika brachte die Literaturzeitschrift *Snamja* den Roman 1988 in zwei Folgen heraus.[50]

Wir wurde zuerst in englischer Übersetzung (*We*) 1924 in New York veröffentlicht, übersetzt von Gregory Zilboorg (1890-1959), einem russischen Emigranten von 1919. Die Kopie des Manuskripts für die Übersetzung kam vom Grshebin-Verlag. Zilboorg betont in seinem Vorwort den universellen Anspruch

---

[46] Vgl. Goldt: Thermodynamik als Textem, S. 231.

[47] Vgl. zu den Reaktionen von Zeitgenossen zu *Wir* ebd., S. 290ff.

[48] Vgl. ebd., S. 231f.; Vaagan, Robert: „PS: What is to be done with the novel?" Voronskij, Zamjatin and *My*. In: Scando-Slavica 43. Jg. (1997) H. 1. S. 39-51; Kasper, Karlheinz: Die Evolution des Literaturverständnisses von Evgenij Zamjatin 1918-1924. In: Zeitschrift für Slawistik 34. Jg. (1989) H. 4. S. 527-539, S. 528f.

[49] Anfang der 1920er Jahre hatten mehrere russische Verlage einen Standort sowohl in Sowjetrußland als auch im Ausland (meist Berlin). Wesentlicher Grund dafür war, über den ausländischen Standort der Zensur zu entgehen. Es war aber auch ein Ausweg angesichts des Papiermangels in Rußland.

[50] Vgl. Zamjatin, Evgenij I.: My. In: Znamja 58. Jg. (1988) H. 4. S. 126-177 u. H. 5. S. 104-154.

von *Wir*. Samjatin warne in ihm vor den Vermassungstendenzen der modernen Zivilisation.[51] Die erste englische Ausgabe von *Wir* erzielte jedoch wenig Resonanz.[52] 1926/1927 wurde *Wir* ins Tschechische übersetzt (*My*), von Václav Koenig, dem Redakteur der Brnoer Zeitung *Lidové Noviny*. Die Manuskriptvorlage war ebenfalls noch vom Grshebin-Verlag. Die Übersetzung erschien zuerst ab Herbst 1926 in Fortsetzung in der *Lidové Noviny*[53] und kurz danach als Buch (1927). 1929 kam, von Ilja G. Ehrenburg (1891-1967) arrangiert, bei Gallimard in Paris eine französische Übersetzung heraus (*Nous autres*). 1927 erschien in der russischen Prager Emigrantenzeitschrift *Wolja Rossii*, die den Sozialrevolutionären nahe stand, auch eine gekürzte russische Version.[54] Marc Slonim, der Herausgeber der *Wolja Rossii*, hatte ein originales russisches Manuskript von *Wir* zur Verfügung – möglicherweise über Koenig. In einer vorangestellten Redaktionsbemerkung gab er jedoch den Abdruck als Rückübersetzung aus dem Tschechischen aus. Das war als Schutz für Samjatin gedacht, vor dem Vorwurf, daß er die sowjetische Zensur umgehe.[55] Wie die weitere Entwicklung zeigte, hatte es keinen Erfolg. Die Ausgabe von *Wir* in der *Wolja Rossii* diente, wie beschrieben, 1929 als Anlaß für die Hetzkampagne gegen Samjatin.

1952 erschien in New York die erste vollständige russische Ausgabe. In ihrer Folge wuchs das Interesse für Samjatins Dystopie. In den 1950er Jahren wurde *Wir* in mehrere westliche Sprachen übersetzt: 1955 erschien die italienische Übersetzung (*Noi*), 1958 die deutsche in der Übersetzung von Gisela Drohla,[56] 1959 die finnische (*Me*), dänische (*Vi*), norwegische (*Vi*) und schwedische (*Vi*) sowie eine Neuauflage der englischen von 1924.[57] 1963 erschien die erste

---

[51] Vgl. Zilboorg, Gregory: Foreword. In: Zamiatin, Eugene: We. Boston 1975. S. xiii-xvii, S. xiv.

[52] Vgl. Goldt: Thermodynamik als Textem, S. 232.

[53] Vgl. Ryčlová, Ivana: Bojím se budoucnosti. Zamjatinův román *My* v kontextu doby a autorova osudu In: Proglas. Literární a kulturní příloha Revue Politika 1. Jg. (2003) H. 3-4. S. 30-36, S. 34.

[54] Zamjatin, Evgenij I.: My. In: Volja Rossii 6. Jg. (1927) H. 2. S. 3-33, H. 3. S. 3-32 u. H. 4. S. 3-28. Einige Tagebucheintragungen (Kapitel) sind gekürzt, einige fehlen: 4, 5, 7-9, 11, 14, 16, 17, 20, 21, 26, 29, 32, 34-36.

[55] Vgl. Slonim, Marc: Preface. In: Zamiatin, Eugene: We. Boston 1975. S. xxi-xxv.

[56] Vgl. Samjatin: Wir (Köln u. a. 1958); mehrere Neuauflagen und Lizenzausgaben (u. a. Büchergilde Gutenberg 1968 u. 1983; Heyne 1970ff.; Manesse 1977; disadorno edition 2011 – diese ist die schönste Ausgabe, sie erfaßt den Inhalt kongenial in der Gestaltung); teilweise mit Nachwörtern von Rühle und Rakusa.

[57] Weitere engl. Übersetzungen von Clarence Brown, S. D. Cioran, Mirra Ginsburg,

portugiesische Übersetzung (*A muralha verde*, weitere Übersetzungen unter *Nós*), 1969 eine tschechische Neuübersetzung, 1970 die erste spanische Übersetzung (*Nosotros*) und eine niederländische (*Wij*), 1975 die slowenische (*Mi*), 1988 die türkische (*Biz*) und 1990 die ungarische (*Mi*). 1991 brachte der Gustav Kiepenheuer Verlag Leipzig im Rahmen der vierbändigen Werkausgabe auch eine Neuübersetzung von *Wir* heraus.[58] 1994 erschien eine weitere deutsche Neuübersetzung von Thomas Reschke[59] – sie ist die bislang beste deutsche Übersetzung – sowie eine weitere 2011 im Europäischen Literaturverlag.[60]

Auch für Film, Bühne und als Hörspiel wurde Samjatins *Wir* bearbeitet. 1982 verfilmte Vojtech Jasny *Wir* im Auftrag des ZDF (Drehbuch: Claus Hubalek).[61] 2006 komponierte Christoph Staude eine Oper (Libretto: Hans-Georg Wegner), die als Eröffnungsstück der Münchner Biennale 2006 uraufgeführt wurde (Inszenierung: Helen Malkowsky).[62] 2014 produzierte Christoph Kalkowski für den SWR eine Hörspielfassung.[63]

Inhalt und Textkomposition

Wir ist in Form eines Tagebuchs geschrieben. Es besteht aus vierzig Einträgen, die einen Zeitraum von rund einhundertzwanzig Tagen umfassen. Der Ich-Erzähler ist der Mathematiker D-503. Er ist der Chefkonstrukteur des Raumschiffes *Integral*. Das Raumschiff bildet das zentrale Projekt des utopischen Staates, mit ihm soll die Eroberung des Weltraums eingeleitet werden. D-503 beginnt den Bericht als Manifest, das „die Schönheit und erhabene Größe des Einzigen Staates" preist (Wir, 5).[64] Es soll zusammen mit weiteren Traktaten,

---

Bernard G. Guerney, Alex Miller und Natasha Randall.

[58] Vgl. Samjatin, Jewgeni: Ausgewählte Werke, Bd. 3: Wir. Leipzig u. a. 1991; übersetzt von Marga und Roland Erb.

[59] Vgl. Samjatin, Jewgenij: Wir. Berlin u. a. 1994.

[60] Vgl. Samjatin, Evgenij: Wir. Bremen 2011.

[61] Vgl. zu den Filmkritiken Goldt: Thermodynamik als Textem, S. 643.

[62] Vgl. Spinola, Julia: Operieren Sie die Seele doch einfach weg! In: Frankfurter Allgemeine Zeitung, 8. Mai 2006, S. 40.

[63] Komposition: Raphael Thöne, Hörspielbearbeitung: Ben Neumann, Dramaturgie: Andrea Oetzmann, mit Hanns Zischler (Wohltäter/ Fonolektor) und Jana Schulz (I-330), Orchester: Radio-Sinfonieorchester Stuttgart des SWR unter Leitung von Jonathan Stockhammer, Chor: Collegium Musicum.

[64] Der Name des utopischen Staates, der Einzige Staat (Edinoe Gosudarstvo), wird auch als Einheitsstaat übersetzt, z. B. in den Übersetzungen von Erb und Reschke.

Inhalt und Textkomposition

Poemen und Oden dem Raumschiff als erste Botschaft an die Bewohner anderer Planeten mitgegeben werden. Im Laufe des Schreibens jedoch wandelt sich der Bericht von einer Lobpreisung des Einzigen Staates in die Dokumentation des Herauslösens von D-503 aus dessen Ideologie und der Entstehung einer oppositionellen Bewegung. Der innere Wandlungsprozeß D-503's ist verknüpft mit einer Liebesbeziehung, was zum charakteristischen Merkmal der Dystopien wurde. Eine Rahmenhandlung, die, wie in den klassischen Utopien, die utopische Binnenerzählung mit der Zeit und dem Ort des Lesers verbindet, gibt es in *Wir* nicht. Beschrieben wird aus der Innenperspektive.

Samjatins utopische Gesellschaft ist ein globaler „Einheitsstaat" im 26. Jahrhundert. Der sogenannte Einzige Staat ist ein in allen Bereichen gleichgeschalteter und kollektivierter Staat. An seiner Spitze steht ein als „Wohltäter" bezeichneter Führer. Dieser wird jedes Jahr am „Tag der Einstimmigkeit" ‚gewählt'. Die ‚Wahl' ist ein öffentliches Ritual der feierlichen Akklamation, das ihn symbolisch in seiner Macht bestätigt.

> „Der Tag der Einstimmigkeit hat natürlich nichts mit jenen ungeordneten, unorganisierten Wahlen unserer Vorfahren zu tun, deren Ergebnis nicht im voraus bekannt war. Es gibt nichts Unsinnigeres, als einen Staat auf blinde Zufälligkeiten zu gründen. [...] Unsere Wahlen haben eher eine symbolische Bedeutung: sie erinnern uns daran, daß wir einen einzigen, gewaltigen Organismus bilden [...]. In der Geschichte des Einzigen Staates ist es noch niemals vorgekommen, daß auch nur eine Stimme sich erdreistet hätte, das machtvolle Unisono dieses feierlichen Tages zu stören." (Wir, 129f.)

Die Diktatur des Wohltäters stützt sich auf eine omnipräsente Geheimpolizei, deren Mitglieder analog zum „Wohltäter" als „Beschützer" bezeichnet werden. Der Einzige Staat ist eine in Gänze durchrationalisierte und normierte Gesellschaft. Sein Ideal ist ein mathematisch perfektioniertes Leben mit völliger Gleichheit. Alle Lebensbereiche sind streng reglementiert: von der Arbeit über das Alltagsleben bis hin zur Sexualität. Die Bürger sind kollektiviert und entindividualisiert. Sie verstehen sich nicht mehr als Individuum, sondern als Teil des Wir. Statt Namen haben sie Nummern: D-503, I-330, O-90, R-13, S-4711. Das Private ist aufgehoben: Familie und Ehe sind abgeschafft, die Kinder werden in staatlichen Kinderkollektiven erzogen. Der einzelne lebt vollkommen öffentlich im Kollektiv. Als ‚privaten' Raum gibt es nur noch zwei sogenannte „Persönliche Stunden" am Tag. Der Alltag ist nach dem Vorbild tayloristischer

Rationalisierung organisiert. Er wird bis ins kleinste Detail durch die „Stunden-Gesetztafel" reglementiert, einem für alle verbindlichen Plan des Tagesablaufs.

> „Die Stunden-Gesetztafel [...] verwandelt jeden von uns in einen stählernen sechsrädrigen Helden des großen Poems. Jeden Morgen stehen wir, Millionen, wie ein Mann zu ein und derselben Stunde, zu ein und derselben Minute auf [...] beginnen wir, ein Millionenheer, unsere Arbeit [...]. Und zu einem einzigen, millionenhändigen Körper verschmolzen, führen wir in der gleichen, durch die Gesetztafel bestimmten Sekunde die Löffel zum Mund, zur gleichen Sekunde gehen wir spazieren, [...] legen uns schlafen ..." (Wir, 15)

Der inneren Rationalisierung des Lebens entspricht die äußere Erscheinung des Einzigen Staates. Dieser entstand infolge eines zweihundertjährigen Krieges der Stadt, die für die rationalistische Zivilisation steht, gegen das Land, das ist die chaotische Natur. Nur 0,2 Prozent der Erdbevölkerung überlebten. Die den Staat bildende globale Stadt[65] ist eine hyperrationalistische Stadt mit einer gleichsam mathematisierten Glasarchitektur. Alles ist geometrisch und transparent. Die Straßen verlaufen „schnurgerade", die Häuser bilden „langgestreckte[..] Kuben" und sind durchsichtig, sowohl die Außenfassaden als auch die Wände zwischen den Zimmern sind aus Glas. Aus Glas ist selbst das Straßenpflaster. Die Menschen sind dieser Architektur untergeordnet: Sie bewegen sich in ihr als „blaugraue[..] Marschblöcke" in „quadratische[r] Harmonie" (Wir, 9).

Abgetrennt von der Stadt durch eine gläserne „Grüne Mauer" ist der Teil der Natur, der sich nicht unterwerfen ließ. Es ist eine verbotene Zone, die die Gegenwelt zum Einzigen Staat bildet. Sie ist von urwaldartiger Wildheit, archaisch, unberührt von der Zivilisation. In ihr leben die Mephi, jener Teil der Bevölkerung, der während des Bürgerkrieges in die Wälder floh und dort seitdem im gleichsam vorzivilisatorischen Naturzustand lebt (Wir, 145ff. u. 153f.). Hinter der Grünen Mauer trifft sich auch die oppositionelle Bewegung. Zusammen mit den Mephi planen sie den Aufstand gegen den Einzigen Staat. Erstes Ziel ist es, das Raumschiff *Integral* in ihre Kontrolle zu bringen und damit das Signal für den Aufstand zu geben.

Öffentlich zeigt sich die Opposition das erste Mal am Tag der Einstimmigkeit. Ein Teil von ihr durchbricht das Ritual und stimmt gegen die Wiederwahl des Wohltäters. Unten ihnen ist I-330 vom Führungskreis der Opposition. Von

---

[65] Sie erinnert an Brjusovs utopische Erzählungen. Auch in Okunevs *Zukunftswelt* ist die Erde zur globalen Weltstadt vereinigt.

ihr wird D-503, der sich in I-330 verliebt hat und mit ihr eine Liebesbeziehung außerhalb der staatlich kontrollierten Sexualität hat, in die Oppositionsbewegung hineingezogen. Er gerät immer mehr in Zweifel und Dissens zur Ideologie des Einzigen Staates. Er interpretiert seine Zweifel, sein erwachendes Ich-Bewußtsein jedoch in der Sprache des Einzigen Staates als Krankheit: Es habe sich bei ihm eine „Seele" gebildet. Der Aufstand soll beim ersten Probeflug des *Integral* ausbrechen. Doch die Eroberung des Raumschiffs scheitert. Der Aufstand wird vom Einzigen Staat niedergeschlagen, er wurde verraten. Die Revolutionäre werden hingerichtet. Alle anderen Bürger müssen sich der „Großen Operation" unterziehen, unter ihnen auch D-503, der nicht verdächtigt wird. Ihnen wird die „Phantasie" wegoperiert, die Quelle des Ich-Bewußtseins und der „Seele", des irrationalen, freien Willens. D-503 schließt seinen Bericht mit, daß das der Sieg der Vernunft sei.

Die Eröffnung der Dystopie. *Wir* im Spannungsfeld der Interpretationen

In einem Essay über Wells konstatiert Samjatin, daß Wells ein neues literarisches Genre eröffnet habe: die sozial-phantastische Literatur. Als ihre Merkmale nennt er soziale Satire und wissenschaftliche Phantastik. Ihr Aufkommen sei bestimmt durch den wissenschaftlich-technischen Fortschritt Ende des 19. Jahrhunderts: Mit ihm eröffneten „sich der Wissenschaft und Technik tatsächlich phantastische Möglichkeiten".[66] Zum anderen habe auch Einsteins Relativitätstheorie die Koordinaten für die Wahrnehmung der Welt verschoben. Daraus resultiere in der Literatur eine Tendenz zum „phantastischen Sujet", „zur Mischung von Realität und Phantastik".[67] In seinen Essays zur zeitgenössischen russischen Literatur ordnet Samjatin *Wir* dieser sozial-phantastischen Literatur zu.[68] Der Bezug auf Wells impliziert für *Wir* eine zeitkritische Auseinanderset-

---

[66] Samjatin: Der genealogische Baum von H. G. Wells, S. 45.
[67] Samjatin, Jewgeni: Die neue russische Prosa. (1923) In: ders.: Ausgewählte Werke, Bd. 4. Leipzig u. a. 1991. S. 56-76, S. 75; vgl. zu Zamjatin und Einstein auch Leatherbarrow, William: Einstein and the Art of Yevgeny Zamyatin. In: Modern Language Review 82. Jg. (1987) H. 1. S. 142-151.
[68] Vgl. Samjatin: Die neue russische Prosa, S. 75. Vgl. zum Einfluß Wells' auf Zamjatin auch Collins, Christopher: Samjatin, Wells und die Tradition der literarischen Utopie. In: Villgrater, Rudolf/ u. a. (Hrsg.): Der utopische Roman. Darmstadt 1973. S. 330-343; Parrinder, Patrick: Imagining the Future: Zamyatin and Wells. In: Science Fiction Studies 1. Jg. (1973) H. 1. S. 17-26; Scheffler: Evgenij Zamjatin, S. 181ff.

zung, die die Entwicklungstendenzen der Gesellschaft befragt. So hatte es Samjatin für Wells herausgestellt. Auch hatte er schon in anderen Erzählungen versucht, einen zeitkritischen Blick auf die postrevolutionäre Realität zu gewinnen, indem er sie satirisch überhöht und ins Phantastische verfremdet, etwa in *Der Drache*, *Mamai* und *Die Höhle*.[69]

Die Frage, worauf die Zeitkritik in *Wir* gerichtet ist, läßt mehrere Lesarten zu. Für die utopiegeschichtliche Betrachtung sind idealtypisch vier Lesarten unterscheidbar:[70] 1. *Wir* als politische Satire auf Sowjetrußland und Antizipation des Stalinismus,[71] 2. *Wir* als Warnung vor den entropischen Erstarrungstendenzen der rationalistischen und technizistischen industriellen Zivilisation,[72] 3. *Wir* als Parodie auf die Wir- und Maschinenmetaphorik des Proletkults und der Avantgarde und ihre geometrische Konstruktion einer neuen Welt[73] und

---

[69] Vgl. Samjatin: Ausgewählte Werke, Bd. 2.

[70] Auf vorrangig literatur- und kulturgeschichtliche Betrachtungen wie die Interpretation von *Wir* als Variation des biblischen Paradies- und Sündenfallmythos (vgl. bspw. Gregg, Richard A.: Two Adams and Eve in the Crystal Palace: Dostoevsky, the Bible, and We. In: Slavic Review 24. Jg. (1965) H. 4. S. 680-687; Beauchamp, Gorman: Of Man's Last Disobedience: Zamiatin's We and Orwell's *1984*. In: Comparative Literature Studies 10. Jg. (1973) H. 4. S. 285-301) oder die Analyse von *Wir* als Groteske (vgl. Franz, Norbert: Groteske Strukturen in der Prosa Zamjatins. München 1980) oder als Roman der Postmoderne (vgl. Burns, Tony: Zamyatin's *We* and Postmodernism. In: Utopian Studies 11. Jg. (2000) H. 1. S. 66-90) wird im folgenden nicht eingegangen.

[71] Vgl. Altrichter, Helmut: Eine gläserne Welt unter dem Joch der Vernunft. In: Hürter, Johannes/ u. a. (Hrsg.): Epos Zeitgeschichte. München 2010. S. 27-35; Buchner, Hermann: Programmiertes Glück. Wien u. a. 1970; Franz: Groteske Strukturen in der Prosa Zamjatins, S. 111ff.; Gerigk, Horst-Jürgen: Staat und Revolution im russischen Roman des 20. Jahrhunderts 1900-1925. Heidelberg 2005, S. 185ff.; Goldstaub, Dianne S.: Zamjatin's „Tame Dreamer" and the Conception of D-503. In: The Slavic and East European Journal 38. Jg. (1994) H. 2. S. 342-354; Hedeler: Transformationstheorie – oder Utopie; Heller/ Niqueux: Geschichte der Utopie, S. 261f.; Kasack, Wolfgang: Russische Autoren in Einzelportraits. Stuttgart 1994, S. 318ff.; Peters, Jochen-Ulrich: Der Mathematiker als Schriftsteller. In: Zeitschrift für slavische Philologie 48. Jg. (1988) H. 1. S. 197-213; Rotmann, Ulrike: Geschlechterbeziehung im utopischen Roman. Würzburg 2003, S. 156ff.; Rühle: Nachwort; ders.: Literatur und Revolution, S. 67ff.; Scheffler: Evgenij Zamjatin, S. 156ff.; Wellek, Nonna D.: Die sowjetrussischen literarischen Utopien. In: Villgrader, Rudolf/ u. a. (Hrsg.): Der utopische Roman. Darmstadt 1973. S. 321-329.

[72] Literaturangaben dazu im Kapitel *Wir als Warnung vor der Entropie der rationalistischen Zivilisation*.

[73] Vgl. Beaujour, Elizabeth Klosty: Zamiatin's *We* and Modernist Architecture. In: The Russian Review 47. Jg. (1988) H. 1. S. 49-60; Carden, Patricia: Utopia and Anti-

4. *Wir* als Selbstkritik der Utopietradition mit dem dialektischen Umschlag der Utopie in die Dystopie.[74] Die Lesarten – ihre Charakterisierung als idealtypisch deutet es an – stehen sich nicht einander ausschließend gegenüber. Sie überlagern und ergänzen einander. In der Regel wird *Wir* in mehreren von ihnen verortet. Die Abgrenzung liegt in der Wertigkeit, die ihnen jeweils zugemessen wird. Im folgenden soll Samjatins Dystopie in den vier Lesarten beschrieben werden. Diese werden einerseits als unterschiedliche Perspektiven betrachtet, die jeweils einzelne Aspekte von *Wir* akzentuieren, andererseits als historisch bestimmte Interpretationen, die den Standort der Rezeption markieren. Den Abschluß bildet die Frage nach den Kräften der (Selbst-)Destruktion, die die totalitäre Welt in *Wir* durchbrechen. Mit ihr wird auf die Frage der utopischen Intention Samjatins zu kommen sein.

Wir als politische Satire auf Sowjetrußland und Antizipation des Stalinismus

Die Lesart von *Wir* als Kritik der bolschewistischen Politik und ihrer Umsetzung des Sozialismus wurde zum einen von der sowjetischen Kritik vertreten. Diese wertete *Wir* als „boshaftes Pamphlet auf den sowjetischen Staat".[75] Es war ein Pauschalurteil, das nicht auf einer genauen Analyse des Textes beruhte[76] – dieser war für die meisten gar nicht zugänglich. Vielmehr war es abgleitet aus der Verurteilung Samjatins als „bürgerlicher Mitläufer" und „Renegat", der der Oktoberrevolution und der Macht des Proletariats „feindlich" gegenüber stehe. Diese Lesart bestimmte die sowjetische Sicht auf *Wir*.

Utopia: Aleksei Gastev and Evegeny Zamyatin. In: The Russian Review 46. Jg. (1987). S. 1-18; Günther: Utopie nach der Revolution; Kasper: Nachwort; Lewis, Kathleen/ u. a.: Zamyatin's *We*, the Proletarian Poets and Bogdanov's *Red Star*. In: Russian Literature Triquarterly 12. Jg. (1975). S. 253-278; Rakusa, Ilma: Nachwort zu: Samjatin, Jewgenij: Wir. Zürich 1977. S. 297-320; Saage: Die Geburt der „schwarzen" Utopie aus dem Geist des Suprematismus; Schahadat: Zusammenleben; Scholle, Christine: Jewgenij Samjatin *Wir*. In: Zelinsky, Bodo (Hrsg.): Der russische Roman. Düsseldorf 1979. S. 290-311.

[74] Vgl. Saage: Politische Utopien der Neuzeit, S. 265ff.; ders.: Utopieforschung, S. 82ff.; ders.: Die konstruktive Kraft des Nullpunkts; ders.: Utopische Profile, Bd. 4, S. 97ff.; Striedter, Jurij: Die Doppelfiktion und ihre Selbstaufhebung. In: Henrich, Dieter/ u. a. (Hrsg.): Funktionen des Fiktiven. München 1983. S. 277-330, S. 304ff.

[75] Artikel zu Zamjatin in: Kratkaja literaturnaja ėnciklopedija, Bd. 2. Moskau 1964, Sp. 987; vgl. auch Voronskij: Literaturnye siluėty, S. 318.

[76] Eine der Ausnahmen ist Voronskijs Zamjatin-Aufsatz in der *Krasnaja nov'* 1922.

Von westlicher Seite aus erfolgte die auf Rußland bezogene zeitkritische Lesart unter umgekehrtem Vorzeichen. Man las *Wir* als satirische Entlarvung der kriegskommunistischen und als hellsichtige Antizipation des Stalinismus. Samjatin reflektiere in prognostischer Weise den Beginn einer totalitären Staatsmacht. Kasper etwa sieht *Wir* als „Antiutopie (Dystopie), ein Gegenentwurf zu dem mechanischen, provinziell-inselhaften Sozialismusmodell, das Samjatin nach 1917 in der politischen Realität und in zahlreichen literarischen Utopien [...] entgegentrat."[77] Ähnlich beschreibt auch Scheffler den Zeitbezug:

> „Vor dem Hintergrund des Zeitgeschehens ist der Roman eine satirische Illustration jenes ungeheuren Hiatus zwischen der mit allen Mitteln der tagespolitischen Propaganda erzeugten Jubelstimmung, mit der sich die bolschewistische Diktatregierung feiern ließ, und der hemmungslosen Brutalität, der Lynchjustiz und dem roten Terror der ČK, der Machtkonzentration in den Händen einer Parteibürokratie, die die Ausschaltung jeder politischen Opposition und schließlich auch aller freien Meinungsbildung besorgte."[78]

Am stärksten stellten in jüngster Zeit Gerigk und Rotmann *Wir* als Replik auf Sowjetrußland und die Bolschewiki heraus.

> „Niemals wieder ist das innerste Wesen des Sowjetstaates so treffend gekennzeichnet, so geistvoll verhöhnt und so unterhaltsam veranschaulicht worden wie in Samjatins *Wir*." „Samjatins [L]eistung [...] besteht darin, die politischen Realitäten des Sowjetstaates mitsamt dessen verwerflichen Idealen als ‚sokratische Kultur' und satirisch inspiriert veranschaulicht zu haben. [...] *Wir* ist keine Vision möglicher Zukunft, sondern die Reaktion auf konkrete Merkmale seiner unmittelbaren russischen Gegenwart. Samjatins Angriffsziel ist der Staat Lenins als ein Exemplum totalitärer Herrschaft, das alles Ähnliche in den Schatten stellt."[79]

Für die Lesart von *Wir* als Kritik der kriegskommunistischen Politik und Antizipation des Stalinismus lassen sich keine zeitlichen Konjunkturen festmachen. Überwiegend wurde vielmehr seit den ersten westlichen Übersetzungen in den Nachwörtern und Rezensionen sowie in der Forschung die auf Sowjetrußland bezogene politische Lesart relativiert. Schon Zilboorg und Orwell wiesen darauf

---

[77] Kasper: Nachwort, S. 186.
[78] Scheffler: Evgenij Zamjatin, S. 193.
[79] Gerigk: Staat und Revolution im russischen Roman, S. 202 u. 208. Ebenso Rotmann: „Der Einheitsstaat des Wohltäters läßt sich in allen seinen Strukturen direkt aus der sowjetischen Wirklichkeit der zwanziger Jahre ableiten." (Rotmann: Geschlechterbeziehung im utopischen Roman, S. 176).

hin, daß die Kritik in *Wir* über Sowjetrußland hinausreiche.[80] *Wir* wurde in der Regel als zweifache Warnung charakterisiert, die sowohl zeitkritisch auf die frühsowjetische Gesellschaft bezogen sei als auch universell auf die totalitären Tendenzen der modernen industriellen Zivilisation ziele.[81] Im folgenden sollen die wesentlichen Referenzpunkte für *Wir* als konkrete politische Satire auf Sowjetrußland beschrieben werden.

Die Figur des Wohltäters: Der Diktator, der sogenannte Wohltäter wird als Karikatur Lenins gesehen.[82] Als Anhaltspunkt dafür dient die folgende Charakterisierung des Wohltäters:

„Vor mir saß ein Mensch mit einer Glatze wie Sokrates." (Wir, 197)

Sowohl die Beschreibung als kahlköpfig als auch der Vergleich mit Sokrates werden als Anspielung auf Lenin gelesen. Es war Richards, der als erster die Verbindung von dieser Charakterisierung des Wohltäters dazu zog, daß Lenin mitunter als Sokrates bezeichnet wurde. Darüber hinaus bleibt jedoch die Anspielung dünn.

Das Bild der politischen Kultur: In der totalitären Einheitsideologie des Einzigen Staates spiegeln sich der Wahrheits- und Absolutheitsanspruch des Bolschewismus sowie konkret die Ausschaltung der Opposition und freien Meinungsbildung. Das missionarische Sendungsbewußtsein des Einzigen Staates mit der geplanten Eroberung fremder Planeten verweist, so Gerigk, auf die Kommunistische Internationale.[83] In der Geheimpolizei, den sogenannten Beschützern läßt sich als Vorbild die Tscheka erkennen.[84] Die Verherrlichung des Wohltäters und das Akklamationsritual zur „Feier der Einstimmigkeit" (Wir, 139) nehmen die Selbstinszenierungsrituale des Stalinismus vorweg.[85]

---

[80] Vgl. Zilboorg: Foreword; Orwell: Review of We by E. I. Zamyatin.

[81] Vgl. bspw. Scheffler: Evgenij Zamjatin, S. 199.

[82] Vgl. u. a. Gerigk: Staat und Revolution im russischen Roman, S. 190; Franz: Groteske Strukturen in der Prosa Zamjatins, S. 113; Rotmann: Geschlechterbeziehung im utopischen Roman, S. 177; Peters: Der Mathematiker als Schriftsteller, S. 209f.; Richards, David J.: Zamjatin. A Soviet heretic. New York 1962, S. 55.

[83] Vgl. Gerigk: Staat und Revolution im russischen Roman, S. 198. Rotmann bezieht es dagegen auf den Einmarsch der Roten Armee in Polen 1920 (vgl. Rotmann: Geschlechterbeziehung im utopischen Roman, S. 177).

[84] Vgl. u. a. Gerigk: Staat und Revolution im russischen Roman, S. 200; Scheffler: Evgenij Zamjatin, S. 193.

[85] Vgl. u. a. Rühle: Nachwort, S. 215.

Die Arbeitsideologie: Die beherrschende Stellung der Arbeit in *Wir* und Ästhetisierung zeigen in satirisch zugespitzter Form die „bolschewistische Arbeitsideologie".[86] Die Arbeitspflicht und die Ausweitung der Arbeit zum alles bestimmenden Lebensprinzip (Wir, 181) lassen sich zum einen direkt auf die bolschewistischen Programmtexte beziehen sowie auf die kriegskommunistische Politik mit der Einführung der Arbeitspflicht und der Militarisierung der Arbeit. Zum anderen greift Samjatin mit der Ästhetisierung der Arbeit die utopischen Bilder des Proletkults und jene aus Bogdanows *Der rote Stern* auf. Darauf wird bei der dritten Lesart näher einzugehen sein.

Die Abschaffung der Familie: In ihrer Studie zu den Geschlechterbeziehungen in Utopien charakterisiert Rotmann *Wir* als satirische Umsetzung von Kollontais Konzept der Freien Liebe und ihrer Neuen Sexualmoral sowie der bolschewistischen Familienvorstellungen.[87] Die Familie ist abgeschafft, jeder lebt allein in einer Kommunehauszelle, während die Kinder in Kollektiven erzogen werden. Liebe und Sexualität werden, so Rotmann, vom Staat nach Kollontais Sexualmoral organisiert, daß Sexualität ein „natürlicher Instinkt" wie Hunger oder Durst sei. D-503 erklärt, man habe sie zu einer „angenehm-nützlichen Funktion gemacht, ebenso wie den Schlaf, die körperliche Arbeit, die Nahrungsaufnahme, die Verdauung und alles übrige" (Wir, 25). Ein *Lex sexualis* regelt, daß jeder das Recht „auf eine beliebige Nummer als Geschlechtspartner" hat.

> „Alles weitere war dann nur noch Technik. In den Laboratorien des Amtes für sexuelle Fragen wird man sorgfältig untersucht, der Gehalt an Geschlechtshormonen wird genau bestimmt, und dann erhält jeder eine seinen Bedürfnissen entsprechende Tabelle der Geschlechtstage und die Anweisung, sich an diesen Tagen der Nummer Soundso zu bedienen, und man händigt ihm zu diesem Zweck ein Heftchen mit rosa Billetts aus." (Wir, 24f.)

Was Rotmann hier als Bezugspunkt herausstellt, ist allerdings weniger Kollontais Sexualmoral selbst, sondern vielmehr deren verkürzte und verzerrte Diskussion in der Zeit.

Der Bürgerkrieg: Samjatins Bild des „Großen 200jährigen Krieges" zwischen Stadt und Land, der der Gründung des Einzigen Staates voraus ging, läßt

---

[86] Vgl. Gerigk: Staat und Revolution im russischen Roman, S. 198ff.
[87] Vgl. Rotmann: Geschlechterbeziehung im utopischen Roman, S. 168ff.; ebenso Gerigk: Staat und Revolution im russischen Roman, S. 207.

sich als Anspielung auf den Bürgerkrieg 1918 bis 1920 lesen.[88] In seiner Beschreibung heißt es:

> „Im 200jährigen Krieg, als alle Landstraßen zerstört und mit Gras überwuchert waren, mußte es anfangs recht unangenehm sein, in Städten zu leben, die durch grüne Einöden von einander abgeschnitten waren." „rote Lachen, die nicht trocknen wollten [...] aufgedunsene Kadaver [...] Rauchsäulen über brennenden Wäldern und Dörfern." (Wir, 14 u. 153)

Das Bild der „durch grüne Einöden von einander abgeschnittenen" Städte zitiert den Zusammenbruch des Verkehrswesens,[89] die Bilder der Vernichtung erinnern an den Terror im Bürgerkrieg und die Bezeichnung als Krieg der Stadt gegen das Land verweist auf die gewaltsame Requirierungspolitik gegenüber den Bauern. Auch läßt sie sich als Anspielung auf die Vorstellungen sehen, den Gegensatz von Stadt und Land durch die Beseitigung des Dorfes aufzuheben.

Die letzte Revolution: Samjatin verspottet in *Wir* die Vorstellung einer letzten Revolution, die die Geschichte für immer einlöst, als Ammenmärchen für kleine Kinder.

> „Es gibt keine letzte Revolution, die Anzahl der Revolutionen ist unendlich. Die letzte – das ist etwas für kleine Kinder. Die Kinder fürchten sich vor der Unendlichkeit, doch sie müssen unter allen Umständen ruhig schlafen, und deshalb ..." (Wir, 162)

Die Absage an eine „letzte Revolution" zielt auf den Kern des Revolutionsverständnisses der Bolschewiki, bestreitet Samjatin damit doch, daß die sozialistische Revolution das Ende der Geschichte ist. Provozierend fügt er über die Revolutionsväter des Einzigen Staates hinzu:

> „Oh, sie hatten recht, tausendmal recht. Sie haben nur einen Fehler gemacht: Sie glaubten später, sie seien die letzte Zahl [...]. Ihr Irrtum war der Irrtum Galileis – er hatte recht mit seiner Behauptung, daß sich die Erde um die Sonne dreht, doch er wußte nicht, daß sich das ganze Sonnenzentrum um ein anderes Zentrum bewegt [...]." (Wir, 163)

Wie sehr das von der sowjetischen Kritik als auf die Oktoberrevolution und die Bolschewiki bezogen verstanden wurde, zeigt unter anderem Woronskis Samjatin-Aufsatz.[90]

---

[88] Vgl. Hedeler: Transformationstheorie – oder Utopie, S. 256.
[89] Schon während des Ersten Weltkriegs hatte die Eisenbahn über 50 % ihrer Leistungskraft eingebüßt: Von „20.000 Lokomotiven im Jahre 1914 waren 1917 nur noch 9.000 betriebsfertig" (Stökl: Russische Geschichte, S. 628).
[90] Vgl. Voronskij: Literaturnye siluèty, S. 319.

Kunst als Agitpropkunst: Die Darstellung der Rolle der Kunst in *Wir* verweist auf die Vereinnahmung der Kunst nach 1917 als Agitpropkunst und die „Parteidichter".[91] Die Dichter wie R-13 sind „Staatsdichter" und die Kunst dient nur noch dazu, den Einzigen Staat zu verherrlichen und seine Dekrete und Urteile zu verkünden.

> „Heute ist die Dichtung kein süßliches Nachtigallenschluchzen, sie ist Dienst am Staat, sie ist etwas Nützliches." (Wir, 67)

Die derartige ideologische Vereinnahmung und Utilitarisierung der Kunst hatte Samjatin auch schon in seinen Essays zur Literatur nach der Revolution als neues „Hofpoetentum" kritisiert und der Avantgarde und dem Proletkult einen entsprechenden Opportunismus attestiert.

Die Lesart von *Wir* als politische Satire auf die postrevolutionären Verhältnissen kann, wie der letzte Punkt zeigt, an Samjatins publizistische Kritik anschließen sowie an seine satirischen Erzählungen wie die *Märchen vom Fita*, in denen Samjatin die Scheinrealität der bolschewistischen Dekretpolitik karikiert. Doch derartige direkte Zeitbezüge bergen die Gefahr simplifizierender Überinterpretation, die den Text vereinseitigt. Einige der aufgeführten Zeitbezüge, etwa der auf Lenin, erscheinen eher willkürlich und bemüht. Aufschlußreicher für die Diskussion von *Wir* als Zeitkritik ist, daß sich Samjatin für seine Kritik auf Dostojewskis *Legende vom Großinquisitor* bezieht. Deren Frage, Freiheit versus Glück als soziale Sicherheit, wird von Samjatin als normative Kernfrage der neuen Gesellschaft verhandelt.[92]

> „Es ist die alte Legende vom Paradies [...]. Jene beiden im Paradies waren vor die Wahl gestellt: entweder Glück ohne Freiheit – oder Freiheit ohne Glück. Und diese Tölpel wählten die Freiheit [...]. Darin war das ganze Elend der Menschheit beschlossen [...]." (Wir, 61)

In Dostojewskis *Großinquisitor* ist, so Kluge, „bereits jenes Prinzip der totalen gesellschaftlichen Sekurität aus humaner Verantwortung [entworfen], das bei Zamjatin in Einzelheiten und gesellschaftlichen Details als technokratisch perfektionierter, totaler Wohlfahrtsstaat antizipiert ist, in dem wirtschaftliche und soziale Sicherheit als Preis für die individuelle Freiheit gewährt wird".[93] Der

---

[91] Vgl. u. a. Peters: Der Mathematiker als Schriftsteller, S. 209f.
[92] Vgl. u. a. Collins; Günther; Jackson; Kluge; Leech-Anspach; Rakusa; Richards; Rosenshield; Scheffler.
[93] Kluge, Rolf-Dieter: Zamjatins *Wir* und Dostoevskijs *Großinquisitor*. In: Anzeiger für

Bezug wird auf der sprachlichen Ebene vorbereitet. Samjatin beschreibt in Anlehnung an den *Großinquisitor* seinen utopischen Staat vorzugsweise in religiösen Termini.[94] Die öffentlichen Hinrichtungen von Verurteilten werden als „Liturgie für den Einzigen Staat" bezeichnet (Wir, 46), die Wahlen als Auferstehungsfeier (Wir, 129), der Wohltäter als „Oberpriester" und „neuer Jehova", „weise, gütig und streng wie der Gott der Alten" (Wir, 49 u. 132). In den Gesprächen und Reflexionen von D-503 charakterisiert Samjatin die Ordnung des Einzigen Staates direkt mit Dostojewski als „Glück ohne Freiheit". Der Einzige Staat verspricht eine rationale Ordnung mit sozialer Gleichheit, Sicherheit und Zufriedenheit. Der Preis dafür ist die von Dostojewskis Großinquisitor geforderte Aufgabe von Freiheit und Selbstbestimmung. Der Großinquisitor rechtfertigte diese mit der Überforderung, die die Selbstverantwortung für den einzelnen bedeute. Der Mensch sehne sich nach Glück, nicht nach Freiheit. Aus Liebe zum Menschen müsse man ihm die Freiheit abnehmen. Samjatins Wohltäter spricht gleichsam als Nachfolger des Großinquisitors, wenn er D-503 seine Herrschaft beschreibt (Wir, 196). Der Einzige Staat erscheint dabei fast wörtlich als Einlösung der Vision des Großinquisitors.

> „[S]ie aber werden uns [...] vergöttern als ihre Wohltäter [...]. Und sie werden vor uns keinerlei Geheimnisse haben. Wir werden ihnen erlauben oder verbieten, mit ihren Frauen [...] zu leben, Kinder zu haben oder nicht zu haben [...] und sie werden sich uns freudig und mit Lust unterwerfen. Selbst die quälendsten Geheimnisse ihres Gewissens, – alles, alles werden sie zu uns tragen, und wir werden alles entscheiden, und sie werden mit Freuden unserer Entscheidung glauben, denn sie wird sie von der großen Sorge und den furchtbaren gegenwärtigen Qualen einer persönlichen und freien Entscheidung erlösen. Und alle werden glücklich sein [...]."[95]

Wir läßt sich als Warnung lesen, daß der Versuch, das soziale Glücks- und Gerechtigkeitsversprechen auf Kosten der Freiheit zu realisieren, zur totalitären Diktatur führt. Die Entlarvung des „Glücks ohne Freiheit" in *Wir* ist jedoch nicht darauf beschränkt. Samjatin bestimmt – das ist das Thema der nächsten Lesart – den Zustand der „seligen Ruhe" und des „glücklichen Gleichgewichts" als entropische Erstarrung der Gesellschaft (Wir, 154). Diese werde, so Samjatin, zwangsläufig von einer erneuten Revolution abgelöst werden.

Slavische Philologie 18. Jg. (1987). S. 7-21, S. 15.
[94] Vgl. Günther: Utopie nach der Revolution, S. 384.
[95] Dostojewski: Der Großinquisitor, S. 422f.

Wir als Warnung vor der Entropie der rationalistischen Zivilisation

In seiner Rezension von *Wir* 1946 hob Orwell hervor, daß Samjatin für *Wir* nicht Sowjetrußland als „spezifische Zielscheibe" vor Augen gehabt habe. *Wir* ziele allgemein auf die impliziten Tendenzen der industriellen Zivilisation.

> „Geschrieben in der Zeit vor Lenins Tod, konnte er nicht die Diktatur Stalins im Sinn haben, und die Bedingungen in Rußland 1923 waren nicht so, daß jeder gegen sie revoltieren wollte, weil das Leben zu sicher und zu bequem geworden wäre. Worauf Samjatin abzuzielen schien, ist nicht ein einzelnes Land, sondern die impliziten Ziele der industriellen Zivilisation.".[96]

Zilboorg hatte diese Lesart schon zur ersten englischen Ausgabe von 1924 vertreten, und sie dominierte im folgenden die Sicht auf *Wir*. Der Bezug auf Sowjetrußland wird nicht bestritten, aber relativiert, indem *Wir* in den Kontext der dystopischen Warnung vor den politischen Gefahren der industriellen Zivilisation und ihres technischen Fortschritts gestellt wird: *Wir* extrapoliere die sozialen und wissenschaftlich-technischen Tendenzen der Gegenwart, darin sei es auf „den modernen technisierten Staat und die moderne Gesellschaft als solche" bezogen.[97] *Wir* sei nicht spezifisch antisowjetisch, sondern Samjatin thematisiere den „politischen Konformismus der Zukunft und den gesellschaftlichen Konformismus der Gegenwart".[98] Er warne vor der Enthumanisierung durch den wissenschaftlich-technischen Fortschritt, vor der Bedrohung der Menschlichkeit durch Rationalismus und Kollektivismus.[99] *Wir* sei „die utopische Vision einer bloß rationalen, nur logisch-wissenschaftlichen, technisierten, automatisierten und manipulierten Welt".[100] Es ist ein Warnruf „gegen die perfekte Mechanisierung, gegen die alles berechnende Vernunft der modernen Zivilisation".[101]

---

[96] Orwell: Review of *We* by E. I. Zamyatin, S. 75.

[97] Franz: Groteske Strukturen in der Prosa Zamjatins, S. 110f.; ebenso Günther: Utopie nach der Revolution, S. 390; Peters, Jan Eden: Analyse der Zeitgeschichte in Antiutopien des 20. Jahrhunderts. Mainz 1979, S. 225; Striedter: Die Doppelfiktion und ihre Selbstaufhebung, S. 306; Thiry, August: Het Verloren Paradijs. In: Waegemans, Emmanuel (Hrsg.): Russische Literatuur in de 20ste EEUW. Leuven 1986. S. 92-122, S. 96.

[98] Collins: Samjatin, Wells und die Tradition der literarischen Utopie, S. 341f.

[99] Vgl. ebd., S. 333.

[100] Kluge: Zamjatins *Wir* und Dostoevskijs *Großinquisitor*, S. 11.

[101] Leech-Anspach: Evgenij Zamjatin, S. 70.

Indem Samjatin mit *Wir* das destruktive Potential „des wissenschaftlich-technischen Fortschritts im 20. Jahrhundert [...] als Furchtbild einer möglichen Zukunft" reflektiere, zeige er die „Dialektik einer technokratisch-szientifisch verkürzten Vernunft" auf.[102] Samjatins Reflektionen bewegen sich zwischen zwei Polen. Auf der einen Seite steht die Warnung vor der Enthumanisierung des Lebens durch einen verkürzten wissenschaftlich-technischen Fortschritt, vor den Tendenzen der Uniformität und vor der Verdinglichung des Menschen, auf der anderen Seite die Warnung vor dem Totalitarismus moderner technokratischer Herrschaft, welche das Individuum einem alle Lebensbereiche durchdringenden Staat ausliefere. *Wir* zeigt sich so einerseits als Ausdruck des Unbehagens gegenüber der Versachlichung und Rationalisierung der Moderne, andererseits zeigt es den Totalitarismus als politischen Ausdruck einer technokratisch-szientifistischen Zivilisation.

Samjatin entwirft für die industrielle Zivilisation das Bild einer technisch perfektionierten, tayloristisch durchorganisierten und uniformen Gesellschaft. Ihre Prinzipien sind Organisation, Zweckmäßigkeit, Rationalität und wissenschaftliche Vernunft. Alles Irrationale und Natürliche wie Gefühle und Pflanzen werden unterdrückt und ausgeschlossen; in *Wir* steht dafür die Welt hinter der Grünen Mauer. Das Leben ist steril, nüchtern und von „unerschütterlicher Gesetzmäßigkeit". Das Ideal ist die Maschine mit ihrer mechanischen „Folgerichtigkeit". Mensch und Gesellschaft werden gleichsam in eine mathematische Formel verwandelt. Das Leben ist bis ins Kleinste berechnet und in der „Stunden-Gesetztafel" festgelegt: Es gibt „kein Leben, das nicht in das Zahlengewand der Gesetztafel gekleidet ist" (Wir, 15). Das Sinnbild dafür ist der Eisenbahnfahrplan (Wir, 15). Das Ergebnis ist ein Leben, das mit „quadratischer Sicherheit" vorgezeichnet und normiert ist. Die Stunden-Gesetztafel bedeutet die Abschaffung des Individuums. Sie macht den einzelnen zum Teil eines die ganze Gesellschaft umfassenden Kollektivs. Sie verschmilzt ihn mit den anderen „zu einem einzigen, millionenhändigen Körper" (Wir, 15). Dieser Abschaffung des Individuums entspricht auf der politischen Ebene die totalitäre Diktatur des Einzigen Staates. Im Namen des rationalistischen Glücks sind alle Lebensbereiche gleichgeschaltet und vom Staat durchdrungen. Die Einheitsideologie ist als „Wahrheit der Vernunft" naturalisiert, Abweichungen von ihr werden als „Krankheit" verfolgt.

---

[102] Saage: Die konstruktive Kraft des Nullpunkts, S. 13f.

Das äußere Bild der Gesellschaft folgt ihrer inneren Rationalisierung und Taylorisierung. Es ist durch eine rationalistische Ästhetik bestimmt, alles Natürliche ist ausgeschlossen. Die rationalistische Glasarchitektur ist auf die geometrischen Grundformen zurückgeführt, klar geordnet, transparent und sachlich-nüchtern. In der gleichen rationalistischen Ästhetik werden die Arbeit und die Lebensweise dargestellt. Wie schon die Ästhetisierung der Arbeit und Technik in Bogdanows Utopie läßt sich auch die Ästhetik von Samjatins Einzigen Staat mit Kracauers *Ornament der Masse* charakterisieren: Sie ist „der ästhetische Reflex der [...] erstrebten Rationalität".[103] Die Strukturen des Einzigen Staates sind mathematische Demonstrationen, deren Formen den „Lehrbüchern der euklidischen Geometrie" entnommen sind. „Verworfen bleiben", genau wie Kracauer es beschreibt, „die Wucherungen organischer Formen und die Ausstrahlungen des seelischen Lebens."[104] In dieser Ästhetik fungiert der einzelne nur als „Bruchteil einer Figur", als „Massenteilchen", das „reibungslos an Tabellen emporkletter[t] und Maschinen bedien[t]".[105] Das Individuum wird entindividualisiert und verdinglicht.

Der Darstellung der utopischen Gesellschaft liegt dabei eine konträre Struktur zugrunde. Sie bezeichnet den von Samjatin aufgemachten Grundkonflikt von Entropie und Energie, von gesellschaftlicher Erstarrung und Revolution: Rationalität versus Irrationalität, Vernunft versus Gefühle, Stadt versus Natur, Ordnung versus Chaos, Glück versus Freiheit. Dieser Gegensatz wird sprachlich durch eine polare Symbolstruktur markiert. Die rationale Welt des Einzigen Staates ist als artifiziell, steril, glatt, kühl und gleichmäßig beschrieben. Das von D-503 immer wieder gebrauchte Schlüsselwort ist „klar". Dem gegenüber stehen als Zeichen für die Gegenwelt des Irrationalen: behaart und zottelig, etwa das Fell der Mephi (Wir, 145f.) und die Hände von D-503,[106] die „stacheligen" Fieberträume von D-503, die Geräusche und Gerüche der Natur, aufreizende Gefühle. Diese Zeichen sind jeweils verbunden mit Unruhe und Unklarheit.

Auf der Ebene der Architektur ist das Gegenbild zur geordneten, transparenten Glasarchitektur und ihrem funktionalen Interieur das Alte Haus, das als Denkmal der alten Zeit bewahrt wurde. Es ist „dunkel" und „undurchsichtig",

---

[103] Kracauer: Das Ornament der Masse, S. 60.
[104] Ebd., S. 59.
[105] Ebd. S. 58.
[106] „Sie sind dicht behaart, haben einen richtigen Pelz. Das ist ein verrückter Atavismus. [...] Affenhände." (Wir, 11)

seine Zimmer sind ein „regelloses Wirrwarr von Formen und Farben", vollgestellt mit Möbeln und Dekor, die „Linien der Möbel epileptisch verzerrt, zuckend, in keine Gleichung zu bringen" (Wir, 28f.).[107] Über das Alte Haus erfolgt der Zugang zur Welt hinter der Grünen Mauer. Es fungiert für D-503 gleichsam als Initiationsort der Irrationalität.

Im gleichen Sinne werden auch alte und neue Musik gegenüber gestellt: Die Musik des Einzigen Staates ist mathematisiert: „die Akkorde der Formeln Taylors [...], die schweren Ganztonschritte der quadratischen Pythagorashosen".[108] Sie ist von beruhigender „Gesetzmäßigkeit". Demgegenüber steht die alte Musik – als Beispiel wird Skrjabin genannt – als „exaltiert, wild und wirr [...] bar der Vernunft des Mechanischen", als Ausdruck „krankhafter Zustände" der Phantasie (Wir, 20f.).

Auch mit den Namen der Figuren und den Farben wird die konträre Struktur markiert.[109] Vereinfacht gesagt, stehen die Farben blau und grau für den Einzigen Staat und die entropische Erstarrung, rot und grün für die Welt hinter der Mauer und für Energie, gelb für die Irrationalität und den Kampf um die Freiheit. Die Namen unterteilen sich nach der Art ihrer Buchstaben in zwei Gruppen: Das I von I-330, das R des Dichters R-13 und das S des Beschützers S-4711 sind lateinische Buchstaben, während D-503 und U[110] kyrillisch geschrieben sind. Die lateinischen Buchstaben bezeichnen die Mitglieder der Oppositionsbewegung. Darüber hinaus bildet das R des Dichters R-13 graphisch das Spiegelbild zum Ich (russisch Я) von D-503: Я | R. D-503 und R-13 werden als die zwei Seiten des Ichs des Erzählers gezeigt: auf der einen Seite der Mathematiker als der rationale und staatstreue Teil, auf der anderen der Schriftsteller, der, wie es Samjatin in seinen Essays definierte, als Häretiker für die Revo-

---

[107] Vgl. dazu auch Glišović, Dušan: Die politisierte Architektur. In Neohelicon 19. Jg. (1992) H. 1. S. 207-217, S. 209ff.

[108] Pythagorashosen – gemeint ist der Satz des Pythagoras.

[109] Vgl. zur Symbolik der Namen in *Wir* Barker, Murl G.: Onomastics and Zamjatin's *We*. In: Canadian-American Slavic Studies 11. Jg. (1977) H. 4. S. 551-560 und zur Farbsymbolik Connolly, Julian W.: A Modernist's Palette: Color in the Fiction of Evgenij Zamjatin. In: Russian Language Journal 33. Jg. (1979) Nr. 115. S. 82-98; Hoisington, Sona S./ u. a.: Zamjatin's Modernist Palette: Colors and Their Function in *We*. In: The Slavic and East European Journal 36. Jg. (1992) H. 2. S. 159-171; Proffer, Carl R.: Notes on the Imagery in Zamjatin's *We*. In: The Slavic and East European Journal 7. Jg. (1963) H. 3. S. 269-278.

[110] Im Original: Ю (Ju). Das O von O-90 ist indifferent, es ist im Lateinischen und Kyrillischen gleich.

lution steht. D-503, der mit seinen Aufzeichnungen gleichsam zum modernen Romanautor wird, verdrängt jedoch die Seite des Schriftstellers und seine implizite Häresie (Wir, 41).

Samjatin hatte schon in der Erzählung *Die Inselbewohner* (1917)[111] das Bild einer Gesellschaft gezeichnet, die wie *Wir* auf eine rationale und uniforme Ordnung zuläuft. Ein Vergleich macht deutlich, daß die utopische Kritik von *Wir* auf den Rationalismus und die mechanische Vernunft der industriellen Zivilisation zielt. *Die Inselbewohner* ist eine Satire auf Lebensweise und Mentalität des englischen Kleinbürgertums, Samjatin verarbeitete in ihr Erfahrungen seines Englandaufenthaltes 1916/1917. In der Erzählung sind die zentralen Motive der rationalistischen Erstarrung der Gesellschaft, wie sie Samjatin in *Wir* einsetzt, schon vorweggenommen, teilweise in fast wörtlicher Übereinstimmung. Sie sollen im folgenden miteinander verglichen werden.

Erstens: Wie in *Wir* beschreibt Samjatin in *Die Inselbewohner* das Ideal eines mathematisch-mechanisch geordneten Lebens, das wie eine „durchorganisierte Maschinerie" funktioniert.

> „Das Leben muß zur durchorganisierten Maschinerie werden und Sie mit mechanischer Folgerichtigkeit ans gewünschte Ziel führen." (I, 5)
> „[...] das Denken müsse sich in Jasmond[112] nun einmal auf festgelegten Gleisen und streng nach Plan bewegen. Die Weisheit des Lebens liege in den Zahlen [...]." (I, 61)

Der Vikar Dueley, eine der Hauptfiguren, ist bestrebt, sein Leben strikt zu normieren und seinen Tagesablauf nach einer festen Ordnung ablaufen zu lassen. Das Ziel ist es, das Leben gleichsam mathematisch zu organisieren. Wie in *Wir* fungieren mathematische Bilder wie „quadratische Sicherheit" (I, 51) und „logisch" als stereotype Schlüsselwörter.

Zweitens: Samjatin karikiert in *Die Inselbewohner* die Uniformität der Reihenhäuser in den englischen Vorstadtvierteln als Ausdruck der fordistischen Massenproduktion, ebenso die soziale Uniformität der kleinbürgerlichen Mittelschichten.

> „Die Sonntags-Gentlemen wurden bekanntlich in einer der Jasmonder Fabriken gefertigt [...]. Nach dem Kirchgang fanden sie wie durch ein Wunder unter tausend fabrikgefertigten Einheitshäusern ihr eigenes." (I, 15)

---

[111] Vgl. Samjatin, Jewgeni: Die Inselbewohner. In: ders.: Ausgewählte Werke, Bd. 2. Leipzig u. a. 1991. S. 5-76; im folgenden zitiert mit der Sigle I.

[112] Eigentlich Jesmond, ein Wohnvorstadtviertel von Newcastle.

Samjatin überspitzt den sozialen Uniformitätsdruck der Produktions- und Lebensweise satirisch zum Ideal einer fordistisch bestimmten Gleichheit, die bis ins Körperliche reicht. Die Menschen sollen gleich leben, gleich denken, gleich aussehen. Fast wörtlich verwendet er dabei das Bild gleicher Nasen, wie es auch in *Wir* vorkommt.

> „Gar keine Frage, daß das Gesicht des kulturvollen Menschen dem aller anderen (kulturvollen) völlig gleichen soll [...]." (I, 30f.)
> „[...] daß die Nasen aller Briten eine einheitliche Länge haben sollen. Nun ja, das ist die einzige Dissonanz, die muß natürlich beseitigt werden. Dann sind alle gleich wie ... Knöpfe, wie Automobile vom Typ ,Ford' [...]." (I, 35f.)[113]

Drittens: Analog zur Einheitsideologie des Einzigen Staates in *Wir* wird in *Die Inselbewohner* die Aufgabe des „individuellen Willens" im Namen einer „zwangsweisen Erlösung" durch den Staat erklärt. Das vom Vikar Dueley aufgestellte Erlösungsprogramm wird wie die Einheitsideologie als „mathematisch" charakterisiert. Ihm gegenüber gilt der individuelle Wille als „verbrecherisch" und „ordnungswidrig". An dessen Stelle soll der „Einheitsweg" der „Großen Staatsmaschinerie" treten. Die Formulierungen „Einheitsweg" und „Große Staatsmaschinerie" zeigen auch sprachlich die Verbindung zu *Wir*.

> „War es nicht, im Grunde genommen, absolut klar: Wenn der individuelle – immer verbrecherische und ordnungswidrige – Wille ersetzt würde durch den Willen der Großen Staatsmaschinerie, dann würde mit mechanischer Unausweichlichkeit – Sie verstehen, mit mechanischer – ..." (I, 16)
> „Wenn der Staat die schwachen Seelen mit Gewalt auf den Einheitsweg geführt hätte, dann hätte man nicht solch traurige, wenn auch gerechte Maßnahmen ergreifen müssen. Die Erlösung wäre mit mathematischer Unausweichlichkeit gekommen, verstehen Sie – mit mathematischer!" (I, 76)

Viertens: In beiden Texten bildet die Natur den Gegenpol zur mathematischen Ordnung. Sie ist das irrationale, anarchistische Element, das das Ordnungsideal unterläuft. (I, 49). Sie steht zum einen für die Gefühle und Leidenschaften, zum zweiten für das Noch-Nicht-Zivilisierte sowie für die Gegenwelt zur bürgerlichen Moral. In *Die Inselbewohner* verknüpft Samjatin das Ideal der mathematisch-mechanischen Ordnung satirisch mit den Moralvorstellungen der kleinbürgerlichen Mittelschichten. In *Wir* spielen diese keine Rolle mehr. Deren

---

[113] In *Wir*: „Daß wir dann alle die gleichen Nasen haben [...]. Die Verschiedenheit der Nasen ist ein Grund zum Neid." (Wir, 11)

Konformitätsdruck geht in *Wir* in dem der rationalistisch-technizistischen Ordnung auf.

Ein zweiter Text, der auf die rationalistisch-technizistische Zivilisation als Bezugspunkt für *Wir* weist, ist ein Brief Samjatins an den Maler Juri P. Annenkow (1889-1974) von 1921. Annenkow beschreibt in seinen Erinnerungen an Samjatin ein Gespräch mit ihm über die Frage, wie die zukünftige Gesellschaft und Kunst beschaffen sein werden. Annenkow vertrat die Ansicht, die Zukunft werde unter der Herrschaft von Wissenschaft und Technik stehen und auch die Kunst werde sich gewissermaßen industrialisieren. Samjatin antwortete darauf mit dem satirischen Bild einer solchen Zukunft.

> „Die Zeit wird kommen, da überall – nur noch *Organisation* und *Zweckmäßigkeit* gelten, da Mensch und Natur – verwandelt sind in eine *Formel*, eine *Klaviatur*. Ich sehe diese glückselige Zeit vor mir: Alles ist *vereinfacht*. In der Architektur ist nur noch eine Form zugelassen – der Würfel. Blumen? Sind unzweckmäßig, daß heißt – nutzlose Schönheit: Gibt es nicht. Bäume ebenso. Musik – da, selbstverständlich, nur der klingende Satz des Pythagoras. Von den Werken der alten Epochen wird in die Lehrbücher nur eingehen: der *Eisenbahnfahrplan*. Die Menschen sind mit Maschinenöl geschmiert, blankgeputzt und exakt wie der sechsrädrige Held des *Fahrplans. Abweichungen von der Norm heißen Wahnsinn.* [...] Liebe ist ersetzt durch die zweckmäßige Befriedigung der sexuellen Bedürfnisse zur verordneten Zeit [...]."[114]

Annenkow konstatiert, daß Samjatins Brief wie ein Konspekt zu *Wir* erscheine. Die Parallelen sind augenfällig: die Verwandlung des Menschen in eine Formel und Maschine, der Satz des Pythagoras als Musik der Zukunft, Würfel und Eisenbahnfahrplan als Symbole der zukünftigen Gesellschaft, die Abweichung von der Norm als Wahnsinn und die wissenschaftliche Organisation der Sexualität. Annenkow merkt an, daß Samjatin den Brief in der Zeitschrift *Shisn iskusstwa* als Satire auf die Technik- und Wissenschaftsvergötterung veröffentlichen wollte; die Redaktion lehnte ihn jedoch entschieden ab.[115]

Der Brief zeigt, daß für Samjatin in der Zeit von *Wir* die Frage der Hypertrophie der rationalistisch-technizistischen Zivilisation zu einem zentralen Thema wurde. Im Vergleich mit *Die Inselbewohner* und dem Brief spitzt Samjatin in *Wir* die Kritik politisch zu. Diese verliert das rein Satirische. Er steigert die

---

[114] Annenkov, Jurij: Evgenij Zamjatin. In: Grani 17. Jg. (1962) H. 51. S. 60-96, S. 69f. (dt. in: Mierau, Fritz (Hrsg.): Nadjuscha, mein Leben. Berlin u. a. 1987. S. 59-62).
[115] Vgl. Annenkov: Evgenij Zamjatin, S. 71, Anm. 5.

Hypertrophie zum Bild einer totalitären Diktatur und hebt die Frage nach der Freiheit des Individuums ins Zentrum. Er warnt davor, daß die Vorstellungen einer wissenschaftlich perfektionierten, durchrationalisierten Gesellschaft nicht nur zur Enthumanisierung des Sozialen, sondern auch politisch in den Totalitarismus führen. Samjatins Warnung vor den Entwicklungstendenzen der industriellen Zivilisation erfolgt dabei von zwei Punkten aus: zum einen von dem Theorem von Entropie und Energie als geschichtlicher Grundbewegung, zum anderen von Dostojewskis antirationalistischer Utopiekritik.

Wir und das Entropietheorem

In Anlehnung an Robert Mayer (1814-1878), der die moderne Thermodynamik begründete, und unter Verwendung des Entropie-Begriffs aus dem zweiten Hauptsatz der Thermodynamik faßte Samjatin Geschichte als dialektischen Wechsel von Entropie und Revolution.[116] Auf Zeiten, in denen Revolutionen neue Lebens- und Gesellschaftsformen schaffen, folgen, so Samjatin, Phasen der Entropie, in denen die neuen Formen allmählich erstarren, bis sie von einer erneuten Revolution abgelöst werden. Die Entropie ist der „Weg der Evolution".[117] Sie läuft auf die „selige Ruhe" des Gleichgewichts zu. In ihr werden die revolutionären Wahrheiten zum „toten Gesetz". An die Stelle der Herausforderung des Bestehenden und der vitalistischen Erneuerung tritt das Verharren im Bestehenden, das Erkalten und Unterdrücken von Veränderungsbewegungen. In *Wir* erklärt I-330 gegenüber D-503 entsprechend:

> „Es gibt zwei Kräfte in der Welt, Entropie und Energie. Die eine schafft selige Ruhe und glückliches Gleichgewicht, die andere führt zur Zerstörung des Gleichgewichts, zu qualvoll-unendlicher Bewegung." (Wir, 154)

Der Einzige Staat wird von Samjatin als eine entropische Gesellschaft gezeichnet. Er ist Entropie im zweifachen Sinne. Das von D-503 vorgetragene mathematisch-mechanische Ordnungsideal zielt – wie auch in *Die Inselbewohner* – auf „Gleichheit und Gleichmaß" mit dem Endzustand einer „Kristallisation des

---

[116] Vgl. u. a. Leech-Anspach: Evgenij Zamjatin; Shane: The Life and Works of Evgenij Zamjatin; Sicher, Efraim: The last utopia: Entropie and revolution in the poetics of Evgenij Zamjatin. In: History of European Ideas 13. Jg. (1991) H. 3. S. 225-237; vgl. zu Zamjatins Beschäftigung mit Mayer auch Zamjatin, Evgenij I.: Robert Majer. Berlin u. a. 1922. Vgl. zur Rezeption des Entropie-Begriffs in der Literatur Thies, Christian: Kältetod und Entropie. In: Baßler, Moritz/ u. a. (Hrsg.): Die (k)alte Sachlichkeit. Würzburg 2004. S. 189-196.

[117] Samjatin: Über Literatur, Revolution, Entropie, S. 26.

Lebens", "wo nichts mehr geschieht" (Wir, 26). Dieses "Überall, im ganzen Weltall muß Gleichheit und Gleichmaß herrschen" (Wir, 163) kommentiert I-330 damit, daß genau darin die Entropie bestehe.

> "Gleichmäßigkeit, überall! Da haben wir sie, die Entropie, die psychologische Entropie. Ist dir [...] denn nicht klar, daß nur in der Verschiedenartigkeit ... in Temperaturunterschieden, in Wärmekontrasten – Leben ist? Wenn aber überall, im ganzen Weltall, gleichartig-warme oder gleichartig-kalte Körper sind ... nun, dann muß man sie zusammenstoßen, damit Feuer, eine Explosion, die Hölle entsteht." (Wir, 163)

Ebenso bedeutet die ideologische Dogmatisierung durch die Einheitsideologie eine "Entropie des Geistes". Mit ihr komme die geschichtliche Vorwärtsbewegung des Denkens zum Stillstand. Die Kanonisierung einer endgültigen Wahrheit verkenne, so Samjatin, "die Dialektik, daß die Wahrheiten von heute die Irrtümer von morgen sind".[118] Dieser zweite Aspekt wendet die Entropiefrage ins Politische.

Samjatin verhandelt das in *Wir* insbesondere in dem Gespräch zwischen D-503 und I-330 über die letzte Revolution. D-503 hält der Aufforderung von I-330 zum Aufstand gegen den Einzigen Staat entgegen, daß das "Wahnsinn" sei. Eine neue Revolution sei undenkbar.

> "Weil unsere Revolution die letzte war. Es kann keine neue Revolution mehr geben. Das wissen alle." (Wir, 162)

I-330 entgegnet, so wie es keine letzte Zahl gebe, gebe es auch keine letzte Revolution.

> "Es gibt keine letzte Revolution, die Anzahl der Revolutionen ist unendlich." (Wir, 162)

In dem Essay *Über Literatur, Revolution, Entropie und anderes* von 1923, dem ein Zitat aus dem Gespräch zwischen D-503 und I-330 vorangestellt ist, greift Samjatin das erneut auf und setzt es in Analogie zum Entropie-Energie-Theorem.

> "Die Revolution: ist überall und in allem, sie ist unendlich und eine letzte Revolution gibt es nicht, wie es auch keine letzte Zahl gibt. [...] das Gesetz von der Revolution ist nicht sozial determiniert, ähnlich dem Gesetz von der Erhaltung der Energie und dem Absterben der Energie ist es vielmehr ein kosmisches, universelles Gesetz (Universum)."[119]

---

[118] Ebd., S. 29.
[119] Samjatin: Über Literatur, Revolution, Entropie, S. 25.

In Abgrenzung zum marxistischen Revolutionsverständnis definiert Samjatin Revolution als „kosmisches, universelles Gesetz", das das Leben als dauernden schöpferischen Prozeß, als „ewiges Schaffen" gestaltet. – Hier zeigt sich noch der Einfluß Bergsons und der Lebensphilosophie. – Die Revolution sei, so Samjatin, die permanente Verneinung der „Wahrheiten von heute" im Namen des Morgen.[120] In diesem Sinne liege ihre Aufgabe darin, gegen die Entropie der Gesellschaft zu wirken.

Samjatins Aktualisierung von Dostojewskis Utopiekritik

Der zweite Bezugspunkt für Samjatins Warnung vor den Destruktionspotentialen einer selbstläufig gewordenen rationalistisch-technizistischen Zivilisation ist Dostojewskis Utopiekritik in *Aufzeichnungen aus dem Kellerloch.*[121] Samjatin greift Dostojewskis Kritik des rationalistischen Menschenbildes von Tschernyschewskis Utopie *Was tun?* auf und wendet sie zur Warnung vor der Enthumanisierung durch eine total gewordene Rationalität. Einer der ersten, der auf die Weiterführung von Dostojewskis Utopiekritik durch Samjatin hinwies, war Jackson in seiner Studie zur Rezeption von Dostojewskis Kellerlochmenschen.[122] Er hebt zwei Aspekte für Samjatins Aktualisierung der Utopiekritik Dostojewskis hervor. Beide überspitzen satirisch die rationalistischen und utilitaristischen Ideale und lassen sie in ihr Gegenteil umschlagen. Und beide sehen den Menschen wesenhaft durch seine Irrationalität bestimmt; ihn in eine durchrationalisierte Ordnung zu fügen, bedeute seine Enthumanisierung. Dieser Dostojewski-Bezug soll im folgenden anhand dreier Metaphern nachvollzogen werden: der Logarithmentafel des Lebens, der Mensch als Maschine und der Kristallpalast.

Die Logarithmentafel des Lebens: Dostojewski hatte Tschernyschewski entgegengehalten, seine Utopie eines wissenschaftlich geordneten Lebens, das „vernünftige Glück", bedeute die Aufgabe des freien Willens. Sie verwandle den Menschen in eine mathematische Formel. Er spottete, wenn das Handeln des Menschen naturgesetzlich bestimmt sei, dann könne man es auch berechnen und in einer „Logarithmentafel" erfassen.

---

[120] Vgl. auch Samjatin: Morgen.
[121] Vgl. u. a. Gerigk; Günther; Jackson; Kluge; Leech-Anspach; J.-U. Peters; Proffer; Richards; Rosenshield; Scholle; Suvin; Wouters.
[122] Jackson: Dostoevsky's Underground Man, S. 150ff.

> „Selbstverständlich wird dann alles menschliche Handeln nach diesen Gesetzen errechnet werden, mathematisch, in einer Art Logarithmentafel, bis 108 000 erfaßt und in einen Kalender eingetragen [...]." (Kellerloch, 27)

Samjatin greift das in dem Bild der „Stunden-Gesetztafel" auf. In ihr ist, genau wie Dostojewski spottete, das Leben vollständig berechnet. Die Stunden-Gesetztafeln hängen in jedem Zimmer und überall in der Öffentlichkeit. Sie geben für den einzelnen bis ins Detail das Leben vor. In dieser mathematischen Normierung des Lebens, dem Berechnen des Denken und Handeln, liege, so D-503, die „Lösung des Problems *Glück*" (Wir, 15f.). Sie bringe für jeden das gute und sichere Leben – das, mit Tschernyschewski gesagt, vernünftige Glück. Die einzige Ausnahme in dieser Berechnung des Lebens sind die zwei Persönlichen Stunden, die jeder am Tag zur freien Verfügung hat. Aber, so D-503, man werde auch noch „für diese zwei Stunden einen Platz in der allgemeinen Formel finden" (Wir, 16). Und ganz im Sinne von Dostojewskis *Kellerloch*-Polemik bezeichnet D-503 das von dem festgelegten „vernünftigen Glück" abweichende eigene Wollen, wie den Wunsch von O-90 nach einem Kind außerhalb der „Mutternorm", als Irrationalität und Krankheit.

Der Mensch als Maschine: Dostojewski warnte in den *Aufzeichnungen aus dem Kellerloch*, die Vorstellung eines rationalistisch bestimmten Lebens – das Leben nach einer „mathematischen Formel" – degradiere den Menschen zur Maschine, da sie ihm den freien Willen nehme.

> „In der Tat, fände man wirklich einmal die Formel unseres Willens und unserer Launen, daß heißt ihren Grund und das Gesetz ihrer Entstehung, ihrer Ausbreitung, ihrer Richtung in diesem und jenem Fall usw. usw., das heißt die richtige mathematische Formel – so würde der Mensch [...] augenblicklich aufhören zu wollen [...]. Was ist denn das für ein Vergnügen, nach einer Tabelle zu wollen? Das wäre ja auch noch nicht alles: er verwandelte sich dann augenblicklich aus einem Menschen in einen Drehorgelstift [...]." (Kellerloch, 29)

Samjatin demonstriert genau diesen Moment der Verwandlung des Menschen in einen „Drehorgelstift". Der letzte Schritt der Rationalisierung des Lebens ist in *Wir* das Wegoperieren der Phantasie, der Quelle der Irrationalität und des selbständigen Wollens.

> „Die Phantasie ist das letzte Hindernis auf dem Weg zum Glück. Freut euch, dieses Hindernis ist beseitigt. [...] Ihr seid vollkommen, ihr seid wie Maschinen, der Weg zum vollkommenen Glück ist frei." (Wir, 166f.).

Die Operierten erscheinen in der Tat als Maschinen in Menschengestalt.

> „Das sind sie! [...] *Menschen* ist nicht das richtige Wort – nein, es waren keine Füße, sondern schwere, von einem unsichtbaren Triebwerk bewegte Räder, es waren keine Menschen, sondern Traktoren in Menschengestalt." (Wir, 174)

Doch was hier als Schreckensbild der Degradierung des Menschen zum seelenlosen, tumben Automaten gezeigt wird, wurde am Anfang von D-503 noch als Ideal der Vervollkommnung des Menschen beschrieben: Vollkommen sei der Mensch, wenn er zum Teil der Maschine werde und er sich deren mechanische Logik zu eigen mache.

> „Nach Taylors Gesetz, rhythmisch und schnell, im gleichen Takt, genauso wie die Hebel einer riesigen Maschine, bückten die Menschen sich, richteten sich auf, drehten sich. [...] Gläserne Riesenkrane rollten langsam über gläserne Schienen, drehten und neigten sich ebenso gehorsam wie die Menschen [...] diese vermenschlichten Krane und diese vollkommenen Menschen waren eins. Welch eine ergreifende, vollkommene Schönheit [...]." (Wir, 79f.)

Die Rationalisierung des Lebens erfolgt hier als Taylorisierung.[123] Samjatin führt Dostojewskis Rationalismuskritik als Kritik der Taylorisierung des Lebens fort. Die Folie dafür ist die Ästhetisierung des Menschen als Maschine durch den Proletkult, die Avantgarde und deren Taylorismuskult. Samjatin kritisiert dabei nicht den Taylorismus als solchen, als Ingenieur sah er dessen Nutzen. Was er in den Blick nimmt, ist die Ausweitung des Taylorismus über die Arbeit hinaus auf das Soziale. Er zeigt, daß ihr die gleiche verkürzte rationalistische Sicht auf den Menschen zugrunde liegt, wie es schon Dostojewski für Tschernyschewskis Utopie kritisiert hatte. Die in *Wir* vorgeführte tayloristische Ästhetik ist der Reflex einer durchrationalisierten Gesellschaft. In ihr werde der einzelne, so Samjatin mit Dostojewski, zur willenlosen „Klaviatur", wie Samjatin auch in seinem Brief an Annenkow schrieb.

Der Kristallpalast: Tschernyschewski und Dostojewski hatten für die russische Utopiegeschichte den Kristallpalast der Londoner Weltausstellung zum zentralen Symbol der rationalistischen Gesellschaft gemacht. In *Was tun?* bildet er die Architektur der Phalanstère, und Dostojewski setzte ihn in *Aufzeichnun-*

---

[123] Vgl. zum Bild des Taylorismus in *Wir* Rhodes, Carolyn H.: Frederick Winslow Taylor's System of Scientific Management in Zamyatin's *We*. In: The Journal of General Education 28. Jg. (1976) H. 1. S. 31-42.

gen aus dem Kellerloch als Ausdruck des Vernunftideals, gegen das Widerspruch unsinnig und irrational erscheint.

> „Sie glauben an den Kristallpalast, den in alle Ewigkeiten unzerstörbaren, also an etwas, dem man weder heimlich die Zunge herausstrecken noch die Faust in der Tasche ballen kann. Nun, und ich fürchte diesen Palast vielleicht gerade deswegen, weil er aus Kristall und in alle Ewigkeit unzerstörbar sein wird [...]." (Kellerloch, 39)

Samjatin führt die Metapher des Kristallpalastes in dieser Tradition fort und aktualisiert sie vor der Folie der Glasarchitektur des Neuen Bauens und der Avantgarde.[124] Die rationalistische Glasarchitektur in *Wir* symbolisiert die innere Ordnung des Einzigen Staates: die Rationalisierung und Versachlichung des Lebens, den technizistischen Fortschrittsanspruch und den Ausschluß des Natürlichen sowie die totale Transparenz, das heißt, die Aufhebung der Trennung von privat und öffentlich und die Überwachung des einzelnen durch den Staat. Auch das Motiv des Ewigkeitsanspruchs des Vernunftideals greift Samjatin von Dostojewski auf.

> [...] ist die ganze Welt aus dem unzerbrechlichen ewigen Glas gegossen, aus dem [...] alle unsere Gebäude bestehen" (Wir, 7).

Der Aufstand der Irrationalität gegen die Vernunft des Kristallpalastes und sein „vernünftiges Glück" bezeichnet in Dostojewskis *Aufzeichnungen aus dem Kellerloch* die Grenze des Humanen. Auch Samjatin setzt als Gegenkraft zur rationalisierten Welt der Vernunft den Bereich des Unbewußten und Irrationalen. Dieser wird in *Wir* – wie auch in *Die Inselbewohner* – von der Natur verkörpert. „Natur ist für ihn die Gegenkraft zur Vernunft, unberechenbare chaotische Vielfalt, ungeregelte Wildheit, ein grünes Meer, aus dem sich immer neues Leben erzeugt."[125] Sie symbolisiert als Energie den Gegenpol zur Entropie. Nachdem die Natur jedoch bereits durch die Grüne Mauer verdrängt wurde, soll auch die letzte Form des Irrationalen – die Phantasie[126] – operativ entfernt werden. Der

---

[124] Vgl. u. a. Beaujour, Elizabeth Klosty: Zamiatin's *We* and Modernist Architecture. In: The Russian Review 47. Jg. (1988) H. 1. S. 49-60; Seng, Eva-Maria: Architektonischer Wunschtraum, literarische Utopie, bauliche Realität. Jewgenij Samjatins *Wir* und die Architektur des 20. Jahrhunderts. In: Kühnel, Martin/ u. a. (Hrsg.): Modell und Wirklichkeit. Halle 2001. S. 236-263.

[125] Leech-Anspach: Evgenij Zamjatin, S. 72. Die Natur und das Leben der Mephi bilden dabei aber nicht die positive Alternativwelt zur entropischen Zivilisation.

[126] Die Phantasie markiert in *Wir* den Bereich des menschlichen Denkens, der sich der

Mensch wird willenloser Automat. Darin zeigt sich die endgültige Enthumanisierung. Samjatin zeigt diese in eins gehend mit dem politischen Umschlag der rationalistisch-technizistischen Zivilisation in den Totalitarismus. Humanität und Freiheit gibt es für ihn nur in einer Welt, die gegenüber der Entropie eines rationalen, verwalteten Lebens das Nicht-Rationale als Erneuerungskraft, als *élan vital* offen hält.

Wir als Parodie auf den Proletkult und die Avantgarde

Die Lesart von *Wir* als Parodie auf die Wir- und Maschinenmetaphorik des Proletkults und der Avantgarde stellt *Wir* in den Kontext von Samjatins Kritik der postrevolutionären Kunst. Sie hebt wie die erste Lesart den zeitgeschichtlichen Bezug auf Sowjetrußland hervor, akzentuiert diesen aber als Teil des Utopiediskurses der Kunst. Samjatin war einer der ersten, der kritisch die utopischen Vorstellungen der linken Kunst reflektierte und auf deren dystopische Momente wies.[127] In seinen Essays zur postrevolutionären Literatur hatte er das „Hofpoetentum" der Avantgarde und des Proletkults kritisiert. Diese Kritik führt er in *Wir* satirisch fort. Vor allem aber parodiert er mit *Wir* deren utopische Vorstellungen und Ästhetik.[128] Im Mittelpunkt der Parodie stehen der Kollektivismus, die Maschinenmetaphorik und der Taylorismuskult. Schon mit dem Titel *Wir* spielt er auf die Kollektivismus-Ideologie an.

Der Kollektivismus: Sowohl der Proletkult als auch die Avantgarde sahen den Neuen Menschen als Teil des Kollektivs; die entsprechenden Bilder wurden im Kapitel *Rußland 1917* schon beschrieben. Emphatisch beschworen Proletkult und Avantgarde das Kollektiv des Wir, in dem der einzelne aufgehe. Der Kollektivismus der Avantgarde knüpft vor allem an deren Metaphorisierung des Menschen als Maschine an. In ihr ist die Unterordnung und Auflösung des einzelnen im Kollektiv schon enthalten. Die Avantgarde nahm die Maschine als

---

rationalen Vernunft entzieht. Sie steht für die irrationalen menschlichen Triebkräfte und den Bereich des Unbewußten.

[127] Vgl. Günther: Utopie nach der Revolution, S. 384f.

[128] Vgl. ebd.; Carden: Utopia and Anti-Utopia; Franz: Groteske Strukturen in der Prosa Zamjatins; Kluge: Zamjatins *Wir* und Dostoevskijs *Großinquisitor*; Kasper: Nachwort; Lewis/ Weber: Zamyatin's *We*, the Proletarian Poets and Bogdanov's *Red Star*; Möbius: Die Planbarkeit des Glücks; Rakusa: Nachwort; Saage: Die Geburt der „schwarzen" Utopie aus dem Geist des Suprematismus; Scholle: Jewgenij Samjatin *Wir*.

Modell zur Ordnung der Masse: Der einzelne wurde zum seriellen Teil des Ganzen. Der Proletkult hingegen leitete den Kollektivismus in erster Linie als klassenspezifische Eigenschaft des Proletariats ab, die sich in seiner Stellung in der Produktion begründe: Der Kollektivismus sei die Daseinsform des Proletariats, die aus seiner gemeinsamen Arbeit erwachse. Programmatisch heißt es in der Proletkult-Lyrik immer Wir. Häufig tragen die Gedichte das Wir schon im Titel.[129] Sowohl Proletkult als auch Avantgarde übertrugen den Kollektivismus im Rahmen der Kulturrevolutionskonzepte auf alle Lebensbereiche. Als Teil der kulturrevolutionären Umgestaltung des Lebens beherrschte er die postrevolutionären Diskurse.

Diesen postrevolutionären Kollektivismus greift Samjatin schon mit dem Titel seiner Dystopie auf. Im ersten Eintrag benennt D-503 ihn als Programm.

> „[...] genauer gesagt, was WIR denken. WIR – das ist das richtige Wort, und deshalb sollen meine Aufzeichnungen den Titel WIR tragen." (Wir, 6)

Samjatin parodiert im folgenden die Vorstellungen der Kollektivierung des Lebens, indem er sie satirisch zuspitzt und so ihren inhumanen Gehalt aufdeckt. Die Kollektivierung wird bei ihm zur Selbstaufgabe und Entrechtung des Individuums, zur Unterdrückung der Individualität und Freiheit des einzelnen und zur totalen Uniformität, in der alle auf eine „arithmetische Durchschnittsgröße" (Wir, 44) nivelliert sind. Die Gleichheit reicht von der Lebensweise über die Gleichheit des Denkens bis hin zum Ziel der körperlichen Gleichheit (Wir, 11). Das Kollektiv wird zur gesichtslosen Masse und der einzelne zur anonymen Nummer. Woronski kritisierte in seinem Samjatin-Aufsatz, daß Samjatin damit das „bürgerliche" Vorurteil vom Kommunismus als Gleichmacherei und Unterdrückung des Individuums bediene, wie etwa Eugen Richters *Sozialdemokratische Zukunftsbilder* (1891), das Bild, das Samjatin in *Wir* zeichnet, sei das eines kasernenartigen bismarckschen Staatssozialismus, das mit dem Kommunismus nichts zu tun habe.[130] Doch es brauchte in der Tat nicht viel, um die utopischen Kollektivismusbilder des Proletkults und der Avantgarde zu Samjatins dystopischem Bild zuzuspitzen.

---

[129] Vgl. für Beispiele Rodov, Semen (Hrsg.): Proletarskie pisateli. Moskau 1924; Lorenz (Hrsg.): Proletarische Kulturrevolution in Sowjetrußland.
[130] Vgl. Voronskij: Literaturnye siluėty, S. 319.

Der Mensch als Maschine: Sowohl der Proletkult als auch die postrevolutionäre Avantgarde[131] metaphorisierten den Neuen Menschen als Maschine. Für die Avantgarde bildete die Maschine die Metapher für eine Erneuerung der Kunst, die einerseits die Trennung zwischen Kunst und Technik und andererseits die zwischen Kunst und Leben aufhebt.[132] In diesem Rahmen wird der am Ideal der Maschine ausgerichtete Umbau des Menschen in seinen psychischen und sinnlichen Fertigkeiten, seinem Habitus und den Arbeits- und Alltagsabläufen gefordert. Das Vorbild war Gastews Übertragung des Taylorismus auf den Menschen, die sogenannte Biomechanik. Bei Meyerhold heißt es in bezug auf den modernen Schauspieler.

> „Der moderne Schauspieler muß von der Bühne wie ein vollkommener Auto-Motor gezeigt werden können. In der Epoche der Biomechanik arbeitet der Körper des Schauspieler-Biomechanikers wie eine Maschine. [...] Die Schaffung der Biomechanik wird die Erschaffung eines Menschen sein, der in seinen Bewegungsoffenbarungen den Bedingungen der neuen, mechanischen Lebensweise angepaßt ist."[133]
> „Das erste Prinzip der Biomechanik ist folgendes: Der Körper ist eine Maschine, der Arbeitende ist Maschinist."[134]

Im Menschen als Maschine sah die Avantgarde „nicht nur eine Inspirationsmöglichkeit für eine neue Ästhetik, in der ein Abbau der Trennung von Kunst und Technik und dadurch eine Anknüpfung der Kunst an die Ideen des Fortschritts und deren Anwendung zusammenfielen. Sie sahen in der maschinellen Kreatur den neuen Menschentypus." Die Maschine wurde zum Modell nicht nur der

---

[131] In seiner vorrevolutionären Phase folgte der russische Futurismus weniger dem Ideal der Technik und Maschine. Er war vielmehr von einem archaisch-mythischen Charakter bestimmt. Erst nach der Revolution schloß er an den utopischen Technizismus an. Dieser Wandel vollzog sich nicht zuletzt unter dem Einfluß von Gastews Taylorismus und Arbeitskultur-Konzept (vgl. Günther, Hans: Befreite Worte und Sternensprache. Der italienische und der russische Futurismus. In: Grimminger, Rolf/ u. a. (Hrsg.): Literarische Moderne. Reinbek bei Hamburg 1995. S. 284-313).

[132] Vgl. zur Metaphorisierung des Menschen als Maschine in der postrevolutionären Avantgarde Wi: Die Phänomenologie des Androiden; Gaßner: Der neue Mensch; Schlegel, Hans-Joachim: Konstruktion und Perversion. Der „Neue Mensch" im Sowjetfilm. In: Aurich, Rolf/ u. a. (Hrsg.): Künstliche Menschen, manische Maschinen, kontrollierte Körper. Berlin 2000. S. 123-133.

[133] Meyerhold, Wsewolod E.: Der moderne Schauspieler. In: Bochow, Jörg: Das Theater Meyerholds und die Biomechanik. Berlin 1997. S. 12-13, S. 13.

[134] Meyerhold, Wsewolod E.: Die Prinzipien der Biomechanik. In: Bochow, Jörg: Das Theater Meyerholds und die Biomechanik. Berlin 1997. S. 82-88, S. 88.

neuen Kunst, sondern ebenso des Neuen Menschen und für eine neue, „mechanische Lebensweise".[135]

Analog erfolgte die Metaphorisierung des Menschen als Maschine im Proletkult; nur daß dieser sie von der industriellen Arbeit aus dachte. Für den Proletkult war der Neue Mensch der Arbeiter der industriellen Produktion: das, wie es bei Gastew heißt, „maschinisierte Arbeiter-Individuum". In ihm zeige sich, so Gastew, „die volle Schöpferkraft des gegenwärtigen Maschinismus". Der Neue Mensch gründe in seiner Psychologie und Kultur, seinen Verhaltensweisen und seinem Denken in der industriellen Produktion, das heißt in der Maschinisierung der Arbeit, ihrer Normierung und ihrem „Objektivismus, dem persönliche, individuelle Effekte fremd sind."[136] In der Proletkult-Lyrik wurde das überhöht zu Bildern, in denen Mensch und Maschine miteinander verschmelzen. In Wladimir T. Kirillows Gedicht *Wir* heißt es etwa:

„Unsere Seele verschmolz mit Metall und Maschinen"[137]

Und in der Lyrik Gastews:

„In meinen Adern rinnt neues eisernes Blut.
Ich wuchs empor.
Mir selbst wachsen eiserne Arme und Schultern.
Ich verschmolz mit dem eisernen Bau."[138]

„Den Spießer durchtechnisieren.
Ihm Geometrie ins Genick jagen.
Logarithmen in die Gesten.
[...]
Hirnmaschinen – zum Transport.
Kinoaugen – für die Infrastruktur.
Elektronerven – zur Produktion.
Arterienpumpen, legt los."[139]

„Preise den Messias aus Eisen, den Helden des neuen Tages. In seinen braunen Händen ist unbegrenzte Freiheit, in seinen Muskeln aus Eisen ist der Menschheit Morgenrot."[140]

---

[135] Wi: Die Phänomenologie des Androiden, S. 77.
[136] Gastev: Über die Tendenzen der proletarischen Kultur, S. 59f.
[137] In: Lorenz (Hrsg.): Proletarische Kulturrevolution in Sowjetrußland, S. 78.
[138] In: ebd., S. 87.
[139] Gastev, Aleksej: Ein Packen von Ordern. Ostheim/Rhön 1999, Order 05.
[140] In: Rodov (Hrsg.): Proletarskie pisateli, S. 563.

Samjatin greift in *Wir* diese Proletkult-Lyrik unmittelbar auf und parodiert sie, so in dem Gedicht eines Staatsdichters zum Feiertag des Einzigen Staates.

> „Und zwang das Feuer in Maschin' und Stahl,
> das Chaos in die Fesseln des Gesetzes.
> Alles war neu, stählern: die Sonne war Stahl, die Bäume, die Menschen."
> (Wir, 47)

Ebenso werden die Bilder einer vermenschlichten Technik und des analog dazu maschinisierten Arbeiters zitiert.

> „[...] genauso wie die Hebel einer riesigen Maschine, bückten die Menschen sich, richteten sich auf, drehten sich. [...] diese vermenschlichten Krane und diese vollkommenen Menschen waren eins." (Wir, 79f.)

Gleiches gilt für den Aufruf des Einzigen Staates zur Entfernung der Phantasie, in dem die Maschine als Ideal der Vervollkommnung für den Neuen Menschen aufgestellt wird.

> „Bis zum heutigen Tag waren eure Kinder, die Mechanismen, vollkommener als ihr. [...] Jeder Funke des Dynamos ist ein Funke der reinen Vernunft [...]. Die Philosophie von Kranen, Pressen und Pumpen ist geschlossen und klar [...]. Ihr seid vollkommen, ihr seid wie Maschinen [...]." (Wir, 165ff.)

Gastews tayloristische Kultur der Arbeit: Einer der Schlüsseltexte für die Bilder der Mechanisierung und Kollektivierung des Lebens ist Gastews Aufsatz *Über die Tendenzen der proletarischen Kultur*, der 1919 in der Proletkult-Zeitschrift *Proletarskaja kultura* erschien. Ausgehend von der tayloristischen Produktion der modernen Industrie skizziert Gastew in ihm die Merkmale der zukünftigen proletarischen Kultur. Er entwirft eine „Kultur der Arbeit", die sich aus dem Charakter der industriellen Massenproduktion und ihrer Taylorisierung ableitet, unabhängig davon, ob diese kapitalistisch oder sozialistisch sei.[141] Als Schlüsseleigenschaften definiert er Maschinisierung, Normierung, Kollektivismus und

---

[141] Mit dem 1920 gegründeten Zentral-Institut für Arbeit (CIT) formulierte Gastev sie dann als auf dem Taylorismus basierende „wissenschaftliche Arbeitskultur" (NOT) weiter aus, sowohl als Kulturtheorie als auch als konkrete Praxis der Arbeitserziehung und -organisation. Vgl. zu Gastevs Kultur der Arbeit und ihren Einfluß auf den frühsowjetischen Diskurs des Neuen Menschen Hielscher, Karla: Futurismus und Kulturmontage. In: alternative 21. Jg. (1978) Heft 122/123. S. 226-235; Johansson, Kurt: Aleksej Gastev. Proletarian Bard of the Machine Age. Stockholm 1983; Plaggenborg: Revolutionskultur, S. 46ff.

wissenschaftliche Organisation. Gastew verstand diese Kultur der Arbeit als umfassenden Kulturentwurf. Sie beschränke sich nicht auf den Bereich der Arbeit, sie werde alle Bereiche des Lebens und der Gesellschaft erfassen. In *Über die Tendenzen der proletarischen Kultur* stellt er dabei zum einen den Aspekt der Normierung durch die industrielle Produktion, die „jeglichen Subjektivismus" ausschalte, in den Mittelpunkt.

> „Die soziale Normierung des Inneren der Arbeiterklasse wird nicht nur im Bereich der Arbeit gespürt werden, sie durchdringt die gesamte gesellschaftliche Wirklichkeit, das gesamte Alltagsleben. Schritt für Schritt wird anstelle der örtlich verstreuten Gewohnheiten sozusagen ein exterritorialer Plan der Arbeitsstunden, Arbeitspause, des Arbeitsurlaubs usw. konstruiert. [...] Der Normierungsfluß weitet sich allmählich aus und dringt auch [...] in das Schaffen des Proletariats auf sozialem Gebiet [ein], in seine Ernährung, seine Wohnungen, schließlich sogar in die feinsten Kanäle seines Lebens bis hin zu seinen ästhetischen, geistigen und sexuellen Bedürfnissen."
>
> „Die Maschinisierung normt nicht nur die Gesten, nicht nur die Produktionsmethoden, sondern auch die täglichen Gedanken und die Psychologie des Proletariats [...] und vereinigt alles in einem äußersten Objektivismus. Man darf kühn behaupten, daß noch keine Klasse in der Geschichte der menschlichen Gesellschaft von solch einer normierten Psychologie erfüllt war wie das Proletariat. Wo immer es auch arbeiten würde: in Deutschland, San Francisco, in Australien, Sibirien – bei ihm gäbe es immer nur die gleichen psychologischen Formen [...]. Das ist jener Zug, welcher der proletarischen Psychologie ihre auffallende Anonymität verleiht, die es erlaubt, eine einzelne proletarische Einheit als A, B, C oder als 324, 075 oder 0 usw. zu qualifizieren. In dieser Normierung der Psychologie und in ihrem Dynamismus liegt der Schlüssel zu der großartigen Spontaneität des proletarischen Denkens. [...] das heißt, daß in seiner Psychologie aus allen Teilen der Welt mächtig beladene psychologische Ströme fließen, für die es nicht Millionen Köpfe, sondern einen einzigen Weltkopf gibt. In der weiteren Perspektive wird es unmöglich werden, individuell zu denken; es wird nur die objektiven Strukturen der Psychologie einer ganzen Klasse geben."[142]

Aus Maschinisierung und Normierung leitet Gastew zum zweiten für die proletarische Kultur einen „mechanisierten Kollektivismus" ab. Dieser bilde die „soziale Konstruktion" der neuen proletarischen Kultur. In ihm fungiert der einzelne nur als entindividualisierter, anonymer Teil eines Kollektivs, das, indem es sich der Struktur der industriellen Produktion anverwandelt, als maschineller Komplex funktioniert.

---

[142] Gastev: Über die Tendenzen der proletarischen Kultur, S. 60 u. 62.

> „Die Erscheinungen dieses mechanisierten Kollektivismus sind jeder Personalität derart fremd, sind derart anonym, daß die Bewegung dieser Kollektivkomplexe sich der Bewegung von Dingen annähert, in denen es schon keine menschliches Individualität mehr gibt, sondern nur gleichförmige, normierte Schritte, Gesichter ohne Ausdruck und Seele, die keine Lyrik, Emotionen mehr kennt und nicht durch Schrei oder Gelächter bewegt, sondern mit Manometer und Tachometer gemessen werden. [...] der neue Massen-Ingenieurismus verwandelt das Proletariat in einen sozialen Automat."[143]

Samjatin greift Gastews soziale und psychologische Normierung und den mechanisierten Kollektivismus unmittelbar auf, um sie, wie schon die Proletkult-Lyrik, zu parodieren. Gastews anonyme „proletarische Einheiten" finden sich in den Nummern der Figuren in *Wir* wieder, die Entindividualisierung des mechanisierten Kollektivismus unter anderen in dem Bild der Operierten als „Traktoren in Menschengestalt" (Wir, 174), die Taylorisierung in der Stunden-Gesetztafel, die das Leben bis zur Anzahl der Kaubewegungen beim Essen „wissenschaftlich" strukturiert, und die Normierung in dem zur Uniformität gesteigerten Gleichheitsideal.

> „[W]ir haben die gleichen Gedanken. Wir sind eben keine Einzelwesen mehr [...]." (Wir, 11)

Was für Gastew sowie für Avantgarde und Proletkult Medium der Emanzipation des Menschen war – seine tayloristische Ertüchtigung für die industrielle Zivilisation und die Aufhebung im Kollektiv –, wird bei Samjatins zum Ausdruck seiner Vernichtung. Samjatin warnt davor, „die Prinzipien der Organisiertheit und Zweckmäßigkeit von der Maschinenwelt auf das menschliche Zusammenleben zu übertragen."[144] Dem liege eine Reduktion des Menschen zugrunde, die diesen, wie Samjatin in Fortführung von Dostojewskis Utopiekritik zeigte, zum willenlosen „Drehorgelstift" werden lasse und ihn der Vermassung ausliefere.

Wir als immanente Selbstkritik der Utopie

Die Lesart von *Wir* als Selbstkritik des Utopiediskurses mit dem dialektischen Umschlag der Utopie in die Dystopie wurde vor allem von Saage ausgearbeitet. Aber auch Striedter wies schon darauf hin, daß sich die Kritik von *Wir* nicht

---

[143] Ebd., S. 63.
[144] Kasper: Nachwort, S. 166.

primär gegen die „Unzulänglichkeit der Realität" richte, sondern daß *Wir* die „latenten Widersprüche und Gefahren" der utopischen Fiktion selbst reflektiere.

> „Zugleich wird die kritische Aktivität des Lesers anders gelenkt als bei der traditionellen Utopie. Früher wandte sie sich, vom utopischen Ideal inspiriert, gegen die Unzulänglichkeit der Realität. Jetzt richtet sie sich in erster Linie gegen die Utopie selbst und deren Anspruch, ein Ideal zu sein. [...] Zu prüfen ist nicht mehr, worin die Realität hinter der (positiven) Utopie zurückbleibt, sondern worin sie ihr gleicht [...]." „Von der utopischen Phantasie wird jetzt also eine Art Potenzierung durch Aufhebung des eigenen Produkts erwartet: sie hat zunächst, wie bei der traditionellen positiven Utopie, die gegebene Realität zu überschreiten und einen utopischen Zustand zu imaginieren; aber sie hat dann noch darüber hinaus dieses eigene Produkt in seinen latenten Widersprüchen und Gefahren zu reflektieren und als unzumutbar zu überwinden [...]."[145]

Saage verortet *Wir* in bezug auf die Utopiegeschichte. Wer, so Saage, die Dystopien wie *Wir* „ausschließlich als Antizipation oder als Reaktion auf schwerwiegende gesellschaftliche und politische Fehlentwicklungen des 20. Jahrhunderts liest, übersieht, daß in ihnen alle Elemente auftauchen, die in der klassischen etatistischen Utopietradition seit Morus eine zentrale Rolle spielen".[146] Er plädiert dafür, *Wir* als Selbstkritik der klassischen Utopietradition zu lesen. Mit dieser Selbstkritik schlage die „Positivität der utopischen Hoffnungsbilder [...] in ihr dialektisches Gegenteil" um.[147] Auf „den Stand der technischen und naturwissenschaftlichen Möglichkeiten des frühen 20. Jahrhunderts gebracht", verkehre sich mit der Utopie als Dystopie ihr „ursprünglich emanzipatorische[r] Ansatz in sein Gegenteil".[148] Diese „Entzauberung des utopischen Ideals" bedeute jedoch, so Saage, nicht das Ende der Utopie. *Wir* sei keine *Anti*-Utopie, die das utopische Denken als solches verneint. Ihre Selbstreflektion eröffne vielmehr dem utopischen Denken nach dessen Erschütterungen im 20. Jahrhundert einen Neuanfang, indem sie „alles, was bisher im utopischen Denken als positiv galt, auf Null" zurückführt.[149] Anhand dreier zentraler Aspekte soll im folgenden dieser dialektische Umschlag nachgezeichnet werden: die Dekonstruktion des Ideals einer rationalen Ordnung, der Umschlag des Antiindividualismus und die Entzauberung des wissenschaftlich-technischen Fortschritts.

---

[145] Striedter: Die Doppelfiktion und ihre Selbstaufhebung, S. 304 u. 311.
[146] Saage: Politische Utopien der Neuzeit, S. 269.
[147] Saage: Die konstruktive Kraft des Nullpunkts, S. 13.
[148] Ebd., S. 16.
[149] Ebd., S. 13.

Dekonstruktion des Ideals der rationalen Ordnung

Die klassische Utopie ist bestimmt von dem Ideal einer rationalen und harmonischen, konfliktfreien Ordnung der Gesellschaft sowie der Transparenz der menschlichen Beziehungen. Samjatin setzt in *Wir* dieses Harmonie- und Ordnungsideal in gesteigerter Form um. D 503 charakterisiert den Einzigen Staat und das Leben in ihm als von „makelloser geometrischer Schönheit". Das Leben ist durch die Stunden-Gesetztafel und Taylorisierung vollständig rational geordnet. Chaos und Irrationalität der alten Gesellschaft sind mit der Welt hinter der Grünen Mauer ausgeschlossen. Ebenso sind Konflikte zwischen Individuum und gesellschaftlicher Norm ausgeschlossen; wo sie dennoch auftreten, gelten sie als Krankheit.

Doch das, was in den klassischen Utopien Ausdruck der Harmonie einer höheren und vernünftigen Ordnung ist, führt in *Wir* zur totalitären Unterdrückung und Enthumanisierung. Unter den Bedingungen des wissenschaftlich-technischen Fortschritts und der Massengesellschaft entwickelt sich die rationale Ordnung der Gesellschaft zum total verwalteten und normierten Leben, in dem es keine Räume für die menschliche Individualität und Spontaneität mehr gibt. Die Harmonie und Konfliktfreiheit sind das Ergebnis der Unterdrückung jedweder Normabweichungen. Die Durchsichtigkeit der menschlichen Beziehungen wird zu „einer totalen, das Private fast völlig konsumierenden Öffentlichkeit".[150] Das Harmonieideal gründet auf der Ästhetisierung der Gesellschaft. Gerade darin liegt, wie Samjatin mit *Wir* deutlich macht, ein immanentes Moment der totalitären Unterdrückung. Die ästhetisierende Sicht zielt auf die harmonische Ordnung des Ganzen. In ihr fungiert der einzelne nur als anonymes Mosaikteil, wie es Kracauer für die Moderne als Ornament der Masse beschreibt. Der einzelne sieht sich derart in eine anonyme Herrschaft gestellt, die in die Strukturen des Lebens selbst eindringt und sich damit als undurchdringlicher, totalitärer und auswegloser als jede vorherige erweist.

Umschlag des Antiindividualismus

Die klassisch-etatistischen Utopien setzen, um die vernünftige Ordnung zu garantieren, gegen den Egoismus der Partikularinteressen das Primat des Ganzen. Der Einzelne ist der Gemeinschaft untergeordnet, seine Interessen in der Vernunft des Ganzen aufgehoben. Samjatin radikalisiert, wie beschrieben, den An-

---

[150] Saage: Die konstruktive Kraft des Nullpunkts, S. 16.

tiindividualismus zum totalen Kollektivismus. Mit ihm wird das Individuum in seiner Autonomie und Individualität vernichtet. In *Wir* ist nicht mehr die Versöhnung des einzelnen mit dem Ganzen das Ziel, sondern die Auflösung des Individuums in der Masse. Gegenüber dem Einzigen Staat, als Verkörperung des Kollektivs, wird der einzelne zum rechtlosen und bedeutungslosen Teil der Masse. Seine Identität bezieht er allein aus dem Kollektiv. D-503 faßt das in das Bild des Verhältnisses von Tonne und Gramm.

> „Dem *Ich* irgendwelche Rechte dem Einzigen Staat gegenüber einzuräumen, wäre das gleiche, wie wenn man behaupten wollte, daß ein Gramm eine Tonne aufwiegen könne. Daraus ergibt sich der Schluß: Die Tonne hat Rechte, das Gramm Pflichten, und der einzige natürliche Weg von der Nichtigkeit zur Größe ist: Vergiß, daß du nur ein Gramm bist und fühle dich als millionster Teil einer Tonne." (Wir, 109)

Das Primat des Ganzen gegenüber dem einzelnen legitimiert sich damit nicht mehr wie in den klassischen Utopien aus der Vernunft, sondern aus den faktischen Machtverhältnissen.[151] Der Antiindividualismus ist in *Wir* das Instrument totalitärer Herrschaft.

Entzauberung des wissenschaftlich-technischen Fortschritts

Der klassische Utopiediskurs bedient sich in der Regel avantgardistischer Wissenschaft und Technik. Auch Samjatins Einziger Staat steht in diesem Sinne an der Spitze des wissenschaftlich-technischen Fortschritts. Es gibt Gezeitenkraftwerke, synthetische Nahrung, Flugzeuge als Hauptverkehrsmittel, mit dem Bau des Raumschiffes *Integral* setzt man zur Eroberung des Weltalls an. Doch die gesellschaftliche Funktion von Wissenschaft und Technik hat sich fundamental geändert. In der klassischen Utopie dienten sie dazu, den Menschen von den Zwängen der materiellen Reproduktion zu befreien und seine Selbstverwirklichung zu ermöglichen. In *Wir* werden sie zum Instrument totalitärer Herrschaft, etwa mit der neurobiologischen Manipulation des Menschen, und dienen der Durchsetzung der Herrschaft des Einzigen Staates. Technik und Macht sind in ihr miteinander kurzgeschlossen.[152]

In dem Maße wie Wissenschaft und Technik zum Teil der Herrschaft werden, verändert sich auch die Rolle von Arbeit: Arbeit dient in *Wir* zur Verinner-

---

[151] Vgl. ebd., S. 20.
[152] Vgl. ebd., S. 18.

lichung der totalitären Herrschaft durch den einzelnen.[153] Im klassischen Utopiediskurs war Arbeit auf Muße bezogen. Ziel war die Befreiung von Arbeit, die allein der materiellen Reproduktion diente. Das Mittel dazu ist neben Wissenschaft und Technik die Arbeitspflicht für alle, welche die Arbeitszeit für den einzelnen auf ein Minimum senkt. In Campanellas *Sonnenstaat* etwa arbeiten die Menschen nur vier Stunden am Tag.[154] Die gewonnene Zeit dient der kulturellen und geistigen Vervollkommnung des Menschen. Auch in den (früh-)sozialistischen Utopien, die Arbeit als Medium der Emanzipation bestimmen, sind Selbstverwirklichung und -vervollkommnung der Bezugspunkt. In *Wir* ist dagegen von Muße und Selbstverwirklichung keine Rede mehr; vielmehr sollen selbst die letzten zwei freien Persönlichen Stunden am Tag abgeschafft werden (Wir, 16). Die Arbeitspflicht wird zur totalitären Arbeitsideologie, die den einzelnen ohne Rest vereinnahmt.[155] Statt zur Befreiung des Menschen von schwerer und unwürdiger Arbeit kommt es zur alles durchdringenden Hypertrophie und Enthumanisierung der Arbeit.

In *Wir* ist ein wesentlicher Aspekt der Enthumanisierung der Arbeit die Degradierung der menschlichen Arbeit zur bloßen Verlängerung der Technik. Die Menschen werden der Technik untergeordnet (Wir, 79f.) oder ganz zu Maschinen (Wir, 174). Diese Unterwerfung des Menschen unter die Technik wird von Samjatin in satirischem Bezug auf den Maschinenkult der Avantgarde und des Proletkults ästhetisch überhöht. „Der Zustand äußerster Entfremdung des Arbeiters im Produktionsprozeß wird als Synthese von Kunst und Technik gefeiert."[156] Samjatin parodiert damit die Avantgarde und den Proletkult. Es zielt aber ebenso auf die utopischen Vorstellungen der Emanzipation des Menschen durch den wissenschaftlich-technischen Fortschritt. In der Kritik der Mensch-Maschinen-Ästhetik wird deren reales Pendant, der fordistische Arbeiter am Fließband sichtbar. Diesen in seiner Entfremdung ästhetisch als Neuen Menschen zu überhöhen, liefere, so Samjatin, den Menschen der Verdinglichung durch einen selbstläufig gewordenen wissenschaftlich-technischen Fortschritt aus. Dessen letzte Konsequenz sei eine Herrschaft von Wissenschaft und Technik, die, wie im Roman, im Zusammenschluß mit der politischen Macht zum totalitären Gewaltzusammenhang führt.

---

[153] Vgl. Saage: Utopische Profile, Bd. 4, S. 110f.
[154] Vgl. Campanella: Sonnenstaat, S. 136.
[155] Vgl. Saage: Die konstruktive Kraft des Nullpunkts, S. 18.
[156] Saage: Politische Utopien der Neuzeit, S. 279.

Der kalte Blick auf die Utopie – Zeiterfahrung und Ernüchterung der Utopie

Der Umkehrung der ursprünglich positiv besetzen Merkmale der klassischen Utopie liegt ein Wechsel der Perspektive zugrunde.[157] Die utopische Ordnung wird nicht mehr aus der Vogelperspektive des Ganzen, sondern aus der Froschperspektive des einzelnen betrachtet. Einher damit geht eine Desillusionierung der Utopie. An die Stelle des gesamtgesellschaftlichen Ordnungsgewinns durch das utopische Ideal tritt die Sicht auf die Sozialdisziplinierung des Individuums durch das Ideal. Das, was „einst als ideeller Fluchtpunkt der Befreiung der Menschheit von Elend und Ausbeutung gedacht war", wird nun selbst zu ihrem Verhängnis.[158] Samjatin schneidet gleichsam von den utopischen Bildern die Emanzipationsverheißungen ab: Von der Einhegung der Partikularinteressen zugunsten der Vernunft des Ganzen bleibt nur die Unterdrückung des Individuums, von der Arbeitspflicht für alle als gerechte Verteilung der Arbeit der durch nichts verhüllte Arbeitszwang, von der Emanzipation durch den technischen Fortschritt die Entfremdung der industriellen Arbeit und die gesteigerten Möglichkeiten von Technik als Herrschaftsinstrument, von der vernunftgemäßen Ordnung des Leben das „stählerne Gehäuse" eines normierten und verwalteten Lebens.

Dieser kalte Blick auf die Utopie, der ihr den Optimismus austreibt und sie gegen sich selbst skeptisch werden läßt, begründete sich in der Zeiterfahrung.[159] Er ist, was sich mit Elias[160] als Verlust der Geborgenheit der Utopie bezeichnen läßt: Gegenüber dem utopischen Ideal entstand ein Gefühl des Ausgeliefertseins und der Bedrohung. Es resultierte daraus, daß sich der Erfahrungsraum für die Utopie mit dem 20. Jahrhundert hinsichtlich Arbeit und Technik änderte. Mit dem technischen Fortschritt rückten die utopischen Vorstellungen ins Mögliche. Die Utopien erschienen tatsächlich realisierbar, beziehungsweise das Leben schien selbst auf die Utopie zuzulaufen. Das weckte einerseits die Erwartungen eines unmittelbaren Triumphs der Utopie, wie etwa für Bogdanow zu sehen. Gleichzeitig aber war mit der fortschreitenden Industrialisierung der Glaube, Wissenschaft und Technik uneingeschränkt in den Dienst des menschlichen Fortschritts zu stellen, in Zweifel geraten. Stattdessen trat als neue Erfahrung

---

[157] Vgl. Münkler: Das Ende des Utopiemonopols, S. 211.
[158] Saage: Politische Utopien der Neuzeit, S. 270f.
[159] Vgl. ebd., S. 265ff.
[160] Vgl. Elias: Thomas Morus' Staatskritik, S. 147f.

die Unterdrückung des Menschen durch die industrielle Technik in den Blick: die durch sie erzeugten Sachzwänge, die Normierung, der Arbeiter am Fließband, Anonymisierung und Vermassung sowie das im ungekannten Ausmaß gestiegene Destruktionspotential der modernen Technik. Die Befürchtungen einer Versklavung durch die Technik und die Möglichkeit ihres Mißbrauchs zu Macht und Zerstörung wurden gegen Ende des 19. Jahrhunderts zunehmend zum Thema in Utopie und Science Fiction, etwa bei Samuel Butler, Edward Bulwer-Lytton, E. M. Forster und auch Wells.[161] Sie wandten gegen die technik- und fortschrittsoptimistischen Utopien ein, daß diese das Herrschaftspotential der modernen Technik und die Gefahr ihres politischen und sozialen Mißbrauchs verharmlosten. Warnend zeichneten sie das dystopische Bild brutaler technokratischer Macht, einer seelenlosen Maschinenzivilisation und der Vernichtung der Menschheit. Auch die russische Science Fiction der Jahrhundertwende kannte, wie für Brjussow beschrieben, entsprechende industrielle Untergangsszenarien. Samjatin greift diesen dystopischen Blick auf. Mit seiner Warnung vor einer total werdenden Wissenschaft und Technik setzt er die Entfremdungserfahrungen der industriellen Arbeit als Innensicht der Utopie gegen den postrevolutionären Technikutopismus.

Das Originäre von Samjatins Dystopie liegt nun, wie Saage konstatiert, weniger in der „gnadenlosen Kritik" der „etatistisch-technokratischen" Utopietradition. In dieser hat, wie gezeigt, Samjatin Vorläufer. Das Originäre „besteht vielmehr darin, daß er verdeutlicht, wie stark sich die wissenschaftlich-technischen Möglichkeiten des 20. Jahrhunderts bereits auf die Utopie zubewegen."[162] Die Beunruhigung von *Wir* wie der folgenden Dystopien resultiert nicht allein aus dem Wissen, daß ihre Szenarien technisch möglich sind, sondern vor allem aus dem Bewußtsein, daß diese schon in der gegenwärtigen Realität enthalten sind. Samjatin bringt damit eine neue Frage in den Utopiediskurs. Zielten die Utopien des 19. Jahrhunderts und auch Bogdanow auf Transformationsstrategien zur Verwirklichung beziehungsweise beanspruchten sie, wie die Utopien der Neuen Lebensweise, die unmittelbare Umsetzung, reflektiert Samjatin mit *Wir* die Frage, wie die Utopie mit ihrem Perfektionierungs- und Absolutheitsanspruch zu verhindern ist. Die Frage wurde zum Leitmotiv der Dystopie. Mit einem Zitat Berdjajews stellte sie Huxley seiner Dystopie als Motto voran:

---

[161] Vgl. Saage: Politische Utopien der Neuzeit, S. 266f.; ders.: Utopische Profile, Bd. 3, S. 111ff. u. Bd. 4, S. 261ff.; Scheffler: Evgenij Zamjatin, S. 181ff.
[162] Saage: Utopische Profile, Bd. 4, S. 117f.

"Aber es hat sich als viel leichter erwiesen, diese Utopien zu verwirklichen, als es früher den Anschein hatte. Und nun sieht man sich vor die andere quälende Frage gestellt: wie man um ihre restlose Verwirklichung herumkommen könnte. [...] Die Utopien sind realisierbar [...]. Das Leben bewegt sich auf die Utopien zu, und vielleicht eröffnet sich für die Intelligenz und die Kulturschicht ein neues Jahrhundert des Sinnens und Träumens darüber, wie man die Utopien wohl vermeiden, wie man zum nichtutopischen, unvollkommeneren und freieren Staat zurückkehren könne."[163]

Vom Wir zum Ich – Formen der Selbstdestruktion der totalitären Ordnung

In den Dystopien bilden Liebe und unnormierte Sexualität den „letzten Zufluchtsort menschlichen Emanzipationsstrebens".[164] In der Regel setzen diese die Dynamik von Verweigerung und Nonkonformismus in Gang, die zum Herauslösen der Protagonisten aus der Ideologie des dystopischen Staates führt. Aus der unnormierten Sexualität erwachse, so die Annahme, eine Kraft, die die totalitäre Ordnung durchbreche. Sie könne zwar für eine Zeit unterdrückt werden, aber sie sei nie vollständig eliminierbar, denn der Mensch sei wesensmäßig durch das Bedürfnis nach Liebe und Intimität bestimmt. Ähnlich hatte auch Samjatin im Brief an Annenkow die Sexualität als Grundkraft für den Menschen charakterisiert.

„Im Menschen bestehen zwei kostbare Kräfte: Gehirn und Sexualität. Vom ersten kommt – alle Wissenschaft, vom zweiten – alle Kunst. Sich alle Kunst abzuschneiden oder sie ins Gehirn zu jagen – das heißt, sich den ... na ja abzuschneiden und mit einem Pickelchen zurückzubleiben."[165]

In der Liebesbeziehung von D-503 zu I-330 wird gewöhnlich der Ausgangspunkt für die Individuation von D-503 gesehen.[166] Mit ihr löse er sich aus dem Wir des Einzigen Staat heraus und trete in Opposition zum ihm. Doch D-503's Liebe zu I-330 bleibt in ihrer Wirkung als „systemsprengende Kraft"[167] letztlich begrenzt. D-503 ordnet sich am Ende wieder in die Ideologie des Einzigen Staa-

---

[163] Berdjajew, Nikolai: Das neue Mittelalter. Darmstadt 1927, S. 117f.
[164] Saage: Die konstruktive Kraft des Nullpunkts, S. 20.
[165] Annenkow: Evgenij Zamjatin, S. 70.
[166] Vgl. Beauchamp; D'Idler; Kluge; Leech-Anspach; Neumann; Rakusa; Saage; Suvin.
[167] Saage: Die konstruktive Kraft des Nullpunkts, S. 21.

tes ein. Opposition allein aus der Kraft der Liebe zeigt sich als beschränkt. Sie reicht nicht über den individuellen Glücksanspruch hinaus. Begründet in der Liebesbeziehung zu I-330 bleibt D-503's Aufbegehren an diese gebunden. Es bleibt Einzelausbruch und wird nicht zur politischen Haltung.

Der Blick auf Liebe und unnormierte Sexualität als existentielle menschliche Kräfte greift damit als Erklärungsansatz für die Destruktion des totalitären Systems zu kurz. Es bedarf für *Wir* auch nicht einer derartigen anthropologischen Figur, um eine systemimmanente Kraft, die die totalitäre Ordnung durchbricht, aufzuzeigen. Striedter zeigt unter Rekurs auf Bachtin, daß sich der Individuationsprozeß von D-503 aus dessen Selbstreflexion beim Schreiben über den Einzigen Staat ableiten läßt.[168] Bachtin konstatiert in *Das Wort im Roman*, daß jede Art „Absolutismus" dazu tendiert, gegen die Pluralität der sozialen Stimmen eine „einheitliche und einzige Sprache" durchzusetzen, das heißt seine Form der „verbal-ideologischen" Vermittlung von Wirklichkeit.[169] Das läßt sich auch für Samjatins Einzigen Staat erkennen. Durch sein Bedürfnis nach sprachlicher Selbstdarstellung ist es jedoch der totalitäre Staat selbst, der bei D-503 eine Reflexion der Sprache auslöst, die zu Zweifel und Widerspruch gegen die totalitäre Ideologie des Einzigen Staates führt.

Der Einzige Staat forderte in einem Zeitungsaufruf seine Bürger dazu auf, Texte zum Lobpreisen des Einzigen Staates „zusammenzustellen".[170] Sie sollen dem Raumschiff *Integral* zur Agitation fremder Planeten mitgegeben werden. Doch für D-503 wird gerade beim propagandistischen Beschreiben des Einzigen Staates dessen Sprache problematisch. Denn die „die Schönheit und erhabene Größe des Einzigen Staates preisende[n] Werke" (Wir, 5) sollen den Bewohnern anderer Planeten die Größe des Einzigen Staates vermitteln. „Da jedoch anzunehmen ist, daß sie weder die gleiche Wirklichkeitserfahrung noch die gleiche ‚Sprache' haben, wird es unvermeidlich, sich das Sprachbewußtsein Anderer vorzustellen. Damit erwacht das eigene Sprachbewußtsein, wird reflexiv und selbstkritisch."[171] D-503 ist zum Beginn seiner Aufzeichnungen noch fest

---

[168] Vgl. Striedter: Die Doppelfiktion und ihre Selbstaufhebung.

[169] Vgl. Bachtin, Michail M.: Das Wort im Roman. In: ders.: Die Ästhetik des Wortes. Frankfurt a. M. 1979. S. 154-300.

[170] Drohla übersetzt es mit „verfassen". Die damit verbundene Assoziation eines selbstständigen Autors verfehlt jedoch die Rücknahme in das vorgegebene „autoritäre Wort" des Einzigen Staates.

[171] Striedter: Die Doppelfiktion und ihre Selbstaufhebung, S. 301.

integriert in den Einzigen Staat, ihm ist Sprache nur in dessen Weise gegeben. Er beginnt seinen Bericht mit einem Zitat aus dem Zeitungsaufruf des Einzigen Staates als „autoritärem Wort" (Bachtin). Er verzichtet demonstrativ auf eine eigene Stimme.

> „Ich schreibe hier genau ab, was ich in der heutigen Staatszeitung lese."
> (Wir, 5)[172]

Was folgt, ist ein Prozeß doppelter Bewußtwerdung. In dem Moment, wo D-503 bedenkt, daß die Sprache des Einzigen Staates den Anderen möglicherweise nicht verständlich ist, sieht er sich genötigt, Sprache und Wirklichkeit des Einzigen Staates zu erklären. Zugleich wird er sich der eigenen Sprache bewußt. Er bemerkt etwa, daß er ständig das Wort „klar" benutzt und daß diesem eine bestimmte Wirklichkeitsvorstellung zugrunde liegt – die Vorstellung, daß alles mathematisch-logisch zu sein habe. Mit dem Bewußtwerden der eigenen Sprachweise und der Möglichkeit anderer Sprachen, das heißt anderer Wirklichkeitserfahrungen entdeckt er, „daß auch in der eigenen, angeblich einstimmigen Gesellschaft verschiedenartige Stimmen und sogar ‚Sprachen' existieren".[173] Er entdeckt die „Sprache der Leidenschaft" – personifiziert in I-330, die „Sprache der Poesie" – personifiziert in R-13, die „Sprache der Vergangenheit" – verkörpert in dem Alten Haus, die „Sprache der ungebändigten Natur" – verkörpert in der Welt hinter der Grünen Mauer, die „Sprache der Opposition" etc. Das einheitliche Wir des Einzigen Staates löst sich für D-503 im Erkennen und Anerkennen der einzelnen als Andere auf.

Bewußtwerden und Zulassen der Mehrstimmigkeit bewirken, daß das Vertrauen in die „absolute Sprache" des Einzigen Staates schwindet, und stellen die Totalität der Wirklichkeitsvermittlung in Frage. D-503 beginnt zu zweifeln. Dieser Zweifel manifestiert sich für ihn in der Wurzel aus minus eins, fieberhaften Träumen, dem „zottigen Ich", der „Seele" – kurz als Entdeckung der Irrationalität. Sie zersetzt die rationale Ordnung der mathematischen Klarheit. Samjatin parallelisiert dabei die Krise von D-503 mit dem Aufruhr und der Krise des Einzigen Staates. Beide sind narrativ aufeinander bezogen. D-503 reflektiert diesen Zerfall der vertrauten Wirklichkeit in bezug auf seinen Bericht über den

---

[172] Reschke übersetzt es treffender mit: „Ich schreibe einfach Wort für Wort ab, was heute in der Staatszeitung steht." (Wir 1994, S. 5). Drohlas Übersetzung betont dagegen zu sehr das Ich.
[173] Striedter: Die Doppelfiktion und ihre Selbstaufhebung, S. 301.

Einzigen Staat. Er habe statt eines „mathematischen Poems zum Preise des Einziges Staates" begonnen, „einen phantastischen Abenteuerroman" zu schreiben (Wir, 98).

Der moderne Roman bedingt jedoch, so Bachtin, Polyphonie und die „verbal-semantische Dezentralisierung der ideologischen Welt";[174] das heißt eben jenes Sprach- und Wirklichkeitsverständnis, zu dem D-503 gelangte. Als Roman konterkariert *Wir* die Einstimmigkeit und Statik des Einzigen Staates. Statt die utopische Ordnung propagandistisch zu beschreiben, wird sie von D-503 mit seinen romanhaften Aufzeichnungen in Frage gestellt. In *Wir* bildet der Roman nicht wie üblicherweise den Rahmen der utopische Fiktion, sondern er entfaltet sich gleichsam gegen sie und dekonstruiert sie.[175] Der Rückfall von D-503 in die Ideologie und Sprache des Einzigen Staates hebt diese Dekonstruktion nicht auf. Vielmehr markiert das brutale Erzwingen der Rückkehr, die Große Operation, die endgültige Entlarvung des utopischen Ideals.

Die Initiierung der Destruktion der totalitären Ordnung durch das Schreiben verweist auf die Rolle des Intellektuellen. *Wir* läßt sich als Parabel über den Intellektuellen in totalitären Systemen lesen. Es ist gleichsam das psychologische Porträt des sich selbst täuschenden und anpassenden Intellektuellen.[176] Als Ort des Intellektuellen hatte Samjatin das Ketzertum definiert. Seine Aufgabe sei es, die geltenden Wahrheiten in Frage zu stellen, das „Bequeme" und „Nützliche" zu zerstören, das Heute im Namen des Morgen zu verneinen, um die Gesellschaft vorm Erstarren zu bewahren.

> „Mag die Flamme morgen, übermorgen erkalten […]. Erkennen muß es schon heute jemand und schon heute ketzerisch über das Morgen sprechen. Die Ketzer sind die einzige (bittere) Medizin gegen die Entropie des menschlichen Geistes."[177]

D-503 dagegen läßt sich in seiner Rolle als Intellektueller vom Einzigen Staat in Dienst nehmen, indem er ihn vorbehaltlos bejaht. Statt ketzerisch zu hinterfragen, paßt er sich an. Er hält entgegen allen Erschütterungen an der Ideologie des Einzigen Staates fest und verleugnet vor sich selbst seine Zweifel, seinen Individuationsprozeß und die aufbrechende Irrationalität, indem er sie im Sinne des

---

[174] Bachtin: Das Wort im Roman, S. 252.
[175] Vgl. Striedter: Die Doppelfiktion und ihre Selbstaufhebung, S. 303f.
[176] Vgl. Goldstaub, Dianne S.: Zamjatin's „Tame Dreamer" and the Conception of D-503. In: The Slavic and East European Journal 38. Jg. (1994) H. 2. S. 342-354.
[177] Samjatin: Über Literatur, Revolution, Entropie, S. 25.

Einzigen Staates als „Krankheit" deutet. Seine Selbsttäuschung besteht dabei insbesondere im Verkennen der entropischen Natur des Einzigen Staates. Am Ende kollaboriert D-503 mit dem System, indem er I-330 verrät. *Wir* scheint in Resignation und Hoffnungslosigkeit zu enden. Aber Samjatin hält „an einer der menschlichen Vernunft verpflichteten humanen Perspektive des Lebens" fest.[178] Die Art und Weise der Darstellung zeigt, daß das aufkeimende rebellische – irrationale – Bewußtsein D-503's die Anpassung unterläuft. Seine Anpassung als Intellektueller ist nur unter der Vernichtung des Menschen als denkendes Wesen möglich – die Entfernung der Phantasie. In dem Versagen von D-503 hebt Samjatin damit gerade die Bedeutung des ketzerischen Intellektuellen, des „wilden Träumers" als Gegenkraft zur entropische Erstarrung hervor.

---

[178] Saage: Die konstruktive Kraft des Nullpunkts, S. 21.

DER BLICK VON AUSSEN

DIE SOWJETUNION ALS UTOPIA

Die Sowjetunion als Utopia

Die Utopietouristen der 1920er und 1930er Jahre

„Man kann mit vollem Recht behaupten, daß der dritte Sowjetkongreß eine neue Epoche in der Weltgeschichte eröffnet hat [...]. Es entsteht ein neuer, in der Geschichte noch nie dagewesener Typus einer Staatsmacht, die durch den Willen der Revolution berufen ist, die Erde von jeder Ausbeutung, Gewalt und Knechtschaft zu befreien."[1] – Lenins Schlußwort zum Sowjetkongreß im Januar 1918 beschreibt zugleich den Kern des utopischen Blicks auf Rußland, der sich nach der Oktoberrevolution entwickelte. Es umfaßt in nuce dessen zentralen Topos: die Eröffnung einer neuen Menschheitsepoche durch die Schaffung einer gänzlich neuen Welt, die von Ausbeutung, Hunger und Krieg befreit ist. Parallel zur inneren Utopisierung veränderte sich auch der Blick von Außen auf Rußland. Wie unter Peter I. sah man Rußland erneut als utopische tabula rasa: Mit beispielloser Radikalität werde in ihm eine neue, gerechte Welt aufgebaut. Die Sowjetunion erschien vielen als utopische Alternative zum Westen.

Für die 1920er und 1930er Jahre ist in der Folge ein regelrechter Utopietourismus von westlichen Intellektuellen und Arbeiterdelegationen nach Rußland zu sehen, um den Aufbau der neuen Welt zu besichtigen.[2] Insbesondere linke Schriftsteller und Intellektuelle kamen auf utopische Erkundung: von Walter Benjamin, George Grosz, Helene Stöcker, Wilhelm Reich über H. G. Wells, Bertrand Russel, Georg Bernhard Shaw bis zu André Gide, Lion Feuchtwanger, Sidney und Beatrice Webb. Spöttisch bemerkte Erich Kästner, der „ganze deutsche Dichterwald" treffe sich in Rußland.[3] Fast alle der Utopietouristen schrieben nach der Rückkehr über ihre Erfahrungen in der Sowjetunion. Eine Biblio-

---

[1] Lenin, Wladimir I.: Dritter Gesamtrussischer Kongreß der Sowjets der Arbeiter-, Soldaten- und Bauerndeputierten, 10.-18. (23.-31.) Januar 1918. In: ders.: Werke, Bd. 26. Berlin 1974. S. 453-481, S. 478f.

[2] Häufig werden die Reisen auch als politische Wall- und Pilgerfahrten charakterisiert, mit Moskau als „rotem Mekka" und „rotem Jerusalem" (z. B. Hollander, Paul: Political Pilgrimages. New York u. a. 1981). Gegenüber dieser Betonung der quasi-religiösen Erlösungssuche soll hier jedoch der Bezug zur Utopie gezeigt werden.

[3] Kästner, Erich: Mein liebes, gutes Muttchen, Du! Hamburg 1981, S. 122 (Brief an seine Mutter, 26. April 1930).

graphie deutschsprachiger Sowjetunion-Reiseberichte verzeichnet für den Zeitraum 1918-1941 knapp tausend Berichte von Reisen und Aufenthalten.[4] Liam O'Flaherty, der 1930 in die Sowjetunion reiste, lästerte in seinem Reisebericht über deren inflationäre Erscheinung: Wer derzeit als Schriftsteller Geld verdienen wolle, fahre am besten in die Sowjetunion und schreibe einen Reisebericht.

> „Im Augenblick sind gerade zwei Arten von Büchern in Mode: Autobiographien und Bücher über die Bolschewiken."[5]

Die Reisen und Reiseberichte[6] über die Sowjetunion der 1920er und 1930er Jahre stellten ein eigenes Genre des Polit- und Kulturdialogs dar. Sie dienten einerseits dem Bedürfnis nach Information aus erster Hand über die Revolution und den Aufbau der neuen Gesellschaft, andererseits erfolgten sie als politische Selbstvergewisserung. Sie sind nicht zu trennen von der Krisenerfahrung der westlichen Gesellschaften nach dem Ersten Weltkrieg. Jene war die stets präsente Folie der Berichte. Die Suche nach einer Alternative oder die Warnung vor dem bolschewistischen Modell überlagern dabei sichtlich den Informations-

---

[4] Vgl. Metzger, Wolfgang: Bibliographie deutschsprachiger Sowjetunion-Reiseberichte, -Reportagen und -Bildbände 1917-1990. Wiesbaden 1991, S. 21-96 (nicht alle Titel sind aber Reiseberichte); sowie die Bibliographien von Andreae, Grierson, Koenen, Mehnert, Nerhood und in Furler, O'Sullivan, Oberloskamp, Uhlig. Zu den Reisen und Reiseberichten vgl. Heeke, Matthias: Reisen zu den Sowjets. Münster u. a. 2003; Koenen, Gerd: „Indien im Nebel". Die ersten Reisenden ins „neue Rußland". In: ders./ u. a. (Hrsg.): Deutschland und die Russische Revolution 1917-1924. München 1998. S. 557-615; O'Sullivan, Donal: Furcht und Faszination. Deutsche und britische Rußlandbilder 1921-1933. Köln u. a. 1996; Oberloskamp, Eva: Fremde neue Welten. Reisen deutscher und französischer Linksintellektueller in die Sowjetunion 1917-1939. München 2011; Uhlig, Christiane: Utopie oder Alptraum? Schweizer Reiseberichte über die Sowjetunion 1917-1941. Zürich 1992; Zahn, Inka: Reise als Begegnung mit dem Anderen? Französische Reiseberichte über Moskau in der Zwischenkriegszeit. Bielefeld 2008; Furler, Bernhard: Augen-Schein. Deutschsprachige Reportagen über Sowjetrußland 1917-1939. Frankfurt a. M. 1987; Pforte, Dietger: Rußland-Reiseberichte aus den 20er Jahren als Quellen historischer Forschung. In: Knödler-Bunte, Eberhard/ u. a. (Hrsg.): Kultur und Kulturrevolution in der Sowjetunion. Berlin u. a. 1978. S. 25 32; Engelberg, Waltraut: Die Sowjetunion im Spiegel literarischer Berichte und Reportagen in der Zeit der Weimarer Republik. In: Literatur der Arbeiterklasse. Berlin u. a. 1971. S. 312-379; Hartmann, Anne: Literarische Staatsbesuche. In: Ulbrecht, Siegfried/ u. a. (Hrsg.): Die Ost-West-Problematik in den europäischen Kulturen und Literaturen. Prag u. a. 2009. S. 229-275.

[5] O'Flaherty, Liam: Ich ging nach Rußland. (1931) Zürich 1971, S. 7f.

[6] Der Begriff des „Reiseberichts" wird im folgenden im erweiterten Sinne verstanden. Er bezeichnet Texte, die auf Reisen und Aufenthalten in der Sowjetunion beruhen.

charakter. Enzensberger spricht daher für die Reiseberichte von einer „Literatur der Illusion" beziehungsweise „Dokumenten der Desillusion".[7] Derrida charakterisiert sie im gleichen Sinne als eigene Gattung, die er in Anlehnung an André Gides *Zurück aus Sowjetrußland* (1936) als *Retour de l'U.R.S.S.* bezeichnet.[8]

> „Unser Jahrhundert hat uns eine besonders faszinierende Kategorie von Werken beschert, deren ‚Genus', ‚Typus' oder ‚Modus' […] und deren thematischer Universalismus in substantiellem Zusammenhang mit einer abgeschlossenen Etappe in der politischen Geschichte eines […] Landes stehen, mit einer Etappe, die zugleich einen entscheidenden Augenblick in der Geschichte der Menschheit markiert. Die Kategorie, die ich meine, ist die ebenso produktive wie kurze, ebenso engagierte wie kompakte Tradition der ‚Retour de l'U.R.S.S.' […]."
>
> „In der Geschichte der menschlichen Kultur gibt es, *soweit ich sehe*, keinen Werktypus, der in gleicher Weise wie diese seit Oktober 1917 und bis vor kurzem geschriebenen Rückkehrerberichte aus der UdSSR mit einer einzigartigen und abgeschlossenen, irreversiblen und unwiederholbaren Etappe in einer politischer Geschichte zusammenhinge; und mit einer derartigen Etappe genau so verquickt wäre wie im Reise- oder Augenzeugen oder autobiographischen Bericht selbst der Gehalt mit der Form, die Semantik beziehungsweise Thematik mit der Struktur."[9]

Derrida definiert für die *Retour de l'U.R.S.S.* fünf Merkmale: erstens der Anspruch, von einem einzigartigen historischen Prozeß zu berichten, „in dem es exemplarisch an einem Ort, in einem Land um das Schicksal der menschlichen Gesellschaft geht".[10] Zweitens erzählen die *Retour de l'U.R.S.S.*-Berichte nicht von einer Reise in die Fremde, sondern der Sowjetunion-Reisende fährt in das „ausgewählte Vaterland" ‚heim'. Es ist eine Reise in die Heimat der „absoluten Menschheitskultur". Von ihr „verkündet" der Reisende nach der Rückkehr gleichsam als Prophet.[11] Drittens ist der Blick auf die Sowjetunion bestimmt vom Topos des „Im-Aufbau-Sein", des Werdens der zukünftigen Gesellschaft. Man erlebe in ihr, wie es bei Gide heißt, gleichsam die „Geburt der Zukunft".[12]

---

[7] Enzensberger, Hans Magnus: Revolutions-Tourismus. In: Kursbuch Nr. 30 (1972). S. 155-181, S. 167.

[8] Derrida, Jacques: Rückkehr aus Moskau. (1995) Wien 2005. Aufbauend auf Derrida ebenso Ryklin, Michael: Kommunismus als Religion. Die Intellektuellen und die Oktoberrevolution. Frankfurt a. M. 2008, S. 53ff.

[9] Derrida: Rückkehr aus Moskau, S. 14 u. 16.

[10] Ebd., S. 34.

[11] Ebd., S. 42.

[12] Gide: Zurück aus Sowjetrußland, S. 48.

Man schreibt im Bewußtsein, daß alles hier Erfahrene und Beschriebene nur vorläufig ist, im Moment des Schreibens schon wieder überholt. Viertens: „Der neuartige Raum, in dem das Schreiben der *Retour de l'U.R.S.S.* prozediert, ist ein mythischer (geschichtsloser, *in illo tempore* gelegener) und eschatologischer (mosaischer oder messianischer) Raum, soll er doch zuallererst kommen wie das gelobte Land und die Zukunft der Wahlheimat."[13] Fünftens setzen die Reiseberichte stillschweigend voraus, daß „der Funktionszusammenhang eines politischen und sozialen Apparats im wesentlichen sinnlich wahrnehmbar" und dem Reisenden „diese sinnlich wahrnehmbare Gestalt" zugänglich ist, und „zwar auch dann, wenn er die Sprache [...] des bereisten Landes [...] nicht beherrscht".[14]

Derridas Charakterisierung der *Retour de l'U.R.S.S.* verdeutlicht, daß sie nicht als klassische Reiseberichte und -reportagen zu verstehen sind; auch wenn sie dies für sich in Anspruch nehmen. Sie verhandeln, was hinter den beobachteten Verhältnissen steht: die in Oktoberrevolution und Sowjetunion verkörperte Idee sowie die Haltung der Autoren zu ihr. Das ist ihr eigentliches Thema. Sie waren zuallererst Stellungnahme, weniger sachlicher und analytischer Bericht.[15] Das weist für die *Retour de l'U.R.S.S.* auf einen – mal mehr, mal weniger reflektierten – utopischen Subtext. Deshalb geht der immer wieder gegen die Sowjetunion-Reiseberichte erhobene Vorwurf der manipulierten Wahrnehmung und naiven Selbsttäuschung[16] fehl. Er verkennt den latenten Utopiecharakter der *Retour de l'U.R.S.S.* So zeigt Saage etwa für den Sowjetunion-Reisebericht von Sidney und Beatrice Webb *Soviet Communism: A new civilisation* (1935), daß diesem eine „imaginierte[..] utopische[..] Folie" zugrunde liegt: Unter der Hand werde Webbs Sowjetunion-Bericht zum Utopiebild in der klassischen Tradition von Morus.[17] Auch in den Berichten der deutschen Arbeiterdelegationen,[18]

---

[13] Derrida: Rückkehr aus Moskau, S. 56.

[14] Ebd., S. 48. Der letzte Aspekt, die mangelnden Russischkenntnisse der meisten Reisenden, wird in der Kritik der Reiseberichte oft als Argument herangezogen, daß die Reisenden von ihren offiziellen Reisebetreuern leicht zu täuschen gewesen seien.

[15] Vgl. Schütz, Erhard: Kritik der literarischen Reportage. München 1977, S. 121; Pforte: Rußland-Reiseberichte aus den 20er Jahren, S. 30f.

[16] Vgl. bspw. Margulies, Sylvia R.: The Pilgrimage to Russia. Madison 1968; O'Sullivan: Furcht und Faszination; Ryklin: Kommunismus als Religion.

[17] Saage: Utopieforschung, Bd. II, S. 149ff.; ders.: Utopische Ökonomien als Vorläufer sozialistischer Planwirtschaften. In: Zeitschrift für Geschichtswissenschaft 59. Jg. (2011) H. 6. S. 544-556, S. 549ff. Ebenso auch schon Conquest: „Daher sollte man ihr Buch weniger als ein Bericht über ein wirkliches Land betrachten, sondern eher

Ernst Glaesers und Franz Carl Weiskopfs Fotoreportage zum ersten Fünfjahrplan *Der Staat ohne Arbeitslose*[19] und Heinrich Vogelers Bericht von seiner ersten Rußlandreise 1923/1924[20] etwa ist der Utopie-Charakter zu sehen, zum Teil ist er schon im Titel angezeigt. Die Berichte sind „als Manifestationen von sozialutopischen und sozialistischen Ideen zu verstehen," die anhand der Sowjetunion zur „konkret gemachten Utopie" geformt werden.[21] In ihnen sind Kritik der kapitalistischen Gesellschaft und Alternative miteinander verschränkt.

Vielfach wird in den Reiseberichten die Sowjetunion direkt als Ort der Einlösung der Utopie beschrieben, beziehungsweise konstatiert, daß dort mit der Oktoberrevolution die Verwirklichung von Utopien möglich geworden sei. So heißt es in Otto Corbachs Bericht über die sowjetrussische Bildungspolitik, daß in Sowjetrußland erstmals die Bildungsutopien Pestalozzis und Fichtes verwirklicht werden könnten. Corbach charakterisiert Sowjetrußland als „Schöpfung [...] einer völlig neuen Welt".

> „Rußland ist heute das günstigste Feld für die erstmalige Verwirklichung einer idealen Erziehung, wie sie Pestalozzi und Fichte schon vor mehr als hundert Jahren in ihren Grundzügen richtig entwarfen."
> „Der bolschewistische Staat ist eine Schöpfung aus dem Chaos, der allererste Anfang einer völlig neuen Welt [...]."[22]

Annemarie Schwarzenbach, die 1934 mit Klaus Mann zum Ersten Allunionskongreß der Sowjetschriftsteller in Moskau fuhr, notierte in ihrem Reisetage-

---

als ein Werk in der Tradition von Sir Thomas More, Campanella, Plato, Harrington und William Morris." (Conquest, Robert: The Great Terror. Stalin's Purge of the Thirties. New York 1973, S. 673).

[18] Was sahen 58 deutsche Arbeiter in Rußland? Berlin 1925; Im Lande der roten Fahne. Berlin 1926; 1/6 der Erde unser! Berlin 1928.

[19] Glaeser, Ernst/ Weiskopf, F. C.: Der Staat ohne Arbeitslose. Drei Jahre „Fünfjahresplan". Berlin 1931.

[20] Vogeler, Heinrich: Reise durch Rußland. Die Geburt des neuen Menschen. Dresden 1925.

[21] Pforte: Rußland-Reiseberichte aus den 20er Jahren, S. 31; ders.: Der Reisebericht als Umkehrbild heimischer Zustände. In: Vogeler, Heinrich: Reise durch Rußland. Fernwald u. a. 1974. S. 131-135; vgl. auch Heeke: Reisen zu den Sowjets, S. 532; Hartmann, Anne: Thomas Morus in Moskau. In: Das Wort 22. Jg. (2007). S. 103-117; Uhlig: Utopie oder Alptraum, S. 45f.; Weckerlein, Friedrich: „Die Webbs". Intellektuelle zwischen Westminster und Rotem Platz. In: Webb, Beatrice: Pilgerfahrt nach Moskau. Passau 1998. S. 11-42.

[22] Corbach, Otto: Moskau als Erzieher. Erlebnisse und Einsichten aus Sowjet-Rußland. Leipzig 1923, S. 18 u. 27.

buch leicht spöttisch, aber im Kern anerkennend, in der Sowjetunion sei zu sehen, daß die Utopie verwirklicht werden könne.

> „Der Eindruck von der UdSSR ist positiv, in manchem überzeugend und glücklich – ja, rechte Narren-Utopien sind hier verwirklicht, wie Kolumbus-Eier auf den Kopf gestellt. Doch, man hat etwas begriffen [...]."
> „[...] wir sehen, dass es möglich ist, Utopien in Wirklichkeit zu verwandeln."[23]

Am emphatischsten und eindringlichsten zeigt sich der Bezug auf die Utopie in Johannes R. Bechers Grußbotschaft zum fünfundzwanzigsten Jahrestag der Oktoberrevolution 1942. Becher charakterisiert die Sowjetunion als Einlösung aller utopischen Träume. Sie wird bei ihm – ganz wie auch Bloch die Utopie faßt – zur Heimat des Menschlichen schlechthin.

> „Als ich 1917 versuchte, den Sieg der Großen Russischen Oktoberrevolution mit einem Gedicht zu feiern, geschah dies in dem Gefühl, daß mit dem Entstehen der Sowjetunion eine neue Menschenordnung, ein neuer Weltzustand geschaffen worden sei. [...] Vita Nuova, das Andere oder das Neue Leben, von dem die Dichter aller Zeiten geträumt haben, die Ankunft des ‚Reiches der Menschen‘, Grundriß und Baustätte eines anbrechenden Menschenzeitalters nach Jahrtausenden Götterherrschaft und Götterdämmerung, die zeitgemäße Verwirklichung des Vernunftstaates Platos, des Sonnenstaates eines Campanella, des Traums vom ‚Vollendeten Menschen‘ oder der ‚Utopia‘ eines Thomas Morus, auch die Erfüllung christlichen Ideals wie in der ‚Civitas Dei‘, die Wiederkehr der antiken Kalokagathie, des ‚Schönen-Guten‘, versinnbildlicht den Dichtern der Renaissance und der Klassik in Hellas, das Land der Sehnsucht, das ein Hölderlin in der ‚Unheilbarkeit des Jahrhunderts‘ mit der Seele gesucht hatte: ein visionärer Triumph ohnegleichen, ein jubelnder Einklang und Zusammenklang und eine Symphonie alles dessen war es, was mit der UdSSR mir in Zeitnähe erstand."[24]

Ähnlich beschreibt auch Gide die Erwartungshaltung, mit der er 1936 in die Sowjetunion fuhr: Auch bei ihm ist die Sowjetunion die Wahlheimat, die ersehnte Einlösung des Utopischen.

> „Wer vermöchte zu sagen, was Sowjetrußland für uns gewesen ist? Mehr als die Heimat, die wir uns wählten: ein Beispiel war sie, ein leuchtendes Vorbild. Dort hatte es sich zugetragen, was wir erträumten, was wir kaum

---

[23] Schwarzenbach, Annemarie: Notizen zum Schriftstellerkongreß in Moskau. In: dies.: Auf der Schattenseite. Basel 1990. S. 35-62, S. 51 u. 46.

[24] Becher, Johannes R.: Gruß des deutschen Dichters an die Sowjetunion. In: ders.: Gesammelte Werke, Bd. 16. Berlin u a. 1978. S. 135-143, S. 135f.

zu hoffen wagten und doch mit unserem ganzen Wollen, mit aller Kraft anstrebten. Es gab also ein Land, wo Utopisches die Chance fand, Wirklichkeit zu werden."[25]

Der utopische Blick auf die Sowjetunion manifestiert sich so in zweierlei Hinsicht: einmal in der – mehr oder weniger expliziten – Betrachtung der Oktoberrevolution und Sowjetunion als Einlösung der Utopie, beziehungsweise deren Möglichkeit, und zum anderen in der unwillkürlichen Adaption des Musters der Utopie in der Beschreibung der Sowjetunion. In der Tat erinnern die Konstellationen der Reisen und Berichte des *Retour de l'U.R.S.S.* der 1920er und 1930er Jahre in mehrerer Hinsicht an das Strukturmuster der klassischen Utopie. (1.) Die westliche, kapitalistische Welt und die Sowjetunion werden einander als Kritik und Alternative gegenübergestellt, ebenso die Verhältnisse vor und nach der Oktoberrevolution. (2.) Die Sowjetunion erscheint in den ersten Jahren nach der Revolution, in der Zeit des Bürger- und Interventionskrieges, wie Morus' Utopia als schwer zugängliche, isolierte, ferne Insel. In den Kriegsjahren waren die Verkehrsverbindungen fast gänzlich unterbrochen, auch in der ersten Zeit danach blieben Reisen umständlich. (3.) Die Sowjetunion bildete, analog zum autarken utopischen Staat, ein politisch und ökonomisch in sich abgeschlossenes System. (4.) Im Land hatten die Utopietouristen meist einen Reiseführer, der ihnen die Verhältnisse erklärte, vor allem die Delegationen und „literarischen Staatsbesuche". Aber auch für die Einzelreisenden stand mit der 1925 gegründeten WOKS, der Allunionsgesellschaft für kulturelle Verbindung mit dem Ausland,[26] eine Art institutionalisierter Reiseführer durch ‚Utopia' bereit. (5.) Die Utopietouristen wollten in der Regel die neuen Verhältnisse besichtigten. Fast alle besuchten Fabriken, Einrichtungen des Strafvollzugs, soziale und Bildungseinrichtungen sowie politische Versammlungen. In den meisten Fällen bleiben allerdings die Berichte bei einem impressionistischen, unverbundenen Beschreiben des Gesehenen und der Reiseeindrücke. (6.) In fast allen Reiseberichten wird auch der Grenzübergang als Übertritt in eine neue Welt beschrieben.[27] Er bedeutet nicht einfach einen Ortwechsel, er wird als ideologische, oftmals hoch emotional besetzte Passage beschrieben: als Verlassen der alten Welt und Eintritt in die neue. Bei Joseph Roth heißt es noch relativ nüchtern.

---

[25] Gide: Zurück aus Sowjetrußland, S. 49.
[26] VOKS – Vsesojuznoe obščestvo kul'turnoj svjazi s zagranicej.
[27] Vgl. Furler: Augen-Schein, S. 97ff.; Heeke: Reisen zu den Sowjets, S. 151ff.; Uhlig: Utopie oder Alptraum, S. 109ff.

„Es scheint doch, daß hier nicht eine gewöhnliche Grenze ist zwischen Land und Land, sie will eine Grenze sein zwischen Welt und Welt."[28]

Helene Stöcker dagegen beschreibt bei ihrer Reise zum zehnten Jahrestag der Oktoberrevolution den Grenzübertritt emphatisch als feierlichen Moment der Initiation und der Heimkehr in die „wahre Heimat".

„Es ist ein feierlicher Moment, als am Abend [...] plötzlich aus dem Dunkel der Nacht der Sowjetstern als leuchtendes Fanal vor uns aufschimmert: ein Lichterbogen zur Begrüßung – das Zeichen: hier betreten wir den Boden einer neuen Welt. Im ganzen Zug wird bei diesem Anblick spontan die Internationale in den verschiedensten Sprachen angestimmt. Jungen Menschen, die diese Grenzüberschreitung zum ersten Mal erleben, entringt sich das Bekenntnis: es sei, als ob sie in ihre Heimat kämen."[29]

(7.) Der utopischen Aufladung des Grenzübergangs als Übertritt in eine neue Welt korrespondiert, daß, wie bei Stöcker, Gide und Becher gesehen, die Sowjetunion in den *Retour de l'U.R.S.S.* als „wahre Heimat" betrachtet wird, als „Menschenheimat" und „Vaterland" des progressiven Teils der Menschheit. Der Topos ist, wie Franz Jungs Erinnerung an eine Maifeier in Murmansk während seiner ersten Rußlandreise 1920 zeigt, reine Utopie. Das Heimat-Bild war nicht an die reale Sowjetunion gebunden, sondern entsprang der eigenen Utopie-Suche.

„Es ist das große Erlebnis meines Lebens geworden. Das war es, was ich gesucht habe und wozu ich seit Kindheit ausgezogen bin: die Heimat, die Menschenheimat. Immer, wenn ich in den Jahren nachher mich vor die Niedertracht der Menschen gestellt sah, die abgrundtiefe Bosheit, Treulosigkeit und Verrat im Charakter des Menschen, auch der russischen Menschen, brauchte ich nur diesen 1. Mai in Murmansk ins Gedächtnis zurückzurufen, um mein inneres Gleichgewicht wiederzufinden."[30]

(8.) Der Aufladung des Grenzübergangs als utopische Passage entsprach auch eine entsprechende Inszenierung der Grenze von sowjetischer Seite aus. An den Eisenbahn-Grenzstationen[31] war über den Gleisen ein Torbogen aus Holz er-

---

[28] Roth: Reise nach Rußland, S. 123.
[29] Stöcker, Helene: Zum vierten Male in Rußland. In: dies.: Verkünder und Verwirklicher. Berlin 1928. S. 73-111, S. 74.
[30] Jung, Franz: Der Weg nach unten. Neuwied am Rhein u. a. 1961, S. 156.
[31] Die meisten kamen nach der Wiederaufnahme der Eisenbahnverbindung über die polnisch-sowjetische Grenzstation Negoreloe.

richtet.³² Durch ihn fuhren die Züge wie durch ein triumphales Eingangstor gleichsam in die neue Welt.³³ Auf dem Torbogen stand anfangs die Losung des *Kommunistischen Manifests*: „Proletarier aller Länder, vereinigt euch!". Um 1928 wurde auf dem Torbogen in Njegoreloje die Aufschrift geändert in: „Gruß den Werktätigen des Westens", und zur sowjetischen Seite hin, also an die Ausreisenden gerichtet, hieß es: „Der Kommunismus beseitigt alle Grenzen".³⁴ Die Losungen markierten jeweils den utopischen Anspruch: als Revolutionsaufforderung, als Begrüßung in der neuen Welt und in Richtung der Zurückfahrenden als Ausblick auf die Zukunft. In den Reiseberichten bildeten die Torbögen zunehmend einen festen Topos. Zum Teil wurden die mit ihnen verbundenen Erwartungen auch ironisch beschrieben oder deren Ernüchterung konstatiert.³⁵

Wenn bislang für die Sowjetunion-Reiseberichte der 1920er und 1930er Jahre der utopische Blick stark gemacht wurde, so ist das hinsichtlich des Umfangs einzuschränken. Die Frage nach dem Pro und Contra für die Sowjetunion als Aufbau einer neuen Welt stand fraglos im Zentrum der Sowjetunion-Reisen, aber nur ein kleiner Teil der Reiseberichte beschreibt die Sowjetunion als Utopie. Die utopischen *Retour de l'U.R.S.S.* waren die Domäne der linken Intellektuellen und der Arbeiterdelegationen. Und auch von deren Reiseberichten ist nur ein Teil im engeren Sinne als utopische Beschreibung zu verstehen. Er besteht im wesentlichen aus dem, was Trotzki spöttisch als „*Sozialismus* für radikale Touristen" bezeichnete.³⁶ Es sind Berichte, die anhand der Sowjetunion die eigenen sozialistischen Vorstellungen und ihre Einlösung beschreiben. Sie warben für die rückhaltlose Unterstützung der Sowjetunion als konkret gewordene Utopie. Daneben stehen die Reportagen von Journalisten,³⁷ die Berichte von Geschäftsreisenden, Beamten, Wissenschaftlern und Ingenieuren, die beruflich in der Sowjetunion waren, jene aus der Arbeit der Hungerhilfe 1921/1922 etc. Diese waren mehr oder weniger scharf in ihrer Kritik, von wohlwollend-prüfend

---

³² Vgl. die Abbildungen in Jarmatz, Klaus/ u. a.: Exil in der UdSSR. Leipzig 1979, Abb. 1 (o. S.); Uhlig: Utopie oder Alptraum (Cover); Oberloskamp: Fremde neue Welten, S. 96.

³³ In den französischen Sowjetunion-Reiseberichten wird der Torbogen z. T. auch als „arc de triomphe" bezeichnet (vgl. Oberloskamp: Fremde neue Welten, S. 96).

³⁴ Vgl. zu den Aufschriften Hecke: Reisen zu den Sowjets, S. 154.

³⁵ Vgl. ebd., S. 151ff.; Uhlig: Utopie oder Alptraum, S. 109ff.

³⁶ Trotzki: Verratene Revolution, S. 20; Trotzki zählt dazu namentlich u. a. die Webbs.

³⁷ Häufig erschienen sie nochmals als Buch, bspw. Gerhard Heile, Alfons Paquet, Theodor Seibert, Hans Vorst (d. i. Karl Johann v. Voss).

bis hin zur entschiedenen Ablehnung und Gegnerschaft. Sie bilden den weitaus größeren Teil der Reiseberichte.

Im folgenden sollen anhand exemplarischer Reiseberichte der utopische Blick auf die Sowjetunion und seine Entwicklung nachgezeichnet werden. Im Mittelpunkt stehen dabei die Fragen, was sie als utopische Alternative hervorheben und wie sie mit der inneren Utopisierung Rußlands nach 1917 korrespondieren. Herangezogen werden in erster Linie deutschsprachige Reiseberichte. Zuvor werden die historischen Rahmenbedingungen der Reisen der 1920er und 1930er Jahre skizziert.

Rahmenbedingungen der Sowjetunion-Reisen der 1920er, 1930er Jahre

In den ersten Jahren nach der Revolution war Rußland mehr oder weniger vom Ausland abgeschnitten. Mit dem Ersten Weltkrieg waren die Wirtschaftsbeziehungen und der Geschäfts- und Reiseverkehr zum Erliegen gekommen, insbesondere zu Deutschland. Seit Kriegsbeginn 1914 gab es keine deutschen Korrespondenten mehr vor Ort. Die deutsche Presse war überwiegend auf die Rußland-Berichterstattung in den mit Rußland verbündeten und den neutralen Ländern angewiesen. Der Bürgerkrieg und die Interventionen nach der Revolution verschärften die Isolation. Das bolschewistische Räte-Rußland wurde gegenüber dem Westen „nahezu in die Steinzeit moderner Kommunikation zurückgeworfen".[38] Bürger- und Interventionskrieg sowie die feindlichen Beziehungen zu Polen und den baltischen Staaten unterbrachen fast vollständig die Verkehrsverbindungen, sowohl auf dem Land- wie auf dem Seeweg. Selbst die Postverbindungen funktionierten nur sporadisch. 1917/1918 hatten nahezu alle ausländischen Korrespondenten Rußland verlassen, abgesehen von „jener Handvoll intellektueller Einzelgänger" wie John Reed und René Marchand, die sich den Bolschewiki anschlossen.[39] Vor diesem Hintergrund lebten zum einen die ersten Interpretationen der Revolution und der neuen Ordnung auf westlicher, insbesondere deutscher Seite von Gerüchten, kolportierten Fakten und den tradierten Rußlandklischees. Der Mangel an zuverlässigen, kontinuierlichen Nachrichten war eklatant. Zum anderen wurde das Rußlandbild von den Berichten der Emig-

---

[38] Koenen: „Indien im Nebel", S. 557.
[39] Ebd.; vgl. Reed, John: Ten days that shook the world. New York 1919 (dt.: Zehn Tage, die die Welt erschütterten. Hamburg 1922); Marchand, René: Pourquoi je me suis rallié à la formule de la révolution sociale. Petrograd 1919 (dt.: Warum ich mich der sozialen Revolution angeschlossen habe. Berlin 1919).

ranten, von deutschen Rückkehrern und zurückkehrenden Kriegsgefangenen bestimmt. Ihr vorherrschender Tenor über die Oktoberrevolution war: Gewalt, Zerstörung, „russisches Chaos", „Orgie plebejischer Zügellosigkeit", „letzte Steigerung der sozialen Anarchie" und die Beurteilung der Bolschewiki als rein zerstörerische Kraft.[40] Im gleichen Ton warnten auch antibolschewistische „Abwehr-Organisationen" wie das Generalsekretariat zum Studium des Bolschewismus und die Kulturliga vor der „Gefahr aus dem Osten".[41]

Mit dem Ende des Bürgerkrieges normalisierten sich die Kommunikations- und Verkehrsbeziehungen allmählich. Es wurde wieder möglich, unter halbwegs regulären Bedingungen nach Rußland zu reisen. Auch die Abkehr von der Praxis des Kriegskommunismus und die Wiederaufnahme von Handels- und diplomatischen Beziehungen – 1921 kam es zum Abschluß eines deutsch-russischen Handelsabkommens, 1922 zum Vertrag von Rapallo – nahm den schrillen Warnungen vor der „roten Gefahr" und dem „russischen Chaos" die Spitzen und ließ eine ruhigere Betrachtung Sowjetrußlands an ihre Stelle treten. Auch in konservativen Kreisen in Deutschland hoffte man auf Wiederbelebung der Wirtschaftskontakte und darauf, in Sowjetrußland einen Bündnispartner zu finden, um die Isolation des „Systems von Versailles" zu durchbrechen.

Das Informationsdefizit über das neue, bolschewistische Rußland war nach den Jahren der Isolation das Hauptreisemotiv. Zu den ersten, die nach dem Bürgerkrieg nach Sowjetrußland reisten, gehörten vor allem Journalisten und linke Sympathisanten. 1918, noch mitten im Bürgerkrieg, waren von deutscher Seite Alfons Paquet als Korrespondent der *Frankfurter Zeitung* – daneben war er auch als Presseattaché an der, nach dem Friedensschluß von Brest-Litowsk wiedereröffneten, deutschen Botschaft tätig – und Hans Vorst (Karl Johann von Voss) für das *Berliner Tageblatt* jeweils für einige Monate nach Moskau gekommen. Im April 1920 kam Alfons Goldschmidt, Wirtschaftsjournalist und seit 1919 Herausgeber der *Räte-Zeitung*; er fuhr als Vertreter der Interessengemeinschaft der Auswanderorganisationen nach Sowjet-Rußland. Ebenfalls 1920 kam Arthur Holitscher, Reiseschriftsteller und 1919 Mitbegründer des Bundes für proletarische Kultur, im Auftrag der amerikanischen Nachrichtenagentur *United Telegraph*.[42] In Goldschmidts und Holitschers Reiseberichten zeigt sich schon deutlich die Suche nach Alternativen.

---

[40] Vgl. Koenen: Vom Geist der russischen Revolution, S. 76f.
[41] Vgl. dazu die Bibliographie von Andreae: Das bolševistische Rußland.
[42] Vgl. Holitscher, Arthur: Drei Monate in Sowjet-Rußland. Berlin 1921.

Der Polit-Tourismus linker Sympathisanten wie Goldschmidt und Holitscher stieß umgekehrt auch bei der Sowjetregierung auf Interesse. Ihr lag daran, im Westen eine Gegenöffentlichkeit gegen die Furcht- und Horrorbilder der Emigranten von Verfall und Terror zu schaffen. Sie wollte der Weltöffentlichkeit zeigen, daß sie ihre junge Macht behauptet und sie „tatsächlich dabei war, eine neue Ordnung zu errichten".[43] Und noch hatte man das Ziel der Weltrevolution vor Augen. Höhepunkt des linken Polit-Tourismus in der Zeit war der II. Kongreß der Kommunistischen Internationale (Komintern), der vom 19. Juli bis zum 7. August 1920 in Petrograd und Moskau stattfand. Zu ihm kam eine große Anzahl von Vertretern der ausländischen kommunistischen und sozialistischen Parteien nach Sowjetrußland, unter anderem Werner Herzog vom linken Flügel der USPD, auf persönliche Einladung Karl Radeks der Arbeiterdichter Max Barthel, der französische Anarchist Maurice Vandamme und Franz Jung, der die Aufnahme der Kommunistischen Arbeiter-Partei Deutschlands (KAPD) in die Komintern als selbständige Sektion neben der KPD erreichen wollte. Die Reiseberichte[44] eröffneten mit ihren Beschreibungen von „dem Beginn des kommunistischen Zeitalters" und der „Weltrevolution auf dem Marsch"[45] das Muster der projektiven Utopie-Darstellung anhand der Sowjetunion.

1920 setzten auch schon die Arbeiter- und Gewerkschaftsdelegationen ein.[46] Sie wurden zu einem wesentlichen Teil des Utopietourismus. Die erste Delegation dürfte die des englischen Trade Union Congress im Mai 1920 gewesen sein, mit ihr fuhr unter anderen Bertrand Russel. Die Delegationen kamen in der Regel auf Einladung und Kosten (mit Ausnahme der Anreise) der sowjetischen Gewerkschaften. Beim Zentralrat der Gewerkschaften wurde eigens eine Kommission für Auslandsbeziehungen eingerichtet. Die Delegationsreisen waren auf öffentliche Wirksamkeit ausgerichtet. „Ein Ziel war es, politische Multiplikatoren" zu gewinnen.[47] Sie sollten in der westlichen Öffentlichkeit, insbesondere unter den Arbeitern, ein positives Bild vom Aufbau des Sozialismus in der Sowjetunion vermitteln und für ihre Unterstützung werben. Dem dienten die publizistischen Berichte über die Delegationsreisen,[48] ebenso setzte man auf den

---

[43] Koenen: „Indien im Nebel", S. 557.
[44] Vgl. zu ihnen ebd., S. 563ff.; Oberloskamp: Fremde neue Welten, S. 78ff.
[45] Jung, Franz: Reise in Rußland. Berlin 1920, S. 1 u. 28.
[46] Vgl. zu ihnen Hecke: Reisen zu den Sowjets, S. 83ff.
[47] Ebd., S. 85.
[48] Vgl. bspw. Was sahen 58 deutsche Arbeiter in Rußland; Im Lande der roten Fahne;

mündlichen Bericht der Delegationsteilnehmer in ihrem Umfeld. Ab Mitte der 1920er Jahre stieg der Delegationstourismus sprunghaft an. 1924 fuhr erneut eine englische Gewerkschaftsdelegation, 1925 die erste deutsche, 1926 die zweite. Vom Frühjahr 1925 bis Herbst 1926 waren es allein fünfundzwanzig Delegationen aus aller Welt. Zum ersten Fünfjahrplan kamen rund zweitausend Delegierte aus dreiunddreißig Ländern.[49] Neben den großen Delegationen fuhren viele kleinere Gruppen von Einzelgewerkschaften, Genossenschaften, von Frauenorganisationen zum Internationalen Frauentag, vom Roten Frontkämpferbund etc.

Mit der NEP intensivierten sich die Reisebeziehungen. Das Spektrum der Reisenden nahm über die Komintern-Vertreter und den Kreis der linken Sympathisanten hinaus erheblich zu. Der Rapallo-Vertrag führte für deutsche Reisende zu Erleichterungen der Reisebedingungen. Seit 1921 schickten die ausländischen Zeitungen wieder feste Korrespondenten, vermehrt reisten Journalisten auch für Reportagen in die Sowjetunion. Neben ihnen kamen Handels- und Geschäftsreisende, Ingenieure und Facharbeiter im Auftrag ihrer Firmen, Beamte und Militärs im staatlichen Auftrag, auch der Wissenschafts- und Kulturaustausch zwischen Deutschland und Rußland nahm wieder zu. Zu touristischen Reisen – in Abgrenzung zu beruflichen Reisen und den Delegationen – kam es dagegen im nennenswerten Maße erst ab Ende der 1920er Jahre. Der Grund dafür lag vor allem in der restriktiven sowjetischen Visapolitik.

Den zweiten Kulminationspunkt der Sowjetunion-Reisen bildeten die Hilfsaktionen zur Hungerkatastrophe 1920/1921. In dem Rahmen fuhren neben Vertretern der westlichen Hilfsorganisationen auch eine Reihe von Journalisten und Beobachtern in die Hungergebiete an der Wolga und im Süden Rußlands. Im Dezember 1921 gründete Münzenberg im Auftrag von Lenin die Internationale Arbeiterhilfe (IAH) als eigene linke Hilfsorganisation.[50] Sie blieb auch nach

---

1/6 der Erde unser!; Rußland. Offizieller Bericht der englischen Gewerkschaftsdelegation nach Rußland und dem Kaukasus. Berlin 1925. Der Bericht der ersten deutschen Delegation, *Was sahen 58 deutsche Arbeiter in Rußland*, hatte eine Erstauflage von 100.000 Exemplaren und kostete 50 Pf. Laut Verlag war sie innerhalb eines Tages ausverkauft, so daß man eine 2. Auflage von 30.000 Exemplaren nachdruckte (vgl. Hecke: Reisen zu den Sowjets, S. 87 u. 543f.).

[49] Vgl. Jarmatz/ u. a.: Exil in der UdSSR, S. 27.

[50] Die Vorläuferorganisation war schon im August 1921 gegründet worden. Im Vergleich zu anderen Hilfsorganisationen war das Spendenaufkommen der IAH allerdings gering (vgl. zur IAH Oberloskamp: Fremde neue Welten, S. 61ff.; Lersch, Edgar: Hungerhilfe und Osteuropakunde. In: Koenen, Gerd/ u. a. (Hrsg.): Deutschland

Ende der Hilfsaktionen bestehen. Die sowjetische Führung war daran interessiert, die während der Hungerhilfe entstandenen Beziehungen zu verstetigen. Sie sollten zur Belebung des kulturellen und wissenschaftlichen Austauschs sowie zur Stärkung der prosowjetischen Gegenöffentlichkeit in den westlichen Ländern genutzt werden. Münzenberg baute die IAH in den folgenden Jahren zu einem linken Medien- und Propagandaimperium aus. Sie war an verschiedenen Verlagen beteiligt. Zu nennen ist vor allem der Neue deutsche Verlag, über ihn gab die IAH mehrere Zeitungen und Zeitschriften heraus (u. a. die *Arbeiter Illustrierte Zeitung*). Sie kontrollierte den Buchclub Universum-Bücherei für Alle. Über ihre Filmfirmen organisierte sie den Verleih sowjetischer Filme im Ausland. Auch an der Vermittlung und Organisation der Arbeiterdelegationen war sie führend beteiligt. Hatte die IAH schon als Hungerhilfsaktion dazu beigetragen, linke Intellektuelle und Künstler um Sowjetrußland zu sammeln, band sie sie in der Folgezeit gleichsam im Namen der Utopie ein.

Ein dritter Kulminationspunkt der Sowjetunion-Reisen waren die Revolutions- und Maifeierlichkeiten. Sie waren nicht zuletzt Inszenierungen des utopischen Anspruchs: sowohl als Vergewisserung der Revolution als auch als Vor- und Leistungsschau der Utopie. Zu ihnen wurden zahlreich Sympathisanten aus dem Ausland eingeladen.[51] Höhepunkt war die Feier zum zehnten Jahrestag der Oktoberrevolution 1927. Dieser wurde besonders begangen. Im Anschluß an die zentralen Feierlichkeiten fanden in Moskau ein Kongreß der *Freunde der Sowjetunion*, eine internationale Frauenkonferenz und die Erste internationale Konferenz revolutionärer Schriftsteller, auf der die Internationale Vereinigung Revolutionärer Schriftsteller (IVRS) gegründet wurde, statt. Am Kongreß der *Freunde* nahmen knapp tausend Delegierte aus dreiundvierzig Ländern teil, die größte Gruppe war mit hundertsiebzig Teilnehmern die deutsche. Es war gleichsam ein Spitzentreffen der europäischen linken Intellektuellen und Schriftsteller: von Henri Barbusse über Helene Stöcker, Johannes R. Becher und Käthe Kollwitz bis zu Panaït Istrati und Nikos Kanzantzakis. Ein Teil der Delegierten fuhr im Anschluß noch auf Delegationsreise durch die Sowjetunion. Einen ähnlichen Höhepunkt des linksintellektuellen Polit-Tourismus bildete der Erste Allunionskongreß der Sowjetschriftsteller 1934 in Moskau. Zu ihm waren ebenfalls zahlreiche linke Schriftsteller aus dem Ausland eingeladen worden. Die

und die Russische Revolution 1917-1924. München 1998. S. 617-645).

[51] Ab 1929 wurden von der sowjetische Reiseagentur Intourist auch speziell Reisen zu den Revolutionsfeierlichkeiten angeboten (vgl. Heeke: Reisen zu den Sowjets, S. 76).

deutschen Teilnehmer kamen dabei alle aus dem Exil. Die Reiseberichte über ihn zeigen, daß die Sowjetunion schon deutlich als Gegenkraft zum Faschismus wahrgenommen wurde.

Mit den ersten beiden Fünfjahrplänen kam es zur weiteren Intensivierung des utopischen Blicks auf die Sowjetunion: einmal in der Beschreibung als realisierte Utopie wie etwa *Soviet Communism: A new civilisation* von den Webbs und Weiskopfs *Zukunft im Rohbau*,[52] zum anderen mit Stadt- und Architekturentwürfen für den Aufbau. Die Sowjetunion wurde zum utopischen Experimentierfeld für westliche Stadtplaner und Architekten wie Ernst May, Hannes Meyer, Grete Schütte-Lihotzky, Bruno Taut und Le Corbusier. Eingeladen von der sowjetischen Regierung, beteiligten sie sich am Bau der neuen Industriestädte, etwa Magnitogorsk, Awtostroj und Kusnezk. Sie entwarfen Generalbebauungspläne, Wohnsiedlungen, Sozial- und Gesellschaftsbauten, Fabriken etc.; ebenso auch für den Umbau Moskaus Anfang der 1930er Jahre.[53] Innere und äußere Utopisierung Rußlands 1917 verschränkten sich hier. Die Sowjetunion wurde von westlicher Seite nicht nur als realisierte Utopie beschrieben, man entwarf sie als Utopie mit.

Die Machtergreifung Hitlers führte zur Zäsur für den deutschen Utopietourismus. Zwar gab es auch vom westlichen Exil aus noch Reisen deutscher Linksintellektueller in die Sowjetunion, etwa zum Schriftstellerkongreß 1934, aber im Vergleich zu den Jahren davor ist deren Anzahl marginal. International dagegen nahm der Sowjetuniontourismus zu. Zugleich stieg nach 1933 das politische Ansehen der Sowjetunion. 1933 nahmen die USA und die Sowjetunion miteinander diplomatische Beziehungen auf, 1934 trat sie dem Völkerbund bei. Die Sowjetunion wurde zunehmend als Gegenkraft zum Faschismus gesehen. Das Bild des utopischen Aufbaus des Fünfjahrplans blieb daneben weiter bestehen, rückte aber teilweise in den Hintergrund. Die Schauprozesse und der stalinistische Terror führten unter den Linksintellektuellen dann zu einer ersten Ernüchterung – auch wenn sie von nicht wenigen ignoriert oder verteidigt wurden, gerade im Namen der Sowjetunion als Gegenkraft zum Faschismus, so etwa Feuchtwanger in *Moskau 1937*.[54] Viele kehrten sich jedoch unter ihrem Ein-

---

[52] Vgl. Weiskopf, Franz Carl: Zukunft im Rohbau. Berlin 1932.
[53] Vgl. zu May und den anderen in der Sowjetunion Flierl, Thomas (Hrsg.): Standardstädte. Berlin 2012; Huber, Benedikt: Die Stadt des neuen Bauens. Zürich u. a. 1993, S. 45ff.; Jarmatz/ u. a.: Exil in der UdSSR, S. 326ff.
[54] Feuchtwanger, Lion: Moskau 1937. Amsterdam 1937; vgl. zu Feuchtwangers *Moskau*

druck von der Sowjetunion ab. Nach 1937 kamen auch keine westlichen Linksintellektuellen mehr auf Reisen in die Sowjetunion. Der zweite und entscheidendere Schock war der Hitler-Stalin-Pakt 1939. Für viele der prosowjetischen Linksintellektuellen bedeutete er den regelrechten Zusammenbruch ihrer Überzeugungen und ihres Glaubens an die Sowjetunion. Beatrice Webb notierte am 23. August 1939 in ihrem Tagebuch: „Ein Tag heiligen Schreckens", und zwei Tage später:

> „Der deutsch-sowjetische Pakt sieht nach einer großen Katastrophe für alles aus, was die Webbs vertreten haben. [...] ich bin wie vor den Kopf geschlagen [...] eine Allianz mit Hitlerdeutschland einzugehen, ist ein entsetzlicher Bruch des Vertrauens und der Integrität. [...] Unterdessen befinde ich mich in einem Zustand des Zusammenbruchs."[55]

Erst der Überfall Hitlerdeutschlands auf die Sowjetunion 1941 und der weitere Kriegsverlauf ließen die Kritik an Stalin und seiner Außenpolitik in den Hintergrund treten. Die Sowjetunion wurde wieder zur Gegenkraft zum Faschismus, ohne die der Krieg gegen Hitlerdeutschland nicht zu gewinnen war. Für die Webbs festigte sich damit auch wieder der Glaube an die Sowjetunion als „neue Zivilisation". Doch in der Mehrheit hatte sich der utopische Blick auf die Sowjetunion nach dem Zweiten Weltkrieg erschöpft. An die Faszination des Aufbruchs in die Utopie durch die Oktoberrevolution war in dem Sowjetunion-Bild nach 1945 nicht mehr anzuknüpfen.

Der Utopietourismus wurde von der sowjetischen Führung frühzeitig gefördert, mit dem Ziel, im Westen eine prosowjetische Gegenöffentlichkeit zu schaffen. Gezielt lud man Intellektuelle und Schriftsteller des linksliberalen Milieus ein, über die Sowjetunion zu berichten,[56] insbesondere bemühte man sich um die Sympathisanten aus nichtkommunistischen Kreisen. Die Reisenden wurden in der Regel großzügig finanziell unterstützt und umfänglich betreut.

1937 Hartmann.
[55] Webb: Pilgerfahrt nach Moskau, S. 132f.
[56] Weitere Formen der Gegenöffentlichkeit waren die Gründung prosowjetischen Gesellschaften und Zeitschriften bzw. Publikationsreihen (z. B. die *Kleine Bibliothek der Russischen Korrespondenz*), vgl. dazu Lersch, Edgar: Die Selbstdarstellung der sowjetischen Kultur und Kunst im Ausland 1917-1929. In: Erler, Gernot/ u. a. (Hrsg.): Von der Revolution zum Schriftstellerkongreß. Berlin 1979. S. 50-80; Oberloskamp: Fremde neue Welten, S. 60ff. Ein nachhaltiges Ereignis in dem Kontext war auch die vom Narkompros veranstaltete *Erste Russische Kunstausstellung* in Berlin im Herbst 1922 (im Mai 1923 wurde sie auch in Amsterdam gezeigt), an ihrer Organisation war die IAH beteiligt.

Das gilt auch für jene, die nicht zu den großen Delegationen und „literarischen Staatsbesuchen" (Hartmann) zählten; wobei aber durchaus deutliche Abstufungen im Grad der Betreuung zu beobachten sind.[57] Man organisierte für sie Unterkunft, bezahlte sie in vielen Fällen auch, stellte ihnen Dolmetscher zur Verfügung, ermöglichte eine bevorzugte Verpflegung (bei der zeitweise katastrophalen Versorgungslage wäre es ohne zum Teil auch kaum gegangen), übernahm die Organisation der Reisen im Land und bot Besichtigungsprogramme an. In der Regel besuchte man Fabriken und auch Kolchosen, Einrichtungen des Strafvollzugs – vor allem das Lefortowo-Gefängnis in Moskau und die Jugendarbeitskolonie Bolschewo –, Einrichtungen des Sozial- und Gesundheitswesens (u. a. Sanatorien, Kinderheime, Einrichtungen des Mutter- und Kinderschutzes), im Bildungsbereich bevorzugt Fabrikschulen als Modell der neuen Einheit von Arbeit und Schule, im Kulturbereich Arbeiterklubs und Kulturparks sowie politische Versammlungen.

Auch Gespräche mit den Mitgliedern der politischen Führung scheinen in der ersten Zeit oft Teil des Programms gewesen zu sein. In vielen Reiseberichten der frühen 1920er Jahre wird von Treffen mit Bucharin, Trotzki, Radek, Kollontaj, Lunatscharski, Kamenew, Sinowjew, Rykow und selbst Lenin berichtet. Das brachte, wie Koenen konstatiert, für die Reisenden eine „eigentümlich intime Atmosphäre aus Vertrautheit und Bewunderung" für „diese junge Macht". Diese wirkte in den ersten Jahren „noch ganz improvisiert und unzeremoniell" mit den Zügen eines „bohèmienhaften Feldlagers".[58] Später verlor sich das. Derartige Begegnungen gab es nicht mehr. Wo die reisenden Intellektuellen noch mit der Führung zusammenkamen – wie Rolland, Barbusse und Feuchtwanger, die bei Stalin zum Gespräch waren –, hatten die Begegnungen den Charakter von „literarischen Staatsbesuchen" und Audienzen.

Die Unterstützung der Utopietouristen erfolgte nicht nur durch organisatorische Betreuung. Man lud sie zu Lesungen und Vorträgen und brachte Interviews mit ihnen in den Zeitungen. Im Falle von Schriftstellern wurden deren Werke häufig in großer Auflage herausgebracht, entweder schon im Vorfeld der Reisen oder man schloß mit ihnen Verträge über die Veröffentlichung ihrer Bücher in der Sowjetunion. Neben dem Gefühl der Hochschätzung brachte das ganz pragmatisch finanzielle Vorteile, da meist auch für frühere Veröffentlichungen und

---

[57] Vgl. Oberloskamp: Fremde neue Welten, S. 217ff.
[58] Koenen: „Indien im Nebel", S. 558. In gewisser Weise lassen sich diese Gespräche auch als Reminiszenz an die Exilzeit vor der Revolution sehen.

Ausgaben in der Sowjetunion Tantiemen nachgezahlt wurden, wie O'Flaherty in seinem Reisebericht schreibt.[59] Einige der Reisenden konstatierten, daß sie mit den Tantiemen und Honoraren so viel Geld zur Verfügung hatten, daß sie es gar nicht ausgeben konnten.[60]

Für die Betreuung der Utopietouristen hatte man eine eigene Organisation eingerichtet: die Allunionsgesellschaft für kulturelle Verbindung mit dem Ausland (WOKS). Sie war 1925 gegründet worden, um den Kultur- und Wissenschaftsaustausch mit dem Ausland zu organisieren sowie die Außendarstellung der Sowjetunion zu verbessern; auch die Zusammenarbeit mit den westlichen Freundschaftsgesellschaften lief über sie.[61] Geleitet wurde die WOKS – wie auch ihr Vorläufer, das Vereinigte Büro der Information (OBI) – bis 1929 von Olga D. Kamenewa (1883-1941), der Schwester Trotzkis.[62] Häufig wird die WOKS in den Reiseberichten daher auch als Organisation oder Institut Kamenewa bezeichnet.[63] In den 1920er Jahren war die WOKS die zentrale Institution zur Organisation und Betreuung der Delegationen und ausländischen Reisenden.[64] Ihre Aufgaben waren unter anderem: das Bereitstellen von Dolmetschern und Reisebegleitern, (kostenlosen) Theaterkarten und Ausweisen etwa für die Benutzung von Bibliotheken, die Vermittlung von Hotelzimmern, die Organisation der politischen Besichtigungsprogramme (d. h. von Fabriken, sozialen Einrichtungen etc.) sowie auch touristischer Touren, ebenso von Vortragsabenden mit den ausländischen Gästen.

---

[59] Vgl. O'Flaherty: Ich ging nach Rußland, S. 171.

[60] Einige berichten, daß ihnen die Honorare in Rubel ausgezahlt wurden und sie diese nicht umtauschen und ins Ausland mitnehmen konnten. Andere dagegen erhielten sie z. T. in Valuta und auch ins Ausland gezahlt (vgl. Oberloskamp: Fremde neue Welten, S. 222).

[61] Zur VOKS und ihrer Vorgeschichte vgl. Heeke: Reisen zu den Sowjets, S. 26ff.

[62] Obwohl sich Ol'ga D. Kameneva von ihrem Mann Lev B. Kamenev getrennt hatte, wurde sie nach dessen Hinrichtung 1936 ebenfalls verhaftet; 1941 wurde sie im Gefängnis erschossen.

[63] Bspw. Benjamin, Walter: Moskauer Tagebuch. In: ders.: Gesammelte Schriften, Bd. 6. Frankfurt a. M. 1985. S. 292-409 („Institut der Kamenewa").

[64] Neben ihr unterhielten die einladenden Institutionen (Gewerkschaften, die Volkskommissariate, die Akademie der Wissenschaften etc.) aber auch eigene Auslandskontakte. Mit der Übernahme des touristischen Reiseverkehrs durch die Handelsflotte (Sovtorgflot) und die 1929 gegründete staatliche Reiseagentur Intourist ging die Zahl der betreuten Personen zurück. Die VOKS blieb aber weiterhin zentraler Ansprechpartner für die Sowjetunion-Reisenden, die nicht in rein touristischer Absicht kamen (vgl. Heeke: Reisen zu den Sowjets, S. 27ff.).

Die umfangreiche und zentral gelenkte Betreuung der Utopietouristen, die Delegationsreisen mit ihrem offiziellen Programm, die privilegierten Reisebedingungen und die verschiedenen Formen der Umwerbung gegenüber den linksintellektuellen Sympathisanten führten in bezug auf die Reiseberichte immer wieder zum Vorwurf einer manipulierten Wahrnehmung. Die Reisenden seien einerseits durch die „Techniken der Gastfreundschaft" (Margulies) gezielt beeinflußt und in ihrer Wahrnehmung korrumpiert worden. Zum anderen habe man sie durch „gelenkte Besichtigungsprogramme" über die wahren Verhältnisse getäuscht, man habe sie, abgeschottet von der Realität und durch die Dolmetscher und Reiseleiter kontrolliert, durch Potjomkinische Dörfer geführt. Der Reisende der „politischen Pilgerfahrten" in die Sowjetunion der 1920er und 1930er Jahre sei ein getäuschter und sich selbst täuschender Gast gewesen. Dieser Vorwurf der Manipulation ist, wie Hecke und Oberloskamp zeigen, stark zu relativieren. Ihm liegt einerseits eine Überschätzung der Möglichkeiten zur Beeinflussung und Täuschung der Reisenden zugrunde; zumal von diesen selbst durchgängig der Versuch der Beeinflussung und Täuschung als präsenter Topos reflektiert wird. Zum anderen wurde das volle „Register der Gastfreundschaft" nur für einen kleinen Teil der Reisenden gezogen, wie für Feuchtwanger und Gide, bei dem die Wirkung ins genaue Gegenteil umschlug. Für die anderen ist das Bild der privilegierten Reisebedingungen sehr zu differenzieren.[65] Heeke und Oberloskamp zeigen die beiden Aspekte detailliert in der Analyse der Reiseberichte auf.[66] Darauf soll hier nicht weiter eingegangen werden.

In bezug auf die Utopie-Frage ist jedoch noch ein weiterer Aspekt hervorzuheben. Dem utopischen Blick der Sowjetunion-Reisenden entsprach auf Seiten der Sowjetunion das Bedürfnis, sich als realisierte Utopie zu präsentieren, beziehungsweise als sich realisierende. Man sah sich, das zeigen die Reiseberichte der ersten Jahre deutlich, als Avantgarde der Weltrevolution, als beginnende Zukunft der Menschheit. Man wollte zeigen, was mit der Oktoberrevolution eröffnet wurde, was an neuen menschlichen Beziehungen und gesellschaftlichen Verhältnissen entsteht. Es ging um das, was sein wird. Man agierte im Vorgriff auf die Zukunft. Dieser utopische Horizont ist mit dem Vorwurf der „manipulierten Wahrnehmung" nicht zu fassen. Für die Betrachtung der Sowjetunion als

---

[65] Vgl. Oberloskamp: Fremde neue Welten, S. 217.
[66] Sie zeigen u. a., daß die Reisenden, die nicht im Rahmen von Delegationen oder als „literarische Staatsgäste" wie Gide kamen, in der Wahl des Besichtigungsprogramms weitgehend frei waren.

Utopia ist vielmehr zu fragen, wo einerseits die utopische Selbstdarstellung im Verhältnis zum Anspruch brüchig und zum Instrument wird und wo anderseits der utopische Blick zur Beschwörung wird – das heißt, wo die Darstellung als realisierte Utopie zur Ideologie wird.

Morus in Moskau. Die Utopie als Betrachtungsmuster

Zu den ersten Intellektuellen in Deutschland, die die Oktoberrevolution begrüßten, gehörten die linken Angehörigen der künstlerischen und literarischen Avantgarde, insbesondere aus dem Linksexpressionismus und der Lebensreformbewegung.[67] Ihr Blick auf Sowjetrußland bestimmte die erste Phase des utopischen Blicks. Sie sahen in den kulturrevolutionären Ansätzen in der Zeit des Kriegskommunismus ihre eigenen utopischen Vorstellungen von der Überwindung der bürgerlichen Gesellschaft verwirklicht. Die Revolution beflügelte ihre Hoffnung auf den Neuen Menschen und eine Gesellschaft, in welcher der einzelne in der Gemeinschaft aufgehoben wird und der Kunst eine sinnstiftende Aufgabe erwächst. Für den utopischen Blick hieß das: Das junge Sowjetrußland wurde unter der Perspektive eines radikalemanzipatorischen und erlösten Neuen Menschen betrachtet. In der Praxis des Proletkults und der Avantgarde, den frühsowjetischen Bildungsexperimenten und den kulturrevolutionären Ansätzen einer Neuen Lebensweise schienen sich die Visionen eines ganzheitlichen und befreiten Neuen Menschen zu verwirklichen. Bolschewistische „Weltrevolution" und expressionistische „Weltwende" gingen in eins.

Die Zäsur kam wie in der inneren Utopisierung mit der NEP. Sie bewirkte auch im Blick von Außen auf die Sowjetunion eine Ernüchterung. Mit ihr sah man die radikalen utopischen Experimente des Kriegskommunismus beendet und die Sowjetunion zu den „Grundsätzen wirtschaftlicher Vernunft" zurückkehren, von einem Teil wurde die NEP schon als Übergang zum Kapitalismus gesehen.[68] Mit der NEP und ihrer neuen Bourgeoisie schien, wie Roth voller Enttäuschung klagt, die Revolution zu verbürgerlichen. Statt des Neuen Menschen erziehe sie „proletarische Spießbürger" und „rote Tartüffes".

> „In Rußland aber ‚verbürgerlicht' sie [die Revolution]. Fast aller revolutionärer Ideen, Einrichtungen, Organisationen hat sich der kleinbürgerliche

---

[67] Vgl. Oberloskamp: Fremde neue Welten, S. 51. u. 161ff.
[68] Vgl. O'Sullivan: Furcht und Faszination, S. 117ff.

Geist bemächtigt, der in der Politik schon lange sichtbar ist, der den Heroismus liquidiert, die Bürokratie aufbaut [...]."[69]

Mit dem utopischen Aufschwung in der Zeit der Fünfjahrpläne kam es auch von Außen zu einem neuen utopischen Blick auf die Sowjetunion. An die Stelle der Emanzipations- und Erlösungsutopien des Neuen Menschen trat dabei ein staatsorientierter Aufbau- und Fortschrittsutopismus. Er bestimmte jetzt den Blick auf die Sowjetunion. Mit ihrem enormen wirtschaftlichen Aufbau ab Ende der 1920er Jahre[70] erschien die Sowjetunion als Gegenbild zur Wirtschaftskrise und Massenarbeitslosigkeit in den westlichen Ländern.[71] Nach 1933 kam als weitere Komponente die Gegenkraft zum Faschismus hinzu. Die Sowjetunion wurde als vernunftgemäße Ordnung herausgestellt: Gegenüber den ökonomisch und politisch versagenden westlichen Demokratien stehe sie, so etwa die Webbs, als Alternative und Wegweiser für Reformen.

Gerade das Beispiel der Webbs zeigt, daß der utopische Blick auf die Sowjetunion wesentlich aus der Krisenerfahrung der eigenen, westlichen Gesellschaften erwuchs. Der Wandel ihrer Haltung gegenüber der Sowjetunion[72] ist typisch für die Ausbildung des zweiten utopischen Blicks auf die Sowjetunion unter den westlichen Linksintellektuellen. Die Webbs standen dem Oktoberumsturz und den Bolschewiki anfangs entschieden ablehnend gegenüber. Sie verurteilten sie als terroristische „Glaubens-Autokratie" und „Sklavenstaat". Ihr Blick wandelte sich Ende der 1920er, Anfang der 1930er Jahre. Hintergrund des Wandels war das Scheitern ihrer eigenen sozialreformerischen Bestrebungen, die Weltwirtschaftskrise mit Massenarbeitslosigkeit und sozialem Elend sowie der Aufstieg des Faschismus.[73] Aus diesen Erfahrungen heraus verfestigte sich für die Webbs wie für viele andere Linksintellektuelle der Eindruck, daß die westlichen Demokratien nicht in der Lage sind, die Probleme der Zeit zu lösen. Demgegenüber rückte die Sowjetunion als Alternative in den Blick. Ihr „rasche[r] industrielle[r] Aufbau mit all den Kraftwerken, Kanalbauten, Riesenbe-

---

[69] Roth: Reise nach Rußland, S. 207.

[70] Nachdem die industrielle Bruttoproduktion erst 1927 wieder den Vorkriegsstand erreicht hatte, stieg sie bis 1937 auf knapp 600 % gegenüber 1913 (vgl. Hildermeier: Geschichte der Sowjetunion, S. 1173).

[71] Z. B. Kuczynski, Jürgen: Sterbender Kapitalismus – Aufblühender Sozialismus. In: Die Rote Fahne vom 7. November 1931.

[72] Vgl. dazu die in *Pilgerfahrt nach Moskau* zusammengestellten Dokumente von Beatrice Webb.

[73] Vgl. Weckerlein: „Die Webbs", S. 12.

trieben, mit den abenteuerlichen Polarflügen und Forschungsexpeditionen, dem facettenreichen und vom Staat hoch subventionierten Kulturleben"[74] und der vitale Aufbruchsgeist weckten Bewunderung. In ihr schien die Politik von Vernunft, Planmäßigkeit und Gemeinwohl geleitet und der Mensch vom „Fluch des Profits" befreit. Die Unterdrückung und der Terror traten demgegenüber in den Hintergrund. Sie wurden als Übergangserscheinung und Reste der gewaltsamen Geschichte und Rückständigkeit Rußlands erklärt.

Alfons Goldschmidt – Utopie in den Startlöchern

Zu den ersten Deutschen, die – nach Paquet und Vorst – nach Sowjetrußland reisten, gehörte der Wirtschaftspublizist Alfons Goldschmidt (1879-1940). Er fuhr von Ende April bis Anfang Juni 1920 mit einer Delegation der Interessengemeinschaft der Auswanderorganisationen nach Sowjet-Rußland (IGAO).[75] Die IGAO-Delegation „sollte mit der Sowjetregierung vereinbaren, wann und unter welchen Voraussetzungen deutsche Facharbeiter übersiedeln könnten, und sich an Ort und Stelle mit den Arbeits- und Lebensbedingungen vertraut machen."[76] Mit dem Rowohlt-Verlag hatte er außerdem eine Darstellung der Wirtschaftsordnung Sowjetrußlands vereinbart.[77] Bei Rowohlt erschien auch sein Reisebericht *Moskau 1920*.[78]

Goldschmidt kam aus bürgerlichem jüdischem Elternhaus. Nach dem Studium – er promovierte in Staatswissenschaften über Tolstois Sozialethik – begann er als Redakteur bei der Finanzzeitschrift *Plutus*. Daneben arbeitete er als Dozent an der Arbeiterbildungsschule in Potsdam. 1907 wurde er Wirtschaftsjournalist beim *Berliner Tageblatt*, 1909 leitender Handelsredakteur im Ull-stein-Pressekonzern. 1911 machte er sich mit einer Finanz- und Wirtschaftskorrespondenz selbständig. Politisch vertrat er eine linksliberale Haltung. Seine po-

---

[74] Kopelew, Lew: Fragen bleiben. In: Koenen, Gerd/ u. a. (Hrsg.): Deutschland und die Russische Revolution 1917-1924. München 1998. S. 805-826, S. 820.

[75] Ein Teil der Delegation war bereits im März gefahren, Goldschmidt folgte mit Hugo Gumprich, dem Delegationsleiter, einen Monat später. Zur gleichen Zeit fuhr auch die erste englische Gewerkschaftsdelegation nach Sowjetrußland. Man traf mehrfach zusammen, teilte auch die Rückfahrt, hielt aber Distanz zueinander.

[76] Kießling, Wolfgang: Ein Zeitzeugnis und sein Verfasser werden betrachtet. In: Goldschmidt, Alfons: Moskau 1920. Berlin 1987. S. 7-98, S. 35.

[77] Goldschmidt, Alfons: Die Wirtschaftsorganisation Sowjet-Rußlands. Berlin 1920.

[78] Im folgenden zitiert mit der Sigle Moskau 1920 nach Goldschmidt, Alfons: Moskau 1920. Berlin 1987.

litische Neuorientierung erfolgte 1917/1918. Unter dem Eindruck der Oktoberrevolution und der Novemberrevolution schloß er sich erst dem Kreis um die USPD, dann dem um die KPD an. Für kurze Zeit war er Redakteur bei der USPD-Zeitung *Die Republik*, von 1919 bis 1921 gab er mit Philipp Dengel, später Mitglied des ZK der KPD, die *Räte-Zeitung* heraus, eine zweimal in der Woche erscheinende Wirtschaftszeitung für Arbeiter. Sie trug anfangs den Zusatz: *Organ der Kopf- und Handarbeiter*, dann: *Erste Zeitung der Hand- und Kopfarbeiterräte Deutschlands*. Ab Anfang 1920 firmierte sie als *Organ der Interessengemeinschaft der Auswanderorganisationen nach Sowjet-Rußland und der Erwerbslosenräte Deutschlands*. In den folgenden Jahren engagierte sich Goldschmidt für die KPD – ohne jedoch Mitglied zu sein – und in der IAH.[79]

Goldschmidts Reisebericht *Moskau 1920* erschien im Sommer 1920 noch vor seiner Analyse *Die Wirtschaftsorganisation Sowjet-Rußlands*. Der Verlag kündigte das Buch groß an, in der Wochenzeitschrift *Das Tage-Buch* erschienen sechs Kapitel als Vorabdruck. Die erste Auflage betrug elftausend Exemplare. Sie war innerhalb weniger Tage vergriffen. Rowohlt berichtete Goldschmidt, die Käufer hätten vor dem Verlag Schlange gestanden.[80] Das Buch traf sichtlich auf ein Bedürfnis nach Information und Positionsklärung zu Sowjetrußland. Die Kritik war polarisiert: auf der einen Seite Begeisterung, auf der anderen höhnischer Verriß.

Moskau 1920 ist kein chronologisches Reisetagebuch, auch keine systematische Darstellung seiner Erlebnisse und Eindrücke. Es hat den Charakter anekdotischer Impressionen in einem euphorischen, burschikosen Ton. Goldschmidt bezeichnet es im Vorwort als „anekdotische Anfeuerung in heftigen Geburtszeiten", als „Skizze eines Gewaltigen" (Moskau 1920, 102). Er entwirft von Sowjetrußland das Bild einer Utopie in den Startlöchern: In Sowjetrußland erlebe man derzeit die Geburt der sozialistischen Gesellschaft. Die Oktoberrevolution habe mit der Aufhebung des Privateigentums an den Produktionsmitteln die Grundlagen des Sozialismus geschaffen, doch bis zu seiner Vollendung sei es noch ein weiter Weg.

> „Sowjetrußland [...] ist noch keine sozialistische Gesellschaft. Die Kommunistische Partei Rußlands hat das Eigentum an Produktionsmitteln be-

---

[79] Zum weiteren Lebensweg Goldschmidts vgl. Kießling: Ein Zeitzeugnis und sein Verfasser, S. 57ff. 1933 emigrierte Goldschmidt über die Sowjetunion in die USA, 1938 ging er nach Mexiko, wo er 1940 starb.

[80] Vgl. ebd., S. 87.

seitigt und damit den Sozialismus vorbereitet. Doch von hier bis zum durchgeführten Sozialismus ist noch eine hübsche Strecke." (Moskau 1920, 143)

Die zentralen Vokabeln in Goldschmidts *Moskau 1920* sind „noch" – es gibt noch Teile der alten Bourgeoisie, noch „Kleiderschichtung", noch Bettler; und zum anderen „noch nicht" und „erst wenn" – für das, was vom Sozialismus erst in den Anfängen ist. In Sowjetrußland, so Goldschmidt, müsse man als „Zukunftsschauer" (Moskau 1920, 156) sehen.

Goldschmidt stellt alte und neue Welt ganz im Sinne des Musters der Utopie von Kritik und Alternative gegenüber: auf der einen Seite das vorrevolutionäre Rußland und der kapitalistische Westen als dekadent, korrupt, innerlich „verfault" und „vergiftet",[81] auf der anderen das sozialistische Moskau als sauber,[82] fröhlich, lebendig, befreiend, zukunftsgewiß. Die Gegenüberstellung setzt schon auf der Hinreise mit dem Schiff ein. Goldschmidt charakterisiert die alte Gesellschaft anhand ihrer Vertreter unter den Passagieren.

„Da war ein Tisch mit Abgespülten aus Sowjetrußland, die sich wieder anspülten, da sie von den Randländern Segen und Ruhe erwarteten. Ein früherer Zarenoberst: […]. Er bewies eine jongleurhafte Arbitragekunst und warf die Devisenkurse umher wie ein Zirkusmann die Bälle. Ihm gegenüber ein Zarenleutnant, noch mit der ganzen Verbeugungsschnellkraft, der Ladestockigkeit und der Monokelhaftigkeit der alten Zeit. […] Dann zwei Randstaatenschieber, Güterzwischenträger, Provisionisten üblen Kalibers. […] Hier war baltische Wut gegen Sowjetrußland mit Schnapsbefeuerung und Valutatrost. Während draußen kleine Flüchtlingskinder froren […] wurde an diesem Tisch mit einem Elend geprunkt, das keines war. Der Jammer wurde in Kognak und Rotwein ersäuft und war dann Freude. […] Immer wird man […] an den Küsten der Zielbewußtheit und der beginnenden energischen Sauberkeiten solches Spülicht finden." (Moskau 1920, 104)

Im gleichen Ton charakterisiert Goldschmidt die Verhältnisse in den neuen Staaten des Baltikums und in Finnland als dekadent und vom Profitinteresse regiert. Die „Selbstbestimmung der Völker" erweise sich als nichts anderes als die Herrschaft des ausländischen Kapitals. Die Interessen des Volkes würden Profit und Nationalismus unterworfen.

[81] „Mir kamen allerlei Gedanken, beispielsweise Gedanken an den parfümverpesteten Kurfürstendamm in Berlin. An diese Sodomstraße, diesen Dreckasphalt, auf dem die Weibsen jede Lebensmöglichkeit versauen." (Moskau 1920, 121)
[82] Goldschmidt meint das auch im symbolischen Sinn, etwa, wenn er die Revolution als „beginnende[..] energische[..] Sauberkeit" charakterisiert (Moskau 1920, 104).

„Ist die Kaufkraft der finnischen Mark stärker als die der estnischen Mark, so verfaulen estnische Kartoffeln im Hafen von Helsingfors, obwohl Finnland Kartoffelhunger hat. Denn man will nicht dulden, daß die estnische Kartoffel die Kaufkraft der finnischen Mark ausnützt. [...] Das ist die Selbstbestimmung der Völker. Das Land hat nun eine von einem fremden Magen dirigierte Valuta, aber es kann seinen Kartoffelhunger nicht stillen. Weil die Selbstbestimmungsregierung mit der Valuta und nicht mit den Kartoffeln operiert."
„Diese Demokratie ist fürchterlich und grotesk. Dieser neue Nationalismus frißt auf, betrügt und macht sich selbst was vor [...] Minister kommen und gehen in die Bankdirektorien, werden reich und abhängig, während das arbeitende Volk immer ärmer wird und sich nach wahrer Unabhängigkeit sehnt." (Moskau 1920, 108f. u. 110)

Auch in Moskau vergleicht Goldschmidt immer wieder in dem Schema: das sozialistische Moskau versus zaristisches Rußland und kapitalistischer Westen. Hier zukunftsgewisses Leben, Gerechtigkeit, Arbeit, dort „Sozialfäule", Ausbeutung, Dekadenz.

Goldschmidt schreibt dezidiert gegen das von den Emigranten geprägte Bild bolschewistischer Terrorherrschaft, des Verfalls und Hungers an. Immer wieder heißt es: Nein, so ist es nicht. „Nein, eine terroristische Diktatur gibt es in Moskau nicht." „Moskau ist kein Hungerturm." „Kleidungselend bemerkte ich in Moskau nicht", „die Moskauer Arbeiterschaft [geht] nicht in Lumpen". Die „Wohnungsfrage [ist] grundsätzlich gelöst [...] Wohnungssorgen braucht der Arbeiter nicht mehr zu haben" (Moskau 1920, 134, 200, 142 u. 140). Das Gegenbild wird dabei sichtlich zum utopischen Bild. Es ist, wie der Kommentar zur Wohnungsfrage zeigt, mehr von der Zukunftserwartung als von der Gegenwart bestimmt. Goldschmidt zeichnet für das sozialistische Moskau das Bild eines heiteren, beschwingten Lebens. Der Arbeiter lebe heute besser als früher. Die Menschen haben zu essen. Sie gehen aus, flanieren, vergnügen sich in den Parks und Theatern. Die Prostitution wurde beseitigt – Goldschmidt stellt das explizit gegen den Westen.[83] Es herrscht Ordnung, die Straßen sind sauber und sicher. In vielen Dingen bestehe im Alltag zwar noch Mangel, aber Goldschmidt erklärt ihn als Folge des Bürgerkrieges.[84] Die Richtung zeichne sich klar ab:

---

[83] „Die Beseitigung der Gewerbsdirnen [...] ist eine selbstverständliche Forderung der Sozialisten. Sie ist eine Menschlichkeitsforderung, eine gegenkapitalistische Forderung [...]." (Moskau 1920, 135)
[84] „Aber ein kriegsführendes Land kann nicht arbeiten wie ein Land im Frieden." „Die Kriegsausrüstung frißt eben das meiste weg." (Moskau 1920, 131 u. 141)

„[...] eine Zukunftsstraße nach einer ehrlicheren Kultur" (Moskau 1920, 138).

Moskau 1920 vermittelt den Anbruch einer neuen Zeit. „Der Arbeiter herrscht" (Moskau 1920, 118). Es herrscht Aufbruch, Tempo, Wille zum Vorwärts. Die neue Ordnung schafft gerechte Lebensbedingungen für das Proletariat. Sie befreit und erzieht den Menschen. Sie hat das Privateigentum an den Produktionsmitteln aufgehoben, beseitigt den kapitalistischen „Geldschwindel" (Moskau 1920, 214ff. u 240f.), sie nationalisiert („vertrustet") die Wirtschaft und ist dabei, sie in eine rationale Gesamtorganisation umzubauen.[85]

In der Darstellung der bolschewistischen Wirtschaftspolitik kommt Goldschmidt auch auf den Plan der Elektrifizierung. Sie bedeute die sozialistische Industrialisierung.

> „[...] diese Pläne sind nicht mit Kapitalismus, sondern nur mit Sozialismus durchzuführen. Denn die Elektrizität ist die Kraft der sozialistischen Gesellschaft. Dampf ist die Kraft und war die Kraft der kapitalistischen Gesellschaft. Es bricht jetzt das Zeitalter der Elektrizität an." (Moskau 1920, 225)

An dieser Stelle findet *Moskau 1920* zum utopischen Höhepunkt. Goldschmidt zeichnet die bolschewistische Industrialisierung ganz im Geist der klassischen Utopien. Er entwirft sie als rationalistische Umgestaltung und Beherrschung der Natur. Am Ende der Beschreibung steht das emphatische Bild der vollendeten Utopie als „goldenes Zeitalter".

> „Die russische Industrie wanderte, sie siedelte um, sie wurde verpflanzt, sie ging von Norden nach Süden, sie marschierte nach dem Osten, nach dem Ural, nach Sibirien. Die Elektrizität trieb sie, zog sie, kreiste sie ein, durchfeuerte sie, sammelte sie, organisierte sie.
> Reichtümer, von denen ich nichts geahnt hatte, stiegen auf. Der Mutterschlüssel war gefunden. Die Mineralien drängten aus der Erde, riesige, dichtgelbe Getreidefelder dehnten sich. Kolossale Kraftzentralen schossen den Strom durch ein systematisiertes Netz. [...] Hier war wirklich eine neue Wirtschaft. [...]
> Ein Paradies tat sich auf, ein geordnetes Paradies mit Baumbeschneidungen, gelenkten Wegen, gesättigten Menschen, mit zeitreichen Menschen [...]. Hier beginnt die neue Welt.
> Die Paläste glitzerten, die Hütten leuchteten, Kali schwamm aus den Gruben, türmte sich, unterfruchtete die Halme, daß ihre Säfte die Körner

---

[85] „[...] die wahre sozialistische Wirtschaft wird eine Übersichtswirtschaft, eine Beherrschungswirtschaft sein." (Moskau 1920, 173)

schwellen machten. Ein Ameisenleben zeigte sich, das goldene Zeitalter war da." (Moskau 1920, 226f.).

Ähnlich wurde auch in den Berichten der deutschen Arbeiterdelegationen Mitte der 1920er Jahre[86] die Sowjetunion als proletarisches Utopia beschrieben. Der Fragekatalog, mit dem die Delegationen fuhren, verdeutlicht deren Erwartungshaltung.

„Ist Rußland wirklich ein Land, in dem die Prinzipien von Marx und Engels in die Tat umgesetzt werden? Gibt es in Rußland einen Achtstundentag? Haben die Betriebsräte einen entscheidenden Einfluß auf die Produktion? Wie ist die Lebenshaltung des russischen Arbeiters? Wer sind die Leute, die an der Spitze der russischen Arbeiterbewegung stehen? Sind die Arbeiter frei oder werden sie unterdrückt?"[87]

Die Delegationen fuhren mit dem Ziel, zu prüfen, ob in der Sowjetunion der Sozialismus als Arbeiterherrschaft verwirklicht wird. Wie Goldschmidt in *Moskau 1920* richteten sie den Blick dabei vor allem auf die Lebens- und Arbeitsbedingungen der Arbeiter. Die deutschen Arbeiterdelegationen zogen jeweils ein grundsätzlich positives Fazit. Sie bestätigten die Utopieerwartung. Als Beantwortung des Fragekatalogs heißt es: In der Sowjetunion wird der Sozialismus, wie ihn „Marx und Engels gelehrt haben", verwirklicht. Sie ist eine „wahre Arbeiterdemokratie".[88] Der Acht-Stunden-Arbeitstag ist realisiert und die Lebensverhältnisse der Arbeiter sind entscheidend verbessert, sie sind auf eine sozialistische Grundlage gestellt. Hervorgehoben werden besonders der kulturelle Aufschwung der Arbeiter, die Freizeitkultur für sie und die Gesundheitsfürsorge. Zwar konstatieren die Delegationen für die Alltagsversorgung noch deutliche Defizite: das niedrigere materielle Niveau, der Mangel an bestimmten Gütern, die gedrängten Wohnverhältnisse. Diese werden aber wie schon von Goldschmidt als Überreste des Kapitalismus und des (Bürger-)Krieges erklärt.

---

[86] Die SPD allerdings beteiligte sich an den Arbeiterdelegationen nicht, sie lehnte sie grundsätzlich ab; ebenso die schweizerische SP. Die Teilnahme an den Delegationen war Grund für Parteiausschluß. Vgl. zum Verhältnis der Sozialdemokratie zur Sowjetunion Zarusky, Jürgen: Vom Zarismus zum Bolschewismus. In: Koenen, Gerd/ u. a. (Hrsg.): Deutschland und die Russische Revolution 1917-1924. München 1998. S. 99-133; Oberloskamp: Fremde neue Welten, S. 145ff.; Uhlig: Utopie oder Alptraum, S. 103ff.

[87] Was sahen 58 deutsche Arbeiter in Rußland?, S. 14; ähnlich auch der Fragekatalog der folgenden Delegationen.

[88] Ebd., S. 162.

Mit dem weiteren Aufbau würden sie verschwinden. Die Sowjetunion wurde als Utopie im Aufbau gesehen.[89] Im Unterschied zum Utopie-Blick der Fünfjahrplan-Zeit war dabei das Im-Aufbau-, Im-Werden-Sein vor allem auf die sozialen Lebensbedingungen der Arbeiter bezogen.

Sowjetrußland im Bild der Emanzipations- und Erlösungsutopien des Neuen Menschen

Noch deutlicher ist der Utopiecharakter in Heinrich Vogelers (1872-1942) *Reise durch Rußland. Die Geburt des neuen Menschen* (1925), dem Bericht von seiner ersten Rußlandreise von Sommer 1923 bis Herbst 1924. Die Utopie zeigt sich schon im Titel. Vogelers ‚Reisebericht' ist in erster Linie Kritik der bürgerlich-kapitalistischen Gesellschaft und Fortschreibung seiner Utopie der Erziehung des Neuen Menschen. Inspiriert von anarcho-kommunistischen Ideen – insbesondere von Kropotkin – hatte Vogeler 1919 in Worpswede die Arbeits- und Schulkommune Barkenhoff gegründet. Diese sollte das Modell einer sozialistischen Gemeinschaft werden. Vogeler bezeichnet sie als „Aufbauzelle der klassenlosen menschlichen Gesellschaft". Indem sie zeige, daß ein Leben nach deren Grundsätzen möglich sei, sollte sie als Vorbild wirken.[90] Rätevorstellungen, das anarchistische Ideal autonomer Produktions- und Lebenskommunen, Ideen der Lebensreform- und der *Arts and Crafts*-Bewegung flossen in ihr gleichermaßen zusammen. Die Schule konzipierte Vogeler als Arbeitsschule, beruhend auf den reformpädagogischen Vorstellungen der Freien Erziehung. Ihre Aufgabe sei es „den organisch wachsenden und befreienden *Schöpferprozeß* im Kinde zum Leben förder[n], um den jungen Menschen zu seiner vollen individuellen Gestaltungskraft in der Arbeit zum Wohle seiner Mitmenschen zu bringen".[91] 1923, nach dem Scheitern des Schul- und Kommuneexperimentes übertrug Vogeler Barkenhoff an die Rote Hilfe Deutschland, die dort ein Erholungs-

---

[89] Die 3. Arbeiterdelegation betonte dann auch einleitend, daß sich die Lebens- und Arbeitsbedingungen der Arbeiter seit der ersten Delegation weiter entschieden verbessert haben (vgl. 1/6 der Erde unser!, S. 2).

[90] Vgl. zu ihrem Programm Vogeler, Heinrich: Siedlungswesen und Arbeitsschule. Hannover 1919; zu Vogelers politischer Position vgl. Bavaj, Riccardo: Lebensideologischer Kommunismus als Alternative. In: Zeitschrift für Geschichtswissenschaft 55. Jg. (2007) H. 6. S. 509-528.

[91] Vogeler, Heinrich: Die Arbeitsschule. In: Freiheit 4. Jg. (1921) Nr. 561, 1. Dezember 1921, S. 2); vgl. zu Vogelers Arbeitsschule Rohde, Ilse: Heinrich Vogeler und die Arbeitsschule Barkenhoff. Frankfurt a. M. u. a. 1997.

heim für die Kinder politischer Gefangener einrichtete. Die Übernahme der Kommune durch die Rote Hilfe erfolgte auf Vorschlag von Julian Marchlewski, dem Vater der zweiten Frau Vogelers, Sonja Marchlewska – Marchlewski war Vorsitzender der 1922 in Moskau gegründeten Internationalen Roten Hilfe. Im selben Jahr, 1923, fuhr Vogeler mit Sonja Marchlewska in die Sowjetunion. Er bereiste die nördlichen Gebiete, vor allem Karelien und Murmansk, und unterrichtete an der von Marchlewski geleiteten Universität der nationalen Minderheiten des Westens. Nach der Rückkehr trat er im Herbst 1924 in die KPD ein.[92]

Vogeler eröffnet seinen Reisebericht, im Sinne des utopischen Musters von Kritik und Alternative, mit der Verfalls- und Untergangsdiagnose für die bürgerliche, kapitalistische Gesellschaft des Westens.

„Die Verwesung hat alle Kreise ergriffen und das Leben mit Parasiten und Spitzeln durchsetzt. Zusammenbruch auf Zusammenbruch erfolgt."[93]

Die Kritik der „zusammenbrechenden bürgerlichen Kultur"[94] zieht sich als roter Faden durch den Reisebericht. Sie nimmt oftmals mehr Raum ein als die Schilderung der neuen Verhältnisse in der Sowjetunion. Immer wieder wird diesen das „verzweifelte Elend" in den kapitalistischen Ländern gegenübergestellt. So heißt es zu Leningrad:

„Wieviel schöner und ruhiger sind hier die Menschen, denen man ins Antlitz sieht, im Vergleich zu den Menschen des Westens. [...] alles belebt durch eine gut gekleidete Arbeiterschaft [...]. Das Volk sieht vor allem gesund und lebensfroh aus."[95]

Im gleichen Muster beschreibt Vogeler die Polizei. Für die Sowjetunion heißt es: „Dort ist die Polizei in erster Linie ein Teil des Volkes, Kulturträger [...]." Dagegen die Polizei in Deutschland: „Geistig kastrierte Werkzeuge der herrschenden Klasse. [...] Tierische Brutalität, viehische Gefangenenbehandlung".[96]

Im Mittelpunkt von Vogelers Bild der Sowjetunion steht vor allem das Erziehungs- und Bildungswesen: die Erziehung des Neuen Menschen. Er be-

---

[92] 1931 übersiedelte Vogeler in die Sowjetunion; 1941, nach dem Überfall Hitlerdeutschlands auf die Sowjetunion, wurde er nach Karaganda (Kasachstan) evakuiert, wo er 1942 starb.
[93] Vogeler: Reise durch Rußland, S. 5.
[94] Ebd., S. 6.
[95] Ebd., S. 11.
[96] Ebd., S. 16.

schreibt eine Fabrik- und eine Industrieschule in Moskau, eine Internatsschule der jungen Naturfreunde in der Umgebung Moskaus sowie die drei Moskauer Universitäten, die Swerdlow-Universität, die Kommunistische Universität der nationalen Minderheiten des Westens und die Kommunistische Universität der Völker des Ostens, und das Leben ihrer Studenten.[97] Er hebt dabei die freie Selbstverwaltung durch die Schüler und Lehrer hervor sowie das Arbeitsschulprinzip, das heißt die Verknüpfung von Bildung und Produktion. Die Schulen sind Arbeitsschulen – zum Teil kommuneartig – und die Universitäten haben eigene landwirtschaftliche Güter, auf denen die Studenten arbeiten.

Vogelers Bild des sowjetischen Bildungswesens ist von seiner eigenen Bildungsutopie der freien, selbstverwalteten Arbeitsschule und deren Erziehung des Neuen Menschen bestimmt. Er gibt keine eingehende Darstellung der sowjetischen Bildungspolitik und ihrer Entwicklungen, des Widerstreits der einzelnen Richtungen und der Verdrängung der reformpädagogischen Ansätze der Revolutionszeit. Er greift vielmehr in seiner Betrachtung der sowjetischen Schulpraxis 1923/24 das heraus, was in sein eigenes Konzept der Arbeitsschule zu passen scheint, und fügt es zu einem Bild zusammen – auch wenn es aus konträren Konzeptionen stammt. Wenn Vogeler dabei für das sowjetische Bildungswesen die freien, reformpädagogischen Ansätze hervorhebt, als diese schon unübersehbar verabschiedet wurden, so erfolgte das keineswegs aus Blindheit gegenüber der Realität. Vogeler sah durchaus die Widersprüche in der Entwicklung. So konstatierte er etwa in Briefen an seine erste Frau und an Freunde aus dem Barkenhoff-Kreis, daß mit der NEP und ihrer Rückkehr zum Privathandel der Sozialisierung des öffentlichen Lebens und auch den kommunitären Arbeitsschulkonzepten – dem „wirklich reine[n] communistische[n] Leben" – der Boden entzogen werde.[98] Es ist nicht Opportunismus, wenn Vogeler diesen kritischen Beobachtungen in seinem Reisebericht keinen Raum gibt. *Reise durch Rußland* ist als utopisches Bild zu verstehen. Vogeler ging es darum, seine in Barkenhoff entwickelte Erziehungskonzeption als in der Sowjetunion konkret gewordene Utopie der Erziehung des Neuen Menschen zu vermitteln. Das zielte in erster Linie Richtung Westen. Aber es war auch ein Selbstvergewissern der Utopie gegenüber der Sowjetunion, gegen das Verschwinden der Emanzipationsideale der Revolution.

---

[97] Vgl. ebd., S. 27ff.
[98] Vgl. Pforte: Rußland-Reiseberichte aus den 20er Jahren, S. 29.

Vogelers Fokus auf den Neuen Menschen ist charakteristisch für den linksintellektuellen utopischen Blick auf die Sowjetunion in der ersten Phase. In dessen Mittelpunkt standen das Ideal des Neuen Menschen und die radikalemanzipatorische Revolutionskultur. Man erhoffte eine geistige Erneuerung und eine neue Kunst, die die bürgerliche Kultur überwindet und die Trennung zwischen Kunst und Leben aufhebt. Man wollte die radikale Emanzipation des Menschen und seine Erlösung in einer neuen, sinnstiftenden Gemeinschaft. Für ihn sollte es eine neue Erziehung geben mit freier Selbstverwaltung, Gemeinschaft und Arbeitsschule. Den Blick prägten anfangs vor allem linksradikale Künstler aus dem Kreis des Linksexpressionismus, des Linksanarchismus und der Lebensreformbewegung wie Vogeler, Franz Jung, Herwarth Walden, Ernst Toller sowie die linken Vertreter der Reformpädagogik, später kamen Linksintellektuelle wie Walter Benjamin dazu. Was sie in ihrem Blick auf die Sowjetunion eint, war das Interesse an der Kunst- und Kulturrevolution des Proletkults und der Avantgarde sowie den frühsowjetischen Bildungsexperimenten. Man sah in diesen die Verwirklichung der eigenen Vorstellungen einer neuen Kunst, einer freien Erziehung und eines ganzheitlichen Menschen. Mit den kulturrevolutionären Ansätzen verband sich für sie die Hoffnung auf Überwindung der bürgerlichen Kultur und Entfremdung.

Der Hintergrund dieses utopischen Erwartungsblicks auf Rußland war der mit dem Ende des Ersten Weltkrieges und dem Scheitern der Revolution kulminierende intellektuelle Krisen- und Entfremdungsdiskurs. Ihn bestimmte das Gefühl des kulturellen und politisch-moralischen Bankrotts der europäischen Zivilisation, die Suche nach einem geistigen Neuanfang, die Enttäuschung über die parlamentarischen Demokratien und die politische Radikalisierung der Intellektuellen. Demgegenüber sah man in Sowjetrußland die erhoffte geistige Erneuerung beginnen. In ihren Rußlandreiseberichten resümierten Roth und Benjamin die Erwartungshaltung. Roth nimmt vor allem die Erwartung einer geistigen Erneuerung und ihre Enttäuschung in den Blick.

> „Im Westen aber wartet ein großer Teil der geistigen Elite auf das bekannte Licht vom Osten. Die Stagnation europäischen geistigen Lebens, die Brutalität der politischen Reaktion, die korrupte Atmosphäre, in der Geld gemacht und ausgegeben wird, die Hypokrisie der Offiziellen, der falsche Glanz der Autoritäten, die Tyrannei der Ancienität: Das zwingt die Freien und die Jungen, von Rußland mehr zu erwarten, als die Revolution geben kann. Wie groß ist ihr Irrtum!"[99]

---

[99] Roth: Reise nach Rußland, S. 176.

Benjamin dagegen macht die Situation der linken Intellektuellen, ihre politische Radikalisierung und Ortlosigkeit zum Ausgangspunkt.

> „Man darf mit Sicherheit behaupten, daß die am kleinbürgerlichen parvenühaften Geiste der deutschen Sozialdemokratie gescheiterte Revolution von 1918 weit mehr zur Radikalisierung [meiner] Generation beigetragen hat als der Krieg selber. Mehr und mehr wird in Deutschland [...] die Fragwürdigkeit des freien Schriftstellers als solchen empfunden und man wird sich allmählich darüber klar, daß der Schriftsteller (wie überhaupt der Intellektuelle im weiteren Sinne) bewußt oder unbewußt, ob er's will oder nicht, im Auftrage einer Klasse arbeitet und sein Mandat von einer Klasse erhält. [...] Unter diesen Umständen ist der Anteil der deutschen Intelligenz an Rußland nicht nur abstrakte Sympathie, sondern es leitet sie ein sachliches Interesse. Sie will erfahren: Wie sieht die Intelligenz in einem Lande aus, in dem ihr Auftraggeber das Proletariat ist? Wie gestaltet das Proletariat ihre Lebensbedingungen und welche Umwelt findet sie vor? Was haben sie von einer proletarischen Regierung zu erwarten? Aus dem Gefühl der Krise, welche im Schicksal der Intelligenz der bürgerlichen Gesellschaft sich ankündigt, haben Schriftsteller wie Toller, Holitscher, Leo Matthias, Maler wie Vogeler-Worpswede, Regisseure wie Bernhard Reich Rußland studiert und Fühlung mit ihren russischen Kollegen aufgenommen. Im gleichen Sinne habe ich selber zu Anfang dieses Jahres Moskau aufgesucht und zwei Monate dort gelebt."[100]

Die Frage nach der Stellung als linker Intellektueller gegenüber der Klassenherrschaft des Proletariats und der Partei war für Benjamin – neben der Klärung seiner Beziehung mit Asja Lacis – die zentrale Frage seiner Moskaureise. Benjamin spielte mit der Überlegung, in die KPD einzutreten.

> „Weitere Erwägung: in die Partei gehen? Entscheidende Vorzüge: feste Position, ein, wenn auch nur virtuelles Mandat. Organisierter, garantierter Kontakt mit Menschen. Dagegen steht: Kommunist in einem Staate zu sein, wo das Proletariat herrscht, bedeutet die völlige Preisgabe der privaten Unabhängigkeit. Man tritt die Aufgabe, das eigene Leben zu organisieren sozusagen an die Partei ab. [...] Über das Außenstehen aber und seine Zulässigkeit entscheidet schließlich die Frage, ob man sich außerhalb mit nachweisbarem eigenem und sachlichem Nutzen postieren könne, ohne zum Bürgertum überzugehen, bzw. die Arbeit zu schädigen."
> „Was mich vom Eintritt in die K.P.D. zurückhält sind ausschließlich äußere Bedenken. Es wäre jetzt der richtige Zeitpunkt, den zu verpassen vielleicht gefährlich ist. Denn gerade weil möglicherweise die Zugehörigkeit zur Partei für mich nur eine Episode ist, ist es nicht geraten sie zu verschieben. Sind und bleiben die äußerlichen Bedenken, unter deren Druck ich mich frage, ob nicht eine linke Außenseiterstellung durch in-

---

[100] Benjamin: Moskauer Tagebuch, S. 781f. (Anmerkungsteil).

tensive Arbeit sachlich und ökonomisch so zu lasieren wäre, daß sie mir weiter die Möglichkeit umfassender Produktion in meinem bisherigen Arbeitskreis sichert."[101]

Die Frage, die Benjamin hier aufwirft, grundierte – mehr oder weniger bewußt gemacht, meistens weniger – den linksintellektuellen utopischen Blick auf die Sowjetunion. Es war, kurz gesagt, die Sehnsucht, die Entfremdung als Intellektueller zu überwinden: das heißt, einen Ort zu gewinnen, der eine Einheit von Denken und Handeln herstellt, der Sinnstiftung und Gewißheit vermittelt, an dem man in die Gemeinschaft eingebunden ist, im Namen ihrer Sache spricht, und gleichzeitig jedoch die Unabhängigkeit als Intellektueller bewahrt. Die Erwartungen von geistiger Erneuerung und Überwindung der Entfremdung gaben dem utopischen Blick auf die Sowjetunion unter der Hand einen messianischen Zug. Sie erschien im Licht quasi-religiöser Emanzipations- und Erlösungsutopien. Diese manifestierten sich eigens in der Aufladung der Sowjetunion als „wahre", als „Menschenheimat" und dem Ideal des Neuen Menschen.

Das entsprechende Utopiebild – vor allem im Bezug auf die Kulturrevolution des Proletkults und der Avantgarde und auf das Bild des befreiten Neuen Menschen – formte sich in den Reiseberichten allerdings weitgehend erst aus, als die Revolutionskultur und die radikalemanzipatorischen Bildungsexperimente schon im Verdämmern waren. Direkte Informationen über die Kulturrevolution kamen im größeren Maße zum Beginn der 1920er Jahre in den Westen, unter anderem mit den ersten Reiseberichten und durch die von sowjetischer Seite initiierten *Russischen Korrespondenzen*. In mehreren ihrer Broschüren wurde die Proletkult-Bewegung vorgestellt. Sie gaben jedoch vor allem die Theorie und Manifeste wieder, von der Praxis berichteten sie wenig. Auch gab es keine authentischen Reproduktionen der Werke des Proletkults und der Avantgarde, das änderte sich erst mit der *Ersten Russischen Kunstausstellung* Ende 1922 in Berlin.[102] Analog war die Situation für die Bildungsexperimente. Die Informationen waren punktuell und vage. Die Reisewelle unter den westlichen Linksintellektuellen und Künstlern – und damit die Möglichkeit, die kulturrevolutionären Experimente selbst in Augenschein zu nehmen – setzte im größeren Maße erst Mitte der 1920er Jahre ein, in der Zeit der NEP. Da war der Proletkult als kulturrevolutionäre Bewegung politisch schon beerdigt, ebenso

---

[101] Ebd., S. 359 u. 358.

[102] Vgl. Lersch: Die Selbstdarstellung der sovetischen Kunst und Kultur im Ausland, S. 53ff.

die postrevolutionären Bildungsexperimente. Auch für die Avantgarde zeichnete sich die Abenddämmerung schon ab. Man kam, um ein Bild Benjamins aufzugreifen, zu spät zum Klondike der Revolution. Der kulturrevolutionäre Goldrausch war verflogen. Der utopische Blick auf die Revolutionskultur und den Neuen Menschen war daher vielfach melancholisch unterlegt. Er ging oft einher mit der Klage über die Verbürgerlichung der Revolution oder ihren Verrat, über den Abbau der radikalemanzipatorischen und freiheitlichen Ansätze für einen Neuen Menschen (das vor allem für den Bildungsbereich) und über die zunehmende Unterdrückung der Avantgardekunst. So konstatierte Benjamin bei seiner Moskaureise 1926/1927, die Revolution sei in die Restauration eingetreten, auch wenn die „revolutionäre Energie" weiterhin beschworen werde.[103]

Ernüchterung des utopischen Blicks – die Zäsur durch die NEP

Die wohl beredtste Klage über die Verbürgerlichung der Revolution führte Roth, der ebenfalls 1926/1927 die Sowjetunion bereiste. Sie zieht sich als roter Faden durch seine Rußlandreportagen. Sie zeigt die Ernüchterung des utopischen Blicks durch die NEP. Roth beschreibt – immer wiederkehrend und im Ton der Enttäuschung – die NEP-Zeit als „Erlöschen" der Revolution.

> „Wenn ich ein Buch über Rußland schreiben würde, so müßte es die erloschene Revolution darstellen, einen Brand, der ausglüht, glimmende Überreste und sehr viel Feuerwehr."
> „Die Brandfackeln der Revolution sind ausgelöscht. Sie zündet wieder die ordentlichen, guten und braven Lampen an."
> „Wer in den Ländern der westlichen Welt den Blick nach dem Osten erhebt, um den roten Feuerschein einer geistigen Revolution zu betrachten, der muß sich schon die Mühe nehmen, ihn selbst an den Horizont zu malen."[104]

Seine Klage macht sich vor allem am Ausbleiben einer „geistigen Revolution" fest.

> „Die proletarische Revolution ist nur eine halbe Revolution. Vielleicht führt sie sogar zum klassenlosen Staat, aber sie führt nicht zum freien Menschen. Nur eine geistig fundierte Revolution ist die echte."[105]

Statt geistiger Erneuerung und Überwindung der (klein-)bürgerlichen Kultur habe die bolschewistische Revolution die bürgerliche Kultur in ihren „alten, wohlbekannten Zuständen" für Rußland reproduziert.

---

[103] Vgl. Benjamin: Moskauer Tagebuch, S. 338.
[104] Roth: Reise nach Rußland, S. 261, 177 u. 176.
[105] Ebd., S. 256.

"Diese Theorie, die das Proletariat befreien soll, [...] macht, wo sie zum erstenmal angewendet wird, aus allen Menschen kleine Bürger."[106]

Die Verbürgerlichung des neuen Rußland werde, so Roth weiter, komplementiert und bestärkt durch dessen Amerikanisierung.

"[...] man bewundert ‚Amerika', das heißt den Fortschritt, das elektrische Bügeleisen, die Hygiene und die Wasserleitung. Man will die vollkommene Produktionstechnik. Aber die unmittelbare Folge dieser Bestrebungen ist die unbewußte Anpassung an das geistige Amerika. Und das ist die geistige Leere."
"Rußland strebt nach Amerika, dort wo es am evangelischsten und provinziellsten ist. Maschinen und Moral nach amerikanischem Muster. Das bleibt zurück vom großen Feuer, dessen Widerschein wie eine Morgenröte war."[107]

Als Folge sieht Roth Sowjetrußland auf dem Weg in kleinbürgerliche Banalität, "gymnastisch-hygienische rationale Geistigkeit", "nützliche, disziplinierte Mäßigkeit", stupide Moral und die Bürokratisierung des Lebens. Sein desillusioniertes Fazit: Von dem neuen Rußland sei für den Westen keine geistige Erneuerung zu erwarten.

"Ich habe mich endgültig vom Osten losgesagt. Wir haben nichts von ihm zu erwarten [...] keineswegs Gedanken, Tag, geistige Kraft und Helligkeit. Das Licht kommt vielleicht vom Osten, aber Tag ist nur im Westen. [...] Es ist jetzt meine feste Überzeugung, daß die russische Revolution sozial nicht mehr ist als ein Fortschritt, kulturell in einem tieferen Sinn – überhaupt keiner."[108]

Roths Klage über die Verbürgerlichung der Revolution zeigt, wie sich der utopische Blick auf die Sowjetunion in der NEP-Zeit verschob. Analog zum Abbau der inneren Utopisierung der Politik durch die NEP erfolgte auch im Blick von Außen eine Ernüchterung. Die NEP ließ die auf die Sowjetunion gerichteten Emanzipations- und Erlösungserwartungen der westlichen Linksintellektuellen und Künstler an die Revolutionskultur und einen Neuen Menschen zunehmend ins Leere laufen.

---

[106] Ebd., S. 239.
[107] Ebd., S. 179 u. 258.
[108] Ebd., S. 263.

*Eine neue Zivilisation – die Sowjetunion des Fünfjahrplans als Aufbau-
und Fortschrittsutopie*

Mit dem utopischen Aufschwung in der Zeit der Fünfjahrpläne wurde von Außen die Sowjetunion erneut als Utopie wahrgenommen. An die Stelle der Emanzipations- und Erlösungsutopien der ersten Phase trat dabei jetzt das Bild einer rationalistischen Aufbau- und Fortschrittsutopie. In seinem Mittelpunkt standen der industrielle Aufbau, die Neugründung ganzer Städte und die Umgestaltung der Natur. Die Fünfjahrpläne schienen gleichsam die Fortschrittsutopien des 18. und 19. Jahrhunderts fortzusetzen. Es waren gerade der Eindruck der Planmäßigkeit und Vernunft der wirtschaftlichen und gesellschaftlichen Umgestaltung sowie die Mobilisierung und Vitalität unter der Jugend, die die westlichen Betrachter faszinierten.

Der neue utopische Blick auf die Sowjetunion entfaltete sich vor allem in den Reportagen zum Fünfjahrplan. Mit ihnen änderte sich der Autorenkreis. An die Stelle der linken Intellektuellen und Künstler traten vorwiegend Autoren aus dem Kreis der KPD und aus der Arbeiterschaft stammende Journalisten und Schriftsteller.[109] Der neue Ton in dem utopischen Blick auf die Sowjetunion zeichnete sich bereits im Reisebericht der dritten deutschen Arbeiterdelegation, *1/6 der Erde unser!*, ab. Der von John Heartfield gestaltete Bericht hebt sich deutlich von denen der ersten und zweiten Arbeiterdelegation ab. Im Gegensatz zu diesen besteht er zum großen Teil aus Bildern und hat den Charakter einer Fotoreportage. Das läßt ihn als eine Art illustriertes Utopie-Magazin wirken, das den Aufbau der neuen Welt zeigt.

Exemplarisch für den neuen utopischen Blick ist *Der Staat ohne Arbeitslose*, Glaesers und Weiskopfs Fotoreportage zum ersten Fünfjahrplan. Sie setzt die Richtung von *1/6 der Erde unser!* fort. Der Band besteht aus ganz- und halbseitigen Fotografien, die jeweils mit einer Zeile betitelt und kommentiert sind. Sie zeigen den industriellen Aufbau, die Umgestaltung der Natur und die neue Lebensweise, die neuen Wohnviertel, Großküchen, Arbeiterklubs, Gesundheitsversorgung, Sport etc. Glaesers und Weiskopfs Fotoreportage ist als utopisches Bild angelegt: Sie soll die Alternative zeigen. Deren Kritikrichtung wird schon im Titel ausgedrückt. Auch die Art der Beschreibung entspricht dem klassischen Utopiemuster. Der Band stellt die neue Gesellschaft kapitelweise in ihren einzelnen Bereichen vor: Geographie und Ethnographie (*Ein Sechstel der Erde*),

---

[109] Vgl. Schütz: Kritik der literarischen Reportage, S. 117.

Industrialisierungspolitik (*Der große Plan*), Umgestaltung und Unterwerfung der Natur (*Der Fünfjahrplan verwandelt das Gesicht der Landschaft, Öl, Kohle und Eisen*), die neue Architektur (*Es wird gebaut*), der neue Arbeits- und Lebensalltag – Arbeit, Wohnen, Freizeit, Bildung, Sport, Gesundheit (*Arbeiter, Bauern*), Erziehung (*Kinder*). Glaeser und Weiskopf betonen zum einen die „Planmäßigkeit" des Aufbaus und der neuen Gesellschaft, sie habe die „Anarchie des kapitalistischen Wirtschaftssystems" abgelöst,[110] und zum anderen betonen sie die Vitalität und Dynamik der neuen Gesellschaft – die Bilder zeigen vor allem junge Menschen, fröhlich und kräftig, dynamische Technik, gewaltige Industrieprojekte, Neubauten, den Bruch mit den alten Verhältnissen.

Neben den Aufbaureportagen waren es weiterhin linksliberale Intellektuelle, die in Berichten des *Retour de l'U.R.S.S.* von der Sowjetunion das Bild einer vernunftbegründeten Fortschrittsutopie zeichneten. Nicht selten war dabei der Oktoberumsturz der Bolschewiki von ihnen anfangs noch verurteilt worden; sie entdeckten erst mit dem Fünfjahrplan unter Stalin die Sowjetunion als Utopie. Das prägnanteste Beispiel für diese Gruppe ist der Bericht von Sidney und Beatrice Webb zu ihrer Sowjetunionreise 1932, *Soviet Communism: A new civilisation*. Ihr Bild der Sowjetunion zeigt diese in weitreichender Übereinstimmung mit den klassischen Staatsutopien; ohne jedoch sich in irgendeiner Weise explizit auf die Utopietradition zu beziehen.[111] Die Webbs hatten sich auf die Reise mit einem umfangreichen Lektürestudium systematisch vorbereitet. Sie stellten sogar einen Sekretär an, um Material aus dem Russischen für sie zu übersetzen.

> „Sidney und ich haben uns in Sowjetliteratur aller Arten und Gattungen vertieft – amtliche Berichte und Reiseerzählungen, von denen es jeweils eine Unmenge gibt, ein paar Romane, mehr Memoiren."[112]

Anhand der Lektüre hatten sie ihr Sowjetunionbild vor der Reise in den Grundzügen weitgehend fixiert. Es war von ihnen gleichsam als Hypothese aufgestellt worden, die durch die Reise zu bestätigen war.[113] Sie geben von der Sowjetunion das Bild einer rational geordneten, wissenschaftlich fundierten, planmä-

---

[110] Glaeser/ Weiskopf: Der Staat ohne Arbeitslose, S. V.

[111] Vgl. zum Sowjetunion-Bericht der Webbs als Utopie Saage: Utopieforschung, Bd. II, S. 149ff.; ders.: Utopische Ökonomien als Vorläufer sozialistischer Planwirtschaften, S. 549ff.; Weckerlein: „Die Webbs".

[112] Webb: Pilgerfahrt nach Moskau, S. 61; auch die Werke Lenins wurden von ihnen als Vorbereitung gelesen (ebd.).

[113] Vgl. ebd., S. 64.

ßigen und egalitären Gesellschaft, mit Brechung des kapitalistischen Profitprinzips, Aufhebung des Privateigentums an den Produktionsmitteln, Gemeinwohlorientierung und gerechter Verteilung der Güter. Die Partei wird von ihnen als „puritanischer Orden" charakterisiert, der den Staat als eine neue Samurai-Elite lenkt. Sie beschreiben damit die Sowjetunion als Entsprechung zu den utopischen Vorstellungen ihrer Fabian Society.[114] Sie sahen das sowjetische Verfassungssystem als Bestätigung ihrer *Constitution for a Socialist Commonwealth*. Es beruhe, so Beatrice Webb in ihrem Reisetagebuch, auf denselben drei Grundpfeilern: politische Demokratie – verkörpert in den Sowjets, industrielle Demokratie, die den Menschen als Produzenten repräsentiert – verkörpert in den Fabrikräten und Gewerkschaften und verbrauchergenossenschaftliche Demokratie, die den Menschen als Konsumenten repräsentiert – verkörpert in den Verbraucherkooperativen.[115] Dazu komme, daß in der Sowjetunion dieses Regierungskonzept durch die Partei und den Kommunismus von einer „spirituellen Kraft" erfüllt werde.

> „Das entscheidende und charakteristische Moment Sowjetrußlands aber ist die Einsetzung einer ‚Geistigen Macht' jenseits der eigentlichen Regierung [...]. Die Kommunistische Partei schweißt alle Strukturen, Rassen, Weltanschauungen, Sprachen und Kulturen, die das Neue Rußland ausmachen, zu einer vereinten Körperschaft zusammen. [...] der emotionale Grundgedanke des Kommunismus ist der ‚Menschendienst' und der Glaube an die Vervollkommnung des Menschen. Eine seiner wichtigsten Doktrinen ist, daß sich Wahrheit in der Tat manifestiert und daß seitens der Gläubigen die aktive Teilnahme an der Aufgabe der Vervollkommnung der Menschheit [...] der Prüfstein des Glaubens ist."[116]

Die Webbs hatten in der ersten Auflage den Titel noch mit Fragezeichen versehen: *Soviet Communism: A new civilisation?* Die Utopie stand noch unter Vorbehalt. Bei der zweiten Auflage 1937 strichen sie demonstrativ das Fragezeichen. Im Nachwort thematisieren sie zwar die totalitären Entwicklungen wie die Schauprozesse, aber sie bekräftigen ihre Sicht, daß die Sowjetunion eine „neue Zivilisation" darstelle.

> „Was wir aus den Entwicklungen von 1936-1937 gelernt haben, hat uns jedoch veranlaßt, dieses Fragezeichen wieder zurückzunehmen. [...] Die-

---

[114] Vgl. zur Fabian Society und ihren Gesellschaftsvorstellungen Weckerlein: „Die Webbs", S. 12ff.

[115] Vgl. Webb: Pilgerfahrt nach Moskau, S. 59f. u. 63ff.

[116] Ebd., S. 63.

ser zweifache, vom sowjetischen Kommunismus verursachte Wandel der grundlegenden Basis erscheint uns so einschneidend verschieden vom Wesensgrund kapitalistischer Organisation, wie sie sich während der letzten vier Jahrhunderte über die westliche Welt verbreitet hat, daß man zweifellos von einer neuen Zivilisation sprechen kann. Dieser zweifache Wandel besteht zum einen in der Abschaffung der Lohnarbeit, mit der Profitmacher im Zeichen des Systems der Preiskonkurrenz ihre Geschäfte betreiben, und zum anderen in der Ablösung dieses Systems durch eine bewußte, planmäßige Produktion für den Konsumbedarf des gesamten Volkes zu offiziell festgelegten Einzelhandelspreisen, und entsprechend dem utilitaristischen anstelle des ökonomischen Nützlichkeitsprinzips."[117]

In der Einleitung zur dritten Auflage 1944 bestätigen sie erneut nochmals den Charakter der Sowjetunion als neue Zivilisation, und daß ihr Vorbild „Schule machen" werde.

„Wird diese neue Zivilisation mit ihrer Beseitigung des Profitstrebens, ihrer Ausrottung der Arbeitslosigkeit, ihrer Planwirtschaft und, damit zusammenhängend, der Beseitigung des Gutsbesitzers und des Kapitalisten auf andere Länder übergreifen? Wir antworten darauf: ‚Ja, sie wird Schule machen.' Aber wie, wann, wo, mit welchen Abänderungen [...] – sind Fragen, die wir nicht beantworten können."[118]

Das Bild der Sowjetunion in den Aufbaureportagen und den *Retour de l'U.R.S.S.*-Berichten wie dem der Webbs erfolgte, das wurde schon deutlich, analog der klassischen Staatsutopie. Die Sowjetunion wurde als technokratische Fortschrittsutopie dargestellt, in der das ideale Gemeinwesen durch einen starken Staat errichtet wird. Darin vermittelte sich einerseits der Zusammenhang des utopischen Außenblicks zum Staatsutopismus der Fünfjahrpläne. Zum anderen waren die Aufbaureportagen und Reiseberichte als utopisches Gegenbild auf den Westen bezogen. Die Sowjetunion wurde als Alternative zur Wirtschaftskrise, Massenarbeitslosigkeit und dem sozialen Elend in den kapitalistischen Ländern gezeigt. Das markiert beispielsweise schon Glaesers und Weiskopfs Titel *Der Staat ohne Arbeitslose*. Ebenso stellen auch die Webbs durchgängig die „Ausrottung der Arbeitslosigkeit", die „Beseitigung des Profitstrebens" und die Organisation der Produktion „ausschließlich vom Standpunkt des Verbrauchs her" den Produktionskrisen und der Massenarbeitslosigkeit im Westen gegenüber. Für den utopischen Blick der Fünfjahrplan-Zeit lassen sich in der Hinsicht vier zentrale Motive ausmachen.

---

[117] Ebd., S. 148.
[118] Ebd., S. 161.

Aufhebung des Profitprinzips und der Anarchie der kapitalistischen Produktion: Das erste Motiv ist die Aufhebung des Privateigentums an Produktionsmitteln, damit einher gehen die Beseitigung des Profitstrebens und die Überwindung der Anarchie der kapitalistischen Produktion. An ihre Stelle tritt das Bild einer „bewußten, planmäßigen Produktion", die, wie es bei den Webbs heißt, „ausschließlich vom Standpunkt des Verbrauchs her organisiert [ist], und zwar des Verbrauchs *des gesamten Volkes, von Waren und Dienstleistungen, die von allen Werktätigen, Hand- wie Kopfarbeitern, hervorgebracht werden*".[119] An die Stelle des Profitstrebens trete das „utilitaristische Nützlichkeitsprinzip" nach den Bedürfnissen der Verbraucher,[120] an die Stelle des kapitalistischen Konkurrenzkampfes die bewußte Planung der gesamten Volkswirtschaft. Mit dem gleichen Bild eröffnen auch Glaeser und Weiskopf ihre Aufbaureportage.

> „[...] daß die Sowjetunion [...] es [...] unternimmt, die Anarchie des kapitalistischen Wirtschaftssystems durch die Gesetzmäßigkeit der sozialistischen Planwirtschaft zu ersetzen. [...] weil ja der Aufbau einer sozialistischen Industrie schon in seiner Planmäßigkeit etwas ganz anderes darstellt als das (lediglich durch die Gesetze der Konkurrenz und privatwirtschaftlichen Rentabilität bedingte) Wachstum der kapitalistischen Industrie im neunzehnten und zu Beginn des zwanzigsten Jahrhunderts. Niemand vergesse auch, daß das oberste Gebot der Sowjetindustrialisierung nicht Profit, sondern Befriedigung der Bedürfnisse des arbeitenden Menschen heißt."[121]

Mit der Aufhebung des Privateigentums an Produktionsmitteln und der Organisation der Produktion nach den Bedürfnissen der Verbraucher werde das Wirtschaftssystem auf eine grundlegend neue Basis gestellt. Sie beseitigten die Ausbeutung und das soziale Elend der Arbeiter, ebenso die Krisen von Überproduktion und Unterverbrauch. Die utopischen Beschreibungen zeigen als Ziel eine wirtschaftliche Überflußgesellschaft mit der Aufhebung des Konflikts zwischen Kapital und Arbeit und der egalitären Verteilung des gesellschaftlichen Reichtums. Sie wird durch drei Grundpfeiler garantiert: das Gemeineigentum an Produktionsmitteln, die umfassende Ausnutzung des wissenschaftlich-technischen Fortschritts mit der Beherrschung der Natur sowie die „vollständige und egalitäre Mobilisierung der Arbeitsressourcen".[122] So heben etwa die Webbs mit Ver-

---

[119] Ebd., S. 89.
[120] Ebd., S. 148.
[121] Glaeser/Weiskopf: Der Staat ohne Arbeitslose, S. V.
[122] Saage: Utopieforschung, Bd. II, S. 153.

weis auf die sowjetische Verfassung hervor, daß das Recht auf Arbeit auch ihre Pflicht beinhalte. Zugleich werde aber die Arbeitszeit des einzelnen zunehmend reduziert zugunsten einer kulturell genutzten Freizeit. In dem Bild zeigt sich deutlich die Verschränkung von Zeitkritik und utopischer Tradition. Es war zum einen konkretes Gegenbild zur Wirtschaftskrise der kapitalistischen Länder, zum anderen schließt es, wie Saage für die Webbs zeigt, direkt an die etatistischen Planwirtschaften der Staatsutopien an.

Wissenschaftlich-technischer Fortschritt und Beherrschung der Natur: Das zweite Motiv ist die Entfaltung des wissenschaftlich-technischen Fortschritts und die Beherrschung der Natur. Auch in ihm schließt der utopische Blick an die Utopietradition an. Die Aufbaureportagen zeigen den Fortschritt von Wissenschaft und Technik als Fundament der neuen Gesellschaft. Die Entfaltung der Produktivkräfte wird zur *conditio sine qua non*. Die Reportagen feiern euphorisch die Technik und die Großprojekte des industriellen Aufbaus: die neuen Fabriken, Kraftwerke, Staudämme, neuen Städte, das Elektrifizierungsprogramm. Sie zeigen den Fünfjahrplan als Plan der rationalistischen Umgestaltung der Natur. In der Eroberung der Natur verkörpert sich gleichsam der Sieg des Kommunismus.[123] Kennzeichnend ist dabei zum einen ein Ton des Gigantismus und zum zweiten die Betonung des rasanten Tempos des Aufbaus. Letzteres ist, was Derrida für die *Retour de l'U.R.S.S.* als Topos des Im-Aufbau-Sein bezeichnete. Für den sozialistischen Aufbau wird ein Vorwärtsdrang konstatiert, der jeden Bericht schon im Moment des Schreibens von der Entwicklung überholt sein lasse.

> „Wir wissen vor allem, daß das Tempo des sozialistischen Aufbaus jede noch so aktuelle Reportage über den Stand der Fünfjahresplanarbeiten zu einer historischen Chronik macht, bevor noch die Druckerschwärze trocken geworden ist. Unser Bildbericht zeigt also Vergangenes, das jedoch […] bereits gestrig war, als es noch morgen hieß […]."[124]

Wie die Aufbaureportagen stellen auch die Webbs in ihrer Betrachtung der Sowjetunion die Entfaltung des wissenschaftlich-technischen Fortschritts als zentrales Merkmal heraus. Die planvolle Entfaltung „der Wissenschaften auf allen Gebieten" und die Beherrschung der Natur seien ein Kernelement des sowjetischen Kommunismus als Aufbau einer „neuen Zivilisation".

---

[123] Das war analog für die innere Utopisierung zu sehen, ebenso in Bogdanovs Utopien.
[124] Glaeser/Weiskopf: Der Staat ohne Arbeitslose, S. Vf.

„[D]er sowjetische Kommunismus bedeutet eine neue Ideologie, nicht nur eine neue Nationalökonomie. Der sowjetische Kommunismus setzt dem wachsenden Wissen des Menschen keinerlei Grenzen. Er baut nämlich auf einen ungeheuren und unermeßlichen Fortschritt der Wissenschaften auf allen Gebieten."[125]

Die Sowjetunion als rational begründete Gesellschaft: Eng verbunden mit dem zweiten Motiv ist das dritte: die Beschreibung der Sowjetunion als vernünftige, rational begründete Gesellschaft. Auch das zitiert die utopische Tradition. In den Augen der Betrachter erschien die Sowjetunion als Ordnung der Vernunft. Feuchtwanger benutzt in seinem Reisebericht *Moskau 1937* fast dreißig Mal die Begriffe „Vernunft" und „vernünftig", um die Sowjetunion zu charakterisieren. Er eröffnet seinen Reisebericht mit dem „Bekenntnis zur Vernunft".

„Ja, ich sympathisierte von vornherein mit dem Experiment, ein riesiges Reich einzig und allein auf Basis der Vernunft aufzubauen [...]."[126]

Vernunft meint hier die wahrhaft humane, vom Ganzen sowie den Bedürfnissen des „arbeitenden Menschen" aus bedachte, gerechte Ordnung der Verhältnisse. Sie wird als Gegenbild zur irrationalen, barbarischen Politik im Kapitalismus gesetzt, die nur dem Profitinteresse einiger weniger diene und die Völker gegeneinander in den Krieg treibe. Meist wird in dem Zusammenhang auch auf die sowjetische Nationalitätenpolitik als Beispiel verwiesen.

Zum anderen wurde die Sowjetunion wahrgenommen als Versuch, eine wissenschaftlich begründete Gesellschaft aufzubauen. Die Webbs sahen die Sowjetunion als Beispiel einer wissenschaftlich-technokratischen Modernisierung von oben. Ihre Politik sei darauf gerichtet, die politischen, sozialen und ökonomischen Verhältnisse zentral gelenkt, planmäßig nach wissenschaftlichen Erkenntnissen umzugestalten.

Dem Bild der Sowjetunion als rationaler Gesellschaft korrespondiert, daß als Grundzug der sowjetischen Mentalität ein betont wissenschaftliches, rationalistisches Denken gesehen wurde.[127] Dieses zeige sich besonders für die Jugend. Diese sei geradezu militant wissenschaftsgläubig, rationalistisch und sachlich; die Eigenschaften würden von ihr selbst auf zwischenmenschliche und Alltagsbeziehungen übertragen.

---

[125] Webb: Pilgerfahrt nach Moskau, S. 149; vgl. dazu auch Saage: Utopieforschung, Bd. II, S. 154.
[126] Feuchtwanger: Moskau 1937, S. 7.
[127] Vgl. Oberloskamp: Fremde neue Welten, S. 279ff.

Vitalität und Sinnstiftung des kommunistischen Aufbaus: Ein viertes Motiv in dem utopischen Blick ist der Topos der Vitalität und Sinnstiftung der sowjetischen Gesellschaft, vor allem in der jungen Generation. Sie werden der „inneren geistigen Leere", „Heuchelei" und „Dekadenz" der westlichen Zivilisation gegenüber gestellt. Häufig wird der Topos in den Reiseberichten auch durch ein Gefühl innerer Leere nach der Rückkehr bekräftigt, so beispielsweise O'Flaherty.

> „Aber dann, als ich die Grenze nach Polen überschritt und Europa wieder betrat, hatte ich ein Gefühl der Niedergeschlagenheit und Vereinsamung. […] Ich vermißte […] den Eifer, die Ausrufe, den Ernst, die gespannte, fast besessene Vitalität jener Fanatiker, die da versuchten, eine neue Welt aufzubauen. Mein Ärger über ihren Fanatismus schwand, als ich der Heuchelei, der Dummheit und Grausamkeit Europas gegenüberstand."[128]

Auch Reisende, die der Sowjetunion skeptisch-distanziert oder ablehnend gegenüberstanden, greifen den Topos auf. Sie berichten mit Faszination von der Kraft des Aufbruchsgeistes und dem Enthusiasmus der Jugend für die neue Gesellschaft. So schreibt Friedrich Sieburg in *Die rote Arktis*, dem Bericht seiner Fahrt mit dem sowjetischen Eisbrecher *Malygin* 1931:

> „Unser bürgerliches Nervensystem kapitulierte völlig vor so viel Lebenskraft, und wie bleiche Schatten schlichen wir ‚Kapitalisten' mit unsern teuren Schiffsbilletten und unsern Vorurteilen durch die vom Geräusch des sozialistischen Aufbaus hallenden Räume des *Malygin*."[129]

Der ironische Ton zeigt, daß der Topos – gerade in seiner Gegenüberstellung zum Westen – schon zum gängigen Bild verfestigt war. Es lassen sich für ihn vier Aspekte unterscheiden. (1.) Vitalität und Aufbruch: In den Reiseberichten wurde die Freisetzung von „Lebensenergien" und Aufbruchsgeist als eine der wesentlichen Wirkungen der Revolution hervorgehoben. So etwa Helene Stöcker:

> „Das scheint mir überhaupt das Charakteristische für die Wirkung der Revolution in Rußland […]: die Befreiung gebundener Lebensenergien."
> „[E]s sind vollkommen neue Kräfte wach geworden, es wirkt heute tatbereites, bewußtes Leben für die Gemeinschaft in tausenden, in hunderttausenden von Menschen, die vorher vegetierten. Das ist eine der eindrucksvollsten Tatsachen, eines der stärksten Erlebnisse: dies geistige Leben in bisher dumpfen Massen zu spüren"[130]

---

[128] O'Flaherty: Ich ging nach Rußland, S. 233.
[129] Sieburg, Friedrich: Die rote Arktis. Frankfurt a. M. 1932, S. 176.
[130] Stöcker: Zum vierten Male in Rußland, S. 84 u. 76.

Das ist zum einen das Bild einer eruptiv hervorbrechenden Emanzipation, des Herausreißens eines Volkes aus dem Zustand geistiger und sozialer Lethargie und den alten Unterdrückungsverhältnissen. Zum anderen ist es das Bild eines kraftvollen, energiegeladenen Aufbruchs und Aufbauwillens der Jugend. Immer wieder heißt es gerade für die Jugend, sie sei von einer einzigartigen Vitalität erfüllt, von Tatkraft, Wissensdrang, Zukunftsgewißheit, fröhlichem Lebensmut. Dieser Kraft habe der Westen nichts entgegenzusetzen.

(2.) Enthusiasmus und ideologische Überzeugung der Jugend: Der Topos der Vitalität zeigt sich vor allem im Blick auf die Jugend. Die Sowjetunion wird in den Reiseberichten und Reportagen als eine Gesellschaft der Jugend dargestellt.[131] Die Vitalität der sowjetischen Gesellschaft manifestiere sich in dem Enthusiasmus der jungen Generation. Im Mittelpunkt der Berichte steht dabei die ideologische Überzeugung der Jugend. Sie sei ganz von kämpferischer Bereitschaft für den Kommunismus und die Sowjetunion bestimmt.

(3.) Sinnstiftung: Die Zukunftsgewißheit der Jugend wurde selbst von Gegnern als Vorzug der Sowjetunion gegenüber dem Westen gesehen. Die kommunistische Überzeugung – oft als Glaube charakterisiert – wirke sinnstiftend. Sie gebe der Jugend einen ethisch erfüllten Lebenssinn. Sie vermittle das Ideal eines aktiven, schöpferischen Lebens und das Bewußtsein, nicht nur für sich zu leben, sondern teilzuhaben an einer größeren, menschheitsgeschichtlichen Aufgabe. Dieser Lebenssinn lasse den einzelnen die Härte und den Mangel des sowjetischen Lebens ertragen. Die Jugend nehme die Entbehrungen des Aufbaus bereitwillig auf sich. Sieburg vergleicht entsprechend die sowjetische mit der deutschen Jugend:

> „[...] begriff ich auch, daß diese jungen Männer vor mir diese Härte des Lebens spielend ertrugen, weil sie ihr Dasein als sinnvoll empfanden, während die deutsche Jugend nicht einmal einen Traum hat, mit dem sie sich trösten könnte."[132]

(4.) Gemeinschaftssinn und neue Moral: Der vierte Aspekt korrespondiert mit dem Topos des Neuen Menschen. Die Reiseberichte sehen bei der Jugend, das zeigte sich schon im dritten Aspekt, auch eine neue Ethik des Gemeinschaftssinns, so Stöcker mit ihrem bereits zitierten: „tatbereites, bewußtes Leben für

---

[131] Vgl. z. B. die Gegenüberstellung von Jugend und alter Generation in Sieburgs *Die rote Arktis* (S. 203f.).
[132] Ebd., S. 83.

die Gemeinschaft".[133] Ebenso hob Beatrice Webb den Gemeinschaftssinn als neuen Charakterzug der sowjetischen Jugend hervor: Sie lebe nicht egoistisch für sich, sondern stelle sich in den Dienst für die Gemeinschaft. Das Streben nach persönlichem Gewinn und Vorteil gelte für sie als „Wurzel allen Übels".

> „In dieser Hingabe an den Staat ist das kommunistische Rußland das genaue Gegenteil der USA [...] der Sowjetbürger ist davon besessen, die *Gemeinschaft* zu bereichern, sogar wenn er selbst dabei Not leiden muß. [...] die selbstlose Arbeit, durch die allein gemeinschaftlicher Reichtum erworben werden kann, ist ein großer moralischer Gewinn." „[...] der Geist sozialen Dienstes und energetischer Aktivität ist wirklich erstaunlich. Eine neue Zivilisation mit einer neuen Metaphysik und neuen Verhaltensregeln wächst heran."[134]

In dem Gemeinschaftssinn und der Überwindung des egoistischen Gewinnstrebens, der „Liebe zum Geld" als Triebkraft, gründete für Beatrice Webb die Entstehung eines Neuen Menschen, der vom „Fluch des Profits" erlöst ist. Aus seiner neuen Moral erwachse für die Sowjetunion eine „geistige" und „moralische" Überlegenheit gegenüber dem Westen.

> „Sowjetrußland [verkörpert] eine neue Zivilisation und eine neue Kultur, mit einer neuen Lebenseinstellung, die ein neues Verhaltensmuster für den persönlichen Lebenswandel ebenso wie für die Beziehung des Individuums zur Gemeinschaft zum Inhalt hat. All das ist, wie ich glaube, dazu bestimmt, sich dank seiner überlegenen geistigen und moralischen Tauglichkeit im Verlauf der nächsten hundert Jahre auf viele Länder auszubreiten."[135]

In gleicher Weise beschrieben auch weitere Reiseberichte die sowjetische Jugend als Beispiel des Neuen Menschen mit neuer Moral. Sie sei altruistisch und solidarisch, sie gehe im Lebensgefühl des Kollektivs auf und gliedere sich diesem ein. Sie sei von einer „gesunden", „lebensfrohen" Sittlichkeit, frei von Dekadenz. Geld und Konsum, die die westliche Zivilisation beherrschten, hätten für sie die Bedeutung als Sinnstiftung verloren.[136] In dem Bild scheint – unbenannt, aber deutlich – der Neue Mensch der klassischen Utopietradition auf.

---

[133] Stöcker: Zum vierten Male in Rußland, S. 76.
[134] Webb: Pilgerfahrt nach Moskau, S. 54f. u. 78.
[135] Ebd., S. 86.
[136] Z. B. Sieburg: Die rote Arktis, S. 201ff.

Selbstreflexion des utopischen Blicks: Karl Schmückles „Geschichte vom Goldenen Buch"

Einer der originellsten Texte des utopischen Blicks ist Karl Schmückles 1935 erschienene *Geschichte vom Goldenen Buch (Eine utopische Reportage)*.[137] Sie ist gleichsam eine Selbstreflektion des beschriebenen utopischen Blicks auf die Sowjetunion, die diesen an den Utopiediskurs zurückbindet. Schmückle läßt in seiner „utopischen Reportage" Morus selbst als Utopietourist in die Sowjetunion reisen. Und Schmückles Morus-Figur beschreibt die Sowjetunion mit Zitaten aus der *Utopia*. Die Sowjetunion erscheint als das verwirklichte Utopia.

Karl Schmückle (1898-1938)[138] war zu der Zeit stellvertretender Chefredakteur der deutschen Ausgabe der Zeitschrift *Internationale Literatur*, die von der Internationalen Vereinigung revolutionärer Schriftsteller in Moskau herausgegeben wurde. Er war seit 1919 Mitglied der KPD. 1923 hatte er mit einer marxistischen Analyse der Sozialutopien, *Logisch-historische Elemente der Utopie*, bei Karl Korsch promoviert.[139] In der folgenden Zeit arbeitete er als Redakteur bei verschiedenen kommunistischen Zeitungen und als Reichstagskorrespondent für den KPD-Pressedienst. 1925 ging er nach Moskau ans Marx-Engels-Institut. Er leitete die deutsche Gruppe in der Redaktionsabteilung der MEGA. Im Zuge der Säuberung des Marx-Engels-Instituts 1931 wurde er aus der MEGA-Redaktion entlassen und an die „Literaturfront" abgeordnet. Bis 1934 war er Redakteur bei der *Deutschen Zentral-Zeitung*, 1934 wurde er stellvertretender Chefredakteur der *Internationalen Literatur*. 1936 wird gegen ihn der Vorwurf des Trotzkismus erhoben. Er wurde aus der Partei ausgeschlossen und aus der Redaktion der *Internationalen Literatur* entlassen. Um weiterer Verfolgung zu entgehen, stellte Schmückle einen Ausreiseantrag, um im Spanischen Bürgerkrieg mitzukämpfen. Aber im November 1937 wurde er vom NKWD verhaftet und Ende Januar 1938 durch eine NKWD-Sonderkommission zum Tode verurteilt. Am 14. März 1938 wurde er erschossen.

Schmückle greift für die *Geschichte vom Goldenen Buch* die für die Utopie typische Form der Manuskriptfiktion auf. Sie wird als ein Kapitel aus den Me-

---

[137] Schmückle, Karl: Geschichte vom Goldenen Buch. In: Internationale Literatur 5. Jg. (1935) Nr. 12. S. 41-48; im folgenden zitiert mit der Sigle *Goldenes Buch*.

[138] Vgl. zu Karl Schmückle Müller, Reinhard: Don Quijote im Moskauer Exil. Cervantes, Thomas Mann und Karl Schmückle. In Mittelweg 36 14. Jg. (2005) H. 2. S. 72-76; Schleier, Hans: Schmückle, Karl. In: Lexikon sozialistischer Literatur. Stuttgart, Weimar 1994, S. 417.

[139] Vgl. Schmückle, Karl: Logisch-historische Elemente der Utopie. Jena 1923.

moiren des Erzählers vorgestellt. Der Zeitpunkt des Erzählens ist Ende des 20. Jahrhunderts, rund siebzig Jahre nach der Oktoberrevolution. Für die Zukunft – vom damaligen Leser aus gesehen – wird beschrieben, daß die Technikvisionen vom Anfang des Jahrhunderts und die utopischen Pläne zum Umbau Moskaus verwirklicht sind: Es gibt Raketenflugzeuge („Stratoplane"), man nutzt Atomkraft selbst in der Landwirtschaft („Utilisierung der Atomkräfte im Ackerbau") und Moskau ist zur Gartenstadt umgebaut. Der Erzähler berichtet in seinen Memoiren rückblickend vom Besuch Morus' in der Sowjetunion im Sommer 1935. Er nutzt für seinen Bericht die damaligen Presseberichte über Morus' Aufenthalt in der Sowjetunion und die Tagebuchaufzeichnungen seines Freundes Jakob Luckert, der Morus in der Sowjetunion betreute. Beim Vergleich der von Luckert aufgeschriebenen Gespräche mit Morus mit dessen *Utopia* merkt er, daß Morus' Ausführungen zur Sowjetunion und über Westeuropa 1934/1935 Zitate aus der *Utopia* sind.

> „[…] ich entdeckte zu meiner nicht geringen Verwunderung und Freude, daß die von Jakob aufgeschriebenen Worte, die jener über die Einrichtungen des ersten Sowjetstaates der Welt bei verschiedenen Gelegenheiten gesagt hatte, in sehr vielen Fällen buchstäblich mit dem übereinstimmten, was in jenem *Goldenen Buch* seit mehr als vierhundert Jahren schwarz auf weiß zu lesen war. […] In vielen […] Fällen hatte Morus einfach die politischen, sozialen und ökonomischen Errungenschaften des Sowjetstaates – teils in milder Ironie, teil voll leuchtenden Ernstes, immer mit philosophischem Tiefsinn – mit gewissen Ideen des Buches *Utopia* in Verbindung gebracht." (Goldenes Buch, 43)

Schmückles Morus-Figur bricht 1934 in London auf und reist über Antwerpen, Paris und Deutschland in die Sowjetunion. Im faschistischen Deutschland wird er verhaftet und kommt für acht Monate ins Konzentrationslager.

> „In Deutschland, wohin Morus noch im Frühjahr 1934, von London, Antwerpen und Paris her kommend, aufgetaucht war, hatte er nicht weniger als 8 Monate im Konzentrationslager verbracht – daher sein Zustand und die tödliche Blässe seines Gesichts. Er pflegte über die Einzelheiten seiner Erlebnisse in Deutschland nicht viel zu erzählen, sagte aber wiederholt, daß die Zustände um 1500, sogar die grausamen Bluttaten Heinrichs VIII. und alle die Gefängnisse und Foltern jener Zeit ihm noch verhältnismäßig milde erschienen seien, ‚verglichen mit dem deutschen Inferno'." (Goldenes Buch, 43f.)

Morus trifft am 6. Juli 1935 in Moskau ein, auf den Tag genau vierhundert Jahre nach der Hinrichtung des historischen Thomas Morus' 1535 in London.

> „Die Ankunft von Thomas Morus ist, ich gebe es zu, eine sehr seltsame, phantastische, fast unglaubliche Begebenheit gewesen. Eine erhabene Episode, in der sich auf den Straßen der Stadt Moskau die Jahrhunderte selbst Auge in Auge zu begegnen schienen." (Goldenes Buch, 41)

Er leidet bei seiner Ankunft noch unter den Folgen der Folter und wird zunächst zur Kur auf die Krim geschickt. Die Art und Weise von Morus' Aufenthalt in der Sowjetunion zitiert das Muster der Delegationsreisen. Morus hat einen Reisebetreuer, der ihm die Verhältnisse erklärt. Er absolviert das gängige Besuchsprogramm der Delegationen. Er besichtigt Fabriken, Kolchosen, Kultur- und Sozialeinrichtungen, läßt sich das politische System der „Sowjetdemokratie" erklären, besucht den Moskauer Sowjet und beschäftigt sich mit der bolschewistischen Partei. Auch die Zeitungen berichten über den prominenten Gast und bringen Interviews mit ihm – ganz wie bei den „literarischen Staatgästen".

Gleichzeitig spiegelt die Beschreibung der Sowjetunion durch die Morus-Figur die Motive des utopischen Blicks der Utopietouristen. Der Witz ist, daß sie mit Zitaten aus der *Utopia* erfolgt. In den Mittelpunkt stellt Schmückle die Fragen nach einer gerechten Gesellschaft und der Eigentumsordnung. Am Anfang steht die Kritik des Privateigentums: Wo das Privateigentum herrsche, so Schmückle mit dem Morus der *Utopia*, herrsche Ausbeutung. Ohne seine Aufhebung sei eine gerechte Gesellschaft nicht möglich.

> „Bei Gott, wenn ich das alles überdenke, dann erscheint mir jeder dieser Staaten nichts als eine Verschwörung der Reichen zu sein, die unter dem Vorwand des Gemeinwohls den eigenen Vorteil verfolgen und mit allen Kniffen und Schlichen danach trachten, sich den Besitz dessen zu sichern, was sie unrecht erworben haben, und die Arbeit der Armen für so wenig als möglich für sich zu erlangen und auszubeuten." (Goldenes Buch, 44 – vgl. Morus: Utopia, S. 108f.)

> „Wo das Privateigentum herrscht, ist es schwer, ja unmöglich, daß das Gemeinwesen gerecht verwaltet werde und gedeihe. Es sei denn, daß man es für Gerechtigkeit halte, wenn alles Gute den Schlechten zufällt, oder für Gedeihen, wenn einigen Wenigen alles gehört, indes die übrigen ein wahrhaft elendes Dasein führen." (Goldenes Buch, 44 – vgl. Morus: Utopia, S. 44)

> „Ich bin (*angesichts Eures sozialistischen Aufbaus*) fest überzeugt, daß weder eine gleiche und gerechte Verteilung der Güter noch Wohlstand für alle möglich sind, ehe nicht das Privateigentum verbannt ist. Solange es besteht, werden die Lasten und Kümmernisse der Armut das Los der meisten und der besten Menschen sein. Ich gebe zu, daß es andere Mittel

als das Gemeineigentum gibt, diesen Zustand zu lindern, nicht aber ihn zu beseitigen." (Goldenes Buch, 46 – vgl. Morus: Utopia, S. 45)

Der vom Privateigentum beherrschten Gesellschaft stellt Schmückles Morus-Figur die Sowjetunion als gerechtes Gemeinwesen gegenüber, in dem es keine Existenzsorgen mehr gibt.

„In diesen (*realisierten*) Utopien braucht der einzelne nicht für seine Existenz besorgt zu sein, er wird nicht von den endlosen Klagen der Gattin gequält, fürchtet nicht für die Zukunft des Sohnes, ihm bereitet die Mitgift der Tochter keinen Kummer. Er weiß nicht nur seine Existenz und sein Wohlleben gesichert, sondern auch das seiner Kinder, Enkel, Neffen, aller Nachkommen bis ins entfernteste Glied. Und man sorgt bei ihnen in gleicher Weise für die schwach und arbeitsunfähig Gewordenen, wie für die Arbeitenden. Ich möchte den Mann sehen, der kühn genug wäre, dieser Gerechtigkeit das Recht anderer Völker gleichzusetzen." (Goldenes Buch, 45f. – vgl. Morus: Utopia, S. 106f)

Der nächste Punkt, den die Morus-Figur aus der *Utopia* zitiert, ist die Befreiung des Menschen von körperlicher Arbeit und die Nutzung der gewonnenen freien Zeit zur geistigen und kulturellen Entfaltung.

„Das Ziel der Einrichtungen dieses Gemeinwesens geht in erster Linie dahin, es allen Bürgern zu ermöglichen, jede Zeit, die nicht von den Bedürfnissen der Allgemeinheit in Anspruch genommen wird, der körperlichen Arbeit zu entziehen und der freien Tätigkeit und der Entfaltung ihres Geistes zu widmen. Denn darin sehen sie die Glückseligkeit des Lebens." (Goldenes Buch, 46 – vgl. Morus: Utopia, S. 58)

Auch das Motiv der Verachtung des Goldes greift Schmückle aus der *Utopia* auf und setzt es in Beziehung zu einem Zitat Lenins. Die Morus-Figur besichtigt die neuen Metrostationen und fragt, warum man zum Schmuck der Marmorsäulen kein Gold verwendete. Eine Komsomolzin antwortet ihm, momentan brauche man das Gold noch für wichtigere Zwecke (im Außenhandel). Aber später, wenn die Weltkommune verwirklicht sei und das Gold als Wertmittel ganz abgeschafft, dann werde man sogar „öffentliche Bedürfnisanstalten aus Gold bauen". Und sie weist Morus auf eine entsprechende Äußerung Lenins hin.

„Wenn wir im Weltausmaß gesiegt haben, werden wir, glaube ich wohl, auf den Straßen einiger der größten Städte der Welt öffentliche Aborte aus Gold machen. Das wäre die ‚allergerechteste' und anschaulich-lehrreichste Verwendung des Goldes für die Generationen, die nicht vergessen haben, wie man in dem ‚großen Befreiungs'-Krieg von 1914-1918 des

Goldes wegen zehn Millionen Menschen hingeschlachtet und 30 Millionen zum Krüppel gemacht hat." (Goldenes Buch, 47)[140]

Das Leninzitat versetzt Schmückles Morus in „glückliche Stimmung". Lenin schlägt genau die Nutzung des Goldes vor, die in *Utopia* beschrieben ist: Dort wird Gold nur für Nachttöpfe verwendet, um der Verachtung des „Geld-Fetischs" Ausdruck zu geben.[141] Lenin löse damit, so Schmückle, die Ideale der *Utopia* ein.

> „Ich finde etwas Erhabenes in dieser Begegnung zweier ‚goldener Ideen' über die Brücke von vier Jahrhunderten hinweg. Wir wissen, daß Lenin die großen Utopisten – Morus, Campanella und die späteren – vortrefflich gekannt und manche ihrer Gedanken auf seine geniale Weise umgewandelt und wissenschaftlich verwendet hat." (Goldenes Buch, 48)

Als letzten Punkt zitiert Schmückle Morus' Verurteilung des Krieges. Wie in Utopia werde in der Sowjetunion der Krieg „verabscheut" und man führe ihn nur im Notfall der Verteidigung.

> „Den Krieg verabscheuen sie als eine Bestialität, die doch bei keiner Bestie so häufig sei, wie beim Menschen. Entgegen den Sitten fast aller Nationen gilt ihnen nichts so unrühmlich wie Kriegsruhm. Obgleich sie sich täglich in den Waffen üben, und zwar nicht nur die Männer, sondern auch die Frauen an gewissen Tagen, damit sie des Kriegswesens wohl kundig seien, wenn die Notwendigkeit es erheischt, unternehmen sie trotzdem nie einen Krieg, außer zur Verteidigung ihres eigenen Landes gegen einen ungerechten Angriff." (Goldenes Buch, 48 – vgl. Morus: Utopia, S. 88)

Schmückle beschreibt die Sowjetunion jedoch nicht nur indirekt mit den Zitaten aus Morus' *Utopia*. Er läßt seinen Helden in einem Zeitungsinterview erklären, die Sowjetunion habe die Ideen der *Utopia* verwirklicht und zwar besser, als Morus sie seinerzeit erdacht habe.

> „Als ich das Buch über die Insel Utopia und ihre harmonischen Einrichtungen schrieb, erzählte ich gleichsam einen künstlichen Traum und war

---

[140] Vgl. Lenin, Wladimir I.: Über die Bedeutung des Goldes jetzt und nach dem vollen Sieg des Sozialismus. (1921) In: ders.: Werke, Bd. 33. Berlin 1962. S. 90-98, S. 94f. – „Wenn wir dereinst im Weltausmaß gesiegt haben, dann werden wir, glaube ich, auf den Straßen einiger der größten Städte der Welt öffentliche Bedürfnisanstalten aus Gold bauen. Das wäre die ‚gerechteste' und beste anschaulich-belehrende Verwendung des Goldes für die Generationen, die nicht vergessen haben, wie man des Goldes wegen zehn Millionen Menschen hingemetzelt und dreißig Millionen zum Krüppel gemacht hat in dem ‚großen Befreiungs'krieg 1914-1918 [...]."

[141] Vgl. Morus: Utopia, S. 66.

voll Traurigkeit in meinem Herzen, wenn ich nachdachte, ob er denn zu verwirklichen wäre. Als ich aber in Euer Land kam, da sah ich bald, daß Ihr nicht nur mit unsterblicher Kühnheit Utopia, das Land, das nirgends ist, zur Realität, zu einem einfachen Bestandteil der Geographie gemacht, sondern die meisten meiner Ideen in der Ausführung verbessert und übertroffen habt." (Goldenes Buch, 41)

Schmückle macht für die *Utopia* als Vorbild nur eine Einschränkung. Morus habe die „Einführung der besten Verfassung eines Gemeinwesen" von der „Weisheit und Güte eines Fürsten erwartet, an die revolutionäre Kraft des arbeitenden Volkes hatte er nicht einmal gedacht" (Goldenes Buch, 47). Das sei der historische Irrtum der Utopie, der durch ihre Verwirklichung im Sozialismus aufgelöst wurde. „Ich bin", läßt Schmückle Morus als Schlußwort sagen, „wir mir scheint, nur eine weiterlebende Idee."

Abschliessende Bemerkungen

Nach den „heroischen Illusionen". Utopie zwischen Melancholie und Dystopie

Der utopische Blick auf die Sowjetunion schließt den Bogen zum Beginn der politischen Utopie in Rußland unter Peter I. Ende des 17. Jahrhunderts. Die Konstellationen entsprechen einander. Die Neuordnung der russischen Gesellschaft durch die Petrinischen Reformen hatte den Charakter eines Staatsutopismus. Peter I. zielte darauf, aus Rußland einen aufklärerisch-absolutistischen Idealstaat zu machen. Die politischen, ökonomischen, sozialen und kulturellen Verhältnisse wurden von ihm mit der Wucht einer utopischen Tabula Rasa umgestaltet. Im Gegenzug entdeckten – wie die Utopietouristen der 1920er und 1930er Jahre – die westlichen Aufklärer Rußland als utopischen Raum. In ihrem Blick wurde das Rußland Peters I. zum weltgeschichtlich ausgezeichneten Ort, an dem sich die Vorstellungen einer aufgeklärten, vernünftigen Gesellschaft verwirklichten beziehungsweise verwirklichen ließen.

Die Aufklärung bildet den Rahmen der ersten Phase des utopischen Denkens in Rußland. Der russische Utopiediskurs folgte dabei – mit Verzögerung – dem westlichen. Die Aufklärung schuf zum einen die geistesgeschichtlichen Grundlagen für die politische Utopie, zum anderen prägte sie deren Inhalte. Mit der Übernahme des Vernunftrechts setzte eine theoretische, säkulare Reflexion über die Fragen der Politik ein. Sie eröffnete den Anspruch, die Gesellschaft auf rationaler, vernunftorientierter Basis zu vervollkommnen. Dieser Anspruch äußerte sich einerseits in dem beschriebenen Staatsutopismus Peters I. und Katharinas II. Zum anderen wurde die Aufklärung in Form utopischer (Gegen-)Bilder als hypothetischer Maßstab für die Politik ausformuliert, wie bei Radischtschew und Schtscherbatow gezeigt, oder es wurde der Tugend- sowie der Wissenschafts- und Technikdiskurs der Aufklärung popularisiert, etwa von Emin, Cheraskow und Bulgarin. Die Utopie war gleichermaßen Kritik und unterhaltende Belehrung.

Der Dekabristen-Aufstand 1825 markiert das Ende dieser ersten, von der Aufklärung bestimmten Phase der politischen Utopie in Rußland. Der Aufstand und seine Niederschlagung brachten eine Zäsur im politischen Denken. Die zweite Phase setzte mit der Publizistik der 1840er ein, die die frühsozialistischen Utopien propagierte und popularisierte. In dieser zweiten Phase wurde der Utopiediskurs von den Debatten um die Modernisierung der russischen Gesellschaft bestimmt. Es kam dabei zu einer einschneidenden Verschiebung innerhalb des Utopiediskurses. Er wurde mit dem Erwartungshorizont eingreifender Praxis verknüpft. Paradigmatisch zeigt sich das in Tschernyschewskis *Was tun?*. Tschernyschewski entwarf seine Utopie als Modell einer sozio-kulturellen Transformation, die vom einzelnen im eigenen Leben nachzuvollziehen sei. Die Utopie wurde zum Medium der Aufklärung und Mobilisierung. Sie verdichtete die Erwartungen gesellschaftlicher Modernisierung und individueller Emanzipation zum utopischen Gegenbild und schuf neue soziale Rollenmuster als Identifikationsangebot.

Der Praxisanspruch der Utopie führte – zusammen mit der Zensur – in der Folge dazu, daß für die radikale Intelligenzija die Utopie, zugespitzt gesagt, zur Ersatzform des politischen Denkens wurde. Ihr politisches Denken war zunehmend utopisch überformt. Das zeigt sich ebenso für die Slawophilen. Auch sie formulierten ihre Bilder einer Gegenmoderne als Utopie aus.

Die Revolutionen 1917 öffneten dann das Feld der Praxis und Politik für die Utopie. Der russische Utopiediskurs im ersten Drittel des 20. Jahrhunderts war von der Revolution und dem Anspruch auf Verwirklichung bestimmt. Das reichte über die originär politischen und sozialen Utopien hinaus in Bildung, Kunst, Architektur, Wissenschaft und Technik. Die Revolutionen 1917 setzten über alle Bereiche hinweg einen einzigartigen utopischen Mobilisierungsschub frei. Hatte der russische Utopiediskurs bis dahin weitgehend in der Nachfolge des westlichen gestanden, überholte er ihn jetzt gleichsam. Die Dynamik und Radikalität resultierten einerseits aus dem Anspruch auf Verwirklichung der Utopie, andererseits aus dem Zusammenfallen der politischen Utopien mit denen der Avantgarde. Der Anspruch war es, eine gänzlich neue Welt zu schaffen: mit einem Neuen Menschen, einer neuen Lebensweise, neuen Architektur- und Wohnformen. Der sozialistische Umbau der politischen, sozialen und ökonomischen Verhältnisse erschien dabei vielfach nur als erste Voraussetzung einer Emanzipation des Menschen, die bis hin zur Überwindung der Naturgesetze ausgriff.

Sowohl in der Selbstdarstellung als auch in der Außenwahrnehmung erschien das neue, revolutionäre Rußland als Einlösung der Utopie. Utopie- und Politikdiskurs verschränkten sich. Die Utopie wurde zur mobilisierenden Agitationsschrift, die ein konkretes Bild der Zukunft gab, zum politischen Programm und zur Anleitung für die individuelle Lebenspraxis. Die utopischen Entwürfe einer neuen Lebensweise, neuer Städte und eines Neuen Menschen, die experimentellen Erprobungen der Utopie, die performativen Inszenierungen der Zukunft durch die Avantgarde und die agitatorischen Zukunftsbilder erfolgten dabei parallel und durchdrangen sich gegenseitig. In der Darstellung der Sowjetunion als verwirklichter Utopie gingen utopischer Entwurf und Verwirklichung in eins. Die Zukunft wurde gleichsam in vorwegnehmender Weise als utopische Gegenwart beschrieben.

Mit der Darstellung der Sowjetunion als verwirklichter Utopie verschob sich jedoch der Status der Utopie. Aus der „fiktiven Denkmöglichkeit" wurde politisches Programm und Selbstbeschreibung. An die Stelle von Kritik und Herausforderung trat Mobilisierung als maßgebender Zug. Die Utopie verlor damit ihre Stellung als „regulatives Prinzip politischer Praxis", das diese kritischer Betrachtung unterzieht.[142] Die Kritikfunktion der Utopie erwächst gerade aus ihrer Eigenschaft, ein hypothetisches Ideal zu sein. Utopie als Kritik der bestehenden Verhältnisse war in der Folge nur noch auf die Außenperspektive bezogen. Die Kritik richtete sich nach Außen: Im Blick der westlichen Utopietouristen der 1920er und 1930er Jahre wurde die Sowjetunion zur utopischen Alternative für die westlichen Gesellschaften. Auf Rußland gerichtet verlor die Utopie dagegen ihre Kritikfunktion. Sie wurde, wie für die Utopien der Neuen Lebensweise gezeigt, durch die Politik okkupiert und zum Instrument der Mobilisierung und Wirklichkeitsbestätigung.

Das ließ die Utopie – wo sie die Haltung der Kritik aufrechterhielt – am Ort ihrer Verwirklichung, gleichsam im Herz der Utopie, fürs erste melancholisch und dystopisch werden. Auf der einen Seite stand die Klage über ihr Erschöpfen oder ihren Verrat. Gegenüber dem Versacken, Leerlaufen und Okkupieren der Utopie wurden mit melancholischem Blick die frührevolutionären Emanzipationserwartungen beschworen. Der ekstatische Aufbruch in ein Utopia, die Ideale und Versuche eines befreiten Neuen Menschen, einer neuen Lebensweise, neuer Städte und Wohnformen erwiesen sich als – wie Marx es in bezug auf die Französische Revolution genannt hatte – „heroische Illusionen" der Revolution. Auf der anderen Seite wandelte sich die Utopie zur dystopischen Kritik. Das utopische Ideal in seiner scheinbaren Verwirklichung wurde selbst der Kritik unterzog, so etwa in Samjatins *Wir*.

---

[142] Saage: Utopische Ökonomien als Vorläufer sozialistischer Planwirtschaften, S. 555.

Weder melancholische Klage noch dystopische Kritik sind jedoch als Ende der Utopie zu verstehen. Gegenüber ‚Ernüchterung' und ‚Realisierung' der Utopie hielten sie das Bewußtsein alternativer Möglichkeiten offen. In der Reflexion über die Möglichkeiten ihrer Verwirklichung respektive ihres Scheiterns in der Sowjetunion gewann die Utopie die Dimension der Selbstüberprüfung des utopischen Anspruchs zurück. An die Stelle des revolutionären Praxisanspruchs traten damit für die Utopie wieder die Kritik und das Nachsinnen über Alternativen. Das Einschnurren des Utopischen, die Erfahrungen des Scheiterns und des verordneten Endes der utopischen Experimente wurden dabei, wie in der philosophischen Phantastik zu sehen, zum wesentlichen Bezugspunkt. Die Utopie wurde gleichsam zur „belehrten Hoffnung". Sie machte sich die Frage Berdjajews zu eigen, wie sich die restlose Verwirklichung der Utopien vermeiden lasse.

LITERATURVERZEICHNIS

1/6 der Erde unser! Wirtschaftliche und politische Tatsachen in Bildern aus der Sowjet-Union. Hrsg. von der III. Arbeiterdelegation nach der Sowjet-Union. Berlin 1928.

A. N. Radiščev und Deutschland. Beiträge zur russischen Literatur des ausgehenden 18. Jahrhunderts (Sitzungsberichte der Sächsischen Akademie der Wissenschaften zu Leipzig, Philologisch-historische Klasse; 114,1) Berlin 1969.

Alexander Nikolajewitsch Radischtschew. Schicksale eines russischen Publicisten. In: Archiv für wissenschaftliche Kunde von Russland, hrsg. v. A. Erman 19. Bd. (1860) H. 1. S. 77-92.

Abramovitch, Raphael R.: The Soviet Revolution 1917-1939. New York 1962.

Adam, Alfred: Der Erlösungsgedanke bei Dostojevskij. Frankfurt a. M. 1949.

Adams, Mark B.: Red Star. Another Look at Aleksandr Bogdanov. In: Slavic Review. American Quarterly of Soviet and East European Studies 48. Jg. (1989) H. 1. S. 1-15.

Afanasjew, Kyrill N.: Ideen, Projekte, Bauten. Sowjetische Architektur 1917 bis 1932 (Fundus-Bücher; 30). Dresden 1973.

Afferica, Joan Mary: The Political and Social Thought of Prince M. M. Shcherbatov (1733-1790). (Dissertation an der Harvard University) Cambridge (Mass.) 1967.

Aldridge, Alexandra: The scientific world view in dystopia (Studies in Speculative Fiction; 3). Ann Arbor (Mich.) 1984.

Altrichter, Helmut/ Haumann, Heiko (Hrsg.): Die Sowjetunion. Von der Oktoberrevolution bis zu Stalins Tod. Band 2: Wirtschaft und Gesellschaft. München 1987.

Altrichter, Helmut: „Living the Revolution". Stadt und Stadtplanung in Stalins Rußland. In: Hardtwig, Wolfgang (Hrsg.): Utopie und politische Herrschaft im Europa der Zwischenkriegszeit (Schriften des Historischen Kollegs; 56). München 2003. S. 57-75.

Altrichter, Helmut: Eine gläserne Welt unter dem Joch der Vernunft. Jewgeni Samjatins utopischer Roman *Wir* (1920). In: Hurter, Johannes/ Zarusky, Jürgen (Hrsg.): Epos Zeitgeschichte. Romane des 20. Jahrhunderts in zeithistorischer Sicht (Schriftenreihe der Vierteljahreshefte für Zeitgeschichte; 100). München 2010. S. 27-35.

Amfiteatrow, Alexander: Die Frau. In: Melnik, Josef (Hrsg.): Russen über Rußland. Frankfurt a. M. 1906. S. 316-360.

Andreae, Friedrich: Das bolševistische Rußland (1918-1923) in der deutschen publizistischen Literatur. Ein bibliographischer Versuch. In: Jahresberichte für Kultur und Geschichte der Slaven 1. Jg. (1924). S. 166-190.

Andreae, Friedrich: Das bolševistische Rußland (1918-1923) in der deutschen publizistischen Literatur. Ein bibliographischer Versuch. In: Jahresberichte für Kultur und Geschichte der Slaven 1. Jg. (1924). S. 166-190.

Andreae, Friedrich: Fürst M. Schtscherbatow, *Über die Sittenverderbnis in Rußland*. In: Jahrbücher für Kultur und Geschichte der Slawen 1. Jg. (1925) H. 2. S. 264-266.

Andreeva, Lidija V.: Sovetskij farfor. 1920-1930 gody. Moskau 1975.

Angeloff, Alexander: The Relationship of Literary Means und Alienation in Zamiatin's *We*. In: Russian Language Journal 23. Jg. (1969) Nr. 85. S. 3-9.

Annenkov, Jurij: Evgenij Zamjatin. (Vospominanija) In: Grani. Žurnal literatury, iskusstva, nauki i obščestvenno-političeskoj mysli 17. Jg. (1962) H. 51. S. 60-96.

Anonymus: Der wohleingerichtete Staat des bishero von vielen gesuchten, aber nicht gefundenen Koenigreiches Ophir. Leipzig 1699.

Antonowa, Irina/ Merkert, Jörn (Hrsg.): Berlin – Moskau 1900-1950. München, New York 1995.

Anweiler, Oskar/ Meyer, Klaus (Hrsg.): Die sowjetische Bildungspolitik 1917-1960. Dokumente und Texte (Osteuropa-Institut an der Freien Universität Berlin, Erziehungswissenschaftliche Veröffentlichungen; 12). 2., verbesserte Auflage Wiesbaden 1979.

Anweiler, Oskar: Geschichte der Schule und Pädagogik in Rußland vom Ende des Zarenreiches bis zum Beginn der Stalin-Ära (Erziehungswissenschaftliche Veröffentlichungen des Osteuropa-Instituts Berlin; 1). 2. Auflage Berlin 1978.

Arschinoff, Peter A.: Geschichte der Machno-Bewegung (1918-1921). Münster 1998.

Artizov, Andrej N./ u. a. (Hrsg.): „Očistim Rossiju nadolgo…". Repressii protiv inakomysljaščih, konec 1921 – načalo 1923 g. (Rossija XX vek. Dokumenty). Moskau 2008.

Arvatov, Boris: Oveščestvlennaja utopija. In: LEF. Žurnal levogo fronta iskusstv 1. Jg. (1923) H. 1. S. 61 u. 64.

Baak, Jost van: Zamjatin's Cave. On Troglodyte versus Urban Culture, Myth, and the Semiotics of Literary Space. In: Russian Literature 10. Jg. (1981) H. 4. S. 381-422.

Babkin, Dmitrij S.: Process A. N. Radiščeva. Moskau, Leningrad 1952.

Bachtin, Michail M.: Das Wort im Roman. In: ders.: Die Ästhetik des Wortes. Frankfurt a. M. 1979. S. 154-300.

Bachtin, Michail M.: Probleme der Poetik Dostoevskijs. München 1971.

Bagchi, Amiya Kumar: Tschajanow und die Forschung über die Bauernschaft in Entwicklungsländern. In: Schefold, Bertram (Hrsg.): Vademecum zu einem russischen Klassiker der Agrarökonomie. Düsseldorf 1999. S. 95-124.

Baljazin, Vladimir N.: Professor Aleksandr Čajanov, 1888-1937. Moskau 1990.

Ball, Alan M.: And Now My Soul Is Hardened. Abandoned Children in Soviet Russia, 1918-1930. Berkeley (Calif.), Los Angeles, London 1994.

Ballestrem, Karl G.: Lenin and Bogdanov. In: Studies in Soviet Thought 9. Jg. (1969) H. 4. S. 283-310.

Banaji, Jarius: Chayanov, Kautsky, Lenin: Considerations towards a Synthesis. In: Economic and Political Weekly 11. Jg. (1976) H. 40. S. 1594-1607.

Barck, Simone/ u. a. (Hrsg.): Lexikon sozialistischer Literatur. Stuttgart, Weimar 1994.

Barker, Murl G.: Onomastics and Zamjatin's *We*. In: Canadian-American Slavic Studies 11. Jg. (1977) H. 4. S. 551-560.

Barmeyer, Eike (Hrsg.): Science Fiction. Theorie und Geschichte. München 1972.

Barratt, Andrew: Revolution as Collusion: The Heretic and the Slave in Zamyatin's *My*. In: The Slavonic and East European Review 62. Jg. (1984) H. 3. S. 344-361.

Barratt, Andrew: The X-Factor in Zamyatin's *We*. In: Modern Language Review 80. Jg. (1985) H. 3. S. 659-671.

Baršč, Michail O./ Ginzburg, Moisej Ja: Zelenyj gorod. Socialističeskaja rekonstrukcija Moskvy. In: Sovremennaja architektura 5. Jg. (1930) H. 1/2. S. 17-37.

Baršč, Michail O./ Vladimirov, Vjačeslav N./ Ochitovič, Michail A./ Sokolov, Nikolaj B.: Magnitogor'e. K scheme Gen-plana. In: Sovremennaja architektura 5. Jg. (1930) H. 1/2. S. 38-57.

Bartlett, Roger: Utopian and Projectors in Eighteenth-Century Russia. In: ders./ Hughes, Lindsey (Hrsg.): Russian Society and Culture and the Long Eighteenth Century. Essays in Honour of Anthony Cross. Münster 2004. S. 98-115.

Batkis, Gregorij A.: Die Sexualrevolution in Rußland. Berlin 1925.

Bauermeister, Christine: Notizen zu einer Biographie. In: Kollontai, Alexandra: Der weite Weg. Erzählungen, Aufsätze, Kommentare. Frankfurt a. M. 1979. S. 223-235.

Baumann, Werner/ Haumann, Heiko: „… um die Organisation des typischen Arbeitsbetriebes kennenzulernen." Zu Aleksandr Čajanovs Schrift *Bäuerliche Wirtschaft in der Schweiz*. In: Schweizerische Zeitschrift für Geschichte 47. Jg. (1997) H. 1. S. 1-27.

Baumann, Winfried: Die Zukunftsperspektiven des Fürsten V. F. Odoevskij. Literatur, Futurologie und Utopie. Frankfurt a. M. u. a. 1980.

Baumeister, Reiner: Die Konzeption der Zukunftsgesellschaft bei Karl Marx, Friedrich Engels und bei neueren westeuropäischen Marxisten – eine ordnungspolitische Analyse (Institut für Wirtschaftspolitik an der Universität zu Köln – Untersuchungen; 34). Köln 1976.

Bavaj, Riccardo: Lebensideologischer Kommunismus als Alternative. Heinrich Vogelers Utopie vom „neuen Leben" im Krisendiskurs der Weimarer Republik. In: Zeitschrift für Geschichtswissenschaft 55. Jg. (2007) H. 6. S. 509-528.

Bayer, Waltraud: Die Moskauer Medici. Der russische Bürger als Mäzen, 1850-1917. Wien u. a. 1996.

Beauchamp, Gorman: Of Man's Last Disobedience: Zamiatin's *We* and Orwell's *1984*. In: Comparative Literature Studies 10. Jg. (1973) H. 4. S. 285-301.

Beaujour, Elizabeth Klosty: Zamiatin's *We* and Modernist Architecture. In: The Russian Review 47. Jg. (1988) H. 1. S. 49-60.

Bebel, August: Die Frau und der Sozialismus. Berlin 1950.

Bebel, August: Ein idealistischer Roman. In: Die Neue Zeit 3. Jg. (1885) H. 8. S. 371-373.

Becher, Johannes R.: Gruß des deutschen Dichters an die Sowjetunion. In: ders.: Gesammelte Werke, Bd. 16: Publizistik II: 1939-1945. Berlin, Weimar 1978. S. 135-143.

Becker, Christoph: Raznochintsy. The Development of the Word and of the Concept. In: The American and East European Review 19. Jg. (1959). S. 63-74.

Begisheva, Alia: Der russische Adel. In: Im Reich der Zaren. Geo-Epoche Nr. 6 (2001). S. 161.

Belinski, Wissarion G.: Brief an N. W. Gogol. In: ders.: Ausgewählte Philosophische Schriften. Moskau 1950. S. 566-576.

Belousov, Vladimir N./ Smirnova, Ol'ga V.: V. N. Semenov. Moskau 1980.

Beltschikow, Nikolai F.: Dostojewski im Prozeß der Petraschewzen. Leipzig 1979.

Beltschikow, Nikolai F.: Tschernyschewski. Eine kritisch-biographische Skizze. Berlin 1948.

Belykh, A. A.: A Note on the Origins of Input-Output Analysis and the Contribution of the Early Soviet Economists: Chayanov, Bogdanov and Kritsman. In: Soviet Studies 41. Jg. (1989) H. 3. S. 426-429.

Benjamin, Walter: Moskau. In: ders.: Gesammelte Schriften, Bd. 4. Frankfurt a. M. 1972. S. 316-4348.

Benjamin, Walter: Moskauer Tagebuch. In: ders.: Gesammelte Schriften, Bd. 6. Frankfurt a. M. 1985. S. 292-409.

Benz, Ernst: Das Recht auf Faulheit oder Die friedliche Beendigung des Klassenkampfes. Lafargue-Studien. Stuttgart 1974.

Ber, Julij: Kommuna segodnja. Opyt proizvodstv i bytovych kommun molodezi. Moskau 1930.

Berdjajew, Nikolaus: Das neue Mittelalter. Betrachtungen über das Schicksal Rußlands und Europa. Darmstadt 1927.

Bergmann, F.: „Die Republik der Strolche". Die „Dsershinski-Kommune" der GPU. In: Moskauer Rundschau vom 15. Februar 1931, 3. Jg. (1931) Nr. 7 (104), S. 7.

Berlin, Isaiah: Der Igel und der Fuchs. In: ders.: Russische Denker. Frankfurt a. M. 1995. S. 51-123.

Berlin, Isaiah: Der russische Populismus. In: ders.: Russische Denker. Frankfurt a. M. 1995. S. 280-314.

Berlin, Isaiah: Der Verfall des utopischen Denkens. In: ders.: Das krumme Holz der Humanität. Kapitel der Ideengeschichte. Frankfurt a. M. 1992. S. 37-71.

Berlin, Isaiah: Die deutsche Romantik in Petersburg und Moskau. In: ders: Russische Denker. Frankfurt a. M. 1995. S. 191-206.

Berlin, Isaiah: Ein denkwürdiges Jahrzehnt. In: ders.: Russische Denker. Frankfurt a. M. 1995. S. 164-279.

Berlin, Isaiah: Rußland und 1848. In: ders.: Russische Denker. Frankfurt a. M. 1995. S. 27-50.

Berlin, Isaiah: Väter und Söhne. Turgenjew und das liberale Dilemma. In: ders.: Russische Denker. Frankfurt a. M. 1995. S. 343-393.

Bermbach, Udo: Utopischer Minimalismus. Von der Utopie zur utopischen Intention. In: ders.: Demokratietheorie und politische Institutionen. Opladen 1991. S. 257-276.

Bernard, Veronika: Signale utopischer Städte in der Zeit. Wetzlar 1997.

Bernauer, Markus: Die Ästhetik der Masse. Basel 1990.

Bernstein, Henry: V. I. Lenin and A. V. Chayanov: looking back, looking forward. In: The Journal of Peasant Studies 36. Jg. (2009) H. 1. S. 55-81.

Beyrau, Dietrich: Das bolschewistische Projekt als Entwurf und als soziale Praxis. In: Hardtwig, Wolfgang (Hrsg.): Utopie und politische Herrschaft im Europa der Zwischenkriegszeit (Schriften des Historischen Kollegs; 56). München 2003. S. 13-39.

Biesterfeld, Wolfgang: François Fénelons *Les Aventures de Télémaque* (1699). Der narrative Fürstenspiegel als Konkurrent der monarchistischen Utopie? In: Schölderle, Thomas (Hrsg.): Idealstaat oder Gedankenexperiment? Zum Staatsverständnis in den klassischen Utopien (Staatsverständnisse; 67). Baden-Baden 2014. S. 165-183

Biggart, John/ Dudley, Peter/ King, Francis (Hrsg.): Alexander Bogdanov and the Origins of Systems Thinking in Russia. Aldershot u. a. 1998.

Biggart, John/ Gloveli, Georgii/ Yassour, Avraham (Hrsg.): Bogdanov and His Work. A guide to the published and unpublished works of Alexander A. Bogdanov (Malinovsky) 1873-1928. Aldershot u. a. 1998.

Biggart, John: „Anti-Leninist Bolshevism": the *Forward* Group of the RSDRP. In: Canadian Slavonic Papers 23. Jg. (1981) H. 2. S. 134-153.

Biggart, John: Alexander Bogdanov and the Theory of a „New Class". In: Russian Review 49. Jg. (1990) H. 3. S. 265-282.

Bittner, Konrad: J. G. Herder und A. N. Radiščev. In: Zeitschrift für slavische Philologie 25. Jg. (1956). S. 8-53.

Bloch, Ernst: Antizipierte Realität – Wie geschieht und was leistet utopisches Denken? In: ders.: Abschied von der Utopie? Vorträge. Frankfurt a. M. 1980. S. 101-115.

Bloch, Ernst: Das Prinzip Hoffnung. Frankfurt a. M. 1985.

Bluhm, Harald: Dostojewski und Tolstoi-Rezeption auf dem „semantischen Sonderweg". Kultur und Zivilisation in deutschen Rezeptionsmustern Anfang des 20. Jahrhunderts. In: Politischen Vierteljahresschrift 40. Jg. (1999) H. 2. S. 305-327.

Blumenfeld, Hans: Russian City Planning of the 18th and Early 19th Centuries. In: The Journal of the American Society of Architectural Historians 4. Jg. (1944) H. 1: The History of City Planning. S. 22-33.

Bobroff-Hajal, Anne: Working women in Russia under the hunger tsar. Political activism and daily life (Scholarship in Women's History; 3). Brooklyn, New York 1994.

Bochow, Jörg: Vom Gottmenschentum zum Neuen Menschen. Subjekt und Religiosität im russischen Film der zwanziger Jahre (Filmgeschichte International; 3). Trier 1997.

Boden, Dieter: Sozial-Politische Züge in russischen utopischen Erzählwerken des 18./19. Jahrhunderts. Zur Geschichte der Utopie in der russischen Literatur. In: Engel-Braunschmidt, Annelore/ Schmücker, Alois (Hrsg.): Korrespondenzen. Festschrift für Dietrich Gerhardt aus Anlaß des 65. Geburtstages. Giesen 1977. S. 36-50.

Bodenschatz, Harald/ Post, Christiane (Hrsg.): Städtebau im Schatten Stalins. Die internationale Suche nach der sozialistischen Stadt in der Sowjetunion 1929-1935 (Schriften des Schinkel-Zentrums für Architektur, Stadtforschung und Denkmalpflege der Technischen Universität Berlin; 1). Berlin 2003.

Boetticher, Manfred von: Leibniz und Rußland. In: Lomonossow (DAMU-Hefte) 1998, 3. S. 7-18.

Bogdanoff, Alexander: A short course of economic science. London 1923.

Bogdanoff, Alexander: Der rote Stern. Ein utopischer Roman (Internationale Jugendbücherei; 1). Berlin 1923.

Bogdanoff, Alexander: Die Kunst und das Proletariat (Die Schriften des sinnenden Wanderers; 2). Leipzig, Wolgast 1919.

Bogdanov, Aleksandr A.: A. A. Bogdanov i gruppa RSDRP *Vpered* 1908-1914 gg. (Neizvestnyj Bogdanov, Bd. 2). Moskau 1995.

Bogdanov, Aleksandr A.: Avtobiografija. In: ders: Stat'i, doklady, pis'ma i vospominanija 1901-1928 gg. (Neizvestnyj Bogdanov, Bd. 1). Moskau 1995.

S. 18-21.

Bogdanov, Aleksandr A.: Bor'ba za žiznesposobnost'. Moskau 1927.

Bogdanov, Aleksandr A.: Čto takoe idealizm'? In: ders.: Iz psichologij obščestva (Stat'i, 1901-1904 g.). St. Petersburg 1904. S. 11-34.

Bogdanov, Aleksandr A.: Der Kampf um die Vitalität. In: Groys, Boris/ Hagemeister, Michael (Hrsg.): Die Neue Menschheit. Biopolitische Utopien in Russland zu Beginn des 20. Jahrhunderts. Frankfurt a. M. 2005. S. 525-605.

Bogdanov, Aleksandr A.: Die Integration des Menschen. In: Groys, Boris/ Hagemeister, Michael (Hrsg.): Die Neue Menschheit. Biopolitische Utopien in Russland zu Beginn des 20. Jahrhunderts. Frankfurt a. M. 2005. S. 484-509.

Bogdanov, Aleksandr A.: Krasnaja zvezda. Roman-utopija/ Inžener Mėnni. Fantastičeskij roman (Bibliotheca Russica; 2). Hamburg 1979.

Bogdanov, Aleksandr A.: Kratkij kurs ėkonomičeskoj nauki. Moskau 1897.

Bogdanov, Aleksandr A.: Otkrytoe pis'mo tov. Bucharinu, 10 dekabrja 1921 g. In: ders: Stat'i, doklady, pis'ma i vospominanija 1901-1928 gg. (Neizvestnyj Bogdanov, Bd. 1). Moskau 1995. S. 204-207.

Bogdanov, Aleksandr A.: Pis'mo A. V. Lunačarskomy, 19 nojabrja (2 dekabrja) 1917 g. In: ders: Stat'i, doklady, pis'ma i vospominanija 1901-1928 gg. (Neizvestnyj Bogdanov, Bd. 1). Moskau 1995. S. 189-192.

Bogdanov, Aleksandr A.: Put' k socializmu. Moskau 1917.

Bogdanov, Aleksandr A.: Stat'i, doklady, pis'ma i vospominanija 1901-1928 gg. (Neizvestnyj Bogdanov, Bd. 1). Moskau 1995.

Bogdanov, Aleksandr A.: Voprosy socializma. Moskau 1990.

Bogdanov, Aleksandr: Autobiographie. In: Grille, Dietrich: Lenins Rivale. Bogdanov und seine Philosophie (Abhandlungen des Bundesinstituts für ostwissenschaftliche und internationale Studien; 12). Köln 1966. S. 249-251 (ebenfalls in: Gorsen, Peter/ Knödler-Bunte, Eberhard (Hrsg.): Proletkult 2. Zur Praxis und Theorie einer proletarischen Kulturrevolution in Sowjetrußland 1917-1925. Dokumentation Stuttgart 1975. S. 146-149).

Bogdanov, Aleksandr: Das Erziehungsideal. In: Lorenz, Richard (Hrsg.): Proletarische Kulturrevolution in Sowjetrußland (1917-1921). Dokumente des ‚Proletkult'. München 1969. S. 179-184.

Bogdanov, Aleksandr: Die proletarische Universität. In: Gorsen, Peter/ Knödler-Bunte, Eberhard (Hrsg.): Proletkult 2. Zur Praxis und Theorie einer proletarischen Kulturrevolution in Sowjetrußland 1917-1925. Dokumentation (problemata; 22.2). Stuttgart 1975. S. 7-28.

Bogdanov, Aleksandr: Kritik der proletarischen Kunst. In: Lorenz, Richard (Hrsg.): Proletarische Kulturrevolution in Sowjetrußland (1917-1921). Dokumente des ‚Proletkult'. München 1969. S. 34-46.

Bogdanov, Aleksandr: Sozialismus in der Gegenwart. In: Gorsen, Peter/ Knödler-Bunte, Eberhard (Hrsg.): Proletkult 1. System einer proletarischen Kultur.

Dokumentation (problemata; 22.1). Stuttgart 1974. S. 131-136.

Bogdanov, Aleksandr: Was ist proletarische Dichtung? In: Ästhetik und Kommunikation. Beiträge zur politischen Erziehung 2. Jg. (1972) H. 5/6. S. 76-84.

Bogdanov, Aleksandr: Wege des proletarischen Schaffens. Thesen. In: Gorsen, Peter/ Knödler-Bunte, Eberhard (Hrsg.): Proletkult 2. Zur Praxis und Theorie einer proletarischen Kulturrevolution in Sowjetrußland 1917-1925. Dokumentation (problemata; 22.2). Stuttgart 1975. S. 47-51.

Bogdanov, Alexander: Red Star. The First Bolshevik Utopia. Bloomington (Ind.) 1984.

Bogdanow, Alexander: Allgemeine Organisationslehre. Tektologie, Bd. 1. Berlin 1926.

Bogdanow, Alexander: Allgemeine Organisationslehre. Tektologie, Bd. 2. Berlin 1928.

Bogdanow, Alexander: Das Ideal der Erkenntnis. In: Goerdt, Wilhelm (Hrsg.): Die Sowjetphilosophie. Wendigkeit und Bestimmtheit. Dokumente. Basel, Stuttgart 1967. S. 39-41.

Bogdanow, Alexander: Das Weltbild. In: Goerdt, Wilhelm (Hrsg.): Die Sowjetphilosophie. Wendigkeit und Bestimmtheit. Dokumente. Basel, Stuttgart 1967. S. 42-46.

Bogdanow, Alexander: Der rote Planet. In: ders.: Der rote Planet. Ingenieur Menni. Utopische Romane. Berlin 1989. S. 5-154.

Bogdanow, Alexander: Die Entwicklungsformen der Gesellschaft und die Wissenschaft. Kurzgefaßter Lehrgang in Fragen und Antworten. 2., überarbeitete Auflage Berlin 1924.

Bogdanow, Alexander: Die Wissenschaft der Zukunft. In: Goerdt, Wilhelm (Hrsg.): Die Sowjetphilosophie. Wendigkeit und Bestimmtheit. Dokumente. Basel, Stuttgart 1967. S. 47-49.

Bogdanow, Alexander: Die Wissenschaft und die Arbeiterklasse (Der Rote Hahn; 28). Berlin 1920.

Bogdanow, Alexander: Die Wissenschaft und die Arbeiterklasse. Leitsätze. In: Das Bildungswesen in Sowjetrußland. Vorträge, Leitsätze und Resolutionen der Ersten Moskauer Allstädtischen Konferenz der kulturell-aufklärenden Organisationen (Mosko-Proletkult) vom 23.-28. Februar 1918. Annaberg im Erzgebirge 1921. S. 7-8 (Wiederabdruck in: Lorenz, Richard (Hrsg.): Proletarische Kulturrevolution in Sowjetrußland (1917-1921), S. 218-219).

Bogdanow, Alexander: Ernst Mach und die Revolution. In: Die Neue Zeit 26. Jg. (1908) 1. Bd., Nr. 20. S. 695-700.

Bogdanow, Alexander: Ingenieur Menni. In: ders.: Der rote Planet. Ingenieur Menni. Utopische Romane. Berlin 1989. S. 155-292.

Bogdanow, Alexander: Um die allgemeine Organisationslehre. In: Weltwirtschaftliches Archiv 26. Bd. (1927 II) H. 1, Literatur. S. 24**-27**.

Bogdanow, Alexander: Was ist proletarische Dichtung? (Kleine Bibliothek der Russischen Korrespondenz; 12). Berlin 1920. (Wiederabdruck in: Ästhetik und Kommunikation. Beiträge zur politischen Erziehung 2. Jg. (1972) H. 5/6. S. 76-84).

Bogdanow, Alexander: Zur Theorie des Alterns. In: Deutsch-Russische Medizinische Zeitschrift 3. Jg. (1927) H. 1. S. 32-44.

Bogomasow, Gennady G./ Drosdowa, Natalia P.: Alexander Wassiljewitsch Tschajanow: Leben und Werk. In: Schefold, Bertram (Hrsg.): Vademecum zu einem russischen Klassiker der Agrarökonomie. Düsseldorf 1999. S. 37-74.

Bohmann, Alfred: Die Bevölkerungszahlen Böhmens vom 16. bis zum 18. Jahrhundert. In: Zeitschrift für Ostforschung. Länder und Völker im östlichen Mitteleuropa 10. Jg. (1961) H. 1. S. 127-139.

Bölke, G.: Die Wandlung der Frauenemanzipationstheorie von Marx bis zur Rätebewegung. Hamburg 1971.

Bollerey, Franziska: Architekturkonzeptionen der utopischen Sozialisten. Alternative Planung und Architektur für den gesellschaftlichen Prozeß. 2., erw. Auflage Berlin 1991.

Bolševo. Literaturnyj istoriko-kraevedčeskij al'manach, Nr. 3 (1994).

Boltin, Ivan N.: Primečanija na Istoriju drevinija i nynešnija Rossii g. Leklerka. St. Petersburg 1788.

Borenstein, Eliot: The Plural Self: Zamjatin's *We* and the Logic of Synecdoche. In: The Slavic and East European Journal 40. Jg. (1996) H. 4. S. 667-683.

Bormuth, Lotte: Dichter, Denker, Christ. Das Leben des Fjodor Dostojewski. Marburg an der Lahn 2000.

Boškovska, Nada: Die russische Frau im 17. Jahrhundert (Beiträge zur Geschichte Osteuropas; 24). Köln, Weimar 1998.

Bourdieu, Pierre: Das literarische Feld. In: Pinto, Louis/ Schultheis, Franz (Hrsg.): Streifzüge durch das literarische Feld. Konstanz 1997. S. 33-147.

Bourdieu, Pierre: Die Regeln der Kunst. Frankfurt a. M. 1999.

Bourgholtzer, Frank (Hrsg.): Aleksandr Chayanov and Russian Berlin (The Library of Peasant Studies; 19). London, Portland (Oregon) 1999.

Bown, Matthew Cullerne: Kunst unter Stalin, 1924-1956. München 1991.

Brandt, Hartmut: Von Thaer bis Tschajanow. Tradition und Wandel in der Wirtschaftslehre des Landbaus. 2., erw. Auflage Kiel 1994.

Braun, Maximilian: Dostojewskij. Das Gesamtwerk als Vielfalt und Einheit. Göttingen 1976.

Braunsperger, Gudrun: Erfolgsstory des utopischen Romans *Was tun?*. In: Berliner Zeitung vom 24. Juli 2008, S. 26.

Braunsperger, Gudrun: Sergej Nečaev und Dostoevskijs *Dämonen*. Die Geburt eines Romans aus dem Geist des Terrorismus. Frankfurt a. M. u. a. 2002.

Breuer, David (Hrsg.): Baumeister der Revolution. Sowjetische Kunst und Architektur 1915-1935. Essen 2011.

Breuer, Gerda (Hrsg.): Wenzel Hablik. Architekturvisionen 1903-1920 (Katalog zur Ausstellung in den Ateliers des Museums Künstlerkolonie, Darmstadt, vom 5. Mai bis 18. Juni 1995). Darmstadt 1995.

Britikov, Anatolij F.: Russkij sovetskij naučno-fantastičeskij roman. Leningrad 1970.

Brjusov, Valerij: Diktator. Tragedija v pjati dejstvijach i semi scenach iz buduščich vremen. In: Sovremennaja dramaturgija 5. Jg. (1986) H. 4. S. 176-198.

Brjusov, Valerij: Respublika Južnogo Kresta. Stat'ja v special'nom No *Severo-Evropejskogo Večernogo Vestnika*. In: ders.: Zemnaja os'. Rasskazy i dramatičeskija sceny (1901-1907 g.). 2., erw. Auflage Moskau 1910. S. 62-82.

Brjusov, Valerij: Zemlja. Sceny budušich vremen. In: ders.: Zemnaja os'. Rasskazy i dramatičeskija sceny (1901-1907 g.). 2., erw. Auflage Moskau 1910. S. 113-159.

Brjusov, Valerij: Zemnaja os'. Rasskazy i dramatičeskija sceny (1901-1907 g.). 2., erw. Auflage Moskau 1910.

Brjussoff, Valerius: Die Republik des Südkreuzes. Novellen. München 1908.

Brjussoff, Valerius: Erduntergang. Tragödie zukünftiger Zeiten. München 1909.

Brjussow, Valeri: Die Erde. Bilder künftiger Zeiten. In: ders.: Nur der Morgen der Liebe ist schön. Erzählungen und zwei Dramen. Berlin 1987. S. 136-186.

Brjussow, Valeri: Die Republik des Südkreuzes. Bericht aus einer Sondernummer des *Nordeuropäischen Abendblattes*. In: ders.: Nur der Morgen der Liebe ist schön. Erzählungen und zwei Dramen. Berlin 1987. S. 78-102.

Brousek, Antonin: Wer kennt bei uns den Erzähler Jewgenij Samjatin? In: Frankfurter Allgemeine Zeitung, vom 24. September 1976, S. 24.

Brower, Daniel R.: Training the Nihilists. Education and Radicalism in Tsarists Russia. Ithaca (New York) u. a. 1975.

Brown, Eduard J.: Stankevich and his Moscow Circle, 1830-1840. Stanford (Calif.) 1966.

Brown, Edward James: *Brave New World, 1984* and *We*. An essay on anti-Utopia. Ann Arbor (Mich.) 1976.

Brown, Edward James: Zamjatin and English Literature. In: American Contributions to the Fifth International Congress of Slavists, Bd. 2. The Hague 1963. S. 21-40.

Browning, Gordon: Zamjatin's *We*: An Anti-Utopian Classic. In: Cithara 7. Jg. (1968) H. 2. S. 13-20.

Bruisch, Katja: Historicizing Chaianov. Intellectual and scientific roots of the Theory of Peasant Economy. In: Müller, Dietmar/ Harre, Angela (Hrsg.): Transforming Rural Societies. Agrarian Property and Agrarianism in East Central

Europe in the Nineteenth and Twentieth Centuries (Jahrbuch für Geschichte des ländlichen Raumes 2010). Innsbruck, Wien, Bozen 2011. S. 96-113.

Brumfield, William C. (Hrsg.): Reshaping Russian Architecture: Western technology, utopian dreams. Cambridge (Mass.) 1990.

Brumfield, William C. (Hrsg.): Russian Housing in the Modern Age. Design und Social History. Cambridge (Mass.) 1993.

Brumfield, William C.: A History of Russian Architecture. Cambridge (Mass.) 1993.

Buber, Martin: Pfade in Utopia. Heidelberg 1950.

Bubtschikowa, Marianna A.: Entwurf des neuen Alltagslebens – Sowjetisches Porzellan der 1920er bis Anfang der 1930er Jahre. In: Hornbostel, Wilhelm/ u. a. (Hrsg.): mit voller Kraft. Russische Avantgarde 1910-1934. Heidelberg 2001. S. 197-200.

Bucharin, Nikolai: Dem Andenken. Rede auf dem II. Sowjetkongreß des Verbandes der Sozialistischen Sowjetrepubliken. In: Lenin! Reden und Aufsätze über Lenin 1924. Neuss 1989. S. 265-271.

Bucharin, Nikolai: Diskussionsbeitrag auf dem 14. Parteitag der KPdSU (B), 18.-31. Dezember 1925. In: Wolter, Ulf (Hrsg.): Die linke Opposition in der Sowjetunion 1923-1928, Bd. III: 1925-1926. Berlin 1976. S. 336-357.

Bucharin, Nikolaj: A. A. Bogdanov. In: Pravda Nr. 84, vom 8. April 1928, S. 3.

Bucharin, N./ Preobraschensky, E.: Das ABC des Kommunismus. Populäre Erläuterung des Programms der Kommunistischen Partei Russlands (Bolschewiki), 2 Bde. Wien 1920.

Bucharin, Nikolaj I./ Preobraschenskij, Jewgenij A.: Das ABC des Kommunismus. Populäre Erläuterung des Programms der Kommunistischen Partei Russlands (Bolschewiki). Zürich 1985 (zitierte Ausgabe).

Buchner, Hermann: Programmiertes Glück. Sozialkritik in der utopischen Sowjetliteratur. Wien, Frankfurt a. Main, Zürich 1970.

Buckley, Mary: Women and Ideology in the Soviet Union. New York, London u. a. 1989.

Bulgakov, Sergij: Die Orthodoxie. Die Lehre der orthodoxen Kirche. Trier 1996.

Bulgakow, Michail A.: Gesammelte Werke. Berlin 1992ff.

Bulgakow, Michail A.: Hundeherz. In: ders.: Gesammelte Werke, Bd. 6. Berlin 1994. S. 185-297.

Bulgarin, Faddei: Plausible Fantasies or a Journey in the 29th Century. In: Fetzer, Leland (Hrsg.): Pre-Revolutionary Russian Science Fiction. An Anthology (Seven Utopias and a Dream). Ann Arbor (Mich.) 1982. S. 5-34.

Bulgarin, Faddej V.: Neverojatnye nebylicy, ili Putešestvie k sredotočiju zemli. In: ders.: Polnoe sobranie sočinenij, Bd. 7. St. Petersburg 1844. S. 17-30.

Bulgarin, Faddej V.: Pravdopodobnye nebylicy, ili Stranstvovanie po svetu v 29-om veke. In: ders.: Polnoe sobranie sočinenij, Bd. 6. St. Petersburg 1843. S. 85-110.

Bulgarin, Faddej V.: Scena iz častnoj žizni, v 2028 godu. In: ders.: Polnoe sobranie sočinenij, Bd. 7. St. Petersburg 1844. S. 63-69.

Bulgarin, Thaddäus: Memoiren. Abrisse von Geschehenem, Gehörtem und Erlebtem, 6 Bde. Jena 1859-60.

Bulgarin, Thaddäus: Sämtliche Werke in vier Bänden. Leipzig 1828.

Burns, Tony: Zamyatin's *We* and Postmodernism. In: Utopian Studies 11. Jg. (2000) H. 1. S. 66-90.

Buzina, Tatyana: Dostoevsky and social and metaphysical freedom (Studies in Slavic languages and literature; 22). Lewiston u. a. 2003.

Čajanov, Aleksandr V. – auch *Tschajanow, Alexander W.*

Čajanov, Aleksandr V.: Čto takoe agrarnyj vopros? In: ders.: Œuvres choisies, hrsg. von Basile Kerblay, Bd. 3. Paris 1967. S. 7-70.

Čajanov, Aleksandr V.: Istorija parikmacherskoj kukly i drugie sočinenija Botanika X. New York 1982.

Čajanov, Aleksandr V.: Œuvres choisies, hrsg. von Basile Kerblay, 8 Bde. Paris 1967.

Čajanov, Aleksandr V.: Opyty izučenija izolirovannoga gosudarstva. In: ders.: Očerki po ėkonomike trudovogo sel'skogo chozjastva. Moskau 1924. S. 117-144.

Čajanov, Vasilij A.: A. V. Čajanov – čelovek, učenyj, graždanin. 2., erw. Auflage Moskau 2000.

Čajanov, Aleksandr V.: Bäuerliche Wirtschaft in der Schweiz. In: Schweizerische Zeitschrift für Geschichte 47. Jg. (1997) H. 1. S. 9-27.

Campanella, Tommaso: Sonnenstaat. In: Heinisch, Klaus J. (Hrsg.): Der utopische Staat. Reinbek bei Hamburg 1960. S. 111-169.

Camus, Albert: Der Fall. Hamburg 1957.

Carden, Patricia: Utopia and Anti-Utopia: Aleksei Gastev and Evegeny Zamyatin. In: The Russian Review 46. Jg. (1987). S. 1-18.

Carleton, Gregory: Sexual Revolution in Bolshevik Russia. Pittsburgh (Pa.) 2004.

Carli, Gabriela/ Lehmann, Ulf: Nikolai Gawrilowitsch Tschernyschewski – Leben und Werk. In: Tschernyschewski, Nikolai G.: Das Schöne ist das Leben. Ausgewählte Schriften. Berlin 1989. S. 7-82.

Castorf, Frank: Die Pissigkeit und das Unverwechselbare. Frank Castorf spricht mit Alexander Kluge über böse Geister. In: Hegemann, Carl (Hrsg.): Erniedrigung geniessen. Kapitalismus und Depression III. Berlin 2001. S. 14-31.

Cavendish, Philip: Mining for Jewels. Evgenii Zamiatin and the Literary Stylization of Rus' (Modern Humanities Research Association – Texts and Dissertations; 51). London 2000.

Čečulin, N. D.: Russkij social'nyj roman XVIII veka. *Putešestvie v zemlju Ofirskuju g. S. Šveckago dvorjanina* – sočinenie knjazja M. M. Ščerbatova. In: Žurnal Ministerstva Narodnago Prosveščenija Nr. 327 (1900) H. 1 (Januar), Abt. 2, S. 115-166.

Čencov, Nikolaj M.: Vosstanie dekabristov. Bibliografija. Moskau 1929 (Reprint: Leipzig 1974).

Cepl, Jaspar: Oswald Mathias Ungers' Stadtarchipel für das schrumpfende Berlin. In: Oswalt, Philipp (Hrsg.): Schrumpfende Städte, Bd. 2. Ostfildern-Ruit 2005. S. 187-195.

Černyševskij, Nikolaj G. – auch *Tschernyschewski, Nikolai G.*

Černyševskij, Nikolaj G.: [Rezension zu] Studien über die inneren Zustände, das Volksleben und insbesondere die ländlichen Einrichtungen Russlands. Von August Freiherrn von Haxthausen. In: ders.: Polnoe sobranie sočinenij, Bd. 4: Stat'i i recenzii 1856-1857. Moskau 1948. S. 303-348.

Černyševskij, Nikolaj G.: Čto delat'? Iz rasskazov o novych ljudjach. In: ders.: Polnoe sobranie sočinenij, Bd. 11. Moskau 1939. S. 5-639.

Černyševskij, Nikolaj G.: Dnevniki. In: ders.: Polnoe sobranie sočinenij, Bd. 1. Moskau 1939. S. 29-565.

Černyševskij, Nikolaj G.: Kapital i trud. In: ders.: Polnoe sobranie sočinenij, Bd. 7: Stat'i i recenzii 1860-1861. Moskau 1950. S. 5-63.

Černyševskij, Nikolaj G.: Kritika filosofskich predubeždenij protiv obščinogo vladenija. In: ders.: Polnoe sobranie sočinenij, Bd. 5: Stat'i 1858-1859. Moskau 1950. S. 357-393.

Černyševskij, Nikolaj G.: O novych uslovijach selskogo byta. In: ders.: Polnoe sobranie sočinenij, Bd. 5: Stat'i 1858-1859. Moskau 1950. S. 65-108.

Černyševskij, Nikolaj G.: Pis'mo O. S. Černyševskoj 5. 10. 1862 (Nr. 519). In: ders.: Polnoe sobranie sočinenij, Bd. 14: Pis'ma 1838-1876. Moskau 1949. S. 455-457.

Černyševskij, Nikolaj G.: Polnoe sobranie sočinenij. Moskau 1939-53 (Reprint: 1971).

Chandra, Nirmal Kumar: Peasantry as a single class. A critique of Chayanov. In: Mitra, Ashok (Hrsg.): The Truth Unites. Essays in Tribute to Samar Sen. Calcutta 1985. S. 193-217.

Chan-Magomedov, Selim O.: Architektura sovetskogo avangarda I: Problemy formoobrazovanija. Mastera i tečenija. Moskau 1996.

Chan-Magomedov, Selim O.: Architektura sovetskogo avangarda II: Sozial'nye problemy. Moskau 2001.

Chan-Magomedov, Selim O.: Schöpferische Konzeptionen und soziale Probleme in der Architektur der sowjetischen Avantgarde. In: Schädlich, Christian/ Schmidt, Dietrich W. (Hrsg.): Avantgarde II: 1924-1937. Sowjetische Architektur. Stuttgart 1993. S. 10-33.

Chan-Magomedow, Selim O.: Gartenstädte und Probleme des Arbeiterwohnungsbaus. In: Graefe, Rainer/ Schädlich, Christian/ Schmidt, Dietrich W. (Hrsg.): Avantgarde I: 1900-1923. Russisch-sowjetische Architektur. Stuttgart 1991. S. 96-107.

Chan-Magomedow, Selim O.: Moskauer Architektur von der Avantgarde bis zum stalinistischen Empire. In: Antonowa, Irina/ Merkert, Jörn (Hrsg.): Berlin – Moskau 1900 1950. München, New York 1995. S. 205-209.

Chan-Magomedow, Selim O.: Pioniere der sowjetischen Architektur. Der Weg zur neuen sowjetischen Architektur in den zwanziger und zu Beginn der dreißiger Jahre. Dresden 1983.

Chazanova, V. E.: Sovetskaja architektura pervoj pjatiletki. Moskva 1980.

Chazanova, V. E.: Sovetskaja architektura pervych let Oktjabrja 1917-1925. Moskau 1970.

Cheauré, Elisabeth: Das Schicksal dreier Generationen oder Von der Illusion zur Desillusionierung. Zu Alexandra Kollontajs *Die Liebe der drei Generationen* und Ljudmila Petruševskajas *Meine Zeit ist die Nacht*. In: Osteuropa 43. Jg. (1993). S. 965-977.

Chibnik, Michael: A Cross-Cultural Examination of Chayanov's Theory. In: Current Anthropology 25. Jg. (1984) H. 3. S. 335-340.

Chlebnikov, Igor' N.: Architektur der zwanziger und dreißiger Jahre im Industriegebiet von Ivanovo-Voznesensk. Sozialutopische Aspekte und die Avantgarde. In: Schädlich, Christian/ Schmidt, Dietrich W. (Hrsg.): Avantgarde II: 1924-1937. Sowjetische Architektur. Stuttgart 1993. S. 44-53.

Chlebnikov, Velimir: Lebedija der Zukunft. In: ders.: Werke, Bd. 2. Reinbek bei Hamburg 1972. S. 243-245.

Chlebnikov, Velimir: Radio der Zukunft. In: ders.: Werke, Bd. 2. Reinbek bei Hamburg 1972. S. 270-274.

Chlebnikov, Velimir: Wir und die Häuser. Wir und die Straßenbauer. In: ders.: Werke, Bd. 2. Reinbek bei Hamburg 1972. S. 233-242.

Chmelnizki, Dmitrij: Iwan Scholtowski. Architekt des sowjetischen Palladianismus. Berlin 2015.

Ciolkovskij, Konstantin Ė. – auch *Ziolkowski, Konstantin E.*

Ciolkovskij, Konstantin E.: Außerhalb der Erde. München 1977.

Ciolkovskij, Konstantin Ė.: Grezy o zemle i nebe. Moskau 1959.

Ciolkovskij, Konstantin Ė.: Na Lune. Moskau 1955.

Ciolkovskij, Konstantin Ė.: Vne zemli. Moskau 1958.

Čistov, Kirill V.: Der gute Zar und das ferne Land. Russische sozial-utopische Volkslegenden des 17.-19. Jahrhunderts. Münster u. a. 1998.

Čistov, Kirill V.: Russkie narodnye social'no-utopičeskie legendy XVII-XIX vv. Moskau 1968.

Claus, Claire: Die Stellung der russischen Frau von der Einführung des Christentums bei den Russen bis zu den Reformen Peters des Großen. München 1959.

Clements, Barbara Events: Bolshevik Feminist. The Life of Aleksandra Kollontai. Bloomington (Ind.), London 1979.

Clements, Barbara Events: The Utopianism of the Zhenotdely. In: Slavic Review. American Quarterly of Soviet and East European Studies 51. Jg. (1992) H. 3. S. 485-496.

Clyman, Toby W./ Vowles, Judith: Russia through Woman's Eyes. Autobiographies from Tsarist Russia. New Haven u. a. 1996.

Coenen, Christopher/ Gammel, Stefan/ Heil, Reinhard/ Woyke, Andreas (Hrsg.): Die Debatte über „Human Enhancement". Historische, philosophische und ethische Aspekte der technologischen Verbesserung des Menschen. Bielefeld 2010.

Cohen, Aaron J.: Revolution und Emanzipation. Bilder der russischen Frau in der deutschen Öffentlichkeit. In: Koenen, Gerd/ Kopelew, Lew (Hrsg.): Deutschland und die Russische Revolution 1917-1924 (West-östliche Spiegelungen, Reihe A: Russen und Rußland aus deutscher Sicht; 5). München 1998. S. 527-553.

Cohen, Stephen: Bukharin and the Bolshevik Revolution. A Political Biography. Oxford u. a. 1980.

Collins, Christopher: Samjatin, Wells und die Tradition der literarischen Utopie. In: Villgradter, Rudolf/ Krey, Friedrich (Hrsg.): Der utopische Roman. Darmstadt 1973. S. 330-343.

Collins, Christopher: Zamyatin, Wells and the Utopian Literary Tradition. In: The Slavonic and East European Review 44. Jg. (1966) H. 103. S. 351-360.

Connolly, Julian W.: A Modernist's Palette: Color in the Fiction of Evgenij Zamjatin. In: Russian Language Journal 33. Jg. (1979) Nr. 115. S. 82-98.

Connors, James: Zamyatin's *We* and the Genesis of *1984*. In: Modern Fiction Studies 21. Jg. (1975) H. 1. S. 107-124.

Conquest, Robert: The Great Terror. Stalin's Purge of the Thirties. New York 1973.

Conrad, Helga: Dostoevskijs „Träumer" und Šukšins „čjudaki". In: Zeitschrift für Slawistik 29. Jg. (1984). S. 501-510.

Cooke, Brett: Human Nature in Utopia. Zamyatin's *We* (Studies in Russian Literature and Theory). Evanston (Illi.) 2002.

Cooke, Olga Muller: Bely's *Moscow* Novels and Zamyatin's *Robert Mayer*: A Literary Response to Thermodynamics. In: The Slavonic and East European Review 63. Jg. (1985) H. 2. S. 194.-209.

Corbach, Otto: Moskau als Erzieher. Erlebnisse und Einsichten aus Sowjet-Rußland (Entschiedene Schulreform. Abhandlungen zur Erneuerung der deutschen Erziehung; 17). Leipzig 1923.

Cornwell, Neil: The Life, Times and Milieu of V. F. Odoevsky 1804-1869. London 1986.

Cornwell, Neil: Utopia and Dystopia in Russian Fiction: The Contribution of V. F. Odoevsky. In: ders.: Vladimir Odoevsky and Romantic Poetics. Collected Essays. Oxford 1998. S. 120-135.

Cornwell, Neil: Vladimir Odoevskii and the Society Tale in the 1820s and 1830s. In: ders.: The Society Tale in Russian Literature. From Odoevskii to Tolstoi. Amsterdam, Atlanta 1998. S. 9-19.

Cornwell, Neil: Vladimir Odoevsky and Romantic Poetics. Collected Essays. Oxford 1998.

Cramer, Johannes/ Zalivako, Anke (Hrsg.): Das Narkomfin-Kommunehaus in Moskau, 1928-2012 (Berliner Beiträge zur Bauforschung und Denkmalpflege; 11). Petersberg 2013.

Custine, Marquis von: Rußland im Jahre 1839. 3., mit einem Anhang vermehrte Auflage. Leipzig 1847.

Čyževskyj, Dmitrij: Neue Lesefrüchte II. Die ältesten russischen technischen Utopien. In: Zeitschrift für slavische Philologie 25. Jg. (1956). S. 322-324.

D'Idler, Martin: Die Modernisierung der Utopie. Vom Wandel des neuen Menschen in der politischen Utopie der Neuzeit (Politica et Ars. Interdisziplinäre Studien zur politischen Ideen- und Kulturgeschichte; 15). Berlin, Münster 2007.

Dahlmann, Dittmar: Land und Freiheit. Machnovščina und Zapatismo als Beispiele agrarrevolutionärer Bewegungen. Stuttgart 1986.

Damus, Martin: Architektonische Form und staatliche Repräsentation: staatlich-repräsentative Architektur der dreißiger und vierziger Jahre in real-sozialistischen, faschistischen und parlamentarisch-demokratisch verfaßten Gesellschaften. In: Leviathan 10. Jg. (1982) H. 4. S. 555-584.

Dan, Theodor: Der Ursprung des Bolschewismus. Zur Geschichte der demokratischen und sozialistischen Idee in Rußland nach der Bauernbefreiung. Hannover 1968.

Das Bildungswesen in Sowjetrußland. Vorträge, Leitsätze und Resolutionen der Ersten Moskauer Allstädtischen Konferenz der kulturell-aufklärenden Organisationen (Mosko-Proletkult) vom 23.-28. Februar 1918. Übersetzt und mit einer Einleitung versehen von Heinrich Pridik. Annaberg im Erzgebirge 1921.

Das Kulturwerk Sowjet-Rußland. Hrsg. von Kommunistischen Partei Deutsch-Österreichs. Wien 1920.

Davies, Robert William (Hrsg.): From Tsarism to the new economic policy. Continuity and change in the economy of the USSR. Ithaca (New York) 1991.

Dekrety Sovetskoj vlasti. Hrsg. vom Institut Marksizma-Leninizma, Rossijskij Centr Hranenija i Izučenija Dokumentov Novejšej Istorii und Institut Rossijskoj Istorii Moskau 1957ff.

Demjanov, Leonid: Zur Rolle der Technik in den architektonischen Utopien in Rußland zu Anfang des Jahrhunderts. In: Thesis. Wissenschaftliche Zeitschrift der Bauhaus-Universität Weimar 43. Jg. (1997) H. 3/4 (= Tagungsband zum 7. Internationalen Bauhaus-Kolloquium, Weimar, Juni 1996: Techno-Fiction. Zur Kritik der technologischen Utopien, Bd. 2). S. 358-365.

Derrida, Jacques: Rückkehr aus Moskau. Wien 2005.

Desnickij, Vasilij A. (Hrsg.): Delo petraševcev, 3 Bde. Moskau, Leningrad 1937-51.

Deutschländer, Julia: Vorwort zu: Samjatin, Evgenij: Wir. Bremen 2011. S. I-V.

Die Theorie Aleksandr Bogdanovs. Textmontage. In: Ästhetik und Kommunikation. Beiträge zur politischen Erziehung 2. Jg. (1972) H. 5/6. S. 94-108.

Dieckmann, Kai Thomas: Die Frau in der Sowjetunion. Frankfurt a. M., New York 1978.

Dieckmann, Kai Thomas: Sabsovič' Konzeption der sozialistischen Städte. Zur Wandlung des Kommunegedankens während des ersten Fünfjahresplanes. In: Archiv für Kulturgeschichte Bd. 60 (1978). S. 446-451.

Dietrich, Wolfgang (Hrsg.): Russische Religionsdenker. Tolstoi, Dostojewski, Solowjew, Berdjajew. Gütersloh 1994.

Dietze, Walter: Nachwort zu: Tschernyschewski, Nikolai G.: Die ästhetischen Beziehungen der Kunst zur Wirklichkeit. Leipzig 1956. S. 206-219.

Dimitroff, Georgi: Die revolutionäre Literatur im Kampfe gegen den Faschismus. Rede auf dem Antifaschistischen Abend im Moskauer Haus der sowjetischen Schriftsteller. In: Internationale Literatur. Zentralorgan der Internationalen Vereinigung Revolutionärer Schriftsteller 5. Jg. (1935) H. 5. S. 8-11.

Dmitrieva, Marina: Der Traum vom Wolkenkratzer. Die Imagination des Urbanen in sozialistischen Metropolen. In: Bartetzky, Arnold/ Dmitrieva, Marina/ Kliems, Alfrun (Hrsg.): Imaginationen des Urbanen. Konzeption, Reflexion und Fiktion von Stadt in Mittel- und Osteuropa. Berlin 2009. S. 119-156.

Dobroljubow, Nikolai A.: Ausgewählte philosophische Schriften. Moskau 1951.

Doerne, Martin: Tolstoj und Dostojewskij. Zwei christliche Utopien. Göttingen 1969.

Dolnykov, S.: A. Bogdanov *Krasnaja zvezda* i *Inžener Menni*. In: Proletarskaja Kul'tura 1. Jg. (1918) H. 3. S. 33-34.

Donnert, Erich: Michael Schtscherbatow als politischer Ideologe des russischen Adels in der zweiten Hälfte des 18. Jahrhunderts. Zeitschrift für Slawistik 18. Jg. (1973). S. 411-421.

Donnert, Erich: Politische Ideologie der russischen Gesellschaft zu Beginn der Regierungszeit Katharina II. Gesellschaftstheorien und Staatslehren in der Ära des aufgeklärten Absolutismus. Berlin 1976.

Donnert, Erich: Radiščev und die Pugačevbewegung. In: Zeitschrift für Slawistik 22. Jg. (1977). S. 84-87.

Donnert, Erich: Zur politischen Ideologie der russischen Adelsaristokratie in der zweiten Hälfte des 18. Jahrhunderts. In: Zeitschrift für Slawistik 18. Jg. (1973). S. 588-596.

Donskis, Leonidas: Belletristik der Macht. Von Machiavelli bis Milan Kundera. München 2011.

Doren, Alfred: Wunschräume und Wunschzeiten. In: Neusüss, Arnhelm (Hrsg.): Utopie. Begriff und Phänomen des Utopischen. Frankfurt a. M., New York 1986. S. 123-177.

Dörr, Gisela: Der technisierte Rückzug ins Private. Zum Wandel der Hausarbeit. Frankfurt a. M. 1996.

Dostoevskij, Fedor M.: Polnoe sobranie sočinenii. Leningrad 1972-90.

Dostoevskij, Fedor M.: Ob''javlenie o podpiske na žurnal *Vremja* na 1861 god. In: ders.: Polnoe sobranie sočinenij, Bd. 18. Leningrad 1978. S. 35-40.

Dostoevskij, Fedor M.: Zapiski iz podpol'ja. In: ders.: Polnoe sobranie sočinenij, Bd. 5. Leningrad 1973. S. 99-179.

Dostojewski, Fjodor M.: Sämtliche Werke. München 1952ff. (zitierte Ausgabe).

Dostojewski, Fjodor M.: Der Großinquisitor. In: ders.: Die Brüder Karamasoff. München 1952. S. 401-432.

Dostojewski, Fjodor M.: Der Jüngling. München 1970.

Dostojewski, Fjodor M.: Die Brüder Karamasoff. München 1952.

Dostojewski, Fjodor M.: Die Dämonen. München 1969.

Dostojewski, Fjodor M.: Puschkin (inkl. Vorwort und Nachbemerkungen). In: ders.: Tagebuch eines Schriftstellers. München 1972. S. 469-556.

Dostojewski, Fjodor M.: Rodion Raskolnikoff. München 1971.

Dostojewski, Fjodor M.: Tagebuch eines Schriftstellers. München 1972.

Dostojewski, Fjodor M.: Traum eines lächerlichen Menschen. Eine phantastische Erzählung. In: ders.: Der Spieler. Späte Romane und Novellen. München 1965. S. 717-746.

Dostojewski, Fjodor M.: Winteraufzeichnungen über Sommereindrücke. In: ders.: Aufzeichnungen aus einem Totenhaus und drei Erzählungen. München 1958. S. 735-833.

Dostojewskij, Fjodor M.: Als schwanke der Boden unter mir. Briefe 1837-1881. Wiesbaden 1954.

Dostojewskij, Fjodor M.: Aufzeichnungen aus dem Kellerloch. Stuttgart 1984.

Dostojewsky, Fedor: Aus dem dunkelsten Winkel der Großstadt. Berlin 1895.

Dostoyevsky, Fyodor: L'esprit souterrain. Paris 1886.

Dowler, Wayne: Dostoevsky, Grigor'ev, and Native Soil Conservatism. Toronto u. a. 1982.

Drengenberg, Hans-Jürgen: Die sowjetische Politik auf dem Gebiet der bildenden Kunst von 1917 bis 1934 (Forschungen zur osteuropäischen Geschichte; 16). Berlin 1972.

Drews, Peter: Die slavischen Abenteuer des Telemach (1715-1815). In: Zeitschrift für slavische Philologie 52. Jg. (1992). S. 231-256

Družinin, Nikolaj M.: A. v. Haxthausen und die russischen revolutionären Demokraten. In: Steinitz, Wolfgang/ Berkov, Pavel N./ u. a. (Hrsg.): Ost und West in der Geschichte des Denkens und der kulturellen Beziehungen. Festschrift für Eduard Winter zum 70. Geburtstag. Berlin 1966. S. 642-658.

Dryzhakova, Elena: Dostoevsky, Chernyshevsky, and the Rejection of Nihilism. In: Oxford Slavonic Papers 13. Jg. (1980). S. 58-79.

du. Die Zeitschrift der Kultur 58. Jg. (1998), Heft 12: Sankt Petersburg. Die gebaute Utopie.

Dudek, Gerhard: Chrustal'nyj dvorec – Podpol'e – Zolotoj Vek: Zur Metaphorisierung gesellschaftlicher Phänomene bei F. M. Dostojewski. In: Zeitschrift für Slawistik 28. Jg. (1983). S. 667-682.

Dudek, Gerhard: Die Dekabristen. Dichtungen und Dokumente. Leipzig 1975.

Dudek, Gerhard: Die Herausbildung der typologischen Grundformen des gesellschaftlichen Dichterbildes in der russischen Literatur des 18. Jahrhunderts. In: Graßhoff, Helmut/ Lehmann, Ulf (Hrsg.): Studien zur Geschichte der russischen Literatur des 18. Jahrhunderts, Bd. III. Berlin 1968. S. 179-205.

Durrenberger, E. Paul (Hrsg.): Chayanov, Peasants, and Economic Anthropology (Studies in Anthropology). Orlando u. a. 1984.

Durrenberger, E. Paul/ Tannenbaum, Nicola: A Reassessment of Chayanov and His Recent Critics. In: Peasant Studies 8. Jg. (1979) H. 1. S. 48-63.

Durrenberger, E. Paul/ Tannenbaum, Nicola: Chayanov and Theory in Economic Anthropology. In: Ensminger, Jean (Hrsg.): Theory in Economic Anthropology (Society for Economic Anthropology monographs; 18). Walnut Creek u. a. 2002. S. 137-153.

Durrenberger, E. Paul: Chayanov and Marx. In: Peasant Studies 9. Jg. (1982) H. 2. S. 119-129.

Durrenberger, E. Paul: Chayanov's Economic Analysis in Anthropology. In: Journal of Anthropological Research 36. Jg. (1980) H. 2. S. 133-148.

Düwel, Wolf: Nachwort zu: Tschernyschewski, Nikolai G.: Was tun? Aus Erzählungen von neuen Menschen. Berlin, Weimar 1980. S. 551-577.

Düwel, Wolf: Vorwort des Herausgebers zu: Tschernyschewskij, Nikolai G.: Die ästhetischen Beziehungen der Kunst zur Wirklichkeit. Berlin 1954. S. 5-33.

Eaton, Ruth: Die ideale Stadt. Von der Antike bis zur Gegenwart. Berlin 2001.

Ebert, Christa: Utopie und Antiutopie in Valerij Brjusovs Sceny buduščih vremen. In: Grübel, Rainer: Russische Literatur an der Wende vom 19. zum 20. Jahrhundert (Studies in Slavic literature and poetics; 21). Amsterdam, Atlanta 1993. S. 327-346.

Edelman, Natan J.: Verschwörung gegen den Zaren. Köln 1984.

Edwards, T. R. N.: Three Russian writers and the irrational: Zamyatin, Pil'nyak, and Bulgakov (Cambridge Studies in Russian Literature). Cambridge u. a. 1982.

Efimova, Alla: Surviving Suprematism. Lazar Khidekel (Katalog zur Ausstellung des Judah L. Magnus Museum, 15. November 2004 – 20. März 2005). Berkeley (Cal.) 2005.

Ehre, Milton: Olesha's *Zavist'*: Utopia and Dystopia. In: Slavic Review 50. Jg. (1991) H. 3. S. 601-611.

Ehre, Milton: Zamjatins Aesthetics. In: The Slavic and East European Journal 19. Jg. (1979) H. 3. S. 288-296.

Eimermacher, Karl: Die sowjetische Literaturpolitik 1917-1932. Von der Vielfalt zur Bolschewisierung der Literatur. Analyse und Dokumentation (Dokumente und Analysen zur russischen und sowjetischen Kultur; 1). Bochum 1994 (erw. und überarbeitete Auflage von: Dokumente zur sowjetischen Literaturpolitik 1917-1932. Stuttgart u. a. 1972).

Eisenstein, Sergei M.: Stalin, Molotov and Zhdanov on *Ivan the Terrible, Part Two*. In: ders: Selected Works, Bd. 3: Writings, 1934-47. Hrsg. von Richard Taylor. London 1996. S. 299-304.

Eisenstein, Sergej M.: Notizen über W. W. Majakowski. In: Schaumann, Gerhard (Hrsg.): Erinnerungen an Majakowski. Leipzig 1972. S. 157-161.

Elias, Norbert: Thomas Morus' Staatskritik. Mit Überlegungen zur Bestimmung des Begriffs Utopie. In: Voßkamp, Wilhelm (Hrsg.): Utopieforschung. Interdisziplinäre Studien zur neuzeitlichen Utopie, Bd. 2. Frankfurt a. M. 1985. S. 101-150.

Elwood, Ralph Carter: Lenin and the Social Democratic Schools for Underground Party Workers, 1909-11. In: Political Science Quarterly 81. Jg. (1966) H. 3. S. 370-391.

Emmons, Terence/ Vucinich, Wayne S. (Hrsg.): The Zemstvo in Russia. An Experiment in Local Self-government. Cambridge (Mass.) 1982.

Engel, Barbara Alpern: Between the Fields and the City. Women, Work and Family in Russia, 1861-1914. Cambrigde 1994.

Engelberg, Waltraut: Die Sowjetunion im Spiegel literarischer Berichte und Reportagen in der Zeit der Weimarer Republik. In: Literatur der Arbeiterklasse. Aufsätze über die die Herausbildung der deutschen sozialistischen Literatur (1918-1933). Berlin, Weimar 1971. S. 312-379.

Engels, Friedrich: Der Ursprung der Familie, des Privateigentums und des Staats. In: MEW, Bd. 21. Berlin 1962. S. 25-173.

Engels, Friedrich: Die Entwicklung des Sozialismus von der Utopie zur Wissenschaft. In: MEW, Bd. 19. Berlin 1962. S. 177-228.
Engels, Friedrich: Die Lage der arbeitenden Klasse in England. In: MEW, Bd. 2. Berlin 1957. S. 225-508.
Engels, Friedrich: Grundsätze des Kommunismus. In: MEW, Bd. 4. Berlin 1959. S. 361-383.
Enzensberger, Hans Magnus: Revolutions-Tourismus. In: Kursbuch Nr. 30 (1972). S. 155-181 (Wiederabdruck in: Enzensberger, Hans Magnus: Palaver. Politische Überlegungen (1967-1973). Frankfurt a. M. 1974. S. 130-168).
Erler, Gernot/ Grübel, Rainer/ Mänicke-Gyöngyösi, Krisztina/ Scherber, Peter (Hrsg.): Von der Revolution zum Schriftstellerkongreß. Entwicklungsstrukturen und Funktionsbestimmungen der russischen Literatur und Kultur zwischen 1917 und 1934. Berlin 1979.
Erler, Gernot: Politische und sozialökonomische Determinanten des Entfaltungsraums kultureller Betätigung in Sovetrußland zwischen 1917 und 1934. In: ders./ Grübel, Rainer/ Mänicke-Gyöngyösi, Krisztina/ Scherber, Peter (Hrsg.): Von der Revolution zum Schriftstellerkongreß. Entwicklungsstrukturen und Funktionsbestimmungen der russischen Literatur und Kultur zwischen 1917 und 1934. Berlin 1979. S. 35-49.
Erler, Gernot: Revolution und Kultur. Sozialistische Kulturrevolution, Kulturpolitik und kulturelle Praxis in Rußland nach 1917, Teil 1. In: Ästhetik und Kommunikation. Beiträge zur politischen Erziehung 6. Jg. (1975) H. 19. S. 9-23.
Erler, Gernot: Revolution und Kultur. Sozialistische Kulturrevolution, Kulturpolitik und kulturelle Praxis in Rußland nach 1917, Teil 2. In: Ästhetik und Kommunikation. Beiträge zur politischen Erziehung 6. Jg. (1975) H. 20. S. 92-105.
Erwägen Wissen Ethik 16. Jg. (2005) H. 3: Plädoyer für den klassischen Utopiebegriff.
Evans, Sandra: Sowjetisch Wohnen. Eine Literatur- und Kulturgeschichte der Kommunalka. Bielefeld 2011.
Farnsworth, Beatrice Brodsky: Aleksandra Kollontai. Socialism, Feminism, and the Bolshevik Revolution. Stanford (Calf.) 1980.
Fasko, Claudia: Mensch, Volk, Nation: Bebachtungen an A. N. Radiščevs Gesellschaftskonzept. (Diplomarbeit an der Humboldt-Universität) Berlin 1985.
Fedosov, I. A.: Iz istorii russkoj obščestvennoj mysli XVIII stoletija. M. M. Ščerbatov. Moskau 1967.
Fehl, Gerhard/ Rodríguez-Lores, Juan (Hrsg.): „Die Stadt wird in der Landschaft sein und die Landschaft in der Stadt". Bandstadt und Bandstruktur als Leitbilder des modernen Städtebaus (Stadt, Planung, Geschichte; 19). Basel, Berlin, Boston. 1997.

Fenichel, Otto: Die offene Arbeitskommune Bolschewo. In: Imago. Zeitschrift für Anwendung der Psychoanalyse auf die Natur- und Geisteswissenschaften 17. Bd. (1931) H. 4. S. 526-530.

Fetzer, Leland (Hrsg.): Pre-Revolutionary Russian Science Fiction. An Anthology (Seven Utopias and a Dream). Ann Arbor (Mich.) 1982.

Feuchtwanger, Lion: Moskau 1937. Ein Reisebericht für meine Freunde. Amsterdam 1937 (zitierte Ausgabe: Feuchtwanger, Lion: Moskau 1937. Ein Reisebericht für meine Freunde. Berlin 1993).

Fieguth, Rolf: Zum Stil des Erzählberichts in A. N. Radiščevs Reise. Versuch der ästhetischen Lektüre eines „langweiligen Buches". In: Haard, Eric de/ Langerak, Thomas/ Weststeijn, Willem G. (Hrsg.): Semantic Analysis of Literary Text. To Honour Jan van der Eng on the Occasion of his 65th Birthday. Amsterdam u. a. 1990. S. 153-182.

Fieseler, Beate: Frauen auf dem Weg in die russische Sozialdemokratie, 1890-1917. Eine kollektive Biographie (Quellen und Studien zur Geschichte des östlichen Europas; 41). Stuttgart 1995.

Fieseler, Beate: Zum Dilemma sozialistischer Frauenpolitik. Rußland und die frühe Sowjetunion. In: Soden, Kristine von (Hrsg.): Lust und Last. Sowjetische Frauen von Alexandra Kollontai bis heute. Berlin 1990. S. 14-33.

Figes, Orlando: Die Tragödie eines Volkes. Die Epochen der russischen Revolution 1891 bis 1924. Berlin 1998.

Figes, Orlando: Nataschas Tanz. Eine Kulturgeschichte Russlands. Berlin 2003.

Figner, Vera: Nacht über Rußland. Berlin 1985.

Fischer, Paul: Dostojewski. Sein Glauben, Hoffen, Lieben. Stuttgart 1925.

Fitzpatrick, Sheila: Cultural Revolution as Class War. In: dies. (Hrsg.): Cultural Revolution in Russia, 1928-1931 (Studies of the Russian Institute, Columbia University). Bloomington, London 1978. S. 8-40.

Fitzpatrick, Sheila: The Cultural Front. Power and Culture in the Revolutionary Russia. Ithaca, London 1992.

Flierl, Thomas (Hrsg.): Standardstädte. Ernst May in der Sowjetunion 1930-1933. Texte und Dokumente. Berlin 2012.

Florenskij, Pavel: Predpolagaemoe gosudarstvennoe ustrojstvo v buduščem. In: ders.: Sočinenija, Bd. 2. Moskau 1996. S. 647-681.

Florovskij, Georgij V.: Sobornost. Kirche, Bibel, Tradition. München 1989.

Földeak, Hans: Neuere Tendenzen der sowjetischen Science Fiction. München 1975.

Fonvizin, Denis I.: Sobranie sočinenij, 2 Bde. Moskau, Leningrad 1959.

Fonwisin, Denis I.: Der Landjunker und andere satirische Dichtungen und Schriften. Berlin 1957.

Fourier, Charles: Aus der neuen Liebeswelt. Berlin 1977.

Fourier, Charles: Theorie der vier Bewegungen und der allgemeinen Bestimmungen. Frankfurt a. M. 1966.
Franz, Norbert: Groteske Strukturen in der Prosa Zamjatins. Syntaktische, semantische und pragmatische Aspekte (Slavistische Beiträge; 139). München 1980.
Fränzcl, Maritt/ Rossa, Roswitha: Die philosophischen Dialoge bei Tschernyschewski und Dostojewski in den Romanen *Was tun?* und *Schuld und Sühne*. (Diplomarbeit an der Humboldt-Universität) Berlin 1972.
Freidhof, G.: Einige Bemerkungen zu den stilistischen Figuren in V. F. Odoevskijs *Russkie Noči*. In: Harder, Hans-Bernd (Hrsg.): Festschrift für Alfred Rammelmeyer. München 1975. S. 203-211.
Frey, Northrop: Spielarten der utopischen Literatur. In: Manuel, Frank E. (Hrsg.): Wunschtraum und Experiment. Vom Nutzen und Nachteil utopischen Denkens. Frei-burg 1970. S. 52-79.
Friedl, Edith: Nie erlag ich seiner Persönlichkeit... Margarete Lihotzky und Adolf Loos. Ein sozial- und kulturgeschichtlicher Vergleich (Feministische Theorie; 47). Wien 2005.
Friedländer, Elfriede/ Rühle, Otto/ Kollontai, Alexandra: Zur Sexualethik des Kommunismus. Berlin 1970.
Friedrich, Hans-Edwin: Science Fiction in der deutschsprachigen Literatur. Ein Referat zur Forschung bis 1993 (7. Sonderheft Internationales Archiv für Sozialgeschichte der deutschen Literatur). Tübingen 1995.
Froese, Leonhard: Ideengeschichtliche Triebkräfte der russischen und sowjetischen Pädagogik. (Vergleichende Erziehungswissenschaft und Pädagogik des Auslands; 2). Heidelberg 1963.
Frolova, Irina Vasil'evna: Genezis rossijskogo utopičeskogo soznanija i puti realizacii russkich utopij. (Baskirskij Gosudarstvennyj Univ.) Ufa 1995.
Fuchs, Ina: „Homo apostata". Die Entfremdung des Menschen. Philosophische Analysen zur Geistmetaphysik F. M. Dostojevskijs. München 1988.
Furler, Bernhard: Augen-Schein. Deutschsprachige Reportagen über Sowjetrußland 1917-1939. Frankfurt a. M. 1987.
Gartenstädte und Gartenstadtbewegung (IRB-Literaturauslese; 3163). Hrsg. vom Fraunhofer-Informationszentrum Raum und Bau; red. Bearbeitung Bernd Koengeter. 2., überarbeitete Auflage Stuttgart 1994 (1. Auflage 1991, red. Bearbeitung Barbara Brunnert-Bestian).
Gaßner, Hubertus/ Kopanski, Karlheinz/ Stengel, Karin (Hrsg.): Die Konstruktion der Utopie. Ästhetische Avantgarde und politische Utopie in den 20er Jahren. Marburg 1992.
Gaßner, Hubertus: Der neue Mensch. Zukunftsvisionen der russischen Avantgarde. In: Müller-Tamm, Pia/ Sykora, Katharina (Hrsg.): Puppen, Körper, Automaten – Phantasmen der Moderne. Köln 1999. S. 160-175.

Gaßner, Hubertus: Utopisches im russischen Konstruktivismus. In: ders./ Kopanski, Karlheinz/ Stengel, Karin (Hrsg.): Die Konstruktion der Utopie. Ästhetische Avantgarde und politische Utopie in den 20er Jahren. Marburg 1992. S. 48-68.

Gastev, Aleksej: Ein Packen von Ordern. Ostheim/Rhön 1999.

Gastev, Alexej K.: Über die Tendenzen der proletarischen Kultur. In: Lorenz, Richard (Hrsg.): Proletarische Kulturrevolution in Sowjetrußland (1917-1921). Dokumente des ‚Proletkult'. München 1969. S. 57-64.

Gaudin, Corinne: Ruling Peasants. Village and State in Late Imperial Russia. DeKalb (Illi.) 2007.

Geck, L. H. Ad.: Rezension zu A. Bogdanows *Allgemeine Organisationslehre. Tektologie*, Bd. 1. In: Jahrbücher für Nationalökonomie und Statistik 126. Bd. = III. Folge 71. Bd. (1927 I) S. 845-848.

Geier, Wolfgang: Russlandbilder in diplomatischen Reiseberichten aus vier Jahrhunderten. In: Kultursoziologie 22. Jg. (2013) H. 2. S. 2-23.

Geierhos, Wolfgang: Vera Zasulič und die russische revolutionäre Bewegung (Studien zur modernen Geschichte; 19). München, Wien 1977.

Geiger, H. Kent: The Family in Soviet Russia (Russian Research Center Studies; 56). Cambridge (Mass.) 1968.

Geldern, James von: Bolshevik Festivals, 1917-1920 (Studies on History of Society and Culture; 15). Berkeley, Los Angeles und London 1993.

Gerasimova, Katerina: Public Spaces in the Communal Apartment. In: Rittersporn, Gábor T./ Rolf, Malte/ Behrends, Jan C. (Hrsg.): Sphären von Öffentlichkeit in Gesellschaften sowjetischen Typs. Zwischen partei-staatlicher Selbstinszenierung und kirchlichen Gegenwelten. Frankfurt a. M. u. a. 2003. S. 165-193.

Gercen, Aleksandr: Knjaz' Ščerbatov i A. N. Radiščev. In: ders.: Sočinenija, Bd. 7. Moskau 1958. S. 150-157.

Gerhardt, Dietrich: Dostoevskij und Černyševski. Ein Programm. In: Gesemann, Wolfgang/ u. a. (Hrsg.): Serta Slavica in memoriam Aloisii Schmaus. München 1971. S. 191-200.

Gerigk, Horst-Jürgen: Staat und Revolution im russischen Roman des 20. Jahrhunderts 1900-1925. Eine historische und poetologische Studie. Heidelberg 2005.

German, Michail (Hrsg.): Die Kunst der Oktoberrevolution. Leningrad 1985.

Gerschenkron, Alexander: Alexander Tschajanoffs Theorie des landwirtschaftlichen Genossenschaftswesens (Teil I). In: Vierteljahresschrift für Genossenschaftswesen 8. Jg. (1930/1931) H. 3. S. 151-166.

Gerschenkron, Alexander: Alexander Tschajanoffs Theorie des landwirtschaftlichen Genossenschaftswesens (Teil II). In: Vierteljahresschrift für Genossenschaftswesen 8. Jg. (1930/1931) H. 4. S. 238-245.

Gesemann, Wolfgang: Die Entdeckung der unteren Volksschichten durch die russische Literatur. Zur Dialektik eines literarischen Motivs von Kantemir bis Belinskij. Wiesbaden 1972.

Gestwa, Klaus: Die Stalinschen Großbauten des Kommunismus. Sowjetische Technik- und Umweltgeschichte, 1948-1967 (Ordnungssysteme. Studien zur Ideengeschichte der Neuzeit; 30). München 2010.

Geyer, Dietrich: Eine Klasse für sich. Von der Emanzipation zur Weltrevolution: Die adelige Kommunistin Alexandra Kollontaj und ihr Weg ins Sowjetreich. In: Die Zeit Nr. 10 vom 28. Februar 2002, S. 90.

Geyer, Dietrich: Wirtschaft und Gesellschaft im vorrevolutionären Rußland. Köln 1975.

Gide, André: Zurück aus Sowjetrußland. In: ders.: Gesammelte Werke, Bd. 6. Stuttgart 1996. S. 41-116.

Giedion, Sigfried: Raum, Zeit, Architektur. Die Entstehung einer neuen Tradition. Ravensburg 1965.

Giljarowski, Wladimir: Kaschemmen, Klubs und Künstlerklausen. Sittenbilder aus dem alten Moskau. Berlin 1988.

Gimpel'son, Efim G.: „Voennyj kommunizm". Politika, praktika, ideologija. Moskau 1973.

Ginzburg, Moisej Ja./ Milinis, Ignati F.: Dom sotrudnikov Narkomfina, Moskva. In: Sovremennaja architektura 4. Jg. (1929) H. 5, S. 158-164.

Gladyš, Svetlana: Deti bol'šoj bedy. Moskau 2004.

Glaeser, Ernst/ Weiskopf, F. C.: Der Staat ohne Arbeitslose. Drei Jahre „Fünfjahresplan". Berlin 1931.

Glebkin, Vladimir V.: Ritual v sovetskoj kul'ture. Moskau 1998.

Glišovič, Dušan: Die politisierte Architektur. Zur Funktion von Architektur und Interieur in den Anti-Utopien des 20. Jahrhunderts. In Neohelicon. Acta comparationis litterarum universarum 19. Jg. (1992) H. 1. S. 207-217.

Glitsch, Silke: Die Konstituierung von Utopie in Sergej Esenins Poem *Inonija* (Opera Slavica; N. F 24). Wiesbaden 1996.

Gloveli, Georgii D.: „Socialism of Science" versus „Socialism of Feelings": Bogdanov and Lunacharsky. In: Studies in Soviet Thought 42. Jg. (1991) H. 1. S. 29-55.

Goehrke, Carsten: Die Theorien über Entstehung und Entwicklung des „Mir". Wiesbaden 1964.

Gogol, Nikolai: Sein Vermächtnis in Briefen. Ausgewählte Stellen aus Briefen an Freunde. München 1965.

Gogol', Nikolaj V.: Vybrannye mesta iz perepiski c dryz'jami. In: ders.: Polnoe sobranie sočinenij, Bd. 8. Leningrad 1952. S. 213-418.

Gol'cman, Abram Z.: Reorganizacija čeloveka. Moskau 1924.

Goldman, Wendy Zeva: Women, the State and Revolution. Soviet Family Policy and Social Life, 1917-1936 (Cambridge Russian, Soviet and post-Soviet studies; 90). Cambridge 1993.

Goldschmidt, Alfons: Die Wirtschaftsorganisation Sowjet-Rußlands. Berlin 1920.

Goldschmidt, Alfons: Moskau 1920. Tagebuchblätter. Berlin 1987.

Goldstaub, Dianne S.: Zamjatin's „Tame Dreamer" and the Conception of D-503. In: The Slavic and East European Journal 38. Jg. (1994) H. 2. S. 342-354.

Goldt, Rainer: Thermodynamik als Textem. Der Entropiesatz als poetologische Chiffre bei E. I. Zamjatin (Mainzer Slavistische Veröffentlichungen Slavica Moguntiaca; 19). Mainz 1995.

Goldzamt, Edmund: Städtebau sozialistischer Länder. Berlin 1973.

Gorbunow, Wladimir: Lenin und der Proletkult. Berlin 1979.

Gorecki, Jan: Kommunistische Familienstruktur. Die Rechtssprechung als Instrument des Wandels. In: Lüschen, Günther/ Lupri, Eugen (Hrsg.): Soziologie der Familie. Opladen 1970. S. 490-507.

Gor'kij, Maksim/ u. a. (Hrsg.): Belomorsko-Baltijskij Kanal imeni Stalina. Istorija stroitel'stva. Moskau 1934.

Gor'kij, Maksim: Pis'mo A. V. Lunačarskomy, 26. od. 27. November (9. od. 10. Dezember) 1907. In: ders.: Polnoe sobranie sočinenij, Serija 2, Pis'ma, Bd. 6. Moskau 2000. S. 117-118.

Gor'kij, Maksim: Pis'mo E. P. Peškovoj, 7. (20.) Dezember 1907. In: ders.: Polnoe sobranie sočinenij, Serija 2, Pis'ma, Bd. 6. Moskau 2000. S. 127-128.

Gorki, Maxim: W. I. Lenin. In: Kosing, Eva/ Mirowa-Florin, Edel (Hrsg.): Lenin und Gorki. Eine Freundschaft in Dokumenten. Berlin, Weimar 1964. S. 23-76.

Gorki in der Kolonie der jugendlichen Verwahrlosten. In: Wochenbericht der Gesellschaft für kulturelle Verbindung der Sowjetunion mit dem Auslande 4. Jg. (1928) H. 32-33. S. 11-12.

Gorsen, Peter/ Knödler-Bunte, Eberhard (Hrsg.): Proletkult 1. System einer proletarischen Kultur. Dokumentation (problemata; 22.1). Stuttgart 1974.

Gorsen, Peter/ Knödler-Bunte, Eberhard (Hrsg.): Proletkult 2. Zur Praxis und Theorie einer proletarischen Kulturrevolution in Sowjetrußland 1917-1925. Dokumentation (problemata; 22.2). Stuttgart 1975.

Gorzka, Gabriele: A. Bogdanov und der russische Proletkult. Theorie und Praxis einer sozialistischen Kulturrevolution. Frankfurt a. Main, New York 1980.

Gradow, Georgij A.: Stadt und Lebensweise. Berlin 1971.

Graefe, Rainer/Schädlich, Christian/ Schmidt, Dietrich W. (Hrsg.): Avantgarde I: 1900-1923. Russisch-sowjetische Architektur. Stuttgart 1991.

Graham, Loren R.: Bogdanov's Inner Message. In: Bogdanov, Alexander: Red Star. The First Bolshevik Utopia. Bloomington (Ind.) 1984. S. 241-253.

Graßhoff, Helmut/ Hexelschneider, Erhard/ Ziegengeist, Gerhard: Die langgesuchte erste deutsche Übersetzung von Radiščevs *Reise von Petersburg nach Moskau* aus dem Jahre 1793. In: Zeitschrift für Slawistik 7. Jg. (1962). S. 175-197.

Graßhoff, Helmut/ Jonas, Gisela (Hrsg.): Dostojewskis Erbe in unserer Zeit. Neueste Forschungen sowjetischer Literaturwissenschaftler zum künstlerischen Erbe Dostojewskis. Berlin 1976.

Graßhoff, Helmut: A. N. Radiščev und Moses Mendelssohn. In: Slawisch-deutsche Wechselbeziehungen in Sprache, Literatur und Kultur. Berlin 1969. S. 333-339.

Graßhoff, Helmut: Eine deutsche Quelle für Radiščevs *Kurzen Bericht über die Entstehung der Zensur* aus der *Reise von Petersburg nach Moskau*. In: Graßhoff, Helmut/ Lehmann, Ulf (Hrsg.): Studien zur Geschichte der russischen Literatur des 18. Jahrhunderts, Bd. IV. Berlin 1970. S. 333-366.

Graßhoff, Helmut: Nachwort zu: Radischtschew, Alexander: Reise von Petersburg nach Moskau. Berlin 1961. S. 249-269.

Graßhoff, Helmut: Parteinahme und gesellschaftlicher Auftrag des Schriftstellers in der russischen Literatur der Aufklärung. In: ders./ u. a. (Hrsg.): Humanistische Traditionen der russischen Aufklärung. Berlin 1973. S. 16-71.

Graßhoff, Helmut: Radiščevs *Reise* und ihre Stellung innerhalb der zeitgenössischen literarischen Strömungen. In: A. N. Radiščev und Deutschland. Beiträge zur russischen Literatur des ausgehenden 18. Jahrhunderts. Berlin 1969. S. 59-71.

Graßhoff, Helmut: Zur Menschenbildproblematik der russischen Aufklärung. In: Zeitschrift für Slawistik 15. Jg. (1970). S. 821-836.

Gray, Camilla: Das große Experiment. Die russische Kunst 1863-1922. Köln 1974.

Gregg, Richard A.: Two Adams and Eve in the Crystal Palace: Dostoevsky, the Bible, and *We*. In: Slavic Review 24. Jg. (1965) H. 4. S. 680-687.

Grierson, Philipp: Books on Soviet Russia 1917-1942. A Bibliography and a Guide to Reading. London 1943.

Grigorian, M.: Die Weltanschauung N. G. Tschernyschewskis. Moskau 1954.

Grille, Dietrich: Lenins Rivale. Bogdanov und seine Philosophie (Abhandlungen des Bundesinstituts für ostwissenschaftliche und internationale Studien; 12). Köln 1966.

Groys, Boris/ Hagemeister, Michael (Hrsg.): Die Neue Menschheit. Biopolitische Utopien in Russland zu Beginn des 20. Jahrhunderts. Frankfurt a. M. 2005.

Groys, Boris/ Hansen-Löve, Aage (Hrsg.): Am Nullpunkt. Positionen der russischen Avantgarde. Frankfurt a. M. 2005.

Groys, Boris: Die Erfindung Rußlands. München, Wien 1995.

Groys, Boris: Gesamtkunstwerk Stalin. Die gespaltene Kultur in der Sowjetunion. München 1988.

Groys, Boris: St. Petersburg – Petrograd – Leningrad. In: ders.: Die Erfindung Rußlands. München, Wien 1995. S. 167-179.

Groys, Boris: U-Bahn als U-Topie. In: ders.: Die Erfindung Rußlands. München, Wien 1995. S. 156-166.

Grübel, Rainer: Der heiße Tod der Revolution und das kalte Ende der sowjetischen Kommune. Mythopoetik und Neue Sachlichkeit in Andrej Platonovs negativer Utopie *Čevengur*. In: Baßler, Moritz/ Knaap, Ewout van der (Hrsg.): Die (k)alte Sachlichkeit. Herkunft und Wirkungen eines Konzepts. Würzburg 2004. S. 41-59.

Grumpelt-Maaß, Yvonne: Kunst zwischen Utopie und Ideologie. Die russische Avantgarde 1900-1935 (Kunstgeschichte im Gardez!; 2). St. Augustin 2001.

Grunder, Hans-Ulrich (Hrsg.): Utopia: Die Bedeutung von Schule, Unterricht und Lernen in utopischen Konzepten (Grundlagen der Schulpädagogik; 18). Hohengehren 1996.

Guenther, Johannes von: Nachwort zu: Die russische Wanderlegende vom stählernen Floh in zwei dichterischen Gestaltungen; hrsg. von Johannes von Guenther (Kleine russische Bibliothek). Hamburg, München 1962. S. 155-161.

Günther, Hans: Aspekte und Probleme der neueren Utopiediskussion in der Slawistik (Neuere Arbeiten zur Utopieproblematik in der russischen Literatur und Ideengeschichte, 60er und 70er Jahre). In: Voßkamp, Wilhelm (Hrsg.): Utopieforschung. Interdisziplinäre Studien zur neuzeitlichen Utopie, Bd. 1. Frankfurt a. M. 1985. S. 221-231.

Günther, Hans: Befreite Worte und Sternensprache. Der italienische und der russische Futurismus. In: Grimminger, Rolf/ Murašov, Jurij/ Stückrath, Jörn (Hrsg.): Literarische Moderne. Europäische Literaturen im 19. und 20. Jahrhundert. Reinbek bei Hamburg 1995. S. 284-313.

Günther, Hans: Das Goldene Zeitalter aus dem Kopf und aus dem Bauch. Die Utopieproblematik bei Dostojewski und Platonov. In: Zeitschrift für slavische Philologie 53. Jg. (1993). S. 157-168.

Günther, Hans: Proletarische und avantgardistische Kunst. Die Organisationsästhetik Bogdanovs und die LEF-Konzeption der „lebensbauenden" Kunst. In: Ästhetik und Kommunikation. Beiträge zur politischen Erziehung 4. Jg. (1973) H. 12. S. 62-75.

Günther, Hans: Turgenevs *Väter und Söhne* und Černyševskijs *Was tun?*. In: Zeitschrift für Slawistik 34. Jg. (1989). S. 674-683.

Günther, Hans: Utopie nach der Revolution. Utopie und Utopiekritik in Rußland nach 1917. In: Voßkamp, Wilhelm (Hrsg.): Utopieforschung. Interdisziplinäre Studien zur neuzeitlichen Utopie, Bd. 3. Frankfurt a. M. 1985. S. 378-393.

Hagemeister, Michael/ Richters, Julia: Utopien der Revolution: Von der Erschaffung des Neuen Menschen zur Eroberung des Weltraums. In: Haumann, Heiko (Hrsg.): Die Russische Revolution 1917. Köln, Weimar, Wien 2007. S. 131-141.

Hagemeister, Michael: „Unser Körper muss unser Werk sein." Beherrschung der Natur und Überwindung des Todes in russischen Projekten des frühen 20. Jahrhunderts. In: Groys, Boris/ ders. (Hrsg.): Die Neue Menschheit. Biopolitische Utopien in Russland zu Beginn des 20. Jahrhunderts. Frankfurt a. M. 2005. S. 19-67.

Hagemeister, Michael: Nikolaj Fedorov. Studien zu Leben, Werk und Wirkung (Osteuropastudien der Hochschulen des Landes Hessen, Reihe II: Marburger Abhandlungen zur Geschichte und Kultur Osteuropas; 28). München 1989.

Hahn, Jeong-Sook: Sozialismus als „bäuerliche Utopie"? Agrarsozialistische Konzeptionen der Narodniki und Neonarodniki im 20. Jahrhundert in Rußland. (Dissertation an der Eberhard-Karls-Universität zu) Tübingen 1994.

Halle, Fannina: Die Frau in Sowjetrussland. Berlin, Wien, Leipzig 1932 (Neuauflage unter: Halle, Fannina: Frauenemanzipation. Bericht aus den Anfängen des revolutionären Rußlands. Berlin 1973).

Haltern, Lutz: Die Londoner Weltausstellung von 1851. Ein Beitrag zur Geschichte der bürgerlich-industriellen Gesellschaft im 19. Jahrhundert. Münster 1971.

Hamel, Christine: Fjodor M. Dostojewskij. München 2003.

Hammel, Eugene A.: Chayanov Revisited: A Model for the Economics of Complex Kin Units. In: Proceedings of the National Academy of Sciences of the United States of America 102. Jg. (2005) H. 19. S. 7043-7046.

Hansen-Löve, Aage: Im Namen des Todes. Endspiele und Nullformen der russischen Avantgarde. In: Groys, Boris/ Hansen-Löve, Aage (Hrsg.): Am Nullpunkt. Positionen der russischen Avantgarde. Frankfurt a. M. 2005. S. 700-748.

Harding, Neil: Leninism. Houndmills u. a. 1996.

Harmsen, Hans: Die Befreiung der Frau. Sowjetrußlands Ehe-, Familien- und Geburtenpolitik. Berlin 1926.

Harmsen, Hans: Frau und Kind in Sowjetrußland. Eine familienrechtliche und bevölkerungspolitische Studie. Berlin 1931.

Harre, Angela: Demokratische Alternativen und autoritäre Verführungen. Der ostmitteleuropäische Agrarismus im Wechselspiel zwischen Ideologie und Politik. In: Schultz, Helga/ dies. (Hrsg.): Bauerngesellschaften auf dem Weg in die Moderne. Agrarismus in Ostmitteleuropa 1880 bis 1960 (Studien zur Sozial- und Wirtschaftsgeschichte Ostmitteleuropas; 19). Wiesbaden 2010. S. 25-39.

Harress, Birgit: Die Neuwerdung des Menschen. Zur poetischen Anthropologie in Dostoevskijs großen Romanen. In: Zeitschrift für slavische Philologie 52. Jg. (1992). S. 305-318.

Harrison, Mark: Chayanov and the Economics of the Russian Peasantry. In: The Journal of Peasant Studies 2. Jg. (1975) H. 4. S. 389-417.

Harrison, Mark: Chayanov and the Marxists. In: The Journal of Peasant Studies 7. Jg. (1979) H. 1. S. 86-100.

Harrison, Mark: The Peasant Mode of Production in the Work of A. V. Chayanov. In: The Journal of Peasant Studies 4. Jg. (1977) H. 4. S. 323-336.

Hartenstein, Eva-Maria: Michail M. Ščerbatov (1733-1790) als politischer Ideologe des russischen Adels und seine utopische Staatsschrift *Reise ins Land Ophir*. Ein Beitrag zur Erforschung des gesellschaftlichen Denkens in Rußland in der zweiten Hälfte des 18. Jahrhunderts. Halle 1988.

Hartmann, Anne: Abgründige Vernunft – Lion Feuchtwangers *Moskau 1937*. In: Eke, Norbert Otto/ Knapp, Gerhard P. (Hrsg.): Neulektüren – New Readings. Festschrift für Gerd Labroisse zum 80. Geburtstag (Amsterdamer Beiträge zur neueren Germanistik; 67). Amsterdam, New York 2009. S. 149-177.

Hartmann, Anne: Der Stalinversteher. Lion Feuchtwanger in Moskau 1937. In: Osteuropa 64. Jg. (2014) H. 11/12. S. 59-80.

Hartmann, Anne: Lion Feuchtwanger, zurück aus Sowjetrussland. Selbstzensur eines Reiseberichts. In: Exil. Forschung, Erkenntnisse, Ergebnisse 29 Jg. (2009) H. 1. S. 16-40.

Hartmann, Anne: Literarische Staatsbesuche. Prominente Autoren des Westens zu Gast in Stalins Sowjetunion (1931-1937). In: Ulbrecht, Siegfried/ Ulbrechtová, Helena (Hrsg.): Die Ost-West-Problematik in den europäischen Kulturen und Literaturen. Ausgewählte Aspekte. Prag, Dresden 2009. S. 229-275.

Hartmann, Anne: Lost in translation. Lion Feuchtwanger bei Stalin, Moskau 1937. In: Exil. Forschung, Erkenntnisse, Ergebnisse 28. Jg. (2008) H. 2. S. 5-18.

Hartmann, Anne: Thomas Morus in Moskau. Die Sowjetunion der 1930er Jahre als Utopia. In: Das Wort. Germanistisches Jahrbuch Russland 22. Jg. (2007). S. 103-117.

Hassel, James: Implementation of the Russian Table of Ranks during the Eighteenth Century. In: Slavic Review 29. Jg. (1979). S. 283-295.

Haumann, Heiko: Beginn der Planwirtschaft. Elektrifizierung, Wirtschaftsplanung und gesellschaftliche Entwicklung Sowjetrußlands 1917-1921 (Studien zur modernen Geschichte; 15). Düsseldorf 1974.

Haumann, Heiko: Lebenswelten im Zarenreich: Ursachen der Revolution von 1917. In: ders.: (Hrsg.): Die Russische Revolution 1917. Köln, Weimar, Wien 2007. S. 17-34.

Haupt, Georges/ Scherrer, Jutta: Gor'kij, Bogdanov, Lenin. Neue Quellen zur ideologischen Krise in der bolschewistischen Fraktion (1908-1910). In: Cahiers du Monde russe et soviétique 19. Jg. (1978) H. 3. S. 321-334.

Hausmann, Christiane: Anderes Denken in der Sowjetunion. Das „Okkulte" als positive Utopie bei Bulgakov. Frankfurt a. M. 1990.

Haxthausen, August von: Studien über die innern Zustände, das Volksleben und insbesondere die ländlichen Einrichtungen Rußlands, 3 Bde. Bde. 1-2: Hannover 1847, Bd. 3: Berlin 1852.

Hedeler, Wladislaw: Alexander Bogdanov als Utopier. In: Plaggenborg, Stefan/ Soboleva, Maja (Hrsg.): Alexander Bogdanov. Theoretiker für das 20. Jahrhundert (Specimina Philologiae Slavicae; 152). München 2008. S. 141-150.

Hedeler, Wladislaw: Alexander Bogdanows Mars-Romane als kommunistische Utopie. In: Berliner Debatte Initial 16. Jg. (2005) H. 1. S. 29-42.

Hedeler, Wladislaw: Alexander Bogdanows Utopie einer kommunistischen Gesellschaft. In: Vielfalt sozialistischen Denkens; 5. Berlin 1999. S. 24-46.

Hedeler, Wladislaw: Die gesellschaftliche Utopie in den Romanen Aleksandr Bogdanovs. In: Oittinen, Vesa (Hrsg.): Aleksandr Bogdanov revisited. Helsinki 2009. S. 235-258.

Hedeler, Wladislaw: Organisationswissenschaft statt Marxismus Aleksandr Bogdanovs Vorstellungen von einer Gesellschaft der Zukunft (Philosophische Gespräche; 10). Berlin 2007.

Hedeler, Wladislaw: Transformationstheorie – oder Utopie. Ein Buch im Widerstreit. In: Bucharin, Nikolai: Ökonomik der Transformationsperiode. Berlin 1990. S. 255-267.

Hedican, Edward J.: Ways of Knowing in Anthropology: Alexandre Chayanov and the Perils of „Dutiful Empiricism". In: History and Anthropology 20. Jg. (2009) H. 4. S. 419-433.

Heeke, Matthias: Reisen zu den Sowjets. Der ausländische Tourismus in der Sowjetunion 1921-1941 (Arbeiten zur Geschichte Osteuropas; 11). Münster u. a. 2003.

Hegemann, Carl (Hrsg.): Erniedrigung geniessen. Kapitalismus und Depression III. Berlin 2001.

Heile, Gerhard: Nach Rapallo im Sowjetlande. Eine empfindsame Pfingstreise. Bremen 1922.

Heiss, Robert: Utopie und Revolution. Ein Beitrag zur Geschichte des fortschrittlichen Denkens. München 1973.

Helbig, Gustav Adolf Wilhelm von: Potemkin. Der Taurier. Anecdoten zur Geschichte seines Lebens und seiner Zeit. In: Minerva. Ein Journal historischen und politischen Inhalts 26. Bd. (1798; 2) H. 5. S. 291-319.

Helbig, Gustav Adolf Wilhelm von: Radischew. In: ders.: Russische Günstlinge. Tübingen 1809. S. 457-461.

Heller, Leonid/ Niqueux, Michel: Geschichte der Utopie in Russland. Bietigheim-Bissingen 2003.

Henning, Friedrich-Wilhelm: Rezension zu A. Tschajanows *Die Lehre von der bäuerlichen Wirtschaft*. In: Vierteljahresschrift für Sozial- und Wirtschaftsgeschichte 75. Bd. (1988) H. 3. S. 439-440.

Herzen, Alexander: Mein Leben, Bd. 1. Berlin 1962.

Herzen, Alexander: Vom anderen Ufer. In: ders.: Ausgewählte philosophische Schriften. Moskau 1949. S. 351-490.

Hexelschneider, Erhard: Noch einmal: A. N. Radiščevs *Žuravli* nach Ewald von Kleist. In: Zeitschrift für Slawistik 29. Jg. (1984). S. 511-521.

Heyer, Andreas: Entwicklung und Stand der deutschsprachigen Utopieforschung unter Berücksichtigung ihrer theoretischen Selbstreflexion. In: ders.: Sozialutopien der Neuzeit. Bibliographisches Handbuch, Bd. 1: Bibliographie der Forschungsliteratur (Politica et Ars. Interdisziplinäre Studien zur politischen Ideen- und Kulturgeschichte; 18). Berlin 2008. S. 13-83.

Heyer, Andreas: Sozialutopien der Neuzeit. Bibliographisches Handbuch, Bd. 1: Bibliographie der Forschungsliteratur (Politica et Ars. Interdisziplinäre Studien zur politischen Ideen- und Kulturgeschichte; 18). Berlin 2008.

Hielscher, Karla: „Enzyklopädie der Menschheit" oder „Prophezeiung aus der Apokalypse"? Der „Kristallpalast" als Sinnbild des westlichen Zivilisationsmodells im Denken Fjodor Dostojewskijs. In: Jahrbuch der Deutschen Dostojewskij-Gesellschaft, 8. Bd. (2001). S. 122-131.

Hielscher, Karla: Futurismus und Kulturmontage. In: alternative. Zeitschrift für Literatur und Diskussion 21. Jg. (1978) H. 122/123. S. 226-235.

Hildermeier, Manfred: Bürgertum und Stadt in Rußland 1760-1870. Köln, Wien 1986.

Hildermeier, Manfred: Das Privileg der Rückständigkeit. Anmerkungen zum Wandel einer Interpretationsfigur der Neueren Russischen Geschichte. In: Historische Zeitschrift 244 (1987) H. 3. S. 557-603.

Hildermeier, Manfred: Der russische Adel von 1700 bis 1917. In: Wehler, Hans-Ulrich (Hrsg.): Europäischer Adel 1750-1950. Göttingen 1990. S. 166-216.

Hildermeier, Manfred: Geschichte der Sowjetunion 1917-1991. Entstehung und Niedergang des ersten sozialistischen Staates. München 1998.

Hildermeier, Manfred: Neopopulismus und Industrialisierung: Zur Diskussion von Theorie und Taktik in der Sozialrevolutionären Partei Rußlands vor dem Ersten Weltkrieg. In: Jahrbücher für Geschichte Osteuropas N. F. 22. Jg. (1974) H. 3. S. 358-389.

Hillig, Götz/ Weitz, Siegfried (Hrsg.): Makarenko. Darmstadt 1979.

Hillig, Götz: Bolševskaja kommuna – „staršij brat" makarenkovskoj „dzeršinki". In: Besprizornik. Žurnal dlja neravnodušnyh ljudej 2006/1. S. 19-36.

Hillig, Götz: Die Arbeitskommune der OGPU in Bolševo. Genese und pädagogische Konzeption. In: Jahrbuch für Forschungen zur Geschichte der Arbeiterbewegung 5. Jg. (2006) H. 3. S. 42-58.

Hillyar, Anna/ McDermid, Jane: Revolutionary Women in Russia 1870-1917. A study in Collective Biography. Manchester, New York 2000.

Hipp, Hermann/ Seidl, Ernst (Hrsg.): Architektur als politische Kultur. Philosophia practica. Berlin 1996.

Historisch-Kritisches Wörterbuch des Marxismus, hrsg. von Wolfgang Fritz Haug. Hamburg 1994ff.

Hoelz, Max: „Ich grüße und küsse Dich – Rot Front!" Tagebücher und Briefe, Moskau 1929 bis 1933. Hrsg. von Ulla Plener. Berlin 2005.

Hoffmann, Peter: Aleksandr Nikolaevič Radiščev: Neue Materialien – neue Probleme. In: Zeitschrift für Slawistik 34. Jg. (1989). S. 402-409.

Hoffmann, Peter: Die russischen revolutionären Demokraten und Radiščev. In: Zeitschrift für Slawistik 11. Jg. (1966). S. 158-176.

Hoffmann, Peter: Eine deutschsprachige Radiščev-Auswahl. In: Zeitschrift für Slawistik 6. Jg. (1961). S. 130-134.

Hoffmann, Peter: Neue Publikationen zum Aufenthalt Radischtschews in Deutschland. In: Zeitschrift für Geschichtswissenschaft 5. Jg. (1957). S. 1285-1289.

Hoffmann, Peter: Probleme des Übergangs von der Aufklärung zur revolutionären Thematik im Schaffen A. N. Radiščevs. In: Zeitschrift für Slawistik 8. Jg. (1963). S. 424-434.

Hoffmann, Peter: Radiščev im Staatsdienst zur Zeit der beginnenden Krise des Feudalismus in Rußland (achtziger Jahre des 18. Jh.). In: Jahrbuch für Geschichte der sozialistischen Ländern Europas, Bd. 33. Berlin 1989.

Hoffmann, Peter: Radiščev und die Anfänge der russischen revolutionären Traditionen. In: Graßhoff, Helmut/ Lehmann, Ulf (Hrsg.): Studien zur Geschichte der russischen Literatur des 18. Jahrhunderts, Bd. I. Berlin 1963. S. 140-152.

Hoffmann, Peter: Radiščevliteratur in Westdeutschland. In: Zeitschrift für Slawistik 6. Jg. (1961). S. 120-129.

Hoffmann, Peter: Radiščevs Tod – Selbstmord oder Unglücksfall? In: Graßhoff, Helmut/ Lehmann, Ulf (Hrsg.): Studien zur Geschichte der russischen Literatur des 18. Jahrhunderts, Bd. III. Berlin 1968. S. 526-539.

Hoffmann, Peter: Radischtschew in Leipzig. In: Karl-Marx-Universität Leipzig 1409-1959. Beiträge zur Universitätsgeschichte, Bd. 1. Leipzig 1959. S. 193-207.

Hoffmann, Peter: Russische Studenten in Leipzig 1767-1771. In: Deutschslawische Wechselseitigkeiten in sieben Jahrhunderten. Gesammelte Aufsätze (Veröffentlichungen des Instituts für Slawistik der Deutschen Akademie der

Wissenschaften zu Berlin. Hrsg. von H. H. Bielefeldt. Nr. 9). Berlin 1956. S. 337-348.

Hohmann, Joachim S. (Hrsg.): Sexualforschung und -politik in der Sowjetunion seit 1917. Eine Bestandsaufnahme in Kommentaren und historischen Texten. Frankfurt a. M. u. a. 1990.

Hoisington, Sona S./ Imbery, Lynn: Zamjatin's Modernist Palette: Colors and Their Function in *We*. In: The Slavic and East European Journal 36. Jg. (1992) H. 2. S. 159-171.

Hoisington, Sona S.: „Ever Higher": The Evolution of the Project for the Palace of Soviets. In: Slavic Review 62. Jg. (2003) H. 1. S. 41-68.

Holitscher, Arthur: Drei Monate in Sowjet-Rußland. Berlin 1921.

Hollander, Paul: Political Pilgrimages. Travels of Western Intellectuals to the Soviet Union, China and Cuba 1928-1978. New York, Oxford 1981.

Hollenberg, Heinrich: Der Gottesstaat bei Dostojewski (Auszug aus der Inaugural-Dissertation, Westfälische Wilhelms-Universität). Münster 1921.

Holm, Kerstin: Die Fünf-Millionen-Idee. In: Frankfurter Allgemeine Zeitung, 4. Februar 1997.

Holthusen, Johannes.: Russische Gegenwartsliteratur I. 1890-1940 – Die literarische Avantgarde. Berlin, München 1963.

Hornbostel, Wilhelm/ Kopanski, Karlheinz/ Rudi, Thomas (Hrsg.): mit voller Kraft. Russische Avantgarde 1910-1934. Heidelberg 2001.

Houellebecq, Michel: Die Möglichkeit einer Insel. Köln 2005.

Howard, Ebenezer: Gartenstädte in Sicht. Jena 1907.

Huber, Benedikt: Die Stadt des neuen Bauens. Projekte und Theorien von Hans Schmidt (ORL-Schriften zur Orts-, Regional- und Landesplanung; 45). Zürich, Stuttgart 1993.

Huber, Werner: Moskau – Metropole im Wandel. Ein architektonischer Stadtführer. Köln, Weimar, Wien 2007.

Hudspith, Sarah: Dostoevsky and the Idea of Russianness. A new perspective on unity and brotherhood. London, New York 2004.

Hughes, Lindsey: Russia in the Age of Peter the Great. New Haven (Conn.) u. a. 1998.

Hughes, Michael: ‚Independent Gentlemen': The Social Position of the Moscow Slavophiles and its Impact on their Political Thought. In: The Slavonic and East European Review 71. Jg. (1993) H. 1. S. 66-88.

Hughes, Michael: Misunderstanding the Russian Peasantry. Anti-capitalist Revolution or Third Rome? Interactions between agrarianism, Slavophilism and the Russian *narodniki*. In: Schultz, Helga/ Harre, Angela (Hrsg.): Bauerngesellschaften auf dem Weg in die Moderne. Agrarismus in Ostmitteleuropa 1880 bis 1960 (Studien zur Sozial- und Wirtschaftsgeschichte Ostmitteleuropas; 19). Wiesbaden 2010. S. 55-67.

Hughes, Michael: State and Society in the Political Thought of the Moscow Slavophiles. In: Studies in East European Thought 52. Jg. (2000) H. 3. S. 159-183.

Hunt, Diana: Chayanov's Model of Peasant Household Resource Allocation. In: The Journal of Peasant Studies 6. Jg. (1979) H. 3. S. 247-285.

Huppert, Hugo: Sibirische Mannschaft. Ein Skizzenbuch aus dem Kusbass. Berlin 1961.

Ignatow, Assen: Der Teufel und der Übermensch. Die Antizipation des Totalitarismus bei Dostojewskij und Nietzsche. In: EZW-Texte: Impulse Nr. 29 (1989).

Im Lande der roten Fahne. Bericht der 2. Arbeiterdelegation über Sowjetrußland. Berlin 1926.

Imendörffer, Helene: Die Belletristik und ihre Rezeption. Sexistische Literaturkritik oder das „Scheitern" Alexandra Kollontais. In: Kollontai, Alexandra: Der weite Weg. Erzählungen, Aufsätze, Kommentare. Frankfurt a. M. 1979. S. 263-284.

Ingold, Felix: Dostojewskij und das Judentum. Frankfurt a. M. 1981.

Inokov, A.: [Rezension zu] Iv. Kremnev *Putešestvie moego brata Alexeja v stranu krest'janskoj utopii*. In: Kniga i Revoljucija. Ežemesjačnyj kritiko-bibliografičeskij žurnal 1. Jg. (1920/1921) H. 12. S. 48.

Israel, Monika: Über die Probleme der Frauenemanzipation im nachrevolutionären Rußland (1917-1928). In: Kollontai, Alexandra: Die neue Moral und die Arbeiterklasse. Münster 1977. S. 87-180.

Jackson, David: The Wanderers and critical realism in nineteenth-century Russian painting (Critical perspectives in art history). Manchester, New York 2006.

Jackson, Robert Louis: Dostoevsky's Underground Man in Russian Literature. Den Haag 1958.

Jacobi, Hugo: Sowjetrussische Fürsorgeerziehung. In: Das werdende Zeitalter. Eine Zeitschrift für Erneuerung der Erziehung 6. Jg. (1927) H. 7/9 (Juli/ September). S. 230-238.

Jarmatz, Klaus/ Barck, Simone/ Diezel, Peter: Exil in der UdSSR (Kunst und Literatur im antifaschistischen Exil; 1). Leipzig 1979.

Jefremow, Iwan A.: Andromedanebel. München 1983.

Jagodinskij, Viktor N.: Aleksandr Aleksandrovič Bogdanov (Malinovskij), 1873-1928 (Naučno-biografičeskaja literatura). Moskau 2006.

Jegorow, J.: Zurück zu Tschajanow. In: Sputnik 23. Jg (1989) H. 1. S. 36-40.

Jakolev, Jakov A.: Men'ševizm v proletkul'tovskoj odežde. In: Pravda Nr. 2, vom 4. Januar 1923, S. 2.

Jensen, Kenneth Martin: Beyond Marx and Mach. Aleksandr Bogdanov's Philosophy of Living Experience (Sovietica; 41). Dordrecht, Boston, London 1978.

Jensen, Kenneth Martin: Red Star: Bogdanov Builds a Utopia. In: Studies in Soviet Thought 23. Jg. (1982) H. 1. S. 1-34.

Joas, Hans/ Müller, Adelheid Alternativen zur Kleinfamilie im nachrevolutionären Rußland. In: Ästhetik und Kommunikation. Beiträge zur politischen Erziehung 4. Jg. (1973) H. 13. S. 28-35.

Johansson, Kurt: Aleksej Gastev. Proletarian Bard of the Machine Age (Stockholm Studies in Russian Literatur; 16). Stockholm 1983.

Jung, Franz: Der neue Mensch im neuen Rußland. Wien 1924.

Jung, Franz: Der Weg nach unten. Aufzeichnungen aus einer großen Zeit. Neuwied am Rhein, Berlin 1961.

Jung, Franz: Reise in Rußland. Berlin 1920.

Jünger, Harri/ Beitz, Willi/ Hiller, Barbara/ Schaumann, Gerhard (Hrsg.): Geschichte der russischen Sowjetliteratur, Bd. 2. Berlin 1975.

Južakov, Sergej N.: Prosvetitel'naja utopija. In: ders.: Voprosy prosveščenja. St. Petersburg 1897. S. 201-237.

Kafengauz, B. B.: Anjuta. Eine Episode aus der *Reise von Petersburg nach Moskau* von A. N. Radiščev. In: Steinitz, Wolfgang/ Berkov, Pavel N./ u. a. (Hrsg.): Ost und West in der Geschichte des Denkens und der kulturellen Beziehungen. Festschrift für Eduard Winter zum 70. Geburtstag. Berlin 1966. S. 427-430.

Kaganovič, Lazar' M.: Über die Entwicklungswege der Städte in der Sowjetunion. Juni 1931. In: Bodenschatz, Harald/ Post, Christiane (Hrsg.): Städtebau im Schatten Stalins. Die internationale Suche nach der sozialistischen Stadt in der Sowjetunion 1929-1935. Berlin 2003. S. 369-374.

Kahn, Andrew: Self and Sensibility in Radishchev's *Puteshestvie iz Peterburga v Moskvu*: Dialogism and the Moral Spectator. In: Oxford Slavonic Papers 30. Jg. (1997). S. 41-66.

Kalmykov, S. (Hrsg.): Večnoe solnce. Russkaja social'naja utopija i naučnaja fantastika (vtoraja polovina XIX – načalo XX veka). Moskau 1979.

Kamp, Johannes-Martin: Kinderrepubliken. Geschichte, Praxis und Theorie radikaler Selbstregierung in Kinder- und Jugendheimen. Opladen 1995.

Kampmann, Theoderich: Licht aus dem Osten? Dostojewskis Grunderkenntnisse über die menschliche Gemeinschaft. Ein Beitrag zur Analyse seiner Weltanschauung. Breslau 1931.

Kansy, Ursula: Die staatspolitische Bedeutung der Religion in Dostojewskijs *Großinquisitor*. Hamburg 2005.

Karamsin, Nikolaj M.: Geschichte des Russischen Reiches. Riga 1820-33.

Karamzin, Nikolaj M.: Istorija Gosudarstva Rossijskogo, 12 Bde. Moskau 1988ff.

Karelin, Apollon A.: Rossija v 1930 godu. Moskau 1921.

Karlynski, S.: A Hollow Shape. The Philosophical Tales of Prince Vladimir Odoevsky. In: Studies in Romanticism 5. Jg. (1977). S. 169-182.

Kasack, Wolfgang (Hrsg.): Science-Fiction in Osteuropa. Beiträge zur russischen, polnischen und tschechischen phantastischen Literatur (Osteuropaforschung. Schriftenreihe der Deutschen Gesellschaft für Osteuropakunde; 14). Berlin 1984.

Kasack, Wolfgang: Russische Autoren in Einzelportraits. Stuttgart 1994.

Kasimir Malewitsch (1878-1935). Werke aus sowjetischen Sammlungen. Katalog zur Ausstellung in der Kunsthalle Düsseldorf 29. Februar – 20. April 1980. hrsg. von der Städtischen Kunsthalle Düsseldorf. Düsseldorf 1980.

Kasper, Karlheinz: Die Evolution des Literaturverständnisses von Evgenij Zamjatin 1918-1924. In: Zeitschrift für Slawistik 34. Jg. (1989) H. 4. S. 527-539.

Kasper, Karlheinz: Nachwort zu Samjatins Ausgewählten Werken. In: Samjatin, Jewgeni: Ausgewählte Werke, Bd. 4. Leipzig, Weimar 1991. S. 154-189.

Kästner, Erich: Mein liebes, gutes Muttchen, Du! Dein oller Junge. Briefe und Postkarten aus 30 Jahren. Hamburg 1981.

Katharina die Große/ Voltaire: Monsieur – Madame. Der Briefwechsel zwischen der Zarin und dem Philosophen. Zürich 1991.

Kaufer, Marion: Die beginnende Frauenbewegung in Russland und N. G. Černyševskijs Roman *Čto delat'?*. Frankfurt a. M. u. a. 2003

Kautsky, Karl: Vorläufer des neueren Sozialismus. Berlin 1991.

Keller, Mechthild (Hrsg.): Russen und Rußland aus deutscher Sicht, 9.-17. Jahrhundert (West-östliche Spiegelungen, Reihe A: Russen und Rußland aus deutscher Sicht; 1). München 1985.

Keller, Mechthild (Hrsg.): Russen und Rußland aus deutscher Sicht, 18. Jahrhundert: Aufklärung (West-östliche Spiegelungen, Reihe A: Russen und Rußland aus deutscher Sicht; 2). München 1987.

Keller, Mechthild: Wegbereiter der Aufklärung. G. W. Leibniz' Wirken für Peter den Großen und sein Reich. In: dies. (Hrsg.): Russen und Rußland aus deutscher Sicht, 9.-17. Jahrhundert (West-östliche Spiegelungen, Reihe A: Russen und Rußland aus deutscher Sicht; 1). München 1985. S. 391-413.

Kelly, Aileen M.: Red Queen or White Knight? The Ambivalences of Bogdanov. In: Russian Review 49. Jg. (1990) H. 3. S. 305-315.

Kerblay, Basile: A. V. Chayanov: Life, Career, Works. In: Thorner, Daniel/ ders./ Smith, R. E. F. (Hrsg.): A. V. Chayanov on The Theory of Peasant Economy. Homewood (Illi.) 1966. S. XXV-LXXV (auf Französisch ebenfalls in: Čajanov, Aleksandr V.: Œuvres choisies, Bd. 1. Paris 1967. S. 17-66).

Kerblay, Basile: Bibliography of A. V. Chayanov. In: Thorner, Daniel/ ders./ Smith, R. E. F. (Hrsg.): A. V. Chayanov on The Theory of Peasant Economy. Homewood (Illi.) 1966. S. 279-296 (ebenfalls in: Čajanov, Aleksandr V.: Œuvres choisies, Bd. 1. Paris 1967, S. 69-96).

Kerblay, Basile: Chayanov and the Theory of Peasantry as a Specific Type of Economy. In: Shanin, Teodor (Hrsg.): Peasants and Peasant Societies. Baltimore u. a. 1971. S. 150-160.

Kern, Gary (Hrsg.): Zamyatin's *We*. A Collection of Critical Essays. Ann Arbor (Mich.) 1988.

Kießling, Wolfgang: Ein Zeitzeugnis und sein Verfasser werden betrachtet. In: Goldschmidt, Alfons: Moskau 1920. Tagebuchblätter. Berlin 1987. S. 7-98.

Kingsbury, Susan M./ Fairchild, Mildred: Factory, family and woman in the Soviet Union. New York 1935.

Kirk, Irina: Dostoevskij and Camus. The Theme of Consciousness, Isolation, Freedom and Love. München 1974.

Klarr, Hermann: Die Utopie vom Erdenparadiese bei Nowgorodzeff (Abhandlungen des Instituts für Politik, Ausländisches Öffentliches Recht und Völkerrecht an der Universität Leipzig; 45). Leipzig 1936.

Klein, Joachim: Russische Literatur im 18. Jahrhundert (Bausteine zur slavischen Philologie und Kulturgeschichte N. F., Reihe A: Slavistische Forschungen; 58). Köln, Weimar, Wien 2008.

Klibanov, Aleksandr I.: History of Religious Sectarianism in Russia, 1860s to 1917. Oxford u. a. 1982.

Klibanov, Aleksandr I.: Narodnaja social'naja utopija v Rossii, XIX vek. Moskau 1978.

Kloocke, Ruth: Mosche Wulff. Zur Geschichte der Psychoanalyse in Rußland und Israel. Tübingen 2002.

Kluge, Robert: Der sowjetische Traum vom Fliegen. Analyseversuch eines gesellschaftlichen Phänomens (Slavistische Beiträge; 345). München 1997.

Kluge, Rolf-Dieter: Alexander A. Bogdanow (Malinowskij) als Science-Fiction-Autor. In: Kasack, Wolfgang (Hrsg.): Science-Fiction in Osteuropa. Beiträge zur russischen, polnischen und tschechischen phantastischen Literatur (Osteuropaforschung. Schriftenreihe der Deutschen Gesellschaft für Osteuropakunde; 14). Berlin 1984. S. 26-37.

Kluge, Rolf-Dieter: Zamjatins *Wir* und Dostoevskijs *Großinquisitor* – zum Verhältnis von individueller Freiheit und sozialer Verantwortung. Heinz Wissemann (Mainz) zum 75. Geburtstag. In: Anzeiger für Slavische Philologie 18. Jg. (1987). S. 7-21.

Knödler-Bunte, Eberhard/ Erler, Gernot (Hrsg.): Kultur und Kulturrevolution in der Sowjetunion (Schriften des Instituts für Kultur und Ästhetik (IKAe); 1). Berlin, Kronberg i. Ts. 1978 (*zugehöriger Tagungsbericht*: IKAe-Bericht: Arbeitstagung „Politische Kultur. Die künstlerische und kulturpolitische Entwicklung in der Sowjetunion 1917-1934", vom 1.-3. Dezember 1972. In: Ästhetik und Kommunikation. Beiträge zur politischen Erziehung 4. Jg. (1973) H. 11. S. 100-105).

Knödler-Bunte: Eberhard: Bibliographie deutschsprachiger Literatur zum Proletkult. In: Ästhetik und Kommunikation. Beiträge zur politischen Erziehung 2. Jg. (1972) H. 5/6. S. 191-200.

Köbberling, Anna: Das Klischee der Sowjetfrau. Stereotyp und Selbstverständnis Moskauer Frauen zwischen Stalinära und Perestroika. Frankfurt a. M., New York 1997.

Köbberling, Anna: Zwischen Liquidation und Wiedergeburt. Frauenbewegung in Rußland von 1917 bis heute. Frankfurt a. M., New York 1993.

Koenen, Gerd/ Kopelew, Lew (Hrsg.): Deutschland und die Russische Revolution 1917-1924 (West-östliche Spiegelungen, Reihe A: Russen und Rußland aus deutscher Sicht; 5). München 1998.

Koenen, Gerd: „Indien im Nebel". Die ersten Reisenden ins „neue Rußland". Neun Modelle projektiver Wahrnehmung. In: ders./ Kopelew, Lew (Hrsg.): Deutschland und die Russische Revolution 1917-1924 (West-östliche Spiegelungen, Reihe A: Russen und Rußland aus deutscher Sicht; 5). München 1998. S. 557-615.

Koenen, Gerd: Blick nach Osten. Versuch einer Gesamt-Bibliographie der deutschsprachigen Literatur über Rußland und den Bolschewismus 1917-1924. In: ders./ Kopelew, Lew (Hrsg.): Deutschland und die Russische Revolution 1917-1924 (West-östliche Spiegelungen, Reihe A: Russen und Rußland aus deutscher Sicht; 5). München 1998. S. 827-934.

Koenen, Gerd: Macht der Utopie – Utopie der Macht. In: Neue Zürcher Zeitung vom 11. September 2004.

Koenen, Gerd: Vom Geist der russischen Revolution. Die ersten Augenzeugen und Interpreten der Umwälzungen im Zarenreich. In: ders./ Kopelew, Lew (Hrsg.): Deutschland und die Russische Revolution 1917-1924 (West-östliche Spiegelungen, Reihe A: Russen und Rußland aus deutscher Sicht; 5). München 1998. S. 49-98.

Koerber, Lenka von: Sowjetrußland kämpft gegen das Verbrechen. Berlin 1933.

Kolakowski, Leszek: Die Hauptströmungen des Marxismus, Bd. 2: Entwicklung. München 1988.

Kolakowski, Leszek: Marxismus – Utopie und Anti-Utopie. Stuttgart u. a. 1974.

Kollontai, Alexandra: Autobiographie einer sexuell emanzipierten Kommunistin. Hrsg. und mit einem Nachwort von Iring Fetscher. München 1970.

Kollontai, Alexandra: Bericht über die Arbeiterinnenbewegung in Rußland. In: Berichte an die zweite Internationale Konferenz sozialistischer Frauen zu Kopenhagen am 26. und 27. August 1910. Stuttgart o. J. S. 73-76.

Kollontai, Alexandra: Der weite Weg. Erzählungen, Aufsätze, Kommentare. Frankfurt a. M. 1979.

Kollontai, Alexandra: Die Arbeiteropposition in Rußland. In: Mergner, Gottfried (Hrsg.): Die russische Arbeiteropposition. Die Gewerkschaften in der

Revolution. Reinbek bei Hamburg 1972. S. 131-177.

Kollontai, Alexandra: Die Liebe der drei Generationen. In: dies.: Wege der Liebe. Berlin 1982. S. 7-47.

Kollontai, Alexandra: Die neue Moral und die Arbeiterklasse (Internationale Arbeiter-Bibliothek; 9). Berlin 1920 (Neuauflage: Münster 1977).

Kollontai, Alexandra: Die Situation der Frau in der gesellschaftlichen Entwicklung. Vierzehn Vorlesungen vor Arbeiterinnen und Bäuerinnen an der Sverdlov-Universität 1921. Frankfurt a. M. 1975.

Kollontai, Alexandra: Ein Weg dem geflügelten Eros! In: dies.: Der weite Weg. Erzählungen, Aufsätze, Kommentare. Frankfurt a. M. 1979. S. 105-126.

Kollontai, Alexandra: Ich habe viele Leben gelebt ... Autobiographische Aufzeichnungen. Berlin 1980.

Kollontai, Alexandra: Mein Leben in der Diplomatie. Aufzeichnungen aus den Jahren 1922 bis 1945. Berlin 2003.

Kollontai, Alexandra: Mutterschutz. In: dies.: Der weite Weg. Erzählungen, Aufsätze, Kommentare. Frankfurt a. M. 1979. S. 50-63.

Kollontai, Alexandra: Rede auf dem III. Weltkongreß der Komintern (Moskau 22.6. bis 12.7.1921). In: Protokolle des III. Weltkongreß der K.I. Hamburg 1921. S. 776-781 (Neuauflage: Erlangen 1973).

Kollontai, Alexandra: Revolutionärin (Selbstportrait) In: Kern, Elga.: Führende Frauen Europas. München 1999. S. 122-139 (bearbeitete Neuauflage des Originals von 1928/1930).

Kollontai, Alexandra: Was bedeutet die Arbeiter-Opposition? Berlin 1922.

Kollontai, Alexandra: Wasilissa Malygina. In: dies.: Wege der Liebe. Berlin 1982. S. 63-266.

Kollontai, Alexandra: Wege der Liebe. Berlin 1925 (Neuauflage: Berlin 1982; Neuausgabe: Frankfurt a. M. 1988).

Kollontaj, Aleksandra: Obščij kotël ili individual'nye alimenty? In: Komsomol'skaja pravda, vom 2. Februar 1926.

Kollontay, Alexandra: Das fremde Kollektiv. In: Jugend-Internationale (deutsche Ausgabe) 3. Jg. (1917) H. 10. S. 5-6.

Kollontay, Alexandra M.: Die Arbeiterin und die Bäuerin in Sowjet-Rußland (Kleine Bibliothek der Russischen Korrespondenz; 60/61). Leipzig 1921.

Kollontay, Alexandra: Die Familie und der kommunistische Staat. In: Sowjet. Kommunistische Zeitschrift 1. Jg. (1919/1920) H. 8/9 (Mai 1920). S. 43-52 u. H. 10/11 (August 1920). S. 45-50.

Kollontay, Alexandra: Die Familie und der kommunistische Staat. In: Neue Ordnung. Offizielles Organ der Kommunistischen Partei der Schweiz, Sektion der III. Internationale 4. Jg. (1920) Nr. 8 (19. Oktober 1920). S. 1, Nr. 9 (21. Oktober 1920). S. 1, Nr. 10 (23. Oktober 1920). S. 3, Nr. 11 (26. Oktober

1920). S. 2, Nr. 12 (28. Oktober 1920). S. 2, Nr. 13 (30. Oktober 1920). S. 3 u. Nr. 14 (02. November 1920). S. 1.

Kollontay, Alexandra: Die ökonomische Lage der russischen Arbeiterinnen. In: Die Gleichheit. Zeitschrift für die Interessen der Arbeiterinnen 20. Jg. (1909/1910) H. 24. S. 371-372, H. 25. S. 393-394 u. H. 26. S. 402-403.

Kollontay, Alexandra: Die neue Internationale und die Arbeiterjugend. In: Jugend-Internationale (deutsche Ausgabe) 1. Jg. (1915) H. 1. S. 8-9.

Kollontay, Alexandra: Durch Bürgerkrieg zur Gleichberechtigung der Frauen. In: Jugend-Internationale (deutsche Ausgabe) 3. Jg. (1917) H. 8. S. 9-10.

Kolzow, Michael: Die Grüne Stadt. In: W.O.K.S. Organ der Gesellschaft für kulturelle Verbindung der Sowjetunion mit dem Auslande 1. Jg. (1930) H. 8/10. S. 44-47.

König, René: Entwicklungstendenzen der Familie im neueren Rußland. In: Materialien zur Soziologie der Familie. 2., erw. Aufl. Köln 1974. S. 151-199.

Konjus, Esther M.: Puti razvitija sovetskoj ochrany materinstva i mladenčestva. Moskau 1954.

Koolhaas, Rem: Ich habe einen Traum. In: Die Zeit Nr. 34 vom 12. August 2004, S. 62.

Kopelew, Lew: Fragen bleiben. In: ders./ Koenen, Gerd (Hrsg.): Deutschland und die Russische Revolution 1917-1924 (West-östliche Spiegelungen, Reihe A: Russen und Rußland aus deutscher Sicht; 5). München 1998. S. 805-826.

Kopp, Anatole: Town und Revolution. Soviet Architecture and City Planning 1917-1935. London 1970.

Korovin, Valentin I. (Hrsg.): Russian 19th-Century Gothic Tales. Moscow 1984.

Koschmal, Walter: Die Utopie und ihre künstlerische Realisierung bei Odoevskij und Brjusov. In: Russische Erzählung. Utrechter Kolloquium zur Theorie und Geschichte der russischen Erzählung im 19. und 20. Jahrhundert (Studies in Slavic Literature and Poetics; 6). Amsterdam 1984. S. 195-238.

Koselleck, Reinhart: ‚Erfahrungsraum' und ‚Erwartungshorizont' als zwei historische Kategorie. In: ders.: Vergangene Zukunft. Zur Semantiker geschichtlicher Zeiten. Frankfurt a. M. 1989. S. 349-375.

Koselleck, Reinhart: Die Verzeitlichung der Utopie. In: Voßkamp, Wilhelm (Hrsg.): Utopieforschung. Interdisziplinäre Studien zur neuzeitlichen Utopie, Bd. 3. Frankfurt a. M. 1985. S. 1-14.

Kosing, Eva/ Mirowa-Florin, Edel (Hrsg.): Lenin und Gorki. Eine Freundschaft in Dokumenten. Berlin, Weimar 1964.

Kostin, Andrej A.: „Čudišče oblo" i „monstrum horrendum". Vergilij – Trediakovskij – Radiščev. In: V. K. Trediakovskij: k 300-letiju so dnja roždenija. St. Petersburg 2004. S. 135-147.

Kostjuk, Konstatin: Der Begriff des Politischen in der russisch-orthodoxen Tradition. Zum Verhältnis von Kirche, Staat und Gesellschaft in Rußland (Politik- und Kommunikationswissenschaftliche Veröffentlichungen der Görres-Gesellschaft; 24). Paderborn, München, Wien, Zürich 2005.

Kotsonis, Yanni: Making Peasants Backward. Agricultures Cooperatives and the Agrarian Question in Russia, 1861-1914. New York u. a. 1999.

Kracauer, Siegfried: Das Ornament der Masse. In: ders.: Schriften, Bd. 5.2: Aufsätze 1927-1931. Frankfurt a. M. 1990. S. 57-67.

Krapp, John: An Aesthetics of Morality: Pedagogic Voice and Moral Dialogue in Mann, Camus, Conrad, and Dostoevsky. Columbia (South Carolina) 2002.

Krauss, Werner: Geist und Widergeist der Utopien. In: Sinn und Form 14. Jg. (1962) H. 5/6. S. 769-799.

Kreis, Barbara: Moskau 1917-35. Vom Wohnungsbau zum Städtebau. Düsseldorf 1985.

Krementsov, Nikolai: A Martian Stranded on Earth. Alexander Bogdanov, Blood Transfusions, and Proletarian Science. Chicago u. a. 2011.

Kremnev, Ivan: Putešestvie moego brata Alexeja v stranu krest'janskoj utopii. Moskau 1920.

Kremnev, Ivan: The Journey of my Brother Alexei to the Land of Peasant Utopia. In: The Journal of Peasant Studies 4. Jg. (1976) H. 1. S. 63-116.

Kremnev, Ivan: Viaggio di mio fratello Aleksej nel paese dell' utopia contadina. Turin 1979.

Kremniov, Ivan: Voyage de mon frère Alexis au pays de l'utopie paysanne. Lausanne 1976.

Kremnjov, Ivan: Reis van mijn broer Aleksej naar het land van de boerenutopie. Antwerpen 1984.

Kriechbaum, Gerald und Genoveva (Hrsg.): Karl-Marx-Hof: Versailles der Arbeiter. Wien und seine Höfe. Wien 2007.

Krieger, Verena: Kunst als Neuschöpfung der Wirklichkeit. Die Anti-Ästhetik der russischen Moderne. Köln, Weimar, Wien 2006.

Krieger, Verena: Von der Ikone zur Utopie. Kunstkonzepte der Russischen Avantgarde. Köln, Weimar, Wien 1998.

Krishnaji, N.: Family Size and Wealth – Standing Chayanov on his Head in the Indian Context. In: The Journal of Peasant Studies 22. Jg. (1995) H. 2. S. 261-278.

Kropotkin, Peter: Die Eroberung des Brotes. In: ders. Die Eroberung des Brotes und andere Schriften. Hrsg. von Hans G. Helm. München 1973. S. 57-277.

Kropotkin, Peter: Gegenseitige Hilfe in der Tier- und Menschenwelt. Leipzig 1920.

Kropotkin, Peter: Landwirtschaft, Industrie und Handwerk oder Die Vereinigung von Industrie und Landwirtschaft, von geistiger und körperlicher Arbeit. Berlin 1976.

Krückemeyer, Thomas: Gartenstadt als Reformmodell. Siedlungskonzeption zwischen Utopie und Wirklichkeit. Siegen 1997.

Kruft, Hanno-Walter: Städte in Utopia. Die Idealstadt vom 15. bis zum 18. Jahrhundert zwischen Staatsutopie und Wirklichkeit. München 1989.

Krüger, Peter: Wladimir Iwanowitsch Wernadskij (Biographien hervorragender Naturwissenschaftler, Techniker und Mediziner; 55). Leipzig 1981.

Kuczynski, Jürgen: Sterbender Kapitalismus – Aufblühender Sozialismus. In: Die Rote Fahne vom 7. November 1931.

Kjuchel'beker, Vil'gel'm K: Evropejskie pis'ma. In: ders.: Sočinenija. Leningrad 1989. S. 302-321.

Kjuchel'beker, Vil'gel'm K: Zemlja Bezglavcev. In: ders.: Sočinenija. Leningrad 1989. S. 349-352.

Kuprejanova, Elizaveta N.: Idei socializma v russkoj literature 30-40-ch godov. In: Pruckov, Nikita I. (Hrsg.): Idei socializma v russkoj klassičeskoj literature. Leningrad 1969. S. 92-150.

Kuz'min: Problema naučnoj organizacii byta. In: Sovremennaja Architektura 5. Jg. (1930) H. 3. S. 14-17.

La Bossiére, Camille R.: Zamiatin's *We*: A Caricature of Utopian Symmetry. In: Riverside Quarterly 6. Jg. (1973) H. 1. S. 40-43.

Lachmann, Renate: Erzählte Phantastik. Zu Phantasiegeschichte und Semantik phantastischer Texte. Frankfurt a. M. 2002.

Lambeck, Barbara: Dostoevskijs Auseinandersetzung mit dem Gedankengut Černyševskijs in *Aufzeichnungen aus dem Untergrund*. Tübingen 1980.

Lampert, Evgenij: Sons against Fathers. Studies in Russian Radicalism and Revolution. Oxford 1965.

Lampl, Horst: Einige unbekannte Aufsätze Evgenij Zamjatins. In: Wiener Slavistisches Jahrbuch 16. Jg. (1970). S. 161-172.

Lang, David Marshall: The First Russian Radical. Alexander Radishchev, 1749-1802. London 1959.

Lange, Helene/ Bäumer, Gertrud (Hrsg.): Geschichte der Frauenbewegung in den Kulturländern (Handbuch der Frauenbewegung, Bd. 1). Berlin 1901.

Lauch, Annelies: Epochenproblematik und Menschheitsperspektive in Radiščevs *Putešestvie iz Peterburga v Moskvu*. In: Zeitschrift für Slawistik 15. Jg. (1970). S. 837-856.

Lauch, Annelies: Zeitkritik und Ideal. Ein Beitrag zum Bild vom Menschen in der russischen Literatur des 18. Jahrhunderts. In: Graßhoff, Helmut/ Lauch, Annelies/ Lehmann, Ulf (Hrsg.): Humanistische Traditionen der russischen Aufklärung. Berlin 1973. S. 72-184.

Laudowicz, Edith: Zwischen Pragmatismus und Utopie: Alexandra Kollontai. In: Hohmann, Joachim S. (Hrsg.): Sexualforschung und -politik in der Sowjetunion seit 1917. Eine Bestandsaufnahme in Kommentaren und historischen Texten. Frankfurt a. M. u. a. 1990. S. 148-168.

Lauth, Reinhard: „Ich habe die Wahrheit gesehen." Die Philosophie Dostojewskis in systematischer Darstellung. München 1950.

Lauth, Reinhard: Was sagt uns Dostojewski heute? München 1990.

Lauth, Reinhardt: Dostojewski und sein Jahrhundert (Aachener Abhandlungen zur Philosophie; 10). Bonn 1986.

Lavinskij, Anton: Schemy konstruktivista. In: LEF. Žurnal levogo fronta iskusstv 1. Jg. (1923) H. 1. S. 62-63.

Lawrentjew, Alexander N.: Design für sich – Design für alle: Konstruktivismus und Design des Alltags. In: Hornbostel, Wilhelm/ u. a. (Hrsg.): mit voller Kraft. Russische Avantgarde 1910-1934. Heidelberg 2001. S. 137-146.

Leatherbarrow, William: Einstein and the Art of Yevgeny Zamyatin. In: Modern Language Review 82. Jg. (1987) H. 1. S. 142-151.

Lecke, Mirja: Utopie und romantische Kunsttheorie in A. V. Čajanovs *Putešestvie moego brata Alekseja v stranu krest'janskoj utopii*. In: Zeitschrift für Slavische Philologie 59. Jg. (2000) H. 2. S. 379-400.

Leech-Anspach, Gabriele: Evgenij Zamjatin. Häretiker im Namen des Menschen. Wiesbaden 1976.

Leech-Anspach, Gabriele: Nachwort zu: Samjatin, Jewgeni: Kleine Prosa 1: Die Höhle. Frankfurt a. M. 1989. S. 171-186.

Leech-Anspach, Gabriele: Nachwort zu: Samjatin, Jewgeni: Kleine Prosa 2: Der Norden. Frankfurt a. M. 1990. S. 231-236.

Leech-Anspach, Gabriele: Nachwort zu: Samjatin, Jewgenij: Morgen. Essays, Erzählungen, Dokumente. Wiesbaden 1967. S. 214-229.

Leech-Anspach, Gabriele: Phantastik – Wirklichkeitsflucht oder Bewußtseinserweiterung. In: Kasack, Wolfgang (Hrsg.): Science-Fiction in Osteuropa. Beiträge zur russischen, polnischen und tschechischen phantastischen Literatur (Osteuropaforschung. Schriftenreihe der Deutschen Gesellschaft für Osteuropakunde; 14). Berlin 1984. S. 38-48.

Lehmann, David: Two Path of Agrarian Capitalism, or a Critique of Chayanovian Marxism. In: Comparative Studies in Society and History 28. Jg. (1986) H. 4. S. 601-627.

Leibniz, Gottfried Wilhelm: Konzept eines Briefes an Peter I. vom 16. Dezember 1712. In: Tschižewskij, Dmitrij/ Groh, Dieter (Hrsg.): Europa und Rußland. Texte zum Problem des westeuropäischen und russischen Selbstverständnisses. Darmstadt 1959. S. 15-16.

Leiprecht, Helga: Der Text ist die Stadt ist der Text. In: du. Die Zeitschrift der Kultur 58. Jg. (1998) H. 12. S. 25-93.

Lejkina-Svirskaja, Vera R.: Petraševcy. Moskau 1965.

Lenin, Wladimir I.: An A. M. Gorki (Februar 1913). In: ders.: Werke. Berlin 1962. S. 65-67.

Lenin, Wladimir I.: An das Präsidium des Moskauer Sowjets der Arbeiter- und Rotarmistendeputierten. In: ders.: Werke, Bd. 35. Berlin 1962. S. 342.

Lenin, Wladimir I.: Bericht über die Arbeit auf dem Lande. In: ders.: Werke, Bd. 29. Berlin 1971. S. 184-201.

Lenin, Wladimir I.: Briefe aus der Ferne, Brief 3. In: ders: Werke, Bd. 23. Berlin 1957. S. 334-347.

Lenin, Wladimir I.: Der ökonomische Inhalt der Volkstümlerrichtung und die Kritik an ihr in dem Buch des Herrn Struve. In: ders.: Werke, Bd. 1. Berlin 1961. S. 338-528.

Lenin, Wladimir I.: Die große Initiative. In: ders: Werke, Bd. 29. Berlin 1961. S. 397-424.

Lenin, Wladimir I.: Dritter Gesamtrussischer Kongreß der Sowjets der Arbeiter-, Soldaten- und Bauerndeputierten, 10.-18. (23.-31.) Januar 1918. In: ders.: Werke, Bd. 26. Berlin 1974. S. 453-481.

Lenin, Wladimir I.: Entwurf des Programms der KPR (B). In: ders.: Werke, Bd. 29. Berlin 1961. S. 81-124.

Lenin, Wladimir I.: Entwurf eines Dekrets über die Konsumkommunen. In: ders.: Werke, Bd. 26. Berlin 1961. S. 415-417.

Lenin, Wladimir I.: Gymnasialwirtschaften und Korektionsgymnasien. In: ders.: Werke, Bd. 2. Berlin 1961. S. 64-72.

Lenin, Wladimir I.: Materialismus und Empiriokritizismus. Kritische Bemerkungen über eine reaktionäre Philosophie. In: ders.: Werke, Bd. 14. Berlin 1962. S. 7-366.

Lenin, Wladimir I.: Referat über die nächsten Aufgaben der Sowjetmacht (auf der Tagung des Gesamtrussischen Zentralexekutivkomitees, 29. April 1918). In: ders.: Werke, Bd. 27. Berlin 1960. S. 271-296.

Lenin, Wladimir I.: Rezension. A. Bogdanow, Kurzer Lehrgang der ökonomischen Wissenschaft. Moskau 1897. Verlag des Bücherlagers A. Murinowa. 290 S. Preis 2 Rubel. In: ders.: Werke, Bd. 4. Berlin 1955. S. 36-44.

Lenin, Wladimir I.: Staat und Revolution. In: ders.: Werke, Bd. 25. Berlin 1960. S. 393-507.

Lenin, Wladimir I.: Telegramm an A. W. Lunatscharski, 13. Mai 1918. In: ders.: Über Kultur und Kunst. Eine Sammlung ausgewählter Aufsätze und Reden. Berlin 1960. S. 538.

Lenin, Wladimir I.: Telegramm an W. A. Lunatscharski. In: ders.: Werke, Bd. 35. Berlin 1962. S. 336.

Lenin, Wladimir I.: Über den Nationalstolz der Großrussen. In: ders.: Werke, Bd. 21. Berlin 1972. S. 91-95.

Lenin, Wladimir I.: Über die Aufgaben des Proletariats in der gegenwärtigen Revolution. In: ders.: Werke, Bd. 24. Berlin 1959. S. 1-8.

Lenin, Wladimir I.: Über die Bedeutung des Goldes jetzt und nach dem vollen Sieg des Sozialismus. In: ders.: Werke, Bd. 33. Berlin 1962. S. 90-98.

Lenin, Wladimir I.: Was tun? Brennende Fragen unserer Bewegung. In: ders.: Werke Bd. 5. Berlin 1955. S. 355-551.

Lenin, Wladimir I.: Zwei Utopien. In: ders.: Werke, Bd. 18. Berlin 1962. S. 347-351.

Lentin, Antony: Prince M. M. Shcherbatov as Critic of Catherine II's Foreign Policy. In: The Slavonic and East European Review 49. Jg. (1971). S. 365-381.

Lentin, Antony: Prince M. M. Shcherbatov: On the Corruption of Morals in Russia. Cambridge, London 1969.

Leonhard, Wolfgang: Die rote Welt von morgen. Der Kreml zwischen Utopie und Realität: Sowjetische Blaupausen für das zukünftige Leben im Kommunismus (I). In: Die Zeit Nr. 13 vom 24. März 1961, S. 3.

Leonhard, Wolfgang: Die rote Welt von morgen. Der Kreml zwischen Utopie und Realität: Sowjetische Pläne für das zukünftige Leben im Kommunismus (Schluß). In: Die Zeit Nr. 14 vom 31. März 1961, S. 3.

Lersch, Edgar: Die Selbstdarstellung der sowjetischen Kultur und Kunst im Ausland 1917-1929. In: Erler, Gernot/ Grübel, Rainer/ Mänicke-Gyöngyösi, Krisztina/ Scherber, Peter (Hrsg.): Von der Revolution zum Schriftstellerkongreß. Entwicklungsstrukturen und Funktionsbestimmungen der russischen Literatur und Kultur zwischen 1917 und 1934. Berlin 1979. S. 50-80.

Lersch, Edgar: Hungerhilfe und Osteuropakunde. Die *Freunde des neuen Rußland* in Deutschland. In: Koenen, Gerd/ Kopelew, Lew (Hrsg.): Deutschland und die Russische Revolution 1917-1924 (West-östliche Spiegelungen, Reihe A: Russen und Rußland aus deutscher Sicht; 5). München 1998. S. 617-645.

Lettenbauer, Wolfgang: Die russische Romantik. In: Die europäische Romantik. Frankfurt a. M. 1972. S. 524-567.

Levitsky, Alexander: V. F. Odoevskij's *The Year 4338*: Eutopia or Dystopia? In: Mandelker, Amy/ Reeder, Roberta (Hrsg.): The Supernatural in Slavic and Baltic Literature. Essays in Honor of Victor Terras. Columbus (Ohio) 1988. S. 72-82.

Levšin, Vasilij: Novejšee putešestvie, sočinennoe v gorode Beleve. In: Ziberov, Dmitrij A. (Hrsg.): U svetlogo jara Vselennoj. Fantastičeskie proizvedenija russkich i sovetskich pisatelej (Mir priključenij; 51). Moskau 1988. S. 3-22.

Lewis, Kathleen/ Weber, Harry: Zamyatin's *We*, the Proletarian Poets and Bogdanov's *Red Star*. In: Russian Literature Triquarterly 12. Jg. (1975). S. 253-278.

Liegle, Ludwig: Familienerziehung und sozialer Wandel in der Sowjetunion. Berlin, Heidelberg 1970.

Lihotzky, Margarete: Rationalisierung im Haushalt. In: Noever, Peter (Hrsg.): Die Frankfurter Küche von Margarete Schütte-Lihotzky. Berlin 1992. S. 16-19.

Liljestrom, Marianne/ Mantysaari, Eila/ Rosenholm, Arja (Hrsg.): Gender Restructuring in Russian Studies. Tampere 1993.

Lindenau, Mathias: Requiem für einen Traum? Transformation und Zukunft der Kibbutzim in der israelischen Gesellschaft (Politica et Ars. Interdisziplinäre Studien zur politischen Ideen- und Kulturgeschichte; 11). Berlin 2007.

Lindner, Rainer: Die Stadt als Symbol. Ekaterinoslav und die imperiale Integration Neurusslands im 18. und 19. Jahrhundert. In: Pietrow-Ennker, Bianka (Hrsg.): Kultur in der Geschichte Rußlands. Räume, Medien, Identitäten, Lebenswelten. Göttingen 2007. S. 224- 243.

Lisickij, Lazar' M.: Katastrofa architektury. In: Barchina, M. G./ Jaralova, Ju. S. (Hrsg.): Mastera sovetskoj architektury ob architekture, Bd. 2. Moskau 1975. S. 135-137.

Lissitzky, El: Der Suprematismus des Weltaufbaus. In: El Lissitzky. Maler, Architekt, Typograf, Fotograf. Erinnerungen, Briefe, Schriften; übergeben von Sophie Lissitzky-Küppers. Dresden 1967. S. 327-330.

Lissitzky, El: Die plastische Gestaltung der elektromechanischen Schau „Sieg über die Sonne". In: El Lissitzky. Maler, Architekt, Typograf, Fotograf. Erinnerungen, Briefe, Schriften; übergeben von Sophie Lissitzky-Küppers. Dresden 1967. S. 349.

Lissitzky, El: Rußland. Die Rekonstruktion der Architektur in der Sowjetunion (Neues Bauen in der Welt; 1). Wien 1930 (Neuauflage: Lissitzky, El: 1929. Rußland: Architektur für eine Weltrevolution (Bauwelt Fundamente; 14). Berlin, Frankfurt a. M., Wien 1965).

Lobanov-Rostovsky, Nina: Revolutionskeramik. Sowjetisches Porzellan 1917-1927. Basel 1990.

Lorenz, Richard (Hrsg.): Proletarische Kulturrevolution in Sowjetrußland (1917-1921). Dokumente des ‚Proletkult'. München 1969.

Lorenz, Richard: Georgi Walentinowitsch Plechanow. In: Euchner, Walter (Hrsg.): Klassiker des Sozialismus, Bd. 1. München 1991. S. 250-263.

Lotman Jurij M.: Rußlands Adel. Eine Kulturgeschichte von Peter I. bis Nikolaus I. Köln, Weimar 1997.

Lotman, Jurij M.: Die Entwicklung des Romans in der russischen Literatur des 18. Jahrhunderts. In: Graßhof, Helmut/ Lehmann, Ulf (Hrsg.): Studien zur Geschichte der russischen Literatur des 18. Jahrhunderts, Bd. 1. Berlin 1963. S. 22-51.

Lotman, Jurij M.: Puti razvitija russkoj prosvetitel'skoj prozy XVIII veka. In: Akademija nauk SSSR (Hrsg.): Problemy russkogo prosveščenija v literature XVIII veka. Moskau, Leningrad 1961. S. 79-106.

Lotman, Lidija M.: Realism russkoj literatury 60-ch godov XIX veka. Leningrad 1974.

Love, Joseph L.: Late Agrarianism in Brazil. Kautsky and Chayanov in the 1970s and 1980s. In: Schultz, Helga/ Harre, Angela (Hrsg.): Bauerngesellschaften auf dem Weg in die Moderne. Agrarismus in Ostmitteleuropa 1880 bis 1960 (Studien zur Sozial- und Wirtschaftsgeschichte Ostmitteleuropa; 19). Wiesbaden 2010. S. 257-274.

Löwy, Adolf G.: Die Weltgeschichte ist das Weltgericht. Bucharin: Vision des Kommunismus. Wien, Frankfurt a. M., Zürich 1969.

Lübke, Christian: Novgorod in der russischen Literatur (bis zu den Dekabristen). Berlin 1984.

Lück, Hartmut: Aleksandr Bogdanov zwischen Revolution und Illusion. In: Quarber Merkur 32 10. Jg. (1972) H. 4. S. 24-30.

Luisier, Annette: Nikolaj Nekrasov. Ein Schriftsteller zwischen Kunst, Kommerz und Revolution. Zürich 2005.

Lukács, Georg: Dostojewski. Notizen und Entwürfe. Budapest 1985.

Lukacs, Georg: Dostojewskij. In: ders.: Der russische Realismus in der Weltliteratur. Berlin 1949. S. 174-194.

Lukács, Georg: Einführung in die Ästhetik Tschernyschewskijs. In: ders.: Werke, Bd. 10. Neuwied, Berlin 1969. S. 147-204.

Lukács, Georg: Einführung in die Ästhetik Tschernyschewskijs. In: Tschernyschewskij, Nikolai G.: Die ästhetischen Beziehungen der Kunst zur Wirklichkeit. Berlin 1954. S. 35-99.

Lukács, Georg: Tschernyschewskijs Roman *Was tun?*. In: ders.: Werke, Bd. 5. Neuwied, Berlin 1964. S. 126-160.

Luke, Louise E.: Die marxistische Frau: Sowjetische Variante. Stuttgart 1953.

Luks, Leonid: Die Sehnsucht nach der „organischen nationalen Einheit" und die „jüdische Frage" im publizistischen Werk Fedor Dostoevskijs und Heinrich von Treitschkes. In: Anton, Florian/ Luks, Leonid (Hrsg.): Deutschland, Rußland und das Baltikum. Beiträge zu einer Geschichte wechselvoller Beziehungen. Köln 2005. S. 155-186.

Lunačarskij, Anatolij V.: Foma Kampanella. Moskau 1922.

Lunačarskij, Anatolij V.: Lenin o monumental'noj propagande. In: Literaturnaja gazeta 5. Jg. (1933) Nr. 4/5 (29. Januar 1933). S. 1 (dt. in: Lunatscharski, Anatoli: Schlaglichter. Erlebnisse und Gestalten auf meinem Wege. Berlin 1986. S. 182-186).

Lunatscharski, Alexander: Die Kulturaufgaben der Arbeiterklasse. Allgemeinmenschliche Kultur und Klassen-Kultur (Der Rote Hahn; 27). Berlin 1919.

Lunatscharski, Anatoli W.: Alexander Alexandrowitsch Bogdanow. In: Internationale Pressekorrespondenz 8. Jg. (1928) Nr. 38. S. 692-693.

Lunatscharski, Anatoli W.: Erinnerungen an die revolutionäre Vergangenheit. In: ders.: Schlaglichter. Erlebnisse und Gestalten auf meinem Wege. Berlin 1986. S. 15-60.

Lunatscharski, Anatoli W.: Faust und die Stadt. Frankfurt a. M. 1973.

Lunatscharski, Anatoli W.: Iwan Skworzow-Stepanow. In: ders.: Schlaglichter. Erlebnisse und Gestalten auf meinem Wege. Berlin 1986. S. 230-235.

Lunatscharski, Anatoli W.: Lenin und die Kunst. In: Lenin, Wladimir I.: Über Kultur und Kunst. Eine Sammlung ausgewählter Aufsätze und Reden. Berlin 1960. S. 641-648.

Lüpke, Friedemann: Pädagogische Provinzen für verwahrloste Kinder und Jugendliche. Eine systematisch vergleichende Studie zu Problemstrukturen des offenen Anfangs der Erziehung. Die Beispiele Stans, Junior Republic und Gorki-Kolonie (Erziehung, Schule, Gesellschaft; 30). Würzburg 2004.

Lüscher, Rudolf: Bogdanovs Gesellschaftslehre. In: Ästhetik und Kommunikation. Beiträge zur politischen Erziehung 3. Jg. (1972) H. 7. S. 72-79.

Lykoshin, Ivan/ Cheredina, Irina: Sergey Chernyshev. Architect of the New Moscow. Berlin 2015.

M., N.: [Rezension zu] Iv. Kremnev: *Putešestvie moego brata Alexeja v stranu krest'janskoj utopii*. In: Novaja Russkaja Kniga. Ežemesjačnyj kritiko-bibliografičeskij žurnal 2. Jg. (1922) H. 11/12. S. 23.

Maegd-Soep, Carolina de: The Emancipation of Women in Russian Literature and Society. Gent 1978.

Majakovskij, Vladimir: Pjatyj Internacional. In: ders.: Polnoe sobranie sočinenij, Bd. 4. Moskau 1957. S. 105-134.

Majakowski, Wladimir: Das Schwitzbad. In: ders.: Werke, Bd. 5. Frankfurt a. M. 1980. S. 179-244.

Majakowski, Wladimir: Die Wanze. In: ders.: Werke, Bd. 5. Frankfurt a. M. 1980. S. 129-178.

Majakowski, Wladimir: Tagesbefehl an die Kunstarmee. In: Mirowa-Florin, Edel/ Kossuth, Leonhard (Hrsg.): Oktober-Land 1917 – 1924. Russische Lyrik der Revolution. Berlin 1967. S. 72-73.

Makarenko, Anton S.: Werke. Berlin 1956ff.

Makarenko, Anton S.: Gesammelte Werke (Marburger Ausgabe). Ravensburg 1976-1982.

Makarenko, Anton S.: [Beiträge über die Dzeržinskij-Kommune]. In: ders: Gesammelte Werke; 7. Ravensburg 197. S. 1-59.

Makarenko, Anton S.: [Beiträge über die Gor'kij-Kolonie]. In: ders: Gesammelte Werke; 1. Ravensburg 1976. S. 1-12.

Makarenko, Anton S.: Der Marsch des Jahres dreißig (Gesammelte Werke; 2). Ravensburg 1977.

Makarenko, Anton S.: Die Kinderverwahrlosung und ihre Bekämpfung. In: ders.: Gesammelte Werke; 1. Ravensburg 1976. S. 82-128.

Makarenko, Anton S.: Ein Buch für Eltern. In: ders.: Werke; 4. Berlin 1958. S. 11-364.

Makarenko, Anton S.: Ein Pädagogisches Poem (Gesammelte Werke; 3-5). Ravensburg 1982.

Makarenko, Anton S.: Methodik der Organisation des Erziehungsprozesses. In: ders.: Werke, Bd. 5. Berlin 1956. S. 11-106.

Makarenko, Anton S.: Probleme der sowjetischen Schulerziehung. 1. Vorlesung: Erziehungsmethoden. In: ders.: Werke; 5. Berlin 1956. S. 109-133.

Makarenko, Anton S.: Probleme der sowjetischen Schulerziehung. 2. Vorlesung: Disziplin, Ordnung, Bestrafen und Ansporn. In: ders.: Werke; 5. Berlin 1956. S. 134-166.

Makarenko, Anton S.: Versuch einer Methodik für die Arbeit in einer Arbeitskolonie für Kinder (Materialien zum Buch). In: ders.: Werke; 5. Berlin 1956. S. 459-494 u. 517-519.

Makarenko, Anton S.: Vortrag in einer Pädagogischen Anstalt. In: ders.: Werke, Bd. 7. Berlin 1957. S. 306-319.

Makogonenko, Georgij P.: Radiščev i ego vremja. Moskau, Leningrad 1956.

Malevič, Kazimir: Die Architektur als Grad der größten Befreiung des Menschen vom Gewicht. Ziel des Lebens ist die Befreiung vom Gewicht der Schwere. In: Groys, Boris/ Hansen-Löve, Aage (Hrsg.): Am Nullpunkt. Positionen der russischen Avantgarde. Frankfurt a. M. 2005. S. 523-539.

Malevič, Kazimir: Die Faulheit als eigentliche Wahrheit der Menschheit. In: ders.: Gott ist nicht gestürzt! Schriften zu Kunst, Kirche, Fabrik. Herausgegeben und kommentiert von Aage A. Hansen-Löve. München 2004. S. 107-119.

Malevič, Kazimir: Gott ist nicht gestürzt! Schriften zu Kunst, Kirche, Fabrik. Herausgegeben und kommentiert von Aage A. Hansen-Löve. München 2004.

Malevič, Kazimir: Ökonomische Gesetze. In: Groys, Boris/ Hansen-Löve, Aage (Hrsg.): Am Nullpunkt. Positionen der russischen Avantgarde. Frankfurt a. M. 2005. S. 514-518.

Malevič, Kazimir: Über die Partei in der Kunst. In: Groys, Boris/ Hansen-Löve, Aage. (Hrsg.): Am Nullpunkt. Positionen der russischen Avantgarde. Frankfurt a. M. 2005. S. 211-220.

Malewitsch, Kasimir: Die gegenstandslose Welt. Mainz, Berlin 1980.

Malewitsch, Kasimir: Suprematismus als Gegenstandslosigkeit. In: ders.: Suprematismus – Die gegenstandslose Welt. Köln 1989. S. 163-212.

Malewitsch, Kasimir: Suprematismus als reine Erkenntnis. In: ders.: Suprematismus – Die gegenstandslose Welt. Köln 1989. S. 35-161.

Malewitsch, Kasimir: Suprematismus. 34 Zeichnungen. Tübingen 1974 (Faksimile von: Malevic, Kazimir: Suprematizm. 34 risunka. Vitebsk 1920; mit dt. Übersetzung im Anhang).

Malewitsch, Kasimir: Suprematistisches Manifest Unowis. In: ders.: Suprematismus – Die gegenstandslose Welt. Köln 1989. S. 237-240.

Malia, Martin E.: Alexander Herzen and the birth of Russian socialism, 1812-1855 (Russian Research Center Studies; 39). Cambridge (Mass.) 1961.

Malia, Martin E.: Was ist die Intelligentsia? In: Pipes, Richard (Hrsg.): Die russische Intelligentsia. Stuttgart 1962.

Mally, Lynn: Culture of the Future. The Prolekult Movement in Revolutionary Russia. Berkeley u. a. 1990.

Malmberg, Bo/ Tegenu, Tsegaye: Population Pressure and Dynamics of Household Livelihoods in an Ethiopian Village: An Elaboration of the Boserup-Chayanovian Framework. In: Population and Environment 29. Jg. (2007) H. 2. S. 39-67.

Manguel, Alberto/ Guadalupi, Gianni: Von Atlantis bis Utopia. Ein Führer zu den imaginären Schauplätzen der Weltliteratur, Bd. 2. München 1981.

Mänicke-Gyöngyösi, Krisztina: „Proletarische Wissenschaft" und „sozialistische Menschheitsreligion" als Modelle proletarischer Kultur. Zur linksbolschewistischen Revolutionstheorie A. A. Bogdanovs und A. V. Lunačarskijs (Philosophischen und soziologische Veröffentlichungen; 19). Berlin 1982.

Mänicke-Gyöngyösi, Krisztina: Menschliche Emanzipation und neue Gesellschaft. In: Kollontai, Alexandra: Der weite Weg. Erzählungen, Aufsätze, Kommentare. Frankfurt a. M. 1979. S. 236-262.

Mänicke-Gyöngyösi, Krisztina: Nachwort zu: Tschajanow, Alexander W.: Reise meines Bruders Alexej ins Land der bäuerlichen Utopie. Frankfurt a. M. 1981. S. 111-129.

Mannheim, Karl: Ideologie und Utopie. Frankfurt a. M. 1985.

Mar'jamov, Grigorij V.: Kremlevskij cenzor. Stalin smotrit kino. Moskau 1992.

Marchand, René: Pourquoi je me suis rallié à la formule de la révolution sociale. Petrograd 1919 (dt. Marchand, René: Warum ich mich der sozialen Revolution angeschlossen habe (Politische Aktions-Bibliothek; 8). Berlin-Wilmersdorf 1919).

Margolin, Victor: The Struggle for Utopia. Rodschenko, Lissitzky, Moholy-Nagy, 1917-1946. Chicago, London 1997.

Margulies, Sylvia R.: The Pilgrimage to Russia. The Soviet Union and the Treatment of Foreigners, 1924-1937. Madison 1968.

Marker, Gary: Publishing, Printing, and the Origins of Intellectual Life in Russia, 1700-1800. Princeton (N. Y.) 1985.

Marot, John Eric: Alexander Bogdanov, Vpered, and the Role of the Intellectual in the Workers' Movement. In: Russian Review 49. Jg (1990) H. 3. S. 241-264.

Marx, Karl/ Engels, Friedrich: Die deutsche Ideologie. In: MEW, Bd. 3. Berlin 1958.

Marx, Karl/ Engels, Friedrich: Manifest der Kommunistischen Partei. In: MEW, Bd. 4. Berlin 1959. S. 459-493.

Marx, Karl: Brief an die Redaktion der *Otetscheswennyje Sapiski*. In: MEW, Bd. 19. Berlin 1962. S. 107-112.

Marx, Karl: Brief an Sigfrid Meyer vom 21. Januar 1871. In: MEW, Bd. 33. Berlin 1966. S. 172-174.

Marx, Karl: Brief an V. I. Sassulitsch. In: MEW, Bd. 19. Berlin 1962. S. 242-243.

Marx, Karl: Der 18. Brumaire des Louis Bonaparte. In: MEW, Bd. 8. Berlin 1960. S. 111-207.

Marx, Karl: Entwürfe einer Antwort auf den Brief von V. I. Sassulitsch. In: MEW, Bd. 19. Berlin 1962. S. 384-406.

Marx, Karl: Kritik des Gothaer Programms. In: MEW, Bd. 19. Berlin 1962. S. 11-32.

Marx, Karl: Notizen zur Reform von 1861 und der damit verbundenen Entwicklung in Rußland. In: MEW, Bd. 19. Berlin 1962. S. 407-424.

Marx, Karl: Ökonomisch-philosophische Manuskripte (Zweite Wiedergabe). In: MEGA, 1. Abt., 2. Bd. (Text). Berlin 1982. S. 323-438.

Marxismus, Nr. 28: Kommunismus und Frauenbefreiung. Russische Revolution und frühe Sowjetunion. Diskussion um neue Sexualmoral. Kommunistische Internationale und KPD. Hrsg. von Arbeitsgruppe Marxismus (unter der inhaltlichen Redaktion von Katharina Handler u. a.). Wien 2006.

Masaryk, Tomáš G.: Der Großinquisitor. In: ders.: Polemiken und Essays zur russischen und europäischen Literatur- und Geistesgeschichte (Literatur und Leben; 47). Wien, Köln, Weimar 1995. S. 46-58.

Masaryk, Tomáš G.: Religion und Sittlichkeit I. In: ders.: Polemiken und Essays zur russischen und europäischen Literatur- und Geistesgeschichte (Literatur und Leben; 47). Wien, Köln, Weimar 1995. S. 71-88.

Masaryk, Tomáš G.: Zur russischen Geschichts- und Religionsphilosophie. Soziologische Skizzen, 2 Bde. Jena 1913 (Reprint: Düsseldorf, Köln 1965).

Masaryk, Tomáš G: Polemiken und Essays zur russischen und europäischen Literatur- und Geistesgeschichte (Literatur und Leben; 47). Wien, Köln, Weimar 1995.

Maschke, Günter: Bogdanovs Warnung. In: Bogdanov, Alexander A.: Der Rote Stern. Frankfurt a. M. 1972. S. 181-194.

Maschke, Günter: Der Roman der Technokratie. Ein Nachwort. In: Bogdanov, Alexander A.: Der rote Stern. Ein utopischer Roman. Darmstadt und Neuwied 1982. S. 172-181.

May, Ernst: Der Bau der Städte in der UdSSR. In: Lissitzky, El: 1929. Rußland: Architektur für eine Weltrevolution. Berlin, Frankfurt a. M., Wien 1965. S. 168-183.

McCarthy, Patrick A.: Zamyatin and the Nightmare of Technology. In: Science Fiction Studies 11. Jg. (1984) H. 2. S. 122-129.

McClelland, James C.: Utopianism versus Revolutionary Heroism in Bolshevik Policy: The Proletarian Culture Debate. In: Slavic Review. American Quarterly of Soviet and East European Studies 39. Jg. (1980) H. 3. S. 403-425.

McConnell, Allen: A Russian Philosophe. Alexander Radishchev, 1749-1802. Den Haag 1964.

McConnell, Allen: Abbé Raynal and a Russian Philosophe. In: Jahrbücher für Geschichte Osteuropas N. F. 12. Jg. (1964). S. 499-512.

McConnell, Allen: Helvétius' Russian Pupils. In: Journal of History of Ideas. 24. Jg. (1963). S. 379-381.

McConnell, Allen: Radishchev's Political Thought. In: The American Slavic and East European Review 17. Jg. (1958). S. 439-453.

McDermid, Jane/ Hillyar, Anna: Midwives of the Revolution. Female Bolsheviks and Women Workers in 1917 (Women's History; 11). London 1999.

McDermid, Jane/ Hillyar, Anna: Women and Work in Russia 1880-1930. A Study in Continuity through Change (Women and Men in History; 3). London, New York 1998.

McGuire, Patrick L.: Red Stars. Political Aspects of Soviet Science Fiction. Ann Arbor (Mich.) 1985.

McGuire, Patrick L.: Russian SF. In: Barron, Neil (Hrsg.): Anatomy of Wonder. A Critical Guide to Science Fiction. New York u. a. 1987. S. 441-473.

Mehnert, Klaus: Die Jugend in Sowjetrussland. Berlin 1932.

Mehnert, Klaus: Die Sovet-Union 1917-1932. Systematische, mit Kommentaren versehene Bibliographie der 1917-1932 in deutscher Sprache außerhalb der Sovet-Union veröffentlichten 1900 wichtigsten Bücher und Aufsätze über den Bolschewismus und die Sovet-Union. Im Auftrag der Deutschen Gesellschaft zum Studium Osteuropas. Königsberg, Berlin 1933.

Meier-Gaefe, Julius: Dostojewski. Der Dichter. Berlin 1926.

Meissner, Boris: Das Parteiprogramm der KPdSU 1903 bis 1961 (Dokumente zum Studium des Kommunismus; 1). Köln 1962.

Meißner, Joachim/ Meyer-Kahrweg, Dorothee/ Sarkowicz, Hans (Hrsg.): Gelebte Utopien. Alternative Lebensentwürfe. Frankfurt a. M., Leipzig 2001.

Melnik, Josef (Hrsg.): Russen über Rußland. Ein Sammelwerk. Frankfurt a. M. 1906.

Mendras, Henri: Voyage au pays de l'utopie rustique. Le Paradou 1979 (dt. Mendras, Henri: Eine Reise ins Reich der ländlichen Utopie. Freiburg im Breisgau 1980).

Menzel, Birgit: Die Transzendenz des Alltags: Trivialliteratur und Science Fiction in der sowjetischen Perestroika und postsowjetischen Zeit. In: Pietrow-Ennker, Bianka (Hrsg.): Kultur in der Geschichte Rußlands. Räume, Medien, Identitäten, Lebenswelten. Göttingen 2007. S. 315-332.

Mereschkowsky, Konstantin S.: Das irdische Paradies. Ein Märchen aus dem 27. Jahrhundert. Eine Utopie. Berlin 1903 (Neuauflage: Mereschkowskij, Konstantin S.: Das irdische Paradies oder ein Winternachtstraum. Ein Märchen aus dem 27. Jahrhundert. Basel 1997).

Merfeld, Mechthild: Die Emanzipation der Frau in der sozialistischen Theorie und Praxis. Reinbek bei Hamburg 1972.

Merkur. Zeitschrift für europäisches Denken 55. Jg. (2001) H. 9/10: Zukunft denken – nach den Utopien.

Metzger, Wolfgang: Bibliographie deutschsprachiger Sowjetunion-Reiseberichte, -Reportagen und -Bildbände 1917-1990. Wiesbaden 1991.

Meyer, Gert: Alltagsleben sowjetischer Industriearbeiter Mitte der zwanziger Jahre. In: Brokmeier, Peter/ Rilling, Rainer (Hrsg.): Beiträge zur Sozialismusanalyse II (Kleine Bibliothek Politik, Wissenschaft, Zukunft; 149). Köln 1979. S. 244-292.

Meyerhold, Wsewolod E.: Das Revolutionstheater. In: ders./ Tairow, Alexander I./ Wachtangow, Jewgeni B.: Theateroktober. Beiträge zur Entwicklung des sowjetischen Theaters. Leipzig 1967. S. 121-123.

Meyerhold, Wsewolod E.: Der moderne Schauspieler (Aus einem Gespräch mit Laboranten). In: Bochow, Jörg: Das Theater Meyerholds und die Biomechanik. Berlin 1997. S. 12-13.

Meyerhold, Wsewolod E.: Die Prinzipien der Biomechanik (Wsewolod Meyerhold, zusammengestellt von M. Korenew). In: Bochow, Jörg: Das Theater Meyerholds und die Biomechanik. Berlin 1997. S. 82-88.

Michijenko, Tatiana: Die suprematistische Säule – Ein Denkmal der ungegenständlichen Kunst. In: Drutt, Matthew (Hrsg.): Kasimir Malewitsch. Suprematismus. Katalog zur Ausstellung in der Deutschen Guggenheim Berlin 14. Januar – 27. April 2003. New York 2003. S. 79-87.

Mihailovich, Vasa D.: Critics on Evgeny Zamyatin. In: Zamiatin, Eugene: *We*. Boston 1975. S. 219-236.

Miljutin, Nikokaj A.: Sozgorod. Die Planung der neuen Stadt. Basel u. a. 1992.

Millar, James R.: A Reformulation of A. V. Chayanov's Theory of the Peasant Economy. In: Economic Development and Cultural Change 18. Jg. (1970) H. 2. S. 219-229.

Milonow, J.: A. A. Bogdanow. In: Wochenbericht der Gesellschaft für kulturelle Verbindung der Sowjetunion mit dem Auslande 4. Jg. (1928) H. 18-19. S. 23-24.

Möbius, Thomas: Die Entwicklung der Soziologie in Rußland und in der Sowjetunion bis zum Ende des Bürgerkriegs am Beispiel von Pitrim A. Sorokin. Münster 1980.

Möbius, Thomas: Die Planbarkeit des Glücks – Dostojewskis Kritik des rationalistischen Menschenbilds der Utopie. In: Coenen, Christopher/ Gammel, Stefan/ Heil, Reinhard/ Woyke, Andreas (Hrsg.): Die Debatte über „Human Enhancement". Historische, philosophische und ethische Aspekte der technologischen Verbesserung des Menschen. Bielefeld 2010. S. 91-114.

Möbius, Thomas: Eine Utopie für die Revolution. In: Bogdanow, Alexander: Der rote Stern. Bremen 2011. S. 185-212.

Möbius, Thomas: Facetten der Politik des „Neuen Menschen" in Sowjetrußland. In: UTOPIE kreativ 14. Jg. (2003) H. 158. S. 1147-1151.

Mochulsky, Konstantin V.: Dostoevsky. His Life and Work. Princeton (N. Y.) 1967.

Mohl, Robert von: Die Staatsromane. In: ders.: Die Geschichte und Literatur der Staatswissenschaften. In Monographien dargestellt, Bd. 1. Graz 1960 (Reprint von: Erlangen 1855). S. 167-214.

Montesquieu, Charles de: Persische Briefe. Leipzig 1960.

Morgner, Irmtraud: Amanda. Ein Hexenroman. Berlin, Weimar 1983.

Morus, Thomas: Utopia. In: Heinisch, Klaus J. (Hrsg.): Der utopische Staat. Reinbek bei Hamburg 1960. S. 7-110.

Moser, Charles A.: Antinihilism in the Russian Novel of the 1860's (Slavistic printings and reprintings; 42). Den Haag 1964.

Mühleisen, Hans-Otto/ Stammen, Theo/ Philipp, Michael (Hrsg.): Fürstenspiegel der Frühen Neuzeit (Bibliothek des deutschen Staatsdenkens; 6). Frankfurt a. M., Leipzig 1997.

Müller, Derek: Der Topos des neuen Menschen in der russischen und sowjetrussischen Geistesgeschichte (Geist und Werk der Zeiten; 90). Bern 1998.

Müller, Eberhard; Zwischen Liberalismus und utopischem Sozialismus. Slavophile sozialtheoretische Perspektiven zur Reform von 1861. In: Jahrbücher für Geschichte Osteuropas. Neue Folge 13. Jg. (1965) H. 4. S. 511-530.

Müller, Otto Wilhelm: Intelligencija. Untersuchungen zur Geschichte eines politischen Schlagwortes. Frankfurt a. M. 1971.

Müller, Reinhard: Don Quijote im Moskauer Exil. Cervantes, Thomas Mann und Karl Schmückle. In: Mittelweg 36. Zeitschrift des Hamburger Instituts für Sozialforschung 14. Jg. (2005) H. 2. S. 72-76.

Münkler, Herfried: Das Ende des Utopiemonopols und die Zukunft des Utopischen. In: Saage, Richard (Hrsg.): Hat die politische Utopie eine Zukunft? Darmstadt 1992. S. 207-214.

Münkler, Herfried: Die Aktualität des Utopischen. In: pds. Perspektiven des Demokratischen Sozialismus 4. Jg. (1987) H. 4. S. 228-232.

Münkler, Herfried: Die Geburt des neuen Europa aus dem Chaos. Novalis' antipolitisch-apokalyptische Utopie. In: Neue Rundschau 107. Jg. (1996) H. 3. S. 64-72.

Münkler, Herfried: Die humanistische Utopie. In: Fetscher, Iring/ Münkler, Herfried (Hrsg.): Pipers Handbuch der politischen Ideen Bd. 2. München, Zürich 1993. S. 594-601.

Münkler, Herfried: Moral und Maschine. Star Trek im Spannungsfeld von Sozialutopie und technologischem Fortschritt. In: Hellmann, Kai-Uwe/ Klein, Arne (Hrsg.): „Unendliche Weiten ..." Star Trek zwischen Unterhaltung und Utopie. Frankfurt a. Main 1997. S. 59-71.

Münkler, Herfried: Utopie. Soziale Planung und politische Macht. In: Grillparzer, Eberhard/ u. a. (Hrsg.): Kunst und Utopie. Hannover 1997. S. 9-14.

Münkler, Herfried: Was für eine Zukunft? Fortschritt, Moderne, Utopie – eine Begriffsklärung. In: Schmid, Josef / Tiemann, Heinrich (Hrsg.): Aufbrüche: Die Zukunftsdiskussion in Parteien, Verbänden und Kirchen. Marburg 1990. S. 14-25.

Münter, Georg: Idealstädte. Ihre Geschichte vom 15.-17. Jahrhundert. Berlin 1957.

Murav'ev, Vladimir B.: Tvorec moskovskoj gofmaniady. In: Čajanov, Aleksandr V.: Venecianskoe zerkalo. Moskau 1989. S. 5-23.

Musielski, Ralph: Bau-Gespräche. Architekturvisionen von Paul Scheerbart, Bruno Taut und der „Gläsernen Kette". Berlin 2003.

Myers, Alan: Evgenii Zamiatin in Newcastle. In: The Slavonic and East European Review 68. Jg. (1990) H. 1. S. 91-99.

Myers, Alan: Evgenii Zamiatin in Newcastle: A Source for *Islanders*. In: The Slavonic and East European Review 68. Jg. (1990) H. 3. S. 498-501.

Myers, Alan: Zamiatin in Newcastle: The Green Wall and The Pink Ticket. In: The Slavonic and East European Review 71. Jg. (1993) H. 3. S. 417-427.

Nabokov, Vladimir: Die Gabe (Gesammelte Werke; 5). Reinbek bei Hamburg 1993.

Naum Gabo und der Wettbewerb zum Palast der Sowjets, Moskau 1931-1933. Katalog zur Ausstellung der Berlinischen Galerie, 4. Dezember 1992 – 31. Januar 1993. Berlin 1992.

Naumova, Nelli N.: Nikolaj Gavrilovič Černševskij. Biografija. Moskau u. a. 1966.

Naupert, Heinz: Die geistigen, politisch-rechtlichen und wirtschaftlichen Anschauungen Peter Kropotkins mit besonderer Berücksichtigung des Assoziationsgedankens. Eine volks- und wirtschaftssoziologische Studie des russischen Anarchismus. (Dissertation an der Albert-Ludwig-Universität) Freiburg i. Br. 1942.

Navailh, Françoise: Das sowjetische Modell. In: Duby, Georges/ Perrot, Michelle (Hrsg.): Geschichte der Frauen, Bd. 5: 20. Jahrhundert. Frankfurt a. M. u. a. 1995. S. 257-283.

Nechaev, Sergej: Katechismus eines Revolutionärs. In: Laqueur, Walter (Hrsg.): Zeugnisse politischer Gewalt. Dokumente zur Geschichte des Terrorismus. Kronberg/Ts. 1978. S. 56-59.

Neizvestnyj Bogdanov. 3 Bde., hrsg. von Gennadij A. Bordjugov. Moskau 1995.

Nekrasov, Nikolaj A.: Tonkij čelovek, ego priključenija i nabljudenija. In: ders.: Polnoe sobranie sočinenij, Bd. 7. Leningrad 1983. S. 434-468.

Nekrassow, Nikolai A.: Gedichte und Poeme. Berlin, Weimar 1965.

Nerdinger, Winfried (Hrsg.): L'architecture engagée. Manifeste zur Veränderung der Gesellschaft. München 2012.

Nerhood, Harry W.: To Russia and Return. An annoted Bibliography of Travellers' English-Language Accounts of Russia from Ninth Century to the Present. Ohio 1968.

Netschajew, Sergej: Komitee des Volksgerichts. Richtlinien der Organisation und Bestimmung des Bundes. In: Dämonen. Hrsg. von der Volksbühne Berlin. Berlin 1999. S. 18-22.

Neuenschwander, Dennis Bramwell: Themes in Russian Utopian Fiction: A Study of the Utopian Works of M. M. Shcherbatov, A. Ulybyshev, F. V. Bulgarin, and V. F. Odoevskij. (Dissertation an der Syracuse University) Syracuse (New York) 1974.

Neuhäuser, Rudolf (Hrsg.): Polyfunktion und Metaparodie. Aufsätze zum 175. Geburtstag Fedor Michajlovič Dostoevskijs. Dresden 1998.

Neumann, Franz (Hrsg.): Politische Theorien und Ideologien. (2. überarbeitete und erweiterte Auflage) Baden-Baden 1977.

Neumann, Thomas: Utopia in Dystopia? Untersuchungen zum utopischen Potenzial von Gegenwelten im dystopischen Roman. München 2009.

Neusüss, Arnhelm (Hrsg.): Utopie. Begriff und Phänomen des Utopischen. 3., überarb. u. erw. Auflage. Frankfurt a. M., New York 1986.

Neutatz, Dietmar: Die Moskauer Metro. Von den ersten Plänen bis zur Großbaustelle des Stalinismus (1897-1935) (Beiträge zur Geschichte Osteuropas; 33). Köln, Weimar, Wien 2001.

Nicolosi, Riccardo: Mikrokosmos des Neuen. Die Kunstkamera, Petersburg und die symbolische Ordnung der Petrinischen Epoche. In: Pietrow-Ennker, Bianka (Hrsg.): Kultur in der Geschichte Rußlands. Räume, Medien, Identitäten, Lebenswelten. Göttingen 2007. S. 128-142.

Nietzsche, Friedrich: Brief an Franz Overbeck vom 23. Februar 1987. In: ders.: Briefwechsel (Kritische Gesamtausgabe), Bd. III, 5. Berlin, New York 1984. S. 27-29.

Nietzsche, Friedrich: Brief an Heinrich Köselitz vom 13. Februar 1987. In: ders.: Briefwechsel (Kritische Gesamtausgabe), Bd. III, 5. Berlin, New York 1984. S. 23-24.

Nietzsche, Friedrich: Brief an Heinrich Köselitz vom 7. März 1987. In: ders.: Briefwechsel (Kritische Gesamtausgabe), Bd. III, 5. Berlin, New York 1984. S. 40-42.

Nigg, Walter: Dostojewskij. Die religiöse Überwindung des Nihilismus. Hamburg 1951.

Nikonow, Alexander A.: Verbannung, Verurteilung und Rehabilitierung A. W. Tschajanows. In: Schulze, Eberhard (Hrsg.): Alexander Wasiljewitsch Tschajanow – die Tragödie eines großen Agrarökonomen (Studies on the Agricultural and Food Sector in Central and Eastern Europe; 12). Kiel 2001. S. 167-171.

Nipperdey, Thomas: Die Funktion der Utopie im politischen Denken der Neuzeit. In: Archiv für Kulturgeschichte 44. Jg. (1962). S. 357-378.

Nobis, Betrix: El Lissitzky. Der Traum vom Neuen Menschen. In: Pan. Zeitschrift für Kunst und Kultur 1991/ 2. S. 42-45.

Noever, Peter (Hrsg.): Die Frankfurter Küche von Margarete Schütte-Lihotzky. Berlin 1992.

Noever, Peter: Tyrannei des Schönen. Architektur der Stalin-Zeit. München, New York 1994.

Nohejl, Regine: „Alles oder nichts". Die Gestalt des Spielers im Werk Dostojewskis. In: Setzer, Heinz/ Müller, Ludolf/ Kluge, Rolf-Dieter (Hrsg.): F. M. Dostojewski. Dichter, Denker, Visionär. Tübingen 1998. S. 63-88.

Noonan, Norma C./ Nechemias, Carol: Encyclopaedia of Russian Women's Movement. Westport (Connecticut) u. a. 2001.

Novack, Joseph: Homo Sowjeticus. Der Mensch unter Hammer und Sichel. Bern, Stuttgart 1962.

Nove, Alec: An Economic History of the U.S.S.R. London, Baltimore 1969.

Novoselov, Vitalij I.: Marsiane iz-pod Volodgy. Istoriko-literaturnoe èsse ob Aleksandre Aleksandroviče Bogdanove (Malinovskom). Volodga 1994.

O'Flaherty, Liam: Ich ging nach Rußland. Reisebericht. Zürich 1971.

O'Sullivan, Donal: Furcht und Faszination. Deutsche und britische Rußlandbilder 1921-1933. Köln, Weimar, Wien 1996.

Oberloskamp, Eva: Fremde neue Welten. Reisen deutscher und französischer Linksintellektueller in die Sowjetunion 1917-1939 (Quellen und Darstellungen zur Zeitgeschichte; 84). München 2011.

Obertreis, Julia: Tränen des Sozialismus. Wohnen in Leningrad zwischen Alltag und Utopie 1917-1934 (Beiträge zur Geschichte Osteuropas; 37). Köln, Weimar, Wien 2004.

Odoevski, Vladimir F.: The Year 4338. Letters from Petersburg. In: Fetzer,

Leland (Hrsg.): Pre-Revolutionary Russian Science Fiction. An Anthology (Seven Utopias and a Dream). Ann Arbor (Mich.) 1982. S. 38-54.

Odoevskij, Vladimir F.: 4338-j god. Peterburgskie pis'ma. In: ders.: Povesti i Rasskazy. Moskau 1959. S. 416-448.

Odoevskij, Vladimir F.: Gorod bez imeni. In: ders.: Sočinenija, Bd. 1. Moskau 1981. S. 96-114.

Odoevskij, Vladimir F.: Poslednee samoubijstvo. In: ders.: Sočinenija, Bd. 1. Moskau 1981. S. 87-93.

Odoevskij, Vladimir F.: Russkie noči. In: ders.: Sočinenija, Bd. 1. Moskau 1981. S. 31-246.

Odoevskij, Vladimir F.: Sočinenija, 2 Bde. Moskau 1981.

Odojewski, Wladimir F.: Der letzte Selbstmord. In: ders.: Russische Nächte. Berlin 1987. S. 97-105.

Odojewski, Wladimir F.: Die Stadt ohne Namen. In: ders.: Russische Nächte. Berlin 1987. S. 109-130.

Odojcwski, Wladimir F.: Russische Nächte. Berlin 1987.

Odojewskij, Fürst Wladimir F.: Russische Nächte. München 1970.

Odojewskij, Wladimir F.: Das Jahr 4338. Petersburger Briefe. In: Müller-Kamp, Erich (Hrsg.): Der Polarstern. Ein Spiegel der russischen Romantik. Hamburg, München 1963. S. 422-464 (zitierte Ausgabe).

Odojewskij, Wladimir F.: Das Jahr 4338. Petersburger Briefe. In: Schneider, Martin (Hrsg.): Erzählungen der russischen Romantik. Stuttgart 1990. S. 292-328.

Oelkers, Jürgen: Bürgerliche Gesellschaft und pädagogische Utopie. In: ders. (Hrsg.): Aufklärung, Bildung und Öffentlichkeit. Pädagogische Beiträge zur Moderne. Weinheim, Basel 1992. S. 77-98.

Offord, Derek: Dostoyevsky and Chernyshevsky. In: The Slavonic and East European Review 57. Jg. (1979) H. 4. S. 509-530.

Ohlrogge, Karen: „Stalins letzte Kathedralen": Die älteste Metrotrasse als Erinnerungsraum. In: Schlögel, Karl/ Schenk, Frithjof Benjamin/ Ackeret, Markus (Hrsg.): Sankt Petersburg. Schauplätze einer Stadtgeschichte. Frankfurt a. M., New York 2007. S. 230-240.

Oittinen, Vesa (Hrsg.): Aleksandr Bogdanov revisited. Helsinki 2009.

Okunev, Jakov M.: Grjaduščij mir. Utopičeskij roman. Petrograd 1923.

Olescha, Juri: Neid. Berlin 1973.

Olias, Günter: Die Bedeutung des Schaffens Vladimir Fedorovič Odoevskijs für die russische Nationalerziehung und insbesondere für die Entwicklung einer wissenschaftlich begründeten Musikerziehung im Russland der ersten Hälfte des 19. Jahrhunderts. Ein Beitrag zur Geschichte der Pädagogik und Musikerziehung, zur Erforschung spezifischer ideologischer Strömungen innerhalb der russischen Romantik sowie der kulturellen Beziehungen zwischen Deutschland und Rußland in der ersten Hälfte des 19. Jahrhunderts. Berlin 1965.

Onasch, Konrad: Die alternative Orthodoxie. Utopie und Wirklichkeit im russischen Laienchristentum des 19. und 20. Jahrhunderts. Paderborn u. a. 1993.

Onasch, Konrad: Dostojevskij in der Tradition der russischen „Laientheologen". In: Dostoevsky Studies 4. Jg. (1983). S. 113-124.

Opitz, Roland: Fedor Dostoevskij – Weltsicht und Werkstruktur. Frankfurt a. M. u. a. 2000.

Orwell, George: Review of *We* by E. I. Zamyatin. In: ders.: The Collected Essays, Journalism and Letters, Bd. 4: In Front of your Nose 1945-1950. London 1968. S. 72-75.

Ouspensky, Pyotr D.: Vom inneren Wachstum des Menschen. Der Mensch und seine mögliche Evolution. Eine psychologische Studie. Weilheim (Oberbayern) 1965.

Özveren, Eyüp: Polanyi, Chayanov, and Lessons for the Study of the Informal Sector. In: Journal of Economic Issues 39. Jg. (2005) H. 3. S. 765-776.

Paech, Joachim: Das Theater der russischen Revolution. Theorie und Praxis des proletarisch-kulturrevolutionären Theaters in Rußland 1917-1924. Kronberg i. Ts. 1974.

Page, Tanya: Die Auffassung von empirischer Moral und Gesetz in Radiščevs *Žitie Fedora Vasil'eviča Ušakova*. In: Graßhoff, Helmut (Hrsg.): Literaturbeziehungen im 18. Jahrhundert. Studien und Quellen zur deutsch-russischen und russisch-westeuropäischen Kommunikation. Berlin 1986. S. 318-336.

Pajps, Ričard [Pipes, Richard]: Rossija pri starom režime (Russia under the old regime). Cambridge (Mass.) 1980.

Pamuk, Orhan: Wie man Erniedrigung geniesst. In: Hegemann, Carl (Hrsg.): Erniedrigung geniessen. Kapitalismus und Depression III. Berlin 2001. S. 36-46.

Paperno, Irina: Chernyshevsky and the Age of Realism. A Study in the Semiotics of Behavior. Stanford (Calif.) 1988.

Paperno, Irina: Nikolaj Černyševskij – čelovek ėpochi realizma. Semiotika povedenija. Moskau 1996.

Paquet, Alfons: Aus dem bolschewistischen Rußland. Frankfurt a. M. 1919.

Paquet, Alfons: Der Geist der Russischen Revolution. Leipzig 1919.

Paquet, Alfons: Im kommunistischen Rußland. Briefe aus Moskau. Jena 1919.

Parrinder, Patrick: Imagining the Future: Zamyatin and Wells. In: Science Fiction Studies 1. Jg. (1973) H. 1. S. 17-26.

Pasternak, Aleksander L.: Novye formy sovremennogo žil'ja. In: Sovremennaja architektura 2. Jg. (1927) H. 4/5. S. 125-129.

Patnaik, Utsa: Neo-Populism and Marxism: The Chayanovian View of the Agrarian Question and its Fundamental Fallacy. In: The Journal of Peasant

Studies 6. Jg. (1979) H. 4. S. 375-420.

Pereira, N. G. O.: The thought and teachings of N. G. Černyševsky. Den Haag 1975.

Pestel, Pawel I.: Russische Wahrheit (Auszüge). In: Wolkonskij, Michael: Die Dekabristen. Die ersten russischen Freiheitskämpfer des 19. Jahrhunderts. Zürich 1946. S. 136-146.

Pestel', Pavel I.: Russkaja pravda. St. Petersburg 1906.

Peters, Antje: Ein Leben für die Landwirtschaft: Alexander Tschajanow und die Theorie der bäuerlichen Familienwirtschaft. In: Arbeitsergebnisse. Schriftenreihe der Arbeitsgemeinschaft Ländliche Entwicklung am Fachbereich Stadtplanung/Landschaftsplanung der Gesamthochschule Kassel H. 33 (1996). S. 34-39.

Peters, Dorothea: Politische und gesellschaftliche Vorstellungen in der Aufstandsbewegung unter Pugačev (1773-1775). Wiesbaden 1973.

Peters, Jan Eden: Analyse der Zeitgeschichte in Antiutopien des 20. Jahrhunderts. (Dissertation an der Universität) Mainz 1979.

Peters, Jan Eden: We Are The Dead. Untersuchungen zur historischen Analyse im antiutopischen Roman: *Nineteen Eighty-Four*, *Brave New World*, *Wir* (*My*). Frankfurt a. M. u. a. 1985.

Peters, Jochen-Ulrich: Der Mathematiker als Schriftsteller. Zamjatins Zukunftsroman *My* als negative und positive Utopie. In: Zeitschrift für slavische Philologie 48. Jg. (1988) H. 1. S. 197-213.

Petrus, K.: Religious Communes in the U.S.S.R (Research Program of the U.S.S.R., Mimeographed Series; 44). New York 1953.

Pforte, Dieter: Der Reisebericht als Umkehrbild heimischer Zustände. In: Vogeler, Heinrich: Reise durch Rußland. Die Geburt des neuen Menschen. Fernwald, Wißmar 1974. S. 131-135.

Pforte, Dietger: Rußland-Reiseberichte aus den 20er Jahren als Quellen historischer Forschung. In: Knödler-Bunte, Eberhard/ Erler, Gernot (Hrsg.): Kultur und Kulturrevolution in der Sowjetunion (Schriften des Instituts für Kultur und Ästhetik (IKAe; 1). Berlin, Kronberg i. Ts. 1978. S. 25-32.

Philipp, Werner: Historische Voraussetzungen des politischen Denkens in Rußland. In: Jablonowski, Horst/ Philipp, Werner (Hrsg.): Forschungen zur osteuropäischen Geschichte, Bd. 1. Berlin 1954. S. 7-22.

Pico della Mirandola, Giovanni: Über die Würde des Menschen. Hamburg 1990.

Pietrow-Ennker, Bianka: Rußlands „neue Menschen". Die Entwicklung der Frauenbewegung von den Anfängen bis zur Oktoberrevolution. Frankfurt a. M., New York 1999.

Pinder, David: Visions of the City. Utopianism, Power and Politics in Twentieth-Century Urbanism. Edinburgh 2005.

Pipes, Richard (Hrsg.): Die russische Intelligentsia. Stuttgart 1962.

Pipes, Richard: Die Russische Revolution, Bd. 2: Die Macht der Bolschewiki. Berlin 1992.

Piroschkow, Vera: Alexander Herzen. Der Zusammenbruch einer Utopie. München 1961.

Pisarev, Dmitri I.: Mysljaščij proletariat. In: ders.: Sočinenija, Bd. 4. Moskau 1956. S. 7-49.

Pisarev, Dmitri I.: Sočinenija. Moskau 1955f.

Pistorius, Elke (Hrsg.): Der Architektenstreit nach der Revolution. Zeitgenössische Texte Rußland 1917-1932. Basel, Berlin, Boston 1992.

Plaggenborg, Stefan/ Soboleva, Maja (Hrsg.): Alexander Bogdanov. Theoretiker für das 20. Jahrhundert (Specimina Philologiae Slavicae; 152). München 2008.

Plaggenborg, Stefan: Revolutionskultur. Menschenbilder und kulturelle Praxis in Sowjetrussland zwischen Oktoberrevolution und Stalinismus (Beiträge zur Geschichte Osteuropas; 21). Köln, Weimar, Wien 1996.

Platone, Rossana: A. V. Čajanov: un'utopia contadina tra passato e futuro. In: Europa orientalis 12. Jg. (1993) H. 2. S. 151-166.

Platonow, Andrej: Tschewengur. Die Wanderung mit offenem Herzen. Berlin 1990.

Plechanow, Georgi: Materialismus militans. Antwort an Herrn Bogdanow. In: ders.: Eine Kritik unserer Kritiker. Schriften aus den Jahren 1898 bis 1911. Berlin 1982. S. 249-351.

Plechanow, Georgij W.: N. G. Tschernischewsky. Eine literar-historische Studie. Stuttgart 1894.

Plechanov, Georgi V.: N. G. Černyševskij. In: ders.: Izbrannye filosofskie proizvedenija, Bd. II. Moskau 1958. S. 70-167.

Plenge, Johann: Um die allgemeine Organisationslehre (Rezension zu A. Bogdanows *Allgemeine Organisationslehre. Tektologie*, Bd. 1). In: Weltwirtschaftliches Archiv 25. Bd. (1927 I), Literatur. S. 18**-29**.

Poljanskij, V. I.: Erzieherische und produktive Arbeit in der neuen Schule. In: Lorenz, Richard (Hrsg.): Proletarische Kulturrevolution in Sowjetrußland (1917-1921). Dokumente des ‚Proletkult'. München 1969. S. 194-201.

Poljanskij, V. I.: Unter dem Banner des Proletkult. In: Lorenz, Richard (Hrsg.): Proletarische Kulturrevolution in Sowjetrußland (1917-1921). Dokumente des ‚Proletkult'. München 1969. S. 29-33.

Poll, Hans Walter: Nachwort zu: Dostojewskij, Fjodor: Aufzeichnungen aus dem Kellerloch. Stuttgart 1984. S. 149-163.

Poppelreuter, Tanja: Das Neue Bauen für den Neuen Menschen. Zur Wandlung und Wirkung des Menschenbildes in der Architektur der 1920er Jahre in Deutschland (Studien zur Kunstgeschichte; 171). Hildesheim u. a. 2007.

Porter, Cathy: Alexandra Kollontai. A Biography. London 1980.

Porter, Thomas L.: The Zemstvo and the Emergence of Civil Society in Late Imperial Russia, 1864-1917. San Francisco 1991.

Post, Christiane/ Oswalt, Philipp: Russischer Desurbanismus. In: Oswalt, Philipp (Hrsg.): Schrumpfende Städte, Bd. 2. Ostfildern-Ruit 2005. S. 196-203.

Post, Christiane: Arbeiterklubs als neue Bauaufgabe der sowjetischen Avantgarde. Berlin 2004.

Post, Christiane: Künstlermuseen. Die russische Avantgarde und ihre Museen für Moderne Kunst. Berlin 2012.

Pott, Philipp: Moskauer Kommunalwohnungen 1917 bis 1997. Materielle Kultur, Erfahrung, Erinnerung (Basler Studien zur Kulturgeschichte Osteuropas; 17). Zürich 2009.

Pozdneev, Aleksandr V.: Das Bauernthema in der Literatur des 18. Jahrhunderts. In: Graßhoff, Helmut/ Lehmann, Ulf (Hrsg.): Studien zur Geschichte der russischen Literatur des 18. Jahrhunderts, Bd. II. Berlin 1968. S. 62-93.

Pozefsky, Peter C.: The Nihilist Imagination. Dmitrii Pisarev and the Cultural Origins of Russian Radicalism (1860-1868). New York u. a 2003.

Praxmarer, Konrad: Idee und Wirklichkeit. Dostojewskij, Russland und wir. Berlin 1922.

Preobrashenskij, Evgenij A.: UdSSR 1975. Ein Rückblick in die Zukunft. Berlin 1975.

Preobrashenskij, Evgenij: Die sozialistische Alternative. Marx, Lenin und die Anarchisten über die Abschaffung des Kapitalismus. Berlin 1974.

Preobraženskij, Evgenij A.: Die neue Ökonomik. Berlin 1971.

Preobraženskij, Evgenij A.: Novaja Ėkonomika. Opyt teoretičeskogo analiza sovetskogo chozjajstva. Moskau 1926.

Preobraženskij, Evgenij A.: Ot NĖPa k socializmu. Moskau 1922.

Proffer, Carl R.: Notes on the Imagery in Zamjatin's *We*. In: The Slavic and East European Journal 7. Jg. (1963) H. 3. S. 269-278.

Proletkult. Eine Dokumentation zur Proletarischen Kulturrevolution in Rußland. Texte, Materialien, Beiträge. In: Ästhetik und Kommunikation. Beiträge zur politischen Erziehung 2. Jg. (1972) H. 5/6. S. 63-203.

Pruckov, Nikita I. (Hrsg.): Idei socializma v russkoj klassičeskoj literature. Leningrad 1969.

Pruzkow, Nikita I.: Die sozial-ethische Utopie Dostojewskis. In: Graßhoff, Helmut/ Jonas, Gisela (Hrsg.): Dostojewskis Erbe in unserer Zeit. Neueste Forschungen sowjetischer Literaturwissenschaftler zum künstlerischen Erbe Dostojewskis. Berlin 1976. S. 72-126.

Puschkin, Alexander S.: Der Eherne Reiter. Eine Petersburger Erzählung. In: ders.: Ausgewählte Werke, Bd. 2. Berlin 1949. S. 423-440.

Puškareva, Natalia: Russkaja ženščina: istorija i sovremennost. Dva veka izučenija „ženskoj temy" russkoji zarubežnoj naukoj, 1800-2000. Materialy k bibliografii. Moskau u. a. 2002.

Raab, Monika: Die Entwicklung des Historismus in der russischen Literatur des 18. und beginnenden 19. Jahrhunderts. In: Graßhoff, Helmut/ Lehmann, Ulf (Hrsg.): Studien zur Geschichte der russischen Literatur des 18. Jahrhunderts, Bd. IV. Berlin 1970. S. 455-480.

Rabehl, Bernd: Preobrashenskijs optimistische Erinnerung an die Zukunft. In: Preobrashenskij, Evgenij: UdSSR 1975. Ein Rückblick in die Zukunft. Berlin 1975. S. 4-30.

Rabehl, Bernd: Preobrashenskijs Theorie der „neuen Ökonomik" beim Aufbau des Sozialismus. In: Preobrashenskij, Evgenij: Die sozialistische Alternative. Marx, Lenin und die Anarchisten über die Abschaffung des Kapitalismus. Berlin 1974. S. 5-32.

Radischtschew, Alexander N.: Ausgewählte Schriften. Berlin 1959.

Radischtschew, Alexander N.: Bruchstücke einer Reise durch Rußland. In: Deutsche Monatsschrift 3. Jg. (1793) Bd. 2. S. 149-172.

Radischtschew, Alexander N.: Reise von Petersburg nach Moskau (1790). Übers. von Arthur Luther (Quellen und Aufsätze zur Russischen Geschichte; 4). Leipzig 1922.

Radischtschew, Alexander N.: Reise von Petersburg nach Moskau. Leipzig 1982.

Radischtschew, Alexander N.: Über den Menschen, über seine Sterblichkeit und seine Unsterblichkeit. In: ders.: Ausgewählte Schriften. Berlin 1959. S. 121-298.

Radischtschew, Alexander N.: Versuch über Gesetzgebung. In: ders.: Ausgewählte Schriften. Berlin 1959. S. 374-390.

Radiščev, Aleksandr N.: Polnoe sobranie sočinenij, 3 Bde. Moskau, Leningrad 1938-52.

Radiščev, Aleksandr N.: Putešestvie iz Peterburga v Moskvu. In: ders. Polnoe sobranie sočinenij, Bd. 1. Moskau, Leningrad 1938. S. 225-392.

Radiščev, Aleksandr N.: Putešestvie iz Peterburga v Moskvu. In: Gercen, Aleksandr (Hrsg.): O povreždenii nravov v Rossii knjazja M. Ščerbatova i Putešestvie A. Radiščeva. London 1858. S. 101-331.

Raeff, Marc: State and Nobility in the Ideology of M. M. Shcherbatov. In: American Slavic and East European Review 19. Jg. (1960). S. 363-379.

Raether, Gabriele: Alexandra Kollontai zur Einführung. Hamburg 1986.

Raether, Martin: Der Acte gratuit. Revolte und Literatur. Hegel, Dostojewskij, Nietzsche, Gide, Sartre, Camus, Beckett. Heidelberg 1980.

Rahmsdorf, Sabine: Stadt und Architektur in der literarischen Utopie der frühen Neuzeit. Heidelberg 1999.

Rakusa, Ilma: Nachwort zu: Samjatin, Jewgenij: Wir. Zürich 1977. S. 297-320.

Randall, Francis B.: N. G. Chernyshevskii. New York 1967.

Rattner, Josef/ Danzer, Gerhard: Wissarion Belinski oder Literaturkritik als soziokulturelles Engagement. In: dies.: Der Humanismus und der soziale Gedanke im russischen Schrifttum des 19. Jahrhunderts. Würzburg 2002. S. 55-64.

Red'kina, Olga Ju.: Sel'skochozjajstvenye religioznye trudovye kollektivy v 1917-m – 1930-m gody: na materialach evropejskoj časti RSFSR. Wolgograd 2004.

Reed, John: Ten days that shook the world. New York 1919 (dt. Reed, John: Zehn Tage, die die Welt erschütterten. Hamburg 1922).

Reeve, Helen S.: Utopian Socialism in Russian Literatur: 1840's-1860's. In: The American Slavic and East European Review 18. Jg. (1959). S. 374-393.

Rego Diaz, Victor: Freie Liebe. In: Historisch-Kritisches Wörterbuch des Marxismus, hrsg. von Wolfgang Fritz Haug, Bd. 4. Hamburg 1999. S. 904-916.

Reich, Wilhelm: Die Sexualität im Kulturkampf. Zur sozialistischen Umstrukturierung des Menschen. Kopenhagen 1936.

Reich, Wilhelm: Die sexuelle Revolution. Zur charakterlichen Selbststeuerung des Menschen. Frankfurt a. M. 1971.

Reich, Wilhelm: Geschlechtsreife, Enthaltsamkeit, Ehemoral. Eine Kritik der bürgerlichen Sexualreform. Wien 1930.

Reichenau, Charlotte von: Die Bäuerin. Ein methodischer Versuch. In: Jahrbücher für Nationalökonomie und Statistik 153. Bd. (1941) S. 678-700.

Reich-Ranicki, Marcel: Die gläserne Stadt. *Wir*, der Roman über das 26. Jahrhundert. In: Die Kiepe. Literarische Hauszeitschrift des Verlages Kiepenheuer & Witsch 6. Jg. (1958) H. 2. S. 5.

Resolution des ZK der KPdSU (B) vom 16. Mai 1930: Die Anstrengungen zur Umordnung unserer Lebensweise betreffend. In: Bodenschatz, Harald/ Post, Christiane (Hrsg.): Städtebau im Schatten Stalins. Die internationale Suche nach der sozialistischen Stadt in der Sowjetunion 1929-1935. Berlin 2003. S. 368-369.

Reuter, Jule: „Die Straßen sind jetzt unsere Pinsel, unsere Paletten die Plätze." Agitation und Propaganda als künstlerisch-politische Tätigkeitsfelder der russischen Avantgarde. In: Hornbostel, Wilhelm/ u. a. (Hrsg.): mit voller Kraft. Russische Avantgarde 1910-1934. Heidelberg 2001. S. 91-101.

Rewitsch, Wsewolod (Hrsg.): Prüffelder der Phantasie. Sowjetische Essays zur Phantastik und Science-fiction. Berlin 1987.

Rhodes, Carolyn H.: Frederick Winslow Taylor's System of Scientific Management in Zamyatin's *We*. In: The Journal of General Education 28. Jg. (1976) H. 1. S. 31-42.

Riasanovsky, Nicholas V.: A Parting of Ways. Government and the Educated Public in Russia, 1801-1855. Oxford 1976.

Richards, David J.: Four Utopias. In: The Slavonic and East European Review 40. Jg. (1961) H. 94. S. 220-228.

Richards, David J.: Zamjatin. A Soviet heretic. New York 1962.

Richards, David: Four Utopias. In: The Slavonic and East European Review 40. Jg. (1961/62). S. 220-228.

Richter, Karl Ludwig: Zu einigen Problemen der Rolle, Funktion und Gestaltung von Wissenschaft und Technik in der phantastischen Literatur, untersucht an ausgewählten Werken der sowjetischen Phantastik. (Dissertation an der Pädagogischen Hochschule Dresden) Dresden 1972.

Rigobert, Günther: Sozialutopien der Antike. Leipzig 1987.

Rink, Dieter: Der theoretische Beitrag A. A. Bogdanovs zur Bestimmung der praktisch-gesellschaftlichen und formationsspezifischen Determination des Erkennens. (Dissertation an der Karl-Marx-Universität) Leipzig 1990.

Ritter, Kurt: [Rezension zu] Alexander Tschajanows *Die Lehre von der bäuerlichen Wirtschaft*. In: Jahrbücher für Nationalökonomie und Statistik 122. Bd. = III. Folge, 67. Bd. (1924) S. 680-683.

Rodov, Semen (Hrsg.): Proletarskie pisateli. Antologija proletarskoj literatury. Moskau 1924.

Rohde, Ilse: Heinrich Vogeler und die Arbeitsschule Barkenhoff. Ein Beitrag zur Historiographie der Reformpädagogik (Europäische Hochschulschriften, Reihe XI: Pädagogik; 720). Frankfurt a. M. u. a. 1997.

Rolf, Malte: Das sowjetische Massenfest. Hamburg 2006.

Rollberg, Peter: Nachwort zu: Bogdanow, Alexander: Der rote Planet. Ingenieur Menni. Utopische Romane. Berlin 1989. S. 293-298.

Rosenau, Helen: The Ideal City. It's architectural evolution. London 1959.

Rosenfeld, Kurt: Ein russisches Jugendgefängnis. In: Das neue Rußland. Zeitschrift für Kultur und Wirtschaft 4. Jg. (1927) H. 1-2. S. 29-30.

Rosenholm, Arja: Gendering Awakening. Feminity and the Russian Woman Question of the 1860s. Helsinki 1999.

Rosenshield, Gary: The Imagination and the „I" in Zamjatin's *We*. In: The Slavic and East European Journal 23. Jg (1979) H. 1. S. 51-62.

Roßberg, Uta: Die Šestidesjatnica in Selbstzeugnissen? (Magisterarbeit an der Humboldt-Universität zu) Berlin 2005.

Roth, Joseph: Reise nach Rußland. Feuilletons, Reportagen, Tagebuchnotizen 1919-1930. Köln 1995.

Rotmann, Ulrike: Geschlechterbeziehung im utopischen Roman. Analyse männlicher Entwürfe (Saarbrücker Beiträge zur Vergleichenden Literatur- und Kulturwissenschaft; 21). Würzburg 2003.

Röttjer, Julia: Die Stadt als Bühne: Orte bolschewistischer Massenfeste. In: Schlögel, Karl/ Schenk, Frithjof Benjamin/ Ackeret, Markus (Hrsg.): Sankt Petersburg. Schauplätze einer Stadtgeschichte. Frankfurt a. M., New York 2007. S. 211-226.

Rousseau, Jean-Jacques: Über den Ursprung und die Grundlagen der Ungleichheit unter den Menschen. In: ders.: Kulturkritische und politische Schriften, Bd. 1. Berlin 1989. S. 183-330.

Rudenko, Jurij K.: Černyševskij – romanist i literaturnye tradicii. Leningrad 1989.

Rudenko, Jurij K.: Roman N. G. Černyševskogo *Čto delat'?* Ėstetičesko svoeobrazie i chudožestvennyj metod. Leningrad 1977.

Rühle, Jürgen: Literatur und Revolution. Die Schriftsteller und der Kommunismus in der Epoche Lenins und Stalins. Köln 1988.

Rühle, Jürgen: Nachwort zu: Samjatin, Jewgenij: Wir. Köln, Berlin 1958. S. 241-254 (wiederabgedruckt in * Samjatin, Jewgenij: Wir. Köln 1984. S. 213-224; * Samjatin, Jewgeni: Wir. Wien, Frankfurt a. M., Zürich 1968. S. 213-224).

Rühle, O.: Die Sozialisierung der Frau. Dresden 1922.

Rullkötter, Bernd: Bogdanov – Politiker und Phantast. In: Bogdanov, Aleksandr A.: Krasnaja zvezda. Roman-utopija/ Inžener Menni. Fantastičeskij roman (Bibliotheca Russica; 2). Hamburg 1979. S. I-XVIII.

Rullkötter, Bernd: Die Wissenschaftliche Phantastik der Sowjetunion. Eine vergleichende Untersuchung der spekulativen Literatur in Ost und West. Bern u. a. 1974.

Russell, Robert: The Drama of Evgenii Zamiatin. In: The Slavonic and East European Review 70. Jg. (1992) H. 2. S. 228-248.

Russell, Robert: Zamiatin's *We* (Critical Studies in Russian Literature). Bristol 2000.

Rußland. Offizieller Bericht der englischen Gewerkschaftsdelegation nach Rußland und dem Kaukasus im November und Dezember 1924. Berlin 1925.

Rustemeyer, Angela: Dienstboten in Petersburg und Moskau 1861-1917. Hintergrund, Alltag, soziale Rolle (Quellen und Studien zur Geschichte des östlichen Europas, Bd. 45). Stuttgart 1996.

Rustenmeyer, Angela: Das Arkanum zwischen Herrschaftsanspruch und Kommunikationspraxis vom 16. bis zum frühen 19. Jahrhundert. In: Sperling, Walter (Hrsg.): Jenseits der Zarenmacht. Dimensionen des Politischen im Russischen Reich 1800-1917 (Historische Politikforschung; 16). Frankfurt a. M., New York 2008. S. 43-70.

Rüthers, Monica: Auf dem Weg nach Leningrad: Der Moskowskij Prospekt. In: Schlögel, Karl/ Schenk, Frithjof Benjamin/ Ackeret, Markus (Hrsg.): Sankt Petersburg. Schauplätze einer Stadtgeschichte. Frankfurt a. M., New York 2007. S. 159-172.

Rüthers, Monica: Öffentlicher Raum und gesellschaftliche Utopie. Stadtplanung, Kommunikation und Inszenierung von Macht in der Sowjetunion am Beispiel Moskaus zwischen 1917 und 1964. In: Rittersporn, Gábor T./ Rolf,

Malte/ Behrends, Jan C. (Hrsg.): Sphären von Öffentlichkeit in Gesellschaften sowjetischen Typs. Zwischen partei-staatlicher Selbstinszenierung und kirchlichen Gegenwelten. Frankfurt a. M. u. a. 2003. S. 65-96.

Rüting, Torsten: Pavlov und der Neue Mensch. Diskurse über Disziplinierung in Sowjetrussland (Ordnungssysteme. Studien zur Ideengeschichte der Neuzeit; 12). München 2002.

Ryčlová, Ivana: Bojím se budoucnosti. Zamjatinův román *My* v kontextu doby a autorova osudu In: Proglas. Literární a kulturní příloha Revue Politika 1. Jg. (2003) H. 3-4. S. 30-36.

Ryklin, Michael: Kommunismus als Religion. Die Intellektuellen und die Oktoberrevolution. Frankfurt a. M. 2008.

Saage, Richard/ Seng, Eva-Maria (Hrsg.): Von der Geometrie zur Naturalisierung. Utopisches Denken im 18. Jahrhundert zwischen literarischer Fiktion und frühneuzeitlicher Gartenkunst (Hallesche Beiträge zur Europäischen Aufklärung; 10). Tübingen 1999.

Saage, Richard/ Seng, Eva-Maria: Geometrische Muster zwischen frühneuzeitlicher Utopie und russischer Avantgarde. In: Zeitschrift für Geschichtswissenschaft, 44. Jg. (1996). S. 677-692 (Wiederabdruck in: Saage, Richard: Innenansichten Utopias. Wirkungen, Entwürfe und Chancen des utopischen Denkens (Beiträge zur Politischen Wissenschaft; 106). Berlin 1999. S. 33-48).

Saage, Richard/ Seng, Eva-Maria: Naturalisierte Utopien zwischen literarischer Fiktion und frühneuzeitlicher Gartenkunst. In: Greven, Michael Th./ Münkler, Herfried/ Schmalz-Bruns, Rainer (Hrsg.): Bürgersinn und Kritik. Festschrift für Udo Bermbach zum 60. Geburtstag. Baden-Baden 1998. S. 207-238 (Wiederabdruck in: Saage, Richard: Innenansichten Utopias. Wirkungen, Entwürfe und Chancen des utopischen Denkens (Beiträge zur Politischen Wissenschaft; 106). Berlin 1999. S. 49-72).

Saage, Richard/ Seng, Eva-Maria: Utopie und Architektur. In: Nerdinger, Winfried (Hrsg.): L'architecture engagée. Manifeste zur Veränderung der Gesellschaft. München 2012. S. 10-37.

Saage, Richard: Das Ende der politischen Utopie? Frankfurt a. Main 1990.

Saage, Richard: Die Geburt der „schwarzen" Utopie aus dem Geist des Suprematismus. In: ders.: Innenansichten Utopias. Wirkungen, Entwürfe und Chancen des utopischen Denkens (Beiträge zur Politischen Wissenschaft; 106). Berlin 1999. S. 13-32 (Erstveröffentlichung in: Leviathan. Zeitschrift für Sozialwissenschaften 24. Jg. (1996) H. 1. S. 124-145).

Saage, Richard: Die konstruktive Kraft des Nullpunkts. Samjatins *Wir* und die Zukunft der politischen Utopie. In: UTOPIE kreativ 7. Jg. (1996) H. 64. S. 13-23 (Wiederabdruck in: Saage, Richard: Innenansichten Utopias. Wirkungen, Entwürfe und Chancen des utopischen Denkens (Beiträge zur Politischen Wissenschaft; 106). Berlin 1999. S. 159-170).

Saage, Richard: Die utopische Konstruktion als ethisches Veto. Ishiguro, Huxley, Houellebecq – zur Visualisierung der Dialektik einer liberalen Eugenik. In: Mamczak, Sascha/ Jeschke, Wolfgang (Hrsg.): Das Science Fiction Jahr 2008. München 2008. S. 253-275 (Wiederabdruck in: Saage, Richard: Utopische Horizonte. Zwischen historischer Entwicklung und aktuellem Geltungsanspruch. Berlin 2010. S. 155-171).

Saage, Richard: Innenansichten Utopias. Wirkungen, Entwürfe und Chancen des utopischen Denkens. Berlin 1999.

Saage, Richard: Jenseits von Utopia. Zur Hegemonie kontraktualistischer Elemente in Christian Wolffs Grundsätze des Natur- und Völkerrechts von 1754. In: Stolzenberg, Jürgen/ Rudolph, Oliver-Pierre (Hrsg.): Christian Wolff und die europäische Aufklärung. Akten des 1. Internationalen Christian-Wolff-Kongresses, Halle (Saale), 4.-8. April 2004. Hildesheim u. a. 2007. S. 181-194.

Saage, Richard: Konvergenztechnologische Zukunftsvisionen – das amerikanische und das europäische Beispiel. In: Fritsche, Wolfgang/ Kreisler, Lothar/ Zerling, Lutz (Hrsg.): Wissenschaft und Werte im gesellschaftlichen Kontext. Stuttgart, Leipzig 2008. S. 28-35.

Saage, Richard: Plädoyer für den klassischen Utopiebegriff. In: Erwägen Wissen Ethik 16. Jg. (2005) H. 3. S. 291-298.

Saage, Richard: Politische Utopien der Neuzeit. Darmstadt 1991.

Saage, Richard: Replik. Anmerkungen zur Kritik an meinem Plädoyer für das klassische Utopiemuster. In: Erwägen Wissen Ethik 16. Jg. (2005) H. 3. S. 345-355.

Saage, Richard: Utopie und Science-fiction. Versuch einer Begriffsbestimmung. In: Hellmann, Kai-Uwe/ Klein, Arne (Hrsg.): „Unendliche Weiten...". Star Trek zwischen Unterhaltung und Utopie. Frankfurt a. M. 1997. S. 47-60.

Saage, Richard: Utopie und Staatsästhetik. Das russische Beispiel in der ersten Hälfte des 20. Jahrhunderts. In: Depenheuer, Otto (Hrsg.): Staat und Schönheit. Möglichkeiten und Perspektiven einer Staatskalokagathie. Wiesbaden 2005. S. 33-117.

Saage, Richard: Utopieforschung. Eine Bilanz. Darmstadt 1997 (Neuauflage: Saage, Richard: Utopieforschung, Bd. I: An den Bruchstellen der Epochenwende von 1989 (Politica et Ars, Interdisziplinäre Studien zur politischen Ideen- und Kulturgeschichte; 14). Berlin 2008).

Saage, Richard: Utopieforschung, Bd. II: An der Schwelle des 21. Jahrhunderts (Politica et Ars. Interdisziplinäre Studien zur politischen Ideen- und Kulturgeschichte; 19). Berlin 2008.

Saage, Richard: Utopische Horizonte. Zwischen historischer Entwicklung und aktuellem Geltungsanspruch (Politica et Ars. Interdisziplinäre Studien zur politischen Ideen- und Kulturgeschichte; 23). Berlin 2010.

Saage, Richard: Utopische Ökonomien als Vorläufer sozialistischer Planwirtschaften. In: Zeitschrift für Geschichtswissenschaft 59. Jg. (2011) H. 6. S. 544-556.

Saage, Richard: Utopische Profile, Bd. 1: Renaissance und Reformation (Politica et Ars. Interdisziplinäre Studien zur politischen Ideen- und Kulturgeschichte; 1). Münster u. a. 2001.

Saage, Richard: Utopische Profile, Bd. 2: Aufklärung und Absolutismus (Politica et Ars. Interdisziplinäre Studien zur politischen Ideen- und Kulturgeschichte; 2). Münster u. a. 2002.

Saage, Richard: Utopische Profile, Bd. 3: Industrielle Revolution und Technischer Staat im 19. Jahrhundert (Politica et Ars. Interdisziplinäre Studien zur politischen Ideen- und Kulturgeschichte; 3). Münster 2002.

Saage, Richard: Utopische Profile, Bd. 4: Widersprüche und Synthesen des 20. Jahrhundert (Politica et Ars. Interdisziplinäre Studien zur politischen Ideen- und Kulturgeschichte; 4). Münster 2003.

Saage, Richard: Vermessungen des Nirgendwo. Begriff, Wirkungsgeschichte und Lernprozesse der neuzeitlichen Utopien. Darmstadt 1995.

Saage, Richard: Vertragsdenken und Utopie. Studien zur politischen Theorie und zur Sozialphilosophie der frühen Neuzeit. Frankfurt a. Main 1989.

Saage, Richard: Wider das marxistische Bilderverbot. Bogdanows utopische Romane *Der rote Planet* (1907) und *Ingenieur Menni* (1912). In. UTOPIE kreativ 11. Jg. (2000) H. 112. S. 165-177.

Saage, Richard: Zur Konvergenz von Vertragsdenken und Utopie im Licht der „anthropologischen Wende" des 18. Jahrhunderts. In: ders.: Innenansichten Utopias. Wirkungen, Entwürfe und Chancen des utopischen Denkens. Berlin 1999. S. 113-127.

Sabsovič, Leonid M.: Goroda buduščego i organizacija socialističeskogo byta. Moskau 1929.

Sabsovič, Leonid M.: Socialističeskie goroda. Moskau 1930.

Sabsovič, Leonid M.: SSSR čeres 15 let. Gipoteza general'nogo plana, kak plana postroenija socializma v SSSR. Moskau 1929.

Sabsovich, Leonid. M.: The U.S.S.R. after another 15 years (extract). In: Schlesinger, Rudolf (Hrsg.): The Family in the U.S.S.R. (Changing Attitudes in Soviet Russia). London 1949. S. 169-171.

Sacharov, Vsevolod I.: Romantizm v Rossii. Epocha, školy, stili, očerki. Moskau 2004.

Sacke, Georg: Die Gesetzgebende Kommission Katharinas II. Ein Beitrag zur Geschichte des Absolutismus in Rußland (2. Beiheft der Jahrbücher für Kultur und Geschichte der Slaven). Breslau 1940.

Sacke, Georg: Fürst Michael Ščerbatov und seine Schriften. In: Zeitschrift für slavische Philologie. 16. Jg. (1939). S. 353-361.

Sacke, Georg: Graf A. Voroncov, A. N. Radiščev und der *Gnadenbrief für das Volk*. Emsdetten 1938.

Sacke, Georg: Radiščev und seine *Reise* in der westeuropäischen Literatur des 18. Jahrhunderts. In: Jablonowski, Horst/ Philipp, Werner (Hrsg.): Forschungen zur osteuropäischen Geschichte, Bd. 1. Berlin 1954. S. 45-54.

Saitschik, Robert: Die Weltanschauung Dostojewskis und Tolstois. Halle 1902.

Saltykov-Ščedrin, Michail E.: Zaputannoe delo. In: ders.: Sobranie sočinenij, Bd. 1. Moskau 1965. S. 201-275.

Saltykow-Schtschedrin, Michail: Brief an die Redaktion des Europäischen Boten. In: ders: Die Geschichte einer Stadt. Berlin 1952. S. 313-322.

Saltykow-Schtschedrin, Michail: Die Geschichte einer Stadt. Berlin 1952.

Saltykow-Schtschedrin, Michail: Die idealistische Karausche. In: ders: Die Tugenden und die Laster. Märchen für Kinder gehörigen Alters. Leipzig 1969. S. 320-335.

Samjatin, Jewgenij I. – auch *Zamjatin, Evgenij I.*

Samjatin, Jewgeni: Ausgewählte Werke. Leipzig, Weimar 1991.

Samjatin, Jewgeni: Am Ende der Welt. In: ders.: Ausgewählte Werke, Bd. 1. Leipzig, Weimar 1991. S. 91-199.

Samjatin, Jewgeni: Autobiographie. In: ders.: Ausgewählte Werke, Bd. 4. Leipzig, Weimar 1991. S. 112-122.

Samjatin, Jewgeni: Brief an Juri Annenkow (1920). In: Mierau, Fritz (Hrsg.): Nadjuscha, mein Leben. Briefe aus einer großen Zeit: 1917-1922. Berlin, Weimar 1987. S. 59-62.

Samjatin, Jewgeni: Brief an Stalin. In: ders.: Ausgewählte Werke, Bd. 4. Leipzig, Weimar 1991. S. 147-153.

Samjatin, Jewgeni: Das Ziel. In: ders.: Ausgewählte Werke, Bd. 4. Leipzig, Weimar 1991. S. 35-40.

Samjatin, Jewgeni: Der genealogische Baum von H. G. Wells. In: ders.: Ausgewählte Werke, Bd. 4. Leipzig, Weimar 1991. S. 41-49.

Samjatin, Jewgeni: Die Inselbewohner. In: ders.: Ausgewählte Werke, Bd. 2. Leipzig, Weimar 1991. S. 5-76.

Samjatin, Jewgeni: Die neue russische Prosa. In: ders.: Ausgewählte Werke, Bd. 4. Leipzig, Weimar 1991. S. 56-76.

Samjatin, Jewgeni: Ich fürchte. In: ders.: Ausgewählte Werke, Bd. 4. Leipzig, Weimar 1991. S. 5-10.

Samjatin, Jewgeni: Kleine Prosa 1: Die Höhle. Frankfurt a. M. 1989.

Samjatin, Jewgeni: Kleine Prosa 2: Der Norden. Frankfurt a. M. 1990.

Samjatin, Jewgeni: Provinzleben. In: ders.: Ausgewählte Werke, Bd. 1. Leipzig, Weimar 1991. S. 5-90.

Samjatin, Jewgeni: Über Heutiges und Zeitgemäßes. In: ders.: Ausgewählte Werke, Bd. 4. Leipzig, Weimar 1991. S. 77-95.

Samjatin, Jewgeni: Über Literatur, Revolution, Entropie und anderes. In: ders.: Ausgewählte Werke, Bd. 4. Leipzig, Weimar 1991. S. 24-34.

Samiatin, Jewgenij: Über Literatur, Revolution, Entropie und anderes. In: Russische Rundschau. Monatshefte für die neue russische Literatur 1. Jg. (1925) H. 1. S. 59-64.

Samjatin, Jewgeni: Wie der Mönch Erasmus geheilet ward. Mit Zeichnungen von Boris Kustodijew (Insel-Bücherei; 1067). Leipzig 1986.

Samjatin, Jewgeni: Wir (Ausgewählte Werke; 3). Leipzig, Weimar 1991.

Samjatin, Jewgenij: Der Floh. In: Guenther, Johannes von (Hrsg.): Die russische Wanderlegende vom stählernen Floh in zwei dichterischen Gestaltungen (Kleine russische Bibliothek). Hamburg, München 1962. S. 7-94.

Samjatin, Jewgenij: Die Geißel Gottes. Attila (Kleine russische Bibliothek). Hamburg, München 1965.

Samjatin, Jewgenij: Morgen. Essays, Erzählungen, Dokumente. Wiesbaden 1967.

Samjatin, Jewgenij: Morgen. In: ders.: Morgen. Essays, Erzählungen, Dokumente. Wiesbaden 1967. S. 170-171.

Samjatin, Jewgenij: Rußland ist groß. Erzählungen und Satiren. Wiesbaden, München 1976.

Samjatin, Jewgenij: Wir. Berlin, Chemnitz, Enger/ Ostwestfalen 1994.

Samjatin, Jewgenij: Wir. Köln 1984 (zitierte Ausgabe).

Samjatin, Jewgenij: Wir. Köln, Berlin 1958.

Sandoz, Ellis: Political apocalypse. A Study of Dostoevsky's Grand Inquisitor. Wilmington (Delaware) 2000.

Šapiro-Obermair, Ekaterina: Bol'šaja Moskva. Primečanija. In: dies./ Obermair, Vol'fgang (Hrsg.): Bol'šaja Moskva, kotoroj ne bylo. Zdanija sovetskogo avantgarda v sovremennoj Moskve/ Das große Moskau, das es niemals gab. Bauten der sowjetischen Avantgarde im zeitgenössischen Moskau. Wien 2008. S. 166-178.

Sarkisyanz, Emmanuel: Russland und der Messianismus des Orients. Sendungsbewußtsein und politischer Chiliasmus des Ostens. Tübingen 1955.

Sartre, Jean-Paul: Der Existentialismus ist ein Humanismus. In: ders.: Gesammelte Werke, Bd. I, 4. Reinbek bei Hamburg 1994. S. 117-155.

Ščerbatov, Michail M. – auch *Schtscherbatow, Michail M.*

Ščerbatov, Michail M.: Neizdannye sočinenija. Moskau 1935.

Ščerbatov, Michail M.: Sočinenija. St. Petersburg 1896-1903.

Ščerbatov, Michail M.: Istorija Rossijskaja ot drevnejich vremen, 7 Bde. St. Petersburg 1901-04.

Ščerbatov, Michail M.: Mnenie o poselennych vojskach. In: ders.: Neizdannye sočinenija. Moskau 1935. S. 64-83.

Ščerbatov, Michail M.: O povreždenii nravov v Rossii. In: Gercen, Aleksandr I. (Hrsg.): O povreždenii nravov v Rossii knjazja M. Ščerbatova i Putešestvie A. Radiščeva. London 1858. S. 1-96 (Faksimile: Moskau 1984).

Ščerbatov, Michail M.: Putešestvie v zemlju Ofirskuju g-na S. Šveckago dvorjanina. In: ders.: Sočinenija, Bd. 1. St. Petersburg 1896. S. 749-1060.

Schädlich, Christian/ Schmidt, Dietrich W. (Hrsg.): Avantgarde II: 1924-1937. Sowjetische Architektur. Stuttgart 1993.

Schädlich, Christian: Die Architektur der sowjetischen Avantgarde im Spiegel der deutschen Fachpresse. In: ders./ Schmidt, Dietrich W. (Hrsg.): Avantgarde II: 1924-1937. Sowjetische Architektur. Stuttgart 1993. S. 106-119.

Schahadat, Schamma: Zusammenleben. Mensch und (Wohn)Raum im Russland der 1920er Jahre. In: Bröckling, Ulrich/ Bühler, Benjamin/ Hahn, Marcus/ Schöning, Matthias/ Weinberg, Manfred (Hrsg.): Disziplinen des Lebens. Zwischen Anthropologie, Literatur und Politik (Literatur und Anthropologie; 20). Tübingen 2004. S. 149-169.

Scharf, Claus (Hrsg.): Katharina II., Russland und Europa. Beiträge zur internationalen Forschung. Mainz 2001.

Schattenberg, Susanne: Stalins Ingenieure. Lebenswelten zwischen Technik und Terror in den 1930er Jahren (Ordnungssysteme. Studien zur Ideengeschichte der Neuzeit; 11). München 2002.

Schauer, Lucie (Hrsg.): Stadt und Utopie. Modelle idealer Gemeinschaften. Berlin 1987.

Schaumann, Gerhard: Aspekte des Utopischen in der frühen russischen Sowjetliteratur. In: Zeitschrift für Slawistik 36. Jg. (1991) H. 2. S. 180-186.

Scheck, Frank Rainer: Augenschein und Zukunft. Die antiutopische Reaktion: Samjatins *Wir*, Huxleys *Schöne neue Welt*, Orwells *1984*. In: Barmeyer, Eike (Hrsg.): Science Fiction. Theorie und Geschichte. München 1972. S. 259-274.

Schedewie, Franziska: Selbstverwaltung und sozialer Wandel in der russischen Provinz. Bauern und Zemstvo in Voronež, 1864-1914 (Heidelberger Abhandlungen zur Mittleren und Neueren Geschichte; N. F. 15). Heidelberg 2006.

Scheffler, Leonore: Evgenij Zamjatin. Sein Weltbild und seine literarische Thematik (Bausteine zur Geschichte der Literatur bei den Slaven; 20). Köln, Wien 1984.

Scheffler, Leonore: Jurij Olešas Roman *Zavist* – Ein Kommentar zur Zeit. In: Zeitschrift für slavische Philologie 36. Jg. (1972). S. 266-295.

Scheffler, Leonore: *Otec i blagodetel*. Zwei Versionen einer unbekannten Erzählung Evgenij Zamjatins als Vorstudie seiner *Skazki pro Fitu*. In: Jekutsch, Ulrike/ Steltner, Ulrich (Hrsg.): Slavica litteraria. Festschrift für Gerhard

Giesemann zum 65. Geburtstag (Opera Slavica N. F.; 43). Wiesbaden 2002. S. 341-349.

Schefold, Bertram (Hrsg.): Vademecum zu einem russischen Klassiker der Agrarökonomie. Düsseldorf 1999.

Schefold, Bertram: Zum Geleit. In: ders. (Hrsg.): Vademecum zu einem russischen Klassiker der Agrarökonomie. Düsseldorf 1999. S. 5-23.

Scheibert, Peter: Der Übermensch in der russischen Revolution. In: Benz, Ernst (Hrsg.): Der Übermensch. Eine Diskussion. Stuttgart 1961. S. 179-196.

Scheibert, Peter: Die Besiegung des Todes. Ein theologisches Programm aus der Sowjetunion (1926). In: Müller, Gerhard/ Zeller, Winfried (Hrsg.): Glaube, Geist, Geschichte. Festschrift für Ernst Benz zum 60. Geburtstag. Leiden 1967. S. 431-447.

Scheibert, Peter: Revolution und Utopie. Die Gestalt der Zukunft im Denken der russischen revolutionären Intelligenz. In: Barion, Hans/ Böckenförde, Ernst-Wolfgang/ Forsthoff, Ernst/ Weber, Werner (Hrsg.): Epirrhosis. Festgabe für Carl Schmitt, Bd. 2. Berlin 1968. S. 633-649.

Scheibert, Peter: Von Bakunin zu Lenin. Geschichte der russischen revolutionären Ideologien 1840-1895. Erster Band: Die Ausformung des radikalen Denkens in der Auseinandersetzung mit deutschem Idealismus und französischem Bürgertum. Leiden 1956.

Scheide, Carmen: Kinder, Küche, Kommunismus. Das Wechselverhältnis zwischen sowjetischem Frauenalltag und Frauenpolitik von 1921 bis 1930 am Beispiel Moskauer Arbeiterinnen (Basler Studien zur Kulturgeschichte Osteuropas; 3). Zürich 2002.

Schejnis, Sinowi: Alexandra Kollontai. Das Leben einer ungewöhnlichen Frau. Berlin 1984.

Schelting, Alexander von: Rußland und Europa im russischen Geschichtsdenken. Bern 1948.

Schempp, Hermann: Gemeinschaftssiedlungen auf religiöser und weltanschaulicher Grundlage. Tübingen 1969.

Scherrer, Jutta: Der „alternative Bolschewismus": Die Schulen in Capri und Bologna – Bogdanov und Gor'kij. In: Oittinen, Vesa (Hrsg.): Aleksandr Bogdanov revisited. Helsinki 2009. S. 21-46.

Scherrer, Jutta: Gor'kij und Bogdanov am Scheidewege bolschewistischer Kultur und Politik. Ein unveröffentlichter Briefwechsel (1908-1911). In: Brockmann, Agnieszka/ u. a. Hrsg.): Kulturelle Grenzgänge. Festschrift für Christa Ebert zum 65. Geburtstag (Ost-West-Express. Kultur und Übersetzung; 11). Berlin 2012. S. 245-259.

Scherrer, Jutta: Les écoles du parti de Capri et de Bologne: La formation de l'intelligentsia du parti. In: Cahiers du Monde russe et soviétique 19. Jg. (1978) H. 3. S. 259-284.

Scherrer, Jutta: Politische Ideen im vorrevolutionären und revolutionären Rußland. In: Fetscher, Iring/ Münkler, Herfried (Hrsg.): Pipers Handbuch der politischen Ideen, Bd. 5. München, Zürich 1987. S. 203-282.

Scherrer, Jutta: Russischer Sozialismus und russische Utopie am Beispiel Bogdanovs. In: Plaggenborg, Stefan/ Soboleva, Maja (Hrsg.): Alexander Bogdanov. Theoretiker für das 20. Jahrhundert (Specimina Philologiae Slavicae; 152). München 2008. S. 151-163.

Schestow, Leo: Dostojewski und Nietzsche. Philosophie der Tragödie. Köln 1924.

Schlegel, Hans-Joachim: Konstruktion und Perversion. Der „Neue Mensch" im Sowjetfilm. In: Aurich, Rolf/ Jacobsen, Wolfgang/ Jatho, Gabriele (Hrsg.): Künstliche Menschen, manische Maschinen, kontrollierte Körper. Berlin 2000. S. 123-133.

Schleier, Hans: Schmückle, Karl. In: Lexikon sozialistischer Literatur. Hrsg. von Simone Barck u. a. Stuttgart, Weimar 1994, S. 417.

Schlögel, Karl: Die erste Stadt der neuen Welt. Wie Witebsk in Weißrussland für einen historischen Augenblick zur Metropole der Moderne wurde. In: Die Zeit Nr. 4 vom 19. Januar 2006, S. 90.

Schlögel, Karl: Jenseits des Großen Oktobers: Das Laboratorium der Moderne. Petersburg 1909-1921. Berlin 1988.

Schlögel, Karl: Terror und Traum. Moskau 1937. München 2008.

Schlögel, Karl: Utopie als Notstandsdenken – einige Überlegungen zur Diskussion über Utopie und Sowjetkommunismus. In: Hardtwig, Wolfgang (Hrsg.): Utopie und politische Herrschaft im Europa der Zwischenkriegszeit (Schriften des Historischen Kollegs; 56). München 2003. S. 77-96.

Schmid, Ulrich: Russische Religionsphilosophen des 20. Jahrhunderts. Freiburg u. a. 2003.

Schmid, Wolf: Ornamentales Erzählen in der russischen Moderne: Čechov – Babel' – Zamjatin (Slavische Literaturen; 2). Frankfurt a. M., u. a. 1992.

Schmidt, Dietrich W. (Hrsg.): Sowjetische Architektur 1917-1937. Stuttgart 1991.

Schmidt, Wolf-Heinrich: Nihilismus und Nihilisten. Untersuchungen zur Typisierung im russischen Roman der zweiten Hälfte des neunzehnten Jahrhunderts. München 1974.

Schmitt, Günther: Ein bedeutender Agrarökonom ist wieder zu entdecken: Alexander Tschajanow (Institut für Agrarökonomie der Universität Göttingen – Diskussionsbeitrag; 8709). Göttingen 1987 (überarbeitete Fassung in: Zeitschrift für Agrargeschichte und Agrarsoziologie 36. Jg. (1988) H. 2. S. 185-216).

Schmitt, Günther: Tschajanows *Lehre von der bäuerlichen Wirtschaft* im Lichte des gegenwärtigen Standes von Theorie und Empirie. In: Schefold, Bertram

(Hrsg.): Vademecum zu einem russischen Klassiker der Agrarökonomie. Düsseldorf 1999. S. 75-94.

Schmitt, Hans-Jürgen/ Schramm, Godehard (Hrsg.): Sozialistische Realismuskonzeptionen. Dokumente zum 1. Allunionskongreß der Sowjetschriftsteller. Frankfurt a. M. 1974.

Schmückle, Karl: Geschichte vom Goldenen Buch (Eine utopische Reportage). In: Internationale Literatur 5. Jg. (1935) Nr. 12. S. 41-48.

Schmückle, Karl: Logisch-historische Elemente der Utopie. (Inaugural-Dissertation an Philosophischen Fakultät der Universität zu) Jena 1923.

Schölderle, Thomas: Geschichte der Utopie. Eine Einführung. Köln, Weimar, Wien 2012.

Scholle, Christine: Jewgenij Samjatin *Wir*. In: Zelinsky, Bodo (Hrsg.): Der russische Roman. Düsseldorf 1979. S. 290-311.

Schtscherbatow, Michail M. – *auch Ščerbatov, Michail M.*

Schtscherbatow, Fürst Michael: Russische Geschichte von den ältesten Zeiten an, 1. und 2. Teil. Danzig 1779.

Schtscherbatow, Michail M.: Über die Sittenverderbnis in Rußland. Berlin 1925.

Schultz, Helga/ Harre, Angela (Hrsg.): Bauerngesellschaften auf dem Weg in die Moderne. Agrarismus in Ostmitteleuropa 1880 bis 1960 (Studien zur Sozial- und Wirtschaftsgeschichte Ostmitteleuropas; 19). Wiesbaden 2010.

Schulz, Christiane: Das Bild des „Goldenen Zeitalters" bei Dostoevskij. In: Zeitschrift für Slawistik 35. Jg. (1990). S. 179-186.

Schulze, Eberhard (Hrsg.): Alexander Wasiljewitsch Tschajanow – die Tragödie eines großen Agrarökonomen (Studies on the Agricultural and Food Sector in Central and Eastern Europe; 12). Kiel 2001.

Schuster, Marlies: Die Emanzipation der Frau im Schaffen Tschernyschewskis und G. Sands. (Diplomarbeit an der Humboldt-Universität) Berlin 1970.

Schütte-Lihotzky, Grete: Warum ich Architektin wurde. Salzburg 2004.

Schütte-Lihotzky, Margarete: Damals in der Sowjetunion: Aufbruch und Ankunft. In: form+zweck. Fachzeitschrift für industrielle Formgestaltung 19. Jg. (1987) H. 4. S. 11-14.

Schütte-Lihotzky, Margarete: Damals in der Sowjetunion: Aufbaujahre. In: form+zweck. Fachzeitschrift für industrielle Formgestaltung 19. Jg. (1987) H. 5. S. 8-15.

Schütte-Lihotzky, Margarete: Die Frankfurter Küche. In: Noever, Peter (Hrsg.): Die Frankfurter Küche von Margarete Schütte-Lihotzky. Berlin 1992. S. 7-15.

Schütz, Erhard: Kritik der literarischen Reportage. Reportagen und Reiseberichte aus der Weimarer Republik über die USA und die Sowjetunion. München 1977.

Schützler, Horst/ Striegnitz, Sonja (Hrsg.): Die ersten Dekrete der Sowjetmacht. Eine Auswahl von Erlassen und Beschlüssen, 25. Oktober 1917 bis 10. Juli 1918. Berlin 1987.

Schwartz, Matthias/ Velminski, Wladimir/ Philipp, Torben: Bazarovs Erben. Ästhetische Aneignung von Wissenschaft und Technik in Russland und der Sowjetunion. In: dies. (Hrsg.): Laien, Lektüren, Laboratorien. Künste und Wissenschaften in Russland 1860-1960. Frankfurt a. M. u. a. 2008. S. 9-36.

Schwartz, Matthias: Die Erfindung des Kosmos. Zur sowjetischen Science Fiction und populärwissenschaftlichen Publizistik vom Sputnikflug bis zum Ende der Tauwetterzeit (Berliner Slawistische Arbeiten; 22). Frankfurt a. M. u. a. 2003.

Schwartz, Matthias: Expeditionen in andere Welten. Sowjetische Abenteuerliteratur und Science-Fiction von der Oktoberrevolution bis zum Ende der Stalinzeit. Köln, Weimar, Wien 2014.

Schwartz, Matthias: Im Land der undurchdringlichen Gräser. Die sowjetische Wissenschaftliche Fantastik zwischen Wissenschaftspopularisierung und experimenteller Fantasie. In: ders./ Velminski, Wladimir/ Philipp, Torben (Hrsg.): Laien, Lektüren, Laboratorien. Künste, und Wissenschaften in Russland 1860-1960. Frankfurt a. M. u. a. 2008. S. 415 456.

Schwarz, Hans-Peter (Hrsg.): Ivan Ilich Leonidov. La città del sole. Stuttgart, München 1989.

Schwarzenbach, Annemarie: Notizen zum Schriftstellerkongreß in Moskau. In: dies.: Auf der Schattenseite. Ausgewählte Reportagen, Feuilletons und Fotografien 1933-1942 (Ausgewählte Werke; 3). Basel 1990. S. 35-62.

Schwarzwälder, Klaus: Gelebtes Leben. Menschen und Menschliches in F. M. Dostojewskijs Romanen. Frankfurt a. M. u. a. 2004.

Seel, Martin: Drei Regeln für Utopisten. In: Merkur. Zeitschrift für europäisches Denken 55. Jg. (2001) H. 9/10 (Zukunft denken – nach den Utopien). S. 747-755.

Seemann, Klaus-Dieter: Der Versuch einer proletarischen Kulturrevolution in Rußland 1917-1922. In: Jahrbücher für Geschichte Osteuropas N. F. 9. Jg. (1961) H. 2. S. 179-222.

Ségur, Louis-Philippe de: Denkwürdigkeiten, Rückerinnerungen und Anekdoten aus dem Leben des Grafen von Segür, Pair von Frankreich, 3 Bde. Stuttgart 1825ff.

Seibert, Theodor: Das rote Rußland. Staat, Geist und Alltag der Bolschewiki. München 1931.

Seidel-Höppner, Waltraud/ Höppner, Joachim: Sozialismus vor Marx. Beiträge zur Theorie und Geschichte des vormarxistischen Sozialismus. Berlin 1987.

Seleznev, Jurij: Dostoevskij. Moskau 2004.

Šelgunov, Nikolaj V.: Rabočie Associacii. In: Volodin, Aleksandr I. (Hrsg.): Utopičeskij socializm v Rossii. Chrestomatija. Moskau 1985. S. 317-323.

Semaško, Nikolaj: Smert' A. A. Bogdanova (Malinovskogo). In: Pravda Nr. 84, vom 8. April 1928, S. 3.

Semevskij, Vasilij I.: Političeskija i obščestvennyja idei dekabristov. St. Petersburg 1909.

Seng, Eva-Maria: Architektonischer Wunschtraum, literarische Utopie, bauliche Realität. Jewgenij Samjatins *Wir* und die Architektur des 20. Jahrhunderts. In: Kühnel, Martin/ Reese-Schäfer, Walter/ Rüdiger, Axel (Hrsg.): Modell und Wirklichkeit. Anspruch und Wirkung politischen Denkens. Festschrift für Richard Saage zum 60. Geburtstag. Halle 2001. S. 236-263.

Seng, Eva-Maria: Stadt und Planung. Neue Ansätze im Städtebau des 16. und 17. Jahrhunderts. Berlin, München 2003.

Senjavskij, Aleksandr S. (Hrsg.): NĖP. Ėkonomičeskie, političeskie i sociokul'turnye aspekty. Moskau 2006.

Šestakov, Vjačeslav P. (Hrsg.): Russkaja literaturnaja utopija. Moskau 1986.

Šestakov, Vjačeslav P.: Ėschatologija i utopija (Očerki russkoj filosofii i kul'tury). Moskau 1995.

Sesterhenn, Raimund: Das Bogostroitel'stvo bei Gor'kij und Lunačarskij bis 1909. Zur ideologischen und literarischen Vorgeschichte der Parteischule von Capri (Slavistische Beiträge; 158). München 1982.

Setzer, Heinz/ Müller, Ludolf/ Kluge, Rolf-Dieter (Hrsg.): F. M. Dostojewski. Dichter, Denker, Visionär. Tübingen 1998.

Shadowa, Larissa A.: Suche und Experiment. Aus der Geschichte der russischen und sowjetischen Kunst zwischen 1910 und 1930. Dresden 1978.

Shane, Alex M.: The Life and Works of Evgenij Zamjatin (Russian and East European Studies). Berkeley, Los Angeles 1968.

Shane, Alex M.: Zamjatin's Prose Fiction. In: The Slavic and East European Journal 12. Jg. (1968) H. 1. S. 14-26.

Shanin, Theodor: Chayanov's treble death and tenuous resurrection: an essay about understanding, about roots of plausibility and about rural Russia. In: The Journal of Peasant Studies 36. Jg. (2009) H. 1. S. 83-101.

Shaw, Nonna Dolodarenko: The Only Soviet Literary Peasant Utopia. In: The Slavic and East European Journal 7. Jg. (1963) H. 3. S. 279-283.

Shaw, Nonna Dolodarenko: The soviet state in twentieth-century utopian imaginative literature. (Dissertation an der Indiana University) Bloomington (Indiana) 1961 (Mikrofilm-Veröffentlichung: Ann Arbor, London 1977).

Shirokorad, Leonid: Russian Economic Thought in the Age of the Enlightenment. In: Barnett, Vincent/ Zweynert, Joachim (Hrsg.): Economics in Russia. Studies in intellectual history (Modern economic and social history). Aldershot u. a. 2008. S. 25-39.

Shmurlo, E.: Catherine II and Radishchev. In: The Slavonic and East European Review 17. Jg. (1938/39). S. 618-622.

Sicher, Efraim: The last utopia: Entropie and revolution in the poetics of Evgenij Zamjatin. In: History of European Ideas 13. Jg. (1991) H. 3. S. 225-237.

Sieburg, Friedrich: Die rote Arktis. *Malygins* empfindsame Reise. Frankfurt a. M. 1932.

Sieburg, Friedrich: Grenzen der Utopie. In: Frankfurter Allgemeine Zeitung, vom 24. Dezember 1958, Bilder und Zeiten, S. 5 (Literaturblatt).

Sieg über die Sonne. Aspekte russischer Kunst zu Beginn des 20. Jahrhunderts. Katalog zur Ausstellung der Akademie der Künste, Berlin, und der Berliner Festwochen vom 1. September bis 9. Oktober 1983 (Schriftenreihe der Akademie der Künste; 15). Berlin 1983.

Siegmann, Frank: Die Musik im Schaffen der russischen Romantiker. Berlin 1954.

Silberstein, Leopold: Belinskij und Černyševskij. Versuch einer geistesgeschichtlichen Orientierungsskizze. In: Jahrbücher für Kultur und Geschichte der Slaven 7. Jg. (1931). S. 163-189.

Singer, Eugenie: Alexander Nikolaevič Radiščev. In: Jahrbücher für Kultur und Geschichte der Slaven 7. Jg. (1931). S. 113-162.

Sinjawski, Andrej: Der Traum vom neuen Menschen oder Die Sowjetzivilisation. Frankfurt a. M. 1989.

Sinjawskij, Andrej: Das Verfahren läuft. Die Werke des Abram Terz bis 1965. Frankfurt a. M. 2001.

Sitter-Liver, Beat (Hrsg.): Utopie heute. Zur aktuellen Bedeutung, Funktion und Kritik des utopischen Denkens und Vorstellens, 2 Bde. Fribourg, Stuttgart 2007.

Skalweit, August: Die Familienwirtschaft als Grundlage für ein System der Sozialökonomik. In: Weltwirtschaftliches Archiv 20. Bd. (1924) H. 2. S. 231-246.

Slonim, Marc: Preface. In: Zamiatin, Eugene: *We*. Boston 1975. S. xxi-xxv.

Smagina, Galina I.: Die Schulreform Katharinas II.: Idee und Realisierung. In: Scharf, Claus (Hrsg.): Katharina II., Russland und Europa. Beiträge zur internationalen Forschung. Mainz 2001. S. 479-503.

Šmidt, V.: Rabočij klass SSSR i žiliščnyj vopros. Moskau 1929.

Smith, A. E.: Chayanov, Sahlins, and the Labor-Consumer Balance. In: Journal of Anthropological Research 35. Jg. (1979) H. 4. 477-480.

Smith, R. E. F.: Note on the Source of George Orwell's *1984*. In: The Journal of Peasant Studies 4. Jg. (1976) H. 1. S. 9-10.

Smurova, Nina: Urbanistische Phantasien in der künstlerischen Kultur Rußlands Ende des 19., Anfang des 20. Jahrhunderts. In: Graefe, Rainer/ Schädlich, Christian/ Schmidt, Dietrich W. (Hrsg.): Avantgarde I: 1900-1923. Russisch-sowjetische Architektur. Stuttgart 1991. S. 56-61.

Smyshliaeva, Maria: Literatur auf Identitätssuche. Konzepte nationaler Identität nach der Perestroika. In: Berliner Debatte Initial 23. Jg. (2012) H. 2. S. 91-98.

Soboleva, Maja: Aleksandr Bogdanov und der philosophische Diskurs in Russland zu Beginn des 20. Jahrhunderts. Zur Geschichte des russischen Positivismus (Studien und Materialien zur Geschichte der Philosophie; 75). Hildesheim, Zürich, New York 2007.

Sochor, Zenovia A.: On Intellectuals and the New Class. In: Russian Review 49. Jg. (1990) H. 3. S. 283-292.

Sochor, Zenovia A.: Revolution and Culture. The Bogdanov-Lenin Controversy (Studies in Soviet History and Society; 5). Ithaca, London 1988.

Sochor, Zenovia A.: Was Bogdanov Russia's Answer to Gramsci? In: Studies in Soviet Thought 22. Jg. (1981) H. 1. S. 59-81.

Soden, Kristine von (Hrsg.): Lust und Last. Sowjetische Frauen von Alexandra Kollontai bis heute. Berlin 1990.

Solschenizyn, Alexander: Rußlands Weg aus der Krise. Ein Manifest. München, Zürich 1990.

Solschenizyn, Alexander: Die russische Frage am Ende des 20. Jahrhunderts. München 1994.

Solženicyn, Aleksandr I.: Kak nam obustroit' Rossiju. In: Literaturnaja gazeta 1990, Nr. 38 (18. September), Beilage.

Sostschenko, Michail: Der redliche Zeitgenosse. Kassel 1947.

Sperling, Walter (Hrsg.): Jenseits der Zarenmacht. Dimensionen des Politischen im Russischen Reich 1800-1917 (Historische Politikforschung; 16). Frankfurt a. M., New York 2008.

Spinola, Julia: Operieren Sie die Seele doch einfach weg! In: Frankfurter Allgemeine Zeitung, vom 8. Mai 2006, S. 40.

Spittler, Gerd: Tschajanow und die Theorie der Familienwirtschaft. In: Tschajanow, Alexander: Die Lehre von der bäuerlichen Wirtschaft. Versuch einer Theorie der Familienwirtschaft im Landbau. Frankfurt a. M., New York 1987. S. VII-XXVIII.

Ssachno, Helen von: Nachwort zu: Samjatin, Jewgenij: Die Geißel Gottes. Attila (Kleine russische Bibliothek). Hamburg, München 1965. S. 113-119.

Stachelhaus, Heiner: Kasimir Malewitsch. Ein tragischer Konflikt. Düsseldorf 1989.

Städtke, Klaus (Hrsg.): Russische Literaturgeschichte. Stuttgart, Weimar 2002.

Städtke, Klaus: Europareisen. Das Eigene und das Fremde im Selbstverständnis des Autors: Karamzin und Dostoevskij. In: Henn, Bettina/ u. a. (Hrsg.): Das Eigene und das Fremde in der russischen Kultur. Kontinuitäten und Diskontinuitäten der Selbstdefinition in Zeiten des Umbruchs (Dokumente und Analysen zur russischen und sowjetischen Kultur; 18). Bochum 2000. S. 15-32.

Städtke, Klaus: Nachwort zu: Odojewski, Wladimir F.: Russische Nächte. Berlin 1987. S. 341-359.

Stadtutopien und utopische Stadtmodelle. Hrsg. vom Informationszentrum Raum und Bau der Fraunhofer-Gesellschaft; redaktionelle Bearbeitung Barbara Brunnert-Bestian (IRB-Literaturauslese; 2875). Stuttgart 1989.

Stalin, Josef W.: Neue Verhältnisse – neue Aufgaben des wirtschaftlichen Aufbaus. In: ders.: Werke, Bd. 13. Berlin 1955. S. 47-72.

Stammler, Heinrich A.: Wladimir Odojewskij: Der Improvisator. In: Zelinsky, Bodo (Hrsg.): Die russische Novelle. Düsseldorf 1982. S. 46-53.

Stammler, Heinrich A: Fürst Wladimir Fjodorowitsch Odojewskij, der philosophische Erzähler der russischen Romantik. In: Odojewskij, Fürst Wladimir F.: Russische Nächte. München 1970. S. 367-410.

Starr, S. Frederick: Visionary Town Planning during the Cultural Revolution. In: Fitzpatrick, Sheila (Hrsg.): Cultural Revolution in Russia, 1928-1931 (Studies of the Russian Institute, Columbia University). Bloomington, London 1978. S. 207-240.

Steila, Daniela: Die Idee der Wissenschaft bei Bogdanov und den russischen Positivisten. In: Plaggenborg, Stefan/ Soboleva, Maja (Hrsg.): Alexander Bogdanov. Theoretiker für das 20. Jahrhundert (Specimina Philologiae Slavicae; 152). München 2008. S. 66-79.

Steiner, Helmut: Alexandra M. Kollontai (1872-1952) über Theorie und Praxis des Sozialismus. In: Beiträge zur Geschichte der Arbeiterbewegung 45. Jg. (2003) H. 4. S. 75-117.

Stenbock-Fermor, Elizabeth: A Neglected Source of Zamiatin's Novel *We*. In: The Russian Review 32. Jg. (1973) H. 2. S. 187-189.

Stepun, Fedor: Dostojewskij und Tolstoj. Christentum und soziale Revolution. 3 Essays. München 1961.

Stepun, Fedor: Dostojewskijs Weltschau und Weltanschauung. Heidelberg 1950.

Stern, Bernhard: Geschichte der öffentlichen Sittlichkeit in Rußland. Berlin 1907.

Stern, Fritz: Kulturpessimismus als politische Gefahr. München 1986.

Stites, Richard: Fantasy and Revolution. Alexander Bogdanov and the Origins of Bolshevik Science Fiction. In: Bogdanov, Alexander: Red Star. The First Bolshevik Utopia. Bloomington (Ind.) 1984. S. 1-16.

Stites, Richard: Festival and Revolution: The Role of Public Spectacle in Russia, 1917-1918. In: Strong, John W. (Hrsg.): Essays on Revolutionary Culture and Stalinism. Selected Papers from the Third World Congress for Soviet and East European Studies. Columbus (Ohio) 1990. S. 9-28.

Stites, Richard: Revolutionary Dreams. Utopian Vision and Experimental Life in the Russian Revolution. New York, Oxford 1989.

Stobbe, Peter: Utopisches Denken bei V. Chlebnikov (Slavistische Beiträge; 161). München 1982.

Stöcker, Helene: Zum vierten Male in Rußland. In: dies.: Verkünder und Verwirklicher. Beiträge zum Gewaltproblem nebst einem zum ersten Male in deutscher Sprache veröffentlichten Briefe Tolstois. Berlin 1928. S. 73-111.

Stökl, Günther: Russische Geschichte. Von den Anfängen bis zur Gegenwart. Stuttgart 1990.

Stölting, Erhard: Strenge Moral. Die russische Intelligenzija. In: Faber, Richard/ Puschner, Uwe (Hrsg.): Intellektuelle und Antiintellektuelle im 20. Jahrhundert (Zivilisationen & Geschichte; 20). Frankfurt a M. 2013. S. 107-124.

Strasser, Nadja: Die Russin. Berlin 1917.

Streck, Bernhard: Tschajanows Einfluß auf die Wirtschaftethnologie. In: Schefold, Bertram (Hrsg.): Vademecum zu einem russischen Klassiker der Agrarökonomie. Düsseldorf 1999. S. 125-139.

Striedter, Jurij: Der Schelmenroman in Rußland. Ein Beitrag zur Geschichte des russischen Romans vor Gogol. Berlin 1961.

Striedter, Jurij: Die Doppelfiktion und ihre Selbstaufhebung. Probleme des utopischen Romans, besonders im nachrevolutionären Rußland. In: Henrich, Dieter/ Iser, Wolfgang (Hrsg.): Funktionen des Fiktiven (Poetik und Hermeneutik; X). München 1983. S. 277-330.

Striegnitz, Sonja: Bauernsozialistische Ideen in Rußland: Viktor Michailowitsch Tschernow. In: Vielfalt sozialistischen Denkens; 5. Berlin 1999. S. 3-23.

Striegnitz, Sonja: Die Narodniki-Parteien von der Jahrhundertwende bis zur bürgerlich-demokratischen Revolution von 1905/07 in Rußland. (Dissertation B an der Humboldt-Universität) Berlin 1986.

Strigaljow, Anatolij: „Architektur aus Neigung". Der Einfluß der Avantgarde-Künstler auf die Architektur. In: Wolter, Bettina-Martine/ Schwenk, Bernhart (Hrsg.): Die große Utopie. Die russische Avantgarde 1915-1932. Frankfurt a. M. 1992. S. 261-281.

Šul'gin, Viktor N: Pjatiletka i zadači narodnogo obrazovanija. Moskau 1930.

Šušpanov, Arkadij N.: Literaturnoe tvorčestvo A. A. Bogdanova i utopičeskij roman 1920-ch godov. (Dissertation an der Staatlichen Universität) Ivanovo 2001.

Suvin, Darko: Die Kritik der sowjetischen Science Fiction 1956-1970. In: Quarber Merkur 29 10. Jg. (1972) H. 1. S. 40-51.

Suvin, Darko: Die utopische Tradition der russischen Science Fiction. In: Polaris. Ein Science-fiction-Almanach 2 Jg. (1974). S. 209-247.

Suvin, Darko: Ein Abriß der sowjetischen Science Fiction. In: Barmeyer, Eike (Hrsg.): Science Fiction. Theorie und Geschichte. München 1972. S. 318-339.

Svjatlovskij, Vladimir: Russkij utopičeskij roman. Petrograd 1922.

Szylkarski, Wladimir: Messianismus und Apokalyptik bei Dostojewskij und Solowjew. Heidelberg 1952.

Tannenbaum, Nicola: The Misuse of Chayanov: „Chayanov's Rule" and Empiricist Bias in Anthropology. In: American Anthropologist N. F. 86. Jg. (1984) H. 4. S. 927-942.

Tatarincev, Aleksandr G.: Radiščevs sibirische Reiscaufzeichnungen. In: Zeitschrift für Slawistik 15. Jg. (1970). S. 911-926.

Tatarincev, Aleksandr G.: Radiščevs und die Freimaurerei. In: Jahrbuch für Geschichte der UdSSR 9. Jg. (1966). S. 171-191.

Tatarincev, Aleksandr G.: Zur Frage der deutschen Beziehungen A. N. Radiščevs. In: Zeitschrift für Slawistik 16. Jg. (1971). S. 896-900.

Tetzner, Thomas: Der kollektive Gott. Zur Ideengeschichte des „Neuen Menschen" in Russland. Göttingen 2013.

Thiergen, Peter: Der ‚prooöminale Eingang' von Radiščevs *Reise*. In: Zeitschrift für Slavische Philologie 37. Jg. (1974). S. 101-116.

Thies, Christian: Kältetod und Entropie. In: Baßler, Moritz/ Knaap, Ewout van der (Hrsg.): Die (k)alte Sachlichkeit. Herkunft und Wirkungen eines Konzepts. Würzburg 2004. S. 189-196.

Thiry, August: Het Verloren Paradijs: Zamjatins roman *Wij* als literair model voor *Brave New World* van Aldous Huxley en *1984* van George Orwell. In: Waegemans, Emmanuel (Hrsg.): Russische Literatuur in de 20ste EEUW. Satire, utopie, anti-utopie en fantastiek in Sovjet-Rusland (Ancorae. Steunpunten voor studie en onderwijs; 4). Leuven 1986. S. 92-122.

Thorner, Daniel/ Kerblay, Basile/ Smith, R. E. F. (Hrsg.): A. V. Chayanov on The Theory of Peasant Economy. Homewood (Illi.) 1966.

Thorner, Daniel: Chayanov's Concept of Peasant Economy. In: ders./ Kerblay, Basile/ Smith, R. E. F. (Hrsg.): A. V. Chayanov on the Theory of Peasant Economy. Homewood (Illi.) 1966. S. XI-XXIII.

Tolstoi, Alexej: Peter der Erste. 2 Bde. Berlin, Weimar 1975.

Tolstoi, Leo N.: Die Bedeutung der russischen Revolution. Oldenburg, Leipzig 1907.

Tolstoi, Lew: Auferstehung (Gesammelte Werke; 11). Berlin 1969.

Tolstoi, Lew: Die große Sünde. In: ders.: Philosophische und sozialkritische Schriften (Gesammelte Werke; 15). Berlin 1974. S. 630-661.

Tolstoi, Lew: Die Sklaverei unserer Zeit. In: ders.: Philosophische und sozialkritische Schriften (Gesammelte Werke; 15). Berlin 1974. S. 531-603.

Tolstoi, Lew: Philosophische und sozialkritische Schriften (Gesammelte Werke; 15). Berlin 1974.

Tolstoi, Lew: Was sollen wir denn tun? In: ders.: Philosophische und sozialkritische Schriften (Gesammelte Werke; 15). Berlin 1974. S. 165-470.

Tolstoy, Vladimir/ Bibikova, Irina/ Cooke, Catherine (Hrsg.): Street Art of the Revolution. Festivals and Celebrations in Russia 1918-33. London 1990.

Tompkins, Stuart Ramsay: The Russian Intelligentsia. Makers of the Revolutionary State. Norman (Oklahoma) 1957.

Torke, Hans-Joachim: Autokratie und Absolutismus in Rußland – Begriffserklärung und Periodisierung. In: Halbach, Uwe u. a. (Hrsg.): Geschichte Altrußlands in der Begriffswelt ihrer Quellen. Festschrift zum 70. Geburtstag von Günther Stökl. Stuttgart 1986. S. 32-49.

Trediakovskij, Vasilij K.: Tilemachida. In: ders.: Sočinenija, Bd. 2. St. Petersburg 1849. S. 1-788.

Tretjakow, Sergej: Feld-Herren. Der Kampf um eine Kollektiv-Wirtschaft. Berlin 1931.

Tröger, Annemarie: Alexandra Kollontai: Zwischen Feminismus und Sozialismus. In: Kollontai, Alexandra: Die Situation der Frau in der gesellschaftlichen Entwicklung. Vierzehn Vorlesungen vor Arbeiterinnen und Bäuerinnen an der Sverdlov-Universität 1921. 3., neugefaßte Auflage Frankfurt a. M. 1977. S. 243-264.

Troisen, Antje: Alexandra Kollontai – von Liebe und Arbeit. In: Zeitschrift für sozialistische Politik und Wirtschaft Nr. 96 (1996). S. 49-52.

Trotzki, Leo: „Sozialismus in einem Lande". In: ders. Schriften, Bd. 1.2. Hamburg 1988. S. 989-1001.

Trotzki, Leo: Fragen des Alltagslebens. Essen 2001.

Trotzki, Leo: Frau, Familie und Revolution. Berlin 1972.

Trotzki, Leo: Literatur und Revolution. Essen 1994.

Trotzki, Leo: Verratene Revolution. Was ist die Sowjetunion und wohin treibt sie? Essen 1990.

Trousson, Raymond: Utopie, Geschichte, Fortschritt: *Das Jahr 2440*. In: Voßkamp, Wilhelm (Hrsg.): Utopieforschung. Interdisziplinäre Studien zur neuzeitlichen Utopie, Bd. 3. Frankfurt a. M. 1985. S. 15-23.

Tschaadajew, Peter: Erster Philosophischer Brief. In: ders.: Apologie eines Wahnsinnigen. Geschichtsphilosophische Schriften. Leipzig 1992. S. 5-29.

Tschajanow, Alexander W. – auch *Čajanov, Aleksandr V.* und *Kremnev, Ivan*

Tschajanoff, Alexander W.: Die Landwirtschaft des Sowjetbundes. Ihre geographische, wirtschaftliche und soziale Bedeutung (Der Weltmarkt für agrarische Erzeugnisse; 1). Berlin 1926.

Tschajanow, Alexander W.: Die Lehre von der bäuerlichen Wirtschaft. Versuch einer Theorie der Familienwirtschaft im Landbau. Berlin 1923 (Reprint: Frankfurt a. M., New York 1987 und Düsseldorf 1999).

Tschajanow, Alexander W.: Die optimalen Betriebsgrößen in der Landwirtschaft. Mit einer Studie über die Messung der Nutzeffektes von Rationalisierungen der Betriebsfläche. Berlin 1930.

Tschajanow, Alexander W.: Die Sozialagronomie, ihre Grundgedanken und Arbeitsmethoden. Berlin 1924.

Tschajanow, Alexander W.: Die volkswirtschaftliche Bedeutung der landwirtschaftlichen Genossenschaften. In: Weltwirtschaftliches Archiv 24. Bd. (1926) H. 2. S. 275-298.

Tschajanow, Alexander W.: Gegenwärtiger Stand der landwirtschaftlichen Ökonomik in Rußland. In: Schmollers Jahrbuch für Gesetzgebung, Verwaltung und Volkswirtschaft im Deutschen Reiche 46. Jg. (1922) H. 3/4. S. 731-741.

Tschajanow, Alexander W.: Reise meines Bruders Alexej ins Land der bäuerlichen Utopie. Frankfurt a. Main 1981.

Tschajanow, Alexander W.: Wenediktow oder Die denkwürdigen Ereignisse meines Lebens. In: Keller, Christoph: Moskau erzählt. 22 Erzählungen. Frankfurt a. M. 1993. S. 17-44.

Tschajanow, Alexander W.: Zur Frage der Bedeutung der Familienwirtschaft im Gesamtaufbau der Volkswirtschaft. In: Weltwirtschaftliches Archiv 22. Bd. (1925) H. 1, Literatur. S. 1**-5**.

Tschayanoff, Alexander W.: Die neueste Entwicklung der Agrarökonomik in Rußland. In: Archiv für Sozialwissenschaft und Sozialpolitik 50. Jg. (1923) H. 1. S. 238-245.

Tschayanoff, Alexander W.: Zur Frage einer Theorie der nichtkapitalistischen Wirtschaftssysteme. In: Archiv für Sozialwissenschaft und Sozialpolitik 51. Jg. (1924) H. 3. S. 577-613.

Tschajanow, Wasilij A./ Petrikow, Alexander W.: A. W. Tschajanow in den Vernehmungen der OGPU in der Sache „Werktätige Bauernpartei". In: Schulze, Eberhard (Hrsg.): Alexander Wasiljewitsch Tschajanow – die Tragödie eines großen Agrarökonomen (Studies on the Agricultural and Food Sector in Central and Eastern Europe; 12). Kiel 2001. S. 30-45.

Tschajanow, Wasilij A./ Schmeljow, G. I.: A. W. Tschajanow und seine Lehre über die Bauernwirtschaft und die Genossenschaft. In: Schulze, Eberhard (Hrsg.): Alexander Wasiljewitsch Tschajanow – die Tragödie eines großen Agrarökonomen (Studies on the Agricultural and Food Sector in Central and Eastern Europe; 12). Kiel 2001. S. 16-29.

Tschajanow, Wasilij A.: A. W. Tschajanow während der Verbannung und erneuten Verhaftung. In: Schulze, Eberhard (Hrsg.): Alexander Wasiljewitsch Tschajanow – die Tragödie eines großen Agrarökonomen (Studies on the Agricultural and Food Sector in Central and Eastern Europe; 12). Kiel 2001. S. 163-166.

Tschechow, Anton: Onkel Wanja. Stuttgart 1988.

Tschernyschewski, Nikolai G. – auch *Černyševskij, Nikolaj G.*

Tschernyschewski, Nikolai G.: Ausgewählte philosophische Schriften. Moskau 1953.

Tschernyschewski, Nikolai G.: Das anthropologische Prinzip in der Philosophie. In: ders.: Ausgewählte philosophische Schriften. Moskau 1953. S. 63-174.
Tschernyschewski, Nikolai G.: Das anthropologische Prinzip. Berlin 1956.
Tschernyschewski, Nikolai G.: Das Schöne ist das Leben. Ausgewählte Schriften. Hrsg. und eingeleitet von Gabriela Carli und Ulf Lehmann. Berlin 1989.
Tschernyschewski, Nikolai G.: Die ästhetischen Beziehungen der Kunst zur Wirklichkeit. In: ders.: Ausgewählte philosophische Schriften. Moskau 1953. S. 362-493.
Tschernyschewski, Nikolai G.: Die ästhetischen Beziehungen der Kunst zur Wirklichkeit. Hrsg. von Wolf Düwel; mit einem Essay von Georg Lukács. 3. Auflage Berlin 1954.
Tschernyschewski, Nikolai G.: Was thun? Erzählungen von neuen Menschen. Leipzig 1883.
Tschernyschewski, Nikolai G.: Was tun? Aus Erzählungen von neuen Menschen. Berlin, Weimar 1974 (zitierte Ausgabe).
Tschižewskij, Dmitrij/ Groh, Dieter (Hrsg.): Europa und Russland. Texte zum Problem des westeuropäischen und russischen Selbstverständnisses. Darmstadt 1959.
Turgenjew, Iwan: Hamlet und Don Quijote. In: ders.: Literaturkritische und publizistische Schriften. Berlin, Weimar 1979. S. 296-316.
Turgenjew, Iwan: Väter und Söhne. Berlin, Weimar 1983.
Uffelmann, Dirk: Radiščev lesen. Die Strategie des Widerspruchs im *Putešestvie iz Peterburga v Moskvu*. In: Wiener Slawistischer Almanach 43. Jg. (1999). S. 5-25.
Uhlig, Christiane: Utopie oder Alptraum? Schweizer Reiseberichte über die Sowjetunion 1917-1941 (Die Schweiz und der Osten Europas; 2). Zürich 1992.
Uhlig, Günther: Kollektivmodell „Einküchenhaus": Wohnreform und Architekturdebatte zwischen Frauenbewegung und Funktionalismus 1900-1933 (Werkbund-Archiv; 6). Gießen 1981.
Ulam, Adam B: Rußlands gescheiterte Revolutionen. Von den Dekabristen bis zu den Dissidenten. München, Zürich 1985.
Ulph, Owen: I-330: Reconsiderations on the Sex of Satan. In: Russian Literature Triquarterly 9. Jg. (1974). S. 262-275.
Ulybyschew, Alexander D.: Der Traum. In: Dudek, Gerhard: Die Dekabristen. Dichtungen und Dokumente. Leipzig 1975. S. 319-328.
Urban, Peter: Nachwort zu: Kropotkin, Pëtr: Ideale und Wirklichkeit in der russischen Literatur. Zürich 2003. S. 473-483.
Urussowa, Janina: Das neue Moskau. Die Stadt der Sowjets im Film 1917-1941. Köln, Weimar, Wien 2004.
Utechin, Sergej V.: Geschichte der politischen Ideen in Rußland. Stuttgart u. a. 1966.

Utechin, Sergej V.: Philosophie und Gesellschaft. Alexander Bogdanov. In: Labedz, Leopold (Hrsg.): Der Revisionismus (Library of International Studies). Köln, Berlin 1966. S. 149-161.

Utopies et réalités en URSS 1917-1934. Agit-Prop, design, architecture. Paris 1980.

Vaagan, Robert: „PS: What is to be done with the novel?" Voronskij, Zamjatin and *My*. In: Scando-Slavica 43. Jg. (1997) H. 1. S. 39-51.

Vaatz, Alexander: Sowjetische Kollektivwirtschaft. Berlin 1941.

Vas'kin, Aleksandr A./ Nazarenko, Julija I.: Architektura stalinskich vysotok Moskvy. Moskau 2006.

Vaslef, Nicholas P.: Bulgarin and the Development of the Russian Utopian Genre. In: Slavic and East European Journal 12. Jg. (1968). S. 35-43.

Vercelloni, Virgilio: Europäische Stadtutopien. Ein historischer Atlas. München 1994.

Vetter, Andreas K.: Die Befreiung des Wohnens. Ein Architekturphänomen der 20er und 30er Jahre. Tübingen, Berlin 2000.

Viereck, Gunther: Johann Heinrich von Thünen. Ein Klassiker der Nationalökonomie im Spiegel der Forschung (Beiträge zur deutschen und europäischen Geschichte; 35). Hamburg 2006.

Villadsen, Preben: The underground man and Raskolnikov. A comparative study. Odense 1981.

Vinogradskaja, Polina: Voprosy morali, pola, byta i tov. Kollontaj. In: Krasnaja nov'. Literaturno- hudožestvennyj i naučno-publicističeskij žurnal 3. Jg. (1923) H. 6 (16). S. 179-214.

Vogel, Alexandra: Das Gesellschaftsbild und Gesellschaftsideal des russischen Schriftstellers A. N. Radistschew. (Diplomarbeit an der Humboldt-Universität zu) Berlin 1976.

Vogeler, Heinrich: Die Arbeitsschule als Aufbauzelle der klassenlosen menschlichen Gesellschaft. Hamburg 1921.

Vogeler, Heinrich: Die Arbeitsschule. In: Freiheit. Berliner Organ der Unabhängigen Sozialdemokratie Deutschlands 4. Jg. (1921) Nr. 561, 1. Dezember 1921 (Abend-Ausgabe), S. 2.

Vogeler, Heinrich: Reise durch Rußland. Die Geburt des neuen Menschen. Dresden 1925 (Reprint: Fernwald, Wißmar 1974).

Vogeler, Heinrich: Siedlungswesen und Arbeitsschule (Die Silbergäule; 36). Hannover 1919.

Vogt, Adolf Max: Russische und französische Revolutions-Architektur 1917 * 1789 (Bauwelt-Fundamente; 92). Braunschweig, Wiesbaden 1990.

Vöhringer, Margarete: Rausch im Blut: Aleksandr Bogdanovs Experimente zwischen Kunst und Wissenschaft. In: Klimó, Árpád von/ Rolf, Malte (Hrsg.):

Rausch und Diktatur. Inszenierung, Mobilisierung und Kontrolle in totalitären Systemen. Frankfurt a. M. u. a. 2006. S. 139-150.

Vöhringer, Margarete: Rezension zu Heller, Leonid/ Niqueux, Michel: *Geschichte der Utopie in Russland*. In: H-Soz-u-Kult, H-Net Reviews, November 2005 (www.h-net.org/reviews/showrev.php?id=19186).

Voigt, Andreas: Die sozialen Utopien. Fünf Vorträge. Leipzig 1906.

Vol'fson, Semen Ja.: Sociologija braka i sem'i. Minsk 1929.

Voronskij, Aleksandr K: Literaturnye siluėty. III. Evg. Zamjatin. In: Krasnaja nov'. Literaturno- hudožestvennyj i naučno-publicističeskij žurnal 2. Jg. (1922) H. 6 (10). S. 304-322.

Vorst, Hans: Das bolschewistische Rußland. Leipzig 1919.

Voßkamp, Wilhelm (Hrsg.): Utopieforschung. Interdisziplinäre Studien zur neuzeitlichen Utopie, 3 Bde. Frankfurt a. M. 1985.

Waegemans, Emmanuel: Betrachtungen über das Reisen in der russischen Literatur des 18. Jahrhunderts. In: Zeitschrift für Slawistik 30. Jg. (1985). S. 430-435.

Waegemans, Emmanuel: Kremnjov: alle macht aan de boeren: een utopische visie op Rusland in 1984. In: ders. (Hrsg.): Russische Literatuur in de 20ste EEUW. Satire, utopie, anti-utopie en fantastiek in Sovjet-Rusland (Ancorae. Steunpunten voor studie en onderwijs; 4). Leuven 1986. S. 77-90.

Waegemans, Emmanuel: Zur Geschichte des russischen politischen Denkens: M. M. Ščerbatovs *Reise ins Land Ophir* (I.). In: Slavica Gandensia 11. Jg. (1984). S. 65-83.

Walden, Herwarth: Sowjet-Russland. In: Der Sturm. Monatszeitschrift für Kultur und Künste 18. Jg. (1927/28) H. 8 (November 1927). S. 105-112.

Walicki, Andrzej S.: Alexander Bogdanov and the Problem of the Socialist Intelligentsia. In: Russian Review 49. Jg. (1990) H. 3. S. 293-304.

Walicki, Andrzej: A History of Russian Thought: From the Enlightenment to Marxism. Stanford (California) 1979.

Walicki, Andrzej: The Slavophile Controversy. History of a Conversative Utopia in Nineteenth-Century Russia Thought. Oxford 1975.

Warrick, Patricia: The Sources of Zamyatin's *We* in Dostoevsky's *Notes from Underground*. In: Extrapolation 17. Jg. (1975) H. 1. S. 63-77.

Was ist eigentlich Anarchie? Einführung in die Theorie und Geschichte des Anarchismus. 2., überarbeitete Auflage Berlin 1997.

Was sahen 58 deutsche Arbeiter in Rußland? Bericht der deutschen Arbeiter-Delegation über ihren Aufenthalt in Rußland vom 14. Juli bis zum 28. August 1925. Hrsg. von dem Einheitskomitee für Arbeiterdelegationen. Berlin 1925 (Reprint: Berlin 2003).

Waschik, Klaus (Hrsg.): Seht her, Genossen! Plakate aus der Sowjetunion. Dortmund 1982.

Waschik, Klaus/ Baburina, Nina (Hrsg.): Werben für die Utopie. Russische Plakatkunst des 20. Jahrhunderts. Bietigheim-Bissingen 2003.

Webb, Beatrice: Pilgerfahrt nach Moskau. Die Reise einer Fabierin in die Sowjetunion Stalins (KritBrit. Die Bibliothek des kritischen Britannien; 4). Passau 1998.

Webb, Sidney/ Webb, Beatrice: Soviet Communism: A new civilisation? 2 Bde. London 1935.

Weber, Max: Gesamtausgabe, Bd. I/10: Zur Russischen Revolution von 1905. Schriften und Reden 1905-1912. Tübingen 1989.

Weber, Petra: Sozialismus als Kulturbewegung. Frühsozialistische Arbeiterbewegung und das Entstehen zweier feindlicher Brüder Marxismus und Anarchismus (Beiträge zur Geschichte des Parlamentarismus und der politischen Parteien; 86). Düsseldorf 1989.

Weckerlein, Friedrich: „Die Webbs". Intellektuelle zwischen Westminster und Rotem Platz. In: Webb, Beatrice: Pilgerfahrt nach Moskau. Die Reise einer Fabierin in die Sowjetunion Stalins (KritBrit. Die Bibliothek des kritischen Britannien; 4). Passau 1998. S. 11-42.

Wedel, Erwin: A. N. Radiščevs *Reise von Petersburg nach Moskau* und N. M. Karamzins *Reisebriefe eines Russen*. In: Die Welt der Slawen 4. Jg. (1959). S. 302-328 und S. 435-443.

Wedel, Erwin: Radiščev und Karamzin. In: Die Welt der Slawen 4. Jg. (1959). S. 38-65.

Wegner, Armin T.: Fünf Finger über dir. Bekenntnisse eines Menschen in dieser Zeit. Stuttgart, Berlin, Leipzig 1930.

Wegner, Michael: Die „Russische Idee" – Geschichte und Wirkung. In: ders./ Remer, Claus/ Hexelschneider, Erhard (Hrsg.): Russland und Europa. Historische und kulturelle Aspekte eines Jahrhundertproblems. Leipzig 1995. S. 17-33.

Wehner, Markus: Hauptstadt des Geistes, Hauptstadt der Macht. Leningrad/ St. Petersburg und Moskau: Die Konfrontation im zwanzigsten Jahrhundert. In: Creuzberger, Stefan/ Kaiser, Maria/ Mannteufel, Ingo/ Unser, Jutta (Hrsg.): St. Petersburg – Leningrad – St. Petersburg. Eine Stadt im Spiegel der Zeit. Stuttgart 2000. S. 220-232.

Weiskopf, Franz Carl: Zukunft im Rohbau. 18 000 Kilometer durch die Sowjetunion. Berlin 1932.

Weitz, Siegfried C. (Hrsg.): Materialien zur Geschichte der Jugendverwahrlosung in der Sowjetunion, Bd. 2: Dokumente (Beiträge zur sozialistischen Pädagogik; 15a). 2., erw. Auflage in zwei Bänden. Marburg a. d. Lahn 1990.

Weitz, Siegfried C.: Geschichte der Jugendverwahrlosung in der Sowjetunion, Bd. 1: Darstellung (Beiträge zur sozialistischen Pädagogik; 15). 2., erw. Auflage. in zwei Bänden. Marburg a. d. Lahn 1990.

Weitz, Siegfried C.: Verwahrlosung, Delinquenz und Resozialisierung Minderjähriger in der Sowjetunion. Zur Geschichte eines sozialpädagogischen Problems, dargestellt am Beispiel der Russischen Sowjetrepublik 1917-1935 (Beiträge zur sozialistischen Pädagogik; 15). Marburg a. d. Lahn 1978.

Wellek, Nonna D.: Die sowjetrussischen literarischen Utopien. In: Villgradter, Rudolf/ Krey, Friedrich (Hrsg.): Der utopische Roman. Darmstadt 1973. S. 321-329.

Wesson, Robert G.: Soviet Communes. New Brunswick (New Jersey) 1963.

Wesson, Robert G.: The Soviet Communes. In: Soviet Studies 13. Jg. (1962) H. 4. S. 341-361.

Westerman, Frank: Ingenieure der Seele. Schriftsteller unter Stalin – Eine Erkundungsreise. Berlin 2003.

Wett, Barbara: ‚Neuer Mensch' und ‚Goldene Mittelmäßigkeit'. F. M. Dostoevskijs Kritik am rationalistisch-utopischen Menschenbild (Slavistische Beiträge; 194). München 1986.

Wetter, Gustav A.: Der Empiriomonismus Bogdanovs. In: ders: Der dialektische Materialismus. Seine Geschichte und sein System in der Sowjetunion. 4., bearbeitete und erweiterte Auflage. Wien 1958. S. 106-115.

White, James D.: Bogdanov in Tula. In: Studies in Soviet Thought 22. Jg. (1981) H. 1. S. 33-58.

White, James D.: Alexander Bogdanov's Conception of Proletarian Culture. In: Revolutionary Russia 26. Jg. (2013) H. 1. S. 52-70.

White, John J.: Mathematical Imagery in Musil's *Young Torless* and Zamyatin's *We*. In: Comparative Literature 18. Jg. (1966) H. 1. S. 71-78.

Whyte, Iain Boyd/ Schneider, Romana (Hrsg.): Die Briefe der Gläsernen Kette. Berlin 1986.

Wi, Min-Chor: Die Phänomenologie des Androiden. Reflexionen des Körpers auf der Bühne im 20. Jahrhundert. (Dissertation an der Fakultät der Philologie der Ruhr-Universität) Bochum 2006.

Wiederkehr, Stefan: Die eurasische Bewegung. Wissenschaft und Politik in der russischen Emigration der Zwischenkriegszeit und im postsowjetischen Rußland (Beiträge zur Geschichte Osteuropas; 39). Köln, Weimar, Wien 2007.

Wilden, Kurt: Die sozialwissenschaftlichen Lehren Kropotkins und die Theorie des Bolschewismus. (Dissertation an der Universität Köln) Düsseldorf 1922.

Williams, Robert C.: The other Bolsheviks. Lenin and His Critics, 1904-1914. Bloomington, Indianapolis 1986.

Winkelmann, Arne: Das Pionierlager Artek. Realität und Utopie in der sowjetischen Architektur der sechziger Jahre. (Dissertation an der Fakultät Architektur der Bauhaus-Universität) Weimar 2004.

Winkler, Martina: „Eigentum! Heiliges Recht! Seele der Gesellschaft!". Adel, Eigentum und Autokratie in Russland im 18. und frühen 19. Jahrhundert. In:

Sperling, Walter (Hrsg.): Jenseits der Zarenmacht. Dimensionen des Politischen im Russischen Reich 1800-1817 (Historische Politikforschung; 16). Frankfurt a. M., New York 2008. S. 71-97.

Winter, Eduard: Frühaufklärung. Der Kampf gegen den Konfessionalismus in Mittel- und Osteuropa und die deutsch-slawische Begegnung. Berlin 1966.

Witkowski, Teodolius: Radiščev und Rousscau. In: Graßhoff, Helmut/ Lehmann, Ulf (Hrsg.): Studien zur Geschichte der russischen Literatur des 18. Jahrhunderts, Bd. I. Berlin 1963. S. 121-139.

Witkowski, Theodolius: Radiščev oder Novikov? In: Zeitschrift für Slawistik 3. Jg. (1958). S. 384-394.

Wlassowa, Galina A.: „Wir bauen unsere neue Welt!" – Gegenständliche Stoffmuster. In: Hornbostel, Wilhelm/ u. a. (Hrsg.): mit voller Kraft. Russische Avantgarde 1910-1934. Heidelberg 2001. S. 201-204.

Wodowosowa, Jelisaweta N.: Im Frührot der Zeit. Erinnerungen 1848-1863. Weimar 1972.

Woehrlin, William F.: Chernyshevskii. The Man and the Journalist. Cambridge (Mass.) 1971.

Wolf, Ulrich: Als Grünflächen-Bearbeiter bei der Planung in Rußland. In: Gartenkunst 46. Jg. (1938) H. 7. S. 105-111.

Wölfel, Ute: Rede-Welten. Zur Erzählung von Geschlecht und Sozialismus in der Prosa Irmtraud Morgners (Schriftenreihe Literaturwissenschaft; 77). Trier 2007

Wolkonskij, Michael: Die Dekabristen. Die ersten russischen Freiheitskämpfer des 19. Jahrhunderts. Zürich 1946.

Wölky, Heidelore: Die Darstellung der Frau in A. N. Radistschews Werk Reise von Petersburg nach Moskau. (Diplomarbeit an der Humboldt-Universität) Berlin 1976.

Wolter, Bettina-Martine/ Schwenk, Bernhart (Hrsg.): Die große Utopie. Die russische Avantgarde 1915-1932. Frankfurt a. M. 1992.

Wolter, Ulf (Hrsg.): Die linke Opposition in der Sowjetunion 1923-1928, Bd. III: 1925-1926. Berlin 1976.

Wolters, Margarete/ Wolters, Analise: Elemente des russischen Rätesystems, Bd. IX: Die Beziehungen zwischen den Geschlechtern (Hamburger Historische Studien; 6,17f.), 2 Bde. Hamburg 1980f.

Wood, Elizabeth A.: The Baba and the Comrad. Gender and Politics in Revolutionary Russia. Bloomington, Indianapolis 1997.

Worowski, Wazlaw: Literaturkritik im politischen Kampf. Berlin 1984.

Wouters, Emiel: De eerste anti-utopie in Sovjet-Rusland. In: Waegemans, Emmanuel (Hrsg.): Russische Literatuur in de 20ste EEUW. Satire, utopie, antiutopie en fantastiek in Sovjet-Rusland (Ancorae. Steunpunten voor studie en onderwijs; 4). Leuven 1986. S. 124-137.

Yarwood, Edmund: A Comparison of Selected Symbols in *Notes from the Underground* and *We*. In: Proceedings: Pacific Northwest Conference on Foreign Languages, Twenty-First Annual Meeting 21. Jg. (1970). S. 144-149.

Yassour, Avraham: Bogdanov et son œuvre. In: Cahiers du Monde russe et soviétique 10. Jg. (1969) H. 3/4. S. 546-584.

Yassour, Avraham: Lenin and Bogdanov: Protagonists in the ‚Bolshevik Center'. In: Studies in Soviet Thought 22. Jg. (1981) H. 1. S. 1-32.

Zahn, Inka: Reise als Begegnung mit dem Anderen? Französische Reiseberichte über Moskau in der Zwischenkriegszeit (Reisen, Texte, Metropolen; 6). Bielefeld 2008.

Zamjatin, Evgenij I. – auch *Samjatin, Jewgenij I.*

Zamjatin, Evgenij I. In: Kratkaja literaturnaja enciklopedija, Bd. 2. Moskau 1964, Sp. 987.

Zamjatin, Evgenij I.: D-503. In: ders.: Sobranie sočinenij, Bd. 4. Moskau 2010. S. 37-41.

Zamjatin, Evgenij I.: My. In: ders.: Sobranie sočinenij, Bd. 2. Moskau 2003. S. 211-368.

Zamjatin, Evgenij I.: My. In: Volja Rossii. Žurnal politiki i kul'tury 6. Jg. (1927) H. 2. S. 3-33, H. 3. S. 3-32 u. H. 4. S. 3-28.

Zamjatin, Evgenij I.: My. In: Znamja. Ežemesjačnyj literaturno-hudožestvennyj i obščestvenno-političeskij žurnal 58. Jg. (1988) H. 4. S. 126-177 u. H. 5. S. 104-154.

Zamjatin, Evgenij I.: Robert Majer. Berlin, Petersburg, Moskau 1922.

Zamjatin, Evgenij I.: Sobranie sočinenij. Moskau 2003ff.

Zamjatin, Evgenij I.: Sočinenija. Moskau 1988.

Zank, Wolfgang: Das Land der bäuerlichen Utopie. In: Die Zeit Nr. 46 vom 11. November 1988, S. 37.

Zarusky, Jürgen: Vom Zarismus zum Bolschewismus. Die deutsche Sozialdemokratie und der „asiatische Despotismus". In: Koenen, Gerd/ Kopelew, Lew (Hrsg.): Deutschland und die Russische Revolution 1917-1924 (West-östliche Spiegelungen, Reihe A: Russen und Rußland aus deutscher Sicht; 5). München 1998. S. 99-133.

Zelinsky, Bodo: Russische Romantik. Köln, Wien 1975.

Zenkovskij, Vasilij V.: Der Geist der Utopie im russischen Denken. In: Orient und Occident. Staat, Gesellschaft, Kirche. Heft 16 (1934): Utopie und Apokalypse im russischen Denken. S. 23-31.

Zetkin, Clara: Erinnerungen an Lenin. Berlin 1985.

Ziche, Joachim.: [Rezension zu] Tschajanow, Alexander: *Die Lehre von der bäuerlichen Wirtschaft*. In: Zeitschrift für Agrargeschichte und Agrarsoziologie 36. Jg. (1988) H. 1. S. 166.

Ziegler, Gudrun: Moskau und Petersburg in der russischen Literatur (ca. 1700-1850). Zur Gestaltung eines literarischen Stoffes (Slavistische Beiträge; 80). München 1974.

Zil'berfarb, Ioganson I.: Idei Fur'e v Rossii v 30-40-ch godach XIX veka. In: Istoričeskie zapiski 12. Jg. (1948), Nr. 27. S. 240-265.

Zilboorg, Gregory: Foreword [zur engl. Ausgabe von 1924]. In: Zamiatin, Eugene: We. Boston 1975. S. xiii-xvii.

Zilboorg, Gregory: Thirty-Five Years Later. In: Zamiatin, Eugene: We. Boston 1975. S. xix-xx.

Zimmermann, Gerd: Bildersprache in F. M. Dostoevskijs *Zapiski iz podpol'ja*. (Dissertation an der Philosophischen Fakultät der Universität) Göttingen 1971.

Zinsmeister, Annett (Hrsg.): Constructing Utopia. Konstruktionen künstlicher Welten. Zürich, Berlin 2005.

Ziolkowski, Konstantin E. – auch *Ciolkovskij, Konstantin E.*

Ziolkowski, Konstantin E.: Auf dem Monde. Berlin 1956.

Žižek, Slavoj: Die Revolution steht bevor. Dreizehn Versuche über Lenin. Frankfurt a. M. 2002.

Žoltovskij, Ivan V.: V 1918-m. In: Lenin, Vladimir I.: O literature i iskusstve. Moskau 1957. S. 596-598.

ABBILDUNGSNACHWEIS

Abb. 1. Titelseite von Schtscherbatows *Reise ins Land Ophir...* in der Werkausgabe 1896
aus: Ščerbatov, Michail M.: Sočinenija, Bd. 1. St. Petersburg 1896.

Abb. 2. Titelblatt der deutschen Erstausgabe von Radischtschews *Reise von St. Petersburg nach Moskau*, Berlin, 1922
aus: Radischtschew, Alexander R.: Reise von Petersburg nach Moskau (Quellen und Aufsätze zur russischen Geschichte; 4). Leipzig 1922.

Abb. 3. Titelseite von Odojewskis *Die Stadt ohne Namen* in der Zeitschrift *Sowremennik* 1839
aus: Sovremennik Nr. 13 (1839).

Abb. 4. Titelblatt der deutschen Erstausgabe von Tschernyschewskis *Was tun?*, Leipzig 1883
aus: Tschernyschewskij, Nikolaj G.: Was thun? Erzählungen von neuen Menschen. 2. Auflage Leipzig 1890.

Abb. 5. Titelblatt der deutschen Erstausgabe von Dostojewskis *Aufzeichnungen aus dem Kellerloch*, Berlin 1895
aus: Dostojewsky, Fedor: Aus dem dunkelsten Winkel der Großstadt. 2. Auflage Berlin 1905.

Abb. 6. Einband der deutschen Erstausgabe von Bogdanows *Der rote Planet*, Berlin 1923
aus: Bogdanoff, Alexander: Der rote Stern. Ein utopischer Roman (Internationale Jugendbücherei; 1). Berlin-Schöneberg 1923
Bildquelle: Staatsbibliothek zu Berlin – Preußischer Kulturbesitz, Kinder- und Jugendbuchabteilung.

Abb. 7. Einband von Tschajanows *Reise meines Bruders Alexej ins Land der bäuerlichen Utopie*, New York 1981 (russisch)
aus: Kremnev, Ivan (A. Čajanov): Putešestvie moego brata Alexeja v stranu krest'janskoj utopii. New York 1981.

Abb. 8. Kasimir Malewitsch *Planiten für Semljaniten*, 1920, Graphit auf Papier, 34,3 x 31 cm, Staatliches Russisches Museum, St. Petersburg
aus: Kasimir Malewitsch (1878-1935). Werke aus sowjetischen

Sammlungen. Katalog zur Ausstellung in der Kunsthalle Düsseldorf 29. Februar – 20. April 1980. hrsg. von der Städtischen Kunsthalle Düsseldorf. Düsseldorf 1980, Abb. 56 (S. 45) – (alle Rechte Kunsthalle Düsseldorf und W/O Wneschttorgidat).

Abb. 9. El Lissitzky *Horizontaler Wolkenkratzer für Moskau. Wolkenbügel* (Perspektive), 1924
aus: Lissitzky, El: Rußland. Die Rekonstruktion der Architektur in der Sowjetunion. Wien 1930, Abb. 63 (S. 68).

Abb. 10. El Lissitzky *Horizontaler Wolkenkratzer für Moskau. Wolkenbügel* (Axonometrie), 1924
aus: Lissitzky, El: Rußland. Die Rekonstruktion der Architektur in der Sowjetunion. Wien 1930, Abb. 634 (S. 69).

Abb. 11. Lasar Chidekel *Aero-Stadt (Stadt auf Stelzen) I*, 1928
aus: Efimova, Alla: Surviving Suprematism. Lazar Khidekel. Berkeley 2005, Tafel 15.

Abb. 12. Lasar Chidekel *Aero-Stadt (Stadt auf Stelzen) II*, 1928-1932
aus: Efimova, Alla: Surviving Suprematism. Lazar Khidekel. Berkeley 2005, Tafel 8.

Abb. 13. Georgi Krutikow *Fliegende Stadt* (Gesamtansicht), Diplomarbeit am WChUTEIN, Atelier N. Ladowski, 1928
aus: Chan-Magomedow: Pioniere der sowjetischen Architektur, Abb. 791 (S. 307).

Abb. 14. Georgi Krutikow *Fliegende Stadt* (Schnitt), Diplomarbeit am WChUTEIN, Atelier N. Ladowski, 1928
aus: Chan-Magomedow: Pioniere der sowjetischen Architektur, Abb. 792 (S. 307).

Abb. 15. Georgi Krutikow *Fliegende Stadt: Hochentwickeltes Kommunehaus*, Diplomarbeit am WChUTEIN, Atelier N. Ladowski, 1928
aus: Chan-Magomedow: Pioniere der sowjetischen Architektur, Abb. 796 (S. 307).

Abb. 16. Georgi Krutikow *Fliegende Stadt: Kompaktes Kommunehaus*, Diplomarbeit am WChUTEIN, Atelier N. Ladowski, 1928
aus: Chan-Magomedow: Pioniere der sowjetischen Architektur, Abb. 798 (S. 308).

Abb. 17. Georgi Krutikow *Fliegende Stadt: Kabine als Universaltransportmittel*, Diplomarbeit am WChUTEIN, Atelier N. Ladowski, 1928 aus: Chan-Magomedow: Pioniere der sowjetischen Architektur, Abb. 801 (S. 308).

Abb. 18. Sabsowitsch *Schema eines Zimmers für einen werktätigen Erwachsenen*, 1930
aus: Sabsovič, Leonid M.: Socialističeskie goroda. Moskau 1930, S. 50.

Abb. 19. Kusmin *Entwurf eines Kommunehauses für Bergarbeiter*, 1930
aus: Kuz'min, V. O.: Problema Naučnoj Organizacii byta. In: Sovremennaja Architektura 5. Jg. (1930) H. 3. S. 14-17, S. 17.

Abb. 20. Kusmin *Tagesablauf für ein Kommunehaus für Bergarbeiter*, 1930
aus: Kuz'min, V. O.: Problema Naučnoj Organizacii byta. In: Sovremennaja Architektura 5. Jg. (1930) H. 3. S. 14-17, S. 15.

Abb. 21. Einband von Samjatins *Wir*, New York 1967 (russisch)
aus: Zamjatin, Evgenij: My. New York 1967.

Dank

Dieses Buch ist die überarbeitete Fassung meiner 2012 an der Humboldt-Universität zu Berlin eingereichten Dissertation. Seine Entstehung wurde von zahlreichen Menschen und Institutionen unterstützt, denen ich an dieser Stelle herzlich danke. An erster Stelle gilt mein Dank Herfried Münkler und Richard Saage, die die Arbeit betreuten. Sie haben die Arbeit mit großem Interesse und viel Geduld begleitet. Finanziell wurde die Arbeit durch ein Promotionsstipendium der Friedrich-Ebert-Stiftung unterstützt. Dem Förderungs- und Beihilfefonds Wissenschaft der VG WORT danke ich für die Beihilfe zur Veröffentlichung. Von allen, die mich in all den Jahren der Doktorarbeit auf vielfältige Weise mit Anregungen, Kritik, Korrekturlesen und Ermutigungen unterstützten, danke ich besonders Maria Brosig, Christopher Coenen, Jan Hannig, Jutta Hergenhan, Kirstin Mascher, Jörg Nicht, Bernhard Wiens und Ute Wölfel.